中国近代行政学史料

钩沉与钩玄

许 康 雷玉琼 著

社会科学文献出版社
SOCIAL SCIENCES ACADEMIC PRESS (CHINA)

## 许　康

1940 年生，湖南长沙人，毕业于湖南大学数学力学系并留校任教，曾在中国科学院数学与系统科学研究院及自然科学史研究所做高级访问学者。先后任数学学院和管理学院教授，人文学院－岳麓书院科技哲学带头人，兼工商管理学院博士生导师，近二十年任教于公共管理学院，以二级教授身份退休，被湖南省政府聘为文史研究馆馆员。曾任中国自然辩证法研究会理事，中国数学会数学史分会理事，湖南省科协委员等。享受国务院颁发的特殊津贴。

已发表论文 200 余篇，出版专著 20 余部。曾参与《中国学术史》、《中国思想学说史》、《湖湘文化通史》、《中国科学技术典籍通汇》、《中国科技史·辞典卷》的撰写。1992 年以来主持国家自然科学基金（管理科学类）项目 5 项，以及国家社科基金项目"中国近代行政学史料钩沉及史实考辨"，出版了《中国管理科学历程》、《中国管理科学化的历程》（受国家出版基金资助）、《中国管理科学百年——从引进到自主创新》等著作，其均属管理学史领域的开拓性研究成果。

获得教育部普通高校优秀教材二等奖，全国优秀科技图书二等奖；湖南省自然科学优秀学术论文一等奖 3 项，湖南省社会科学优秀成果奖三等奖 1 项；中国自然辩证法优秀教材二等奖，全国自然辩证法教学观摩比赛一等奖；等等。


## 雷玉琼

1977 年生，湖南省茶陵县人，毕业于北京大学政府管理学院，行政管理学博士。现为湖南大学公共管理学院教授，博士生导师。主要研究方向为数字政府治理、公共服务治理、行政管理学史。主持多项国家级、省部级项目和地方政府资政项目，独立出版著作 2 部、译著 2 部，在《中国行政管理》、《改革》、《理论探讨》等期刊上发表学术论文 30 余篇，多篇文章被人大复印报刊资料、《新华文摘》和政府内参转载。

# 序

四十年前，邓小平同志在党的理论工作务虚会上指出："政治学、法学、社会学以及世界政治的研究，我们过去多年忽视了，现在也需要赶快补课。"我作为行政管理理论战线上一员老兵，责无旁贷地投身这波澜壮阔的改革开放年征程中，做了不少补课工作。2016 年 5 月 17 日，习近平在哲学社会科学工作座谈会上，再发出"立时代之潮头，通古今之变化，发思想之先声"，积极为党和人民述学立论、建言献策，担负起历史赋予的光荣使命的动员令。我们应牢记自己的任务是应对和解决当代中国的问题，着力于学科的本土化，就是要按照立足中国、借鉴国外，挖掘历史、把握当代，关怀人类、面向未来的思路，着力构建中国特色哲学社会科学体系，至今仍觉任重道远。

以挖掘历史为例。马克思教导我们，研究工作应详尽地占有材料。有关从洋务运动到新文化运动以及中华民国（国民政府）这一时期的行政学（从引进到消化）历史研究，是一个薄弱环节。本书作者正是看准这一点，于 2007 年以"中国近代行政学史料钩沉与史实考辨"为题获得国家社科基金立项（批准号：07BZZ42），似应是此类研究的先声。板凳一坐十年冷，书稿超过原定研究期限（三年）的三倍方才杀青。他们在 2015 年曾将初稿打印寄我，后来又来舍间访谈。我获悉第一作者许康曾获得几项国家自然科学基金（选题方向为管理科学史）及国家出版基金的资助，对 20 世纪中国管理科学史料做过全面的爬梳整理。2000 年转战政治与公共管理学院，教学相长，又对中国行政学史研究再献新猷。第二作者雷玉琼是科班出身的博士，且出国访过学。二人彼此优势互补，相得益彰。我与湖南大学公共管理学院同仁相熟，闻之深感快慰。我对这本书稿总的印象，简单地说，可以归纳为：

一、"冷"。完稿后再加三年冷处理，作者真做到了。

二、"详"。广征博采，搜罗过目的文献达几十万页。

三、"辨"。辨析，分类，兼顾了历史标准和现代标准。

四、"钩"。见多识广，感觉敏锐，故能检出珍宝。

五、"辩"。唯物辩证，长于史料考证（考核、证实、说明）。

六、"勾"。为对材料彰显精微，予读者加以精辟而简明的解说。

七、"周"。周全，遍及（另声明有几种专门行政学未收入）。

八、"通"。因史料多是文言或半文半白，正文论述加以融通。

作为一部文献综述性的专著，本书保留很多原汁原味的资料，读者可以从中感受往昔的信息，分享采矿冶金的乐趣，但也因此占去较多篇幅，倘若能于史料作更深入的研讨剖析则更好。其实见仁见智，读者或许会有不同的发现和感受呢。

3.19.4

2019 年

# 前 言

笔者 2006 年在以"中国近代行政学史料钩沉与考辨"为题申请国家社科基金一般项目时，曾向评审专家们提交了"课题论证"（共八条），现充作前言之一部分，以说明本书写作的缘起和基本构想。

第一，本课题属于国内外很少有人全面涉猎的研究方向。所谓"近代"，截止到 1949 年。据查，中国国家图书馆只有两本西方行政学史著作，即竺乾威的《西方行政学说史》（高等教育出版社 2001 年出版）和丁煌的《西方行政学说史》（武汉大学出版社 1999 年出版）。另有王建学《中国行政管理史》（辽宁人民出版社 1989 年出版）、祝马鑫的《中国行政史》（高等教育出版社 1994 年出版）、李坚和王本浩的《中国行政管理史》（辽宁大学出版社 1995 年出版）、张利华的《外国行政管理史》（辽宁人民出版社 1989 年出版），都只能算作行政管理史。关于中国政治学百年史的文献，我们孤陋寡闻，只见到前几年赵宝煦的《中国政治学百年历程》（《东南学术》2000 年第 2 期）和俞可平的《中国政治学百年回眸》（《人民日报》2003 年 12 月 28 日）两篇大作，遗憾的是字数不多，没有展开论述，1949 年以前的情况简单带过，基本没有行政学的具体内容。此外，刘怡昌、许文惠、徐理明的《中国行政科学发展》（中国人事出版社 1996 年出版）总该算得上正题吧？答案仍是否定的，试想百年前哪有"行政科学"之说，故全书也只能"厚今薄古"，稍微提到近代中国前辈学者的工作，显然"乏善可陈"。可见，由于众所周知的原因，20 世纪 50—70 年代中国行政管理学的研究和教育中断，使得国内学者对于百多年前至五十年前的行政学人物和论著相当陌生；国外学者无暇也不可能越俎代庖。历史学界关心政治、经济、军事领域大事，而对作为一门学科的行政学在中国的引进和发展不可能给予特别的重视，更不可能深入研究。于是我们可以说，这是一片有待开垦的处女地。

中国行政学学科的范式渐趋形成，其历史竟然云遮雾障、先天不足，这是难以想象、不能容忍的。尽管人们可以用往昔遭遇断层、近年百废俱兴，难免顾此失彼来搪塞，但毕竟不应数典忘祖。我们有中国哲学史、文学史、美术史、建筑史、经济学史乃至中国数学史，为何中国自己的行政学史却姗姗来迟？以致"言必称希腊"，明于知彼，暗于知己。毛泽东在《改造我们的学习》（1941）中早就严厉批评过"不注重研究历史"的现象，也不满留学生"只知生吞活剥地谈外国。他们起了留声机的作用"的毛病，号召我们要研究中国近百年（按：如今已是一百余年）的政治史、经济史、军事史、文化史……，那么行政学史当然也是题中之义，这是不可或缺的中国思想史和学科史建设的基本内容。近期与我们行政学界形成强烈对比的是中国法学界的同仁们，他们的教学和研究恢复较早，世纪之交时已形成几个法学史的研究中心，连某些为纪念法学百年庆典而客串一番的中青年学者，竟也在短期内就拿出了颇有分量的成果。此其一。

我们并非为历史而历史，为学科史而学科史。党的十九大报告提出，要加强新时代党的长期执政能力建设。为此，行政管理学的教育和培训需提上紧迫的日程，行政学史也不可或缺，很多概念、原理、法则需要正本清源，此其二。

中国近代行政管理理论固然大部分是"舶来品"（从日、美、欧、苏等地引进），其消化，其吸收，其流脉，其演变，其中国化，其创新（按熊彼特的理论，引进一项技术也是创新，不必拘泥于样样都出于"新创"），即学科的普遍原理与中国具体实践的结合，有成功有失败，有经验有教训，都是极宝贵的历史财富。弄清楚基本的历史事实，有利于温故知新，此其三。

第二，鸦片战争以来，西学东渐，从器物层面到制度层面再到文化层面，形成了时间差。西方近代行政学，最初由容闳、马建忠、严复、伍廷芳等人隐约引进某些思想；维新运动中（包括流亡海外的）康有为、梁启超等已大谈"政治学"，渐露其若干制度层面的雏形；随后，官方的"新政"才使之获得"正名"和"身份"，借助于废科举造成的几万名士子赶赴日本学习"法政速成科"，以及国内大办"法政学堂"，西方的法学和政治学（含行政学）遂被大举引入中国。五十多年间（到1949年），从行政管理理论发展来看，与西方"早期公共行政研究时期"（威尔逊之后）、"传统公共行政研究时期"和"修正公共行政研究时期"（西蒙之前）沿时间轴相平移（指对象提前或推后，此处是滞后），中国学者对之都有所反映和呼应，主要是行政学学术界，表现形式是理论研介和舆论宣传。至于政治与行政管理实践中，清末和北洋政府的"宪政"闹剧，南京国民政府名义上按孙中山的"五权"制衡，以及"军政—训政—宪政"的阶段划分，则往往事与愿违，或流于搞形式、走过场，终成骗局和虚话。

第三，本书内容原则上包括：（1）维新、新政、辛亥革命领导者的行政管理思想"闪光点"；（2）法政教育引进的行政学系统知识，法政师生著名人物的生平与活动（含研究成果）；（3）西方及日本行政学巨擘的代表作的翻译、出版和社会影响情况；（4）民间学会、社团的学术活动、国际交流；（5）官方的行政效率运动、文书档案改革、人事行政、工作竞赛活动的鼓噪等；（6）公务员考选、考核、铨叙等理论介绍；（7）各分支学科（如财政、军政、警政等）首次引进的著作和引进者情况考辨；（8）对各分支学科中某些论著的若干原创性（自主创新）内容的介绍；（9）苏区红色政权和白区革命学者引进和吸收的社会主义政治与行政理论。

第四，本书的主要观点有：（1）应尊重历史、尊重知识、尊重人才，对先驱者给予实事求是的肯定和表彰，反对民族虚无主义；（2）在学而优则仕和官本位传统深厚的旧中国，前辈学者对西方近代行政学既有移植的方便，又有水土不服的困惑，难以为功，不必对其求全责备；（3）由"囫囵吞枣"乃至"生吞活剥"到"准确理解"和"消化吸收"，例如前辈学者们对学科主要范畴和基本理论的忠实翻译和正确表述，直至用于分析现实问题，都是很大的进步，价值不可低估；（4）对史实挖掘不能设限，以史料发现为依凭，一切结论产生于调研之后；（5）对史料、史实须作认真的考证考辨，去粗取精，去伪存真；（6）以史为鉴，启迪今人，推进改革。总之，力求对中国近代行政学史作一番全面考察和重新评估。

第五，创新之处在于：（1）充分发挥笔者研究"中国管理科学史"较早，史料线索较多，以及对西方管理科学发展了解颇详的长处，密切联系当时国际上行政学的发展，尤其关注五十年中从"科学管理"到"行为科学"两个基本阶段的具体的人和事在中国的真实影响，而非臆测、瞎猜、假说；（2）脚踏实地，以历史材料为依据，着力于发掘、钩沉，而非借用二手材料、人云亦云、贪易偷巧；（3）对法政教育的历史功绩给予辩证分析和实事求是的肯定，并以其作为早期"知识引进"的基点；（4）关注和考辨每一项"首次引进"、"原始创新"，因为科学探索特重"第一"，却轻视其他"跟进"；（5）较为全面地搜索，而非零敲碎打、浅尝辄止。

第六，研究遵循的基本思路和方法：以国际上行政（管理）学发展的主线和流脉为参照，以著名先驱的已知名著、名言为标志点，摸索、开掘；以从清末到民国时几批留学生的法政学习为线索，以课程、教材为目标，分析其知识要点和体系；以出版物为依据，评价其学术源流和水平；以相关学术团体的活动及官方发起的运动（含指导性文件）为重点，探讨学术上的关联和社会影响；立足于实证研究，借重规范分析，坚持马克思主义的立场、观点和方法。

第七，我们完成此项工作具有比较优势。这些年我们的工作横跨行政学、管理学、历史学诸领域，教学研相辅、相成、相长。在行政管理史方面取得不少成果，也做了大量相关工作，拥有完成本项目所需的知识、材料准备和研究实力。

第八，在本书完成之前，我们也取得不少相关研究成果。管理科学史方面较早发表和出版的有《中国管理科学的历程》（河北科技出版社 2000 年出版）和《中国管理科学化的历程》（湖南科技出版社 2001 年出版）姊妹篇，内容互补，都是国家自然科学基金（管理科学类）资助成果，后者还获得国家出版基金资助。单篇的如：《20 世纪管理科学在中国的传播和发展》（英文版）[见 Proceedings of ICM'98（第 3 届国际管理科学大会记录）. CHEP & Springer-Verlag. 1998，7. R216]，《20 世纪 30 年代"中国的泰罗"——曹云祥生平与事业》（《自然辩证法通讯》1999 年第 6 期），《20 世纪 50 年代中国对西方管理科学方法的初步引入》（《科学学研究》2001 年第 2 期），《工业心理学（管理心理学）在中国的引进和发展》（《科学》2002 年第 3 期），《科学管理最初引进中国的标志性事件》（《中国科技论坛》2005 年第 6 期），《百年前中国最早的〈财政学〉及其引进者》（《财经理论与实践》2005 年第 6 期），《中国管理科学研究的起步》（《科学学与科学技术管理》2006 年第 1 期）等。还有文集《科学、技术、管理丛林探幽》（海南出版社 2013 年出版）和《管理、创新与商战》（甘肃文化出版社 2004 年出版），内中收有行政管理学史方面的文章。

最后，是关于本书的若干说明。

（1）关于"近代"一词，胡绳《从鸦片战争到五四运动》（人民出版社 1981 年出版）的序言称："把中国近代史规定为从 1840 年鸦片战争到 1949 年中华人民共和国成立前的一百一十年的历史。"本书依此历史分期原则，写到 1949 年。

（2）原计划第（9）条"介绍苏区红色政权和白区革命学者引进和吸收

的社会主义政治与行政理论"没有实施,原因是它们与当时学界所遵循的"西方近代行政学体系"不合,需要另起炉灶增加新体系,但相关研究不成熟,且在革命战争环境下幸存的资料极少,也不易寻找。

(3)本书不是完整的"行政学史",而是"行政学史料的搜集与整理",以原始资料的发掘为己任,干的是"渔夫"(钩沉)和"钻探工"(取样钩玄)的工作。至于解剖分析、检测化验(去粗取精,去伪存真,由此及彼,由表及里)还有大量工作要做,有待后继者们不断深入进行。

(4)来自西方资本主义国家的"行政学"(Administration),其出生本来就晚(1887年),引入中国约莫持续半个世纪,延至1952年高校院系调整,各大学的"政治学"(含行政学)系科绝大部分戛然中止(另出了几本苏联的有关政府管理的书籍译本,也到1957年为止),重新恢复是改革开放以后。所以本书无须兼顾今天行政学界的新体系、新认识。

(5)本书搜集行政学历史材料的范围,理应以甘乃光《中国行政学者的使命》(《行政效率》1935年第2卷第11期)中之一节"中国行政研究的范围"为依据。他概括说,"行政研究是以行政的实务和技术做对象的",指出怀特注重组织、人员,韦罗璧加上财务和物料,甘氏认为还要加上参考资料(档案、统计、书报等)之管理与利用。除了这些"普通行政机关共同的问题之外",还有"专门的行政问题,如内政、外交、实业、教育、铁路、财政等特种行政,及地方政府的各级问题,如省市县制度之运用与改革等"。不过,鉴于军务、外务、财务和法务等早已形成学科,相关学科史已有丰富的成果;事实上,从过去到现在高校的学科和专业设置看,军事、外交、财政、法律等都有专门的学院(大学),具有独立性,无须我们包办代替:所以本书主要着眼于公共行政一般领域的近代存世文献,主要反映的是"行政的实务和技术"(表现为制度、规章、机构、人物、活动、事件和理论成果等)。还要"看菜吃饭,量体裁衣",有什么搜集什么,因而对特种行政并非完全不顾,如教育、实业乃至警政等,收录颇多。

(6)本书的构架、章节设置和划分,当然得根据这些材料而定。原则上,将理论文献依学科属性归类到某些章节,而将人物、事件(实践活动)集中到另外的章节(例如有关学科教育、学会活动、社会运动的等)。同时,将行政管理学区分为一般和特殊两种类别,不能混为一谈。这是本书材料大体的布局配置。还得考虑各章篇幅的平衡和性质的细分,例如人事管理史料很多,不得不分两三章处理,另一个重要原因是当时依孙中山的五权分立,考试、监察各居一权，其管理实务与今日理解的一般人事行政、人力资源培训有别。

（7）本书在史料发掘方面尽量关注和考辨每一项"首次引进"、"原始创新"，因为科学探索特重"第一"。但引进不同于自创，每案常非孤例，各有特色，应当顾及，不宜偏颇。本书对外文书的著者连同译者都给予相当的尊重，尤其是译者，因为行政学体系来自西方，首批翻译者需要鉴别力、理解力、中西兼优的学力，乃至在中国创建新学科、新方向的功力。

本书中"大概是"、"可能是"这样的或然、模糊性语词，标示出笔者当前搜索、认知的局限性，而不是终审裁决。这也意味着本书的证据链可能还有不少缺环。

（8）吾湘前贤魏源叙其《海国图志》："何以异于昔人海图之书？曰：彼皆以中土人谈西洋，此则以西洋人谈西洋也。"我们不妨说本书："何以异于今人所著行政学史？曰：彼皆以今时理论分析研究行政学史料，此则借旧时文字展示行政学史料也。"

（9）用"钩沉"（古文作"钩沈"）入书名者，以鲁迅《古小说钩沈》最有名，它是30几部古小说的辑录，仅对各部小说稍加校注，全书并无鲁迅本人成篇的研究论述。至于"钩玄"入书名者，有元代朱震亨《金匮钩玄》。"金匮"指《黄帝内经》"金匮真言论"篇和张仲景《金匮要略》等中医宝典，该书总结朱氏吸取其精华用于行医实践的独得之秘。又，笔者尝见邓之诚《中华二千年史》和柳诒徵《中国文化史》，整段征引古籍原文，仅稍作提要或串讲，均成为高校历史学讲义和名著。还有钱端升《民国政制史》巨献，也是以当时政府的法规公文为主体。鉴于本书的性质，则更可以成段引述，以存原貌，而不避"文抄公"之嫌；但篇幅有限，对于多数论著仅能稍微"钩取"要点，故"钩玄"在此可浅释为"提要"。

（10）虽然2006年初我们申报此项目时国内外在这个领域鲜有问津者，直到撰写进程比原计划拖延六七年基本定稿后，才发现韩兆柱的《中国行政学的产生和发展》一文被收入日本明治大学编发的《共同研究：全球化的国家》一书，重点介绍了1949年以后中国行政学的发展，关于近代的情况则只寥寥数语，但文末开列了极简略的历年大事记，前41条止于1947年，可稍作弥补。又发现杨沛龙在其硕士、博士论文的基础上切切实实形成了一部专著《中国早期行政学史：民国时期行政学研究》（社会科学文献出版社2014年版）。其视野与本书所见略同，但体例及性质与本书相异，彼重于史论，而此重于史料。我们庆幸空谷足音，吾道不孤。

本书稿仅作为引玉之砖，长江后浪推前浪，世上新人超旧人是一般规律。事实上，近些年各高校和研究院所的行政学硕士、博士论文中，以个别领域的近代行政及行政学历史为选题的已经不少。这些成果可从国家图书馆网站查得，读者不妨检索、阅读、参考。

对于行政学史研究的繁荣前景，我们乐见其成。真个是："待到山花烂漫时，她在丛中笑。"

# 目 录

# 第一章 早期行政管理知识的来源和阶段

近代中国行政体制的模式和演变过程，并非资产阶级反封建斗争的自然结果，而是民族和社会危机下统治集团寻求自保的手段，从洋务运动前夕算起，如总理各国事务衙门、南北洋通商大臣、总税务司和同文馆的设置，地方督抚权力的增强等。甲午战败和庚子国变，促使传统政体不得不进行自我调整——维新变法、推行"新政"和"预备立宪"，开始向近代政治体制和行政体制过渡，如 1906 年的官制改革、1907 年省级行政区体制改革等。与之相关的行政学知识从西方传来，学者们囫囵吞枣，常起着留声机的作用，以至于我们寻索到的当时中文行政学文献，内容大多是翻译或编译的。

## 第一节 西方法学一般知识在晚清的传入

### 一 同文馆、江南制造局、广学会的译介

在新式学堂未开或开设不多、法政教育还没有兴起的情况下，京师同文馆和江南制造局翻译馆是输入西学的两大"口岸"，翻译了大量西方科技、法律、政治学书籍，为当时国人了解西方国家国情进而学习西方的政治法律制度做出了历史性的贡献。

#### （一）京师同文馆着力翻译法政书籍

第一次鸦片战争前夕，1839 年林则徐（1785－1850）命下属收集西方国际法的著作，并请美国传教士伯驾（Peter Parker，1804－1888）和袁德辉（原籍四川，曾在马六甲英华书院学习，1830 年即成为清廷译员）将瑞士瓦特尔（E. De Vattel，1714－1767）《万国法》的一些章节译为中文，后来被收录在魏源的《海国图志》中出版。

第二次鸦片战争结束，总理各国事务衙门成立，京师同文馆、上海广方言馆、广州同文馆相继建立。京师同文馆总教习丁韪良（William M. P. Matin，

1827－1916）将《万国公法》全书译出，译自美国惠顿（Henry Wheaton，1785－1848）于 1836 年出版的《国际法原理》（*Elements of International Law*），于同治三年（1864）印行。

《万国公法》含有政治学知识，例如系统阐述了西方国家的国体和政体，如君主制、民主制，自主国、半自主国，主权取决于君还是取决于民等法学和政治学知识，使得资产阶级民主和共和（国）的思想观念也得到了传播。

丁韪良及其学生翻译的还有德国马顿斯（Charles de Martens，1781－1862）《星轺指掌》（1876），美国伍尔西（T. D. Woolsey，1801－1889）《公法便览》（1877），瑞士（按：一作德国）伯伦智理（J. C. Bluntschli，又译"布伦智理"，1808－1881）《公法千章》（1879），英国霍尔（W. E. Hall，1838－1894）《公法新编》（1903）等①。其中，伯伦知理是对日本和中国学术界（例如梁启超）影响很大的政治学家。

同文馆时期，在 1878 年以前，全国公私机构（含教会）所译的法学书籍比重较小，被称为"公法交涉类"。至 1896 年，则比重增加，并改称为"法律类"，至 19 世纪最后一年，出现"政治法律类"之说。1904 年，法学引进出现高潮，所占比重急剧加大，开始出现"法政类"和"交涉类"并称。可见，经历了"公法交涉—法律—法政"三个阶段。从同治三年（1864）《万国公法》出版到宣统三年（1911）清廷被推翻，在短短四十余年里，翻译外国法学书籍达数百种之多，也印证了从洋务运动向辛亥革命跨越的剧烈程度。②

### （二）江南制造局翻译馆的西政书籍

上海的江南制造局翻译馆创设于同治六年（1867）。曾国藩（1811－1872）在同治七年（1868）《奏陈办理情形》称："盖翻译一事，系制造之根本。……（该局）先后订请英国伟烈亚力、美国傅兰雅、玛高温三名，专择有裨制造之书详细翻出……即选聪颖子弟，随同学习。"据统计，从 1864 年到 1894 年的三十年间江南制造局翻译馆的译本大多是自然科学以及军事技术，后来认识到求强还要求富，又译了些民用工业书籍。清朝最后四十五年中江南制造局共计介绍、译印图书约 180 种，分为史志类、政治类、交涉类、兵志类、兵学类、船类、学务类、工程类、农学类、矿学类、工艺类、

---

① 何勤华：《〈万国公法〉与清末国际法》，《法学研究》2001 年第 5 期，第 137－148 页。

② 田涛、李祝环：《清末翻译外国法学书籍评述》，《中外法学》2000 年第 3 期，第 355－371 页。

商学类、格致类、算学类、电学类、化学类、声学类、光学类、天学类、地学类、医学类、图学类、地理类共 23 类。"在它出版的全部 25 种社会科学著作中，有 14 种是在 1896 – 1907 年间出版的。"① 其中法政类书籍较少，约 10 种，诸如：

①《佐治刍言》3 册 1 卷，傅兰雅（John Fryer，1839 – 1928）口译，永康应祖锡（1855 – 1927）笔述。"是书言立国之理，及人所当为之事。凡国与国相处，人与人相处之道，悉备焉。"有江南制造局本（1885）、"西政丛书"和"质学丛书"初集本。

②《公法总论》1 卷，英国罗柏村撰，傅兰雅口译，六合汪振声笔述。有江南制造局本（刊于 1886 – 1894 年间）和"西政丛书"本。

③《各国交涉公法论》8 集 16 卷（另有 8 卷本），英国费利摩罗巴德著，傅兰雅口译，太仓俞世爵笔述（另作钱国祥笔述）。有江南制造局本（1898）和"西学富强丛书"本。

④《国政贸易相关书》（《国政贸易》）2 册 2 卷。英国法拉著，傅兰雅口译，徐家宝笔述，光绪二十三年（1897）刊。

⑤《西礼须知》1 卷，傅兰雅辑，有光绪十二年（1886）《格致须知》本和铅印"通学斋丛书"本。

⑥傅兰雅自著《理学须知》1 卷［有光绪二十四年（1898）上海格致书局本］，该书第六章"略论格致之理"又区分出六门学问：算学、博物、化学、活学、心灵学、会学。"会学"所涉及的已关乎"人"的学问（近于今日所言之"社会学"、"政治学"）。

这时，民间（含基督教会和学校，特别是编印《万国公报》的基督教创办的上海广学会）也在积极译书。1895 – 1902 年至少出版了 8 套西学方面的丛书，内容包含上列各类书籍，梁启超等选编的"西政丛书"② 集中在西政领域（共 32 种），取自江南制造局的只有 7 种。

**（三）西方传教士组织的广学会大力传播西学**

19 世纪后期，全国著名译书机构有 10 家，其中上海占 7 家，它们是墨海书馆、美华书馆、江南制造局翻译馆、格致汇编社、益智书会、广学会和译书公会。这些机构出版了全国政治学译著的 80%，这些政治学书籍有的在

① 张增一：《江南制造局的翻译事业》，《科学》1990 年第 1 期，第 212 – 223 页。
② 梁启超等辑《西政丛书》，慎记书庄，1897。

全国有很大影响，如江南制造局翻译馆于光绪十一年（1885）出版的由傅兰雅和应祖锡译述的《佐治刍言》。20世纪初，上海的政治学研究一直处于全国领先地位。仅1902-1904年，上海有几十家出版机构大量出版西学书籍，涉及政治学的一些书籍也因时局之需而大幅增多，占全国政治学书籍出版的60.5%。

翻译几乎由外国人垄断（需要中国学者帮助用汉文"笔述"），主要是欧美基督教（新教）各自差会的传教士，他们来华有年，互通声气。1887年，上海的韦廉臣获得英国赠的印刷机器，乘机成立广学会。1889年，其成员林乐知（Young John Allen，1836-1907）续编的《万国公报》（1868年9月—1883年7月，周刊；1889年2月-1907年，月刊），成为他们传播西学的最主要刊物①。内容选载《京报》及国内外时事，兼及政法学问，仅稍涉对基督教教义的宣传。特别是甲午战争前后编译的《泰西新史揽要》和《中（国）东（日本）战纪本末》、《万国通史》等，大受中国知识界的欢迎，直接影响到康有为、梁启超等人的思想。

因韦廉臣逝世，学会工作由李提摩太（Timothy Richard，1845-1919）继任，而他更擅长与官方高层交往，李鸿章、张之洞等的新政见解不少得自广学会诸人的言传文教。广学会的出版工作长达五十多年，以翻译著称的有林乐知、李提摩太、丁韪良、慕威廉、艾约瑟、德子固、花之安、高葆真、山雅各布、季理斐（及夫人）、韦廉臣夫人、窦乐安、福开森、卜舫济等。中文译述者有沈毓桂、蔡尔康（1851-1921，嘉定人，《万国公报》华文主笔）、范祎（1866-1939，苏州人，举人）等多人②。到1914年，出书已达300余种。

直到民国前，林乐知一直是传播西学（西政）的主角之一。如1875年6月12日，林乐知在《译民主国与各国章程及公议堂解》一文中写道："第以众民之权付之一人，为其欲有益于民间而不致有叛逆之事与苛政之行，此之谓章程也。夫章程有行之自然而非语言所能宣者，有守之勿替而为笔墨所能纪者……然即其中之最要者言之，不过分行权柄而已……约举其目盖有三焉：一曰行政，二曰掌律，三曰议法。"③ 这里所说的"章程"今译为"宪法"。文章简要介绍了三权分立的原则，如司法独立在于它"不为朝廷所拘，

---

① 沈毓桂：《兴复万国公报序》，《万国公报》1889年第1期，第10111-10114页。
② 陆丹林：《广学会与中国新政》，《宇宙风》1942年第135-136期，第83-87页。
③ 〔美〕林乐知：《译民主国与各国章程及公议堂解》，《万国公报》1875年第340卷，第544页。

不受公议堂所制，且可解说律法于国皇之前也"。

林乐知译、东吴范祎述的《美国治法原理》① 一文，包括了《美国治法要略》一书的第 15 - 17 章（论治法，论公义，论法律与自由）。《美国治法要略》原书是美国初中学生的普通政治课教材："上卷论政治之有形式者，下卷论政治之无形式者。而以自立檄文（按：疑即《独立宣言》）及合众国之章程（按：疑即《美国宪法》）续附于后。"比较适合普通人了解美国政治常识。林乐知称："余每见中国士夫痛訾民议政体，而实未详其底蕴，故译以示之。……使全国少年稔知自主自治之义……"②

"英李提摩太命意、上海蔡尔康遣辞"的《行政三和说》③ 发表于变法失败前夜。所谓"三和"，是敦促"两宫"（皇太后与皇帝）、"两党"（新党与旧党）、"两教"（儒教与西教）要"和"。可谓妄议朝政、国政，颇有大不敬之嫌，仗着是外国人，清廷拿他无可奈何。这里的"行政"，文章解释是指"推行新政"、"佐行新政"，比一般的行政含义要窄了很多。

标题含"新政"的文章，如蔡尔康搜辑的《中朝（廷）新政》，多期载于《万国公报》。又如，季理斐（D. MacGillivray，1862 - 1931）译、范祎述的《（西报）读颁布立宪上谕书后》（《万国公报》1906 年第 213 期），揭露了"预备立宪之明诏"耍拖延术，预备年限"原拟本为'三'字，由皇太后以'数'字改之"，矛头直指慈禧。全文对顽固派、立宪派、革命党都有指摘，但鼓励真立宪。《万国公报》也刊载过国人宣传变法的文章，如王韬的《变法自强》、郑观应的《西学》等。

他们并非精通法学、政治学的专家，东张西望，现买现卖，不免浮浅。进入民国，广学会还编辑出版了《大同报》，由季理斐主编，政论文章水平有提高。

最近二十多年中，有的行政管理学教材、若干院校的行政管理精品课程讲义，不少网站编贴链接的行政管理考研辅导资料，在谈到中国行政管理学早期著作时，纷纷将《行海要术》作为第一部专著郑重提出。查此说似由某专著④、随

---

① 〔美〕林乐知译，东吴范祎述《美国治法原理》，《万国公报》1902 年第 168 期，第 21472 - 21475 页。
② 林乐知：《美国治法要略序》，《万国公报》1902 年第 167 期，第 21413 - 21420 页。
③ 蔡尔康：《行政三和说》，《万国公报》1898 年第 118 期，第 18088 - 18091 页。
④ 黄达强、刘怡昌主编《行政学》，中国人民大学出版社，1988。

后的某工具书的条目①引发，近年不胫而走，影响不小②。

各书、各网页均未提供信息来源，各文也未介绍这部要籍的作者、出版时间和机构。唯一的《行海要术》只能从上海江南制造局译书馆的出版物中找到，现有几种可靠资料对该书作了说明。

王韬（1828－1897）、顾燮光等编的《近代译书目》③，收罗了从王韬《泰西著述考》（1890）及顾燮光《译书经眼录》（1920）到民国初期的几本最重要的西学书目。内中徐维则辑的《增版东西学书录》，列为"船政第十"（按：意即第十类书籍，"先行船事宜，次船坞，次船制"）的第一部便是《行海要术》④，"制造局本三册"。金楷理（C. T. Kreyer, 1839－1914）和李凤苞（1834－1897）一对搭档，正当盛年，合作愉快。我们翻开《行海要术》，全书第一册起首几行文字是："凡行海者欲令所行之路，既不迂远，又免危险，则须深明行海之理。凡船近海岸，又值大风阴晦，则探水之法尤宜慎重，须将风帆少减，令船缓行，以便频频探测……"全书第三册最后一页的几句话是："按用此法者，须于风浪恬静、海平明晰之时，详定高弧之秒数。惟本处纬度甚大者，经度渐狭，所差不多，而不便测距度者，可用此法。"可见，全书所讲完全是行船，包括领航、测量、操控等专业技术，所谓"要术"。事实上，从语法修辞学来看，汉语词汇中有"政海"、"宦海"等偏正结构；而"行海"按金楷理、李凤苞的标题，是动宾结构，为"行驶海洋"之意，并非"行政之海"的简括。在当年，即1880年前后，西学书籍的译者中，金楷理、李凤苞算是非常行政化的，因为两人后来都充任清廷的使馆官员或顾问，在他们的潜意识中若有"行政之海"的概念，早就会规避"行驶海洋"的缩略用法了。

真正的"行政"类书籍，当年目录学中还没有明确予以划分与类聚。例如，顾燮光在《近代译书目》的"书录例目"中，针对当年（1902）书籍的分类及有关著名译者是这样讲的："言政以公法公理之书为枢纽，言学以格致算学之书为关键。东西人在中国译书者，大抵丁韪良、古城贞吉长于公法，李提摩太、林乐知长于政事，傅兰雅在局最久译书最多，究其归旨，似

---

① 政治学编辑委员会编《中国大百科全书·政治学》，中国大百科全书出版社，1992，第417页。

② 张国庆：《行政学概论》，北京大学出版社，2003；薛澜、彭宗超、张强：《公共管理与中国发展——公共管理学科发展的回顾与前瞻》，《管理世界》2002年第2期第43－56、155页。

③ 王韬，顾燮光等编《近代译书目》（影印本），北京图书馆出版社，2003。

④ 〔美〕李楷理口译，李凤苞笔述《行海要术》，江南制造总局，1876。

长于格致制造诸学。算学之书可云备矣，惟公法公理格致之书，中国极少，后之译者当注意于斯。"这里顾燮光只用到"政"和"政事"两词。从《译书经眼录》查看，在1902—1904年间，中国共出版了533种西学书籍，其中由日文转译的321种，其他语种（英语、法语、德语、俄语等）共212种，没见到"行政学"之书。

### （四）王韬、郑观应、黄遵宪对西学的传播与践行

粤沪等地的中国学人和商民，近水楼台先得月。如王韬早年即到上海的墨海书馆工作，接触西学知识，是中国早期改良主义代表人物之一。其政治思想建立在"古今变更"的历史变易观基础之上，他认为当时中国正处于列强侵略、"内乱"蜂起、古今未见之"变局"之中，因而力主以变应变，推行变法。他提出关于"势"的历史进化观："此时不得不变古以通今者，势也。"① 王韬流亡英国二十多年后回国，观察思考时事，于甲申年（1884）写了《拟上当事书》献给清廷，设想了富国强兵、睦邻备远的十二条办法，还有储财招贤、破格擢用、重操守、尚气节、敦风俗、澄肃官方和谨身啬用等措施，并对行政当局的施政提出建议。但行文仍袭用传统词语，缺乏专业学术性。王韬的论著，笔记体居多，不够系统和深刻。

郑观应（1842—1922）继魏源、王韬而起，身为上海洋行的买办，对西方的政治制度和侵略行径感知甚深。其论文经过结集整理，以《盛世危言》的书名出版并有续集，得湘军老帅彭玉麟（1817—1890）、王韬等知音赏识并写序。郑观应激烈地要求实行议院制：

> 欲行公法，莫要于张国势；欲张国势，莫要于得民心；欲得民心，莫要于通下情；欲通下情，莫要于设议院。中华而自安卑弱，不欲富国强兵，为天下之望国也，则亦已耳；苟欲安内攘外，君国子民持公法以永保升平之局，其必自设立议院始矣！②

郑观应认真考察了西方议院的情况，专门写了《今古泰西诸国设立议院源流》，对于"议院宜西不宜中，宜古不宜今"、"风气未开，欲设议院，骇人听闻"、"学校未兴，人材难得，先开议院，聚讼盈廷，恐易滋事"等言论，

---

① （清）王韬：《拟上当事书》，《万国公报》1893年第53期，第13650—13655页。

② （清）郑观应：《盛世危言》，辛俊玲评注，华夏出版社，2002，第24页。

进行了有理有据的批驳。

> 尝闻事有经权，兵有奇正。先议广开学校，十余年有人材，而后立议院者，谓之经，即兵出于正。先设议院，并开学校，庶官绅知议绅之贵，勇于维新，急于扶持国势者，谓之权，即兵出于奇。今时急矣！而苦于势力不足，不能不用奇兵以致胜。若知正而不知奇，守经而不达权，何异因噎废食乎？①

同时，提出了公平选举、舆论监督等方面的具体措施：

> 诚能本中国乡举里选之制，参泰西投匦公举之法，以遴议员之才望；复于各省多设报馆，以昭议院之是非，则天下英奇之士，才智之民，皆得竭其忠诚，伸其抱负。②

1879 年，即光绪五年，王韬应日本友人之邀，东渡游学，在那里与黄遵宪（1848 - 1905）结交。黄遵宪是 1877 年就随使日本的外交官员，深受王韬启发，开始进一步接受西方政治学说，对明治维新作客观的观察。后来又到美国、新加坡等地使领馆任职十几年，其见解也最为超卓。撰写《日本杂事诗》和《日本国志》，"探其本源"，接触到议会和选举等资本主义制度的实质问题，不仅提出发展资本主义的要求，而且提出"民欲"观点，阐述民权思想。黄遵宪对日本"君主立宪"政体作详细介绍，是希望中国变法成功，实现"君民共治天下"的理想，走上资本主义道路。黄遵宪的思想对于康、梁有极大的启发，他 1897 年赴湖南赞助陈宝箴推行变法，推荐梁启超来湘，付诸初步实践。在"湖南变法"中，黄遵宪提出了"湖南自治"的口号，并对自治理论作了进一步的阐述，指出其意义是为了"保民生，厚民气"，启发民智，提高民众的觉悟水平。其实质是反对专制主义的"官治"，主张民众自我管理的"民治"；反对中央集权的"统治"，主张地方自治的"分治"。在组织形式上打破"郡县之制"，倡言"民治"，要求士绅"自治其身，自治其乡"，"官民上下，同心同德，以联合之力，收群谋之益，生于

---

① （清）郑观应：《盛世危言》，辛俊玲评注，华夏出版社，2002，第 33 页。
② （清）郑观应：《盛世危言》，辛俊玲评注，华夏出版社，2002，第 24 页。

其乡，无不相习。不久任之患，得封建世家之利，而去郡县专政之弊。由一府一县推之一省，由一省推之天下，可以追共和之郅治，臻大同之盛轨"。①

## 二　从严复、马建忠、郭嵩焘到康梁维新派

### （一）郭嵩焘下问严复、马建忠

清代高官中，最早超越洋务技艺思想和传统治平之道的是郭嵩焘（1818－1891）。他是湖南湘阴人，道光年间进士。他随曾国藩办团练，建议湘军设水师和厘捐。后以文才为咸丰帝重视，入直上书房，1863年升广东巡抚，旋被黜。1876年起任清朝第一位驻外（驻英）公使，1878年兼任驻法公使，1879年被劾辞归。他对西学有了超时人一等的了解："西洋立国，有君主、民主之分，而其事权一操之议院，是以民气为强，等威无辨，弄罚尤轻……西洋议院之有异党相与驳难，以求一是，用意至美。"1877年郭嵩焘在《伦敦与巴黎日记》中记下"波里地科尔"一词②，显然是 political 的音译，他大概是清朝封疆大吏中（也是所有不识英文的官员中）最早知道西方政治之说的人物了，比维新派超前二十年。郭嵩焘及其继任者曾纪泽都曾向同时留学欧洲的严复、马建忠问学。

马建忠（1845－1900），江苏镇江府丹徒县人，少年时努力研究西学，掌握了英语、法语、拉丁语等，后入李鸿章幕。1876年以郎中衔被派赴法国留学，研习国际政法制度，兼任出使英、法大臣郭嵩焘、曾纪泽的翻译，游历法、英、德、奥、比、意、瑞士等国，在巴黎政治学院学习，观察欧美各国政术治化、吏治之异同。通过政治学院的法律政治考试，以及巴黎考试院的文词（希腊文、拉丁文、法文）、地理历史考试，成"秀才"，再考律例、格致"举科"（硕士），成绩优等。有报道称："谓日本、波斯、土尔基人负笈巴黎者……独未有考取文词秀才者；有之，则自忠始也。"他很快从思想上突破了洋务派从船坚炮利这样的器物层面看待西方富强之本的局限性，还拟编译一本《闻政》，以求端吏治、讲军政、联邦交等③。1894年，马建忠回顾"西学东渐"历程，指出其"仅为一事一艺之用，未有将其政令治教之本原条贯译为成书，使人人得以观其会通者"，提出要专门设书院培养翻

---

① （清）黄遵宪：《黄遵宪集》，天津人民出版社，2003，第404－407页。
② （清）郭嵩焘：《伦敦与巴黎日记》，钱叔河、杨坚整理，岳麓书社，1984，第150页。
③ 转引自（清）尊闻阁主人编《曾侯（纪泽）日记》，载《申报馆丛书馀集》，上海申报馆，光绪七年（1881）版。

译人才，"应译之事，拟分三类：其一为各国之时政；其二为居官者考订之书；其三为外洋学馆应读之书"。他强调，"对于外洋学馆之书，应次第译成，于彼国之事，方有根底"。①

严复（1854-1921），毕业于福州船政学堂，作为清政府派出的第一批留欧学生，赴英国学习海军驾驶。且留心英国社会状况，研究西方文化，曾到法庭现场旁听，以观察、比较中西政法异同。1879 年奉调归国，次年调天津北洋水师学堂任总教习。甲午战争中国战败，严复深受刺激，接连发表《论世变之亟》、《原强》、《辟韩》等文，提出"鼓民力、开民智、新民德"，呼吁变法图强。他曾给康有为、梁启超、张元济等出谋划策、撰写文章、联络师资，又和王修植、夏曾佑等办《国闻报》，介绍西学，批评时政，这是和《时务报》齐名的维新报纸。戊戌政变前夕，严复应召觐见，建议光绪帝出洋考察和视察国内各地。1900 年，他到上海创办"名学会"，讲演名学；继而出任唐才常所创"中国议会"的副会长，参加宪政运动。梁启超对严复介绍西学的成绩颇为称赞："新思想之输入，如火如荼矣。然皆所谓'梁启超式'的输入，无组织，无选择，本末不具，惟以多为贵，而社会亦欢迎之。……时独有侯官严复，先后译赫胥黎《天演论》、斯密亚丹《原富》、穆勒约翰《名学》、《群己权界论》、孟德斯鸠《法意》和斯宾塞尔《群学肄言》等数种，皆名著也。虽半属旧籍，去时势颇远，然西洋留学生与本国思想界发生关系者，复其首也。"② 其中，《法意》中包含了孟德斯鸠的"三权分立"思想，不过当时鼓吹宪政的其他学者也已知道了。与翻译相比，严复1905 年冬天在上海青年会的八次讲演所成的集子是他融会西方政治学的心得，观念由激进趋向保守。他相信自然和社会都遵循"天演"（进化）规律，但同时也认为，从由古希腊罗马至今的西方政治实例看，以及从"自由"的字义进行逻辑推理，宪政并非理想主义者所崇信的那样完美；专制和民主的治权同样为下层所授，也始于保民之需要；议院制的好处是，可作为测视和宣达舆情的窗口，起缓冲和减弱矛盾的作用："此立宪之国所以无革命……现今各国的社会发展水平不同，各自的行政也不同，欧（洲）政府当为清静无为箴，而亚（洲）政府则以磅薄弥纶为勖。……中国必须有强势政

---

① （清）马建忠：《拟设翻译书院议》，载麦仲华辑《皇朝经世文新编·学校》，大同译书局，1898，第 7 页。

② 梁启超：《清代学术概论》（原题《前清一代思想界之蜕变》（1920 年），载《饮冰室合集》第 8 册，专集之三十四，中华书局，1989。

府严谨行政。"①

辜鸿铭（1854－1928）则是个另类。他曾作为南洋华侨孤苦少年留学英国，获爱丁堡大学文学硕士学位，并游学法德，23岁回国后才学儒学。在张之洞幕中十七年，后到京任外务部员外郎。其主要著作《读易草堂文集》认为："今西人考物制器皆本乎其智术之学，其智术之学皆出乎其礼教之不正。"②"西人之学，其礼教则以凶德为正，其行政则以权利为率，其制器则以暴物为用……（但）我不知景西人之学，亦无以知吾周孔之道且极矣。"③对西学持批判态度。其《上德宗景皇帝条陈时事书》、《上张制军书》，对于维新表示反对，对新政有所保留。《西洋礼教考略》、《西洋官制考略》、《西洋议院考略》则通过说史向国人论证西洋之制并不完美。

**（二）康有为阅读西书，开设万木草堂**

维新变法时期，改良派把办学堂、开民智作为推动变法运动的主要手段，其中万木草堂的"政治"课程设置和后来梁启超的"政治学院"建议，值得行政史学界重视。

1879年，康有为（1858－1927）"得《西国近事汇编》、李奎《环游地球新录》及西书数种览之，薄游香港，览西人宫室之瑰丽，道路之整洁，巡捕之严密，乃始知西人治国有法度，不得以古旧之夷狄视之"④。1882年夏，他途经上海，购得江南制造局及传教士、书馆、书院等处译著的西书、新书达3000册之多，见识大增。后来，康有为又从日本出版商处获得书籍广告册子，得以编出《日本书目志》⑤，收集了明治20年（1887）左右7100多册日本书的目录和简介，他在弟子欧榘甲和长女同薇等人协助下，将其分为生理、理学、宗教、图史、政治、法律、农业、工业、商业、教育、文学、文字语言、美术、小说、兵书等十五个门类。康有为1891年在广州创办学堂，培养维新人才，命名为"万木草堂"，康有为自任总教授和总监督。按梁启超（1873－1929）后来的描述，康有为在万木草堂传授的是"长兴学说"体系，可分为学纲和学科两大部分，前者可概括为"志于道，据于德，

---

① 严复：《政治讲义》，商务印书馆，1907，序言。
② 辜鸿铭：《读易草堂文集》，台北文海出版社，1922，第62页。
③ 辜鸿铭：《读易草堂文集》，台北文海出版社，1922，第63页。
④ 康有为：《康南海自编年谱》，载中国史学会《戊戌变法（四）》，上海人民出版社，2000，第115页。
⑤ 康有为：《日本书目志》，大同译书局，1898。

依于仁，游于艺"，后者可概括为"义理之学，考据之学，经世之学，文字之学"。另外，还有"科外学科"，讲授儒学、佛学、周秦诸子学、宋明理学，也传授西洋哲学、中外史学、中外语言文字学、地理学、数学、格致学。特别是"经世之学"，包括政治学原理、万国政治沿革得失、政治应用学、群学（社会学）。这后几门课程的设置，是我国近代教育史上的一大创举，也是我国引进近代政治学的一大见证。课程"万国政治沿革得失"，以康有为著的《日本变政考》作为授课内容。① 尤其是"政治应用学"，应是"行政学"的雏形。不过，体系中没提"法学"，又令人纳罕。

早期资产阶级知识分子关于改革旧政治法律制度的主张，其主要内容有：（1）设议院，实行"君民共主"；（2）修改旧律例，要求减少以至废除刑讯，革去凌迟之刑与连坐之法，改善狱囚待遇，等等；（3）制订商律以"护商"；（4）主张研究国际公法，但又强调不能迷信公法。

**（三）梁启超的公法、掌故门和"专课政治"建议**

光绪二十三年（1897），由熊希龄（1870 – 1937）、谭嗣同（1865 – 1898）等发起，得到湖南巡抚陈宝箴的赞助，在长沙开办时务学堂，颁布了《招考新设时务学堂学生示》。这是全国第一个省立维新学堂。学堂聘请梁启超任中文总教习，康有为弟子欧榘甲、韩文举、叶觉迈以及谭嗣同挚友唐才常（1867 – 1900）任分教习；李维格（1855 – 1918，曾到英、美、日学习）为西文总教习，王史为分教习。课程分普通学和专门学。普通学，凡学生人人皆当通习，包括经学、诸子学、公理学、中外史志及格算诸学之粗浅者；专门学，每人各专一门，包括公法学、掌故学、格算学等。从时务学堂的《学约》和《课程表》可以窥见：（1）维新者们将"公法"分为"内公法"、"外公法"，是在探索构建新的法律体系；（2）"掌故"是历史人物事迹、制度沿革，从掌故学所列书目看，与今天的中外法制史课程相近。如果说同文馆的公法教育还是"交涉"的技术，万木草堂未提法学、法律，那么时务学堂可以说已转入对法律学术的探索。

梁启超多次宣传，泰西诸国，"变法则独先学校，学校则独先政治。日本效之，所以不多年而崛起于东瀛也"。1896 年，梁启超建议湖广总督张之洞（1837 – 1909）"易两湖书院专课政治"，设政治之院，"以六经诸子为

---

① 陈华新：《康有为与〈日本变政考〉的几个问题》，载《论戊戌维新运动及康有为梁启超》，广东人民出版社，1985，第 274 页。

经，而以西人公理公法之书辅之，以求治天下之道"。他批评说："中国向于西学，仅袭其皮毛，震其技艺之片长，忽其政本之大法，故方言、算学、制造、武备诸馆，颇有所建置，而政治学院曾靡闻焉。"① "而日本学校，以政治为最重；采泰西之理法而合之以日本之情形，讲求既熟，授之以政，是以未及十年而兴勃焉也……故为今之计，莫若用政治学院之意，以提倡天下。"②

1896 年，梁启超依据康有为的《日本书目志》，自己在强学会当书记员时看到的西书译本，在上海编《时务报》时接触的日本、西方报刊和消息，还有黄遵宪的《日本国志》等书，从而撰写出《西学书目表》。该表中所列书目分为西学（算学、重学、电学、化学、声学、光学、汽学、天学、地学、全体学、动植物学、医学、图学）、西政（史志、官制、法律、农政、矿政、工政、商政、兵政、船政）、杂书（游记、报章、格致、西洋人议论之书、无可归类之书）三大类，共 353 种，数量缩减为康书的 1/20。表后附《读西学书法》，笔记上百条，言西学书源流、门径。他指出，"惟西政各籍译者寥寥，官制、学制、农政诸门，竟无完帙"③，不能满足变法对政治理论的需求。

维新之际，张之洞所撰《上海强学会章程》称："今此会先办译书，首译各国书报，以为日报取资，次译章程、条款、律例、条约、公法、日录、招牌等书，然后及地图暨各种学术之书，随译随刊。……并设译学堂专任此事。"梁启超也有筹办大同译书局之意，"以政学为先，而次以艺学"④，与洋务运动的引进重点刚好颠倒过来。

这时的梁氏还认不了多少外文单词，却已成了公认的通晓西书的专家。因病离开长沙时务学堂后，光绪皇帝谕："举人梁启超着赏给六品衔，办理译书局事务。"变法失败后，梁流亡日本，去过夏威夷、南洋、澳洲等地。

### （四）梁启超办报刊宣传政治学

梁启超办过《中外纪闻》⑤（1895 年 8 月 17 日 – 1896 年 1 月 20 日）、

---

① 梁启超：《上南皮张尚书论改书院课程书（1896）》，载《饮冰室合集》第 1 册，文集之一，中华书局，1989，第 103 页。
② 梁启超：《上南皮张尚书论改书院课程书（1896）》，载《饮冰室合集》第 1 册，文集之一，中华书局，1989，第 103 页。
③ 梁启超：《西学书目表・序例》，http://www.cmingde.com/ctw_18066/367.html。
④ 林榕：《晚清的翻译》，《风雨谈》1943 年第 7 期，第 121 – 131 页。
⑤ 初名《万国公报》，因为与在上海的外国传教士所办的《万国公报》同名，自第 46 期开始改名为《中外纪闻》。

《时务报》（1896 月 8 月 – 1898 年 8 月）、《知新报》（1897 年 2 月 – 1898 年 10 月）、《清议报》（旬刊，1898 年 12 月 – 1901 年 12 月）、《新民丛报》（半月刊，1902 年 2 月 – 1907 年 11 月）、《新小说》（月刊，1902 年 11 月 – 1906）、《时报》（1904 年 6 月 – 1933 年 4 月）、《政论》（1907 年 10 月 – 1908 年 8 月）、《国风报》（1910 年 3 月 – 1911 年 7 月）、《庸言》（1912 年 12 月 – 1914 年）、《大中华》（1915 年 1 月 – 1916 年 12 月），《解放与改造》（1919 年 9 月 – 1920 年 8 月）、《改造》（1920 年 9 月 – 1922 年 9 月）等报刊。梁启超在日本办的《清议报》（1898 年 12 月 – 1901 年 12 月）、《新民丛报》（半月刊，1902 年 2 月 – 1907 年 8 月），比起《时务报》，可以说放言无忌，内容相当丰富，讨论新政变法的范围广，但立场观点却偏于保守。

在行政学产生以前，其若干内容就包括在政治学之中。政治学的发展是促进行政学产生和发展的一个重要因素。17 – 18 世纪，在资产阶级革命中涌现出一批杰出的政治学家，如洛克、孟德斯鸠、卢梭等，他们所鼓吹和确立的天赋人权、社会契约、三权分立等思想，把政治学理论推进到一个新的发展阶段，为资产阶级国家政体的确立奠定了理论基础。梁启超到日本后迅速投入到对西方政治学的学习、转述乃至研究中，不亚于甚至领先于同时期留日法政专业的青年学者。例如，光绪二十八年（1902）他辑译的《近世欧洲四大家政治学说》由上海广智书局出版，四大家包括霍布斯（Hobbes）、洛克（Locke）、卢梭（Rousseau）和孟德斯鸠（Montesquieu）。他还对诸学作了辨析和发挥，如在《论立法权》的"论立法行政分权之理"中指出："吾中国本立法之事而无之……若宋之制置条例司，虽可谓之有立法部，而未可谓之有立法权也。何也？其立法部不过政府之所设，为行政官之附庸，而（与行政）分权对峙之态度，一无所存也。"[①] 而研究性的成果，如《政治学新论》由上海广智书局出版，内收《古议院考》、《论君政民政相嬗之理》、《中国与欧洲国体异同》、《立宪法议》、《论国家思想》、《国家思想变迁异同论》等 12 篇。梁启超认为，为了走出洋务运动的误区，学习西学应以"政学为主义，以艺学为附庸"，"今日中国不思自强则已，苟犹思之，其必自兴政学始"。[②] 这样，梁启超成为在中国倡设政治学院或系统开设政治课的第一人[③]。梁启超不但

---

① 梁启超：《论立法权》，《新民丛报》1902 年第 2 号，第 47 – 49 页。
② 梁启超：《变法通议》，《饮冰室合集》第 1 册，文集之一，中华书局，1989，第 1 页。
③ 董方奎：《梁启超对中国近代教育的贡献》，《华中师范大学学报》（人文社会科学版）2006 年第 4 期，第 123 ~ 129 页。

在理论上论证了西政教育的意义和作用，在实践中也力行之①。

梁启超流亡日本十四年，接触了当时日本明治维新以后的思想和言论，并由此来吸收欧洲的思想（"日本化"了的西方思想），主要有福泽谕吉的启蒙思想（文明论），中村正直的新民思想（《西国立志编》和《自由之理》），中江兆民等的民权思想与卢梭的人民主权论，甲午战后的日本国家主义（高田早苗、浮田和民、加藤弘之等），国家有机体论（伯伦知理的《国家论》及平田东助、平冢定二郎的翻译）②等。与政治学、行政学关系最密切的是国家主义和国家论。

以上诸位是晚清"开眼看世界"的先驱，起到了思想启蒙的作用。他们已经注意到教育制度甚至政治制度为后来的法政教育的发展奠定了思想基础。此外，还有一些学者和刊物在西方法政知识传播中也发挥了一定的作用。

笔名力人翻译的《政治学大家伯伦知理之学说》，是较早的评述性论文，认为："18 世纪以来，卢骚氏主张民约之说，以社会之理说政治，举世风靡……矫枉过正……自伯氏出，主张国家主权之说，破民约之论……19 世纪以后之风潮，或将趋于伯氏之学说，未可知也。"介绍了伯氏的国家有机体论、主权论、政体论和司法论，评之"参酌真理，准乎实际，无过高之论，无背理之言"。③1902 年发刊的《政艺通报》，走的也是宣传新政改良变法路线，收集、刊载政治、科技重要译文，以及官员们的奏疏等。如第 2 期中邓实辑录的《西政丛钞》，分门别类，有所领悟，拥护西方"政学"。又如第 8 期中《政学文篇卷二》，有日本学者关于政治学和行政学的说法："夫行政学之范围极其广大，其分派亦极纷繁……学者分行政类为五大部，曰外务行政，曰内务行政，曰司法行政，曰财务行政，曰军务行政。"至于政治学，德国学者混之于法理学、经济学与政治学中，失之太广；英国学者驱逐行政学于范围之外，失之太狭。《新世界学报》④刊登过大量政治学、政治思想方面的论文论著，作者有马叙伦、汤调鼎、杜士珍、陈怀等。《国粹学报》⑤

① 丁平一：《湖南维新运动史——1895 年至 1989 年》，台北汉忠文化事业股份有限公司，2000，第 136－138 页。
② 郑匡民：《梁启超启蒙思想的东学背景》，上海书店出版社，2003。
③ 力人：《政治学大家伯伦知理之学说》，《新民丛报》1905 年第 32 号，第 9～16 页。
④ 1902 年 9 月创刊于上海，陈介石任主编，翌年停刊。
⑤ 1905 年 2 月创刊，由邓实等编，1911 年停刊。

以刊载中国传统政治、中国政治思想史等方面的论著为主。那时，国内的《东方杂志》也敢刊登较激进的文字，例如《论中国必革政始能维新》一文就称："为何新法仍无裨于今日之大局？因为政体未变。……西国其政体以民为主人，而政府为百姓之公仆。而中国反是。"①《福州闽报》刊登的《论变政宜自变官始》一文揭露官场贪暴庸碌，主张要从制度上设计，大批淘汰庸员，严把仕进之关，改变官场风气。②

### 三　伍廷芳、沈家本和宪政编查馆的搬运

光绪二十八年（1902），晚清政府以"务期中外通行，有裨治理"为修律指导方针，正式任命中国近代著名法学家、刑部右侍郎沈家本（1840 - 1913）和外务部右侍郎（后任刑部右侍郎）伍廷芳（1842 - 1922）担任修订法律大臣，主持法律改革大计。沈家本确定以"参考古今，博辑中外"、"汇通中西"为修律指导思想，先是设立法律编修馆，继又设考察政治馆，1907 年改为宪政编查馆③。在伍廷芳、沈家本领导下，聘请外国专家为顾问，采取西法与中法相结合、创新与改良相结合、修律与立宪相结合、立法与立人相结合、人道主义与传统仁政相结合的方法，仿照大陆法系的构架建立了中国近代的法律，不仅制定了一系列新法，还由此引发了全国性的司法制度改革和新式的法律教育的实施。

"吾国法学久湮，以吏为师。其能沟通新旧，贯彻中外，以转移风会而立法治国之基础者"，就是沈家本。他在《法学会杂志序》中写道："吾国近十年来，亦渐知采用东西法律。余从事斯役，延访名流，分司编辑；聘东方博士相与讨论讲求，复创设法律学堂以造就人材。中国法学于焉萌芽。"④进入民国，他"自政体改革以来，赞助共和，勤劳尤著"。⑤可惜他在1913年春就逝世了，没有来得及系统地整理自己的思想理论、撰写实践回忆文字。从《沈侍郎家本奏修订刑律草案告成折》刊登，到《宪政编查馆奏核

---

① 《论中国必革政始能维新》，《东方杂志》1904 年第 1 期，第 12 - 15 页。
② 《论变政宜自变官始》（原载于《福州闽报》），《清议报全编》卷 26《附录二·华报撷华专论》，横滨新民社辑印，1901，第 115 - 120 页。
③ 《军机处奏请改考察政治馆为宪政编查馆折》，《东方杂志》1907 年第 4 卷第 12 期，第 43 - 48 页。
④ 沈家本：《法学会杂志序》，《法学会杂志》1913 年第 1 卷第 1 期，第 1 页。
⑤ 《大总统核议前法部正首领沈家本给恤缘由请批示遵行文并批》，《政府公报》1913 年第 408 期，第 11 页。

议沈家本等奏编定〈现行刑律〉折》、《大清现行刑律案语》和《核定现行律例》，可以看到他对新修订刑律的贡献，而编撰《刺字集》、《历代刑法考》等反映出他的学术根基。①

他们两人对行政学教育的贡献，则以光绪三十一年（1900）四月的《外务部右侍郎伍刑部左侍郎沈奏请设立法律学堂折》昭彰人目。他们鉴于"日本变法之初，设速成司法学校，令官绅每日入校数时专习欧美司法行政……（我国）宜略仿其意在京师设一法律学堂，考取各部属员住堂肄习"，"课程当然以法律为主，其补助课为《各国行政机关学》……"② 这两段话，一有"司法行政"，二有"行政机关学"，而且学堂真正办起来了。所以谈到中国近代行政学的引入，法律（法政）学堂是一条主渠道。不过，由于办学以速成科为重，无暇切实讲授"行政机关学"这类辅助课程。

此外，达寿通过出洋考察，为清廷设计应付速开国会立宪压力之策，即订立实施年限，逐步进行；至于先立内阁，是因为看到西方政府与国会"二者常相维系亦常起冲突……故立宪君主国家必置内阁者，非欲使内阁专权，实使内阁上对君主负其责，下对国会当其冲，而君主以大权调和于二者之间也"。但日德等国的国会只有参与立法与预算决算权，是"由于未开国会以前凡定法律、制预算、政府行政机关整顿官职权限，政府皆同心合意以一定之方针竭力为之，故不禁其（国会）干涉，而实无可干涉。日本虽于明治二十三年开国会，而十八年组织内阁者，即此意也。"如果"先开国会代政府决定方针……不慎即流为英法议院政治……则行政权永为立法权所干涉，其困难有不可胜言者"。③

西方法学知识的传入，实际上影响了清朝的相关制度建设。关于清朝1910年以前中央及其各部门的职官法律、法规，可以参见《清朝续文献通考》、《光绪朝东华录》和《清末筹备立宪档案史料》。光绪三十二年（1906），发布了《宣示预备立宪先行厘定官制谕》，宣布官制改革开始，改

① 《沈侍郎家本奏修订刑律草案告成折》，《大同报》1907年第8卷第11期，第19-24页；《宪政编查馆奏核议沈家本等奏编定〈现行刑律〉折》，《政治官报》1909年第822号，第5-8页；《大清现行刑律案语》，修订法律馆，1909；《核定现行律例》，修订法律馆，1910；《刺字集》，京都荣禄堂，1886；《历代刑法考》，中华书局，1985。
② 《外务部右侍郎伍刑部左侍郎沈奏请设立法律学堂折》，《教育杂志（天津）》1905年第7期，第10页。
③ 达寿：《考察宪政大臣达寿奏国会年限无妨预定折》、《又奏先立内阁统一中央行政机关片》，《政治官报》1908年第293号，第4-11页。

革时奏准施行的有《内阁官制》、《各部官制通则》及各部官制十来种。奏准施行的,光绪三十四年(1908)有《钦定宪法大纲》、《谘议局章程》、《内外城巡警厅官制章程》和《礼学馆章程》等,宣统元年(1909)有《法院编制法》、《资政院章程》等,宣统二年(1910)有《盐政院暂行章程》的九章35条和《钦定行政纲目》等。

这里特别值得一提的是《钦定行政纲目》一书。当今一些行政管理学的教材和工具书,把《钦定行政纲目》当作我国最早从西方引进和翻译的行政管理学著作,这其实不确,《钦定行政纲目》其实是沈家本、伍廷芳领导下的法学家们的集体编撰成果。中国古代有大量关于行政的立法,如《唐六典》、《明会典》和《清会典》,但没有"行政法"的名称。清末修律中也没有制定带有"行政法"字样的法律规章,但是,根据《钦定宪法大纲》制定的《钦定行政纲目》(1908,有的版本题张鹤龄撰)属于现代意义上的行政法。这本《纲目》将国事分为国家事务与皇室事务两种,并将这种区分称作立宪政体的第一要义,是清末行政立法的纲领,明确承认了国家的权力采取分权制,作为国家三权之一的行政权是独立的。《钦定行政纲目》的主要内容以国家行政事务为限,有关皇室事务均不列入。根据"融合列国成规,按切我国情事"的原则,将国家行政机关分为四级隶属建制,即直接官治(中央政府执行政务及特设官吏于各省奉行中央政府所制定之法令)、间接官治(中央政府制定法令,非直接执行,又不特设官吏,即委任各省官府行之)、地方官治(中央政府或各省官府所制定法令由地方官吏奉行之)和地方自治(中央政府或各省官府制定法令,委任地方自治体行之),"将来终以中央集权为归"。《钦定行政纲目》在横的方面将国家行政分为外务、财政、军政、司法和内务。其中外务有外务部;财政有度支部;军政有海军部和陆军部;司法有法部;内务包括民政、教育行政、农工商行政、邮传行政和藩政,分别有民政部、学部、农工商部、邮传部和理藩部。其中,民政部分五司,即民治、警政、疆理、营缮和卫生。民治司的事务为地方自治、风俗礼教、荒政和侨民。警政司的事务为行政警察、司法警和教练警。营缮司的职责范围为邦、京外和古迹。卫生司的事务为防疫和卫生。农工商部分为四司,即农务、工务、商务和庶务。工务司的事务为工艺、物料、机器、制造、劝工、工场、改良、茶矿、矿政、工艺局、化分矿质和权衡度量。商务司的事务为商务、商埠、商勋、赛会、专利、保险、航业、护商、招商、银行和各公司。后来增设的邮传部，分为船政、路政、电政和邮政四司。①《钦定行政纲目》未及真正实施，清朝即覆亡。与现代意义上的行政立法相比，仍然有很大差距，但它作为清末制定现代行政法的一种尝试，值得我们重视。《钦定行政纲目》在当时受到极大重视。例如，《宪政编查馆奏复核各衙门签注〈行政纲目〉折》要求各衙门"逐条核酌……分别会商，详细签注。限两月内咨复到馆"②，是很慎重的。《宪政编查馆奏行政事务宜明定权限酌拟办法折》更是请求朝廷把关，"酌拟办法，不能疏忽，让'纲目'仅为一纸具文"③。志毅《行政纲目诤言》称："吾国行政机关，复杂紊乱……今者政府欲秩而理之……为顷年新政最伟之壮猷……但编者界说既未定，大计复未决，既牵于事势，复多所顾忌，宜乎弗得统一之分科，具一定之准则"④。《编纂官制大臣泽公等原拟行政司法分立办法说帖》强调，"中国行政司法二权向合而一"，是"数千年相沿之积习、数百年惯历之陈规"，今中央的"法部（刑部改）专任司法，大理院（大理寺）专掌审判"还好办，下面的各省、州府、县就得"专立审判衙门"，以及安排相应的官员；日本明治维新之初就陆续设立"司法裁判所"，中国需将各省区按先进程度划为五类，每三年启动一期（改制），全国须十五年完成。⑤ 一年后，其正式推行⑥。

光绪三十一年（1905），清政府设"考察政治馆"，掌研究各国政治和考察各地政治情况。后于1907年改名"宪政编查馆"，宣统三年（1911）废。据载泽（1868－1929，清宗室，镇国公，后任纂拟宪法大臣）、戴鸿慈（1853－1910，法部首任尚书）等人1906年的报告，他们出国记录并搜集、回国后整理的政治法律文献，共成书67种146册；而搜采东西文政治书籍，又得434种。可以想见，考察政治馆比以往官办及民营书局更为专业，大量引进与宪政和制度相关的书籍和文献。他们认为：

中西政俗不同，非尽可法。惟日本远师汉制，近采欧风，其民有畏

① 宪政编查馆（有的版本题张鹤龄撰）：《钦定行政纲目》，石印本，1910。
② 《宪政编查馆奏复核各衙门签注〈行政纲目〉折》，《政治官报》1910年第1098号，第5-6页。
③ 《宪政编查馆奏行政事务宜明定权限酌拟办法折》，《国风报》1910年第1卷第8期，第83页。
④ 志毅：《行政纲目诤言》，《国风报》1911年第1卷第22期，第17-38页。
⑤ 《编纂官制大臣泽公等原拟行政司法分立办法说帖》，《东方杂志》1907年第4卷第8期，第92-94页。
⑥ 《法部奏统筹司法行政事宜分期办法折并单》，《政治官报》1909年第533期，第14页。

神服教之心，其治有画一整齐之象。万几虽决于公论而大政仍出自亲裁，盖以立宪之精神实行其中央集权之主义，其政俗尤与我相近。故此次所辑各书，以日本为最详，并采英法比三国制度以资参镜①。

《考察政治大臣编译各书广告》中仅政治官报局发行的就有《译书提要》、《日本宪政略论》、《日本宪法疏证》、《日本宪法说明书》、《日本丙午议会》、《日本政治要览》、《日本官制通览》、《日本议会诘法》、《法国政治要览》、《比国政治要览》、《英国财政要览》、《英国议院问答》和《驻奥使馆报告书》等多种②。

四　康有为、地方政府和民间的知识生产和传播

逃亡海外的康有为也不甘寂寞，光绪二十九年（1903）正月，他在印度大吉岭写完《官制议》③，宣称：

政治之原起于民，纪纲之设成于国，设官分职以任庶事，此万国古今之公理也。然较其得失，凡有四端：一曰设官之为人君与为国民；一曰分职之多与寡；一曰中央集权与外藩分权；一曰一统之所自由与立国之主干涉。

为民事之官制优于为君事之官制……文明之世，政治繁剧，故分职宜多，故多职优于少职……文明之世，道路通，机尤捷，故行中央合权，故合权胜于分权。如今日之中国乎，民治不兴，政法太略，外藩操财兵之权，中政府不能运动之，几成多国。……如果还照《老子》以无事治天下，但求不乱而不求治……而又无立法之议院，以时加修治……此二千年官制之疏略而未能臻美备者之由也。今既当诸国竞争之时，非复一统卧治之世，万事之治，纲举目张，皆在官制。则大大更张，小小补苴，损益从时，斟酌合势。今日为治之始，所当有事矣。④

据梁启超的概括："（康）先生以为欲维新中国，必以立宪法、改官制、

① 《考察政治大臣进呈编辑政治各书提要折》，《南洋官报》1906 年第 64 期，第 31 页。
② 《考察政治大臣编译各书广告》，《政治官报》1909 年第 705 号，第 15 页。
③ 1903 年由上海租界的广智书局以《康南海官制议》为名出版。
④ 康有为：《康南海官制议》，广智书局，1904，序第 1－3 页。

定权限为第一义。以今日之法，以今日之官，虽日下一上谕言维新，无益也。其所谓改官制者，条理甚繁，不能具述。所谓定权限者，定中央政府与地方自治之权限也。"①

比起国内中央及各地的君主立宪派，康有为有先发表此议和亲历（外国）宪政的优势，强调对"制度"的某些改良。但脱离具体政治和法律实践，与宪政编查馆（有外国顾问）的各项设计（如《钦定行政纲目》）相较，不见得如何高明。而全书的意图在"议（政）"，康有为处于旁观者的地位，针对"新政"的各种举措做一些批评和理论阐述，以及屡屡与他所亲见的西方和东洋制度比较，就比干巴巴的法律条文对读者更有启发。全书分为 14 章，即官制原理，中国古官制，汉后官制，宋官制最善，各国官制，中国今官制大弊宜改，开议院，公民自治，析疆增吏，存旧官，增司集权，供奉省置，改差为官、以官为位，俸禄。例如，第一章他列举"生民、教民、阜民、保民四（类）官，皆民政之必须者也"，"财、兵、外交三官，皆国政之必须者也"，"又有……可以便民兴利，可以为国殖财者，则邮政、铁路、电信、银行是也"，"以上八职，皆立国长民之政。其职不可缺，其序不可紊者也"，"今中国只有户礼兵刑四官，合八为四，立国只有财兵，为民只有教刑，粗疏甚矣"。又如第四章："宋之官制凡有五善：一曰中央集权，二曰分司详细，三曰以差易官，四曰供奉归总，五曰州郡地小。"第五章涉及十多个国家的政务。第六章提出观点："民无自治之权，则不能纤悉皆举；政无中央之运，则不能操纵合宜。此不独远逊欧美，亦大不若乎汉宋。考其原因……则尽收历朝之弊政。"第七章建议三权鼎立："于是以议院为立法之地。议院者，合一国之民心，举一国之贤才，而议定一国之政，诚官制第一之本原也。"第八章："今日中国之变法，宜先立公民哉。"第九章载，一省"仅有一督抚握政权"，"分区等（层级）太多，而皆不逮下"，"县令……责之太重，而又少佐官属吏"为"三失"。第十一章："今将中央集权，其增司如何？吾意以为增之唯恐不多，分之唯恐不细。"第十二章："所有宦官尽行裁撤……此害不除，不必议变法，不必讲官制矣，求亡国而已。"第十三章提出改差为官、以官为位，"官职之与爵位，同用而不可缺者也"。最末章是有关俸禄的内容，他揭露和分析说，"举大地古今俸禄，未有若中国之薄

---

① 梁启超：《康南海先生传：时势与人物》，《清议报》1935 年第 12 期，横滨新民社辑印，第 6395－6405 页。

者也"，"今之官俸兵饷，皆因明制。然银价日贱，皆明时二三十倍……而官俸尚因明之旧，分毫不加……其势有不得不贪者矣"，"欧美人……知之，其惊笑骇讶，不可复为容矣"。① 这些称得上研究行政法的内容，康有为曾以"明夷"为笔名分期发表于《新民丛报》。

与中央的宪政编查馆相应，各省创立了谘议局的研究部门。据1909年的报道，"其在江苏、山东，则有谘议局研究会；在浙江、福建、江西，则有谘议局议案预备会；在湖南则有谘议局议案研究会；其它各省，今后接踵而起者，当必随之而有。此亦可见我国民政治思想之进步，而能为实事之研究者也。"② 不同于宪政编查馆单纯东拼西凑外国法律闭门造车，这些部门已能联系国内实际问题进行调查研究，准备参政议政了。留日学生在载振、李家驹、胡惟德等大员的支持下组织了谘议局事务调查会，政治刊物《宪政新志》为这个调查会所创办。该团体的职志是："有欲为天下正告者，居今之世，学问以比较为法门，政治以比较而进步。故今日调查之举不出二策：一在考察外因成例；二在参酌国内情形。"该团体在《发刊词》中指出：

> 比年以来国中先识之士，知专制政体不足以竞存于今之世，乃揭橥立宪主义，相与号呼于天下。……欲期斯道之普及，必也举全国之士大夫互抒言论，以相商榷，或绍介他国之学说，或自陈个人之意见，或统筹全局为根本的解决，或列举条目为具体的讨议，上之冀以动政府之听，而见诸实施……

他们准备对各省"政治上、行政上之事项"进行调查，以供各省谘议局参考，对行政实践及相关理论也做了不少宣传。主要成员有徐尔英、吴冠英、张嘉森、徐起凤、毕厚等。《谘议局事务调查会意见书》指出："居今日中国而言改造国家之组织，谋国民之发达，所当先事分明者，其惟行政上之系统乎？现世界之政治，大率不外三种，即中央行政、地方行政及夹在之间的直省（在德美为各邦，在英为各殖民地）行政。""此中间阶级与中央之争，则往往为国家形体所关，主权集散所系，以是常费政治家无穷之心血，动累载之干戈。此观之欧美日本之历史而彰彰者也。"这篇文章的意见是："取为

---

① （清）康有为：《康南海官制议》，广智书局，1904。
② 《谘议局经过大事记》，《宪政新志》1909年第1卷第1期，第31页。

国家为国民两方面而折衷之……凡外交、海陆军、交通、国家财政当一一归之中央，而严其监督；凡内务行政，若教育若农工商若警察当一一归之各省，使发达国民生利之业。"认为谘议局当前具体要议决的事情是本省应兴应革之事、本省单行章程规则之增删修改、本省税法及公债及预算决算、督抚提案和议员提案之预备等。①

与此同时，民间法政学者也聚集起来，创办了《法政杂志》等刊物。例如，张一鹏（1873－1944，日本法政大学速成科毕业，法部主事）在该刊发文，强调中国"法政普及之急"，认为对于法政之学不能抱残守缺或单纯引进，而应借鉴日本经验，"执两而其中"，加以发挥及消化②。《法政杂志》第1期还摘译了美国人 Burgecs 所著《政治科学》（*Political Science*）中的"国家之观念及理想"（The idea and conception of the state）一章，改题名为《国》③。这是我们见到的较早由国人直接译自英文的政治学论著。后来《法政杂志》又刊载了国人翻译的政治学领域的日文研究论文④。陕西西安远离沿海以及政治文化中心北京，向来被认为是保守封闭之地，这时居然冒出了一份紧跟"新政"形势的《丽泽随笔》。编者解释说，"随笔"的意思是不够正式报刊标准，仅作为一种"准杂志"看待。其刊载的一些文章，反映了官制改革带来的震动，通俗地解说了中央六部改为十二部，以及从内阁到基层分为四个"阶级"（所谓直接官治、间接官治、地方官治和地方自治）的设想⑤。当时也有一些涉及政治学基本理论的研究，如陆绍明著的《政学的原理》（1906年闰六月的《国粹学报》月刊第2卷第7期）、王昀舒著的《政治原理》（上海国学商总会半年刊《国学丛选》第7、8、9、11卷上登载）。很多政治学内容包含在其他研究之中，如对社会主义理论的介绍和研究等。这些理论的传播使清朝统治者看到了危险，这可以从《新定学务纲要》（《东方杂志》1904年第3期）的规定中看出。该《纲要》规定中学堂以上各学堂必勤习洋文，参考西国政治法律宜看全文，私学堂禁专习政治法律，都是为了预防"不轨"。

---

① 《谘议局事务调查会意见书》，《宪政新志》1909年第1卷第1期，第1－15页。
② 张一鹏：《法政杂志之趣旨》，《法政杂志》1906年第1卷第6期，第5－9页。
③ 胡茂如：《国》，《法政杂志》1906年第1卷第1期，第326－336页。
④ 天顽译《政党之观念》，《法政杂志》1913年第2卷第7期，第119－128页。
⑤ 《新拟官制》，《丽泽随笔》1911年第2卷第10期，第25页。《大部改革》和《行政阶级》，载《丽泽随笔》1910年第1卷第1期，第85－86页。

实际上，留学生所获得的西学知识远超传教士和买办所贩卖的那些零星皮毛。尤其是留日的法政学生，配合新政或革命，积累和宣传有关知识之快、准、猛，令人目不暇接。1900年之前作为驻日使馆随员（学生），或由南洋、北洋公学派出，特别是从时务学堂逃亡到日本的学生，起着先锋作用。例如，冯自由（1882－1958）回忆励志会与《译书汇编》时提到了1900年在东京成立的励志会（按：另说为1899年秋，由来自上海南洋公学的留学生雷奋、杨廷栋、杨荫杭、富士英、秦毓鎏、章宗祥、胡泰等，来自湖北的留学生戢元丞①、王芳，以及来自梁启超创办的东京高等大同学校的留学生秦力山、蔡艮寅、范源濂、唐才质等，共同发起成立），称其"实为留学界创设团体之先河"②。随着沈翔云、张继、陈独秀等的陆续加入，励志会逐渐分化出稳健派和激进派。稳健派代表人物是章宗祥、金邦平、吴振麟、曹汝霖、胡泰、王芳等；激进派代表人物有戢元丞、雷奋、杨廷栋、杨荫杭、富士英、秦毓鎏、张继、沈翔云等。1901年7月，大家获悉清廷停止八股改试策论，选派学生出洋和酌用留学生。励志会成员有的学成回国，有的创办杂志来赶浪潮。1900年，励志会的戢元丞、杨廷栋、杨荫杭（1878－1945）、雷奋（1871－1919）等创办《译书汇编》，其《简要章程》称"是编所刊以政治一门为主"，"政治诸书乃东西各邦强国之本原，故本编亟先刊行此类"。该刊被冯自由誉为"专以编译欧美法政名著为宗旨"，如卢梭之《民约论》、孟德斯鸠之《万法精理》、约翰·穆勒之《自由原论》和斯宾塞之《代议政体》，皆逐期刊登。译笔流丽典雅，风行一时，时人咸推他为留学界杂志之元祖。曾登有伯伦知理的《国法泛论》③，译自加藤弘之（1836－1916，东京帝国大学校长、帝国学士院院长，主张国家主义、天皇专制主义和社会达尔文主义）的日译本，但未译全。还有有贺长雄（1860－1921）的《近世政治史》、伯盖斯的《政治学》和鸟谷部铣太郎的《政治学提纲》等作品发表。刊物延续将近两年，最后几期开始刊载留学生自己写的介绍性的政法论文。

上段中题为"政治学"的著作，只有《政治学提纲》是东亚学者所写。

① 戢元丞（1878－1907），名翼翚，1896年他与唐宝锷、朱忠光、胡宗瀛、吕烈辉、吕烈煌、金维新等12人被总理各国事务衙门选派，赴驻日使馆学习。1899年入东京专门学校（即后来的早稻田大学），学习政治经济学。
② 冯自由：《革命逸史》，《逸经》1936年第1期，第563页。
③ 〔德〕伯伦知理：《国法泛论》，《译书汇编》1901年第1－3期。

此书介绍了国体、政体的概念，推理了"专制政体"（俄国、中国、土耳其），指出，"在今日已可称为各国例外之政体，将来亦不得不变（因世界多数君主制国家专制已败，立宪已胜）……必成立宪也无疑矣"。"此盖天运人心，递推递嬗，自然而成之结局也。"① 这对中国读者而言，起到了促进宪政（或革命）思想传播的作用。此外，关于亚里士多德和孟德斯鸠的三权分立说，该书也进行了辨析："其实英国政治，非以三权并立为体也（按：例如，内阁阁员犹如议院之委员，意味着议院有行政权）……（又）最近之学说，以司法权隶属于行政权，分统治权为立法、行法二大端……然实则行法之权亦掌立法之事（按：如发命令之权）"，等等②。由此可知，最先在日本学到较系统的法政知识，而且立即加以翻译介绍的，主要的便是东京励志会的成员。他们 1902 年就其所知在《译书汇编》上发布两批相关书目：

第一批③：

①Rudolph Gneist：*Selfgovement*，*Communal Verfassung und Verwaldungsgeschichte*（德国　格尼斯托《德国自治及行政史》）；

②Paul Lonband：*Das Staatsrecht des Deutschen Reiches*（德国　腊彭达《德国国法学》）；

③George Meyes：*Lehrbuch des Deutschen Staats Rechtes*（德国　麻以尔《德国国法学》）；

④J. C. Blauntschli：*Lehre von Modernenstaat*（德国　伯伦知理《近世国家学》）；

⑤Alphens Told：*On Parliamentary Government in England*：*Its Origin*，*Development*，*and Practical Operation*（英国　泰特《英国国会政府之起源、发达及惯例》）；

⑥John Stuart Mill：*Political Economy*（英国　弥耳《经济学》）；

⑦Westlake：*Chapters on the Principle of International Law*（英国　威斯兰克《国际法要论》）；

⑧日本　梅谦次郎《民法要义》；

⑨日本　末冈精一《比较国法学》；

⑩日本　金井延《社会经济学》；

① 〔日〕鸟谷部铣太郎：《政治学提纲》，《译书汇编》1901 年第 7 期，第 41 - 84 页。
② 〔日〕鸟谷部铣太郎：《政治学提纲》，《译书汇编》1901 年第 9 期，第 25 - 48 页。
③ 《欧美日本政治法律经济参考书绍介》，《译书汇编》1902 年第 2 卷第 1 期，附录。

⑪日本　织田万《日本行政法论》;

⑫日本　中村进午《平时国际公法》。

第二批[①]:

①Hall：*Treatise on International Law. 4th. Ed. 1896.*（英国　霍耳《国际法论》);

②Lawrence：*Essays on Some Disputed Questions of Modern International Law*（英国　劳仑斯《近世国际法上疑问论集》);

③Captain Mahan：*History of the Sea Power*（美国　马亨《海上权力史》);

④Woodrow Welson：*The State，or，Historical and Practical Politics*（美国　威尔逊《政治泛论》);

⑤Abbott L. ：*The Rights of Man，or，A Study in Twentieth Century Problems.* 1901，（英国　阿白脱《人权论》，又名《二十世纪之问题》);

⑥Krausse：*A China in Decay*（英国　格洛斯《中国衰退论》);

⑦日本　公平康国《英国宪法史》;

⑧日本　酒井雄三郎《近世欧洲外交史》;

⑨日本　有贺长雄《近时外交史》;

⑩日本　织田万《法学通论》;

⑪日本　田岛锦治《最近经济论》;

⑫日本　添田寿一《法制经济大学》。

这里面直接以"政治学"、"行政学"为专名的日文、西文书，一本也没有。我们知道威尔逊的大名与行政学关系密切，笔者搜索我国是否有《政治泛论》（*The State，or，Historical and Practical Politics*），竟然发现有高田早苗日译、麦鼎华中译（或题华公立译），清光绪二十九年（1903）广智书局出版的中文版；另有商务印书馆"重译"，清光绪二十九年的版本，作为"政学丛书"第二集第六编（线装），由复旦大学和北京大学图书馆分别收藏。进而查到，威尔逊的这本书全名似应为 *The State：Elements of Historical and Practical Politics*，到 2010 年仍有由 Nabu Press 新印的版本，可谓长盛不衰。而且，它包含了威尔逊在 1887 年发表的著名论文《行政学研究》（*The Study of Administration*）中政治与行政二分的观点[②]。我们无法判断中国译者

---

① 《欧美日本政治法律经济参考书介绍》，《译书汇编》1902 年第 2 卷第 2 期，附录。

② 刘亚平、山姆·布朗：《政治行政两分：起源、争议与应用》，《中山大学学报》（社会科学版）2010 年第 6 期，第 175 – 181 页。按：文章将威尔逊读书的书名简译为《国家》。

和读者当时的反应，因为暂时没有找到有关的文字资料。无论如何，中国学术界与威尔逊的两分法（按：刘亚平、山姆·布朗的文章认为，威尔逊的观点采自德国伯伦知理等人）是早有缘分了。

戢元丞等人再接再厉，又与流亡或留学日本的秦力山（1877 - 1906）、沈翔云（1878？ - 1913）等主办《国民报》（月刊，1901 年 5 月在日本创刊），共出版 4 期。该刊以"破中国之积弊，振国民之精神"为宗旨，设有社说、时论、外论等八个栏目。前三期还有王宠惠编的英文文章，以便避清吏耳目。《国民报》最早排斥保皇言论，提倡颠覆清王朝，主张通过暴力革命建立民主国家，并对中国革命如何进行作了积极探索。秦、沈、戢等人本是维新志士，进而转变为革命党或声援者。该报停刊后，戢元丞继续募集股本，到上海创设作新社图书局和印刷局。[①] 不久，《大陆》月刊于 1902 年 12 月在上海创刊，由戢元丞、秦力山、杨廷栋等主办，即原来《国民报》的编辑班子搬回国内。共出版 3 卷 47 期。该刊设有实业、军事、评论等十三个栏目，以介绍西方哲学、政治、法律、军事、经济、教育方面的学术思想为主，宣传西方的制度建设、历史沿革，以及人类学和自然科学等各个方面的理论知识。自第 6 期起，公开与康梁的《新民丛报》展开笔战，并揭露其拾人牙慧，抄袭、拼凑外国论著的丑行。

当时的上海作新社翻译法政书籍（教科书）也相当积极，1902 年前后已经开始。如《新编政治学》，是日本东京专门学校（早稻田大学）的教材，美国伯盖斯原著，"共分三卷：民族，国家，宪法"。译者杨廷栋乃是该校政治科毕业生。

政治类杂志当时如雨后春笋般创立。1905 年创办的《国粹学报》（月刊）由邓实等编，以刊载中国传统政治、中国政治思想史等方面的论著为主，1911 年停刊。作者有孙诒让、章炳麟、刘师培、王国维、李详、罗振玉、况周颐、黄节、邓实、马叙伦、田北湖、薛蛰龙、黄质、陈去病、沈维钟等，多为学贯中西的大家，对很多诸子百家政治学术精品加以发微，古为今用。1907 年在日本创刊的《中国新报》（月刊）由杨度（1875 - 1931）任主编，共出版 9 期。该刊设有论说、时评、译件等多个栏目，以"变中国原有之专制政体为君主立宪政体，推行金铁主义"为宗旨，主张富国强兵、工商立国，强调发展军事力量，是改良派的重要杂志之一。

---

① 蒋慎吾：《东京国民报提要》，《越风》1937 年第 2 卷第 4 期，第 9 - 10 页。

1907 年 10 月创刊于日本的《政论》(月刊) 由梁启超的追随者蒋智由 (1865 - 1929) 任主编,共出版 5 期。该刊设有论著、译述、批评等七个栏目,积极宣传君主立宪,反对暴力革命,主张地方自治。该刊为政闻社的机关报。1908 年清政府查禁政闻社,该刊停刊。辛亥革命以后,《神州》于 1913 年 8 月在上海创刊,由上海神州编译社编辑,共出版 2 期。该刊主要撰稿者为汪彭年、郑之蕃、杨荫樾等人,属进步党刊物。《新中华》(月刊) 于 1915 年 10 月在上海创刊,由新中华杂志社编辑,共出版 6 期,主要撰稿者为李剑农 (1880 - 1963)、杨端六 (1885 - 1966)、汪馥炎 (1891 - 1940) 等。该杂志坚持共和国体,反对帝制复辟,主张地方分权、联邦 (省) 自治,提倡新道德文明,维护民族统一独立,是探索资产阶级民主政治如何实现的理论刊物,有相当大的影响。《民铎》(双月刊) 于 1916 年 6 月在日本创刊,1918 年 5 月迁至上海出版,作为学术研究会的会刊之一,由李石岑 (1892 - 1934) 等任主编,共出版 10 卷 52 期,主要撰稿者为朱谦之、张东荪、郭大力等,李大钊也在该刊发表过文章。该杂志初期以"促进民智,培养民德,发扬民力"为宗旨,后期修改为"阐扬平民精神",并以介绍现代最新思潮为主。《太平洋》(双月刊) 于 1917 年 3 月在上海创刊,初为月刊,后改由商务印书馆发行。李剑农、杨端六先后任主编,共出版 4 卷 42 期。设有论说、译述、论坛等栏目。其宗旨为"考证学理、斟酌国情,以求真是真非"。主要撰稿者为周鲠生、高一涵、彭一湖等。①

在清华大学图书馆供职的毕树棠 (1900 - 1983),在 20 世纪 30 年代称:"中国创办杂志已经有三十多年的历史,创办的动机由于鼓吹新政……梁任公所办的《时务报》和《新民丛报》可算中国政治杂志的始祖……"这是中国政论杂志的第一期。接着是梁启超办的《庸言报》、《大中华》和章士钊的《甲寅》杂志,"所鼓吹的是政治制度和法律问题,性质是偏于批评和建设的一面,言论趋于谨严,题材入于实际,文字形于深刻,不像清末时期的一股浮气了",缺点是"只是少数政论家的互相论辩"。这是中国政论杂志的第二期。五四运动时期,北方的新杂志有《新青年》、《新潮》、《新中国》、《少年中国》,渐及于南方,有《新教育》、《教育潮》、《建设》、《解

---

① 辛亥革命时期期刊汇编编纂委员会:《辛亥革命时期期刊汇编》,首都师范大学出版社,2011。

放与改造》。"这时期是以提倡新文化为主，政治不过是一部分……"这是中国杂志由政论扩张到思想学术，可谓第三期。"讲到学术得埋头研究"，因此有北大的《北京大学月刊》、《国学季刊》、《社会科学季刊》，东南大学的《学衡》、《史地学报》、《文哲学报》，商务印书馆的《东方杂志》（五四后才具有学术地位），以及创造社的季刊、周刊。各大学继起，如清华大学办《清华学报》，燕京大学办《燕京学报》，以及中山、武汉、中央、南开、金陵、厦门、岭南诸大学，还有中央研究院和其他学术团体纷纷创办期刊。"在政论方面……最先者北大教授办有《太平洋》……《现代评论》……继之胡适又办《努力周报》……东南大学的《东南论衡》……""社会方面，初时介绍西方种种社会主义，后来慢慢都入了共产理论的范围，最早是广东出版的《向导周报》……从五四以后到北伐成功……可谓第四期。"当时全国杂志"学术一类当近百种之数，政论有时与学术不能分开，合之有百种以上，是有相当地位的"。①

一年后，毕树棠报道："最近清华图书馆印的（全国）中文杂志目录，包括 1896 – 1933 年间出版的杂志，统计有六百七十余种……（现存）将近四百种……"他分为七类。（1）政府机关出的杂志，即公报一类，清末很少，内阁公报最重要。北洋政府时期，内务、外交、农商、司法、交通、教育各部的公报都办得不错，末后就没了生气。南京国民政府成立，每个中央机关都有刊物，据 1930 年中央研究院编印的《中国政府机关刊物目录》记载，有期刊 80 种。其中公报公布各项法规条例，调查和统计的刊物有《统计月报》、《建设月刊》等，而各省政府机关出的刊物，当以教育厅和建设厅的较为重要。几个特别市的市政刊物，如广州的《市政公报》、上海的《社会局月刊》、武汉的《新汉口》最有价值。（2）文化机关的杂志。也是政府所办，而以研究为主。中央研究院及各研究所都有集刊专刊，还有社会调查所的《社会科学杂志》、北平图书馆的馆刊等。（3）大学出版的杂志。多半偏于文、史、哲、社会等科。（4）学会出版的杂志。文科如《经济学季刊》、《社会学刊》、《法律评论》、《合作月刊》、《史学杂志》等，其他是由研究团体或项目支撑的，如《村治月刊》，有关新亚细亚、我国西北和西南地区、南洋、日本、俄罗斯的研究等。（5）行业机构的杂志，如银行、钱业、纺织业等。（6）政论社的杂志。"中国似乎没有政党的永久言论机关，

---

① 《杂志小言》，《（清华）政治学报》1932 年第 2 卷，第 253 – 256 页。

也没有长期的清谈政治的杂志", "九·一八"以后出现的, 有《时代公论》、《独立评论》、《鞭策》、《再生》等。(7) 书店 (出版社) 的杂志。有《东方杂志》、《新中华》、《申报月刊》, 及大东、世界、北新、光华、黎明、神州国光社等编印的杂志。①

## 第二节 持续繁荣十余年的日本式法政教育

### 一 速成学习日本法政学内容和教育模式

#### (一) 日本专门面向中国留学生的速成科法政教育

甲午之战后, 日本政府出于满足削弱俄英法美在华的势力和影响, 从军事、经济到政治、文化全面对中国进行布局, 最终独占中国的需要, 从 1895 年起大力向中国推销其变法成就, 特别是政治法律制度。日本驻华公使矢野文雄认为: "修习法律、文学的学生等, 必会依照日本的制度来筹划清国将来的发展。事若至此, 我国势力在大陆的影响, 岂不无可限量!"② 另外, 新政前 (1896 - 1902) 赴日学生亲身体验了日本的崛起, 出于爱国图强的目的, 希望乘新政鼓励留学之机为大批后来者开辟捷径。这些共同促成开办速成科。

1903 年, 日本公爵近卫笃麿和子爵长冈护美在与清朝驻日公使汪大燮会谈时提出, "欲于日本东京为中国游历官设速成法政学院"。随后, 日本法政大学总理梅谦次郎 (应清留学生范源濂和曹汝霖的要求) 也提出了相同的建议。梅谦次郎 (1860 - 1910) 是法国里昂大学毕业的法学博士, 德国柏林洪堡大学研究员, 曾担任帝国大学法科大学 (现东京大学法学部) 教授、东京帝国大学法科大学校长、内阁法制局长官、文部省总务长官等职, 是日本民法典与商法典的起草者。这事经后来的驻日公使杨枢同意, 并上奏给慈禧、光绪, 他称 "日本于明治维新之初, 岁遣学生多人游学欧美, 分习诸科。并于本邦设速成司法学校, 令官绅每日入校数时, 专习欧美司法行政之学, 以应急需", 所以中国可以模仿。日本遂于明治 37 年 (1904) 启动专门面向中国留学生的速成科法政教育。这里, 我们意外地发现杨枢使用了 "行政之学", 而实际上该校 "教授大旨约分四科, 曰法律, 曰政治, 曰理财 (按:

---

① 毕树棠:《中国的杂志界》,《独立评论》1933 年第 64 期, 第 9 - 14 页。
② 孙雪梅:《清末民初——中国人的日本观》, 天津人民出版社, 2001, 第 26 页。

即经济），曰外交（按：没有单独开设）"。① 我们推想，是否是中国（如杨枢）看重"行政之学"，而日本法政学校反而拿不出来？

下面看看《日本法政速成科规则》的几条规章，以了解当时赴日留学生在法政学习方面的情况。

第一条　本大学之法政速成科以教授清国现代应用必要之学科，速成法律、行政、理财、外交之有用人才为目的。（按：这句中"行政"并非学科、学问，而是职业。）

第二条　教授以日本语口授，更以中国人通译华语，学生得以汉文笔记讲义。

第三条　教授聘日本之法学博士、学士之法学名家，深于学术，又富于经历者。

第四条　通译者请留学日本之帝国法科及私立各大学之清国留学生学有根底者。

第五条　学科之分目如下：法学通论及民法、商法、国法学、行政法、刑法、国际公法、裁判所构成法、民刑诉讼法、经济学、财政、监狱学。（按：确实没有行政学。）

授课配有中国人作中文翻译，诸科教习皆日本最有名之学士、博士，计有：梅谦次郎（法学通论），中村进午（国际公法），梅谦次郎、乾政彦（民法），山田三良（国际私法）；松波仁一郎、志田钾太郎（商法），岩田一郎（裁判所构成法），笕克彦、美浓部达吉（宪法）；板仓松太郎（民事诉讼法），冈田朝太郎（刑法），小野冢喜平次（政治学），清水澄、吉村源太郎（政法），金井延、河津暹、山崎觉次郎（经济学），冈实高野岩太郎（财政学）。另外，还有其他学科 7 个讲座的 10 名教师。

1904 年 5 月，速成科开讲。1906 年 10 月，梅谦次郎访问中国，与张之洞、袁世凯等人达成协议，法政大学速成科于第五班（1908 年毕业）后停止招生，改设为三年制的普通科。据统计，速成科自 1904 年起至 1908 年止，计招收五期共 1805 人，实际毕业 1135 人（一说 1070 人）。其中第一期

---

① 《出使日本大臣杨奏特设法政速成科学教授游学官绅以急先务而求实效折片》，《东方杂志》1905 年第 2 卷第 4 期，第 61 - 64 页。

招收94人，1904年5月开讲，1905年6月毕业69人（一说67人）；第二期包括汪精卫、胡汉民等；第五期分法律部和政治部，前者毕业179人，后者毕业206人①。后来，这些法政留学生在中国法制近代化舞台上扮演了重要角色，并且涌现出一批著名人物②。

**（二）早稻田大学的清国留学生部**

与中国法政教育攸关的还有早稻田大学的清国留学生部，由其章程可以看到早稻田大学的沿革与接纳留学缘起：

> 首倡建学者为大隈伯……小野君梓及高田、天野、坪内诸学士，亦皆与伯同见。卜地于早稻田……来学者八十余名，于时明治十五年（1882）十月二十一日也。明治三十五年（1902）九月改称东京专门学校曰早稻田大学（按：一说定名于1901年），以其规模大而法制备也，建学至此二十年矣。大学分为三部一科：曰大学部，曰专门部，曰高等师范部，曰高等预科。大学部设政治经济学科、法学科、文学科、商科；专门部置政治经济科、法律科；高等师范部置国语汉文科、历史地理科、法制经济科、英语科；而高等预科分政治经济学、法学、文学、商学四科；别有实业学校及早稻田中学，俱属大学。鸠山博士为校长，高田博士为学监，其教员高田、天野、坪内三博士以下二百余名，其生徒五千人，并实业学校、早稻田中学共七千人，通国私立诸学莫与竞焉。
>
> 清国留学生部……盖数年以来清国留学生来此者以千数……其卑近者概期速成，轻俊子弟一知半解小成自安，其高尚者多费岁月不足应急。我大学有鉴于此，特设清国留学生一部参酌变通，稽诸国情……使彼来学者自普通学进至专门学，学科不切者缺之，功课过繁者简之，时不徒费，力不徒劳，而功倍矣。
>
> 教师队伍
>
> 校长 美国法学博士 鸠山和夫；学监 法学博士 高田早苗；主事 青柳笃恒。
>
> 讲师衔名：……德国法学博士池田龙一，法学博士冈田朝太郎，德

---

① 贺跃夫：《清末士大夫留学日本热透视——论法政大学中国留学生速成科》，《近代史研究》1993年第1期，第41—62页。

② 丁相顺：《晚清赴日法政留学生与中国早期法制近代化》，http://www.japanlawinfo.sdu.edu.cn/html/faxueyiban/20071201/46.html。

国哲学博士金子马治，文学博士横井时冬，理学博士横山又次郎，法学博士田中穗绩，法学博士添田寿一，文学博士平内雄藏，理学博士平井正五郎，法学博士中村进午、中岛半次郎、永井一孝、中桐确太郎，德国哲学博士宇都宫鼎，法学博士山上田三郎、牧野谦次郎，法学博士天野为之，法学博士有贺长雄、青柳笃恒，德国法学博士坂本三郎，法学博士美浓部达吉，美国哲学博士盐泽昌贞，美国法学士杉山令吉，文学士浮田和民等。可以发现其中有些人兼课法政大学。①

早稻田大学将它的最佳阵容全盘托出，显示出实力强大，对中国学生很有吸引力，陆续来此的著名中国学生有宋教仁、陈独秀、李大钊、廖仲恺、彭湃等。此外，京师大学堂首批派出的全部政法科学生则集中在日本法科大学（即"法学院大学"）一所学校，计有私法黄德章、余荣昌，交涉学曾仪进，刑法朱献文，公法屠振鹏，统计学范熙壬，民事刑事诉讼法朱深，惟一的政治学学生是周宣。

## 二　星罗棋布的法政学堂成套编译的教材

抢在1905年废科举之前，直隶法政学堂于1905年成立，之后几年，各省法政学堂纷纷涌现。据陈翊林的《最近三十年中国教育史》统计，宣统年间全国各类专门学堂总数达111所，在校学生20672人；而法政学校即占47所，学生人数达12282人，超过其他专门学堂人数的总和②。三道奏折《学部奏定京师法政学堂章程折》、《学部奏议复浙抚奏变通部章准予私立学堂专习法政折》、《学部奏改订法政学堂章程折》（均载于《政治官报》）都强调了设立法政学堂的重要性和必要性，可知关于法政学堂办理的制度和期限等也都在逐渐完善③。

当时，京津地区的法政学堂有北洋法政学堂、京师大学堂、京师法律学堂和京师法政学堂等四所。其中天津的北洋法政学堂"根据奏定分科大学章程，教授高等法律、政治、理财等专门学科，以造就完全政法通材为主旨"，先后设立了考验处、课吏馆、幕僚学堂、吏胥学堂，有考核和培训官员；派遣

① 《日本早稻田大学中国留学生章程纪要》，《东方杂志》1905年第2卷第4期，第71页。
② 陈翊林：《最近三十年中国教育史》，太平洋书店，1930，第122－125页。
③ 潘懋元、刘海峰：《中国近代教育史资料汇编》之《高等教育》，上海教育出版社，2007，第352－356页。

官绅赴日本考察学习，设立宪政研究会；并以天津为试点，创办自治局、议事会，设立自治研究所，以吸收阅历较多兼孚众望的士绅入所听讲，后来改设为简易速成科的"职班"与"绅班"。幕僚学堂、吏胥学堂为培训暂设而已。

京师大学堂既是全国最高学府，又是国家最高教育行政机关，统辖各省学堂。根据《京师大学堂章程》第二章第二节"大学分科门目表"，这里有梁启超为之策划始基的踪影。在大学分科门目表里，"政治科第一、文学科第二、格致科第三、农业科第四、工艺科第五、商务科第六、医术科第七"。"政治科之目二，一曰政治学，二曰法律学。"1899 年，京师大学堂率先正式设立了仕学馆，在门目表中明确作了规范，有掌故学、理财学、交涉学、政治学等，作为中国近代政治学发展的中枢之地。不过，壬寅、癸卯的钦定、奏定学堂章程，对学科已有新的规定。喻长霖《京师大学堂沿革略》说："己亥（1899）改堂后，中小学合并，惟仕学馆尚在，分隶史学、地理、政治三堂。"① 而陈翊林说："京师大学……在二十八年（1902）以前只有师范斋与仕学馆……预备科三十年（1904）才正式开办。宣统元年（1909）开办分科大学（按：即分院系）八科，尚无全数预备科及高等学堂毕业生（升入各分科）……这便是所谓模范大学。在辛亥革命以前只有预备科毕业生 120 人，尚无本科毕业生。"② 执行得不好。

### 三 法政专门学校的法律、政治、经济三科制

中华民国 1912 年 10 月公布《专门学校令》，改学堂为学校，规定"专门学校以教授高等学术，养成专门人才"为宗旨。法政专门学校属专门学校之一，专门学校学生入学资格为中学毕业或经过考试证明具有同等学力者，明显提高了法政学校的办学标准和对学生的入学文化程度要求。这一举措也是为了限制法政学校入学人数，保证教学质量。各地一时难以办到，于本科、预科之外办有别科（不需任何资格即可入学）。黄炎培讥讽："光复以来，教育事业，凡百废弛，而独有一日千里，足令人瞿然惊者，厥唯法政专门教育。……报章募生徒之广告，则十七八法政学校也；行政机关呈请立案之公文，则十七八法政学校也。"③ 教育部不得不通令各省法政学校，要求严格按照相关规定办学。1916 年，法科专校数已降至学校总数的 42.1%，学

① 参见舒新城《中国近代教育史资料》（上册），人民教育出版社，1961，第 157－158 页。
② 陈翊林：《最近三十年中国教育史》，太平洋书店，1930，第 121 页。
③ 黄炎培：《教育前途危险之现象》，《东方杂志》1913 年第 12 号，第 18 页。

生数降至 55.7%。尽管如此，法政学校的数量仍高居各种专门学校之首。

同时，课程设置方面较之清末也有所调整。下面摘录相关法令文件与政治科相关部分。①

第一章　立学总义

第一条　法政学堂以养成专门法政学识、足资应用为宗旨，分设正科、别科。

第二条　正科分法律、政治、经济三门，均四年毕业。

第三条　别科不分门，三年毕业。

……

第三章　课程

……

第八条　正科分法律、政治、经济三门，由学生于入学之初自行选定。其各门学科及每期授业时刻表如下 [法律门课程表（略），经济门课程表（略）]：

**政治门课程表**

| 第一学年 | | 第二学年 | | 第三学年 | | 第四学年 | |
|---|---|---|---|---|---|---|---|
| 学科 | 每星期钟点 | 学科 | 每星期钟点 | 学科 | 每星期钟点 | 学科 | 每星期钟点 |
| 人伦道德 | 1 | 人伦道德 | 1 | 人伦道德 | 1 | 人伦道德 | 1 |
| 法学通论 | 2 | 政治学 | 3 | 国际公法（平时） | 3 | 中国财政史 | 2 |
| 比较宪法 | 4 | 宪法大纲 | 2 | 财政学（税租） | 4 | 国际公法（战时、国际先例） | 3 |
| 国际法 | 2 | 财政学（总论、经费公债） | 4 | 行政法原理 | 2 | 财政学（预算、决算、国库制度） | 4 |
| 社会学 | 2 | 比较行政法 | 4 | 银行论 | 2 | 政治学史 | 2 |
| 伦理学 | 2 | 商业、农业政策 | 4 | 工业、社会政策 | 4 | 外国财政史 | 2 |

---

① 《法政学堂章程》，《政治官报》1910 年第 1149 号，第 109 – 110 页。

续表

| 第一学年 | | 第二学年 | | 第三学年 | | 第四学年 | |
|---|---|---|---|---|---|---|---|
| 经济学原论 | 4 | 刑法各论 | 2 | 货币论 | 2 | 殖民、交通政策 | 4 |
| 刑法总论 | 2 | 西洋最近史 | 2 | 外交史 | 2 | 国际私法 | 2 |
| 西洋史（上古、中古、近古） | 4 | 民法（总论、物权） | 3 | 民法（债权、亲族、相续） | 4 | 政治哲学 | 2 |
| 政治地理 | 2 | 经济统计 | 2 | 商法（总则、会社、商行为） | 3 | 中国法制史 | 3 |
| 统计泛论 | 2 | 官用簿记 | 2 | 政治史 | 2 | 商法、手行、海商、保险 | 3 |
| 簿记学原理 | 2 | 外国文（日本文） | 4 | 外国文（德文） | 6 | 外交政策 | 1 |
| 外国文（日本文） | 6 | 外国文（德文） | 2 | | | 外国文（德文） | 6 |
| 合计 | 35 | 合计 | 35 | 合计 | 35 | 合计 | 35 |

1912 年 10 月 24 日，北京政府教育部公布《大学令》22 条。嗣后，于 1913 年 1 月 12 日又公布《大学规程》4 章 28 条。这是民国初期壬子、癸丑学制规范大学教育的两项基本法令。就法学学制而言，它们与清末《奏定学堂章程》的不同在于：首先，清末的政法科或法政科（按：《京师大学堂章程》是政治科）在民国改称"法科"，涵盖面扩大，首次出现了法律学与政治学、经济学三门学科并立于法科之内的学科设置；其次，法律课程广泛地分布于法科各学门，课程的名称已基本定型；最后，准予私人或私法人设立大学，打破了清末官方垄断法政教育（个别地区有例外）的局面。

今录 1913 年教育部公布的《大学规程》中大学法科之科（课）目如下①：

（一）法律学门（略）

（二）政治学门

（1）宪法（2）行政法（3）国家学（4）国法学（5）政治学（6）政治学史（7）政治史（8）政治地理（9）国际公法（10）外交

---

① *为选择科目，后仿此。

史 (11) 刑法总论 (12) 民法 (13) 商法 (14) 经济学 (15) 财政学 (16) 统计学 (17) 社会学 (18) 法理学 (19) 农业政策 \* (20) 工业政策 \* (21) 商业政策 \* (22) 社会政策 \* (23) 交通政策 \* (24) 殖民政策 \* (25) 国际公法 \* (26) 政党史 \* (27) 国际私法

(三) 经济学门 (略)

这里只论早期的政治学教科书。日本起初也是靠引进，例如那特砐还送货上门。那特砐 (Karl Rathgen，今译"卡尔·拉特根"，1856 - 1921) 是德国经济学家、行政学家，汉堡大学首任校长，1882 年在斯特拉斯堡大学获得博士学位。从 1882 年到 1890 年，他在东京帝国大学主讲公法、统计学和管理科学，他也是日本的农商省顾问。

那特砐对德国国家学在近代日本传播和明治政府建立普鲁士式国家官僚政治制度发挥了有力的影响。由其在东京大学的讲义辑录而成的《政治学》，对国体与政体、国家概念 (Conception) 与国家观念 (Idea) 等作了明确的区分，并对各国立宪制度的历史由来、法理与实际及其利弊得失加以论述，具有历史学派国家学的特征。① 十多年之后，中国也引介了他的政治学思想。上海商务印书馆于 1902 年出版了那特砐著、戢翼翚和王慕陶译的《那特砐政治学》。让读者自己来学习，那当然比不上教师讲授效果好，于是杂志也来帮忙，发表解释性的文章。例如，1902 年发表于《选报》第 16 期的《那特砐政治学小引》一文。现摘此文内容如下：

> 政治学者，所谓国家无形观念之性质，及其发达一种形而上之学也。其范围则极其广漠也，其门户则极其众多也。
>
> 夫政治学者，虽渊源于希腊布罗当 (按：柏拉图)、亚利斯当 (按：亚里士多德) 之二大家，迄来二千年间，已逡巡萎缩，呈寸进尺退之形。名则称为学科，而实则不过鲁莽揉杂之政治论耳。逮夫四五十年期，欧洲政治社会一新，政治学亦遂变其面目，一跃而达学科之堂奥，其进步最显者，大率如下：第一，理论与事实之调和。(19 世纪中叶，政治学勃兴于德意志，始知昔时考究法之误谬，乃更以理论之基于

---

① 孙宏云：《那特砐的〈政治学〉及其在晚清的译介》，《中华文史论丛》2011 年第 3 期，第 163 - 194 页。

过去及现在者，征之历史，纠之统计，而悉以严正之理论断之，于是理论与事实二者，始有合体。）第二，哲学派与史学派之合体。（1840 年，两派乃始合体，如左右手不可偏废。）第三，国家批评之考究。（比较，分解，抽出，概括，聚合而成一国家之理想。见解不同，其最有力之学派可分为：甲、国家见解不同者，如哲学派、军权派、神权派、民权派；乙、考究法不同者，如历史学派、法理学派、心理学派、比较学派、分析学派。）

另一本是《新编政治学》，此书是美国大儒伯盖斯（J. W. Burgess，1844 – 1931）所著，共分三卷，首民族、次国家、次宪法，近世之学政治者莫不奉此为圭臬，是书为日本东京专门学校教科之本。事实上，1901 年《译书汇编》就有《政治学》节译，不知是否就是《新编政治学》一书。全本由作新社约请杨廷栋翻译出版。其他中文讲义离不开一个"译"（含编译）字，例如杨毓麟编译的《政治学大纲》。

时务学堂中文教习杨毓麟（1872 – 1911），字笃生，进士，曾与唐才常主笔《湘学报》。光绪二十八年（1902）赴日本，先在东京弘文学院师范科，后转入早稻田大学政治经济科学习。唐才常等筹划自立军起义时，他回国参与其事。失败后，再度赴日。1902 年冬，与杨度、黄兴（1874 – 1916）、梁焕彝（1876 – 1946）在东京创立湖南编译社，编辑出版《游学译编》。他任主编，"专以输入文明，增益民智为本"。撰写了《新湖南》一书，署名"湖南之湖南人"，流传甚广。光绪三十年（1904）春在上海设立爱国协会，作为华兴会外围组织，与章士钊分任正副会长。华兴会在长沙起义计划暴露时，杨毓麟正主持启明译书局，随即逃往北京，任译学馆教员，图谋进入政界，"从事中央革命"。光绪三十一年（1905）夏秋，清廷派五大臣出洋考察宪政。杨毓麟充随员，同抵东京。适同盟会刚成立，亟待发展。他辞去随员职务，与宁调元（1873 – 1913）等创办杂志《洞庭波》（《汉帜》），抨击梁启超等人的君主立宪主张，强调反清革命。1907 年，回上海与于右任（1879 – 1964）等创办《神州日报》，任总撰述，该报是同盟会的重要言论机关。1908 年，杨毓麟赴英国。1911 年在苏格兰爱伯汀大学研习时，闻知广州起义失败，悲愤万分，蹈海牺牲。他在 1903 年编译了中国最早（之一）的《政治学大纲》，此书由湖南编译社于光绪二十九年（1903）出版。

杨编译的小野冢喜平次（1871 – 1944，东京大学毕业，留学欧洲，1901年即任政治学讲座教授。在日俄战争中曾任东京大学总长，学士院院士，贵族院议员）所著的《政治学大纲》于 1904 年初版，这里先摘引作者原序（作于明治 36 年 4 月），以见一斑：[①]

> 近世学者开口执笔便用国家、社会、国体、政体、政策、内阁、立宪制等字，然观念常不明确。盖以政治学发达尚幼稚，佳著绝少，以致于此。予既于大学院专攻政治学，又留学欧洲者数年，归来承乏帝国大学，常不自慊，著书以顾斯学，非余所堪。聊以知友督过，于大学讲义备忘录中撮取大要，付之印刷，庶亦以促斯学之进步，养成学者政治思想云。

书中首先发问：什么是政治学？答曰："学也者，指精密的知识之总体言之也。""夫学问之所以别于普通者，非存于现象之种类，而存于研究现象之方法，存于观察与推理之当否。""学术日益发达，则学术之分类亦不得不渐次变更之。"

关于政治学之定义。在人类社会之现象中，择其关于国家之现象而研究之，名曰普通国家学，又名曰普通政治学。

> 广义之政治学者，属于国家之诸学科之总称也。狭义之政治学者，以事实说明国家之现象而论政策之基础者也。
> 关于国家之研究亦有纯理的与应用的之别。其纯理者之中，有以记述为主者，政治史、政治地理、政治统计等是也。其以说明为主者，又有自法律之方面而为观察与自事实之方面为观察者之别。前者为国法、行政法、国际公法等诸学，后者即国家原论是也。应用的研究，有以泛论为主者，有以各论为主者。前者为政策原论，后者为行政学及经济学之政策论等是也。余合国家原论、政策原论而称为狭义之政治学。

---

① 按：小野这本书不涉及行政学，该属于他所说的应用的政治学中的"各论"部分。不过，"政治学所有之范围，观其定义可以知之，即一面为国家现象之事实的说明，一面为论国家政策之基础"。学生据此可以了解国家（现象和政策）的行政工作（执行），还是有"基础"知识的意义，并非与行政学毫不相关。

第一篇国家原论。包括国家之性质，论国家之性质之诸学说，客观的国家说（其重要者有四，曰：事实说、状态说、分子说、自然的有机体说是也）。至于主观的国家说，非全然排斥客观之研究者。惟其所注目者，在国家现象与自然诸现象之差异，而以国家归于人类心理的作用（其要者有三，曰心理的有机体说，曰团体说，曰人格说）。"余所下（国家）定义如下：国家者，在一定之土地有统治组织，而转相继续之人类社会也。"

统治需要权力。书中归纳了统治权为政治学上所当注意者：

> 1. 在特定之地域、特定之时期，其统治权不问此国家为单一与联邦，为中央集权与地方分权，其分量必相等。2. 统治权之可分不可分，及分割之方法与程度，出于历史上之事实之有所指定。3. 统治权之运用者与运用之状态，自社会全体之发达而决定之。4. 统治者之优势自法律上得之，故不能及于法律以外。5. 统治者之运用者，其随意活动之范围，当受事实上种种之限定。

第二章国家之分类。先介绍亚里士多德等之国体三分说，然后谈自己的看法：

> 余欲定国体分类之法。先分为君主国体及其共和国体二种。更分共和国体为贵族国体与民主国体二种。其分类之标准，视此国体在国法上占最高之地位者何人。占最高之地位者为一人，则为君主国体。二人以上，则为共和国体。（共和国之元首虽在国家常置机关中最高之位置，而占国法上最高之位置者不必为元首。）更欲明此二者之区别之元首，世变之有无，责任之有无，废位之有无，普通君主号曰帝曰王者之有无。此数者，独孤立，则不足以为区别国体之标准，虽如前所述，而集合之则得以决国体之异同。……要之，视国法上最高之地位，归于一种特别阶级之人民所专者；抑或为平民所得而共和国享有者，以为主义上之区别。自此根本主义之差异，则参政权之原则，亦生差异。在贵族国，则以特别之少数人民专有政权，平民不得共治为原则；在民主国，则除无能力者之外，以普通人民皆得有参政权为原则。一则以限定参政权为主义；一则以扩张参政权为主义。

第三节政体的分类。讲专制政体之国家，无法之拘束，国家机关之行动最自由最迅速。立宪政体，其国家机关之行动，不能出宪法之范围。作者认为："立宪政体优于专制政体。"

第三章国家之发生、盛衰及消逝。"而国家盛衰之问题，往往与国家消失之问题归于一致。竞争力者，即解释消失问题之关键也。""国家之竞争力，为政治学及政治事情之绝大问题……"

可以看出，革命家杨毓麟感兴趣的是国家政权的获取，至于行政，确实是这类书都缺乏的。

严复在 1898 年就翻译了英国哲学家斯宾塞（Herbert Spencer，1820 - 1903）的《群学肄言》。而斯宾塞的《政法哲学》在 1901 年也被翻译出来（译者不详），其第二卷 "政治制度概论" 见于 1901 年第 3 期的《译书汇编》。又其所著《原政》，由杨仪之翻译。这些从哲学、社会学角度的观察分析，只是为了满足读者的求知欲，看来与行政学的关系也不大。后来，高一涵根据白尔克（Barker）的《英国政治思想史》，指出斯宾塞时代是 "拿生物学经济学的原理原则，来说明社会进化的时代"，斯氏的哲学 "是拿一个自然权利和生理的比譬凑合起来的"。他崇拜 "乌托邦" 主义，"所以他说的国家职务，全属于消极的一方面，只说某事某事都是国家不当做的，不说某事某事是国家应该做的"，对于行政学没有积极作用。[①]

## 第三节　行政法、管理法与市政学的系统知识

刘百闵说，"行政学之发生，先于行政法学，然一俟行政法学成立后，行政学辄丧失其学问之独立性。其原因虽由于时代趋势之使然，然行政学本身缺乏完整之体系，实为最大的原因。盖行政领域，极为广泛……"[②] 这种看法和说明稍嫌简单，因为 "体系" 和 "广泛" 并不是对立的。

中国现代研习美国行政学的学者还应当知道：

英美二国之行政学研究，因其国内缺乏行政法学之体系，即视行政

---

[①]　高一涵：《斯宾塞尔的政治哲学》，《新青年》1919 年第 6 卷第 3 期，第 254 - 265 页。

[②]　刘百闵：《行政学之研究方法》，《读书通讯》1943 年第 66 期，第 9 页。

学为政治学之延长，乃以与行政法学相异之独特的方法及对象力图发展；反之，在德法等大陆国家之行政学，虽受欧战之影响及战后政治的社会的变迁，然以常年传统之故循，行政现象之研究，仍为行政法学及国法学之体系所包蔽。最大限度，亦不过对于行政法之基础之行政制度及其组织，为社会学的研究而已。①

中国近代行政学，首先是通过日本受欧洲大陆派影响，即涉及行政法（学）的传入和教学（日本教材）。

一 行政法教材编译本中的行政内容

早期行政管理知识的传播与行政法学的发展密不可分。研究表明，中国行政法学肇始于清末的"赴日研习法政运动"。1902 年，东京译书社出版了白作霖汉译的《比较行政法》（浮田和民日译），同样，日本的译书汇编社出版了董鸿祎辑译的《日本行政法纲领》，这是迄今发现的最早的中文行政法译著。次年，商务印书馆出版了日本学者清水澄《行政法泛论》的中文版。至 1908 年，用中文出版的行政法学著作已达 20 余种。②

较早在中国刊物上介绍行政法著作，且今天可以找到的文字，有 1903 年的评说：法学士美浓部达吉（1873 - 1948）的《行政法讲义》，"理义明确，气力雄健。出以清醒之笔，俾人人易解。最可读之本也。"法学士小原新三的《行政法讲义》，"对照现行法规适切说明，是为本书之特色。虽然形式之定义不免遗讥，而便于初学，能使几多法理之观念焕然冰释。诚不可不读之书也。"法学士冈实、法学士竹井耕一郎之《行政法讲义》，"皆琅琅可诵之书"。

至于法学博士穗积八束（1860 - 1912）和法学博士一木喜德郎（1867 - 1944）两人，"世称法学界之双璧"，各著有《行政法》，都能"咀嚼泰西诸家之学说，……立言有体，不遗毫发之憾"。"此外尚有行政法各论单行本，如松元法学士之《教育行政法要义》，小原法学士之《卫生行政法要义》，渡边、鲛岛两氏之《警察法讲义》。'凡此四者，说譬详明，阐发透辟，皆

---

① 蜡山政道：《世界各国行政学研究之近况》，《行政效率》1934 年第 1 卷第 4 期，第 151 - 164 页。

② 何海波：《中国行政法学的外国法渊源》，《比较法研究》2007 年第 6 期，第 42 - 59 页。

议论适切之书也.'"① 我们还找到一本《学校行政法论》，可证日本是何等
热衷于行政法。按：美浓部达吉，东京大学毕业，游学德、法、英一年多，
1902 年升教授，后任贵族院议员，宪法学、行政法学家。穗积八束，东京大
学毕业，留学德国，后任法科大学长，兼任法制局参事官、枢秘密院书记
官、贵族院议员、宫中顾问官等要职，持绝对君主论的立场。一木喜德郎，
东京大学法学部毕业，留德，回母校任教授，贵族院议员，法制局长官，后
任文部大臣、内务大臣、宫内大臣、枢密院议长。他们三人都是学者兼政界
大人物。

在 1902 年的另一刊物上，可以看到："朝廷变法伊始，百度更张。政治
一门，尤为当务之急。创立学堂，事非易举。因集同志，先取各国政治学校
教授之书，译印成编，仍名《政治学讲义录》，科目、学期略如学堂之
例……"其中，政治学包含五门课，第一年是宪法论（富田义一）、国家学
原理（高田早苗）、各国宪法（高田早苗），第二年课程有国法学（有贺长
雄）和行政学（教材为一本喜德郎所著）。② 估计这里将"行政法"误为
"行政学"。

今查维基百科，"一本"（喜德郎）应为"一木"之误，然则其著作似
当为《行政法学》，而不是《行政学》！因为他擅长的是行政法。而在这本
讲义录中，法律学科所含课程为法学通论（铃木喜三郎）、民法（铃木喜三
郎）、刑法（冈田朝太郎）、商法（和仁贞吉）、国际公法（有贺长雄）和国
际私法（中村进午），偏缺行政法，该用一木的书补足。可知，中国人想学
行政学，而日本只有行政法，被译者归入政治学。

其实，讨论这个问题，杨毓麟等创办的《游学译编》可算最早，于
1902 年 11 月第 2 期上刊载的山田邦彦所著《学校行政法论》译文，对"行
政"与"行政法"作了颇详细的解释和辨析，非常可贵。该文引用了德国
派（波仑哇苦、拿班朵、捻呵路俄马约鲁）、法国派（普腊基由、荷丁雷
等）若干学者的互异定义，特别是日本几位学者的不同说法：

　　波仑哇苦（按：伯伦知理）："行政者，谓非有立法及司法，国权
　　之行动也。""国家之机关于行统治权，为其行为之标准者，行政法也。"

---

① 社员某：《日本法律参考书概评》，《译书汇编》1903 年第 2 卷 10 期，第 99 – 101 页。
② 《政治学讲义录》，《选报》1902 年第 18 期，第 23 页。

拿班朵："行政者，在法之范围内，有自由之作用也。"

捻呵路俄马约鲁："行政者，谓以国利民福为目的之国家行动，而发现于各处者。""行政法者，非单纯法律之执行，乃法律制限内之国家行动也。"

已故的末冈博士："行政者，由形式上而观，不属于立法及司法，总称为国家机关之行为。"（与波仑哇苦意同）"行政法者，谓规定其行政之机关及行为之关系，并行政与人民之关系之法则，而国家之机关又有人民奉遵之义务也。"

织田万博士："行政者，由天皇依法律或敕令，委任直接各省大臣以下之机关，或委任间接自治团体之机关，而行诸般之政务也。""行政法者，谓关于行政法人之组织，并其权力与权利之享有行使之法规全体。"

一木喜德郎博士："出于国家自存之目的，谓之国政；出于保护增进国民精神上形体上之利益之目的，谓之民政。合国政与民政，总称之为行政。""行政法者，谓属于国政与民政区域之法规全体。又，讨究此等法规之学（问）者，亦谓之行政法（学）。"

穗积八束博士："行政者，谓由法令设置官府，对于人民为达国家之目的，而行动其职权者。""行政法者，乃由官府规定其对于个人，引起治者被治者之关系者也。或统治权对于个人，引起权力关系在法理的观察也。"

该作者曾作各类通俗解释：先说"行政"即"奉行其成法"，次说"行政之事……此种学问，尚属幼稚"，最后说："大凡除法律命令所定、裁判官及议员所行（之外），以官吏及公吏之职权而施行者，为行政。准据法律规则者，为行政法。"作者还说，行政法"专以研究国家与个人之间权力之关系，及法令之原则法理为主"。

### （一）夏同龢与清末四状元留日

光绪帝亲政后钦点的状元，依次是 1892 年的张謇（1853－1926）、1895 年的骆成骧（1865－1926）和 1898 年的夏同龢（1868－1925）。戊戌政变后，1903 年和 1904 年最后两届状元王寿彭（1874－1929）和刘春霖（1872－1942）是由慈禧确定的。留学浪潮也恰在这时兴起，清末留日四状元中的大哥骆成骧 1906 年赴日，与留学诸友翻译了 16 个国家的宪法条文，汇编为《宪法议院法渊鉴》，附《议院法》，由他写序。其实，骆成骧早在戊戌维新中便呈上《请选举议员和选举执政》奏折，认为"当今各国其政治最善者莫要于议院，议院之最善者莫要于公举执政"，主张"择大臣之通达时务者，界以事权"，并设计了一套选举执政的方案（细则）。留学使他对东洋、西洋的议会和选举制有了更多的认识。按"学部变通选派留学电"，"查癸卯、甲辰两科进士……中之翰林、中书……一律送入日本法政仕学速成科第五班肄业一年半……务于八月十五日以前到东"。① 据云，王寿彭是在 1906 年赴日，写了《考察录》；刘春霖留学日本，未见有何撰著。按本章第一节，1904 年范源濂（1875－1927）和曹汝霖（1877－1966）得到了梅谦次郎的允诺，开设法政速成科即成定局。1904 年 5 月开学，范源濂任宪法及行政法口译，曹汝霖任刑法及刑事诉讼法口译。一年后第一班毕业。王寿彭和刘春霖肯定没赶上前两届。

夏同龢的出国时间，可从其为《行政法》一书作的自序推测出："曩者，俄人因攫取吾满洲土壤之权利，与日本构兵，屡战辄败。虎狼方争食而斗，无暇顾我。吾甚惜国家处此竞争剧烈之世，孟子所谓闲暇明其政刑之时，不易得也。于是拂衣渡东海，将视察日本之所以为治且强者，取以为吾国法。入其疆，则见其士精于学，兵娴于伍，农服于畴，工居于肆，商贾安于市，井然莫敢紊，帖然莫敢不服也。夫强敌在前，日夜发兵转饷，不绝于道。执政者从容指挥，国民奉法惟谨，若驭六马，动履轨涂，无奔踬覆败之患。此足知法制之基本安固，而政策因此得宜，其明效大验，诚可视矣。既而至东都，入法政大学。"② 夏氏序言落款是："光绪三十一年十月朔日（按：1905 年 10 月 28 日）黔阳夏同龢自述于日本江户。"这是夏同龢将回国时写的，日俄战争是 1904 年 2 月开始，所以夏同龢入学应为 1904 年 5 月（第一班）③。

夏同龢在东京初步看到和想到的是："夫日本勃兴于欧西列强之后，凡法律政治皆取法焉。行之二十余年，而治定功成，雄视欧亚，何其捷也。"于是正好借俄国新败，宣传他所获得的立宪派观念："而宪法未颁、政治凌杂失纪者，惟吾国与俄罗斯，东西相对峙，世称专制国焉。"夏同龢在速成

---

① 骆成骧：《清选举议员和选举执政》，《环球中国学生报》1907 年第 2 期，第 57 页。
② 夏同龢：《行政法》，日本东京并木活版所，1905。
③ 入学时间可参看贺跃夫《清末士大夫留学日本热透视——论法政大学中国留学生速成科》，《近代史研究》1993 年第 1 期，第 41－62 页。

班科"闻诸先生之讲授，于国法学，见国家社会缔构之原理与政权分立之精神，则可知行政必先树立根据于此；于刑法、裁判构成法、民刑、诉讼法，则可知司法权与行政划分之界限；于民法、商法、经济学、财政学、国际公私法，则可知政界之广远，其相干关系诸法为至繁赜也"。夏同龢由法学而政学，认识到三权分立下行政学有了更丰富的内容："世界各强国既确立宪法，举朝野上下莫不殚精合虑，蕲充实行政学而革新其法，以臻美备，盖百数十年于兹矣。"请注意，夏同龢这里提到"行政学"，对行政学予以更多的关注：

> 及闻《行政法》讲述，殊简略不足以广吾意，乃参考各家著书，且实验诸行政官府，及市町村之所有事。然后知行政之意义、范围、实质、形式，与夫机构之组织运用，监督之方术；军事、外交、财务、法务、警察、助长，一切内容概括之溥博。呜呼，可谓备矣。

这里"诸行政官府"和"知行政之意义"等，所指明确，并非西方行政法对官员的限制。所谓"实验"，当指循名责实、检查测验，将理论对照他所看到的各级行政实务。

> 故我国之行政则何如，自《尚书》、《诗》、《礼》、《春秋》、《论语》、《孟子》，以及诸子百家之论说，历代之史乘，皆可藉资以推求政治利害得失，因革损益之理，似未尝无行政学也。自《周官》、《唐六典》以至本朝之《会典》，立法累备，条理秩然，似未尝无行政法学也。然而国政卒多乱而少治者，何也？今立宪国攻究行政学与行政法学者（按：夏同龢不愧为状元，对两个学科的区别，及在中国古代的渊源、典籍清清楚楚），大都设为专科，各从其师承派别，以自求心得，分析之、综合之、比附而变通之，转相传习，浸成一统系之学，举国研究，以期尽善。而我国学士，惮触禁网，相戒莫敢言时政；或搜讨占籍单简破碎，难视其全。官司之贤者，仅能循循职守，率由旧章；不肖者至委职权于吏胥，舞文弄法而不知救正，则是虽有学而不能专精也。且行政必因时以为变通，世变日新则法则亦日出以相应。欲推求至当，建立一定不易之准则，今尚非其时也。故东西诸国行政，仅定法规，而未能编纂法典。我国自三代以来，至于……今日，则是守成法以自囿也。

如此而欲使国政有推行之利，法理无疏漏抵触之患，其可得乎？虽然此独枝末之病也，不拔本塞源，立宪法以分析政权，则行政必务广而荒，淆乱而不可理……非所以精优腾于今之世也。

可知，夏同龢认识到中国古代行政之规虽善，早已不能完全适应世变；西方行政也还无系统的法典。行政学和行政法学的研究必须专精，不断演进，首先是以立宪法作为根本。

又说："请于朝颁布明诏，令国中群智群力为立宪之准备，且使学士大夫先讲求行政学，以熟考国政利害得失因革损益之理。复精研行政法学，以审定其组织机关实施作用，与维持监督之法规。"按：夏同龢对宪法、行政学、行政法三件大事区分得明明白白，学习程序定得清清楚楚，这段话提供了铁证。他又说："夫研求行政学与行政法学之道如何，惟在以他国与吾之行政法比附之、变通之而已。日本行政法，固博采欧西之制，因亚东之情势而定者也。"

以下对夏同龢《行政法》加以简析。

（1）总论部分。

①绪论：概述行政法研究的方法与目的，认为"行政法学以求行政法规之法理为目的"；界定行政法是宪法国的要件之一，因为行政之法规制定，使行政机关各有凛凛森森之气象；论述行政法与宪法之间的区别，指出"宪法者，定统治权之主体、客体及其作用，并其宪法上统治机关权限之法也"，"行政法者，关于行政行为之形式及实质，并处理机关组织权限之法也"。

②行政与行政法：在与司法、立法的比较关系中界定行政在政权架构中的地位；把行政分为实质意义和形式意义两种类型；论述行政法的范围和渊源。

③行政机关：论述行政官厅与行政官吏两类行政主体，其中前者包括官厅设置的意义、官制的内容、中央官厅与地方官厅之间的关系，后者包括官吏的意义、任用、权利、义务、责任等方面；论述自治公共团体的意义、种类、市町村制、郡制、府县制、地方特别自治团体、公共组合等七个方面。

④行政行为：讨论三种行政行为，即行政立法、行政处分与行政强制。

⑤行政监督：列举三种行政监督的方式——命令处分取消及停止、诉愿、行政诉讼。

（2）分论部分。

①军务行政（略）。②外务行政（略）。③司法行政（略）。④财政行政（略）。

⑤内务行政：分部门讨论保安警察、助长行政、教育行政等各自的特点和内容。当然，主要是讲述这些行政举措的法律、法规依据，但其中列举的行政内容使人们（特别是中国学人）了解到，每一项行政包含哪些东西，哪些具体事情是相关的行政官员该做的、要做到怎样的程度，应遵循什么样的尺度。这就不但讲述行政法（学），而且介绍了较多的行政（管理）学的知识。这固然由于不讲行政（学与术）本身便无从讨论对行政权力的制约和规范（行政法），以及汉语"法"字含义的模糊性（"法律"和"方法"，可以一语双关），不过，当年行政（管理）学尚不成熟，夏同龢自己所知也不多。

经过近年法学史界同仁的努力，一共找到 1902 年到 1904 年间即夏同龢著作出版之前的行政法书目 5 种。第一本是白作霖（？ – 1917，南洋公学师范班毕业）从日文转译的《比较行政法》，光绪二十八年（1902）出版；该书的日文版是由浮田和民（1859 – 1946）翻译、东京译书社出版的，译自葛德奈（古德诺）的英文版。浮田和民曾留学美国耶鲁大学，学习政治学与历史学。先后担任东京专门学校、早稻田大学教授，图书馆馆长等职，讲授西洋史、政治学和社会学等，是英美派政治学的代表人物。第二本是《行政法》，由上海作新社 1903 年出版，译者是杨廷栋，他说："行政法者即从其所以为治之方针而条理庶事者也。中国之政治家于行政法一书未尝梦见……故其国几于不国。"第三本是《行政法泛论》，清水澄（1868 – 1947）著，金泯澜译，商务印书馆 1903 年出版。清水澄是留德法学博士，庆应义塾大学宪法、行政法教授，帝国学士院会员，枢密院议长。第四本是《日本行政法纲要》，董鸿祎（1878 – 1916）辑译，译书汇编社 1903 年出版。董鸿祎是举人，留学日本，1902 年与张继、蒋百里、苏曼殊、冯自由等组织中国青年会，1903 年组织拒俄义勇队，与陈天华、黄兴、刘揆一等组织军国民教育会等。第五本是《行政法》，有贺长雄著，陈运鹏译，南洋公学 1904 年出版。有贺长雄是宪法、国际法、社会学学者，特许厅长官，东京大学、庆应义塾大学、早稻田大学教员。

**（二）其他行政法论著**

与夏同龢书同时或稍迟的又有 4 本。第一本是《行政法》，清水澄著，曹履贞（留学日本法政速成科，任两湖总师范学堂堂长）编译，湖北法政编辑社于 1905 年将其收入"法政丛编"（共 24 册）出版；另有卢弼（留学早稻田大学，回国任过国务院秘书、平政院院长）、黄炳言译本，1907 年出版。第二本是《清国行政法》，织田万（1868－1945）著，法学研究社译，清留学生会馆 1906 年出版；另有陈兴年、梁继栋等译本，由上海广智书局出版。织田万曾留学欧洲，为常设国际司法裁判所判事，东大教授，关西大学学长。曾到台湾、北京，得人帮助完成这本书。第三本是《行政法总论》（与《战时国际公法》合订），美浓部达吉著，熊范舆（1878－1920，进士）译，丙午社 1907 年收入《法政讲义》出版；另有程邻芳、陈思谦翻译的版本（商务印书馆出版）等。熊范舆留学早稻田大学，与杨度组织宪政讲习会，任会长，还曾任北洋法政学堂监督等。1907 年 10 月，熊范舆等 100 多人第一次联名上书请开国会，呼吁建立民选议院。此书分三章，第一章第一节为"行政"，分述行政与立法、行政与司法、行政与大权（即皇权）的作用、行政之主体、行政作用之种类；第二章是"行政组织"；第三章为"行政上之争讼"。第四本是《行政法各论》，美浓部达吉著，陈崇基编译，丙午社 1907 年收入《法政讲义》出版。

另外，还有夏同龢读过的讲义的直译本一套，即《法政速成科讲义录》，由日本法政大学编，上海广智书局于光绪三十一年（1905）出版。

夏同龢本人的《行政法》为"法政粹编"丛书（共 18 种，22 册）之三，毕稿于 1905 年，1906 年订正后在东京出版，在国内由湖南长沙群治书社发行。夏同龢之《行政法》不同于以上各本之处在于：

> 清水澄博士讲述《行政法》简略已甚，故本其三十七年度（按：明治纪年，即 1904 年）已刊之《讲义录》为编辑之主要。其不备者乃参考笕克彦博士《行政法大意》、冈实学士《行政法论》、美浓部达吉《行政法总论》、上杉慎吉《行政法原论》、富同康郎《行政法理研究书》、小原新《行政法总论》、穗积八束《行政法大意》诸书以补之。

可见，他博收诸家，并补采尚未翻译的别书。夏同龢在行政法（及行政学）方面的先驱地位是不必怀疑的。

夏同龢回国主持广东法政学堂，他的《行政法》今在广东省图书馆已无存，但从该校的几种出版物依稀可见其"遗迹"，包括广东省法政学堂编印的《广东法政学堂校外讲义录》（夏同龢作序，共 16 册），以及两本民国年间出版的线装书《行政法讲义》和《行政法》。《行政法讲义》由广东公立法政学校编印，《行政法》由广州法政专门学校编印。

到了北洋政府时期，国人自编的行政法类书籍，查今中国国家图书馆所藏，仅见钟赓言的《行政法讲义》、武钟临（1889 – 1949）的《行政法问答》和黄俊的《行政法总论》等几本。那时留学欧美法政学科的人数很少，英美并无系统成文的行政法，从德法回国的学者未必急于编译与日本类似的行政法教本。钟赓言 1903 年由京师大学堂公派留学日本，1911 年毕业于东京帝国大学法科大学政治科，法学士，回国后被授予法政科进士，曾任北京法制局参事，在北京大学、朝阳大学担任宪法和行政法教授。他还在 1920 年出版了《行政法总论》，1923 – 1927 年出版了《行政法各论》及《行政法讲义》。仅他一人就有四五本，可推知总数仍不少。

1908 年，北京大学留日学生出版《学海》刊，1908 年第 4 期发表《行政法丛谈》，1908 年第 1 期发表了《国际行政法》。看后者的德文 Internationale，可知是国际行政法，使既有的国际法（私法、刑法）又增一分支，"关乎涉外事件之行政"。

译文《论政府之根本职务》直接论及政府职能这一行政学的核心问题。原文载于英国《比较法制杂志》，作者是英国露喀斯（W. W. Lucas），由求可翻译，文章称："夫政府之具体动作，通常分为立法、行政两部。间有学者分为立法、行政、司法三部。复时有一财政部之分设，合为四部。"① 该文历数了从洛克、孟德斯鸠，至近世如沙孟、劳伟（哈佛校长）、彭桑、亨利孟恩、奥斯顿、和伦、海蓝姆、沙耳孟、赫恒等知名或不甚知名学者之见解。

行政法学研究以控制行政权为目标。从组织法上确定行政机关的权限；从行政权运行的角度看如何规范行政权；又讲到如果行政权侵犯了私人的权益，如何施以行政救济。秋桐（章士钊，1881 – 1973）的《行政法》、《驳汪叔贤致张东荪书》，提及早在《民立报》时期就曾驳《神州日报》关于行政法的言论。章氏认为："行政法实基于国家之特权。因而官吏所享之权，高于齐民，显使国民不得生活于平等法律之下。吾诚不知行政裁判以何因缘而能保障自由权利。……行政法之所规定，一为官吏与官吏之关系，一为官

---

① 求可：《论政府之根本职务》，《法政杂志》1913 年第 2 卷第 9 期，第 221 – 226 页。

吏与人民之关系。"① 章氏指出，自己"未尝否认行政法全体……其所期期以为不可者，仅在以行政裁判损及人民权利一节，而归于平政院之不当设。……此实英美学者之公态，亦非于愚为独然也。"②

行政法著作不仅有行政法总论、行政法各论，还有中央行政法、地方行政法、比较行政法、外国行政法等。1902－1913 年古德诺《比较行政法》的几个译本特别值得重视。

1920－1949 年间涌现的行政法学者，早已高于速成科程度，基本上都有留学日本的背景，第一代的钟赓言、白鹏飞（东京大学法学硕士）、朱章宝（东京大学法学博士）、赵琛（明治大学法学硕士）、范扬（东京大学法学士）、陶天南（法国波尔多大学法学博士）、张映南（日本早稻田大学），第二代的林纪东（明治大学研究院研究）、管欧（朝阳大学法学士）等。例外的只有陈体强（牛津大学法学博士，著《英国行政法论》）和留学美国的马君硕。③

当时，行政法总论和各论研究齐头并进，有关于行政裁判制度，以及执行行政法、受理诉愿的行政裁判院（所）的文章。例如，载于《东方杂志》1907 年第 4 卷第 3 期的《日本行政裁判法及诉愿法》一文，二十年后载于《法律评论》1926 年第 4 卷第 5 期的《日本行政裁判法及诉愿法之重大变更》，清末已有《拟设行政裁判院官制草案附说贴（行政裁判院职官表）》，《秦报》1907 年第 37 期对此做了转载，设想很具体。民国时期并非毫无动作，其中制度性的介绍，有《太平洋》1917 年第 1 卷第 12 期刊载的周鲠生的《法国行政裁判制》，法国是行政法的发源地；《珞珈月刊》1935 年第 2 卷第 5 期刊载的君岑译的《法国大革命前行政裁判制度》；《中华法学杂志》1934 年第 5 卷第 8－9 期上吴绂征的《英国的行政裁判制度》，此文指出英国没有具体的行政法和独立的行政裁判所，并解答了如何操作的疑问。章渊若（1904－1996）发表在《法学杂志》1933 年第 6 卷第 3－6 期上的《行政裁判制度之研究与建议》一文，对当时的研究有较大的促进意义。更有意思的是张东荪发表在《庸言》1913 年第 1 卷第 15 期上的《论普通裁判制度与行政裁判制度》和 1913 年第 1 卷第 23 期上的《行政裁判论》两篇文章，两文思想"微异"，前文"偏于学理而忽于事实"，后文才得兼顾。

① 秋桐：《行政法》，《甲胄》1914 年第 1 卷第 3 期，第 1－9 页。
② 秋桐：《行政法》，《甲胄》1914 年第 1 卷第 3 期，第 1－9 页。
③ 马君硕：《中国行政法总论·自序》，《茶话》1947 年第 17 期，第 152－153 页。

此外，张东荪 1913 年还在《庸言》第 1 卷第 24 期上发表了《法治国论》，提出"法治国"。

赵琛可算国内较早对行政法和行政的关系进行比较系统论述的人物。赵琛，字韵逸，浙江东阳人，日本明治大学法学士，民国初年已是法学教授，后在复旦大学法学院任教。[①] 20 世纪 30 年代初，赵琛的《行政法总论》在《现代法学》上连载，其第四章"行政法学与行政学"，可说是将两者都上升到"学"（学理、学科）的程度讲解。文章指出，行政法学是建立在"行政机关的组织权限及作用之公法上的原理原则"。主要研究：

> 1. 公法关系的性质。公权与公义务。公法上的能力。2. 行政机关的性质、种类、组织、权限及其相互的关系。3. 官吏的性质、种类、权力、义务及责任。4. 行政作用的性质、种类及其相互的关系。5. 行政救济的诉愿。行政诉讼及权限争议。6. 公共团体的性质、种类、构成、及各种法律关系。7. 特殊行政区域的特别法则。

赵文然后强调：

> 非法律学而与行政法学有密切关系的为行政学，是属于政治学之一学科。其讨论行政机关的组织、体系、权限分配、行政作用的程度等，应如何方能发挥行政的妙用，而以政策的研究为目的。固然与行政法学异其性质，然而现行行政法规的制定改废，行政机关的废置，权限的伸缩等，必须于行政学之研究有相当的基础而后可。要之，由政策如何适当问题，转入现行法的内容如何问题，就是行政学与行政法学的分化。两者间自然是很有深切的关系，我们万不能忽视的。[②]

范扬在中央政治学校任教，其《行政法总论》受美浓部达吉影响很深，刘燕谷对此有评论文章。[③]

清末民初的法政学堂（校）课程中保留的少量中国传统行政学（法）

---

① 《教员统计表》，《国立复旦大学一览》，1947，第 33 页。
② 赵琛：《行政法总论》，第四章"行政法与行政学"，《现代法学》1931 年第 2 期，第 18 - 19 页。
③ 刘燕谷：《评范著行政法总论》，《读书通讯》1942 年第 51 期，第 13 - 15 页。

知识，应来源于《大清会典》，这在夏同龢主持的广东法政学堂所编的《法政讲义录》（今存于广东省图书馆）中还可看到。管学大臣张百熙称："大学堂暨高等专门各学堂所授功课皆有国朝掌故一门，各学教员编撰讲义、学生考证功课均须遵照《大清会典》讲习。"① 学部对法政学堂课程的规定，最先于光绪三十二年十二月（1907年1月）"奏准遵行"。到了宣统二年（1910）冬，又奏："（以往）当订章之际各种新律均未颁布，故除《大清会典》、《大清律例》之外更无本国法令可供教授。今则宪法大纲、法院编制法、地方自治章程等均经先后颁行。新刑律亦不日议决奏请钦定施行。此后法政学堂此项功课自当以中国法律为主。"② 可见，清政府对教学内容"全盘西化"心有不甘。

法政学堂没能讲授总体成形的行政学，但其新式的政治、经济、法律课程的理论储备，使上等、中等毕业生终能历练、适应各类行政业务岗位，逐渐取代旧日的幕宾、吏胥。

张逢沛所著的《中国的官吏与幕僚》认为"幕僚制度本来是旧时吏治的续命汤"，"幕僚分为五类，就是刑名、钱谷、征比、挂号、书启……而他们不过衡以事理的缓急、律例的规定，贡献其意见而已。另外他们更以专家的资格、宾友的身分监督书吏……政府行政当比较以往可以改善。不过，千百年来中国的官在传统上均不谙习政事，只靠专门有知能的幕僚帮忙一切，久而久之，自然可要弊端丛生"。③ 幕客不是吏员，没有编制和官俸。新政裁撤吏胥，腾出了位置，幕职（不是幕宾）正规化提上了日程，如《幕府得人》（《湘报》1898年第125期），《湖北参谋营务处聘用制造顾问幕僚合同》（《南洋官报》1905年第3期）。光绪三十三年（1907）五月，考核官制王大臣奏准各省官制清单，第四条："总督巡抚衙门各设幕职，分科治事"。第五条是讲幕职职掌："秘书员掌理机密折电函牍，凡不属各科之事皆隶之。交涉科、吏科、民政科、度支科、礼科、学科、军政科、法科、农工商科、邮传科参事员，就主管事务掌理各项文牍，有事简不必备设者得以一员兼任之。统由督抚自行征辟，无庸拘定官阶大小。但每年应将各员衔名及到差年月，分别奏咨存案。其办事得力之员随时切实保荐，以备简擢。"按这个规

---

① 张百熙：《又奏请赏给各学堂〈大清会典〉片》，《政治官报》1909年第733号，第7页。
② 张百熙：《学部奏改订法政学堂章程折（并单）》，《政治官报》1910年第1149号，第5页。
③ 张逢沛：《中国的官吏与幕僚》，《政衡》1947年第5期，第24–29页。

定，湖广总督衙门幕职分科安排的人"均于宣统二年三月到差"。① 河南省
分设八科，计有秘书科（设正副秘书员）、度支并吏礼科、法科、交涉科、
民政学务科、河工科、军政科、农工商邮传科（各设参事员）。② 至于薪金
问题，安徽省"仍就向来文案处经费，撙节开支"。③

古代将帅出征，治无场所，以行军停驻扎营的帐幕为府，故称幕府。
"即为现在的司令部……（其'参佐'人员）虽出朝廷简命，实为私人爪
牙，号称幕职，有类佐官……""至于'幕宾'，亦名'幕友'，亦名'幕
客'，明清最盛，并非朝廷命官，地位同于师友，对于东家仅有私人的关系，
负帮忙的责任。""清末革新，各衙门所有'文案'之设，于是'幕宾'而
有'参佐'化之势。'胥吏'之制另为一事，与'参佐'、'幕宾'尝并行不
废，未可混为一谈。""迄于民国……始将'佐官'、'幕宾'、'胥吏'三者
一炉而冶之，均称为公务员矣。"④

明清时期称此类幕僚为"师爷"，按其职能可以分为折奏师爷、刑名师
爷、钱谷师爷、书启师爷、征比师爷和挂号师爷等类，其中以折奏师爷和刑
名师爷与幕主的升黜、荣辱干系最大。折奏师爷主要负责起草奏疏；刑名师
爷专理刑事、民事案件；钱谷师爷专门办理财政、税务事务；书启师爷主要
负责撰写官方文书，处理信函等；征比师爷主要负责稽查与考征田赋，与钱
谷师爷职能相近；挂号师爷主要负责批牍，即代理主官批答文件。

学幕时间一般为 3－5 年。一般必读之书有《入幕须知五种》（张廷骧
辑）、《秋水轩尺牍》（许思湄著）、《雪鸿轩尺牍》（龚萼著）等。直接传授
各类行政知识的是《入幕须知五种》：一为《幕学举要》（乾隆年间万枫江
著），分"盗案"、"命案"、"奸情"等 11 目，"论习幕之道，挈要提纲，语
语从阅历而来，诚为后学津梁，于直隶情形尤了如指掌"；二为《佐治药
言》、《续佐治药言》（乾隆年间汪辉祖著述），前者分"尽心"、"尽言"、
"不合则去"等 40 目，后者分"摘唤须详慎"、"批驳勿卒易"等 26 目，
"实为幕学传授心法"；三为《学治臆说》、《学治续说》、《学治说赘》（汪
辉祖撰），《学治臆说》上卷分"尽心"、"官幕异势"、"志趣宜正"等 63

---

① 《鄂督奏遵章设立幕职分科治事折并单》，《政治官报》1910 年第 1023 号，第 12－13 页。
② 《豫抚奏遵设幕职分科治事折》，《政治官报》1911 年第 1173 号，第 17－18 页。
③ 《安徽巡抚朱家宝抚奏遵章设立幕职分科治事折（并单）》，《政治官报》1910 年第 1149 号，
第 11－12 页。
④ 于鹤年：《读〈五代的幕府〉》，《食货》1937 年第 5 卷第 6 期，第 50 页。

目，下卷分"敬城隍神"、"敬土神"等61目，《学治说赘》分"官声在初
莅任时"、"勿彰前官之短"等50目，为佐理政务体会；四为《办案要略》
［乾隆中叶王又槐（字荫庭）撰］，分"论命案"、"论犯奸及因奸致命案"
等14目，介绍办案方法与经验，王氏尚有《刑钱必览》、《钱谷备要》、《政
治集要》等书行世；五为《刑幕要略》（作者佚名），分"办案"、"斗殴"、
"人命"等22目，实为刀笔吏经验教训之谈。另外，还应算上张廷骧（翰
伯）自己写的附加于书末的《赘言十则》和《办公八字》。

　　尧公在《谈师爷》中指出，"盖专制时代，法度既严，避忌尤多，胥吏
之长，即在熟于朝章国故，'深明例案'"。《晓窗春语》有《三老一变》一
文："一老吏，二老幕，三老胥……变而为老贪，老滑，老奸……""道光
以前之胥吏幕客，学识既优，品格亦好。及至叔世，上焉者能舞文弄法，下
焉者竟错谬不通，遂亦不为社会所重。"[1] 在辛亥革命之后，袁世凯以机要局
控制政事堂，蒋介石以侍从室操纵党、政、军，均承袭了幕僚制度。

　　谢廷式在《介绍入幕须知》中写道："披阅现今关于欧美人事问题的书
籍，其中讨论公务人员的行政、管理、待遇、培养等等，偏偏未尝论到怎样
在实际政治上做一个理想的公务员的'官僚学'。现在我国旧书堆里，却偏
偏又发现了这么一部，在人事问题研究中，算是新增了一项门类。"[2]

　　除《入幕须知》以外，民国时发掘、介绍、予以重印的，还包括如下官
学、幕学书籍：

　　澹泊居士《官幕秘传》（上卷3章，下卷4章），上卷为刑幕事，下卷第
四章辨案情，第五章论接篆要政，第六章救灾，第七章论公文程式。东南隐
士曰："提要钩玄，有条不紊，富于经验，长于社会智识者。"

　　正面讲述为官之术，内容详尽、几乎无所不包的有清代尹会一撰、郑端
辑的《政学录》（5卷）。仅以卷三的《初任事宜》一篇为例，作者提出并
解释：戒营求，谨贷负，问民情，讲律招，见上司，防嫌疑，处交际，勿干
求，待祖饯，止人役，慎关防，觅内书，造履历，答迎接，住公馆，辞礼
物，谒圣庙，拜士夫，会宾客，安穷苦，图地理，贵有恒，尚节俭，发行
价，慎起居，养性情，示信行，谨衙门，择各役，通乡音，访事实，记手
折，置行笥，备伙食。后为商务印书馆"丛书集成"收入重印。还有元代张

---

① 尧公：《谈师爷》，《古今》1943年第31期，第24－26页。
② 谢廷式：《介绍入幕须知》，《行政效率》1935年第2卷第8期，第1151－1154页。

养浩的《三事忠告》（《牧民忠告》2 卷，《风宪忠告》1 卷，《庙堂忠告》1 卷），后被商务印书馆"丛书集成"影印出版。该书多言居官之道，尤以县官之道特详；就中以《风宪忠告》最佳。宋朝真德秀的《西山政训》（"丛书集成"本，商务印书馆影印本），内容为真德秀师长沙、知泉州时，以四勉十诫约束属吏。议论简当，见解透辟，堪为良吏之箴言。朝代不明的陈古灵所著《州县提纲》（4 卷），有局版本、影印本。此书论州县莅民之方，极为详备。清陆陇其（字稼书）《莅政摘要》（上、下卷），有"三鱼堂丛书"未收本、海州分司刻本、影印本、通行本，是陆氏任县令时摘录古人教养行为之善者而汇辑，多古人佳言懿行，言清代吏治之善者，当时无出其右。乙丑年（1925），许天醉、赵绣岚、华绪之、印洪声合著的《（官幕必携）县政全书》，可能是民国（北洋政府）时代最后一部官幕类著作。篇幅不小，资料充足，与时俱进，已经是民国县府（县长及僚属）行政事务的"百科全书"。内容第一编"县知事服官要则"，从第一章"叙官分发"讲起，所遇情况、应对方式、须办事项等一一交代。第二编是各式文件（政务、财政、教育、实业、司法、监狱、警察）。第三编为各种法令（官规、政务、财政、教育、实业、司法、监狱、警察）。第四编为各式表册（分类同第二编）。该书解说在幕宾和胥吏都被裁撤的县政府，县知事（新手）上任如何处理行政（及司法）的问题。

二　《学校管理法》是管理学引进的先声

台湾版《辞海》界说"管理"：

（1）谓依一定之尺度就事物、动作或现象为必要之处理。

（2）教育行政用语。系就伦理学观点解释管理之涵义，其要点有三：即秩序之维持；保健之设施；品性之陶冶是。

（3）行政学用语。系指各级行政人员本其权责就职司之事项予以处理之谓。①

第（2）款为"教育行政用语"，我们确实发现近代中国教育界普遍使用"管理法"这个词，比其他行业更早。它是从日本搬过来的，时当 20 世纪

---

① 《辞海》中册，台北中华书局，1995，第 3359 页。

之初。

壬寅、癸卯学制参照西方资本主义学校模式，奠定了我国近代学校教育管理制度的雏形。对于中国行政管理学史来讲，其意义更不一般，因为它以军机大臣管理学务，中央政府文件和指令多处明确提到"管理"和"管理法"，各级教育行政官员乃至师范学校学生必须学习（日本传来的）"学校管理法"等。当时其他任何组织，哪怕是政权机关最核心的部门，如议院、政务、军队、警察等都没有规定以"管理法"命名的课程要求。例如，1904年1月13日，由张百熙（1847－1907）、张之洞、荣庆（1859－1917）拟定，清政府颁行《奏定学堂章程》，又称"癸卯学制"。其中《各学堂管理通则》等文件，模仿资本主义教育制度，对各级学堂的管理体制作了规范性的要求。各级学堂的管理人员分总办、监督、堂长。"必须有明于教授法、管理法者，实心从事其间。"还要求各直省督抚应派遣这些人出国考察学务，考察外国各学堂的规模、制度，以及一切管理、教授之法；主张订购《学校管理法》《教育行政法》等，使管理人员学习研究。

清末民初法政教育大盛，可惜一直处于多"法（律）"少"政（治）"的状态。据我们所考证，以"管理"为题较早的一本教材，出自留日师范学生之手，是光绪二十九年（1903）九月由他们在东京组建的湖南编译社出版、上海作新社印刷局印刷的《管理法教科书》。书的作者是日本的田中敬一，原书初版于明治30年（1897），而中文版据明治35年（1902）修订本，由湖南楚怡学校的创办者、教育家陈润霖（1879－1946）在日本（师范速成科）翻译完成。此书主要讲的是小学校之管理，但不限于我们通常所指的学校教学以及教务管理，而包括小学校之科（课）目、编制、设备、就学、职员、监督管理、校务之整理、儿童之统治、学校卫生医疗、学校经费。除教育管理外，有不少行政管理的内容。比如，该书宣称"网罗主要现行之小学教育法令之要点"。而在第六章"小学之职员"中讲到职员之种类及资格、任免及进退、职务及服务、待遇、官级、俸给；第七章"学校监督管理"中讲到从文部大臣、地方长官、郡长、市长及参事会到学务委员，自上而下对学校管理进行层次性监督；第十一章中有"学校经费的预算、调制及执行，基本财产、物品的出纳及保管制度"等。师范生学了之后，可以从事教育行政工作，或以教师身份兼任学校行政人员。这在那个新学初创的时期，是很普遍的现象。

另一本《学校实践管理法》由湖南编译社组织翻译自日文，称："中国言学校数十年矣，而造就无人。上焉者入洋房为通事，下焉者忘祖国作汉奸。是固因学课之不高，而亦管理未善，有以致之者也。泰西学校皆重管理，监督得宜，则学生之品节公德皆于是养成焉。中国竞言学校，则亦于此注意已耳。"

《教育世界》杂志是我国最早研究教育学及教学法的刊物。1901 年 5 月创刊，在上海出版。由罗振玉发起，王国维、周家树、汪有龄、高凤谦等编译。初创时只有"文篇"、"译篇"两个栏目。《教育世界》杂志上连载的《学校管理法》（可自行从刊物上拆下，装订成单行本），译自日文书。相对于陆费逵的"（讲）述"（按：参见下文。"讲习社讲义"当然是"讲述"，亦即"综述"，掺入编著者的若干见解。若为译述，不能缺"译"字），属于"译篇"栏目，内容谈不上自创。

《环球中国学生报》1907 年第 2 期载，中国各省提学使 13 人到日本视察日本教育制度，文部省决定特为他们"开设讲演会，每日 3 小时，约 1 月"。课程是"明治教育沿革"、"各国比较教育制度"、"教育行政"和"教育学说及学校管理法"，后两门课分别由文部省参事松元顺吉和高等师范学校教授小泉又一讲授。这里要明确，不是"教育行政法"而是"教育行政（学）"与"学校管理法"两种课。

民国元年九月初三（1912 年 10 月 12 日），范源濂继蔡元培（1868 - 1940）任两月后，发布《学校管理规程令》，计 10 条，简明扼要：

> 1. 本规程为各学校管理学生之准则。2. 凡关于养成学生品格之各项管理规则，学生应遵守之。3. 校长教员及学监，负训育学生之责任。其对于学生所施之训告，学生应服从之。4. 校长应按照学校种类状况，订定管理细则。……6. 学生对于教授上及校务事宜，如确有意见，得上书或面陈于本校职员，听候采择。但不得固执己见，藉端要挟，致妨害学业。7. 学生行为有违背学校规则者，校长应分别轻重，予以相当之儆诫……①

题"桐乡陆费达（即陆费逵）述"的《管理法讲义》，书眉标明"师范讲习社师范讲义"，应当比上述诸书更为贴近中国实际。因为这套讲义出版

---

① 《教育部公布学校管理规程令》，《教育杂志》1912 年第 4 卷第 7 期，第 9 - 10 页。

于 1910 年 6 月至 1911 年 5 月，可以说吸取了七八年来的经验教训。① 该书正文第一页"绪论""第一节 管理法之意义"称："管理法者，讲学堂之办（理）法，而能以最少之时间，最小之劳力经费，而获教育上至大之效果者也。举凡学堂之中，校地之选定，校舍之建筑，课堂之布置，教具之设备，教科书之选择，学级之编制，学科之分配，表簿之整理，规则之制定等，无一不在管理法之内。故从事教育者，当以研究管理法为第一急务。"可见，这主要是指学校的行政管理。该书接着解释："管理二字，有广义、狭义之别。管理法之管理，广义的也；与教授、训练并称之管理，狭义的也。广义之管理，英德语皆曰 Manage，可训为经理。狭义之管理，德语曰 Rejierung，英语曰 Regulation，可训为管辖。第八章学生之管理，即狭义的管理也。"其追求"最优"（"最少"、"最小"、"至大"）目标（效果）那三句，为同类学校管理法书籍所未载，与泰罗科学管理法所宣扬的目标相近，而那时泰罗《科学管理原理》原著尚未出版。陆费逵从何处得到启发？恐怕只能说他的儒商（事业经营）头脑，在国际政治、经济、文化大环境下，超前地与世界先进生产力所孕育的理论成果有所共鸣。

陆费逵（1886 - 1941），复姓陆费，字伯鸿，浙江桐乡人。自学成才，少年时当过新学教师，到上海后在商务印书馆发展，主编《教育杂志》，接过了《教育世界》的社会任务。1912 年创办中华书局，三十年时间里，一直总揽中华书局业务。② 该局创办的《中华实业界》（1914 年 1 月 - 1916 年 6 月）杂志，最早介绍泰罗的科学管理。如时成《教室内之管理》（《教育杂志》1912 年和 4 卷第 2 期）等，已是自行创作论述；又如《休憩时间管理法》（《教育杂志》1909 年第 1 卷第 10 期），指出"时间管理"是西方管理科学的一部分，作为提高效率的一种方法，而一般教育领域只是要求做好休息放松，消除疲劳，并借以"流畅生机"（活跃身心），"观察个性"。

教育行政部门的"管理"文件，如《教育部公布学校管理规程令》（《教育杂志》1912 年第 4 卷第 7 期）、《都督通令颁行教育部定学校管理规程》（《上海公报》1913 年第 3 期）、《教育部咨各省巡按使录送通饬各学校管理受教员及学生等矫正教育时弊饬知一件请分别饬遵又附饬知一件》（《政府公报分类汇编》1915 年第 14 期）等。

---

① 《师范讲习社师范讲义简章》，《教育杂志》1910 年第 2 卷第 6 期，附录第 13 - 15 页。
② 《中华书局局报》，《中华教育界》1913 年第 1 期，附录第 1 - 36 页。

留学美国哥伦比亚大学师范学院，师从孟禄（Paul Munroe，1869 - 1947），1914 年获得博士学位的郭秉文（1879 - 1969），成为东南高师（即东南大学、中央大学的前身）校长，其博士论文《中国教育制度沿革史》，1915 年由该校师范学院出版了英文版，1916 年周盘翻译的中文版由上海商务印书馆出版。郭秉文回国后撰写发表了《学校管理法》（《教育杂志》1914 年第 6 卷第 12 期、1915 年第 7 卷第 1 期连载），分原理、体制、训练法、激励法、感化力 5 章，是理论联系实际的成果。

此外，还有谢冰、易克枲编译的《学校管理法要义》（商务印书馆 1914 年出版），周维成、林壬著的《学校管理法》（中华书局 1917 年出版），范寿康（1896 - 1983）著的《学校管理法》（商务印书馆，1924 年出版）等。

天民《德谟克拉西与学校管理》（《教育杂志》1919 年第 11 卷第 9 期），呼应刚发生的五四运动提出的"德赛两先生"口号。徐甘棠（1874 - 1948）所译《西伯里亚革命时之学校管理法》（《新教育》1919 年第 2 卷第 2 期）介绍了俄国的动态，正是"十月革命"一声炮响带来的新事物。《学校管理与学生自治》（《清华周刊》1920 年第 185 期），也是五四后学生觉醒，不满清华董事会（美国公使馆操纵大权，北洋政府外交部屈从）对学校管理的专制行径，呼唤解放学生自治权利。

北伐开始，北洋政府统治摇摇欲坠，学校系统管理权力下移。北京大学开办了学校管理法班，重心在学校内，而不是教育行政部门。该班在学校比较活跃，多次对外报道。可参见《学校管理法班诸同学鉴》（《北京大学日刊》1926 年第 2105 期）。又如殷祖赫《城市平民学校管理法——平民学校管理法之意义与内容》（《教育杂志》1927 年第 19 卷第 10 期）等。

到了南京政府时期，这类"管理法"所涵盖的对象竟越来越"低矮"，范围也越发狭窄。例如，盛振声、徐君若译《开学与教室管理》（北新书局 1932 年出版），沈百英（1896 - 1992）著《教室管理法》（商务印书馆 1948 年出版），葛承训著《幼稚园的管理》（商务印书馆 1933 年出版），〔美〕汤姆著、宋显礼译《儿童管理》（商务印书馆 1936 年出版），汪明禹著《婴儿教保机关管理方法》（正中书局 1946 年出版），关瑞梧（1907 - 1986）著《儿童教养机关之管理》（正中书局 1947 年出版），章辑五（1891 - 1975）、吴耀麟著《童子军管理与活动教材》（正中书局 1942 年出版），吴耀麟、章辑五著《童子军行政管理与活动教材》（正中书局 1946 年出版）等。

### 三　市政工程、城市公务引来市政学知识

市政学是行政学的先声之一。全世界最早成立的美国私立纽约市政研究所（New York Bureau of Municipal Research，1906），后升格成为公立全国行政研究院（National Institute of Public Administration，1921），即具有典型意义，为中国学者所关注。

实际的市政管理，由几个沿海城市的租界提供了参照，本节略录几文。

> 中国市政制度，实由清咸丰四年（1854）英法美三国侨民在上海租界共同组织之工部局而起。工部局其英文名为 Shanghai Municipal Council，实应译称市政委员会。英侨据其国市制，将立法、行政事宜均授权于董事会（议会），再交由市政委员会执行。开埠之中国地方政府官员为保主权，处处维持外人已成建置，即工程、巡捕两大要务，和就地筹税为唯一之经费来源，凡已开商埠及自开商埠各地方，纷纷以设置工程性质之机关闻尔。惟其时名称极不一律，有称为马路工程局者，如南京、上海两地是；有称为督办开埠工程局及商埠局者，如吴淞、下关两地是；有称工巡总局者，如昔称京师之北平以及上海之闸北等地是。①
>
> 至上海租界之市政，与天津、汉口各通商口岸之市政，皆由外人所创办。……大概道路、工程为最重要之事。上海公共租界之市政，则包括教育、财政、工程、警务、卫生、电气、监狱……②

季理斐译、范祎述的《一千九百五年上海工部局之年报译略》介绍说，租界工部局"每年由寓居西人，选举代表董事九人，以办理地方政治。……以九人分为三部，一财政部，二警察部，三工程部是也。财政部董事，管理地捐房捐等，警察部董事管理捕房一切之事及会审署、西牢监、团练兵、救火会，以暨卫生、音乐等，工程部董事管理修筑道途，建造桥梁、自来水、电气厂等。故工部局中灿然地方自治之规模备焉。中国将来有立宪之希望，必以地方自治为基本，故本报略记其大概如下。"③

---

① 蒋慎吾：《中国之市政（一续）》，《人文月刊》1936 年第 7 卷第 4 期，第 21－32 页。

② 董修甲：《市行政学纲要》，中华书局，1929，第 21－23 页。

③ 季理斐译，范祎述《一千九百五年上海工部局之年报译略》，《万国公报》1906 年第 207 期，第 24154－24166 页。

　　季理斐译、范祎笔述的《伦敦地方行政所之组织》（《万国公报》1906年第210期），是较早介绍西方城市行政的一种组织形式（由民选产生）及其所承担的市政管理的文章，主要提到了道路、电车等公用设施的建设和管理。张兰翻译自日本人的《市町村自治之行政》（《法政杂志》1906年第1卷第2号），也可视为介绍市、镇、乡几级自治机构如何运行，发挥其市政管理功能的知识。两文都冠上"行政"二字，这种提法在当时还属罕见。

　　1978年改革开放以来，有关"城市经营"（或"经营城市"）的论文发表不早于1990年，著作（非译本）出版不早于2000年。而1949年（乃至1990年）以前有这种标题的文章寥寥无几，我们所见似乎以《欧美于都市经营之事业》（1905年译述）为最早。

　　这篇文章的开头是："世人往往论巴明哈姆（伯明翰）及格拉斯科（格拉斯哥）、黎巴蒲（利物浦）、孟基斯达（曼彻斯特）诸地市政之美，艳说其市营之事业，有电气、瓦斯、水道、公园、马车、铁道、公立浴场，皆有宏壮伟大之观。然今欧美于市政之发达进步不止于此也。……都市革新之论，实有如火如雷之势。"这段文字一是赫然出现"市政"一词；二是列举了"市营之事业"；三是提到了欧美"都市革新"运动声势很大。

　　该文第一节小标题"建筑物"，下面分段讲述的事项有：

　　（1）市场。"孟基斯达有极壮大雄丽之市场……至于柏林之市场，其壮大殆与孟基斯达比肩……又巴黎公立市场，每年可得一千万佛朗之纯益金云。"近代城市靠市（场）取胜。（2）菜蔬市场及屠兽场。"巴黎之中央亦有菜蔬市场，其间设置电气、蒸气、瓦斯铁道，以供顾客之便。……至如柏林市之屠牛场，其壮丽雄大……雇最精于兽类学者之医师数十人……凡兽肉必经此辈考验……市民无吃腐败兽肉之危险云。"（3）运河、港湾、码头等公用设施归政府"包办"。（4）"各有公共浴场……"（5）"须设立公共旅馆之声，喧于欧洲各都市识者之间……"不图多赢利，故价廉。（6）"诺靳哈姆（诺丁汉）……设置高等学校及大学校……教育家皆大声疾呼欲起而效法……"（7）"凡市衙门、市会……之印刷物，皆归市有印刷所之包办……"避免了私企的剥削。（8）"沙飞德（谢菲尔德）市因为肺病患者而作市立之病院。哈里法克斯市，因为猩红热患者而作市立病院。"这是传染病院的设置。（9）"有市立剧场……其利益之大部分，归于市收。俾使用于公共之事业……"（10）"黎巴蒲市为贫民失业寡妇设立市有裁缝店……收其利益以助其生活云。"（11）"以便贫民之典当……此等事亦足以见其市营事业之特长也。"抑制高利贷。（12）专卖店。"……收其租以略补市费之

缺。"(13)火葬场。(14)佣人介绍所。(下略)

该文第二节小标题"制造物",下面分段讲述的事项有:

(1)"行于瑞典、脑威、瑞西之酒类专卖,都市亦宜经营之论,大见唱道(倡导)……"(2)废物"以为发生电气之用……制造石碱、油、灰泥等"。(3)各种制造业。"英国都市则喧以制暖炉及瓦斯装置器、送电计量器,皆归市之营业焉。至如失业之寡妇,则使之培养市立公园中之树木花卉,其孤儿孽子,则使之卖牛乳以扶助其生活云。"

该文第三节给出结论:"欧美各都会于市政之发达,堪堪惊叹……然则卷起进化之怒涛,使之澎湃天空,非我人之责任乎?"①

茁海(即范祎)《述英国市政之大概》,是较早以著者口吻"诠次英国市政之大概"的论文,称"欧美市政,凡有两系",即英和法,以伦敦、巴黎为代表。法国自第三共和国政府时地方权滋长,1871 年以来成市政模范;英国在 1775 - 1825 年间市政腐败达于极点,1834 年救贫法案通过,"中央与地方权调和而善用之",市政蒸蒸日上。机关官员的特点是:自由,不党,忠实,清廉。至于市政之内容,"纲要事项"为:街衢,沟渠,交通,教育,游戏与运动,卫生与防疫,质押与储蓄,慈善与救济。作者"以为吾国庶几可学也。……空谈无用之讥,所不辞矣。"②

留美学生刚创办《科学》月刊,就有郑华《城市给水工程》一文。该文甚至考虑到中国城市自来水每日人均给水率,可假定为 25 - 35 加仑(美国为 100 加仑,英国为 40 加仑,德国为 30 加仑);又谈到筹款之法(特别捐或招股)。③

黄希纯翻译的《乡路和市政工程师》(《道路月刊》1922 年第 4 卷第 1期),讲美国市政工程师负责修建城市通往乡村的道路。

关于我国市政之创兴,兹就当时上海举办市政之情形约略述之。光绪三十一年(1905)七月,苏松太道袁树勋(1847 - 1915)照会上海绅士郭怀珠等,设立总工程局,试行市政。所有城厢内外马路、电灯及警察等,均由绅商公举董事办理。总工程局九月成立,选派前上海南市总董李平书(1854 - 1927)为领袖总董,莫锡伦等为办事总董,姚文枬等为议董,并订有简明章程,此即上海市市政之起点。及成立未久,又重订《总章》二十二节,《议

---

① 《欧美于都市经营之事业》,《大陆》1905 年第 3 卷第 16 期,第 59 - 65 页。
② 茁海:《述英国市政之大概》,《进步》1914 年第 6 卷第 1 期,第 1 - 6 页。
③ 郑华:《城市给水工程》,《科学》1915 年第 1 卷第 2 期,第 194 - 197 页。

会章程》四十三节,《参事会章程》二十一节。市行政范围,包括户政、警政、工程三种。户政分户籍、地产登记、收捐三科。警政分巡警、消防、卫生三科。工程,分测绘、路工、路灯三科。上海南市市政中间曾收归官办,改为工巡捐局,当时该局责任在征收捐款、专办道路工程。①

《市政亟宜举行》(《光华卫生报》1918 年第 2 期),批评广州市容、卫生太差。《关市政》(《光华卫生报》1918 年第 3 期):"(广州)市政公所开幕后,对于拆城筑路辟公园建街市设工厂各事,均积极进行。"标题是"拆除 15 座城门(关),城墙改马路"。

京都市政公所编纂的《京都市政汇览》(1919 年出版)称,自 1914 年 4 月内务总长朱启钤开始兼督办京都市政,6 月成立京都市政公所以来,负责人员几经更替:1918 年钱能训督办加以改进,时任督办吴炳湘继续,由坐办陈时利负责使此书告成,向市民汇报五年来的工作。全书篇幅约 600 页,录载规程颇多,正文各章有市政机关设置、市政公所附属机关(例如,"工巡捐局","会同警察厅办理各项捐务……即以工巡捐款为市政经费之基础";又如"市政工程端绪繁赜……特设测绘专科";再如,帮助平民的"京都市仁民医院……医药概不取资,以恤贫病而树立公立医院之模范")、市有财产、交通、劝业、卫生、教育、救济等内容,对各类市政设施和工程的介绍占了好几章,着墨最多。

---

① 董修甲:《市行政学纲要》,中华书局,1929。

# 第二章　内务行政的引进和相关研究

本章依历史的逻辑发展演进，研究被早年行政法所界定的"内务行政"，包括保安警察、卫生行政、教育行政等。清《钦定行政纲目》所定的"内务行政"含民政（民治、警政、疆理、营缮、卫生）、教育行政、农工商行政、邮传行政和藩政。当时国内舆论同样认识到这些，例如，《论国人宜注意于公共事业》，提及警察、教育、卫生、救贫、修筑道路、浚理沟渠川河、安设路灯、建筑公园。① 还有若干行政（法）书本，习惯将内务行政分为经济行政、教育行政、卫生行政、警察行政等。民国初年，临时政府将内务行政分为民治、职方、警政、土木、礼俗、卫生、统计、筹备国会选举八项。② 南京国民政府依内政部所辖各部门多少而伸缩，大体上总是包括民政、警政、地政、卫生、礼俗等司，《制定内政部各司处分科规则》就有论及。③

## 第一节　警察行政的建立、训练与学理探讨

### 一　警察行政知识的介绍和制度的建立

关于"警察"这个来自日本的翻译名词，以及这种组织机构的创立和运行，民国有很多学者做过考证。先查古代的解释和职能。劫灰的《警察权之观念》中"中国警察之沿革"载：

> 《周礼·地官》中，司门，犹今之京师警察也。司市，如今之市长。司稽，犹今之市场警察也。司虣者，犹今之省市警察也。……《左传·

---

① 《论国人宜注意于公共事业》，《东方杂志》1907年第4卷第4期，第70－74页。
② 沈云龙：《临时政府内务行政纪要》，台北文海出版社，1913。
③ 《制定内政部各司处分科规则》，《内政公报》1936年第9卷第10期，第10－19页。

国语》之司李,犹今之乡村警察也。①

刘尧峰《中国现代警察制度沿革》区分说:

> 司虣以禁斗嚣,司稽以察犯禁,实与今之警察无殊。阙后秦置中尉,职司徼循;汉设执金吾,以御非常;隋唐迄宋,有金吾卫,巡检司,执御非违,降及元代,置大都路兵马都指挥使,警巡院;明置五城兵马指挥司,锦衣卫;清置步军统领,五城御史:皆执掌警察之官也。所异者,与国家其他政务混合,事权未分,章制简略,非有显著之组织与夫特定之警察名称而已。②

鼎鑫在《上海法租界的巡捕房和特别巡捕》一文中讲道,上海的法租界创立于道光二十九年(1849),公董局设立在 1862 年,巡捕房反而更早,在 1857 年设立,且直接受法国驻沪领事指挥。巡捕由法国人、越南(法国殖民地)人、中国人组成,经费薪饷则由公董局负担,任务是维持治安,也和法国驻军合作防卫租界。③

清季甲午战争失败后,设置警察之呼声高涨。1895 年,郑观应在其《盛世危言》中及时增加"巡捕"一章,力主"广设巡捕于平时,藉以防患于未然,杜乱于无形也"。④ 当时鼓吹警察制度最力的莫如黄遵宪,他向陈宝箴(设保卫局)、梁启超(设警察局)、李鸿章(设巡警)都提过建议,把警察提到"为凡百新政之根底"、"为万政万事根本"这样的高度。⑤ 同时,康有为在上皇帝的三道奏折(第五书、第六书、万言书)中,也把警察与新军相提并论。

湖南巡抚陈宝箴听从黄遵宪诸人设计,参考《时务报》介绍的租界的巡捕制度,设立保卫局。郑宗楷的《清代新警察制之起源》一文明确说:"清朝自甲午战败之后,警察一词虽见奏章,但未即建设起来。"⑥ 但维新派对设

① 劫灰:《警察权之观念》,《公安月刊》1932 年第 1 - 3 期,第 23 - 25 页。
② 刘尧峰:《中国现代警察制度沿革》,《警高月刊》1935 年第 2 卷第 6 期,第 55 - 158 页。
③ 鼎鑫:《上海法租界的巡捕房和特别巡捕》,《近代杂志》1938 年第 1 卷第 10 期,第 86 - 87 页。
④ 郑观应:《盛世危言》,中州古籍出版社,1998,第 235 页。
⑤ 钱萼孙:《大诗人黄公度年谱初稿(续)》,《大陆杂志》1933 年第 2 卷第 1 期,第 123 - 133 页。
⑥ 郑宗楷:《清代新警察制之起源》,《新政治》1941 年第 6 卷第 6 期,第 49 - 53 页。

置警察大造舆论，如《汉口英租界晓谕巡捕条例》（《湘报》第 15 号）、《沙市拟设巡捕》（《湘报》第 35 号）、《试用巡捕缘由》（《清议报全编》第 14卷）、《巡捕新制》（《时务报》1896 年第 7 册）。我们据唐才常的《论保卫局之益》（《湘报》第 131 号）、谭嗣同的《记官绅集议保卫局事》（《湘报》第 121 号）和《湖南保卫局章程》（《湘报》第 176 号）等文献，知道警察制度此时已获执行了。"1898 年湖南巡抚陈宝箴首先模仿外国租界的巡捕制度，在长沙设置巡捕局（按：应为保卫局，保卫局存在时间不长）……而不知道人家对内政策下之警察官制度，以致误学租界办法。"① 庚子之役后，长沙才有租界，范围不大，外籍人员不多，工部局无巡捕房。那时遵清廷令"已设立工巡局保卫商民"，并由其兼管租界巡察，但"巡捕各事宜由监督税务司会商办理"。② 与湖南稍异，上海采取了模仿租界和日本的方式。《试用巡捕缘由》回顾："上海道台蔡钧，曾出使美国，欲改革巡捕制度，聘东京下谷警察署长永谷隆忠为顾问官。选道台部下兵 150 人为巡捕，教以警察事宜，又定具章程，悉破昔时保甲制度。将行其法，会北京有变，西后代帝听政，事遂止。"③ 这也是发生在 1898 年的事。

清代实施的警政受租界影响很大。义和团事件发生的 1900 年，八国联军进占北京，各设立"安民公所"，于所长及事务官之下置宪兵，雇使华人充任巡捕，受宪兵之统督，掌理警察及修缮道路诸事。翌年（1901），联军退出北京，安民公所随之也撤销。地方治安之维持袭安民公所之遗制，自设善后协巡营以继之。不久，将协巡营改名工巡局。"清代才有政府自设的巡捕……可说是中国现代都市警察的始基啊。"④ 郑文续述：1902 年张之洞、刘坤一奏折中误以为西方、日本有保甲（民间自卫组织），而将日本之警察（是官治行政）与保甲混为一谈；同年，天津道员赵秉钧被袁世凯派为巡警总办，"就地抽捐"支薪警员；同年，被聘为巡警学堂监督的日本人川岛浪速上书庆亲王奕劻，倡设各级警察机关。⑤

工巡局是被认为是中国有形式的警察之始。当时工巡总局直隶于朝

---

① 郑宗楷：《清代新警察制之起源》，《新政治》1941 年第 6 卷第 6 期，第 50 页。
② 《湖南长沙通商租界设立巡捕总章程》，《东方杂志》1904 年第 9 期，第 103 - 105 页。
③ 《试用巡捕缘由》，《清议报全编》第 14 卷，横滨新民社辑印，第 163 - 164 页。
④ 郑宗楷：《清代新警察制之起源》，《新政治》1941 年第 6 卷 6 期，第 51 页。
⑤ 郑宗楷：《清代新警察制之起源》，《新政治》1941 年第 6 卷 6 期，第 52 页。

廷，以管理工程巡捕事务大臣一人统辖之，为独任制之机关。其下设置工巡总监及副监各一人，辅助大臣，处理局务。总局之内，分工程、巡捕二局，各置局长一人。每局之下各有警巡队长、巡长、巡捕若干人。其职权，约有六项：（1）执行京城之警察事务；（2）杖以下之罪得即决之；（3）简易民事之案件，得受理而行其审判权；（4）受理京控；（5）审理关系外国人之民刑事件；（6）经营土木事务。所以工巡局实际上是市政、司法、警察之混合机关，与今之所谓警察官厅，并不全同。……工巡局的巡警需要训练，奕劻与川岛浪速订立合同，开办警务学堂，以为实施警政之用。①

独立的警察制度始于袁世凯在天津的试点。《直隶总督袁奏拟定天津四乡巡警章程折》一文提及："光绪二十八年（1902），遵旨创设保定警务局，并添设警务学堂……各州县陆续禀设者已有九十余处而大半有名无实，惟天津为通商巨埠，华洋杂处，办理尤为注意，三年以来次第改良，奸宄不行，间阎安堵，成效昭著……"又说，拟定天津四乡巡警章程，需挑巡警、教功课、查户口、重巡逻、慎访查、防灾害、维风化、联绅董、备器械、定权限、明赏罚等。② 还有文献也提及此事：

> 光绪二十八年，直隶总督袁世凯先奏准于天津试办，设立天津南段巡警总局及天津四乡巡警总局，派赵秉钧为总办，以综辖之。同时并颁发警务章程通饬各省督抚仿办。及光绪三十一年九月又派遣大臣赴东西各国考察警政，为本国之借镜。同时为统一全国警察系统谋全国警察之积极推进计，更于中央设立巡警部，以为全国警察之最高监督指挥机关。是为中国正式中央警察机关之始，亦即警察成为国家要政之始也。③

状元实业家张謇曾分析袁世凯在警政方面的作为：

> 当时虽南皮（张之洞）力行新政，然于警政之要，其识犹在项城

---

① 刘尧峰：《中国现代警察制度沿革》，《警高月刊》1935年第2卷第6期，第55－158页。
② 《直隶总督袁奏拟定天津四乡间巡警章程折》，《东方杂志》1905年第2卷第10期，第178－184页。
③ 刘尧峰：《中国现代警察制度沿革》，《警高月刊》1935年第2卷第6期，第53－67页。

（袁世凯）之下。然当日津之所以能行者，项城系合肥（李鸿章）之余焰，得禧后之专畀，能以北洋拱卫京师之名义，摄取各省之资财，供其使用也。[①]

清廷决定设巡警[②]部。巡警部以徐世昌为尚书，以赵秉钧为右堂。据《巡警部官制纪要》，原来是设"四司（裁判司、户籍司、保安司、卫生司）十六科（分隶四司……）"[③] "司官之外，另设五六七品三等裁判官，五六七品三等书记官，五六七品警官。裁判书记为文职，警官为武职。文职每等设十缺，武职每等设二十缺……每届三年……出具考语……补授。"[④] 光绪三十一年十二月（1906年1月）奏定，改为设置警政、警法、警保、警学、警务五司。将五城司坊改为外城工巡局。1906年春又奏准将绿营裁撤，连同巡捕一律改编为巡警。继而考察政治大臣载泽等返国，遂派载泽等与奕劻、孙家鼐、瞿鸿禨等厘定官制。其内外城工巡总局则改组为京师内外城巡警总厅，成为中央政府所在地之正式警察行政官署。警察为内务行政之一部分，原巡警部改组为民政部，即以巡警部原有之职掌，及步军统领衙门所掌事务，并户部所兼管之疆理、户口、保甲、拯救等项，工部所掌之城垣、公廨、仓廒、津梁等工程及报销等事，合并归其执掌，并监督顺天府尹京师巡警总厅，稽核直省民政司，稽查人民礼俗风教等事宜。仍以尚书总其事，部内设民治、警政、疆理、营缮、卫生五司。警政司掌理行政警察、高等警察、司法警察、巡警学堂，及其他巡警教练事项。此即警察成为内务行政一部分之始。[⑤]

警政司行政科，掌凡关于警卫、保安、风俗、交通及一切行政警察事项，须饬传内外各厅及各省遵办者，均归该科办理，并会同编辑科商订一切行政警察章程。

卫生科，掌考核医学堂之设置，医生之考验给凭，并清道检疫计

---

① 《李万里考察日本警察实录》，南通通新印刷有限公司，1923，第6页。
② 巡警之名，有些地方一直保留。参见《北平特别市公安局招募巡警暂行规章》，《北平特别市市政公报》1930年第45期，第4页。
③ 《巡警部官制纪要》，《大陆》1905年第20期，第62页。
④ 《巡警部设官详志》，《大陆》1905年第21期，第45—46页。
⑤ 刘尧峰：《中国现代警察制度沿革》，《警高月刊》1935年第2卷第6期，第58页。

划，及审定一切卫生保健章程。

课程科，掌审定各巡警学堂章程，考核警官学业之成绩及给凭注册事；编辑科，掌编译各国警察法规及各种警学专书。①

另有"文牍科"和"庶务科"。

从《京师巡警总厅拟定巡警章程》来看，"总厅分设事务所、巡查所、守卫所、军装所、刑事巡察所"。如刑事巡察所的公务有："密查交办事件及严密侦探之事，访求赃证，访查警长不良之事，侦察秘密社会之集结及内容，侦察恶棍痞徒及浮浪不务正业之事，意外骚乱暴动之弹压禁止，关于结会演说，监视有无妨害公安之停止解散之事。"② 这只是首都警察机关的建制。

至于地方警察，自光绪二十八年（1902）通令筹办以来，各省多先后废除保甲、乡团等名称，于省城设立通省巡警总局或通省警察总局，置督办、总办、会办、提调各官，受督抚指挥，一方面执行省会警察事务，一方面监督各府厅州县警察机关。其章制则比较直隶成规而参酌本省情形办理，故办法甚不齐一。至光绪三十三年（1907）通令各省设置巡警道后，于是官厅名称始渐趋一致，惟内部组织，仍以省为政，互有异同。③

朱怡声将上海（不包括租界，但分南市和闸北两地，乃至县境）的情况整理成演变过程表：

营汛（清初至咸丰，由千总统率兵丁200人守城门）→巡防保甲局（同治初年，分地区设局，由总巡及局员率营兵，专司防御盗贼）→巡警总局（1905年，巡道袁树勋开办警察，以知县为总办，设警察学校，由留日警校毕业生短训上岗；1906年，设闸北工巡总局。1907年，改闸北工巡总局为上海巡警总局。光绪年间南市有马路工程总局，1897年起派出巡捕上街，1905年士绅自治开办总工程局，接收巡捕及保甲壮丁为巡警）→上海巡警总局（民国元年，分两局，即南市警务公所统领原绅办警察，闸北警务公所统领原官办警察。1913年1月全改为官办巡警

① 《巡警部奏酌拟本部官制并变通工巡局旧章改设实缺折》，《东方杂志》1906年第3卷第2期，第42-53页。
② 《京师巡警总厅拟定巡警章程》，《秦报》1907年第61期，第187-189页。
③ 刘尧峰：《中国现代警察制度沿革》，《警高月刊》1935年第2卷第6期，第58-60页。

局。此外，1909 年县镇闵行分设巡警，此时也纳入总局）→淞沪警察厅（1913 年 4 月两局合组为淞沪警察厅；上海县则有警察所，由县知事指挥，是地方警察，与警察厅分治。）→上海特别市公安局（1927 年 7 月特别市成立，改警察厅为市公安局，县警察所改为县公安局）→抗战胜利后上海市警察总局。[①]

根据刘尧峰的《中国现代警察制度沿革》，民国成立，各省之巡警道则改为警察厅；其省会商埠以外之地方，则设置警察局，各县则设置警察所，水上治安设置水上警察厅。为整顿各省警政起见，复设立警务处。

1. 中央警察机关之设置

民国元年民政部改称为内务部，部内分设民治、职方、警政、土木、礼俗、卫生六司。警政司所掌事项为行政警察、高等警察，及著作出版。部外直辖京师警察厅、警官高等学校，并监督地方警察行政事宜。

2. 京师警察厅之设置

京师警察厅直隶于内务部，置总监一人，承内务总长之指挥监督，管理京师市内警察、卫生、消防事项，兼管四郊警察行政。总监之下，设置都尉（9 人）、警正（39 人）、警佐（120 人）等官。并置技正 2 人，技士 4 人，及候补警正、学习警佐、委任待遇稽查员等缺。厅内分设总务、行政、司法、卫生、消防五处。行政处所掌事项为保安、正俗、外交、交通、户籍、警卫、营业、建筑。司法处所掌事项为刑事侦查，违警处分。卫生处所掌事项为清洁、保健、防疫、医卫化验。消防处所掌事项为消防员弁之配置、进退、赏罚，消防区域及机关之设置废止，及器械之管理等。此外并有秘书室，勤务督察处，官产处及特务委员事务所，警卫队，拘留所等，内外两城共分为 23 区。[②]

南京政府时期内政部编有《全国警察行政组织系统一览》，这里仅以中央政府的警察机构为例。行政院内政部设警政司（主管全国警察行政事项），

---

①　朱怡声：《上海警察沿革史》，《上海警察》1946 年第 1 期，第 3 - 15 页。

②　刘尧峰：《中国现代警察制度沿革》，《警高月刊》1935 年第 2 卷第 6 期，第 53 - 67 页。

参谋本部（会同内政部管理航空警察行政事项），铁道部设路警管理局，各铁路设警察署（下有护路队、消防队、警察队、警察段、警察分段、警察所、警察教练所），财政部（主管盐场警察行政事项），实业部（会同内政部管理渔矿森林等特务警察行政事项），军政部（会同内政部管理航空警察行政事项），外交部（会同内政部管理外事警察行政事项），司法行政部（会同内政部管理司法警察行政事项）。① 《最近全国警察行政之概况》一文记载："蒋委员长通令各省提高警察职权，凡宪兵纠察不及之处如有军人罔知自重，破坏秩序者，特赋予各地警察有干涉军人违犯军纪之权。如有不服干涉者，准予捕解依法处罚云。"② 根据《南京市行政警察章程》，市行政警察由首都警察厅编定，归南京特别市政府直接指挥，执行市政进行事宜，员额 200 人。③ 协助市政的行政警察队是另一名目的警察队伍，拟定员额 60 - 100 人，归南京市政府直接指挥（原有警力不敷分配，门岗太多，也许是其中原因之一，例如各国领事馆要求添岗），作者主张干脆叫市政警察队。④

中国政治建设学会资料室编写了《全国警察行政概况》，据称此文和之前刊发的《后方各省办理保甲概况》一文"前后呼应"，介绍了：

南京政府起初废警察厅处，改称公安局；1937 年元旦起，又改回警察局。内政部为全国警察行政最高监督机关，部内设警政司。省会公安局直隶省民政厅，其他县市公安局直隶于县市政府。1937 年改为首都设警察厅直隶内政部，各省设警务处直隶省政府，市县设警察局，重要乡镇设警察所（直隶县政府或警察局），未设警察之乡暂以保甲代行警察事务（派巡官或警长巡回指导）。这里仅介绍所谓特务警察（直属其行政系统最高官署，并协商内政部参与监督），含税务警察（属财政部，以盐务、税务最重要），渔业警察，矿业警察，铁道警察，公路警察，女子警察。1938 年 9 月内政部拟定，当敌人进攻成为战区的地域，改编本地警察为警察队，以局长、分局长、县警佐、巡官或有从军经验的警员，担任各级队长，警长充班长，队内分总务、警务、情报等股。随各行政机关转移并执行防区警务，留下一潜伏人员。本管区沦陷，可随上

---

① 内政部编《全国警察行政组织系统一览》，《内政调查统计表》1934 年第 6 期，第 1 页。
② 《最近全国警察行政之概况》，《内政消息》1934 年第 1 期，第 23 页。
③ 《南京市行政警察章程》，《河北省政府公报》1930 年第 617 期，第 11 页。
④ 坤：《协助市政的行政警察队》，《旁观》1933 年第 13 期，第 4 - 5 页。

级行政官署移驻邻近区域，或合并于他处警察机关，或交由军事机关改编为游击队、别动队。[1]

关于警察行政业务和手段的发展，从 1932 年 12 月内政部警政司拟订的《警察行政计划纲要》中可看到，内容相当完备，包括："改革警政之先决问题（经费、任用、保障），警察制度之厘定，警察教育之促进，增加战时勤务与军事之训练，警察应科学化（司法、交通、卫生、消防、情报五类警察，各有详细规定），国际合作，清乡剿匪，警察法规之厉行及修订，结论等章。这里科学化一章介绍先进技术，如司法警察一节，含侦缉、指纹、法医、电讯、警犬等目；其中如法医一目，含应用化学（痕迹、遗留物的摄取、分析、化验），应用物理（照相、指纹判别，损害原因鉴定）。几年后内政部还通知各省民政厅特别注意科学化，以提高破案的业务水平，为此还应添置必要的技术设备，吸收和培训技侦人员。"[2]

至于伪满政府的警察行政，赵新言的《九年来伪满的警察行政》一文认为，"伪满的政治，可一言以蔽之曰：'警察政治'"。其任务是：（1）镇压民众的反抗；（2）搜捕和杀戮反满抗日分子；（3）确保倭寇的经济榨取和财富掠夺。"所以警察权，现在在伪满，大有高于一切之概。初期以'民政部警务司'负责；增设特殊警察队（分国境、海岸、游击三个大队），后移交'军政部'；借虚伪的'收回'治外法权和倭方警察权，成立'治安部'，'警政司'改隶其下，合军警于一炉，以军官为警察官长，原日本警察 5 千人散布到伪满警察机构中，整个地掌握了伪满的警察权，遂行警备、特务、保安、侦缉和经济各职。"[3]

抗战胜利后，国民政府接手沦陷区，其警察局的日常工作，可以上海市 1945 年 9 - 12 月的工作为例，包括：（1）统一制造和普遍悬挂国旗；（2）整理娼妓，"化零为整，化繁为简，化私为公"，"试办公娼"；（3）整理交通；（4）车辆右行；（5）取缔旅店黑市高价；（6）限制投机酒吧、舞厅、戏院；（7）巩固地方治安，划分警管区，设派出所 175 处，设义务警察大队 170 人，辅警 347 人，拘送乞丐、游民千余名交收容所、庇寒所寄养授

---

① 中国政治建设学会资料室《全国警察行政概况》，《政治建设》1939 年第 1 卷第 2 - 3 期，第 93 - 102 页。

② 《抄发内部警察行政计划纲要》，《广东省政府公报》1936 年第 339 期，第 77 - 110 页。

③ 赵新言：《九年来伪满的警察行政》，《东北》1940 年第 2 卷第 1 期，第 8 - 13 页。

技等；（8）整饬市容。① 上述工作实际上有些未完成。

还有若干回顾性和前瞻性的研究文章。例如，陈时策的《中国历代警察制度与地方自治沿革》（《警高月刊》1934 年第 2 - 3 期），这篇文章只写到汉代。鲁钝的《平市警政之变迁与今后改进之商榷》（《市政评论》1935 年第 3 卷第 15 - 17 期），称赞清末和北洋政府前半期"警察教育机关乃随时附着警察组织中，而占密切关联之地位"，特别是警察厅厅长吴炳湘的高、中、低三级教育和轮训制度，批评南京政府"外涨式公安警察之组成"，提出比较系统的教育和组织方面的建议。徐涤非的《首都警察沿革考》（《警政导报》1947 年第 5 期）史实稍有差错。劫灰的《中国警政将来演进之臆测》（《公安月刊》1932 年第 1 - 3 期）认为，警察组织宜采取"委员会经理制"，要"限制警察权"，须遵循五原则：目的限于维持公共秩序；人民私生活自由；平等（反特权）；利害比例适当；警察权仅限于责任者。

二　巡警学堂和警官学校的教材编译

1901 年，清政府开始派留学生学习日本的警察模式，还请来了日本警察专家当顾问和教师。前述川岛浪速在 1902 年来华，拟订了 1905 - 1908 年改组警察计划的基本纲要。该计划的原则和目标：其一是为了保护国家权益而准备抵御外侮；其二是为了执行国家法律和法令而用此工具进行内部控制并约束人民。这是国家最强大的两股力量。同时，学界注意到警察理论，如1902 年就有留学生提到日本渡边、鲛岛两氏的《警察法讲义》。②

当时也已经开始传播警察学，例如，1902 年的《译书汇编》登载了《警察学·总论之部》一文。查《警察学》一书，原作者是日本人宫国忠吉，未署译者名，1903 年由上海作新社附录于《政法类典》"政治之部"中出版。内容包括：绪论，警察的缘起是因为存在阻碍臣民之生存发达的公共危害；第一章，警察之沿革；第二章，警察之观念；第三章，警察之分类；第四章，警察法之概念；第五章，警察权之基础及其范围；第六章，警察之执行机关；第七章，警察权作用之形式；第八章，警察之责任。文章定义：

警察者，以直接除去公共危害（原按：谓对于公共安宁幸福之危

---

① 《本局行政警察工作概述》，《上海警察》1946 年第 1 期，第 53 页。
② 社员某：《日本法律参考书概评》，《译书汇编》1902 年第 2 卷 10 期，第 99 - 101 页。

害）为目的，得直接制限个人之自由，且于必要（原按：犹言紧要）之时，得以强制行之，盖国家命令权之行为也。……警察之目的，在维持安宁幸福。其手段在防御危害。其形式在制限自由。具此三者，而后谓之警察。……安宁幸福云者，不外乎公共之秩序。警察即以保持公共秩序为目的。……故危害公共之秩序一语，当从狭义言之，即由人为而扰乱社会秩序之意也。……又，警察为内务行政之一部，此不可忽。凡整理军队，充实国库之类，无论直接间接，均所以维持安宁幸福。然军务、财政等之不属于内务行政甚明，故如军队之防御敌人，保护人民之身体财产，不得谓之警察。①

张兰翻译日本佐竹千代吉的《地方自治团体与警察论》，进一步明确：

盖保持秩序，预防危害，专属内政范围。警察特于内政中占重要地位耳。故警察之行为，为行政。行政者，国家欲达其目的，以行政官府立于大权及法律之下，受国权之委托，于其权限范围内，对人民行使权力之谓也。故法学上非权力行使者非警察。

日本现行制度，以警察专属于国家。故警察以国家行政为原则。警察权之行动，得认为国权直接之行动。……然以刑事诉讼法及市町村制所规定，市町村长得依法律命令，掌管地方警察事务。是其行之也，必依法律命令所规定，且不得别设警察官署。由此观之，地方自治团体之机关，不过为警察机关之补助，不得以处理其事务为国权直接之行动，且非自己固有之警察权也明矣。②

同时，国人也有不少自撰的文章。例如，《误认常备兵宪兵合而为一》（《东方杂志》1905 年第 2 卷第 1 期）、《实行巡警以清词讼盗贼论》（《南洋官报》1905 年第 1 期内政）、《巡警自箴》（《丽泽随笔》1909 年 5 月第 2期）、《巡警》（《丽泽随笔》1910 年 6 月第 4 期）、《巡警之基础》（《成都商报》1911 年 4 月第 29 号）等。民国时期，认识又有提高，例如，《论警察为行人之导师和平之军士》（《织云杂志》1914 年第 1 期）；林昆《论保甲兴

① 〔日〕宫国忠吉：《警察学·总论之部》，《译书汇编》1902 年第 2 卷第 1 期，第 103－104 页。
② 〔日〕佐竹千代吉：《地方自治团体与警察论》，张兰译，《法政杂志》1906 年第 1 卷第 5号，第 91 页。

废与推广警察》（《警声月刊》1924 年第 6 卷第 1 期）；范佩荬的《巡警谈》
（《新上海》1926 年第 11 期）是译自美国人科勒的文章，讲解通俗易懂。

警察教育的重要性逐渐被强调。张睿对警察行政和警察教育有精辟的概
括："警政为革新庶政之先路，犹车轮之有轨也。……警学不先，不足言警
政；警政不先，不足言内政；内政不靖，又不足言警政。"① 警察学堂是系统
地传授知识和附带开展研究的场所。《民政部奏陈明开办高等巡警学堂情形
折》提及："计分三科，一曰正科，授以高等警察及各项法律，分六学期毕
业。……一曰简易科，授以简易警察以应急需，二学期毕业……一曰专科，
授以必修警察，俾现有差各警员可及时来学，分二学期毕业。"② 关于警察学
堂的教材，我们找到一套珍贵的自编课本，高等巡警学堂教练所 1908 年编
写印刷的"奉天巡警教练所四种讲义"（线装），依次是《警察学》（教员侯
福昌编）、《行政警察》（教员续思文编）、《司法警察》（教员汤允中编）和
《卫生警察概要》（教员罗邦俊、王国栋合辑，中篇为"临时卫生警察"），
作者都是奉天高等巡警学堂的教员，有留日或听过日本教员授课的经历，为
速成教练任务而参考日本警察书籍编写讲义。第一本第四章分辨："警察法
学属于行政法学之一部，警察学属于国家学之一部。""警察学者研究警察制
度之利害得失而谋所以改良发动之学问也。""警察法学者研究现行法制上警
察之意义及机关活动之作用也。"第二本讲行政警察："为警察之先务，且其
法规最为复杂，大而集会结社，细而营业风俗，举凡人类相集谋共同生活之
事项，必皆用行政警察以范围之。"第三本讲司法警察："警察行政官也，冠
以司法似乎挠司法独立权矣，而抑知不然，夫警察以补助各部行政为职志者
也……故司法警察不补助裁判官之判决，第补助检察官之搜查而已。所以能
谋司法权之迅捷，而并无碍于司法权之独立也。"最后一本原应包括平时、
临时和医药卫生警察三篇，上篇已在奉天警察学堂用过且出版了（作为全国
教材）。书中说："中国素无卫生学暨卫生行政之名词，自开办警察后，消极
之卫生行政始少少萌芽。"这也证明我们将警察行政与卫生行政合于本书同
一章中，是符合我国行政史实际的。

关于办学，也有史料佐证，例如，《民政部奏陈明开办高等巡警学堂情
形折》、《东督等奏宪兵学堂经费报部核销折》（《政治官报》1909 年第 561

---

① 李万里：《李万里考察日本警察实录》，南通通新印刷有限公司，1923，第 6 页。
② 《民政部奏陈明开办高等巡警学堂情形折》，《秦报》1907 年第 63 期，第 431 – 432 页。

号）。根据民国《内务部警务学校章程》，内务部警务学校学制三年，学生每年见习一个月。教学课程主要有各种法律，及警察学（通论，行政、司法、卫生、国际、消防等专门警察，警察实务）、军事学、统计学、英文、政治地理、历史、公牍、精神讲话、生理卫生、操法、柔术、剑术等，用于培养警官。① 该校还附设巡警教练所，学习理论两个月，实习两个月，培养长警。② 袁世凯死后，1917 年 4 月内政部在北京召开"警务会议"。七个月之后，内政部命令各省普遍开设警察培训学校，但由于当时军阀混战，这些设想没有真正全面落实。

南京政府成立前夕，有《公安警察问答》出版，范祥善序称："本书为南通警察厅厅长李万里先生历年督教官警之作……中国向无警察适用之专书，以致无所适从。"此书引起业界重视，作者随即被选任南京政府内政部警政司第一科科长、江苏民政厅警务科科长。"所有全国警政之规划，及江苏警费警制警队警校之厘订，多所襄赞，李君诚警界之功臣也。"此书的优点在于通俗易懂，简明扼要。例如，"警政是政的一种，也是凡百政事的先驱……从警政的本质而言，就是警察。警察的责任，在直接维持公共安宁，防止公共危险。……用什么方法达到公安的目的？就是警（警戒），就是察（伺察）。所以警察又可算公安的手段，公安就是它的目的。"③ 另有《警察学纲要》一书，该书概论章叙述警察之观念、警察之种类、警察权之界限、警察之组织（概说，保安警察之组织，行政警察之组织，非常警察之组织，警察官吏）、警察之作用（警察法规，警察处分，警察强制，警察罚，警察）、警察与民刑法之关系（警察与民法，警察与刑法）。该书各论章包括保安警察（对于特种人之警察，对于特种物之警察，对于特种行为之警察，非常警察）、行政警察（风俗警察，卫生警察，交通警察，实业警察)④。译者吴石（1894 – 1950）是福州市人，毕业于保定陆军军官学校，后任北伐军总参谋部作战科科长。1929 年赴日本留学，回国后任参谋本部第二厅（谍报、侦讯）处长。抗战中任第四战区参谋长、军政部主任参谋兼部长。1948年与中共华东局直接建立联系，提供重要军事情报。1949 年 6 月去台湾，任

---

① 《内务部警务学校章程》，《浙江军政府公报》1912 年第 70 期，第 6 – 10 页；《内务部警务学校章程（续)》，《浙江军政府公报》1912 年第 71 期，第 9 – 13 页。
② 《附设巡警教练所简章》，《浙江军政府公报》1912 年第 71 期，第 13 – 15 页。
③ 李万里：《公安警察问答》，中央图书局，1927，第 2 页。
④ 〔日〕松井茂：《警察学纲要》，吴石译，商务印书馆，1936，第 1 – 19 页。

"国防部"参谋次长。1950年,因中共台湾省工委书记蔡孝乾叛变而被秘密逮捕。同年6月10日,与陈宝仓、聂曦、朱谌之同在台北遇害。

内政部警政司编的《中国警察行政》内容最为丰富。各章依次是:第一章警察制度沿革(按:相关知识与上文所介绍差不多);第二章各省市警察概况(未含东北、热河及西藏,特别市为北平、上海、青岛);第三章女子警察(设立之动机及其经过,各地办理女子警察现状);第四章警察经费;第五章警察任用;第六章警察待遇;第七章警察奖恤;第八章警察服装;第九章警察教育,含警官高等学校概况、各地方官办理警察教育概况、保送学生赴国外留学警察事项(内政部资送警高毕业学员赴日本内务省警官讲习所学习警政,首都警察厅资送职员赴日本内务省警官讲习所学习警政,浙江省政府资送警官学生赴奥日学习警政,学员自费赴国外学习警政,军政部派员赴奥学习警政);第十章各种特务警察,包括司法警政(总述,各级法院司法警察概况),各省市警察机关办理指纹概况(经过与现状,采用的方法,统一计划),外事警察(外人入境护照之查验,外人游历内地之限制与保护,外人居留内地之限制与保护)、矿业警察(过去概况,现在概况)、渔业警察(过去概况,现在概况)、公路警察(现状)、森林警察(总述,中央模范林区森林警察之现状)、铁路警察(过去概况,现在概况)、卫警与校警、税警(沿革,现状);第十一章保甲(含编查保甲)法规概述("剿匪区"内各县编查保甲户口条例,"剿匪区"内各县区公所组织条例,编查保甲户口总动员办法),各省办理保甲概况(江西、河南、湖北、安徽、江苏、浙江、福建省举办保甲经过);第十二章保卫团,包括保卫团制度之创始、保卫团办理之经过(《县保卫团法》之内容,各省拟定保卫团施行细则之经过,保卫团法实施概况)、全国保卫团概况(组织概况);第十三章警察行政今后之推进。① 以上第三、九、十、十一、十二章均颇有参考价值,也提供了一些史料。1936年9月,中国警察学会获内政部批准备案,其简章规定:"……阐扬警察学术,谋全国警政之进展为宗旨。"②

作为"浙江省警官学校警政丛书"之一,余秀豪著的《警察行政》内容包括:(1)警察团体之历史背景;(2)警察权之基础与界限(警察之意义,警察权之依据,警察权之限制);(3)警察问题(问题之对象,重大犯

---

① 内政部警政司编《中国警察行政》,商务印书馆,1935。

② 《警察学会事项》,《内政公报》1936年第9卷第9期,第106—108页。

罪，不正当的营业、交通）；（4）社会上负责遏止犯罪之各机关（公民，议院，检察官，陪审员，法官，缓刑监查员，监狱，假释出狱）；（5）公安局之组织；（6）行政问题（公安局长之人选，科学考选制度，美国现行的测验方法及选择之步骤，警察训练及欧美各国的警察训练，我国应有之警察教育计划，警力分配及各国警力分配之种种方法、分配公式及科学的设备，警察记录制度，待遇）；（7）犯罪侦查与证明（犯罪侦查之意义，犯罪之动机，侦探应具备的资格，侦探之训练，调查者应有之器具，犯罪侦查之要点，在犯罪现场各警官之职务，现场之搜查，各国犯罪侦查之特色，犯罪侦查与报纸，科学与犯罪侦查，侦缉机关之组织）；（8）犯罪之原因及其预防（遗传与环境，犯罪预防，女警察之利用）；（9）附录。① 余秀豪另一本类似著作是《现代警察行政》②。他注意到："公共行政，其成功十分之八九是人事管理问题。警察行政，又较其他如教育与卫生等行政为甚，以其几完全是人的服务也。……（警察）是'路上的裁判官'。"③

　　李士珍著的《警察行政之理论与实际》包罗更全，这里录其重要内容。（1）概论：警察行政之要义，警察在国家行政上之地位；（2）中国警察制度之沿革，地方警察机构之调整；（3）警察教育之展望；（4）警察人事制度；（5）警察勤务制度：警管区制之真谛，划分方法，警员联合办公处之设备，警管区制与其他警察勤务制度之比较，警察网、警备线、巡逻网之构成，勤务分配方法；（6）警察与户口调查：办理户口事务之史实，户口调查与户籍事务之分际、目的与方式，户口簿册之整理，国民证之制发；（7）警察经费；（8）警察福利事业之兴办：实行家庭津贴，合作社之设置，互助基金之储存，教养工作之推行；（9）建警有关重要问题之简述：甲、原始五年建警计划草案，乙、十年建警计划摘录，丙、对于收复地区警政建设之建议，丁、关于厘订警察制度建议之经过，戊、新警建设之目标；（10）附录：警察基本方法的运用，重庆市警察局警保联系办法，内政部警察总署组织法，中央警官学校组织条例，首都警察厅组织法，交通部交通警察总局组织条例，交通部第二交通警察总局组织条例，交通部东北铁路警察总局组织暂行条例，中国长春铁路警察局组织规程。④ 李士珍著的《警察行政研究》理

---

① 余秀豪：《警察行政》，商务印书馆，1936。
② 余秀豪：《现代警察行政》，中华书局，1948。
③ 余秀豪：《现代犯罪侦查》，《青岛警察月刊》1947 年第 2 期，第 18 页。
④ 李士珍：《警察行政之理论与实际》，商务印书馆，1942。

论深一些①。

警官训练所的教材更讲究实用性，内容繁简视训练对象的程度和训练时间长短而定。徐望霓的《行政警察》② 就体现了这一特征。"警察者，维持社会安宁，保护人民福利，基于统治权，限制人民之行政作用也。"广义的行政警察对司法警察而言，狭义的行政警察对保安警察而言。"广义的行政警察……预防公共危害、维持安宁秩序之行政作用也。如保安、卫生、交通、户籍、风俗、外事、出版、建筑、营业、水上、铁路、选举、危险物、盐业、山林田野渔业等警察，均属之。""狭义的行政警察……伴随各种行政用之警察作用也，如铁路警察、渔业警察等属之。"除了这两种分类，还有"高等警察与普通警察"、"普通警察与特殊警察"、"国家警察与地方警察"、"预防警察与镇压警察"、"平时警察与非常警察"等区分，"或依据权项，或依据性质，或依据处理事务之种类，其目的与作用，原无二致"。这本书还介绍："保安警察者，防止、排除公共安宁秩序上危害之警察作用也。举凡危害及于国家，或国家之机关，与夫一般之公共秩序，均应设法防止或排除之。"李承谟著《保安警察》，前三章依次是：保安警察之意义、性质与分类（保安警察之意义与性质，实质保安警察与行为保安警察，通常保安警察与非常保安警察，正常保安警察与特种保安警察，狭义保安警察与广义保安警察）；保安警察之系统与编制；保安警察之训练。第四章为保安警察业务，包括对于特殊人［盗匪，汉奸间谍，其他特殊人（不良少年、恶丐、心神丧失人、酒醉人、再犯、难民、外国人等）］之保安警察，论及保护管束人及保护管束方法；对于特殊物（自卫枪炮，硝磺，炸药，花爆，电气，火柴，建筑物）之保安警察；对于特殊行为（暴动行为，集会结社行为，出版宣传行为，罢工及劳资争议行为）之保安警察；对于特殊地（戒严地域，要塞堡垒地带）之保安警察；对于特殊事故（火灾，空袭）之保安警察。第五章为保安警察与自治自卫力量之运用。③

三 警察官员和学者的理论研究成果

各地警察机关、警校和警察学会，人员众多，不少人具有留学经历或相当的研究能力。警察机构主办和编辑的刊物，延续较久和昙花一现的都有，现在

---

① 李士珍：《警察行政研究》，商务印书馆，1944。
② 徐望霓：《行政警察》，福建省警官训练所，1937。
③ 李承谟：《保安警察》，中央训练委员会，1941。

尚能找到旧籍的，例如：《湖北警务杂志》（1910），《警政年刊》（1930，厦门），《警政月刊》（1933，福建思明市公安局），《警政特刊》（1934，厦门），《警醒》（1934，汉口精一书店），《警高月刊》（1934，南京内政部警官高等学校），《警卫与民众月刊》（1935，温州市），《警察月刊》（1935，上海市公安局），《警务旬刊》（1937，扬州江都地方警务研究所），《警务旬报》（1937），《闽政月刊·警保辑》（1937，福建），《中央警官学校校刊》（1938，南京中央警官学校编辑室），《警声周刊》（1938，重庆中央警官学校），《警察向导》（1938，重庆），《警声月刊》（1942，重庆中华警察学术研究所），《（平津）警声月刊》（1946，北平，中华警察学术研究会平津分会），《警察杂志》（1946，杭州，浙江省警察协会），《中央警官学校第二分校概况》（1946，广州），《上海警察》（1946，上海市警察局秘书室），《中央警官学校第二分校年刊》（1946，广州），《青岛警察月刊》（1947，青岛），《警政导报》（1947，南京，中国警政出版社），《台湾警察》（1947，台北），《警察画报》（1948，南京），《广东警保月刊》（1948，广州）等。

　　警察行政人事方面的规章，立法院、考试院优先制定，如《普通考试警察行政人员考试条例》（《法令周刊》1936年第288期）、《修正普通考试警察行政人员考试条例》（《天津市教育局教育公报》1935年第157期）、《修正高等考试警察行政人员考试条例》（《教育部公报》1935年第7卷第43 - 44期）等。针对执行中遇到的警察人事问题的探讨，由"警察行政人事特辑"（《警声月刊》1941年第6卷第2期）可以窥见，内收刘琦的《警察行政人员的训练》、姚钟才的《警察行政人员的待遇》、陈振荣的《警察行政人员的选用》、张润清的《警察行政人员的考绩》、兰学熙的《警察行政人员的抚恤》和倪觉吾的《警察行政人员的保障》各篇，都有较高的理论水平。余秀豪的《警察行政领袖》，专论局长级别干部的资格、待遇与保障、权力与责任，新任局长的困难及选任方法，并将我国与欧美所采取的政策作一比较，"俾明吾人的弱点，作今后努力之参考"。①

　　1941年为推行"新县制"，蒋介石认为应当发挥警察的作用，于是有一批文章附和。如陈续《县各级组织纲要与警察行政》（《服务月刊》1941年第5卷第3 - 4期）、廖献周《怎样改进县警察行政》（《行政干部》1941年第2卷第1期）等。

---

　　①　余秀豪：《警察行政领袖》，《上海警察》1948年第3卷第2期，第7 - 14页。

　　警察队伍中被派出留学考察的为数不少,他们纷纷撰写报告或进行比较性研究,并公开发表文章。例如,李万里的《李万里考察日本警政实录》。著者1922年"遍观彼邦之主要警察机关,而与彼邦之当事者一一为尽量之谈话,且承赠多种之必要表册法令"。他说:"关于彼邦警察机关之组织及运用,为余考察之主要方针,而下级机关,尤为余注意处。""(在日本)搜罗所有警察著述,颇觉其去实际远,无译述之必要。实际考察时,又觉彼警察机关之组织与运用,均根据确定之规程,此万不可不择要译录。""政府为人民公意之代表者,亦即主权与统治权之担当者。""警察者,即行使统治权之工具也。""初则为国家行政之总称,兹则已缩小为国家行政部门中之一部门。""故警察实限于内务行政与司法行政之范围也。""内务行政主要之权能,即为警察。警察与一切(行政)均有关系,举凡外交、财政、军事、司法、交通、教育及一切农工商之行政,与夫内务行政中之选举等事,多假警察之力以完成其一部之任务,以警察一面有直接维持地方安宁之责,一面又几为国家一切行为之倚恃。"作者还从事实上说明警察之分类:如预防盗贼、械斗一切人为之事,以及水旱、疾疫等天灾,谓之预防警察,亦名行政警察,以行政一门,即以预防为主也;如搜捕犯人,谓为司法警察;除去国家社会之危害,属高等警察,以人之行为而有害于国家社会安宁故也;除去一人或少数之危害者,属普通警察,以人之行为,其危害止于个人,不关于国家之安宁故也。"警察之作用,必如何始实现之,是不得不赖有一种之机关与形式。""有机关必有形式,形式者何,即命令与处分是也"。"警察官所发命令,即为警察命令,其实质在于权力,其目的在于安宁秩序之维持,其方法在限制个人自由。""警察处分者,对特定人所适用法令行为也……(甲)行使权力必在权限之范围内……(乙)必以法律命令为根据,非法令明定者,不得为处分。""命令与处分之范围若何,曰根据行政执行法。查我国二年(1913)四月一日所颁布之《行政执行法》,其第二条为间接强制处分……第六条为直接强制处分……"为防警察滥用职权,"故国家虽以强制法委之警察,却不可不以救济法付之人民,即诉愿与行政诉讼是也"。"诉愿应向原处分行政官署直接上级行政官署提起,行政诉讼则专向平政院提起。"作者结合所观、所感、所思,提出中国"可能的"办法,以一省为例:编制分三级,基层"受持区"有驻在所或派出所;经费列入省、市、县预算;每省建一所高等警校,按居民千人配一巡士来培养训练,毕业生由省厅(处)

直接分发；保甲制。（下略）①

对日本警察的介绍，还有阮光铭、赵益谦的《现代各国警察制度》（青岛醒民印刷局 1934 年印行）和《国际警察学》（上海青年书社 1930 年出版）。此外，有鲍梦超翻译的《日本警政的黑幕》（《日本评论》1934 年第 5 卷第 5 期），于饭的《日本的警察》（《消息半周刊》1946 年第 14 期）指出，日本一直是"绝对的警治国家"，"无所不警，无所不察"，揭露日本警察制度的黑暗面。

早在民国初年，中国警界已知"佛尔满"（August Vollmer，另译"和麦"、"涡孟"）之名，任夫的《加利福尼大学之警政研究科》一文介绍说：

> 主持警务者为佛尔满氏……因请求大学校长，而别立一警政研究科……每逢星期一、五，即集大部分警察于市厅，而由大学教授指陈精详之犯罪学与心理学。更使受学者即于一星期内实地应用之，考验其当否，报告于教习。并依经验而发表其意见，以求合于学理。……于名家学说之外，各讲员亦本其个人之阅历与心得而教授之，其教授法之绵密精细，迥非寻常所可企及。……警察水平提高，破案率增高；更搜求其所以犯罪之原因，详加考核，而求所以防免之道。②

佛尔满的助手、加州伯克利警察署警官吴兹（A. S. Woods），1930 年被邀请到中国，作为顾问帮助改组南京都市警察。佛尔满的中国学生以酆裕坤（1903 - ?）学历最高。酆裕坤是湖南平江人，清华学校毕业，留美学习政治学（包括市政管理），在加州伯克利大学参加暑期特别课程"警察组织和管理"学习后，进入密歇根大学。他对"发现犯罪原因和预防方法"感兴趣，拟在著名犯罪学家瑞蒙·富思第克（Rayomnd Fosdick）的文章所提供的美国数据的基础上，做一个犯罪统计的比较研究。又读加州伯克利大学的犯罪学课程，以便用佛尔满的科学方法改革中国的警察体系。1932 年回国后，受到南京警察厅厅长陈焯（1898 - 1950）和蒋介石的先后接见。他向蒋呈上"世界警察力量现状"和"中国所有警察力量状况"的报告，并为改革城市交通规章制度及编译有关警察的专业化文章，在高等警校讲授佛尔满的警察工作的

① 李万里：《李万里考察日本警察实录》，南通通新印刷有限公司，1923，第 2 - 5 页。
② 任夫：《加利福尼大学之警政研究科》，《进步》1916 年第 10 卷第 1 期，第 13 - 17 页。

"科学基础",得到佛尔满助力,效仿伯克利警察署的通讯系统,引进最先进的刑警技术。他又留学英国,结业于伯明翰警官学校,考察欧洲各国警政。从酆裕坤《欧美各国警政概况》可知,他强调:(1)应用科学利器,特别是无线电、汽车;(2)进行严格完备的选录和训练;(3)确定考绩制度;(4)警政统一(警察权集中);(5)待遇福利优厚。文章还提到"和麦(佛尔满)"是"科学化警长",以及吴兹队长代替和麦来华当顾问的事。① 1934 年 3 月,酆裕坤受浙江警校校长赵龙文邀请,去杭州当警察训练部主任。该校于朱家骅任浙江省民政厅厅长时建立,戴笠是该校"政治特派员",对干部们有实际控制。1936 年学校合并到南京,正式成立中央警官学校,蒋介石任校长,李士珍为教育长。同年 10 月,在戴笠支持下酆裕坤当上内政部警政司司长,主管全国警察行政,在职时间长达十来年。佛尔满的另一个弟子叫余秀豪(1903 - ?),广东台山人,美国加州大学政治系警察行政博士,曾任伯克利市警局警官,历任广州大学、国民大学教授,浙江省警官学校主任教官,浙江省会警察局"警政设计委员会"设计委员。

冯文尧毕业于美国西北大学交通警政学院和美国华盛顿警官学校,其《刑事警察科学智识全书》(1948,出版社不详)堪称这个专业领域空前的巨著。

资格更老,代表欧洲(尤其是德奥)警察传统的是王固磐(1880 - 1956)。他是天津人,北洋警务学堂出身,留学德国柏林警察学校,1909 年毕业后回国。民国初年曾任南京警察厅厅长、淞沪警察厅厅长,1923 年在维也纳举行的万国警政会议上被推为议长(主席)。南京国民政府成立后,他还当过浙江警校校长、首都警察厅厅长。1949 年赴台湾,任台湾省警察厅厅长。1936 年得戴笠支持,出面筹备中国警察学会,学会于 1937 年正式成立。章程规定:"设会长一人,敦请党国领袖担任之。副会长一人,敦请内政部部长担任之。"② 1930 年,王固磐赴欧参会,代浙江省政府聘请奥地利莫克(Rudolph Muck,另译"缪克",兼考试院顾问)来华,介绍奥地利、意大利、普鲁士及英国之警察制度与特征。莫克根据自己对中国警察行政的考察,提交《改革中国警察行政之意见》,指出:"改革范围必须及于下列各项:甲、警察权力在宪法上之定义。乙、警察机关及辅助警察之团体之组

① 酆裕坤:《欧美各国警政概况》,《旁观》1932 年第 4 期,第 18 - 21 页。
② 《中国警察学会简章》,《法令周刊》1936 年第 334 期,第 3 - 5 页。

织。丙、各种警官之训练与深造。丁、警官之义务及权利，即所谓官吏法是
也。"① 甲项是针对当时的地方割据（包括军队和警察）状况，认为其不利
于中央集权；乙项所谓辅助团体指军队及民团乃至帮会。至于该《意见》的
实施，建议成立专门委员会来主持，并迅速设立一个模范区（含工商农各
业），授权全国经济委员会办理，不能以现有行政单位来开设。

此外，有不少文献对德国、美国等国家和我国香港地区的警察制度展开
了研究。高勉道的《德国警察制度下之户籍行政》论及，"查现世各文明国
家，户口登记，办理最完善者，厥推德国"。户口登记制度 1836 年就在柏林
试行，对治安改善很大，英、法、美陆续仿效。文章首先详细介绍其做法，
附以几种表格式样②。

余秀豪的《美国模范警察制度》从美国政治历史背景说起。关于美国警
察问题复杂，维克森警察报告书，制度进步的原因，警察局的组织、人事、
业务，科技方法、设备，特别是记录制度、行政效率等，是他着重介绍的③。

论文方面有庆赍的《美国城市警察之组织》（《警醒》1934 年第 1 卷
第 10 期）、梅可望的《美国警察制度》（《中央警官学校校刊》1944 年第
8 卷第 1 期）和《美国警察制度》（《青岛警察月刊》1948 年第 10 - 11
期）。

美国葛拉伯（E. D. Graper）著、刘麟生译的《美国警察行政》分导言、
城市警察之组织、警察之任免与升调、警察之训练、巡逻概论、车辆之指
挥、侦探事务、特殊警察事业、逮捕、秘书、报酬与待遇各章。④

李士珍的《各国警政考察日记》，对德国、美国的介绍比较详尽，其他
国家浮光掠影⑤。李士珍还著有《现代各国警察》，写作背景是 1934 年冬，
作者奉蒋介石之命考察欧、美、日诸国警政。此书涉及德、奥、意、法、
英、美、日、苏八国警察之组织、权限、勤务、人事、经费、教育及设施
等，旁及各种专门警察之概况，附译各国重要警察法令若干种⑥。李士珍主
编的《格别乌之秘密》（南京拔提书店 1937 年出版），被列为"中央警官学

---

① 〔奥〕莫克：《改革中国警察行政之意见》，《考试院公报》1933 年第 7 期，第 22 - 32 页。
② 高勉道：《德国警察制度下之户籍行政》，《警察月刊》1935 年第 3 卷第 4 期，第 19 - 23 页。
③ 余秀豪：《美国模范警察制度》，中华书局，1937。
④ 〔美〕葛拉伯：《美国警察行政》，刘麟生译，商务印书馆，1933。
⑤ 李士珍：《各国警政考察日记》，《中央警官学校校刊》1942 年第 5 卷第 1 期至 1943 年第 6
　卷第 4 期连载。
⑥ 李士珍：《现代各国警察》，商务印书馆，1937。

校丛书"之一,是他授意该校编译室摘译自英国 Essad - Bey 所著的 *Secrets of the O. G. P. U.* 一书,介绍从契卡(Cheka)到格别乌(G. P. U.,即苏联政治警察)的组织和工作。当然,全书充满偏见。

曾国怀的《香港警察(考察报告书)》论及,"警察总局为全港警察最高指挥监督机关",设总监 1 人,副监 4 人(分掌行政、水上、侦探、政治警察),警司 4 人(分掌华民、香港、九龙、新界警察事务)。但"各副监就其主管业务范围内与各区警局之人事联系过少,一切业务全凭文书处理而缺实地巡视"。又三地各有七八个分局,各局设帮办 1 人,副帮办 1 - 2 人,华籍副帮办 1 人,巡官、警长若干人,探长 1 人,侦探 10 余人,警察若干人。作者还重点介绍最大的"中区警察局",位于维多利亚区,局长为副警司,警员有 400 余人,外勤占半数。因设备问题,出警到达尚不能与发达国家比,但拘留所、军械库等管理得法,消防局、水警局也很强。警察学校有300 名学生,学程为 3 个月,术科教育得法。作者看到,港民"上焉者知法守法,中焉者服法,下焉者犯法而谋所以漏法……人民与警察间,仅有枯燥的法治关系……此港警与我国警察具有消极、积极两种功能者迥异者也"。作者认为法治精神与掌控民心、民情应并重,倡导"警察为民师表、为民良友之说"。①

国内的警察行政研究理论水平不断提升。首先是李士珍,其《警察是国家的经常行政论》一文指出:

> 1. 警察是以公安秩序为目的而保护民众为本分的……遂以为警察可以离开道德法律而对人民妄加强力干涉……总裁曾一再的训示:"警察是民众的保姆,社会的导师。"……唯有德治化的警察,才是合乎中国国情的警察。
>
> 2. 警察是以国家的法律为根据,而以推行政令为职守的。

他说,我们可以明了警察的本质一是以德为体,二是以法为用。从历史来看,不论国家起源的"契约说"还是"强力说",都主张"国家是基于社会秩序的需要而产生","警察是与国家同始终的经常大业……今天的警察

---

① 曾国怀:《香港警察(考察报告书)》,《中央警官学校第二分校校刊》1946 年第 20 期,第 46 - 51 页。

行政，在范围上是较前减小，而在业务上是较前加多……警察若不把整个社会的障碍扫荡无余，且加以防范，则其他各部门的政治实施，将无从着手，即着手也无从生效。所以总裁说：'警察是政治的基础。'"①

多年笔耕不辍的李士珍（1896－1997）是浙江宁海人，杭州之江大学毕业，入黄埔军校第二期参加北伐战争，1926年9月参与筹办警校，1930年奉派赴日本考察和入警官学校学习，1932年毕业回国。后任参谋本部参谋，首都警察厅警士教练所所长，首都警察厅秘书。1936年春起，任内政部警官高等学校校长，中央警官学校教育长。他长期与戴笠争夺警察首脑位置而处于下风，便发挥教育与研究之长，组织中华警察学术研究社和警察学会，开办警训班，为各级警政机构培训干部。当选国民党第六届中央候补执委和第一届国民大会代表。1948年7月任中央警官学校中将校长。1949年到台湾，仍任警校校长，后任国民党中央评议委员。李士珍极力逢迎蒋介石，扮演蒋的警政思想主要解说者角色，论著中必引述蒋的指示，为蒋的"警察国家"专制独裁粉饰献策。戴季陶是李士珍的后台之一，CC系也支持他抗衡戴笠的军统势力。他较重要的文章，有《警察行政之真义》（《中央警官学校校刊》1942年第5卷第2期），《创造中国新警察的灵魂》（《警声月刊》1941年第6卷第4期），《建立中华精神之警察学术》（《警声月刊》1940年第5卷第8－9期），《领袖之德治精神》（《前途》1937年第5卷第6期），《由内政说到警察》（《警声月刊》1941年第6卷第4期），《行宪与警察》（《广东保安》1948年第1期），《外事警察要义》（《警声月刊》1941年第6卷第6期），《警察基本方法的运用》（《训练月刊》1941年第3卷第2期），《对训练进一解》（《中央周刊》1939年第2卷第39期），《我国警察教育之演进》（《服务月刊》1940年第2卷第5期）。1940年，李士珍在重庆成立中华警察学术研究社，请蒋介石担任社长，创办《警声月刊》，在多地建立分社。②

其次是余秀豪，其《我国各地警察行政应有之改革》一文论及1936年冬他随内政部部长蒋作宾视察苏、浙、赣、湘、鄂、豫、陕（西安事变被扣三周），1937年春再赴安徽，完成第一期视察工作的见解。认为各地对警察行政的认识和组织都有进步，但问题很多，急需提高，如干部、教育、训

---

① 李士珍：《警察是国家的经常行政论》，《警声月刊》1941年第6卷第4期，第28－32页。
② 《中华警察学术研究社第六届年会主席兼校长蒋训词》，《警声月刊》（平津）1945年第1卷第1期，第1页。

练、勤务、设备、档案、待遇等。① 余秀豪擅长对警察行政实务开展研究，著有《警察之人事管理》（《轴心旬刊》1938 年第 16、17 期连载）、《警察行政应艺术化与科学化》（《上海警察》1948 年第 2 卷第 7 期）、《三年来的警察教育》（《上海警察》1948 年第 3 卷第 4 期）、《嫌疑犯人的讯问（续）》（《上海警察》1948 年第 3 卷第 6 期）、《嫌疑犯人的讯问》（《上海警察》1948 年第 3 卷第 3 期）、《警察与民众的关系》（《上海警察》1948 年第 2 卷第 10 期）、《警察记录制度》（《上海警察》1948 年第 3 卷第 1 期）等文章。他的著作《现代犯罪侦查》（商务印书馆 1937 年出版）一书颇具专业性。

承树声《警察行政组织的认识》指出，"不要误认警察是单纯的治安组织，它是施行国家政令的机关，是完成县行政的重要组织"。从县自治来说，因为民众认知不足，要"用国家的行政力量来领导自治，警察行政力量来扶导自治"。②

第三是围绕警察行政的内涵和如何办理等问题展开研究的众学者。曹翼远的《论警察行政问题》一文，特点是很具体，例如针对地方警察行政提出八项改进、十条业务，并加以解释③。阮光铭的《怎样办理警察行政》指出，在态度上应该具备：（1）在工作中学习；（2）采纳众见，不耻下问；（3）以身作则，养成良好风气；（4）公私分明，建立威信；（5）有恒；（6）件件工作不潦草。文章接着谈办理行政的要领，分为设计、督导、考核、奖惩四方面④。包华国在《社会行政与警察》中认为，警察业务消极的方面是"管"与"卫"，也就是维持社会的秩序与地方的治安。积极的做法是导民教民，转移社会风气，"道之以德，齐之以礼，有耻且格"，警察应与社会工作者密切合作，将社会行政与警察业务打成一片。⑤ 赵修鼎著有《警察行政》（上海：商务印书馆 1927 年出版），算很早的有关警察行政的专著。宪兵司令部编的《宪兵司法警察实务》界定了警察及其职能：

　　　所谓行政警察者，其目的为预防危害于未发；而司法警察其目的为

---

① 余秀豪：《我国各地警察行政应有之改革》，《行政研究》1937 年第 2 卷第 6 期，第 607 –
　　621 页。
② 承树声：《警察行政组织的认识》，《江苏月报》1935 年第 4 卷第 1 期，第 26 – 28 页。
③ 曹翼远：《论警察行政问题》，《服务月刊》1940 年第 2 卷第 5 期，第 38 – 44 页。
④ 阮光铭：《怎样办理警察行政》，《上海警察》1947 年第 2 卷第 2 期，第 41 – 45 页。
⑤ 包华国：《社会行政与警察》，《中央警官学校校刊》1942 年第 5 卷第 4 期，第 46 – 52 页。

镇压既发之实害。……所谓行政、司法云者，绝非警察本体上之划分，不过就其执行职务程度与目的上之关系，而加以区别而已。

故同一宪兵，在执行行政警察时，转瞬则随事态之变化，而行使司法警察之职务。例如某人加暴于人，还未成伤，警察加以弹压或处罚，此行政警察之范围也；倘某人不服制止，而演成伤害事件，构成法律上的伤害罪，这时行政警察即可实施司法警察职权。

司法警察之任务，不外检举犯罪，蒐集证据，逮捕犯人等，为其主要之作用。①

此外，还有《城市的物质建设与警察行政》（《旁观》1932 年第 1 期）、《全国警察行政概况》（《政治建设》1939 年第 1 卷第 2 - 3 期）、陈续《县各级组织纲要与警察行政》（《服务月刊》1941 年第 5 卷第 3 - 4 期）、廖献周《怎样改进县警察行政》（《行政干部》1941 年第 2 卷第 1 期）等。

有的文献是基于日常在工作中的见闻感受，然后作为课题进行较专门的研究而写成发表。例如，汪锡范的《警察行政长官工作刍见》，文章称："充任警察行政长官者，不独须有健全之学识技能，尤有负责领导，应对有方，能适应环境之状况，增进警察之效能。是以充任斯席者，须有精明强干之才具，勇往迈进之气概，公正和平之态度，谨慎勤劳之精神，然后能胜任愉快，克负艰巨。"一般的，要认清立场（为国、为民、因公），明了环境，运用科学方法。② 此文还有下篇，就特殊性展开论述。还有高紫星的《警察行政之病态及其诊治之先决问题》一文，文章称："上下狼狈，交相争利，警誉败坏，已有不容讳言者在。""夫警察行政为内务行政之主要部分，欲改革政治，必从警政始。"普遍的病态包括：（1）警察权不能普及行使（警权低落，刑不上大夫，民众缺乏守法精神，警察自暴自弃）；（2）警察权行使假公济私（发放证照故意留难，查禁烟赌娼谋利）；（3）待遇太低。因此，诊治之先决条件，内涵的：提高待遇（养廉），严加训练（启智），慎选警官（称职）；外延的：教育民众，改进政治。③

不少文献关注了具体行政事务与警察机关的关系问题。例如，根据《各

---

① 宪兵司令部编《宪兵司法警察实务》，宪兵杂志社，1933，第 4 页。
② 汪锡范：《警察行政长官工作刍见》，《警察向导》1938 年第 1 卷第 3 期，第 7 - 10 页。
③ 高紫星：《警察行政之病态及其诊治之先决问题》，《政衡月刊》1934 年第 1 卷第 5 期，第 30 - 45 页。

地教育行政机关会同警察机关稽查电影办法》，中央政府有电影检查法和电影检查委员会，电影发行前须取得"准演执照"①。这个《办法》要求对在各地上映的电影再次检查，由各地教育行政机关来执行。稽查出影院违规时，罚款所得由两机关平分，但教育行政机关获得之款项应全部"作为社会教育之用"。再如，行宪之后，内政部通知"户籍行政不再由警察办理"，"改由市政府及各级自治机关办理……（应）将全市各级户政人员分期训练完成"。② 张万国的《户籍行政的户口调查与警察行政的户口调查》对"户籍行政的户口调查"和"警察行政的户口调查"有所辨析，指出前者是静态的（规定时间内对登记事项核实，包括亲缘、血统、继承、生死等），后者是动态的（经常地调查居民的人际关系、日常生活、存亡原因）；前者是消极的（提供统计数据），后者是积极的（维持治安与秩序）；前者是户籍行政的目的，后者是警察行政的手段。"户籍行政的机构，自中央至于地方，把这份繁重而攸关国家安危的行政委任给地方自治机构办理了，这后果，将来恐怕是不堪设想的。"因为这些自治机构还不严密，人员各有职业需要谋生，不可能悉心办理政府委任的事项。所以"地方的（户籍）实际业务，似应付予警察（行政）机构办理"。③

从著作来看，商务印书馆出版的警察类著作颇多，如范扬的《警察行政法》（"大学丛书"）；作为"警察丛书"之一的由内政部警政司编的《中国警察行政》、刘垚等著的《中国都市交通警察》、包明芳的《中国消防警察》、赵炳坤的《中国外事警察》；列入"警政丛书"的余秀豪所著《警察行政》、卢政纲所著《言词写真学》；列入"市政丛书"的吴石所译《警察学纲要》、李倬所编著《警察实务纲要》、陈允文所著《中国的警察》；列入"百科小丛书"的张澄志的《侦探学要旨》；还有郑宗楷的《警察法总论》、李士珍的《战时警察业务》、郑宗楷的《警察动员概论》和林东海的《外事警察与国际关系》等。

其他出版社出版的大略有：张恩书的《警察实务纲要》（中华书局 1937年出版）；日人高桥雄豽著，张仲芙、刘大勋译的《交通警察概论》（大东书局 1931年出版）；赵志嘉编的《最新警察全书》（14 册）（上海：世界书

---

① 《各地教育行政机关会同警察机关稽查电影办法》，《教育周刊》1932 年第 124 期，第 7 页。
② 《户籍行政不再由警察办理电》，《法令周刊》1947 年第 10 卷第 9 期，第 6 页。
③ 张万国：《户籍行政的户口调查与警察行政的户口调查》，《上海警察》1948 年第 2 卷第 6 期，第 41 - 43 页。

局 1929 年出版），论述范围最为广泛。《消防警察卫生警察（最新警察全书之十一）》、《卫生警察（最新警察全书之五）》，内容可作为本节与下节之衔接，因为当年卫生科属于警察局。"卫生警察者，行政警察之一部也。"①"行政警察以预防公共危害为目的，而卫生警察所预防之危害，则以关于公共健康者为限。"②《卫生警察》下分关于清洁（环境）、关于保健（饮食洗理工场等）、关于防疫、关于医药急救、化验几章。

## 第二节　卫生行政的被动形成和艰难持续

尽管卫生行政被列入专门行政范畴并无疑义，但从事这个领域研究的行政学家甚少。好在卫生部门相当一部分官员和事业单位的领导出身于医学卫生专业，对于卫生行政的内在规律有直接的体会，写些经验之谈蛮够资格。只是达到卫生行政学术水平的论著不多，使得本节的研究材料"先天不足"。

### 一　早期学者对卫生行政历史和意义的追索

古籍《周礼》对于周和秦汉的医官制度已有描述。宋代官署对医药系统的成功组织模式，为后来所称道。这些优良传统结合近代西方的公共卫生行政举措，在清末通过官方对付东北鼠疫流行的抗灾防疫等部署奠定了卫生行政近代化的初步基础。

《警察学》已提到"卫生警察"。上一节发掘的《卫生警察概要》序言已预见："夫以中国之大人民之众，仅恃警察之消极卫生保卫维持之已可危矣，况唯此而不能既其实焉，则前途尚堪问耶！"果然，两年后烈性传染病横扫东北。该书第一章就是"传染病预防"，第二章"清洁方法及消毒方法"，第三章"兽类传染病"。③警察部门上下该负的责任，是不容推卸的。

显然，以那一点儿专业警力和少量知识，怎能应付重灾流行？东北防疫厥功至伟的人物是公共卫生学家伍连德（1879－1960），他是中国检疫、防疫事业的先驱。伍连德为马来西亚华侨，留学英国剑桥大学（学士）和法国巴斯德研究所（硕士、博士），1908 年回国应聘为天津陆军军医学堂副监

---

① 赵志嘉编《卫生警察》，世界书局，1929，第 1 页。
② 赵志嘉编《卫生警察》，世界书局，1929，第 3 页。
③ 高等巡警学堂教练：《奉天巡警教练所四种讲义》，奉天太古山房，1908。

督。"1910 年末，东北肺鼠疫爆发，他受任全权总医官，深入疫区领导防治，动员数万官绅军警，教育和依靠广大民众，不久即告控制，得赏进士。"[1] 1911 年，他主持召开了万国鼠疫研究会议。他的《中国之鼠疫病史》，更从纵横两方面加深了学术界的认识。在他极力推动下，中国收回了海港检疫权。他先后主持兴办的检疫所、医院、研究所共 20 所，还创办了哈尔滨医学专门学校（哈尔滨医科大学前身）。他与颜福庆等于 1915 年建立了中华医学会，任书记和公共卫生学会会长，并兼任《中华医学杂志》总编辑。1916 年当选为中华医学会会长，并兼任公共卫生部委员。1918 年任北洋政府中央防疫所所长。获美日大学荣誉学位，苏联科学院名誉院士。1930 年任全国海港检疫管理处处长兼海港检疫所所长。1937 年退休后重返马来西亚定居。[2] 他的经历是中国早期卫生行政发展的一段缩影。1933 年出版于天津的英文本 *The History of Chinese Medicine*（《中国医史》），是由伍连德执笔的有关 1800 – 1932 年卫生行政的历史，对于一些医学会的章程和名单、许多会议记录和规约也加以记载，保留了很多近代卫生行政的材料。此书的古代部分由王吉民主笔，他也注意到《周礼》中讲到的公共卫生和个人保健、营养学和烹饪法、骑射御等体育锻炼，以及《管子》里的医院和教坊。[3]

陈方之《近代卫生学历史变迁谈》提到，卫生学的历史可分作萌芽、酝酿、成立和扩大四个阶段，这里稍引述后两个阶段的情况。成立阶段从 1798 年英医 Jenuer（琴约）发明种牛痘，到 1858 年德国 Pettenkofer（即公共卫生学家皮腾科费尔）出版 *Hygiene*，日人译作《卫生学》；扩大阶段是 19 世纪末叶以来，重视社会卫生学。

> 真正卫生学的成立，在十九世纪中叶。所以卫生行政的历史，可将十九世纪为界，分开两段说。……十八世纪以前，大部分就是医药行政，无论何国，是很早的。十九世纪中，卫生学理阐明，各国卫生行政的改革与兴废，书不胜书。

他还提到，卫生学分为实验派和社会派。

---

① 编者：《伍连德赏给医科进士》，《中西医学报》1911 年第 13 期，第 5 页。
② 编者：《伍连德博士退休》，《科学》1938 年第 3 – 4 期，第 139 – 141 页。
③ 顾谦吉：《王吉民伍连德合著中国医史》，《图书评论》1933 年第 2 卷第 1 期，第 19 – 25 页。

　　1848 年，鼓吹社会卫生的杂志 *Mediginische Beform* 发刊以后，各种
卫生行政法，照社会派的主张，渐渐见诸事实。……实验派的辅助科学
以理化生物学为基础，研究公众社会各个人保健的生活指标，重心在于
个人的死灭与康健；社会派的辅助科学以经济统计等社会科学为基础，
研究关于决定保健的社会条件，重心在于社会协同体的康健。[①]

再看下关于"卫生行政"的概念和重要性的研究。陈方之指出，卫生学的总
定义：谋增进人与社会的康健，并驱除对康健有害的因素。"但卫生行政的
范围……往往于积极的保健条件以外，关于消极的医药上的制度，以及一切
民事，都包括在内。然在社会卫生学发达以后，与社会医学……不能分离。
将疾病保险问题，医师地位问题，贫困阶级的康健救济问题，都拿来研究。
学的范围，渐渐与行政的范围一致了。"这样可以得到更明晰的表述："卫生
行政，是将保持生命的一切消极、积极、个人、社会诸条件，用公众规约，
借政府力量，去贯彻实行。"[②]

　　侯毓汝《什么叫卫生行政》说："卫生行政就是以保全增进公众健康为
目的的行政。""必须有专设的机关。""中央的权限可以普及到全国，是发
号施令的机关。地方的权限，只限于一处地方，然而是执行的机关。"卫生
行政机关的工作，"兹根据中央卫生部组织法，大概可以分为下列五大类：
（1）总务，（2）医药行政，（3）保健行政，（4）防疫行政，（5）统计"。[③]

　　陈方之博士的《卫生学与卫生行政》认为，顾名思义，卫生是"保卫
生命"。然而，晋代谢灵运根据《庄子·庚桑楚篇》融会注解成"卫生自有
经，息阴谢所牵"。可知古代所谓卫生，"其内容是葆真抱元，与养生长生，
如出一辙"。而明代罗谦甫著《卫生宝鉴》，清代祝补斋著《卫生鸿宝》，都
"是把卫生二字，当作医药的意义应用了"。"所以今之所谓卫生，其出处决
不从国语而来。""英文是 Health，德文是 Gesundheit，都是康健之意。"来源
于 Hygiene（语根为希腊字 Hygiea，为管理康健女神之名），"日本人忽然译
作卫生学，这是现代的卫生二字（汉字）产生之根"。认真地说，"若译作
中国文字，应该是康健学，或保健学"。所以日本人的译法"削足适履"，

---

①　陈方之：《近代卫生学历史变迁谈》，《医药评论》1930 年第 34 期，第 3 - 12 页。
②　陈方之：《近代卫生学历史变迁谈》，《医药评论》1930 年第 34 期，第 3 - 12 页。
③　侯毓汝：《什么叫卫生行政》，《中国卫生杂志》1931 年第 2 卷第 3 期，第 38 - 40 页。

虽采用了中国部分古义，毕竟"鲁鱼亥豕，辗转费解"。①

　　俞松筠《卫生行政的意义》对行政的讲解算得上相当专业。他说，政府之积极管理有关人民健康的事务，是公共卫生观念发展与技术增进的结果。"行政的根本意义是管理，是公共事务的管理……在政治的立场上，所谓'行政'，乃是'政府官吏推进政府功能时的行动'。"卫生行政是根据国家意志，以保障并增进全民的健康为目的的政府活动。"政府推行国家政治，必有一定的政纲与政策，卫生行政当……以此为实践一切的指针……须不违反或抵触国家的基本法令。"②

　　王程之的《卫生行政观》说："昔斯泰依氏有言曰，国家者，最上之有机体，而亦至高之人体也。"故社会及国家不起因于个人之才智及道理，而起因于个人之生理的动机乃可成立焉。"凡事物之生长发育必有一种固有之活机……卫生者何？国家之要素，生命之保障也。"卫生"非一人之力所能及，不得不仰之于国家。国家者，由警察之手段或助长之方法，对于公众之健康之危险而除却之、回复之，此卫生行政所以不可一日或缺也。……卫生行政者……保全公众之健康，发动国权之作用也。分为保健行政、医药行政之二种。"从行政权行动之形式观之，医药行政者，以助长之方法为主；而保健行政者，实施其警察手段者也。"国家代表公益，为欲谋公共之健康，虽干涉个人之自由，不可谓为失当，然亦不可不准乎法律之规定也。"③逻辑演绎，比较顺畅。

　　林椿年的《卫生行政》在医学刊物上较早提到卫生行政。"一人之健否，与公众之利害有绝大之关系。"卫生行政应做"医药之检查"，"传染病之预防"，"检梅"，"市政之改良"，"饮食物之检查及血清疫苗之制造"。④

　　还有关于卫生行政机关组织的研究。方石珊的《中国卫生行政沿革》指出："根据《周礼》，设（医）官分职实创于周"。近代"庚子联军驻津设都统衙门，有卫生局属之。……乱定收回该局改称为北洋卫生局，为中国地方卫生行政之始。"⑤大骅的《中国公共卫生行政概况》介绍了"自逊清迄今"中央卫生行政机关组织的变迁和职能的发展。主要的人物、事件交代得清

　　① 陈方之：《卫生学与卫生行政》，商务印书馆，1934，第2页。
　　② 俞松筠：《卫生行政的意义》，《社会卫生》1946年第2卷第3期，第1-4页。
　　③ 王程之：《卫生行政观》，《医药观》1914年第1期，第1-12页。
　　④ 林椿年：《卫生行政》，《中西医学报》1917年第7卷第12期，第1-7页。
　　⑤ 方石珊：《中国卫生行政沿革》，《中华医学杂志》1928年第14卷第5-6期，第31-46页。

楚，重要工作的细节也具体清晰。全文不着废话，勾画出整体图景，共三个阶段（北京政府内务部设卫生司，南京政府设卫生部，后改为内政部卫生署），三大实际工作机构（中央卫生试验所，中央防疫处，海港检疫所），以及政策性和指导性的中央卫生委员会和技术性的中央卫生设施实验处等，此外还介绍卫生法规、医药、教育、社会等方面工作。[①] 俞松筠的《卫生行政之史的回顾》，对卫生行政历史的勾画又有所修补，例如认为我国"新的卫生制度之形成，当以同治十二年（1873）办理海港检疫为起点"。他作了萌芽期（1873－1928）和生长期（1928 年之后）两段划分，在时间轴上罗列了一系列标志性事件，称"到了目前，则大体上可说已经参酌国情，确立制度"。[②]

北洋政府时期舆论界公开发表的卫生行政方面的建白，当然可以作为卫生行政思想史的一部分载入本书。如伍连德在《论中国卫生事业之建设》一文中提出四条政见："加强学校卫生教育，各地设卫生局实施卫生事业，发动社会力量开展公益健康救助活动，全国设卫生总机关指挥和督促医药卫生行业部门的工作。"[③] 驻意大利代表吴宗濂的《民国急宜设卫生行政专部注意全国公共卫生议》，鉴于我国人民众多，教育幼稚，灾荒疾疫严重，卫生行政"其难百倍于他国"，建议"创立卫生专部，……有独立施行之权，负保卫监察之任"，"可增进国民之康宁"。主张应"先立法用人、事权规定，而后施行各务"。[④] 生痴的《吾人医事行政管见》提出："医之行政，厥有六端：（1）医政，（2）医育，（3）医学，（4）医术，（5）卫生行政，（6）药剂师。"[⑤] 仅"医政"一项，就涉及医务人员资格、传染病处置、司法部设裁判医局及犯罪学研究局、设国立医院、防疫研究及制品、加入万国红十字会、外国医师开业等。《内部郑重卫生行政》载："内务部为整顿卫生行政事，咨文各省云：查卫生行政首重保持健康，……要在厉行清洁……考东西国关于河区、道路、市场、家宅之管理，及尘芥、污水、粪便之处置，莫不详为规画，定有专章。……用能保持清洁，疠疫不兴……本部（为）保持健康起见，相应再咨，请督饬所属，重订新章。"[⑥]

① 大骅：《中国公共卫生行政概况》，《民族》1933 年第 1 卷第 1 期，第 95－10 页。
② 俞松筠：《卫生行政之史的回顾》，《社会卫生》1946 年第 2 卷第 4 期，第 1－10 页。
③ 伍连德：《论中国卫生事业之建设》，《大中华》1916 年第 2 卷第 11 期，第 1－9 页。
④ 吴宗濂：《民国急宜设卫生行政专部注意全国公共卫生议》，《中西医学报》1914 年第 4 卷第 8 期，第 1－4 页。
⑤ 生痴：《吾人医事行政管见》，《中西医学报》1917 年第 7 卷第 9 期，第 1－11 页。
⑥ 编者：《内部郑重卫生行政》，《通俗医事月刊》1920 年第 4 期，第 46 页。

金宝善的论文最有助于本章的是《我国卫生行政的回顾与前瞻》，他对百年卫生行政历史作了权威性介绍。今摘录该文结论部分：

1. 我国卫生行政，虽然已有七十年的历史，但积极的推进，则在1928年卫生部成立以后，而第二阶段十五年的进步，远比第一阶段的五十五年迅速，可证惟有在一个统一的有力量的政府之下，行政才能进步。

2. 我国卫生事业的兴办，都是因为有客观上的需要才举办的，这正合於总裁所讲的"因民之所利而利之"的原则，推进也比较容易。

3. 到1928年卫生部成立以后，才渐渐有了具体的政策。到1934年召开卫生行政技术会议时，已有实施公医制度的议案。及至中央五届八中全会通过实施公医制度案以后，推行公医制度遂成为我国卫生行政的基本政策。

4. 第二阶段十五年的第一时期，是以训练人员，建立技术研究实验机关为中心；第二期的工作以树立各级卫生行政制度和各种卫生工作实施方案的制定试验为中心；第三期的工作是以积极推行公医制度和适应战时需要的工作为中心。大体上是相当正确的。缺点也相当多，如同基层卫生组织的不普遍、不健全，人员素质（包括专门技术工作精神与服务品格各方面）的低落，物资的缺乏等等，都是非常重要的问题，要我们解决。①

## 二　从北洋政府到南京政府的公共卫生管理

在北洋政府的《内政公报》中，相关卫生行政的文件零零碎碎，看不出全貌。台湾沈云龙找到的《临时政府内务行政纪要》（台北文海出版社据原内务部1913年冬印行的版本重印）仅仅保留了1912－1913年间9份"卫生事项"文件，内有5份涉及禁鸦片烟土种售，其他有《中国红十字会统一会成立》。

查内务行政首以尊重人道、保卫治安为宗旨，然国际交涉战争难免

① 金宝善：《我国卫生行政的回顾与前瞻》，《社会卫生》1944年第1卷第3期，第1-8页。

疫气传播，疾疢时闻，端赖行政机关与公共团体协力进行，冀获共同生活之幸福。民国元年十月三十日，中国红十字会统一会开幕于沪上。会章分平时战时两种，战时则以救护伤亡埋葬尸骨为前提，平时则以拯济天灾养育无告为职务。以上二种系慈善性质，于内务行政极有裨益。该会成立时曾特派专员莅沪演说，遇有应与本部商办者允为竭力赞助，俾资策励而利进行。①

《遴员特与德国柏林万国生理卫生会》讲 1913 年 3 月底在柏林举行第四届国际生理卫生大会，邀请中国政府派员参加。内务部认识到："查生理学为哲学之一部，与卫生行政有密切之关系。我国为新造之邦，其文明程度之高低，觇国者恒以种族强弱为断。是以本部函外交部遴派驻德人员就近莅会，以研学理而资借镜。"② 《遴员特与海牙万国药学会》讲 1913 年 9 月中旬在荷兰召开国际药学会大会，内务部认为"研究学术虽属教育范围，而取缔药品实系卫生行政。遂函商教育部电请驻荷代表遴员就近与会，以联感情而资参考"。③ 《卫生陈列所收归部办》提及，"本隶属于前内外城巡警总厅，创办有年，规模粗具。自本年厅制改组后，本部以该所有增进公共卫生之效力，且中外人士时往参观，视线所集，规模不宜过隘"，收归部办，"力求扩充，搜罗卫生物品，如式陈列，实力组织，以新观听"。④

培青的《对我国卫生行政组织之管见》批评了北洋政府时代"仅以内务部卫生司为中央专办医事卫生之机关，但其他旁枝组织，则数在不少"。文章指出，内务部之下并列卫生司、中央卫生会和中央防疫处。卫生司下有卫生试验所，外交部下有东三省防疫总处，教育部下有学校卫生事项，农工部下有劳工卫生事项，陆军部下有军医司（下还有陆军军医学校），海军部下有军务司（下还有北洋海军医学校）。又京师警察厅下有卫生处、官医院和试办公共卫生事务所，另京都市政公所有几所医院（市内、市郊、传染病等）及卫生陈列所。各省的警务处下设卫生科，省会（及商埠）的警察厅下也有卫生科，都有传染（防疫）医院及省立医院。各县治以警察所办理城区清洁事宜，有临时时疫医院。"致使事权分散，经费虚縻。"文章主张应集

① 《临时政府内务行政纪要》，台北文海出版社，1913，第 133 页。
② 《临时政府内务行政纪要》，台北文海出版社，1913，第 134 页。
③ 《临时政府内务行政纪要》，台北文海出版社，1913，第 134 页。
④ 《临时政府内务行政纪要》，台北文海出版社，1913，第 135 页。

中统一管理,中央设卫生部,少数特别市设卫生局,而各省设卫生厅,并构想了一个新的组织系统表。① 朱季清的《我国历年来公共卫生行政的失策》说北洋政府的卫生司"完全模仿当时日本内务省卫生局的制度(日本已创办二十五年),……好像拿一件二十五岁人穿的衣服,给一个周年的婴儿穿着,要他学步"。尽管颁布了许多卫生条例,建议出不少计划,但是因为缺乏人才及相当的地方卫生行政机关,所以不能执行一切的卫生事务。由是,十七年来的卫生司就等于虚设。"十七年中换了九个司长……七个都不是医界中人。前京师警察厅卫生处处长换过四人,没有一个是医界中的。"②

《卫生行政应特别注意之事项》建议弥补之方:"1. 设独立的卫生行政机关,权限分明,号令统一。2. 卫生局长应是医卫科班出身,品端能干,对卫生行政素有研究,有政见,能计划,足为领袖的人物。3. 法律(立法、执法)与教育(训练)并重。"③ 伍连德最早撰写《上政府拟改组全国医学教育之条陈》,建议"宜首设中央医学统辖处,所有全国医学事务,全归该处管核,由教育部许以特权,如是庶能收划一之效。在中央帮同办理者,教育部特派员一员,各处医学堂各派代表一员。"④ 统辖处的权项包括:(1)确定全国医学堂其课程、课本应采用中文、英文;(2)普通医学学业年限;(3)课程;(4)监察毕业考试;(5)管理教育部已经准予立案之各医学堂,此后拟设之医学堂须由该处认可;(6)各地医士得进入统辖处认可之医院观摩学习; (7)全国一切医学法律及章程,由该处规定并执行;(8)全国医士合格者须由该处注册;(9)编定医学教材丛书。文章建议筹设一所完全的官立医学堂,草拟五年制的医学课程及临症实习办法,"应请政府准予各医学堂解剖实验"以及"增进辨讼医学(即验尸)之学识"。医学堂可附设医院,以利教学相长;改良中医中药;提高本国医师地位。

五四时期对公共卫生管理的鼓吹者,如张维(1898 - 1975),1915 年就读于湘雅医学专门学校,在担任学校学生会会长时,与同学龙毓莹、李振翩创办《新湖南》杂志,聘请毛泽东任主编。1925 年撰写《湖南卫生会之过去与将来》(载于《湖南大公报十周年纪念刊》,1925 年出版)。1930 年赴美国哈佛大学进修,获公共卫生学硕士学位。应召回国后在上海医学院帮助

---

① 培青:《对我国卫生行政组织之管见》,《医药评论》1934 年第 6 卷第 3 期,第 2 - 8 页。
② 朱季清:《我国历年来公共卫生行政的失策》,《中国卫生杂志》1931 年合集,第 31 - 34 页。
③ 陈志潜:《卫生行政应特别注意之事项》,《中国卫生杂志》1931 年合集,第 34 - 37 页。
④ 伍连德:《上政府拟改组全国医学教育之条陈》,《中西医学报》1914 年第 12 期,第 1 - 20 页。

颜福庆设立公共卫生学科。任中国防痨协会总干事、行政院善后救济总署参事兼卫生业务委员会委员、上海市卫生局局长、上海医学院教授等职。从事卫生行政、防疫和教学工作数十年，其主要公共卫生行政思想为：强调医学卫生必须以预防为主，加上体育工作的配合，从根本上提高人民体质；主张中西医结合，产生新的医学；注重农村医疗卫生工作，促进农民健康和农业生产发展。1948 年，张维以《都市卫生设施》为题作文，表述城市公共卫生事业与市政学的关联。

张维的同学张孝骞（1897－1987）发表了《公共卫生设施之程序》。该文列出"（甲）公共卫生机关之成立"的条件之一："（1）权力。欲卫生行政之通行无阻……上面对于政府，须具独立之资格，下面对于人民，须有强固之职权"，"曰是宜直接隶之中央，次之亦宜直隶于省政府，断不宜入警厅县署之范围"。关于"（乙）公共卫生机关之组织"，"（1）分局。每省区设卫生总局于省会，总揽全省卫生事宜，每州县市镇各设卫生分局一所，直隶于总局，不受该所在官厅之支配。"关于"（丙）公共卫生事业之细目"，包括"清洁街道（通沟渠，清垃圾）、工业卫生（设定条例，检查工场，规定惩戒，教育工人）、死亡注册、隔离病人、卫生教育、考查住宅、检验市场食物（如牛乳肉类）、考察饮料水、监视药店、清理公共场所、指导住屋商店工厂之起造、建设公共俱乐地如公园游戏场所、布告各种不良习惯使人知所趋避、取缔附近坟墓、检查住民体格、限制患病体弱者之结婚、防止瘟疫及各种流行病、干涉庸妄误人之医士稳婆"等。关于"（丁）公共卫生之辅助机关"，应包括"警察（署）、慈善公所及各社会服务团体、学校、报馆"等，还要设立性质特殊、临时性的"特别防疫局"，以应对某些传染病的突然暴发。① 张孝骞后成为内科名医，中国科学院院士。

南京国民政府成立之初，1928 年 11 月，于行政院下增设卫生部，"以统辖全国之卫生行政事宜"。据《卫生行政系统大纲》，"各省设卫生处，隶属于民政厅兼受卫生部之直接指挥监督"。"各市县设卫生局，隶属于市县政府，兼受卫生处之直接指挥监督。"② 培青的文章称，卫生部"确为统筹全国卫生行政最适当之组织"。可是到了 1930 年 4 月，就缩部为署，改隶于内政部。卫生署内有总务科、医政科、保健科、技术室，外辖中央卫生试验

① 张孝骞：《公共卫生设施之程序》，《新湖南》1919 年第 1 卷第 1 期，第 25－31 页。
② 编者：《卫生行政系统大纲》，《卫生公报》1929 年第 1 卷第 1 期，第 30－31 页。

所、中央防疫处、海港检疫处和中央医院、中央助产学校。另外，与卫生署并立的有全国经委会直辖的卫生实验处。"卫生署是专办全国的医事卫生行政，而卫生实验处，系专理全国的卫生实验技术工作"，[1] 下分防疫检验、化学药物、寄生虫学、环境卫生、社会医事、妇婴卫生、工业卫生、生命统计及卫生教育九个系（股），兼具训练公共卫生专业干部和实验研究卫生技术设施两方面的功能。作者建议卫生署内应升科为司，另加设中医中药研究所，由中央研究院来统辖，使全国10万中医师（为西医师的10倍）得到管理和提高。

查看第一届《中央卫生委员会名录》，其法定当然委员（卫生部）有：薛笃弼（部长），胡毓威（政务次长），刘瑞恒（常务次长），陈方之（技正）。委员：胡宣明（铁道部技正），余岩（云岫，医师），林可胜（协和医学校教授），牛惠生（医师），颜福庆（中央大学医学院院长），宋梧生（医师），褚民谊（中央执行委员），方擎（首善医院院长），胡定安（南京市卫生局局长），胡鸿基（上海市卫生局局长），全绍清（天津市卫生局局长），黄子方（北平市卫生局局长），何炽昌（广州市卫生局局长），伍连德（东三省防疫总处总办），周君常（医师），杨懋（陆军军医学校校长），俞凤宾（医师）。[2] 以上除褚民谊、薛笃弼、胡毓威等少数人士外，均为科班出身的医学卫生专家，从指导、设计、咨询、监督能力来说，比由政务官把持肯定要懂行得多。

新官上任三把火。卫生部于1929年2月召开市卫生行政会议，成员有各市卫生局局长及部员十来人，主题是"征求各方意见以改良市卫生行政"。[3] 会议提案有《统一牲畜屠宰》、《特别市区域内之屠宰税应行划归市收入》、《规定自来水检验办法》、《规定医学校及产科学校之系统及程度》、《规定中医登记年限》、《饮食品及药物应有全国统一标准以利取缔》等，可见一斑。[4] 同时还召开了中央卫生委员会会议，提案有胡鸿基的《督促实行卫生经费计划》和《制订地方卫生行政执行条例》等。从这些提案看，一些工作还在起步阶段。撤部之后工作就更迁延了。陈志潜的《内政部卫生行政技术会议》提及，1929年曾召集卫生行政技术会议，代表为各省市卫生

①　培青：《对我国卫生行政组织之管见》，《医药评论》1934年第6卷第3期，第2-8页。

②　编者：《中央卫生委员会名录》，《卫生月刊》1929年第2卷第1期，第34-35页。

③　上海特别市卫生局：《市卫生行政会议简章》，《卫生月刊》1929年第2卷第3期，第15-17页。

④　上海特别市卫生局：《市卫生行政会议简章》，《卫生月刊》1929年第2卷第3期，第2-7页。

行政长官和大中城市名医，"人人都有提案，人人都无实际工作经验……议而不决，决而不行"。此次会议时间从 1934 年 4 月 9 日至 14 日，由卫生署召集，着重于"做事的技术"。① 除少数行政长官外，其余都是各省（市县都有代表）的实际工作人员（含医学教员与民间团体代表）。开会时除讨论提案外，大半议程是报告各处实际情形。其美中不足之处在于：方案趋重组织，不务实际；中央与地方事业上的关系未得具体决定；训练人才（医师、护士、助产士）未能利用地方经验。

陈方之的《国民政府内政部卫生司半年之工作》在《医药评论》上连续刊载，从中可以看到卫生司所从事的工作或制定的文件，如："东三省鼠疫调查，第一次医药调查，传染病预防条例及施行规则，管理接生婆规则，成药规则，管理药商规则，管理毒剧物营业规则草案，内政部药典编审委员会规则，筹备编审公共药典之经过，全国防疫计划书，药品检查及营养研究计划书，中央卫生试验所计划书，筹办中央卫生试验所之经过，筹设海港检疫所计划书，筹备海港检疫之经过，筹议各省设立公共卫生处经过，起草医师中医师药师条例之经过等等。"② 树文的《论清理粪溺与卫生行政》说："市当局最近出以断然处置，决定清理粪溺计划，注重粪埠之迁移，公厕之改建。"此举遭到利益集团抵制。"自来粪所腐败，粪役欺诈，粪商垄断，罔顾公益，为厉之阶。""查现在国内都市举办清厕及招商承办者，长沙市开其先例，汉口市亦仿而行之。"③ 这是有普遍意义的。

民国政府确定医学教育主要由教育部管理，所以不应列为卫生行政内容。胡定安的《江苏医政医学教育之回顾与前瞻》，介绍了 1934 年成立的江苏省立医政学院。"它是除部定学制之外另谋因材施教以配合社会情形的。"例如，卫生行政科就属全国创举，"招收大学医科或相关技术学科毕业生，予以有关卫生行政各科之事业训练，期限一年"。又如，卫生教育科，"注视医学卫生，增进国民保健，它能协助卫生行政的顺利推行，减少消极的医疗工作"。招收高中毕业生，学制一年。有卫生特别训练班，对开业中医讲授西医学知识，学制 1—2 年。还有别的短期训练班。④ 蒋寿鹤、方植民的《浙江省立杭州高级医事职业学校卫生行政科设施概况及其展望》，介绍浙江省

① 陈志潜：《内政部卫生行政技术会议》，《民间》1934 年第 1 卷第 3 期，第 11—15 页。
② 陈方之：《国民政府内政部卫生司半年之工作》，《医药评论》1929 年第 2—10 期。
③ 树文：《论清理粪溺与卫生行政》，《广州市市政公报》1930 年第 366 期，第 1—4 页。
④ 胡定安：《江苏医政医学教育之回顾与前瞻》，《建苏月刊》1947 年第 1 卷第 4 期，第 8—9 页。

杭州高级医事职业学校卫生行政科，学制三年，其课程主要是医学和卫生业务，增开的有社会学、卫生行政学、卫生法令、生命统计、公文程式等。实习有专设的卫生事务所，与当地卫生行政机关洽定"实验区"，实习项目有：（1）医药救济（门诊、住院、巡诊）；（2）传染病预防（调查、接种等）；（3）社会调查（居民、经济、风俗、卫生状况）；（4）生命统计（出生、死亡）；（5）妇婴卫生（指导、检查、接生）；（6）学校卫生；（7）环境卫生；（8）卫生教育；（9）行政技术（行政力运用，公文，应对事件，试拟计划等）。①

民国时期卫生行政的理想是"公医制度"，其国际背景是1927-1932年美国医事消费调查委员会发现美国卫生行政的弊端，国际上认识到需要政府来整改。公医制度不仅指"政府管理或举办的医学事业"，而且指政府"有计划有组织的整个保障全民健康的医事设施"。中央卫生实验处副处长金宝善关于《公医制度》的讲演，进一步明确了该制度的几条原则。（1）一切医事建设事业完全由政府主办；（2）所有经费应由税收项下支取，使人民得以享受平均与免费的医疗待遇；（3）治疗与预防工作应合并进行，尤重预防；（4）关于行政与设计，应集权于中央或省市的卫生行政机关，关于医务保健工作的实施，应尽量分权于各地方，使医事设施可以送到民间去。（5）县市为医事设施的单位，每单位下至少应有两级以上的组织（卫生院、卫生所和分所等），每省有卫生处，直隶于省政府或民政厅，主管卫生行政、省立医院和卫生试验所三部分，负有监督各县卫生院的责任。中央已有卫生署（行政机关）和卫生实验处（技术机关），应互相联系和支持。关于医事教育和训练，也可由中央及省负责。②

金宝善（1893-1984），曾在日本千叶医专与东京帝国大学攻读内科并研究传染病与生物制品，后赴美国约翰霍普金斯大学公共卫生学院进修，获公共卫生学硕士学位。回国后历任国民政府中央防疫处处长、卫生部保健司司长、中央卫生实验处处长、卫生署署长、卫生部部长等。1934-1941年任中华医学会会长，战后成为世界卫生组织的发起人之一，应聘并任联合国善后救济总署儿童急救基金会医务总顾问。新中国建立后回国，任卫生部技术室主任、参事室主任。1954年任北京医学院卫生系主任，中国红十字会常务

① 蒋寿鹤、方植民：《浙江省立杭州高级医事职业学校卫生行政科设施概况及其展望》，《浙江卫生》1946年第6卷第2期，第46-47页。
② 金宝善：《公医制度》，《行政研究》1936年第1卷第1期，第129-133页。

理事、《中华卫生杂志》主编、中华医学会卫生学会主任委员。编译《世界卫生年鉴》，著有《中华民国卫生史料》、《中国近代卫生事业》、《中华民国医药卫生史料》等。金宝善发文很多，如《公共卫生》（《卫生月刊》1928年第1卷第2期）、《各省市现有公共卫生设施之概况》（《中华医学杂志》1937年第23卷第11期）、《为本会成立廿五周年纪念敬告医学界同仁书》（《中华医学杂志》1940年第26卷第1期）、《我国之公共卫生》（《时代精神》1941年第3卷第4期）、《我国县卫生行政之发展及其问题》（《县政学报》1944年第1卷第1期）、《我国卫生行政的回顾与前瞻》（《社会卫生》1944年第1卷第3期）等。

胡定安的《宪法中为何不列入卫生行政》驳斥了宪法条文须有弹性、不宜过细而不必列入卫生行政事项的说法，举出德国魏玛宪法中有妇婴幼青保护与公共卫生制度，以及苏联宪法中有"健康保卫"（保健）等条目，"可知时代愈进步，那么卫生行政的重要性愈大"。[1] 而胡嵩山《宪法不应忽略卫生行政》（《战时医政》1939年第2卷第10期）早有此议。

林竞成《中国卫生行政之症结》指出中国卫生行政的六个症结和种种问题，提出有针对性的办法，即具备外在的条件（社会经济经济之建设，政治之安定，社会心理之改造，社会教育之普及，社会秩序之安定）和内在的条件（实行公医制度，卫生人员之训练与保障，卫生行政组织系统之调整，充分之经费）。[2] 南京政府成立后，伍连德继续发表《论中国急宜谋进医学教育》（《中西医学报》1927年第9卷第1期）、《对於中国医学之管见》（《中华医学杂志》1934年第20卷第1期）《中国医学之复兴》（《科学》1936年第20卷第4期）等文。其《公共卫生与民族复兴》对"目前急应施行之卫生要政，略述数点"：（1）训练专门人才；（2）促进农村卫生；（3）注重家庭卫生；（4）推行学校卫生；（5）筹增卫生经费。[3] 伍连德关于"公医制度之基本原则"的建言，强调公医制度要从医疗推及公共卫生工作。[4]

此外，二战后中国作为世界卫生组织的发起国之一，逐期翻译、出版了《世界卫生组织汇报》，内中可以看到如《与政府卫生行政机关之合作》（1947年第1卷合集）、《公共卫生行政》（1949年第3卷合集）等。

---

① 胡定安：《宪法中为何不列入卫生行政》，《文化先锋》1944年第4卷第5期，第3-6页。
② 林竞成：《中国卫生行政之症结》，《中华医学杂志》1936年第22卷第10期，第951-972页。
③ 伍连德：《公共卫生与民族复兴》，《教育旬刊》1934年第11卷第2期，第22-26页。
④ 伍连德：《公共卫生组》，《中华医学杂志》1937年第23卷第1-12期，第645页。

### 三 卫生行政若干专门领域的观点和论著

金宝善认为："战后我国卫生行政无疑的将展开历史崭新的一页……下列几点是我们将来应努力的目标。"这里择要引述：

1. 充实卫生行政的政策的内容。自从 1941 年 3 月国民党中央五届八中全会通过实施公医制度以来，我们的卫生行政已然有了一定的中心政策，但是具体内容如何，包括些什么要件，在实施的过程中如何与我们建国的历程相配合，在建国的不同阶段里，它的任务如何，这些问题……不能盲目抄袭外国的办法，而需要我们自己来研究。

2. 促进卫生立法。第一是缺少一个卫生行政的基本法，第二是过去制定的许多法规从现在的眼光看起来，多半不能适应公医制度的要求。今后这个法里要充分表示出三民主义卫生政策的特质与公民制度的精神，所有卫生行政的系统，政府的卫生设施，人民的卫生权利与义务，都加以具体的规定，以为实施的准绳。还要修正现有的法规。

3. 拓展与充实基础组织。我国卫生工作的基层组织是卫生院和卫生所，我们现有院所的数量既不够普遍，内容设备又多数不够标准。今后要注重基层组织的普遍和充实，使每一个国民都可以享受到近代最低限度的卫生服务。

4. 提高技术水准。

5. 注重国际合作。

6. 加强医事人员的训练。

7. 力求药品器材的自给。[①]

1946 年春召开全国卫生行政会议，卫生署署长金宝善宣读《全国卫生行政会议开幕词》，指出借助联合国之"善后救济医药设备物资，予以合理运用，如各级医院、产院、卫生试验所等机构，均为恢复建立，以奠定卫生事业之根基"。"普及卫生事业之第一难题，为经费困难。"[②] 会议商讨省县财政如何解决，地方病、重要流行病如何合力防治，卫生医事法规的修订，

---

① 金宝善：《我国卫生行政的回顾与前瞻》，《社会卫生》1944 年第 1 卷第 3 期，第 1 - 8 页。

② 金宝善：《全国卫生行政会议开幕词》，《大众医学》1946 年第 1 卷第 5 期，第 3 页。

医院建筑、设备管理等各项标准均待制订，药物生产如何加强，等等。蒋介石对会议有书面"训词"，略谓："须知卫生工作不可徒然偏于消极之救治，必须积极推进保健事业，始为根本之计。且卫生事业直接关系人民福祉，乃以全民为其对象，一切设施务宜深入基层社会，实惠及民。而卫生工作一秉服务精神，不惮烦劳，热心将事，方能达成使命。"[1]

　　在有关地方卫生行政的论文里，谢贯一的《我国地方卫生事业实施之方法与步骤》是较早的富含实际经验的一篇。作者曾服务于首都卫生局及公安局卫生课，其看法是："行政统一，为办理地方卫生事业之唯一原则"，"行政独立，要为卫生行政上最大要素"。[2] 然后提出"卫生事业的举办"应包括：街道清洁及污物处置、食物检查、上下水道改良、医师登记、新式助产妇取代接生婆、死亡统计及疾病报告、市立医院、种牛痘、传染病隔离、学校儿童体检、卫生教育、设立菜场、改良厕所、婴儿卫生、公共浴室，最后是乡村卫生，由省卫生处先训练卫生行政人员，管理县卫生局（科）。中央卫生部明定最低限度的卫生事业，作为各县的实施标准。胡定安《都市卫生行政泛论》是《中国建设》"市政专号"征文，提到所谓保育行政，其中重要部分有卫生行政中之医疗与救济等，"原来卫生行政，其出发点当不外乎保健、防疫、医务这三大要素"，所以"在市政方面，也有一部分卫生行政"。[3] 文章具体提到当前急务和应做的计划，认为要靠行政的势力，实行干涉主义，来为人民谋福祉。不过照当时的情形，迁就事实来应付环境已是困难，何能高调？此外，还有李锡祥《汕头市市政厅卫生行政报告书》（《卫生月刊》1928 年第 1 卷第 2 期），高维《南京市卫生行政进行计划》（《卫生月刊》1928 年第 1 卷第 1 期），毛咸《进行本省公众卫生行政的计划和步骤》（《浙江民政月刊》1928 年第 9 期），陈万里《我对於浙江卫生行政上的意见（一）》（《医药学》1929 年第 6 卷第 12 期），胡叔威《上海特别市之卫生行政》（《交大季刊》1930 年第 3 期），《山东省卫生行政委员会组织规程》（《山东省政府公报》1946 年复刊第 17 期），经利彬《一年来台湾卫生行政之概况》（《台湾月刊》1947 年第 3 - 4 期），《县卫生行政应办事项》（《广西卫生旬刊》1933 年第 1 卷第 10 期），杨叔吉《卫生行政与新县制》

---

①　蒋介石：《全国卫生行政会议训词》，《大众医学》1946 年第 1 卷第 5 期，第 3 页。

②　谢贯一：《我国地方卫生事业实施之方法与步骤》，《武汉市政公报》1929 年第 1 卷第 3 期，第 12 - 16 页。

③　胡定安：《都市卫生行政泛论》，《中国建设》1930 年第 2 卷第 5 期，第 170 - 173 页。

（《陕政》1941 年第 64－69 期），金宝善《我国县卫生行政之发展及其问题》（《县政学》1944 年第 1 卷第 1 期），朱润深《为整理卫生行政告本省各县长书》（《大众医学》1946 年第 2 期），顾培恂《卫生常识之宣传与卫生行政之设施》（《市政评论》1947 年第 9 卷第 9－10 期）。侯子明的《应励行卫生行政人员的训练》（从《大公报》转载），批评医学教育对公共卫生的轻视，临床医师多无卫生行政素养，难以适应卫生行政职务，更缺乏把卫生行政推向农村的基层人员，强调应加强资格考录和培训。

卫生行政以及公共卫生的讲义和教材，我们发现不到 10 种。首先是作为"县各级干部人员训练教材"的《卫生行政》①，内容"着重实际工作之重要理论与实施办法，并尽量附列应用法规图表及其他参考资料"，这是它的特色。作者都是中央卫生署的官员、专家，具有权威性。共分 4 章：绪论（卫生行政之意义，效果，国民健康之现状）；卫生机关［中央、省、市、县卫生机关，区乡（镇）、保卫生机关］；卫生工作（医疗救济，传染病管理，环境卫生，妇婴卫生，学校卫生，医药管理，卫生教育，生命统计）；我国县卫生行政问题（实行上应注意之点，人员问题，经费问题）。另有附录（卫生署组织法，省卫生处组织大纲，县各级卫生组织大纲，县卫生工作实施纲领，县各级卫生组织经费分配表）。全书有本有源，对各级卫生机关建置历史、组织、权限、职能、任务都交代得简明扼要。关于卫生行政的定义为："凡以政府及社会力量，由有组织的活动，举办各种与人民健康直接有关之事业，管理各种与人民健康直接有关之事务，以保障并增进人民健康所为之种种行为，谓之卫生行政。"对主客体、性质、范围、目的的界定，还比较清楚。又，其要达到的效果也有指导意义。直接对国民的：减少疾病，改善体格，延长寿命，增进工效；间接对社会的：充裕经济，充实国力，减少救济负担，促进生活改善。另有《战时地方卫生行政概要》，内容相近。《市卫生论》（属"市政丛书"）未署作者名，介绍了外国市卫生之原理与方法，对我国市卫生之幼稚与缺点作中肯之批评，对于市卫生与细菌学、牛乳、食物、水、脏水、废物隔离与消毒、房屋沐浴、卫生教育、市卫生机关之职司与组织等，皆有专章详论。

胡定安博士的《县卫生行政》作为"三民主义县政建设丛书"（刘振东主编）之一，由中央政治学校研究部组织编写，作者曾任南京市政府卫生局

---

① 金宝善、许世瑾、邓宗禹：《卫生行政》，中央训练委员会、内政部，1942。

局长、国立江苏医学院院长。全书分为：绪论；县卫生行政组织机构；县卫生行政实施方案（生命统计，民食管理，娼妓管理，公共场所卫生，公墓管理，医事管理）；县保健防疫实施方案（卫生教育，保健事业，环境卫生，防疫工作）；县医疗工作实施方案（组织，药械设备标准）；县卫生事业费用预算设计；结论。① 薛建吾的《中国乡村卫生行政》，是作者在乡村建设研究院时，"深入邹平乡间……看到乡村卫生，实是目前顶紧要的工作……所以编者复自行政立场，研究它的理论和设备、经费、人选、工作实际问题和实施办法……以供行政界之采行而资提倡"。② 他并非卫生行政官员，或许有旁观者清的好处。全书内容包括：概论，乡村卫生行政机关的组织、经费、设备、人员的职务，乡村保健行政、预防行政、治疗行政、生命统计。附录卫生法令（涉及医药、助产、禁制、防疫、取缔、其他）。

原卫生部技正、中央卫生试验所所长陈方之博士的《卫生学与卫生行政》，是诸书中理论价值最高的。作者"在民国十七年，曾相帮内政部部长，规划卫生行政……近乎随心所欲的纸上空谈"，③ 不合实际。他的友人、卫生署官员余云岫说他这本新作，"欲合卫生学、社会卫生学，及卫生行政而为一书"。④ 胡适序称："公共卫生的意义只是充分运用行政机关的权力，管理制裁一切关系人生健康疾病生死的种种重要因子，扫除疾病的来源，造成清洁健康的环境。"胡适认为："公共卫生是'人的文明'的第一要务，没有卫生行政的国家便够不上说人的文明。"中国至今推行不力，除了物质条件以外，"最大的阻碍便是……那种不愿做人而妄想成仙作佛的人生观"。⑤

还有俞松筠所著《卫生行政概要》（正中书局 1947 年出版），篇幅较小，论述简明。胡鸿基著《公共卫生概论》，是"医学小丛书"之一本。作者认为："盖国家盛衰，以人民强弱为衡，而人民能否强健，则以公共卫生为准。"国民党政纲对内政策明确要求，地方政府将所拥有的地方公共收入"用以经营地方人民之事，及应育幼养老济贫救灾卫生等各种公共之需要"。⑥ "卫生行政机关一切设施目标……须准据于预防疾病之原理，顾及人

① 胡定安：《县卫生行政》，中央政治学校研究部，1941。
② 薛建吾：《中国乡村卫生行政》，商务印书馆，1937.
③ 胡定安：《中国卫生行政设施计划》，商务印书馆，1928，第 2 页。
④ 陈方之：《卫生学与卫生行政》，商务印书馆，1934，余序。
⑤ 陈方之：《卫生学与卫生行政》，商务印书馆，1934，胡序。
⑥ 胡鸿基：《公共卫生概论》，商务印书馆，1930，第 2 页。

民公意，唤起人民助力，使各机关团体协助卫生政策之推行。"① 赖斗岩与张维同是国立上海医学院公共卫生系教授，其所编《公共卫生概要》称："公共卫生乃是一种科学的技术……由社会共同之努力，改良环境卫生，制止传染病，灌输个人卫生知识，及促进医事与护士团体之组织，藉得作早期诊断及预防，进而发展社会事业，使人人有适当之生活，以保持其个体健康。"② 毕汝刚编著《公共卫生学》，指出："公共卫生乃政府执行关于增进人民健康之设施（举措），用以预防疾病，减少死亡，促进健康，以增益体力、效率与快乐，使个人生活丰富及国家富强。"③

另有金兆均著《体育行政》（上海勤奋书局1931年出版）；周厚光、林好学著《体育行政及运动裁判法》（湖南省立第十师范学校1946年出版），是教材讲义。

比较研究方面，前述卫生行政各专著、教材均略有涉及，而专题论文更深入，例如：

金宝善的《关于卫生行政之研究》一文，以1926-1928年作者"由内务部指派赴美国研究卫生行政"④为背景，介绍美国的卫生局的业务工作。作者还到乡里卫生局详细考察实习，另外调研中央卫生院、卫生试验所、卫生协会、市立医院、妇幼保健院等多所机构。分门别类作综述：美国的卫生行政，含防疫（国防、内务、研究）、保健、统计、卫生工程、卫生化验等；美国卫生行政的趋势，已由防疫进入保健，由环境卫生进入个人卫生，由防治急性疫病扩展到慢性传染病，公共看护发达，私立卫生机关多；美国的卫生行政的组织，从中央到地方的特点是系统、统一、称职、合作、简捷、注重学术。作者建议我国要建立一套系统完备的卫生行政组织。

方颐积《各国卫生行政状况之一览》，总结出三种行政机关组织形式：（1）设中央卫生部；（2）公众卫生部隶于内务部；（3）合公众卫生部与其他事务（社会事业，例如济贫、建设等）为一部。他认为，"在最近的将来恐怕一律都要取第一个组织法"。⑤ 至于地方卫生组织，一般城市都有卫生行

---

① 胡鸿基：《公共卫生概论》，商务印书馆，1930，第58页。
② 赖斗岩编《公共卫生概要》，中华书局，1936，第2页。
③ 毕汝刚编著《公共卫生学》，商务印书馆，1949，第2页。
④ 金宝善：《关于卫生行政之研究》，《社会学界》1928年第2期，第233-264页。
⑤ 方颐积：《各国卫生行政状况之一览》，《中国卫生杂志》1931年合集，第27-30页。

政机关（市卫生局）和卫生核议机关（市政卫生委员会，建议、指导和监察市政的卫生事业），地方经费超过中央的支出。

俞松筠《考察欧美之回忆》记录："我从廿四年的九月间，受了中央委派，前往欧美考察医务为时将近一年。"[①] 他去了德、奥、英、瑞典、美、日等国，考察内容包括医学教育、医院（综合医院、妇产医院、精神病院、监狱医院）业务、公共卫生（市政环境，包括防污治污、学校卫生），以及社会病态等。

李廷安《赴欧考察城市卫生行政报告》写道，他于 1935 年 11 月 4 日由上海启程，前往日本（神户、横滨、东京）、加拿大（多伦多）、美国（夏威夷、纽黑文、纽约、波士顿）、瑞士（日内瓦、普鲁金斯）、法国（马赛）、英国（伦敦、巴沃斯、曼彻斯特）、荷兰（海牙、阿姆斯特丹、鹿特丹）、丹麦（哥本哈根）、波兰（华沙）、南斯拉夫（贝尔格莱德）等国，考察了国际卫生组织、5 国中央卫生行政机关、10 所城市卫生行政机关、5 处乡村卫生行政机关、8 所卫生学院、2 所护士学校、3 处公共卫生试验所、1 处海港检疫处、5 家妇婴卫生组织、4 家学校卫生组织、3 处露天学校、1 处公共卫生护士组织、9 处肺痨预防组织及疗养院、2 家花柳病预防组织及治疗院、2 处风湿症治疗院、2 处精神病院、4 处普通病医院、3 处传染病医院、12 处卫生稽查组织，与 7 名卫生专家特约晤谈。作者在考察中看到，卫生行政良好的城市，居民疾病率与死亡率较低，民众对于公共卫生信仰高，卫生行政机构趋于系统化，卫生组织完善，卫生工作人员业务强，医疗设施先进，人才培训得力，但禁毒尚须努力。[②] 同时思考上海应如何做，也结合实际的基础和近年的进展相应地补充若干具体意见。兹不赘引。至于姜振勋《日本公众卫生行政之一般》（《医药评论》1929 年第 21 期）、《美国公共卫生行政发展概说》（《广西卫生旬刊》1933 年第 1 卷第 22 期），不如前几篇内容深广。

刘继汉《内政上卫生行政之急要》"兹就世界卫生行政之现状，及我国之卫生事务，大体言之而已"。[③] 文章从人口（生死）、传染病、妇婴保护、农村卫生、都市计划、体育运动、卫生教育等方面进行中外比较，得出我国应

---

①　俞松筠：《考察欧美之回忆》，《同济医学季刊》1937 年第 7 卷第 1 期，第 167 – 172 页。

②　李廷安：《赴欧考察城市卫生行政报告》，《卫生月刊》1936 年第 6 卷第 1 – 6 期，第 169 – 176 页。

③　刘继汉：《内政上卫生行政之急要》，《并州学院月刊》1933 年第 4 期，第 12 – 23 页。

仿行之事，预言将来"卫生保健之社会问题，必成为地方的中心问题"。

顾学箕《美国公共卫生的政策》谈到美国卫生工作是地方自发的，自下而上的。"公医制度"由医学界进步人士首倡，"既是公共卫生工作，同时要担负起医疗救济的责任"。① 杜鲁门 1948 年 1 月对国会的咨文，要求"把全国民众所有医疗费用，用强迫保险的方式，由国家统收统付"。

卫生行政部门视中医为"不科学"，试图加以限制，取缔江湖医药，也有对部分中医实行西医学进修知识再考核后执业的设想，遭到中医中药界广泛抵制和反对。本书拟不涉及双方的"科学性"学术之争。而国外倒是已经对中药材药理着手研究。这里仅稍提文章篇名，如蔡松巖《从卫生行政上观察中国固有医药》（《中国医药研究月报》1946 年新 1 卷第 2 期）、贺少望《提高中医参加卫生行政之意见书》（《国医砥柱》1948 年第 6 卷第 4 期）等文。另有王志敏《兽医学与卫生行政》（《上海卫生》1947 年第 1 卷第 2 - 3 期）。

## 第三节　教育行政的实践推动理论研讨

正如行政法比行政学更早被引进成为法政学校学科一样，教育行政法也比教育行政学更早被引进中国。第一章提到了 1902 年发表的《学校行政法论》，该文指出，学校行政不同于"以训育上之目的及材料，教授法，管理法"，而是"府县立学校，市町村学校，所谓官吏待遇之学校长及教员等，其日日所行之事"。至于学校行政法是不是单指"敕令、省令、道厅府县令，或训令"，作者称，应限于"以公立学校校长教员之职权而行事"，目的为"达国家之意志，以教育一定之技术为事"。其性质是"法律上之强制的，与法律上之关于权利与义务的"。再去具体分析"其为行政依行政法与否"。② 不过，此文仅研究到"学校"这一层级。

### 一　从学校管理法到教育行政的提升

知白译自日本人祷苗代（1876 - 1927）的《教育行政法之基本观念》③，不但时间早，而且理论水平高。文章的第一章是教育行政，第一节是国家行

---

① 顾学箕：《美国公共卫生的政策》，《中华医学杂志》（北京）1949 年第 4 期，第 151 - 156 页。
② 〔日〕山田邦彦：《学校行政法论》，《游学译编》1902 年第 2 期，第 13 - 18 页。
③ 〔日〕祷苗代：《教育行政法之基本观念》，知白译，《新民丛报》1906 年第 16 号。

政作用之形式，即从整体到分支，立法、司法、行政及宪法上之大权四种作用。仅就行政作用一种而论，又可从三个方面（基于国家目的，基于法规关系，基于权力关系）加以划分。基于国家目的可分为五项行政作用——外务的、军务的、司法的、财务的、内务的；基于法规关系可分为两项行政作用——羁束、裁量；基于权力关系可分为两项行政作用——事实的、法律的。仅就其中内务行政而言，又可剖为警察行政和助长行政二部。而就助长行政这一部来说，再可析为关于经济的和关于教育的两支。最末，仅就关于教育的这一支而论，分为宗教行政、道德行政和教育及学术行政三目。这三目当中，相对于狭义的教育及学术行政而言，宗教行政、道德行政则起着辅助的作用。作者对以上说法进而补充解释，同样体现国家行政作用的立法、宪法大权如何渗透到教育行政中。首先，"宪法上大权者，天皇亲裁之要素也"。其次，从法规关系来看，比如，国家执行强制性的义务教育（适龄儿童不入学是犯法），村长通知学龄儿童入学是所谓羁束行政，而就学有困难的儿童可例外则是裁量行政。另外，所谓基于权力关系的法规叫公法，宪法、行政法都属于公法，区别是"宪法于国家之组织及其行动为定大原则之法规，而行政法于所定（行政）机关之组织行其细目者可也"。经过这一番严谨的分析梳理，教育行政是国家行政作用的形式之一，就很清晰了。该文于是下了两个定义："教育行政者，在于立法及宪法上大权之下，而被委任于教育行政机关之权限，为国家有权力的作用也。""教育行政法，为定教育行政机关之组织及行动，而隶于行政法之细目者也。"其范围"独权力作用之行政也"。

　　比《学校行政法论》稍迟，以"教育行政"为名编译或自著的论文、书籍也陆续问世，那更是可归类于公共行政的管理学著作，而非一般师范学生必修的普通教材了。我们查找到留日湖北教育会（1907 年成立）主办的《教育新报》上刊登的覃寿恭（日本法政大学毕业，回国任度支部财政学校教授。民国时湖北军政府秘书，国会参议员）所著的《教育行政制度分论及拟制》，[①] 这可能是首篇以研究教育行政制度为题的文章。首先是分论，可看出中国是借鉴日本（源于法国）的教育行政制度，国家与私人都可经营。但中国"就地筹款"，且教育组织法不完备，教育组织中人之地位不明确，学务财政未落实。然后针对问题提出解决的方法体系，区分为国民受教育之义

---

　　① 覃寿恭：《教育行政制度分论及拟制》，《教育新报》1908 年第 2 期，第 23－24 页。

务和国家对教育之责任。前者包括教育法规、教育学、学科、教材等；后者包括教育行政体系、各级学校、学务财政，以及教育行政之补助者（教育会、研究所、家庭、地方团体等）和教育行政组织之各类处分，并附上"教育行政制度之统系表"。

1909 年，《教育杂志》在上海创办，开辟了"教育行政"专栏，报道各地相关动态。

商务印书馆编译所主将杜亚泉的《论今日之教育行政》也属很早的一文，①指出中国教育行政历来的法宝是给予受教育者以"出身奖励"，时下已不同于科举时代，毕业非经国家考试且系自谋出路，这一招不灵了。"今后之教育行政，凡关于社会所经营之教育事业，宜力主放任，去其干涉之手段；关于政府所经营之教育事业，宜力求进步，尽其诱导责任。"

从中华民国成立到五四运动前夕，教育行政类论著尚少，民国元年（1912）惟《教育杂志》刊载了杨恩湛（1910 年获宾夕法尼亚大学理学士学位，回国后任湖北高师校长，又曾任清华学校教务长）著的《美国教育行政制度》（1912 年第 4 卷第 2 期）、匡时《美国纽约教育行政制度》（第 4 卷第 3－4 期）等寥寥数篇，已透露出改取法日本为取法美国的倾向。幻龙的《今后之教育行政问题》（1912 年第 5 卷第 8 期），是看到熊希龄、梁启超等组成"人才内阁"，以为可以大有作为，而提出几条建议："普及教育，学制设计要慎重，读经须商榷，社会教育司可撤销。"

袁世凯由于专制独裁和称帝的需要，对教育加强集中控制。他死后，于1917 年召开了全国教育行政会议，在管理方面有分权趋势，如《教育部咨各省区钞送教育行政会议议决校务分掌案文》，内容是学校的管理训练不能仅仅归于校长、监学几人，应实行"校务分掌"，"以教员兼任管理训练事宜"。办法是设教务、监督、庶务、图书四部，由部长掌理部务；各学科设主任，掌管教师的教学与研究；各年级设主任、副主任，各宿舍设舍监、副舍监，均掌管学生训育。全校还宜设部长会，职员会，学科、年级主任会，及各种批评研究会。②

蒋维乔（1873－1958）的《教育行政刍言》一文关注教育局的工作。蒋是蔡元培出任民国临时政府教育总长时的重要助手，此后在出版界编辑教

---

① 杜亚泉：《论今日之教育行政》，《东方杂志》1911 年第 8 卷第 2 期，第 15－19 页。
② 《教育部咨各省区钞送教育行政会议议决校务分掌案文》，《教育杂志》1917 年第 9 卷第 5 期，第 9－10 页。

科书甚多。此文鉴于裁撤各省教育司（厅）后教育管理不力，介绍赴菲律宾（美国殖民地）考察所见。一是制度完善：设中央教育局，全国划分41个学区，各区设学区长，各校设"管理教员"，直接由中央教育局领导；二是施政敏活：局长握全权，教职员遵守教育大方针，新政策须经讨论，求得适合地方情形；三是负责：局内各科分工考察严密，非但指导各校工作，且为之采办，销售学生手工制品，付给报酬；四是联络：一学区之内区长跑遍各校，局长、副局长跑遍全国。作者认为我国可借鉴采取"权集于省"。[①]

范静生（源濂）访美，有《美国教育行政谭》，有与蒋维乔类似的观感："联邦无教育部，于内务部中设教育局，所管之事一为教育统计，二为调查报告，三为编辑书籍出版。州教育部长选举任之，教育局长以下多数工作是实地调研，教育局分设19科，专家主持，顾问相助，局内专设一科主持各级学校学生毕业统一考试，还有检定教员考试，任教四年须补习一年，教科书由所设委员会审查推荐。州以下有郡教育局，设局长、视学等岗位，更密切接近民众。但全国制度不一。"[②] 范源濂是清末民初教育行政的关键人物之一，以往对日本了解深，这次补了美国一课。

在五四运动之后召开的第五次全国教育会联合会上，北京师范大学校长邓萃英（东京高师、美国哥伦比亚师范学院出身）《现代教育思潮与教育行政方针》提出，"教育行政方针应由政府与社会（民众）'一体'来制订和实施"[③]，即是说，政府集社会之公意，指导实验于社会，实验结果复用于指导。该方针是为了迎合世界教育潮流：教育制度由贵族的而趋于平民的，教育原理、教育方法由武断的而趋于科学的，教育事业由无机的而趋于有机的（教育是社会中之活事业）。

教育行政部门不能单纯靠开会发文，也应在理论上作出说明，故有内务部编《教育行政讲义》（泰东书局1922年出版），内容有教育行政的意义、必要、沿革，教育的自由、分类，教育行政机关，初等、高等、职业、社会教育等。

直接以教育行政命名的刊物，仅见《京师学务局教育行政月刊》，1919年11月发刊，专栏分为命令、规制、公牍、调查报告、记载、译述等，办

① 蒋维乔：《教育行政刍言》，《教育杂志》1917年第9卷第4期，第75 - 78页。
② 范静生：《美国教育行政谭》，《新教育》1919年第1卷第4期，第441 - 443页。
③ 邓萃英：《现代教育思潮与教育行政方针》，《北京市高师教育丛刊》1920年第3期，第1 - 2页。

满了两卷（年）。后有广西教育厅编辑的《广西教育行政月刊》，1931年创刊，也办了两年多。

盛朗西（1901-1974，东南大学教育科毕业，上海实验小学校长）是教育界一位多产作者，研究面涉及古今中外的学校行政，其《教育行政效率问题一部分的研究》指出："所谓'效率'指各省市政府投入了多少教育经费，除以学生人数，而得到花在每名学生身上的钱数；又，各省市学生总数除以该地区教师总数，而得到每名教师承担的培养人数。"① 文章是分大学、中学、小学、师范、实业（农工商）等各类学生来算的，分别列出表格，工作量不小，给人以直观和可比的平均数据。其原始数据来自教育部"第五次教育统计图"等图表，对中国这样"笔底下出统计数"的国家来说不甚可靠。他可能是在教育行政领域最先宣传要注意"投入产出效率"的学者。这一研究成果1922年11月1日完成于东南大学，起因是美国教育家孟禄博士应邀来华在"实际教育调查社"讨论会上的提议。后由上海商务印书馆于1925年出版了单行本。孟禄时任哥伦比亚大学师范学院院长，1921年9月首次来华，与中国人士组织了中华教育改进社，并任中华教育文化基金董事会副董事长。在纽约创设中国研究所，为首任所长。

胡家健（东南大学教育系毕业，后获哥伦比亚大学硕士学位）的《县教育行政机关之组织》② 回顾了1921年第九届全国教育联合会提出的《改革学制系统案》和《改革地方教育行政制度案》。1923年颁布《县教育界规程》。县教育行政机关的沿革是：1906年成立劝学所，由县长任监督，县视学任总董；1910年劝学所在地方自治时改为教育行政之辅助机关；民国初年各县教育行政机关紊乱，1915年恢复劝学所；1921年第七届全国教育联合会在广州开会，有人提出《改革地方教育行政制度案》；至1923年国家第九号教令公布《县教育局规程》，县教育局遂成为地方教育之主管机关。文章介绍说，教育部学制会议对教育局长的推荐提出五个条件（学历及教育年资等），关于局长之职权，汪典存所著《美国教育彻览》提出7项，邰爽秋《从学务调查中所见美国都市教育局之趋势》归纳为14项：人事的选荐、升降、辞退；编制课程事；选择教材；教学、训育、体检；根据政策拟定实行办法，发动改革；考查教学成绩；编制预算；建筑、利用校舍，管理运动游

① 盛朗西：《教育行政效率问题一部分的研究》，《教育杂志》1923年第15卷第4期，第1-16页。

② 胡家健：《县教育行政机关之组织》，《教育杂志》1926年第18卷第6期，第1-12页。

戏场馆；选购用品；兼管公共文化场所；训练校长、教员；报告教员状况于董事及民众；评定教师薪水；制定规则。美国 E. P. Cubberley 所著《省县教员行政制度之改组》归纳为 20 项，Caldwell 与 Courtis 合著的 *Then and Now in Education* 提出 12 项责任及 5 项职权。综合各家之说，作者提出 5 项职权，即计划（规划、预算表等）、行政（执行董事会议决事项及省教育厅委办事项）、指导（各校教学管理及学童调查等）、监督（各校视察董事部及教厅所定法令、章程的遵行等）、调查报告（全县教育统计及学务年报）。

美国伊利亚所著、谢冰翻译的《大学之行政》（*University Administration*）① 很有特色。商务印书馆的"大学丛书"一直未编出供教育（师范）学院使用的《大学行政》，而伊利亚这本大概被认为与教育部大纲的要求有差距吧。该书分 6 章：董事会，视察及同意机关，大学教授会，选科制，教授法，社交团体、校长、大学之管理。从结构和内容看，适合联邦制（州立大学）和私立大学，与国民党强调集中于教育部（统一机关）确有些不同。另外，提出视察要看毕业生是否"适销对路"等，因为当时中国的情况是"毕业即失业"。

另一本广受推崇的是铁铮译述的《教育行政》，② 译自孟罗（W. B. Munro）博士的名著 *Municipal Government and Administration*。上卷研究市政府组织问题，偏重制度；下卷研究市行政设施问题，偏重应用。下卷的第三章是教育行政，中译者加以摘译叙述，从教育的沿革——罗马帝国、中世纪以及 19世纪初平民不能享受教育，讲到美国村镇的公民教育；指出教育的目的包括经济的、智慧的、社会的，使三者得到发展。内容包括："市立学校的组织，教员试验会，教员的升迁，师范学校，市立大学。欧美教育行政的差别，美国中央、省教育局，另设教育监督部门。经费，分配，教育与职业的关系，职业指导，校舍用途的扩大，运动场等。"

"市行政"与"教育行政"有着某些关联，这从孟罗的上述论著中可找到线索，陶行知（1891 – 1946）的研究转向也可证明。1914 年陶行知赴美国伊利诺伊大学研习市政学，同时修习教育课程，包括"教育行政学"、"教育研究法"、"教育心理学讨论"等。1915 年他转赴哥伦比亚大学师范学院，这里被誉为全世界研究教育的最高学府。陶行知师从孟禄（按：不是孟

---

① 〔美〕伊利亚：《大学之行政》，谢冰译，商务印书馆，1928。
② 〔美〕孟罗著，铁铮译述《教育行政》，《北平特别市市政公报》1930 年第 34 – 40 期，第 151 – 152 页。

罗）、杜威等名师，通过了解并学习"美国公共教育管理"、"学校与社会"、
"教育史"、"教育哲学"以及"进步社会的教育"，陶行知终于树立了以
"教育行政"为终身职业的信念。1917 年，陶行知到南京高等师范学校担任
教育学教员兼教务助理。五四新文化运动中"新教育"也被提上日程，陶行
知凭借"社会教育行政"成为弄潮儿。

1928 年 5 月，南京国民政府大学院召开全国教育会议，由大学院院长蔡元
培、副院长杨铨（1893 - 1933）主持，形成《全国教育会议报告》①。会议设
"教育行政组"，由许崇清（1888 - 1969，主席）、杨铨、蒋梦麟（1886 -
1964）、王云五（1888 - 1979）、谢冠生（1897 - 1971）等 16 人组成，讨论了
几十个提案，中心议题是"整理中华民国学校系统案"。由于新体制确立不
久，实践中遇到的问题很多，认识尚未达到一定深度。后因不到两年大学院
制就被推翻，会议成果未获得巩固。其中《大学科目表 - 师范学院教育学
系 - 必修科目》中有学校行政、教育视导及调查、民权行使与实习、公文程
序等课程；尤其是训育专业，有政治学、法学通论、中国政府、中国政治及
伦理思想史等课程，选修课有教育行政、各国政府及政治、乡村建设与教育
等。为培养教育行政人才，比单纯的学校管理多了很多内容。

## 二　教育行政涵盖内容的丰富和拓展

国民党政权建立以后，鼓吹"由军政到训政"，以及"党化教育"，所
以"教育行政"之说得以确立。其内涵、外延究竟如何？陈骥《什么是教
育行政》作出回答。教育行政（Education Administration）是"处理关于教
育方面的政务，和监督指导一切教育活动的意思"。② 狭义上指学校行政，广
义上指对从社会活动中获取知识技能的教育的管理。其性质，按 Gumplowi-
cz, Ludwig（龚普洛维奇）的国家第一次行政（军务、财务、外务，保障国
家生存）、第二次行政（户籍、地方管理、交通，整顿内部秩序）、第三次
行政（民业、卫生、教化，图国家发展、人民幸福）的划分，教育行政是最
积极的行政；按另一种划分，在内务行政（警察行政与助长行政）中属助长
行政。可见，教育行政是所有行政中最重要、最根本的行政。这种明确的提
法迄今还令人震撼。陈骥指出，教育行政还包含教育内部的立法和司法（法

---

① 中华民国大学院：《全国教育会议报告》，商务印书馆，1928。
② 陈骥：《什么是教育行政》，《师大教育丛刊》1930 年第 1 卷第 1 期，第 49 - 56 页。

令法规的制定和执行），以及诊察（考试）、领导（监察）。教育行政的范围，涵盖全国和地方、大中小学以及家庭、学校、社会教育。教育行政是"以统一主义为原则，而采取自由政策，以实现理想的宗旨者也"。此外，还有比较远大的理想，即教育行政权独立和教育经费独立。

刘真《教育行政的意义与研究法》最迟出。① 根据美国专家古柏列（E. P. Gubberley）所说："教育行政集中于三种人（许按：教师、校长、教育行政机关长官）的工作"，依次叫"教室管理"（classroom management）、"学校组织及行政"（school organization & administration）和"教育行政"（educational administration or public school administration）。"所以教育行政有广、狭二义……现在一般人多将前两种合成称为学校行政，而将第三种称为教育行政。"

市政学家顾彭年的《市教育行政》，② 内容包括三部分。（1）全局性的教育行政。介绍民国教育宗旨、国民党的教育政策所决定的教育方针，提出完成三民主义化、科学化、艺术化、社会化、平民化的教育。（2）各级、各类学校的教育行政，含编制、经费、设备、待遇，教学管理，训育方法。（3）社会教育的行政事项，包括图书馆（室）、博物馆、文化馆、体育场、影剧院、公园茶室等。

华北大学教授吴家镇所著《世界各国教育行政要览》的视野大为扩展，文章对德国、法国、英国、美国、苏俄、日本、奥地利、比利时、丹麦、希腊、匈牙利、意大利、荷兰、挪威、葡萄牙、西班牙、瑞典、瑞士、澳大利亚、加拿大、阿根廷、玻利维亚、巴西、智利等 35 国的教育部等行政机构进行简单介绍，总结出：教育部门渐独立，多由集权到分权，多并设参议会、评议会，对初等教育多采取干涉主义，对高等教育多采取自由主义。③

张铸（1885 - ?，曾任交通大学上海学校主任）所著《欧美各主要国家教育行政制度概观》，区分为大陆派（中央集权）和英美派（地方分权），认为"中国宜调和两派，一方面顾及行政效率、最低标准、专家意见，一方面顾及自由试验、地方需要、民众利益"。④

---

① 刘真：《教育行政的意义与研究法》，《读书通讯》1944 年第 94 期，第 14 页。
② 顾彭年：《市教育行政》，《市政月刊》1929 年第 2 卷第 4 期，第 1 - 6 页。
③ 吴家镇：《世界各国教育行政要览》，《河南教育》1929 年第 2 卷第 8 期，第 17 - 31 页。
④ 张铸：《欧美各主要国家教育行政制度概观》，《大上海教育》1933 年第 1 卷第 1 期，第33 - 42 页。

　　日本的教育管理继续为我国所参考，但已不是早先的"学校管理法"。例如，刘家勋《日本现代之教育行政》，① 介绍日本教育行政系统及各级教育行政机关之组织。内容包括：（1）教育行政系统（首相、文部大臣，地方为市教育局一支和府县学务课一支）、中央教育机关内部组成及地方教育行政机关组织；（2）教职人员之任免及待遇，分高校、中学、初教；（3）视察及指导制度；（4）教育经费之来源与分配。日本人高田休广（高田耕甫，1895－1942）和小笠原丰光所著，大夏大学社会教育系主任马宗荣（1896－?，东京帝国大学教育科毕业，中华学艺社常务董事长、教育部秘书）翻译的《日本教育行政通论》（商务印书馆1935年出版）水平很高。

　　之后，着眼于全国的教育行政著作也出现了，例如，程湘帆的《中国教育行政》（上海：商务印书馆1930年出版），特别是张季信所著《中国教育行政大纲》（属"师范丛书"，上海：商务印书馆1934年出版），材料宏富，蔡元培为之作序。据苏愚卿《评中国教育行政大纲》的介绍，张氏大作成书于1928年，分教育行政总论（举西方各国宪法中教育条文，分析制度优缺点，归纳中央集权与地方分权利弊，主张折中）、教育行政机关之组织（各级机关及变更）、教育制度（沿革、改革）、教育经费（开源节流）几部分。②

　　也有题目泛指的，如厦门大学教育方法系主任杜佐周所著《教育与学校行政原理》（商务印书馆1930年出版）；还有湖南教育厅主任秘书周调阳（1893－1964，北京高师研究科毕业，《平民教育》主编）著的《教育行政概要》（彰文印刷局1929年出版），北京师范大学教务长常导之（1897－1975，即常道直，北京高等师范学校毕业的中国首届教育学研究生，留学哥伦比亚大学师范院、伦敦大学哲学系、柏林大学哲学系，参加创建中国教育学会）编的《教育行政大纲》（中华书局1931年出版），仲靖澜等编的《教育行政指导》（世界书局1931年出版），邰爽秋③等著的《教育行政原理》（教育编译馆1935年出版）和邰爽秋等编的《教育行政之理论与实际》（教育编译馆1935年出版），夏承枫著的《现代教育行政》（中华书局1936年出版）。

① 刘家勋：《日本现代之教育行政》，《中华教育界》1932年第20卷第2期，第1－11页。
② 苏愚卿：《评中国教育行政大纲》，《出版周刊》1934年新第113期，第9页。
③ 1897－1975，芝加哥大学教育硕士、哥伦比亚大学教育博士，曾任大夏大学教育学院院长、中国民生教育学会理事长、中国民生建设实验院院长，与晏阳初、梁漱溟、陶行知并称为"中国教育界四大怪杰"，其《教育经费问题》代表了民国时期教育经济学研究的最高水平。

对教育行政的历史研究，如薛人仰（1913－?，中央大学教育系、国防研究院毕业，革命实践研究院结业，韩国檀国大学法学荣誉博士。从政后任国民党中央委员会副秘书长等职）编的《中国教育行政制度史略》（中华书局1939年出版）；论文如陈翊林的《中国新教育行政制度小史》（《中华教育界》1930年第18卷第3期），分萌芽期（1865－1902）、建立期（1903－1911）、改造期（1912年以后），介绍各项建置、规章等。王正国《我国中央新教育行政机关之史的演变》材料详实，列述清楚，最后指出"该制度之优点：（1）教育部长可出席行政院会议及列席立法院会议；（2）有干涉地方教育之权。劣点：（1）中央缺乏视导制度；（2）缺乏研究机关；（3）所厘定之职务未尽施行；（4）未切实注意少数民族及华侨教育"。[①]

进入20世纪40年代，对这个论题的讨论继续不衰，如吴研因（1886－1975，教育部科长、国民教育司司长）等著《教育行政与视导》（中央训练委员会1942年出版），李云杭（1897－?）编《教育行政表解》（湘芬书局1942年出版），刘真著《教育行政》（中华书局1945年出版），陈运嘉、梁尚彝所著《教育行政》（宇宙书局1946年出版），罗廷光（在斯坦福大学攻读教育行政，哥伦比亚大学教育学硕士，考察欧苏教育）著《教育行政》（商务印书馆1946年出版），高金荣著《教育行政》（新中国书局1947年出版），顾锦藻编《教育行政及教育法规》（三民图书公司1948年出版）。

1948年起，针对宪政开始和国民教育问题涌现出一批成果，如武汉大学政治部主任刘百川著《国民教育行政问题》（商务印书馆1948年出版），徐志学著《国民学校行政》（世界书局1948年出版），沈世景、茅文培编《国民学校行政》（中华书局1948年出版），心理统计学家程法泌、刘开达著《国民学校行政表簿》（正中书局1948年出版）。

在地方自治、平民教育和乡村实验中，办学校都是推动教育发展的重要手段，相关的主要研究成果如下：论文类如李建勋的《地方教育行政之理论及其实施》（《师大教育丛刊》1930年第1卷第2期）；著作类如张壬《地方教育行政》（世界书局1933年出版），辛曾辉《地方教育行政》（上海黎明书局1933年出版），曾毅夫《地方教育行政》（商务印书馆1935年出版），中央大学教授夏承枫《地方教育行政》（正中书局1935年出版），龚家驷编

---

① 王正国：《我国中央新教育行政机关之史的演变》，《哲学与教育》1935年第4卷第1期，第1－15页。

《地方教育行政大纲》(1934),黄伦编著《地方行政论》(正中书局 1942 年出版),周莹《地方行政人员工作须知》(建国出版社 1940 年出版)。邰爽秋所著《中小学及地方教育行政公文书牍大全》举了 600 余个案例,从教育局局长、督学、校长,到教务、训育、事务、会计、庶务、体育、图书、出版各主任,再到教员及同乐会干事,其所用之各呈文、函牍、布告、广告,无不分类搜入,应有尽有。并依照教育部颁布之《画一教育机关公文格式办法》及规定的新式标点,"用者只须照本直抄,绝无构思之苦"。① 类似的作品,有吴研因等所编《新教育行政公文书牍大全》(新生书局 1946 年出版);还有邵阳县教育局所编《邵阳教育行政汇刊》(1930),湘阴县教育局所编《湘阴教育行政报告书》(1930),江西省教育厅教育设计委员会所编《江西省教育行政会议录》(1933)。

社会教育行政方面,赵冕编著《社会教育行政》(《图书季刊》1939 年新第 1 卷第 3 期予以介绍),作者主持浙江社会教育行政工作及江苏教育学院民众教育学系,经七年努力才成此书。分事业、人员、经费、组织 4 章,"开社会教育出版界之新纪元",突破以往"教育行政学"实为"学校教育行政学"的局限。② 又如,钟灵秀著《社会教育行政》(正中书局 1947 年出版)。

初等教育行政方面,也有一批著作。例如:美国鲍脱斯著、李之鸥译《乡村学校行政与辅导》(商务印书馆 1929 年出版),湖北教育厅长程其保、沈禀渊编《小学行政概要》(商务印书馆 1929 年出版),魏冰心著《小学行政 ABC》(世界书局 1931 年出版),教育心理学家朱智贤著《小学行政新论》(儿童书局 1932 年出版),沈鲤登、芮佳瑞著《小学行政及组织》(商务印书馆 1932 年出版),浙江大学教授俞子夷编《新中华小学行政》(中华书局 1932 年出版),山东实验小学校长、重庆大学教授陈剑恒编《实际的小学行政》(儿童书局 1932 年出版),曹鹄雏著《小学行政》(大华书局 1933 年出版),杨嘉椿著《实验小学行政》(世界书局 1934 年出版),孙宗复编《中小学行政备览》(中华书局 1934 年出版),黄式金、张文昌著《中学行政概论》(世界书局 1934 年出版),南京女中实验小学校长沈子善著《小学行政》(正中书局 1935 年出版),曾毅夫著《实用小学行政》(湖南省立长沙高级中学 1935 年出版),邹湘著《小学行政大纲》(上海:商务印书馆

① 邰爽秋:《中小学及地方教育行政公文书牍大全》,教育印书合作社,1931。
② 赵冕:《社会教育行政》,商务印书馆,1938。

1935 年出版），陈厥明编《现代小学行政实际问题》（上海：中华书局 1935
年出版），张粒民著《乡村小学行政》（大华书局 1935 年出版），徐佩业、
江景双著《简易师范学校小学行政》（正中书局 1935 年出版），苏州中学编
《江苏省立苏州中学行政总则》（1932），经小川著《学校行政概要》（青年
书店 1941 年出版）。美国学者迈尔那特著、李相勋和陈启肃译《课外活动的
组织与行政》（商务印书馆 1935 年出版），类似著作少见。

其他还有"教育行政"的旁支。例如，蒋世刚著《学校庶务之研究》
（上海：商务印书馆 1924 年出版），程瀚章编《学校卫生行政》（商务印书
馆 1930 年出版）。陈兼善的《学生参与学校行政论》，根据所看到的学生
"闹风潮"等种种消极现象进行分析，结论是学生不应参与学校行政[1]。英
国军官贝登堡于 1907 年最先创建童子军，逐渐风靡世界。我国报刊最早的
记载，是辛亥革命前夕颐谷的《童子军之生活与编制》，译自美国《世界事
业报》，其中提到华侨子弟组织"中国童子军 24 人……毕登营场，一律戎
服……其精神活泼、兴趣浓郁，视美国童子军有过之无不及"。[2] 犁牛《中
国童子军教育的演进》是介绍中国童子军历史的通识文献，称美国圣公会办
的武昌文华书院（今华中师范大学前身之一）教师严家麟曾留学美国，1912
年 2 月 25 日在文华书院建立了中国第一支童子军。之后江苏、上海等地教
育会也大加提倡，1915 年 11 月，中华全国童子军协会在上海成立，1916 年
和 1917 年的《新青年》杂志两次报道该协会的活动。[3] 1924 年国际童子军
总会在哥本哈根举行第二次大会，中国派人参加，在集体比赛中取得第五名
的好成绩。1926 年 3 月，在广州的国民党青年部认为童子军是"青年运动最
好的工具"，于是通过决议，创办中国国民党童子军。南京国民政府成立，
即改设中国童子军司令部，由国民党中央执行委员会直接负责，中央训练部
部长何应钦任司令，并于中央训练部下设童子军训育科，办理全国童子军事
务。1934 年 6 月，教育部按照蒋介石的指示，选朱家骅、陈立夫、张治中、
周亚卫、鄞悌等 15 人为中国童子军理事会第一届理事。11 月 1 日，中国童
子军总会在南京正式成立。蒋介石亲任总会长，何应钦任副总会长兼总司
令。中国童子军的宗旨为："发展儿童做事能力，养成良好习惯，使其人格
高尚，常识丰富，体魄健全，成为智仁勇兼备之青年，以建设三民主义之国

---

[1] 陈兼善：《学生参与学校行政论》，《教育杂志》1924 年第 16 卷第 9 期，第 21—24 页。
[2] 颐谷：《童子军之生活与编制》，《进步》1911 年第 1 卷第 2 期，第 6 页。
[3] 康普：《中国童子军》，《新青年》1917 年第 2 卷第 5 期，第 1—4 页。

家，而臻世界于大同。"中国童子军入军前都要宣誓："某某誓遵奉总理遗教，确守中国童子军之规律，终身奉行下列三事：第一，励行忠孝仁爱信义和平之教训，为中华民国忠诚之国民。第二，随时随地扶助他人，服务公众。第三，力求自己智识、道德、体格之健全。"① 这样就完全纳入国民党的组织和思想控制之下。抗日战争中童子军发挥了一定的作用，按《中国童子军战时服务大纲》，组织 15 岁以上的队员参加战时服务团，分为交通、保安、宣传、慰劳、工程、军需、募集、侦察、政工、消防等中队和小队，涌现了一批英模队员。章辑五（1891 – 1975，美国哥伦比亚大学体育硕士，南开大学体育主任）、吴耀麟编著《童子军行政管理与活动教材》，作者是中央训练团教员，该书"可供我国童子军服务员及各童子军教练员、训练班学员研究童子军行政……各师范学院、各级师范学校学生研究童子军教育"②之用。第一章绪论讲童子军行政的意义，解释行政："政者正也"，"己正而后能正人"，"政"字的右偏旁，《说文》解作"小击也"，"即含有指挥或驱策动作之意"。③ 该书又据夏承枫《现代教育行政》（由中华书局出版）一般教育行政事业内容（含管理教职员，教育经费、制度、计划、成绩、辅导、改进），称童子军行政与之相近。以下各章是：童子军行政的机构，童子军团部行政，童子军行政管理的原则，童子军团部的建立、训练、管理办法，露营与课程比赛指导等。

三　教育行政类著作和学术的深入

杨鸿烈（1903 – 1977）所著《教育之行政学的新研究》，又名《教育行政与立法、司法及其它普通行政之关系研究》，分 10 章，论述了教育行政与立法机关、司法机关、内务行政、外务行政、军务行政、财务行政、考试制度等的关系④。该书鉴于中西学者关于教育行政之著作千篇一律，详于讨论其内容、性质及功用方面，而忽视社会上纷错复杂且有极密切关系之种种事业，因思有以补济，从教育行政与法律及其他行政关系的分析中认识教育行政应独立于普通行政之外，又须取得其他行政机关之援助便利及积极协作，俾旧文化赖以保存，国脉得以绵延。"全书对于教育行政，颇能痛下针砭，

① 《中国童子军誓词》，《中央周刊》1931 年第 147 期，第 509 页。
② 章辑五、吴耀麟编著《童子军行政管理与活动教材》，正中书局，1942，第 1 页。
③ 章辑五、吴耀麟编著《童子军行政管理与活动教材》，正中书局，1942，第 1 页。
④ 杨鸿烈：《教育之行政学的新研究》，商务印书馆，1939。

惟材料冗繁，头绪纷纷。一方面固可为教育行政机关人员开扩其向来局促于学校教育、社会教育之小天地，而使其明了环绕于文化机关，且能发生深切影响之种种具有特殊性质机关之众多，以打破旧时教育家离群索居自命清高之陈旧观念，并警戒各种行政机关改正积习，希望教育与政治打成一片，此乃著者之苦心。但惜累赘篇章，失于剪裁，即目录一项，已占 26 页，可见其重杂矣。"① 杨鸿烈毕业于北京师范大学外语系、清华大学国学研究院，获东京帝国大学博士学位，曾在汪伪政权任职，解放后从香港回广州，是广东文史馆馆员。杨鸿烈还著有《教育行政人员在刑民法律上所负之责任》（《社会科学月刊》1939 年第 1 卷第 1 期）等文章。A. Carter 著、孟宪禔译的《行政研究之指导》（《师大月刊》1933 年第 8 期），讲的不是一般行政，而是教育行政，是研究方法的指导，内容比较深一些。

"教育改造" 在 20 世纪 30 年代是热门话题，文献以论文为主。为配合中国教育学会的成立，《中华教育界》杂志 1934 年第 7 期推出 "中国教育改造专号"，所载会员们的论文有：庄泽宣《中国教育改造之途径》，钟鲁斋《实验教育与吾国教育之改造》，陈科美《中国教育改造与中华民族性》，江恒源《中国教育目标及现今教育需要》，古梅《中国教育背景与中国教育改造问题》，姜琦《我们为什么及怎么样谈中国教育改造》，廖世承《教育改造中之一个重要问题》，郑宗海《教育改造中之心理的原素》，蔡元培《国立中央研究院之过去与将来》，《通论之部》，杜佐周《中国教育行政之改造》，吴家镇《教育行政之改造》，夏承枫《教育视导之改制》，李蒸《社会教育改造之途径》，陈礼江《民众教育的展望》，钟道赞《职业教育问题及其解决途径》，赵廷为《我国教育改造与师资问题》，常导之《中国师范教育改造之起点》，张士一《中学师资训练之商榷》，郑西谷《改进中学英语教学的根本办法》，张蓬春《力心同劳教育的初步实验》，郑西谷、沈亦珍《培养爱国青年方案》，吴蕴瑞《今后体育须顾国民经济》，黄翼《学校训育的改造》，李相勗《训育的改进》，沈有干《教育心理学中练习律的改造》，吴家镇《日本教育对于我国教育改造之参考资料》，张怀《法国教育对于我国教育改造之参考资料》，陈剑修《英国教育对于我国教育改造之参考资料》，罗廷光《美国教育对于我国教育改造之参考资料》，程其保《俄国教育对于我国教育改造之参考资料》。此外，还有《中国教育学会拟办实验调

---

① 阮毅成、杨鸿烈：《中国法律发达史》，《图书评论》1933 年第 1 卷第 8 期，第 49 - 53 页。

查计划》、《中国教育学会章程》、《中国教育学会会员名录》。

可以看到，大家的研究都比较专业，涉及面很广，而且有所分工，如按国别展开的研究。

值得单独提及的是杜佐周（1895－1974）、吴家镇、姜琦（1886－1951）和常导之。杜佐周是美国爱荷华州立大学教育学博士、武汉大学文学院院长，其《教育与学校行政管理》一书首次把教育行政与学校行政明确区分开来，奠定了我国现代教育管理学体系发展的基石。其《中国教育行政之改造》一文主张采用"中央集权制"，但除"学署系统（三级教育行政部门）"以外，还应设"会议系统（三级教育委员会）"，后者代表专家和民众意见，职权为计议教育政策、审核教育预算、规定教育税额、批准课程纲要等，重要决议仍交由立法院审查与通过，而不是概由行政当局直接提交立法院。[①]吴家镇的《教育行政之改造》认为，教育行政人员必须是教育专家，教育行政事业应征求各方专家意见，教育部督学应时赴各地视导；并作了逐条的详细说明和实施方法的设计。[②] 姜琦的《地方教育行政组织与教学视导》设问，按孙中山的"五权"之分，"教学视导"属行政还是监察（督学，消极的）？他分析"视导"含积极的指导、引导之意，视导者是厅长、局长、校长、职员乃至教师自己，所以应归于行政行为。[③] 从作者所翻译的美国 C. A. Wagner 的《视学纲要》一书能得到一些佐证，即 supervison（内含 guidance 之意）与 inspection 的细微区别。常导之的《审议机关在教育行政组织中之地位与功能》一文比前两文更为直白，回顾了历史，力推审议机关的设立：

> 1906 年拟设高等教育会议所（机构）而未设，民国以来几次全国教育会议，均为临时性质。蔡元培大学院时代创设大学委员会，以后仅存于法典中，至《教育法令汇编》（1933 年）中也已消失。而国外发达国家多有，如 1935 年 7 月有 41 国参加的第四届国际教育会议关于"教育审议会"已作决议，中国应跟上来。[④]

---

① 杜佐周：《中国教育行政之改造》，《中华教育界》1934 年第 21 卷第 7 期，第 57－60 页。

② 吴家镇：《教育行政之改造》，《中华教育界》1934 年第 21 卷第 7 期，第 61－68 页。

③ 姜琦：《地方教育行政组织与教学视导》，《江苏教育》1935 年第 4 卷第 5－6 期，第 42－44 页。

④ 常导之：《审议机关在教育行政组织中之地位与功能》，《教育丛刊》1936 年第 3 卷第 2 期，第 29－37 页。

常导之（常道直）还写了《教育行政机构改善论》，认为教育行政机构要分三部分：执行，视导，审核。应加入学术机构，实现蔡元培十年前提出的"教育行政学术化"。① 还有匡焕葆的《教育行政学术化之必要及其途径》、陆传籍的《中国教育行政的路向》，主张"奉守教育政策，采用均权制度，合乎民主精神，具备科学态度，发挥专业精神，提倡学术研究，握住事业重心"。② 刘真《我国现行教育行政组织改进问题》提出，"审议机关之设置、视导组织之建立和行政三联制之实施三大问题，前二者又是后者之前提，以形成'计划教育'（与'计划经济'、'计划政治'整合）的基础"。③ 此外，刘亦常（哥伦比亚大学教育学硕士）《教育行政长官之人格》一文指出，心理学中的"人格"一词指"个人一切行为之总和之品质"，"教育行政长官之生活力之表现于适应控制与改造教育环境者也"，包括教育行政长官与领袖的才能、训练能力、监督能力、指挥能力、组织能力。④

对教育行政历史的研究逐渐提上日程。例如，北洋大学校长李书田（1900－1988，康奈尔大学土木工程博士）的《民元以还教育行政中枢当局之递嬗》，依顺序罗列1912年1月至1936年12月教育总长（部长）的更替，共50次，平均任期为两个月。后段南京政府九年半，更替5次，平均任期为两年，因而政策比较稳定、连贯。⑤ 武汉大学王正国《我国中央新教育行政机关之史的演变》则是从1896年官书局、1898年京师大学堂讲起，1903年张之洞、张百熙、荣庆奏设学务大臣，1905年末设立学部，为第一阶段。民国元年（1902），临时政府及其后北洋政府的教育部，为第二阶段。1926年广州国民政府成立教育行政委员会，1927年10月南京国民政府成立中华民国大学院委员会，1928年11月恢复教育部，为第三阶段。该文着重论述这些中央教育行政机构的组织、制度和规章，矛盾和改进，附有好几幅组织系统图。⑥ 汪家正的《中国教育行政组织变迁的鸟瞰》，从清末起，分中央、省、县三级叙述，配以规章、实况和图示，简明，兼有必要的细节，

① 常导之：《教育行政机构改善论》，《中央周刊》1939年第1卷第33期，第4－10页。
② 匡焕葆：《教育行政学术化之必要及其途径》，《安徽政治》1941年第4卷第4期，第35－37页。陆传籍：《中国教育行政的路向》，《文讯》1942年第2卷第3期，第15－19页。
③ 刘真：《我国现行教育行政组织改进问题》，《新中华》1944年第6卷第2期，第21－30页。
④ 刘亦常：《教育行政长官之人格》，《河南大学学报》1934年第1卷第2期，第1－6页。
⑤ 李书田：《民元以还教育行政中枢当局之递嬗》，《北洋周刊》1937年第150期，第1－4页。
⑥ 王正国：《我国中央新教育行政机关之史的演变》，《哲学与教育》1935年第4卷第1期，第91－105页。

很有参考价值①。边理庭《抗战以来高等教育行政的新设施》历数在《抗战建国纲领》方针指导下高等教育取得的成绩：（1）高级师范教育制度之建立；（2）训育制度之建立；（3）学校行政组织之改订；（4）大学课程之整理；（5）大学用书之编辑；（6）统一招生之举办及改进；（7）对清寒优秀学生之奖励；（8）教员聘任待遇及资格审查之办理；（9）研究院所之发展；（10）学术团体之督导。② 文章对每一项都有相当详细的叙述，材料十分丰富。虽然主要是为教育行政部门评功摆好，但也提到教育界不少人物（教职员）和学校院系研究所的成绩，反映了全国教育界救亡图存、力求复兴的坚强意志。此外，侯曙苍《周代教育行政》（《教育与科学》1938 年第 3 期），对《周礼》各类设官加以仔细分析。这类论文、著作颇多，其实所谓《周官》，今知并非周秦时代官职实录，不足为据。类似的，如祁述祖《先秦教育行政制度之沿革》（《江苏教育》1935 年第 4 卷第 4 期）也只能如此看待。

有关教育行政和科学管理。韩庆濂（燕京大学历史学硕士）《从科学管理谈到教育行政》的副标题是“由研究中美教育行政之比较所得的片段感想”。作者认为，欧美教育行政制度起初受教会组织、近代受工商组织影响很大，从而 1901 年以来流行的工商业组织的科学管理也对教育界有影响。中国当代教育行政制度至少一部分是舶来品，“所以谈教育行政而从科学管理说起，或许是应有之事”。③ 据孙澄方所译《美国行政动向论》中加定纳（W. J. Gordiner）1931 年之言，行政改革须遵守几条原则：归并相同的职务于少数部门；政府一切工作要规定明确的责任；官员之间有适当合作，使行政和衷共济；就行政责任言，独任制优于委员制；等等。该书又加以发挥，分学校组织、教务与训导行政、事务行政及人事行政四方面来讨论，指出：中国学校教务与训导行政重叠，事务与人事行政未规范；教务与训导两部职务不好截然划分；事务行政（如财务等）也不能照搬工商业乃至机关，如仪器购置莫如科任教师更内行；专业培养及转行需要等。④ 林浩藩（后任省立福州一中校长）《地方教育行政初步的科学管理法》主张，教育局至少要编

---

① 汪家正：《中国教育行政组织变迁的鸟瞰》，《江苏教育》1936 年第 5 卷第 11 期，第 1 - 14 页。
② 边理庭：《抗战以来高等教育行政的新设施》，《高等教育季刊》1941 年第 1 期，第 255 - 296 页。
③ 韩庆濂：《从科学管理谈到教育行政》，《中等教育》1943 年第 1 卷第 2 期，第 1 - 4 页。
④ 〔美〕Leonard D. White：《美国行政动向论》，孙澄方译，商务印书馆，1931。

制学校和人员两种卡片作为活动档案（不断增加新内容），便于查阅利用。[①]
教育行政界讨论科学管理的文章很少，不成气候，这里只能列举两篇。

此外，中山大学师范学院教授毛礼锐（1905－1992，曾入读伦敦皇家学院
教育系，密执安大学教育学硕士）日后成为大家，这时（留学回来）已有
《教育行政中的人事问题》（《闽政月刊》1941 年第 9 卷第 6 期）等初期作品。

日本军国主义在侵华战争中极为毒辣地毁灭中国文化教育事业，犯下滔天
罪恶，欠下无数血债。战后如何清算？程时煃（1890－?），留学日本东京高等
师范学校、美国哥伦比亚大学。曾任中央大学教育行政院普通教育处处长、
江西教育厅厅长等职。他的《日本再教育问题》一文，根据当时形势发展，有
针对性地提出对日和约中"有关教育文化部分，应着重四项原则：（1）日本
军国主义、神道主义之教育思想，必须彻底澄清；并继续取缔传播该项思想之
教育人员及文化人士。（2）继续改革日本教育制度、课程、教科书及各种教
材，以充分实现教育民主化之精神。（3）在监督机关内设置教育文化专员，对
于日本教育文化之实际设施，有随时查考及纠正之权。（4）中国因抗战所受之
教育文化损失，应由日本赔偿之。"人们后来看到，由于美国当局的冷战需要，
这一正义要求被抛诸云外，日本右翼势力依旧猖狂，顽固坚持其反动立场。[②]

抗战时期，自 1940 年起推行"国民教育运动"，特点是校社沟通、政教合
一，而儿童教育与成人教育冶为一炉。故师范学校乃产生了一种新的任务，它
不仅要养成小学的儿童师保，而且要造就乡保的全民导师，必要时校长要兼任
乡镇保甲长，而教员亦要兼理乡镇公所及保办公处的事务。于是，新增"教育
行政"课程，取代"小学行政"课程，学习时间长达 5 个学期。中山大学教育
学院教授何心石的《师范学校教育行政科之教材与教学》，建议教材分三部分：
（1）地方（县乡）教育行政（制度、组织、职权、督导、辅导、培训、经费
等）；（2）中心学校及国民学校行政（机构、教务、教学、训导、事务、社会
服务）；（3）社会教育行政（原理，兼办社会教育——会社式、学校式、场馆
式、商店式），教学方法注重参观、见习，将小学"教育行政"的新模式设想
得比较周到，也部分解答了人们对教育是否有"行政"的疑惑。[③]

---

① 林浩藩：《地方教育行政初步的科学管理法》，《福建教育通讯》1939 年第 3 卷第 9－10 期，第
75－77 页。
② 程时煃：《日本再教育问题》，《中华教育界》1947 年第 12 期，第 27－42 页。
③ 何心石：《师范学校教育行政科之教材与教学》，《广东教育》1946 年第 1 卷第 6 期，第21－
24 页。

对教育趋势和教育问题研究未来发展的描述或预测。在周宪文的《大学人事行政论》中，理想的大学不设教务、总务、训导三处，至少没有教务长等"三长"；校长应选举产生，院长、系主任也是选任；由系主任提名聘任教师，由聘任委员会通过；教授专任且"终身"。① 湖北教育学院院长罗廷光在《现代教育行政的两大趋势》一文中指出，现代教育的趋势是"科学化与专业化"。② 罗氏估测趋势的文章在不同时期有过好几篇，但内容比较笼统，不够具体。John K. Norton 著、王欲为译的《教育行政问题研究的新趋势》，内容包括：（1）研究重心的转变（人民对教育的意见，社会对教育的参与，教育对于全民幸福的意义等）；（2）教育行政民主化（教师的地位、人格、工作条件，教师对学校的政策决定和行政方式应如何广泛参与?）；（3）教育改变所含的因素（哪些条件最有助于革新与适应？阻碍或加速教育发展的因素有哪些?）；（4）行政组织的机构（何种职权应采用分权制？何者应保留于集中机关?）；（5）学校财政（学校需要与赋税能量的测算、等级的分划）；（6）学校建筑（改良及扩充的科学依据）；（7）研究的进步（研究经费的保证）。③ 教育部总务司司长雷震著有《教育行政之回顾与展望》（《广播周报》1936年2月第72期）。

以"教育行政"为名的刊物，出现较早的如《京师学务局教育行政月刊》（1919），辟有命令、公牍、报告、纪载、译述等栏目，其译述文章有一定的学术性。南京国民政府时期，如安徽、山东、浙江、广西、云南等多省的教育行政刊物，均及时报道行政动态。最后应提到教育部所编《专科以上学校行政人员手册》。全书分高等教育之宗旨与方针，专科以上学校之组织，经费、建筑与教育用品，课程，训育，体育与卫生，教职员，入学资格与招生，借读与转学，边疆华侨与东北籍学生，学生之实习与服务，学生更名改姓，毕业与发证，研究院所与研究工作，学校立案手续，学校呈报事项与手续，校历与纪念日；附录全国专科以上学校一览表、有关专科以上学校之法令等。④ 虽无较高理论价值，对于教育系统行政人员来说却是相当完备且实用的书籍。

---

① 周宪文：《大学人事行政论》，《教育杂志》1947年第32卷第5期，第10-14页。

② 罗廷光：《现代教育行政的两大趋势》，《益世周报》1938年第2卷第4期，第61-63页。

③ 〔美〕John K. Norton：《教育行政问题研究的新趋势》，王欲为译，《教育通讯月刊》1947年第4卷第6期，第6-8页。

④ 教育部编《专科以上学校行政人员手册》，青年书店，1941。

# 第三章　乡镇自治与县政实验

## 第一节　半个世纪踟蹰不前的城镇乡自治

### 一　立宪派的自治宣传和《城镇乡地方自治章程》

1902 年，康有为在海外生活已有四年，除日本外还到过北美、南洋、印度等地，通过学习了解，结合自己的大同思想，对如何借鉴西方地方自治已有比较系统的想法。他以"明夷"为笔名发表《公民自治篇》并出版单行本。他说自治之制，"天理也，自然之势也"。"故大团（体）之国权患其不集（中），而小团（体）之民权患其不分（散）。""故集权与分权相反而相成者也。"他进行类比："夫地方自治，即古者之封建也。但古者乱世，封建其一人，则有世及自私争战之患，此所以不可行也。今者升平，封建其众人，听民自治，听众公议，人人自谋其公益，则地利大辟，人工大进，风俗美而才智出。"西方各国"若美国之州郡并听自治，此则古公侯大国之封建"。"法英德日本之例，但听乡邑自治，此则子男小国附庸之制矣。"今"欧美之所以胜于中国者，在以民自治而不代治之也"。康有为很清楚西方各国的差异，认为中国"因乡邑之旧俗，而采英德法日之制，可立推行矣"。他以居民万人、方圆十里为一局（邑），设局长、判官、警察官、税官、邮官共五人，从议员（公民三四百人中选一人）中公举。这五人组成议事会，局长为议长。下设文案、杂役数人。众议员举行议例会，议决一乡之政制、赋税大事。非公选的有绅议员（日本称名誉员，如各国上议院议员），也参与议事。乡官的职事有：立警察，修户籍，修道路，通邮电，收赋税，办学校，劝农业，助工商，讲卫生，开善堂。我国诸都会、府城、大县城、大市（镇）不可胜数，"皆宜以地方自治行之"。可参考欧美日各国不同办法，来决定行政机关和议会的大小及职权范围。"夫举民有乡举里选之道，集议得公是公非之见……谋公益之事，则自为受用，争自激励。官仅为之监督，律粗为之范围，而一切听之。"是比较理想的自治模式，"必若此而后富强之基可立"。①

梁启超以"本社记者识"加上按语："其推重民义，以地方自治为立国之本，可谓深通政术之大原，而最切中国当今之急务也。"欠妥之处是："但其以立公民之事，望诸政府……记者以为公民者，自立者也，非立于人者也。苟立于人，必非真公民。""至公民之负担国税，则权利义务之关系，固当如是，非捐得此名以为荣也。若以是为劝民之一术，则自由权之必不能固，明矣。"②

以上是维新派师徒二人的认识和主张。孙中山领导的革命派要推翻清政府统治，对地方自治也持认同态度。1905 年中国同盟会成立宣言提出，"在约法时期，军政府以地方自治权归之其地之人民，地方议会议员及地方行政官皆由人民选举"。不过，革命派强调的是实行独立的地方自治，不是一切"望诸政府"。

此后几年，大批前往日本的法政留学生从课程中也接受了日本的地方自治知识，看到了若干具体做法，并在他们翻译的教材（如行政法类）中作了介绍。上海作新社 1905 年翻译出版美浓部达吉的《地方制度要义》，其广告词称："今日中国竞言民权，竞言自治。然中国国民无组织力，无共同体。且于政治学上未曾梦见，而欲其自治行政，乌从而得之。"故介绍此书，"以饷同胞。则观其自治制度之精神，团体组织之机关。庶我国民知所团结，识其权限，不致若扣盘扪钥也。"③

1906 年，夏同龢出版的《行政法》第四章为"自治公共团体"。第一节有："自治团体虽与官厅同属国家统治之机关，而独有人格。盖官厅为统治者之目的，以统治者之名义，而处理国务。自治团体则自为其目的，自以其名义，保全安宁之秩序，而图生存之幸福者也。"自治公共团体之性质有：（1）公法人也。公法人之特质，是在团体与团体员之间有命令服从之权力关系。此虽与国家相似，但实不同。盖国家如此之权力为其固有。而自治公共团体之权力由国权与之而得者也。（2）自治团体也。"公共团体为其存在之目的，自以其意思，自以其机关而处理其事务，是谓自治，是谓自治团体。"

---

① 明夷：《公民自治篇》，《新民丛报》1902 年第 7 号，第 27 - 38 页。
② 明夷：《公民自治篇》，《新民丛报》1902 年第 5 号，第 37 页。
③ 〔日〕美浓部达吉：《地方制度要义》，上海作新社，1905。

（3）自治公共团体为处理法定国务之一部，非仅其义务当然也，又以此为其团体终局之目的焉。故自治公共团体与私法上之团体有大区别。（4）自治公共团体乃立于统治权之积极、消极监督之下者也。以上述四项之故而为公共团体之定义曰："自治公共团体者，受统治权积极、消极之监督，定团体生存之目的，负国务一部处理之义务之自治公法人也。"第二节讲地方自治公共团体与国家之区别："一言以决之曰：国家者，由固有统治权组织而成之团体；市町村等之地方团体，则以国家统治权分析之权力而存在者也。"第三节介绍明治 21 年（1888）颁布市制、町村制，皆为最下级地方团体，而其制不同。

> 1. 区域不同。町村属于郡之区域内，而市则为独立之团体，与郡同立于对等之地位。2. 机关不同。市与町村皆有长，然市之执行机关为合议制，故行政必经市参事会之决议。而町村则地方政务可以独行，盖单独者也。町村长，由町村推举，而候地方长官之许可；市长由市参事会推举，必经内务大臣奏请裁可。3. 选举不同。市町村会选举议员，町村用二级选举法，市用三级选举法。4. 会议长不同。町村会议长，即可以町村长充之；市则必更举议长，市长不得兼。5. 上级监督官厅不同。市直接受监督于府县知事，间接于内务大臣；町村直接受监督于郡长，间接于府县知事，乃至内务大臣。

关于市、町村两者，应注意它们的意思机关和执行机关。"市之意思机关，市会是也。1. 市会由公选成立；2. 市公民皆有选举权、被选举权；3. 选举，用三级法。"市之执行机关，合议制市参事会是也。而町村之意思机关，町村会是也。町村之执行机关，单独制町村长是也。市和町村之事务通常分为两类：固有事务和委托事务。

> 固有事务，有谓为市町村本来之事务，无国家关系者，非也。市町村之所有事，皆国家之所有事，不过，当市町村之初设时，国家尽举其范围内所必为之事而委之，行之既久则视若固有耳。至所谓委任事务，则于固有之外特别委任者也。……其事务种类，若卫生、教育、土木、慈惠及救助、劝业皆以属之固有。若电信、瓦斯、铁道、水道诸事务，咸以为非固有者，然众论多非之。盖既关于公益而又非国家法令所禁

者，市町村以自治之意思，固得自为者也。至委托事务则范围较狭，必依国家特别法令乃得为之。①

可见，中国搬运了西方地方自治概念和若干具体内容，作为法政学堂基本知识讲授。还在学术刊物发表文章，广泛宣传。张兰翻译了日本法学士鹈泽总明的《市町村自治之行政》，书中称：

> 盖地方自治者，地方团体以特关其团体利害者，团体独立整理之；其团体所不能为者，国家关涉之；反于国家之政治者，国家制止之之政治也。于以知自治团体，为国家行政机关，盖无疑矣。
>
> 然所谓市町村团体者，与精神之团体异，与血族之团体亦不同。市町村之区划虽依法律所定，而不变实质上从来之区域，则其区域非血族的，乃地理的。而究其发生之始，乃器械的团体也。
>
> 而以地理相接之人类，其日常生活关系相互交涉，遂生一定之民情风俗，而为社会的组织。及至组织巩固，市町村亦有市町村自体之目的，而成一自然结合之团体。法律于此，遂认市町村与法律上个人同，而有享有权利与负担义务之规定也。②

在这样的认知水平和政制改革的形势下，留学生和地方士绅组成学术团体，在国内进行调查研究，以推进自治运动。例如，四川地方自治研究会1908 年 3 月 26 日在日本东京出版了《自治丛录》第 1 期，宣告"本会宗旨在研究地方自治之方法以期实行……本会设编辑、调查两部"，将研究与调查所得"汇集刊行（约三月一次）"。③ 会长是董修武，调查员 72 人，遍及各道，编辑部有 21 人，会员 291 人，堪称阵容庞大。调查部调查本地（本国）及外国的自治制度、事务、财政、组合四个方面（设四个分部）。例如地方自治事务分部，调查教育、卫生、土木（道路、水利、公衙监狱、其他公共建筑）、劝业（如劝业场、博览会，以及提倡农业、蚕业、森林、畜牧、渔业、工业、商业等）、营业（如铁道、电灯、瓦斯、盐务、矿务归于市办或地方公办之类）、救助（恤贫——如育婴堂、保节院、孤老院之类，赈

---

① 夏同龢：《法政粹编·行政法》，东京并木活版所，1906。
② 〔日〕鹈泽总明：《市町村自治之行政》，张兰译，《法政杂志》1906 年第 2 期，第 206－217 页。
③ 四川地方自治研究会：《自治丛录》1908 年第 1 期，东京，第 135－136、145－147 页。

灾——如地方积谷、备旱及赈恤水火灾患等类）、警察、团防、保甲、征税（如地丁、捐输、厘等类）、移民及其他各项事务。又如地方自治财政分部，调查基本财产（不动产——如公有土地、山林、房屋，动产——如积谷、底金）、收入财产（每年收入之款，包括地方税即附加税厘，如附随地丁、钱粮加征者，以及附别税厘即地方自立名目征抽者，如酒厘、肉厘、灯捐之类；也包括杂取款，即摊捐，如按田亩稳钱、商户资本临时摊派者，募捐指由人民自愿捐助金谷；还包括罚金、赁金，如死人借用公物所纳金，公有财产利子即租谷租钱利息，捐入财产如自愿捐入及财产充公之类，财产卖出金）、特别财产（公会之财产，族祠之财产，寺庙之财产，以及其他地方之财产，如矿山、盐井、茶丝之类）、支出（通常支出、特别支出）。

　　这些文字反映出该会章草拟者们掌握的参考资料和相关知识较为完备，心思相当缜密。《自治丛录》第 1 期，有黄云鹏的《发刊之旨趣》；"论著"栏有郭开文的《自治演进论》，龙灵的《论地方自治之精神》，印焕门的《地方自治与宪政实行之关系》；"事实"栏有黄云鹏译的《普（鲁士）国改正郡治章程》，袁莹译的《市町村制释义》；"译述"栏有张瑾雯译的《地方团体之公权》，廖治译的《欧西之地方自治与其趋势》；"附录"栏含《本会章程》，《天津县试办地方自治章程》等。这本文集为中国的地方自治呐喊，如郭开文的《自治演进论》，申述了"如开设国会，必以地方自治为基础"，不能为速开国会而超越这个阶段。龙灵的《论地方自治之精神》指出，"英美所谓自治，无立法、司法、行政之分，凡人民于国法范围内，参与国家公共事务，不放任于政府者，皆谓之自治"。而欧洲大陆各国，"以国民参与国家政治者为官治，以国民参与地方政治者为自治。所谓地方自治，专指州郡村地方团体立言也。"他引用格来斯题、史塔因、吕史烈耳、美浓部达吉四家地方自治之说，综合为"地方人民参与国家行政权，得以自由独立之精神，自治其地方公共事务而已"。印焕门的《地方自治与宪政实行之关系》讲"综视列国，未有无地方自治之国而宪法能成立者，未有不能自治之国民而可望宪政之实行者"，都能自圆其说，达到了一定的理论高度。

　　这本文集介绍了外国的地方自治情况，如黄云鹏译的《普（鲁士）国改正郡治章程》，取自普鲁士子爵佛温斯天额博士《普国行政法》的附录，该章程颁布于 1881 年 3 月 19 日。译者称："德国行政法之完善，学者多称述之。日本地方制度，尤大体模范德国也……译之，以为我国谋自治者之一助。"再如张瑾雯所译《地方团体之公权》，原作者是德国海德堡大学教授耶里奈克，所研究的属于国法学和法学史等领域。又如廖治所译《欧西之地方自治与其趋势》，介绍了普国（普鲁士）、佛国（法国）、英国、美国、匈国（奥匈帝国）、露国（俄罗斯）等国的大概情形，也都能对国外的实践经验加以理论说明。

在地方自治思潮影响和立宪派的压力下，更为了应付革命党的武装起义，清政府被迫宣布预备立宪。在颁布《钦定宪法大纲》的同时，在中央设立资政院。"资政院钦遵谕旨，取决公论，豫立上下议院基础为宗旨"；在各省（除新疆外）渐次成立谘议局，为"各省采取舆论之地，以指陈通省利病、筹计地方治安为宗旨，并为资政院储才之阶"。

光绪三十四年末（1909年初）颁布《城镇乡地方自治章程》，宣统二年（1910）颁布《府厅州县地方自治章程》和《京师地方自治章程》，多少体现了立宪派宪政改革的主张，反映了绅商群体等新兴社会力量的要求，以便将地方自治引向政府控制的范围。这里的"城"指"府厅州县治城厢地方"。中国古代的地方初级政区，自秦汉至唐宋统称"县"；元、明、清在少数地方设"州"与"县"，同为地方初级政区，并称州县。至清代，又在边远地区设"厅"，而极少数作为二级地方政区的"府"，除管辖州、县外，也有自己的直辖区境。于是，清代的地方初级政区就有府、厅、州、县等四种形式。入民国后，一律改为"县"。国民政府时期，少数繁庶县份改为"市"，省以下的地方二级政区因此又有县、市两种。

《城镇乡地方自治章程》，第一章总纲。现将内容节录如下：

第一节　自治名义

第一条：地方自治以专办地方公益事宜，辅佐官治为主。按照定章由地方公选合格绅民，受地方官监督办理。

第二节　（略）

第三节　自治范围

第五条：城镇乡自治事宜以左列各款为限：一、本城镇乡之学务，中小学堂、蒙养院、教育会、劝学所、宣讲所、图书馆、阅报社，其他关于本城镇乡学务之事。二、本城镇乡之卫生，清洁道路、蠲除污秽、施医药局、医院医学堂、公园、戒烟会，其他关于本城乡卫生之事。三、本城镇乡之道路工程，改正道路、修缮道路、建筑桥梁、疏通沟渠、建筑公用房屋、路灯，其他关于本城镇乡道路工程之事。四、本城镇乡之农工商务，改良种植牲畜及渔业、工艺厂、工业学堂、劝工厂、改良工艺、整理商业、开设市场、防护青苗、筹办水利、整理田地，其他关于本城镇乡农工商务之事。五、本城镇乡之善举，救贫事业、恤嫠、保节、育婴、施衣、放粥、义仓积谷、贫民工艺、救生会、救火会、救荒、义棺义冢、保存古迹，其他关于本城镇乡善举之事。六、本城镇乡之公共营业，电车、电灯、自来水，其他关于本城镇乡公共营业之事。七、因办理本条各款筹集款项等事。八、其他因本地方习惯，向归绅董办理素无弊端之各事。

第六条：前条第一至第六款所列事项，有专属于国家行政者不在自治范围之内。

第七条：城镇乡地方就自治事宜，得公定自治规约，惟不得与本章程及他项律例章程相牴牾……

第四节　自治职

第八条：凡城镇各设自治职如左：一、议事会，一、董事会。

第九条：凡乡设自治职如左：一、议事会，一、乡董。

第十条（下略）①

可见，依这个章程规定，城镇乡的自治事务以教育、卫生、道路工程、实业、慈善、公共营业等为限，城镇乡议事会及选民会为议决机关，董事会为执行机关。府、厅、州、县的自治范围是：地方公益事务；国家或地方行政机关以法律或命令形式委任自治机关办理的事务。议事会及参事会为自治议决机关，府、厅、州、县长官为执行机关。还通令各省、州、县成立自治研究所进行地方自治实验。这个章程当即引起舆论的积极反应。沧江（梁启超）《城镇乡自治章程质疑》发出质疑："（该章程）大率取日本之市制及町村制综合而迻译之。其果能适用于我国与否？……则吾所最怀疑而三思质正者有三端焉：第一、自治章程之名称果适当否乎？第二、城镇乡三者能同适用一种之章程乎？第三、城镇乡之名称及其分类果当否乎？"

第一、城镇乡为地方自治团体固也，然同时又为国家行政区域。故

---

① 《宪政编查馆奏核议城镇乡地方自治章程并另拟选举章程折（并单二件）》，《政治官报》1908年第445号，第7-28页。

其所办之事可分为两种：一曰本团体固有之事务；二曰国家所委办之事务。国家委办事务者何？如代收国税，执行征兵令，执行国会及谘议局乃至厅州县议事会之选举，执行各种民事商事之注册，乃至以乡董而兼为刑事上之起诉人等类。凡此皆与本团体之利害无关，而以国家行政区域之资格，受委任而行之者也。故日本但称为市制、町村制，而不名为市町村自治制，所以避罣漏也。今名曰自治章程，得无意义不甚明了而易起权限之争议，或致职务之放弃乎？

这一质疑击中要害：是自治概念没弄清，还是有意敷衍？

　　第二、日本市制与町村制，画然区为两种。盖以两者之性质有大相异之处，势难并为一谈也。市制与町村制最不同者有二：一曰市之行政为合议机关，町村之行政则独裁机关也。二曰市之上惟有一重之监督机关即达于政府，町村之上则有两重之监督机关乃达于政府也。今我国中有二三百万人之城，有不满千人之乡，而自治章程仅有此一种。……故欧美各国之大都市，多有直隶于民政部，而绝不受地方官之监督者。……今我国城镇乡之上有厅州县，厅州县之上有省，而省与厅州县之间复有道府……夫多一重监督则政务之冗杂涩滞已增一度，况此一重中复分数支乎？……遇有冲突，则迁延愈无已时。（下略）①

梁启超这些担心绝非多余，不论清廷立法者是否有诚意，其能否顺利运作已存变数。

《英美地方行政》中写道，"1620 年英人移住于美国由哥脱岬登岸之时……结有盟约，以资自治……今则庶事毕举，遂由町村而郡而州，递次上进，各臻美备……然所基实在英国"。英国此时的町村，"选举委员数人，以处理町村事务（按：学堂、道路、桥梁，村史之编纂，灾害，及动物之防御、各户垣墙之维持等），此外另举荐租税委员一人或三人，以管理税务"。甄别国家地方税源。"各町村公共之工程卫生教育等事，皆由县衙管理。""故英国县衙，一面管理国家的政务，一面处理町村的政务。"②

---

① 沧江：《城镇乡自治章程质疑》，《国风报》1910 年第 1 卷第 5 期，第 39 - 45 页。
② 《英美地方行政》，《大陆》1905 年第 12 期，第 9 - 14 页。

## 二　孙中山《建国大纲》中的地方自治路线图

1905 年的《同盟会宣言（军政府宣言）》，将革命党取得政权后执政的步骤划分为军法之治、约法之治、宪法之治三期。到第二期，"每县既解（除）军法之后，军政府以地方自治权归之其地之人民；地方议会议员及地方行政官，皆由人民选举"。政府与人民双方之权利义务，"悉规定于约法，军政府与地方议会及人民皆循守之；有违法者，负其责任"。① 说得还很粗略。

陈资舫在《中国地方建设运动史略》中回顾："自清末以迄今日，规定地方制度之法令，不知其若干种，其中虽不免糅杂琐碎，或有不切实际之讥，然其目的要皆求其适应地方建设之需要。"② 从张觉人的《民初的地方自治制度》可以看到有关"袁氏时代的地方自治制度"和"民八县自治法的公布"等详细内容。③ 地方自治是共和制的基础。从实际情况看，各地开办自治研究所，地方自治相继展开，并取得一定成效，为国家实行立宪奠定了一定的民意基础，但总的来说，清末民初缺乏实行地方自治的社会经济、政治和文化条件，地方自治实行效果有限。1911 年冬，孙中山对潮州父老讲话："且国家之治，原因在于地方，深望以后对于地方自治之组织，力为赞助。"④ 1912 年 8 月宋教仁撰拟的《国民党宣言》记载："（二）主张划分中央、地方之行政……而在中央下者有二：（甲）地方官治行政主体，即地方官；（乙）地方自治行政主体，即地方自治团体。……吾人不重在地方分权，而重在地方自治也。""地方行政分二种：一曰官治行政，一曰自治行政。……若自治行政，地方自行立法，其重要行政，曰地方财政，曰地方实业，曰地方交通业，曰地方工程，曰地方学校，曰慈善事业，曰公益事业。"⑤ 但没有交代怎样实现地方自治。

中华民国成立不久，中央政权落入以袁世凯为代表的地主官僚资产阶级手中，资产阶级民主共和方案破灭。民国元年（1912）9 月公布《省议会议

① 宋教仁：《中国国民党宣言集》，中国文化服务社，1946，第 8 - 10 页。
② 陈资舫：《中国地方建设运动史略》，《生教导报》1944 年第 2 卷第 1 期，第 1 页。
③ 张觉人：《民初的地方自治制度》，《地方自治半月刊》1941 年第 1 卷第 20 - 21 期，第 19 - 23 页。
④ 行政院县政计划委员会主编《总理地方自治遗教》，正中书局，1940，第 16 页。
⑤ 宋教仁：《中国国民党宣言集》，中国文化服务社，1946，第 31 页。

员选举法》，10 月公布选举施行法，民国 2 年（1913）4 月公布《省议会暂行法》，各省遂先后成立省议会。袁世凯为了推行专制集权统治，防止地方自治团体反对，另颁布《地方自治施行条例》及施行细则，将地方自治分调查、整理、提倡与实行三个时期，并明令停止各地自治会。其后的北洋军阀，效法袁氏所为，以"分权"和"自治"为名行专制割据之实。徐世昌总统时期，民国 8 年（1919）9 月才有《县自治法》之公布，民国 10 年（1921）元月公布《县自治法施行细则》及《县议会议员选举规则》，同年 7 月又公布《市自治制》及《乡自治制》。颁行之法令虽甚详细，但实际上各省独自为政，中央法令常被束之高阁。湖南、广东、浙江、四川、福建、贵州等省起草并颁布了各自的省宪法，开展自治运动，自定之地方政制甚多，如广东之县自治制，云南之县市村自治制，山西之村自治制等。但因受中国内外政治环境所限，地方自治始终没有脱离专制政治的窠臼。

袁世凯死后，中央（如内务部）关于自治的口号还是经常提，表面文章也经常做。如高梦弼编辑、吴贯因校的《各国地方制度纲要》分 6 章，介绍英、美、法、日及普鲁士等国的地方制度①。高梦弼京师译学馆毕业后留学东京大学政治学科，后在内务部编译科供职，可能受命厘定《县自治法》而准备参考资料。1916 年袁世凯刚死，孙中山在上海张园讲话，强调吸取袁氏窃国教训，要"主权在民"，强调"地方自治者国之础石也，础不坚则国不固"。1923 年，孙中山再次反思辛亥革命的失败，是因《临时约法》于地方制度付之阙如，徒沾沾于国家机关，规定"由军政时期一蹴而至宪政时期，绝不予革命政府以训练人民之时间，又绝不予人民以养成自治能力之时间"，所以今后要搞"训政"过渡，落实"地方自治"。孙氏说："军政时期及训政时期，所最先着重者，在以县为自治单位，盖必如是，然后民权有所托始，主权在民之规定，使不至成为空文也。今于此忽之，其流弊遂不可胜言。第一，以县为自治单位，所以移官治于民治也。今既不行，则中央及省仍保其官治状态，专制旧习，何由打破？第二，事之最切于人民者，莫如一县以内之事，县自治尚未经训练，对于中央及省，何怪其茫昧不知津涯？第三，人口清查，户籍厘定，皆县自治最先之务。此事既办，然后可以言选举。今先后颠倒……第四，人民有县自治以为凭藉，则进而参与国事……苟不如是，则人民失其参与国事之根据，无怪国事操纵于武人及官僚之手。以

---

① 高梦弼编辑《各国地方制度纲要》，吴贯因校，内务部编译处，1917。

上四者，情势显然。"① 所以，要"速从地方自治以立民国万年有道之基"。

1924 年张孝若奉派赴欧美和日本，写成《考查欧美日本各国实业报告书》②，其中第六卷第二章是"日本自治行政大纲——日本市町村制概论"。虽然这个主题早已见诸留日法政学生的翻译和转述（如《行政法》之类论著），但此文因着眼点较高，综合性较强，材料较新较实，仍有相当的参考价值。

经过历年的酝酿，孙中山终于在 1924 年发布《建国大纲》，其第八至第十四条便集中描述实现县完全自治的"路线图"，以及县与中央权力的分配关系。

（八）在训政时期，政府当派曾经训练、考试合格之员，到各县协助人民筹备自治。其程度以全县人口调查清楚，全县土地测量完竣，全县警卫办理妥善，四境纵横之道路修筑成功，而其人民曾受四权使用之训练，而完毕其国民之义务，誓行革命之主义者得选举县官，以执行一县之政事，得选举议员，以议立一县之法律，始成为一完全自治之县。

（九）一完全自治之县，其国民有直接选举官员之权，有直接罢免官员之权，有直接创制法律之权，有直接复决法律之权。

（十）每县开创自治之时，必须先规定全县私有土地之价。其法由地主自报之，地方政府则照价征税，并可随时照价收买……

（十一）土地之岁收，地价之增益，公地之生产，山林川泽之息，矿产水力之利，皆为地方政府之所有；而用以经营地方人民之事业，及育幼、养老、济贫、救灾、医病与夫种种公共之需。

（十二）各县之天然富源，以及大规模之工商事业，本县之资力不能发展与兴办，而须外资乃能经营者，当由中央政府为之协助；而获之纯利，中央与地方政府各占其半。

（十三）各县对于中央政府之负担，当以每县之岁收百分之几为中央岁费，每年由国民代表定之；其限度不得少于百分之十，不得加于百分之五十。

（十四）每县地方自治政府成立之后，得选国民代表一员，以组织

---

① 王耿雄：《孙中山集外集》，上海人民出版社，1990，第 35 - 36 页。
② 张孝若：《考查欧美日本各国实业报告书》，《工商新闻百期汇刊》1925 年第 2 期。

代表会，参预中央政事。①

1924 年国民党中央还制定了《国民党之政纲》，对内政策第三条称："确定县为自治单位。"重申县之自治，其人民享有《建国大纲》第九条规定的四权。

孙中山所说的训政是指："军政府授地方自治权于人民，而自总揽国事"，其间，"地方自治权归之其地之人民，地方议会议员及地方官皆由人民选举"。针对 20 年代初期一些军阀控制的省搞"（联）省自治"，他指出省政府还是官治，相当于小中央政府，是以"自治"掩护其"割据"，威胁到国家的统一；何况"省自治"很难落实到民众层面，"县自治"则与底层民众更贴近，可以收到架空"省割据"的效果。孙中山规定了实行民治的基本方略：（1）分县自治；（2）全民政治（四权）；（3）五权分立；（4）国民大会。"四权"前两项是直接民权，后两项是间接民权（由代表而行于中央政府）。民治与官治不同之处就在前两项。直接民权实质上是全方位地监督官权，这必然要求自治，摆脱由政府主导的常规模式。孙中山主张地方自治，以实行民权、民生两主义为目的，故其地能否试办自治，当视该地人民的思想知识为断。若必要条件已具备，则先就下列六事试办：清户口、立机关、定地价、修道路、垦荒地、设学校。待有成效，再推及其他。孙中山认为地方自治团体不仅是一种政治组织，亦为一种经济组织，由一县而推行各县，民国基础便得以巩固和确立。②

孙中山《建国大纲》和其他几个文件，反映了他在宪政问题上成熟的观念：建国必须遵循自下而上、从县到省到中央的顺序；公民必须在国民党的监督下，根据县的模式，在"自治"的形式和实践方面接受训导。国内外一般学者都认识到，这种从下而上的政治发展模式，是孙中山由康有为、梁启超及其门徒的"自治"理论引申来的。他们的理论基础几乎完全一致。为避免像旧时的专制政权一样更迭不已，需要使民众成为政府的基础，政府的机构必须从下而上地重建，直到"屋顶的梁架"（国家最高层的结构）。③ 孙中山对美国的民主制度的创制以及复决、罢免之类权力很重视，但是他也深信需要社会人士和干部来训练民众去使用这些权力。

---

① 孙中山：《国民政府建国大纲》，《法学杂志》1941 年第 11 卷第 3 期，第 452 - 454 页。

② 孙文：《地方自治开始实行法》，《建设》1920 年第 2 卷第 2 期，第 203 - 208 页。

③ 行政院县政计划委员会主编《总理地方自治遗教》，正中书局，1940，第 18 - 48 页。

国民党上台以后，表面上遵照孙中山上述思想，先后颁布了《确立地方自治之方略及程序以立政治之基础案》、《完成县自治案》、《改进地方自治原则》等指导性文件。1928 年 9 月颁布了《县组织法》，1930 年作了修正，试图既规定地方政府的行政结构，又规定代议制的民主职能。县既须是行政单位，又须是自治单位；县长是由科长和局长组成的县政会议的主席，与之平行的是由选举产生的县参议会——拥有审查预算和政绩的广泛权力。县政府下设公安局、财政局、教育局、建设局等，分掌户籍、警卫、卫生、征税、土地、水利、教育等事务，必要时亦有卫生局、土地局、社会局、粮食局之增设。

1931 年 5 月，国民会议通过《中华民国训政时期约法》，规定中央与地方之权限，依《建国大纲》第十七条之规定采用均权制度，并对中央与地方之权限和地方制度分别辟专章作了规定。1936 年 5 月 5 日国民大会通过《中华民国宪法草案》，设地方制度专章，规定省设省政府，执行中央法令，监察地方自治；县为地方自治单位。1946 年 12 月，国民大会通过《中华民国宪法》，设第十一章"地方制度"，规定省、县得依据省县自治通则制定自治法。但在旧中国专制制度下，地方自治制度一直没有真正贯彻实行。

程清舫的《论官治与自治》针对"官治"与"民治"做过一定的区分，指出有些人主张"不能把它们（省、县）看作完全没有自主人格的'官治行政区域'"，但是事实相反，而且"近年来的一切政令，只都是行到县为止"。他认为这是"官督民治"时期，"各种过渡的官治办法是不妨可以采用的"，如"分区设署"，叫作"区署"，区与乡镇同级，有区长、区员，"本其自治职权……扶植人民自治；而另一方面则办理县政府所委托的行政事务，而为县长的辅助机关"。"可以说亦就是县政府的支部。……核与《建国大纲》以县为自治单位之规定不合。……这是从上而下的做法，也许要比从下而上的（自治）做法易于推行。"至于"官治"与"自治"，前者是指由国家自上而下任命官员运作的国家行政，后者是指由地方社会自下而上推选本地人士运作的地方行政。而在《确立地方自治之方略及程序以立政治之基础案》、《完成县自治案》、《改进地方自治原则》等文件中，在县以下，所有单位整个被看作自治机关，有选举产生的区长及下级参议会。在民众接受自治实践教育之前，这些机构中的人员仍由县长任命，难掩忽悠之意。[①]

王洁卿的《训政期中之县政建设》根据《建国大纲》和《地方自治实行

---

①　程清舫：《论官治与自治》，《是非公论》1936 年第 23 期，第 23 - 26 页。

法》，列举"县行政大纲"六大项几十条，"此外尚有一重要问题——即村政问题"。"盖村自治为一切自治团体之起点"。主张"编村为施政的单位"。①

揭露问题并建议补救的萨师炯，曾协助钱端升编著《中国政制史》，所以对地方政治制度有较深入的了解。他的《改革地方行政制度的一个拟议》说，"中国地方行政制度，是以县为最小单位，但是在实际上，县政府和人民之间，还存在不少传递政令的机构，而使两者失去它们的直接关系"。他画了一个示意图：县政府—区—乡或镇—联保主任—保—甲—（人民）。"1. 阶梯式的组织，过于繁杂……不但使政令迟缓，而且使政令本身会有质的变化。""2. 过分的官治……在实际上都逃不出委任制度的范围。而乡镇保甲（长）……未必得人。""3. 保甲长的地位太低……办公费（保甲长没有薪俸）每月仅为一二元……非向老百姓敲诈不可。"②作者建议，保甲与政府行政分离，作为防奸组织，由民选保甲长。取消区的组织，以乡镇为直接传达政令的机构，乡镇长民选，另由省政府委派受训大学毕业生一人为指导员。指导员与乡镇长政见相左时，由县政府、省政府解决。全县有一个由各个乡镇长与指导员组成的联席会议，讨论县政，必要时议决请县政府执行，县政府不同意时，附具意见呈省政府核定。县长这一级也由省政府委派一名受过训且具有一定年资的大学毕业生为县政督导员，协助县长处理地方自治事宜。

萨师炯的《论地方政府之民主问题》写道，"地方政府的分类……第一是集权主义的地方制度……它是为了执行中央政府的政令而产生"（如法国）；"第二是分权主义的地方制度……（创始者认为）中央政府仅仅是以对外关系而存在"（如美国）；"第三为均权主义的地方制度……县为自治单位……由县而省而中央地开展民主制度"（孙中山创始）。"中国的地方民主，应该以建立一个集中的中央民主政府为鹄的"，"必须使人民在参加政治之中，逐渐发展其政治能力"。③萨师炯的《现行地方行政制度的比较》指出："凡是政治安定的国家，是比较容易产生分权制度，而在民族因素比较单纯的国家，是便于行使集权制度……由行政效率上说，似乎集权制度易于收效。""一个国家的地方制度的改进，还是基于本国的情形（包括历史的

① 王洁卿：《训政期中之县政建设》，《政治评论》1933年第36期，第26-29页。
② 萨师炯：《改革地方行政制度的一个拟议》，《政论旬刊》1938年第15期，第11-12页。
③ 萨师炯：《论地方政府之民主问题》，《民意周刊》1938年第39期，第4-5页。

与现存的）而定。"①

不要看轻这些作者的言论，其根据是孙中山的理论，并且有针对性，对政府有压力。

三　"模范县"、"实验县"及县政改革的具体工作

在 1929 年，国民政府设"中山县训政实施委员会"，委任唐绍仪做主席。唐绍仪当过袁世凯政府的国务总理，此时任国民党中央监察委员、国民政府高等顾问和常委，1930 年 3 月亲任县长。唐绍仪指导县政，要建"中山模范县"，实施训政，将其建成"南方巨大良港"，取代香港。委派公安局长自行组织"县兵总队"，中央不得驻军。宣布行政理念，如：

> 正其经界，一其税则，简其科条，如水镜之无私曲，权衡之有轻重……同好恶于民，公是非于众，虚其心，实其力……信赏必罚，抑豪强而扶贫弱。②
>
> 窃愿以虚心诚意，容纳邑人之尽言，不执私见，不近贪人，度支务其公开，庶政广征舆论……破除官尊民卑、深居简出之习，稍有余暇，必周历全县各乡，与邑人相见……所愿邑人视邑事如家事，视绍仪为公仆……智者竭其谋，能者竭其力，而毋以肆法徇私之事相干，使绍仪得以全力尽瘁邑事。③

唐绍仪曾是曾国藩派出的"留美学童"，了解西方，可是其实行的自治措施乏力。如乡镇公所筹备处，一年后"最简单如编钉门牌及调查户口……尚未完竣"。于县政，"群众固漠然不以为意……甚至负有责任之县党部，对于七项运动，亦以经费困难而未进行"。④"区长自应由区民选举，不应仍由县政府委派……自不能称为真正自治，不过仍属半官治而已。""自治虽有两年余之施行，尚未将公民登记、公民宣誓及人民行使四权之训练等工作办竣。""整理全县公产之决议，未得全部实现。""（附加税）自应得人民之同意或通过，始能征收……（现在）只凭区或乡镇公所筹备处之呈请，县政府

① 萨师炯：《现行地方行政制度的比较》，《时代精神》1941 年和 4 卷第 4 期，第 34 – 39 页。
② 唐绍仪：《根据土地法废止清佃制度之商榷》，《中山县县政汇刊》，1932，序第 1 – 5 页。
③ 《中山县县长唐绍仪就职宣言》，《中山县县政汇刊》，1932，第 343 页。
④ 周守愚：《中山县自治述要》，《中央导报》1931 年第 7 期，第 296 页。

之核准，即能开始征收。"① 后来因为陈济棠倒唐，"中山港计划"也半途而废。

1931 年 5 月，国民会议通过《中华民国训政时期约法》，此时的地方行政政策已偏离孙中山的地方自治概念，并向着更有力的官府控制体制发展，谋求治安状况的稳定。颁令恢复更习用的民国初期的"乡"、"镇"名称。1932 年 12 月召开第二次内政会议，认为由于地方传统和社会条件千差万别，实行全国统一的制度已不再可行。县本身主要是行政单位，作为自治单位只是次要的。在所有层面，自治职能受到的约束更多，例如，警察属于国家行政机关，而不是任何自治体的代理。

尽管中山县自治未取得突破，但在第二次全国内政会议后，国民党政权仍然联合乡村建设派发起了一场县政建设的实验。当时，全国共有 11 个省响应了国民政府内政部关于设立县政建设实验区的倡议，20 个县被划为县政建设实验县。"县政建设"的说法最初源自 1932 年底第二次全国内政会议上通过的《县政改革案》。内政部部长黄绍竑等曾电约梁漱溟、晏阳初等乡村建设人士参酌准备提交会议的《县政改革案》，内中提出要设立的实验区最初名为县政实验区，梁漱溟等人并不同意，因为突出的是"政"。

南京政府将兰溪（属浙江）和江宁（属江苏）"（县政建设）实验县"的新项目建立起来，这是一个实行自上而下改革的项目，作为官僚政治地方改革的公开样板。"江宁实验县政府，于二十二年二月成立，先是由蒋委员长动议，嘱由江苏省政府筹办。"以省主席陈果夫任县政委员会委员长，中央政治学校政治系主任梅思平为县长，以中央政治学校毕业生 40 余人为骨干，分担县政府各科股工作。又在县党政之上组织设计委员会，派中央组织委员任指导，县长、科长、县党部执监委员、小学校长、区长代表等任委员，使党政双方合为一体。"二会一府"组成"三驾马车"。② 县管理委员会监督县长办公室的工作，并直接向省政府汇报。全部税收留县，并在县内支配（其他县没有这种优惠）。重划底层地域区划的边界，以便与自然村和集市一致。乡和镇经过适当的训政期之后应该实现自治。县长梅思平曾就制度和政策两项情况汇报，如改局为科，利大于弊；"经界"为了财政、农政及生产，户籍为了治安，必须先解决；县建设事业应集中于农业改良等，这是

---

① 张汉儒：《中山县自治实况述评》，《中央导报》1931 年第 7 期，第 278 页。

② 李宗黄：《考察江宁邹平青岛定县纪实》，《人文月刊》1937 年第 8 卷第 5 期，第 70 页。

以往取得的经验教训。① 可是，干部和训练仍觉乏力，所谓自治无法启动。到了 1936 年，实验宣告失败。该县的"实验"地位旋即被撤销。兰溪与之大同小异。主持实验的县长胡次威在《一年来之浙江兰溪实验县》中称，"兰溪与江宁都是政治的实验，……是以整个县政为对象……以整顿公安局为第一步。……其次便是财政，……分田赋与杂税两项……建设与教育，是我们施政的二个目标。……（然后）才能谈到自治"，还提到可以保留各区公安分局。

第二次内政会议引导的另一个重要变化，是成为政府改革口号的"裁局改科"，内政部之提案中有，"现在各县政府高悬于上，各局分立之俨同割据。甚至事业部行，省府各厅，直令各局，各局直呈各厅，事权不统一，事业自难通盘筹划。救济之法，惟有将各局并入县府，成一整个机关，同时规定县政府之各局科，以合署办公为原则"，就是使县政府恢复到习见的官府模式。两个实验县都执行了，实际上是放弃了地方自治的计划。②

20 世纪 30 年代地方行政的特殊困难，导致若干省政府重新实行"道"一级的监督，称"行政督察专员公署"。这种监督层次的重叠，明显违背孙中山的两级政府理论和强调民众动员而非官僚政治机器的思想，反映出此时国民党掌握的国家政权严重依赖官僚政治体制。

许兴凯（1900－1952）曾是中共早期党员，后当过地方官。其《县政改革意见书》（内政部公函：转致国民政府军事委员会办公厅　准函交河南滑县县长许兴凯县政改革条陈）指出，"（原）批交内政部及各省主席注意研究"，"查原意见书颇有见地，除交司注意研究外，相应复请查照转陈"。下面看看它的主体内容：

> 一、改革县政需先训练人才。……今后应慎选思想纯正、未受社会习染之新毕业大学生，除灌输浓厚之国家思想及施以严格之军训外，并慎选经验之县府考吏，教以实际公事处理之经验，期间至少一年，毕业后送各县以学习科员或办事员用，再一年使其试署科员，三年而新人材可成，县中有此新人才，然后县长再以政治方法训练士绅，提拔公正，抑制土劣，于问事则县长之羽翼可成，然后始足以言县政改革也。

---

① 梅思平：《两年来之江宁实验县》，《江苏月报》1934 年第 1 卷第 15 期，第 44－49 页。
② 胡次威：《一年来之浙江兰溪实验县》，《江苏月报》1935 年第 3 卷第 3 期，第 10－16 页。

二、革除积弊，须安定公务人员生活。一切县政积弊，多起于公务人员生活之不能安定，欲除此弊，须在制度上加以改良……其一切县公务员，由考试训练而来者，非有大过，只有调转而无撤职，使生活有保障，再定各种养老恤金年功进级加俸办法，使生活无后顾之忧，此外更严定监察人员，力惩贪污……

三、县政建设以富为先决条件。……民富之道，在积极方面，则为兴农业副业、小工业等，其资本来源，应由都市银行之内地放款入手……在消极方面，应力行"县自给"，一切县中之消费，均需县中之出产物，公务员之衣食用品如是，以逐渐打破"薪水俸给制度"而易以"生活公给制度"……民有余而富，富而后可以谈一切县政建设也。

四、县政建设须得民心民力。县政建设难推进之最大原因，为"民不信官"……为县长者，必须自"救民"入手，施之以惠，示之以诚，以求民心，然后进于"教民"，使民明是非，知道义……然后始可言"使民"，实则"使民"不如"民使"，一切县政非人民自动无办法。所谓自动，仍需少数士绅之领导，故县长到县，必须训练正绅……县长必有强大之毅力，省府有可恃之奥援，上有可恃，下无可畏，使渐得中层之助……

五、县政改革有三清四尚一要件：（一）三清：甲、清司法以为去弊之基。乙、清户口以为保甲之基。丙、清田赋以为财政之基。（二）四尚：政令"尚简"、"尚实"，人民"尚勤"、"尚俭"。（三）一要件：选择好县长而予以全权。……而后县政始有改革之希望。①

许兴凯算不上官场实践中的能吏，而以理论见长，这篇意见书具有一定的代表性。关于县政的具体工作（不谈自治），有一篇出自汪伪政权刊物，无非是将作者抗战前的经验和知识梳理了一下，列举的事项比较简明（表格形式），今改录如下，可供参考："主要的县政：内政（祀典，履新，政见，公出公回，选举，禁烟等）；财政（经费，契税，牙帖，勘灾，报歉，启征，交升等）；教育（修志，保存古迹，各种教育，褒扬等）；建设（垦荒，农田，路政，实业，水利，交通，防疫等）；官制（一切服官的通则，尤偏于县政的）；官规（一切办事的通则，尤偏于县政的）。附属的县政：法团

① 许兴凯：《县政改革意见书》，《内政公报》1937年第10卷第6期，第81—83页。

（集会，政党，宗教团体，人民团体）；慈善（一切慈善行政）；外交（宣抚班，外交公署）；警察；司法（监狱，民事刑事，看守所等）；绥靖（剿匪，防务）。"① 崇岳在《实验县行政论》中鼓吹"政教合一，伦理本位"，② 空唱高调，显然已经黔驴技穷。

从下面嘉兴县的县政事务员训练内容可看出，地方自治已被淡化，不提选举和四权运用。科目（凡 32 门，296 小时，每日以 6 小时计算，共 8 星期。括号内数字为课时数）：

> 精神讲话（8），乡村建设（6），行政法（10，包括行政组织、行政作用、行政争讼等项），本县农村法律问题 [6，包括调解办法、民刑法为乡村所最亟需部分（如风纪、伤害、盗窃、亲属债务等），及其他有关乡村法律事项]，现行法令（8，以县政建设及乡村建设有关而未经特设课目者为限），保甲法令（12），本县户籍行政（12），党义（6），新生活运动纲要（3），公民常识（15，包括政治、经济、法律、社会、国势各 3 小时），应用文（16，侧重公文程式及作法），民众教育及本县民众训施方案（12），农业合作及本县合作概况（12，包括合作原理、合作社法、合作社组织程序、本县合作行政概况），乡镇卫生（8），本县土地问题（10），本县经济概况（6），民众团体组织纲要（4），社会调查（2），自卫须知（6），保甲侦探学（3），兵役制度（2），地籍制度及本县地政概要（4），国际现势（4），国际劳动服务法令大要（1），仓储积谷须知（1），县政概要 [28，各科处分别担任，其种数及时数分配如下：本县政府分科职掌概况（1），本县地方行政组织（2），社会救济（2），本县赋税概况（3），本县保甲经费（1），会计及预决算制度（2），禁烟禁毒须知（2），警察行政（2），匪徒检举及不良人员登记法（1），本县教育行政及学校概况（3），农场组织与运用（1），治虫须知（2），蚕业须知（2），本县公务行政及工程常识（2）]，工商行政及度政须知（1），本县史地常识（2），特约讲演（8），违警罚法概要（2），军事学科（24），军事训练、国术（56）。附注：另有专题讨论 24 小时（每星期 3 小时），按类分别主持，其题材以本县社会实际问

---

① 胡自昌：《研究县政的基本范围》，《县政研究》1940 年第 2 期，第 83 - 84 页。
② 崇岳：《实验县行政论》，《国光杂志》1936 年第 15 期，第 79 - 82 页。

题之研究并商讨其解决办法为原则，利用课外时间举行之；每日自修时间，至少须在两小时以上，事先筹设小图书馆一所，由训练员负阅书指导及图书管理之责。"①

黄右昌的《县市自治法之制定及近数年来地方自治之检讨》介绍了县市自治法制定之经过情形："以教养卫三者为中心"，制定十项纲领，为各省市党部主要工作；通过地方自治推进委员会工作纲领，使党政人员取得联系和合作。②

成书于1937年6月的程方（程清舫）所著的《中国县政概论》，为这一时期进行的县政改革和自治提供了带有总结性的基本描述。该书上编叙论具有综合性的一般问题，计8章：导言；县政制度之史的考察；省县行政关系的检讨；行政组织；特殊的县行政制度；县行政区域的整理；吏治；县行政效率问题。下编检讨具有特殊性之各个问题，理论与事实并重，先检视其现状困难，再研讨其解决方法，庶便于研究或从事地方行政者参考，计9章：县地方财政之症结；县地方财政之改革；县教育行政之机构；乡村教育建设的实验运动；警政；保甲；经济建设；社会建设；县政建设与地方自治（结论）。末附关于县政的重要法规20种。该书称，我国县制源于周，确立于秦。综观我国历代地方行政之发展，约有数变。自周创之，至于秦政统一，推行郡、县二级制，魏晋隋唐因之。而县之分赤、畿、望、紧、上、中、下七等之差，则始于唐。自宋以迄于明清，乃变行省制，地方制度则分省、府、县三级制。民国初年尚为省、道、县三级，迨民国16年（1927）国民政府遵孙中山《建国大纲》之规定，确立地方政制为省、县二级。近虽实行"行政督察专员"制度，然仅为介于省、县间之行政辅导组织。

该书总结了县政建设之途径：（1）增厚生产、经济建设以利民生；（2）普及教育、促全民知以利社会；（3）推行保甲、廓清地方以利治安；（4）整理田赋、改革财政以纾民困；（5）健全组织、选贤任能以清吏治。县政建设之道，即发挥物力、人力、治力的作用。

以上是抗战前有关国民党统治区地方自治实验和地方行政具体内容的若

---

① 《嘉兴县政事务员训练班科目及时间一览表》，《行政研究》1937年第2卷第6期，第661-663页。个别科目时长数字不准确，原文如此。

② 黄右昌：《县市自治法之制定及近数年来地方自治之检讨》，《中华法学杂志》1937年新编第1卷第9期，第1-19页。

干典型材料。①

## 第二节　"乡村建设"和"平民教育"的理论与实践

政府所领导的县政建设实验走上歧路，而社会团体的地方建设运动发轫更早，主观上也相当自觉和努力。"中国在第一次欧战后的农村建设运动，好像是一个知识分子的赎罪运动，那时候被五四启蒙了的人，都纷纷献身于这种'不流血的革命'。"②

### 一　民间"乡村建设"的探索和政府的介入

"乡村建设"的说法使后人想到，当时乡村破败了，落伍了，匮乏了，所以需要建设。西方研究中国近代史的学者认为"建设"一词近似于他们的"development"（发展）概念，现代中国也接受和广泛使用了"发展"这种说法。我们认为，当时采用"建设"这个词，应是源于孙中山所说的心理建设和物质建设。自古官府驱使农民服徭役，完成公共工程（水利、路桥等）项目，往往可以惠及自身家园，这也是建设，可供比拟。至于"实验"，出发点并非"政改试点"那样高的目标，而是诸如教育及农业推广等实地项目的"成效示范"。

我们看到的材料显示，国民党上台以后，似乎乡民的《乡村建设问题》一文为较早以"乡村建设"为标题的，主张完全要"遵照总理所定的《地方自治开始实行法》，先试办六事。在实行试办之先，当然须加以自治的鼓吹，贯以自治的智识，养成自治之思想"。这就是心理建设。具体的物质建设可按照《民生主义》的七个生产方法（马上可做的是换种、除害、防灾）进行。"热心为党国工作的同志们，大家何不来一个回乡运动，暂屈高贤，为乡人臂助而令乡村建设达于成功！"③

陈资舫著有《中国地方建设运动史略》。作者于中正大学经济系毕业，是中国地方建设研究所研究编辑员。引言中说：

> 中国地方建设运动，近二十年来风起云涌，全国乡村工作讨论会参

---

① 程方（程清舫）：《中国县政概论》，商务印书馆，1939。
② 特约记者：《晏阳初与中国农村建设运动》，《观察》1948 年第 5 卷第 1 期，第 15 页。
③ 乡民：《乡村建设问题》，《先导》1928 年第 1 卷第 3 期，第 55 – 66 页。

加单位，由三十增至百余。归纳其动机与原因不外下列几点：（1）"地方自治为建国基础，基础不坚，则国不固。"（总理语）（2）自民主思潮东渐以来，国人皆知国家功用在造福人民，服务人民。建设地方，即所以直接造福人民。（3）中国地方制度历来役于官治，尝为统治者之工具；民国成立，旨在建立真正民主政治，对于原有地方制度，必须予以彻底改造。（4）鸦片战争以后，国际资本主义之侵略日益加紧，社会经济组织突遭激变，国家经济基础所在之地方经济濒于整个破产，危机既成，着力挽救，自为当前急务。（5）欧风东渐，仅感染西洋文化之皮毛，其后又为苏联共产潮流所激荡，社会思想，怪乱纷纭，国人目迷五色……而中国以农立国，地方为文化基础所在，于固有文化基础之上，树立民族之新文化，建设正常之新社会，实亦急不容缓。顾其展开之动力有二：一方面政府在上极尽倡导、推行、扩展之能事；一方面社会团体亦曾热烈主张、赞助、研究、推动、实验。政治力量与社会力量交相为用，推波助澜，遂造成一股地方建设之洪流。[①]

1902 – 1903 年新政、新学起始之时，直隶定县翟城村秀才米鉴三倡议本村创立国民学校、半日学校及女子学校，它与日本式和教会学校的"新学"模式有异，着重推动民众识字和公民教育。到 1908 年后立宪派宣传地方自治运动时，米家自然起了主导作用。其子米迪刚民国初年留学日本，回国后曾任河北参议会副议长，公开鼓吹社会改良主义，把加强乡村机构看作全国复兴的基础，与村人合力扩大村治成果。其村级社区的机构（特别在强迫教育和农业信贷方面）足以形成一个乡村社会新的基础，尤以辟田井以增水源收效颇大。翟城村不久成为地方改良的样板，重点在于教育、社会习俗（禁吸鸦片，禁止缠足）以及地方治安。北平清华学校将该村作为固定的农事试验场，平教会以该村为试行"平民教育"第一区。该县知事孙发绪进而推广其村治组织，全县仿效成风，一时新井达百数十万口。至民国 13 年（1924），县公署更颁布村治大纲，并赋予其法律地位。从 1924 年开始，米迪刚与山东改良派王鸿一合作，在北京成立一个非正式的会社以推行他们的想法。

这个"村治派"引起了梁漱溟的注意。王鸿一、梁漱溟等以重华书院为

---

① 陈资舫：《中国地方建设运动史略》，《生教导报》1944 年第 2 卷第 1 期，第 18 – 25 页。

基础在郓城黄安镇实行村治，内邱有茹春甫县长之村治，北平有郁文大学村治班之设置，王鸿一、梁漱溟等更是阐发村治理论，努力倡导。梁漱溟成了以儒家思想为导向的"乡村建设派"的代表人物。米家父子的"村治"思想也被阎锡山接受，作为山西"村治制度"的理论基础。

彭禹廷（1893 – 1933，曾任冯玉祥秘书）因回乡见到地方不靖，遂策划按照地方联防协议把村庄联系起来。彭禹廷在豫西镇平县的组织由下层乡绅领导，地方主义色彩很浓，管理得颇为顺手，他以传统的"自卫组织为地方建设之入手法门，首先敉平匪盗，继以改良生产，不一年镇平大治"。彭禹廷创立了"三自政策"，"同三民主义相对照，自卫相当于民族主义，自治相当于民权主义，自给相当于民生主义。认为三自政策就是三民主义的缩小。"[1] 彭禹廷通过冯玉祥与村治派联系起来。1929 年彭禹廷、孙廉泉、梁漱溟、王怡柯等于百泉成立河南村治学院，倡导"村治主义"，但未满一年就因条件变化停办。彭禹廷遇难后，刘天芳继承事业，提出"三杆主义"（依次以枪杆、笔杆、锄杆来实现民族、民权、民生主义），可谓荒诞不经，但他硬干、实干，民团组织得严密有效。

民国十七八年间，另有两地从事地方建设而独树一帜者：其一是南京晓庄学校之"乡村改造"及其后之工学团；另一是浙江萧山由国民党中央委员沈玄庐领导的以党训政之"东乡自治"。陶行知是约翰·杜威的再传弟子。杜威反对"旁观者"的知识论，王阳明坚持良知良能，两者共同给予陶行知以推动力。陶行知以学校作为乡村社会原动力的观点，与翟城村乡绅改良派的思想相近。他曾是南京高师（后来的东南大学）教育系主任，于 1927 年放弃城市教育和西式教育方向，在南京郊外开办师范学校，使学生深入农民生活来改造他们。学校根据"生活即教育，社会即学校"之信条，应用"教学做合一"之方法，教育儿童，训练成人。内容包括改造伦理、改进农业、组织地方治安，进而改造社会。举办"会朋友"、"中心茶园"、"晓庄医院"、"中心木匠店"、"联村自卫团"等活动和组织，活跃于生活的各个方面，对地方建设有不少贡献。1930 年蒋介石怀疑晓庄有共产党，下令将其封闭，其师生复有山海工学团的组织。所谓"工学团是一个小工厂，一个小学校，一个小社会……将工厂、学校、社会打成一片，产生一个改造乡村的

---

[1] 丁裕超：《新县制与乡村建设运动》，《湖北省地方行政干部训练团刊》1941 年第 33 期，第 3 – 8 页。

富有生活力的新细胞"。此外,"小先生制"也是陶行知倡导的,工学团即用为普及教育之方法。陶行知是乡土主义者,主张不必取给于西方,他的思想和实践一时风靡全国,颇著成效。

沈定一(1883 – 1928,字玄庐),曾是中共创始期党员,国民党右派。他领导的萧山县东乡衙前村(面积 140 方里,人口 1 万余)自治之特点包括:以国民党为领导机关,以党员为基层干部,设自治会,由民众团体(农会、工会、商会、妇女、学校)代表大会选出几人组成委员会,互选三个常务委员主持日常事务,下分三股(统计股、建设股、教育股),下设局处(调查处、测量处、森林局、卫生局等),受国民党区党部监督,指挥、主持地方公务。发动党员,训练农民和青年充当工作人员,清丈田亩,调查户口,修路交通,垦荒水利,消防警备,贯彻"平均地权"、"节制资本"之目的。① 沈定一捐出房屋田产,开设村办学校,还有各种合作社、农村宿舍等。1928 年沈玄庐被刺,人亡政息,所谓"东乡自治"日渐凋零。②

此外,从事地方建设之团体甚多,如无锡的江苏教育学院(1928 年创立)为养成民众教育、农事教育之服务人才,作为全省教育设计、实验场所,注重下乡实习,以黄巷、高长岸及社桥为基点,开办民众茶馆、民众学校。1928 年中华职业教育社主办昆山徐公桥乡村改进区,以"富教合一"为总目标,以普及教育、推广合作、注意卫生为重心,开设学校、建设街市、组织农场生产经营、训练警察和保卫团,但组织上采取复式结构,权责不清。该社还办有上海漕河泾农学团,培训农村服务人才。其他如中国社会教育社之于洛阳,江西农村改进社会之于万家埠与走马场,江西基督教农村服务联合会之于黎川等。农业推广方面,有中央大学农学院、金陵大学农学院、江西农业院等;一般方面,有涿县平民教育促进会、齐鲁大学乡村服务社、中华农民益友社等;专力于地方建设之研究、考察、设计者,有南京中国县政研究会(由抗战时期中国地方建设研究所所长马博庵与副所长高柳桥等主持),曾拟有县政建设方案,调查研究工作获得相当大的成果。

在此期间,国民政府除对地方制度之法规有所改进外,对地方建设之实际而直接的工作,无论中央还是省亦着力不少。如民国 22 年(1933)行政院有农村复兴委员会之组织;民国 19 年(1930)实业部有中央模范农业推

---

① 孔雪雄:《沈定一先生及其主办的乡村自治》,《乡村建设》1932 年第 2 卷第 2 期,第 1 – 10 页。

② 王昆仑:《沈定一先生和他所领导的地方自治》,《中央导报》1931 年第 7 期,第 297 – 343 页。

广区及中央模范农业仓库之设立；全国经济委员会之农村建设工作亦于此时展开。国民政府更于民国 22 年 8 月公布各省县政建设实验办法，令各省得个别形成一最低限度的标准县，供他县或他省之借镜。于是各省纷纷设立实验县，除江宁、兰溪外，广西之宾阳，云南之昆明，贵州之定番，河北之定县，山东之邹平、菏泽、济宁等，河南之禹县、辉县，江西之腾溪，以及绥远也开展了乡镇实验；广东之中山，四川之新都及北碚、三峡，都建立了乡村建设实验区。各实验县之作风各有不同，例如江宁，据县长梅思平称："救济农村必须从经济方面下手，还需要探取大规模的急进的进行办法，方能有效；然而这终须有行政的力量，办起来方可减少困难，江宁县尽可利用行政力量。故救济农村的方法，主要是利用行政力量、行政组织和技术来促进农村建设，所以江宁是由上而下的。"又兰溪县长胡次威称："一切设施，应在中央及省府施政方针之下，依照当地状况、人民程度，规划切实有效之方法实施之（《兰溪实验县施政纲要》第一条规定），从而所谓县政建设实验，仅为方法上之实地试验，而非于中央及省府行政方针之外别有何种奇特之办法。"总而言之，各实验县在方法上虽各有不同，但其成绩均有可足称者。

除了各省实验县，于地方建设方法上有较为特殊的模式而成效尚著者，为山西土地村有制之施行。山西之土地村有制系阎锡山应对当时环境所订之办法。依民国 24 年（1935）公布之《土地公有案办法大纲》之规定，其内容大略为：（1）由村公所发行无息公债，收买全村土地，再就田地之水旱、肥瘠，依一人耕量分给该村民耕作；（2）村民大会议决田地合伙耕作者，即定为合伙农场；（3）村中田少人多，则由村公所为无田人另筹工作，田多人少，则应报请县府移民耕种；（4）耕农在充当兵役期内，所耕份地应由本村平均代耕。此种制度表面上似乎有利于贫民，但每因村公所为土劣把持，所谓土地村有常变成土劣所有，预期目的全付流水。故其所反映之土地问题，不可须臾忽视。山西之村政，自有其一套理论。"一省之内依人之集合、地之划区，天然形成一政治单位者村而已"，因此"村是不成文之自然组织"，是"历史上相沿之自治机关"。村以下之范围失之过狭，村以上之范围失之过宽，故曰："为政不达于村，则政为粉饰，自治不本于村，则治为无根。"为政"用官不如用民，用民不如民自用"，况"民主时代，治平之责分负于民，但欲使人民加入政治则甚难，如将政治放在民间则甚易"。村政即所以使民自用而放政治于民间也。"中国革命为国民革命，而非某阶级之革命，故当废除其具有阶级性之工农协会，代以村政，作为组训民众之正途。"山西于民国 7 年（1918）开始实行村政，十余年中力图"村制组织完全，俨成有机活体。凡村中所能自了之事，即获有自了之权，庶几好人团结，处常足以自治，遇变足以自防。"村政首以禁烟、禁缠足、禁蓄辫、植树、开渠、养羊等六政始。继之则举办：一是整理村范，俾一村之中无不良分子，无失学儿童；二是村民大会推选村长，讨论村务；三是订立村禁约，以人民公意约束自己的行为，继续维持村范；四是息讼会，使民厚俗，以救争讼之凶；五是保卫团，使壮丁乘农暇入团受训，以为村中自卫力量。村政施行十余年，于政治实质虽无多大改革，惟于地方治安、教育及禁政则颇有功效。[①]改良主义纲领使山西赢得了全国性的声誉。旧保甲和里甲的设置被用来推行禁止缠足、禁吸鸦片、公共治安和识字运动，取得明显效果。梁漱溟强烈批评阎锡山计划的官府色彩，却觉得它在社会改良方面颇有值得称道之处。后起的广西仿照彭禹廷的豫南民团制度和"三自政策"加以发扬，推行全省。桂系首领们的理想是推行传统的"兵民合一"制，通过这种制度来加强地方政府。训练村镇领导人员，并把他们列入民团干部，希望把军事纪律的精神灌输给他们，以便省当局的命令能有效地传达到下层。广西于民国 23 年 6 月公布的"三位一体"制实施办法，规定村街长兼民团后备队队长及国民基础学校校长，乡镇长兼民团后备大队队长及中心学校校长。其作用在使权力集中，推行政务不致掣肘，且获人事上之经济及事务上之合作。其建设之方法，则在运用民团组织，养成人民自卫、自治、自给之能力。在自卫方面，以民团训练方法养成民众的军事常识与技能；在自治方面，运用民团力量去健全乡村组织；在自给方面，则运用民团组织去推动并改进一切生产事业及经济建设。[②]

　　山西、广西两省政府都决心使官府在组织的最低层面做到有效的控制，实际上是把官僚政治推进到晚清控制的层次，也就是县以下。在这方面，山西制度尤其重要，因为它影响了 1928 年以后南京政府的地方制度。广西的方法也为后来新县制所采纳。此外，规模也不小者，有蒋经国专员之江西第四行政督察区的所谓"新赣南建设"。江西第四行政督察区共辖十一县，地

①　陈资舫：《中国地方建设运动史略》，《生教导报》1944 年第 2 卷第 1 期，第 18－25 页。
②　尹仲材编《翟城村志》，台北成文出版社，1968，第 211 页；周成编《山西地方自治纲要》，泰东图书局，1929；陈柏心：《中国的地方制度及其改革》，商务印书馆，1940；邱昌渭：《广西县政》，文化供应社，1941，第 222－241 页。

点偏处赣南，没有铁路。"新赣南建设"的方法也不外先借行政力量加强地方行政组织，灵活设置地方政治机构，然后以其培育之政治力量发动经济、文化、社会等建设。开始的五年计划，理想甚高。[①]

"合作运动"亦为政府领导地方建设之特殊形态。"合作运动"萌芽于五四前后，孙中山战友薛仙舟首起提倡。民国 9 年（1920），因华北连年水灾，华洋义赈会设立农民借贷处，迄民国 11 年（1922）始以合作形式在河北省内组织信用合作社，逐年推广，成绩显著。国民政府成立后，各省纷纷成立合作指导人员养成所，民国 21 年（1932）豫皖"剿匪"司令部公布农村合作社条例，普遍推行。至民国 23 年（1934）国民政府颁布合作法以前，全国合作社之不同性质者已有七八种之多。其后虽因抗战稍受影响，但迄新县制颁布以前，合作社人数（除处于战区的数省市不明外）已达 470 余万。民国 29 年（1940）以后，行政院公布各级合作组织大纲，与新县制配合推行，欲以此形成地方建设之中心力量，这同样是地方建设运动者应特别重视的。

民国初期县议会的历史表明，起初大家充满热情，地方名流广泛参与，却因为被县知事操纵的参事会增选议会的领导人，从而极大地加强了县知事的行政权力而告终。县以下区划的模式（如"翟城村模式"），源于乡绅的积极和鼓吹社区者的热忱，却促进了严厉的官僚政治和极权主义的地方管理制度（阎锡山的"村治"）的形成。孙中山自底层向上的政治发展模式，不乏响亮的平民主义的论调和"自治"的指示，确实产生过一些有创见的计划，本可以引导民众更多地参与地方政治；然而，南京国民政府在 30 年代修改这些计划的做法，意味着那些原应是"自治"载体的单位变成了使官僚政治更深地渗透进地方社会的单位。

## 二　梁漱溟的乡村建设实验和理论体系

北京大学哲学教授梁漱溟（1893－1988），以儒学指导行动，强调回到本土的价值观和空想的地方自治主义，而彭禹廷却把组织建立在乡村社会不可无视的自卫上。梁漱溟等离开河南后，应山东省府之请，于民国 19 年（1930）组设乡村建设研究院。在山东省主席韩复榘（曾是冯玉祥的部下，此前任河南省主席）的授权之下，1931 年研究院在邹平县开办。此时梁已改"村治"之名，而明标"乡村建设"，故国人目为"乡建派"。一批所谓

---

①　陈资舫：《中国地方建设运动史略》，《生教导报》1944 年第 2 卷第 1 期，第 18－25 页。

村治主义者如梁仲华、孙廉泉、王炳程、陈亚三、王绍常等齐集该院，主持邹平等县的实验工作。和梁漱溟所景仰的陶行知在晓庄办的学校一样，梁漱溟办的研究院也力图训练一种特殊类型的乡村干部：主要来自富农或地主家庭受过教育的青年，了解农村的生活方式，能忍受农民的穷困，并能与他们无隔阂地交往。

儒家思想的影响非常显著，这显示出这所学校日常工作的特点。

梁漱溟在山东的乡村建设实验，采取的基本上是儒家改良主义，对干部、学员进行道德灌输和提高其个人修养的训练，再推及农民、农家。山东乡村建设研究院"系承前河南所设村治学院之遗规"，"将学校教育与社会教育、地方自治打成一片，以乡学村学为建设中心，可谓超越县政，涵盖自治"①，得到省政府授权，邹平、菏泽（"昔为盗匪出没之区，对于自卫最为需要"，组成"有训练之武装农民自卫团体"，成绩明显）两个县的行政实际上交由该院管理。这种管理模式在 1933 年被国民政府加以合法化。山东乡村建设实验区到 1937 年已在超过 70 个县设立，国民党政府此举显然是既谋求控制，也想从当时正在进行的各种乡村建设项目中得利。

邹平的地方组织特色是，县以下的行政区划符合以前存在的自然区域，以自然村和明显的集市区域（乡）为单位，废弃了南京政府法定的、较大的、人为划定的区和乡。乡和村级行政实体称为"学校"，与对农民进行教育和推动的途径一致。梁漱溟认为，从下层开始的建设要求政府通过教育并推动农民，慢慢地、不唐突地工作下去。他认为"过多的限制，过多的主动'帮助'"，只会有损于社会，实于事无补。民众中如果没有相应的积极精神，尽管政府机关忙碌而进取，然而影响所至，对民众来说也只能是额外的负担。

乡建派自有其一贯之理论与方法。他们认为，由于兵匪苛征等政治性之破坏，外国经济侵略的经济性之破坏及礼俗风俗激变的文化性之破坏，中国社会机构日趋破落，向下沉沦。此种向下破落沉沦之结束，乃造成社会组织构造的整个崩溃，充其极将造成国族沦亡、文化毁灭。同时，因为其一，"民主政治运动，在中国是少数知识分子的模仿运动，大多数人无此要求"；其二，中国民众穷苦非常，仅足一饱，无法过问政治，加之工商业不发达，交通不便利，无人为民主政治之中坚，亦无人愿参加政治活动；其三，中国

---

① 李宗黄：《考察江宁邹平青岛定县纪实》，正中书局，1935，第 5-6 页。

人不爱"争",不爱"动",且中国政治哲学重性善,而其人生价值之认识在"理",求其适可而止,绝不乐于政治舞台上之你争我夺:故以西洋民主政治挽救中国,自非其道。然因中国阶级分化不明,缺乏共产主义革命之基础,缺少革命对象,共产主义缺少统一理论,故循苏联共产经济之路,亦难免缘木求鱼之讥。且乡民愚昧无知,土劣从中操纵,侈言地方自治,徒成苛政扰民,别无他益。彼等据此视之:归纳救国之道于乡村建设,企循乡村建设之路以发展乡村文明,调和都市与乡村之关系,并认其间之基点惟在知识分子之能与乡人由接近而混融,作"一种上层动力与下层动力接气的功夫",俾两力互为作用,交相转化,以此混融而成之大动力,完成政治上之民主,经济上之合作,社会上之厚俗,以"辟造正常形态的人类文明","使经济上的富,政治上的权,综操于社会,分操于人人","社会重心从都市移植于乡村"。至其上下交相融之途径,则又在开出一"新治道"。

乡建派所拟行之"新治道",吾人可于其邹平实验县之实况中见之。梁漱溟先生在《山东乡村建设研究院设立旨趣及办法概要》一文中称:"民众教育随在可施,要以提高一般民众之知能为主旨。经济一面,政治一面,得些微进行,统赖于此。内地乡民之愚闇,外间多不悉,一为揭看,便将兴叹无穷。倘于此多数民众不能开启振拔,则凡百俱不相干,什么都说不上。……乡间礼俗的兴革,关系乡村建设问题者甚大,不好的习惯不去,固然障碍建设,尤其是好的习惯不立,无以扶赞建设的进行。"[1] 可见,彼所谓新治道,系首由教育入手。顾其教育不全在识字,尤重发扬固有礼教之精华,培养内在之能力,以自治工作与教育工作打成一片,以自治机构融合于教育机构,期以"习惯代法律,以柔性的感化代硬性的行政"。[2]

乡农学校(在每乡每村设立)即其教育与自治之统一机构,亦即乡村建设之中心组织。其组织分为:(1)学董事,由该乡(村)有威望之士绅组成之,并推一至二人为常务学董;(2)学长,由学董会推一齿德并茂、群情所归之学董担任之;(3)乡学理事,由县府就常务学董中委派一人充任,以其推动社会革兴,主持日常事务;(4)教员,为乡学教师与辅助员从旁辅助学董办理改进事宜;(5)学众,由乡中男妇老幼组成之。乡农学校之工作:

---

① 北京师联教育科学研究所编《梁漱溟乡村建设理论教育文化选读》,中国环境科学出版社,2006,第80页。
② 孙晓村:《中国乡村建设运动的估价》,千家驹、李紫翔编《中国乡村建设批判》,新知书店,1936,第33页。

一是设立成人、妇女、儿童等部，一方面向乡人施以"其生活必须之教育，以期乡民皆有参加现社会之生活能力"，另一方面相机倡导本乡所需之各项改良运动（如禁缠足，禁早婚等），兴办本乡所需之各项社会建设事业（如合作社），以期一乡之生活得以逐渐改善，文化逐渐提高，并协进社会之进步，造成"社会之新礼俗"；二是组织和训练联庄会员，建立乡村自卫武力，以期因此种训练和组织而形成同学、同乡、同村及师生之关系，发挥互助合作之精神。使人民皆知以"团体为重"，为"团体服务"，"遵规约，守秩序，敬长和睦，敬学长，接受学长之训练，信任理事，爱惜理事"。由村学而乡学而县政府而整个乡村建设，造成"出入相友，守望相助，疾病相扶持"，如"家庭父子兄弟"之新社会。

乡建理论之建立，实验区良善风气之养成，自治机构之灵活运用，是乡村建设研究院数年努力之伟大成就；惟乡村阶层间经济上之根本矛盾能否完全解决，外来破坏力之侵入能否完全抗拒，及彼等所谓"在消极方面，这是一个救济乡村的运动和乡村自救的运动，在积极方面，这是为我民族社会求新建设的运动，也是新中国社会组织构造之建设运动"之能否名实全副，似仍不无疑问。

1937年6月14日，梁漱溟在成都省政府行政研究会讲《如何作行政研究与从事地方行政》，承认行政学科引进不久，邹平搞乡建的人员对之缺乏研究。梁氏所知的"从前在国外留学有新的学术眼光，又肯留心国内实际问题的有好几位"，如清华大学沈乃正（行政督察专员制度）、金陵大学马博庵（县行政问题）、南开大学张纯明（保甲制度）、行政院参事张锐等。邹平方面的同人，"只是在暗中摸索，探求路径而已"。中国古代政治是消极无为的，如汲黯为东海太守，史书上誉为"卧治"。"（'卧治'的精神）和'不扰民'的原则，确成了几千年来的行政规范。"梁氏认为，现在不行了，中国的行政制度自民国以来迄今未定，县以下是地方自治还是保甲制度未能确立，所以方法难讲。"我以为目前的工作，应对行政制度本身的许多不好处切实加以整理。再对于地方不良的习惯，如毒品、赌博、土劣等加以清理整顿，一面作一面摸，如此对于地方的制度自可以清楚一点……让行政制度慢慢改进，安立起来，这便是我们最大的贡献了。"

梁氏本人在山东并未实施地方自治和保甲制度，而是用乡农学校这个比较新的方法。它的作用是把下级行政和社会教育联合起来，以教育帮助行政的进行，以行政帮助教育的发展。

　　它的组织，是一个校长、一个教务主任、一个军事主任和一两个教员。他们都是山东乡村建设研究院培养出来的学生，曾受过中等教育，再加以乡村服务的训练，后来作乡农学校，在乡区内担任民众训练及下级行政。运用受训的成年农民，在消极方面，去禁革赌博、缠足等不良的习俗，在积极方面，去倡导各项新政，如举办仓储及合作事业之类。盖以一切地方行政，单用强迫力量作不好，要用教育的力量来推动。尤其是一些新的事业，更非用教育的力量来作不可。这种乡农学校……所用的方法和材料，统由其上级机关供给。①

　　梁漱溟关于乡建的论文集有：《中国民族自救运动之最后觉悟：梁漱溟先生村治论文集》（村治月刊社 1932 年 9 月出版；中华书局 1936 年 8 月出版）；《乡村建设论文集》（乡村建设研究院出版股 1934 年 11 月出版）。还有专著《社会演进上中西殊途》（中周出版社 1944 年 9 月出版）、《中国文化要义》（路明书店 1949 年 11 月出版）等。特别是《乡村建设理论》，总结了其二十年的思考和理论实施情况，有黎涤玄的书评《介绍〈乡村建设理论〉》（《读书通讯》1942 年第 32 期）。梁书内容分为甲乙两部，"甲部认识问题，讲中国社会的崩溃；乙部解决问题，讲中国新社会的设计"。② 书评摘引原书若干重要言论，以见原貌："若特指其（中国）失败之处，那要不外两点：一是缺乏科学技术，二是缺乏团体组织。"③ "所谓建设……是建设一个新的社会组织构造——即建设新的礼俗。……就是中国固有精神与西洋文化的长处二者为具体事实的沟通调和。"④ "这个社会组织乃是以伦理情谊为本原，以人生向上为目的。可名之为情谊化的组织，或教学化的组织。"⑤ "社会组织中外不同，中国今后将从伦理互保进而为乡村自治，由小范围的团体自治，扩大到整个民族社会的一体性。"⑥ "以农兼工，由散而合。""必须有进步的生产技术，社会化的经济组织，而其关键则看能不能工业化。……

---

① 梁漱溟：《如何作行政研究与从事地方行政》，《乡村运动周刊》1937 年第 22 期，第 1－3 页。
② 梁漱溟：《乡村建设理论》，乡村书店，1937，第 14 页。
③ 梁漱溟：《乡村建设理论》，乡村书店，1937，第 50 页。
④ 梁漱溟：《乡村建设理论》，乡村书店，1937，第 143 页。
⑤ 梁漱溟：《乡村建设理论》，乡村书店，1937，第 175 页。
⑥ 梁漱溟：《乡村建设理论》，乡村书店，1937，第 292 页。

尽力于农业，其结果正是引发工业，……中国工业的兴起，只有这一条路。"①

陈玉霖的《读梁著〈乡村建设理论〉后》概述，梁氏"认为要建设新中国，唯有从乡村组织入手……采取古人乡约的意思，增加它的积极的内容……以下乡的知识分子，来提振乡民努力向上。同时藉乡村运动团体的大联合，于是由下而上，隐然形成一个代表此大社会的大势力，藉此以达到控制武力，左右政治，进而建立积极有为之政权之目的。"② 经济建设要由文化运动团体的大联合作为基础，执行的责任则委之于现政府，同时知识分子下乡和乡民打成一片，来推动建设。以农业发展增进购买力来刺激工业，再以工业进步翻转过来促进农业，良性循环。必须走合作的路线，形成全国合作社的联合，生产的社会化和分配的社会化就同时解决了。陈序经的《乡村建设理论的检讨》在揭示梁氏理论中的种种矛盾之后指出"乡村建设运动可以叫做社会建设运动的一种，乡村建设实验也可以叫做社会建设实验的一种"。③ 历史上的欧文（Robert Owen）拥有相当的经费、人才、环境、经验和动人的理论，在英美的两次实验尚且失败，何况梁氏的条件和理论？

对梁漱溟理论谬误进行尖锐批评和有力揭露的，是千家驹和李紫翔合编的论文集《中国乡村建设批判》。编者在序言中指出："在对抗土地革命和对抗反帝斗争中发生和发展起来的乡村建设运动，自然是企图在现存的（社会）关系下，用和平的方法，来达到国民经济之改革的理想。"这个运动"是否能离开民族解放运动而单独地解决"？"将农村经济从整个的国民经济中分离开来，想由'农业以引发工业'"能不能真正解决中国的问题？"有意识地抹杀或忽视生产手段和生产物分配的问题"，仅在技术等枝节问题上兜圈子，能否消除农民的痛苦？看重落伍的手工业经济以至宗法社会的礼教，这是前进还是开倒车？④ 显然，这些质疑直击其要害。

李紫翔（1902－1979）是大革命时期的中共党员，几次被捕，狱中自学，后为冯玉祥讲过课。他指出，"农村运动中的'旧派'"（从米迪刚的山西"村治派"到梁漱溟），借助美化了的中国"伦理本位"文化，本质上要建立的亦不过是属于封建范畴的宗法社会罢了。用乡学、村学代替从前的乡

① 梁漱溟：《乡村建设理论》，乡村书店，1937，第388页。
② 陈玉霖：《读梁著〈乡村建设理论〉后》，《教育与民众》1938年第9卷第9期，第37－43页。
③ 陈序经：《乡村建设理论的检讨》，《独立评论》1935年第199期，第13－20页。
④ 千家驹、李紫翔编《中国乡村建设批判》，新知书店，1936，第3－4页。

公所、区公所，"即所谓'行政机关教育化'和'社会学校化'"，重建已经"崩溃"了的"伦理本位和职业分立的社会"，要创造的社会"新文明"（既不同于过去，又不同于西洋）"就是半殖民地的文明吧"。①

《中国乡村建设批判》文集还收有孙晓村《中国乡村建设运动的估价》，千家驹《中国农村的出路在哪里》、《中国的歧路》，李紫翔《乡村建设运动的评价》，张志敏《评梁漱溟先生的乡村建设理论之"方法问题"》，孙冶方《私有？村有？国有？》（关于村土地所有制问题）等批梁文章。

民国报刊上讨论乡村建设的文章有近千篇，这里就比较重要的稍作分类。梁氏署名发表的如：《山东乡村建设研究院设立旨趣及办法概要》（《农村月刊》1931年第19期）；《梁漱溟先生述山东乡村建设研究院之工作》（《中华教育界》1932年第20卷第4期）；《山东乡村建设研究院最近工作概述》（《农村经济》1934年第1卷第10期）；《对于编制"由乡村建设以复兴民族案"之意见》（《中华教育界》1934年第22卷第1期）；《民族复兴之问题与途径及乡村建设之要点》（《教育与民众》1934年第5卷第10期）；《乡村建设几个当前的问题》（《乡村建设》1934年第4卷第4期）；《乡村建设旨趣》（《乡村建设》1934年第4卷第4期）；《乡村建设理论》（《乡村建设》1935年第5卷第10期）；《广西国民基础教育与乡村建设运动》（《乡村建设旬刊》1935年第4卷第18期）；《广西国民基础教育与乡村建设运动》（《乡村建设》1935年第4卷第4期）；梁漱溟讲、吕公器记《怎样阅读乡村建设理论》（《乡村建设》1936年第6卷第19期）；《中日农村运动的异同及今后中国乡村建设之动向》（《浙江省建设》1936年第10卷第4期）；《乡村建设运动》（《广播周报》1937年第143期）；《乡村建设理论》（《中国农村》1937年第3卷第6期）；《怎样阅读乡村建设理论》（《乡村运动周刊》1937年第6期）；梁漱溟讲、黎曼记《乡村建设运动纲领讲述》（《乡村运动周刊》1937年第7－9期）；梁漱溟讲、孔凡定记《乡村建设与合作》（《乡村运动周刊》1937年第10期）；梁漱溟讲、江易桦记《略述乡村建设运动的要旨》（《乡村运动周刊》1937年第15期）；《乡村建设理论自序》（《乡村运动周刊》1937年第5期）；梁漱溟讲、王永政记《乡建的三大意义与智识份子下乡》（《北碚》1937年第1期）。

张国维讲、杨汉平记《合作社在乡村建设中的功用》（《华北合作》

---

① 李紫翔：《乡村建设运动的再批判》，《新中华》1948年第6卷第15期，第3－9页。

1935 年第 32 期），张国维《合作社在乡村建设中的功用》（《合作与农村》
1936 年第 4 期），章元善《合作运动之现状及其与乡村建设之关系》（《民教
半月刊》1935 年第 11 期）等。燕京大学社会学系许仕廉教授等师生参与乡
村建设，发表了不同的见解，如《社会计划与乡村建设》（《社会学界》
1934 年第 8 卷）、《中国乡建中心论质疑》（《申报月刊》1934 年第 3 卷第 1
期）、《中国乡建之事功与进行方法讨论》（《申报月刊》1934 年第 3 卷第 2
期），以及许仕廉著、彭家礼译《中国之乡村建设》（《实业部月刊》1937 年
第 2 卷第 6 期）等。对梁氏研究基地的介绍，如刘和亭《介绍山东乡村建设
研究院》（《农村月刊》1931 年第 17 期），徐锡龄《邹平乡村建设研究院印
象记》（《教育与民众》1934 年第 5 卷第 10 期），和椒知《山东乡村建设研
究院培育人才之新转向》（《乡村建设》1935 年第 5 卷第 4 期），张玉山《山
东乡村建设研究院社会调查工作简述》（《乡村建设》1935 年第 5 卷第 4
期），严寅《山东乡村建设研究院写真（下）》（《周行》1936 年第 8 期），
薛明剑《中国乡村建设育才学院一瞥》（《教育与职业》1944 年第 199 期），
沙丘《新兴的乡村建设学院》（《中央周刊》1946 年第 8 卷第 9 期），李靖东
《新教育的摇篮——重庆乡村建设学院》（《新教育杂志》1947 年第 1 卷第 1
期）。较早讨论问题的文章，如湘岑《乡村建设从何处做起》（《乡村建设》
1932 年第 2 卷第 2 卷），徐旭《从读〈乡村建设实验〉说到乡村建设实验》
（《中华教育界》1934 年第 22 卷第 4 期），唐现之《乡村建设中的几个基本
问题》（《中华教育界》1934 年第 22 卷第 4 期），陈礼江、高阳俞、庆棠等
《我们认识中之乡村建设问题》（《教育与民众》1934 年第 5 卷），《论乡村
建设运动》（《独立评论》1935 年第 198 期），《乡村建设理论的检讨》（《独
立评论》1935 年第 199 期）。

　　提交方案策略的，如章之汝、雷荣甲、潘一等《乡村建设初步计划草
案》及《乡村建设初步计划草案（续）》（《广西普及国民基础教育研究院日
刊》1935 年第 170 - 171 期），《河南辉县乡村建设实验区实施事业方案》
（《乡村改造半月刊》1936 年第 5 卷第 9 期），韩雁门《湘湖乡村建设计划大
纲草案》（《浙江农业推广》1936 年第 1 卷第 11 - 12 期），弘韬《筹设乡村
建设实验区》（《民间半月刊》1936 年第 2 卷第 16 期），谢星林《乡村建设
之实验与推行》（《政治评论》1935 年第 150 期），彭学沛等《促进乡村建设
方策》（《社会经济月报》1937 年第 4 卷第 3 期），知非《审慎当地政治领袖
加入乡建运动》（《乡村建设》1937 年第 6 卷第 10 期）等。

一般的研究和建议，如符致达《乡村建设与地方政权》（《民间半月刊》1936 年第 2 卷第 5 期），冯伯援《从日本农村更生运动说到中国乡村建设运动》（《民间半月刊》1936 年第 2 卷第 18 期）和《从乡村破产说到乡村建设》（《农村经济》1936 年第 3 卷第 12 期），朱隐青《乡村建设之特殊目的及其作用》（《浙江农业推广》1936 年第 1 卷第 11 – 12 期），蔡斌成、董用正记《乡村建设座谈会》（《浙江省建设》1936 年第 10 卷第 4 期），濮秉钧《非常时期的乡村建设》（《建国月刊》1936 年第 15 卷第 2 期），董汝舟《乡村建设为国民经济建设必由之路》（《建国月刊》1936 年第 15 卷第 3 期），陈洪进《民权政治与乡村建设》（《中国农村》1937 年第 3 卷第 4 期），公竹川《乡村建设工作与国防总动员》（《乡村运动周刊》1937 年第 13 期），陈大白《乡村建设路线之新转变》（《文化与教育》1937 年第 126 期），汪国舆《乡村建设运动应该自上而下还是自下而上》（《建设周讯》1937 年第 1 卷第 3 期），董汝舟《推行中国乡村建设应有的认识》（《经世》1937 年第 1 卷第 8 期），何棣先《乡村建设与地方行政改革》（《教育与民众》1938 年第 9 卷第 4 期），通哉《乡村建设之理论与实际》、《乡村建设之理论与实际（续）》和《乡村建设之理论与实际（续完）》（《陇铎》1940 年第 3 – 5 期），任碧瑰《以农会方式推动乡村建设之试验》和《以农会方式推动乡村建设之实验（续完）》（《农业推广通讯》1939 年第 1 卷第 2 – 3 期），李峥嵘《乡村建设之我见》（《新西康》1945 年第 3 卷第 6 – 8 期），焦龙华《对于目前乡村建设工作的意见》（《建设周报》1940 年第 10 卷第 5 – 8 期），徐寅初《现阶段乡村建设的几个重要问题》（《中国农村月刊》1940 年第 7 卷第 1 期），蒋遇圭《乡村建设与实验县》（《建设》1944 年第 5 卷第 4 期）等。

回顾既往、观察现势和瞻望未来的文章，如刘仲癯《四川乡建运动之过去与今后应取之途径》（《中国建设》1935 年第 12 卷第 5 期），朱炎《中国乡村建设》（《清华周刊》1936 年第 44 卷第 10 期），《现阶段中国乡建运动之检讨》（《农村建设半月刊》1936 年第 1 期），魏襄《乡村建设前途之推测》（《国光杂志》1936 年第 16 期），《乡村建设运动的将来》（《民间半月刊》1936 年第 2 卷第 24 期），黄省敏《读〈乡村建设运动的将来〉敬答陈序经先生》（《独立评论》1936 年第 216 期），观海《现阶段的山东乡村建设运动》（《乡村建设》1936 年第 6 卷第 19 期）和《现阶段的山东乡村建设运动》（《乡村运动周刊》1937 年第 7 期），藉裕钧《四川乡建运动史略》（《现代读物》1937 年第 2 卷特大号），雨林《乡村建设工作的新动向》

（《中国农村》1937 年第 3 卷第 3 期），《现阶段的中国乡村建设运动》（《时代动向》1937 年第 1 卷第 8 期），《乡村建设运动的将来》（《独立评论》1935 年第 196 期），《关于"乡村建设运动"的将来》（《独立评论》1937 年第 231 期），乔启明《中国乡村建设问题的过去与将来》（《现代读物》1937 年第 2 卷特大号），章之汶《对於我国乡村建设前途之展望》（《经世》1937 年第 1 卷第 6 期），马秋帆《抗战二年来的乡村建设运动》（《现代读物》1939 年第 4 卷第 8 期），杨开道《乡村建设运动过去的检讨》（《现代读物》1939 年第 4 卷第 8 期），何键《抗战与乡村建设》（《中央周刊》1939 年第 1 卷第 29 期），熊复苏《"七七"三周年纪念与加紧乡村建设》（《抗战周刊》1940 年第 41 期），中一《战时全国乡村建设鸟瞰（一）》、《战时全国乡村建设鸟瞰（二）》及《战时全国乡村建设鸟瞰（续完）》（《农业推广通讯》1941 年第 3 卷第 1 - 2、11 期），赖钧伯《四川之乡村建设运动》（《现代读物》1940 年第 5 卷第 7 期），施中一《大后方的乡村建设》（《乡建通讯》1940 年第 2 卷第 15 - 16 期），瞿菊农《乡村建设运动之过去与将来》（《文化先锋》1944 年第 3 卷第 6 期），曹平远《论乡村建设运动及其今后的动向》（《地方自治》1947 年第 1 卷第 12 期）等。

教育界人士参与的研究，如李蒸《中学教育与乡村建设》（《文化与教育》1935 年第 49 期），金永铎、王向升《非常时期教育与乡村建设运动》（《乡村改造半月刊》1936 年第 5 卷第 7 期），瞿菊农《大学教育与乡村建设》（《民间半月刊》1936 年第 2 卷第 18 期），林艺珊《乡村建设与乡村民众教育》（《民教月刊》1936 年第 1 卷第 1 期），《举办乡村建设人员养成所》（《中山县政年刊》1937 年），《国防教育与乡村建设》（《四川教育》1937 年第 1 卷第 6 期），汤茂如《计划教育与乡村建设》（《现代读物》1937 年第 2 卷特大号），胡庶华《战时教育与乡村建设》（《重庆校刊》1938 年第 23 期），袁倩伦《乡村建设与乡村教育》（《行政干部》1941 年第 2 卷第 1 期），江问渔《从农村教育到乡建运动》（《中建》1946 年第 1 卷第 23 期），傅葆琛《乡村中学与乡村建设》（《中等教育季刊》1942 年第 2 卷第 1 期）、《乡村建设之方式原则及其与教育之关系》（《国立四川大学师范学院院刊》1945 年第 1 期）等。

若干杂项研究、看法和做法，如金步墀《乡村建设与乡村青年训练》（《民众教育季刊》1935 年第 4 卷第 4 期）、《乡村妇女与乡村建设》（《民众教育季刊》1935 年第 4 卷第 2 期），《新生活与乡村建设》（《新生活周刊》

1935 年第 1 卷第 42 期），平生《革命青年与乡村建设》（《乡村运动周刊》1937 年第 9 期），王绍进《乡村建设与划一度量衡》（《半月评论》1937 年第 1 卷第 10 - 11 期），《乡村建设与科学》（《青年月刊》1938 年第 6 卷第 6 期），伍廷飏《保田制度与乡村建设》（《浙江建设》1940 年第 3 期），《广西乡村建设与民团干部》（《宇宙》1935 年第 3 卷第 5 期），宋廷栋《乡村建设事业在嘉兴》（《乡村建设》1937 年第 6 卷第 10 期），熊国霖《一个努力湖南乡村建设事业的学校》（《乡村建设》1937 年第 6 卷第 15 期），韩稼夫《战后农业复员与乡村建设》（《经济建设季刊》1944 年第 3 卷第 1 期），申兰生《乡村建设实验工作重点所见》（《申报月刊》1944 年复刊第 2 卷第 10 期）等。

政府公报提到乡村建设的实施和实验事项，如《由乡村建设以复兴民族之实施要点》（《教育部公报》1934 年第 6 卷第 49 - 50 期），《乡村建设实验事项》（《内政公报》1935 年第 8 卷第 22 期），《乡村建设实验事项》（《内政公报》1936 年第 9 卷第 2 期），《乡村建设实验事项》（《内政公报》1936 年第 9 卷第 4 期）等。

资料索引和指南，如研究院圕《乡村建设问题参考资料论文索引》（《乡村建设》1936 年第 6 卷第 19 期），濮秉钧《乡村建设论文分类索引》（《乡村建设旬刊》1935 年第 4 卷第 30 期），李竞西《乡村建设运动中二种重要刊物》（《华年》1935 年第 4 卷第 7 期）等。

对乡村建设的批判或评议，如李紫翔《乡村建设运动的再批判》（《新中华》1948 年第 6 卷第 15 期）、《三评梁漱溟乡村建设理论》（《中国农村月刊》1941 年第 7 卷第 4 期），阎振熙《乡村建设运动之一般的检讨》（《众志月刊》1935 年第 2 卷第 4 期），毛起鵕《乡村建设运动之检讨》（《东方杂志》1936 年第 33 卷第 13 号），凌琛《中国乡村建设批判》（《中国农村》1936 年第 2 卷第 6 期），周庆声《所谓乡村建设》（《中国农村》1936 年第 2 卷第 7 期），韩克信《试论"答乡村建设批判"》（《中国农村月刊》1940 年第 7 卷第 2 期），《乡建不是中国的出路》（《时与文》1948 年第 3 卷第 21 期），林卓园《乡建运动能救助中国吗？》（《燕大周刊》1936 年第 7 卷第 2 期），《乡村建设运动平议》（《农村建设》1938 年第 1 卷第 2 期），《乡村建设必有前途》（《民间》1937 年第 4 卷第 1 期），罗加正《乡村建设派》（《再生》1945 年第 104 期）、《乡村建设派》（《再生》1946 年第 5 期），黄志群《论乡村建设派》（《东南评论》1947 年第 1 卷第 7 期），吕桐《乡村建设派》（《东北文化半月刊》1947 年第 2 卷第 1 期），《新县制与乡村建设运动》（《湖北省地方行政干部训练团刊》1941 年第 33 期），《新县制与乡村建设》（《湖北省地方行政干部训练团刊》1942 年第 37 期）等。

### 三　晏阳初的"平民教育"运动和基地建设

在定县自发开展乡村建设实验二十多年之后，1926 年晏阳初选择该县作为中华平民教育促进会（简称"平教会"）的乡村试点。晏阳初从小受基督教会培养，并获资助赴美国留学，毕业后到欧洲战场为华工服务，发现扫盲极其重要。回国后自 1922 年起便在城市平民教育方面很活跃。1923 年中华平民教育促进成立，由晏阳初领导。照晏阳初早年的解释："所谓平民教育的'平民'是指一般已过学龄时期而不识字的男女，或一般已识字而缺乏常识之男女。所谓平民教育的'教育'，共分三步：第一步是'识字教育'；第二步是'公民教育'；第三步是'生计教育'。平民教育的最后目的，是在使二百兆失学男女皆具共和国民应有的基本教育和精神态度。"这种教育"不仅是我们中国的创举，亦是世界上的创举"。① 实验工作先有平教会的主动，复有河北县政建设研究院为其领导。在先后两任院长晏阳初、张荫梧两先生领导之下，在文化教育方面，刊有平民千字课、市民千字课、士兵千字课、通用字表、基本字表、词表、音乐、简笔字的应用、秧歌、鼓词、民间文艺等相关书籍，其他图书、音乐、戏剧、广播亦均普遍发展；生计教育方面，有农民生计训练、农业推广、合作组织等；公民教育方面，有乡约之修改、筑路、农民训练班、公民服务团等；卫生教育方面，每村设有保健员，联村设有保健所，县设有保健院。其推广教育之方法，是以短期训练班、同学会为社会组织之核心，以"表证农家"为家庭改造之模范，更以小先生制为推广教育之手段，并期以"定县作为实验中心区，由定县之实验而推广全省以至全国，使农村复兴得到具体进行方案"，"使国家得一条基本建设新路"，"使中华民族能于建设工作中，创造一新的生命"。②

由于晏阳初与国际社会的联系，翟城村和定县吸引了中外研究乡村社会的人员注意。定县的工作主要集中在一个拥有约 60 个村庄和集市镇的"实验区"。截至 1932 年，在定县开办的 440 所"平民学校"中，该会直接管理

---

① 晏阳初：《"平民教育"的真义与其他教育的关系》，《晨报七周年纪念增刊》1926 年第 7 期，第 53 - 61 页。

② 李宗黄：《考察江宁邹平青岛定县纪实》，《人文月刊》1937 年第 8 卷第 5 期，第 6 - 7 页。

的仅 20 所（其余的或是县政府开办的，或纯粹是地方创办的）。

晏阳初对中国乡村的观点，集中在挖潜乡村人的潜力，而不是改造乡村的组织。他的立足点是平民主义的，认为最文明的国家是为培养杰出人物兴办教育，训练资产阶级的子弟。而中华平民教育促进会的宗旨则是为"废除阶级教育"而办教育，即国家的强盛、民主和经济的进步有赖于公众意识的转变。这一任务只有通过教育，并从社会的底层向上发展才能办到。这样，晏阳初的计划与定县原先士绅式的事业精神并无矛盾；并且和米氏家族一样，晏阳初的工作也得到官府的赞助和保护。

谢扶雅的《平教会与县政建设——研究、训练、推广三种活动底内在关系》指出，"平教会的训练方式是最合理化的、活用的、实际的……始终对训练采用 Service in training（服务培训）制度"。"平教内容在现阶段，一语以概括之曰'县政建设'。""县政建设诚然属于政治工作，但中国现阶段的县政建设，也必是学术工夫，也必是教育事业。因为中国一向没有县政，县官只是征赋催科的账房，等因奉此的书记。现在开办新县政，既无成例可援，复无洋学可以抄袭，同时亲民的官的人选问题：老官僚既完全不中用，大学里政治学系的毕业生因其学非所习，也就无从措手。……所以现阶段的新县长，非为一执行者而兼研究家，又兼导师不可。"①

清华大学教授燕树棠的《平教会与定县》抨击平教会，指陈其罪状有：（1）定县民众对平教会利用该县模范县招牌不表信任；（2）平教会把当地建设成绩据为己功；（3）制造了"教党"（平教会会员）与"非教党"的冲突；（4）在定县有反动势力潜伏，以致河北军警当局把定县划为"赤区"；（5）提高了当地生活水平（指奢侈之风）；（6）侮辱民众人格（晏阳初将政教两权操己手，"欺诈乡愚，依势凌人"）。这样，民众"积恨日深，恐将发反抗的运动"。② 独立评论派的蒋廷黻、任鸿隽等则为平教会辩护。蒋廷黻谓燕树棠此文政治上向"失意的政客与乡绅表同情"，经济政策上"偏袒地主和债主"。③ 任鸿隽（叔永）批评国民党大佬张继对平教会的攻击，称"我们以为它（平教会）的方向是不错的"，④ 平民教育本应由政府全力推

---

① 谢扶雅：《平教会与县政建设——研究、训练、推广三种活动底内在关系》，《民间》1937
年第 4 卷第 1 期，第 2–5 页。

② 燕树棠：《平教会与定县》，《独立评论》1933 年第 74 期，第 3–8 页。

③ 蒋廷黻：《跋燕先生的论文》，《独立评论》1933 年第 74 期，第 8–11 页。

④ 叔永：《定县平教事业平议》，《独立评论》1933 年第 73 期，第 7–10 页。

行，岂能对民间团体热心尽义务而横加指责？

梁容若在《河北定县参观记》中指出："河北县政建设研究院本胚胎于民国二十一年全国第二次内政会议议决'各省设县建设实验区办法'……蒋介石、张学良各派十余人到定县（调查）……颇多赞许之报告，于是政教合作之机缘，遂以成熟。"① 研究院"聘定李景汉为调查部主任，瞿菊农为研究部主任，霍坚实为训练部主任，霍六丁为实验部主任"。霍六丁又任县长，将县政府四局改为科，添设自卫、经济两科，合署办公，开始实施研究部拟定的九项施政方针。

"河北省县政建设实验区"定县公安局局长邵清淮著《定县公安实验纪》，写于1934年7月30日的自序称，就任一年多来，"夙夜兢兢，不敢暇逸"。这书完全是实录，分为总述暨计划、经费、设备、选除长警、训练、组织、勤务、查勤、奖惩及附录，共10编，81节。他说，1933年3月底，河北公安厅魏厅长就安排他任定县公安局局长征询他的意见，这时他任河北第二区主任秘书，有著作《警察效用》。定县新任县长霍六丁对他有所了解。5月初，他临行前去请示省主席于学忠，得"经费不够用，可以少用人"训示。因为县经费被石友三、方振武两军移用，局里穷得开不了饭。此后一年"天天过这样的穷日子"。他个人的薪金，因平教会河北县政研究院成立了研究部，聘他为委员，才得补足。半月后，他向县长呈上《改良警察勤务大纲》，指出勤务含值、守、巡、调查户口、临检视查、奉令调查六种，每人应全包下来，隔日值班一整天（内含休息8小时），使能有时间接受训练，并保证最低限度的生活条件、工作设施。因旧警员不堪造就，他淘汰许多不良官警，招募、训练高小毕业程度以上的学生充任新警。尽管薪资低微（"本县警饷饷额在河北各县水平线以下"），勤务及学习又极劳碌，新警竟然能够忍受，"大概他们是被我们迷惑的信教徒"。中国有格言"官不修衙"，他见局里房屋太破，尽管自己可选不漏雨雪的房间，但考虑到长警们，就毅然顶着物议修房建食堂。建立各种标准的勤务簿册案卷，及时登记。此书中有具体的示范。全县50万人，有公安编制的警官仅26人、长警178人、雇员9人、夫役20人，即占全县人口的1/2200。全年经费（含薪金）28156元（其中每月工薪2113元，余为服装及煤炭费）。② 其他工作这里无法赘引，

---

① 梁容若：《河北定县参观记》，《山东民众教育月刊》1933年第4卷第9期，第89-120页。

② 邵清淮：《定县公安实验纪》，天津大公报社，1934。

均从略。

李紫翔指出，晏阳初等"所谓'新派'……（与梁漱溟等旧派）实际上的区别，似仅在新派直接依赖'国际'之物质和人力的帮助，而旧派则是比较保守的"。两派相通的地方很多。第一，"'定县主义'的理论基础，是建筑于抽象的'人'的问题上"。这和梁漱溟基于伦理本位的家庭中的"人"，脱离具体的社会关系，基点完全一致。第二，两派使用的"民族"（改造或自救）也是抽象的（不与民族革命联系，不与帝国主义对立）。"第三，把中国整个的社会经济问题，简化成一个农村问题，简化成一个抽象的'人'的教育问题。""第四，所谓'愚穷弱私'的四大基本缺点，实际不过是社会的几个病态现象"，他们看不到或有意回避造成这些现象的根本社会原因，却在四者的因果关系上兜圈子。至于两派不同的地方，梁漱溟是"中学为体、西学为用"的态度，晏阳初认识的中国则是"民族衰老"、"民族堕落"，他要与"中国五千年的历史，五千年的习俗为敌"，"所以对于西洋文化是无条件的崇拜"，要借其精神、技术和物质的帮助造成中国农村所谓的"现代化"、"科学化"。① 两派都是不顾中国当时社会政治经济的根本矛盾，只求补苴罅漏，实际上是开历史的倒车。《中国乡村建设批判》这本文集中直接批晏的文章还有千家驹的《中国农村建设之路何在》和吴半农的《论"定县主义"》等。

抗战胜利后，晏阳初负责主持中美农村复兴联合委员会（简称"农复会"），还是三十年前的老调，宣传农民生活痛苦是封建传统的压迫以及外来强权的欺凌造成的。费孝通揭露晏阳初把这两点"归罪于中国农民的自己没有出息"。费孝通批评说，"定县实验最大的缺点就在不从社会制度去谋改革"。孙中山的三民主义中就有耕者有其田（土改）方案，到了晏阳初的农复会的农村政策竟是"一种倒退的步骤"。②

从学术上看，晏阳初本人没有撰写理论专著，所以与之辩难的论著不多。晏阳初前期的文章，有《"平民教育"的真义与其他教育的关系》、《平民教育的精神》（晏阳初讲演、叶含章记，《晨报副镌》1926年第63期），《平民教育运动术》（《晨报副镌》1926年第60期），《平民教育概论——平民教育的意义》（《教育杂志》1927年第19卷第6期）等。此后便是宣扬定

① 千家驹、李紫翔编《中国乡村建设批判》，香港新知书店，1936。
② 费孝通：《评晏阳初〈开发民力建设乡村〉》，《观察》1948年第5卷第1期，第4-7页。

县工作，如《最近一年之定县平民教育》（《时事年刊》1930 年第 1 期），《中国农村教育与农村建设问题》（晏阳初讲、龙潜笔记，《民间》1935 年第 1 卷第 23 期），《在四川省设计委员会成立大会演讲》（《民间半月刊》1936 年第 3 卷第 12 期），《定县农村工业调查序》（《民间半月刊》1936 年第 2 卷第 23 期），《晏阳初讲述定县四大制度》（《民间半月刊》1936 年第 2 卷第 14 期），《三桩基本建设——对长沙雅礼学校学生讲》（《民间半月刊》1937 年第 4 卷第 2 期）等。抗战中后期他去了美国，战后有《为和平而教育世界》（《新教育杂志》1947 年第 1 卷第 1 期），《开发民力建设乡村》（《廓清月刊》1948 年第 1 卷第 9 期），《将理想变为事实！晏阳初先生在美谈平教工作》（李懋译，《乡建院刊》1947 年第 1 卷第 1 期）。

回溯对"平民教育"运动的研究，我们发现沈颐的《平民教育与平民政治》可能是最早解释"平民教育"作用的文章："盖必实施平民教育，然后国人能群趋于平民政治之途轨。亦必有平民政治，然后平民教育乃有存在发展之境地。"[1] 从五四到大革命时期发表的相关文章有：全增嘏《平民教育与改造世界问题》（《清华周刊》1919 年第 5 期），《平民教育讲演团纪事》（《北京大学日刊》1919 年第 383 期），陈鹤琴《什么叫做平民教育》（《广益杂志》1919 年第 9 期），陶行知《平民教育概论》（《中华教育界》1924 年第 14 卷第 4 期），董时进《平民生计问题与平民教育》（《晨报副镌》1925 年第 51 期），黎锦熙《致平民教育促进会的一封信》及《致平民教育促进会的一封信（续）》（《北京师大周刊》1925 年第 252－253 期），《将有平教救国运动》（《农民》1925 年第 13 期），《京兆通县预备大规模的平教运动》（《农民》1925 年第 8 期），纪沧海《平民教育运动与救国运动》（《新教育评论》1926 年第 3 卷第 2 期），汤茂如《平民教育促进会的组织和工作》（《东方杂志》1926 年第 23 卷第 24 号），汤茂如《平民教育促进会总会的工作》、《平民教育促进会总会的工作（续）》（《晨报副镌》1926 年第 61－62 期）及《组织中华平民教育促进会总会的经过》（《晨报副镌》1926 年第 63 期），《平民教育专号》（《新教育评论》1926 年第 3 卷第 2 期），付葆琛《定县乡村平民教育普及的计划和进行的情形》（《农民》1926 年第 67 期），汤茂如讲、周德之记《中国紊乱的原因与平民教育运动的使命》（《新国家》1927 年第 1 卷第 3 期）、《平民教育运动的使命》（《晨报副镌》1927

---

① 沈颐：《平民教育与平民政治》，《中华教育界》1916 年第 5 卷第 7 期，第 1－8 页。

年第 64 期）及《平民教育运动的经过》（《教育杂志》1927 年第 19 卷第 9 期），陈思虞《平民教育是一个救济贫穷的方法》（《广东平教月刊》1927 年第 3 期）等。可见这个运动酝酿颇早。

较重要的文章，如艾华《城市平民学校课程论——平教目的与平校课程》（《教育杂志》1927 年第 19 卷第 10 期），冯锐《平教总会兴办乡村平民生计教育之理由方法及现状》（《教育杂志》1927 年第 19 卷第 9 期），徐铸成《定县平教村治参观记》（《农林新报》1930 年第 205 - 211 期连载），甘豫源、周耀、秦柳方《参观中华平民教育促进会华北试验区报告》（《教育与民众》1930 年第 2 卷第 1 - 4 期连载），平教会《中华平民教育促进会工作概况》（《河南教育》1930 年第 2 卷第 21 期），《河北定县平民教育实验区考察记》和《河北定县平民教育实验区考察记（续完）》（《中华教育界》1933 年第 20 卷第 7 - 8 期），许同莘《定县平民教育促进会访问记》（《河北》1933 年第 1 卷第 5 期），孙伏园《定县平民教育促进会》（《东方杂志》1933 年第 30 卷第 1 号），赵冕、王倘《定县平民教育实验区印象记》（《教育与民众》1934 年第 5 卷第 10 期），刘醒侬《四川平民教育促进会江津实验区工作概览》（《民间半月刊》1936 年第 2 卷第 3 期），《平教会的农民抗战教育团》（《中国农村半月刊》1937 年第 7 期），吴太仁《四川的平民教育运动》（《现代读物》1940 年第 5 卷第 7 期），陈振骅《参观四川平民教育促进会十周年纪念会记》（《现代读物》1945 年第 10 卷第 1 - 2 期）等。

晏阳初是基督徒，经常有国内外教会组织为其撑腰、出资，在华教会机构也在平民教育运动中扮演积极的角色，以巩固和扩大其势力和影响。今录几篇相关文章：克立鹄《教会乡村建设问题》（《广闻录》1936 年第 3 卷第 3 期），毕范宇《乡村建设运动与宗教教育之关系》（《中华归主》1935 年第 153 期），《记上海基督教乡村建设座谈会》（《协进》1947 年第 6 卷第 2 期），毕范宇讲、张心田记《基督教与乡村建设》（《乡村教会》1948 年第 2 卷第 2 期），维之《读〈基督教与中国乡村建设运动〉》（《天风》1938 年第 6 卷第 5 期），杜忠三《乡村教会与乡村建设》（《天风》1938 年第 6 卷第 10 期）等。

新中国成立的前后两年中，对晏阳初的批判声渐多，比如特约记者《晏阳初与中国农村建设运动》（《观察》1948 年第 5 卷第 1 期），熹微《关于晏阳初的乡村建设》（《南风月刊》1948 年创刊号），张扬、沙坪、于青《反动组织"平教会"头子晏阳初》（《人物杂志》1951 年第 1 期）等。

由上可见，乡村建设的类型众多：西方影响型的和本土型的，教育型的和军事型的，平民型的和官府型的。所有类型的共同点是，都与政治密切关联。通过教育及经济改革复兴农村，意味着受到政治当局支持和保护。但陶行知和彭禹廷的独立计划非但得不到充分的政治支持，而且引起当局的怀疑和反对，导致这两项非正统的实验都被扼杀。①

国民党实施"县自治"，并没有如孙中山所希望的那样使民众拥有四权。"地方自治"至多是半官治的"包办民主"。由政府单方面主导的自治运动，既难以获得底层民众的呼应，更得不到底层民众的监督。这些自治机构蜕变成权力机构，从启蒙民众转向压迫民众。②

## 第三节 "新县制"的鼓噪和地方自治的敷衍

蒋介石并没有把希望寄托在推行几年的自治实验上，关心的仍是行政督察区县、镇、乡的行政。在《各地行政人员今后努力之途径和方法》中"今后应改进或注意之要点"部分，蒋介石提出对地方高级行政人员工作的指导性意见，摘要如下：（1）中心工作只应择最紧要之一二种规定实行；（2）经济建设应竭力实行；（3）奖励储蓄与生产；（4）组织群众应注重由经济入手，办理保甲的同时推行合作社；（5）应赋予各地司令与专员调遣分配保安团队之权；（6）保甲工作要采取连坐，慎选保甲长，注重训练；（7）尽力支持兵役法；（8）彻底清除散匪；（9）清剿匪患要多管齐下；（10）壮丁训练应遵守常识和公德；（11）办理保甲与训练壮丁，要注重干部训练和侦探工作；（12）行政部门应与党部密切联络，注意青年学生与党员工作；（13）国民体育、卫生，公墓；（14）囚犯之处置、训练，管理游民、乞丐，伤兵管理；（15）修河不应以区域来办；（16）苗圃与造林；（17）修路要修桥；（18）土地行政宜先完成土地整理，再作改良；（19）行政督察区以数字冠名，以求划一；（20）改良教育与提高师资为关系国家兴亡之大事。③

① 费正清、费维恺：《剑桥中华民国史》（下册），中国社会科学出版社，1994，第400－408页。

② 《转型中国》第65期《县政自治》，腾讯网，http://www.360doc.com/content/12/0227/11/8305891 189968531. shtml。

③ 蒋介石：《各地行政人员今后努力之途径和方法》，《中央周刊》1936年第416期，第2页。

## 一　蒋介石提出"新县制"并宣传造势

蒋介石1938年4月在国民党五届四中全会上作了《改进党务与调整党政关系》报告，6月形成"（县以下）各级组织关系图"，并指定五省各择两县试行。方案经国防最高委员会秘书厅整理为《县各级组织纲要》，首次提出"新县制"，于1939年9月19日由国民政府颁布，即日开始实施，并要求于1940年起在三年内全部完成。《纲要》企图调整官僚政治与低层参与之间的平衡，并使地方政府恢复活力。所设计的县政府有可靠的地方税基础，并且有自治的机构。县参议会由镇和乡的代表组成，而镇乡代表从保甲中产生，保甲既是自卫的组织，也是自治的单位。①

国民党和政府当即开动宣传机器为"新县制"大造声势，两年内刊物上发表了几百篇解说性文章，连资格最老的法学家王宠惠也撰文《新县制之功用》，赞其"完全是（自）下而上之运用，完全具有加强地方组织，促进地方自治事业之功用"。② 陈念中《新县制组织纲要的基本精神》称之为"一个划时代的方案……对于县区乡镇保甲各级机关，都有缜密的规定。从此地方基层的组织，在法制上可说已有了依据。以往种种自治与官治之争，地方行政与地方自治之辩论，可说已告一段落。以后不是再闹制度上的问题，而是在研究如何实行的问题了"。③ 李汉魂《从废县制说到新县制》，指出历代中国的县制都犯了"头重脚轻"、"倒筑宝塔"的毛病，现在"特别扩大乡（镇）、保公所的组织，于乡（镇）公所设置数股，于保公所设置数干事，分别办理民政、警卫、经济、文化等事宜，认真办理户籍、自治及社会事业，以建立农村政治的基础，严密指导国民兵队以增加农村的自卫力量；切实发展造产及合作事业，以救农民之穷，而充实农村经济；普及国民教育，以除农民之愚，而发展农村文化"。"于县设有县参议会，以为建立民意机关，乡（镇）设有乡（镇）民代表会及保民大会，以为人民运用选举权的初步试验。""政令下达，由县府直达乡镇，又减少区署一级的承转。"④

陈之迈《县各级组织纲要》称，县制"决定为县与乡镇两级，而以保甲为乡镇内的编制"。有弹性，县分为三等至六等，"人口多的地方，保甲多

---

① 《县各级组织纲要》，《交通公报》1939年第2卷第26期，第458页。

② 王宠惠：《新县制之功用》，《训练月刊》1940年创刊号，第9—10页。

③ 陈念中：《新县制组织纲要的基本精神》，《行政评论》1940年第1卷第1期，第29页。

④ 李汉魂：《从废县制说到新县制》，《地方行政》1940年第4—5期，第11—12页。

乡镇多"。过去"省的地位过度的重要……现在中央政府决定在财政上控制各省，田赋收归中央管理，省的预算编入中央的预算之中……确立（县的）自治财政系统，不使再受省的控制"。县是自治单位，又是行政单位，"所以县政府所办的事项共有两种：（一）全县自治事项；（二）执行中央及省委办事项"。新增的三位一体制、保民大会、县参议会等，地方上试办过。孙中山说，县自治须"竭五十年之力为民国筑此三千之础石"，过去十余年间不曾收到显效，也不能算是失败。①

李宗黄是县政计划委员会的负责人之一，有必要介绍一下他对新县制制订背景和过程以及有关精神的说明。他说："县以下的行政机构问题，是中国政治上一个最大的问题，也就是我们革命的三民主义新中国能否建设成功的最重要关键。"《纲要》出来了，"从此我们对于县以下行政机构的改造，算有了准绳"。"新县制纲要的中心工作是'管、教、养、卫'四个字。"②实际要做的，按孙中山指示的自治开始实行事项共9项，《建国大纲》规定的有8项，1937年7月蒋介石庐山训练团讲话归结为8项，1939年5月蒋介石讲地方自治有5项建设（心理、伦理、社会、政治、经济建设）。1939年，在内政部主持的地方自治实施设计会议上，专家们总结的地方自治实施标准共14项。作者抽出上述各文件中的共同事项，有"户口，土地，机关，教育，合作，警卫，交通，生产，民众训练，财政"共10项。"卫生，人事，救恤，社会调查，新生活"③ 这5项也不可忽视。最后李宗黄总结出17项，加了规定地价、修治水利2项。"过去县各级组织不健全的主要毛病有五：事权不集中，县地位未确定（省政府对它有无上的权威……有十六个上级机关可以向它发布命令……上峰对县长'期之如圣贤，驱之如马牛'），财政不上轨道（无限制的税额之外还有无限制的摊派，财政的收支无预算、无审核、无金库、无固定税源，一切混淆不清，以致经手人员易于层层舞弊，引起天怒人怨。只看到人民受苦，却看不到财政的功效），法令过于繁杂，不切实际需要（对于地方自治所悬理想太高；而军事省份所施行的法令，结果都成为加强官治）。"他认为，新县制一扫积弊，具有统一性、需要性、单纯性、伸缩性、连环性等特点。④

---

① 陈之迈：《县各级组织纲要》，《新经济》1942年第7卷第7期，第124－127页。
② 李宗黄：《新县制之理论》，《广播周报》1940年第184期，第6－8页。
③ 李宗黄：《新县制之实际》，《广播周报》1940年第184期，第17－19页。
④ 李宗黄：《新县制之特性》，《广播周报》1940年第186期，第19－21页。

李宗黄此类论文汇集为《新县制之理论与实际》一书，内分总论、分论、结论三部分，原系散篇，却能形成一个整体。总论包括理论背景、特性、实施方法，与抗战建国、与三民主义、与宪政实施的关系，以及干部训练、心理建设等先决问题。分论18篇，即他整理的18项具体工作。结论共4篇，一是综述前两年实施新县制的成绩，二是县政计划委员会工作完成的汇报，三是新县制实施以来的总检讨，四是县政计划委员会完成工作一览表。李宗黄指出工作中的缺点：重上轻下；组织重于事业（机构搭起来了，工作完成不多）；形式重于实质；管、教重于养、卫；兴利重于除弊；治法重于治人（新县制法规已达50种以上，而各级用人不按中央法令）；官权重于民权（保民大会、乡镇民代表会均未成立，故中央有限本年完成之令）。①

"县政丛书"出版了《总理地方自治遗教》、《总裁地方自治言论》、《县各级组织纲要》、《地方自治之理论与实际》、《新县制演讲集》、《新县制法规汇编》。县政刊物，如《县政汇报》、《新县政月刊》（《中央日报》副刊，每月2期）。手册类有《新县制的保甲》、《县长须知》、《公民须知》；拟出版《区长须知》、《乡镇长须知》、《保甲长须知》、《县水利建设》。教材有《地方自治讲义》（上、下编），参考资料有《新县政书报目录索引》。

还有很多文献重在统计县政各类数据。例如，各县行政组织统计表材料；已推行新县制和未推行新县制的县份统计表材料；各县的乡镇保甲统计表材料；推进新县制的县份各项事业进度表材料；各县农林场、文化机关、各级学校、各级生产事业、各级合作社、各级社会调查统计表材料；各县金融机关、各县水利事业、各级壮丁队、各级卫生机关、各级民意机关、各级在乡军人会、各级长老会、各级妇女会、各级少年团统计表材料；其他机关新县制之统计材料。

相关刊物如《新政治》、《新建设》、《现代读物》、《训练月刊》、《地方自治半月刊》、《县乡自治》，着重发表县政论文。报纸如《中央日报》、《中央日报（贵州版）》、《云南民国日报》、《河南民国日报》等，供给县制专论。

黄豪在《论地方行政干部训练》中指出，要发现、选择、吸收忠实可靠的基层干部；县政府科员以上及区长经省训练机关训练，乡镇干事股长以上及中心学校校长在行政督察区所设训练班训练，保甲长、干事及国民学校校

---

① 李宗黄：《新县制之理论与实际》，中华书局，1943。

长由训练机关训练。注意培养信仰，进行民众领导技术、管理技术、特种智能（编练壮丁，办理仓储合作社等）之训练，及训练后之继续教育。①

专著有陈柏心《中国县制改造》（国民图书出版社 1942 年 5 月出版）；王孟邻《比较县政府》（正中书局 1943 年 7 月出版，"社会科学丛刊"）；刘振东主编，周子亚、王孟邻、朱建民编辑，张金鉴审校的《县政论》（中央政治学校研究部新政治周刊社出版）；萧明新《新县政之管理》（正中书局1947 年 4 月出版，"社会科学丛刊"）。

将地方自治与宪政连在一起进行研究和宣传的论文，较重要的如：陈之迈《宪政与地方自治》（《新经济》1939 年第 2 卷第 12 期），谢承熏《宪政、训政与地方自治》（《黄埔》1939 年第 3 卷第 14 期），叶青《宪政与地方自治》（《地方自治半月刊》1940 年第 1 卷第 7 期），张怀玖《如何完成宪政的基础——新县制和地方自治》（《法学杂志》1941 年第 11 卷第 3 期），周钟岳《实施宪政与地方自治》（《新中华》1943 年第 1 卷第 2 期），萧文哲《实施宪政与地方自治》（《军事与政治》1944 年第 7 卷第 1 期），李宗黄《宪政与地方自治》（《地方自治》1946 年第 1 卷第 3 期），潘镜《实施宪政与地方自治》（《地方自治》1947 年第 1 卷第 3 期）。

孔大充的《私拟省县自治通则》指出："官治就是中央集权（Centralization）与行政集权（Concentration）的总和。……还谈什么自治？""任何国家的地方政府，均具有中央政府代理人与地方自治法人的双重资格。""法国地方政府承办国家行政，颇见效率。县长既系中央委任，当然听命于中央；邑长由中央委任的县长负责指挥，也不易玩忽中央的政令。法国地方制度，公认为世界上最合理最进步的典型，这也是原因之一。""英美的地方政府首长（由民选），只知对选民负责，不知中央政令为何物……（造成中央政府在地方上举办的国家行政，得另设机构承办，直接受中央政府的指挥），机构重复，既不经济，又不效能，委实是最不合理的制度。""依照中华民国宪法，省县长俱由民选，但同时复责成省县长承办国家行政……是不是能够有效的执行国家行政？……浸假而形成割据，实是大事。以中国的国性，而竟采行美国的制度，……这是中华民国宪法上极端地方分权不合理的地方。"②

抗战以后，各地建设工作大多停顿，平教会之衡山实验、农村建设协进

---

① 黄豪：《论地方行政干部训练》，《训练月刊》1941 年第 3 卷第 3 期，第 43－46 页。

② 孔大充：《私拟省县自治通则》，《地方自治》1948 年第 2 卷第 8－9 期，第 1－5 页。

会之定番实验，亦早似强弩之末。此故由于战争之影响，不足为怪。新有中国地方政治研究会及中国地方建设研究所，在王次甫（留学日、英，法学教授，国民党江西省党部执委，曾任江西省民政厅厅长）、马博庵、高柳桥等领导主持之下，认定战后中国建设之基础在地方，建设地方即促成国家建设，潜心地方实况之调查、地方建设理论之树立、地方建设方案之凝聚，期综合政治、经济、教育、文化、社会诸方面，研究一切具体可行之方案，俾得普遍改造地方组织，强固地方机构，提高地方文化，丰裕地方经济，使三民主义之新社会、新中国早日实现。顾立会设所，为时甚暂，况值战时战地，人力、物力艰困异常，一时自难言赫赫之功。

陈资舫认为，综览三十余年地方建设运动之史实，政府方面，初假地方自治之名，为专制帝王和缓革命之手段，继而袁氏称帝，复遭摧毁。迄国府成立，运动始得一展翼翮，地方建设因以循序渐进，日趋正轨。社会方面，或由个人图一乡之治，或由一二会社倡导实验，竟至朝野一心、上下一德，融成此地方建设之洪流。虽因战争稍被摧折，然而地方建设实为国家之基础，抗战已濒胜利前夕，此时正是加紧地方建设以强固国家基础之大好时期。陈氏甚愿政府登高一呼，集群策、合群力，共同争取建国胜利之早日达成。[①]

## 二　县政建设专家学者的调查与研究活动

行政院县政计划委员会按照国民党五届五中全会通过的《县以下组织实施案》第一项之规定而产生，"唯一的使命，即在规划实施新县制的一切法规方案"，（后加上）"并审议改进县政计划为主管事务"。委员会于1939年6月24日正式成立。主任委员初为内政部部长何键，旋即改为周钟岳（新内政部部长），副主任委员为李宗黄（国民党中央执行委员）。其内部组织分为三个办事组：一组负责人事、会计、庶务、文书等；一组负责法规、计划等；一组负责编纂、宣传等。另有专门委员会，分组研究各种专门问题。

一年时间，制定了县参议会组织、选举条例，县长考试条例，保甲编整办法，户口普查条例，户口异动查报条例，县各级卫生组织大纲，县财政整理办法，乡（镇）财政整理办法，乡（镇）财产保管委员会章程，乡农业推广所组织大纲，县农林场组织章程，县各级合作社组织大纲，中央省县合

---

①　陈资舫：《中国地方建设运动史略》，《生教导报》1944年第2卷第1期，第18－25页。

作金库与合作社物品供销处筹设大纲，县乡电话设置办法，县道路修筑及管理办法，县警察组织大纲等草案；审议了内政部所拟乡镇保甲组织规程、选举规则，修正户籍法施行细则草案 14 种、教育部所拟的国民教育实施纲领等、有些省所拟的县政府组织规程等；计划方面，拟定县政计划委员会的法规，以及帮助有些省县制定各类章程等。

县政计划委员会自身的职员不满 20 人，延请专家和实际负责者为专门委员，将地方自治事业分为法制（黄右昌）、人事（刘燧昌）、财政（赵棣华）、户口（陈长蘅）、警察（酆裕坤）、教育（孟寿椿）、土地（郑震宇）、合作（寿勉成）、农业（钱天鹤）、工业（欧阳仑）、交通（赵祖康）、水利（宋彤）、卫生（金宝善）、社会救济（周毓瑄）、社会调查（陈之迈）等 15组，每组有组长（姓名见上列括号内所示）、副组长各 1 人，委员 7－13 人。

另外，成立了官办的中国县政协会，研究实际方案。方式上，一是举行座谈会，二是发起征集意见运动会。主要开展四方面工作：解决新县制实施时所发生的问题；县长考成标准之研究；县政竞赛办法之研究；制订县政通弊之救治方案。

鼓励学术探讨，一是组织研究活动：（1）关于县政专题论文之征集；（2）关于专门研究员岗位之设置。二是成立县政研究所，主要办理函授和介绍县政书报。

还负责登记县政人才。一是编印县政人员姓氏录。二是设置县政人才介绍所，负责人才登记和人才介绍。三是建立经常性通讯，保持县政人才之联络。

协会助力解决多方面的困难和问题。关于技术的：（1）代理会员对于县政上各县设计之委托；（2）代理中央及地方当局关于县政查询事项之委托。关于经济的：（1）代理会员经济事业之设计与营业之委托；（2）代理会员储蓄与汇兑事项。关于法律的：（1）设置法律顾问，代理会员正当冤抑之申诉；（2）代理会员向中央或地方当局关于县政查询事项之委托。关于学理的：（1）代理会员以负责与有见地之主张提供各主管当局酌采之分转手续上之委托；（2）解答县政咨询之学理专家。

在搜集县政资料方面，一是派遣及征求通讯员，组织县政资料供应网。二是成立县政资料室：负责国内外有关县政图书、文献之搜集。三是编纂各种统计资料：（1）关于县政的条例法令；（2）关于全国县政文献之索引；（3）关于各县生产消费状况及增减指数之统计；（4）关于全国县名及户口之调查统计；（5）关于推行有效之进步方案；（6）其他重要调查与统计之资料。

举行工作竞赛，筹备县政展览会，组织县政观光团。

此外，中国县政协会发展会员联谊，包括：（1）成立全国县政分会；（2）编印会员姓名录；（3）发刊会讯（报道关于联络之消息，宣传会员卓著之成绩）；（4）从事关系机关之联络与合作；（5）筹备会员招待所；（6）举行会员聚餐会；（7）举行会员年会。[1]

陶希圣在北京大学政治系当教授时曾说：

> 中国政制的变迁，有四个时期是很显明的。一是春秋到战国时期，二是魏晋时期，三是宋代，四是清末以来。
>
> 清末以来政制的争执，主要是关于中央制度的。三四十年来，政论和政治学研究，主要是关于宪法及中央政府组织，并且，中央政府组织的讨论也多半限于立法、行政等权力的关系，如所谓总统制与内阁制之争，或三权分立与五权分立之争。至于各部的地位，部内司科组织、公文程序，很少有详细的讨论。关于省制，争论主要限于省与中央的关系，即所谓分权、集权及均权之论。关于……行政技术乃至于县政府的整个制度，既少有人注意，更不列入大学课程之内。
>
> 行政的技术一任从来案牍上有历练的官、幕友及吏胥。……学校所学与实际行政满不相干。[2]

清时县署之组织已极复杂。知县之下有"吏目"掌书吏，在科房之上，有"县丞"掌催征，有"典史"掌监狱缉捕，有"巡检"掌公安秩序。其下有"科房"，"科房"之中分"吏房"、"户房"，更有"礼房"、"刑房"、"兵房"、"工房"、"仓房"、"库房"等之设。各县设置之情形，当时并非完全一致。与科房并列则有"班房"，班房之中分"壮班"掌捕贼，"快班"掌缉盗，"皂壮"护卫知县。有"宾幕"，宾幕之中分"刑名"掌诉讼，"钱谷"掌赋税及债务诉讼，"征收"掌征收核算，"书启"掌书札文牍，"账房"掌银钱出纳。有"丁家"，丁家之中分"收发"、"前稿"、"候稿"、"班管"、"值堂"、"跟班"、"执帖"。以上人员，可分为两个系统，一为县

---

① 《（特载）中国县政学会章程》，《行政评论》1941 年第 2 卷第 1 期，第 1－6 页。

② 陶希圣：《清中叶县行政舞弊的研究·序》，《行政效率》1935 年第 2 卷第 11 期，第 1541－1542 页。

署组织中具有固定性质之人员，如吏目、县丞、巡检、典史，科房、班房属之，一为同知县进退之人员，如"宾幕"、"丁家"。

民元以后，章制随政体而变迁。当时改革之情形，职务分配方面，所谓"内务"，实包括以前工、吏、兵等房之事务，"财政"则包括户南、户北两房事务，"教育"包括礼房之事务，"实业"包括以前一房之事务也。至于县公署内之组织，有分设内务、教育、实业及财政等数科者，亦有仅设两科者，以第一科掌内务兼财政事宜，第二科掌管教育兼实业事宜。他若财政局及建设局，至民国 9 年（1920）各县始相继设立。

所谓胥吏，包括书及吏，乃中国政治若干年来习俗相沿，属县行政最下层的一种势力，在中国政治制度史上无形中成为一种特殊阶层。县长等将例行公事悉交书吏之手，而形成书把持内部、吏把持外部之格局。至于班吏，按照过去之观察，其组织尤为严密。有所谓"头目"（法警长）、"红名"（即法警及承发吏），彼等虽经县府之注册任命，有一定之名额，各有一定之薪水，但其帮忙之人，所谓"大腿"、"小腿"，则既未经挂名，又无薪水，全靠额外之进项。于是，由以上之情形，县长、科长等只要把上面的公事应付过去，合了考成之点，如田赋解到九成，盗案每月不过一二次之数，必不再与书吏为难，而书吏在默契之下遂可为所欲为矣。当时之所谓县政府也，自其实质言之，对上平时只是政府之外账房，在战时不过军队之副官处，对下反是维持治安、适调争讼之机关而已。而直接予人民以深刻之印象者，即缴粮与讼事，其中又有许多之黑暗。[①]

陈柏心的《中央怎样监督地方》指出，鉴于地方自治是"实行统治上的分权"，而"中央政府往往就以若干由中央经营较为合理的事务归于中央，并对地方行政施以严密的监督，实行所谓行政上的中央集权"。弊端是：其一，各地发展不平衡，而中央对下的法规、任务、要求、进行方式等都整齐划一，不切实际；其二，中央机关政出多门，催办急切，地方人力、财力有限，穷于应付；其三，中央不明下情，安排、任用、指示常出偏差。改进的要点是：健全中央机关自身，了解下情和衡量现实能力，正确决策并施行个别的、积极的指导，及时督责。[②]

卢法祖的《中央政府监督地方政府的方法》一文介绍英国的行政监督制

---

① 胡迅：《县政建设短论》，《力行月刊》1940 年第 1 卷第 12 期，第 8 - 16 页。
② 陈柏心：《中央怎样监督地方》，《国讯旬刊》1938 年第 197 期，第 11 - 12 页。

度，就是地方政府的每一项工作，中央都有专门机关给予管理监督，办法有拨款、颁法、核准所立规章、批准或驳回请求事项、纠正或惩处失当违法枉职情事、审核账目、派员视察调查并公布报告；而美国采取立法监督制度，即地方政府（市、村、镇等）兴办一事，必须由州议会通过一个特别的章程，然后依法实施。比较两种制度，行政监督的优点是效率高（便捷）、特殊适应（因地制宜）、专业性（中央专家研究、比较、指导）、较严密（直接督责控制）。卢氏认为中国以采取行政监督为宜。①

李承先《舆论与行政监督》一文强调"舆论监督"："舆者，轸、轨、轼、较等等之总名，众也。群众对人事之批评与建议称曰公共意见，亦即舆论是 Public Opinion。"至于"行政监督"，他解释为："国家为保持人格之统一及督促事务之进行起见，对于机关人员非加以干涉不可。国家为此目的而为之干涉，是为国家之监督作用。其为行政上目的，且以行政行为而行者即为行政监督。"②

萧公权的《论县政建设》肯定了国民政府的几项举措（实验县，人员训练，调查），但制度改革（省合署办公，专员督察，县裁局设科，区设区长，民编保甲）反而变自治为吏治，离分权、趋集权。该文指出，县政建设的困难有四（人民知识未开、狃于旧习，县政人才缺乏，地方势力障碍，建设经费支绌），目标既然是民族复兴，利民（衣食不乏，赋税不苛，盗贼不扰）就是第一义。一切县政之组织与建设，都要以利民为依归。③

何棣先的《乡村建设与地方行政改革》说，"乡村建设"与"地方行政改革"虽然是两个名词，而目的则一。所分别者，只是时间发生先后与范围的广狭而已。前者的发展可分三个时期：孤立、赞助、合作（抗战爆发，政府请乡建专家帮助）。地方上的问题集中于制度、人才、经费。如江西省83县，每县平均有300保，全省25000保；每个乡镇有乡镇长、干事、户籍员、书记等约6人，全省合计也达1万余人。没有专项经费。④

林宗礼《一个管教养卫合一的县政建设设计》（《教育与民众》1938年第9卷第4期），介绍浙江寿昌县根据《抗战建国纲领》和《浙江省战时政治纲领》及本县实际制定县政建设方案。县政实验的"过来人"胡次威发

① 卢法祖：《中央政府监督地方政府的方法》，《正言》1943年第1卷第3期，第29－45页。
② 李承先：《舆论与行政监督》，《华夏》1946年第1卷第1期，第11－13页。
③ 萧公权：《论县政建设》，《独立评论》1936年第218期，第9－12页。
④ 何棣先：《乡村建设与地方行政改革》，《教育与民众》1938年第9卷第4期，第8－9页。

表《重要县政问题改进意见》(《行政研究》1936 年第 1 卷第 2 期)、《重要县政问题改进意见(续一)》(《行政研究》1936 年第 1 卷第 3 期)、《重要县政问题改进意见(续四)》、(《行政研究》1937 年第 2 卷第 3 期)、《重要县政问题改进意见(续五)》(《行政研究》1937 年第 2 卷第 4 期)、《重要县政问题改进意见(续六)》(《行政研究》1937 年第 2 卷第 5 期)共五篇,以财政和公安最为着重,可知对民众自治并无突破性的见解。

抗战时期又为"新县制"做鼓吹,胡次威有《现阶段的四川新县制》及《参议会组织实务》,"著者以《县各级组织纲要》既经中央公布施行,成立各级民意机关,自在不远"①。《参议会组织实务》一书"用以阐述现行组织及选举法令之精义,并参以立法原理,附以疑义解释"②。作者另有《参议会选举实务》作为姊妹篇。

关于县以下的自治形式和机构设置,自民国 18 年至 23 年先后公布《县组织法》等,规定地方制度之内容。自治区域:除特殊情形以外,县以下至少四区,至多十区,区以十至五十乡镇组成,乡镇以下为闾、邻,市分区、坊、闾、邻四级。自治机关:县(市)设参议会为议事机关,由县民选出之参议员组成;县(市)政府为执行机关,设县(市)长一人,由省府任命;区设区民大会及区民代表会为议事机关,区公所为执行机关,区长民选。更设监察委员五至七人,行使监察职务。乡镇(坊)设乡镇(坊)民大会为议事机关,乡镇(坊)公所为执行机关,设乡长一人,副乡长一至二人,亦设监督委员三人至五人,闾、邻亦各设闾(邻)长一人。推行此制度之结果,可谓弊病丛生。民国 23 年(1934)遂颁有改进地方自治原则,其要点:(1)县采乡镇、村二级制,市采一级制,惟在特殊需要情形下始得设区。(2)地方自治推行分为三期:第一为扶植自治期,县(市)长由政府任命,乡镇、村长由民选三人,任县(市)长择委一人;第二为自治开始期,县(市)议会由人民选举,乡镇、村长亦民选;第三为自治完成期,县(市)长、县议会、乡镇村长均由民选。同时规定地方得因时地之宜暂缓纷更,遂不免等于具文。

薛伯康编有《地方自治》(中央陆军军官学校出版),还与竺允迪合编《地方自治与自卫》(独立出版社 1942 年出版),都是讲义性质的册子。黄

---

① 胡次威:《现阶段的四川新县制》,《政教旬刊》1940 年第 5 卷第 24 期,第 1–4 页。
② 胡次威:《参议会组织实务》,商务印书馆,1946。

右昌《训练县公民行使四权方案草案》（《地方自治》1946 年第 1 卷第 3 期），草拟具体而规范的程序、方法、提案格式、投票方式等，分选举、罢免、创制、复决四项，及资格认定，办理者、监督者责任等，详细开列，以便训练和实践时一一对照执行。

三　保甲制度的恢复与基层行政管理

汉语中与"保"字连用构成的词有保安、保守、保任（信任互助）、保卫等，"甲"字可作兵甲解，含维护义。"保甲"一词最早出现于王安石新法中。《正字通》解释："保甲者，编籍户民，彼此诘察，防容隐奸宄也。"龚自珍说："保甲之制，以兵法部伍其民。"所以保为编户之法，甲为编伍之政，合两者政制而言，即为保甲制度。一说"隋唐时期即有之，保者城堡之义，甲者兵甲之义……为保丁者，许自蓄弓箭，共习武艺"。[①]

清代道光十七年（1837），徐栋辑录《清会典》及各家文集中有关保甲的条例、章程、奏疏、论说、公牍等，形成《保甲书》（道光戊申年刊本），分定例、成规、广存、原始四类。据《保甲书》讲述，保甲制度是我国传统社会一种重要的基层管理制度，它以户为基本单位，牌、甲、保之间一般以十进制的方式造行编制，具有亦兵亦民的性质，既可对生产建设和人口户籍进行管理，又具有维持地方社会秩序、统纳民力、征发徭役、收取赋税、教化居民等功能。徐栋自序中还辑录了《牧令》一书，作为从政的入门书。同治八年（1869），丁日昌重新校订为《保甲书辑要》（同治戊辰年刊本），"存其十之五六"。

徐叔繁《中国保甲制度之沿革》（《力行月刊》1938 年第 1 卷第 6 - 7 期），从《尚书·大传》"古之处师，八家为邻，三邻为朋，三朋为里"说起，直到清朝，极详细。

何会源《中国保甲制度之新检讨》（《民族》1937 年第 5 卷第 1 - 6 期）、葛寒峰《中国保甲制度研究》（《农学》1940 年第 3 卷第 5 - 6 期）等文，都将保甲制的雏形上溯到黄帝井田制，或周代的比、闾、族、党。管仲划分轨、里、连、乡以施行"什"、"伍"之法，商鞅施行什伍连坐之法，然后历代加以完善。保甲制孕育于汉（乡、亭、里，什伍相检之法）、唐（里乡

---

① 胡迅：《保甲制度在中国现阶段上的需要》，《力行月刊》1938 年第 1 卷第 6 - 7 期，第 19 - 26 页。

邻保制），确立于宋代，蜕变于元明，复兴于清代。

清末民初关于保甲的文献几乎销声匿迹，现能找到的清末文件仅有《扬州保甲章程示》（《万国公报》1890 年第 11 期）、《黔抚庞奏贵阳等属覆查保甲片》（《政治官报》1908 年第 149 号）。而 20 世纪上半期在期刊上发表的文章有几百篇，基本上出现于国民党上台以后。20 年代初，有钟家谋的《警察与保甲》（《警声月刊》1924 年第 6 卷第 1 期）和《警察与保甲应如何取得确切联系》（《警声月刊》1924 年第 6 卷第 1 期），林昆的《论保甲兴废与推广警察》（《警声月刊》1924 年第 6 卷第 1 期）。

国民政府初期，有些地方陆续恢复保甲，相关文章有《广东省暂行保甲办法》（《广东省政府公报》1929 年第 37 期）、《令宁波市长据呈为办理保甲情形由》（《浙江省建设月刊》1929 年第 22 期）等，为数不多。其中郎擎霄的《保甲运动之理论与实际》（《广东民政公报》1929 年第 46 期与第 47 期连载），才算得上研究论文，且用于指导实际工作，还有《颁发保甲运动之理论与实际令》（《广东民政公报》1930 年第 55 期）。小册子《保甲运动宣传纲要》、《保甲运动之理论与实际》（广东民政厅编辑处 1929 年 12 月出版）、《保甲讲述》（出版者不详），讲述保甲制度的沿革、兴废，保甲制度与三民主义、自治的关系等。

进入 20 世纪 30 年代，有星樵的《保甲运动是七项运动中的先急工作》（《津声》1930 年第 2 卷第 1 期）、谭适的《我对於保甲的几个意见》（《浙江民政月刊》1931 年第 38 期）、胡彦云的《地方自治中的保甲问题》（《中央导报》1931 年第 7 期）、杨懋春的《乡约保甲社仓社学考》（《村治》1932 年第 2 卷第 9 - 10 期）、陈维远的《保甲运动与全民政治》（《团务月刊》1933 年第 1 卷第 1 期）、王湛尘的《保甲制度》（《国民外交杂志》1933 年第 2 卷第 1 期）等，为数寥寥，但王湛尘的文章已颇有分量。不过，又有《令知自治机关成立后保甲制度自应废除》（《广东省政府公报》1932 年第 180 期）。

1934 年商务印书馆出版闻钧天所著《中国保甲制度》，凡 10 编，28 章。首编解释设保甲之意义，第二至八编叙述保甲之历史，末两编探求实行保甲之途径。"全书以法制之沿革为经，法理之兴革为纬，使国人有所认识，以期整个制度之精神得以建立。"历代施行保甲制，或重于教（劝农、尚武、兴教等），或重于刑（纠察、驱盗、禁毒等），或重于政（户口、课赋、兵役等），中心目的在求社会秩序之安宁。全书对历代保甲的组织方式、手续等作系统的叙述。该书称既往的保甲是他动的，当代提倡自治的运动。全书最后提出要从编查户口入手，以乡人治乡为极则，以安定社会为始基，以健全民治为原则，作为今后工作的方向。附录国民政府施行保甲的各种条例细则。

其他研究性文章，有《保甲制度与社会治安的关联》（《人言周刊》1934 年第 1 卷第 26 – 50 期），花寿泉《保甲制度的研究及其评价》（《江苏月报》1935 年第 3 卷第 3 期），庄继曾《我国历代之户口编审及保甲制度述评》（《国衡》1935 年第 1 卷第 4 期），松亭《保甲制度与地方自治》（《半月评论》1935 年第 1 卷第 20 期），黎离尘《宋代保甲制度兴废之检讨》（《励志》1936 年第 4 卷第 16 – 17 期），郎心如《推行保甲制度之研究》（《文化建设》1936 年第 2 卷第 12 期），韩光琦《公民训练之先决问题——保甲制度》（《陕西教育》1936 年第 2 卷第 1 期）等。

培训类的书本，如吕咸《保甲述要》（江西省县政人员训练所 1935 年 5 月出版），为"县训丛刊第一种"，附录《保甲实施办法表解》等三种。分 3 章。讲述中国保甲制度的历史沿革，江西省办理保甲的经过及改进计划等。还有福建省县政人员训练所《保甲法令》（1936 年 2 月出版）等。

章楚在《保甲运动与地方自治（续）》中指出，地方自治的形式，英美采取立法监督制，欧陆采取行政监督制。欧陆地方自治权力较英美小，但警察权力则较英美大。我国警政效法日本（承袭德国），承认警察行政为国家行政。直至南京政府时（市县）《组织法》规定，警政由各市县自行办理，然而实际上限于城市，无法兼顾乡村。所以该文认为，保甲之制比地方自治由来甚久，不难立办。[1]

黄右昌的《县市自治法比较的观察及保甲与警察之关系》这篇文章是对新县制实行前的研究，认为在扶植自治时期，保甲事务与警察事务应通力合作。警区与自治区域不妨同一，是以警察之力量推行自治，非取代保甲。尤其调查户口、人事登记二者，从自治开始就要逐渐移归乡镇区办理。[2]

张纯明在《现行保甲制度之检讨》中记载，1936 年夏，作者应内政部之邀考察十几个县的区乡镇保甲情况，看到"保甲对于政令之推行有莫大之便利……故政府每滥用保甲，而使乡镇保甲长有应付不暇，人民有不胜苛扰

① 章楚：《保甲运动与地方自治（续）》，《警高月刊》1936 年第 1 – 2 期，第 17 – 32 页。
② 黄右昌：《县市自治法比较的观察及保甲与警察之关系》，《中华法学杂志》1936 年新编第 1 卷第 4 期，第 1 – 15 页。

之苦"。"以无薪给之保甲长，而予以摊派之权，强征勒索，自不能免。"他还指出几个问题：（1）联保连坐，不符合现行民刑各法采取个人负责主义，只能是权变的办法，连坐应极慎重，用于事件重大者。（2）保甲规约仿昔时乡约，宋代蓝田吕氏乡约有"德业相劝，过失相规，礼俗相交，患难相恤"。至王守仁之南赣乡约，渐失其人民自动的规劝原则而趋法律化。现时乡约实为官订之法律，而且科以罚金，强迫加盟。这就完全违背了乡约系一种教化主义，政府负教化之责的初衷。（3）保甲之最终目的为养成民众自治能力，不宜徒视为推行政令控制人民之工具。（4）保甲只适合农村而不适合城市，因农村同居一村落的是同族或亲邻，相知深。城市不然，邻居各不相关，有老死不相往来者，何能联保切结？①

梁仑的《保甲与警察合一之我见》一文，以自己服务的北碚公安队有关市镇保甲的实践，从理论上比较警察、保甲两者的职能，结合李松风《中国警察行政》中的"应以自卫为中心之保甲制度代替警察制度，负维持治安之责。县以下之警卫组织，应采取集中主义，务求其单一化。即将现行之公安、自治、保卫团、保甲合冶于一炉，而建树一自卫中心之单一组织：以保甲为基础，以组织训练民众为中心，以期达到适合国防要求之目的"加以阐述。② 重庆北碚是卢作孚搞的一个自治试验区。

张执一的《动员农民与保甲制度》指出，"要根据民权主义精神，完全赋予乡村农民有选举和罢免保甲人员的民主权利……才能使保甲长不敢为非作歹"，政府要严格检查监督，解决干部问题，"行新政，用新人"。③ 林桂圃的《战时民众组织与保甲制度》主张"以保甲制度为战时民众基本组织"。因为它是政治组织，而且现成、普遍、灵便（邻近且小），但要改变由土豪劣绅把持和仅有躯壳的现状，加强其宣传、训练职能。④ 国民参政员王造时的《改善保甲制度》指出："抗战以来，保甲事务更繁，征兵征工诸事丛集。甲长纯尽义务，保长每月仅有一元之办公费，且又七折发给，待遇过于低微，好人不愿担任，地痞游民于是混迹其间，舞弊取利。"⑤ 萧文哲的《保甲制度之检讨》认为保甲人员为县政基干，与民众朝夕相处，必须慎选。

① 张纯明：《现行保甲制度之检讨》，《行政研究》1937 年第 2 卷第 3 期，第 215－229 页。
② 梁仑：《保甲与警察合一之我见》，《北碚》1937 年第 1 卷第 8 期，第 7－9 页。
③ 张执一：《动员农民与保甲制度》，《国民公论》1938 年第 1 卷第 3 期，第 3－6 页。
④ 林桂圃：《战时民众组织与保甲制度》，《创导半月刊》1938 年第 2 卷第 6 期，第 9－11 页。
⑤ 王造时：《改善保甲制度》，《国魂》1938 年第 24 期，第 5－6 页。

甲长候选资格（只需一条）："现任中小学教职员；改良私塾教师；店主或店员；技工或自耕农（识字者）；其他正当职业者；曾办地方公益事务者。"保长候选人资格（只需一条）："师范或初中毕业或有同等学力者；曾任公务员或教职员一年以上著有成绩者；曾经训练及格者；曾办理地方公益事务者。"[1]

葛寒峰《中国保甲制度研究》(《农学》1940 年第 3 卷第 5 - 6 期)，内容涵盖从古至今。谭庶潜《保甲制度论》(《地方行政》1944 年第 5 - 7 期)，也是长文，连载三期。曾乃敦《地方自治与保甲制度的关联》认为，自治机构和保甲两者都是政治组织。训政时期民众的一切组织必须由政府辅导，方可不迷失方向。保甲是地方自治的一种编制，同时也是地方自治的一种方法。两者性质并不相悖，形式又可融为一体，经几年研究，中央明定保甲为自治基本组织，使地方制度统筹划一。[2]

王蔚佐的《新县制实施以后之保甲制度》认为，保甲制度"迄新县制实施以后，始完全纳入正轨"。首先"保甲与自治融为一体，即容纳保甲于自治之中"。因为县是自治单位，就性质而言，保甲"已完全变为地方自治之基层机构"。过去是由上而下，现在是自下而上，"使人必编户，户必归甲，甲必归保，由小团体而结成大团体"。其次，"今日之保甲业务，即地方自治之全部业务"。再次，"成立民意机关（保民大会等）"。最后，"由临时性而变为永久性"。但当前因军事任务及财力、民力问题，往往是利用旧时基础，"其中应补偏救弊，切实整理之地方甚多"。[3]

朱博能的《论现行保甲制度》分析"保甲与自治之不同"：前者受命于上级官厅，非依保民之决议而执行；后者是权利与义务的结合，自治团体具有法律上的人格，保甲不是；后者采取个人主义，各个公民都是自治团体活动之一分子，保甲以户（家长）的集体关系为组织基点；后者是办好自己需要做的事务就行，保甲要办政府和团体所指定的工作，是被动性的。但保甲有自相治理的机能，以养成人民自治精神；保甲作为政府管理人民的工具，有安定秩序的功能，一切自治事业利用保甲组织来推进，较易收效；人民管理公共事务的能力须受训练和加以组织，以住户编成保甲最易进行。所以保甲制度实为实现地方自治的阶梯。"在乡镇自治完成之前，保甲为官治的机

---

① 萧文哲：《保甲制度之检讨》，《地方自治半月刊》1940 年第 1 卷第 12 - 13 期，第 37 - 43 页。
② 曾乃敦：《地方自治与保甲制度的关联》，《南潮》1945 年第 1 卷第 4 期，第 28 - 29 页
③ 王蔚佐：《新县制实施以后之保甲制度》，《服务月刊》1943 年第 7 卷第 1 期，第 28 - 34 页。

构；在乡镇自治完成之日，保甲即将失其存在之价值。"①

抗战胜利，李宗黄的《现行保甲制度》也于 1945 年出版，极力为新县制下的保甲制度辩护、鼓吹，主张"以乡镇为单位，以保甲为基石"。党政军各机关人员都要编入保甲，"而为民众倡率"。以"教"民"管教养卫"为起点，最终实现民众"自觉""管教养卫"。②

左翼进步人士一直反对国民党借保甲制度压迫、禁锢人民，阻挠社会变革。抗战初期，言论环境比较宽松，马哲民的《论保甲制度》抨击保甲源于"剿匪"时代之"缓办自治"、"专办自卫"，故其性质完全是从上到下宝塔式的、注重纵的关系、缺乏横的联络的静态组织。"实行清查户口，连坐切结，将每个人定型在那里，以受支配于政府的指挥之下。"百姓挖苦："保甲保甲，人人披锁又戴枷，保长去拿锁，县长来掌把（柄）。"他说，"以过去封建时代所行之保甲，行之于今日反封建时代"，"违反三民主义"，"削足适履"，实际上是"停办自治，发挥官治"，何能启发人民自觉结成民族抗日解放阵线?③ 到了抗战后期和战后，继续有人发文揭露，如吕继苓《摧毁封建堡垒——保甲制度》（《文萃》1945 年第 19 期），陆诒《保甲制度要不得》（《文萃》1945 年第 20 期），"万恶的保甲制度"④（《新华日报》1945年索引），君佩《保甲制度需要存在吗?》（《新生中国》1946 年第 1 卷第 7期）等。此外，还有华民《论保甲制度》（《人人周刊》1946 年第 2 卷第 6 - 7 期），王蔚佐《行宪以后保甲制度的存废问题》（《地方自治》1948 年第 2卷第 2 期）等。

---

① 朱博能：《论现行保甲制度》，《东方杂志》1941 年第 38 卷第 22 号，第 29 - 32 页。
② 李宗黄：《现行保甲制度》，中华书局，1945。
③ 马哲民：《论保甲制度》，《时事类编》1938 年第 14 期，第 31 - 34 页。
④ 是一个版块，包括 1 - 10 月刊发的 38 篇文章。

# 第四章 新兴的市政学获得及时传布与响应

## 第一节 20世纪初期市政实践与理论研究的兴起

市政学是一门具有综合性特点的边缘学科，它同政治学、行政学、城市学、管理学等学科有着密切的联系。市政管理学伴随着行政管理学的发展而发展。市政管理学是行政管理学最关键和最核心的内容之一。西方市政管理学在演进中不断成熟和完善。20世纪初，美国的城市化浪潮促进市政改革与市政学的兴起。30-70年代国家干预主义时期，市政学与行政学紧密联系，纽约市政研究所改为国家行政研究所，以研究市政和行政见长的所长古力克（L. Gulick）是代表，著有《都市问题》。同时，以帕克（R. Park）为代表的芝加哥城市社会学派也具有巨大影响力。近代中国的市政管理学由学习借鉴起步。

### 一 中国城市管理的沿革和近代市政制度的变迁

中国古代城市出现很早，封建国家对城市的管理也很有经验，能否从中发掘出对近现代市政学有参考价值的东西？冯飞的《都市发达之历史的考察》中外古近（世）都谈到，依欧美城市发达先后作了重点有代表性的论述。① 缺点是没有附上参考文献，只能看作普及类读本。

梁启超《中国都市小史》称："欧洲各国，多从自由市发展而成，及国土既恢，而市政常保持独立，故制度可纪者多。中国都市，向隶属于国家行政之下，其特载可征者希焉。现存之书，若《三辅黄图》、《长安志》、《东京梦华录》、《梦粱录》、《武林旧事》、《春明梦余录》、《日下旧闻考》等，其间可宝之史料甚多，然大率详于风俗，略于制度；其所记述又限于首都。

---

① 冯飞：《都市发达之历史的考察》，《东方杂志》1922年第19卷第1号，第41-53页。

至于《两京》、《三都》诸赋，则纯属文学作品，足资取材者益少。"他征诸《公羊传》、《孟子》等，认为："最初之都市皆政治都市也。市行政即占中央行政之重要一部分。《周礼·天官》之内宰，《周礼·地官》之司市，……《周礼·秋官》之禁暴氏……诸职（按：梁氏归纳地官、秋官共18职），其所职掌，类皆今世市政府所有事也。"然后有各种古籍的广泛引述和解读，这里无法复述。只提一下他将自唐代迄清代（《南京条约》以前）各"通市"（对外贸易城市）列成一表格，并详细考证，讲述各项公务、商务，以及居民（含侨民）的社会生活等，[①] 虽不连贯（因史料有缺），却相当精彩。该文还以《中国之都市》为题发表于《史学与地学》1926年第1-2期。

继而东南（南京）高师的程绍德发表《中国古代市政述略》，也对这个问题做初步探索。主要讲"周代之市政备矣"，介绍市之布置及其组织、市行政之活动，以及市场之金融及财政。概括中国古代市政之几条特质：（1）城市设计之整饬；（2）行政组织之缜密；（3）市财政之有度。[②]

张锐的《中国市政史》，补充了很多资料，叙述历史变迁。特摘引几段以明本章背景。

> 中国古代都市有周以前，史籍盖阙。……绝无仅有记载周都市行政大要之二书：一为《周礼·地官篇》，一为《礼记·王制篇》。《礼记》一书，世无间言，然其所载，偏于礼而政则略焉不详。《周礼》一书，所载略备，而疑非周代作品。……就使是汉人的所作，此种都市行政之理想，实亦大堪注意者也。

张锐总结这两本书所言市政的内容：（1）检查货品，保证安全、风化；（2）买卖契约有一定程式，市官登记；（3）干涉物价，使得均平；（4）贷钱于民，且禁民间高利贷；（5）有维持治安之吏员（类似警察、保安）；（6）有市税或免征；（7）有专官掌市工程（道路、沟渠、林树）；（8）有公立旅馆；（9）养老济贫之制极备；（10）慈善事业颇盛；（11）重礼制（如行路）；（12）量地容民（免过密过旷）；（13）教育之制亦备；（14）对公

---

① 梁启超：《中国都市小史》，《晨报周年纪念增刊》1925年第7期，第219-255页。
② 程绍德：《中国古代市政述略》，《东南论衡》1926年第29期，第9-12页。

共卫生极注意；（15）有消防事业。文章提到其他书籍还有不少记载，可以
印证和进一步发掘。然后证其先进性。

> 周与罗马都市行政比较，欧美之谈城市行政者，喜以古罗马为出发
> 点，由之不侫之论。吾国都市行政，乃以周为本源也。……古罗马城与
> 周都二者皆为国本所系之重地，故其发展特盛，制度特备。罗马……本
> 为所谓"城市国家"（City–State）之一，其市行政与国行政，初无区
> 别。……纪元后一二百年时，始有正角形之街道。……因地价极昂之
> 故，平民之房多重楼，……商肆白日交易……罗马市行政之最堪推重
> 者，……维时即有地下之通水管，……街道颇不整洁，但罗马之公共浴
> 室则颇著名，……街中无灯……警察及救火队共七千五百人，……成绩
> 均不甚佳。公共教育缺乏，但私家教育则极盛。有公共图书馆，……济
> 贫事业极周备。统观罗马之都市行政，较之成周，亦无若何特出之处。
> 罗马隆盛约当汉武帝时，去成周八九百年矣……

市政发展到汉代，有一个特点，即：

> 都市行政之保安化。一，首都地位之日增高贵，……同时并为商业
> 首都……二，汉代都市官制，汉制掌都市行政之官，一曰京兆尹及长安
> 令，……二曰执金吾，掌檄巡京师，擒奸讨猾，……三曰司隶校尉，……
> （略如）军警执法处长、卫戍总司令。

经过五胡乱华，都市行政至唐宋而又昌盛。如唐长安多公园，天子与人民同
乐。宋代《东京梦华录》等载列尤备，如记"防火"云："每坊巷三百步许，
有军巡铺屋一所，铺兵五人，夜间巡警收领公事，又于高处砖砌望火楼……
屯驻军兵百余人。及有救火家事，……起火去处，则有马军奔报……各领军
汲水，不劳百姓。"

> 前清都市，除保安外，本无专官。惟于工部置街道厅，掌平治道
> 途，经理沟洫。于都察院置巡视五城御史，下隶以巡城兵马司，掌捕巡
> 盗贼、疏理街道及囚徒火禁之事。第仅上下相蒙，敷衍塞责。论者谓街
> 道之不整洁，以前清京师为最。……德宗之末，内患外忧，纷至沓来，

始沛然变法。而都市行政，渐归属警务。稍求改良，而国祚旋移。共和肇始，受外人租界之影响，相形见拙，始注重于都市之商业、卫生、交通各事项，而于是有市政公所之设焉。

清末以来之市政制度：一，中国自治制度之沿革  吾国自来有市有政而无市自治。……市自治之在我国盖发端于清光绪三十四年十二月二十七日所颁布之《城镇乡自治章程》。……辛亥十月，临时省议会议决江苏暂行市乡制，由都督公布实行。……民国三年二月三日，由袁世凯通命停办，至三年十二月二十九日中央内务部始有《地方自治试行条例》之规定，……亦迄未见诸实施。民国十年二月十五日广东省公布实施《广州市暂行条例》，名为委员会市制，市行政委员会总立法。行政之大成，其组织与以前我国所有条例迥异。民国十年七月三日北京政府内务部制定市自治制，以大总统敕令公布。中国特别市与普通市之分实始于此，采市长议会制。……迄民国十七年七月三日国民政府公布《特别市组织法》及《市组织法》，中国始有统一的市政法规。行之经年，各地市政仍多官办，对于市自治之精神，鲜有提倡。最近国民政府立法院又通过新订之《市组织法》……至于如何运用，则在将来之努力矣。[1]

下面，再借蒋慎吾的文章稍许解释张锐所言。蒋慎吾是地方史志专家，以服务于上海市通志馆，编纂《上海市通志·政治编》之便，搜集市政相关史料，撰写《中国之市政》长文。作者从《史记》、《盐铁论》、《洛阳伽蓝记》、唐《大业杂记》（记隋朝事）、南宋吴自牧《梦粱录》等典籍中寻找汉代以来关于市、坊、里等的记载，指出：

总观以上，似古代都市交通、商业、工商同行组合，货栈事业，以及户口统计、公共建筑、区域规划、警察制度等均有相当发展之规制，与欧洲中世纪都市比拟，实亦无逊色。然谓为近代都市雏型则可，倘指称与近代都市同一性质及地位，则非事实也。

都市之近代化，盖为十九世纪之现象，亦即蒸汽、电气、运输等事业之产物。是其经济基础，实建筑于产业革命以后大规模之工商企业。

---

[1] 张锐：《中国市政史》，《中国建设·市政专号》1930年第2卷第5期，第58–77页。

他结合中国实际，认为到"一战"和五卅运动（1925）时期，我国的民族工商业才有较大发展，集中于沪、津、广、汉、青（岛）以及宁、（北）平等地。至于都市与中央或省政府之关系，即依中央与省政府所订的有关市法律所赋予之地位。最初是商埠，1908 年清廷特旨颁布的《城镇乡地方自治章程》规定，凡府、厅、州、县治城厢地方为城，于是市的法定地位始行产生。当时之所谓城，实即现在所通称之市，为县属或直隶厅属之自治团体，受各该管地方监督。入民国后，江苏首先颁布《暂行市乡制》，"将城之名称改易为市，但与县行政关系，并未改变"。到 1920 年《广州市暂行条例》颁布，"规定广州市为地方行政区域，直接隶属于省政府，不入县行政范围。盖以地方自治机关代理中央或省之行政，市有双重地位，较以前增进矣"。"然此后市法律地位有畸形之发展者，即系市设商埠督办，监督负市行政全部责任之市长，如青岛、上海两地是。"以后南京国民政府《市组织法》明确两点，即市直属中央（或省府），不入省县行政范围。"又于市内设区、坊等自治团体，以市政府为监督机关，代理国家行政，复县有双重地位焉。"①

梁汉奇指出，单就英文 Municipal Adiministration 看，"市行政就是管理都市的事务。所以有人把市行政叫做市政管理"。我国市政播种于新政，胚胎于清末的城市巡警、公务、工务。市政机关始于 1917 年京都市政公所及 1918 年广州市政公所，成熟于 1920 年广州市条例（市政范围有 9 项），完备于南京政府的《市组织法》（市政范围有 13 项）。关键在于市民热心市政。"中国市政制度，实由清咸丰四年（1854）英法美三国侨民在上海租界共同组织之工部局而起。"② 所谓工部局（Shanghai Municipal Council，直译为"上海租界市政委员会"），也就是英租界内的市政府，最初是偏于工务方面的。它与中国古代中央政府六部中的"工部"职务近似，再加个"局"字，表明是地方上的机关，但其实权几乎涵盖全部市政。

蒋慎吾说："中国市政制度之进展，实以清末《城镇乡地方自治章程》为起点。"是年（1908）预备召集国会计划，第一年筹备任务，经宪政编查馆核议奏请颁行。该项市制，无非是纯粹地方自治团体征收地方税，在规定

① 蒋慎吾：《中国之市政》，《人文月刊》1936 年第 7 卷第 3 期，第 1-19 页。
② 梁汉奇：《谈谈市行政》，《广州市市政公报》1930 年第 362 期，第 1-6 页。

范围内办理属于地方自治性质之事务，受官方监督而已。而"民国十九年（1930）由国民政府颁布之《市组织法》实可为中国开明市制之肇端"。[1]"市政问题是政治的也是社会的"[2]，即地方行政（自治）和办理社会事务。要通过改革产生一个 Business Government（作者译为"事实的政府"，或译为"业务化的政府"）。

欧阳涤尘撰文称，当时国民党势力控制下的广州已经在实施新市政。1920 年孙科（1891–1973）负责筹备，1921 年 2 月 15 日广州市政厅成立，下分市行政委员会（市长和六个局的局长）、市参事会（指派及直选、分选，是代表市民的立法机关）、市审计处三个独立部分，不久市政就大改良。而别的市县还是县知事为县长（管理内务、司法、财政），兼检察官、省的收税员等。他说："改革市政真是中国最重要的根本政治问题。""中国的市制，自清末至今……可分三种：即一为市委员会制"（广州暂行），"二为分权市制"（清城镇乡制，北洋内务部的市自治制），"三为市长与委员会混合制"（国民政府各种市制）。作者主张采用"集权市长制"，[3] 这反映出进入30 年代，国民党为了"攘外安内"，"党治"不断加强，对社会的控制更为严密，对地方自治运动拖延、压制。

萧文哲在《我国现代市制之过去与将来》中指陈当时市制之缺点，提出改进之原则：市分三等；市以下分区（须与学区、警区同），区内废除坊、闾、邻（必要时分路、街、村），除市郊乡村一律不办保甲。实际措施，如：市在设置参议会前得设临时参议会；区设区公所（有正副区长、区员及雇员和警察），警察分局归并入区公所；设区民代表会（由区民选举 5–9 人），为建议咨询机关，路、街、村分设警察岗位或区公所办事处（原派出所）；市财政由市政府统收统支，区财政之收支由区公所编制概算，呈市政府编入市概算，交市参议会议决。[4] 若按这个方案，市民自治权更少了。

以上是历史背景的概述和对近代市政制度变迁几个关节点（法规颁布，执行不力）的交代。

---

[1] 蒋慎吾：《中国之市政（五续完）》，《人文月刊》1936 年第 7 卷第 9 期，第 47–68 页。

[2] 郑廷枢：《改革市政之重要》，《复旦季刊》1924 年第 18 期，第 28–34 页。

[3] 欧阳涤尘：《欧美各国市政概况与中国新市政的建设》，《前途》1934 年第 2 卷第 2 期，第 49–61 页。

[4] 萧文哲：《我国现代市制之过去与将来》，《东方杂志》1940 年第 37 卷第 5 号，第 17–22 页。

## 二　市政学的范围和近代市政实践与研究的起步

杨哲明认为："市政学可分两部分来讨论：第一部分叫做市政府（Municipal Government），第二部分叫做市行政（Municipal Administration）。市政府之组织，是政治学的一部分……至于市行政，则千头万绪，凡市民之切身问题（如公安、教育、公共卫生等项），莫不与市行政发生直接之关系……"[①] 张金鉴也这么说："一为就政治学之观点分析市府之组织及运用；一为就行政学之立场探测市府之工作及推动。"[②] 董修甲更细分为三：

> 盖以市政学问题，包含城市问题、市政府问题及市行政问题三种，拙著《市政学纲要》只对城市及市政府问题详加讨论，对市行政问题之研究，尚付缺如……（于是另外编著）《市行政学纲要》，其实市行政学者，即市政学之一部分也。……凡城市政府一切行政，均在城市行政范围以内。概言之，则有公安行政，卫生行政，工务行政，公益行政，公共娱乐行政，教育行政，司法行政，财务行政，公用事业行政等。而各种行政，又可各自分开讨论之，比如公安行政，则可分为警务行政与消防行政两种。卫生行政，亦可分为预防卫生行政、废物清除方法与沟渠制度等。工务行政，则有道路工程、自来水工程与公共灯火三种。司法行政，可分市法院行政与罪犯处理问题。财务行政，可分为收入、支出与市债三种问题。公用事业行政，亦可分为商办市督问题与市有市办问题两种。[③]

中国吸取较系统的西方市政学知识，起先也是通过日本这个渠道。目前，人们能找到的近代最早翻译进来的市政学专著，是美国 Albert Shaw 的 *The Municipal Government in Continental Europe*，该书 1895 年由纽约的世纪出版公司发行，由中国胡尔霖（1868 – 1928）从日本美浓部达吉的日译本转译，书名为《欧洲大陆市政论》（商务印书馆 1907 年初版）。胡尔霖是无锡人，1899年留学日本弘文书院师范科，参加兴中会，1902 年再次赴日考察，毕生从事教育和水利事业。他是无锡开风气之先的人物，其教育理念影响其侄敦复、

---

① 杨哲明：《市政管理 ABC》，世界书局，1928，第 1 页。
② 张金鉴编著《美国之市行政》，正中书局，1937，序第 1 页。
③ 董修甲：《市行政学纲要》，中华书局，1934，序。

明复、刚复、彬夏（女），其子宪生成为近代著名科学教育专家。原作者 Albert Shaw（1857－1947），译者在封面上署其译名为"哈巴尔德"，又称"埃尔巴德"，实际应译为"艾伯特·肖"。其可算市政学的元老之一，比古德诺大两岁，此书也早于古德诺的名著《比较市政学》（原作于 1897 年出版）。该书的写作背景是，作者 1888 年作为访问学者的欧洲之行。美浓部达吉还是有眼光的。1905 年艾伯特·肖接替古德诺成为美国政治学会第二任会长，两人的学术关系非同一般。可见，19 世纪末美国还在努力借鉴和与欧洲比较，以便后来居上。胡尔霖的眼光也值得钦佩。

第一次世界大战期间，中国城市工商业发展。五四前后，中国市政的实践和相关理论也相应进步，学术界不必再事事假手日本，而可以直接从西文翻译。这时，孙中山组织的中华革命党以广州为地盘继续革命，攻守之势有胜有败。1918 年因受滇、桂军阀排挤，孙中山一度避地上海，便制定《建国方略》、《建国大纲》，作为北伐成功后大搞建设的蓝图，对铁路、公路、航道、港湾等交通设施以及农工商业都提出了宏伟的计划。孙中山虽提过"市政"一词，但他着眼的地方自治是以县为基础的，而关于"市"，结合其《实业计划》来看，偏于宏观的、全国性的层面，如建设北方、东方、南方大港，以及四个二等港，还有九个三等港之计划。其他如南京市，"其地有高山，有深水，有平原，此三种天工，钟郁一处，在世界中之大都市诚难觅此佳境也"。如"新广州"计划，有"花园都市"之主张："广州附近景物，特为美丽动人，若以建一花园都市，加以悦目之林囿，真可谓理想之位置也"等。孙中山《民生主义》第二讲中则有："文明城市实行地价税，一般平民可以减少负担，并有种种利益。……但是广州现在涨高的地价，都是归地主私人所有，不是归公家所有。政府没有大宗收入，所以一切费用便不能不向一般普通人民来抽种种杂税。……就是由于……土地问题没有解决。"《实业计划》中也一再阐述其"平均地权"的土地政策。①

孙中山在上海的战友曾参与计划之事。1919－1920 年在所办的《建设》刊物上发表了朱执信的《世界中都计画》（1920 年第 1 卷第 5 期）、林云陔的《市政与二十世纪之国家》（1920 年第 1 卷第 3 期）、孙科的《都市规画论》（1920 年第 1 卷第 5 期）等文。林云陔文章的主题便是"市政"，朱执信的文章译自美国市政学家 W. Anderson（安得生）寄给孙中山的一份文字计划，

---

① 转引自蒋慎吾《中国之市政（五续完）》，《人文月刊》1936 年第 7 卷第 9 期，第 127 页。

呼吁各国联手打造国际性的"中都"。

徐世昌任北洋政府总统期间（1918－1922），北京作为当时的首都，得顾忌国内外观瞻，市政不能太无所作为。由京都市政公所编译科编辑《市政通告季刊》作为汇报，今存 1920 年和 1921 年两年刊本，分论说、文牍（命令、公函、法规）、译述、专载（市政项目等）、专件、报告、调查、附录、广告等栏目。论说如《市政论》、《古代道旁列树考略》、《都市之新财源》，译述如《市政法制论》、《商品陈列（方）法》、《取缔住户及限制》，专载如《开辟贡院旧址为模范市区》、《改良大车经过情形》，报告如《京都市建筑管理一览表》、《传染病院住院病人暨出院消毒表》，调查如《工商业改进会营业调查表》等，已有相当的专业水准。尤其是《市政法制论》，署"美国法学博士古德诺著"，应当是其专著 *Municipal Home Rule*（《地方市政自治》1897 年出版）的摘译，取第五篇"立法权对于市政事件上成宪之制限"，讲述联邦议会的立法常侵犯市议会的成宪，市自治政府该如何对待。这可能是我国市政学界最早翻译自古德诺的市政法著作（零篇），译文是文言，不够清晰。刊物中另一篇《市政论》（未署作者或译者姓名，仅摘登原书第五章）的"论"字也应重视，彰显了人们对理论的追求。马克思主义哲学家杜国庠（1889－1961）1919 年从日本回国，在北京高校任教，曾编《市政论》（由内务部出版），该文可能就是这本书其中的部分章节。

北京大学政治学教授张慰慈，也是中国市政学的开创者之一。他在《美国城市自治的约章制度》中写道："所谓城市约章，就是城市的根本法律。"[1] 特别是《美国委员式的和经理式的城市政府》一文，讲述美国 19 世纪中叶"所谓城市改良运动就布满全国……一方面是城市自治，又一方面是改组市政府"。"要算委员式的组织最适用，经理式的组织是由委员式改变的。"前者 1901 年发源于加尔维斯顿（Galveston）城，1907 年得梅茵（Des Moines）城加以改进，"包括最新的民治制度，如创制权、复决权和罢官权等"。后者 1909 年在斯汤顿（Staunton）城开始试用，1913 年戴顿（Dayton）采用后，全国"才知道这制度是高出于所有的城市制度"。[2] 作者最后将两种城市政府制度各自的优缺点全部罗列出来。这篇文章材料新、观念新，不假手外国人的论著而自行介绍，难能可贵。《市民与市政》写道："大凡谈

---

① 张慰慈：《美国城市自治的约章制度》，《新青年》1920 年第 7 卷第 2 期，第 25－39 页。

② 张慰慈：《美国委员式的和经理式的城市政府》，《新青年》1920 年第 7 卷第 3 期，第 23－36 页。

政治的人往往容易误把政治的范围限于中央政府的政治，……还有一部分的人甚而至于去极力提倡那种空空洞洞的抽象主义……但对于那种切身的市政问题和本地方上的政治……反而不十分注意。""所谓市政问题是新近（按：城市化）发生的问题……所需要的新习惯是干涉的政治、严肃的纪律、系统的组织和积极的做事。"文章谈到美国一位新当选市长的宣言，内容涉及卫生、教育、保障经济稳定发展、行政效率和节约，可算是市政府"最低限度的标准"。仅卫生政策就有 7 条具体办法，这类举措是"社会福利"政策。他认为："良好的市政至少要有三种根本的要素：（1）有智识的市民，（2）适用的市公约，（3）有统系的行政组织。""所以市政方面最重要的问题就是……使普通市民懂得城市的事务。最简单的答案就是公开。"办法是靠报刊、社团宣传教育，开办公家的智囊机构、市政研究所，组织市政展览等。①

1925 年，张慰慈著《市政制度》，泛论市政制度及组织、市政制度的历史和理论等。接着有论文《革命以后的德国市政》，使我们感兴趣的是文章指出："1808 年斯泰因（Stein）所制定的普鲁士城市法典……使德意志地方自治制度……与英美法意各国地方自治制度完全不同。"近年因遭受欧战损失，"德国城市受到无穷无尽的苦痛。……斯泰因改革计划中主要部分还没有受到影响，城市自治的原则也没有被打破"。② 可知作者眼光之深广。

孙科从 1922 年起担任广州市长，断续至 1926 年，其施政情况注意报告给公众，隔年汇集成书。《广州市政报告汇刊》是第三次报告，在 1926 年冬出版，以给北伐新收复的各省市政府作参考。内容分议政录，市政府改组，财政、工务、公安、卫生、教育等事项的报告。颇有价值。

曾友豪的《广州市政及其社会服务机关》（《社会学杂志》1925 年第 2 卷第 5 - 6 期），参考了广州市政府公报、规章、市政概要；张君劢《英德美三国市制和广州市制上之观察》（《地方自治》1922 年第 2 期）、黄炎培《一岁之广州市》（商务印书馆 1922 年出版）等论文和专著，介绍自 1920 年陈炯明省长令法制编撰委员孙科拟具《广州市暂行条例》，经省议会通过，1921 年 2 月 15 日成立广州市建制以来，市政厅（公署）、市政委员会、各局的组织和工作，及市参事会（立法）、市审计处（监督审查）等部门的职权

---

① 张慰慈：《市民与市政》，《晨报周年纪念增刊》1926 年第 7 期，第 62 - 71 页。
② 张慰慈：《革命以后的德国市政》，《东方杂志》1927 年第 24 卷第 5 号，第 20 - 31 页。

等，对广州市的市政作了客观的描述。

上述南方和北方对立的政治形势下北京和广州的市政及公报竞争，耐人寻味。

1921 年 4 月，朱毓芬（广东台山人）翻译完成《英德法美比较都市自治论》，封面署"美国合（哈）佛大学教授门罗氏原著"。译者序称："方今自治论调风靡全国，……加之各省城镇现正进行改革，……爰译是书，俾热心都市自治者有所借鉴焉"。原作者的意图是"概述英德法三国市政府之组织权限"，并与美国对照，叙说"市政当路者以如何手续选任之，鞅掌如何事务，又如何执行其事务"。对于"诸国市政府与国家官厅之关系，特加大注意，因是为地方行政最重要之问题也"。至于具体的"都市事业之实际经营，乃至行政之细目，其精密研究，故意避之"。① 门罗（孟洛）比古德诺和肖年轻十几岁，是后起之秀。原著出版于 1917 年，其工作当然也较古德诺和肖进了一步，加上了与美国市政比较的内容。这也是门罗著作首次被中译。

中国学者自编的，如黄维时《新市政论》（"公民丛书"政治类第二种，上海公民书局 1922 年 2 月初版），论述城市的机关、财政、卫生、公共事业、教育、文娱等各方面的建设问题。顾彭年著《现代欧美市制大纲》（列入王云五主编的"百科小丛书"，商务印书馆 1923 年 1 月初版），介绍市的意义及范围，市长制、市委员会制及市经理制等。

学者们还主动向地方政府建言并公开发表，影响舆论。如启镠《改良北京市政意见书》（《图画世界》1924 年第 1 卷第 1 期）。

1924 年冬，北洋政府派张孝若（张謇之子，美国哥伦比亚大学商学院商学士）为"考查欧美日本各国实业专使"。考察历时几个月，张孝若回国后写成《考查欧美日本各国实业报告书》（《工商新闻百期汇刊》1925 年第 2 期）。其中第六卷是"欧美市政大纲"，含市政府之组织、市民之权能、地方治安、地方工务、公众卫生及济贫所与教育机关、地方财政等节。材料取自考察所得，经考察团综合整理，言简意赅。例如，第 1 节市"政府之组织"，分市长制（市长、市议会、市裁判所）、市委员制（大概、利弊）、市经理制（大概、利弊）、代议制（选举资格、方法、日期，选举票格式）。该书通俗具体，适于普及知识。作为政府派出的团体，能得到对方提供的方

___

① 〔美〕门罗氏：《英德法美比较都市自治论》，朱毓芬译，中华书局，1921，第 7 页。

便和解说，虽行色匆匆，也获不少真知灼见。

从国外引进比较专业、系统、完备的市政学知识，是由留学该专业的学者完成的。臧启芳和宋介在留学期间就分工进行了市行政（管理）和市政（政府）两方面的翻译。

孟洛（1875 - 1957，William Bennett Munro，或译"威廉·贝内特·门罗"、"威廉·邦尼特·门罗"）著、宋介译、臧启芳校的《市政原理与方法》（*Principle and Methods of Municipal Administration*）由商务印书馆 1926 年 4 月出版，后列为"大学丛书"。英文原书出版于 1916 年，专论市政之实际经营（管理）。凡城市之规划，道路之建筑，自来水之设备，废物之处理，暗沟之安置，路灯、警察、防火，以及教育行政，地方财政等，各有专章详述。读者可对市政原理及市政府之组织、行政管理有明了之概念。此后，孟洛及其中国学生的著作占据着中心地位。译者宋介（1893 - ？）是亚利桑那大学经济学硕士，北平大学、东北大学政治系主任，抗战时在华北沦为日伪官员。

孟洛著、臧启芳译、吴贯因校的《美国市政府》（*The Government of American Cities*），是一部政法名著，由商务印书馆 1927 年 1 月出版。英文原书出版于 1912 年。内容分 16 章，介绍美国城市的发展，城市的权限与责任，市政府组织机构及彼此的关系，以及地方选举、政党和地方改革等问题，并介绍纽约、芝加哥、波士顿等市的市政府情况。每章末附有译者按语，也是一个特色。译者臧启芳（1894 - 1961），曾留学美国加州大学研究院，研究经济学、财政学，后转伊利诺伊大学学习经济学。1928 年任东北大学法学院院长，1930 年任天津市市长。抗战时任东北大学校长。1949 年去台湾，后任东海大学经济系主任[1]。臧启芳在市政专家中崛起颇快。

孟洛著，陈良士、万良炯译的《市政府与市行政》（*Municipal Government and Administration*），由商务印书馆 1935 年 2 月出版，上、下册，1100 多页。英文原版在 1923 年出版，共 45 章。介绍市政的历史发展，近代市政府的组织机构，近代主要市政问题及其解决方法等。附录含《美省政府规定市自治之省宪法》等三篇。陈良士是市政工程专家。

考察孟洛几本书的关系，按张锐《行政学名著介绍·市行政学》的说法，先有 1916 年版的《市行政学原理》，次有 1923 年将其改版的《市政府与市行政》（第二册）（《行政效率》1935 年第 2 卷第 3 期）。那么 1912 年原

---

① 樊荫南：《当代中国名人录》，良友图书印刷公司，1931，第 368 页。

版为《市政府与市行政》（第一册）内容（原本）。这不足为怪，因不断修补。1934 年又推出《市行政学》，未译出。

此前，阮毅存已经参照孟洛《市政府与市行政》的第一卷编写成《市政府论》（世界书局 1927 年 8 月初版）。共 10 章，包括市政府之历史的演进、近代市政府发达的原因、市政府之法律基础及其与国家之关系、市公约、市选举、市政府与政党政治、市政府与市民管理、市议会、市政府的组织，并收录了南京、上海、杭州三市的有关条例。

孟洛著、应天心译的《欧洲市政府》（*The Government of European Cities*），由商务印书馆 1936 年 2 月出版。讲述欧洲主要国家（英、法、德、意等）各自的市政府组织情况，附录四国地方政府中央监督的图解。

马克斯威尔（B. W. Maxwell）著、杨临青译的《德国现代市政府》，由沈观准（矩如）审校，列入"政法丛书"，译者是河北法商学院教授。该书"系研究自 1918 年革命以来之德国市政府……一般亟欲创造出一种新的市政制度，同时包含效率与民治两重优点"。"本书所取之材料，系著者于 1925 年夏日在德国所搜集者。"[①] 该书 1928 年出版，其内容分为德国现行市制和德国行政技术两部分。马克斯威尔作为美国学者受孟洛影响不小，所以对中国读者而言，其观点不难接受。这样，该书与上述各书可以说形成了一个系列。译者称："现在先进国市政的发达，当首推美国和德国。"所以，对中国市政界来说，也是一个必要的补充。"实为研究市政者，最良之参考书。"

董修甲（1891 - ?）自称在 1928 年以前，自己已撰著出版了《市政学纲要》（商务印书馆 1927 年出版）、《市宪议》（上海新月书店 1928 年出版）、《训宪政时期江苏市制之商榷》（青年协会书局 1927 年出版）。

1927 年国民党上台后，急于稳定局面，粉饰太平。《一年来之首都市政》一书反映了官员忙于享受胜利果实、改善生活，在大城市的市政方面寄予了较高的期望。为此安排了比较得力的干部，这些人一般年富力强，文化较高，有留学东西洋的经历，对西方先进国家的市政学有所了解，或愿意在实践中有所学习仿效。既然时代将其推到了相应的岗位上，他们也急于拿出一些成果。早几年，广州的市政已做出了一定的榜样，不难移植和有所改进。有关首都市政的这本报告，就是在刘纪文（1890 - 1957，曾在早稻田大

---

① 〔美〕马克斯威尔：《德国现代市政府》，杨临青译，商务印书馆，1936。

学及法政大学专攻政治经济学，历任陆军部军需司司长、广州大元帅府审计局局长，1923 年入伦敦和剑桥大学研究欧战后形势，作为广东政府特派专员考察欧美市政，1926 年回国任军需处处长）两任市长时编写的。所以，在某种程度上讲，南京特别市的市长一职是为他量身定制。这个首都市政报告，犹忆南京作为曾经的总督、巡抚衙门驻地，认为清末"南京劝业会（博览会）之创办，实为南京市政蜕新之一大关键，……举国轰动。……一切新式建筑，及公共事业之经营，均随之兴起，……如邮政、电报、电话……巡警局又有卫生消防之设施，……于形式上亦渐称完备。……辛亥光复，……受军事影响，……民二（年）以后，为军阀盘踞，……市政施设，率由警察厅及马路工程局分负其责。……至民国十四年，……始有市政公所之筹备，明年（1926）又有市政督办处之筹设，但均未能成立。"直到北伐军到来，"委刘纪文为市长，于民国十六年四月二十四日，就夫子庙贡院旧址，先成立市政厅，继于六月一日，改称市政府，同时成立财政、工务、公安、教育、卫生各局。……旋于六月六日，……规定本市为特别市，……直接隶属于国民政府。……至十七年一月，……成立社会调查处，又于四月恢复土地局。至七月八日，国民政府公布《特别市组织法》。"① 报告称，此一年来"无日不在惨淡经营之中……苟财政无办法，即建设无从进行。……而权项不明，更足为进行之梗"。对市政的硬件成果列举很多，这里不引述。从教育行政而言，涉及"通俗图书馆及通俗教育馆之创办，公园之开辟，实验学校区之划分，暑期学校之设立，党义党纲社会教育宣传团之组织，平民学校之筹设，教员之登记检定，私塾之取缔整顿，以及调查统计之进行"；又从社会行政来说，有"慈善机关之整顿，社会调查之进行，平民工厂之设立，娼妓之废止，卜筮星相之查禁，跪拜偶像之取缔，赌博之严禁"；再如卫生行政，则有"防疫所及传染病院之设立，防疫队之组织，卫生试验所之筹备，牛羊屠宰场之整顿，清道队之改组，垃圾箱之普设，野犬之捕捉"②；等等，麻烦不少。刘纪文另有《广州市政府三年来施政报告书》（1935 年 12 月出版），有 470 页。

济南市长赵经世在《市政与县政》中指出，与欧洲城市自古的自治传统不同，"我国自古即为单一（制）国家，其城市并无单独行政之组织，所有

① 刘纪文：《一年来之首都市政》，南京市政府秘书处出版股，1928，第 12 - 14 页。

② 刘纪文：《一年来之首都市政》，南京市政府秘书处出版股，1928，序第 3 - 5 页。

城市应办地方事业，概由县政府办理……（如今设市，）于是市政才脱离县政而独立。……（旧有范围）绝不够发展，故各地都在运动撤城（墙）及扩大市区"。①

连军官出身、转岗党务和地方自治筹划的李宗黄（1887－1978），主持昆明建市，也短期内就编著了《市政指南》（商务印书馆1927年4月初版）。分4章，阐述市政工作的观念、先决条件、组织、工作方法等。有谭延闿和蒋介石序，附拟淞沪市暂行条例草案。

### 三　道路协会《道路月刊》在早期的越俎代庖

孙中山草拟的《地方自治开始实行法》的第四项宣称：

> 道路者，文明之母也，财富之脉也。试观世界今日最文明之国，即道路最多之国，此其明证也。中国最繁盛之区，即交通最便利之地，此又一证也。故吾人欲由地方自治以图文明进步、实业发达，非大修道路不为功。凡道路所经之地，则人口为之繁盛，地价为之增加，产业为之振兴，社会为之活动；道路者，实地方文野贫富所由关也！地价既定之后，则于自治范围之内，公家可以自由规划，以定地方之交通；而人民可以戮力从事于修筑道路，所谓人民义务之劳力，宜首先用之于此。道路应分干路、支路两种：干路以同时能往来通过四辆自动车为度；支路以同时能往来通过两辆自动车为度。此等车路，宜纵横遍布于境内，并连接于邻境。筑就之后，宜分段保管，时时修理，不使稍有损坏。如地方有水路交通，在宜时时修理保存，毋使稍有积滞，务期水陆交通兼行并利。道路一通，则全境必立改旧观，从此地方之进步必有不可思议者也！②

孙中山对道路建设有超前的认识，为国民党人宣传和从事道路建设提供了思想武器和行动指南，这也成为市政建设的理论依据之一。在他的影响下，1921年5月，领先于其他各种市政管理及城市建设学术机构的中华全国道路建设协会（简称"道路协会"）于上海成立。由东南大学校长郭秉文等串连

---

① 赵经世：《市政与县政》，《济南市市政月刊》1930年第2卷第2期，第1－3页。
② 孙文：《地方自治开始实行法》，《建设》1920年第2卷第2期，第203－208页。

董事百人，选出常务董事 15 人，王正廷当选为会长，郭秉文为副会长，吴山为总干事。每年选聘苏浙等地地方领导（督办、督军等）担任名誉会长。列出"四大计划"：兵工筑路（建议各省安排复员退伍军人筑路）；省县筑路；国民筑路；倡办市政（"协会主张省市政以广州为模范，县市政以南通为模范"）。① 这里的最后一项也成了这个协会积极介入市政的"动员令"。协会总干事吴山追随孙中山担任过广州护法军政府司法部司长、署次长。共产国际派来中国的吴廷康和杨明斋，1920 年曾在上海力促吴山出来担任筹组共产党的工作。② 会长王正廷是辛亥武昌首义的外交司长、广州护法军政府的外交总长。

1922 年道路协会的《道路月刊》创刊，到 1937 年第 54 卷第 2 期，共出版了 16 个年头。《道路月刊》名誉社长为许世英，社长王正廷，副社长孔祥熙、张之江，主笔吴山，编辑主任陆丹林，编辑刘郁樱，翻译吴承之，广告郑希涛，发行刘汉儒。特约专家撰述者有顾在堰、陈良士、黄笃植、彭禹谟、张连科、潘绍宪、陈树棠、杨哲明、赵祖康、董修甲、赵惺吾、麦蕴瑜、余宰扬、杨得任、余士柏。陆丹林（1896 - 1972）在编辑工作中贡献最大。他是广东三水人，在黄花岗起义前加入同盟会，曾任朱执信的秘书，得识不少国民党元老。后来他到上海，经中国寰球学生会主干事朱少屏（同盟会会员）介绍加入南社。革命后逐渐离开政治圈子，曾任上海中国艺专、重庆国立艺专教授，先后主编过《大光报》、《中国晚报》、《道路月刊》、《国画月刊》、《逸经》、《大风》等报刊。著述甚多，有《革命史谈》、《革命史话》、《当代人物志》等，发表大量报刊文章，以文史掌故、书画评论和收藏革命文物闻名，解放后在上海粤东中学担任过语文教员。他善于吸收新知识，文笔好，组编能力强，虽非道路、市政专家，却胜任相应的主编工作。③

陆丹林主编的《市政全书》，集五四新文化运动以来市政学初期文献的大成，使读者掌握基本的相关知识，了解首批市政学作者和译者。全书内分论著、各国市政制度、各省市政概况、各省市政计划与建议、各国市政概

---

① 吴山：《本会四大计划之进行书》，《道路月刊》1923 年第 4 卷第 2 期，第 2 - 3 页。
② 见黄季陆主编《革命人物志》，台北中国国民党中央委员会党史史料编纂委员会，1971，第 6 辑，第 2 - 3 页。《联共（布）、共产国际与中国国民革命运动（1920 - 1925）》（中译本），北京图书馆出版社，1997。
③ 彭长卿：《陆丹林与辛亥文献集藏》，新浪博客，2011 年 11 月 2 日，http://blog.sina.com.cn/s/blog_6a6b25070100v9sz.html。

况、各省市制法规六编，以及附录一编。共 1400 余页，80 多万字。

第一编收当时已发表或应邀特为撰写的论著，"包含市史、设计、教育、公益、财政、卫生、公安、公用工程等"。"凡题旨类似文字，仅选一二编。原文太长者，有时略加删节。""第六编本拟多选章则例规，只就《广州市政例规章程汇编》一部而言，已有 720 余页面，选不胜选。故摘录各地市制及各局章程，以备参考耳。"① 前五编贡献文章者总计达 51 人，知名者如张謇、孙科、吴山、陆丹林、张慰慈、董修甲、臧启芳、潘绍宪、马饮冰、赵祖康、顾在堰、叶秋原、叶天倪等，还有主持或参与各省市政计划、发表重要意见的张武、马轶群、陈震異、沈昌、罗季常、王世澄、萧冠英、林国赓、谢宅山等。第五编介绍各国市政概况的文章有 15 篇，全为中国人考察所写。第六编有国府（《市组织法》）及南京、京都（北京）、上海、天津、广州、汉口、杭州、奉天（沈阳）、梧州、汕头、安庆、泉州、江苏、浙江、云南、湖南、东省特别区（东北）等地的市乡制、市政府和各局章程条例等。这些文字反映出，当年各地政府和所聘专家在市政领域的实际工作与理论研究上已有一定的基础。

仅《市政全书》附录所列的有关市政方面的书籍就有 78 本，涉及地方自治的有 20 本，市政公报及周刊有 24 种。

陆丹林还写过《市行政发展概要》（《道路月刊》1929 年第 32 卷第 1 期），对西方国家的市政和市政学有简明的概述。作者着眼于古希腊、罗马以及中世纪欧洲的公共建筑。新大陆的发现，以巴黎、伦敦为代表的城市发展，改良的要求，使城市政府的组织与市行政事业的改革依靠共和与自治两种精神。此外，教育之普及，科学之发达，基础设施、工务和警务、卫生和教育行政的完备，以及保险、娱乐等业的补充，都择要列举。

中华全国道路建设协会以秉承孙中山遗教为号召，最早将研究成果编为《道路全书》：

　　道路问题，至为繁杂。本书于治道理论设计，无不赅备。各篇作者，多属路市两政专家。如顾君子用（在堰）为法国巴黎工程学校工程师，董君鼎三（修甲）为美国加州大学市政硕士，潘君绍宪、戴君居正，毕业于美国奥华大学路科。沈君君怡（怡）毕业于德国德兰诗顿大

---

① 陆丹林主编《市政全书》，中华全国道路建设协会，1931，第 7 页。

学土木科及城市工程学院，德国政府特许工程师、工学博士。吴君馥初（钟伟）、聂君钦明（肇云）为美国康奈尔大学土木科硕士。赵君祖康、许君行成毕业于唐山大学市政工科，黄君绳甫（笃植）、杨君志伊（得任）毕业于日本东京岩仓铁道学校，徐君文台、杨君哲明毕业于复旦大学土木科。余君剑秋（籍传）毕业于美国伊利诺伊大学土木科。彭君颂谋（禹谟）现任厦门海军警备司令部堤工处工程师，程君发甫（振钧）现任浙江省政府建设厅。余亦学有专长、识验均优之士，对于道路各种问题，确有深切之认识。其所译著，皆就中外事实研究及经验而得，说理精详，深裨实用，非闭门造车、寻章摘句者所可同日而语。况其中包含专书两种，研究设施，均堪参证。尤为本书之特殊精彩。①

中华全国道路建设协会巧妙地将道路和市政进行捆绑，1932 年当该会会刊《道路月刊》出版十周年时，又推出"路市丛书"（第一集），鉴定者王正廷、孔祥熙、蒋尊簋，总撰吴山，编辑陆丹林、刘郁樱。"为应时势之需求与永久纪念起见，特蒐集中外最近道路市政论著，建设工程设计实况，图表、法规、章则、统计等项，编译成书，定名《路市丛书》，以供研究实施之参览，而尽促进路市之责。"所选材料都是中外新颖实际的著述，撰译者几十人，也是路市两政之专家，该丛书集经验或研究所得而成。"说理精详，深裨实用。凡建设实施与研究探讨者，得此一书，无论理论、计画工程、管理行政等一切疑难问题均可迎刃而解。"全书百万字，超过《市政全书》，布面精装一厚册。

另外，《道路月刊》的重要作者顾彭年编《市行政选集》，浙江省政府主席张静江题字，董修甲作序。此书搜罗宏富，涉及国民政府治下各特别市与普通市应有之各项市行政设施，如财政、土地、社会、工务、公安、卫生、教育、公用等，共计 40 余篇。其中个人之著作占二三十篇，执笔者如孙科、董修甲、桂崇基、林云陔、马寅初、黄伯樵、陈念中、马饮冰、顾彭年、黄希纯、叶天倪、谢国瑛、杨哲明、姜琦、舒伯炎、孙祖基、朱炎诸先生，或为市政学者，或为专门名家，或富有市行政经验。余为新兴各都市重要之行政计划及设施概况，洵国内惟一良好之市行政参考书。"凡国内学者、各大学图书馆、地方行政长官、市政机关服务人员、现任与考取县长及普通

---

① 陆丹林：《道路全书编纂之动机及经过》，《道路月刊》1929 年第 7 卷第 1 期，第 1 - 2 页。

市民，咸应购备，用借实施。"①

另外，中国市政工程学会也办过刊物。例如抗战胜利后，其北京分会在全国著名的天津《大公报》上开辟副刊《市政与工程》（双周刊），借该报的发行，向同行和广大读者介绍市政与工程知识和新的进展。

## 第二节　城市行政实践和理论研究的某些专门领域

### 一　城市管理的工务和公用两方面工作

在快速扩张的城市化进程中，"下水道吞人事件"时有发生，暴露出中国城市的"脆弱症"。虽然事件大多缘于暴雨天气和井盖缺失，但其背后反映出城市规划、建设和管理等多方面问题，成为现今中国"城市病"的一个缩影。而先进人物未雨绸缪其实早在近百年前已经有了。我们应对当年市政道路工程方面的一些重要专家及其成绩有所了解。

所谓市政工程，就是指城市经营（管理）的工程事务方面的工作，道路居首。《南昌市工务计划概略》（《江西建设公报》1929 年第 3 卷第 5 期），出自个人设计，因而属于建议性质，但由此也可想见一些专业人员按捺不住的热情。凌鸿勋的《市政工程学》被列为"高级工业学校教科书"，作者是中国工程界的元老之一，留学美国，以铁道、公路工程研究见长，时任上海南洋公学（交通大学）教授。

> 市政一学，门类至为繁赜。然稽市政事业之大半，悉属于工程范围。不独规画、建筑、交通、公用事业诸大端为纯然之工程学，即公安、教育、卫生、财政，亦无不藉工程学为之后盾。近日欧美城市主管之选举，属于工程学者，大不乏人。此种趋向日渐其著，市政事业之有赖于工程学，无待赘言矣。②

全书含城市之规划、道路之修筑、城市之道路、卫生工程学等编；书后附录"市行政事项"，包括市制（市政府之权限及市区范围等）、土地收用权、公用事业之管辖、市建筑律（限制性的法规，包括：构造工程，指建筑之安全

---

① 顾彭年：《市行政选集序》，《市政月刊》1927 年第 1 卷第 1 期，第 1 页。
② 凌鸿勋：《市政工程学》，商务印书馆，1924，第 8 页。

和舒适卫生；建筑物之高度及面积；建筑物之使用。）有前瞻性，又不脱离实际，特别是土地问题，有预见性。

而董修甲的《市工程行政问题》指出："市工程行政之性质，与警察、卫生、教育、公益行政之性质，颇有极大之区别。盖前者为城市代表市民办理之事业，不须行使市政府之权威者。有时即由市民或公共法定团体各自直接举办，均无不可。至后者各种行政，均为国家行政性质，常须行使政府之权威也。""查市工程行政，包括道路工程、自来水工程及公共灯火工程三种……各有特殊之问题正多。"①

邹恩泳（1897－1943，邹韬奋之弟），康奈尔大学土木工程学硕士，其《市政工程泛论》（《道路月刊》1928 年第 24 卷第 1 期），讲市政工程与精神文明、生命财产的关系。

杨哲明的《市政工程 ABC》（世界书局 1929 年 1 月初版），此书与世界书局"ABC 丛书"中的《都市论 ABC》、《市政计划 ABC》、《市政管理 ABC》配套，专门讨论市政工程中最切实用的设施，如市街计划、街道工程、桥梁工程、卫生（自来水和污水）工程及路灯等。

沈怡的《市政工程概论》，被列入"工学小丛书"。书中称："今日每误以为市政工程即是市政，实属大谬。此种错误观念，若不设法纠正，则此后办理市政之人，将日以拆屋筑路为能事，而不知其他。至于社会之是否安宁，人民之是否乐业，俱非表面所得能见……由此观之，设计之时，一切均须从远处大处着想，计划亦宜从早确定，但轻重缓急之间，则不妨斟酌而行。工程计划之外，更须于财政上有相当之筹划。本书对于受益者担费制度及欧美各国土地政策不惮详细介绍，亦即因此。"② 全书仅 5 章，分别为改造旧市区、计划新市区、城市道路、园林、城市建筑，言简意赅，从实际出发。作者为留学德国之土木工程学博士，是蒋介石把兄黄郛（曾任上海市长）的大舅子，任过市政工务部门的领导，在民国工程界有很高的地位。

内政部编印的《公共工程专刊》，属于"内政丛刊"之一，由营建司哈雄文、娄道信编辑。"本刊以阐发现代公共工程之理论与实际，以供各级政府施政之参考，增强人民对于公共工程之认识为目的。"③ 内政部部长张厉生称："现在政治设施，已经由治理人民，进而为对大众之安全发展，所谓社

① 董修甲：《市工程行政问题》，《武汉市政公报》1928 第 1 卷第 1 期，第 3－6 页。
② 沈怡：《市政工程概论》，商务印书馆，1933，第 76 页。
③ 内政部编印《公共工程专刊》（第一集），内政部营建司，1945。

会福利者尽其力……世界文明各国，对于公共工程之管理，均有其科学上合理之设计，所以便利大众之需求，增进生活之向上……"刊物收入的文章，有张厉生的《论战后公共工程建设问题》、龙冠海的《战后我国都市建设问题》、哈雄文的《论我国城镇的重建》、汪定增的《我国战后住宅政策泛论》等政策研究类，也有如娄道信的《战后城镇重建的实施问题》、童寯的《我国公共建筑外观的检讨》等具体讨论，还有梁思成的《市镇的体系秩序》、刘敦桢的《中国之塔》等理论文章。最后的报告《三年来全国公共工程管理概况》，列举中央及各省市政府的公共工程项目，被内政部视为自身工作的成就加以宣扬。确实，公共工程并非单纯的技术问题，属官、产、学三方合作，须向民众做出交代的公共管理领域。

湖南工专教授易荣膺著《道路计划书》，内容分4章：道路与交通之关系；道路应满足之条件；施行程式；工程细则。本之学理，衡以国情。著者任职于路政工程司多年，此书为其经验之结晶，"计划书"的提法旨在示范如何制定方案。

作者主张，公用事业方面，自来水、电车、电灯、公共汽车等事业的经营管理方式是关系其经营质量的重要方面，是商办市督还是市有市办，应根据我国各市不同时期的情形各自决定。"我国市政创办伊始，凡百待兴，财源定必困乏，不宜将所有公共事业尽留为市办。"为此，他建议用这样的几个标准来衡量：

> （1）如果城市财源比较丰富，又有文官任免方法，向能以专门人才办理专门事务者，公用事业应采用市有市办的办法。（2）如城市财政支出，又无文官任用方法，向来不能以专门人才办理专门事务者，公用事业应采用商办市督办法。（3）如采用商办市督办法后，公用事业公司对定价与服务上均不能使市民满意，而公司又屡抗告政府之命令，不肯改善，则市政府即应收归市有市办，即使城市上财政并不充裕，亦应发行公债，以为收回之资本也。①

由此可以看出，公用事业经营方式的好坏主要以城市财源是否充足、监督是否有力这样的标准来衡量，而提高为市民生活服务的质量是经营的终极宗

---

① 易荣膺：《道路计划书》，商务印书馆，1925，第76、106页。

旨。因此，只有规范市场的运行机制，才能真正使市政服务于人民，发挥其积极的作用。

作者还主张兴办有益于公共教育的公共娱乐事业，使之具有休闲、运动、娱乐、公共教育的功能。他把公园、草地、运动场、游戏场、公共艺术馆、戏院等公共娱乐场所与公共娱乐事业看成有益于市民的，具有公共教育价值，可以"发人志趣、助长精神"的资源。

董修甲的《市公用事业》解释说："城市公用事业……既须占用城市公产，又有天然的专利或独占性质……乃专指城市铁路、电车、公共汽车、电话、电报、自来水、煤气、电气等而言……更须享有收用任何私产之特权。""城市对于公用事业，应有适宜之处置方法。……均能价廉物美……曰商办市督办法，曰市有市办办法。"①

刊物上刊载了孟洛（门罗）原著、铁铮译述的《城市规划与公用事业》（《北平特别市市政公报》1929 年第 1 期），及《第三章：教育行政》（《北平特别市市政公报》1930 年第 34－36 期）等。

欧阳竟成的《中国公用事业的现阶段》（《汗血月刊》1936 年第 8 卷第3 期），历数当时中国电力、电灯、电车、电话、自来水、煤气、公共汽车、船舶运输和民用航空事业的发展和经营管理，有很多数据。陈业裕的《各国市营公用事业及其取缔与监督》也讲到我国，如北洋政府即有"取缔"条例，1929 年国民政府公布《民营公用事业监督条例》，此后还有很多单行法规，由地方政府（就近）及国民政府主管机关（集中）监督执行。还有特许（经营权）等奖励制度、缴费及经营者向政府支付报酬等规定。

1941 年 10 月，商务印书馆在上海孤岛（租界）出版了孙怀仁著的《公用事业论》，这很可能是民国时期这类书中水平最高的一部。450 页的篇幅中有五分之二是附录，包括美英的会计账户科目及报表格式，公用事业资产耐用年限表、折旧费计算表，另附民国政府和地方制定的相关法规八种（例如，1929 年国民政府公布的《民营公用事业监督条例》），可见该书实用性之强。参考文献达 40 种，内有 9 种为日文论著，31 种为西文论著。该书写道："所谓公用事业即系一种公有或私有之企业；这种企业的目的，乃在对社会公众提供某种'公共福祉'（Public Welfare）上所必要之物品或服务

---

① 董修甲：《市公用事业》，《武汉市政公报》1929 年第 1 卷第 2 期，第 1－7 页；第 3 期，第 1－8 页。

者。""公用事业的范围，是随着产业的发达与社会设施的进步而有异。在现在一般承认为公用事业的，有：一、运输事业（铁道、输油输气管线、公交车、航运、邮政、税道、通运），二、运输联络事业（码头、渡船、畜置场、配谷塔、桥梁），三、电信电力事业（电报、电话、输电），四、市政服务事业（自来水、煤气、供电、供热、冷藏冷气）。"但一般都少于上列各项。"公用事业可以说是一个自然的、法的及地域的独占企业。……那就难免不发生一般独占的横暴……则由公众加以监督取缔（Regulate）或统制（Control）之。""现今各国对于公用事业的取缔监督，通常都有一定之组织……在我国则以中央或地方主管机关任监督，而没有什么特殊之组织。"[1]

凌鸿勋、沈怡、薛次莘和吴华等 1943 年 9 月在重庆发起成立了中国市政工程学会，积极筹备战后的城市恢复建设。可参见《市政工程学会成立》（《驿讯》1943 年第 12 期）。

关于公用事业的外延有多大？《谈谈经营公用事业》（《市政评论》1934年第 2 卷第 3 期）认为，像工读学校、传染病院、贫民住宅、图书馆阅报所，补修学塾，安置游民，保存古迹，施药救疫、抚恤孀寡、义仓积谷、施赈灾民、改良牧草、义棺义坟、保护青苗等，这些公益慈善福利也要归公共机关（市政府或指定机关）办理。

二　城市规划及其拟订和编制

中国近代城市规划，首先由外国人作于几个开埠城市（租界区或扩大范围），没有在刊物上发表全文的先例。中国工程师及市政学家留学回国跻身市政领域，则待 1920 年以后。以孙科的《都市规画之进境》为例："'都市规画'一语为晚近欧美之言都市改良者之一新术语，亦即市政学之最理想的而最重要之一部。其功用在规划新都市之建设，或旧都市之改造。""其范围则包举一切关于都市建设之事项……今日欧美各都市，莫不增设一都市规画部，以担任各种市政工程之设计也。"[2] 该文分史略、现代之都市规划事业、都市规划之模型（棋盘式和蛛网式）、都市规划之进行程序（设委员会于市政府下，调查及测量，作规划——交通、卫生、娱乐等项）几部分。此文理论性比较强，没有具体案例。

---

[1]　孙怀仁：《公用事业论》，商务印书馆，1941，第 11 页。

[2]　孙科：《都市规画之进境》，陆丹林主编《市政全书》，中华全国道路建设协会，1931，第205 – 221 页。

　　同书还有董修甲的《市政规划》，分10项，比孙科的文章详细一些。它们基本上属于一般地介绍西方市政学知识，很少联系中国某个城市作特别具体的分析研究。同书另有上海特别市政府编的《市政设计大纲》，完全是一个调查纲目，分历史、行政、市区（依功能分七类）、交通、沟渠、公园娱乐场及公墓计划、桥梁、特别建筑、市财政、公用事业、农工商业、公安、教育、卫生、土地、法规、统计共17大项，密密麻麻，而没有实际内容（未进行或未完成）。

　　市政专家中有留学日本的柳士英（柳飞雄，1893－1973）。柳士英是苏州人，留学东京高等工业学校土木科，后在上海开设了中国首家建筑师事务所。1925年发表《淞沪都市经营论》①长文，比上述上海市《市政设计大纲》早三年公布。大致情形是这样的：1925年5月30日，北洋政府临时执政段祺瑞颁布《淞沪市自治制》方案。柳士英抓住机会，配合上海民众的呐喊，宣传他对"淞沪特别市"（即上海直辖市）规划和管理的见解。

　　"都市经营"为何被我们理解为市政规划呢？他说，首先上海从未制订过城市规划（市政管理需要填补这个空白）；其次此文要"确立一有系统而周密之计划，使得依据而力行之"，这里的计划（Plane）当然是作规划（Planning），既"系统"又"周密"，且作为今后"力行"之"依据"；最后，文内"经营"一词指的是"都市之施设……必须面面着想，事事俱办，然后运转自如，……故不有计划，无以云组织，不有组织，无以云施政"①，即市政（公用和工务方面）举措强调"计划"、"组织"、"施政"的连贯安排。但是必须指出，柳士英这篇文章并非具体的正式城市规划，他自己定位为"论（说）"，即比较笼统、比较抽象地说说理论、框架和事项，且力求通俗化（"专门中的常识"）。

　　柳士英文章的第一节是总论，他说："窃维淞沪为工商发达之区，当交通枢纽之要，人口日渐集中……万端待举，宜励精图治，统筹全局，确立一有系统而周密之计划，使得依据而力行之。"他与市民一样，"寄无穷之希望于此呱呱坠地之淞沪（市）"。第二节是区划地积，他认为要"依据建筑物之用处，密交美观以及构造设备，而分为商业地域、工业地域、居住地域以及混合地域，使各种建筑物统一于一区域之内，各不相妨，而进为完全之发达，则于市民之保安与卫生上得有莫大之效果，而都市之能率，亦与以日增焉"。柳文第三节是街道系统，认为当以直线式为标准着手整理。淞埠为新

―――――――――

　　① 柳飞雄：《淞沪都市经营论》，《新上海》1925年第6期，第1－11页；第7期，第7－18页。

辟之区，宜以新式之理想都市为标准，采取"圆圈放射式"。"内部具中心吸收之引力，外廓兼膨胀蔓延之趋势，将来商业之中心，由沪而淞，确有可能之性。"第四节是都市设备（施），分为：经济之设备（如筑港、埠头、仓库，市场、屠场，电灯、煤气、电线、电话等）；交通之设备（铁道、运河、港湾、道路、桥梁、市街、电车等）；康健之设备（如医院、公园、运动场、公共浴场等）；文化之设备（如学校、图书馆、美术馆、剧院等）；社会之设备（楼堂、馆所、住宅、墓地、福利院、施赈处、感化院、职业介绍所、平价饭店等）；保安之设备（警察、消防队等）；娱乐之设备（剧场、游乐场等）。第五节是市政机关之组织，他主张："市政之施设，当极全市民之能力发扬而光大之。市政机关，当超越国家地方行政系统之外……求之于外国，则有所谓委员制与市长制之区别。前者适于小都市，而后者适于大都市。"他举了曼彻斯特和纽约的机构为例。第六节是规定建筑条例，包括："一建筑地域之区分……须将工商居住缓冲诸地带确立界限，不使彼此互相侵越。""二建筑线之整理——即确立道路之基准范围，建筑物之位置，而形成将来理想之市街。""三建筑物之样式与再造之规定。"第七节是都市美，分为"一特别美观区域"、"二图案学之应用及奖励"、"三美术园艺之提倡。"第八节是都市之体的发展与面的发展，前者指的是适应人口膨胀，一切公共设施要拓宽、扩大、增添，后者讲的是生产力、贸易额、运输量、纳税额，及文教医卫设施收容率等，均要协调发展。第九节讲住宅问题，此"为生活上不可缺之要件"，"诚社会重大之问题"，政府要"培栽民众之实力……有种种之救济方法"，例如公营住宅、劳动者之植民地、慈善长屋等是依靠政府或社会力量建的福利房，建筑组合是民众住房合作社，还有建田园都市、郊外都市之类疏散人口办法。第十节是公园，分为实用公园、街道公园、郊外公园、古迹公园和港湾公园等。第十一节是救治与消防。第十二节为结论。他说："都市之施设，决非单纯观念所能从事，必须面面着想，事事俱办，然后运转自如，动定咸宜。故不有计划，无以云组织，不有组织，无以云施政。天下事未有任其自然而可以发扬光大者也。"

柳士英不做空谈家，回故乡后在苏州工专创办中国第一个建筑科（系），并任市政府工务局局长，制订了《苏州工务计划设想》（1927 年）①，这是苏

---

① 陆启东辑《一九二七年苏州城建规划与实施》，见苏州市地方志编纂委员会办公室、苏州市档案局、政协苏州市委员会文史编辑室等编《苏州史志资料选辑》（总第 11、12 辑）1989，第 121 页。

州现代第一部城市规划。从 1927 年 6 月到 1930 年 5 月（苏州撤市），已经着手实施第一期工程，即按三横三竖六大干道和外围循环线整理、拓宽旧城街道，修复城内三横四纵河道系统，开始整理旧市区旧有城厢，如街道、河道、建筑物，建设公园、菜市场、公厕等设施。从理论到实践，为苏州的城市规划和工程实务奠定了基础。[①]

前述上海《市政设计大纲》公布后，上海当局 1929 年开始启动局部的《上海市中心区域计划》的编制，又有《大上海计划》，主要是"道路系统计划和分区计划"、（大上海）"分区及交通规划图"、"新商港区计划草图"等成果[②]，比柳士英的论说涵盖面窄了许多。1932 年"一·二八"事变以后，也没能继续。

广州市也成立了城市规划机构——城市设计委员会，委员会"掌理全市之设计事务，……但局部的设计仍由各局办理"。"置委员 12 - 16 人，由市长于市政府职员中遴选充任；但得选任专门技术人员 3 - 6 人为本会专任委员。""以专任委员 3 人为常务委员，处理日常事务。……置干事 2 - 5 人，佐理日常事务。于必要时，并得酌用雇员。"[③] 委员会负责全局性（行政组织，区域划分，公共事务，建筑工程，文化教育，精神文明）的规划，各局遵从、配合、协助，必要时可聘外国市政专家为顾问。

另一个较早较具体的规划（方案）在天津拟订。张锐是梁思成在清华园的学弟，据 1930 年《益世报》记载，天津市设计委员会张锐邀请梁思成，共同规划天津城。他们 1928 年都已回国，梁思成到位于沈阳的东北大学创办了建筑学系，并任教授兼系主任直到 1931 年；而张锐则回到了家乡天津，成为负责市政建设的市政府第四科科长。天津征集城市发展方案的动议一经提出，张锐和梁思成编出《天津特别市物质建设方案》。

1. 大天津市物质建设的基础：（1）鼓励生产培植工商业促进本市繁荣，（2）提倡市政公民教育培养开明的市民以树地方自治之基，（3）改善现有组织以得经济的与能率的行政，（4）采用新式吏治法规

① 陈泳：《柳士英与苏州近代城建规划》，《新建筑》2005 年第 6 期，第 57 - 60 页。
② 姚凯：《近代上海城市规划管理思想的形成及其影响》，《城市历史研究》2007 年第 2 期，第 78 - 83 页。
③ 《广州市城市设计委员会组织章程》，《广东省政府周报》1928 年第 10 卷第 58 期，第 32 - 33 页。

实行尚贤与能的原则，（5）推行新式预算划一市政府会计簿记制度使财政得以真正公开，（6）唤起民众打倒帝国主义一致努力誓归租界。

2. 大天津市的区域范围问题（略）。

3. 道路系统之规划：（1）道路系统之重要，（2）天津市道路规划之方针，（3）所拟道路系统图解释，（4）拟定道路系统实施步骤。

4. 路面（略）。

5. 南京所拟定之首都标准路面（略）。

6. 道旁树木之种植（略）。

7. 路灯与电线（略）。

8. 下水与垃圾：（1）下水道形式之选择，（2）分流制与合流制，（3）下水道之位置，（4）下水区域与下水处置，（5）垃圾处置方法。

9. 六角形街道分段制（略）。

10. 海河两岸：（1）河岸与都市物质建设之关系，（2）天津市之码头设计，（3）河岸与都市美。

11. 公共建筑物：（1）公共建筑之位置分布，（2）天津市行政中心区之位置，（3）公共建筑物形式之选择，（4）重要之公共建筑。

12. 公园系统（略）。

13. 航空场站（略）。

14. 公用事业之监督（略）。

15. 自来水（略）。

16. 电车电灯（略）。

17. 公共汽车路线计划。

18. 分区问题（略）。

19. 本市分区条例草案（略）。

20. 本市设计及分区授权法草案（略）[①]。

这里仅以道路为例。针对原来缺乏全盘的设计，他们提出，全市道路应分干道、次要道路、林荫大道、内街及公道（市外公路）五种进行规划，按照不同的宽度与形式进行建设。他们提出的干道标准，宽度为28公尺，可行驶六辆汽车。以正直为主，弧线曲度不应过大，两路相接，除对角线路外，其

---

① 梁思成、张锐编《天津特别市物质建设方案》，北洋美术印刷所，1930，目录。

余相切的角度以不小于 45°为标准。

同行们对国际上的动态持续关注，对近邻日本的经验和理论也予以参考。如矢田七太郎（1879－?，1906 年毕业于东京大学法科，1908 年起几度被派来中国，在驻汉、津、京领事馆任职，1923 年任驻上海总领事）著、吴剑秋译的《都市经营论》，由四川市政研究会 1925 年 12 月出版发行；〔美〕爱西瓦原著、〔日〕牧野宝一译、蒋绍封中译的《模范的都市经营》（*Reproduction of European Cities at Work*），由昆明市政公所总务课 1926 年出版，介绍欧洲城镇的计划、建设及市政设施管理等。还有安部矶雄（1865－1949，政治经济学学、社会学家）的《应用市政论》，日本都市研究会编的《都市计划讲习录》等。

市政学界还介绍了《近世都市计划》（东京丸善株式会社 1929 年出版），该书由森庆三郎（金泽工业专门学校校长，市政工程专家）著。"参考欧美新出版现代都市设计诸书，参以著者的意见，在技术方面来叙述近世都市设计的。除了对规划街路系统、交通，改善水道及港湾，构筑桥梁等市政工程方面有详切的叙述以外，尤着意讨论都市中各种美妙的建筑，以及彼藉以使人娱乐欣赏的各项配置，得着许多新的观念。全书计分 21 章：绪言；新旧都市之型式；都市平面图之要素；搬运式；街路系统；公园及其休养便宜；自由空地之计划；公共建筑物；工业都市；街路交通；交通之循环；街路之实益与修饰；水路及河港之改善；桥梁之建筑；建筑区域之限制；都市之郊外；田园都市；都市之构造及其维持；都市法制计划；都市财政计划；日本之都市计划法。"[1] 适合懂日文的读者自行阅读。

郑肇经（1894－1989，上海市工务局技正）著《城市计画学概论》（"市政丛书"，商务印书馆 1927 年出版），此书分 3 章：旧市之改良方法，如展宽旧路、添设新路、改造不卫生城区等项；新市之计画原理，如建筑房屋地位之划界、铺设道路、置备广场等项；城市建筑条例，建筑条例之内容及其与人生之关系等。德国人于城市计划学研究最深，著者留学是邦专攻市政，甚有心得。其著此书，实具精义，非寻常直译之本可比。

国内专业性的论文，如沈昌的《城市设计》（《道路月刊》1928 年第 24 卷第 1 期），作者是工务局的工程师，介绍交通、公共建筑及公地、道路、污物处理四个问题。培坤的《城市设计浅说》（《市政月刊》1930 年第 3 卷

① 《市政书籍介绍之六——近世都市计划》，《新汉口》1930 年第 2 卷第 4 期，第 12 页。

第 3 期），包括交通、公共建筑位置、私有建筑之限制、社会事业、财政问题几节。

其他大大小小、陆陆续续的计划、设计、经验文字，多见于抗战前的刊物，例如：

秦良藻《安庆市改建计划及其整理方法》（《市政月刊》1928 年第 2 – 3 期）和汪朗溪《安庆市政革新之我见》（《市政月刊》1928 年第 3 期），都涉及旧城改造这个麻烦而具普遍性的问题。他们的探讨是很具体的，甚至考虑到拆除城墙是否影响防卫（因帝国主义国家炮舰经常出入长江），全拆还是少拆，以及补救的办法，等等。

李宗侃《城市设计之面积问题》（《建设公报》1928 年第 1 期），参考西方城市人口与面积的关系，提出我国要考虑每座城市人口的现有基数及将来的变化，合理规划城市面积。

汪叔度在《城市设计导论》（《新建设》1930 年第 2 卷第 6 – 11 期连载）中指出：“城市设计，为市政学之一重要部门，其范围至广。”该文知识可谓粗备，涉及调查、城市制度、交通、娱乐、房屋地段、公私房限制、城市立法、财政设计等，特别重视设计前之调查。

姚希明《市政革新运动高潮中之两种计划》（《新声》1930 年第 9 期），介绍安德生（W. G. Anderson）的国际市（世界交通中心）计划，分科学、艺术、体育三个中心点。

丁明在《欧美都市设计之新倾向》（《市政月刊》1930 年第 3 卷第 9 期）和《田园都市》（《市政月刊》1930 年第 3 卷第 11 期）中，用较短篇幅介绍了欧美城市化带来的负面影响，设想了若干新的方案。

沈怡所著《都市分区之原则》（《中国建设》1930 年第 5 期），文字简洁，图形精致，强调了工业区的位置，“以保全城市之幽静”，透露“国都设计顾问美人古德里希（Goodrich）曾为首都拟有分区条例草案一种，内容颇详，足资参考”。《上海市中心区域道路系统》摘要报道经上海市政会议议决的方案，“推测未来趋势，加以规划”，“将有专书印行”。① 张维翰翻译了日本内务省地方局编的《田园都市》（上海华通书局 1931 年出版）。杨哲明的《田园都市计划》（《复旦理工专号》1931 年第 83 – 91 期）介绍说，“Garden City 为近代都市计划的新趋向……英人何霍氏 S. Haward 于 1899 年

---

① 《上海市中心区域道路系统》，《工商半月刊》1930 年第 2 卷第 13 期，第 3 页。

发表"，还涉及其后的发展，通过英国、德国、美国几个样板城市加以说明。陈良士的《城市设计中之调查工作》（《市政月刊》1931 年第 4 卷第 5 期），着眼于旧区改造和新市设计两方面，分 14 项，数据浩繁，须专家指导、处理。Knipping 著、胡树楫译的《近代城市设计之要点》（《工程译报》1931 年第 2 卷第 1 期），图文并茂，已是专业的叙述，但一般人也能看懂。邵塿寒翻译的《苏俄的新城市计划》（《东方杂志》1932 年第 29 卷第 6 号），介绍苏联城市规划部门征求世界名家意见，设计工人住宅新方案，以体现社会主义新生活。李吟秋与梁思成、张锐是清华校友，在土木工程方面专业水平更高，在天津工作更久，参与规划和实施更多，撰有《天津市鸟瞰》（《新北方月刊》1931 年创刊号）等。

郑肇经有《上海新商港地位之商榷》（《东方杂志》1931 年第 28 卷第 8 号）。他当过经委会水利处处长、工程科科长，结合自己的设想和英国史克尔的计划研讨上海新商港的地位。宋介《城市改良与城市设计》（《市政评论》1934 年第 2 卷第 1 期），材料丰富。尚传道的《城市设计之研究》（《行政研究》1937 年第 2 卷第 7 期）指出，"City Planning 是晚近提倡城市改良者的一个新术语，也就是市政学最理想、最重要的一部分"。范先烨介绍 K. B. Lohmano1931 年版的《城市设计学原理》（《新经济》1940 年第 8 卷第 12 期），称"这本书是讲城市设计的权威著作，我们大学里边已经采作市政学程参考书"。"此书未能谈到城市防空设计……现在公认为空权时代……（要）详加补充。"金海同《城市设计之理论与实务》（《人与地》1942 年第 2 卷第 4 - 5 期），注意到城市之"社会的"（"精神方面的计划"）与"财政的"（"地价税与特别征费"）设计。

抗战时期，在日军轰炸破坏下，大批城市化为瓦砾，中国人民没有屈服，反而加紧战时和战后重建。市政专家曾在《市政评论》1941 年"陪都建设计划专刊"上集中发表文章，行政院院长孔祥熙撰写序文。内政部部长周钟岳《战时都市建设计划》指出，1939 年已公布施行《都市计划法》，"复兴城市，为战后第一紧要工作"。郑梁的《论陪都建设计划的二大要点》，强调"国防化的都市计划"以"战为中心"和"新建筑时代"为主调；黎宁的《论带形都市与大陪都之改造》借鉴法国柯布西耶、苏联米夫金的理论和实践；在《对于陪都计划建设的意见》中，陈访先提"民族特质"，张维翰提"田园都市"，吴承洛提"工业化"，赵祖康提"市政工程"，丁基实提"分区和交通"，哈雄文提"眼光远大，预测未来"，胡德元提

"卫星母市"，王克提"房屋分类"，米展成提"城市美"和"修法"，丘秉敏提"取缔危险建筑"，张大镛提"水电问题"，刘百铨提"运输枢纽"，汪日章提"忠于职守"和"改造习惯"；张又新《新京市政计划纲要》称要"改良旧市区交通和繁荣新市区"，如煤气消耗量上估计国人为 200 立方米/（人·年），比西方高，因为"西人随习于冷沐冷食（且'购自面包店'）"，这个分析似乎至今未被国人注意；曾广梁《陪都地形测量计划》、过立先《陪都绿地系统计划》等，则更为专业化。

抗战胜利后，因内战影响，实际重建情况不如预期，城市计划论著仍然不多。赵祖康的《我对首都建设的意见》指出："市地市有，早经中全会通过，请政府定为政策之一。""市政府至少须能掌握市内土地 10%—30%。"[①]沈怡的《开辟政治区辨惑》指出，中央政府及各部会集中建于一个地区，叫中央政治区，"此为各国首都建设通例"。拖延了二十年，"如再不及时着手，……将更不易为力"。他驳斥反对者的劳民伤财、不利防空、不急之务等论调，指出当前"以确定地点与范围为主要关键，……不在兴土木，乃在征土地，辟道路"和布置当地其他基础设施。"仍以明故宫为中心，区内土地大部为公地。"[②] 前文提到上海市的全面规划迟迟出不来，直到抗战胜利才终获突破，那就是《大上海都市计划总图草案报告书》。赵祖康《上海建设计划概述》说："沪市工务建筑，必先决定方针，以有计划发展……（一年多）完成大上海都市计划总图二稿。"[③]《大上海都市计划总图草案报告书》（1947）"由市政府邀集全市市政与工程专家以及各界有名人士组织委员会商讨研究，费时两载，开会 50 余次，完成……为全国所仅有……"，由陆谦受、鲍立克、钟耀华、甘少明、白兰德、黄作燊、梅国超和张俊堃等建筑师（其中鲍、甘、白、梅四人是外籍）署名发表。报告书约 5 万字，共 10 章，不出柳文框架之外。"据工务局设计处姚世濂处长语编者：'该项草案系理想上之建设计划，须配合政治经济及社会种种条件，积以数十年之刻苦努力，始可望其实现，非一蹴可几……自不敢认为尽完尽美，故甚望国内市政专家及社会贤达赐予指教。'……经最近市政会议讨论结果，有将五十年时间缩短为二十五年之可能。"

第一章总论，概述都市计划之目标、方法、意义及工作难题；第二章历

---

① 赵祖康：《我对首都建设的意见》，《中央周刊》1947 年第 9 卷第 46 期，第 14 页。

② 沈怡：《开辟政治区辨惑》，《南京市政府公报》1948 年第 4 卷第 1 期，第 21－22 页。

③ 赵祖康：《上海建设计划概述》，《市政评论》1948 年第 10 卷第 1 期，第 13－14 页。

史，述上海历代之沿袭、上海发展之简史；第三章地理，述大上海区域之概况、上海市地理上之位置；第四章计划基本原则，包含总则、人口、经济、土地、交通等五项；第五章人口；第六章土地使用；第七章交通；第八章公用事业；第九章公共卫生；第十章文化。卷首附图三：一为《大上海区域计划总图（初稿）》；二为《上海市土地使用总图（初稿）》；三为《上海市干路系统总图（初稿）》。①

大上海都市计划总图草案报告书

第四章　计划基本原则

第一节　总则

1. 大上海区域，以其地理上之位置，应为全国最重港埠之所在。

2. 本市一切计划，应为区域发展之一部，并与国策关连。

3. 针对国家在工业化过程之逐步长成，应有实施全面计划发展之必要。

4. 本计划以适应现代社会及经济之条件，进而调整本市之结构。

第二节　人口

5. 全国人口之增加，及乡村人口之流入都市，为国家在工业化过程所产生之主要人口动向。

6. 本计划之设计，以用良好生活标准，容纳本市将来人口为原则。

7. 人口之数量，系于政治社会及经济之背景。

8. 本计划应考虑区域人口与本市人口之关系。

第三节　经济

9. 本市主要上为一港埠都市，但以其在国内外交流上所处地位之优越，亦将为全国最大工商业中心之一。

10. 本市之经济建设，应以推行有计划之港口发展，及调整区域内工商业之分布完成之。

11. 本市工业之发展，以包括大部分轻工业，一小部分重工业，及其所需之有关工业为原则。

第四节　土地

---

① 《（资料）大上海都市计划总图草案报告书》，《市政评论》1947 年第 9 卷第 2 - 3 期，第 13 - 14 页。

12. 本计划以援用国家土地政策，为实施之推动。

13. 本市市界，应以整个区域与都市之配合及有机发展为目标，加以重划。

14. 人口密度，应受社会经济及人文各因子之限制。

15. 本计划在各阶段之实施，以执行征用土地为原则。

16. 现行土地之划分，应加整理重划，以求更经济之利用。

17. 市政府应以领导地位，参加本市土地发展之活动。

18. 土地区划之设计，以规定土地之使用为原则。

19. 每区之发展，须有规定之程度。

20. 居住地点，应与工作娱乐及在生活上所需其他地点保持机能性之关系。

21. 区划单位之大小，应以其在经济上是否适宜决定之。

22. 工业分类，以其自身之需要，及对公共权利之是否相宜为标准。

第五节　交通

23. 水陆空三方运输，在交通系统上应取密切联系，并应先行计划港口之需要。

24. 港口设备，应予现代化。并集中于区域内适宜地点，以利高效率之运用，沿岸旧式码头及仓库等项，应分期废除。港口之业务，应予专业化，使在区域内有专业港口之设立。

25. 土地使用，应与交通系统相互配合，藉以减除不需要之交通。

26. 联系各区之交通路线，以计划在各区边缘通过为原则。

27. 地方交通及长途交通，在整个交通系统上应有机能性之联系。

28. 道路系统之设计，以功能使用为目标。

29. 客运与货运及长短程运输，应分别设站。

30. 客运总站，应接近行政区域及商业中心区，并须有适宜及充分之进出路线。

31. 公用交通工具，以各区之天然条件及经济需要决定之。[①]

一之在《读〈大上海都市计划图草案报告书〉二稿书后》中指出："应

---

① 上海市计划委员会编《大上海都市计划总图（二稿）》，上海市计划委员会印，1947。

赶速加强调查工作，以更多之数字，以更深切之认识，修正此一草案。"①

以上各种城市计划、规划，或则全盘，或则专门，而县城、镇该如何设计？

殷体扬在《我国市行政问题与县市政计划》中不提"县政"而说"县市政"，因为国民党政府的《市组织法》规定，拥有 30 万人口以上的城市才能设市，这使无数县城和市镇，"虽已有市政之胚膜，惟没有市政上合理的管理方法"，包括市政的设施和市政的计划。作者呼吁，今后的县市设计"更须增加发展农村的任务……用全力去办农业或办农村的工业，甚至去促进农业，运销农业，制造农业，慢慢将农业科学化，农产工业化，城市与农村相互为助，相互发展……（县城经济、教育等设施）处处与农村相呼应（结果使农民进城当工人，农产品作工业原料，工业品销农村）"。②

三　脚踏实地调查研究、编辑公报、交流学术

实际工作者投入和探讨市政，有赖天时、地利、人和，时机稍纵即逝。刘文岛（1893－1967）担任汉口特别市市长期间，曾创造较好条件。他是早稻田大学政治经济学部毕业，巴黎大学法学博士。曾拜梁启超为师。黄埔军校政治教官，国民革命军第 8 军前敌总指挥部党代表，湖北省财政厅厅长，国民革命军总司令部总政治部副主任，总司令行辕政治部主任。他担任市长时很有魄力。从天君《汉口市政刊物小史》（《新汉口》1930 年第 4－6 期）这篇分三期连载的文章，可谓令人大吃一惊，一个内地城市居然在短短几年内先后推出具备学术性、专业性、实践性的诸多刊物和书籍，且形式多样。先是《市政周刊》（1928 年 11 月 20 日创刊，附于《中山日报》；因讨逆战事，被迫于次年 3 月停刊），同时还有《武汉市政公报》（月刊）。其他各局已出的，有《社会局局务汇刊》、财政局的《财务汇报》。1929 年，因特别市成立，遂出《武汉市政》（1929 年 5 月创刊），7 月改名《汉口市政》，出了 8 期停刊。《武汉市政公报》（月刊）在第二年 5 月特别市成立后改名《市政月刊》，7 月改名《新汉口月刊》。特别市各局纷纷出版《公安月刊》、《社会月刊》、《财政月刊》、《卫生月刊》、《工务局业务报告汇刊》，因熟悉

---

① 一之：《读〈大上海都市计划图草案报告书〉二稿书后》，《建设评论》1948 年第 1 卷第 7 期，第 23－26 页。

② 殷体扬：《我国市行政问题与县市政计划》，《行政研究》1936 年第 1 卷第 3 期，第 561－567 页。

本行业实情，且进行了不少调查统计工作，文章质量较好。但到9月，市政府议决各局刊物都归并到《新汉口月刊》，仅剩《工务局业务报告汇刊》（不定期）。原来的《市政周刊》则又于1930年2月复活。

1929年1月起，又陆续出版"市政丛书"4种（《我国大都市之建设计划》、《现行市组织法平议》、《我国市财政问题》、《国民政府与公众卫生》）。此外，还有市政府秘书处编的《汉口市建设概况》（第一期），20万字，一册，社会局编的"市民须知小丛书"，教育局编的"社会教育指导丛书"、《民众半周报》，卫生局发行的《卫生周刊》等。各种行政计划也常印行，供公务员参考，其中《市政计划概略》（1929年8月出版），内容涵盖全市及各局的业务计划，且陆续付诸施行。另外，有地方志一类的书籍，如《汉口小志》、《汉口商业一览》、《汉口特区市政报告》等。总的说来，期刊受市政府和政局变化的影响，名称几次改动，编辑机构、人员也有调整，但主管部门较为重视，经办人员编辑出版的积极性一直颇高。

当年的市政刊物，除《市政期刊》（1934，上海复旦大学市政学会）、《市政评论》（1934－1937、1941－1942、1945－1949，市政问题研究会）、《市政研究》（中华市政研究会编辑委员会）、《新市政》（1941－1943，中国新建筑社，重庆）、《上海市政建设专刊》（1945，中国战后建设协进会上海分会）等以外，多为各地市政府主办，计有：《广州市市政报告汇刊》（1923－1925）、《市政季刊》（1933－1937，昆明市政公所）、《成都市政月刊》（1941）、《杭州市政季刊》（1933，杭州市政府秘书处）、《宁波市政月刊》（1928－1930）、《市政统计月刊》（1941－1942，北京特别市公署）、《市政月刊》（1927－1931，杭州市政府秘书处）、《沙市市政汇刊》（1936，沙市市政管理委员会）、《长沙市政季刊》（1929）、《广东市市政报告汇刊》（1926－1930）、《广州市市政规章集刊》（1930）、《济南市市政月刊》（1929－1930）、《思明市政筹备处汇刊》（1933，厦门）、《新汉口》月刊（1929－1931，汉口市政府秘书处）等，存在的时间一般不长。

关于市政乃至行政学的研究方法，少有人谈到，这里引述一个"调查法"案例：

　　近代行政学研究最发达之国家，首推美国；研究方法，亦以美国为最完备。美国学者所采取之方法，以实际调查为主，即所谓行政调查是。以调查所获之资料，妥为整理，然后再衡之以学理，至于调查之程序及其整理之标准，兹特引证皮而特博士研究日本东京市政府所采用方法，以资参考。皮氏于调查东京市政府，其所定之基准有四："（一）根据各国行政法规比较研究其所获得之共通事项；（二）各都市实际所采用之技术设施；（三）各都市行政之各种实验；（四）商业团体之经营方法。"①

上述具体之基准，以判断行政之一定价值为前提；同时，对行政之社会的文化的现实机能之评价，亦可独得一显明的概念。而究其实际，则不外以特定的产业文明为社会文化之背景，以阐明都市行政之状况。皮氏之研究，虽以都市行政为主，然美国之行政学者，如惠罗培（Willoughby）、惠德（White）诸氏所采用之方法，亦大抵相似。彼等俱致力于行政技术之调查研究，且已渐渐构成其实证的基础，此种倾向，不仅以美国为限，即欧洲大陆，亦普遍采用此同样的方法，构成行政学之新体系。②

董修甲所著的《京沪杭汉四大都市之市政》，是作者受汉口市长刘文岛之派，于1930年3月14日出发赴上海、南京、杭州，"以有限之时日，分别考察三市……市政状况……并向各机关索取各种印成之刊物，随带回汉，……并与汉市之一切设施，加以探讨，……切实比较，将四大都市之特别优点，一一述明。更附陈改良市政管见，以供采择。所陈各点，概为欧美各大都市已经实行甚久、著有成效之办法，亦我各大都市亟应仿效之办法。是以此种市政调查报告，关系全国各都市市政前途甚大。"③

董修甲所著《我国都市存废问题》（中华市政学会1931年7月初版，属"中华市政学会丛书"），包括建市之目的、各市市民反对市政府之主因、消除反对建市之方法、我国都市存废之标准等项。

张富康著的《中国地方政府》（武汉日报印务部1947年出版），分5编，阐述中国省、县、市、区、乡政府的沿革、概况、理论、实施、组织制度等方面的问题，附《表解统计》和《行政法规》2篇。

杨哲明的《上海公共租界市政的一考察》（《申报月刊》1933年第2卷第1期），揭露英美操纵董事会及巡捕房之腐败等，批判上海市政管理的缺陷。徐公肃、丘瑾璋合著《上海公共租界制度》（中央研究院1933年出版），统计数据根据工部局每年的报告，对三权中"行政之组织与实况"，

---

① Charles. A Beard, *The Administration and Politics of Tokyo*, Macmillan Company, 1923.

② 刘百闵：《行政学之研究方法（读书指导）》，《读书通讯》1943年第66期，第9页。

③ 董修甲：《京沪杭汉四大都市之市政》，大东书局，1931，第1－2页。

即工部局的结构与机能,介绍得比较详细。立法方面,以洋商主导的"大班政治"揭穿所谓自治的虚伪性。他们都比康有为、孙中山早年对上海租界的表面观察("自治的模范")有了更深刻的分析,否定了租界的示范作用。

卓高煊在《台南市政二年》中记述国民政府 1945 年 11 月开始接管于 12 月 14 日正式成立的台南市政府,两年内所做的工作。台南本是清政府时期的省治所在,当时为全省第二大城市。初期本着"行政不间断,学校不停课,工厂不停工"原则,对"诸如遣送日侨,接收日产,编查户口,整理财政,革新教育,推进国语,实行地方自治,树立民意机关,组织人民团体,发展救济业务等等,均先后配合进行"。1947 年"则为生产建设年,诸如出租日产,复兴工厂,繁荣商业,办理公地放租,实现耕者有其田土地政策,以安定人民生活,组织各种合作社,以改善社会经济……",解决食、住、行等问题。特别是,"整修名胜古迹,以发扬民族精神,……甄选优良师资,加强国语国文教学,办理中小学生祖籍调查,以增强省民对祖国之热爱"。①

行政主管部门利用自身资源编写一些书,如国民政府内政部编《市政纲要》(南京内政部刊,1928 年 7 月初版),内容包括户籍、道路、警察、消防、公共卫生、救济、合作等。

有些书籍文章对历史资料进行全面搜集和整理,潘如澍著《中国市政史》(1931 年 7 月出版)分四编,叙述中国古代、近代、现代的市政沿革。有补遗:《六朝之都市行政》。封面和书脊上书名为《中国市政小史》。他的《最近二十年之中国市政》(《清华周刊》1931 年第 35 卷第 9 - 10 期)则谈近代市政。作者当时还是清华大学的学生,毕业后似未从事市政工作。

前引蒋慎吾的市政史文章也被编成单行本《近代中国市政》(上海:中华书局 1937 年 10 月初版,属"现代政治丛书"),分 10 章,包括近代都市的成因、市宪法、市选举、市权限、市行政以及都市的将来等项。

冯秉坤《十年来上海市政之进展》(《市政评论》1937 年第 5 卷第 8 - 9 期)和《各市政府成立十周纪念感言》(《市政评论》1937 年第 5 卷第 6 期),也是源于局内人的经历和调研感受,其认识深度非局外人可比。

调研外国市政的各方面或某一专项,这与翻译现成论著是不同的,也值得肯定。如张锐《促进市政的基本方策》中详细评述美国市政教育,筹划中国如何办:"欲对于中国市政实际问题有一具体的研究,则非有市政研究机关之组

---

① 卓高煊:《台南市政二年》,基隆要塞司令部,1948。

织不可！至于组织机关，则中央研究院，各著名大学，各市政府，及乐善好施之社会人士均有其责。"下面摘录其所介绍的美国高校的市政人才养成教育：

（十一）美国市政人才之养成。美国各著名高等教育机关对于市政人才之养成均有充分之注意。各大学校均添置市政一科，迄于近年，繁茂昌盛。就中最出名者，约有四例：一为米西根大学，二为施拉鸠斯大学，三为哈佛大学，四为附属于全美行研究院之市政专门人才养成院。统此四处，作者均曾亲自就学，知之尚审，爰撮最叙述如次。

1. 米西根大学市政专修科由李得（T. H. Reed）教授主持。美国市政府者，首当推哈佛之孟洛，其次即此公耳。公荣任市经理一次，故其所授，非闭门造车者可比。市行政讲师为阿卜孙教授（Lent D. Upson），其在市行政学上之位置实超孟洛而过之。深得当地有识人士之信仰，据云将来或有荣任的彩（底特律）市长之望云。米西根大学在中美素有西方哈佛之誉，故其他各科教授亦均一时名宿。今将其课程表列下参考：

第一学期必修科及学分：行政法 3，市政研究 2，市行政 2，财政学 3，道路工程 2，选修科 4，共 16 分。

第二学期必修科及学分：市政研究 2，市行政 2，市财政 2，自来水工程 3，下水工程 2，城市计划 3，选修科 2，共 16 分。

选修各科及学分

经济：公用行政 3，会计 3，统计 3，税学 3，政府会计 3；

工程：运输问题 2，工务合同 2，公用问题 2，自来水滤清 2，下水处置 2，市卫生 2，市工务 2，道路工程 3，城市计划 3；

政法：卫生统计 2，市法人 2，行政法院 2，邦政府 2，邦行政 2，市政府及行政 6，欧洲市政府 3；

社会学：社会问题 2，贫困问题 3，社会行政 2，团体组织 2。

以上学科选习一年成绩优良者得派送至的彩市政厅实习。

2. 施拉鸠斯大学为纽约邦中小大学中之杰出者，尤以其行政专修院最有名。摩西氏（W. E. Mosher）为之长。摩氏曾任前美国邮务总管赫氏（Hayes）之高等顾问，于吏治行政学之造诣极深，对于美国邮务人员任用规章之改善，实与有力。作者从之习吏治行政，受益匪浅，认为摩氏在美国吏治行政界中占前五名之地位。施校市政科绝佳，惜政法各系稍欠强耳。其市政一科，为全年课程，包括下列各课：

市财务税收行政，市预算，市审计，市会计，及市报告，集中购办学，房地估税法，市行政，市法人，市卫生行政，城市计划，市公用行政，吏治行政，警察行政，消防行政，市报告编制及统计方法，市工务行政。

施校行政院且附设函授学校。

3. 哈佛大学市政教授孟洛君（W. B. Munro）实为美国市政界之鼻祖。执哈佛教授职二十五年，聪明绝顶，好学不倦。惜近闻有告休意。此公于 1929 年夏已离校与夫人偕隐于加利福利亚省之别墅（按：孟洛此前应加州理工学院之聘去开创人文与社会科学系）。其哈佛市政讲席暂由米西根之李得教授及前在施拉鸠斯教授市政府之葛来福斯 Griffith 教授代理。此外如麦克林陶克（Miller MeClintock）之于市交通行政，施来（Sly）之于县政府均各有专长，著称于时。哈佛各科教授，多一时上选。如霍孔（A. N. Holcombe）（按：即来华的何尔康）之于政治，麦可文之于政治哲学，陶维克及喀卧尔之于经济，布拉克之于财政学，佛得之于社会学及市住居问题，诺伦等之于城市计划……均为第一流人物。

4. 全美市政专门人才养成院成立于 1911 年，至 1921 年始正式归并于全美行政研究院而规模益备。此院最宜于高深之训练。其导师均为公认的行政书家，亦即为全美行政院之研究师。教学相长，切磋进益，作者至今，仍神往焉。其所授各科均切重实用，不尚空谈。计其成立至今，几三十年。毕业者 169 人，而此数之中，毕业后就任市官职或执市政教鞭而有成效者达 133 人之多。得任市经理者有 9 人。其故盖因来此就学者，多为业有造诣之人，故成绩特著。①

张锐的学友赵思钜在《美国各大学之市政教学》一文中指出，市政课程的开设，"最早者为哈佛大学，继之者为哥伦比亚大学，盖孟洛及古德诺二教授实得风气之先者，1908 年从而效尤者有大学 46 处……今则各大学无论大小莫不设有市政学科"。此时教材质量提高，教学方法进步（如哈佛之方案法，即案例分析），利用市政机关为教学补助，可充分实习（如密歇根、昔锐寇斯大学）。惟完备（综合）大学方足尽市政教学之能事，因学科专业多，可满足需要（如法学院之政法、经济、财政，工学院之道路、给排水，

---

① 张锐：《促进市政的基本方策》，《中国建设》1930 年第 2 卷第 5 期，第 202－218 页。

商学院之管理学，文学院之社会学等），全校设备可利用。[①]

还有注重搜集资料和联系本国市政实际的教材。蒋建策的《市政与新中国》，是作者"于中国公学江南学院等校教授市政，心怀所得，笔之于纸"。作为课堂讲义，再加修补，交付出版，向社会各界人士作宣传。"内容先述中外市政组织问题，继述市政任务问题，即所谓市行政也。对市组织与市行政间的规划，均有所论列。尤以市行政方面，凡有关于新中国市政的一切设施，均加研讨与贡献，以冀关心市政者之采撷。"[②] 该书的特点是，除了讲述西方市政学的一般知识，还加强对各国市政历史（上古、中古、近代及现代）发展的介绍，并随时与中国自身的情况相联系；第七、八章又专门讲述中国市政的沿革，今后中国的市政趋势；第九章城市的设计，涉及工务与公用两部门，还注意旧城的改造，表明作者力图为"新中国"的市政求进步的心情。书后列举29种中文论著、7种西文论著，不出一般读者能够找到的范围。

法学家黄右昌《从现代各国市制的得失论我国新市组织法的运用》（《中华法学杂志》1944年新编第3卷第3期），评价各国市制；对于1943年5月公布的新《市组织法》，则从立法时的考虑、斟酌、理由和运用时之边界等方面详细论列和解释。

## 第三节　市政学骨干力量的形成和学科教育的筹划

### 一　行政（市政）学家和市政工程专家是核心力量

**清华学校 1909–1929 年历年派遣的政治类（分政治与市政两类）留学生人数统计**

单位：人

| 年份 | 1909 | 1910 | 1911 | 1912 | 1913 | 1914 | 1915 | 1916 | 1917 | 1918 | 1919 | 1920 | 1921 | 1922 | 1923 | 1924 | 1925 | 1926 | 1927 | 1928 | 1929 |
|---|---|---|---|---|---|---|---|---|---|---|---|---|---|---|---|---|---|---|---|---|---|
| 人数 | 1 | 1 | 5 | 2 | 4 | 4 | 2 | 1 | 1 | 1 | 5 | 6 | 4 | 3 | 6 | 5 | 3 | 7 | 6 | 4 | 5 |
|  |  |  |  |  |  |  |  |  |  | 1 | 1 | 1 |  | 2 | 2 | 3 |  |  |  |  | 2 |

资料来源：《清华大学史料选编》，清华大学出版社，1991，第56–59页。

按：表中第一行为"年份"，从1909年到1929年。第二行为留学政治学专业人数，累计总数为76人。第三行为留学市政学专业人数，累计总数

---

为 12 人。两项相加总共 88 人。

这里要强调的是，"市政学"被列入清华留学的"政治类"两科之一，而且从专业性质上讲，它在西方早期行政管理学科中属于主流专业，即货真价实的行政管理学，并非笼统的政治学。事实上，市政学也是当时政治学系必修或选修的课程。从表中看到，前二十一年中清华留学这个专业的仅 12 人，始于 1918 年。而据另一表（这里未收），政治类留学人数在社会科学类（包括政治学 77 人、历史学 24 人，经济学 125 人，教育学 66 人，社会人类学 14 人，新闻学 19 人，总计 6 门，共 325 人）中居于第二位，或者说，占 325 人的 76%。

在清华大学派遣的学生中，政治类占同期总数 1289 人的 5.9%，高于同期派遣的哲学（18 人，占 1.4%）、文学（61 人，占 4.7%）、法学（含法律和国际公法两组，共 29 人，占 2.2%）、农业（67 人，占 5.2%）、医学（68 人，占 5.3%）、军事学（29 人，占 2.2%）专业留学生比例，低于自然科学（127 人，占 9.9%）、商学（142 人，占 11.0%）、工程学（404 人，占 31.3%）专业。市政学这 12 人仅占清华同期总派遣数 1289 人的 1% 弱。

殷体扬在 1936 年说："我国近十数年来，前往欧美专门从事市政研究的人们，据我所知道的，约有七十多位。"[1] 超过半数是从美国学习归来的。[2]到了 1949 年 9 月，有了另一说法："我国留学而专习市政者，全国约仅四十人，而市政建设社同仁即占三十六人之绝对的多数，而研攻市'八大行政'之一的会员，更拥有四百人左右。"[3]

早期专修者如白敦庸回忆说："民国八年，敦庸负笈美国，见彼邦城市之治理迥异中土，市民熙熙攘攘，共享太平，心慕而乐之。回忆当时北京市政草创之种种建设，似亦不无可观。以为事在人为，彼能者我亦何独不能？遂变更出国前之志趣，弃工厂管理之学而攻市政管理。"[4] 1928 年他出版《市政述要》（商务印书馆 1928 年 3 月出版）；1931 年他著的《市政举要》出版，共 3 编，分述我国市政的沿革、警察组织及职权、市政及市民的娱乐等问题。附录几种法规，有北洋政府内务部兼交通部总长朱启钤等人的序 4

---

① 殷体扬：《解决中国市政问题的一个企望：读了修甲先生"中国市政问题"一文后的感想》，《市政评论》1936 年第 4 卷第 4 期，第 1 - 2 页。

② 张金鉴：《美国之市政府》，正中书局，1936，序言第 5 - 6 页。

③ 编者：《独立市政学院及应创办了》，《市政建设》1949 年第 3 期，第 2 页。

④ 白敦庸：《市政举要》，大东书局，1931，第 20 页。

篇。不过,之后少见他的市政言论。

后期的夏书章说:"在大学读书时,市政学是我比较感兴趣的学科之一。到研究生阶段,⋯⋯更相对集中注意力于市政学。⋯⋯到市政府去实习时,实已将行政学和市政学的应用结合在一起。"①

兼修者如刘迺诚称:"在伦敦大学研究行政宪法和政治思想的时候,曾经选修数种地方政府和行政方面的学程,同时自修市政学和市政问题方面的书籍,愈念愈有兴趣,先后浏览市政书籍甚多。"②

20世纪城市职能和组合结构发生巨大变化。20-30年代,掀起了近代市政体系的改革与建设运动。而同一时期欧美城市改革运动又不断发展,国内城市弊病丛生。因此,对市政的研究逐渐产生并快速发展起来。市政学留学生回国参与市政管理,开创中国市政学。据有关学者统计,十八年里国内出版的市政相关书籍至少有134部(另说有160多部市政学著作和译作出版),内容涉及城市政府及城市行政、城市规划、市政工程和城市社会学等方面,其中董修甲14部,杨哲明9部,张锐4部,江康黎、张金鉴、白敦庸各2部。

从实际情况上看,在20世纪20-30年代,国内市政专家关注的重点是城市政府和城市行政,占那个时期出版物的一半以上。重要问题是城市政府的建立和运作,有关批评和建议是在城市行政方面。在20年代末和30年代出版的市政书籍中,多以市政制度和城市建设为主要内容。1927年以后,国家统一局面初步出现,建设事业逐步开展,近代市政思想蓬勃发展。在1937-1976年的战争与革命时期,国家不是陷于全面战火就是困于备战体制,城市或者在炮火中损毁,或者在体制中萎缩,市政学研究在中国沉寂。

总之,近代城市行政日趋民主化、人本化、科学化和专门化,这既是近代以来欧美先进国家城市改革的发展趋势,也是世界城市近代化的突出特征。具有欧美留学背景的市政专家亲身体验到西方近代城市的文明成果,借鉴欧美城市发展的历程和特点,提出了一条以城市自治为核心的追求政治民主化的社会改良道路。

1927年南京国民政府成立,城市规划与管理工作在某些城市陆续进行。这些活动被市政学界、规划学界专家赞为20世纪20-30年代中国的市政改

---

① 夏书章:《市政学引论》,中共中央党校出版社,1994,第1页。
② 刘迺诚:《比较市政学》,商务印书馆,1936,序言。

良（革）运动。

1925 年 6 月的《东方杂志》上集中刊载了臧启芳的《市政和促进市政之方法》、董修甲的《田园新市与我国市政》、潘绍宪的《市政组织法》、张锐的《城市设计》（以上载于第 22 卷第 11 期）和叶秋原的《市政与国家》（第 22 卷第 12 期）等重头文章，对社会作一次集体亮相和汇报，基本涵盖了市政学的主体内容，显示出他们的学识和思考已达到一定水平。其中年资最长的是董修甲（1891－?），江苏六合人，清华学校毕业后在密歇根大学获得市政经济学学士学位，后入加利福尼亚大学，获市政硕士学位。回国后任过几所大学的教授，并先后担任吴淞港改筑委员会顾问、吴淞临时市政府市政调整局局长，曾参与过吴淞商埠局的开埠计划以及淞沪特别市建设计划的拟订工作。1927 年组织成立中华市政协会，担任协会总干事。先后任武汉市政委员会秘书长、汉口市工务局局长和公用局局长。这段时间他理论结合实际工作，写作最多，有《市政问题讨论大纲》、《市政研究论文集》、《市政新论》、《市政学纲要》、《市行政学纲要》、《京沪杭汉四大都市之市政》、《市财政学纲要》、《市政与民治》、《都市分区论》、《市宪议》、《市组织论》、《中国地方自治问题》、《都市存废问题》等。后调任中央政府官员，抗日战争期间投敌，历任汪伪"财政部税务署副署长"、"江苏省政府委员"、"安徽省政府委员兼财政厅厅长"等。

可以看到，市政学者都颇有事业心，并试图利用百废待兴的时机，以西方理论结合中国城市实践，与其他各市一些同道切磋琢磨，找出较好的改良市政办法；但又难跳出西方的圈子，在原理和方法上创见不多。

最年轻的可能是张锐，但出道不迟，在清华读书时已接触相关课程，并发表作品。

张锐编著《市制新论》（商务印书馆 1926 年出版），梁启超校，并题写书名，可知他们早有特殊关系。此书分 11 章，前七章分述英、法、意、德、日、美诸国之市制，后四章述广州市市制、北洋政府内务部订定之《市自治制》、青岛自治制度及中国之理想市制。介绍欧美之市政制度颇为详尽，这是他的强项。

张锐所编《比较市政府》（上海华通书局 1931 年出版），涉及八个国家（含社会主义国家苏联），这是真正讨论市政府运作的皇皇巨著，近百万字。例如第七篇日本市政府，包括都市地域与都市政府、东京市之权限及其行政组织、都市财政之经营、物料购办、吏治行政、市公用事业、东京市自治，共 7 章。第八篇中国市政府，包括中国古代都市行政之完备、都市行政之保安化、都市行政之中兴、广州市之"委员会"市制、民国 10 年内务部订定之《市自治制》和《淞沪市自治制》、民国 17 年国民政府市政法规、民国 19 年国民政府《市组织法》、国内的几个大市，共 9 章。第九篇余论，分市政府良否之标准、促进市政的基本方策 2 章。张锐还另外编著了《中国市政府》，由天津特别市政府市政传习所函授部 1930 年出版，共 7 章。略述中国地方政治制度、官制、行政制度沿革，介绍北京、上海、广州等市的行政制度、组织及沿革，以及市政法规等。

张锐负责天津市政府市政传习所的教务工作，知识储备充足，讲义编写快速，多由该所铅印，现能找到的还有：张锐编著的《市行政学讲授纲要》（《市行政学讲义》），分选举、行政与组织、吏治行政、预算、汽车运输、法律顾问、公用事业行政等 17 章；张锐所撰《中国历代都市行政之大势》（1926）；张锐所著《市选举行政》和《市行政组织》；张锐、陆以洪编的《市行政原理与技术初稿》（4 册）。另一位教师沈观准编著了《市行政讲义》（7 册）。

杨哲明利用在土木系教学及参与世界书局编辑工作等之便，发表论著甚夥，简明通俗，如《美的市政》（世界书局 1927 年 6 月出版）、《市政工程 ABC》（世界书局 1929 年出版）、《市政计划 ABC》（世界书局 1929 年出版）等。杨哲明的《现代市政通论》（民智书局 1929 年出版），分 7 编，115 节，20 余万字。陆丹林帮他宣传。第一编"总论"，讨论市政之重要，我国市政之过去及进境，与各国市政之比较。第二编"市政之设施"，讨论市政与国家，市政与工商业，市政与交通、公安、教育、卫生诸问题。读此一编，便知市行政大纲之标准。第三编"市财政"，讨论市政理财各种理论及实施方法，土地厚利税、估税法、市公债均在此篇从详论列。第四编"现代市政革新运动之趋势"，讨论田园新市之概况和创办之计划，及其法律制度、都市之美化与艺术化等。第五编"各国市政制度概要"，讨论美、法、德三国市政制度之沿革及其制度之新趋向。第六编"市政之计划"，讨论举办市政以前应有之观察、城市之设计与组织，以及都市之运输事业。第七编"附录"，采录我国各大都市之组织条例及各局处之法规章则，以利参考，而资研究。杨哲明也曾参与市政规划工作，如《芜湖市政计划书》1929 年在《道路月刊》上连载几期。

中国建设协会 1929 年成立于南京，有官方背景。第二年该协会创办了

《中国建设》月刊，1930年第2卷第5期就推出了"市政建设专号"，约请董修甲主编。他拉了一批稿件，作者本章上文大多已提到，今将文章标题录下：刘文岛《汉市之现在与将来》；张锐《中国市政史》；贺幼吾《市自治问题》；沈观准《都市集中购办问题之研究》；余立铭《购办集中制与分散采购制之比较》；董修甲《都市建设计划要义》；沈怡《都市分区之原则》；胡定安《都市卫生行政泛论》；梁维四《都市社会行政计划》；梁维四《慈善政策论》；张锐《房地捐与房地估价技术》；余立铭《都市土地行政计划》；张锐《促进市政的基本方策》。其中以贺幼吾、张锐、董修甲三人的文章分量最重。

这是当年对中国市政学者理论工作的又一次检阅。作者们留学美国、欧洲，攻读过市政或相关专业，多数毕业于清华。张锐的文章最多，表明那时他仍在这个领域积极打拼。其中，不太知名的贺幼吾时在武汉，余立铭和梁维四都在杭州，显然从事市政工作，可能因专业性较强，这几人平时很少发表文章。

市政学专书，如丁留余著《市政学问答》（商务印书馆1930年出版），江康黎著《市行政学》（商务印书馆1938年出版），吴拯寰、俞平湖编《市政论：附科学管理法》（三民图书公司1935年出版），顾彭年著《现代欧美市制大纲》（商务印书馆1930年出版），阮毅存著《市政府论》（世界书局1927年出版），陈良士著《市政府与行政》，程霖生编《市政论》（商务印书馆1925年出版），杨哲明著《美的市政》（世界书局1927年出版），童振藻著《周礼市政考》（商务印书馆1933年出版），黄炎培著《一岁之广州市》（商务印书馆1922年出版）等，标志着中国学界行政研究的长足进步。

国民党的党治通过训政走上专制独裁道路，加上国土沦丧和世界经济危机，农工商业凋败，城市无力发展。"我们专习市政的同志们，改行的太多了……这固然一半应由社会环境负责，不能给我们些微的机会，使我们对于市政实际工作均以贡献一愚之得，一半也应由我们自己负责，不能忍受一时环境的待遇，而放弃我们数年寒窗的本行。"[1]

少数还在工作的专家中，如江康黎对市政观念和制度作了分析，认为要依靠"精密之组织，能干之人材，科学之方法"和"市民之热心监督"，"至于政府事务之考查亦可采用查账之方法"，使政府"奋勇前进而入于经

---

[1]　嵩庆：《市政同志联合起来》，《市政评论》1936年第4卷第6期，第3页。

济效能之域矣"。仍是泛泛之谈。①

稍迟回国的张金鉴，因在行政学教学岗位并有较新的材料，得以推出较新的知识。

张金鉴编著《美国之市行政》，声称此书主要以美国人孟洛（W. B. Munro）的《市政学》（*Municipal Administration*）为蓝本，再参照欧璞生（L. D. Upson）的《市行政实际》（*The Practice of Municipal Administration*）一书略事增损而成，不算创作。

第一编绪论：市行政之概念，意义，特质，新动态；市政效率之增进，运动兴起之原因、性质及范围，市行政改革者之派别。

第二编普通行政：文书事务，市书记长之地位，市书记处之职务；庶务工作，物材统制，工程契约；法制事宜，市检察官之地位，市法务局之工作；选举事务，选民之登记，官吏之选举。

第三编都市财政：都市税收，税收之意义、种类、数量，税值之估计，特别估值税；都市支出，都市支出之意义、种类、剧增；都市公债，公债之性质、原则、管理、剧增；市财务局，历史之演进，现在之组织，管辖之事务；财务行政，预算制度，会计制度，审计制度，财务报告。

第四编公务人员：公务制度之概念，公务制度之意义，公务问题之重要，公务制度之特质，公务与终身职业；公务制度之演进，分赃制度之贻害，公绩制度之采行；公务制度之实施，公务员之甄用、分级、提升、惩戒、退休、训练。

第五编工务建设：都市计划，都市之发展趋势，居住之牵引线，都市计划之实质，外分区设带计划；街道修筑，土地征收，街道管理、铺砌；阴沟设备，阴沟之建设，污水之处理；街道清洁，意义、实施。

第六编都市治安：警务行政，警政组织及其演进，警政之内容及其问题；街道交通，交通拥挤之由来、补救，车辆之停放；司法行政，都市之法庭，罪犯与监狱；建筑统制，建筑法之意义及内容，建筑法之实际运用；消防事务，火警防范，消防行政。

第七编社会事业：教育事宜，学校行政，市图书馆；卫生行政，普通事务，害物扫除，公共医院；群众幸福，社会救济，社会保险；市民住舍，都

---

① 江康黎：《关于促进市行政的几个根本原则》，《国立中央大学社会科学丛刊》1934 年第 1 卷第 2 期，第 271–279 页。

市住舍问题之实质，居住拥挤问题之补救；公共商场，公共商场之必要，公共商场之管理；公共消遣，旧式之消遣设备，新式之娱乐计划。

第八编公用事业：都市用水，水之重要及消费，水之来源及清洁，用水之分配及行政；公用灯光，公用灯光之发展、装置、管理；市飞机场，市飞机场之条件及位置、关系及管理；电车运输，电车运输之历史发展、实际问题；公用事业之管辖，公用事业之统制权、所有权。

第九编市政效能：市政效能之测量，效能测量之重要及困难，测量时之应用标准；市政效能之将来，市政效能之专业化、集中化。[①]

张金鉴另有一本《美国之市政府》（正中书局 1936 年 4 月初版），是上书的姊妹篇，二者互补构成完整的市政学。

留欧学者考察不同国家不同的市制，使国人从不同角度观察问题。沈乃正编著《法国地方政制》（商务印书馆 1937 年版），内容分 6 章，介绍法国各级地方政府沿革，地方政府的组织、权限、事务，官治与自治二者的分际及关系，中央及上级机关监督权的运用等。

沈观准的《都市吏治行政》相当于市政府人事行政论著的袖珍本，首先就提"欧美市吏治行政之办法"，有：市议会自由任免局长以下官员〔英〕，试用法〔法〕，市董事会自由任免局长以下官员〔德〕，文官考试法〔美〕；接着介绍考试制，吏治委员会，文官考试委员会，职务分类方法，招考办法，考试的种类，试卷判分（加权），人员任用、迁调、罢免、升擢考试，查察比较、薪给办法等，虽无多少新材料，但内容相当紧凑。[②]

程德谓的《英国市政之中央监督》指出："英国各市受监督之处甚多，防市议会专横之弊可谓至矣。"[③] 但如何使中央行政各部不滥用监督权？办法是各部部长皆系国会议员，受国会监督、质询、弹劾；市民和市议会也可向高等法院起诉。

二　市政各学（协）会和《市政评论》等刊物的影响

1927 年，一些关注市政的留学生在上海成立了中华市政学会，会员以市政专家为多，其宗旨为"联络市政同志、调查市政状况、研究市政学术、促

---

① 张金鉴：《美国之市行政》，正中书局，1937。
② 沈观准：《都市吏治行政》，《清华周刊》1931 年第 35 卷第 7 期，第 476－486 页。
③ 程德谓：《英国市政之中央监督》，《市政期刊》1934 年第 1 期，第 1－4 页。

进市政发展"。暂定的会务为下列各项："1. 调查市政实况，2. 研究市政问题，3. 辅助市政发展，4. 编译市政书报，5. 介绍市政专门人才，6. 答复市政问题之咨询，7. 促进其他关于市政及地方自治事项。"① 但到 1931 年，"因移址选举改组等手续，会务尚在全盘筹划之中"。② 董修甲担任中华市政学会总干事。

中华市政学会南京分会则在 1928 年成立，其总务委员谢贯一向南京市政府申请会址和经费补助，获市长刘纪文批准。谢贯一后来成为市政管理的高手。③

官方出面筹备的是全国市政协会。

市政府之制度，为近数年来新政。筚路蓝缕，百废待兴。而我国研究市政之人材，至感缺乏。故市政当局人员，对于一切设施，每有无从着手之感。上海市长张群，青岛市长胡若愚，汉口市长刘文岛，于此次国民会议之便，齐集首都。因与南京市长魏道明互相谈及，均觉经营规划收效其微。此中症结，全在各市未能联络，人民与政府又未能切实合作之故。欲求避免此种弊病而得良好效果，非有一种正式市政研究机关不可。因遂决定，即由四市长发起，组成全国市政协会。当时并拟妥组织章程之原则要点，公推魏道明起草。中委李石曾、吴稚晖对此亦极表赞成，且贡献意见不少。章程之纲要略为：1. 全国各市长俱为协会当然委员；2. 市政专家、曾任或现任市府之高级人员，俱得为会员；3. 大会决议，各市应互相实行；4. 各市得请协会办理特种设计事项；5. 每年开大会两次，各当然会均须出席；6. 会址设首都；7. 大会于各市轮流行之；8. 协会设市政图书馆；9. 经费各市分摊；10. 敦请各国市政专家来华赴各市演讲。该项章程已将脱稿，而会址亦经南京市政府指拨玄武湖五洲公园附近地基一方。复经聘请专家，计划会所建筑图案。建筑费原定为二十万元，由各市平均担认。只待组织章程经筹备会通过之后即可限期缴齐。闻协会将来尚须设一理事会，理事会下再设秘书、调查、编译三处，及特种设计委员会。各市设调查分处，庶彼此消息常

① 白敦庸：《市政举要》，大东书局，1931，第 20 页。
② 自在：《市政协会之组织》，《道路月刊》1931 年第 34 卷第 1 期，第 7 页。
③ 《中华市政学会南京分会申请补助经费拨给会址案》，《首都市政公报》1928 年第 21 期，第 47－48 页。

通。至此次未能参加发起协会之各市长，已由四市长联名去电，请其加入云。①

可是各地市长更迭频繁，不在其位不谋其政，人走茶凉，全国市政协会在学术上没有多少成果。

《道路月刊》1931年刊登了自在的文章《市政协会之组织》，文章称此前几年只有中华市政学会成立，会员以"市政专家为多，顾因移址选举改组等手续，会务尚在全盘筹划之中"。而全国市政协会既有官方出面，又计划"分发全国各市政府，请其赞同参加，并博访各地市政专家，绍介入会，俾得集思广益，以成盛举"。可以得到印证。②

另一个市政研究团体为1933年在北平建立的市政问题研究会。虽然活动者都是小人物，能量和韧性却很强。该会创办《市政评论》，殷体扬长期负责编辑部工作。刊物主张制定城市自治法规和都市计划，逐步进行市政建设，从而把全新的市政观念和以美国为代表的市政改革世界性潮流迅速带到国内，并自觉地从世界城市总的发展趋势来思考中国城市的发展问题。

殷体扬（1909－1993），浙江苍南县金乡镇人。毕业于暨南大学，曾任《新夜报》市政副刊编辑。1935年被北平大学法商学院聘为讲师，主讲市政学。曾为《华北日报》主编《市政问题》周刊，组织中国市政问题研究会，任会长。后《市政问题》改为《市政评论》，任总编辑。

殷体扬的岳父袁良（1882－1953），字文卿、文钦，浙江省杭州府杭县（今杭州市）人。毕业于早稻田大学。归国后，曾任北洋政府大总统府秘书、国务院参议、中央农事试验场场长、黄郛摄政内阁秘书长、全国水利局总裁。1928年起，历任南京国民政府外交部第二司司长、上海市政府秘书长、上海市公安局局长、江西省政府委员兼保安处处长兼军事委员会委员长南昌行营地方自卫处处长。1933年任北平市长。1935年11月，任福建省政府主席陈仪的省政府顾问。抗日战争期间，他避居上海。袁良曾多次帮助解救当时共产党的领导人，曾为美国记者埃德加·斯诺去陕北采访开具了特别通行证。1948年1月1日，经济部纺织事业调节委员会改组为全国花纱布管理委员会，袁良任主任。当时蒋经国到上海组织"打虎队"，袁良任副队长。因

---

① 《市政协会成立先声——沪汉青京四市长所发起》，《道路月刊》1931年第34卷第1期，第23－24页。

② 自在：《市政协会之组织》，《道路月刊》1931年第34卷第1期，第7－8页。

直接冲击到四大家族本身的利益，只好偃旗息鼓。1953 年，袁良在上海病逝。殷体扬的市政研究始于袁良任北平市长时期，不能说与之毫无关系。本章其他市政专家，往往也需市长支持才行事方便。

抗战胜利后《市政评论》移至上海，1947 年第 9 卷第 1 期的作者包括殷体扬（市政府专门委员、公教人员配售处处长）、哈雄文（内政部营造司司长）、赵祖康（市工务局局长）、赵曾珏（市公用局局长）、谷春帆（市财政局局长）、宣铁吾（市警察局局长）、刘震武（市府秘书）、张晓崧（市民政处处长）、耿美璋（市府会计科科长），以及学者周雍能（学会常务理事）、邱致中、方狄生、陆丹林（《工程导报》主编）、袁逸波和夏书章（江苏学院政治系教授）等。这是上海及周边从事市政研究及实践的圈子的一个缩影。

《市政评论》1948 年第 10 卷第 1 期"新年纪念号"刊载的文章有：《本刊十五年》（殷体扬）；《市政同志们的鼓励》（汪日章等）；《市政与市政学的瞻望》（奚玉书）；《市政建设必需配合文化建设》（李熙谋）；《漫谈市政工程建设》（哈雄文）；《建国运动中的都市建设》（王友直）；《我对于市政建设的意见》（赵棣华）；《上海建设计划概述》（赵祖康）；《我对于市政建设兴革意见》（白志沂）；《我所希望的市政建设》（万墨林）；《北平市建设的根本问题》（谭炳训）；《论市地市有之利益及其实行之方法》（邱致中）；《市政与地政》（祝平）；《市政建设的基本措施》（夏书章）；《我所希望的市政建设》（金国珍）；《台北市都市计划概况》（游弥坚）；《市自治法之商榷》（瞿钺）；《我所希望的市政建设》（王克）；《我对市政建设兴革意见》（方逖生）；《论市民生活的风度》（陈正予）；《中国市政协会上海分会成立来二年工作报告》。

以上两期的文章作者虽不足以代表全国，但赵祖康、哈雄文等著名土木工程专家在新中国成立前后对市政工程乃至市政管理发挥的重大作用，在现代文献中不难查到。其中的青年作者夏书章（1919 - ），后来成为"中国MPA 之父"。他是江苏高邮人，毕业于国立中央大学政治学系，抗战后期考取公费（行政学仅 1 个名额）留学美国哈佛大学管理学院（今肯尼迪政治学院）。回国后，在江苏学院任教一年，自 1947 年起任中山大学教授，在政治学系教三门课：行政学、行政法、市政学。夏书章回国后几年中在《市政评论》等刊物上发表了不少论文：《西班牙内战后之都市建设》（《市政评论》1947 年第 9 卷第 2 - 3 期）；《宪政实施后之市政机构将否产生分赃制度》

（《市政评论》1947 年第 9 卷第 4 期）；《论公共秩序与都市建设》（《市政评论》1947 年第 9 卷第 11 期）；《美国市政展望》（《市政评论》1947 年第 9 卷第 1 期）；《市政建设的基本措施》（《市政评论》1948 年第 10 卷第 1 期）；《官僚制度与民主政治》（《社会科学论丛》1948 年第 1 卷）；《市政建设之人的因素：从黄伯樵先生的生平说起》（《市政评论》1948 年第 10 卷第 5 期）。

### 三　市政学院的设想和复旦市政学系的独创

普及市政常识的呼吁，最早似乎发自佩我（笔名）的《国民市政教育之实施》。作者认可《全国教育会联合会中学校改良办法案》和教育总长范源濂的观点，认为不能单纯从事升学教育。"中学校得自第三学年起，就地方情形，酌授各职业教科"，参考美国麻省新彼得福学院开展职业教育（14－19 岁）的办法。该校与众不同地实施市政教育（市民选举法，市区组织法，市政协助法），灌输市民的权利与义务，并着重于实用。于是，作者认为课程可含八方面内容：（1）治安；（2）卫生；（3）教育；（4）交通；（5）道路；（6）娱乐；（7）社会改良事业；（8）地方自治制度。关于教学方式，要：（1）练习思想（关注本市市政）；（2）讨论要点；（3）引起责任心。为了搞好讨论，要让学生阅读报刊资料，派代表访问市政机关官员，进行实地考察（参观工厂救火队、市议会等），组织市政研究团体，请专家讲演等。[①]

最早提议开办市政专业传授相关知识的论文，可能是杨哲明的《设立道路大学建议书》和《筹办道路大学计划书》。作者设想在上海建立道路大学，设置道路、桥梁、市政、卫生、汽车、电车、机械、电学、材料、冶铁十科（系）。其中，市政科课程包括政治经济学、市政组织学、市政工程学、市政自治学、城市计划学、街道工程学、街道计划学、街道建制学、公园计划学、公园建筑学、市政管理学，以及其他关于市政方面者。其卫生科的课程，包括化学类、给水排水、卫生工程学、市政公共卫生之研究、市医院计划学等。设想将来有条件的省市可设立分校。[②]

陈念中在 1927 年主动向《银行周报》投稿，即《创设市政学院问题商榷》，从各地设市人才奇缺，民众也缺乏市政知识，急需传授的现状着眼，

---

[①]　佩我：《国民市政教育之实施》，《进步》1917 年第 3 期，第 9－15 页。

[②]　杨哲明：《设立道路大学建议书》，《道路月刊》1926 年第 16 卷第 2－3 期，第 9－11 页；《筹办道路大学计划书》，《道路月刊》1926 年第 16 卷第 2 期，第 11－19 页。

分为：（1）国外造就市政人才办法。作者从自己在巴黎大学市政学院、密歇根大学市政系、纽约市政学院的学习经历出发，分别介绍这些学校的组织和课程。对自己考察过的德国的市政专门学校也略提及。（2）我国造就市政人才之方法。他提出，在综合大学内设立大学部（招收高校毕业生，二年制）、专门部（招收高中毕业生，一年制）、速成部、函授部等。循序渐进，最低限度须先设五种科目：市行政法、市政府、市行政、市财政、市工程。实习安排，大学部6个月，专门部3个月（均含在学制年限内）。条件成熟后再独立设市政学院。为了应付市政职员的知识补课，还主张在市政府内设立职员市政讲习所，每星期（在办公时间内）授课2-3小时，请市内各局专家授课，共80小时（4门课）①。他这套方案还以《我国造就市政人才之方法》为题收入《市政全书》（陆丹林主编，中华全国道路建设协会1928年出版）。在《林市长筹办市政讲习所》中，市政委员长林云陔建议："现拟于市立师范学校内筹设市政讲习所一所，每晚授课3小时，以备市政府各职员及其他有心研究市政者入所就学，藉以养成市政健全人材。"②

顾彭年在《市政学院学程商榷》中有了更细致的安排。他指出，大学部宗旨在造就一般市政长官与市政学教授或各项市政专家，故学理须与实用并重，学制四年。专门部之宗旨在造就一般市政专门人才，故注重专门与实用学程，三年。至少应分四个系：市行政系、市财政系、市工程系、市公安系。其余还可有市教育、市公用、市卫生、市公益等系。市行政系课程含：市政府、市行政、市行政法、市行政原理、市财政、市设计、市公安、市教育、市公用、市卫生、市土地、市农工商、市选举、文官考试制度、都市近代史、《周礼》市政考、田园市、赡养金制度、市公吏、市公产、材料购买、市政问题、市政调查、市预算、市行政法规厘定实习、市政学教授法、市政学材料参考法。市工程系课程含：市政工程学、道路工程、卫生工程（自来水，下水道）、市街计划、房屋建筑、市公园建筑法、钢筋混凝土、材料强率、码头及堤岸工程、建筑图样、建筑律、建筑契约、市区测量、市工程管理、市工程预算。以上是大概课程（专门部课程略少于上列）。此外，还有基本（础）课程及补充课程。如市行政系有政治学、政党论、全民政治，地方自治、地方自治史等；市财政系有经济学、货币学、会计学、审计学等；

① 陈念中：《创设市政学院问题商榷》，《银行周报》1927年第11卷第36期，第27-30页；第37期，第19-22页。
② 林云陔：《林市长筹办市政讲习所》，《广州市市政公报》1928年第297期，第12页。

市工程系有建筑学、高等物理、机械画、造型美术、建筑史等。还有外语课等。第一、二年开设基础课、原理课、外语课等，第三年开设专门课，第四年重实习（3个月）。并注意与附近大学、学院互通师资、设备。附设速成班，招收在职市政人员（分文科或工科，社科或商科）。①

董修甲指出，"欧美各国，因诸市政之改进，均于各大学中设置市政专科造就市政专门人才……有时更开设专门市政学校"，而我国仅租界有外国专门人才主持市政。民国以来，前有广州，近有上海市长黄郛、南京市长刘纪文、武汉市政委员会胡委员长等特别重视。作者也主张，在首都设市政大学，或在各省大学中设市政学院。凡各种市政，"如工程卫生教育公安公益财政公共娱乐公用等事业，均须各开专科以教授之。毕业之后，分发各市实习"②，并保证就业后之职业稳定、退休后之养老保险问题。

对于国际市政教育的新动态，中国常有人及时报道。如《哈佛大学之都市设计学校》一文介绍，得洛克菲勒基金资助，当年秋季哈佛大学将开办都市设计学校。早在"1909年，哈佛大学艺术建筑学校教员会已定有都市设计之特别训练办法。1923年，更设立都市设计课作为选科。现在更将扩大其范围，成立新校。"③ 其课程除专业课系列以外，"更有纯粹艺术、历史、经济史、市政府、州政府、财政等等"。

张锐把市政人才培养列为"促进市政的基本方策"之一：

（十二）中国市政人才之养成

1. 各大学对于政治系学生列市政学及行政学为必修科，并继续添加市政专门科目。尤应注意国内市政及行政之实况。

2. 各大学最好能设立一略具雏形之市政研究调查会，师生合组，共同研究本大学所在地之市政实际状况，年终将其所得刊印，公诸于众。

3. 设市政专门科为研究院，或大学四年级课程。其科目至少包括下列各项：比较市政府，中国市政府问题，行政学，财政学，市行政技术，中国市政问题，公安行政，工务行政，公用行政，公益行政，财务行政，会计审计，城市计划，城市社会问题等。尤应与当地市政局接洽学生毕业后实习问题，实习应为学生毕业资格之一种。

---

① 顾彭年：《市政学院学程商榷》，《市政月刊》1928年第5–6期，第9–13页。

② 董修甲：《市政与市政专门人才》，《道路月刊》1929年第26卷第3期，第23–24页。

③ 编者：《哈佛大学之都市设计学校》，《安徽教育行政周刊》1929年第2卷第38期，第33页。

4. 各地市政府应酌量举办市政传习所，使在职公务人员亦可有明瞭新式市政知识之机会。查欧美吏治政策，吏员训练一项极为重要。吏员训练又可分作二点讨论。其一为将来公务员之训练，其二为在职公务员之训练。第一项各大学校理应负责。第二项则应由政府自办。国内各市政府吏员富有旧式行政经验者固不在少数，然而缺乏新式市政知识者自亦甚多，故在职吏员之训练在国内需要尤为迫切。天津特别市政府于本年春季创办市政传习所，目的在培植地方自治精神与普及新式市行政知识。学员由政府直辖各局处选派一半，由街村长副中选派一半。前者为在职公务员，后者为自治人员。传习期间一年毕业。一年分二学期。第一学期学科包括英美法德意大利日本中国各市政府及统计簿记会计各科。第二学期有总务财务公安卫生教育工务公用公益等，行政技术及生死统计政府会计等科。此外各期每星期复有精神讲话一小时，由市政府各机关长官分任演讲，俾学员对于本市政府各项实际工作有一通盘的了解。上课时间每星期平均约为九小时，务期与各学员正式职务不致发生阻碍。开办以来，进行颇称顺利，至于其成绩如何，期非作者所敢言；盖作者忝为其中训练主任，不敢贻卖瓜自夸瓜甜之讥也。

5. 各市政府每年应酌派一二人出洋考察特殊合宜于本市之行政技术。其当选之资格完全以其对于市政之专门学识与经验为断。盖国外市政技术日新月异。

（十三）促进市民对于市政之兴趣

詹姆斯·麦迪逊（James Madison）之言曰："民主政治如无使民众得悉政府实情之方法，必为滑稽剧，或悲剧之楔子。"

1. 中华市政学会之扩大组织。中国市政同志素有中华市政学会之组织，数年于兹，成绩渺然……（建议）凡对于中国市政具有改善之热诚者均得加入，一致努力。

2. 刊行全国一致的市政刊物。年来各报纸多辟专栏刊载市政文字，然均有不幸短命死矣之慨。《道路月刊》分零碎的片段叙述，读者终乏有系统的印象。

3. 市政书籍之编译。国内出版界中近年来对于市政书籍虽加注意，而质、量二者均欠满意。

4. 各市政府之宣传工作亦应有相当之注意，对于市政报告之编制，尤当详加考虑，不应以无聊官样文件潦草塞责。

5. 各市每年举行市政日一天，各学校各机关均应于该日讨论本市市政问题，或敦请专家演讲，或由本处人员讨论报告。

（十四）结论

促进市政之方法极多，以上所言不过只是其荦荦大者。本篇命名不曰促进市政的方法而曰促进市政的基本方策者，盖示方法固不仅此也。国内市政需要改良之处正多，如能就此数基本方策入手，则保无迷途之忧，而有实事求是之效。市自治之推行，刻下尚在中世纪的中国城市之改善，胥于是赖焉。①

张锐经办过的天津市政府市政传习所的市政教学（业余培训）延续颇久。以 1937 年的修正简章为例，可见到："本所设所长一人，由市长兼任，……学员为……各机关职员。"教学科目有："各国市政概要、市行政学、市工程学、簿记、会计、统计、公牍、市政调查、现行法令概要、体育训练。""学习期限定为一年。"②

此外，道路工程师顾培恂的《工程师节言市政工程教育之重要》指出，"建国必先建市已成一定律"。③ 还有唐应晨的《市政人员的训练与修养》，对市政人员素质之增进与修养提出要求：（1）品德的修养（5 条）；（2）学识的充实（5 条）；（3）生活的改善（5 条，简单朴素、克己奉公，负责、守纪、贞信，亲良善、恶奸险，重理智、轻感情，以身作则等）；（4）工作的革新（5 条，计划、条理、效率，人财物合理组织运用，要找事做、莫等事做，革除拖拉官僚习气，精细、谦和、深入等）。④

以上教育培养计划（设想），其学术上的价值是：比较具体地规范了市政学的内涵和外延，明确了学科体系的组成和与友邻学科的关系，对这类综合学科区分了主干与边缘、交叉学科的交织；至于市政工程乃至公安警察等领域，当时的土木工程系及警察学校也有涉及。总的来看，市政学内容具体、充实，理论密切联系实际，在当时是发展得较为丰满的学科，也得到

① 张锐：《促进市政的基本方策》，《中国建设》1930 年第 2 卷第 5 期，第 215 - 218 页。
② 《咨天津市政府·准咨送修正天津市政府市政传习所简章》，《内政公报》1937 年第 10 卷第 6 期，第 149 - 150 页。
③ 顾培恂：《工程师节言市政工程教育之重要》，《市政评论》1948 年第 10 卷第 6 期，第 13 页。
④ 唐应晨：《市政人员的训练与修养》，《市政评论》1949 年第 11 卷第 1 - 2 期，第 25 页。

官、绅、学三界有识之士的关注，在社会上有较好的影响。

复旦大学市政学系的实践进行了初步的检验，提供了经验。据复旦大学出版社 1985 年版《复旦大学志》记载，复旦大学政治学系在 1927 年就成立了市政组，到 1929 年扩展为市政学系，直至抗日战争爆发，该校播迁内地，条件较差，市政学系才被迫停办。

看看当时法学院市政学系开设的课程：

本系设立之目的，在研究市政组织、市政管理的原理与方法，以培植市政的专门人才。本系课程分必修、选修，及副系选修课程（工程系、政治系、经济系或社会系为副系。但至少习满该系学程 20 学分）。

甲、本系必修课程。（1）市政学大纲，（2）美国市政组织，（3）欧洲市政组织，（4）法学通论，（5）市公安，（6）市公用，（7）市财政，（8）市卫生，（9）市教育，（10）都市设计，（11）中国市政沿革，（12）中国地方政府制度，（13）簿记，（14）会计学大纲，（15）官厅会计，（16）历史（中国近百年史，欧洲近代政治史），（17）中国社会问题，（18）经济学，（19）论文。

乙、本系选修课程。（1）日本市政概况，（2）市行政法，（3）指纹学，（4）市预算，（5）市公债，（6）地方选举，（7）中国市政问题，（8）美国市政问题，（9）欧洲各国市政问题，（10）直接民权研究，（11）中国人文地理。第一、二年级的公共基础课（必修）。（1）国文，（2）英文，（3）英作文，（4）自然科学，（5）社会科学，（6）簿记学，（7）体育，（8）党义。

丙、副系选修课程。1.政治学系。（1）政治学大纲，（2）欧洲各国政府，（3）美国政府，（4）中外国际关系，（5）国际公法，（6）宪法原理，（7）中国宪政史，（8）中国外交问题，（9）中国政治问题，（10）议会法，（11）各国政党，（12）劳动法，（13）现代政治思想，（14）现代国际政治，（15）条约论（共 45 学分）。（中略）4.社会学系。（1）社会学大纲，（2）社会心理学，（3）劳工问题，（4）都市社会学，（5）乡村社会学，（6）社会病理学，（7）犯罪学，（8）贫穷救济，（9）公共娱乐问题，（10）社会调查，（11）社会工作，（12）社会思想史，（13）群众行为论，（14）中国社会思想研究，（15）家庭问题，（16）人口问题，（17）儿童幸福问题。①

　　系主任温崇信（1902－？），字仲清，广东嘉应人，出生于扬州，留学美国，华盛顿大学政治学硕士。1928年2月任教于复旦大学，与孙寒冰、章益被称为"复旦三杰"，担任过复旦大学政治系兼市政学系主任，教务长、训导长。抗战前夕，温崇信出任国民政府江苏省太仓县、昆山县县长，安徽省第三行政区、陕西省第九行政区督察专员兼保安司令。抗战胜利，任北平市政府秘书长、社会局局长。去台湾后，1958年复旦中学在台湾桃园平镇"复校"，温崇信被推选为首任校长。温崇信讲授的课程有直接民权深究、市组织、市行政、美国市政组织、欧洲各国市政组织等。他发表的论文不多，如《帝国主义与东三省》（《国立劳动大学月刊》1929年第1卷第3期）、《城市的意义》（《市政期刊》1934年第2期）、《美国宪法的发展》（《政治季刊》1934年第3期）、《美国总统职权的分析》（《大学杂志》1934年第2卷第6期）等。他比较长于行政工作，"在校多年，教导有方"。②

　　该系所聘的另外几位教授有：张元枚，密歇根大学法学博士，指纹学教授；董修甲，讲授都市设计、市财政课程；吴利国，约翰霍普金斯大学卫生学硕士，市卫生课教授；程德谓，哥伦比亚大学政治学硕士，市公安、市公用、中国市政问题、中国市政沿革课教授；张又新，留德经济学博士，光华大学等校教授。当时各大学（不下20校）政治系几乎都开设过市政课程，但课时不过六七十节，教材不到500页，教师极少研究有素者，作者提出"由教育部通令各大学停授市政学，而集中精力以创办市政专门学院"。③

　　不曾被外界注意的是中央政治学校早期（1930年）的地方自治系，"中外并无先例……欲实行全民政治，非有特殊之技术与特殊之人才不可"。④ 该系第二学年课程有宪法学、财政学、市政论、簿记、官厅簿记、农业政策、合作、社会科学名著（外文）选读；第三学年有比较地方政府、地方财政、行政法、教育行政、公共卫生行政、警察行政、社会行政、工程管理、公营事业管理、土地经济学、社会调查、劳动问题、社会保险等；第四学年先离校实习一学期，再回校完成剩余课程。可以说，上述安排比一般市政学系课

①　《法学院市政学系课程》，《复旦周刊》1929年第25期，第2-3页。
②　《温崇信氏告假离校》，《复旦大学校刊》1935年第208期，第3页。
③　张又新：《统一市政教育刍议》，《市政评论》1934年第2卷第1期，第64页。
④　周异斌：《中央政治学校的过去现在及将来》，《新政治》1931年创刊号，第1-15页。

程设计更丰富、更全面，不止于市政管理，几乎涵盖本书所梳理的当时与行政学有关联的各分支。从培养情况看，1931 年它已有三年级学生 80 人，二年级学生 38 人，但一年级未招生。

在 1948 年新创刊的《市政建设》杂志上，副主编邓绍禹撰文指出："目前中国 12 个院辖市，57 个省辖市（按内政部 1947 年 11 月资料），至少需要 5 万至 10 万市政专门人才，……在国内各大学曾经学习过市政课程，或者学习过与市政相关课程者，也不过千数人，以致我们的市行政工作，普遍的是假手于一般普通公务员。"①

唐应晨在《市政人员的训练与修养》中叹息："年来各大都市遍地烽火，凡百市政事业因而废弛。""更当坚守岗位，迎接未来市政的曙光。"②

这样一帮人马在旧中国无法实现自己的理想，便寄望于新中国的城市建设宏图。邱致中所著的《城市政策的研究》为解放后的市政献计献策，指出城市政策"是国家全面建市的基本方针"，就学理方面研究起来，至少可以分为城市的经济、行政、社会、文化乃至计划建设政策五大方面、若干种类。他认为就当时中国而言，最主要的是经济政策中的工业化问题，以及城市计划建设问题（尤其是市地市有政策），并引述了苏联、东欧的某些做法。③

《新北京设计——京城市计划会完成典型调查》报道了"北京城市计划委员会为了准备新北京的设计"，由北大李颂琛、清华刘心务和唐山交大宗国栋教授领导清华地学系及交大同学百余人，暑假期间完成了典型（抽样）调查，包括人口密度、职业分配、文化程度、土地使用、交通状况等。"现在北京都市计划及调查两大部门都有专人负责，各校建筑系及地学系都派人参加协助。"④

1949 年 9 月，中华人民共和国成立前夕，专家学者们发出创办独立的市政学院的呼吁：

> 我国幅员辽阔，经济落后，全国三十几省，八十多万农村，有若一盘散沙，今后建设，势难在每村开一工厂，尤不能一村办一大学，必定

---

① 邓绍禹：《建议政府筹设国立市政学院》，《市政建设》1948 年第 1 卷第 1 期，第 1 页。
② 唐应晨：《市政人员的训练与修养》，《市政评论》1949 年第 11 卷第 1-2 期，第 24 页。
③ 邱致中：《城市政策的研究》，《市政建设》1949 年第 1 卷第 3 期，第 5-8 页。
④ 《新北京设计——京城市计划会完成典型调查》，《市政建设》1949 年第 1 卷第 3 期，第 25 页。

要以重点主义建设城市，以点控线，以线控面，领导全国农村，齐头建设，方能达到建国必成的理想。

但是，建市的先决条件之一，莫如市政人才的培植；查国际著名大学，如莫斯科、巴黎、伦敦、密西根等校，几莫不有"市政学院"的设立。仅以英伦三岛言，即共有独立与附属学院十所之多！而苏法英美等国，更常以"城市计划"学科设一独立学院者。反观我国，一万到六百万人口的大小城市共为4640个，数量之多，高占世界第一位，但全国不惟没有一个独立的或附属的市政学院，而公私立大学设此学系的，亦百不得一。今后，政府既欲以城市领导农村而积极全面建市，则市政制度，当由过去的直省两辖市，随政府的四级制，而增为直、区、省、县四种市。则所需建市人才，当更十百倍于今日。如以上海市为例，原有公教人员七千以上，将来全国各市，即平均以五百公教人员计算，则4640市即共须各种建市人员达数百万人之多，如此大量人才决非短期所能造就，所以独立市政学院的创办，不惟万分必要，抑且刻不容缓了。

在中华人民共和国正式诞生的今日，在中国进入了新民主大建设的时代中，因此我们主张，新中央人民政府应从速筹设独立的"中国市政建设学院"，内分市行政、市工程、市财政、市地政、市警政、市建筑、市卫生、城市计划、工商管理等学系，以大量造就建市专才。这种意见如为政府所采纳，则市政建设社诸同仁，必为拥护国家培植人才计划，当竭尽棉力，助其实现。因为我国留学而专习市政者，全国约仅四十人，而市政建设社同仁即占三十六人之绝对的多数，而研攻市"八大行政"之一的会员，更拥有四百人左右，职责所在，义不容辞。

如果政府并未准备大学教育完全国家化，且尚不打算即办国立市政学院时，那末，市政建设社诸同仁亦必可本一贯宗旨，义务筹备"民立中国市政建设学院"，以代政府作教育此项专才。不过市政建设社会员大都分散全国，而各人多为薪给生活者，只有劳力，而无资力，所以在这里也只有希望政府在学校物资上、经济上多赐助力，然后方能达到诵弦兴起的地步啊！[①]

这项呼吁没有引起足够重视。夏书章执教的市政学科，解放初期被改为"行

---

① 编者：《独立"市政学院"亟应创办了》，《市政建设》1949年第1卷第3期，第2页。

政组织与管理", 1952 年院系调整时停掉了。直到中共十一届三中全会决策改革开放, 1979 年 3 月, 邓小平指示: "政治学、法学、社会学以及世界政治的研究, 我们过去多年忽视了, 现在也需要赶快补课。"行政学当然随之恢复, 并获得了大发展。老队伍中硕果仅存的夏书章, 在 1985 年出版了改革开放后的第一本《行政管理学》, 参与组建了中国行政管理协会,《中国行政管理》杂志也被办成全国核心期刊。1986 年, 国家教委批准兴办行政管理本科专业, 武汉大学开招行政管理方向硕士生。南京大学、厦门大学两校的政治学系得以恢复, 中国人民大学的行政管理研究所也得以创建。1987 年, 南京大学开招政治学与行政学专业学生, 中山大学恢复行政管理专业的招生。1999 年, 力促引进 MPA (公共管理硕士) 教育计划。目前最大的问题就是: 希望能根据中国国情, 注意中国特色。

殷体扬在新中国成立后, 1978 年被聘为上海社会科学院经济研究所特约研究员, 同济大学兼职教授。1986 年起, 任北京经济学院教授。1981 年秋, 他上书国务院副总理万里, 建议恢复城市建设部, 创办市长短训班, 开办城镇建设学院等, 均被采纳。1983 年春, 应邀到首届全国市长研究班做学术报告, 并作研究辅导。2008 年, 时值纪念改革开放 30 周年, 殷体扬委员提出的《建议筹设开发浦东建设和规划机构》(1981) 及其他委员各时期的共 4 件提案, 因具有前瞻性、科学性、原创性、战略意义重大, 对经济社会产生重大影响, 获得上海市政协颁发的优秀提案荣誉奖。殷体扬著有《城市管理学》、《市政学》、《日本市政考察记》等, 论文有《试论我国城市行政改革》、《我国城市回顾和前瞻》等。

# 第五章　考铨制度及人事行政

1928 年 6 月，南京国民政府在形式上完成了国家的统一，随后宣布进入"训政"时期。公务员制度逐渐形成和完备，主要由考选和铨叙两大部分组成，无论从形式还是内容上看，都初步具有了现代人事管理制度的色彩，较之以往的人事管理制度有了进步。

## 第一节　官吏考试与铨叙的制度安排

20 世纪初的《论变政宜自变官始》称："欲制强敌，必先自强。欲图自强，必先变政。窃谓中政之当急变者，莫急于官，而科举、律例、练军、制器等等，尤其后焉者也。"① 虽然作者主要指的是清除官场积弊，但人事制度的革新也是"变政"之重要内容。

### 一　清末和民初分别制定的官制和官规

对官制进行理论分析的，有傅易铭翻译自日本上杉慎吉的《官僚政治》长文，原载于《日本法学协会杂志》第 27 卷第 9 期，这可能是最早被引进并解释"Bureaucratic"（官僚的，官制的，官僚政治的）概念的论著。法国拿破仑以前，黎歇留（Richelieu，大臣名）时代，形成了"国家行政之主要的分科，而成国家行政组织之结果。盖各由其属于命令权之多数上级下级之官吏所组成之局，Bureau，而即委于其下之个个大臣也。故属于局之数多之官吏，非合议的组织，只为大臣之下官，而分掌其事。各课之长官，再于其下率其所属、命令下之数多勤劳者之一队，而指挥之而已。"② 大体上，有下

---

① 《论变政宜自变官始》（载于《福州闽报》），《清议报全编》1903 年第 3 集第 12 卷，横滨新民社辑印，第 116 页。

② 〔日〕上杉慎吉：《官僚政治》，傅易铭译，《法政杂志》1911 年第 1 卷第 9 期，第 302 - 324 页。

述几种性质的行政组织方式：（1）独任组织也（官吏对于其所分掌之事务，负全部之责任，故多数下级官吏悉隶属于一官，为彼之补助）；（2）由类似于僧侣政治制度（Hierarchism）之秩然的上下之阶级所组成（如军队组织，长官对于一切之官吏有绝对的命令权，逐级长官如此向下递推）；（3）官吏自有一定之巩固的阶级以成立于一国之社会间（故有贵族性质，与民选之官吏制相反，从而成为专门之职业，熟谙业务，无可代替）；（4）一省一局，官吏浑然成为一团（长官依靠广有知识、富于经验的下官，亦称僚属政治）；（5）其结果专重形式（不如此即不能整顿上下之序次以达目的，但不免有繁文缛礼之弊）；（6）用专职之官吏（与自治行政矛盾，而期望于中央官治行政）。作者纵论世界各国，发现英德均为官僚政治，而成因不同，特色有别。"其针路方法，极为纯粹，故于理论上为最良之政治，于事实上亦为最适于目的之行政也。""故官吏者，国民中之良选也。……乃始克完成其国家权力之施行者之本分，使奉行命令而无敢怠忽者也。"这与中国封建社会的官僚体制相当近似。

关于"官史"和"公务员"概念，当时在中国法政学界已有界定，例如赵琛的《行政法总论》："官吏者，在公法关系上，由国家特别选任，担当一定范围内之无定量的国家事务，且负有伦理上的义务者也。"① 注意这里的"公法"、"伦理"、"义务"等关键词。"官吏义务为公法上义务，且有伦理的性质……不徒供给劳务为已毕其能事，尤须去私欲，重公谊，鞠躬尽瘁，忠顺国家，方始可说完其义务"。官吏与国家既有经济关系，又有伦理关系，而依私法契约雇用的职工只有经济关系。"无定量"并非指"多少"，而是"泛"。赵琛认为公务员范围比官吏广，"因为'公务员'包括'职官''吏员''议员''委员'及'其他职员'而言。内有国家任命之人员，亦有地方选举之人员，又有自治机关之人员……官吏不过其中的一小部分。这批人……在法律上所享权利、所尽义务、所负责任，因之亦不尽是一样。"

政府对于官吏有一系列法律法规。《大清会典》之《光绪会典》（1899）是最后一部旧行政职官法典。转折阶段是维新和新政，光绪三十二年（1906），戴鸿慈等考察各国政治大臣回国后上奏："综览东西各国立官之法，而知其异同增减之故"，与中国现行官制"形式虽不甚悬殊，权限则必须厘析，虽日后整齐之功用又期与日本比隆，而眼前复杂之原因则正与欧美无

---

① 赵琛：《行政法总论》，《现代法学》1931年第1卷第8期，第89－92页。

异"。要改革中国现行官制，需要"将古今中外官制之利弊，详加调查，分别部居，审定秩序"。① 实际工作由法学家沈家本领导的班子来做。光绪三十二年九月（1906 年 11 月），晚清朝廷依照奕劻等议定的中央各衙门官制，发布了《厘定官制谕》，这是全面改革官制的诏令，需要制定和颁布一系列与此相配套的职官法律、法规。

此前，1906 年奏准施行的有《内阁官制》、《各部官制通则》，以及新设或仍保留的各部院的官制（附设总检察厅官制）等。此后，1908 年奏准施行的有《钦定宪法大纲》，谘议局、宗室、礼学馆、法院、资政院章程等，特别是《钦定行政纲目》。宣统三年（1911）成立责任内阁时奏准施行的有《新内阁官制》、《内阁办事暂行章程》、《弼德院官制》、《典礼院官制》、《军谘府官制》、《内阁属官官制》、《内阁法制院官制》、《都察院法规总纲》等。还有一批关于地方职官的法律、法规，《各省官制通则》，以及《各省学务官制》、《视学官章程》、《各级审判厅试办章程》、《直省巡警道官制并分课办事细则》、《巡警道属官任用章程》、《提法使官制》、《各省交涉使章程》等。

有关职官考选和任用的法规有：光绪三十二年（1906）及以后的《考验游学毕业生章程》、《游学毕业生廷试录用章程》、《州县改选章程》、《七品小京官及八九品录事官补缺章程》；宣统元年（1909）及以后的《法官考试任用暂行章程》、《法官考试任用暂行章程施行细则》、《法律学堂毕业学员改用法官办法》、《京师审判检察各厅员缺任用升补章程》等。

有关职官俸禄的法规有：光绪三十三年（1907）《学部官员养廉章程》、《农工商养廉章程》，宣统三年《出使人员俸薪章程》等。不过，宣统二年（1910）清廷下谕：宪政编查馆奏官制未定，官俸章程碍难厘订，将颁布官制及试办年限提前，颁布官俸章程及实行年限展后。②

晚清对职官的法律监督，曾规定于《钦定台规》与《都察院则例》之中，光绪三十三年制定《都察院整顿变通章程》。有关职官考核和奖惩的法规有：光绪三十三年及以后的《切实考验外官章程》、《各省地方官禁烟考成议叙议处条例》（按：检查官员是否戒抽鸦片）、《考核巡警官吏章程》，宣统元年的《吏部期满誉录奖叙办法》等，宣统三年奕劻等所奏《官吏犯

---

① 《戴鸿慈等奏请设编制局以改定全国官制折》，《清末筹备立宪档案史料》，中华书局，1979，第 385 页。
② 刘锦藻：《清朝续文献通考》，商务印书馆，1912，第 8749 页。

法应视情事不同分由审判厅或行政衙门受理以清行政司法权限片》等。

以上列举的职官法律法规，看起来虽还不够系统完备，却已经对中央和地方各行政机关的建制、职掌、办事规则，主要是有关职官的选用、考核、奖惩、监督、诉讼、薪俸等方面都考虑和照顾到了。

清政府对于宪政，从意存观望到敷衍塞责，再到手忙脚乱。名义上的民意机构资政院从 1906 年成立到 1910 年，所做的工作只是拟议章程。① 不过，相对于官僚机构办事之拖拉，职官立法条文草拟进度却较快，是因为有日本等国的法律可抄，有外国顾问可询。上自《钦定宪法大纲》（有《日本帝国宪法》可参考），下至部院法（如《法院编制法》，有《日本裁判所构成法》可参考），乃至地方机关法，都有制定。考察宪政大臣李家驹在日本期间，翻译了大量日本官制官规文件，还与日本法学博士有贺长雄、清水澄等"讨论官制各事，必研求原理之所存，以推见立法之本意。并按切中国情势，应采何种制度始为适宜。"② 清廷还聘请了日本法律专家冈田朝太郎、松冈正义、志田钾太郎等参与起草。直到宣统三年，宪政编查馆会议政务处在《会奏拟定内阁官制并办事暂行章程折》中，还是坚持《新内阁官制》奉守"以参仿日、德两国为合宜"的原则，以"符君主立宪宗旨"。③ 此可谓以中为体，以"日、德（法律）为用"。

宣统三年（1911）裁并吏部，在内阁之下设叙官局，以承其职务。民国袁世凯时期，改名铨叙局：

> 系直属国务总理之下，大总统个人之意旨，得随时左右一切，此当日行政首长总揽政权所应有之现象，以视君主时代之吏部，且不及远甚。其组织不过叙官、典试、恩恤、荣典、勋章、庶务六科，其职务不过荐任以上官吏之铨叙、高等考试之举行及奖恤荣典之核给。铨叙适用之范围既甚狭小，欲于澄清吏治之中收激上激下之果，势有所难能，而全国大多数之干部官吏，乃不得不置之不问之列。④

中华民国成立伊始，根据孙中山用"考选之法""网罗天下英才"的命

---

① 欧阳志一：《晚清宪政的失败》，《宪政月刊》1940 年第 1 期，第 57 页。
② 故宫博物院明清档案部编《清末筹备立宪档案史料》（上册），中华书局，1979，第 523 页。
③ 故宫博物院明清档案部编《清末筹备立宪档案史料》（上册），中华书局，1979，第 559 页。
④ 纽永建：《铨叙年鉴（十九年度）》，铨叙部，1932，序。

令，南京临时政府先后制定了《文官考试令》、《文官考试委员官职令》等六部考试法令草案。当年（1912）8 月，宋教仁负责筹建国民党（中国同盟会、统一共和党、国民公党、国民共进会、共和实进会"相与合并为一，舍其旧而新是谋，以从事于民国建设之事，以薪渐达于为共和立宪之政治中心势力"）。他草拟的《国民党宣言》，既以"破"字当头，又多谈政治与行政建设。"对于政策之主张"第四项"整理行政"，内有"汰冗员"，"并闲署"，"厉行官吏登庸考试，庶得各尽所长，而真才易得"。[1]《中国国民党宣言集》各款，"是为国父（按：应为宋教仁）于党的宣言中公开主张考试制度之嚆矢"。[2]

袁世凯窃国之初，也得顺应上述大趋势，酝酿机构设置、文官选任、考试与考绩、监督与监察、奖惩与升降、弹劾与审计、等级与官俸等方面一整套管理制度。袁世凯政府的铨叙局公布了一系列关于文官制度的法规和命令。所谓文官，主要是行政官，也含外交官、监察官、司法官等。关于官与职的分立，北洋政府时代也作过探索，例如参事、佥事、主事等为官（衔），司长、科长、秘书、主任、科员等为职（位），又如将、校、尉是军官衔，军长、师长、旅长、团长、营长、连长、排长是军职位。好处是同一机关内的职务转任无须呈请报告，有利于转岗历练。这对于国营公营事业单位来说尤有必要，因为处长、科长之类职位并不是官。

关于文官等级的法规有：1912 年 10 月公布的《中央行政官官等法》；1914 年 7 月公布的《文官官秩令》；1916 年 3 月公布的《外交官领事官官等官俸令》。民间有报道，如《参议院议决中央行政官俸法》，议论不多。

关于文官待遇和保障，机构设置，文官纪律，文官考试，文官任用，文官甄别、奖励、惩戒的法规，都在袁世凯统治时期制定得比较完备，这里着重看看考试方面的法令材料。例如，《司法公报》1915 年第 42 期上有《文官高等考试令（民国 4 年 9 月 30 日，教令第 49 号）》：

第六条：文官高等考试分为第一试、第二试、第三试、第四试，第一二三试以笔试行之，第四试以口试行之，四试平均合取者为及格。第七条：第一试合试经义一道，史论一道，现行法令一道。第八条：第二

<hr/>

[1] 孙中山：《中国国民党宣言集》，中国文化服务社，1946，第 34 页。
[2] 李飞鹏：《为怀疑公务员资格制度者进一解》，《人事行政》1942 年第 1 期，第 81 页。

试、第三试就各项专门学科分门考试。……第十一条：考试及格者由大总统依文官官秩令授以上士。……授秩人员按照所考科目分发京外各官署学习，期间以二年为限。学习期满依学习规则之规定，其成绩优良者，经甄别试后，作为候补，由政事堂铨叙局注册备案，归各该长官以相当之职缺按照荐任职任用程序令呈请任用之。……第十二条：文官高等考试每三年举行一次……政治专科的第二试科目：宪法，行政法规，政治学，经济学，财政学，统计学，政治史，民法，刑法，地方行政制度，中国历代政治大要。第三试科目：商法，国际公法，国际私法，教育行政，农事行政，工事行政，商事行政，交通行政，垦务行政，警务行政，社会政策。①

这里出现多种"行政"字样，却没有一门"行政学"来统领、归总。《文官普通考试令（民国4年9月30日，教令第54号）》第十二条："考试及格者由大总统依官秩令授以同少士……"②《学绩试验条例（民国4年9月30日，教令第65号）》：

> 第一条：各省设省试，各道设道试……（道试）及格者取充俊士……第六条：凡该行政区域内俊士及其他相当资格人员均得与试。该区域内高等专门学校毕业生自愿与试者听。（省试）及格者取充选士……第七条：凡省试及各特别行政区域地方试每四年举行一次，道试及京兆属县试每二年举行一次……第十条：每道及京兆尹属县俊士名额20名至40名，每省选士名额40名至80名，各特别行政区域选士名额12名至20名……第十一条：取充俊士者得充各县公署委任待遇掾属。第十二条：取充选士者得应文官普通考试并得充省道公署委任待遇各掾属。③

---

① 中华民国北京政府：《文官高等考试令（民国4年9月30日，教令第49号）》，《司法公报》1915年第42期，第4—7页。

② 中华民国北京政府：《文官普通考试令（民国4年9月30日，教令第54号）》，《司法公报》1915年第42期，第23—27页。

③ 中华民国北京政府：《学绩试验条例（民国4年9月30日，教令第65号）》，《司法公报》1915年第42期，第39—41页。

考试合格还须经过学习的关卡，如公布《考试甄录学习及任用各项办法并学绩试验条例令》。不经考试，则有荐举的办法和程序，如《文官甄用令（民国4年9月30日，教令第57号）》第一条："有左列资格之一，确系经验宏富、才堪致用者，得由保荐官切实保荐，依本令甄用之……"

对各级官员任职资格的要求，有《文职任用令（民国4年9月30日，教令第59号）》①，具体细分还有《简任文职任用程序令（民国4年9月30日，教令第60号）》、《委任文职任用程序令（民国4年9月30日，教令第62号）》、《文职任用令施行令（民国4年9月30日，教令第63号）》等。对于候补的、预备的官员要学习、实践，有《文职学习员员额令（民国4年9月30日，教令第64号）》②。《举行文官高等考试及文官甄用令》③规定，文官高等考试及文官甄用各令均经公布施行，文官考试系以学术分科，文官甄用系以经验为重……《奉行考试任用各项官规令》规定，自此以后关于考试任用各项官规，倘有任意延玩、奉行不力或办理不善者，即当分别重轻付之惩戒，以示国家立贤无方之至意。④

袁世凯时代奠定的官制法令基础，北洋政府形式上予以继承，自然引起社会上及学术界的某些反应。龙裔禧著《官学》，介绍各国对"官"的语义解释，并对官的成立、效果及解消等相关问题进行说明。他似乎参考了日本人的著作，如星一著、吴源瀚译的《官吏学》。蜡山政道的《行政学总论》就提到该书，作为日本行政学著作之一，这时由内务部译出，以应需要。但仅见第一卷绪论，共6章，论述官吏的概念、语义、成立、效果及解消。总体来看，这类书极少，与法规之多不成比例，表明当时理论力量的薄弱。龙裔禧后来参加了广州和南京国民政府，主要从事地政（土地行政）工作和研究。

张锐对清代考试的介绍，引乾隆三十年（1765）上谕："查每科（举人）中额，一千二百九十名，统十年而计，加以恩科则多至五千余人，而十年中所铨选者，不过五百人。"他又概括，民国以来，所谓文官考试，如无有力者之八行书（推荐信），恐终其身亦不得一缺，虽有极好之考试制度又

---

① 《文职任用令》《司法公报》1915年第42期，第33-36页。
② 《简任文职任用程序令》、《委任文职任用程序令》、《文职任用令施行令》、《文职学习员员额令》，《司法公报》1915年第42期，第39-42页。
③ 《举行文官高等考试及文官甄用令》，《司法公报》1916年第51期，第5页。
④ 中华民国北京政府：《奉行考试任用各项官规令》，《司法公报》1916年第51期，第6页。

有何所用？"如要澄清吏治，非仅恃考试所能为力也。"① 而铨叙部的作用也有限。

## 二 孙中山五权宪法的考试院设置

孙中山发明的考试院和监察院，其主要权项和职能都是关于人（官员）的管理，实质上是人事管理（行政）机关。按蒋介石的说法："总理创制之五权宪法，所以不同于欧美各国之三权宪法者，实在于考试、监察两权独立行使之制度……言其职责，实皆为人事行政制度之重要机能。"② 至于两者之关系，《国民党五全大会宣言》第七条指出："考试所以登进贤良，监察所以纠弹失职，相辅为用，凡以促公务之进行，增行政之实效。"而监察权之独立于五权之中，一方与考试权具前后相承之体，一方与司法权有左右相维之用，以立法权之健全为其因，以行政权之健全为其果。③

行政学家薛伯康称，考试院"为我国中央政府人事行政之总机关"。"公务员惩戒委员会掌判决被弹劾官吏之应否处分，考试院掌惩戒办事不力、成绩低劣之官吏。""监察院除审核各机关财务行政外，兼掌关于监督全国公务员之行动及弹劾失职或违法之官吏事项。"④

综上可知，将这几个问题作为行政内容纳入本书本章讲述，是比较符合历史原貌的。

孙中山的选官任人思想是民国历届政府创立和发展公务员制度的理论依据，对中国近现代的政治体制和人事管理制度产生了重大影响，其发展过程分几个阶段。

孙中山主张实行"专家治国"的方针。他认为，建设一个民主富强的国家，"许多事情是一定要依靠专门家的，是不能限制专门家的"。对于知识分子来说，"虽一才一艺之微，而国家必宠以科名，是故人能为奋，士不虚生"。重视知识分子，就是要使他们学用一致，用人所长。

> 泰西治国之规，大有唐虞之用意。其用人也，务取所长而久其职。故为文官者，其途必由仕学院，为武官者，其途必由武学堂，若其他，文

① 张锐：《中国考试院与美国联邦吏治院》，《东方杂志》1929 年第 26 卷第 1 号，第 31 页。
② 蒋介石：《中央人事行政会议总决议案》，《浙江政治》1941 年第 12 期，第 115 页。
③ 蒋介石：《五全大会纪略》，《中华法学杂志》1935 年第 11 - 12 期，第 185 - 186 页。
④ 薛伯康：《中央人事机关组织概况》，《行政效率》1935 年第 2 卷第 8 期，第 1105 - 1108 页。

学……农学……工程……商情……凡学堂课此一业，则国家有此一官……其学而优者则能仕。且恒守一途，有升迁而无更调。夫久任则阅历深，习惯则智巧出，加之厚其养廉，永其俸禄，则无瞻顾之心，而能专一其志。此泰西之官无苟且、吏尽勤劳者，有此任使之法也。[①]

这是国民政府举行全国特种考试的启示录。

到了 1906 年 12 月 2 日，孙中山在东京《民报》创刊周年庆祝大会上发表演说时提出："兄弟的意思，将来中华民国的宪法要创一种新主义，叫做'五权分立'"，"那五权除刚才所说的三权以外，尚有两权。一是考选权……一为纠察权"。[②] 这是孙中山最早公开阐述五权宪法的思想，其中就包括选拔政府官吏的考试权。"及民国十一年国父又在《中华民国建设之基础》一文中谓：'人民之代表与受人民之委任者不但须经选举，尤须经考试。'"[③]

孙中山主张以考试作为选用官吏的主要途径。孙中山认为，"中国铨选，向来最重资格，但黜陟人才悉凭君主一人喜怒，所谓资格，也是虚文"。而对于西方文官制度贯彻的"公开竞争考试，择优长期录用原则"，孙中山持肯定的态度，他说："没有考试，虽有奇才之士，具飞天本领，我们也无法知晓，正不知天下埋没了多少人才；因为没有考试的缘故，一班并不懂政治的人，他们也想去做官，弄得乌烟瘴气，人民怨恨。"[④] 因此，他提出"任官授职，必赖贤能，尚公去私，厥惟考试"的原则。为了实现自己考试择人的主张，他在提出五权宪法时，主张另立独立的考试院，专掌考选权。

1924 年国民党实现改组后，孙中山以五权宪法的政治体制来建立资产阶级共和国的愿望更强烈了。在当年 1 月召开的国民党第一次全国代表大会通过的宣言中，《国民党之政纲》部分就明确："厘订各种考试制度，以救选举制度之穷"。[⑤]

杨幼炯评价说："总理说得好：'政府之中，包含两个力量，一个是政权，一个是治权。一个是管理政府的力量，一个是政府自身的力量。'考试

---

① 《孙中山上李鸿章书》，《国闻周报》1925 第 2 卷第 12 期，第 15 – 48 页。
② 《建国方略》，《孙中山选集》，人民出版社，1981，第 166 页。
③ 李飞鹏：《为怀疑公务员资格制度者进一解》，《人事行政》1942 年第 1 期，第 81 页。
④ 《孙中山全集》第 1 卷，中华书局，1981，第 330 页。
⑤ 荣孟源：《中国国民党历次代表大会及中央全会资料》，光明出版社，1986，第 21 页。

院（的工作）就在使政府表现出自身的力量……（官员经过考选，素质高，就能）表现治权的力量。""至于以考试选定候选人的方法（即是用考试来代替政党的预选），尤其是总理对于政治实用科学上极大的贡献。"①

孙中山逝世后，1925 年 7 月 1 日广州国民政府成立，设有监察院和惩吏院，但还没有考试院。1926 年 2 月，迅即颁布《惩治官吏法》。该法称："本法所称官吏，以文官司法官及其他公务员为限。""第五条　官吏有下列之行为者，应付惩戒：（1）违背誓词，（2）违背或废弛职务。"②

南京政府成立后，于 1928 年 10 月公布《中华民国国民政府组织法》，确立五权分立，法定考试院掌管国家考试及公务人员事务等工作。1928 年 10 月 10 日，国民政府任命戴传贤为考试院院长，随即成立考试院筹备处，并勘定考试院暨所属考选委员会、铨叙部等之办公处所。其后，《考试院组织法》（1928 年 10 月 20 日）、《铨叙部组织法》（1928 年 12 月 7 日）、《考选委员会组织法》（1929 年 8 月 1 日）由国民政府先后公布。1930 年 1 月 6 日，考试院与所属考选委员会（行宪后改为考选部）及铨叙部正式成立，依法行使职权。戴传贤院长兼考选委员会委员长，副院长孙科、考选委员会副委员长邵元冲、铨叙部部长张难先等宣誓就职。同年 12 月，戴院长获免兼职，国民政府特任邵元冲为考选委员会委员长。1947 年《中华民国宪法》公布并于 12 月 25 日施行，《考试院组织法》重新修正公布。1948 年 7 月 10 日，张伯苓就任考试院院长，沈鸿烈为铨叙部部长，并组成第一届考试委员会。7 月 21 日公布《考试法》及《考选部组织法》。

戴季陶（1890－1949）早年留日，加入同盟会，曾与蒋介石是同学。他曾听美浓部达吉讲授的"行政法"课程，回国做过法政教员，成为孙中山的秘书，记录、整理《民国政治纲领》等书，戴也是《革命方略》的起草人之一。孙中山在广州成立护法军政府，戴季陶被任命为法制委员会委员长，兼任大元帅府代理秘书长。1918 年 5 月，孙中山辞职，偕胡汉民、廖仲恺、戴季陶、朱执信等到上海。戴季陶创办《民国日报》的副刊《每周评论》，协助孙中山编辑《建设》月刊。五四新文化运动中，戴季陶与陈独秀往来，译述过马克思等人的社会主义论著，起草共产党党纲。1924 年国民党改组后，出任中宣部部长，参与起草了《中国国民党规约》。孙中山创制"五权

① 杨幼炯：《五院制度比较论》，《中山文化教育馆季刊》1935 年第 2 卷第 1－2 期，第 42－43 页。
② 广州国民政府：《惩治官吏法》，《广州市市政公报》1926 年第 222 期，第 1－5 页。

宪法"时，由戴季陶起草宪法草案和相关的法律文件数万言，后来蒋介石颁
发的《国民党员守则（十二条）》经戴季陶修饰定稿。1934年，蒋介石在南
昌行营搞"新生活运动"，也得戴的启发。①

戴季陶关于考试的论著中，《中国考试制度的概况》一文其实是他的
《考试院总报告书》中的第一章，讲的是中国历代考试制度的沿革。该报告
书还有"各国考试制度之情形"、"现行考选铨叙之法令规章"、"过去之工
作"、"将来之计划"②等章，内容丰富。至于《考试权之理论的根据及考试
院的组织》，文章分4节。（1）考试权的意义。是从人民的"四个政权"
（选举、创制、复决、罢免）到政府的"五个治权"（立法、司法、行政、
监察、考试）的老生常谈，说前四权是"人民用以管理政府"，后五权是
"政府用以替人民做工"。政府工作人员就不能是无能之辈，既要靠人民选出
来，还要真有本事，得过政府考试这一关，即选贤任能。（2）考试权之独
立。（3）考试权与民治精神。人民选举的代表，常限于从事立法，而考试所
选官员可以补充到政府各部门，若不称职，人民还可将其罢免，这就使民权
更体现实力。（4）考试院组织之大概情形。内设考选委员会和铨叙部两大部
门，前者司考选，后者司叙用与考绩。考试分普通（高中毕业，录为初级官
员）、高等（大学毕业，录为高级官员）、特种（其他人员，如技术人员、
专才）考试三种，每次考试设典试委员会。铨叙部有秘书处、登记司（掌全
国公务员及考录人员的登记）、甄核司（掌公务员的成绩、任免升降转调、
资格等的审查）、育才司（掌俸给、年金、恤金等审查，及公务员补习教育
事项）。各司所有审查结果再经铨叙审查委员会复审。公务员考绩，由自己
填表，直接上司初核，主管长官复核、审定。表和结果送交铨叙部（审查委
员会）审查评定等级，分别给予奖励（记功、奖金、加俸、晋级、奖章）
或处罚（诫饬、记过、罚俸、降级、免职。）③

戴季陶的《考试院工作纪实与进行计划》介绍说："惟考试独立既属创
制，……自应搜罗中外书籍，……附设一编译局，延聘专门学者，专任翻译

---

① 今史公：《戴传贤其人其事》，《纽司》1949年革新第10期，第11-12页；虞冀野：《戴传
　贤一生三变》，《新希望》1949年第2期，第2-3页；陆丹林：《戴传贤一生四变》，《茶
　话》1949年第35期，第23-30页。
② 戴季陶：《中国考试制度之概况》，《文化建设》1934年第1卷第1期，第61-81页。
③ 戴季陶：《考试权之理论的根据及考试院的组织》，《中央周报》1930年新年增刊，第7-
　11页。

外籍及编纂中籍。仍令局内人员会同参事处，悉心考订各项规章……"①

"考试院以考选委员会与铨叙部组织之，院内置秘书与参事两处。"考选委员会"内设……专门委员室……，计划一切考选设施、襄理各项专门考试事宜。还有编撰 12－24 人，襄助专门委员办理编译事宜，由考选委员会聘任之。"② 该室分法学商学组、文学教育组、理学工学组、农学组、医学组、军事学组、编撰组、设计组，真的是各领域的权威专家。

考试院"如遇考试时，则得另组应考资格审查委员会与典试委员会"。前者由考选委员会委员长指定职员 5－7 人组成（内指定主任、副主任各 1 人）；后者由典试委员长 1 人、委员 5－15 人组成，掌理考试日程、命题标准及评阅标准、拟题及试卷分配、考生各试成绩之审查决定、弥封名册之开拆及对号、及格人员之榜示、其他应讨论事项。③

编撰组的工作效率比较高，一两年就编纂书籍 7 种：《中国历代之教育选举大纲》、《中国考试制度史》、《中国选举制度史之阶级性》、《中国文化发明年表》、《世界名人事业成功年表》、《中国考试史》、《中国文化概论》。翻译完成书籍 24 种：《美国公务员管理法之研究》、《美国文官考试法及应用法》、《美国公务员训练问题》、《美国公务员法律上的权利》、《美国各邦行政之效能与经济之运动》、《美国公职之厘定标准法（上）》、《英国文官考试委员会报告》、《英国文官制度》、《法国财政部各种职员任用章程》、《法国内政部编公务员任用考试条例》（另有法国各部门相关条例、法令 9 种，不一一列出）、《德国外交官领事官考试章程及参考材料》、《日本法令》、（日本人著）《对于中国国民政府组织法之我见》、（日本人著）《对于划一任用公务员之标准》、（日本人著）《处理公务员退休之原理》。翻译中的书籍 12 种：《美国文官考试委员会》、《英国文官考试规程》、《英国公务员年鉴》、《英国比例代表法》、《英国考试委员会规程》、《法国各项公务员考试条例及官署概况》、《日本比例代表法之研究》、《日本高等试验法规》、《（日本）考试要旨》、（日本人著）《职业之选择》等。

对国外考试制度最早而真切的介绍，恐怕无出张锐之右者。他说："吏治（Civil Service）运动是近五十年来美国史上一个鲜明的标题，是修明美国政治的急先锋，可以译作'文官任用'，可以译作'文官考试制度'……也

---

① 戴季陶：《考试院工作纪实与进行计划》，《中央周报》1930 年新年增刊，第 13－17 页。
② 薛伯康：《中央人事机关组织概况》，《行政效率》1935 年第 2 卷第 8 期，第 1109－1110 页。
③ 薛伯康：《中央人事机关组织概况》，《行政效率》1935 年第 2 卷第 8 期，第 1111 页。

可以译作'外国科举'。"这个题目至少可以写两本书。文章讲了简明史，吏治法的几项基本工作（官吏分类，薪俸规定，选择官吏、任命、管理），吏治机关的组织，吏治法内的手续（考试，教育，保送，"好官制度"[①] ——升擢、加薪、迁调、薪俸划一、职务划一、固定职务、辞职、告休、养老金、免职、训练），吏治机关应有的工作。此文1927年8月作于密歇根大学。[②]

张锐《中国考试院与美国联邦吏治院》，1928年11月作于哈佛大学，比较中美两国情况，建议考试院应"通盘筹划，依职分部"。[③]

继张锐首文之后，踩着考试院成立步点来的有叶德明的《英国吏治观》。书中称："英国是以党治国的，在党治的国家之下，吏治制度要有两个要件"："一个禁条——（事务）官吏不得参与政治的活动"；"一个保障——（事务）官吏不得因政党的变动而影响其职位"。[④] 该书对于书记官和特殊官吏介绍最详，以资参考。

张大同《英美事务官考试的比较》也是见事早、反应快的一篇，称赞"英国制度发展余地大，中国考试科目应在英美做法中找出一个平衡点"。[⑤]

社会政治学家华鼎彝研究考试制度也颇早。他归纳了英美两国考试制度的相同之处：（1）都设公开竞争的考试；（2）都设独立的超党派的吏治院；（3）都有政务官、事务官之别；（4）都将职位分级（类）制度作为考试制度的必备要素。又指出两者相异之处：（1）考试目标不同（美国是选拔实用专才，英国是选拔贵族通才）；（2）考试对象不同（英国限于青年，美国限制小）；（3）考试制度与教育制度的关系不同（英国两者接轨，考通识与学力，使有能者加入有权者阶级）；（4）吏治院职权不同（美国权大，英国财政部的权力在吏治院之上）；（5）分级（类）制度不同（英国笼统，美国严密）。可见相差甚巨，美国的考试制度是平民化的、科学的，"有日渐成为专家政治的趋势。英国则不然……我们可以称之为贵族式的政治"，不过此时有改革运动。[⑥]

1930年11月，国民党三届四中全会做出决议，要求"限期实行各级考

① The Merit System，曾译"考功制"、"功绩制"。
② 张锐：《美国的吏治运动》，《东方杂志》1927年第24卷第20期，第25-31页。
③ 张锐：《中国考试院与美国联邦吏治院》，《东方杂志》1929年第26卷第1号，第25-34页。
④ 叶德明：《英国吏治观》，《东方杂志》1928年第25卷第20号，第85-94页。
⑤ 张大同：《英美事务官考试的比较》，《新生命》1929年第2卷第2期，第48-56页。
⑥ 华鼎彝：《英美考试制度的比较研究》，《长风》1930年第2期，第42-55页。

试"，以推动国民政府"刷新政治"，提高行政效率。

陈有丰《日本考试制度调查报告》抄录在日本获得的各种法规，说明日本近年考试合格者多数未能被及时任用，因缺额有限。

当时，各国对考试采取几种方式的联合。（1）笔试。笔试可测验应考人员两方面——专门知识和技能精熟度。（2）口试。国民政府时期，各机关常自行用口试的方法延纳人员，但在正式考试的场合，口试只居于辅助地位。（3）实验。当时的行政事务日趋专门化，一种职业技能往往不是笔试和口试能所考测的，实验可以弥补这些缺陷。（4）体格测验。（5）心理学试验。

依据考试法（1935 年 7 月 31 日修正公布）第三条及第四条之规定，公务员考试分为三种，即普通考试、高等考试、特种考试。凡中等学校毕业或同等学力经检定考试及格者，得参加普通考试；大专以上（及留学）学历及有相当任职资格、经历者可参加高等考试；考试院认为符合特殊情形者（有专业知识技能）得举行特种考试。①

高等考试的内容。考试院于 1933 年 5 月 23 日公布《修正高等考试普通行政人员考试条例》，规定：（第一试）甄录试，科日有国文（论文及公文）、党义、中国历史、中国地理、宪法（约法）、经济学；（第二试）必试科目是行政法、民法、刑法、地方自治法规、财政学，选试科目（任选一种）是土地法、劳工法规、国际法、各国政治制度、经济政策；（第三试）面试，就必试科目及考生经验提问。②

普通考试的内容。普通考试共分三试。第一试之科目，各类人员均相同，为国文、总理遗教、中国史地及宪法。第二试之科目，各类人员各不相同。普通考试是南京政府选拔公务员的主要方式之一。1948 年 9 月发布了举行普通考试的公告，但夭亡。

1931 年 3 月南京国民政府公布的《特种考试法》规定："凡候选及任命之人员及应领证书之专门职业或技术人员，除高等、普通考试外，均依本法考试，定其资格。"③

1931 年 4 月 16 日，考试院发布公告，宣布第一届高等考试中包括针对普通行政人员，教育行政人员，财务行政人员，外交官、领事官和警察行政人员的五类考试，于 7 月 15 日在首都开考。这次考试历时半月，投考者共 2177 人，

---

① 王云五：《中华民国现行法规大全》，商务印书馆，1933，第 252 页。
② 《修正高等考试普通行政人员考试条例》，《考试院公报》1933 年第 5 期，第 2 页。
③ 杨幼炯：《近代中国立法史》（"民国丛书"第一编第 20 辑），上海书店，1945，第 323 页。

最终录取及格者 101 人，其中普通行政人员 43 人，教育行政人员 24 人，财务行政人员 7 人，外交官、领事官 7 人，警察行政人员 20 人。因为有 1 人兼考两类均获及格，故实际录取 100 人。1933 年 10 月举办了第二届高等考试，共录取 101 人。第三届高等考试于 1935 年 11 月 1 日举行，录取人数为 248 人。1936 年 9 月 10 日在南京举办了首届临时高等考试，亦即第四届高等考试，录取 121 人。全面抗战开始前，国民政府仅举行了这四届高等考试。

关于命题考试过程的记载，最真确详实的是印水心的《高等考试锁闱日录》，是为第二届，时在 1933 年 10 月 12 日至 11 月 26 日，记述典试（主考官）、襄试（副考官）和委员会各委员的分工，工作程序，命题内容，考试、阅卷、评分、录取全过程，反映了委员会的学术代表性和敬业精神以及公平公正的态度，也看到了这种考试对学校教育与公务员素质的实际需求和存在的巨大差距。

抗日战争时期，为适应战争形势，在对高等考试制度进行了重大修改后，1939 年 8 月 10 日，国民政府颁布了《高等考试分为初试、再试并加以训练的办法》，此即所谓 1939 年 "高考改制"。从 1939 年到 1948 年，国民政府先后举行了十届考试。1948 年 9 月，国民政府发出举行 "行宪" 后第一次高等考试的公告，但因政府迅速崩溃，徒具空文。总计考试院历年主持的考试，共录取了高等考试人员 4071 人，普通考试人员 6738 人，特种考试及格者 155220 人，为国民政府选拔了部分有较高文化程度和较强能力的公务员。终因国民党的专制独裁和腐朽统治，组织系统不灵，收效甚微，相关批评性的文章不少，例如：

费巩《考试制度改革刍议》总结说，现行考试制度，主要缺点凡五。一曰，主持考政者之非正途出身也。二曰，私人举荐制度之未废也。三曰，考试科目之不尽与大学课程符合也。四曰，录取人员之不获实授也。五曰，叙用者之无保障也。作者提出的对策，第一条是："考试权应绝对独立。……一切考政当局，应择物望素孚严正刚果之学者任之。" 其他各条，都是和上述缺点 "对着干"。[①]

薛伯康《国家考试制度之比较研究》称，五年来 "国人对于文官考试与文官任用，绝少加以研究"。[②] 此文比较英美和中国。考试种类有口试与笔

---

① 费巩：《考试制度改革刍议》，《中央时事周报》1934 年第 3 卷第 21 期，第 14－18 页。
② 薛伯康：《国家考试制度之比较研究》，《新中华》1936 年第 4 卷第 4 期，第 39－44 页。

试、聚集试与非聚集试、竞争考试与非竞争考试、心理学试验、实地试验、体格试验。英国对技术职位的重视在考试中有体现。在主考官任用上,美国是专家常任制。考试的及格标准中英国最高。过去主管考试的专员逐渐让位于考试机关。

卫挺生《改革考试制度管见》,总结考试的教训:(1)难于举办(包罗太广);(2)费用过多(录取百人,门类五科,耗费公帑数十万,还不包括考生私人所费);(3)用途太狭(只有指定之行政事务);(4)太不方便(赴考耗时费钱);(5)难得真才;(6)公家未受益反受累(因在职者经验和能力不低于考选者);(7)与学校制度不相呼应。作者拟订新制度:国家考试改为学校会考,考试院会同教育部进行,科目就是学校教学课程,及格者发给学位证书;铨叙部兼掌铨选,会同行政机关商定用人资格标准,将广大及格者铨选登记,以备使用;公私机关主管从中挑选,无论推荐、试用、面试或临时特种考试辅之,都可以,此事轻而易举,还可以减轻公家和私人负担。①

卫挺生的《再论改革考试制度》是答复史美煊的批评文章,认为不必担心学校会考及格者都会当官,只要再加上分数高低的限制,以及录用前的面试甄别(兼看著作、经验、学识、成就,乃至进行智力测验、人格测验)即可。美国是因为学校不归教育部统一管理,彼此差别极大,学生无法参加会考,为了选任公务员才搞国家考试。②

冯友兰听说历届高考成绩不好,录取率低,感叹说:(1)考试非求公职的惟一道路,在职人员或有门路人员报考者不多,这样,多数备选者素质较低;(2)考试院与教育界、学术界脱节(以国文为例,经义、文言、毛笔字,学校已疏于教学)。③

胡适介绍丁世仪的《中国文官考试制度对英国文官考试制度之影响的研究》(载于1945年的哈佛大学《亚洲研究》)。丁氏考证出文官考试制度是十七八世纪传教士带出去的,法国大革命时革命政府加以宣传,又传到英国。英国将其拿到印度、缅甸试验,取得成功,到19世纪才在本土实行,以后德、法、美相继仿效。

与众多讨论制度的文章有别,崔宗埙《公务人员之考试》则是凭借作者

---

① 卫挺生:《改革考试制度管见》,《时代公论》1933年第1卷第47期,第17—22页。
② 卫挺生:《再论改革考试制度》,《时代公论》1933年第1卷第48期,第29—36页。
③ 冯友兰:《考试院工作检讨》,《时论月刊》1941年第1卷第1期,第10—11页。

的留学、任教和命题经验，具体介绍考试方法，即如何笔试、口试及表演试。主张笔试采用新式客观考法，摈弃旧式主观考法（即我国习用的自由答题法，亦称文章考法）。"新式考法即简短答题法……分为二类：1. 回忆式，2. 认识式。"回忆式包括简题测验与填充测验；认识式包括正误（判断对与否；有变体，如两句并列，判其意义相似否）、选择、对偶（两组名词杂乱排列，用短线连接相关者；变体可列三组）三种测验。选择测验变体最多，有单选、多选或劣选（选项中只有一个错）等。[①] 文章对口试及表演试也有很多说明与评论，不乏真知灼见，发人深省。这类客观题考试方法今天已普及。

瞿世镇等编《普通考试行政人员考试全书》，共6集，第1集收党义、经济和财政、政治法制和司法、外交、教育、农林、卫生等方面文献；第2集介绍公文沿革、程式、用纸、署名及编号、标点等；第3集收三民主义、《建国方略》、中国历史、中国地理、中华民国宪法、训政时期约法；第4－6集为行政法、民法、刑法、地方自治、经济学、财政学、会计学、统计学、国际法及有关法规试题问答。[②]

## 三　铨叙制度的建立和监察院的工作

王讷言归纳称："现行铨叙制度，可分为下列七门：1）任用，2）叙俸，3）考绩，4）奖励，5）退休及抚恤，6）登记，7）人事管理。"[③] 所以铨叙是从任用开始到退休为止（还有养老）的一整套人事管理工作。

薛伯康认为："中国考选和铨叙的职责，在考试院统辖之下，互掌而专任，分工而集权。"就是世界各国也无此制度的。考试院内部的组织，也比美国更为精密。"中国担任主管考试的官吏，纯系党内要人……政策不会紊淆，……远非美国党同伐异、政见分歧者所能比拟。"虽则如此，但美国考铨的"成绩却非常可观……就是因为美国制度的施行，都由于专家擘划的缘故"。美国现行的公职分类，"以工作性质和难易为标准"。而中国是"以职位名目的大小和俸给的多寡为根据的"，不仅不科学，更不公平。中国是"普通智识与专业技能并重的"，很容易胜任。美国考试还有实地试验（考查专业技能）、心理学试验（考查天赋素质）、体格试验，考区分布全国13

---

① 崔宗埙：《公务人员之考试》，《新福建》1942年第1卷第1期，第17－23页。
② 瞿世镇等编《普通考试行政人员考试全书》（1－6集），三民图书公司，1935。
③ 王讷言：《中国现行考铨制度》，《团结月刊》1948年第2卷第2期，第3－6页。

地（中国暂设南京一地），典试委员会达 4700 个，各科试题全国统一，考卷弥封，阅卷方法与中国类似。被录取后，候补次序按分数排列，有效期两年。吏治委员会无直接委任之权，一职务可（依分数排前）推荐三人，由用人部门主管择取。即日就职，6 个月试用期合格后才正式任用。落选者再列候补或再到其他机关试用。中国考试院只分发一人，不由用人机关选择。美国特殊需要时可不经考试临时任用，但须经吏治委员会许可，任职不超过半年。①

薛伯康《考铨会议之我见》对 1934 年 11 月举行的全国考铨会议（代表有 200 余人，历时 5 天，通过议案 90 余件）给予肯定。他回忆自己 1930 年曾参加国际考铨会议（年会），"代表均为人事行政专家，而提案多半为专家之论文……（虽无行政机关强制力，）然次第推行者，比比皆是"。他建议各行政机关"效法内政部组织学术研究会，依各公务员兴趣之所近"，自修行政学课程并作研究报告，请具有相当学问的长官出席指导，再请行政专家演讲，并赴先进机关参观。②

杭立武《最近一年之考选与铨叙》介绍铨叙部的组织，包括"秘书处，登记司，甄核司（掌公务员成绩及任免暨升降转调之审查），育才司（掌公务员俸给及年金恤奖之审查暨补习教育及公益），铨叙审查委员会（掌各项审查事项之复核，以副部长、秘书长、各司长及关系科长组织之）"。③ 另据薛伯康的说法，铨叙部还有一个"法规编审委员会"，设委员 7 - 11 人，由部长指派该部职员兼任之。④

《铨叙部过去一年内工作之回顾及今后之计划》称："运用铨叙权之要着：一为各种人员之登记；二为各种人员资格、成绩、俸给、任免、升降、转调、奖罚之审查；三为公务员补习教育及公益事项之创办。"⑤

《铨叙部通告公务员登记办法》的适用对象是时任公务员。希望尽快填具登记表，检同证明文件（任命状或委任令；毕业证书；专门著作；研究院证明书；教授聘书；特殊勋劳须有中央党部或中央执监委二人以上之证明书

---

① 薛伯康：《中美考选和铨叙制度的比较（上）》，《考试院公报》1931 年第 8 期，第 1 - 30 页。
② 薛伯康：《考铨会议之我见》，《行政效率》1934 年第 1 卷第 11 期，第 483 - 489 页。
③ 杭立武：《最近一年之考选与铨叙》，《时事年刊》1930 年第 1 期，第 92 - 97 页。
④ 薛伯康：《中央人事机关组织概况》，《行政效率》1935 年第 2 卷第 8 期，第 1111 页。
⑤ 中华民国铨叙部：《铨叙部过去一年内工作之回顾及今后之计划》，《中央周刊》1932 年第 191 期，第 7 - 10 页。

或国民政府文件；革命资历的类似证明），呈请本机关长官核转。这些时任公务员欲申报（登记）的三级（本人原级，且须满一到二年）任职条件是：（1）简任职（大学毕业并有专门研究者，或在国立大学任教授三年以上者，或对国家有特殊勋劳或致力于国民革命十年以上者）；（2）荐任职（大专毕业，或对国家有勋劳或致力于国民革命七年以上者）；（3）委任职（高中毕业，或致力于国民革命五年以上者）。[1]

过了两三年，一些地方公务员由于各种主客观原因还未铨定，必须补行甄别及登记，任职年资算至1936年12月。必要条件是提供合于任职资格（及等级）的各种证明文件。[2]

朱光宇《论石瑛对于铨叙资格之意见》记载："铨叙部长石瑛，近发表意见如下：'铨叙资格，参与革命五年者，得保为委任，七年者得保为荐任，十年者得保为简任。如此则投机分子，于革命无建树，而藉一二要人之书面证明，竟获任用。殊觉太滥。'""若以处理政治之责，视为崇德报功之具，或仅计过去之功绩，而置现在能力之有无于不顾，斯为政局纷乱之源。"开具假证明者，"亦应按照党纪，加以制裁"。[3]

王世宪《考试、面试、铨叙》指出："铨叙制度的本身，其原来用意就是等于职位分类。""铨叙的意思是在使政府服务各级的人才，得以分门别类定其等级，并不在封其为何官。"针对其中的弊端，治本的办法就是举办职位分类；治标的办法是不能只看"官历"，而要尽量使大学毕业生、有经验有学识的专家能到政府机关工作。[4]

闻震的《论铨叙行政》认为："铨叙行政的意义，一般人的解释是铨定资格和叙定级俸。事实上，……它是政府用人行政整个部分。它不但为各机关选用适宜的工作人员，并且酌予以相当职位；不但严密管理和考核各工作人员，并且设法保障其生活，使之能安心工作、办事有效。"[5] 1941年修正《铨叙部组织法》，原一处三司调整、扩充为五司（总务、登记、甄核、考功、奖恤），增设参事、视察及专员等。其工作中的成绩和问题为：（1）分发（抗战前有1800人，此时有800人左右，供不应求）；（2）甄审合格者在

① 《铨叙部通告公务员登记办法》，《河北教育公报》1918年第19—20期，第14页。
② 《各省市公务员铨叙补救办法》，《安徽政治》1938年第2期，第10页。
③ 朱光宇：《论石瑛对于铨叙资格之意见》，《正论》1935年第47期，第7—8页。
④ 王世宪：《考试、面试、铨叙》，《再生》1941年第74—75期，第1—5页。
⑤ 闻震：《论铨叙行政》，《服务月刊》1942年第6卷第7期，第36—39页。

职的约 7.4 万人，而全国公务员约 80 万人（中央 29 万人，地方约 50 万人，内有不少国营事业单位人员尚未铨叙）；（3）对未铨叙或不合格人员加以限制，如核驳所用薪俸以防止非法任用人员继续任职等；（4）统一待遇标准，还欠妥善方案；（5）将考核与评定等级作为奖惩依据，尚欠妥善方法；（6）退休金及抚恤金因物价飞涨难以维持；（7）军队文职官员与公务员叙级差别较大。此外，铨叙行政为一般行政服务，已经发展到在行政机关内设置人事管理机构，按铨叙部的统一规章办理人事业务，以辅助政务的推进。

薛伯康《对于〈修正公务员考绩法草案〉之意见》指出，"取考试而摒考绩，则勤懈不分，即罗致真才，似亦无所警勉"。该文提出几点：（1）考绩之时间。英美对于事务官，每日由专人记录，每月小结即通知本人，每年总结，差者免职，优者加薪晋级。中国考绩法规定年考和三年总考，间隔太久，建议改为月考和年考，且年考由每年 12 月改为 3 月，以便与会计年度起自 7 月接轨，落实奖惩。（2）考绩机关。我国是"极端中央集权制度，……人事行政权悉操诸考试院"，鞭长莫及，机关需设立人事管理机构。（3）考绩标准。统一规定成绩构成要素，即数量、质量、能力、人格等。（4）考后处置。奖励明确为升职与加俸，而嘉奖、记功、申诫、记过等与加俸、减俸挂钩。[①]

抗战胜利，颁布新的《铨叙部组织法》，设甄核、考功、奖恤、典职、登记、总务六司，及铨叙审查委员会。新增的典职司，掌人事机构设置之审查、人员任免考核、工作督导、通讯汇报及储备训练事项等。[②]

相应的《铨叙部处务规程》（这里的"处务"实为"部务"），规定从参事、秘书、各司司长（下属科长、科员、书记），到视察、专员（设计、编译、研究、审鉴、法制、技术）等部员的职司职务。[③]

《铨叙部考铨处组织条例》规定，考铨处是铨叙部在各省的分支机构，设 3 - 5 科（必要时加专员），管理一至两省的考铨事务。[④]

马洪焕的《日本铨叙调查报告书》记载，1931 年 4 月考试院派作者等 9 人赴日本"考察各种行政制度与其实际运用状况"，自中央内阁至地方府县

① 薛伯康：《对于〈修正公务员考绩法草案〉之意见》，《行政效率》1935 年第 2 卷第 11 期，第 1507 - 1510 页。
② 《铨叙部组织法》，《山东省政府公报》1946 年第 27 期，第 6 - 7 页。
③ 《铨叙部处务规程》，《山东省政府公报》1946 年第 27 期，第 7 - 9 页。
④ 《铨叙部考铨处组织条例》，《山东省政府公报》1946 年第 27 期，第 9 - 10 页。

町村之属，不下数十处。作者是铨叙部秘书长，日本京都大学法学士。此次调查"铨叙制度及与之有关范围"，历 40 天。这个报告书分 7 章（23 节）：任用，考绩及赏与，抚恤，保障，荣典，俸给，待遇。以第一章为例，包括任用形式（高等官，判用官）、基本条件（具备一定积极条件，不适合一定消极条件）、任用资格（自由任用，经历任用，学历任用，考试任用，铨衡任用）、铨衡手续、任用及铨衡重要法令、现行制度之特质及其运用。附录规程条例十件及书表式样。[1]

国民政府考试院铨叙部编《铨叙年鉴（十九年度）》（"十九年度"，指到 1931 年 6 月止），分八个部分：约法，官制，官规，铨叙法规（任用，分发，甄别，登记，考绩，奖罚，俸给，抚恤），铨叙组织，铨叙方案，铨叙行政（会议纪要，主管事项，总务事项，其他事项），附录（考试法规，甄别、分发人员表等）。[2]

1944 年 11 月 20 日部令公布《铨叙部人事管理人员登记办法》，指出：在部、省、县政府人事行政（管理）训练班毕业领证者；曾任、现任人事管理工作得有合法证件者；曾在大专院校或训练班教授人事管理或行政学科目得有证件者；有人事管理专著经审查合格者：具有上述条件之一者，得填写登记表和保证书，连同各项证明文件送铨叙部审查，由本部发给人事管理人员登记证书，酌予任用。[3]

下面谈监察院制度及其运行。北洋政府时期北京的《甲寅》杂志曾公开征文，题为《科道制与代议制之利害得失如何？立法与弹劾二权之分合利弊安在？此项宪法条文应如何规定？其各分别论之》，文天倪的文章中选。文章称："科道制乃君主设置以为补助统治之制度；而代议制则为人民发动于自治精神，起而与统治者争执政统治权之制度是也。"前者之责"只在于进言、封驳、纠弹而止，固无其他实行之权，……直可谓专制政治之安全瓣（阀）……此所以行之千百年而莫能废弃也"。在立宪制下，"政府官吏一有违法措施，大之由议会，小之由法院，皆可执法以绳。且因立宪政治，凡百公开，舆论报纸，随在可施以监督弹劾。"所以，"科道制在立宪制下已成化石，无存在之必要"。代议制为立宪制不可或缺之一体，但弊病也很多，"代议制在我国，独有害而无利"，因为缺乏根本的条件，即实力（西方国家资

---

① 马洪焕：《日本铨叙调查报告书》，国民政府考试院，1933。
② 国民政府考试院铨叙部编《铨叙年鉴（十九年度）》，1932。
③ 《铨叙部人事管理人员登记办法》，《甘肃省政府公报》1948 年第 698 期，第 13 页。

产阶级的实力即"金力")。作者认为,代议制(议会)的立法权和弹劾权(不信任政府案,借以进退内阁)都要有。另立弹劾机关,"只就其(按:包括政府官吏,以及各级议会、司法官厅,一切机关和社会人民)违背法律,及政策措施有危害国家社会之点,举发弹劾警告"。"定名为监察院",其职司分为立法监察、行政监察、司法监察、审计监察、铨选监察、社会监察等。① 与孙中山的设想暗合。

曾资生的文章总结说,回顾古代,中国历代监察制度的设置有下列几个原则。第一,监察机构必须与行政机构密切联系,其首脑组织必须紧隶于行政首长之下。第二,必须与文书公事有严密的联系,藉以熟知中央与地方行政的内容及其利弊,以为实施监察的准绳。第三,监察机构必须为律令法规、图书计簿的储藏谙练之所。第四,监察职权的范围在肃清官邪,以达到清整行政的目的。过去还有一些经验和做法,如:(1)"监察机构独立与监察权的独立发挥并不一定为缘。"(2)"监察权可以灵活运用,不必有一个系列的监察机构。"(3)"监察权不施于行政首长。"(4)"监察权的法定范围必须确定。"(5)"监察权与地方监司的联系",即还可"委任于其他居于监司地位的官吏来行使",如总督、巡抚等。(6)"特察制的运用",即临时派员执行特定的监察任务,其权能尤大。(7)"监察覆按与审判",有时需要会审(监察官也参加)。(8)"监察的人事制度",其经验有:"以卑秩察高秩","拔擢新锐人才","迁擢转调迅速"。②

谢瀛洲说:"五权宪法中之监察权,乃渊源于中国古代之台谏,及外国现行之议会弹劾制度。"台谏的弹劾,可针对皇帝以外之百官,欧美相反,议会只能弹劾行政元首及高官(国务员),惟美国众议院可以弹劾自大总统以下一切公务员。③

民国时期,北京政府的监察机关是平政院,直隶于大总统,平政院下设肃政厅。平政院设院长一人,下置评事。肃政厅置都肃政史与肃政史。平政院是裁判机关,肃政厅是检察机关,即弹劾机关。弹劾对象上自内阁,下至员司。肃政史具有独立性,不必上级同意。"弹劾权是监察权中最主要的权,

① 文天倪:《科道制与代议制之利害得失如何? 立法与弹劾二权之分合利弊安在? 此项宪法条文应如何规定? 其各分别论之》,《甲寅》1925 年第 13 期,第 8 – 21 页。
② 曾资生:《中国过去监察制度与监察权的制置运用与精神》,《新中国》1945 年第 5 期,第 13 – 19 页。
③ 谢瀛洲:《五权宪法下之监察制度》,《中华法学杂志》1930 年第 1 卷第 3 期,第 1 – 10 页。

它是监察权中最后的防御权（Safe-guard），监察权中所含有的各种分子权，都以弹劾权的存在才有其意义。"①

监察院制度最初是1925年随广州国民政府的成立而创设，有委员5人，分设五局，旋改为三局，行司政治上的监纠。南京政府建立后，几经延搁，直到1931年2月2日才正式成立监察院，于右任宣誓就任院长职务。监察院有弹劾与审计两种职权。弹劾权的行使针对的是政府机关人员（不分地位高低和地域）之违法与失职。监委可兼任监察使分赴各监察区行使监察职权。弹劾案由监察委员单独提出，经指定由三位监察委员审查，二人以上认为应付惩戒时，移付官吏惩戒委员会议决是否予以惩处；审计则设有审计部执掌，这里从略。当然，弹劾前还有监察调查权、监察使设置和派出权以及行政审查权。此外，为能急速处分（例如免职）违法失职者，监委有请求急速处分权，对考试院举行的考试有监试权，又，对于机关或公务员个人对应办事项奉行不力或失当者，监委有书面建议权。②

谢瀛洲的意见是，监察对象应是"全国官吏，不论其职位之高下"，"不只应发生渎职处分，而尤须科犯罪以应得之刑罚"。至于审判机关，可实行：（1）议会法院制（即上议院全体议员组成）；（2）司法法院制（即普通法院）；（3）混合法院制（由议员、司法官及行政部门高级职员组成）。前两种均有利有弊，后一种是作者建议的，认为这样能涵盖立法、司法、行政三方面有经验人员，因官员的犯罪往往与政治（及行政）权力有关，单纯法官难以对付。③

高一涵将清代都察院的台谏权（监察权）总结为：不但监察法律规定范围以内，而且监察道德约束范围以内；不但监察违反法令妨害公益的行为，而且监察私德私行；不但监察在职官吏，而且监察退职官吏及非官吏的恶霸土豪；不但监察证据确凿的罪行，而且监察风闻传说的嫌疑行为、已成或将成事实之犯罪。可细分为：（1）建议政事权；（2）弹劾权；（3）监察行政权；（4）考察官吏权；（5）会谳重案权；（6）辩明冤枉权；（7）检查会计权；（8）封驳诏书权；（9）注销案卷权；（10）监察礼仪权。而"现在的监察权，始终只是一个弹劾权"，对各行政官署的施政情况、任免人员的经过、考核人员成绩等"一无所知，一无所能"。行政机关也不向监察院报告。

① 王履康：《中国之监察制度》，《东方杂志》1936年第33卷第17期，第167—180页。
② 南京国民政府监察院：《监察院组织法》，《监察院公报》1931年第1期，第6—10页。
③ 谢瀛洲：《五权宪法下之监察制度》，《中华法学杂志》1930年第1卷第3期，第1—10页。

"而一到他们违法失职的时候，即能不告而知，天地间宁有此理。"①

童冠贤（1894–1981，曾留学早稻田大学、哥伦比亚大学、剑桥大学等校，学习政治经济专业，时任审计部次长，抗战胜利后任过立法院院长）说，西方国家三权分立，监察权被分割，"弹劾权、质询权之属于立法，审计权之属于行政，裁判普通官吏之权属于司法"。而国民政府监察院的职权"分为监察与审计两大部分"。"监察权中目前最重要的是弹劾权"，弹劾的对象包括人（公务员）和事（违法或失职行为）。监察院成立五年以来，须待改进的问题：（1）事前监察，起预防作用，使之不犯罪错；（2）裁判与惩戒权也应归诸监察院；（3）监察委员应由总统任命，而非经国民代表选举（选举易受政党的束缚及政客的操纵）。②

王履康分析："在五权制度之下，监察权是治权中之一种。监察院之有监察权和科道之有纠察权一样，由于上层权力机关（在训政时期为国民党中执会，在宪政开始后为国民大会）的授权行为。"弹劾权是民意机关（议会）监督政府的一种权力，"是人民监督政府所采择的一种手段，因之弹劾权之存在是固有的，是原始的；反之，监察制度的主体是为政府机关一部分的监察院，所以监察权是政府自己监察的一种方法，因之监察权之取得是传来的，是继受的"。他不同意童冠贤所说的监察院须有事前监察及裁判、惩戒权，因权力实在太大，后两权本属司法院。至于有些弹劾未能尽付惩戒，是因为被弹劾者势力太大（如政务官）。③

李宗黄《总理遗教中之监察制度》指出，总理既要（监察院）职权独立，又要当事者有风骨凛然，随时随地皆可结怨于人，则保障方面，亦宜较司法官为严密。因司法官之对象为私人，私人之报复能力有限；监察之对象为官吏，官吏之能力大于私人。结论中提出："务使事前监督之审计权、质询权、建言权，事后监督之弹劾权、行政审判权、惩戒权，完备无缺，成立最完美之监察制度。"④

陈之迈综合若干学者意见，作《监察院与监察权》一文表示，监察院应该完全放弃所谓"事前监察"的野心。如果监察院专管违法不问失职，如果它做"总检察厅"，那么它便应以全国各级政府的大小官吏为对象，纠举一

① 高一涵：《宪法上监察权的问题》，《东方杂志》1933 年第 30 卷第 7 号，第 20–24 页。

② 童冠贤：《监察制度之现在与将来》，《广播周报》1936 年第 109 期，第 17–18 页。

③ 王履康：《中国之监察制度》，《东方杂志》1936 年第 33 卷第 17 号，第 177–180 页。

④ 李宗黄：《总理遗教中之监察制度》，《中央党务月刊》1930 年第 28 期，第 1–11 页。

切违法的事件。展望未来，"在行政系统完备，上级官员能名副其实地监督指导下级官吏，层层相依，有条不紊的时候，在司法机关相当发达，行政诉讼相当畅行的时候，监察院便可以弹劾官吏，务须有协助行政及司法机关的精神……这样，监察院便成了行政司法机关的辅助机关"。"如果监察机关事的对象是违法兼失职，则人的对象可以不必普及于上下各级官吏，而注全力于负责的机关，鞭策它们去解决负责。在它们不负责时，或有任何监察院认为不满意时，便可提出制裁，轻则质询，重则弹劾……如此则监察院的地位便等同内阁制下的议会，把责任集中在高级官吏，叫他们去统御僚属。"①

杨幼炯认为，监察院"是代表人民制止官吏的滥用职权与违反国法"，"所处理的是官吏之职务的犯罪与职务的违法事件"，而"司法院则纯然在处理官吏一切关于个人的犯罪或违法的事件"。②"对于监察院的批评，……其中最厉害的，就是说它还没有脱离'窃钩者诛，窃国者侯'的情形。"③

李子欣是纽约大学法学博士，写文章说，"司法独立"成了"司法专制"，监察部门要纠劾司法官吏困难重重，因"法官不负审判上错误之责任"。又"监察院不得过问法院审判事项"，因此他建议要"改造监察机关与法院之机能关系"。④

汤吉禾《五年来的监察院》，总结南京政府监察院五年来的成绩，其中弹劾的最高职有1位选任官、15位特任官，即院长、部长。"我们知道拍苍蝇与打老虎是有天壤之别的，弹劾一个院长或部长比弹劾百十个小职员，勇气来得大得多。"至于现行监察制度的缺点，他认为第一是惩戒权的割裂（分属于六种机关）；第二是"违法"和"失职"二者的界限不明；第三便是除审计外没有监察专门事项的设备（即专门人才）；第四是监察使署及审计处太少（全国只有16个监察区和14个审计处及审计办事处，远水不能救近火）。⑤

抗战前议论性的文章还有，伍宏仪《汪院长与监察制度》（《时代公论》1934年第3卷第17期），林家端《中国监察制度论》（《中山文化教育馆季刊》1934年第1卷第1期），《监察制度之推行》（《革新与建设》1937年第

① 陈之迈：《监察院与监察权》，《社会科学》1935年第1卷第1－4期，第99－149页。

② 杨幼炯：《五院制度比较论》，《中山文化教育馆季刊》1935年第3卷第1－2期，第39页。

③ 杨幼炯：《国纲监察制度的试金石》，《东方杂志》1935年第32卷第9号，第1页。

④ 李子欣：《司法独立与监察制度》，《是非公论》1936年第1期，第12－14页。

⑤ 汤吉禾：《五年来的监察院》，《东方杂志》1937年第34卷第1号，第147－156页。

1 期）等。

伍士焜《宪政时期的监察制度》指出："训政时期各种已有（监察）权力，均可适用于宪政时期者如下：（1）弹劾，（2）审计，（3）提案，（4）建议，（5）质询，（6）纠举，（7）调查。"他主张"在宪政时期监察权新增之权力为考核"。作者的理由是，全国行政部门实行行政三联制（即"设计—执行—考核"），其执行有赖设计（计划和预算），考核则是对人、对财、对事的检查（是否符合设计）。所以在行政三联制中，监察权就体现为考核制度。但作者说的新增权力，"乃专指工作考核而言"。[①]

1948 年"行宪"后，一些学者认为，监察委员改由各省市议会选举，则监察院在组织上颇似立宪各国国会的上议院（或联邦国家之上议院），即组织性质上倾向于人民代议机关。此外，过去监委单独行使弹劾权的做法也开始趋向于会议制。类似的，院内分设若干委员会，纠正权也改由部分会议议决。同意权以出席委员的简单多数（过半数）之议决行之。[②]

由于中国古代监察制度的经验教训极为丰富，关于监察史的研究自然是一个重点，发表的论著颇多。如《略论先秦汉之监察制度》（《贵州民意》1947 年第 4 卷第 1 - 2 期），陈世材《西汉监察制度考》（《东方杂志》1935 年第 32 卷第 20 号），周匡《西汉的监察制度》（《真知学报》1942 年第 2 卷第 4 期），《两汉监察制度研究》（《图书季刊》1944 年新第 5 卷第 4 期），周莘农《唐代监察制度》（《天籁》1935 年第 24 卷第 1 期），于登《明代监察制度概述》（《金陵学报》1936 年第 6 卷第 2 期），何鹏毓《明代监察制度》（《东方杂志》1948 年第 44 卷第 2 号）。陈世材有专著《两汉监察制度研究》，有官名、职掌、待遇等内容，作古今对比，说明今胜于古。[③] 汤吉禾《清代科道官之公务关系》分析说，"官吏对于皇帝，有一定之义务，无一定之权利"。科道官有些保障，如言论自由、奏章保密、严禁反坐、不究文句，但亦有限制，"如既许风闻言事，又禁奏事不实；既云不拘文字，又忌奏事太激；且所谓狂妄偏袒、当奏不奏等忌禁，又漫无标准，最终是非衡之于皇上。"[④]

关于外国的情况介绍却很少，远不如其他行政学分支的比较研究那么发

① 伍士焜：《宪政时期的监察制度》，《复兴关》1945 年第 1 卷第 2 期，第 55 - 63 页。
② 杜光埙：《行宪后的监察院》，《东方杂志》1948 年第 44 卷第 2 号，第 1 - 6 页。
③ 陈世材：《两汉监察制度研究》，商务印书馆，1944。
④ 汤吉禾：《清代科道官之公务关系》，《新社会科学》1934 年第 1 卷第 2 期，第 207 - 211 页。

达，原因应当是大多数西方国家不设置专门的监察机构，文献本来就少，仅见：《西班牙不干涉之监察制度》（《苏俄评论》1937 年第 11 卷第 5 期），驻赤塔领事馆《苏联新颁党政监察制度条例译文》（《外交部公报》1934 年第 7 卷第 8 期），卜道明《苏政府严格实施监察制度》（《时事月报》1940 年第 23 卷第 4 期），梅赫里斯《苏联是怎样确立国家监察制度的》（《时代》1949 年第 9 卷第 23 期），这里最后一篇是新中国成立前夕翻译出来的。

孟云桥《改进中国吏制刍议》，参考外国经验理论，就监察院如何发挥作用提出若干意见。

## 第二节　公务员制度的拟订和理论研究

在国民政府存在的二十余年里，公务员制度的一些基本特征逐渐形成了。第一，建立了比较严密的组织管理机构。第二，制定和颁布了比较完整的法律法规。

关于"官吏"与"公务员"的称谓问题，"国民政府成立之初，大都用的是'官吏'这个名词……但是十七年颁布的《刑法》用的便是'公务员'，……中央政治会议的行政法规整理委员会因此也提议一律照改。但是这个提议并未见诸实行。"① 比较认真对待的是法律界，有 1931 年 6 月的行政院训令（第 2970 号），起因是立法院刚通过了《公务员惩戒委员会组织法》（按：该会原称"官吏惩戒委员会"），陈之迈认为得将司法院、监察院原来组织法内的"'官吏'字样修改为'公务员'"，以便与后颁的法律一致。

### 一　政务官、事务官之分及职位分类问题

1932 年 9 月，因司法院院长居正向中央政治会议提议，行政院发布第 3517 号训令。关于政务官之范围，1929 年 12 月经中央政治会议第 198 次会议议决，凡须经中央政治会议议决任命之官吏为政务官。1930 年 3 月加以修正。5 月，中央政治会议第 225 次会议又为此作了决议。综合各次决议，可以认定：（1）国民政府委员，各院院长、副院长，各部部长、各委员会委员长、各省省政府委员和主席，厅长、各特别市市长，驻外大使、特使、公

---

① 陈之迈：《中国的官》，《（国立清华大学）社会科学》1936 年第 1 卷第 4 期，第 890 页。

使，及特任、特派官，视为政务官；（2）国民政府及五院所属各部、各委员会之政务次长、副部长、副委员长，也视为政务官。[①]

司法行政部训令（训字第 2277 号），以及其他部、省类似的训令，如《转知重行规定政务官之标准》，都下发同样的文件。

刘求南《论政务官之法律地位》指出，我国按孙中山民权主义规定，人民（国民大会）握政权，政府则掌治权，《建国大纲》第十五条规定："凡候选及任命官员，无论中央与地方，皆须经中央考试铨定资格者乃可。"又据蒋介石行政三联制，"我国所谓政务官者，其主要任务是偏重于政策的执行，而不是政策的决定"，与英美情形迥异。所以中国的政务官与事务官同是"管理众人之事"的公务员，都要有"能"，才会把治权行使得好。美国虽也已抛弃分赃制而采行功绩制，但依然是所谓 bourgeois democracy（资产阶级民主）理论与事实之反映，仍与中国不同。[②]

王用宾《关于政务官考成问题》指出："政务官任用不限资格，任何人可以一蹴而跻，既无任期又不考绩，其平日成绩良否不问。若不辞职又不便免职，只有皆变为终身官。即至违法失职之时，经弹劾后送政务官惩戒委员会，而该会恒不开会，案皆留中不发。试问十余年来曾见哪一位政务官受过惩戒，直等于违法失职亦不受惩戒矣。"故应"量予增加政务官行政法上责任"。该刊主笔孙慕迦回答："政务官考成问题，确为人事行政改进中之最大症结。"参考"欧美政务官之责任即在能否对其本党政纲负责实践。其监督权在议会，故人事行政学者以之归入政治范围而不属之行政领域也"。"而负责政务者多为党内之首脑人物，故共同负责即等于无人负责。"报载，戴季陶院长自"谓身任高级政务官至若干年之久而无人考其成绩，诚属愧赧云云"。[③]

周久安《政务官与人才主义》指出，"在一个一党专政的国家，……握有政权的党无须考虑在野党的从旁监视，可以为所欲为。于此，倘不以人才主义为任官之标准，结果甚易酿成贪污、腐化、倒行逆施等等恶劣现象，渐次失去民众的信仰，终至影响到党的前途。"[④]

国民党中央执行委员会函送各省市《令知中央政务官不得兼任地方行政》，谓中央政治会议第四次全体会议通过之《刷新中央政治，改善制度，整饬纲

① 司法行政部：《规定政务官之范围》，《法令周刊》1932 年第 118 期，第 2 - 3 页。
② 刘求南：《论政务官之法律地位》，《行健月刊》1941 年第 5 卷第 6 期，第 4 - 5 页。
③ 王用宾：《关于政务官考成问题》，《行政评论》1940 年第 1 卷第 3 期，第 1 页。
④ 周久安：《政务官与人才主义》，《再生》1943 年第 86 期，第 7 - 8 页。

纪，确立最短期内施政中心，以提高行政效率案》有上述规定，经中央执行委员会第 251 次会议议决，已交国民政府查照，并转饬所属一体遵照。①

1929 年 3 月 11 日公布《国民政府政务官请假条例》，共 6 条，规定政务官"请假须详明事由分别呈报国民政府及本管最高长官候核准后始得离职"。②

关于政务官之惩戒问题，涉及组织惩戒委员会。按 1932 年 12 月《国民政府政务官惩戒委员会处务规程》，从国府委员中推选 7 - 9 人组成，推定 1 人为常务委员，执行日常事件，每星期开会一次。下设秘书处，由国民政府主席指定文官处之秘书职员组织之。③ 依 1933 年 12 月《国民政府政务官惩戒委员会秘书处组织规程》，秘书处设主任秘书 1 人（由国民政府秘书兼任）、秘书 2 - 4 人（由国民政府秘书、文官处参事兼任），下设主任书记员 1 人、书记员 7 - 15 人（均由文官处职员调派兼任之），必要时得调用其他机关人员兼任之。④

更详细讨论这些问题的，有陈容的《政务官事务官分野之理论与实际及其任用与保障问题》，指出实施公务的人员可分为治者（有决定国家政策之最高权）、公务员、雇员三类。政务官重创造，发挥政治才能，责任在于领导而非实做；事务官首重精细、谨慎、克尽厥职。对我国政务官、事务官分类的意见，以《大公报》、张锐、沈兼士、甘乃光、沈慕伟、薛伯康、谢廷式、钱端升诸家为代表。事务官任用资格包括考试、官历、功勋、学历及学术。事务官保障不力表现在：不随政务官更迭进退，但受更动未予诉愿，即无行政诉讼权，委任官受惩戒可以不经监察院之审查，考绩又操之于主管长官且无答辩争讼机会。作者提出相关改进办法：可将政务官分为政务类、幕僚类，同进退；事务官分为行政与专家类、执行类、普通事务类（如文书、财务等）、誊录类（如打字、抄写）等；制定保障法规；正本清源，树立吏治制度，即考试和淘汰，考试出身人员可越过委任、荐任级而达简任级。⑤

---

① 国民党中央执行委员会：《令知中央政务官不得兼任地方行政》，《安徽教育行政周刊》1931年第 4 卷第 8 期，第 11 - 12 页。

② 《国民政府政务官请假条例》，《行政院公报》1929 年第 30 期，第 1 页。

③ 南京国民政府：《国民政府政务官惩戒委员会处务规程》，《司法行政公报》1932 年第 23 - 24 期，第 41 - 42 页。

④ 南京国民政府：《国民政府政务官惩戒委员会秘书处组织规程》，《法令周刊》1933 年第 132 期，第 16 - 17 页。

⑤ 陈容：《政务官事务官分野之理论与实际及其任用与保障问题》，《闽政月刊》1939 年第 5卷第 1 期，第 34 - 38 页。

皮力成的《政务官与事务官》称："（我国）凡受有薪给而依法令从事于公务的人，都是公务员。"依任命的形式，可分为高级官（选任、特任、简任、荐任四种）和普通官（委任）；就担任的事务，可别为文官与军官；就所担负的行政责任，可分为政务官与事务官。为适应我国特殊情况，介于政务官、事务官之间可设幕僚类为辅助政务官之亲信人员，随政潮而进退。作为"学徒"，可于平时养成通达的政治常识、干练特出之能力，以补我国缺乏议会锻炼之短。①

关于事务官，《国府令知议决事务官不随政务官更易案》说的是国民政府 1928 年第 62 号令饬，知会各部会、省府等遵照办理。

1928 年 10 月，国民政府秘书处发函《国府通令政务官不得兼薪事务官不得兼职》，要求："嗣后政务官即因政务上之必要而兼差职，亦不得兼薪，并不得有支取夫马津贴类似兼薪之事项。事务官则绝对不得兼差职，倘敢故违，以贪墨论，即于裮职惩办"，"用副政府整饬官方，崇尚廉洁之至意"。②

陶天南《事务官之保障弹劾及惩戒》提及制定事务官保障法一事曾在中央政治会议之行政法规整理委员会上遭到否决，认为多此一举。作者论证实不容稍缓，而弹劾权之行使，应限于行政而不涉及政策。③

赵章黼的《论事务官的任用与保障》提出订定政务官、事务官划分的标准，准许事务官成立互助协会，订立严格的保障办法，发展事务官的补习教育，提高公务员的待遇等。④

关于公务员职位分类。20 世纪初，美国泰罗的科学管理方法中有"工作分析"（Job Analysis），又称职位分析、岗位分析或职务分析，后来被引进政府部门中。1923 年，国会通过了第一个全国统一的文官职位分类法案，确立了职位定性分类、同工同酬、报酬分等与职位挂钩三大原则，并将联邦政府各部门的文官人员统一分为五大职务门类。1920 年，英国惠特利委员会将文官的分类归为两大类四品级。1929 年又订立一个新的分类方法，公务员分为六大类：书记类、视察员类、专门人员、次要视察及技术人员、手工作类、信差类。书记类大都须经考试，其余各类则或不经考试，或仅经考核。

---

① 皮力成：《政务官与事务官》，《华侨评论》1947 年第 11 期，第 18-19 页。
② 《国府通令政务官不得兼薪事务官不得兼职》，《安徽教育行政周刊》1928 年第 1 卷第 33 期，第 5-6 页。
③ 陶天南：《事务官之保障弹劾及惩戒》，《行政研究》1936 年第 1 卷第 1 期，第 89-92 页。
④ 赵章黼：《论事务官的任用与保障》，《中央周刊》1947 年第 9 卷第 44 期，第 13-14 页。

其中书记类又分行政、执行、书记、助理、速记打字、临时打字、税务人员七级。

在中国，因考试院设立和行政院提倡行政效率运动，行政学界普遍认为要实行职位分类。

> 现在各机关之聘任人员，在现行官制中，殊少根据，故其执掌待遇，均缺乏一种固定性，每易流于两不着实之弊……他如考试及格人员不易获得适当任用，技术人员不易比附转调，以及管制之混合，俸给之纷岐，皆为现行官制官规之最大缺点。①

一部分体制内的专家与社会上的学者，从行政学的角度进行研讨，发表了一些颇有价值的见解。薛伯康指出，"人事行政问题中，以职位分类问题为最重要，盖职位分类为人事行政之中心，设人事行政不以职位分类为标准，则不仅文官制度的范围不易分明，且考试、任用、选调、升职、考绩等，必不真确公允，而公务员办事效能必不能增加"。②

谢廷式说："厘定职位，乃为整饬一切人事行政唯一的起点。"他揭示我国现行的"官等是根据任别（按：不同的任命方式）而分高下"，是按资格来任命的。"封建时代的官等，乃表示一种报酬，……为一种权利……，是为封功犒劳而设的。""现代的公务员……以官等为一种业务……，是为授职委事而设的。"文章认为不能走封建化的老路。我国的官等还"根据机关的类别（按：从中央机关到地方机关分为五类）而分高下"，如各级机关中的办事员，官俸差别很大，很不合理。要公平就得推行职位分类，使用人机关面对甄选机关能明确地指出岗位性质，甄选机关按照现成标准考试甄拔该种人才。位各有职，各安其位，有助于煞止裙带风，可以明确员额编制，便于政府合理编造预算。在考绩晋级的实施上，有标准和梯级可资遵循。对公务员最普惠的是同工同酬，公平待遇，可以调动其服务热情，而达到澄清吏治、增进效率的目的。③

从工商界泰罗的科学管理入手介绍职位分类的，较早且相当简明的有味

① 《整理与厘定官制官规时所应采取之方法》，《行政效率》1935年第3卷第3期，第230-234页。
② 薛伯康：《再论关于职位分类》，《行政效率》1935年第3卷第2期，第103页。
③ 谢廷式：《论文官官等官俸的改订问题》，《行政研究》1937年第2卷第6期，第573-574页。

莼的《科学化的人事管理》，作者认为职位分析至少要做两步功夫：

> 1. 职务分析……由每一部分的单位组织，把所掌事项详细析成若干项目，制为表格；再把每个职员应有的条件开列出来，也制成表格……（由人事部门将项目相同及人员条件相同的各自归纳分组）两两对照。
> 2. 职务说明……（由人事部门把每个岗位的要求制成卡片。）这一种说明单，就是一种职务的量尺（让机关藉此甄别去取人员，也可让新旧人员自行判断是否胜任愉快），使人和事各各相称。

人事部门进一步还可做"人才研究……也得（为每一职工各）备一张表格……凡关于个人的一切记载，应该力求完备"，辅以调查、面谈、心理测验、试用等，以备更好地使用、转调升级和培养。该文是根据蒋应生的《人事管理》编写的。①

何清儒《工作分析的用途》称，一个工作分析可分为：甲、工作本身的描述；乙、工人必具的资格；丙、标准的教授方法，即如何学习本工作；丁、工作对工人的影响；戊、工作对机关的影响。工作分析的用途有：甲、选材定格（岗位资格）；乙、作为训练的根据；丙、作为考核的标准；丁、用作改善的参考；戊、安全的提示、升迁的计划。"商务印书馆已编成'职务说明'。"②

另外，如经济学家丁馨伯的《职位分类之方法及效用》，参考美孚石油公司人事经理杜利（C. R. Dooley）的论文，将工厂的工作分类（Job Classification）用于职位分类（Classification of Occupation），"系根据于一种新的观念，即一职位的评价系与它种职位相对比较而言"。③ 表述较清楚，可为行政学界参看。

政治学家罗隆基的《美国文官的分类》发表于考试院成立不久，可能是专门议论文官分类问题最早的一篇文章。他列了一个美国的分类表，官吏（Civil Service）分两类：（1）分级的吏治（Classified Service），内分四种（公开竞争的考试官吏，不竞争的考试官吏，例外官吏，劳工）；（2）不分

---

① 味莼：《科学化的人事管理》，《京沪沪杭甬铁路日刊》1934年第8卷第1040－1065期，第45－46页；蒋应生：《人事管理》，《工商管理月刊》1934年第1卷第2期，第89－108页。
② 何清儒：《工作分析的用途》，《人事管理》1936年第2卷第2期，第45－47页。
③ 丁馨伯：《职位分类之方法及效用》，《工商管理月刊》1936年第3卷第6期，第56－61页。

级的吏治（Unclassified Service），内分三种（总统的官吏，例外官吏，劳工）。① 前者指受美国中央吏治法及吏治院所支配之一切官吏；后者指吏治法及吏治院范围外之一切官吏。只对于前者才分为若干级别，每级又规定了名称、责任、资格、薪俸及升迁地位等。"例外官吏"指边远地区员工和"机要"人员（如长官的私人秘书），及官私合办机构之办事人员，无人报考的岗位及特荐岗位等。其中"机要"岗位最易容纳私人。所谓"不竞争的考试官吏"，只需经"特别考试"，是若干特别的岗位或临时性岗位。还有"劳工"，也是官员逃避考试制之手段，并非低级，所以要加控制。这篇文章读来令人有点儿糊涂，其实其所分的两类类似于英国的事务官和政务官的区分。

江康黎的《官职分类之意义》续解这个话题，指出罗隆基文所写的只是美国官吏"职位分类之第一义也"。"1919 年……分类调查委员会……分为三大类，四十四等职务，1762 级（class），每级之名称、责任、俸给、资格、升擢、调迁等制度均有明文规定，此职位分类（或可谓之分级）之又一义也。"②

行政学家张锐的《考场以外几个重要的吏治行政问题》，③ 与罗隆基文同时，更可视为全面介绍职位分类的开篇之作。文称"吏治问题已日趋复杂，不单是考试问题"，应当注意到"'位置分类'与'职务分类'〔Classification and Reclassification，后者亦称'职务分析'（Job analysis）〕风行于美国及坎拿大等处"。作者解释，前者只是划分政务官与事务官；后者则是将各事务官的职务加以分析、划一职责。张锐还告诫，"最近美国吏治院认为这（'职务分类'）是一个'讹词'（Misnomer，误称，指用词不当），所以最好还是用职务分析比较妥当"。"故今日吾人所以注意者，即苟仅有良好之考试政策及分类政策，而无良好之任用政策，其效力亦等于零。"

薛伯康《改进职位分类之研究》，④ 将 Positions in the classified service 译为"分类职位"，若将 classified 换为 unclassified，则译为"未分类职位"，说这两种都是考试机关做的权限分级，不是职务分类（Jurisdictional not occupa-

① 罗隆基：《美国文官的分类》，《吴淞月刊》1930 年第 4 期，第 4－15 页。
② 江康黎：《官职分类之意义》，《行政效率》1934 年第 1 卷第 7 期，第 279－280 页。
③ 张锐：《考场以外几个重要的吏治行政问题》，《国立武汉大学社会科学季刊》1930 年第 1 卷第 2 期，第 327－338 页。
④ 薛伯康：《改进职位分类之研究》，《行政效率》1934 年第 1 卷第 2 期，第 37－41 页。

tional classification）。我国《暂行文官官等官俸表》是从 1912 年 10 月北京政府的《中央行政官官俸法》及细则蜕变的，"盖特、简、荐、委之区别为封建时代之阶级观念，非特有背民主政治精神，且有触科学管理之原则"。作者力主按美国办法重建。

潘楚基的"美国通讯"《美国联邦政府文官官职之分类》，比前人解说得更清楚，从历史（八十多年，"其来也渐"）讲到现状，必要性列了五六条，原则 7 条，程序 8 条（最后三条是"级别范本"、"分类计划"、"定薪计划"）。尤其是对几个名词下了定义："官级（class）是官职（position）所类集的最小单位，业务（service）包含具有较广泛的类似点（按：指同行业）之各官级。等第（grade）包括同一业务部门之各级官职（此每一级诸官职具有同水准的重要、困难与责任，而且大体同等薪资）。""官职分类之重要点集中在级别方面。""级别范本之内容：（1）级名，（2）职务与责任一览，（3）主要工作举例，（4）最低限度资格，（5）升迁之主要路线，（6）报酬范围。"资格包括教育与训练、经验、品德、健康、该专题的程序方法等特殊知识。①

留学英国的费巩作《如何树立考铨制度》，对职务分级（类）有简明扼要的介绍：

> 分级（类）之标准，要而言之，可自两方面观之，一横一纵。横以职务之性质不同而分，可分为两类，一为文书：普通、教育、财务、外交等人员属之。一为技术：医师、化学师、工程师等专门人才属之。如大学分科，一为文科，一则实科也。纵以事权之轻重难易而分，则文书类中可分为高级行政、中级行政、文牍书记、速记打字等级；技术类中可分为工程师、助理工程师等级。据是而为不同程度之考试……如任某职应具某种专门技能，考试时自将专试其专门智识。②

刘琦《我国公务员职位分级问题》指出，分级是职位的横断；分级之前不必经过分类。分类是职位的纵剖；分类之后必须再加分级。"所以'职位分类'不能表示全部，仍以称'职位分级'为适当。"职位分级，通常分为两种：一是权限分级（Jurisdictional Classification）；一是职位分级（Occupa-

---

① 潘楚基：《美国联邦政府文官官职之分类》，《东方杂志》1934 年第 31 卷第 17 号，第 29 - 35 页。
② 费巩：《如何树立考铨制度》，《中央时事周报》1935 年第 4 卷第 1 期，第 14 - 15 页。

tional Classification）。"权限分级为政治作用，……在区别政务官与事务官的性质……另一作用，在确定考铨机关的管辖权限。职位分级为行政作用，在按照公务员所任工作性质差异、技术的难易、责任的大小、所需教育程度的高低、经验的多寡，加以分析与比较，评量其价值，确定其俸给，顺其次第，列为若干等级，以为人事行政的标准。"他说："现在最进步之分级，以工作分析制（Job Analysis）为基础，具有充分之客观性，可谓为科学的分级。"①

刘琦这篇文章对外文专业术语的翻译和解释似乎高明于马肇椿（见后文）。他说，由粗到细（由上到下）按行业分为若干类（Services），类之内按工作性质分为若干门（Group），门之内按技术、责任、教育程度分为若干等（Grade），等之内按经验、资历、熟练程度分为若干级（Class）。"'类'与'门'是全部公务员职务的纵剖面，'等'与'级'是各门类公务员职务的横断面。纵的方面，只区别其职务的种类；横的方面，则详细确定其工作性质与范围、所需知识与技能、俸给范围及升擢程序等，以构成分级制度之完整体系，这就是科学的分级制度。"刘文介绍，我国公务员之职位分级，以 1933 年 9 月 23 日公布、1941 年 9 有 27 日修正的"《暂行文官官等官俸表》为主体，将文官分为特任、简任、荐任、委任四等"。缺点是不统一、不广博、不完整、不科学、不精密。改进的原则是科学化、标准化、统一化、普遍化、适中化，实施的步骤分为调查、审核、整理、编撰、修订和实施。关于主办的机关，"国防最高委员会于二十八年制定职位分类调查委员会组织规程，设立职位分类委员会"。作者的意见是："（该会）还不若隶属于考试院，……也不必设庞大的委员会，……（应该）充实内部工作人员，以求工作之加强，迨新的职位分级草案编成以后，再组织一种临时性的特种会议，由各机关长官、主办人事行政人员、专家及公务员代表，共同审议研讨。""各省可由省政府主办。"②

比这些文章详细而且出版很早的有 1934 年 4 月龚祥瑞、楼邦彦所著的《欧美员吏制度》（按：抗战胜利后龚祥瑞赴欧美考察，又写了好几篇相关论文、报告）。其后，1935 年 6 月由上海商务印书馆出版了张云伏的《欧美公务员制》一书。与此同时，陈乐桥的《英美文官制度》也问世了。薛伯康于 1934 年写成《中美人事行政比较》一书，并于 1937 年出版了《人事行

① 刘琦：《我国公务员职位分级问题》，《新中华》1943 年第 12 期，第 52 页。
② 刘琦：《我国公务员职位分级问题》，《新中华》1943 年第 12 期，第 55 页。

政大纲》。江康黎、张金鉴、林叠分别于 1933 年和 1935 年相继出版了《行政学原理》、《行政学理论与实际》、《行政学大纲》三本书。

陈之迈习惯于撰写长文，其《中国的官》指出，中国官吏的划分非常混乱：按官吏产生的方法与机关，分为经选举的与经任命的，政务官与事务官；按官职性质，分为文官、法官、外交官、司法官、警察官、海关事务官、邮务事务官、盐务事务官和专门技术人员等；按官吏的等级，分为特任官（仅 1 级）、简任官（分 8 级）、荐任官（分 12 级）、委任官（分 16 级）四等（阶）。此外，"还有三种官占着特殊的地位，他们是 1）特派官，2）聘任官，3）雇员。……也不必由铨叙部甄别"。这三个体系"不是不相连叠重复的，它们交织成中国的官的类别来"。中国还谈不上有类似英美的所谓职位分类，"离清明的系统还远"。[①]

谢廷式对职位分类的用语是"厘定（按：整理规定）职位"。主张把现行官吏划分为三种——政务官、特务官（是政务官的幕僚等）和事务官，废除以前特、简、荐、委四种任命方式。政务官由政治机关直接任命；特务官由政务官提交，铨叙部任命；事务官通过正式文官考试录取，经铨叙部任命。在官吏的等级上，"政务官在政府中，一则要代表国家的体制，再则要显示权责的系统，故仍采行纵形的阶级分等方式；事务官按照工作性质，作横形的分类，至每一类工作因内容难易及责任轻重所别的等级，只作为规定俸给的标准，不视为权力或地位的高下"。在官吏的名称上，"政务官、特务官亦不另定名。事务官如办事员、书记官、科员、科长、协审、技士、技佐、技正等含糊笼统的官名，今后拟分门别类就所担任的工作性质而易以切符实际的职名"。在官吏的保障上，政务官向来有保障；特务官因主管长官的意志决定去留；事务官非依法律不得撤职。[②]

官场或社会经验较丰富的专家，如英籍顾问沈慕伟建议把中国的事务官分三类。第一为行政类，任拟订政策，及管理各部会、统辖一般行政之责。第二为秘书类，辅助长官料理各项事务，如起草普通函牍，经管日常例案，编订简单统计，保管公文档案等皆是。第三为抄写类，辅助公务员进行机械性工作。[③] 钱端升认为，"中国官场最善于因循、规避并取巧，精细的职位分

---

① 陈之迈：《中国的官》，《（国立清华大学）社会科学》1936 年第 1 卷第 1 – 4 期，第 891 –
915 页。

② 谢廷式：《论文官官等官俸的改订问题》，《行政研究》1937 年第 2 卷第 6 期，第 576 页。

③ 〔英〕沈慕伟：《改进中央行政管见》，《行政效率》1935 年第 2 卷第 8 期，第 1093 – 1104 页。

类……其流弊恐将更大于现行的分等方法"。他主张实行类似英国的官吏分类方法,将一般公务员分为行政与专门、执行、文书与财务及抄录与机械四大类。

> 每类之中,……各分为若干级又若干门,但亦不应过于复杂。按现行文官官等制度,文官仅有 37 个级别,俸级亦不过 37 个级。如每类分为六七级,再分为工、教、法、外交、普通行政等 120 门,则总数即可有三四百种不同的职位,并不甚于现行制度,却尽可以满足目前的需要。①

书生气较重的理想主义者薛伯康认为:"美国之职务分类,虽甚繁琐,然于分类原则上最为切合;因其以职位任务之繁简与责任之轻重为分类之标准,故确能免除一切考铨上之流弊。英国之制度注重升职范围之确定,因其文官制度每以鼓励一般青年公务员努力工作、按级上升为原则,而不以求各公务员间工作均匀与待遇平允为鹄的。此制不无微病,征诸最近情形,亦似有逐渐采纳美国制度之趋势。"② 张金鉴也认为公务员职位分级是考试制度、俸给制度、考绩制度等的基础所在,应该采用美国式的方法对中国公务员进行职位分类。

具体如何做?张锐最早谈到"位置分类后,跟手就得从事职务分析的工作"。他参考美国德尔福③的文章,这里我们采用林叠译述的九条原则(按:前引潘楚基的"美国通讯"有七条原则):(1)搜集、排列各不同组织行政机关之个人工作,以考查其所处理之事务,及其机关职能与行政程序上之关系;(2)根据此种考查,分别相似之公务员于同一级别内,而定相当公平之酬报;(3)书面规定各级职位之应任职务;(4)决定每级公务人员之最低资格限度,如教育、经验、学术、技能、个人之特点,并严格规定,以资格相等人员充任;(5)决定之职位名称应与各机关分级职位相符合;(6)以分级之原则及特定担任各级事务者之智识学术分别不同职位于相同之

---

① 钱端升:《论官等官俸》,《行政研究》1937 年第 2 卷第 2 期,第 97 - 104 页。
② 薛伯康:《人事行政大纲》,正中书局,1937,第 111 页。
③ F. Telford. The Classification and Standardization Movement in Public Service, *The Annals of the American Academy of Political and Social Science*, Vol. 113, Competency and Economy in Public Expenditures (May, 1924), pp. 206 - 215.

等级中；（7）决定升迁之办法，使之有严密之系统，以最低职位录取新人员，较高之职位应从在职人员中择优选拔充任；（8）拟定在职公务人员之最高、最低及折中俸给；（9）尽可能使更大多数参与此事。①

张金鉴在《公务员职位分级问题的检讨》中则提出层次不同的几个原则，"最高原则就是同工同酬"。为此必须做到：（1）清楚岗位工作的分量、难易；（2）凡同等工作、同样责任都划归同一类级；（3）凡同类同级的职位给相同报酬，但视各人效率和年资而稍有区别，以资鼓励。实际办理时须遵循："（1）所采定的官职名称应当能尽量的表示他所担任的是什么工作或职务。（2）各官职所担任的工作须经明确的记载或说明。（3）在分级上要能明白表示出各人所负的责任、所达到的程度。（4）在分级上应包括到各公务员所需的教育、资格和经验等。（5）各公务员的薪给数目应分为若干不同的等级。（6）各级中应表明其升晋的阶段和程序。"② 还有，"必须厉行标准化的原则"。每一"等"内分若干"级"，薪酬按级递升。划分等级及薪酬应特别考虑所负责任，包括法律地位（等级越高，则失职时所受惩处亦大），权利、义务要相称，担责大的报酬也多些；考虑职位的安危程度，危险度高的报酬也高些；任期较短的职位应得较高的报酬。

张锐说，有了职位分类和职务分析，然后才可以谈怎样去规定薪俸。薪俸规定的最大原则便在于，以职位作单位而不以个人作单位。直言《整理与厘定官制官规时所应采取之方法》一文说得最简明：

1. 现行官制官等官俸之分类排比，及制表说明：

（1）系统排比 就现行官制之各部会，因其主管事宜，就固有组织系统，作隶属之排列。部会、直辖市局、厅、县局及下辖每机关之名称、职权范围，每机关主管官之官等官级官俸，每机关之内部组织，现在员额，及各职务之官等官级官俸，每机关之职务如何分配，每机关与其他同种类机关比较后之特征，……均分别注记……

（2）横的解剖 每一部会机关之排比直行大表既已完成，即就此大表中每一阶段各作横断之解剖，其办法如下：甲、异中取同 厅长、科长、科员、书记等人员组织概况、施政情形略可知矣。乙、同中取异

---

① 林叠：《行政学大纲》，华侨半月社，1935，第89页。
② 张金鉴：《公务员职位分级问题的检讨》，《政治季刊》1940年第3卷第4期，第75－77页。

每一系统中，每一层级所属各机关之应否存在、员额、薪俸，皆可用此方法以为整理……层层排比，节节归纳……

2. 对于将来官制官等官俸原则之决定，……则依据整个排比整理之结果，及列表附属之说明，……以精密之观察，作原则之决定。

3. 新官制之排比整理，及各种有关系法令之制度修正……①

专家们参考国外做法，构想了公务员职位分类（级）的基本实施步骤：（1）建立职位分类（级）的专门机关。（2）该专门机关派专员与当事机关主管长官或公务员代表接洽，并得召集会议集思广益。（3）将职位调查表分送给各公务员，就其实况依法填写，以备分析编类。（4）职位分类机关应将各机关之组织、职掌及办事手续等加以详细调查研究。（5）职位分类机关在收齐各职位任务材料之后，须逐一详细分析，可作实地调查，同时并应研究各界现行俸给制度与生活程度变迁情形。（6）拟就职务分类之标准，每一事务须分若干等级，每一等级须分若干门类，每一门类得包括若干职位，并说明各事务、各等级、各门类及各职位之特点，如资格、任务、俸给与升职程序等。（7）拟订各独立机关之职务分类方案及事务官任用等条例，依法咨请立法机关制定法律。（8）法律公布后，职务分类制度编制之机关须依法分别将各独立机关之同有人员重新派定职位，实施职务分类制度。②

公务员职位分类中涉及一些应注意的事项。静态分析官员职位已经够复杂，何况还是要考虑社会发展变化的动态分析。薛伯康知道，随着生产和科技的进步、社会分工的发展，新的行业、部门、职位会层出不穷，他提出了职位分类科学化、技术化、专业化的发展趋向。③ 林叠认为，对公务员进行职位分类时应适当设置分级，统一官职名称。"分级过多，则同类之事务往往易混入不同之等级中，于是发生种种职务分配上及俸给决定上不易解决之问题；分级过少，使性质不同之工作归入同一级别内，将因而失分级之效。"同时，要严密规定官职的名称，"盖往往有以相同之职务而冠之以不同之名称，发生不少误会、不少争辩，俸给更不易决定，亦足以生不公平

① 直言：《整理与厘定官制官规时所应采取之方法》，《行政效率》1935 年第 3 卷第 3 期，第 230 页。
② 谢廷式：《论文官官等官俸的改订问题》，《行政研究》1937 年第 2 卷第 6 期，第 577 页；薛伯康：《人事行政大纲》，正中书局，1937，第 97－100 页。
③ 薛伯康：《中美人事行政比较》，商务印书馆，1934，第 45－46 页。

之现象"。①

关于公务员职位分类的管理机关，张金鉴认为，应是行政机关。江康黎主张应由考试院负责主持②。薛伯康也说："由考试院组织，职务分类机关负责编制，以免职责不明，系统紊乱。"③ 不料，却是由国防最高委员会的秘书厅来组织。1939年7月，制定《职位分类调查委员会组织规程》，规定：

> 国防最高委员会为调查审核全国公务员之职位权责等级树立员吏制度，设职位分类委员会，置委员15-17人……（包括）国防最高委员会秘书长，铨叙部部长及政务次长，考选委员会委员长及副委员长，行政院秘书长，考试院秘书长、国防最高委员会秘书厅第二处处长，立法院、司法院、监察院代表各1人，另聘专家4-6人。委员会的任务有三：（1）关于各项调查表格之制订审核事项；（2）关于各项职位分类及等级之审议事项；（3）其他有关职位分类事项。④

我们可以看一下当时具体试点实施部门的情况。《二十四年度广西省施政计划》就有"施行职位分类"一条。1938年，在广西人事管理委员会的组织下，广西省政府在内部进行试点。实施三年的经验教训是：范围不能太狭；就位人员应严格按标准选择；考绩和奖惩同时改进，与之配套；加强宣传教育。⑤ 行政院从1936年开始参照英美各国成例，实行职位分类制的调查统计工作。就试行结果观察，当然远没有完全达到预期。安徽省1942年度自动办理，分为12类，即普通行政、民政、财政、教育、建设、粮政、军事、警察、会计、统计、技术、文书，1943年度再加社会、地政，共14类，"复分'试人''拟人''实入'三项登记"。⑥

职位分类调查委员会直抓的试点单位，是重庆市政府人事管理委员会。从1940年10月其《组织规程》来看，人事管理委员会"附设于本府秘书

① 林叠：《行政学大纲》，华侨半月社，1935，第95页。
② 江康黎：《行政学原理》，上海民智书局，1933，第213页。
③ 薛伯康：《人事行政大纲》，正中书局，1937，第96页。
④ 刘琦：《我国公务员职位分级问题》，《新中华》1943年第12期，第58页。
⑤ 黄景柏：《建立人事制度的基本工作——职位分类》，《建设研究》1941年第6卷第1期，第10页。
⑥ 刘琦：《我国公务员职位分级问题》，《新中华》1943年第12期，第58页。

处"。任务是：（1）甄用委任职以上人员之资历审查事项；（2）职员之职位分类事项；（3）职员之考绩奖惩事项；（4）职员之异动事项；（5）人事登记及统计事项；（6）增进工作效率之设计事项；（7）职员之训练及补习教育事项；（8）职员福利事业之倡办事项；（9）其他有关人事行政事项。"主任委员由市长兼任，副主任委员一人由秘书长兼任，委员八人由局长、会计长及参事兼任。"① 没见其中谈到设专家班子来集中解决职务分类问题。

1946 年 8 月，考试院派员前往美欧考察考铨制度及其实施情况。确定由该院选派范扬、吴浴文、陈念中、张忠道、龚祥瑞、谢华清，又经考试程序录取派遣张雄武、胡汝楫、徐昭、盛震溯、马肇椿、周莘农，合共 12 人。② 此行目标明确，人员眼光敏锐，收获较以往留学人员有过之。

如马肇椿的报告《英美文官之职位分类及其待遇》，对前人所论做了概括简述：

> 联邦之职位共约七千类，人数 2254551 人，此项标准共已编成三分之一。其效用不仅在于指示职位分类与定薪的方向，即对于功绩制之推行也大有裨益，如职级名称之统一，同工同酬原则之明示，考选与任用资格及内容之规定，升降转调范围之划分，考绩标准之合理化，文官训练制度之参考，文官服务精神之整饬及地位之认识，服务成绩之登记等，均使职位分类在整个文官制度中占有最重要的地位。③

马肇椿的报告《美国文官职务分类之理论与实际》，又回到对几个名词的翻译（由单个到门类，即由小到大）上："位（Position），位置、岗位，即文官的职守。""类（Class，今天应译为'级'），指职务与责任均充分相似的一群职位，同类（级）职位其工作性质及难易均相同。""组（Services of classes），由若干工作性质相同而难度与责任不同的'类'（级）组合而成，一组中形成文官升迁的自然阶梯。""科（Occupation at Group），由若干性质相近、职务相连的'组'合而成。""门（Services），为职位分类系统中的最大单位，包括一切关系接近的各科职务。"文章登载"美国文官职务

① 重庆市政府人事管理委员会：《重庆市政府人事管理委员会组织规程》，《重庆市政府公报》1940 年第 12 - 13 期，第 61 - 62 页。
② 《派员出国考察》，《辅导通讯》1946 年第 11 期，第 44 页。
③ 马肇椿：《英美文官之职位分类及其待遇》，《铨政月刊》1948 年第 3 卷第 1 期，第 11 - 15 页。

分类系统表"，从上到下可以看到分为五门（例如"专门及科学职务门"），接着是该门所含的科（例如"工程科"），往下是该科所含的组（例如"土木工程组"），最下是该组所含的"类"（级，土木工程师共分八级）及"位"（土木工程师个人该当的某级位置）。"专门及科学职务门"内也包括"政治经济科"、"法律科"、"教育科"、"艺术科"，甚至"人事科"、"牧师科"等。① 这些知识十多年来国内不下 20 篇（部）文献介绍过，读者互相参照一番也好。

又如马肇椿《美国文官级俸制度》介绍，美国的官俸"一方面与职位有不可分的关系，另一方面以考绩为调整的准绳"。前者指同工同酬，后者促进效率。"制度规定得非常缜密而有规律，使一般从事行政的人员均能奉公守法，绝无投机取巧的余地。""最大缺陷就是'优遇俸'的缺乏。文官的级俸达到原级最高薪额后就无法再行赠加，也没有弥补的方式，除非职位有进一步的调整。因此许多优秀人才都转向实业界的途径，而政府网罗人才的困难也日益增加。"②

马肇椿还有《论公务员的任用》："狭义的任用，仅指公务员接受正式任命后所经过的阶段，包括分发、试用、任命，以及升迁转调等程序。"该文批评我国"科员政治""官阶愈高，责任愈轻"，以及升降转调无章法，入职与离职自由放任，缺乏事业精神。办法是只有从制度上有针对性地改进。此外，要加强人事登记，建立申诉制度，实施文官训练，密切人事机关与任用机关的联系等。③

马肇椿研究公务员的考绩，称这是机关长官及人事行政人员"最感烦难的基本问题"，其"重要性不亚于公务员的甄选或职务分类"。因为它是公务员升降转调和薪俸调整的依据，能使工作人员忠于职守，还可以用来鉴定当初的考试方法是否有效。我国的做法如分为"工作"、"操行"、"学识"三项是可以的，但要视不同工种（职位）来调整三者比重，各因素也应选与本职紧密相关的。每年以考绩两次为宜。四级程序（直接长官评分，上级长官评分，考绩委员会初核，主管长官复核）可称完备，但双方要直接讨论，

---

① 马肇椿：《美国文官职务分类之理论与实际》，《铨政月刊》1948 年第 3 卷第 3 期，第 8 - 11 页。

② 马肇椿：《美国文官级俸制度》，《铨政月刊》1948 年第 3 卷第 5 期，第 4 - 7 页。

③ 马肇椿：《论公务员的任用》，《铨政月刊》1948 年第 3 卷第 2 期，第 5 - 10 页；《论公务员的任用（续）》，《铨政月刊》1948 年第 3 卷第 4 期，第 13 - 19 页。

允许查询，允许申诉。① 以上马氏这几篇形成了考铨考查论文系列。

另外，如范扬《纽约州人事行政制度》介绍："美国各州人事行政，以纽约州改制最早，推行最力。自 1941 年已将功绩制推广于全州各县乡镇村及各学区，功令贯彻，为全国冠。"② 作者亲往考察，文章做了详细客观的介绍。

盛震溯的《英美文官制度的基本特质》（《铨政月刊》1948 年第 3 卷第 1 期）、《英美考选制度》（《铨政月刊》1948 年第 3 卷第 2 - 3 期连载），介绍的也很详细，有见地。

总之，南京（重庆）国民政府，无论考试院还是国防最高委员会，对行政学家们推荐的"职位分类"这个法宝其实是敬而远之的。理论方面，抗战前夕才大体了解。实践上，不顾国情悬殊准备取法美国，终又畏难怕乱。战后派员考察，回国后连方案都没能完成。

## 二 关于公务员的若干法规制定

这个时期虽然建立公务员制度的核心任务完成不力，但对从里到外强化党治理念却精心部署。

行政官员（公务员）就职宣誓，早就有广州国民政府 1925 年 11 月 1 日公布之《宣誓令》作规定。1930 年 5 月 27 日南京国民政府第 318 号训令，明令公布《宣誓条例》："凡文官自委任职以上，军官自尉官以上，自治职员县自乡长或镇长以上，市自坊长以上，教职员自小学教职员以上，须宣誓后始得任事。"

> 文官誓词如左
> 余敬宣誓：余恪遵总理遗嘱，服从党义，奉行法令，忠心及努力于本职。余决不妄费一钱，妄用一人，并决不营私舞弊及授受贿赂。如违背誓言，愿受最严厉之处罚。此誓。
> 宣誓人×××　　中华民国×年×月×日

按规定，"宣誓于就职地公开行之，向国旗、党旗及总理遗像举右手宣读誓

---

① 马肇椿：《论公务员的考绩》，《铨政月刊》1948 年第 3 卷第 1 期，第 3 - 8 页。
② 范扬：《纽约州人事行政制度》，《铨政月刊》1948 年第 3 卷第 4 期，第 13 - 19 页。

词"。"誓词应由宣誓者签名盖章，于宣誓后呈送上级机关备案。""举行宣誓时应由上级机关派员或直属长官莅场监督。"①

还有《公务员服制条例》，是南京国民政府1929年4月第264号训令颁布的。1934年8月，河北省政府才统一令行全省。男式即中山装，另有大衣（风衣），长斜领；女式为长袍（如大衣），开扣如旗袍（从领口经右腋窝顺身体右侧而下）。② 当然，若不统一制作，这些穿戴不可能如军装之类整齐划一。

渐趋实质性的公务员规章，面上的规定相当多，有些还几经修订。

1929年即有《公务员考绩法》，规定：考绩由考试院铨叙部掌理，分月考绩、年考绩，考绩内容含忠诚、勤慎、效能三项，以百分制给分，年考绩依月考绩分数平均。考绩表由各官署长官于年终送铨叙部，铨叙部审查评定等级。对于公务员之奖惩，依其考绩之等级定之。③

1929年10月29日国民政府公布《公务员任用条例》，10月30日公布《现任公务员甄别审查条例》。

1931年4月25日立法院第141次会议通过《公务员任用法》，共15条，主要内容是：简任、荐任、委任三级公务员分别应具备的资格；犯有哪些罪错者不得任用为公务员；简任、荐任职须由国民政府交铨叙部审查合格后任命，未到职时可派人代理（不得逾3个月）；考试及格人员应按类分发至相当官署任职（荐任、委任尽先），依铨叙部分发先后排队；先试署一年再实授，初任人员应为试署，并从最低级俸叙起，但曾任公务员积有年资劳绩者得按原级叙俸，高资级而低就职者得保留原资格；该法于政务官不适用。④

1933年3月11日公布《公务员任用法施行条例》，明确：政务官应由中央政治会议议决任用；公务员任命须有铨叙部甄别审查合格证书、考试及格证书，年资须有原任命状（或原官署证明，或相关文件），特殊勋劳须有中央党部证明或国民政府文件，资历如致力于国民革命5年以上须有中央、省党部证明；学术成就应提交著作或发明证件，交铨叙部送学术机关审查；提交毕业证书（遗失者要原校或教育厅证明书、同学录等）；简任、荐任职应提交资格审查表及有关证明文件，由国民政府文官处交铨叙部登记，委任职

---

① 《民国时候的宣誓制度》，http://www.360doc.com/content/14/1110/20/15122123_424134862.shtml.

② 南京国民政府：《公务员服制条例》，《河北教育公报》1934年第23－24期，第22－23页。

③ 南京国民政府：《公务员考绩法》，《军事杂志》1929年第8期，第21页。

④ 南京国民政府：《公务员任用法》，《立法专刊》1931年第5期，第155－157页。

则由原送表机关通知铨叙部（或省铨叙分机关）登记，并附统一格式的
"公务员资格审查表"和"证明书"。①

1931年6月8日，国民政府公布《公务员惩戒法》，共28条，规定：适
用于违法、废弛职务或其他失职行为。惩戒处分分免职、降级、减俸、记
过、申诫五类，其中后四类不适用于政务官。免职须停止使用至少一年。降
级非经过二年不得叙进，无级可降则减薪，一级二年。减俸一成至二成，延
续一年以内。记过者一年以内不得晋级，一年记过三次者减俸。申诫以书面
或言词为之。荐任以上公务员之惩戒处分由中央公务员惩戒委员会议决，报
告司法院呈请国民政府行之，委任职者由司法院通知其主管长官行之，均应
通知铨叙部；惩戒处分由地方公务员惩戒委员会议决者应通知主管长官，并
报告司法院及铨叙部。监察院认为公务员犯废弛职务或其他失职行为应付诸
惩戒者，应将弹劾案连同证据移送惩戒机关；各院部会或省最高行政长官认
为应付惩戒者，应备材料送请监察院审查。惩戒机关认为必要时得指定委员
调查，惩戒机关应将原送文件抄交被惩戒人，命其提出申辩书（必要时命其
到场接受质询），情节重大者先停职。就同一行为已获不起诉处分或免诉或
无罪之宣告时，仍得为惩戒处分。②

关于公务员调离或晋级时对后任的交代，1931年12月19日公布《公务
员交代条例》，共15条，"凡中央、地方各机关长官及其所属负有保管责任
人员前后任交代时，悉依本条例之规定"。交代项目：（1）经费实领实支及
余存数；（2）经收各款项已解未解数；（3）票据存根及各种单据；（4）领
售及余存印花税票或其他债券；（5）公有财产及物品；（6）印章及各种文
卷、图书、表册、簿记、收支凭证。"直接上级机关或主管长官应派员监
盘。""前任人员应于后任接替之日，将印章及一切存款移交清楚，其余交代
事项，至迟应于一个月内造具清册，悉数移交后任接收。非经取得交代清结
证明书后，不得擅自离去任地"等。③

1934年7月河北省政府令行《铨叙部通告公务员登记办法》，指《公务
员任用法施行条例》就是施行细则。而符合登记资格的，包括经过铨叙部甄
别审查者，因机关变更、裁撤或因机关经费紧缩退职者，任用法施行前就在
国民政府治下任职者，特殊情形（军兴阻隔、边远延误、人事障碍）未经甄

---

① 南京国民政府：《公务员任用法施行条例》，《司法行政公报》1933年第30期，第8-14页。
② 南京国民政府：《公务员惩戒法》，《司法公报》1931年第127期，第1-6页。
③ 南京国民政府：《公务员交代条例》，《考试院公报》1932年第1-6期，第1-2页。

别者，可补充履行登记。

1934 年 3 月，国民政府公布《公务员抚恤条例》，被指为"略而不详"、"窒碍颇多"。1935 年 11 月 1 日公布《公务员考绩奖惩条例》（《司法公报》1935 年第 75 期）。1936 年初，山西省政府公布《公务员遗误公务治罪暂行条例》（《山西公报》1936 年第 46 期）。1943 年 11 月国民政府颁布《公务员退休法》及《公务员抚恤法》（《公务员休抚制度之研究》，《公余季刊》1944 年第 1 期）。1945 年 3 月 19 日公布《公务员内外互调条例》（《主计通讯》1945 年第 64 期），公务员内外互调分定期（每三年一次）和临时（由行政院认为必要时举行）两种。1945 年 11 月 1 日，国民政府修正公布《公务员叙级条例》。

针对公务员的道德操守、官风政纪，1932 年内政部颁布《行政人员修养之标准》，要求：（1）精神要革命化；（2）思想要系统化；（3）行动要纪律化；（4）工作要劳动化；（5）生活要平民化；（6）兴趣要艺术化。[1]

蒋介石为童子军制定守则十二条，甚为得意。1935 年 11 月 18 日在国民党第五次全国代表大会上，又作为《中国国民党党员守则》通过："（1）忠勇为爱国之本。（2）孝顺为齐家之本。（3）仁爱为接物之本。（4）信义为立业之本。（5）和平为处世之本。（6）礼节为治事之本。（7）服从为负责之本。（8）勤俭为服务之本。（9）整洁为强身之本。（10）助人为快乐之本。（11）学问为济世之本。（12）有恒为成功之本。"[2] 还有作者说，孙中山主张以"内心修养"为立身做人第一步功夫，孙中山说："我们要恢复民族的地位，除了大家联合起来，做成一个国族团体以外，就要把固有道德恢复起来。"[3]

1939 年 10 月 23 日，国民政府公布《公务员服务法》，1947 年 7 月 11 日修正了第十二条及第十三条条文：

第一条　公务员应恪守誓言，忠心努力，依法律、命令所定，执行其职务。

第二条　长官就其监督范围以内所发命令，属官有服从之义务。但属官对于长官所发命令，如有意见，得随时陈述。

第三条　公务员对于两级长官同时所发命令，以上级长官之命令为

---

① 湖南省政府秘书处：《湖南政治年鉴》，湖南省政府，1932，第 58－61 页。
② 蒋介石：《中国国民党党员守则》，《军医公报》1936 年第 6 期，第 146－148 页。
③ 力行：《为"党员守则十二条"告全党同志》，《民间周报》1933－1935 年合集，第 4－6 页。

准。主管长官与兼管长官同时所发命令，以主管长官之命令为准。

第四条 公务员有绝对保守政府机关机密之义务……公务员未得长官许可，不得以私人或代表机关名义，任意发表有关职务之谈话。

第五条 公务员应诚实清廉，谨慎勤勉，不得有骄恣贪惰，奢侈放荡，及冶游、赌博、吸食烟毒等，足以损失名誉之行为。

第六条 公务员不得假借权力，以图本身或他人之利益，并不得利用职务上之机会加损害于人。

第七条 公务员执行职务，应力求切实，不得畏难规避，互相推诿，或无故稽延。

第八条 公务员接奉任状后，除程期外，应于一个月内就职……

第九条 公务员奉派出差，至迟应于一星期内出发……

第十条 公务员未奉长官核准，不得擅离职守……

第十一条 公务员办公应依法定时期，不得迟到、早退……

第十二条 公务员除因婚丧疾病分娩或其他正当事由外，不得请假。公务员请假规则，以命令定之。

第十三条 公务员不得经营商业或投机事业，但投资于非属其服务机关监督之农、工、矿、交通或新闻出版事业，为股份有限公司股东（按：详细规定略）等不在此限。

第十四条 公务员除法令所定外，不得兼任他项公职或业务。其依法令兼职者，不得兼薪及兼领公费。

第十五条 公务员对于属官不得推荐人员，并不得就其主管事件有所关说或请托。

第十六条 公务员有隶属关系者……不得赠受财物。公务员于所办事件，不得收受任何馈赠。

第十七条 公务员执行职务时，遇有涉及本身或其家族之利害事件，应行回避。

第十八条 公务员不得利用视察、调查等机会，接受地方官民之招待或馈赠。

第十九条 公务员非因职务之需要，不得动用公物或支用公款。

第二十条 公务员职务上所保管之文书、财物，应尽善良保管之责，不得毁损、变换、私用或借给他人使用。

第二十一条 公务员对于左列各款与其职务有关系者，不得私相借贷，订立互利契约，或享受其他不正利益：（1）承办本机关或所属机关之工程者；（2）经营本机关或所属事业来往款项之银行、钱庄；（3）承办本机关或所属事业公用物品之商号；（4）受有官署补助费者。

第二十二条　公务员有违反本法者，应按情节轻重予以惩戒。其触犯刑法者，并依刑法处罚。

……①

蒋介石借机来强化控制，补充一个《战时公务员服务办法》。各省府奉其手令，谓：

查际兹胜利不远，完成抗战建国大业期间，凡我公务员自应实践新生活信条，刻苦自励，庶不愧为炎黄子孙，而于加强抗战效率，爰特亲订战时公务员服务办法十项：

（1）绝对服从本机关长官指挥，（2）廉洁奉公，绝不应有丝毫卑污行为，（3）制服以布质为限，（4）除特殊情形以节约席宴外，不得任意宴客，（5）不得佩戴证章出入娱乐场所，（6）私人写信不得用公用信纸信封，（7）不得迟眠迟起，（8）绝对禁止具有赌博性之娱乐，否则该管长官亦应处分，（9）绝对禁止抽烟喝酒，及不正当行动，（10）凡事以节约为主。以上十项，仰即饬属一体遵照，并转饬所属一体遵照云。②

阮毅成写了《公务员的五常》，指出：“本人尝以为凡公务员服务必须具备‘常识’，判断须本诸‘常理’，待人须本乎‘常情’，接物须保持‘常态’，修身立品须注意‘常德’，是谓之公务员之五常。”阮毅成解释，“今世好言专家政治，而我国实尚在常识政治之时代”，第一就要靠多学、多闻、多见、多思（视思明，听思聪，色思温，貌思恭，言思忠，事思敬，疑思问，忿思难，见得思义）。第二讲常理，如孔子的毋意、毋必、毋固、毋我，又如“人有五恶”，即“一曰心达而险，二曰行辟而坚，三曰言伪而辩，四曰记丑而博，五曰顺非而泽。此五者有一于人，则不得免于君子之诛”。第

---

① 南京国民政府：《公务员服务法》，《金融周报》1948 年第 18 卷第 11 期，第 13 - 14 页。

② 《委座亲订战时公务员服务办法》，《江西公路》1941 年第 4 卷第 20 期，第 6 页。

三讲常情："不矫揉，不做作，尤要者，不患人之不知。"否则，妒忌、摩擦、排挤因之而生。要常作换位思考，对人之短多加体谅。第四讲常态，指容貌、颜色、辞气都循乎自然，不以喜怒哀乐变态，更不因心情而影响工作。第五讲常德，"大将之五德曰智、仁、勇、信、严，公务员之五德应为果（能任事）、达（能明事）、艺（能治事）、恒（先之，劳之，无倦）、专（君子思不出其位，尽职尽责）"。①

### 三　有关公务员制度和用人术的理论研究

从各个方面专门研究公务员（文官）制度的论文，可谓洋洋大观。

薛伯康《培养公务员之研究》指出，政府的工作由简而繁，由繁而专门，于是急需行政专门人才，"在人事管理学上，遂成为近世之一大问题焉"。作者参考国外做法，提出：（1）培养有志于服务公职之人员；（2）培养已为政府服务之公务员。前者不宜由政府包办（否则，助长阶级制度，抑制才能制度，有碍竞试取士），应充分利用学校，提供信息、条件，使学以致用；后者指在职补习培训等。②

张云伏有《欧美公务员制》，由商务印书馆列入"百科小丛书"。材料丰富，注解详实，且将行政效率作为纵贯的脉络。全书分概论、考试及任用（英美德法现行办法及历史变迁和发展）、擢升及考成（以考成作为擢升的依据）、义务及权利（抽绎出各国的官规、官德及政治自由权，如结社和罢工）、救济及保障（代表机关及仲裁法庭）和行为责任（介绍了各国现制之特色），共 10 章。③ 张云伏是四川新都人，北京大学法学士，曾留学苏联。历任暨南大学、四川大学教授。此外，还有《地方自治大纲》（华侨书局出版）、《英国政府及政治》（神州国光社出版），及（复兴高中教科书）《公民》（第一册）等著作④。

研究性的论文，如对制度问题或某些规定的讨论：吴明毓《确立公务员制度之急需》（《政治评论》1935 年第 174 期），林晓庄《美国的公务员制度》、《美国的公务员制度（续）》和《美国的公务员制度（续完）》（《北平周报》1934 年第 94－96 期），杨兆暄《改进我国政治应参酌取法欧美公务

---

① 阮毅成：《公务员的五常》，《读书通讯》1943 年第 60 期，第 15－16 页。
② 薛伯康：《培养公务员之研究》，《建国月刊》1931 年第 5 卷第 2 期，第 19－22 页。
③ 孟杰：《读物介绍——欧美公务员制》，《出版周刊》1935 年新第 153 期，第 19 页。
④ 《本馆出版物著作人履历（卅一）》，《出版周刊》1935 年新第 141 期，第 20 页。

员制度之刍议》(《陕西省地方政务研究会月刊》1936年第2卷第5-6期),郭景隆《英国的公务员制度（上）》和《英国的公务员制度（下）》(《建国月刊》1936年第15卷第2-3期),郑庭椿《中英公务员制度的比较（上）》和《中英公务员制度的比较（下）》(《闽政月刊》1941年第9卷第4-5期)等。

关于公务员权利义务的论文,如《谈公务员回避法》(《益世周报》1938年第2卷第9期),李随昌《公务员在刑法上之责任论（续）》(《磐石杂志》1936年第4卷第7期),苏希洵《论各级公务员之纵的责任》(《建设研究》1939年第2卷第2期),周兆态《论公务员之惩戒》(《人事行政》1943年第2期),楼邦彦《论公务员的法律地位与政治权利》(《新路》1948年第1卷第17期),薛伯康《培养公务员之研究》(《建国月刊》1931年第5卷第2期),静友《谈公务员补习教育》(《行政效率》1935年第2卷第2期),《令知公务员得兼任研究学术刊物职务》(《广东省政府公报》1933年第238期),择仁《论公务员的政治权利》(《民宪》1944年第1卷第6期),《论公务员的罢工问题》(《观察》1947年第2卷第13期)等。还有薛伯康《公务员俸给制度之检讨》(《行政效率》1935年第3卷第3期),左仍彦《改善公务员俸给制度刍议》(《服务月刊》1940年第4卷第3-4期),陈友琴《提高公务员俸给和生活的研究》(《经济月报》1944年第2卷第5期),张金鉴《论公务员薪给的标准化与合理化》(《行政评论》1940年第1卷第4期),玉白《论英相包尔温对男女公务员同俸问题的感想》(《妇女月报》1936年第2卷第4期),李邦和《公务员公平待遇论》(《新经济》1942年第7卷第2期)和《再论公务员平等待遇》(《新经济》1942年第7卷第8期),《谈东北公务员待遇》(《物调旬刊》1947年第24期),贾宗复《中国之公务员恤金制度》(《浙江政治》1941年第12期),《美国公务员保险制度之检讨》(《中央银行月报》1934年第3卷第8期),谢子瑜《意大利国家公务员保险制度》(《行政效率》1935年第2卷第8期),《"公务员休抚制度"之研究》(《公余季刊》1944年第1期),古振成《公务员离职的研究及其补救办法》(《浙江省地方行政干部训练团团刊》1941年第21期),朱惟祺《病态的公务员考绩制度》(《是非公论》1936年第35-36期),陆东亚《我国现行公务员考绩制度之检讨》(《新政治》1940年第4卷第3期)等。

关于公务员服务的论文,有《广州市政府公务员服务证明书发给规则》(《广州市政府市政公报》1934年第493期),钱清廉《略评公务员服务规

程》(《今日评论》1939 年第 1 卷第 18 期),克成《国府公布公务员服务法》
(《东方杂志》1939 年第 36 卷第 22 号),光德复《公务员服务法与公务员义
务之内容》(《安徽政治》1940 年第 3 卷第 8 - 9 期),《委座亲订战时公务员
服务办法》(《江西公路》1941 年第 4 卷第 20 期),夏钟英《公务员服务问
题》(《浙江政治》1941 年第 12 期),关子高《本省公务员服务准则及守约
蠡测》(《安徽政治》1942 年第 5 卷第 10 期),徐维烈《关于公务员服务准
则及守约的几点希望》(《安徽政治》1942 年第 5 卷第 10 期),高莫适《本
省公务员服务精神之改造》(《安徽政治》1942 年第 5 卷第 10 期),《公务员
服务精神》(《物调旬刊》1947 年第 9 期),储醉醒《公务员应有的服务人生
观及其道德修养》(《安徽政治》1942 年第 5 卷第 10 期),萧逸《论公务员
工作竞赛》(《中央周刊》1940 年第 3 卷第 20 期),周逢沛《论公务员内外
互调》(《新政治》1943 年第 7 卷第 1 期),《浙江省县公务员对调服务办法》
(《浙江省政府公报》1942 年第 3340 期)等。

陈乐桥著《英美文官制度》,① 对历史上重要的文官制度改革一一加以
概括叙述,使读者明了该制度的本来面目。对英国说得多,连公务员的业余
生活都涉及。对美国比较忽略,尤其是现状部分,可能认为其他作者已
多谈。

20 世纪 30 年代介绍外国文官制度的文章有:胡育庆译《苏俄的文官制
度》(《时事月报》1932 年第 7 卷第 7 - 12 期合订本)、《英国的文官制度》
(《东方杂志》1934 年第 31 卷第 7 号)、孙宝毅译《德国文官制度之转变》
(《再生杂志》1934 年第 2 卷第 10 期)、《意大利之文官制度》(《中央时事
周报》1934 年第 3 卷第 3 期),萧文哲《书评:校读英国文官制度书后》
(《是非公论》1936 年第 20 期),俞受祉《英美文官制度与中国》(《文化建
设》1936 年第 2 卷第 8 期)。

抗战期间关于外国文官制度情况的介绍文章很少,仅有《百六十年来美
国文官制度之沿革》(《青年中国季刊》1941 年第 2 卷第 2 期)、郭骥《英
国文官制度之演进及其特质》(《军事与政治》1941 年第 1 卷第 3 期、第
5 - 6 期)、林纪东《日本文官制度之改革》(《日本评论》1941 年第 13 卷
第 9 期)等。

关于中国古代文官制度,赵俊欣的《西汉文官制度概述》(《新社会科

---

① 陈乐桥:《英美文官制度》,商务印书馆,1935。

学》1935 年第 1 卷第 4 期）可能是中国古代文官制度断代史的开篇之作。

曾资生《两汉文官制度》介绍文官的察举、辟除、考试、考课等制度，① 主要材料出自两《汉书》及两汉《会要》，用现代社会科学方法处置旧史料。全书分 12 章，论述汉初承秦制，美政良法，运用灵活，而宣帝、元帝渐显堕废状态。汉初得力于丞相及诸曹。武帝以后，武职执政，郎官任子，纳货入谷为官，政风日渐败坏。成帝、哀帝以下改为三公制，宰相等于虚设。选举、考课、谏赏、任用一由尚书，三公备员而已，其原因在宦官从中操纵。汉初，选拔文官有资格上之严格限制。汉政之没落，大都因越此限制而起。有治人无治法，书中发掘大量例证追索根源。还有时代更早的，如萨孟武《秦的官僚政治及其文官制度》（《新政治》1943 年第 7 卷第 1 期）；更有时代近在咫尺的，如王达《近代文官制度之得失》（《盐务月报》1944 年第 3 卷第 8 期）。

研究外国文官制度的叶新华似乎是一位女士，40 年代翻译政治学、社会学文章，涉及的外国文官制度颇广：《英国常任文官制度》（《建言季刊》1941 年第 1 卷第 1 期），《现代欧美文官制度的特点》（《闽政月刊》1941 年第 8 卷第 5 期），《各国文官制度之史的发展——各国文官制度之一》（《再生》1948 年第 226 期。包括《埃及的文官制度》、《雅典的文官制度》、《罗马共和国的文官制度》、《中世纪的欧洲文官制度》和《近代欧美的文官制度》），《现代文官制度的问题——各国文官制度之二》（《再生》1948 年第 227 期），以及《美国文官制度》（《再生》1948 年第 228 期）、《苏俄文官制度》（《再生》1948 年第 241 - 243 期）、《意大利文官制度》（《再生》1948 年第 244 - 245 期）等。抗战胜利后，还有余园的《英国文官制度》（《再生》1947 年第 163 期），发表的刊物很集中。

张金鉴评论怀特的《政府之终身职业制》："怀氏以为美国政府如欲完成其所负之使命及推行大规模之社会改造计划以保障人民之经济，对现代所行之吏员制度不得不有所改进。此吏治改进之端倪，即应利用英德等国之吏员实施经验，于联邦政府中之行政级公务员实行终身职业制。此书之主旨即在述释建树此项制度时之实际运用，及所涉及之根本理论。"②

---

① 曾资生：《两汉文官制度》，商务印书馆，1942；劳贞一：《（书评）两汉文官制度》，《中国社会经济史集刊》1949 年第 7 卷第 1 期，第 142 - 143 页。
② 张金鉴：《（书评）政府之终身职业制》，《政治经济学报》1936 年第 4 卷第 4 期，第 913 - 917 页。

　　直接研究和讨论中国近现代文官制度的文章当然最值得重视。陈柏心谈文官制度树立的途径：甄别，考试，考绩，竞争，淘汰，经这番整理后再言保障。[①] 叶在龙认为，文官就是事务官。[②] 陈柏心《改造文官制度》提出改造文官制度的途径：制止荐引制，厉行考试制度，实行职位分配，甄别现职人员，实行考绩及保障制度，训练公务员。[③] 王讷言有批评文章《读〈改造文官制度〉以后》。陈柏心的答辩《再论改造文官制度》认为，中国文官制度的全盘改造，组织制度和行政程序的改造固然重要，但是最关键的还是在人的改造上面。"原来对于人治和法治有很多的争论，其实法治与人治是相反相成，是一事而不是两事，有治法然后有治人，唯治人方能用治法。"先确定治人的方法，然后用这种治法去治人。有了治人，然后由这些人去推动一切治法的工作。[④] 陈柏心《三论改造文官制度问题》指出，凡法纪的漏洞和空白处就是腐败分子得逞的地方，所以要严明法纪，要有完善的制度。[⑤] 郭汉坤的《确立文官制度》是对汪伪政权的粉饰之作。

　　谭春霖《重建文官制度之途径》统计了考试院截至 1942 年 9 月考试及格人员，高等为 1569 人，普通为 1732 人，特种为 18349 人，共计 21650 人，可能只占全体公务员的 1%。作者认为："这实在不能不说是我国考试制度的失败。"[⑥] 原因有政治（私党、酬庸）、社会（私情、奔竞）两方面。近代文官制度以功绩制为标准，涉及公开竞争、同工同酬、功赏过罚、任职保障，文章主张应依此全面重建中国文官制度。

　　1947 年国民党政府的假宪政需要一定的宣传声势，但在这方面似乎已经少有人配合了，仅侯绍文《文官制度的建立与考试》（《世纪评论》1947 年第 1 卷第 21 期）、何鲁成《民主政治与文官制度》（《清议》1947 年第 1 卷第 6 期）、陈曼若《我国文官制度改进问题》（《铨政月刊》1947 年第 1 卷第 2 期；1948 年第 2 卷第 1 期）等寥寥几篇。又如刘季伯《论健全文官制度的建立》提出公务员的三条制度——超然中立、专业化、进用程序，认为最后一条是中国文官制度的根本，以往只讲了任用的资格——考试、铨叙、学

① 陈柏心：《文官制度树立的途径》，《半月评论》1935 年第 1 卷 17 期，第 11 – 15 页。

② 叶在龙：《文官制度的重要性》，《天南》1935 年第 4 期，第 83 – 90 页。

③ 陈柏心：《改造文官制度》，《中山半月刊》1939 年第 1 卷第 5 期，第 16 – 20 页。

④ 陈柏心：《再论改造文官制度》，《中山半月刊》1939 年第 1 卷第 9 期，第 19 – 21 页。

⑤ 陈柏心：《三论改造文官制度问题》，《中山月刊》1941 年第 4 卷第 1 期，第 24 – 25 页。

⑥ 谭春霖：《重建文官制度之途径》，《中国行政》1945 年第 1 期，第 22 – 27 页。

历、经历，对进用程序并无明文规定。除考试合格人员由中央分发任用外，余均为各机关介绍进用，毛病就在这里！认为应在介绍、被介绍、用人三方面加以严格约束。①

宪政开始之后，对很多人事法令法规做了相应的修改。仅《法令周刊》1948年第11卷第51-52期"第五类 官规"（分13章，远不是全部）所载就达几十种。

无论人治还是法治，都离不开用人。对于这个主题，不妨看看理论家们说了些什么。

钱端升《党治与用人》有言在先，国民党的党治不同于欧美的政党政治，"俘获制度"（Spoil System，按：政党分肥制、分赃制）尤其不可取，事务官更不必惟党员是用。要拿出全副革命精神来解决用人问题，靠考试录用、培养新人。对夤缘无耻、操守尽丧、游手好闲、买空卖空的腐化分子，老朽昏庸者，土豪劣绅，以及厕身党政部门迅速堕落的青年，都要弃而不用。②

古有成《美国地方用人行政制之研究》则将 The spoils system 译为"分赃制"，这也是至今通用的译名。文章未注明资料来源，应为依据孟洛等人的著作而写，是一篇谈对地方公务员进行人事管理的有实用价值的论文。

甘乃光《论用人》讲用人之途径，最普通的是荐引（自荐、内举、公开荐举），易偏于主观；而成为制度者是选举与科举，不注重行政实际知识和能力，需要专门培养幕僚的"学徒制"来补充。又说，民国政党纷立，分赃制虽未盛行，而小组织之领袖拔擢党徒分据要津，实为有组织的荐引；最近才实行考试，所采录人数还不及公务员总数百分之一。政务官要选，事务官要训（技术），要有组织且力求人事行政制度化。第四节讲人事行政的革新，包括：（1）用人准诸客观；（2）事务官职位固定；（3）政务官学习事务；（4）考试制度要改革，任用要分两步，先是资格检定考试，继以实授考试（缺出即考，针对性强）；（5）行政专校和训练班为过渡，普通大学行政学系培养，多予实习机会；（6）学徒制的参用；（7）权责分明。③

金铮《论用人》分六部分：（1）兴亡与人事。"公务员任用与管理"成了欧美专门学科，用人问题几乎仍支配整个中国政治的命运。（2）人才不

---

① 刘季伯：《论健全文官制度的建立》，《社会评论》1947年第36期，第5-8页。

② 钱端升：《党治与用人》，《现代评论》1928年第6卷第146期，第4-7页。

③ 甘乃光：《论用人》，《行政效率》1934年第1卷第3期，第81-86页。

灭。人才是"诱致的",社会和官场风气可以左右人才的成长和"变性"。
(3)用人以宜。①行与才。奸贤之分,不在才而在行。魏征的原则是:"天
下未定,则专取其才,不考其行;丧乱既平,则非才行兼备,不可用也。"
②人才长短。子思谓:"夫圣人之官人,犹匠之用木也,取其所长,弃其所
短。"房玄龄:"不以求备取人,不以己长格物。"③固始固终。"有疑不任,
既任不疑。"(4)部属训练。"政府的各机关应当构成一个最完美的经验大
学。"切实考核部属的学识能力以便分配适宜的工作。靠下级主管长官去了
解,他们对训练责任重大。(5)考绩。即赏功罚罪,曾国藩认为胡林翼整饬
吏治全在"破除情面,著诚去伪"八个字,这也是考绩的准则。(6)结语。
领导者要自身公正,"君、源也,臣、流也,竭其源而求其流之清,不可得
矣"。不要刚愎自用、一错到底,要虚心纳言。孔颖达谓:"若位居尊极,炫
耀聪明,以才凌人,饰非拒谏,则下情不通,取亡之道也。"①

冷眼《论用人(上、中、下)》归纳:(1)用人之道,古今无异;
(2)为首长者如马车夫;(3)用人不疑,用人必察;(4)小圈子有利也有
弊;(5)才难之叹由于不知;(6)培养、训练、提拔干部。②该文与本书所
引其他用人文章内容大同小异,可见已成官场常识。

萨孟武的《论用人》说:"知人不易,用人亦难。"用人须先知人(知
才智,知性情),用其所长,避其所短。"用人之时,必须抓住人类的弱点,
飨之以所好,吓之以所恶。"要注意个性,顺乎人情。③

韦德培《论用人》讲到周武王推翻殷纣,分封宗室功臣,建立封建制
度,为中国分赃制度的滥觞。朝代变更比美国的分赃制更剧烈更彻底。而考
试制度只是把"赃物"的残余留一点儿给被统治阶级,达到"怀柔"之目
的。直到现代,大官委小官,层层往下,直至挤满所有官位,甚或还要添加
若干闲职以安排剩余的"关系户"。大多数中下级官吏完全是凭"关系"
(亲族、派系、朋友、同乡、同学、同事等)上位的。此外就是"金钱",
在地方政府中尤为盛行,贪污、腐败、敷衍、塞责、保守、因循,以及行政
效能特低,都是分赃制度的"赏赐"。近现代虽有考试取官,比例仅达千分
之一,而美国经过考试的公务员已超百分之八十,差距太大。④

① 金铮:《论用人》,《国闻周报》1936年第3卷第17期,第7-12页。
② 冷眼:《论用人(上、中、下)》,《抚矿旬刊》1947年第2卷第3-5期。
③ 萨孟武:《论用人》,《两周评论》1945年第1卷第1期,第8-9页。
④ 韦德培:《论用人》,《自由与进步》1948年第1卷第9期,第7-8页。

成惕轩《行宪后的用人问题》提出，宪政需要一个超出党派的文官制度，中立不倚，不受外力的干扰动摇。应趁行宪初的机构大变动来建立。（1）当前的调整：举办现职人员考试（简单、简易，使多数过关，取得合法任用资格。遣散极差者）；改进公务员退休法（60岁退休，70岁为限）；内外互调（中央与地方，上级与下级机关，人员交流）。（2）未来的补充：大量考试；简化考试；过渡期仍采分发任用办法。（3）事前的管理：变事后审查为事前审查（一切新用人员送铨叙部作任前审查，量才授职）；任用程序应有合理规定。（4）任后的保障：公务员既经审查合格，实授职位之后，非依法不得撤职、免职、停职、降级或减薪。如权益受损，可提起诉愿，乃至行政诉讼。可获补偿。因机关裁撤缩减而去职，可予以候用期及优先补用。应有公平升迁机会。考绩应公开，可有申诉答辩机会。①

浩然发表《论作官与用人》。文章说，做到部长、主席，他们的责任已不是办事而是用人，存在不敢用（忌才，门户之见）、不能用（疏不间亲，新不间故）、不肯用（有能力、有抱负、有政策之人足以威胁恶劣势力而贾祸；适合位置已被有背景者占住不能让开）等现象。能用人者，必有其品格与风度、气节。而时下政治上的风气是猜忌气节、摧残气节（小组织、小报告、喊"万岁"口号等是也），我们要的是新的做事的人。②

李思纯谈用人问题五大弊病：只问才干，不问人品；只用柔庸，不用贤才；表面求贤，私下植党；赏罚任免，漫无标准；重事后惩罚，轻事前慎选。③

欧阳文辅《论任用审查》说，"（1）考试取材，（2）任审合格"，之间还缺"甄别审查"。考试侧重文字，"任用铨审是根据证明文件的"，"铨叙无非是对资格、等级之一种确定"。一次合格，以后就可以按年晋叙级俸。甄审要"知人"，王安石说："欲审知其德，问以行；欲审知其才，问以言。得其言行，则试之以事。"总括起来，第一步要考察其出身、环境、经历，第二步从言行上分析其人格之健全与否、生活之谨严与否、可靠不可靠。但这也是可以作伪的。该文提出：对现任人员严格登记，详细记载动态，经过相当时日或考试等办法，对一般官员承认其职务；严格考核与考绩，记录事

① 成惕轩：《行宪后的用人问题》，《中央日报周刊》1948年第4卷第11期，第1-2页。
② 浩然：《论作官与用人》，《世纪评论》1948年第3卷第22期，第3-4页。又被《观察》周刊1948年第4卷第16期摘引。
③ 李思纯：《用人问题五大弊病》，《新新闻半月刊》1939年第27期，第4-5页。

实，而不是采用空洞的记分法或空泛的评语；优拔劣弃，进退宜速。①

傅丘平《从"用人行政"谈到"行政三联制"》认为，需要一套人品考核、人才考核和用人之道的标准；又，对设计、执行和考核三个环节都需要考核（最后的"考核"环节还要"复核"），积极推行，"随时加以修正"。②

赵曾珏《用人民主化与考试制度》说："自民国二十年起，历年举行过的高、普、特各种考试，先后及格者已达三万余人。""藉考试来公开选择、公开竞争，以达到用人民主化，到今日才算奠立基础。"③ 考试难以明察人的性行，有心理测验方法。考试出身，堂堂正正，故自尊自重，能清廉自守，对政务的推行、政治的清明影响极大，对教育质量的提高、对公平竞争风气的养成，都是有力的促进。

李翰如称，用积点制及服务记录比泛泛的用人原则要具体得多。积点的分配，依教育（初中 2 点，博士 18 点）、经历（普通任职，前三年每年 1 点，中十年每年 2 点，其后每年 3 点；若有进修考察等，每年加 2 - 4 点）、国家考试及留学考试（1 - 4 点）、发明及著作（2 - 10 点或更多）、专长或特需（2 - 10 点）、特别推荐（2 - 4 点）、奖励（1 - 2 点）、惩罚（负 2 - 负 1 点）累加得总的积点，再乘以薪给系数，即可获知工薪数目。至于服务记录，即个人过去的学历、年资，及进入机关后逐年的岗位级别、工薪变迁和奖励惩罚情况的记载。④

曹聚仁的《客座谈政：政术、人言、用人及其它》则是从为政者（负责决策和领导）的层次立论，以唐刘晏和宋王安石的改革（主要是财政）成败为例。总结刘晏之成功在于正确指导（牵牛鼻子）、审慎用人（包括培训大量执行者），区别对待士和吏（士相当于政务官，吏相当于事务官），"士有爵禄，则名重于利；吏无荣进，则利重于名"，因此"检核出纳，一委士人，吏惟奉行文书而已"。此人当得起"勤敏"二字，还能控制舆论。而王安石的变法设计欠缺周详的步骤，遭遇司马光等人的反对、故意拆台，只得另找新进之士，审察不严；本人虽俭朴勤敏，却气量较小，又过于"有为"，全面铺开，手忙脚乱，未见其利，先受其害，民怨沸腾。⑤

---

① 欧阳文辅：《论任用审查》，《人事行政》1942 年第 1 期，第 84 - 89 页。
② 傅丘平：《从"用人行政"谈到"行政三联制"》，《迎头赶》1941 年第 4 期，第 19 - 22 页。
③ 赵曾珏：《用人民主化与考试制度》，《民主与科学》1945 年第 1 卷第 1 期，第 10 - 11 页。
④ 李翰如：《以积点制及服务纪录解决用人问题》，《观察》1948 年第 5 卷第 11 期，第 6 - 8 页。
⑤ 曹聚仁：《客座谈政：政术、人言、用人及其它》，《上海文化》1946 年第 11 期，第 22 - 25 页。

汪荣章《用人术》指出："人事行政最重要的问题，莫过于用人。"他总结用人的基本原则。（1）才德并重。若不可得兼，宁可有德无才，如汉奸不能说才不足，而是无德。（2）擢拔新进、前进人才。新进的人有勇气、有朝气，前进的人有方向、能率领。（3）用人不疑，疑人不用。（4）信赏必罚。①

## 第三节　科学的人事管理的引入和探讨

我国传统文化中蕴藏着丰富的人事管理思想，但被长期禁锢于封建制度之中，即使在近代也未能形成一门独立的科学。有人概括："往昔人事行政掌于吏部，民国以后，先归内务部，后附庸于考试院，但皆系虚名，实权散操于行政官长。"② 查"人事"一词的出处，一般词典均引《孟子·告子上》、《史记·太史公自序》、《后汉书·黄琬传》、《红楼梦》等，分别作"人为之事；人力"，"人情事理"，"交际应酬之事"，"男女情欲"等解。至于"特指机关团体内部工作人员的录用、培养、调配、奖惩等工作事宜"的说法③则难以查到出处，其实它是英文 personnel 的"和制汉字"翻译词（见何清儒《人事管理》）。

### 一　人事管理的引入和代表性论著

同许多其他学科一样，研究如何管理人的学问在 20 世纪也发生了巨大的变化。要深刻理解人事管理思想，首先有必要了解人事管理的发展历程。

若论实际的工作，我国近现代人事管理始于邮政、海关、电报、铁路、盐务等被外国控制或自成体系的部门。民族企业如商务印书馆，1926 年设人事部，1930 年有人事科，1932 年成立人事委员会。广州《光华卫生报》最早使用"人事"一词（作为栏目名），报道光华医学堂的毕业生动态。还有银行系统，有的银行从 1929 年起设人事科，《中行月刊》（中国银行经济研究室编，1930 年创刊）的"人事"栏还分人和事。无锡申新三厂从 1931 年起办理劳工福利。当时对"人事管理"的理解就是选择、维持并发展工作人员，来调整工作状况中"人与事"、"人与人"的适当关系。其大目的就是

---

① 汪荣章：《用人术》，《新认识》1942 年第 5 卷第 6 期，第 18 – 20 页。
② 书平：《人事行政论》，《中国公论》1943 年第 9 卷第 1 期，第 1 页。
③ 夏征农：《辞海》（缩印本），上海辞书出版社，1994，第 303 页。

在用人的方面来增进工作的效率和劳资的利益。

行政机关提到"人事"（工作或机构），据笔者所见，以 1926 年广州国民政府的《广东省县治人事登记暂行条例》为最早，以"出生、死亡、婚嫁、继承、分居、失踪、收养、弃儿、迁出、迁入、营业、开张、闭歇、营业十四事项为限"，① 实际上指户口调查和编制。到国民党上台时，有的机关设人事科，如有《国民革命军总司令办公厅人事科承办委任升调人员表》。又如《汕头市政公报》载，汕头市社会局下有"人事课"。此类例子不多。正式的法律文件，如 1930 年 1 月 31 日立法院通过的《民事诉讼法》有"人事诉讼程序"章，讲的却是"婚姻事件、亲子关系事件、禁治产事件等"的诉讼，② 与人事管理毫不相关。

上列事件发生的国际背景是西方形成科学管理思潮和人事管理运动（Personnel management movement）。1910 年，美国宾夕法尼亚州学院工程学院教授雨果·迪默（Hugo Dimer, 1870 – 1939）出版《工厂组织和经营管理》，接着迈耶·布卢姆菲尔德（Bloomfield）于 1913 年把对人的管理当成一种新的观念。1920 年，迪默与迈耶之弟尼尔·布卢姆菲尔德合写了《人事管理》一书；1921 年，迪默与布氏兄弟合著的《现代工长制和生产方法》出版，管理人员逐渐接受了人事管理作为一个独立部门的思想。20 年代中后期，人事管理的研究重点转移至雇员群。梅奥以后，行为科学——人际关系学说得到了迅速发展。

留学生群体对于这一时期中国人事管理的发展做出了巨大的贡献。

民间的人事管理学会曾呼吁在 1936 年 1 月召开全国人事管理会议，讨论研究雇用、报酬、训练、考绩、福利等问题。③ 我们仅以上一节重点介绍职位分析时提到的工作分析为例。陈选善《工作分析法》内容很广泛，可用于科学管理、职业指导、职业选择、心理测验、课程编制，方法上介绍不少。何清儒《工作分析的用途》则细致到岗位，可用于选人、训练、考核标准和工作改进的参考。心理学家萧孝嵘的《人事管理与工作分析》具体到职位的行为范型（pattern）、所需要的特殊心理品质（及其程度）、时间与动作等。

大多数学者认为人事管理是基于科学管理而产生的，人事管理是科学管

---

① 广州国民政府：《广东省县治人事登记暂行条例》，《广东省政府特刊》1926 年第 1 期，第 134 – 140 页。
② 立法院：《民事诉讼法》，《立法专刊》1931 年第 5 期，第 77 – 113 页。
③ 参见《全国人事管理会议办法大纲》，《人事管理》1935 年第 1 卷第 4 期，第 16 页。

理的重要组成部分。何清儒《人事管理》指出："Personnel Administration 本是'人员管理'的意思，日人译为人事管理。"人事管理包括的事务很多，凡关乎职工个人、职工与机关关系、职工相互关系的事务都在这里面。

> 人事管理发达的一个原因，就是关于人的科学的进步。这些科学之中，以心理学为最重要。……人事管理离了心理学是不能独立的。……其余如生物学能辅助了解人的遗传；医学能检查体格，防治疾病；精神病学能探索心境的变态；社会学能分析环境；统计学能作研究的工具……都与人事管理有相当的关系。①

顾炳元的《人事管理》是作者在商务印书馆第二届业务讲习班上的讲义（第一章），"只做一鸟瞰的研究"。他说："人事管理的定义，简单说来，就是用科学的原则和方法，去计划、监督、指导、协调一切关于人事的工作。"这个定义，显然受 Tead（特德）和 Metecalf（梅特卡夫）对人事管理的界说的影响。顾炳元表示，以往各部门主管对人事有决定权，现在集中于人事科，难免不快，所以"最妥在人事科之上另外组织人事委员会，由有关的主管人员和厂长参加……借此公开交换意见"。② 顾炳元《欧美工厂的人事管理》说，欧美各大厂"都有人事管理与福利事业的组织……已是日臻完备"。他参观捷克拔佳（Bata'）制鞋厂，发现其"设有人事部，管理职工和学徒的雇用训练"。中国工厂规模小，组织不复杂，还须参照国内的实际情形研究。③

民国时期人事管理书籍的出版，可以分为工商企业人事管理、人事行政、人事心理学三类。早期的译作较多，借鉴的内容较多。后期则走向了自主研究，学者们不仅进行学术上的思索，而且将这些理论用到了实践中。主要论著有：杨铨《人事之效率》、《科学管理在中国之应用》、《科学管理之要素》和《店员修养以及应具之常识》，何清儒《人事管理》、《如何考选职员》，屠哲隐《人事管理的实施》、《新工人之稳定》，曹云祥《科学管理之实施》（译作）及《制度与人才》，王伊曾《工商管理术》，潘惟勤《工商人事管理》，王云五《工商管理一瞥》、《商务印书馆之人事管理》，夏邦俊

① 何清儒：《人事管理》，商务印书馆，1934，第 2–6 页。
② 顾炳元：《人事管理》，《劳工月刊》1936 年第 5 卷第 8 期，第 1–4 页。
③ 顾炳元：《欧美工厂的人事管理》，《人事管理》1936 年第 1 卷第 5 期，第 17–20 页。

《人事管理的理论与实际》，顾炳元《欧美工厂的人事管理》，吴廉铭翻译的《实用工商管理》（H. G Stockwell：*Introduction to Business Management*），王世宪《人事管理》，陈达《中国劳工问题》，赵辉《人事问题漫谈》，黄士恒《能率增进法》，朱学圣《人事检查卡片编造法》，徐望之《人事问题》，周宪文《论人事》，叶柏华《我之人事管理实施见解》，商务印书馆编印的《人事制度》，徐春霖《办事处人事管理》、《办事员之选择与训练》，高景崑《缫丝工厂管理概要》，关锡斌《青岛华新纱厂福利设施概况》，胡西园《组织工业会之商榷》，徐启文《谈商店人事管理》，等等。

薛伯康早前著有《中美人事行政比较》，感于此书"于人事行政学之原理方面，似未能尽量予以发挥"，故作《人事行政大纲》加以弥补。甘乃光序："盖行政之推动，端赖乎人；若徒谋改善组织，统制财政，而略于用人方面，是舍本而图末也。顾人事问题之先决条件，为职位分类。……次为厉行统制（用人行政）制度。"《人事行政大纲》绪言部分，叙述人事行政学的基本原理，包括其含义、目的、范围、起源、兴起，人事行政学与其他学科的关系，公务员管理与普通管理之区别以及专家行政问题；第二章到第十章的主题分别是人事机关组织及其职掌之研究，各国人事机关组织之概况，职位分类，公务员俸给制度及其厘订，考试与任用，增进公务员办事效能之途径，公务员之训练，退休与恩俸制度，公务员之组织。[1]

甘乃光《中国行政新论》对人事行政的论述侧重于体制建设，如中国人事制度的特点、发展趋势，人事行政的改进，人事制度建立的起点，实务人才之培养，人、钱、事的管理等，他对人事管理制度的了解较为全面而深刻，多从宏观上把握。

张金鉴《人事行政原理与技术》说：

> 人事行政学乃求选得最优良之工作员，及使此工作员与其所任工作发生最适当配合时，所需用之各种理论、技术、实施及程序，其目的在以最经济最顺适的获得人尽其才（即人的内在全部潜能之最高利用与发挥），事当其理（即以最经济之手段、最低廉之费用获得最高大之工作效率）之成功结果。[2]

① 薛伯康：《人事行政大纲》，正中书局，1937。
② 张金鉴：《人事行政原理与技术》，商务印书馆，1945，第4页。

简单说来，人事行政学无非"（求使）人适其事（的学问）"而已。还可补充两点。第一，"不但在求人与事之适合，并在求人与人的关系之和谐与融洽……共同推动所担负之事功。""人与人的关系调整，不但涉及全盘之行政制度，更牵于人的心理动机与主观因素，颇不易为客观及科学之控制。"第二，不但要"研究如何为政府选拔"最有能力、有效率之工作员，而且要决定用如何方法与技术以维持此等工作员"能乐于、安于其工作"，获得最大之工作效率与最好结果。

张金鉴书的第二编规定了人事行政学的范围：人事行政机关应如何组织，公务员之训练与教育问题，公务员选用之原则与技术，官职之分级与薪额之标准化，公务之考绩与公务员之提升，公务员之纪律、惩戒、抚恤、退休及其权利与义务等事类。"本编在泛论解决此等问题时应当采用之一般健全原理及必要的有效技术；其立场着眼于'应如何'（What it should be）一点，作一般理技之检讨；并不着重于'是如何'（What it is），而为特定事实之描写。"① 张金鉴书还补充说，研究这门学问之目的中应有"个人的发展"，包括"智育、体育、德育、群育四方面作完全的发展，亦即对个人之脑筋、身体、品行及人格四物之最良培植也"。② 张金鉴提醒读者注意，人事行政机关的组织，世界上有三种模式：（1）英美制（部外制），即另设吏治委员会或其他类似的组织主持；（2）大陆制（部内制），各单位之主管长官或某部门负责其事，因以往施行官僚制度（Bureaucracy），拥有成熟的经验；（3）中国制（独立制），即考试权独立行使制。而就这些机构本身的（领导）体制而言，可分为首长制、委员制、混合制。再就这些机构的内部构造而言，可分为：系统制——军队式（机能制，分部制），由上而下、由外向内一元的层层节制关系；参赞制；混合制——系统、参赞混合制。

黄景柏的《中国人事问题新论》也是比较迟出的，认为"由于解决不了亲私的圈套，……人事处理难得合理公正，人事行政无法使它走上轨道，这是中国人事上最深的病根"。③ "亲私的来源在社会制度"，"社会组织随着生产方法而定，道德随着社会组织而定，……又岂是一下子就能完全改变过来"？"我们唯一可行的办法，还只是'防止亲私'，'限制亲私'。"作者想出了"四道防线"：加强考试制度；采行回避制度；严密职位保障；确定晋

---

① 张金鉴：《人事行政原理与技术》，商务印书馆，1945，第7-8页。
② 张金鉴：《人事行政原理与技术》，商务印书馆，1945，第8页。
③ 黄景柏：《中国人事问题新论》，商务印书馆，1945，第6页。

升制度。① 同时，辅以"教育上的训练，舆论上的制裁"，也有一定的作用。②

金贡三纂述的《吏治管见类钞》（1-4 册）是 18 开、1210 页的巨著，分法律、财政、外交、警察、教育、实业、水利、河工、荒政、附论等 10 编。③

由薛笃弼提议、内政部所编的《澄清吏治建议案》，卷首题："中央执行委员会政治会议建议文案"。提议者为国民政府内政部部长。④

陈先舟著《整理人事问题》，介绍人事紊乱的原因、后果，整理人事的方法，以及人才的培植及安置，选取人才的方法、实施的方法与步骤等。⑤

潘嘉辚著《人事登记（军事委员会资源委员会参考资料第 22 号）》，共 5 章，分述各国人事登记、中国人事登记法规、人事登记原则、中国人事登记实施方案拟议等。附录登记员须知、人口移动之表式及有关表格。有著者序。⑥

吴胜己著《人事行政之原理与实施》，论述职位分类、登庸、考绩、升迁、降免、人事行政组织、人事行政法规等问题。附录《广西省政府人事行政刊物》。⑦

屠哲隐编著《人事管理的实施》，该书原为编著者在上海大夏大学、新中国大学、工商学院的讲义。分总论、雇用、待遇、研究 4 编。⑧

张金鉴《人事行政学》（上、下册），介绍人事行政学的概念、发展、原理与技术，外国公务制度，中国吏治制度等。⑨

张金鉴《中外官制（文官制度之比较研究）》，由中央训练团党政高级训练班编刊，1944 年 5 月初版。

何鲁成编《行政管理》，属"地方行政丛书"，内分人事管理的性质与历史、职位分类、公务的训练等 21 章。⑩

---

① 黄景柏：《中国人事问题新论》，商务印书馆，1945，第 11-14 页。
② 黄景柏：《中国人事问题新论》，商务印书馆，1945，第 12 页。
③ 金贡三纂述《吏治管见类钞》（1-4 册），华新印刷局，1922。
④ 内政部编《澄清吏治建议案》，编者刊，1929。
⑤ 陈先舟：《整理人事问题》，天津，1934。
⑥ 潘嘉辚：《人事登记（军事委员会资源委员会参考资料第 22 号）》，国立中央研究院社会科学研究所，1936。
⑦ 吴胜己：《人事行政之原理与实施》，广西省政府编译委员会，1939。
⑧ 屠哲隐编著《人事管理的实施》，世界书局，1939。
⑨ 张金鉴：《人事行政学》（上、下册），商务印书馆，1939。
⑩ 何鲁成编《行政管理》，浙江省地方行政干部人员讲习所，1939。

何鲁成著《人事考核》，分 6 章。论述人事考核的意义与方法，介绍如何进行业务、才能、德行、思想等方面的考核。①

周亚卫的演讲稿《人事制度案业位篇》，介绍人事制度的分业定位及教育制度原则等。有弁言。附录《法规典范表》、《业位表》等 5 篇。②

崔宗埙编《人事行政》，内分人事通论、人事机关、训练、选拔、任用、待遇、考绩、奖惩、升迁调任、救济与保障、风纪、退休与养金等 12 章。目录页书名：《人事行政（行政学第二编）》。③

杨礼恭著《人事行政与组织》，分 8 章。论述人事行政的意义、组织关系，以及公务员的任用、训练、考核、赏罚、升调等。④

贵州省地方行政干部训练委员会编《人事行政》，分 9 章。介绍公务员的选用、训练、考绩、升迁与惩免、保障、待遇，以及职位分类等。⑤

王世宪著《人事管理》，内分人治与法治、实验的精神、困难的认识、技术的研究、人事管理机构、职位分类、任用、考核、育才、福利、人事登记等 11 节。附录《人事行政超然后》等 5 篇。上海版对原内容稍作修改，每节标题文字稍作变动，分全书为三部分：原第 1－3 节为第一部分"研究的认识"；第 4－11 节为第二部分"技术的讲求"；第三部分附录，有增加。⑥

何伯言著《人事行政之理论与实际》，共 11 章。介绍人事行政的内容、机关，政府所制定的职位分类制度、公务员俸给制度、考试分发与任用制度及劳保制度等。⑦

夏邦俊的《人事管理之理论与实际》，⑧ 为"职业教育丛书"，丛书由杨卫玉主编。该书论述一般机关企业的人事管理制度和方法。

谢天培著《人事考核》，内分人事考核的基本原理、历代的人事考核制度、各国的人事考核制度、现行人事考核的述评 4 章。⑨

---

① 何鲁成：《人事考核》，商务印书馆，1945。
② 周亚卫：《人事制度案业位篇》，载《中央训练团党政训练班第八期讲演录》，中央训练团，1940。
③ 崔宗埙编《人事行政》，载《福建省地方行政干部训练团课本》，福建公训服务社，1940。
④ 杨礼恭：《人事行政与组织》，青年书店，1941。
⑤ 贵州省地方行政干部训练委员会编《人事行政》，编者刊，1943。
⑥ 王世宪：《人事管理》，商务印书馆，1943。
⑦ 何伯言：《人事行政之理论与实际》，正中书局，1943。
⑧ 夏邦俊：《人事管理之理论与实际》，国讯书店，1944。
⑨ 谢天培：《人事考核》，大同出版社，1944。

赵宗预编著《人事管理》，内分管人原则、人的鉴别、任用方式、精神待遇、物质待遇、向心力的培养等 44 章。[①]

王达、许集善合著《人事论丛》，收文 14 篇，有王达《近代文官制度之得失》、《宪政与人事制度》，许集善《谈人事管理》、《论考试》、《论训练》等文。[②]

韩城的《人事考核》论述人事考核的范畴与功能、人事考核与观察、考核的标准、考核基本工作、考核与性格等。[③]

郭寿华著《人事管理学》，内分普通人事行政、特种人事行政、知人用人与考核、公务员生活与薪给制度、监察制度与人事管理、各国平时与战时人事管理、我国历代人事制度与官常、管教养卫与人事合理化等 10 章。

反腐倡廉方面，王智章著《澄清吏治的研究》概述中国吏治沿革，提出澄清吏治办法，认为治本方法是改革任用官吏及租税制度，实行连坐法，发展监察力量，利用民众力量监视贪官污吏则只能治标。[④]

黄旭初著《干部政策》，该书是著者于 1940 年 10 月对广西地方行政干部训练团第一期学员的讲演稿，讲述干部的训练、选用、考核、培养、提拔，对于新政策应有的认识，以及工作作风等问题。[⑤]

周焕著《人事行政问题》，内收《我国人事行政改进问题》、《新县制实施下的人事行政问题》、《各省政府设置人事处之建议》、《广西人事行政之检讨》4 篇。[⑥]

沈松林的《战时人事制度述要》共 11 章，分为绪论、考试、任用、铨叙、服务、考绩、奖惩、训练、进修、待遇、抚恤。[⑦]

朱汉生著《人事登记讲义》，内分人事登记之意义、范围与内容，机关组织员额与职掌，拟用人员之处理与送请审查，铨叙审查后之处理与动态事项之报登等 10 项，有各种表格 85 个。[⑧]

金铨等著《建立人事制度计划草案》，分总说、制度、机构之调整三部

① 赵宗预编著《人事管理》，世界书局，1946。
② 王达、许集善：《人事论丛》，南京财政部盐务总局，1947。
③ 韩城：《人事考核》，世界书局，1949。
④ 王智章：《澄清吏治的研究》，东南政治研究全会，1947。
⑤ 黄旭初：《干部政策》，桂林文化供应社，1940。
⑥ 周焕：《人事行政问题》，中国文化服务社陕西分社，1941。
⑦ 沈松林：《战时人事制度述要》，国民出版社，1941。
⑧ 朱汉生：《人事登记讲义》，党政军人事管理人员第二训练班，1942。

分。该书为国民党党政高级训练班第一期学员金铨、赵普炬、王讷言、赵汝言等6人于受训期间奉命研究人事制度并写成的计划草案。①

朱学圣著《人事检查片编造法（附姓氏速检）》，介绍关于人才登记、检查、整理、保管的编汇方法。参照著者的实践经验而制定。②

贾景德还有《历代人事管理概况及今后人事行政之要领》（中央训练团党政军人事管理训练班1945年9月初版），另有《人事行政之要领》（中央训练团党政军人事管理人员训练班1947年2月初版）。

贾亦斌著《预备干部制度之理论与实际》（一名《征官制》，与"征兵制"相对应）。该书从理论与实际两方面论述预备干部制度的必要性，预备干部的征集、教育与训练等问题。③

《全国人事总调查须知》介绍人事总调查的意义与应具备的信念，调查的对象、内容、步骤、实施方法，以及材料的审核整理与报告。

李朴生著《蒋委员长用人方法的研究》④，摘录蒋介石有关选择、任用人员的讲话并作适当解释。

湖北省地方行政干训团编《人事管理规程》（1942年2月出版），内收《行政三联制大纲》、《主席对于人事管理之训示》及《湖北省人事管理暂行规程》。

吴裕后著《用人与行政》，内收《政务官与事务官之划分》、《论曾国藩用人之道》、《工作人员选用问题》、《县政府之用人与处事》、《日本政治内幕》等11篇。有翁文灏、陈立夫、程天放序。⑤

湖北省政府秘书处编《总裁对于人事制度之训示》（属"人事管理丛刊"），辑录蒋介石言论。分总论、铨选、训练、服务、考核等5章，每章前均有提要。有编辑例言，写于1941年10月。陈果夫编《总裁对于人事制度之训教》（中央训练团党政军人事管理人员第二训练班编印），内分政治思想与人事问题，五权制度与人事制度，政治建设与人事管理，人事制度之建立，人事管理之原则、组织、任使、训练、考核、运用等。

任家诚作《人事行政学》，评述马舍尔（W. E. Mashel）和金斯利（I. D.

① 金铨等：《建立人事制度计划草案》，国民党党政高级训练班，1943。
② 朱学圣：《人事检查片编造法（附姓氏速检）》，竞兴印务局，1943。
③ 贾亦斌：《预备干部制度之理论与实际》，南京拔提书局，1948。
④ 李朴生：《蒋委员长用人方法的研究》，浙江丽水青年读书通讯社，1941。
⑤ 吴裕后：《用人与行政》，南京德新书局，1946。

Kingsley）合著的《公共人事管理》（*Public Personnel Administration*，1936 年版），认为哲学上基本采自"墨特卡夫（H. D. Metcalf）和推特（O. Tead）的《人事管理》（*Personnel Administration*）"，将工商管理中的人事管理学移植到行政学上来，其内容"适合我们目前的需要"。问题是，"是否能完全搬演于人事行政上"？已享有崇高地位的官员"是否愿受种种科学化的统驭"？①

## 二　人事行政规章和人事部门的建立

抗战前薛伯康已经几次发表文章，直接向考试院等部门建议，要想真正搞好公务员铨叙、考绩、训练等事，应在"中央各院部会及各地方政府，设立人事专掌机关"，不能像当时那样由其他处室官员代办。还说英美各行政机关以前（按：1925 年以前）也无人事部门，近年"乃先后成立人事分机关，承长官之命，受人事总机关之指导，专掌计划改善人事事宜"，人事行政成绩斐然。我国幅员辽阔，各地差异大，这一任务"较英美尤为迫切也"。②

屠哲隐《参观各机关人事部大纲》，译自 Tead-Metcalf 的《人事管理》（*Personnel Administration*，1933 年第 3 版）。本章不少文献都征引过该书。该文是为各机关企业拟设置人事机构的一项准备，包括人事部的地位、组织、任务（雇用，保护，训练，其他服务；人员的调协合作，研究；人事部与各部门关系，人事部与外界关系）等内容，还要了解人事部存在的理由，有哪些限制或缺陷。③

蒋慎吾分析说，统一人事管理之目的，在使人事行政专门化、具体化。迄今各地惟广州市政府秘书处第一科内设有人事股，其他各局均未有是项名称。他如上海市政府，其公安、教育、公用三局第一科内均附设人事股，余则将相关事项统由文事、文书或总务等股兼掌。青岛市政府则于秘书处第一科内专设铨叙一股，于公安局专设甄别委员会，其他均由各该第一科文书股兼理。然仍不若于市政府直辖系统下专设铨叙委员会或类似科处之组织统一管理之为善也。④

任维钧《参加行政院属各部会人事调查以后》载，1939 年冬，行政院

① 任家诚：《人事行政学》，《管理》1937 年第 2 卷第 1 期，第 125 – 129 页。
② 薛伯康：《中央人事机关组织概况》，《行政效率》1935 年第 2 卷第 8 期，第 1113 页。
③ 屠哲隐：《参观各机关人事部大纲》，《人事管理》1936 年第 2 卷第 2 期，第 55 – 59 页。
④ 蒋慎吾：《中国之市政》，《人文月刊》1936 年第 7 卷第 9 期第 107 – 128 页。

人事效率促进委员会派他们对行政院各部会"各级人员之考绩、待遇两问题加以详细调查，以供研究外，并制订人事调查表一项"，[1] 掌握通过简任、荐任、委任三种方式选用的官员 1127 人（漏报若干高级官员，未统计聘任、派任、雇用人员）的基本情况。例如三级官员分布为 128 人、342 人、657 人，其中女性仅 30 人。三级官员中，留学生及大专以上学历分布比例依次为 94%、85% 和 43%；考试出身者分别为 0 人、46 人、24 人；铨叙合格者分别为 87 人（68%）、193 人（56%）、406 人（62%）；任期 5 年以上者分别为 30 人、110 人、236 人；江浙省籍为 548 人；国民党员为 507 人。可见，人员分布很不均衡。

1940 年 3 月 4 − 10 日，考试院召集的中央人事行政会议在重庆举行，由中央机关高级官员及研究人事问题的专家参加，蒋介石亲致"训词"，会议听取考选委员会铨叙部行政报告，并通过提案 79 件。[2]

1940 年 12 月 20 日，重庆国民政府颁布了《各机关人事管理暂行办法》，规定共 8 条，指令各级政府机关"应视事务之繁简就原有经费及人员中设置人事处、司、科、股，或指定专任人员负责专办"。其职责包括本单位须送请铨叙的人事事项，人员进退迁调、考核奖惩及其他人事登记事项，职员之训练、补习、教育、抚恤及公益事项，人事管理之建议，人事之调查统计，及铨叙机关委办之事项。为此，应接受铨叙机关指导查核（工作月报、规章制定或修改），应将人事管理人员情形及名册报铨叙部备案。这个文件标志着政府对于人事部门的重要性和独立性达成共识，给予人事部门法定地位和保障，开启了对人事（行政管理）专业的配置和督察训练。[3]

王世宪《人事管理机构》就机构如何组织、人员如何配备、工具如何准备三点提出建议。他认为人事部门应采取一元制与多元制结合，即设主管 1 人，并设人事规章委员会或联席会议集思广益。职掌包括规章审拟，人员任用（考试）、升迁、调免、考核，人事动态登记。任务分担，少分层次（课、股），因事设人，分工合作，设计与执行人才都有，才德兼重，员额为

---

① 任维钧：《参加行政院属各部会人事调查以后》，《服务月刊》1940 年第 6 期，第 27 − 36 页。

② 重庆国民政府考试院：《中央人事行政会议纪》，《时事月报》1940 年第 22 卷第 4 期，第 160 − 162 页。

③ 重庆国民政府：《各机关人事管理暂行办法》，《江西省政府公报》1941 年第 1215 期，第 41 − 42 页。

3-5 人。工具主要是各类表格、表册。①

接着有《（奉行政院令）关于解释各机关人事管理暂行办法疑义各点训令》，稍许补充了几点解释。

在 1941 年 11 月举行的中央人事行政会议上，内政部、交通部等的提案中提到，"或主张于考试院内设立人事行政集中设计之机构，或主张建立中央各部会人事行政机构之联系，用意至善……送考试院采择施行"②，可知那时一些中央机关已经各自设立了人事管理机构，需要统一规划和协调。

1941 年 12 月，国防最高委员会第 74 次常务会议议决通过《党政军各机关人事机构统一管理纲要》，31 日颁布，内容包括：党政军各级人事机构的最高领导机关分别是中央党部秘书处、考试院铨叙部、军委会铨叙厅；各机关内之人事机构分别受上列三家垂直指挥监督，但仍应遵守原属机关规程，由机关主管长官依法办理其业务，人事工作人员考核、任免一律由三家管理机关依法办理，并应加以训练；实施步骤是先中央后地方，原人事工作人员须经管理机关分别考试以定去留，任用资格另定，培训三年内完毕。

1942 年 8 月 29 日，推出《中央机关现任各级人事管理人员考核办法》（共 14 条）；此前（3 月 2 日），国民党中常会已单独发布《中央党部人事机构统一管理实施办法》；9 月 2 日，国民政府公布《人事管理条例》（共 11 条）；10 月 17 日，公布《人事管理机构设置通则》（共 7 条），同日公布《人事管理机构办事规则》（共 8 条），并函咨中央地方各机关查照办理。1943 年 6 月国府（渝）训令："定自三十二年七月一日起为地方各机关开始施行日期。"普遍设立人事管理机构。

王世宪《人事管理的设计》表明，人事机构的设置和运行需要相关知识。他的有关这方面的经验和思考，也收入《人事管理机构》一书中。

1947 年铨叙部部长贾景德总结，自条例公布，人事机构的设置，1943 年度为 330 个单位（完成中央各机关人事机构设置），1944 年度有 1660 个单位（增设到省级机关），1945 年度有 1133 个单位（推及于各公营事业机关），1946 年度达到了 1701 个单位（注重收复区内各级地方机关），1947 年度上半年设置了 1213 个单位。③

刘季伯《人事人员的素质如何提高》分析指出："现阶段的中国人事行

① 王世宪：《人事管理机构》，《再生》1941 年第 72 期，第 1-4 页。
② 《中央人事行政会议总决议案》，《浙江政治》1941 年第 12 期，第 123 页。
③ 贾景德：《六年来之铨政》，《铨政月刊》1947 年第 1 卷第 1 期，第 3-5 页。

政,以强化机构、健全人员为第一要义。……那么必须先给他(人事人员)一些专业化的道德和知能……"一个理想的人事工作者,第一他必须有图书专家的精密(对职工进行科学分类和动静态登记);第二他必须有自然科学家的客观态度(秉公办事);第三他必须有教育家循循善诱的风度;第四他必须有宗教家的热忱。"在外国,担任人事主管的,大概有两种人:一是受过心理学的专门教育,一是大学工商管理系毕业的学生。"① 在中国是否也应如此(包括行政管理系毕业的),可以讨论。

较早设立人事机构的部门,考绩时便能发挥其作用,如铨叙部咨文《自三十年度考绩起各机关人事管理单位主管人员或专办人事人员应为考绩委员会委员或列席考绩委员会》(《江西省政府公报》1942 年第 1246 期)。以后逐年,铨叙部还训令各级人事部门在考绩时遵循若干新的精神等,如《各机关人事管理人员办理三十六年度考绩应行注意事项》(《铨政月刊》1947 年第 1 卷第 2 期)。

行政学界对人事管理的研究也就更有针对性和更为深入。例如:罗球《中央人事行政会议决议案之研讨》(《浙江政治》1941 年第 12 期),将那些决议列表进行分析。

人事制度方面,甘乃光的文章《中国人事制度的特点》(《中央党务公报》1932 年第 11 期)和《人事制度建立的起点》(《闽政月刊》1940 年第 6 卷第 4 期)还引起讨论。

孙澄方《论超然人事制度》,评述 1940 年 12 月国民政府明令颁布的《各机关人事管理暂行办法》。《暂时办法》指示各机关应视事务繁简,设置人事处、司、科、股,或指定人员专办:(1)本机关职员送请铨叙案件之查催及核议;(2)职员进退迁调、考核奖惩及人事登记;(3)训练及补习教育;(4)抚恤及公益;(5)人事管理建议;(6)人事之调查统计;(7)铨叙机关委办事项等。"这是对于建立超然人事制度的规定。"其特点是:使人事工作独立;符合五权分立精神;铨叙部得以指导并获得报告。那么如何做到超然呢?一要健全铨叙制度;二要培养人事管理人才;三是希望建立英国维特利会议那样的组织(即由政府与公务员公会代表各 27 人组成,内设各种审查委员会,每季至少开会一次,商讨公务员政策建议,决议签呈内阁获认可后交人事机关执行;各部会也有这种会议,权力仅限于本部人事例行事务

---

① 刘季伯:《人事人员的素质如何提高》,《政风》1948 年第 1 卷第 2 期,第 8—9 页。

之处置；各区也可设）。①

周久安《谈行政合理化与人事制度》认为，考绩在人事制度上是最难实施、最难得到正确结果的，填考绩表不像专业考试或写实绩报告。②

张金鉴《各国人事行政制度概要》，全面介绍了英、美、法、德、意、瑞士、日、苏等国人事制度的历史和现状。③

郑拔驾《人事制度研究》说，制度就是一种法律。引王安石语："制而用之存乎法，推而行之存乎人。"张居正说："行法在人。"所以，"人"和"法"要并重。人事管理不外"进、退、奖、惩、教、养、生、死"八事。④

陈念中著《民主国家的人事制度》，作者是考选委员会秘书长，1947年到欧美国家考察半年。作者觉得中国可取法英国的若干制度，中国有考试院，应发挥"考教联系"、"考选联系"的作用。⑤ 龚祥瑞也从前述考察中注意到《英美人事制度之新趋向》（《铨政月刊》1947年第1卷第2期），本书第十一章还将介绍。

朱麟阁讨论警察人事制度，认为应采取：（1）管理统一制；（2）选材考选分发制；（3）奖惩合议制；（4）俸给年加制。⑥

胡邦肃《建立超然人事制度之商榷》建议，仿照超然会计制度，人事管理机构自上而下一脉相承，兼采集中制和委员制，建立基层机构；考试院居立法和监督地位，将来考试权可委交各级人事机关进行。⑦

宁海生《人事论》指出，人事复杂，自古皆然。今日谋事者惟恐不被人用。怎样给人用也是艺术。用人要有知人之明，先要有自知之明。⑧

傅骅昌《中国人事行政的新时代》称，"新时代"指出台由人事机构统一管理，独立、超然的政策。还急需进行统一公营事业机关人事管理，健全县以下的人事制度，厉行考试制度并加强训练等。属草创时期。⑨

书平《人事行政论》，列举张居正利用侦探考察政绩，使官畏法，而不

---

① 孙澄方：《论超然人事制度》，《新认识》1942年第5卷第6期，第12－14页。
② 周久安：《谈行政合理化与人事制度》，《再生》1941年第68期，第1－4页。
③ 张金鉴：《各国人事行政制度概要》，正中书局，1943。
④ 郑拔驾：《人事制度研究》，《新福建》1944年第6卷第3期，第23－30页。
⑤ 陈念中：《民主国家的人事制度》，《铨政月刊》1948年第3卷第4期，第9－12页。
⑥ 朱麟阁：《论警察人事制度》，《警声月刊》1946年第1卷第3期，第18－19页。
⑦ 胡邦肃：《建立超然人事制度之商榷》，《安徽政治》1943年第6卷第9期，第18－23页。
⑧ 宁海生：《人事论》，《新东方》1943年第8卷第6期，第53－54页。
⑨ 傅骅昌：《中国人事行政的新时代》，《安徽政治》1943年第6卷第6期，第16－18页。

敢妄动、妄为、妄想。作者认为公务人员为民表率，若犯罪，论其心计较盗贼尤甚，理应绳以重法，不仅免职撤差，还应降级、监禁、重罚、处极刑。①《再论人事行政》认为，治盗贼易，清官吏难。社会的不良，政治的腐化，教育的失当，是人事行政的窒碍，又是人事行政不合理的结果。人力强胜，可以改变这种情势。人事行政，是用人的智慧来支配这一切。②

周宪文《谈人事》认为，时代进步到今天，"至少应以做事来表彰做人，不当再以做人来衡量做事"。应该因事择人，不当因人设事。③

楚崧秋《人事行政的源流及其建立》引用慎子的话："法，治之具也，人，治之本也。"主张养成法治精神和纯良政风，建立严密公平的考选制度，等工等酬，严惩贪腐，合理保障，使人人安其职、称其职、尽其职。④

赵德洁《我国新人事法规之制订》认为，对"公务员"应从广义解释，包括所有政务官、事务官、聘任人员及雇员。其与国家的关系应为"（相对）单方行政行为"。任用资格应略予降低。官等（级）应减少。俸给应全国一致（但有地区差别），应将生活要素、福利等纳入考虑，应与物价指数挂钩。⑤

浩然《从人事上论中国政治》，矛头对准大官：他们在位太久，脱离民众，只需要奴才，衡人标准是服从与对其忠诚，把风气带坏。⑥

味莼《科学化的人事管理》提出，要调查研究，编出职务分析表和职务说明表、人才情况表，根据职位（职务）标准甄选和调整员工。⑦

上海公用事业局高祖武回顾，他来上海接手该局，管理职员约千人、工役 1679 人，考核编拟职位、薪级、福利等事。⑧

郑宗楷《人事管理之重点》指出，以往谈人事只管僚属，其实主官的选派和考核最为重要。因为他独当一面，握有对人与钱的支配权。⑨

周志坚《现代人事行政新论》引孟子语："尊贤使能，俊杰在位，则天

① 书平：《人事行政论》，《中国公论》1943 年第 9 卷第 1 期，第 50 - 54 页。
② 书平：《再论人事行政》，《中国公论》1943 年第 9 卷第 4 期，第 44 - 47 页。
③ 周宪文：《谈人事》，《东方杂志》1946 年第 42 卷第 7 号，第 21 - 28 页。
④ 楚崧秋：《人事行政的源流及其建立》，《自由论坛》1943 年第 1 卷第 3 期，第 17 - 25 页。
⑤ 赵德洁：《我国新人事法规之制订》，《新路》1948 年第 1 卷第 24 期，第 10 - 11 页。
⑥ 浩然：《从人事上论中国政治》，《世纪评论》1948 年第 3 卷第 15 期，第 5 - 7 页。
⑦ 味莼：《科学化的人事管理》，《京沪沪杭甬铁路日刊》1934 年第 1045 期，第 46 - 48 页。
⑧ 高祖武：《一年来人事管理之回顾》，《公用月刊》1947 年第 15 - 16 期，第 8 - 13 页。
⑨ 郑宗楷：《人事管理之重点》，《东方杂志》1944 年第 40 卷第 17 号，第 31 - 33 页。

下之士皆悦而愿立于其朝矣。"作者认为要"因能任事，量才授官"。关于任事，要抓住重点、照顾全面、力求协调。总之，在"人"与"事"的健全上着手。[①]

蔡文美《乡镇人事管理》说，乡镇机关人手少，事务繁。领导者要克服包办式或甩手式，因人利导，因事利导，专任其长，监督考核。[②]

最后是《公营事业机关人事管理机构设置规则》，1946年3月26日由考试院公布，以下为节引：

第二条　本规则所称公营事业如右：（1）交通运输事业；（2）工厂事业；（3）金融事业；（4）农林水利事业；（5）公用事业；（6）社会福利事业；（7）卫生事业；（8）其他公营事业。

第三条　公营事业机关人事管理分为：（1）人事处。（2）甲等人事室。（3）乙等人事室。（4）丙等人事室。（5）人事管理员五种。人事处分科。甲等人事室分课。乙等人事室分股。各科、课并得分股办事。设人事管理员者。如事务繁多，得设佐理员。前项机构及员额，经核定后，应以专条订入所在机关组织法规。

第四条　公营事业机关人事主管人员之任免、考核、奖惩，由铨叙部参照所在部办理之。

第五条　公营事业机关人事管理人员之等级、待遇，由铨叙部依其所在机关职员之等级、待遇核定之。

第六条　公营事业机关人事管理机构关于执掌之分配、办事之程序，应拟定办事细则，呈报铨叙部核定之。

第七条　本规则自公布日施行。[③]

贾景德《建立公营事业人事制度的经过》称，1927年即已开始研讨公营事业人事制度，由"中央政治会议行政法规整理委员会拟订国营事业公务员任用法草案"。1940年1月中央人事行政会议也有决议，蒋介石1943－1946年"迭颁手令，着拟研厘定整个国营事业之考核制度、公营事业机关

① 周志坚：《现代人事行政新论》，《人事行政》1943年第2期，第49－56页。
② 蔡文美：《乡镇人事管理》，《公余季刊》1944年第1期，第16－17页。
③ 重庆国民政府考试院：《公营事业机关人事管理机构设置规则》，《浙江省政府公报》1946年第3404期，第5页。

人事制度及业务管理之法规"等。考试院明确"公用事业人员"分为技术、业务、总务人员，其人事法规整理补充"由考选委员会或铨叙部会商各该事业主管机关行之"。"公营事业人员之任用，高级者应送铨叙机关审查，低级者册报铨叙机关备案。"1943 年以后，一些行业的人员任用条例已陆续制定，按标准采用评分办法，"可充分表现送审人员的学历、经历、品行、体格及一般能力"。①

### 三　着重于培养训练的干部政策

关于人才的培训，1941 年度即在中央政治学校开设"人事行政人员训练班，以考试院长兼班长，铨叙部长及军委会铨叙厅长兼副班长，抽调政军各机关现任人事管理人员集体训练"。前四期调训 386 个单位的 407 人，侧重于工作讨论及实际问题之解决。以后适应《党政军各机关人事机构统一管理纲要》的要求，组设教育委员会，考试院院长兼主任委员，军事系统的在中央训练团开班，党政系统的仍在中央政治学校。到（新）第三期，合并至中央训练团（改称第七期），有 166 个单位 216 人参加，1943 年 10 月结束，"均回原机关服务"。后继续开新班。②

其教材出版，有中央训练团党政军人事管理人员训练班所编《现行人事管理讲义》介绍关于人事管理的规定、办法等。③ 于达讲《人事业务之监察》，介绍人事机构权责、人事评选制度、人事业务重要法规、监察事项及方法等。附录有关法令规章等 4 种。④

阎锡山等著《民族革命干部政策》⑤，作为民族革命教材，内收阎锡山《干部政策》、《干部与部属的区别》、《第二战区干部政策实施办法》、《论干部问题与干部政策》4 篇。

李世安作《广东省地方行政干部训练之回顾与展望》（《行政干部》1941 年第 1 卷第 2 - 3 期）；刘瑶章有《干部训练工作之回顾与前瞻》（《三民主义半月刊》1945 年第 6 卷第 9 期）。

---

① 贾景德：《建立公营事业人事制度的经过》，《铨政月刊》1948 年第 2 卷第 1 期，第 3 - 5 页。
② 《人事训练班概况》，《辅导通讯》1944 年第 1 期，第 42 - 43 页。
③ 中央训练团党政军人事管理人员训练班《现行人事管理讲义》，编者刊，1947。
④ 于达讲《人事业务之监察》，中央训练团监察官训练班，1948。
⑤ 阎锡山等：《民族革命干部政策》，晋绥军政民各级干部训练委员会编审委员会编审，抗战复兴出版社，1939。

马博庵《县地方行政干部训练所之设置与运用》载，"江西、湖南、福建等省省政府，早就设立各种训练机关……各省也相继仿效；以后中央为求划一起见，曾于二十九年颁布全国各级训练纲要，规定了省设训练团，区设训练班，县设训练所，分期调训各地高级行政人员。……顶多只能达到乡镇一级……（而保干部）最大多数是文盲，更是政盲"。①

广西省地方行政干部训练委员会编《行政干部》月刊（1941－1942）；省主席黄旭初的《干部政策》发表于该省《建设研究》月刊（1940 年第 4 卷第 3－4 期）上，是对该省干部训练团受训人员讲演时的讲演稿。

《湖南的行政干部学校》（《抗战》三日刊 1938 年第 63 期），介绍 1938 年 4 月成立的"湖南省地方行政干部学校"。谭天萍《湖南的行政干部训练》（《民意周刊》1938 年第 32 期），介绍 4000 人已经训练完成，分派到各县农村去组织民众、训练民众。

福建省地方行政干部训练团有《福建政干团团刊》，该团计划分好几个系，针对性也强。如民政系，包括科长科员班（12 周）、区长区员班（12 周）、专任乡镇长副乡镇长班（8 周）、兼任副乡镇长班（8 周）、乡（镇）公所专任民政干事组班（16 周）、乡镇事务人员班（26 周）、乡镇户籍人员班（26 周）、家庭指导人员班（24 周）、新闻班（44 周）、各显政干所教育长专任教师班（8 周）；地政系，包括县科长股主任科员地籍员班（12 周）、测丈人员班（44 周）、绘算人员班（44 周）等。② 沈铭训口述、成隆笔录的《福建的行政干部训练》记载，"本省训练事业，开始于民国二十三年"，1935 年 2 月设县政人员训练所，1939 年"扩大及于一般公务员"，1940 年 3 月"改组为地方行政干部训练团"。"政干团共分……十五系，每系再分组，如文书系分拟稿、管卷等组。"③

此外，还有宋邦荣《一年来的陕西行政干部训练》（《陕政》1944 年第 5 卷第 5－6 期），赵连福《贵州的行政干部训练》（《贵州教育》1943 年第 5 卷第 4－6 期），广西地方建设干部学校、广西地方建设干部学校编辑的《建设干部》（1940），广西地方建设干部学校《干部生活》（1939－1940）。《浙

---

① 马博庵：《县地方行政干部训练所之设置与运用》，《地方建设》1941 年第 1 卷第 4－5 期，第 6－17 页。

② 福建省地方行政干部训练团：《福建政干团团刊》，1941。

③ 沈铭训口述，成隆笔录《福建的行政干部训练》，《改进》1941 年第 5 卷第 1－2 期，第 96－98 页。

江省地方行政干部训练团团刊》（1940－1943）是月刊。《湖北省地方行政
干部训练团刊》（1941）是旬刊，等等。

家桢《蒋经国的干部》勾勒了蒋家"太子党"的基本谱系，提供了一
些历史材料和线索。蒋经国本人常提干部培养和修养，例如《革命青年干部
与学习工作》（《中山月刊》1940年第3卷第2期）。沈怡《中国工业化之几
个基本问题》[《（重庆）大公报》1940年12月24日]，提到"训练大量之
中级技术干部……同时须为管理人才之培养"。

附：关于外来语"干部"的考证

## （一）汉语"幹部（干部）"来自日文

现代汉语有"干部"（繁体字为"幹部"。本节将视具体场景区分繁简
用法）一词，毛泽东在《反对党八股》中提到："这'干部'两个字，就是
从外国学来的。"① 然而，这个"外国"是具体指哪一国，还是泛指哪些国？

第一种说法是来自欧洲。不少文章称"干部乃是cadre的音译"。其实，
英文cadre读音为"卡追"（美式英语）或"慨者"（英式读音）。从辞书查
到，cadre是文艺复兴时期法国最伟大的作家拉伯雷（F. Rabelais，1494－
1553）的发明，他借用了square的含义：正方、正直。而square来自意大利
语，英文照搬拉伯雷法文cadre的全词，但法文cadre读音近于"嘎肋"。可
见，拉丁语系和英语全不将cadre念成gànbù（汉语拼音），连谐音都不像。
斯拉夫语系中俄语的"干部"是кадры（复数名词），读如"卡德瑞"，与
cadre的英语读法较为接近。俄文字母р发音时舌头要像弹簧片一样振动，
汉字"瑞"只是近似拟音。若将"卡"的清辅音к加以浊化，读如"嘎德
瑞"，则与法语"嘎肋"读法颇接近。自彼得大帝改革以来，俄国贵族喜用
法文。尽管汉语"干"与"嘎"读音相近，但"部"字与"德瑞"发音毫
不搭界，不像"苏维埃"、"杜马"之类是真音译。

回到cadre，它的英文解释是："A nucleus of trained personnel around which
a larger organization can be built and trained."（由经过培训的个人组成的核心，
在此基础上可建成或训练成更大一些的组织。）我国20世纪早期英汉字典中已
译释为"骨骼（骨干）"、"组织"、"（陆军联队的）干部"等含义。再说ca-
dre词义的变化。拉伯雷在1539年首次使用时，指"正方（框）"，后来转

---

① 《毛泽东选集》第3卷，人民出版社，1991，第837页。

义为一定的场所、环境，作品的各部分安排，乃至领导一个军团的军官（按：读者试联想古代欧洲军团的方块阵），再扩大至行政机关或企业中的高级人员，然后推及普通干部。从这个长达几百年的词义转变过程中不难理解：首先，拉伯雷擅长捕捉社会镜头和截取生活断面，将一幕一幕的场景串联起来，有如电影"镜头"（画面），并发明了 cadre 这个新词。例如俄文 кадр（单数名词），至今仍被解作"一个画面，一个景，一个镜头"①，较好地保留了原义。кадры（复数名词）则体现了 cadre 的现代意义（干部）。

"正方（框）"如何变为"干部"的呢？在中国，汉文帝二年（前178）下诏："……举贤良方正能直言极谏者，以匡朕之不逮。"（《史记·孝文本纪》）唐宋两朝设"贤良方正科"（科举），直至清代，还常以（贤良）"方正"之名来荐官设职。西方则以 cadre 之名泛指干部（官员）。《苏联百科词典》对俄文 кадры（复数名词）的解释是："（1）国家机关、政党、协会、组织的编制内有资历的工作人员；（2）正在服役的国家武装部队的指挥员、战斗员。"这得感谢拉伯雷的"方框"和中国的"方正"同属形象思维，故而能摆脱各地区各民族文字符号及读音的羁绊，中国的"方正"比拉伯雷的"方框"还早了一千七百年。

第二种说法是"干部"来自"和制汉语"，即日本人发明创造的汉字词汇。查日文词典，"干部"（干部）一词的日语片假名写为"カンフ"，略如汉字"刊补"的发声。"干部"在日文版《广汉和辞典》中的解释如下：（1）枝葉に对するみ幹きの意。中心部。（2）团体の主脑となる者。首脑部。（3）军队で、将校をいう。［汉译如下：（1）相对于枝叶的树干的意思。中心部（分）。（2）团体的首脑（之人）。首脑部（门）。（3）在军队里（指）称将校。]②

这部收汉字词最丰富的《广汉和辞典》，释文规则是尽可能找出各汉字词的词源并加以解释。例如与该词相邻的前一词"幹敏"，释文说词源出于《唐书·郑元璹传》；与该词相邻的后一词"幹貌"，释文说词源出于唐《独孤郁上权侍郎书》。这两个汉语词很生僻，竟未遗漏，但该辞典对"干部"的三条释文，没有一条注明是出自中国古今书籍。

其第（2）、（3）两条，与现代汉语"干部"的意思已很近似，若求甚

① 《苏联百科词典》（俄文版），苏联百科全书出版社，1980，第527页。
② 〔日〕诸桥辙次、镰田正、米山寅太郎：《广汉和辞典》，东京大修馆书店，1982，第1176页。

解，第（2）条释文失之过高（首脑），第（3）条释文失之过窄（将校）。再看一下近代中国第一部大词典《辞源》（商务印书馆，"正编"出版于1915年，"续编"出版于1931年），没有收入"幹部"（干部）一词，已可基本判定该词不是中国固有的。近代中国第一部收集古今词汇最广的词典《辞海》（中华书局，上册出版于1936年，下册出版于1937年），也没有"幹部"（干部）一词，表明词典编纂者认为名词"幹部"（干部）当时在社会上还通用不广，或者未登（学术界）大雅之堂。无论如何，截止到20世纪30年代末，中国的大词典没有收"幹部"（干部），而日本的大词典有"幹部"，这是事实。上文提到中国早期（不迟于20世纪20年代末）编的英汉词典解释里有"（陆军联队的）幹部"一条，"联队"的说法也向我们透露了日本语的信息。

毛泽东为什么没说"这'干部'两个字，就是从日本学来的"呢？须知政治讲演不同于学术讨论，不必在话语中引经据典繁琐考证。何况讲话时正值抗日战争，要避免"从日本学来的"这类长敌人的志气、灭自己的威风的话语吧。

**（二）近代中文"幹部"一词先是作"总部"解**

和制汉语"幹部"的第（2）种意思是："团体的首脑（之人）。首脑部（门）。"

第一个例子，孙中山回忆："遂开乾亨行于香港为干部，设农学会于羊城为机关。"[1] 这里"干部"指"总部"、"本部"，与日文第（2）条所解释的"首脑部"可以相容，不矛盾。孙中山所提到的"乾亨行"，就是兴中会的总部（1895）。孙中山精通英文，作为政治家，对 cadre 之行政学含义（干部——公职人员）绝不会不了解。他又多次到日本，必然查看日汉、日英等词典，通晓和制汉语"幹部"的第（2）种意思。留日的会员也已借用和制汉语"幹部"来称呼同盟会的"总部"。

第二个例子，松子（周鲠生的笔名）的文章标题为《法军干部之改组》和《法军干部之再改组》，内容是报道法军总司令、参谋长等换人的消息。"改组"一说绝不可指人，而是指机构，那么"法军干部"乃指法军总司令部。周鲠生精通日、英、法语，他采用和制汉语"幹部"的第（2）义，很有代表性。[2]

这种用法延续最久远的实例，是1927－1938年间苏联共产党内斯大林、

---

[1] 孙中山:《建国方略》,《孙文学说》,上海强华书局,1918,第8页。
[2] 周鲠生:《法军干部之改组》、《法军干部之再改组》,《太平洋杂志》1917年第1卷第5－6期。

托洛茨基、季诺维也夫、加米涅夫、布哈林等人的政治派别之斗争。其中，以斯大林为首的一批苏共中央政治局成员被称为"中央派"，中国有些（党外）舆论工具则沿用日文报刊的说法，称其为"干部派"，而各反对派被统称"反干部派"。[1] 这里的"干部"当然指苏共中央"总部"（"首脑部"）。

### （三）中文"干部"一词用于普通军官

和制汉语"干部"的第三重含义"在军队里（指）称将校"，最早似乎在中国的军事机关中被正式使用，且词义有所扩大。

孙中山《古应芬纪录之大元帅东征日记跋》载："然皆以转战经年，未得苟息，其干部死亡过半，不耐於作战，理有固然。"这句话提到的"干部死亡"，显然不是指组织机构（首脑部）"死亡"，而是人员（将校等）的死亡。该书是古应芬记述1923年8月23日至11月12日孙中山东征陈炯明的情况，孙中山为这本书写了跋语。这表明孙中山在1924年左右亲自将"干部"的意思由机构用于人员，近似于和制汉语"干部"的第（3）义。

另一个例子，是1929年3月15—28日在南京召开中国国民党第三次全国代表大会，蒋介石作军事报告，有"（孙）总理……为求实现党义之党军，始有黄埔陆军军官学校之设立。盖欲有实现党义之党军，须先有明了党义之干部将校"等语。[2] 蒋介石毕业于日本士官学校，又曾由孙中山派赴苏俄考察军事，这里的"干部将校"反映出他熟悉和制汉语的第（3）义，苏俄军事顾问则用 кадры，其"（1）正规军军官；（2）干部、人材"的含义，也被黄埔军校翻译官掌握和运用了。

### （四）"干部"（干部）一词用于指党政机关与其他团体的一般成员

1932年《红旗》上发表的《党的干部问题》一文，译自第三国际的《国际通讯》第35期，完全突破了"干部"限于首脑之人或军队将校的日文第（2）、（3）义。它的新含义显然来自俄文。还有苏共中央政治局委员卡冈诺维奇1931年在红色教授学院十周年纪念会上作的《论训练干部问题》报告，强调培养党的理论干部的重要性。1935年斯大林有名言："人材，干部是世界上所有一切宝贵资本中最宝贵最有决定意义的资本。应该了解，在我们现时的条件下，'干部决定一切'。"[3]

---

[1]　编者：《苏俄发生两个反干部派》，《国际周报》1928年第1卷第7期，第7—8页。

[2]　蒋介石：《第三次全国代表大会军事报告》，《国闻周报》1929年第6卷第15—19期。

[3]　《在克里姆林宫举行的红军学院学员毕业典礼大会上的演说》，《斯大林选集》（下卷），唯真译，人民出版社，1979，第371页。

于是有毛泽东的名言："政治路线确定之后，干部就是决定的因素。"① 查《毛泽东选集》，在1933年8月的《必须注意经济工作》中最早出现"工作干部"一词；1937年5月《为争取千百万群众进入抗日民族统一战线而斗争》内有"干部问题"专题（一节）；1938年10月《中国共产党在民族战争中的地位》内有"干部政策"专题（一节）；延安整风的几篇文章也针对干部问题而发。

**（五）中文"干部"一词的现代意义**

毛泽东于1957年9月在上海指示修订《辞海》，1979年三卷本的《辞海》正式出版。"干部"仍未作为这版《辞海》的单独词条，反而用于解释别的词（如"干群关系"）。

1980年版的《现代汉语小词典》中出现了"干部"一词，其解释是：（1）国家机关、军队、人民团体中的公职人员（士兵、勤杂人员除外）。（2）指担任一定的领导工作或管理工作的人员。②

**（六）中文"干部"、日文"幹部"在21世纪**

中华人民共和国成立后，以"干部"完全取代"官员"。及至20世纪90年代，"官员"的称谓又重现了，主要在政府、警察、军队等国家公务员序列中采用。再查以"幹部"为标题的日文书籍，除了"陆军自卫队幹部学校"、"法体幹部"、"裁判官幹部"、"上级幹部"、"中坚幹部"、"战略型幹部"以外，不少是"经营幹部"、"营业幹部"、"会社幹部"、"银行幹部"、"各团体幹部"等，用得比中国还广泛些，特别是在公司企业中。

---

① 《毛泽东选集》第2卷，人民出版社，1991，第526页。
② 中国社会科学院语言研究所词典编辑室编《现代汉语小词典》，商务印书馆，1980，第165页。

# 第六章　行政学的引进和教育

## 第一节　规范化行政学体系的正式传入

梁启超论述学与术的关系：

> 吾国向以学术二字相连属为一名词，……惟《汉书·霍光传赞》，称光不学无术，学与术对举始此。近世泰西，学问大盛，学者始将学与术之分野，厘然画出……。学也者，观察事物而发明其真理者也；术也者，取所发明之真理而致诸用者也。……学者术之体，术者学之用……

文章指出，"我国之敝，其一则学与术相混，其二则学与术相离。"前者不能忠实考求原理，或者凭偶然成败胶柱鼓瑟；后者如考据、帖括之离术言学，或离学言术，如"今之言新政者，徒袭取他人之名称，朝颁一章程，暮设一局所，曾不知其所应用者为何原则"。

> ……而当世名士之好谈时务者，往往轻视学问，见人有援据学理者，动斥为书生之见。此大不可也。夫学者之职，本在发明原理原则以待人用耳；而用之与否，与夫某项原则宜适用于某时某事，此则存乎操术之人。必责治学者以兼之，甚无理也。然而操术者视学为不足轻重，则其不智亦甚矣。今世各科学中，每科莫不各有其至精至确之原则若干条……盖有放之四海而皆准，俟诸百世而不惑者。……在前人经几许之岁月，耗几许之精力，供几许之牺牲，乃始发明之，以著为实论。后人则以极短之晷刻，读其书，受其说，而按诸本国时势，求用其所宜而避其所忌，则举而措之裕如矣。

比自己摸索碰壁终无所得，岂止事百功一？梁氏意在劝人向学。①

在中国，"行政"之术早就有的，就是没达到近代行政之"学"的层次。所以学校没开这个课，也找不到对口的参考书。于是，一般读者要等到1930年之后，从蜡山政道的《行政学总论》（原作1928年出版；中译本1930、1934年出版）才知道日本曾经有过这样一些书刊：

拉德凯《行政学讲义录》（二册，1886）；

《行政学》（1892）；

斯太英著《行政学》（三册，1887）；

渡边谦吉译《行政学》（三册，1887）；

有贺长雄《行政学》（二册，1890）；

行政学研究杂志《行政学论说集》（1892）。

蜡山政道同时还列举了晚于19世纪且属于行政学分支的几本书：

工藤重义《预算制度论》（1910）；

井上友一《都市行政及法制》（1911）；

小林丑三郎《地方财政学》（1911）；

星一《官吏学》（大正7年，1918）；

渡边万藏《官吏论》（1923）；

巴德《东京市政论》（1923）；

田村德治《行政学与法律学》（1925）。

这13本书刊里面有"行政学"字样的占了7/13，另外还有2本市政学、2本官吏学、2本财政学。"行政学"那时在日本已成熟了吧？蜡山政道却说：

> ……以前各国虽有以"行政学"三字题名的著作，但由今日的我们看来，是不足以为参考的。例如著名的斯泰英的《行政学》（Lorenz von Stein, *Die Verwaltungslebre*, 1865～1868），不论其研究方法，或其研究对象，都反而对于今日的行政法学，有较多的贡献。……在日本最初担任行政学教课的拉德凯，于明治十九年（1886）著《行政学讲义录》一书；但按其内容，只可说是斯泰英的行政学之亚流。因此，宜乎后来在日本，行政法学与国法学则日见发达，但行政学的名称，反渐次远离了

① 沧江（梁启超）：《学与术》，《国风报》1911年第15期，第7-10页。

大学的讲坛。降至近年，行政学一科在日本虽已复兴；其复兴的实际上的动机如何，姑不具论；至其理论上的动机，则完全基源于别一理由。

也就是说，在中国法政学生大举赴日的一二十年中，"行政学"名称在日本大学中反而"渐次远离"了。无怪乎我们只看见"行政法"被每一所中日法政学堂（校）列为核心课程，却少了"行政学"。好在蜡氏补充说明：

> ……降至近年（按：当指该书1928年出版前），各国学者所收集的材料及其研究的方法，虽不用"行政学"的名称，但与行政学的实质相近似者则日益增加，这是值得我们大大注意的一点。同时，此种现象并且告诉我们：何谓行政学的问题乃有明白解答的必要。①

令人意外的是，20世纪行政管理学的另一强音（我们在前一章已提到），即"韦伯文官体制"说竟被提前引入。傅易铭翻译的《官僚政治》是日本杉山慎吉在德国见习行政事务时写的一篇文章。文中称："官僚政治（Bureaucratic）者，专职官吏之政治，亦命令指挥之行政也。""因是上下之序次整然。""官吏……既以专门之学术与长时之经验为必要，故其趋势乃益益巩固。""上官之阅历、技能，必不可不优越于下官"，"故市之市长，必以官选（按：非民选）为适当"。② 译者认为："现今英德诸国官厅之组织，颇有由合议制而渐变为独任制之趋势。此殆中世纪之事务所政治（按：专重文书形式），将于今日见大成也。"日本作者身处普鲁士，眼见其"保守主义及阶级主义"、"卓越的官僚政治"，给予肯定。今天管理学界都知道的马克斯·韦伯（Max Weber，1864－1920）的"官僚制"（层级制，"韦伯文官体制"），是其《经济和社会》（1922）里所提及的其中一种公共行政和政府统治形式（韦伯个人并不欣赏这种制度，他只是认为其特别成功和有效罢了）。

比较杉山慎吉此文（傅易铭译文）和韦伯的书的发表时间可知，前者早了十多年。《法政杂志》编者还补充说，我国"向来因胥吏用事，尽有官僚政治之害而未受其利。今胥吏既去（按：清末新政的官制改革成果之一），

---

① 〔日〕蜡山政道：《行政学总论》，黄昌源译，中华书局，1934，序言。
② 〔日〕杉山慎吉：《官僚政治》，傅易铭译，《法政杂志》1911年第9期，第302－324页。

果有官僚政治之优点出现乎？亦救时之一策也。"此译文发表于宣统三年（1911）九月二十五日，我们后人惊叹于他们学术上之敏感和反应之快捷；而从行政管理学来看，不免感喟发表得早了，即武昌起义爆发之后月余，专制皇朝垮台之际，学术界无暇讨论和争鸣。原作者认为中国"为古来官僚政治最发达之国，从沿革上与西洋各国相比较，当能发见数多之事实"。实际上，历代中国官场积习难改，此时想化害为利、汰劣扬优，需要强势政府自我更新。

## 一 古德诺、有贺长雄等对中国宪政的介入

弗兰克·古德诺（F. J. Goodnow, 1859 – 1939），曾当选美国政治学会第一任主席。1913 – 1914 年，他应袁世凯之聘来北京担任中国政府的政治顾问。这时，他的《比较行政法》也为中国读者所知。广告称："我国官制、官规尚未大定，正当考览各国，以集所长。近又因省制问题，采法美制、采德日制，议论滋多。我国民尤不可不详考各国制度，以比较其得失。"①

1914 – 1928 年，古德诺回美国任约翰霍普金斯大学校长。1915 年暑假来北京，对中国究竟适合何种国体进行分析。在上海《亚细亚报》上发表《共和与君主论》一文，被筹安会大肆鼓吹为"君主制优于共和制"，背上千古骂名。②（按：《中华民国史事日志》中说："古德诺对记者否认曾谓中国必须君主，筹安会宣言引征有误。"③）

古德诺 1900 年出版名著《政治与行政》（*Politics and Administration: a Study in Government*），舍弃了立法、行政、司法三分的政治学传统，对威尔逊提出的政治 – 行政二分法做了进一步的阐释和发挥，提出政治是民意的表现，亦即政策的决定，行政是民意的执行，也是政策的执行。古德诺通过对国家的主要功能（政治的功能，行政的功能）、行政体制对于政治和行政关系的作用、从政党的地位看政党及行政体制的影响、政党的责任心等一系列重大理论问题进行考察与分析，比较系统地阐述了自己的行政学思想。

在中国，对古德诺著作最早的反映，有《谘议局事务调查会意见书》："美国哥特拿（按：当指古德诺）博士之言曰：'以统治之便利论，则权在地方不如在中央；以行政之周备论，则权在中央不如在地方。'"④ 这句话出

---

① 〔美〕葛德奈：《比较行政法》，〔日〕浮田和民译，民友社转译，1913。
② 〔美〕古德诺：《共和与君主论》，《亚细亚报》1995 年 8 月 3 日。
③ 郭廷以：《中华民国史事日志》（第 1 册），台北中研院近代史研究所，1979，第 192 页。
④ 《谘议局事务调查会意见书》，《宪政新志》1909 年第 1 卷第 1 期，第 3 页。

自该书的"中央与地方的关系"一节，可知中国学者善借他山之石。

古德诺《中国行政改良论》可能是惟一以"中国行政"作为醒目标题而面向中国公众的论文。"国家政务，经纬万端。约而言之，可分为五：一曰外交，二曰军政，三曰司法，四曰财政，五曰内务。""近今各国外交行政大抵用纯粹中央集权主义。"[1] "中国之情形与各国异，其故盖在交通（不便）一事。""中国目前行政之制，盖地方分权之制也……宜暂为保存。盖不如是，则政治必失其敏活。"[2] "军政之管理必须直隶于中央，不宜使地方略有关系。"[3] "集权之政策，盖为全国之统一起见，故以中国现今而论，所贵乎集权者，非必取政治之全部一一而操诸中央之手也……但取军政财政诸要事为国本所关者，归诸中央管辖而已。""以吾所闻，中国法律，各省每不相同，故非至法律大同之日，司法一部分必须兼采分权主义。"[4] "他日交通日有进步，则其它行政亦可援军政、财政之例，渐次归诸中央，以谋长久之利益。然未至其时，则毋宁姑仍今日之省制。盖为国家之安全及其便利起见，事固不得不尔也。"[5] "地方自治之习惯，非可一蹴而几也。泰西各国之百姓，皆有数十年之政治教育，以中国人民之程度，遽欲规仿其制，殊非稳固之策。"[6] 试看西方，"一、各国人民其最初参预政事之时，未尝采用普及主义……嗣后国家经济状况日益变迁，教育普及之后，一般人民皆有政治思想，而后乃许其参预政事，此历史趋势之大概也"。"二、泰西各国，虽在平民政治渐次发达以后，地方官吏之任用，仍未即用普通选举之法。大抵一切官吏无论任期长短，皆由政府任命。"[7] 中国可借鉴"法拿破仑又于任免地方长官外，更设一地方议事会，其会员亦由政府任命之。此制行之几及百年，至全国人民均有政治之习练，然后乃用普通选举之制"。中国各地方议事会，"其议员或由中央政府任命，予以稍长之任期；或由人民中一部分真能代表地方经济上之公益者选举之"。作者所指是地方商会、学者、富室人物"得有选举之权"。议事会有权核定地方税，对地方政务陈述意见，或兼有监督长官之权，以及选举中央国会。"以视议员之由各地方普通人民选举

① 〔美〕古德诺：《中国行政改良论》，《大同报》1914 年第 20 卷第 10 期，第 7 页。
② 〔美〕古德诺：《中国行政改良论》，《大同报》1914 年第 20 卷第 11 期，第 11 页。
③ 〔美〕古德诺：《中国行政改良论》，《大同报》1914 年第 20 卷第 12 期，第 7 页。
④ 〔美〕古德诺：《中国行政改良论》，《大同报》1914 年第 20 卷第 12 期，第 10 页。
⑤ 〔美〕古德诺：《中国行政改良论》，《大同报》1914 年第 20 卷第 12 期，第 11 页。
⑥ 〔美〕古德诺：《中国行政改良论》，《大同报》1914 年第 20 卷第 13 期，第 5 页。
⑦ 〔美〕古德诺：《中国行政改良论》，《大同报》1914 年第 20 卷第 13 期，第 6 页。

者，其得失不可以道里计。盖普通人民本昧于全国之公益，其所举人员自无代表之价值也。且议事会之设，不啻立一学校，俾人民得有政治之习练，以增进其智识。其裨益诚非浅鲜也。""转移风化之功，其道在渐。……迫不及待，急起直追，则徒足以为政治进步之阻力而已。试一取南美洲各共和国之历史读之，可憬然于政治改良之无取乎急进矣。"①

古德诺《市政法制论》由京都（北京）市政公所编译科翻译，此文讨论的是古德诺擅长的领域，批评"美国政府之制度，其最不满人意者，殆莫有过于各州之市政府矣"，"昔日管理上种种不完备，不得法，不适合"，改进太慢。"当时以为唯一之救济方法者，不外变更组织之一策。"② 而实践证明，单纯如此并不能解决问题，作者借以分析立法与行政的关系。

姚荣龄《中国行政改革论》介绍了古德诺学说的产生背景，文章解释是因为政府的职务加多，一向的放任政策不行了，所以古氏主张行政从政治中脱离出来。但是古氏又认为行政应当受政治的节制，"行政处于仆人的地位，听取主人的命令去实施，这是近代行政的动向"。文章归纳中国行政的缺陷及其改革，可分为六个方面：（1）人事（行政道德，技能，政务官与事务官之分）；（2）组织（机关裁并、紧缩，权限确定，独立制之避免——合署办公实为完整制采行的先声，委员制之避免，顾问机关与执行机关之职权应分开，新组织设立要分期、分步、试验、权衡，组织规模和水平高低要因地制宜）；（3）财政（主计处并未能总揽全体，未建立完备的总金库）；（4）物料（庶务的包账制之弊，集中采购）；（5）资料（统计及信息要适用，档案管理要科学）；（6）施政程序（手续或支配，前者即日常事务，后者为决定政策和计划、执行政令、指挥监督等）。他认为："欲改革中国的政治，必先以改造行政为基本工作。"③

批判古德诺"君主论"的文章很多，如《甲寅》、《新中华》等刊载有秋桐（章士钊）的《评论之评论——古德诺与新约法》（《甲寅》1914年第1卷第2期），林平的《古德诺博士共和与君主论之质疑》（《甲寅》1915年第1卷第9期），余生的《评古德诺氏国体论》（《新中华》1915年第1卷第2期）等文。

---

① 〔美〕古德诺：《中国行政改良论》，《大同报》1914年第20卷第13期，第6-8页。
② 〔美〕古德诺：《市政法制论》，《市政通告季刊》1920年第1期，第1-6页；第4期，第1-10页。
③ 姚荣龄：《中国行政改革论》，《建国月刊》1936年第14卷第6期，第1-11页。

袁世凯的另一位法律顾问、日本人有贺长雄（Ariga Nagao，1860 - 1921）毕业于东京大学，任枢密院书记官。1886 - 1887 年留学德、奥，获得文学和法学博士学位。他在甲午战争和日俄战争中都是日军的国际法顾问官，是侵华的老鼓吹手。他是很多中国留学生的老师。清政府派五大臣出洋考察宪政时，他又为之捉刀报告《欧美政治要义》。后继的考察大臣达寿（学部侍郎）也请他讲解宪政。李家驹（驻日公使）长期向他请教，得以回国任资政院副总裁、总裁，并于 1911 年奉命与汪荣宝两人负责起草中国第一部宪法草案正文。自 1913 年 3 月起有贺长雄出任中华民国政府法律顾问，经历袁世凯、黎元洪、冯国璋、徐世昌四任大总统，1919 年辞职。

1913 年 3 月 8 日，有贺长雄来到北京，执掌宪法及附属法的制定。不久，中华民国第一届国会正式开幕。在第一届国会参众两院 682 名议员中，有约 60 人毕业于日本早稻田大学，他们是有贺长雄当年的学生。有贺长雄在总统府内主持成立"宪法研究谈话会"，成员包括章宗祥、汪荣宝、陆宗舆、曹汝霖、曾彝进、李景龢以及助手青柳笃恒等。半年后出版《观弈闲评》，杜撰了"国权授受说"，为袁世凯撕毁临时约法提供法理依据。

当时有贺长雄的书也翻译出版了好几种，都是符合实际形势需求的所谓宪法学，如《制定宪法程序》（1912），《共和宪法持久策》（1913），《不信任投票制之危险》（1913），《宪法草案之误点汇志》（1913）。另有光绪末年的《战时国际公法》（严献章译，1908），不在此列。

有贺长雄鼓吹中华民国只能采用"适于民国国情之特别共和组织"，即所谓"超然内阁共和政体"。其特点是："大总统先行决定政治方针，不问国会内外之人，但有愿依此方针行其政治者则举之，组织国务院。至其方针之当否，一归国务员负其责任，虽有时出于不得已更迭内阁，然未必因国会失多数之赞成而以之为辞职之准绳，考其政治方针之成绩何如，征诸国内舆论向背何如，大总统独断特行，而使内阁更迭。"在此种超然内阁政体情况下，大总统与国务员的关系应"与德意志皇帝与宰相之关系同"（按：露出"称帝"的狐狸尾巴）。大总统视能力、性格，可以乾纲独断，"教示国务总理"；也可以"凡百政事委任国务总理，但垂拱以治而已"。[1] 有贺长雄主张大总统的职权包括：（1）总揽政务之权；（2）公布及执行法律之权；（3）拒否法律及决议之权；（4）提出法律案之权；（5）发交敕书于国会

---

[1]　〔日〕有贺长雄述《观弈闲评》，1913，校印本，第 43 - 49 页。

之权；（6）命令权；（7）特赦、减刑、复权之权；（8）宣告戒严之权；（9）制定官制官规，且有任免文武官之权（编制权）；（10）不负政治及刑事上之责任，但大逆罪不在此限；（11）担民国外交之任；（12）统率民国陆海军；等等。① 这些法律条文简直是为袁世凯专制独裁量身定制，他比古德诺更狡猾。

这两位政法理论界的大人物亲临民国初年政治现场，当了中国人民的反面教员，激起部分知晓西方政治学的中国学者的批评和问难。李大钊（1889－1927）揭露：

> 今国人信为足与谋国情者，为日人有贺长雄与美人古德诺。……有贺氏之论国情也，必比于日，否亦日本人目中之中国国情，亦非吾之纯确国情也。……往者有贺氏倡为总统内阁制之说，以迎当道，而宪法之风潮以起，吾侪已惊其立言之异趣矣。②

秋桐（章士钊）的《白芝浩内阁论》自沃尔特·巴格霍特（Walter Bagehot）的《英国宪法论》（*The English Constitution*）中的第一编"内阁"译出，目的是比较英国内阁制和美国总统制，论证"内阁制之一特性……即所谓立法、行政两权融成一篇是也"。而总统制"见于临时之作用者，其害实大。以其全无弹力，不能为非常之原，以安危而定乱也。"③ 该文向国人介绍有关理论，揭露袁世凯专制独裁的野心。

秋桐（章士钊）的《古德诺与新约法》称："美人古德诺氏，在彼邦颇以讲行政法有声，尝倡言19世纪之问题在立法，20世纪之问题在行政。"④ 因为欧美立法系统已经完成，剩下的就是国民权利由行政部门加以落实了。"则古氏所谓行政乃立法完成后之行政，非寡头专制之行政也。"古德诺来中国当政府顾问，知道中国三年前因反抗清王朝的专制而发生了革命。清朝没有民选之立法部，而民国时人民要选立法部却遭到袁世凯打压。古德诺竟不惜背离自己《比较行政法》中的理论，为袁世凯"新约法"开脱，声称："中国之习惯，本注重行政，而不注重立法。……故不可不暂存旧制，而偏

---

① 〔日〕有贺长雄述《观弈闲评》，1913，校印本，第63－106页。
② 《李大钊全集》第1卷，河北教育出版社，1999，第688－689页。
③ 秋桐（章士钊）：《白芝浩内阁论》，《甲寅》1914年第1卷第1期，第1－19页。
④ 秋桐（章士钊）：《古德诺与新约法》，《甲寅》1914年第1卷第2期，第1－5页。

重行政之权。"文章驳斥古德诺所谓"旧制"、"习惯",称其实近十来年民权、自治已逐渐成为常识。古氏"合于国情"之说更富欺骗性,事实上,合不合于中国国情,应该由人民决定。古德诺"丧独立之良德,隳学者之声名,愚深为古氏不取"。

这一期的《甲寅》还有章士钊的《开明专制》一文,称"开明专制者,人治政治也,愚固从根本上不以为然"①,驳梁启超所支持的吴贯因。

也在这时(1915),北京大学哲学教授张东荪(1886-1973)对《行政与政治》作一别解:"美儒古德诺氏著有《政治与行政》一书,分析行政与政治,精微透彻,为谈法者所宗。郑君之蕃曾本其义旨,撰有论文,载于《神州月刊》。大抵不外言行政与政治之界说及不同之点而已。吾今亦取其名以名吾篇。篇内所言,则迥异其趣。此吾所以特志一言于未入论题之先也。"按:郑之蕃(1887-1963),江苏吴江人。1907年由复旦公学考取官费,入康奈尔大学数学系和耶鲁大学研究院。1911年回国。1920年后执教于清华大学数学系。张东荪提供的这条线索值得重视和进一步查证。

　　"能产良行政者是为良政治。"此哈密敦之名言也。哈密敦又曰:"人民之信仰政府,以行政之良楛为比例。"斯言也,吾思之、重思之,觉近世一切之文化胥在斯,近世国家之建设亦胥在斯。顾良行政以何而立? 由何而生? 吾又思之、重思之,知良行政者不在行政者有若何之美德,而在行政制度全受法律之管束,且足发扬民志也。②

古德诺的行政理论一直受到中国政治学家、行政学家的关注。例如,二十年后,1936年,南开大学张纯明教授对古德诺五位弟子的一本阐述其学术成就以及学派新成果的文集 *Essays on the Law and Practice of Governmental Administration*(编者 C. G. Hames 和 M. D. Dimock,由 Johns Hopkins Press 1935年出版)作了介绍。张文主要讲在罗斯福新政扩大行政权力的趋势下如何建立有效的文官制度,主张在总统之下设一行政局(Bureau of General Administration),"综理一切普通行政事务"。③

张金鉴(1903-1989,曾在北京大学学习,中央党务学校毕业,美国斯

① 章士钊:《开明专制》,《甲寅》1914年第1卷第2期,第5-7页。
② 东荪:《行政与政治》,《甲寅》1915年第1卷第6期,第39-119页。
③ 张纯明:《公共行政》,《政治经济学报》1936年第4卷第2期,第439-442页。

坦福大学政治系学士、政治研究所行政学硕士）的《（书介）现代政治与行政》，介绍他在斯坦福大学的同学狄谟克（M. E. Dimock）1936 年出版的 *Modern Politics and Administration*（《现代政治与行政》）一书，两人都师从克卓耳（E. D. Cottrell）教授，知根知底。该书的特点，第一，抛弃了孟德斯鸠的三权分立的传统观念，而按古德诺的《政治与行政》立意，上编讲政治和立法，下编讲行政和执行。张金鉴同意狄谟克的做法，认为事实上在现代政府的运作中，政治（立法）和行政是一件事的两个阶段，立法也要从行政实际出发，而"吾国政治上最大的毛病就是立法与行政脱节了"。他说，各国政府的"行政立法"（Administrative Legislation）越来越多，美国一些政府机构和组织如吏治委员会（Civil Service Commission）等的任务和作用"是把立法、司法、行政合为一体的，足见传统的分权办法已渐不适用了"。第二，"他认为政府行政的方法和技术是可以标准化、科学化的，亦就是说工商企业的管理经验可以应用到公务的处理上"。此外，对罗斯福新政，即政府干预（计划经济和统制政策）的信念，张氏表示"同情"。张氏总结说，现代行政要具备三大要素：完整（按：指三权不可分）、效率、统制（或计划）。①

威尔逊的思想与活动，中国学术刊物上极少介绍。较早的两本书，一是威尔逊撰、罗伯雅重译的《历史哲学》，由上海广智书局于光绪二十九年（1903）出版；一是《美国威尔逊总统在纽约演说译文》（1912 年石印本）。文章方面，能找到的已是民国初年或更迟的，如：

笔名"光"的《威尔逊政治生活谈》："采述威氏日记一段，其政务纷纭，日不暇给之况，可想见焉。"② 例如，威尔逊早餐毕，阅读电信五六十件，口授复信（电）由速记员记下，仅费时 30 分钟。9 点，接见，每人 2 分钟。下午在公园见群众。后回总统府，国务卿呈电报几十通，威尔逊密授方略。晚餐后，浏览公文私函，打字作答。案上还有如山文件，如议会决议案、官吏任免状，均须签名（每周约千件）。此外，文章还叙述威尔逊其他政务活动，可谓日理万机，但没有谈政治学、行政学理论问题。

诵虞《威尔逊评传》较全面地概述了威尔逊的生平，对其内政外交的得

---

① 张金鉴：《（书介）现代政治与行政》，《服务月刊》1939 年第 1 期，第 63 – 106 页。
② 光（潘光旦）：《威尔逊政治生活谈》，《清华周刊》1917 年第 107 期，第 3 – 4 页；第 108 期，第 3 – 6 页。

失解说颇多，尤其是巴黎和会、华盛顿会议、国联等事件的成败，① 提到了他的主要著作，而研究、剖析其思想理论则显功力不足。

马星野（1909－1991，曾任中央日报社社长、"中央通讯社"社长）的《从威尔逊主义到罗斯福主义》写于美国密苏里新闻学院，通篇是关于威尔逊和罗斯福两总统的国际政策评论，未提威尔逊的行政学理论。②

直到费巩（1905－1945，留学法英，牛津大学政治经济学硕士，任教于复旦、浙江大学），才有正面评论威尔逊著作的文字，可惜仅限于政治制度方面（与英国白芝浩分庭抗礼），未及行政学。③

张君劢（1887－1969，早稻田大学政治学学士，翰林院庶吉士，在柏林大学攻读政治学博士学位，师从奥肯学习哲学）写道："20 年前初读政治学书，以之与今日之政治思想相较，其对象与根本观念已经一种绝大变化。"④他提到的关于国家的新学说有：国家毁灭说，公共职务说，政治组织之改造，直接行动之意义，贫民专政之可否，联邦主义之推广，国际主义之萌芽。"昔之论国家性质者必以主权为要件，今则易为公共职务说矣；昔之论政府组织者必曰三权分立，今则易为立法、行政混合之中央执政委员会矣……"⑤ 对于这些现象，作者作了历史唯心主义的解释："其所以然之故安在？曰：前既言之，人事变动不居，非有公例可求者也，因人自由意志之奋进，而制度因之以变更……"

《（书评）大学与国家：威尔逊的论文集（英文本）》（《人物月刊》1936 年第 1 卷第 2 期）、《（书评）〈威尔逊〉》（《人物月刊》1936 年第 1 卷第 2 期）、《（书评）〈威尔逊的政治教育〉（英文本）》（《人物月刊》1936 年第 1 卷第 2 期），均由默庄者执笔，但不甚注意威尔逊的行政学理论，缺乏对这个问题犀利的剖析。

杨开道（1899－1981，密歇根农业大学博士，农村社会学家）的《威尔逊——一个失败的大学校长》，只论到威尔逊的校长行政。⑥

《市行政与行政效率》的作者万赓年可能是清华大学政治系的在校生。

---

① 诵虞：《威尔逊评传》，《东方杂志》1924 年第 21 卷第 4 号，第 68－75 页。
② 马星野：《从威尔逊主义到罗斯福主义》，《国闻周报》1933 年第 10 卷第 40 期，第 1－5 页。
③ 费巩：《政治学必读之书》，《政治季刊》1933 年第 2 期，第 126－133 页。
④ 张君劢：《政治学之改造》，《东方杂志》1924 年第 21 卷第 1 号，第 1 页。
⑤ 张君劢：《政治学之改造》，《东方杂志》1924 年第 21 卷第 1 号，第 8 页。
⑥ 杨开道：《威尔逊——一个失败的大学校长》，《人物月刊》1936 年第 1 卷第 2 期，第 133－138 页。

文章对古德诺的《政治与行政》钻研较深，推论司法权被立法和行政瓜分，因而不是单独的一权。既然行政是执行国家意志及政策，又从实际政治中看到立法机关也可行政（执法），行政机关也可立法（包括条例、命令），司法机关也可立法（引用判例审案定罪）和行政（执行，司法行政），那么行政实际上可以分为立法的行政、司法的行政和行政的行政三块。"行政学便是专门研究'行政的行政'的科学。"作者也熟悉怀特的《公共行政入门》（按：通译为《行政学概论》），书中定义："行政效率是'公共事业（务）最敏捷、最经济、最满意的做出（achivement，成就）'。"万廑年表示可取。而怎样估定行政效率，他表示不能简单对待、笼统比较，有待行政学的发展和运用。①

## 二　政治学会韦罗璧诸人的现身说法

中华政治学会酝酿于 1915 年 8 月袁世凯欲称帝之时，美国公使芮恩施博士"首拟在华创一政治学会，规效美国政治学会，以研习国际法、外交学为要旨"。严鹤龄、顾维钧（待任驻美公使）、伍朝枢深愿臂助，筹备三个月，发起诸人公推严鹤龄、伍朝枢、张煜全起草规程，串联发展会员，得来华的政治学专家韦罗璧、亚当士的支持，襄画组织事宜。12 月 5 日，在外交总长陆徵祥家开第一次常会，到会 60 余人，陆徵祥当选会长。通过《中华政治学会章程》，其"宗旨（1）为奖励研究法律学、政治学、社会学、经济学、行政学等学理；（2）为联络本会同志之友谊"。这是我们在清末民初政治学界章则中首见研究行政学的号召。

古德诺、有贺长雄等都是会员。严鹤龄在《政治学会并政治学报之缘起》中称："吾国政治、法律学，纵不若人，然行政、经济、社会诸学，固有足多者焉。学者诚能殚心勾稽，所获资料自必佳美而丰赡，复能钻研有得，出其实绩，公诸环球学问之林，则卓然成一家言矣。"②

古德诺的得意弟子、美国政治学会会长、美国《政治学报》主编韦罗璧（又译韦罗毕、威洛比、魏罗比等，William Franklin Willoughby，1867 – 1960）也随师来华，参加中华政治学会。1916 年 10 月，应邀在学会学术年成立大会上做报告（译成文言文发表，文句比较令人费解）：

① 万廑年：《市行政与行政效率》，《地方自治》1936 年第 2 卷第 1 – 2 期，第 75 – 79 页。
② 严鹤龄：《政治学会并政治学报之缘起》，《政治学报年刊》1916 年第 1 期，第 11 – 20 页。

　　……默察贵国政治上之需要，……窃以政治教育之需要，其需要之最著者乎？……华人之言治与运用治术，实有足尚者焉。善处殊多，兹不具论。……有关合乎今世共和政体之司治制度者焉，……辄有为之排解处息，卒归于无讼。……华人解纷，初无定准，随事以断，务底于平。而西人舍坚持严法外，无他术焉。……旧时专制政府，既就倾覆矣，国会既已召集而畀以立法之权矣。……独欲使人民对于国家政策，胥得表陈美善之公意，复得责其必行。而政府之建设，有适之组织，绰裕之权能，以施行政令，副彼民意，其真难事耳。今中国政府，表面观之，固共和也。由是而循名责实，毋使中空，实为当务之急……至于中国，则仅践其阈而已。

　　今日之会，为时至暂……余愿商榷一二焉。其一，中国而欲图治也，必图法治。申言之，官吏之资格权能，应以法律厘定之。官吏行事有涉违法之嫌者，应有机关焉以审判之。官吏有越权行为，仍使以私人名义负刑事上民事上之责任。盖法律上责任，实立宪政体制之要素，犹政治上责任之为共和政体之要素也……

　　中国所不容忽者，其二，则亟须组织绝有力之政府，足以举办一切应为之事。夫政府，犹机器也。使其结构与动力不良于运用，则将焉用彼矣？……民主政体，亦犹专制政体，必有行政权能之规定焉。

　　……中国人自古不习于泰西所谓法治者，并未深悉强有力之政府为内政外交上所不可阙。时至今日，始觉欲外御其侮以护卫主权需此孔殷矣。虽然，苟不兼务内政，使政制完善，官方整饬，用财有道，而欲徒藉外交，冀登世界列强之席，亦不可得也……

　　夫行政之健锐，与民权之尊崇，两善兼举，本属难事。况中国地博民稠，未有经验而施新猷，其难弥甚。是惟赖夫凝盼中国擢登列强之席者，奋明达之智，励公廉之操，勠力协衷，共济宏艰耳。[1]

　　韦罗璧的著作似无译成中文版本的，可能来华的时候他自己的行政学研究还拿不出成熟的成果。今天的中国国家图书馆仅藏他在 1905 年的一本书 *Territories and Dependencies of the United States：Their Government and Administra-*

---

[1]〔美〕韦罗璧：《政府之率导与其权力》，郭云观译，《政治学报》1916 年第 1 期，第 85 - 99 页。

*tion*（《美国本土和属地的政府与管理》），由纽约世纪公司在 1905 年出版，属 The American State Series（美国丛书）。

还有一位威洛贝（Westel Woodbury Willoughby，1867 – 1945），他是威洛比（韦罗璧）的孪生兄弟，约翰霍普金斯大学政治学博士，这时也已来华，在中华政治学会活动中同样处于核心地位。他与中国政府的渊源也极深，例如 1920 年的华盛顿会议，他是中国代表团的顾问；"九·一八"事变、"一·二八"事变，以及与国际联盟打交道中，他都是中国政府、中国驻美使馆的顾问。他以其参与实际交涉的经历和搜集掌握的资料，先后撰写过重要著作《中国之于华盛顿会议》（20 世纪 20 年代）和《中日纠纷与国联》（1935），引起国际政治界的重视。

20 世纪 30 年代初，关注韦罗璧公共行政学的有古有成（1900 – ?，广东梅县人，国民党员。黄埔军校中校、宣传科科长，后任广东军事政治学校副主任、少将）。他 30 年代初任职于浙江省政府，从事文秘工作，因工作需要而译述，时间不长，有：《公共行政的问题》（《浙江民政月刊》1931 年第40 – 41 期）；《政府公务的事业性》（《浙江民政月刊》1931 年第 44 期）；《社会事业论》（《浙江省建设月刊》1930 年第 37 期）；《美国市议会之研究（上篇）》（《浙江民政月刊》1931 年第 38 期）；《美国市议会之研究（下篇）》（《浙江民政月刊》1931 年第 40 – 41 期）；《美国地方用人行政制之研究》（《浙江省建设月刊》1930 年第 36 期）；《关于用人行政的几个根本讨论》（《浙江民政月刊》1931 年第 42 – 43 期）；《公务员的训练》（《浙江民政月刊》1931 年第 45 期）。

《公共行政的问题》一文译自魏罗比（韦罗璧）的《公共行政的问题》一书的第一章，译者还将该书的用人行政等章也陆续译出，以供浙江省公职人员阅读。"行政"一词采狭义，指"行政机关处理事务的行为"。文章指出，公共行政与私家管理有很多相通之处。原作者最后归纳行政机关官员应解决五方面的问题：行政普通机能（指挥、监督及支配）的运用，称为普通（Genenal）或上层（Overhead）行政；行政机关的构造形式或组织（Organization）；工作人员的条件和决定（Personnel）；场地设备和物资供给（Materiel or Supply）；财政（Finance）。①

---

① 〔美〕魏罗比：《公共行政的问题》，古有成译，《浙江民政月刊》1931 年第 40 – 41 期，第 29 – 34 页。

《关于用人行政的几个根本讨论》重申了"把公共行政问题，分为普通行政，及组织、人员、物件及财政四部"的韦罗璧模式，而用人行政"最重要，最复杂"。①

又如《公务员的训练》，将公务员分为预备的和在职的两类，可由机关或学校、社会组织通过专业或业余教育来培训。古有成翻译出这些片段文章，最后都没有成书。②

30 年代中期，谢廷式翻译了与厄威克（L. Urwick，1891–1983）齐名的管理学家古力克（L. Gulick，1892–1993）的《划分政治与行政的新办法》一文。据译者谢廷式概括，文章修正了威尔逊、古德诺的理论，否认政治与行政（即政务与事务）可以划分的说法，并引用韦罗璧的一些思想，提出：第一，政策的决定与政策的设计才是应当划清的两件事；第二，要根本改造整个行政组织的机构，才能支撑所处时代的这个局面。正文中，古力克设想的"新办法"，就是"把政府改变成一个包揽美国经济生活的总公司"。译者解释说："政府既为总公司，政府执政元首当然为总经理，行政上的责任当然在总经理，此说详见韦罗璧的《行政管理原理》一书的第一章。"作者说明，政府的新任务"就是设计及推进这调节全国经济生活的大计划。这件事就得须将实际工作有一番重新的分配；同理，对于分权，也得须根据一种新的理论。""执政元首，就是应命起草这大计划而来的。参议或顾问的代表团体，就是特别聘请来考虑及选择这项计划大纲所相关的广泛问题。执政元首，就得有全权处置各大纲以下的各细节，以及各项工作相关的关系，并且不单是靠现存的政府机构，更须襄助以半私性质的新机构，以力促一切的实现。"至于来日的立法部，也有两种权责：第一，（选）取决（定）大政方针。第二，执掌监督与审察之权。此外，"就是直接控制政党及拥有社团势力的公民群众"。③

谢廷式还简单介绍了怀特与他的两位助手——高斯（John M. Gaus）和迪莫克（Mashall E. Dimock）新著的《行政学的范畴》（The Frontiers of Public Administration）。"本书对于行政学的性质、成因、发展，都有很新颖的很

---

①　古有成：《关于用人行政的几个根本讨论》，《浙江民政月刊》1931 年第 42–43 期，第 12–26 页。

②　古有成：《公务员的训练》，《浙江民政月刊》1931 年第 45 期，第 11–13 页。

③　〔美〕古力克：《划分政治与行政的新办法》，谢廷式译，《光华大学半月刊》1934 年第 2 卷第 9–10 期。

精辟的解释。"例如行政效率，"效率乃是对于整体的结果而言，绝非估量局部的成绩而言"。"又如所谓科学管理，喻机关如机器，原意是要事事合理、适当。"①

张锐《论行政的无能》介绍："美国行政学权威古力克氏尝谓，近代行政学的范畴不外七项……名曰 POSDCORB，P 代表设计（Planning），O 代表组织（Organization），S 代表人事（Staffing），D 代表指挥监督（Directing），CO 代表联系（Co-ordinating），R 代表工作报告（Reporting），B 代表预算制度（Budgeting）。"②

此外，不尚空谈的财务行政的实干家是经袁世凯政府总统府顾问莫理循（G. E. Morrison，1862 - 1920）推荐的英国人丁恩（R. M. Dane，1854 - 1940）。他从印度来华担任北洋政府盐务顾问兼盐务稽核总所会办（1913 - 1918），与中国改革派官员共同建立中央集权征税体制，按自由贸易原则实行就场征税制的改革（包括盐务官制、盐税征榷管理、食盐运销制度改革、盐业生产方式革新等）。本书未就这方面作更多引述。

此后受聘来华的，如美国普林斯顿大学历史政治系主任麦克罗博士被称为"政学泰斗"，应邀在清华大学讲演《代议制度之真谊与其改进之沿革》达十余次，从希腊、罗马讲到近现代英国、美国的代议制。③

"民国十七年间，孙科、伍朝枢二氏出使欧美，曾代表政府敦聘甘末尔博士（Dr. E. W. Kemmerer）来华为财政上之设计。十八年（1929）春，甘博士与其同人各专家应聘莅华组织设计委员会，辛勤一年。"④ 当时财政部部长是宋子文，派宋子安、周启邦、郑莱等参与，甘末尔带来的美国顾问和委员还有 16 人，均为教授级专家⑤。除"金本位币制法草案"这个主题以外，委员会做出关于财政监督的重要顶层设计，即确立会计、统计和审计的超然地位⑥，后来被国民政府基本接受，在三民主义、五权宪法框架下，对窒碍之处加以变通、修改，设立主计处，形成制度。尽管以后的实践不尽如人意，但毕竟在行政和监察理论及实施上有所突破。

---

① 谢廷式：《行政学的范畴》，《行政研究》1937 年第 2 卷第 7 期，第 763 - 764 页。
② 张锐：《论行政的无能》，《观察》1946 年第 1 卷第 17 期，第 3 - 5 页。
③ 孟宪承：《麦克罗博士演讲录》，《清华大学学报》（自然科学版）1917 年第 2 期，第 1 - 6 页。
④ 立庵：《甘末尔金本位币制法草案略评》，《银行周报》1930 年第 14 卷第 26 期，第 7 - 14 页。
⑤ 〔美〕甘末尔：《财政部设计委员会之筹设》，《银行周报》1929 年第 13 卷第 7 期，第 5 页。
⑥ 〔美〕甘末尔：《（财政部甘末尔设计委员会）拟关于预算会计国库稽察审计各法草案及理由书之摘要》，《工商半月刊》1930 年第 2 卷第 21 期，第 4 - 11 页。

　　1935 年初，全国经济委员会聘请的顾问、德国专家昂纳克（Dr. Jaenirke）提交《地方政制改革意见书》，张锐写文加以介绍，指出：（1）改革地方政制应由改革县政着手；（2）缩小省政府的庞杂组织，仅留政务指导在重心属于法令及组织者，而日常行政及督察工作之重心常移置于各行政督察区；（3）省府与各厅合署办公；（4）人事四点意见（裁员，提薪，以保险金代替养老金，长官更换时公务人员不随去就）。① 昂纳克《政制建议书》全文登于 1935 年 3 月 25－26 日的《大公报》。林炳康将其要点概括为六条：树立强有力的国家统治权；合理地划分中央与地方之职权；公积公务员基金用于养老金支出；军队与政府分离，初步工作是分离军队与警察的地方治安责任，治安交与警察、保卫团；采用总揽制（首领制，政务隶于一个机关，由一人主持），主要适用于省和县之间的中级机关（行政督察专员公署）；逐渐推行地方自治，由下而上，训练民众在实践中学习行使政权。②

　　昂纳克在《政制建议书》中写道："欲改革一国之行政，当创立一种强有力之国家统治权，以巩固其基础；同时又必求其行政之简易及节省。"为此，地方政府权限要清楚，能解决的问题不上交。"凡人民对于官厅有所请求时，只须径向一处申请，即可立时解决。"又，政制改革问题常与财政问题密切相关："中国行政之最大缺点……厥为尚未成立一种完备之总金库，及遍布全国之分金库……能否将已经分布各地之中央银行或统税各分局予以建造，俾荷国库之使命。"还有，聘请的外国行政专家应得到参与实际工作的机会，并能与有关部长随时接洽，则推促的效果更好。③

　　经济委员会聘请的英籍顾问沈慕伟（N. G. Somervell）是政制专家，后又到行政效率研究会工作，为行政研究付出了较多精力。先是从事中国之公文档案处理方法的研究，撰写了《公文登记》。该文鉴于中文没有拼音化，不便检索，提出"良善登记法"，要旨是编号、摘由、分类，登记于活页簿（总收文簿、索引簿、总发文簿等），各司科须配合登记，不得遗漏。④ 接着有《整理档案问题之意见》⑤，与之形成姊妹篇。

① 张锐：《地方政制改善的途径》，《大公报》1935 年第 2 卷第 5 期，第 935－940、1009－1017 页。
② 林炳康：《读昂纳克氏的〈政制建议书〉以后》，《行政效率》1935 年第 2 卷第 11 期，第 1520－1525 页。
③ 〔德〕昂纳克：《政制建议书》，《行政效率》1935 年第 2 卷第 8 期，第 1155 页。
④ 〔英〕沈慕伟：《公文登记》，《行政效率》1934 年第 1 卷第 3 期，第 93－95 页。
⑤ 〔英〕沈慕伟：《整理档案问题之意见》，《行政效率》1934 年第 1 卷第 4 期，第 167－169 页。

沈慕伟在中国工作三年期满，临别之际上了一篇"条陈"《改进中央行政管见》。① 他认为，中国新政权是临时凑集的一架机器，"然其最低限度，则应使公务人员对于政府当局及其政策贡其忠诚也"。在将来中央政府之文官制度下，文官分三类最为适宜，即行政、秘书及抄写；考试及格人员常受优先待遇，必令各机关之职员缺额尽由铨叙部分发补充。"任职、保障、待遇、擢升、休假（及探亲)，乃"行政程序中之人事关系，及各级公务员之权责分配问题是已。……吾人审查中国各部秘书之地位及其与部长之关系，以为法国之'幕府'(caeimet) 制度，似可顺利模仿，其目的则在增加行政上之若干伸缩性，同时亦无须牺牲部长管辖之权限也。"作者建议：

> 派遣一二干练人员至欧洲一二国家之首都，试以六个月时间，实际研究居留政府之行政组织及其方法。彼等既能从一架行政机器之内部细察其实际之工作，庶几可彻底把握种种不成文之法规与习惯。行政成功之最后秘诀，当在此中求之。
>
> 必先设立一小规模握有必要权力之中心机关以成其事。（按：任务是调查、研究、设计)……一经批准后，即可辅助各机关将计划付诸实行以成其事。是以其地位殆与美国联邦行政效率局相仿佛也。
>
> 吾人以为既有此会（按：行政效率研究会)存在，不必完全另起炉灶，但仍须就其现有之基础再加扩充，使其成为一直接对于国民政府负责之机关。该会之筹备处，亦宜有适当人员、充分经费，及搜集资料之便利。政府苟有设立此种机关之准备，既设之后，又愿赋以最高之权力，则在短时期内当有实效可期；反之，如必要之设备尚欠完善，而政府又吝于辅助，则纵有进步，亦必极为迟缓，卑不足道也。

在中国政府聘请或国际组织派遣前来进行专题考察以备咨询的专家中，30 年代伦敦大学的唐尼（R. H. Tawney）教授、国际联盟专家拉西曼（Raszchman)、苏联中国经济问题专家马扎亚尔（L. Magyar）重点考察中国的土地问题，属于地政学研究。②

抗战中期，中国战时生产局局长翁文灏邀请美国派来顾问团，解决战略

---

① 〔英〕沈慕伟：《改进中央行政管见》，《行政效率》1935 年第 2 卷第 8 期，第 1094 页。
② 吴文晖：《如何研究地政》，《读书通讯》1947 年第 138 期，第 8 页。

物资的生产技术和管理问题。其中伊顿教授公开出面较多，讲解科学管理、工业工程等。他曾在唐山交通大学任教，担任美国机械工程学会副会长。

一些大学的政治学、行政学、管理学教授中，有长期或短期在华的外籍专家，例如岭南大学政治系主任包令留任教长达四十年，控制论创始人维纳1935年来清华大学访问一年，交通大学（上海）的谢尔屯等的研究或教学与管理学相关。

三　怀特《行政学概论》的教学和翻译

从20世纪30年代初起，大学政治学系的行政学课程，多数采用美国怀特（Leonard Dupee White，1891－1958）《行政学概论》的原文本 *Introduction to the Study of Public Administration*（Prentice－Hall，1926）。据云，甘乃光曾将该书译成中文交商务印书馆，可惜稿本尚未排字就焚于1932年"一·二八"事变战火（日本军机炸毁该馆印刷厂）。

笔者所见对怀特著作有关知识的最早介绍，以翟毅夫（翟桓）的《公务行政》最为显明。翟毅夫将 public administration 译作"公务行政"，声称"含有政治上管理的意义"。在三权分立下，"渐渐地公务行政的势力侵入立法司法的范围以内"，"或竟属于二部或三部之混合"。所以，"我觉得滑特（White）先生的解释最好。他说：'公务行政乃是人与物之经理，以求完成国家之希望。'他这个解释注重公务行政的经理方面，而忽略它的法律方面。……照他这个解释，行政管理的目标乃是以最有效的方法去谋物质及人物之利用。"文章说欧战带给西方政府的教训是："'阿图克拉西'（Autocracy，独裁）国家的行政比'德谟克拉西'国家的行政高明倍倍。"所以，各国行政的趋势是纵或横的集权。文章最后再引怀特的话："近代国家的事业是朝着各方面发展，公务行政之范围亦向各方面推广。因国家各种新事业俱赖行政上增加新的工作以实现。"① 引语还注了"《公务行政》第一章"七个字，表明该段文字的来源。此外，文中还提到了泰罗的"科学经理"。应当说，翟毅夫能这么快就发现美国政治学界的新成果、新趋势，及时加以初步综合、消化并概括其大意，难能可贵。事实上，翟毅夫1922年从清华学校毕业留学美国，与何浩若、浦薛凤、沈有乾、梁实秋、罗隆基、潘光旦、闻一多等共组大江

① 翟毅夫（翟桓）：《公务行政》，《晨报副镌》1927年4月4日第1547号和4月6日第1548号连载。

社（学会），服膺"国家主义"，出版《大江季刊》（1925 年 7 月创刊）（第 1 期上就刊有他的《爱尔兰新芬运动与国家主义》一文）。此文内容与前述怀特本人的序言近似，不过似乎不是直接引用（按：国内不少论著将怀特该书书名简缩为 Introduction to Administration，这是不准确的，少了 public 等词）。翟毅夫回国后发表和出版的政治学论著不多，在学术界的影响远不如浦、沈、罗、潘等人。1943 年的《现代战争的基本认识》一文表明，抗战时期他仍在从事政治宣传教育工作，胜利后担任过教育部主任秘书一职。①

怀特的《行政学概论》作为商务印书馆"大学丛书"之一，1940 年出版，由齐鲁大学校长刘世传（1894－1964）译（译稿 1937 年夏已交付出版社，抗战爆发，印刷延迟），以应大后方学子之急需（因内地已很难进口英文原版书）。

刘世传的译者序写道：

> 二十世纪政府组织之趋势为中央集权之抬头，以是行政事务乃凌驾乎立法司法二者之上，而成为政府之基本事务。行政条例与规章之制定，关于人民日常权利义务问题之核夺，均为行政权发展之明证。此固无庸讳言；盖现代行政机关，已成为创制之重心、核夺之机关，及执行之经理矣。……本书著者怀特先生有言曰：研究行政学者，惯将政府工作，分为立法、行政及司法三者。在此种分权原理之下，行政机关，虽似被确定于"执行"事务之范围内，然在实际上，行政活动实已包括此三种活动之方式……行政机关，在政府中之地位介乎议会与法院之间。由议会接受大体上之指导，及所需之经常费；而法院则监督或防止行政人员之非法行动。故就职务之类别与范围上立论，行政机关之重要，确超过任何支系。……行政之重要既如此；如二十世纪之国民者，实应对行政问题，进行研究。惟中国方面，对行政研究之忽略与落伍，乃不可否认者。时至今日国中尚乏专门讨论行政之书籍；有之，亦仅系取材于西书，或就国外书籍编译者而已。……行政学之研究，始自美国，而美国人之首先成就行政学之卷帙者，则为本书著者怀特先生。彼手成此书时，举世尚无行政学之卷帙；因此，彼于本书序言中曾谓曰："此项著

---

① 翟毅夫（翟桓）：《现代战争的基本认识》，《军事与政治》1943 年第 4 卷第 1 期，第 53－56 页。

述，尚完全缺乏先导。"……译述此书之目的，乃在辅助国中之研究行政者，盖各国之行政方法虽不相同，而行政原理与行政领域中之各问题实无大差异，其他国家之所能引用者，我国亦未尝不可参考援引，以资借镜也。①

刘世传翻译的怀特书的附录一"行政学之渊源"已不算新鲜（因为其他书本也有述及，已传入国内），但出自权威的说法，还是可以统一视听的，下面节录一部分：

　　行政之实施与原理，乃多种机关所促生者，其最重要者，为各大行政官署。在此中，论点与问题见之于逐日之事务程序，且必须从而解决之。若对一较大部门之工作深加考量，即可见出若干良好树立之条例、命令、纪事、惯例、解释，而此等文件，乃系以法律适应人类复杂事务时所演成者。

　　当然，此项行政学之渊源，乃与政府本身同时存者……此中以各研究机关及各基金会应受特别之重视。1906 年，私人捐资创办之纽约市政研究所（New York Bureau of Municipal Research），后于 1921 年改组为全国行政研究院（National Institute of Public Administration），乃系各同种私立或公立研究所之前驱者……

　　政府研究院（Institute for Goverment Research）于 1917 年出现于华盛顿，殆由私人捐资而成立者。"该机关端赖对美国与外国、公家及私人、行政设施上之完全研讨与考究，以求制定存于善良行政本体内之各种原则。"……

　　与该院相联系者，为 1923 年所设之公务员行政管理局（Bureau of Public Personnal Administration）。该局赖其特种工作，已对若干种人员方法有所改进，且于数种职位考试之准备方面大有成效。其行动宛若全国吏务委员会总会议（National Assembly of Civil Service Commissions）之干部，并供给大量之顾问工作……

　　美国之外，颇罕见若吾人所叙及之基金会。伦敦经济政治学院（London School of Economics and Political Science），……巴黎之政治学校

---

① 〔美〕怀特：《行政学概论》，刘世传译，商务印书馆，1940，译者序。

（Ecole Libre dea Sciances Politiques, in Paris），久已深切努力于训练法国官僚政治中高级行政官之重要工作，但其研究之结果，大都为对行政法学家发生兴趣者。柏林政治高等学校（Hochschule fur Politik in Berlin）大体致力于训练行政服务，而稍疏于技术上之研究。

美国各大学于行政之研究上，已有显著之贡献。此中之最早者，可见于 1898 至 1908 年间，哥伦比亚大学（Columbia University）对中央集权之重要研究之结果，卡尔内吉工业大学（Carnegie Institute of Technology）以科学方法对人员问题之重要研究，威斯康新大学（University of Wisconsin）在樊海斯（Van Hise）领导之下，对于政务之实施上作昭著之贡献者凡十年。其他重要之研究，已成功于哈佛大学（Harvard University）、约翰哈布金斯大学（Johns Hopkins University），及芝加哥大学（University of Chicago），而关于文件之普遍搜集，则成功于加利佛尼亚大学（University of California）。吾人可谓，基本之行政研究大半出自各大学之研究室中，殆因大学中可寻得各种应有之才能，可从容追求结果，并具有可陆续努力之永久性。

一种永未启露，但现已显出微象之行政知识渊源，可见之于文官辈所组织之团体中。……此方面之最大成就，……惟可寻得于英国，如文官社（Society of Civil Servants）及行政研究院（Institute of Public Administration），以及全国地方政府官吏协会（National Association of Local Government Officials），……及（美国）全国吏务委员会与市经理协会（City Managers Association）之总会议。……而使专门职业之步度，进向于公家行政之改良焉。（还有）若干官吏或类似官吏之集会……

（学术刊物方面。），最要者为《行政杂志》（Journal of Public Administration），由牛津大学出版部（Oxford University Press）代行政研究院逐季刊行。……美国之出版物中，1921 年创行之《行政政务与监督杂志》（Administration The Journal of Business and Control），为对行政学家最有兴趣者。

人员（按：应译人事）之一般领域中，任何人均应知《人员研究杂志》（Journal of Personnel Research），此乃人员研究同盟会之出版物。……《公务人员研究月刊》（Public Personnel Studies）对人员管理学者实为必需之品。

……《美国政治及社会科学年刊》（The Annals of the American Acad-

*emy of Political and Social Science*），致力于行政方面之篇幅逐渐增多。学者之注意力，可特别加于以下各卷中：第 38 卷，美国城市之委员制政府（Commission Government in American Cities ）（1911）。第 41 卷，市政府之效率（Efficiency in City Government）（1912）。第 47 卷，县政府（County Goverment）（1914）。第 53 卷，公用事业之国家统制（State Regulation of Public Utilities）（1914）。第 64 卷，公共行政及政党政治（Public Administration and Partisan Politics）（1916）。第 65 卷，人员及雇用问题（Personnel and Employment Problems）（1916）。第 105 卷，美国联邦之公共福利（Public Welfare in the United States）（1923）。第 110 卷，事务中之心理学（Psychology in Business）（1923）。第 119 卷，近代工业中之科学（Sciences in Modern Industry）（1925）。第 123 卷，工业安全（Industrial Safety）（1926）。

（理论联系实际方面）颇较重要者，为若干公务雇员组织所刊行之若干杂志，如美国出版之《联邦雇员》（*The Federal Employee*）……英国出版之《文官》（*The Civilian*）……法国出版之《文官杂志》（*Le Journal du Fonctionnaire*），德国出版之《德意志文官杂志》（*Doutsche Beamtenzeitung*）及《文官年鉴》（*Beamtenjahrbuch*）。此外各专门杂志之致力于政治学、经济学及社会学者，以及致力于特种行政问题者，亦恒有补于吾人，更须参阅《美国政治学评论》（*American Political Science Review*）、《全国市政评论》（*The National Municipal Review*）、《美国城市》（*The American City*）及《政治学季刊》（*Political Science Quarterly*）。

当即有几篇推介和评论的文章，比如下文：

二十世纪政府行政，有两种极明显之趋势：（1）科学知识之进步，政府工作内容乃日形特殊化与技术化。盖事务繁杂，千头万绪，非有精密之科学管理不足以增进行政效率；（2）由于近代社会经济之发展，过去放任主义为统制主义所替代，政府行政之活动范围日趋扩大。是以行政事务乃超于立法、司法二者之上。……今日之研究行政学者，可分为二派。偏重制度方面者，多为宪法及行政法学者，如古德诺之弟子韦罗贝（W. F Willoughby）可为代表。氏终身服务中央机关，所著《行政学原理》（*Principles of Public Administration*）内容资料亦取材于中央机关。

若本书作者则异是，着重以私家企业之精神及科学管理方法应用于政府行政者。盖作者服务市政府有年，与韦罗贝自难望其合辙也。

本书之成，基于四种假定：（1）假定行政为单一之程序，无论何处所见到之重要特质均大体相同。（2）假定行政之研究应始自管理之基础，而不宜始自法律之根据。（3）假定行政在大体上仍系一种技术，但于转变为一科学之重要趋势上极端重要。（4）假定行政业已成为且将继续为现代政府问题之中心。（见著者原序）因之著者搜集美国经验与观察之显著事实，作分析及详密之研究。对行政领域中之数种根本问题：组织、人事、监督、财政等均有极明详之揭示。①

《读书通讯》介绍说，该书关于理论"均列举美国政府之行政实例以相印证，亦非泛谈理论者之可比。……对吾国之研究行政学者必多裨益。盖各国之行政制度虽多不同，而行政上之各种问题与行政原理实无若何差异也"。②

甘乃光（1897－1956）在芝加哥大学研究生院得以直接接触怀特的行政学理论，回国后结合工作实际积极进行宣传推广。详情本书后文将介绍，这里先提其《政权运用与行政效率》一文。其中讲到国家行为普遍分为两种：国家意志之宣示（Expression of the state will）；国家意志之执行（Execution of the state will）。第一种为"政"（Politics），第二种为"治"（Administration）。③

到了30年代初期和中期，高等学校聘请的前来讲学、执教的外国名校教授已经接受这一体系，Public Administration（公共行政）的意思相当清楚了。如中央大学校长罗家伦请来美国哈佛大学前政治系主任何尔康（A. N. Holcombe）博士（霍孔）。北伐战争时他曾请假一年来中国，"遍谒党国领袖及当时各旧军阀政客，归作《中国的革命》（The Chinese Revolution）一书"。尚未出版时，张锐《霍孔教授评中山主义》即最先加以介绍，因为他其时在美国师从霍孔，且助其翻译中文资料（此文译自第九章和第十章）。④

何尔康再次来中国时，公开发表了一些文章（译成中文的），并出版相

① 《出版介绍·行政学概论》，《图书月刊》1941年第1卷第4期，第25－27页。
② 《新书目提要·行政学概论》，《读书通讯》1942年第39期，第15－16页。
③ 甘乃光：《政权运用与行政效率》，《行政研究》1936年第1卷第3期，第449－456页。
④ 张锐：《霍孔教授评中山主义》，《东方杂志》1929年第26卷第23号，第59－69页。

关书籍。《公共行政的新趋势》是应湖北省主席张群邀请在国民党湖北省党部礼堂作的报告。其中关于"公共行政"的提法和译法，在以往的中文书刊中罕见（以后几十年中用得也不普遍）。内容主要提到美国公共行政的趋势，如权柄集中于中央政府，行政权独大（凌驾于立法权、司法权之上），国家的政治权力一部分由立法机关转移到行政机关，行政人员的任用已破除一党独占的分赃制，统制财政的监察办法放松了。何尔康迎合国民党意图，认为监察财政的统制办法应更严，用人要以才能为原则，还是孙中山的五权（即加上监察权和考试权）更适合。另一个"计划政治"的提法也有集中权力之意，但文章对之没有展开。①

人们不难联想，怀特也著有《公共行政的新趋势》(*Trends in Public Administration*，孙澄方译为《美国行政动向论》)，然则何尔康与怀特两文的内在关系就明了了。

1935 年，何尔康的 *Government of Planned Democracy*（张锐译为《计划民主政治》）由纽约的 W. W. Norton 书局出版。张锐说，该书"主张近代民主政治应以中产阶级为主干"。所谓近代民主政治，"一为计划政治，即如何组织全民的政治意识，使各阶级个别的兴趣得以适当表现，二为计划行政，即如何发展司法独立精神，推行健全的会计、审计及考试制度，以尚贤与能，任用专才，促进有效率的行政"。②

何尔康著、吴子彬译的《计划经济与计划政治》没有谈理论，而是讲罗斯福新政在国内的初步效果，推及国家间要互信、互惠、均衡。③

作为中央大学政治学教授的何尔康又发表了《民主政治之危机与美国之新政》，当年 3 月在该校作第四次讲演，内容同上文的第一部分，由周书楷笔译。④ 该文也是为罗斯福新政（计划经济与计划政治）侵犯民主政治作辩护。⑤

张纯明的《公共行政》提到，1933 年刚成立的美国行政人事调查委员会（Commission of Inquiry on Public Service Personnel），在 1935 年新出一本

---

① 〔美〕何尔康：《公共行政的新趋势》，《湖北省政府公报》1935 年第 96 期，第 21 - 24 页。
② 张锐：《名著介绍》，《行政效率》1935 年第 2 卷第 12 期，第 1634 - 1835 页。
③ 〔美〕何尔康：《计划经济与计划政治》，吴子彬译，《中华季刊》1935 年第 3 卷第 1 期，第 1 - 5 页。
④ 〔美〕何尔康：《民主政治之危机与美国之新政》，周书楷译，《国际周报》1935 年第 11 卷第 8 期，第 29 - 33 页。
⑤ 〔美〕何尔康：《宪政之理论与实际》，《中央日报》1935 年第 361 期，第 547 - 549 页。

《各国文官制度》（*Civil Service Abroad*）专刊（由纽约的 Mc-Graw-Hill 公司出版），内收论述英、法、德、加四国文官制度的 4 篇论文。最有意思的是，该刊的编者正是怀特本人。

1936 年，苏联版的公共行政也有人介绍，就是笔名失吾写的《苏联公共行政制度》，讲的也是制度，但与怀特体系关系不大。①

总的看来，整个中华民国时期，报刊上"公共行政"的提法并不多见。

前文几次提到，我国比较早的行政管理学译著是《行政学总论》，介绍行政的范围、性质、要素、地位、组织、机关，以及行政学的意义、方法等。② 事实上，由罗超彦翻译的第一个中文译本在 1932 年已由南京新生命出版社推出。罗隆基（1898－1965）随即作了简评，肯定该书是其所见的第一本中文版行政学书籍，指出行政学在西方已与政治思想、宪法、地方政府等一样作为政治学的一个分支列入课程了，而中国还在启蒙阶段。此书使中国读者知道行政学与行政法的区别，行政与执政（executive）的区别。罗隆基强调：（1）执政是监督各种已制定的法令的施行，行政是实行各法令所要求的事项；（2）执政是全体的组织行为，行政是各部分的组织行为。罗隆基还突出怀特的"行政学是管理国家行政上的人员和材料的科学"（按：参看前文翟毅夫所译）的说法，批评蜡山政道没有着重于这两点。罗隆基概括说："目前欧美行政上最大的进步是考试制、分级制、薪金制、保险制和退休养老制。"而蜡山政道的书全未提到。③

紧接着，蜡山政道的《行政组织论》属于行政学各论之一，由顾高扬译，上海民智书局 1934 年 8 月出版。上编"统治组织"，下编"行政组织"。

大致与顾高扬同时，刘百闵（1898－1969）也翻译发表了蜡山政道《行政组织论》书中的一节《行政组织与生存样式》。文中说，所谓生存样式，"此与马克思主义所主张的'物质生活的生产样式'极相适切"，但"乃仅指人类维持其生存的实践方法而言"，"即指产业形式而言"。在一定的时代"若构成普遍的秩序，则对于政治行政的组织必有很大的影响，而成为基础的限制的秩序"。该节参考恩格斯受摩尔根《古代社会》启发而得出的人类文明史分为农业、手工业和机器三个时代的划分，认为在近代对世界政治的最大影响是交通及通讯机关和金融机关的发达，经济方面由自由放任主义进

---

① 失吾：《苏联公共行政制度》，《宇宙旬刊》1936 年第 5 卷第 5－6 期。
② 〔日〕蜡山政道：《行政学总论》，黄昌源译，中华书局，1934。
③ 罗隆基：《（书报春秋）行政学总论》，《新月》1932 年第 2 期，第 9－13 页。

人独占的统制主义，政治行政组织的机能与之相适应。虽然"对于（既往）资本主义的帝国主义的盲目冲突，现在政治的自由主义与社会民主主义"已是"调节的施设"，但还只是消极的。只有真正"超越于资本主义的帝国主义之上"的"行政的积极的进展"，才能达到社会变革的目的。①

更早一点儿，刘百闵翻译发表书中的另一节《现代行政组织之集中化》，引用美国汤普森（W. Thompson）1923 年研究美国联邦制的集中权力的史实，指出这一趋势从 19 世纪至此时"已成为世界普遍的现象了"。这一部分讨论了行政组织集中化的种种方式与形式，介绍了怀特根据美、英、法三国的行政实践对方法所作的归纳分类。②

张金鉴《行政组织合理化之原则与方法》内容分为四部分。（1）确定行政首领之功能，包括：决定、发令与协调，人事任免与奖惩，组织形式与职掌及沟通，财务筹措、预算、稽核、报销，工作计划、标准、督责、考核。（2）认清行政总枢之地位，包括总务处、秘书处、人事处、统计处等，系统的记录报告、财务报表等，解答、咨询、指导途径，审察趋势，调查研究及资料分析整理。它们是辅助而非权力机关，是事务而非实作机关，是协调而非管辖机关，是参赞而非决定机关。（3）慎用总枢主任之人选。总枢主任是行政首领的亲信，处师友之间，有际遇之会，具辅弼之资。其本人须细密准确、完备周到、任重耐烦、机警灵变、系统条理。（4）健全运作机关之结构。机能一致，即无遗漏、不重叠；管理经济，即部门多寡应以有效有力掌控为度；协同一致，即分工合作、和谐互通、积极竞进；名实主义，即根据综名覈实、信赏必罚原则设权立纪，使责无旁贷。为此，职权要划分明白，确定一事不两办，一单位不直接对几个上司负责，凡执行、技术、事务、日常性质工作不交由委员制组织办理，因其责任不明、行动迟缓且易产生矛盾倾轧；顾问参赞机关之职务与活动不能与执行机关发生含混杂乱，各单位之对外责任应确定无紊乱，各部及个人对其所任职务与其他部门之关系应完全明了；命令之发布与报告之上行均须有一定系统与程序之规定，各部门须具有与其所负任务相称之力量以资运用；职务分工要"人"与"事"适配，政务官职能在做决定、订大纲、对外，事务官职能在实作、行细目、

① 〔日〕蜡山政道：《行政组织与生存样式》，刘百闵译，《社会科学》1934 年第 2 期，第 49 - 55 页。
② 〔日〕蜡山政道：《现代行政组织之集中化》，刘百闵译，《社会科学》1934 年第 1 期，第 141 - 146 页。

对内，不可混乱；长官指示部下要发出简明确定之命令，使其自动奋发努力，领导直接监督和指挥的人员不可过多；赏罚严明，在于有一定客观标准，同功罪者同赏罚，标准或法律既定须严格遵守，赏罚之执行应经过一定公开程序。[①]

此外，还有张金鉴《行政组织与行政效能》（《是非公论》1936 年第 28 期）和陈位凝《中国行政组织之特性》（《再生》1939 年第 13 期）。

张纯明《中央行政组织的调整问题》，讲的是行政院各部委（员会）的分合，揭示了当时中央行政机构过多、分工不合理的弊端，提出"整一制"的目标。作者具体分析了各部委职司混乱的情况。就军事类而言，有直隶于国民政府的军事委员会、参谋本部、训练总监部、军事参议院，有隶属于行政院的军政部、海军部等，军政部下面又有海军署，已明显地互相覆盖。作者提出是否都隶属于军委会，缩小其他军事机关的组织，军委会又隶属于行政院；有些行政工作与内政部也有重叠；等等。其他如农业类，有建设委员会、经济委员会……不一而足。尤其是经济委员会，专家甚多，是否可改为一个权威的设计、研究、咨询或监督的机关？[②]

关于行政组织这个专题的研究，还有薛伯康《中央行政机关之人事行政组织及其问题》（《行政效率》1934 年第 1 卷第 7 期），陈掖神《行政组织集权化和行政效率问题》（《福建学院月刊》1934 年第 1 卷第 3 期），薛伯康《城市行政组织的新动向》（《市政评论》1937 年第 5 卷第 1 期），《县以下各级行政组织纲要》（《教育与民众》1938 年第 9 卷第 4 期），薛伯康《地方行政组织的新动向》（《政治季刊》1939 年第 3 卷第 2 期），杨伯森《国际行政组织概观》（《图书月刊》1941 年第 1 卷第 2 期），陈文觉《行政组织与行政效率》（《组织》1944 年第 2 卷第 14 期），沈观准《市吏治制度与行政组织》（《地方行政》1944 年第 5 期），谭春霖《美国战时行政组织》（《流星》1945 年第 2 卷第 1 期），培青《对我国卫生行政组织之管见》（《医药评论》1934 年第 6 卷第 3 期）等。

蜡山政道著、余汉平所译的《国际政治之理论与实况》，共 15 章。包括国际政治学的指导原理、国际政治组织及其单位、国际政治与国民主义、国

---

① 张金鉴：《行政组织合理化之原则与方法》，《行政评论》1940 年第 1 卷第 1 期，第 1 - 9 页。
② 张纯明：《中央行政组织的调整问题》，《政治经济学报》1936 年第 4 卷第 3 期，第 607 - 632 页。

际政治与国际经济、太平洋与帝国主义等内容。①

蜡山政道的《世界各国行政研究之近况》分为两部分。一是各国行政制度比较研究之发展，特别提到伦敦大学教授佛拿（H. Finer），芝加哥大学教授怀特（White），法国亨利·佛约奴（即法约尔），扑雅·李夏尔（P. D. Richard），比利时的阿尔伯·享利（A. Henry），法国的哥尔顿（E. Gordon），德国的北达史（W. Uogal）、福吉尔（M. R. Pohlandt）及地方团体之制度的研究，匈牙利马扎里（Z. Mazyary）。二是各国行政学之调查及行政学研究施设之状况。后者译自"布达佩斯大学马基里教授"的调查报告书（载于英国 1933 年版的 *The Journal of Public Administration*）。两部分材料都很新。②

蜡山政道与中国学者似无特别的私人交往。他在侵华战争中当过众议院议员，为日本政府建言献策。③

还有怀特著、孙澄方译的《美国行政动向论》，译者的目的很明确，配合行政效率运动，同时为在中国建立行政管理学科而努力。④

薛伯康的《行政学名著介绍》介绍了《美国行政动向论》：

魏袁特（怀特，Leonard D. White）氏，……现任美国中央政府吏治委员会委员，为近代行政学之先导者，著有《行政学总论》（*Introduction to the Study of the Public Administration*）（1926），《芝加哥市公务员之声誉价值》（*The Prestige Value of the Public Employment in Chicago*）（1929），《近代各国人事行政制度之概况》（*The Civil Service in the Modern State*）（1930），及《英国文官制度中之维特利会议》（*Whitley Council in the British Civil Service*）（1933）等书。1929 年 12 月胡佛大总统为明了最近社会变迁起见，特聘国内社会科学专家组织社会动向研究委员会（President's Research Committee on Social Trends），魏氏亦为该会委员之一，担任调查美国行政之动向。1930 年春开始工作。1932 年冬完成报告。综计调查与研究时间先后历三载余，襄助搜集材料者不下数十余人。翌年社会动向研究委员会即以此报告编为该委员会丛书之一，由纽

① 〔日〕蜡山政道：《国际政治之理论与实况》，余汉平译，神州国光社，1932。
② 〔日〕蜡山政道：《世界各国行政研究之近况》，《行政效率》1934 年第 1 卷第 4 期，第 151 - 164 页。
③ 诸家：《战争中的建设座谈会》，《申报月刊》1944 年复刊第 2 卷第 4 期，第 58 - 68 页。
④ 〔美〕怀特：《美国行政动向论》，孙澄方译，商务印书馆，1935。

约麦克劳海尔书局出版应世……

计分四大篇，第一篇述中央与地方政府政权平衡制（Balance of Power）之动向……

第二编讨论新式行政制度，先述美国各级政府于 1900 年前组织散漫，行政因不集中故无效率之可言；后叙最近趋向，如各级政府之先后扩大行政权力，于行政首领——大总统、州长、市长或市经理——之下设立"幕府"（Staff Agency）或行政总监督机关（Bureau of General Administration）承行政首领之命，监督与指导各行政机关之财务、人事与庶务等事宜，施行行政集中制度，藉以增加效率，节省经费。

第三编叙美国人事行政之动向。第一，述美国三十年来考试制度之进展；第二，述政府雇用专门人才数量之增加；第三，述考试方法之变迁，性质由普通学识而专门技能，试题由论文而简答或实验；第四，述职位分类制度之发达与公务员教育之动向；第五，述公务员组织之概况。

第四编推论最近二十五年来美国各界对于行政研究之热心。①

此书给中国读者最深的印象可能是，美国的联邦制及城市自治制长期使得中央政府和邦政府的行政较少作为，与高速发展的工业化、城市化极不适应，1929 年起的经济危机更逼迫总统"召集社会学家，对现代社会之变化因素加以科学的研究，复从而维护之，指导之，尚系第一次也"②。薛伯康指出："国人对于行政研究的兴趣大有增加。1900 年时，实际上绝无研究政府之机关，63 所研究所均成立于 1900 至 1930 年间，其中 38 处且成立于近十年中……市政参考图书馆，大部成立于 1906 至 1916 年间。公务机关之作正式行政研究者，始于 1911 至 1920 年间。公务员之有行政研究组织者，始于 1921 至 1930 年间。同时各大学对于此种研究亦有实际上的推进，而尤以近十年来为著。"③

可知，外国行政理论和制度的创新，也只是 20 世纪初才加速，中国学者的跟踪是比较及时的，对本国实情也是比较了解的。

---

① 薛伯康：《行政学名著介绍》，《行政效率》1935 年第 2 卷第 1 期，第 408－409 页。
② 〔美〕怀特：《美国行政动向论》，孙澄方译，商务印书馆，1935，胡佛导言，第 1 页。
③ 薛伯康：《行政学名著介绍》，《行政效率》1935 年第 2 卷第 1 期，第 408－409 页。

## 第二节　政治学系的普遍设置和正规化

历来中国各界对政治的关心超过对法律的过问，尽管新学常以"法政"排序。那么，什么是政治学？孙寒冰（1903－1940，华盛顿大学硕士，曾在哈佛大学进修，后任复旦大学社会学系主任等）的《政治科学》，通过考证西方"政治学"的历史和中文含义，认为应将 Politics 和 Political Science 的意思分别清楚："把前一个名词用以叙述选择公务人员、施行政策等活动，或广而言之，一切关于公共事务之实际治理的活动；把后一个名词用以叙述关于国家现象的智识的总体。"[1]

曹立瀛（1906－2007，哥伦比亚大学政治经济学博士）在《政治科学与科学政治》中说："政治科学的范围，狭义的仅指政治学，广义的包括若干种社会科学。……至少包括……历史学、社会学、政治学、法律学、经济学及教育学。"社会科学的纵剖面是历史学，横剖面是社会学，二者都是社会科学的基础。其余四种，统治方面形成了政治学，规律方面形成了法律学，物质方面形成了经济学，知识需要方面形成了教育学。[2]

科学政治是什么？可分两方面说：在思想方面，就是对于一切政治设施的计划、推行、考核及改革，均以客观态度与逻辑判断为标准；在行动方面，就是对于一切政治设施，均以科学方法为根据。二者不可缺一。

政治科学怎样应用到科学政治上？可分两层来说：第一，因为政治制度的功能是维持社会秩序（包括保卫与规律），守藏国家富源（经济与人才），及扶助、鼓励或限制别种人类组合（如经济的、教育的、宗教的、家庭的等等）的活动，所以六种社会科学都能使用在政治功能的表现里。第二，政治功能的表现，从理论至事实不外四种方式（或四级）：几个基本概念归纳演绎到一个思想体系（叫主义）；从主义推论出几方面实施的途径与纲领（叫政策）；从政策中计划出各种详尽的实施方法和步骤（叫方案）；实际地做了（叫实施）。（按：都靠学术理

---

[1]　孙寒冰：《政治科学》，《国立劳动大学月刊》1930 年第 1 卷第 4 期，第 1－6 页。

[2]　曹立瀛：《政治科学与科学政治》，《是非公论》1937 年第 43 期，第 1 页。

论、科学技术的支撑。)

逐微在《中国官僚的政治哲学》中指出:"辛亥革命虽推翻了绝对主义君主专制政治的统治,……先资本主义政治的遗物,即军人专制政治、官僚政治则依然存在。……其原因就是没有一个民权性的革命之洗刷。""中国官僚政治的由来,既为士人阶级的发达",其对土地(近代还有买办资本)、赋税的依存使其自居于"卑臣"地位,故其政治哲学便是"奴才"哲学。①

民国初年,法科的学科设置方面,除清末三所大学分别改名北京大学、北洋大学、山西大学(始创于 1902 年,1919 年 9 月法科开办政治学门,招收第一批学生 44 名),法政教育继续进行外,新建的大学大多也开设法科。据《第一次中国教育年鉴》和《三十年来之大学教育》,1922 年,中国公私立大学共 18 所,其中 8 所大学设有法科,分别是:北京大学、北洋大学、山西大学、武昌中华大学、西北大学、北京中华大学、朝阳大学、民国大学。这些学校的法科中有一部分设有政治门。

南京国民政府时期,各种立法和法制"改革"不断兴起,需要政治行政理论的支撑;至抗战后期,中国收回了治外法权;抗战胜利后,随着"宪政"开始,又提出了新的要求。可以说,这一时期法政学研究的深度和广度,政治学教育的发展程度,在中国近代历史上都是空前的,少数几个行政学(教育)学科点开始向西方的行政学系看齐。

一  北京大学的政治学系及其研究工作

先说北洋大学的法科,起源于天津中西学堂。1895 年创办的天津中西学堂,几年后提升到高等程度。经过庚子之役的停办,1903 年 4 月,学堂重新开办,改名为北洋大学,专门设有法科,下又分正科和预科。采取英美法系法律教育模式,著名法学家王宠惠即毕业于该校。1918 年,北洋大学法科奉命停办,并入国立北京大学法科;1920 年,该校最后一批法科学生毕业。

民国元年(1912),京师大学堂改名国立北京大学,严复出任改名后的北京大学第一任校长。1913 年 2 月,改政法科为法科,以孙祥龄为学长。是年,法科法律学门招新生一班。1917 年 1 月,蔡元培出任北京大学校长,在全方位改革北京大学旧制的同时,对法科也进行一系列专项改革,聘周家

---

① 逐微:《中国官僚的政治哲学》,《评论之评论》1933 年第 1 卷第 16 期,第 7-8 页。

彦、左德敏、徐崇钦、黄振声、徐墀、黄右昌、陶履恭、胡钧、马寅初、张祖训为法科本科教授，同时还改订了课程。蔡元培《大学改制之事实及理由》说："北京大学各科以法科较完备，学生人数亦最多，具有独立的法科大学的资格。"① 1919 年，北大采用分系制，原法科的法律学门、政治学门和经济学门，三门独立成系。

到了民国 6 年（1917），北京大学政治学门学生的毕业论文选题已达到相当水平，有钱应兴《空中及海陆战争》、胡富振《论租借地》、盛世煜《国会论》、范隰《国会论》、梁元芳《国家之作用》、吴景超《国会政治论》、余国桢《行政首长论》、卢起照《宪法论》、朱锡怡《政府组织论》、萧秉良《内阁论》、吴景尧《论古今国体之变迁》、尹克任《论英伦宪法》、陶寅兆《国家概论》、崔允恭《国家权限论》、冯中权《政党考》、赵之秋《中国国会选举制度概论》。

五四运动以后，北京大学政治学课程内容更为近代化。例如，1923 年 6 月 16 日，系教授会议决 1924 年 6 月 23 日修正的《政治学课程指导书》中的新课程安排（除上课以外，还有演习、研究、译书等规定）：

第一学年 必修：政治学（中文讲课高一涵，日本明治大学政法系毕业，英文选读张祖训，即张慰慈），宪法，经济学原理。选修：第二外国语，日文，西洋经济史。

第二学年 必修：政治学（英文选读张祖训），政治思想史（高一涵），社会学，民法总则。选修：第二外国语，日文，经济政策（陈启修），刑法总论。

第三学年 必修：国际公法，行政法总论，政治及外交史（周览，即周鲠生，留学早稻田大学，同盟会员。英国爱丁堡大学政治学硕士，巴黎大学法学博士。中央研究院院士），财政学总论。选修：统计学（陈启修），社会立法论，市政论（张祖训，即张慰慈）。

第四学年 必修：政治及外交史（周览），行政法各论，演习。选修：国际联盟，经济学史，现代政治，社会主义史。

关于演习，分研究及译书两种，每年由教授会选定。

研究之办法：由学生各人就理论、历史、现在事实三方面选择一

_____

① 蔡元培：《蔡元培教育文选》，人民教育出版社，1980，第 33 - 36 页。

题，与任课教员商定后，请教员指示参考材料及研究方法，自行研究之。于一定期间内编为报告，轮流上台解说，由教员及同学自由质问或批评之，并由教员评定分数。

译书之办法：由学生就属于演习科目之外国书中选择一题，与任课教员商定后，请教员指示翻译方法及参考材料，自行翻译之。于一定期间内将所译得者缮成小册，轮流上台报告其内容之大略，批评其书之短长，并述翻译时之疑难。由教员及同学自由质问或批评之，并由教员评定分数。

研究及译书之成绩（果）须交存本系教授会，备演习员及本校同人之参考。①

更早，北大学生已经组织政治学会，开展课外学术活动。导师王世杰、周鲠生、燕树棠面授机宜，如："为学之方……（1）宽大的基础，（2）专门的研究。"如何读书？"尤侧重于时间分配及书籍选定"，需导师指点。必须开动脑筋，"学而不思则罔"。今后遇到问题，"余略知其研究及参考书籍之方法"，就算真正掌握读书应用的手段了。②

1930 年，蒋梦麟（1886－1964）长校后，采用英美大学教育模式。1931 年，北京大学法学院成立，以周炳琳（1892－1963，哥伦比亚大学文学硕士，在伦敦大学政治经济学院和巴黎大学深造）为院长，下分法律、政治、经济三学系。

北京大学政治学系助教马奉琛（清华大学史学部 1935 年硕士）写过《北京大学政治系研究行政学之概况》，下面录其主要工作。

### 1. 缘起

政治研究的分野，概括言之，可别为二：（1）属于纯政治的（Political）范围。例如政体、宪法、议会、政党等等。（2）关于实用政治。实用政治通常称为公共行政（Public Administration）或行政学。凡行政组织、人事制度、财务和物料等，都包括在这第二项范围之内。在西洋各国，纯政治的著述，为期较长。对于公共行政或行政学，加以专门检

---

① 《政治学课程指导书》，《北京大学日刊》1925 年第 1766 期，第 3 版。
② 王世杰、周鲠生、燕树棠：《北大政治学会欢迎导师会各导师谈话纪录》，《北京大学日刊》1923 年第 1346 期，第 2 版。

讨，却是很晚的事情，历史极短。……北大政治系有鉴于此，自民国二十年设行政学原理一课，要在介绍实用政治之基本理论……再说中国旧时的政治问题，不注意纯政治，却重视实用政治；君臣上下所讲，多是些用人、行政、理财一类的经验和理论。于是我们感觉到本国行政制度亟有研究的必要……于民国二十一年加增中国行政制度研究课程（Seminar Course）。更于民国二十二年添设中国政府一课，内容对于纯政治和实用政治并重……乃辟研究室，专从事于本国行政制度的研究。为时在民国二十三年的秋季。

2. 进行经过

行政学原理和中国政府，二者皆每年开班，列为政治系学生选修课程。由张子缨主任和陶希圣教授分任。中国行政制度研究，由张、陶两先生合任指导。学年之末，各生均须制成报告。研究室成立之后，亦由张、陶两先生担任指导，并另聘三人，充任研究员。工作之始，因事属草创，颇费斟酌，几经试验，方决定以下之研究范围与计划。

3. 研究之范围和计划

行政学原理，其适用于他国的，就未必在中国能够实行。至于我国旧时的行政理论，多从经验中得来，亦很有参考的价值。……研究范围，须要纵横兼顾。纵的研究，是为明了现行制度的来源，并对旧制度重下一个估价。横的研究是要说明现行制度及其运用。进而希望促进新制度之完成。根据这范围把计划分为三期。第一期规定专研究清代行政制度，……暂分为中央行政、省行政、州县行政；还有些特殊行政，像赋役、漕运、盐政、榷政、保甲和团练、科举和学校、荒政和仓储等等，亦拟加以检讨。……再开始第二期计划，分两部去进行。一方面研究清末以来至现在之行政变迁；同时根据研究结果，到各地去调查，期望以实际情形，与研究结果相印证。第三期把现行制度及其运用，作有系统之叙述，并就东西各国之行政理论与制度，在可能范围之内提出行政上应有的改进……

4. 工作情形与成绩

研究室的两位指导，张子缨（忠绂）先生和陶希圣教授皆中外知名的学者。研究员之初步工作，曾搜罗史籍，分类编为参考书目。关于研究工作的分配，一为清代中央行政制度，一为地方行政制度，一为科举制度之研究。现因清代行政制度，有应注意之基本观点，特提前草成

《清代行政制度引论》一文，说明清代行政性质，清人意识中之行政，法治和人治的问题。中央和地方行政制度，各研究组织、人事、财务、程序四大项目；此外，首把科举制度提出来研究。最后比较中外考试制度，用备今日考试制度之参考。

研究成绩（按：见本书第十一章第一节）……在本国大学里，尚属创举……①

抗战胜利复员返回北平后，北京大学政治学系四个年级共有学生 201 人，系主任由法学院院长周炳琳兼任。专任教授是钱端升、吴之椿、吴恩裕、许德珩、崔书琴、楼邦彦和张佛泉，助教为吴维诚和梁卓生。其中楼邦彦（1912 - 1979，伦敦大学政治经济学硕士）讲授地方政府、行政法。学生虽未分专业，课程却分为政治制度、政治思想、国际公法与外交三个方向，学生可就兴趣所在，系统选课。②

## 二　异军突起的清华大学政治学系

清华学校在设置大学部之前，学生中已经有政治学研究会，他们编辑的丛书第一集《现下中国之内政与外交》，内容确如书名所示，都是"中国目前政治上最重要之问题"，如中国参加国际联盟，督军制，裁军，中美、中英、中日、中俄邦交，特别是都市行政、地方自治等，与行政关系密切。③

1925 年清华学校大学部成立，"最初之一年中……即最基本之课程如政治概论者……亦并未设置"。1926 年秋，政治学系成立，余日宣为首任系主任，学生（仅二年级）29 人，"于本校各系人数中占第一位"。1927 年秋，教授有余日宣、杨光洁，讲师有苏尚骥、江之咏、金岳霖。学生（二、三年级）41 人，"于本校各系中，仍保持其冠军地位"。北伐胜利后，南京国民政府于 1928 年 8 月 17 日改清华学校为国立清华大学，任命罗家伦（1897 - 1969）为校长，提出方针："政治、经济两系的学科与国家政治社会生活的改造关系最为重要，现在党治之下，应以中国国民党的原则为归宿，养成实际的行政人才。"并改聘吴之椿（1894 - 1971，哈佛大学硕士，在伦敦政治

---

① 马奉琛：《北京大学政治学系研究行政学之概况》，《行政研究》1936 年第 1 卷第 2 期，第 409 - 414 页。
② 心舌：《我所知道的北大法学院》，《北大化讯》1947 年第 18 - 19 期，第 24 页。
③ 清华政治学研究会：《现下中国之内政与外交》，《清华周刊》1921 年第 218 期，第 37 页。

研究院和法国巴黎大学深造）为政治学系主任，新聘浦薛凤、王化成为教授，讲师有郭闰畴、刘彦、黄右昌、胡元义、何基鸿、刘懋初及恪尔温（E. S. Corwin，美国普林斯顿大学教授）诸先生。恪尔温博士讲授"政治问题"课程。这年，学校首次招收女生，15 人中有 4 人进入政治学系。1929 年首届学生 22 人毕业。教授新聘张奚若、胡道维及莱特（Quincey Wright，曾任教于哈佛大学、芝加哥大学，国际关系问题专家），新讲师有潘昌煦、程郁庭、蒋廷黻，助教有戴克光。① 1930 年秋，开办政治学研究所，招研究生 3 人。1930 年吴之椿因病辞去主任一职，由浦薛凤继任。1931 年 9 月新学期，研究所课程分三类（公法，制度，思想），本科课程分五门（宪法与行政法，国际法与国际关系，政治制度，市政学，政治思想）。"为造就吾国应用人才起见，对于政治方面各学科及市政学尤加注重。" 1932 年，"遂将本系以前所开班之法律课程举纳于法律学系中。是以自二十一年以后，为政治学系自身发展时期。……萧公权先生于此时来校，授中国政治思想等科。""二十二年暑假后开学，浦先生因休假出国，遂由王化成先生代理系主任。新聘沈乃正先生为本系教授，讲授市政方面课程。""钱端升先生请假半年，彼之课程遂改由陈之迈（专任讲师）先生代任。" 1934 年上半年，系里共有 6 位教授（浦、王、萧、沈、钱，还有张奚若），程树德任讲师，邹文海、赵德洁两位任助教。研究生，三年级 4 人，二年级 7 人，一年级 5 人；本科生，四年级 13 人，三年级 10 人，二年级 10 人，一年级还未分科。② 1935 年上半年，钱端升离校，教授增补赵凤阶，讲师增燕树棠、张映南。③

清华法学院独缺法律系，但政治系的法学课程不少，所以法学教师较多。

甲、普通课程：（1）政治概论，（2）近代政治制度，以上由浦薛凤（1900 - 1997，哈佛大学硕士，翰墨林大学法学博士）担任；（3）市政学，由胡道维担任（按：清华大学对市政学一开始就给予重视）。

乙、国际法方面之课程：（4）国际公法，（5）国际联盟，（6）世界政治大势，（7）国际组织，以上由王化成担任；（8）国际公法案件研究，（9）条约研究（研究条约之性质、订定、效力等），以上由莱特担任；（10）中国

---

① 赵德洁：《清华政治学系发展之概况》，《清华周刊》1931 年第 35 卷第 11 - 12 期，第 55 - 62 页。

② 王化成：《清华政治学系概况》，《清华周刊》1934 年第 41 卷第 13 - 14 期，第 25 - 31 页。

③ 王化成：《清华政治学系概况》，《清华周刊》1934 年第 41 卷第 13 - 14 期，第 14 ~ 16 页。

外交史,由蒋廷黻(1895－1965,哥伦比亚大学哲学博士,清华大学历史系主任)担任。

丙、政治思想方面之课程("把政治思想分做通史、近代、当代三课,这是其它学校政治系中没有这么完备的"):(11)近代政治思潮,浦薛凤担任;(12)政治思想名著研究,(13)政治思想史,以上由张奚若(1899－1973,哥伦比亚大学政治学硕士)担任。

丁、法律方面课程:由郭闵畴、程郁庭、何基鸿等担任。

> 政治系的课程是开得最完备的,同时必修学程少,限制得最严格。除了共同必修国(文)、英、自然科学(物、化、生任选一种)、数学或逻辑、历史外,政治系必修的功课有:政治概论、经济概论、政治制度、政治思想、财政学、国际公法、外交史、第二外国语二年(法德任选),除此以外都为选课。但必修课虽少也够忙的了,每项课程都有很多参考书目发给你,叫你依次去看;参考书少的有二三十本,多的有七八十本,有的只是看了考,有的还要缴笔记。至于其它选课更是花色繁多,例如:民法、刑法、市制度、市行政、国家关系、议会制度、独裁政治、政党论、当代政治思想、国际联盟、外交程序等,更有专题研究,专门研究一国之政府(例如英国政府),或专研一个思想家(例如卢骚政治思想),总之随你性之所近(选课)……①

浦薛凤任系主任后,"在课程方面,加重吾国自己之学问,例如中国政治思想史、中国政治制度、中国地方政府、中国法制史、中国法律学"。他曾敦请萧公权自燕京转到清华,特别看重其所教中国政治思想史一课。还有钱端升、陈之迈所授中国宪法。1934年度开学,政治系根据评议会的决议,屡请校外行政经验丰富人士向学生作经验谈话。如中国地方政府一课,就曾由浙江兰溪、江苏江宁两试验县县长梅思平、胡次威来校给学生讲演"公文"改革和"书生从政经验",包括县政府施政之困难及其补救方法、公务员的必需素养等。浦薛凤说:"为造就吾国应用人才之起见,对于本国政治方面各学科及市政学尤加注重。"聘沈乃正、陈之迈为专职教授,授市行政、市制度、地方政

---

① 艺植:《(清华)法学院概况》,《浙江省立杭州高级中学校刊》1936－1937年第147期,第1305－1307页。

府、中国地方政府研究、中国宪法、近代政治制度、议会制度、独裁政治、中国政府、近代专制制度专题研究等课程。因为 30 年代初南京国民政府当局注重政治革新与行政改革，一系列新政的推行，要求各校政治学系加强行政人才的培养，[①] 甚至有"配合政府的文官考试培养学生"之说。[②]

陶家瀓回忆说："说到书籍，清华图书馆是顶出名的，当代的政治学理和实际的书，一出版就送到清华来，故在其它地方看不到的 1936 年的外国书清华图书馆中可能看到。……政治学及国际法的杂志图书中更多，英法德日文全有。"[③]

全系同学共有 101 人，占全校人数的 1/5，以系别的人数而论，仅次于经济系。系里连主任、教授、讲师共有 10 位，教授是全校中最多的一个系了。就课程而论，1937 年开设了二十几门课。

1930 年秋，清华大学研究院政治学研究所成立，分别培养三个不同方向的研究生，即公法、政治制度、政治思想。大体分工是，萧公权指导中国政治思想史；王化成指导国际公法及国际关系；沈乃正指导中国地方政府研究；陈之迈（1908-1978，哥伦比亚大学哲学博士，于各国政治制度很有研究，常在杂志上发表文章）指导中央政治制度；张奚若指导西洋政治思想；浦薛凤指导西洋政治思潮。

研究生课程体系与本科阶段衔接，例如一年级必修课程说明中写着：

> 本学程之目的，在使研究所一年级生各择学科一项，在导师指导下，作初步的切实工作，俾能进而作专题研究。本科目之范围，由各导师分别决定，但均以选读原本书籍，定期做札记，即随时应口试为准。本学程共分为下列三项：甲、公法（宪法或国际公法）专门选读与研究（王化成、陈之迈）；乙、政治制度专门选读与研究（沈乃正、陈之迈、浦薛凤）；丙、政治思想专门选读与研究［张奚若、萧公权（1897-1981，康奈尔大学哲学博士）、浦薛凤］。

① 孙宏云：《中国现代政治学的展开：清华政治学系的早期发展（1926~1937）》，生活·读书·新知三联书店，2005，序。
② 西南联合大学北京校友会：《国立西南联合大学校史》，北京大学出版社，2006，第274页。
③ 陶家瀓：《介绍清华的法学院》，《浙江省立杭州高级中学校刊》1936-1937年第168期，第1764-1765页。

选修课，这里只提沈乃正教授的中国地方政府研究选修：

> 本学程为训练学生研究中国地方政府而设，除由教员就本国之省县市政府讲述其沿革、组织、职权、行政外，再由学生认定研究专题，作成论文。本学程尤其鼓励学生之实地调查工作，并随时邀请校外人士之服官久长、行政经验宏富者向学生作经验谈话。

由上述学程说明可以看出，研究课程非常注重训练学生的独立研究能力，并引导学生关注本国的政治思想、政治制度和外交问题。由于要求严格，研究生竟无一人可以在研究生章程规定的最低期限即两年时间内完成学习与研究工作，故不得不延长年限。[1]

### 三 中央大学法学院政治系

#### （一）法学院与政治系的设立

南京国民政府上台时采取大学院制，中央大学兼管江苏学区大中小学。《中央大学令各校加党义课程》（奉国民政府令第 420 号），内容是国民党中央执行委员会第 160 次常务会议"准中央训练部提出各级学校增加党义课程"。大专学校的党义课程包括："1. 建国方略，2. 建国大纲，3. 三民主义之理论与实际，4. 本党政纲及重要宣言与议决案，5. 五权宪法之原理及其运用。""为最低限度之必修科目，但专门学校或大学分科者，因性质不同，得斟酌偏重一种或数种。""每周至少两小时。""教本须由中央训练部会同全国最高教育行政机关编审颁行之。"[2]

《国立中央大学沿革史》记载："法学院。十六年夏，由前东南大学之史地学系、政法学系、经济学系及前江苏法政大学合并改组而成。"[3]

1930 年以后，中央大学的政治系就分公法及行政组、外交组，开设外交史、政治思想史、宪法、政治学、欧美政治制度、国际公法、行政法、政治史等必修课程；与该系友邻的经济系分为金融组、财政组、经济理论及政策组，经济系教授有陈长蘅（财政学）、赵兰坪（货币学）、马寅初（保险

---

① 清华大学校史编写组编著《清华大学校史稿》，清华大学出版社，1982。
② 《中央大学令各校加党义课程》，《国立大学联合会月刊》1928 年第 1 卷第 8 期，第 105 - 106 页。
③ 《国立中央大学沿革史》，《国立大学联合会季刊》1930 年第 1 卷第 2 期，第 1 - 22 页。

学）、林襟宇（审计学）、胡善恒、叶元龙等；法律系分为司法组、行政法组。很显然，这些行政组、外交组、财政组、经济理论及政策组、行政法组等及所设课程，都是我们如今的行政学教育可以参考的形式和内容。

**（二）中央大学法学院政治系概况**

据《国立中央大学一览·法学院概况》介绍，"本院研究之对象，为社会科学。范围广大，门类繁多，吾人研究斯学，能博而不失其要，分而有同归者，端赖以经济为准的，循法律若轨道，而为政治之设施也。夫自然科学，既仅为相对之真理。而社会科学，尤因时间空间有大同小异之演进，则借镜欧美，安能仍其陈腐？改建中国，非徒立异喜新，要在发扬民权，富裕民生，以应我民族之需要。是以大学设教，传授讲习，时雨春风。而同人之职责，尤在指导研究，设计调查，以促学术之进展，而开创造之途径……"①

关于中央大学政治系的教师队伍构成，可以1930年的情况为例（按：以下除前两人外，其他仅为政治系教师）：

戴修骏（毅夫，1891 - ?，湖南常德人，巴黎大学法学士、政治经济科博士，北京法政大学教授），院长。

谢冠生（1897 - 1971，浙江嵊县人，巴黎大学法学博士），主攻法理学、罗马法，中国法制史副教授，兼法律学系主任。

卢锡荣（1895 - 1958，云南陆良人，哥伦比亚大学博士，前东南大学文科主任），政治学系副教授，兼系主任。

钱端升（1900 - 1990，江苏人），政治学系副教授。

桂崇基（1901 - 1990，江西人，哥伦比亚大学硕士，广东大学教授），政治学系副教授。

孔宪铿（1899 - ?，广东南海人，巴黎大学法学硕士，布鲁塞尔大学经济学博士，曾任国立广东大学法科学院学长、国立中山大学商学系主任、上海法政大学教务长），政治学系党义副教授。

崔宗埙（1897 - ?，河南南阳人，美国斯坦福大学政治学博士，上海法科大学教授，吴淞中国公学教务长，暨南大学、大夏大学教授），政治学系副教授。

刘师舜（1900 - 1996，字琴五，江西人，美国哈佛大学硕士，哥伦比亚大学博士），政治学系副教授。

---

① 《国立中央大学一览·法学院概况》，国立中央大学出版社，1930，序第1页。

林天蓝（普林斯顿大学硕士），政治学系副教授。

章渊若（1904－1996，江苏人，巴黎大学研究员，后任国民党中宣部秘书长，侨务委员会委员长），政治学系副教授。

官其钦（1895－?，广东始兴县人，巴黎大学法科博士），政治学系副教授。

雷沛鸿（1888－1967，广西南宁人，哈佛大学博士，广西教育厅厅长），政治学系副教授。

罗鼎（重民，1888－?，湖南人，日本东京帝国大学法学士），政治系副教授。

谭绍华（广东人，岭南大学、沪江大学教授），政治学系副教授。

张国辉（1893－1968，福建邵武人，哥伦比亚大学法学士、文学士，芝加哥大学法学博士，北京师范大学、中国大学、厦门大学教员），政治学系副教授。

潘廷干（1897－?，浙江诸暨人，日本早稻田大学法学士，北平民国大学教授），政治学系副教授。

再看政治系课程教学大纲（1929年度），择要于下：

甲、必修学程

（1）政治学。一年学程，每周授课3小时。"本学程讲授政治学之性质、范围、方法、国家之起源、性质，主权之意义、理论，国权的范围，人民权利义务，政治组织与政府职权的分配，议会制度，公民团体，行政、司法权利等。"（2）欧美政治制度。一年学程，每周授课3小时。"本学程讲授英法德宪政之基础，行政机关之组织，元首之地位，行政机关之权限，选举权与选举制度，立法机关之组织，上下两院之权限，司法制度，中央各机关之相互关系，政党之组织，政党与政府之关系，各邦政治制度，地方政治，都市政治，母国与自治属地之关系。"（3）欧美政治制度。一年学程，每周授课3小时。"本学程继续上一学程，讲授意大利、苏俄、瑞士及其它欧洲新兴各国政治制度之演进组织及状况。"（6）政治史。一年学程，每周授课3小时。（9）行政法。一年学程，每周授课3小时。"本学程讲授立法与执行之分权，司法与行政之分权，政府机关及公益法团无形人格之研究，公务员之研究，中央行政与地方行政之区别，讨论机关与执行机关之区别，行政元首之研究，国务员之研究，中央行政参议机关之研究，行政之分区，上级地方自治行政，下级地方自治行政。"（10）现代政治。一年学程，每周授课2小时。待开。（11）现代政治学说。一年学程，每周授课3小时。"本学程讲授历代民治思想，多元主权学说，国家主义，帝国主义，国家社会主义，基尔特社会主义，工团主义及无政府主义等。"（16）地方自治。一年学程，每周授课3小时。"本学程讲授自治行政之意义，自治权之运用，自治立法与区域划分之标准，英美德法日之已成。"（17）论文（规则另订）。

乙、选修学程

（1）国际政治。一年学程，每周授课3小时。（4）欧美各国政党。一年学程，每周授课2小时。（5）市政论。一年学程，每周授课3小时。"讲授欧美各国市政学原则，现行市政制度，市政纲要；吾国市政沿革，现在设施，将来趋势。"（6）劳工问题。一年学程，每周授课2小时。

## 第三节 始终难有一席之地的行政学科

刘百闵对行政学的研究对象有较系统的归纳，他说：

> 行政学之成为独立科学，在今日已无讨究之必要。惟各种科学之成立，必须以其研究对象之存在为前提；其研究对象愈益复杂，则研究之兴趣亦愈益浓厚，而愈益促进其发展。行政学之研究对象，自其外延言之，行政不以国家行政为限，即各种组合及自治团体之行政，亦俱包括在内；自其内包言之，则过去不属于行政之范围内者，如劳动者之保护，产业之统制，教育之促进，甚至企业之经营，均莫不为行政之范畴。行政之发达，因以促进行政学之进步，实为当然之结果。①

### 一 南开大学经济研究所和中央大学行政研究室

1936年，国立中央大学法学院政治系设行政研究室，提出"现从事研究中国的一般政治制度，将来更将对于各实际的行政问题，分别进行精深的研讨，冀于中国行政之改良能有所贡献，而于大学之行政学教材亦可有所补充"。② 政治系由张汇文提倡，行政研究之风气蒸蒸日上。

私立南开大学经济研究所除对地方实际问题派员作实地之观察与分析

---

① 刘百闵：《行政学之研究方法（读书指导）》，《读书通讯》1943年第66期，第9页。
② 南京大学校庆办公室校史资料编辑组兼学报编辑部：《南京大学校史资料选辑》，南京大学出版社，1982，第271页。

外，并有关于行政学科大学教科书之编著，如何廉、李锐之财政学，及张金鉴之人事行政学即其例也。

何廉（1895－1975），湖南邵阳人，1919年赴美国留学，1922年转入耶鲁大学师从经济学家克莱夫·岱（Clive Day）和"美国计量经济学之父"欧文·费舍（Irving Fisher）等教授，参加社会学系凯勒教授的研究班，在亚当斯（T. S. Adams）教授的指导下到美国国家税务局实习，完成关于国家行政机构所得税征收过程比较研究的博士论文后归国。1927年9月，在南开大学建立社会经济研究委员会，1931年，与商学院、经济系合并成立经济学院。1935年，南开大学与协和医学院、燕京大学、清华大学和金陵大学联合成立"华北农村建设协进会"，何廉任主席。他在南开大学经济研究所"土地问题"、"乡村合作"和"地方政府与财政"三个方向招收硕士研究生，首批8人成为教育部承认的我国自己培养的第一批硕士。1936年6月，何廉出任行政院政务处处长，1938年任经济部次长，兼任农本局总经理和农产调整委员会主任之职。1944年任中央设计局副秘书长，主管拟定经济事业原则的委员会。1948年任南开大学代理校长。1949年秋，为哥伦比亚大学客座教授。

张纯明（1902－1984），河南省洛宁县人，1923年赴美国留学，先在伊利诺伊州立大学主修社会政治学，获得硕士学位，1929年获得耶鲁大学政治学博士学位。去莫斯科考察苏联的政治制度，并游历柏林、巴黎、伦敦及瑞士等地，当过中国驻国际联盟代表蒋廷黻的助手。1931年出任南开大学文学院院长兼政治系主任，并主编《南开政治经济学报》。1937年奉政府委派，以专家名义赴欧洲考察地方行政。次年回国，任国民政府行政院高级秘书，河南省政府委员、立法委员等职。1949年后去台湾，任"行政院"参议、中研院院士。1967年任"中华民国政府"驻联合国副代表。

张纯明在学术上的主要成就是著有《中国循吏研究》，1947年创办《世纪评论》，其他著作还有《中国政治二千年》、《清代的幕制》、《考评桓宽盐铁论》等。

张纯明《关于几本社会科学研究法的书》介绍了6本1928－1933年出版的欧美此类著作，以韦伯（Webb）夫妇的《社会研究法》（*Methods of Social Study*）为重点。① 《柯尔著近代政治指南》（《政治经济学报》1935年第

---

① 张纯明：《关于几本社会科学研究法的书》，《政治经济学报》1934年第3卷第1期，第173－180页。

3 卷第 3 期），介绍柯尔（Cole）夫妇 1934 年出版的 *A Guide to Modern Politics* 一书。此外，《循吏与循吏之政绩》（《政治经济学报》1935 年第 3 卷第 2 期）、《中央行政组织的调整问题》（《政治经济学报》1936 年第 4 卷第 3 期）、《现行保甲制度之检讨》（《行政研究》1937 年第 2 卷第 3 期）、书评《公共行政》（《政治经济学报》1936 年第 4 卷第 2 期），为四篇有分量的行政学作品，为中国行政学学界提供了有益的信息。

他的《吴芷芳著〈中国政府与政治〉》一文，不留情面地批评商务印书馆 1934 年出版的英文书 *Chinese Government and Politics*（《中国政府与政治》）。作者吴芷芳留学美国，获范德堡大学政治学硕士学位，又入芝加哥大学研究院进修，是东吴大学政治学副教授。张文批评该书除了引用《大清会典》和《皇清文献通考》两本中文书以外，全为外国人的著作，且已显陈旧。全书错误不少，相当肤浅。①

当时，南开大学还有陈序经、林同济、徐敦璋、蔡维藩、王赣愚、陈振汉、张金鉴等政治经济学学者。学报上可以见到王维显《"模范县"期与"实验区"期的定县县政》（《政治经济学报》1936 年第 4 卷第 3 期）、张金鉴《行政效率之测量标准与方法》（《政治经济学报》1936 年第 4 卷第 1 期）、冯华德评《李宗黄：考察江宁邹平青岛定县纪实》（《政治经济学报》1935 年第 3 卷第 1 期）等行政学研究方面的成果。

关于中央大学的情况，继任的政治系主任马洗繁（1894－1945）说："我们在二十三年（1934）曾经改订一次国立中央大学法学院的课程……第二三学年，注重各学系中心课程之讲求；至第四学年，则侧重各种专修学科，并扶导学生养成独立研究之习惯，以期培植各科专门人才。……本院各系均设辅修系或辅修课程，以期学生选课集中，并作研究主系学科之有系统的辅助。"如政治系的专修组别，分为公法行政、外交及政治理论与政策三组。自第三学年起，学生各自认定一组专修，修完该组专修课程方得毕业。同时，为避免学生一般文化修养太浅，学术基础过于薄弱，该院拟订第一学年必修文化史、科学概论、一门理科（包括实验，这样"可以锻炼学社会科学的学生研究事理的精神与分析事物之能力"），甚至主张再增加文、史、哲等类必修课程，但迫于社会上对大学生专门技能的要求，暂时

---

① 张纯明：《吴芷芳著〈中国政府与政治〉》，《政治经济学报》1935 年第 3 卷第 4 期，第 875－878 页。

还没做到。①

我们看看其公法行政组的必修课，包括行政学、行政法、地方政府、近代政治学说。政治学系第三、四学年的选修课，包括独裁政府、日本政府及政治、市政学、政党论、中国政治社会史、比较文官制度、行政问题、外交文牍、政治哲学名著选读、中国近代政治思潮。此外，还要在系外所开的历史、哲学、经济学、法律学、社会学、心理学课程中至少选修 6 – 12 学分（约 2 – 4 门课程），选读的第二外国语至少要修满 12 学分。

1936 年秋，中央大学法学院才设立行政研究室。"（先）将民国各种行政问题，择其较重要、较易知、较与前代（即民国以前）无关连者一一加以研究。如能有成，然后再研究较艰难而与前代较多关连之诸问题。"他们的成果有《民国政制史》，介绍民国以来二十余年间中央及地方的政治制度，着重述及各级政府机关的法定组织及其法定权力。"但其实际情形，则尚须留作进一步之研究，本书几无论及。……各种国家职务，如行政、立法、司法等职务之行使，亦语焉不详。"② 全书分中央政制、省制、县制、市制等四编，由萨师炯（第一编 1 – 5 章）、郭登皞（第一编 6 – 7 章）、杨鸿年（第二编）、吕恩莱（第三编）、林琼光（第四编）、冯震（各编中之选取材料）等编写。上册附录历届国会及国会法规等 12 则，下册附录《已裁废之市》及《参考书目》。该书"只客观地叙述变迁经过，分析法制要点，而不参以赞否之意见"。③ 所谓关于中国行政之研究，其难可知。

陈之迈作《评中华民国政制史》，认为《民国政制史》一书"所研究的对象也可以说不是'政制'，而是厘定政制的法规"，以及按此法规设立的机关，但未解答"为什么……设立了以后却并不曾发生多大的效力？""在取材方面，本书是绝对地以政府的文书为主的。……每征引一种法律，必定有其官文书的出处。……我们就是利用官文书，一定也可以构造出中国政府运用的真相。"④

1944 年，该校研究院有法科研究所，下设政治经济学部，内分行政组、

① 马洗繁：《论改进部颁大学科目表之原则并试拟中大法学院各系科目表》，《高等教育季刊》1941 年第 1 卷第 3 期，第 13 – 20 页。
② 钱端升：《民国政制史》，商务印书馆，1939，第 1 – 2 页。
③ 钱端升：《民国政制史》（增订版），商务印书馆，1946，第 1 页。
④ 陈之迈：《评中华民国政制史》，《星期评论》1940 年第 11 卷第 1 期，第 12 – 13 页。

国际政治组、经济组。①

1947 年，该院政治学系教授有黄正铭（1901－1975，伦敦大学政治经济学博士，系主任）、沈乃正、刘静文、樊德芬、程仰之、江康黎、史国纲，及返校任教的浦薛凤、吴其玉等。设政治经济学研究所，黄正铭兼所长，分行政、国际政治、经济三组。当年修业期满准备提交论文答辩的有 8 人。② 又，法学院已有法律系、政治系、经济系，及社会系、边政系和司法组。后来，政治系主任由程憬代理。③ 1948 年，政治学研究所共招收研究生 6 人，其中行政组的 3 人是杨日旭、周维恭、范大煊，另 3 人属国际政治组。④ 今查得，作为民国最后一届行政学研究生，20 世纪 80 年代，范大煊曾当选中国法学会宪法学研究会第二届干事（理事），时年 65 岁，任职于山西省人民代表大会。

## 二　中央政治学校行政系

### （一）中央政治学校的特殊之处

1. 国民党"清党"和"党国精英"培养

中央政治大学的前身为国民党于 1927 年在南京成立的中央党务学校，负责对国民党干部的教育训练。国民党"清党"时，原准备成立"宣传训练院"，后定名为党务学校。课程着重于党务及社会运动、政治宣传，授课内容则分为理论、历史、地理和组织。它"不隶属于教育部而直隶于（国民党）中央执行委员会"，"以培植党治之建设人才为教育方针"。⑤ 中央党务学校属于"党国精英"培训学校，为表示重视之程度，蒋介石亲自担任校长，实际运作由副教务主任罗家伦、副训育主任谷正纲及副总务主任吴挹峰主导。起初校训与 1924 年成立的黄埔军校相同，后由蒋介石改为"亲爱精诚"。

1929 年，中央党务学校改组为中央政治学校，初设政治、财政、地方自治、社会经济四系，后来又增设教育和外交等系。⑥ 抗日战争爆发后迁至重

---

① 编者：《本校研究生院各学部一览》，《国立中央大学校刊》1944 年第 1 期，第 1 页。

② 编者：《政治学研究所近况》，《国立中央大学校刊》1947 年第 2 期，第 4 页。

③ 编者：《本校三十六年度各院系科主管人员》，《国立中央大学校刊》1947 年第 19 期，第 3 页。

④ 编者：《本届录取新生名单　研究生体专科发表》，《国立中央大学校刊》1948 年第 51 期，第 2 页。

⑤ 陈璞：《中央政治学校对于未来之公务员的训练》，《浙江省立杭州高级中学》1935 年第 128 期，第 962－965 页。

⑥ 周异斌：《中央政治学校的过去现在及将来》，《新政治》1931 年创刊号，第 1－15 页。

庆小温泉，科系调整为法政、经济、外交、新闻、地政五系，后又成立新闻事业专修班，以及新闻、地政、会计、统计、语文五个专修科。

2. 学校的部分出版物

从功能上来说，中央政治学校是国民党"训政"时期培育政治人才的主要基地，许多教职员都是在国民党政府机关任职的高级管理人员，许多课程的设置与国民党政府的施政方针有关，甚至有的教材直接作为蒋介石或其他高官的讲稿，从学校的出版物可见一斑：

陈果夫等著的《行政经验集》①，属"服务丛书"民政经验第一集，该丛书由萨孟武等主编，收《苏政四年之回忆》（陈果夫）、《我如何做专员》（王德溥）、《行政督察工作追忆》（许孝炎）、《我如何做县长》（李晋芳）等 13 篇文章。

端木恺的《中央及地方行政制度》，分 14 讲。讲述国民政府的组织机构，内阁制度，行政院的组织机构、职权，及立法、司法、考试、监察等制度，并与各国行政制度进行比较。封面题："中央政治学校公务员训练部高等科讲义"。②

《建国与铨叙制度的关系及其工作要领》一文是 1943 年蒋介石在中央政治学校的讲话稿。书前有《行政学院卅二年三月四日仁字五五零六号训令》。附录《修正公务员任用法》、《非常时期公务员考绩条例》等 4 篇。③

马洪焕编的《铨叙制度概要》是中央政治学校人事行政人员训练班讲义，分总说、分发、登记、任用、俸给、奖励、抚恤等 9 章。④

**（二）中央政治学校行政学课程**

中央政治学校这一时期的行政学教育已达到相当的水平，大学部的行政系分为普通行政组、市政组、农村行政组、地政组。所授课程内容全面，有些连如今的行政学教育也未涉及。这里摘录民国 21 年（1932）的行政系课程表。⑤

---

① 陈果夫等：《行政经验等》，中央政治学校毕业生指导部，1940。
② 端木恺：《中央及地方行政制度》，中央政治学校，1943。
③ 蒋中正：《建国与铨叙制度的关系及其工作要领（"蒋委员长训词"）》，湖北省政府，1943。
④ 马洪焕编《铨叙制度概要（中央政治学校人事行政人员训练班讲义）》，中央训练团党政训练班，1947。
⑤ 编者：《中国国民党中央政治学校课程一览》，中央政治学校，1932。

1. 普通行政组（注重政策实施之研究及机关官吏之智识）

第一学年（原注：注意主义、政治科学之基本智识及各系组共同必修学科）

上学期必修课课程是党义、国文，政治学、经济学、民法总则、中国近世史、西洋近世史、英文；选修课是社会心理学、人文地理、科学方法论。下学期必修课程是全同上学期；选修课是人文地理、哲学概论。

第二学年上学期必修课是宪法、比较政府、政治、财政学、统计学、上古西洋政治思想史、中国法制史、英文；选修课是市政学、高等经济学、租税各论、第二外国文。下学期仅中国法制史停开（已讲完），其他必修、选修课程全同上学期。

第三学年上学期必修课是行政法、刑法概论、民法债编、民法物权编、国际公法、近世西洋政治思想史、中国外交史；选修课是比较地方政府、预算论、会计学、第二外国文。下学期必修课全同上学期；选修课仅预算论（已讲完）改地方财政，其余同上期。

第四学年上学期实习，没有课程。下学期所修课目全为必修课：中国政治思想史、政党论、土地法、劳工法、行政问题研究、国际私法、中外条约研究、社会统计、第二外国文。

2. 市政组（按：这再次证明本书前文对市政学属性和教学与研究在我国进展的论述）

第一学年课程与普通行政组相同，第二学年仅增市政学、合作概论两门特色课程。

第三学年仅增地方教育行政、警察行政、社会调查、公共卫生行政四门特色课程。

第四学年上学期实习。下学期的社会行政、城市设计、公营事业经济、市政问题研究、社会保险、土地经济学是本专业特色课程。

3. 农村行政组（略）

4. 地政组（原注：本组缓设，课程表暂关）

中央政治学校的行政系重视实践，有很多课程都开设了实习课，还有一个学期专门用于实习，试图培养学生学以致用、联系实际的能力。当然，由于该校政治上为国民党"以党治国"服务，这些做法未必能达到预期目标。

杨卓膺《中政校的行政系》一文就劝诫中学毕业生不必报考一般行政系，"一无特殊之点可言"，"这样繁多的课程……欲求得一二门专长技术，是绝对不可能的"。①

抗战期间，中央政治学校设有公务员训练部，其《中央政治学校公务员训练部高等科训练大纲》称：

> 训练宗旨：以造成恪遵总理遗嘱，服从党义，奉行法令，忠心及努力于职务，以负荷革命建国责任之公务人员为宗旨。其精神教育及智能教育之原则依下列规定：1. 党员守则及军人誓词；2. 文武官誓词；3. 总理遗教，尤其以遗嘱所举四种遗著及军人精神为一切教育之重要依据。
>
> 受训学生：高等考试初试正取及录取人员。
>
> 训练期间：定为一年，以第一期六个月为在校受课时期，以第二期六个月为实习时期。训练期满经高等考试再试及格后分发各机关依法任用。
>
> 在校安排：1. 精神谈话 52 小时；2. 政治教程 308 小时；3. 辅助课程 214 小时；4. 特别讲座 20 小时；4. 军事教程 234 小时；5. 体育 88 小时。
>
> 实习时期工作内容及时间之支配：1. 社会服务训练 1 个月（到指定地点作有计划之服务）；2. 实习 4 个月（派至中央省县各级各种行政机关，一般行政及专业行政各 2 个月）；3. 回校整理资料及讨论问题。②

## 三 散兵游勇的各校政治学系行政学教授

薛伯康曾就自己的见闻指出："查我国教育当局对于行政学往往忽视，……政治系每多教授行政法而不教授行政学……今后果欲设法补救，则国内各大学不可不酌量添设或扩充行政学系，以便政府行政人员及有志研究行政学之士入班研究，以资造就。"③

---

① 杨卓膺：《中政校的行政系》，《浙江省立杭州高级中学校刊》1936 – 1937 年第 145 期，第 5 页。
② 编者：《中央政治学校公务员训练部高等科训练大纲》，《服务月刊》1940 年第 3 卷第 1 期，第 112 – 113 页。
③ 薛伯康：《考铨会议之我见》，《行政效率》1934 年第 1 卷第 11 期，第 486 页。

事实上，国民党上台后一直未能颁布各系课程标准，部长朱家骅于 1932 年有口头表示，王世杰于 1937 年有"分系课程比较表"。直到 1938 年春陈立夫接任部长，始锐意进行，聘专家开会草拟，收集各大学的意见。1939 年 6 月召开"各学院分院课程会议，逐一讨论修正，予以通过"。参加法学院课程起草的是燕树棠（法律）、陈之迈（政治）、杨端六（经济）和吴景超（社会）。审查政治学课程的是萧公权、周鲠生、杭立武、张佛泉、浦逖生和萨孟武。修订者是萨孟武。① 他们不可能将处于萌芽的、弱势的行政学科目更多地强行塞入政治学系课程中。他们最热衷、最擅长的还是政治学，而不是行政学。

1941 年，教育部部长陈立夫决定设立"大学用书编辑委员会"，全国大学有 1007 种学科，可得从长计议。用书由商务印书馆和正中书局两家负责出版，新编法科用书归正中书局。

江西的中正大学创办较迟，条件较差，想搞点儿短平快的项目，于是有行政管理专修科（两年制）之设②。它的课程只能自出心裁，例如中国政府（含地方政府）、行政学原理、人事管理、文书管理（含档案）、财物管理、事务管理概论、应用文及公文等③，比一般政治学系课程更适合行政人员。从《本校行政管理专修科近讯》可知，1942 年冬，该校已经聘任周敦礼教授为专修科主任。周氏是法学家，国际法及国际政治学造诣颇深，而以专家身份议政也很地道。该科的学生活动饶有生气。④

进入 40 年代，崔宗埙《大学政治教育改革方案》仍建议政治学系将"行政学"、"人事行政"定为必修课，"行政组织"、"财务行政"、"文书管理"、"物料管理"等定为选修课。他说，"美国许多大学如斯坦福、南加州等大学，早已将行政实务各科列为如政治系课程"，使学生脚踏实地。或者，索性"另外设立行政学院，以副行政上之要求"。这正如在经济系之外设商学院、教育系之外设师范学院一样，都是适应社会需要。政治系造就政治家，行政学院（内可分各系）造就行政人才。德国已经这样做了。"吾国以前中央政治学校之组织，实与行政学院相近似。其中分行政系、外交系、法律系、计政学院、财政学院、边政学院、合作学院等。"而教育部并不接

① 教育部编《大学科目表》，正中书局，1940，第 8－13 页。
② 编者：《本大学行政管理专修科简章》，《中正大学校刊》1942 年第 2 卷第 24 期，第 11 页。
③ 编者：《本大学行政管理专修科简章》，《中正大学校刊》1942 年第 2 卷第 24 期，第 12 页。
④ 编者：《本校行政管理专修科近讯》，《中正大学校刊》1942 年第 3 卷第 6 期，第 13 页。

纳。① 王世宪并非大学教师，可是他看到各专业大学毕业生普遍缺乏管理素养，所以建议各系都开行政管理课，有条件的大学应设行政学院或系，教育部应普查全国这方面的专家，安排其教学工作。②

台湾光复后，台北帝国大学改为台湾大学。其文政学部改组为文、法两个学院，法学院含法律、政治、经济三系。原台北经济专门学校改组为台湾省立法商学院，增加普通行政、社会行政、人事行政、会计、银行、统计、财政、法律、国际贸易、工商管理等 10 个专科。由于当时台湾急需培养本土行政官员，1947 年该学院被并入台湾大学法学院。③

私立上海法学院院长是褚辅成（1873 – 1948），教务长是沈钧儒（1875 – 1963），有法律系（内分司法、行政法学两组）、经济学系、政治系、统计会计系、银行学系和报业专修科。1947 年秋，法律系招新生 80 名（两组各半），其余系科均为 50 名。④

1945 年，教育部部长在法律教育委员会第一次会议上估计，清末学校法律科的毕业生约有4000 人；1911 年至 1927 年，从国内法政专门学校及大学毕业的法律学生，每年约有 1000 人，合计 16000 人左右；1928 年至 1943 年，合计有 12000 余人。在海外留学的学生中学法学的，除速成科毕业者之外，先后合计有 1700 余人。于是，到 1945 年，国内、国外法学科毕业生总计约 30000 人。可以说，这一时期出现了一个法政学群体。⑤

但行政学专业的学生在政治学群体中可能只占零头。

**全国法学院之院数（1942 学年度上学期）**

单位：所

| 学院别 | 共计 | 国立 | 省立 | 私立 | 备注 |
|---|---|---|---|---|---|
| 总计 | 31 | 15 | 3 | 13 | |
| 法学院 | 18 | 7 | 3 | 8 | |
| 法商学院 | 7 | 5 | — | 2 | |

① 崔宗埙：《大学政治教育改革方案》，《改进》1941 年第 5 卷第 5 期，第 176 – 177 页。
② 王世宪：《建议某大学设立行政管理系言》，《再生》1942 年第 82 期，第 2 页。
③ 编者：《法学院两年来工作概况》，《国立台湾大学校刊》1947 年第 5 期，第 5 – 7 页。
④ 霁羽：《私立上海法学院》，《人人周报》1947 年第 12 期，第 9 页。
⑤ 韩秀桃：《民国时期法律家群体的历史影响》，《榆林学院学报》2004 年第 14 卷第 2 期，第 19 – 25 页。

续表

| 学院别 | 共计 | 国立 | 省立 | 私立 | 备注 |
|---|---|---|---|---|---|
| 文法学院 | 5 | 3 | — | 2 | |
| 文理法学院 | 1 | — | — | 1 | 私立中国学院，法科分法律系、政经系 |

资料来源：《全国法学院院数统计》，《高等教育季刊》1943 年第 3 卷第 1 期，第 12 页。

全国法学院之学系数（1942 学年度上学期）

单位：个

| 学系别 | 共计 | 大学 | | | | 独立学院 | | | |
|---|---|---|---|---|---|---|---|---|---|
| | | 小计 | 国立 | 省立 | 私立 | 小计 | 国立 | 省立 | 私立 |
| 总计 | 112 | 87 | 51 | 2 | 34 | 25 | 1 | 5 | 19 |
| 法律学系 | 28 | 20 | 14 | 1 | 5 | 8 | — | 2 | 6 |
| 政治学系 | 27 | 21 | 14 | — | 7 | 6 | — | 1 | 5 |
| 经济学系 | 31 | 24 | 15 | — | 9 | 7 | — | 1 | 6 |
| 政治经济学系 | 8 | 6 | 1 | 1 | 4 | 2 | — | 1 | 1 |
| 社会学系 | 15 | 14 | 7 | — | 7 | — | — | — | 1 |
| 社会经济学系 | 2 | 2 | — | — | 2 | — | — | — | — |
| 土地经济学系 | 1 | — | — | — | — | 1 | 1 | — | — |

资料来源：《全国法学院学系数统计》，《高等教育季刊》1943 年第 3 卷第 1 期，第 16 页。

全国法学院之学生数（1942 学年度上学期）

单位：人

| 学系别 | 共计 | 大学 | | | | 独立学院 | | | |
|---|---|---|---|---|---|---|---|---|---|
| | | 小计 | 国立 | 省立 | 私立 | 小计 | 国立 | 省立 | 私立 |
| 总计 | 12002 | 9446 | 4676 | 239 | 4531 | 2556 | — | 120 | 2436 |
| 法律学系 | 2473 | 1409 | 610 | 31 | 768 | 1064 | — | 49 | 1015 |
| 政治学系 | 2104 | 1845 | 1140 | — | 705 | 259 | — | 23 | 236 |
| 经济学系 | 5755 | 4621 | 2617 | 208 | 1796 | 1134 | — | 23 | 1111 |
| 政治经济学系 | 701 | 667 | — | — | 667 | 34 | — | 25 | 9 |
| 社会学系 | 718 | 653 | 160 | — | 493 | 65 | — | — | 65 |
| 一年级不分系 | 252 | 252 | 149 | — | 103 | — | — | — | — |

资料来源：《全国法学院学生数统计》，《高等教育季刊》1943 年第 3 卷第 1 期，第 45 页。

历年度全国法学院毕业学生数（1931－1941 学年度）

单位：人

| 年度 | 1931 | 1932 | 1933 | 1934 | 1935 | 1936 | 1937 | 1938 | 1939 | 1940 | 1941 |
|---|---|---|---|---|---|---|---|---|---|---|---|
| 人数 | 2619 | 2507 | 2949 | 3221 | 2447 | 2660 | 1059 | 1182 | 1312 | 1685 | 1831 |

资料来源：《历年度全国法学院毕业生数统计》，《高等教育季刊》1943 年第 3 卷第 1 期，第 40 页。

教育部所编《全国专科以上学校教员名册》收录了经过教育部审查合格的教师名单。当时处于战争环境，通讯不便，证件、档案丢失，相当一部分教师未能及时申请、交验个人资料，或资料不足，影响通过。所以这个名单远没有包括全体在职教师，更没有包括已经离校（从政等）以及身处沦陷区的高校教师。以下主要关注政治学教师。

全国专科以上学校法科相关教员名册（1941–1944 年）

| | 教授 | 副教授 | 讲师 | 助教 | 总数 |
|---|---|---|---|---|---|
| 法科合格教员 | 111 | 50 | 35 | 20 | 216 |
| （此行为第二批） | 143 | 34 | 24 | 16 | 217 |
| 政治学门 | 35 | 14 | 7 | 6 | 62 |
| （此行为第二批） | 48 | 13 | 9 | 4 | 74 |
| 经济学门 | 31 | 22 | 10 | 9 | 72 |
| （此行为第二批） | 44 | 9 | 2 | 7 | 62 |
| 法律学门 | 32 | 11 | 13 | 4 | 60 |
| （此行为第二批） | 38 | 8 | 12 | 5 | 63 |

注：第一册收录 1941 年 2 月–1942 年 10 月审查合格者，简称"第一批"；第二册收录 1943–1944 年审查合格者，简称"第二批"。

从上表简单计算（第一批人数加上第二批人数），法科教授总共 254 人，其中政治学门 83 人，法律学门 70 人，经济学门 75 人，以政治学门教授最多，约占总数的 1/3。其中与行政学关系较为明显的约 30 人，约占法科教授的 1/8，约占政治学教授的 3/8。

另据田正平统计，1941 年 2 月至 1944 年 2 月，经教育部审查合格的全国大专学校中的教授与副教授共有 2448 人，其中法科教授、副教授有 339 人，里面留学海外的有 300 人，占 88.5%。这一比例仅次于农科，高于文、理、商、教、工、医和艺各科。[1]

以下抄录审查合格的政治学教师名单（姓名前的编号是教育部的登记号，年龄是原登记表所载，不知是 1941 年还是 1943 年。）各人简历依学历学位/经历/任教科目/现任职高校顺序写出。该名单分第一批与第二批。

---

[1] 田正平：《留学生与中国教育近代化》，广东教育出版社，1996，第 403–419 页。

（1）教授。

650 沈乃正（仲端），42 岁，浙江嘉兴，清华大学毕业，哈佛大学硕士/南开、浙江大学教授/政治制度、中国地方政府（专长科目）/岭南大学（服务学校）

815 江康黎，38 岁，江苏南通，美国西北大学硕士/暨南大学教授　中央大学讲师/公共行政、市政学/中央大学

330 汤吉禾，39 岁，江西九江，文华大学学士，哈佛大学博士/中央大学、中央政治学校教授/比较政府、西洋政治思想史/齐鲁大学

989 梁贞（君干），43 岁，广东茂名，中山大学学士，法国迪桑大学法学博士/中山大学副教授，广东勷勤商学院副教授/宪法、行政法、行政学/广东勷勤商学院

996 凌均吉，34 岁，四川宜宾，清华大学毕业，美威斯康星大学博士/四川大学教授/各国政府、市政学、行政学/光华大学

599 王赣愚（贡予），37 岁，福建，清华大学法学士，哈佛大学政治学博士/南开大学教授/中国政治制度/云南大学

29 王季高，男 36 岁，湖南常德，清华大学毕业，美哥伦比亚大学政治学博士/中央大学教授/各国政府与政治、西洋政治思想史/中央大学

188 黄中堇（仕俊），37 岁，广西南宁，清华大学毕业，美威斯康星大学硕士/暨南大学、广东法科学校教授/政治学、政治思想/中山大学

314 黄毅芸，42 岁，广东台山，哈佛大学政治学硕士/广州大学、广东法科学院教授/地方政治、政治学/广州大学

25 林景润（雨琴），44 岁，福建莆田，协和学院文学士，美国魏斯莱大学博士/福建协和学院教授/政治学、行政教育/福建协和学院

600 林同济，37 岁，福建闽侯，清华大学毕业，美国加州大学博士/美国加州大学、南开大学讲师/国际关系、政治思想/云南大学

1001 麦逢秋，45 岁，广东儋县，法国南锡大学博士/广东国民大学法学教授/行政法、宪法、国际公法/广东民国大学

235 左仍彦（璐生），39 岁，江苏阜宁，法国朗西大学法学博士/东北大学教授/政治学、行政学/东北大学

824 胡继纯，39 岁，湖北鄂城，复旦大学学士，美国密歇根大学硕士/武昌中华大学、复旦大学教授/地方行政/复旦大学

813 马洗繁，47 岁，河北，美国哥伦比亚大学研究、英国伦敦大学研

究/中央大学、中央政治学校教授/比较政府、地方政府/中央大学

211 马博厂（马博庵），42 岁，江苏仪征，美国哥伦比亚大学博士/外交史和国际法，金陵大学教授/政治学、政治制度/中正大学

726 董霖（惠林），36 岁，江苏，复旦大学学士，美国伊利诺伊大学博士/北平参议会议长，中央政治会议秘书/国际公法、行政学、中国政府

114 吴芷芳，44 岁，浙江崇德，东吴大学文学士，美国范纳弼大学政治学硕士/东吴大学教授/比较宪法、行政学/厦门大学

314 钟耀天，36 岁，广东五华，清华大学毕业，美国西拉久史大学硕士/中山大学教授/市政学、行政学/大夏大学

597 朱驭欧（沛西），37 岁，湖南零陵，清华大学毕业，美国威斯康星大学博士/中央研究院研究员/行政学/云南大学

2 刘迺诚（笃生），43 岁，安徽巢县，金陵大学文学士，英国伦敦大学博士/武汉大学教授/比较政治制度、市政学/武汉大学

901 周异斌（清溢），37 岁，湖南，中央政治学校毕业，美国密歇根大学硕士/中央政治学校教授/政治制度/中央政治学校

492 鲍扬廷（必荣），33 岁，安徽合肥，英国伦敦大学博士/金陵大学教授/地方政府/金陵大学

178 张汇文，35 岁，山东，清华大学毕业，美国斯坦福大学公法政治系博士/立法院编修/行政学/中央大学

898 张金鉴，38 岁，河南安阳，中央党务学校毕业，美国斯坦福大学硕士/河南大学、南开大学、中央政治学校教授/行政学、人事行政学/中央政治学校

430 费巩（香曾），38 岁，江苏吴江，复旦大学文学士，英国牛津大学政治经济优等文凭/复旦大学、浙江大学教授/宪法、政治制度/浙江大学

（以上为第一批）

1098 温晋诚，52 岁，江西宁都，日本东京高工机械科/江苏第五区行政督察专员，中央政治学校教授/地方政治/中央政治学校

1141 许兴凯（志平），43 岁，北平，北师大教育研究科毕业，东京大学研究/河北省立法商学院教授/国际政治、中国政府、地方政府、日本史/西北大学

1081 高柳桥，44 岁，江苏泰县，金陵大学文学院毕业，美国明尼苏达州立大学硕士/金陵大学教授/地方行政/中正大学

1576 萨孟武，46 岁，福建，日本京都大学法学士/中央大学教授，陆军大学政治教官，中央政治学校教授/政治学、宪法、中国政治史/中央政治学校

1824 吕渭，39 岁，湖北广济，上海法政大学毕业，法国朗密大学公法博士/朝阳学院教授/行政法、宪法、政治学/朝阳学院

1717 吴求胜，42 岁，广东梅县，中国大学政治学系毕业，法国图卢兹大学政治学博士/广西大学讲师、教授/国际公法、政治学、行政学/广西大学

1656 娄学熙（穆青），50 岁，吉林宾县人，燕京大学法学士，美国哈佛大学硕士/东北大学、燕京大学教授/各国政府及各国地方政府/东北大学（已故）

1004 钱端升，45 岁，上海，美国北达科他大学学士，哈佛大学硕士、博士/清华、中大、北大教授/政治学/西南联大

1681 刘求南，43 岁，安徽南陵，日本早稻田大学政治经济学部毕业/中山大学教授/政治科学/中山大学政治学系主任，台东大学校长

1562 邹文海（景苏），37 岁，无锡，清华大学毕业，英国伦敦大学政治经济学院研究/清华大学助教，湖南大学教授/政治学、比较政府、西洋政治、思想史/厦门大学

1071 张育之，43 岁，汉阳，燕京大学文学士，美国哥伦比亚大学哲学博士/东北大学、西北大学教授/行政与市政/西北大学

1580 孟云桥，40 岁，山东章邱，北大毕业，英国伦敦大学、牛津大学文学士/中央大学、武汉大学教授/政治学科/中央政治学校

1686 陈烈甫，37 岁，福建，中央政治学校毕业，伊利诺伊大学政治学硕士，在加利福尼亚大学研究院专攻公法与公共行政/四川大学教授/政府宪法、行政地方制度等/厦门大学

1583 陈晓（不晓），37 岁，广东番禺，东吴大学硕士，美国奥撒大学文学士，爱荷华大学哲学博士/东吴大学政治学教授/行政学、经济地理、西洋政治思想史/东吴大学

1685 孙文明（浚卿），38 岁，山西宁武，法国巴黎大学博士/行政院行政效率促进委员会调查员、行政院编审/国际公法、各国政府及政治/东北大学

778 戴葆铨，38 岁，哈佛大学政治学硕士/比较政府、政治学、国际公法/广州大学

（以上为第二批）

（2）副教授。

152 谭春霖，32 岁，广东新会，岭南大学文学士，燕京大学硕士/燕京大学讲师/政治学、国际公法/岭南大学

89 吴求胜，43 岁，广东梅县，中国大学学士，法国都伦斯大学博士/广西大学讲师/国际公法、政治学/广西大学

129 何隶先，45 岁，江苏仪征，东南大学毕业，法国里昂大学政治学博士/金陵大学研究员，中国乡村建设育才院教授/地方政治/中正大学

232 陈耀庭，28 岁，福建同安，清华大学法学士，德国耶拿大学法学博士/厦门大学副教授/行政法、宪法/厦门大学

33 孟云桥，38 岁，山东章邱，北京大学文学士，英国牛津大学文学士/中央大学教授/政治及道德哲学、近代政治思想/中央大学

（以上为第一批）

391 吴胜己，34 岁，广东番禺，美国华盛顿大学行政学硕士/广西省政府秘书兼编译委员会委员，广东省政府参议、秘书处科长/人事管理、机关管理、市政学/广东省立勤勤商学院

618 张明养（良辅），38 岁，浙江宁海，复旦大学文学士/商务印书馆编辑，复旦大学政治系教授/国际政治、外交史及中国政府等/复旦大学

（以上为第二批）

（3）讲师。

210 王镜铭，38 岁，河北磁县，北京大学毕业/西北联大讲师/乡村建设/西北联大

238 严象春（笑山），32 岁，江苏涟水，中央政治学校毕业/中央军校教官/地方政府/甘肃学院

359 罗志渊（孟浩），39 岁，广东兴宁，中央政治学校大学部毕业/江苏省民政厅保甲指导员，广州市财政局稽核股主任，贵州省民政厅主任科员，中央政治学校指导部编审组组长/地方政府、地方行政/中央政治学校

（以上为第一批）

710 郭兆祺，37 岁，江苏江都，东京专修大学经济学士，中央政治学校特训班毕业/中央组织部视察指导员，国立艺专党义教师/地方自治/国立社会教育学院

679 赵焕章（德宣），45 岁，河南汜水，北平大学政治系毕业，在日本早稻田大学法学部大学院专攻公法学 6 年/河南大学讲师，第十区专员公署

科长/宪法学、行政学、政治学/西北大学

585 钟治同，35 岁，福建古田，沪江大学政治学系文学士/税警总团，励志分社/国际政治、中国政府/厦门大学

1051 高亨庸，32 岁，安徽无为，中央政治学校行政系毕业，乡村建设协进会乡政学院民政组结业/各国地方政府、西洋政治思想史/中央政治学校

（以上为第二批）

以下各人所登记任教科目，因未含行政学、行政法等课程，姑且认为是非行政学专业教师。其简历也尽量从简（省去籍贯、经历等）。

（1）教授。

236 江之泳（之咏），51 岁，美国印第安纳大学学士/国际法、中国外交史/东北大学

338 谌志远（平山），37 岁，美哥伦比亚大学硕士/政治学、国际政法/大夏大学

969 方瑞典，34 岁，巴黎大学、岗城大学博士/比较宪法、外交史/重庆大学

543 邝震鸣（翰青），47 岁，东方大学研究院硕士/政治学、社会学/北平民国学院

830 凌乃锐，27 岁，比国布鲁塞尔大学硕士，英国伦敦大学文学博士/中国外交史、国际关系/复旦大学

363 王德辉，36 岁，巴黎大学毕业/国际政治/上海商学院

708 耿佐军（淡如，澹如），42 岁，哈佛大学政治学硕士/政治学、西洋史/光华大学

379 黄正铭，40 岁，伦敦大学哲学博士/国际公法、外交史/中央大学

223 黄延英，38 岁，美国约翰霍普金斯大学博士/国际公法、政治/广西大学

293 桂丹华，法国图卢兹大学硕士/政治学、政治思想史、中国伦理史/中央政治学校

26 林希谦（志坚），46 岁，早稻田大学学士/政治学、国际关系/福建协和学院

591 叶叔良，29 岁，巴黎大学法学博士/国际公法、条约论/四川大学

540 葛受元，39 岁，美国哈佛大学硕士/国际公法、西洋政治、外交史/大夏大学

518 萧公权，46 岁，美国康奈尔大学法学博士/政治思想史/清华大学

70 萧作梁，32 岁，柏林大学政治学博士/国际政治、外交史/四川大学

373 吴正华（西屏），43 岁，巴黎大学研究员/国际公法、外交史/国立西北大学

334 樊德芬（纫秋），37 岁，伦敦大学硕士/政治学、西洋政治思想史/武汉大学

1000 伍藻池，39 岁，美国约翰霍普金斯大学研究员/政治哲学/广东国民大学

500 刘平侯，40 岁，纽约大学博士/国际公法、国际关系/金陵大学

544 刘敏（剑南），48 岁，比国劳动大学肄业/西洋政治思想史、哲学/北平民国学院

（以上为第一批）

922 邵循恪（恭甫），32 岁，芝加哥大学博士/国际法、中国外交史、国际关系/西南联大

1651 赵凤喈（鸣岐），45 岁，巴黎大学法学硕士/民法、刑法/西南联大

1203 赵泉天（明高），46 岁，美国康奈尔大学政治外文科硕士，哈佛大学研究员/政治、外交/复旦大学

1193 李肇伟（醒那），42 岁，法国图卢兹大学法学硕士/法政、法律/广西大学

1798 江海潮（瀛波），39 岁，德国法兰克福大学法学博士/国际法、宪法、德文/中央政治学校

1067 吕复（健秋），65 岁，日本明治大学高等预科毕业/社会学原理、比较宪法、中国法制史/中山大学

1649 吴之椿，37 岁，哈佛大学硕士/政治思想史、英国宪法史/西南联大

1072 吴志毅，35 岁，斯坦福大学学士、硕士/国际公法及外交/西北大学

1777 吴其玉，40 岁，普林斯顿大学研究院博士/国际公法、中外关系/燕京大学

1666 崔书琴，38 岁，哈佛大学硕士、博士/国际公法/西南联大

1725 伍薏农，53 岁，伦敦大学研究/中国外交史、国际公法、西洋政治思想史/湖南大学

1045 朱勉躬，43 岁，法国南锡大学法学士/党义、民法/中山大学

1359 任启珊（松如），早稻田大学政治经济系毕业/中国政治思想史、伦理学/中正大学

1109 但荫荪，50 岁，法国里昂大学硕士、法学博士/政治学、国际公法/台湾政治作战学校

1431 周鲠生，54 岁，英国爱丁堡大学硕士，巴黎大学法学博士/国际公法、国际关系、外交史/武汉大学（部聘教授）

1125 周蜀云，30 岁，法国南锡大学法学博士/公法/审计部

1153 翟楚（晋夫，翟桓之弟），39 岁，美国西北大学博士/外交与法律/湖南大学

1217 张国安（群天），美国威斯康星大学经济学士，哈佛大学硕士/政治学/齐鲁大学

1482 张奚若，55 岁，哥伦比亚大学硕士/西洋政治思想史/西南联大

1127 刘懋初，49 岁，法国里昂大学博士/国际公法经济学/审计部

（以上为第二批）

（2）副教授。

283 宓贤璋，34 岁，燕京大学政治学硕士/政法、土司政治/金陵大学

142 邝明清（辉霖），美国哥伦比亚大学硕士/国际法、国际关系、外交史/广州大学

247 卢俊恺，34 岁，法国岗城大学法学博士/宪法、国际公法/西南联大

196 万仲文，35 岁，东京帝国大学研究/中国外交史、日本外交史/广西大学

29 吴恩裕（惠人），34 岁，英国伦敦大学博士/西洋政治思想、政治学/中央大学

192 朱建民，34 岁，德国柏林大学研究/国际法、外交学/四川大学

243 孙文明（浚卿），36 岁，法国巴黎大学法学博士/条约论、国际政治/东北大学

2 孙煦存，比国鲁汶大学硕士，英国伦敦大学研究/国际关系、民法/武汉大学

（以上为第一批）

586 王守礼，34 岁，北京大学毕业/中国外交史、欧美政治、外交史/西北大学

396 王振湘，38 岁，巴黎大学硕士/政治学/中央政治学校

668 王斐荪（蛟池），42 岁，武昌大学毕业/伦理学、社会学、中国政治思想史/民国学院

354 杜新吾，41 岁，日本明治大学政治学学士/政治学、各国政党/河南大学

360 胡毓杰（美成），纽约大学法律科博士/政治理论、法理学、民法学/光华大学

492 吴作民（作明），38 岁，清华大学政治系毕业/政治哲学、法律、英文/大夏大学

412 朱萃溶（哲夫），36 岁，法国图卢斯大学硕士、博士班考试及格，巴黎政治学院外交系毕业/法政及外交/武汉大学

423 税叔钧，36 岁，巴黎政治学院政治系毕业/西洋史、国际政治/重庆大学

462 何作霖（沛然），43 岁，日本东京大学法学部毕业/宪法、国际法、西洋政治/中山大学

636 保骏迪（人杰），33 岁，英属哥伦比亚大学政治经济学学士，美国斯坦福大学政治学硕士/思想史、政治经济/大夏大学

551 邓季雨（志新），43 岁，莫斯科中山大学毕业/国际政治、中国外交史、西洋外交史、政治学/东北大学

335 陈世材，35 岁，中央大学法学士，美国哈佛大学博士/政治史/中央政治学校

（以上为第二批）

（3）讲师。

187 龙侃，燕京大学硕士/政治学/中华大学

393 黄少游，36 岁，北平朝阳大学毕业/政治/司法院

328 李克长（伯淳），36 岁，清华大学法学士/政治/江西省立工专

126 保骏迪（杰人），31 岁，斯坦福大学硕士/哥伦比亚大学研究员兼助教/国际公法、比较私法/大夏大学

194 刘素侠（亦儒），31 岁，上海法学院法学士/政治学、法医学/同德医学院

121 孟普庆（公佛），39 岁，中央大学毕业/政治学、法律学/教育部特设大学先修班

（以上为第一批）

690 杨克增，48 岁，东南大学政治经济系毕业/政治、经济、历史/贵阳师范学院

576 杨永钧（涤新），36 岁，土耳其安哥拉大学法学院毕业/维吾尔文、土耳其文、回教史、近东问题/西北大学

592 熊大迈，35 岁，日本大学法学士/日本研究、日文国际政治/中正大学

（以上为第二批）

（4）助教（仅录名字）。

346 潘咏召（伯棠）。442 赵希鼎。366 苏济寰（以权）。428 时甲（卓如）。

（以上为第一批）

540 谭叙曾。707 包文蔚。688 熊飞。775 张警（怀严）。538 陈启干。505 陈体强（健行）。

（以上为第二批）

其中，讲师以上明确标记执教行政学的有：江康黎，梁贞，凌均吉，左仍彦，胡继纯，董霖，吴芷芳，钟耀天，朱驭欧，刘迺诚，张汇文，张金鉴，吴求胜，张育之，陈晓，吴胜己，罗志渊等。其他从事中外政府、地方政府、地方自治等政治教学研究的（讲师以上）有沈乃正、汤吉禾、黄中堇、马洗繁、马博厂，周异斌，鲍扬廷，温晋诚，许兴凯，高柳桥，邹文海，孟云桥，娄学熙，陈烈甫，孙文明，谭春霖，何隶先，张明养，王镜铭，严象春，郭兆祺等。此外，负有组织领导（行政学）教学研究的，如萨孟武、钱端升等人也被计入。这些行政学教师中约有三分之一的人我们未见其公开发表行政学论著。另据张金鉴在 1941 年的回顾，国内各大学法学院之政治系教授对行政问题曾有人作专门之研讨，他提到张忠绂、陶希圣、沈乃正、陈之迈、萧公权、马博庵、张汇文、何廉、李锐及张金鉴诸人，在这个名单中只剩下沈乃正、马博庵、张汇文、张金鉴，刚好一半（何、李不算），他人当然并非不合格，而是已不在岗。

# 第七章　科学管理的引入和行政学教研的发展

现代国际学术界讨论某一门科学的历史时，一般区分为前史、雏形、定型（常规）等阶段。西方管理学提到的管理科学各阶段（及学派）代表人物，如早期的亚当·斯密（A. Smith，1723 – 1790）、欧文（R. Owen，1771 – 1858）、巴贝奇（C. Babbage，1792 – 1871），20 世纪前期科学管理学派的泰罗（F. W. Taylor，1856 – 1915）、吉尔布雷斯夫妇（弗兰克，F. B. Gilbreth，1868 – 1924；丽莲，L. Gilbreth，1878 – 1972），行为管理学派的甘特（H. Gantt，1861 – 1919）、福雷特（M. P. Follett，1868 – 1933）和梅奥（E. Mayo，1880 – 1949），管理过程学派的法约尔（H. Fayol，1841 – 1925）、莫内（J. D. Mooney，1884 – 1957），这些人物出现的时间，相当于我国学者马洪（1920 – 2007）等依据西方经济管理史所提出的管理学现代化"第一个阶段"（"古典管理理论"阶段），即美国管理史学家雷恩（D. Wren）所称的"科学管理时代"。

## 第一节　国际上科学管理运动在中国的反响

行政学应当吸取科学管理的营养。当科学管理在 20 世纪下半叶发展为管理科学，行政学发展为行政科学时，人们才更清晰地看到两者前行的辙迹有不少并行交叉和重合之处。管理科学的几个演化阶段，管理学科丛林的生发繁衍及其代表人物，如闵斯特伯格（H. Munsterberg，1863 – 1916）等的人事心理学，梅奥的霍桑实验及人际关系理论，西蒙（Herbert A. Simon，1916 – 2001）的管理决策理论等，这些人物、活动、理论都与行政学有关联。西蒙更为典型，毕业于芝加哥大学政治系，在加利福尼亚大学从事地方政府研究，到卡内基 – 梅隆大学任行政学与心理学教授（1949 – 1955）等。

20 世纪初，优胜劣汰、适者生存已成为中国朝野人士的常识。落后要追上先进，弱小要战胜强敌，促使中国人择善而从，讲究战略战术，重视科学

技术，包括管理方法。对管理科学这门正在形成而且美国相对领先的学科
（开设于商学、经济、工程等院系），某些留学生捷足先登，介绍引进相当迅
速，其主观愿望甚至超过中国社会发展的客观实际水平，所以本节的探源溯
流可能超出一般行政学人预想的边界。

　　作为中国管理科学的"前史"，起点可定在一百年前，先看几个最早攻
读过 MBA（工商管理硕士）学位的学子。1908 年周典入读沃顿商学院，
1910 年朱庭祺成为哈佛大学商学院（按：成立于 1908 年，在全世界率先讲
授"泰罗学说"）MBA"特别生"，学习有关科学管理课程。1911 年曹云祥
入读哈佛商学院，1914 年成为最早正式获得 MBA 学位的中国留学生，当时
该商学院每届 MBA 不过 30 人（因而曹氏可进入前 100 人之列）。杨铨则是
1915 年升入哈佛商学院攻读 MBA 学位的，同年即发表论文《人事之效率》
（《科学》1915 年第 1 卷第 11 期）。比他还早的张廷金（哈佛商学院"选课
生"），1920 年编译出版了《科学的工厂管理法》，并用作上海交通大学工厂
管理课程教材……

## 一　对泰罗、斯科特及"效率主义"的介绍

　　19 世纪和 20 世纪之交，几届美国总统，如西奥多·罗斯福、塔夫脱、
威尔逊、胡佛，都为效率运动推波助澜。以泰罗的《科学管理原理》（*The
Principles of Scientific Management*，1911）为例，开头就讲罗斯福总统的"减
少空耗"，实际上 1909 年已经换成塔夫脱总统继续这项国策，发起"经济与
效率运动"，成立"经济与效率委员会"（Economy and Efficiency Commission,
俗称"塔夫脱委员会"），古德诺就是委员之一。主席是克利夫兰（F.
A. Cleveland），此人当时在纽约的市政改革局担任预算和财务改革的领导者。
可见，美国政府的经济与效率运动（及公共行政新趋势）和工商界的科学管
理运动同时进行。

　　还可以看两个例证。20 世纪初推出广告心理学"开山"作的斯科特
（Scott），1911 年又抢先推出了他的《增进工商业中人的效率》（*Increasing
Human Efficiency in Business*）。接着是在 1913 年，以"效率主义"（等价于
"科学管理"）为标榜的埃默森的名著《效率的十二条原则》（*The Twelve
Principles of Efficiency*）也出版了。

　　二十年多年来我们经过不断发掘，将新发现的中文报刊有关材料补充
如下：

芳擢《科学的工业管理法》一文独占鳌头。文章说："科学的工业管理法者，用科学上之研究，以解剖之，综合之，确然有统系条理之可寻，使全厂之生利力，不复留纤毫之缺憾者也。""美人推勒氏（Taylor）者，专精科学的研究法者也。……迨 1906 年，彼又著一书……而科学的工业管理法乃喧传于实业界。"借助"层层剖析其内容，观察其真相，而后归纳之使有条不紊，成一最完美之办法。非如寻常工业家一知半解，或得之于推测，或得之于实习也。"此外，最重要之点为，"析工事为若干部分，即当令厂中佐理人员各担任其一部分之监工责任，而兼为此一部分之领袖。对于厂主，可直接商榷；对于工人，可直接指导，务使其于制造上各事莫不悉心体验。……而工人得所遵循，亦必黾勉从事……即厂中至纤至悉之事亦可随时改良，不致遗弃其应有之利益，而事业乃无有不发达者也。"①

佛初《学校中疲劳之研究》称，"疲劳问题在欧美已甚嚣尘上矣"。文章述评国外为提高学习和工作效率，在生理学、心理学方面的成果。②

第三个介绍的是严桢翻译的《实业上心理学之致用》。书中称："至于今日乃有观察个人之心理学矣。……以孟斯脱培（按：闵斯特伯格）主讲之说为最精。孟氏曾著一书，颜曰《心理学与实业上之效力》……盖杰作也。"全书分为"最良之人"、"最良之事业"、"最良之效果"三章，开篇即以"职业之适宜"为题，称"此实一种至切要之研究也。……备论吾人之致用于实业界不可不审察夫心理，又举种种实验以证明之。"③

严桢（严独鹤，1889 - 1968），浙江桐乡人，秀才，先进入上海江南制造局所属兵工学校，后升入广方言馆习法文、英文及数理化各科。任教于中小学，任兵工学校文牍员。1913 年，进中华书局任英文部编辑，能看到多种外刊。后出任多家报刊总编。

第四是芸生的《工商业应用科学之进步》。文中说："回顾过去十年间工商业之现象，殆波谲云诡，千变万化。……泰拉氏之应用科学而见之于实行者，其第一原则，即于工场内主管部之外设有研究部"，"所谓基础的运动科学者（按：当指动作研究）。""泰拉氏又就工业上研究一种方法，所谓科学的作业规则……所以经营工场者，必须研究科学的原理也。""其后奇尔布司（按：Gilbreth 夫妇）应用科学原理，施之于砖瓦之堆积法亦大获奇

---

① 芳擢：《科学的工业管理法》，《进步》1912 年第 1 卷第 6 期，第 2 页。
② 佛初：《学校中疲劳之研究》，《中华教育界》1913 年第 9 期，第 107 - 113 页。
③ 严桢译《实业上心理学之致用》，《中华实业界》1914 年第 9 期，第 14 - 48 页。

效……"文章又宣传了另外五种"学说"。(1) "妙斯提卑"（Munsterberg）之学说。"以心理学的研究征诸实用得有效果者也。"(2) "哀姆孙"（Emerson）之学说。"发见（效率）原理十二则……氏于各条逐加解说……"(3) "斯科脱"（Scott）之学说。斯氏为广告心理学者，充北美西北（Northwestern）大学之心理学教授，取得七个成果。(4) "哈华脱卡梭"之学说。(5) "罗库斯"之学说。作者发现，"况近年来商业战场中，所恃以为武器者，心理学之应用而已"。这些名字在 1978 年以后重新为国人熟悉。①

第五是 1914 年泰罗与穆湘玥（字藕初，1876 – 1943）的通信。今穆藕初之子穆家修从美国泰罗纪念馆查到穆寄的英文原信（中译如下）："泰罗博士：拜读了您的大作《科学管理原理》（The Principle of Scientific Management），……给我留下深刻的印象。这些科学原理不仅对工厂、而且对任何大型组织、政府、社团和教育机构都有借鉴的价值。……我能将您的《科学管理原理》翻译成中文……我相信，那些愿意为自己国家做贡献的人会得到像您这样品格高尚、慷慨、并致力于为人类造福的人的帮助……（您）将被 4 万万渴望发展民族工业的中国人民永远铭记。"泰罗迅即回信，穆藕初译为："穆先生如握：顷接奉四月二十三号大札，敬悉先生拟将拙著《学理管理法》一书译成华文，深为欣喜。兹附奉他项拙著数种及日本文《学理的事业管理法》一本，请即检入，想该书等亦能助先生之兴趣，鄙人亦愿闻尊处译务之发达也。设或先生公便，道经斐城，务请惠临舍间一叙。鄙人当指引先生参观斐城之实施学理管理法之各工厂，借供同志之研究。再者拙著《学理管理法》一书已译成意、法、德、俄、勒（原注：巴尔干半岛之一小国。许按：疑为罗马尼亚）、荷兰、西班牙及日文矣。"② 1915 年 11 月起，译稿在《中华实业界》杂志上连载；1916 年 6 月由中华书局出版，书名为《（工厂适用）学理的管理法》。日文译本出版于 1912 年，而当时社会发展程度与中国相近的土耳其直到 1946 年才翻译出版此书。

第六是《人事之效率》。1915 年，杨铨（字杏佛，1893 – 1933）作为康奈尔大学金布尔（D. S. Kimball，1865 – 1952，最早在工学院开设管理学课程）的门生，为新成立的中国科学社的刊物《科学》的首任编辑部长，发表该论文，提出："效率之名，新语也，其源出于科学实业，晚近有美人泰

---

① 芸生：《工商业应用科学之进步》，《中华实业界》1915 年第 4 期，第 1 – 9 页。

② 转引自许康《第一个以管理之眼看世界的中国人》，《中外管理》2010 年第 5 期，第 48 – 49 页。

乐（F. W. Talor）施之人事。"并指出："其定义为功与事之比，盖有算术之意味焉。"这可能是当时中文报刊上对科学管理中的核心范畴——"效率"最简明的解释。文章强调，人类社会的进步"皆此效率思想驱之"，包括效法、竞争、忠事、专心、奖酬、愉快、舒徐七项原则。① 杨铨文章的蓝本则出自上述斯科特著作，而非仿效埃默森的《效率的十二条原则》。以后又发表《科学管理法在中国之应用》（1917 年宣读，1918 年发表）。

第七是君实的《疲劳之研究》，译自日本《科学世界》杂志。文中指出，能率增进的追求，"一言以蔽之曰：以最小之疲劳为最大之业务而已"。"减少疲劳增高能率之根本，在以适（人）材用于适所。"甄别、养成适材要依靠实验心理学。② 同年，北京大学法学院经济科教授徐崇钦立项研究"最新发明之科学管理法"。

第八是 1919 年 2 月商务印书馆出版的"商业丛书"第六种《能率增进法》（*Increasing Human Efficiency in Business*），由黄士恒、萨君陆编译，曾在《东方杂志》连载。

> 迭拉（泰罗）氏最初尝著《科学经营法原理》一书，其著述之目的，自述如下：（1）在举简单之实例，以证明普通操作因不知增进能率而受之损失。（2）用科学经营法以增进国民之能率，较诸选取奇才异能尤为必要。（3）在证明所谓经营法之基础实具有准确之原则，而又为一种之科学。且证明此种科学经营法之原理乃统人类日常之简单行为，以及公司工厂之复杂事务皆可适用。……即农业商业以及家庭学校与夫布政治军、教会善举，无论何事，皆可应用，且皆能收良效。③

全书对能率增进法之基础，科学的经营法原理，能率增进法之实例，应用于一般及个人之能率增进法等，都说得比较清楚。

第九是 1920 年孙科的《广告心理学概论》，研究的正是属于斯科特等人

---

① 许康：《杨铨（杏佛）对科学管理的宣扬》，《科学学与科学技术管理》1995 年第 16 卷第 4 期，第 44 - 46 页。

② 君实：《疲劳之研究》，《东方杂志》1917 年第 14 卷第 9 号，第 93 - 97 页。译自日本《科学世界》杂志。

③ 黄士恒、萨君陆编译《能率增进法》，商务印书馆，1919，第 9 - 13 页。

的工业心理学的分支之一，列入科学管理早期传入的经典例子毫无愧色。①
同年，林骙在《学艺》和《林学》二刊上发表了《运材人力之科学的管理》
等文。

第十是叔奎的《科学的管理法之真髓》。比一般书籍说得精炼，分5节：
（1）各国能力增进之要求；（2）科学的管理法之真髓；（3）科学的管理法
之手续；（4）适用于一般事务；（5）科学的管理法之非难。这里引第二节
几处原文："科学的管理法滥觞于1880年创设之美国机械技师会……名维斯
罗·特那（泰罗）者……其所著关于工资问题之论文中。""故其结果，不
外工资问题。其特色则非外部之关系，而研究内部之经营。换言之，则如何
管理此'人'乃为最经济的问题也。""其手段在使劳工有科学的选择之机
会，因其能力而器使之：详细研究各人之动作，察其所长，分类而为合理的
机械的应用，使其动作不致归于无效；且研究疲劳，于自然的合理的事务之
迟缓加以容认；对各劳工，以科学的测定其能预期之工作份量定一标准工作
量，而精确计算其作成必要之时间，以定其标准时间焉。能于一定时间完成
一定工作之量者，则给予一定比例之增加量。""由实验上研究所得之原理原
则，乃为真正之科学。"还有第四节："（这方法）自官厅、事务所、商店，
亦罔不能适用也。"② 从文章所用术语来看，已经比穆藕初更专业；从讨论的
问题来看，比杨铨更深入。

第十一是，1923年9月，驻比利时外交官林彪出席国际行政学研究会第
二届年会，会后给中国政府的报告中介绍了法约尔（Fayol）关于行政可应
用其管理学学理的发言。

第十二是陆养春的《科学的实业管理法》。书中说："远在1880年之
时……从平允工资及审察人类动作之疲倦率二事着手研求，果得工作不经济
之原因，计可分为六端……（6条）。""工资一项……有所谓日付制、利息
分配制、件头制及买价百分制等。……其所依据之原理……（3条）。"又讲
到方法的精髓："科学管理之信条凡七……（7条）。""（另）下列各项，亦
须特别注意……（6项）。""至言科学管理法之原则，有十事必须加以注
意……（10条）。"全文共列举32条原因与原则，极为清晰，高度凝炼。③
1926年，邹韬奋（曾就读于交通大学、圣约翰大学，初任穆藕初秘书，时

---

① 孙科：《广告心理学概论》，《建设》1920年第1卷第1期，第323－332页。
② 叔奎：《科学的管理法之真髓》，《上海总商会月报》1921年第3卷第3期，第1－5页。
③ 陆养春：《科学的实业管理法》，《钱业月报》1925年第5卷第2期，第14－17页。

任黄炎培的中华职业教育社的编辑部主任）编译《职业心理学》。

以上是五四运动前后十来年中中国社会舆论对科学管理的早期引入和宣传。

相对于前辈，后知后觉的张金鉴以洋洋万字长文《行政管理与科学》阐述行政学与科学管理两者间的关系。他说：

> 人类的活动途径，总是趋利避害、取优舍劣的。……支配人类行动的有效势力在渔猎时代是迷信和尝试，在畜牧和农业时代是习惯和经验，在今日的工商业时代是科学和创造。在自由竞争的生产制度下，各工商业管理者自然要标奇立异、花样翻新，创发出很多精益求精的方法和技术，减低他们的生产成本，求得最高的利润。
>
> 文艺复兴后思想界先发生大转更，归纳法替代了演绎法，而有科学技术与知识大发明。这种发明的推演结果造成十八世纪的第一次产业革命（指机器的使用和大量工厂生产）和十九世纪的第二次产业革命（指产业的极度集中经营与合并）。在第二次产业革命完成的过程中，产生一种科学管理运动。
>
> 科学管理运动者所潜心研究努力提倡的理论与方法，不但为有识的行政学者、行政当局热心赞同宣扬，并且大度地援用到行政管理上。因为工厂管理和行政管理所处置的对象都是人、财、物、事，所企求的目的都是以最经济的手段换得最大的效果。所以那以工厂管理为主的科学管理方法与技术可以照样的为行政管理所应用。
>
> 总而言之，科学时代是现代行政管理的母体，因为科学化的行政管理是在科学的时代环境下所胎育成功的。科学方法是现代科学管理的灵魂或神经系统，因为他根本转换了行政管理的哲学和思想。科学的技术构成现代行政管理的骨干，因为没有科学知识和设备的支持，科学方法的应用和新的行政主张的实现亦是要落空的。科学管理方法与实施作了现代行政管理的筋肉，有了它的联系与辅助，科学方法和科学技术都才能合为一体作有表现有效率的运用。所以说，现代的行政管理学是吸取现代的文化、政治、经济精英而构成的混血儿，亦是时代知识的前锋。①

---

① 张金鉴：《行政管理与科学》，《行政评论》1940 年第 1 卷第 2 期，第 13－22 页。

　　张金鉴也有鉴于客观形势和科学管理的发展论述了"科学时代底行政管理"，归结出行政管理的意义是什么：

　　　　（我）认为行政管理学所研究的客观或对象在于八"M"，即政府目的（Aim）、人员（Man）、金钱（Money）、物材（Materiel）、机构（Machinery）、方法（Method）、时间（Time）及空间（Room）。所以，行政管理研讨的对象就是政府机关为完成国家目的时应当采用何种的合理机构或组织及科学的技术或方法对公家的人、财、物作最有效最经济的支配和利用，同时并能顾及他们的时间与空间的最适当的关系和需要。①

　　南京国民政府成立后，有关部门领导和学术界、实业界先进分子继续从国际上获得信息。1930年，孔祥熙、穆藕初主掌的工商部接受国际科学管理研究会（总部在日内瓦）总干事厄威克（L. Urwick）的建议，决定在6月创立中国科学管理学会（后从俗定名为"中国工商管理协会"），选出全国官、产、学三界24位著名人士为理事，出版《工商管理月刊》（1934－1937）。1930年11月南京国民政府召开全国工商会议，将"科学管理法"和"实业合理化"列入议程，这表明官方在国际国内客观形势促进下反应还算快速。

　　具体情况是，1930年5月26日，工商部部长孔祥熙亲赴上海，召集沪上实业家、经济学家讨论组织工商管理协会事宜，穆藕初陪同，钱新之、聂潞生等85人到会。孔祥熙发表演说：

　　　　科学管理之关系重要，凡研究工商行政者类能言之，处此工业时代，倡导进行，奚容稍缓。本部行政纲要早经列入，正拟召集实业领袖、工商专家共策进行。适接日内瓦国际科学管理协会来函［按：并有燕京大学经济系主任英国人戴乐仁（Tayler）介绍］，请为发起组织中国工商管理协会，以备加入其间，藉谋充分合作，共同发展。

嗣后，穆藕初与潘公展、杨杏佛、聂潞生、刘鸿生、荣宗敬等29人被推选

---

　　① 张金鉴：《行政管理与科学》，《行政评论》1940年第1卷第2期，第13页。

为筹备委员，进行了一个多月的筹备工作。① 6 月 29 日，中国工商管理协会召开成立大会，到会者计有 140 余人。穆藕初在会上报告筹备经过，接着由孔祥熙致开幕词，略称：

> 本会创设，既以研究科学管理方法、增进生产效率、实现民生主义为主旨，而事业范围又在征集科学管理及产业合理化问题之研究资料，与夫讨论发表及实施改良工商管理之方法两大端。故本会此后办理方针，自当注意左列三点：（1）改良人事行政，增进管理者及被管理者之服务道德与合作精神；（2）改进生产技术，排除各种浪费；（3）发展国产事业，增进民众福利。

另一个由行政部门（工商部）召集的有关工商管理的大会是全国工商会议，1930 年 11 月 1 日上午在南京开幕。各省政府、有关各部会以及工商界人士、专家、华侨代表 200 余人出席。孔祥熙任主席，郑洪年与穆藕初任副主席。孔祥熙致开幕词，蒋介石发表书面训词，中央党部代表孙科、国民政府代表王宠惠等致词。② 穆藕初总结了议题分组及提案情况：第一组，关于工商政策及行政法规事项，计 62 案；第二组，关于国际贸易及运输事业，计 30 案；第三组，关于劳工福利、劳工纠纷及科学管理事项，计 27 案；第四组，关于工商、金融及捐税事宜，计 63 案；第五组，关于发展工业及国货之提倡、保护、改良事项，计 70 案；第六组，关于国民失业与工商业救济及其他事业，计 25 案。各组共计提出 277 案。③ 会上提出的新颖而重要的论题（提案）包括：厉行科学管理法及实业合理化；官、产、学合组全国实业合理化研究会及各省市分会；同时扩充中国工商管理协会，在各省市设立分会。④

两个会议的主导者都是工商部，会上作了原则性的表态，但会后措施乏力。

挺身接过工商管理协会这副担子的是曹云祥（1881-1937）。他 1922 年

---

① 编者：《沪商整会准备召集代表大会》，《工商半月刊》1930 年第 1 卷第 10 期，第 367 - 952 页。

② 编者：《全国工商会议特刊》，《申报》1930 年 11 月 1 日，第 12 版。

③ 编者：《全国工商会议特刊》，《申报》1930 年 11 月 1 日，第 12 版。

④ 编者：《工商会议报告》，《工商半月刊》1930 年第 2 卷第 23 期，第 1 - 2 页。

任清华学校校长，是该校升格为大学的关键人物，例如成立研究院等。① 曹云祥是我国 20 世纪 30 年代从事宣传和组织科学管理活动的主将，其主要贡献，一是（从干事长到理事长）主持了中国工商管理协会，二是创办了《工商管理月刊》并出版了丛刊（书），三是从事科学管理方面书籍、文章的著译，并在工商界组织和协调进行了一些科学管理实践。

得力干将还有王云五。1930 年春，他以商务印书馆总经理身份考察日、美、欧等九国的企业、高校、学会，向专家咨询科学管理，回国后在商务印书馆内推行，遭到职工抵制。1932 年，为挽救"一·二八"事变中该馆被毁的损失，推行节约原材料和标准化，取得实效。此外，上海"机联会"一些厂家（如康元制罐厂、华生电机厂等）也有比较成功的尝试。

科学管理的其他分支中国学者也没放过，这里特别要提出早期运筹学（OR）和工业工程（IE）的引入。"运筹学（Operations Research）是运用科学方法（特别是数学方法）来解决那些在工业、商业、政府部门、国防部门中有关人力、机器、物资、金钱等大型系统的指挥和管理方面所出现的问题，其目的是帮助管理者科学地决定其策略和行动。"《孙子兵法》的"虚实"篇提出，设法使"我专为一，敌分为十，是以十攻其一也，则我众敌寡。能以众击寡者，则吾之所与战者约矣。"这和兰彻斯特（F. W. Lanchester，1868－1946）的战斗动态理论是两个著名范例。1925 年钱昌祚（美国麻省理工学院航空工程学硕士）发表《兵力集中的算学解说》一文，首次介绍运筹学早期定量分析的经典成果"兰切斯特战斗动态理论"，即运用二元线性微分方程组推导出战斗双方减员规律，以及战斗力平衡的"平方律"等（按：原作发表于 1914 年，验证于 1954 年）。② 钱昌祚在国民政府航空署升到最高技术职位，钱学森出国留学前曾接受他的指导。钱昌祚到台湾后任过"经济部次长"，及机械工程学会、工程师学会会长。③

另一事例是工业工程（Industrial Engineering），早在民国前期已经引进其初始概念。

在交通大学管理学院的教学大纲中，1921－1922 年度机械工程科（系）的工业管理门（专业）的毕业班课程里，赫然出现了 Industrial Engineering，中文译名为"应用机械工程"。而这个班同时还开设"计价学"（Cost Ac-

① 徐友春：《民国人物大辞典》，河北人民出版社，1991，第 814 页。
② 钱昌祚：《兵力集中的算学解说》，《科学》1925 年第 10 卷第 12 期，第 1489－1502 页。
③ 徐友春：《民国人物大辞典》，河北人民出版社，1991，第 1528 页。

counting，即成本会计学）、"防险工程"（Safety and Fire Protection，即安全与防火）、"工厂管理"（Management and Economics，即管理学与经济学）等课程。因而，IE 的管理学含义毫无可疑。

"中国工商管理协会丛书"中有《工商问题之研究》，内有袁庆炎《科学管理之内容》，列举了"科学管理法中之特殊发达者"，其中第九条是"工程管理"，包括"时间管理"、"工业工程"、"制造记录"。[①]

1934 年，美国康奈尔大学金布尔（杨铨的老师）的名著 *The Principles of Industrial Organization* 的中译本《工商组织原理》出版。书中说："科学方法应用于工业组织和工业管理方面的，常常叫做效率管理法（efficiency engineering），工业管理法（industrial engineering），或科学管理法（scientific management）。"而"工业工程师"（industrial engineer）"是指那一般熟于工厂设计、工业组织和工业管理的人"，涉及"包括自工程学、经济学、心理学以至其他一切人类的经验"。[②]

1934 年，R. L. Sackett（萨凯忒）的 *The Engineer His Work and His Education* 被译成中文（《工程师：任务和教育》）出版，介绍大学的工程学科，内有 IE，译者用"实业工程"表达。作者解释："实业工程，或称科学管理，实在是工程中的一片新园地。凡关于节省或免除人工之机械的发明，特殊工作需要之特殊机器的设计，增加工场（厂）生产的规划，工厂出口成本的估定和减轻，都是实业工程师的职责。其他如工人工作环境的改进和减除工作疲乏的设计，应用心理学去训练、选择和晋升工人的方法，也都属于实业工程的范围。他们研究工资制度，使适合于干练工人的奖励。所称设计安全设备的安全工程（Safety Engineering）也是实业工程的一支。"实业工程师"应当熟习商业情形和会计方法，因为它们助成他判断他的组织是否适合经济原理"。"最需要掌握的知识技能是管理。"

解放后，华罗庚倡导"双法"的研究和推广，钱学森提倡运筹学，但不提"工业工程"。直到 1978 年，钱学森、许国志等发表《组织管理的技术——系统工程》，使"系统工程"成为中国管理科学的主流。1986 年朱镕基主编《管理现代化》一书，介绍"现在国外广泛研究的工业工程这门学科……其主要内容还是偏重科学管理的方法"。

---

① 中国工商管理协会：《工商问题之研究》，中国工商管理协会，1931，第 34—47 页。
② 〔美〕金布尔：《工商组织原理》，商务印书馆，1934，导言。

我们将这些书籍的翻译介绍也算作行政学史料，丝毫也不牵强。因为怀特的《行政学概论》中提到："此外更须提及工业管理（Industrial Management），及工业工程师社（Society of Industrial Engineers）之出版杂志（Publications）"，以及"对行政学家特别重要者，为邰勒（泰罗）社杂志（Bulletin of the Taylor Society）。其中之论文，多为极端重要者，恒为合时之管理，而对科学管理运动推进上之注意，更无出其右者。"

## 二 "合理化运动"的鼓吹和研讨

按苏联科学管理学的奠基人之一叶尔曼斯基（O. A. Ерманский，1866 – 1941）的说法："1922 年以后，泰罗主义与科学组织的结合产物叫做'合理化'，它在世界范围内逐渐发展成为强大的运动。"叶尔曼斯基是紧随列宁之后研究泰罗制的专家。1922 年，他将自己 1918 年的《泰罗制》一书修订为《科学的劳动组织与泰罗制》，列宁对这本书给予了很高的评价："这本书极其详细地叙述了泰勒制……学会工作，这是目前苏维埃共和国主要的、真正全民的任务……学会欧美科学中一切真正有价值的东西——这就是我们头等的最主要的任务。"①

中国学术刊物发表关于"合理化运动"的文章，似不早于 1927 年。至 1949 年，总数不少于 300 篇。最早的是《工业之合理化与工会》，其实该文只是《俄国经济现状之研究》中的第五节，原作者是日本的山川菊荣，译者是孟平，讲的是新经济政策时期，"苏联之工业化与工业之合理化及技术之进步有密切之关系"。"苏联之工业合理化，与资本主义各国全异其原则……更无牺牲劳工利益以行工业合理化之事。"这篇译文透露，"大革命"失败后，在白色恐怖下，左翼知识分子靠介绍外国的文章曲折地表达对社会主义的拥护，对资本主义的批判。② 由于缺乏舆论阵地，甚至要利用文学刊物，例如李一氓《产业合理化与苏俄》载于《日出》1928 年第 5 期，郭真的《德国产业合理化的效果》载于《北新》1928 年第 2 卷第 23 期。

李白余所译《合理化的资本主义》，标题实为《合理化与劳动资本层》，文后注译自《社会政策时报》1928 年 11 月号，不知是哪一国的刊物。属于

---

① 《列宁全集》第 43 卷，人民出版社，2017，第 213 页。
② 〔日〕山川菊荣：《工业之合理化与工会》，孟平译，《国闻周报》1927 年第 4 卷第 40 期，第 1 – 5 页。

政治经济学方面的分析。① 又，《欧洲合理化之意义》的作者杜里奥托是哈佛大学商业管理研究部教务长，译者黄澹哉是上海商学院的女教师，她肯定："'科学的管理'确是我国发展的秘诀。"②

贺治仁《产业合理化在中国底实施问题》一文建议，各省要设立专门机构，参考国外情况，实地考察中国情况，加强分析研究，在政府主导下推行产业合理化。③

从1930年起，国民政府召开经济会议、工商会议等，都提到国外的产业合理化运动。政府主持经济的学者型官员中，以浙江省建设厅厅长程振钧的《实业合理化》鼓吹最力。他赴欧美"考察建设行政及重要建设事业，历时半载，经国凡九，访问各国政府机关80余处，社会团体30余处，参观各大工厂各大工程亦近百数"。文章介绍说，德国"哲学家而兼实业家拉屯禄（W. Rathenau）氏发表伟大的主张、周详之计划，刊行书籍多种……政府亦深表同情，予以采用，设立全国效率会议处。……国际联盟有见于此，于1927年5月在日内瓦开世界经济会议……决定许多议案，亦总名曰'合理化'……即合理化之具体条件，旋经全体会议正式通过。""科学管理为合理化之一部分。"其要义为："改竞争为合作"，"简单化"、"标准化"、"合并化"。④

其他学者也有备而来，攀登理论高地。杨东莼的《产业合理化》先声夺人，指出合理化的意义是应用种种根据技术与计划的秩序所发生的方法，以达到经济的向上。"产业合理化的内涵，便是货价低下，商品标准化，利润加大，劳动力增加，生产费低下者，此外如节约原料，如消灭不需要的费用，如节约人工，如改良运送方法等，也都包括在内面。"第三节的小标题是"产业合理化与工业心理学"（Industriellen Psychotechnik）。因为"在经营组织中，必定要得到物质经营组织的统整与人事的经营组织的统整（即从业人员之配当的选置等），然后产业合理化才能成功"，这"便不能不采用工业心理学"。这是与管理学中的人际关系理论和后来的行为科学相关联的。文章最后总结了产业合理化的三个结果：失业增多；生产过剩；生活形式的"机械化"（产品标准化，使"人生单调"）。引起全世界市场再分割的大战，

---

① 李白余译《合理化的资本主义》，《清华周刊》1929年第32卷第10期，第7－22页。
② 〔美〕杜里奥托：《欧洲合理化之意义》，黄澹哉译，《商学期刊》1929年第5期，第1－5页。
③ 贺治仁：《产业合理化在中国底实施问题》，《商学期刊》1931年第5期，第1－8页。
④ 程振钧：《实业合理化》，《浙江省建设月刊》1930年第4卷第3期，第1－27页。

却是难免的。① 这篇文章揭露了资本主义的本质问题，见解无疑是很深刻的。

杨东莼（1900 – 1979），湖南省醴陵县人，1923 年就加入了中国共产党。"大革命"失败后，在同党组织失去联系的情况下，在日本研究、翻译马列经典著作，后回国担任大学教授。中华人民共和国成立后，曾任几所大学校长，国务院副秘书长、中央文史研究馆馆长、全国政协文史委员会副主任，全国人大常委会委员，全国政协常委，民主促进会副主席。组织编辑出版了《文史资料选辑》、《辛亥革命回忆录》。"文革"中，他和胡愈之、周世钊等向毛主席上书，建议保护知识分子和专家，抓紧工农业生产。

继杨东莼的《产业合理化》一文之后，《东方杂志》又在当年（1930）第 23 号上开辟了"产业合理化研究"专栏，同时刊登了杨春芳、黄宗海、李宗文、刘絜敖、李钧的五篇文章，分别是《产业合理化运动》、《产业合理化与资本主义当前的各种问题》、《德国之产业合理化运动》、《美国之产业合理化运动》及《日本之产业合理化运动》，共 7 万余字。从标题可以看出，当时我国的经济管理学界已能初步从事较广泛的比较研究了，他们放眼世界，在可能的条件下尽力搜集有关信息，同时进行分国的和综合的探讨。这些研究人员都学有专攻，具备一定的理论水平。

刘絜敖的文章专论美国的科学管理法和胡佛的"浪费排除运动"（16 条纲领），例如，规定材料和产品的大小、形状标准（模数制等），以减少制造、运输、销售中的浪费；又如，加强经济领域的科学调查研究；等等。此外，还完备地开列了美国督导、推行合理化运动的相关部门，它们内部的各种职能机构及分工责任等，并举实例说明其工作内容和方式，尤其是标准化运动的经过和做法，乃至工资政策、分期付款制等，从多方面反映美国人在产业合理化运动中"上下之协心合谋"取得的实效。最后提出期望："要是国民都有关于产业合理化的知识，都肯全体动员，以与中国工商管理协会相协力"，则中国产业的合理化运动也可直追"先进的美德诸国"。

以上几位作者，应当都是学术界人士。如刘絜敖，四川大邑县人，留学日、德攻读经济，回国后出版了多部经济和金融方面的专著，抗战胜利后任上海惠通银行经理。新中国成立后在复旦大学、上海交通大学、上海财经学院任教。

周仁斋的《各国产业合理化运动概况》介绍七个工业化强国以及一些较

---

①　杨东莼：《产业合理化》，《东方杂志》1930 年第 27 卷第 7 号，第 37 – 43 页。

发达的小国，分为技术的、商业的、国民经济的三类。中国尚未入流。作者希望中国工程学会、工商管理协会和工商行政当局各尽其责。①

《合理化之分析及结果》的作者曾同春留欧几年，知道合理化的进程分为工场合理化（泰罗制，科学管理）、劳动合理化（人择）、事业合理化（产业集中）。他认为："然采合理化而不同时革新经济制度，是益资本家之气焰，社会经济不平等之界限终未能除，是提倡合理化者不可疏忽之点。"②

方国宪的《产业合理化与中国之前途》认为，中国搞"三民主义的（产业）合理化"，不会像国外的合理化那样带来生产过剩和实业问题。③

明真的《不合理的合理化》，借《商务印书馆编译所职工会宣言》（反对王云五推行"编译工作合理化"，由计时改计件）揭露书店老板所谓合理化，在本质上只是用较少的代价买得较多的能够藉以获得利润的文稿。④

论及国民经济建设工作的，如陆季蕃《从合理化运动说到计画经济》（《行健月刊》1933 年第 2 卷第 4 期）、史维新《世界实业合理化运动与中国新建设》（《云南建设公报》1933 年第 14 期）、广照《建设事业的合理化》（《科学的中国》1933 年第 1 卷第 7 期）；还有关于劳工本身问题的，如李思敬《工作合理化》（《劳工月刊》1934 年第 3 卷第 11 期）、陆京士《新生活运动与劳动合理化》（《中华邮工》1935 年第 1 卷第 1 期）。

由于汉字含义的模糊性（字词的固有含义和新赋的术语含义混用；或几个单字组合成新术语，读者常以为即原有各字含义的叠加），"合理化"成了个大口袋，社会各界也借以提倡或反对某些制度和管理方面的新举措，都贴上标签在里装。如教育行政当局与有关人士提出"教育合理化"。先是天津《大公报》发表《大学教育之"合理化"》（《国闻周报》1930 年第 7 卷第 16 期转载），同类文章如吴品今《教育合理化》（《江西教育行政旬刊》1932 年第 3 卷第 4 期）等。丁文江的《所谓北平各大学合理化的计划》（《独立评论》1932 年第 3 期）不反对合理化，但批评各大学草率地实行同类学科合并，将现有大学加以重组的拟议。跟进的有慕董《大学教育之合理化》（《文化与教育》1934 年第 26 期）、《大学合理化问题》（《国闻周报》1935 年第 20 卷第 27 期）、清儒《学校与用人合理化》（《教育与职业》1935 年

---

① 周仁斋：《各国产业合理化运动概况》，《国闻周报》1930 年第 7 卷第 47 期，第 1-10 页。
② 曾同春：《合理化之分析及结果》，《三民半月刊》1930 年第 4 卷第 8 期，第 1-10 页。
③ 方国宪：《产业合理化与中国之前途》，《平等杂志》1931 年第 1 卷第 3 期，第 1-9 页。
④ 明真：《不合理的合理化》，《书报评论》1931 年第 1 卷第 2-3 期，第 1-6 页。

第 163 期)、李清悚《计划教育及其统制机构的合理化》(《教育杂志》1938 年第 28 卷第 8 期)、常道直《学制合理化之一般原则及现行学制修正方案》(《建国教育》1939 年第 1 卷第 2 期)等，内容是与教育行政挂钩的。甚至扩展到"读书合理化"，如杜涤尘《读书合理化纲领》(《尚志周刊》1933 年第 2 卷第 17 期)。

### 三　从"合理化"到行政学教研的起步

行政管理部门也响应"合理化"口号，公务员们因关心自身利益问题也参加讨论。先是经费和税收问题，如林《政费合理化》(《政治评论》1932 年第 15 期)指出，政费之滥用、政纪之懈弛互为因果；裁减冗员，紧缩政费，增加事业费，使款不虚糜、员无虚设，则效率大增。曾选《人民负担的合理化》(《人言周刊》1934 年第 1 卷第 14 期)呼吁征收所得税和遗产税，撤销苛捐杂税，减轻人民负担；税款用途也要合理化。还有莫寒风的《租税基本原则与我国税制合理化的途径》(《汗血月刊》1935 年第 6 卷第 3 期)、《税则合理化》(《安徽政务月刊》1936 年第 24 期)等。继之是机构和方法问题，如：敖《行政组织合理化问题》(《政治评论》1935 年第 150 期)认为，行政组织应职责分明，避免重复、冲突，尽力裁并骈枝机关。阎锡山《智力生产工具之应用——合理化管理》一文称，我国近年已注意改良生产方法与生产工具，其中"组织与管理"是"智力生产工具"，我们要"利用第二次产业革命所产生之管理方法 [按：指'合理化（管理）运动']，以支配第一次产业革命产生之机械工具"。①

抗战期间，行政部门责任更重，问题更突出，对合理化期待更高。于是有张金鉴的《行政组织合理化之原则与方法》(《行政评论》1940 年第 1 卷第 1 期)、《论公务员薪给的标准化与合理化》(《行政评论》1940 年第 1 卷第 4 期)，孙慕迦的《行政机构合理的标准》(《行政评论》1940 年第 1 卷第 4 期)等文。

张文指出，"行政组织者，政府为完成其使命时所凭借之工具也"。要使其健全化合理化，须做到：（1）确定行政首领之功能（领导、发动机）。掌人事任免与奖惩大权；决定组织形式及职掌，务使各部分联络合作，调剂冲突摩擦；负责筹措款项，决定预算，稽核账目报销；决定工作计划、工作标

---

① 阎锡山：《智力生产工具之应用——合理化管理》，《山西省政公报》1937 年第 17 期，第 4 - 6 页。

准，对人员加以督策与考核。（2）认明行政总枢之地位（传动机、变力机）。下设总务处、秘书处、人事处、统计处等。任务是为首领编制工作表册，搜集、供给有关资料，解答咨询、发布指示、调研情况，以提供判断或决定。是辅助机关而非权力机关，是事务机关而非实作机关，是调剂机关而非管辖机关，是参赞机关而非决定机关。（3）慎用总枢主任人选（如秘书长、总务长）。是首领亲信之人，处师友之间，为际遇之会，为辅弼之资。本身细密准确，完备周到，任重耐烦，机警灵变，系统条理。(4) 健全运作机关之结构（工作机）。一为完整主义者，各部门与全体一致和谐。方法是部门各专一能、机能一致，管理经济、部别精干，协同一致、异事同功。一为名实主义者，综名核实，设权立纪。方法是责任之确定，职务之分工，赏罚之严明。[1] 文章论述很细，这里无法详录。

孙慕迦文提出判定行政机构是否合理的三个衡量标准：（1）机械的物理法则——机能的分工、恰当的配合、自动的调整、能力的集中；（2）有机体——发展性、渗透性、新陈代谢性、弹性；（3）军队——道德因素、功绩制、集权的机动性。他特别指出，确定职责，计划组织，准确执行，各为机械、生理、军队的特质。[2]

孙慕迦《论确定职责——调整行政改进吏治之先决问题》一文的遣词造句不够明晰。体会他的意思，应该是说职位与责任的精确配合，但连带又用到职务、职权、等级、阶层等概念。文章指出："权力越等或责任出位，均属职责不清。""古谚有'各如其分，各典尔守。'守与分简捷的解释，便是职责。做分内的事，上不得干下，下不得犯上。"确定职责的涵义，更详细一点儿讲便是：确定工作的要求和工作的进度；规定完成任务所必需的条件；规定责任之分际与连带关系；规定待遇与升迁的保障；规定在整个行政机构中机能的独立完整。[3]

严家显看出，农工商界讲经济合理主义，但"公务之生产者为国家，消费者为人民，两者之间有政党、国会、内阁及公务员本身之层层隔阂，其情形大较市场供求为复杂。为公务所支出之经费，由于其福利民生之特殊性

---

① 张金鉴：《行政组织合理化之原则与方法》，《行政评论》1940 年第 1 卷第 1 期，第 1－8 页。
② 孙慕迦：《行政机构合理的标准》，《行政评论》1940 年第 1 卷第 4 期，第 5－11 页。
③ 孙慕迦：《论确定职责——调整行政改进吏治之先决问题》，《行政评论》1940 年第 1 卷第 2 期，第 1－5 页。

质，亦不足表示公务之究竟价格。"① 两者的价值标准、价值指数有别。徐学禹《合理化的省政机构》(《闽政月刊》1941 年第 8 卷第 1 期)、周久安《谈行政合理化与人事制度》(《再生》1941 年第 68 期)，讲到党政军系统都有性质上大同小异的机关，重复且互不联系。还有若干普遍相同的问题，要找出共同规律。俟思《人事调整如何趋於合理化》(《新动向》1941 年第 11 期)，认为人事调整的合理化要靠法治，任用人才。林甘侯《如何使工资管制合理化》(《新建设》1943 年第 4 卷第 3 - 4 期)，说的也是人事管理的大事。

主办《东方杂志》的商务印书馆，不但通过刊物来介绍"合理化"，而且出版了几本专著(篇幅不大)。其中以王抚洲翻译的英国包威(J. A. Bowie，1888 - 1949)的《合理化要义》影响较广。该书解释："合理化即自觉控制(conscious control)与重新顺应(readjustment)。"② 原作者是英国管理学会的创建者、曼彻斯特大学工业管理系主任。译者王抚洲(1900 - 1978)是河南正阳人，1924 年获俄亥俄州立大学工商管理硕士学位，是中国较早的 MBA 之一。回国后任北京政法大学教授，1935 年任国民政府军事委员会委员长行营主任，1946 年任直接税署署长，1948 年任钱币司司长、盐务总局局长。到台湾后任过"经济部次长"、中华电脑中心董事长等。著有《工业组织与管理》、《组织与效率》、《观复斋文萃》等。其他出版社出版的，如曾广勋所著《世界经济与产业合理化》(上海社会书店 1932 年出版)，紧扣经济主题。

张素民、温之英合著《合理化问题》③，该书由暨南大学商学院助教温之英根据国际劳工局 1931 年出版的 *The Social Aspects of Rationalisation*(《合理化的社会层面》)和其他参考资料编写，张素民加以修改而成。书中说："我们(中国)根本无所谓合理化运动……(所以)专写外国的……"因抗战爆发，此书流传不广。

《科学管理第一讲》④ 是中国工商管理协会副秘书长唐泽焱(留美硕士)在中央广播电台面向全国听众的广播讲话稿，内容中规中矩，从科学管理活动的历史讲到具体方法，强调了标准化和世界性。

---

① 严家显：《行政之经济合理化》，《地方行政》1941 年第 2 期，第 362 - 363 页。
② 〔英〕包威：《合理化要义》，王抚洲译，商务印书馆，1933，序言。
③ 张素民、温之英：《合理化问题》，商务印书馆，1937。
④ 唐泽焱：《科学管理第一讲》，《广播周报》1936 年第 88 - 89 期，第 19 - 21 页。

方崇森的《国际科学管理会议述略》① 对历史描述允当，从 1895 年泰罗在美国机械工程师学会的活动谈起，讲到 1927 年国际劳工局牵头组织管理研究所，1936 年改组为科学管理咨询委员会，形成国际常设机构。而国际管理会议的举办受到捷克斯洛伐克总统马萨里克的支持，1924 年 7 月是第一届，先后在捷、比、意、法、荷、英、美等国首都召开，至 1938 年 9 月已是第七届。其分组有行政管理、生产管理、销售管理、一般管理、农业管理、家政管理六组，行政管理组又分别讨论行政与理财、行政组织、高级员司之人事、事务管理、公务管理等问题。在第七届会议上，又区分管理为"政策"与"技术"两大部门。管理政策要求管理者与被管理者相互沟通，改善公共关系；管理技术也在不断改进。原定第九届会议在 1941 年举行，但因战争而开会延期。该文在此时发表，看来与"工作竞赛"运动的宣传造势有关。

刘法钰的《行政的科学管理》② 一文大致讲了四方面内容。一是行政的科学管理的范畴。分为人事管理、文书管理、事务管理、财务管理、物品管理、时地管理（指时间与业务之配合，业务与环境之权宜利用）几类。二是行政的科学管理之原则：合理、效率、经济、时效、利用。三是行政的科学管理之要素：有组织与计划；有条理与步骤；配合与运用；检讨与改进；分析与统计。这里还引用了蒋介石的话："（为学、办事与做人的基本要道有:）即物穷理，研究预备，分工合作，精确真实，条理与系统，自强不息。""由近而远，为大于微。"综合起来，人、事、时、地、物五者皆要有组织，就是先要有系统，有条理，有计划，有预备。《大学》中有"博学，审问，慎思，明辨，笃行"之论，而机关人员办事，有组织与范围、立案与预备、分工与合作、研究与实验、分析与统计、改进与发明等六个步骤。四是行政的科学管理实施之步骤：集中人才；收集材料；厘定办法；定期实验；普遍推行。此文约 5000 字，对于这些条条都有较清晰具体的说明，不同于一般人照搬外国科学管理文章教条的做法。并申明是作者自己从政的经验，希望公务员悉心探究、体察力行，一洗往昔含糊、抽象、臆断、假定之种种错误观念，将办事的程序建立在制度上，将做事的方法融汇于科学中。

抗日战争中期（太平洋战争尚未爆发的阶段），尽管离最后胜利还差得

---

① 方崇森：《国际科学管理会议述略》，《经济建设季刊》1942 年第 1 卷第 1 期，第 293 - 296 页。
② 刘法钰：《行政的科学管理》，《陕政》1943 年第 5 卷第 1 期，第 16 - 20 页。

远，竟然已有人借抗战建国口号和宪政宣传写文章探讨行政改革问题。如王嗣鸿的《美国公共行政的新姿态》①引用了颇难获得的 1939 年冬美国《政治科学评论》这本刊物中的内容，支持自己的论点："行政的成功，即可说是政治的成功，也即是我们在推进宪政工作中首先应行注意的要点。""因此，我们要求文官制度首先成立。"他说，可以看看美国公共行政的"新姿态"，包括：第一，功绩制之迅速发展；第二，公共行政督导机构之改进；第三，公共行政之区域间合作之进步；第四，公务机关注重公务人员行政之积极方面的发展；第五，官吏在职训练方案之调整与监督；第六，公务生活中之事变防止及保安措施之积极的发展；第七，公务人员工作上机械用具之增多；等等。这些，都是"其朝野上下共同爱护公务之表征"。

抗战胜利以后，赵德洁节译了《国际公共行政》一文，副标题是"一个国际组织之特性"，原载于 1945 年春伦敦出版的《公共行政》（*Public Administration*）第 23 卷上，是一篇在公共行政协会和国际事务皇家协会的联合年会上宣读的论文。②文章一开始申明，并非讨论国际组织（如以往的国联和此时正在筹备中的联合国）的一般问题，而是讨论几个具体的问题。文章认为，一个国际组织应含有决策、行政、执行三部分，但这就与西方国家内部政治组织分为立法和行政两部分不同；同时，按国内员吏制度，公务员常兼管行政及执法者的事务，这也与国际组织不同。现在主要讨论国际组织的行政部门，它应为"整个单位"，自有行政首领，机关应取得法人资格；应有全权支配本身的用款；应有本身的秘书处，职员应具国际性，故只能效忠于该组织，其高级职员应能代表会员国集体的意见。至于执行部门，主要是处理商务、技术类的特别工作。最后讨论了国际组织集权的程度问题，国际组织与会员国之行政关系问题，及各国际组织彼此间之关系问题。

失吾的《苏联公共行政制度》③节译自英文杂志《公共行政》（*Public Administration*）1936 年 4 月号的同名文章，谈苏联公共行政各级组织的发展过程，认为其根芽在帝俄时代的制度里，是典型的官僚政治，是一种高度的中央集权制，并且警察占了极有权威的位置。文章说："苏俄的革命是以经

---

① 王嗣鸿：《美国公共行政的新姿态》，《政治建设》1940 年第 2 卷第 5 期，第 48－53 页。
② 〔美〕艾文斯：《国际公共行政》，赵德洁节译，《东方副刊》1946 年第 12 期，第 6－9 页；第 13 期，第 32－35 页。
③ 失吾：《苏联公共行政制度》，《宇宙旬刊》1936 年第 5 卷第 5 期，第 29－34 页；第 6 期，第 30－35 页。

济为基础，政治学说上，不过把内政的范围扩大而达到更显著的程度而已。但是苏联也确是经过若干年的努力，公共行政制度才渐渐形成。""我国人对苏联狄克推多的印象是，苏联所可能的只有把本国已成的组织和旧有的官僚政治熔铸在马克斯主义的学说里；其次，人民达到高度的教育化、熟练的技术化的时候，首先是警务的统治，其次是党的统治，都有减弱或消灭的必要。到那时候，苏联和资本主义化最进步的国家，从各方面看都是不容易区别的，因为近来资本主义国家也是以国家权力统制生产。"

下面谈行政学教材的编译和学科教育的试验。

商务印书馆出版的"大学丛书"，自称参酌国内外各大学课程表，与本科应有之科目"完全相符"。1937 年有单行本《大学丛书目录》，介绍编译进展情况。其中法学院政治系的教材有：

①政治学：张士林译《政治典范》（H. J. Laski：*Grammar of Politics*）；孙寒冰、林昌恒译《政治科学与政府》（Garner：*Political Science and Government*）；李剑农著《政治学概论》。

②西洋政治思想史：高一涵著《欧洲政治思想史》；王检译《近代国家观念》（H. Krabb：*The Modern Idea of the State*）；徐敦璋、罗隆基、林同济合译《最近政治思想》（F. W. Coker：*Recent Political Thought*）（编译中）；浦薛凤编《欧洲近代政治思想史》（编著中）。

③比较政府：王造时编《比较政府》（编著中）；钱端升著《德国的政府》；钱端升著《法国的政府》；张庆泰编译《欧洲政府》；郑兆琦译《欧洲民主政府》（排印中）；金长佑著《日本政府》。

④地方政府：张永懋译《各国地方政府》（G. M. Harris：*Local Government in Many Lands*）。

⑤市政论：宋介译《市政原理与方法》（W. B. Munro：*Principles and Methods of Municipal Administration*）。

⑥政治地理：林光澄译《世界新形势》（Bowman：*The New World*）。

⑦外交史：周鲠生著《近代欧洲外交史》（审查中）。

⑧国际联盟：戴葆鎏编《国际联盟》（编著中）。

⑨条约论：吴昆吾著《条约论》。

⑩政党论：彭学沛著《欧美日本的政党》。

⑪行政学：李圣五著《行政学》（编著中）；刘世传译《行政学》（怀特著，编译中）；江康黎著《市行政学》（排印中）。

⑫国际行政：杨柏森著《国际行政》（编著中）。

⑬中国邮政：张梁任著《中国邮政》。

（尚缺科目：中国政治思想史，近代政治制度，世界政治史，中国外交史，外交程式，英国宪法史，政治政策，现代国际政治，帝国主义研究，地方自治。）

其中，李圣五著的《行政学》、刘世传译的《行政学》、宋介译的《市政原理与方法》、江康黎所著《市行政学》、孙寒冰与林昌恒译的《政治科学与政府》、王造时所编《比较政府》及钱端升著的《德国的政府》、《法国的政府》，张庆泰编译的《欧洲政府》、金长佑所著《日本政府》、郑兆琦译的《欧洲民主政府》、张永懋所译《各国地方政府》、杨柏森著的《国际行政》，还有尚缺的《地方自治》，被该丛书视为行政专业的当家教材，内中有的始终未能正式出版。

此外，其他教科书也有一些，如属"部定大学用书"的孟云桥的《西洋政治思想史》（重庆国立编译馆 1945 年 8 月初版，正中书局印行），是作者在中央大学的讲义，仅外文参考书就列举 70 多部，且有介绍文字。又如英国人阿格著、张云伏译的《英国政府及政治》（神州国光社 1931 年 3 月至 1933 年 3 月出版）。

## 第二节　行政学标准著作的翻译和编写

### 一　《行政学总论》与行政学各论

由日本蜡山政道著、罗超彦译的《行政学总论》①，讨论了行政的范围、性质、要素、地位、组织、机关，以及行政的意义、方法等。书中对德国行政学的早期研究成果如斯坦因（Stein）② 之后的"行政法"倾向作了一番检讨。特别之处在于第一章"行政学的意义"，作者的观察立意颇高，擅长哲学方法论的探讨。且全书定位是"总论"（即另外还可以有"分论"），花大量笔墨叙述了：行政学过去的地位，包括在日本发展的起伏；行政学的任务，包括行政学与行政法学的差异，行政学与经营经济学（即当今的工商管

---

① 〔日〕蜡山政道：《行政学总论》，罗超彦译，新生命书局，1930。

② 其理论为德国集权政府体制服务，同时也有一些在国际上带有共性的东西，如政治和行政的分离，行政内容的相对独立性，行政的内部运行律等，这些观点还影响到美国的行政研究。

理学）的差异；行政学固有的任务以及今后的任务等。著者涉猎甚广，这从该书的参考文献中即可看出，参考文献有德文、法文、英文及日文等书籍数十种。

这本《行政学总论》另有黄昌源译本。下录该书细目：

第一章行政学的意义。（1）行政学过去的地位；（2）行政学今后的任务：行政学和行政法学的差异，行政学和经营经济学的区别，行政学固有的任务。

第二章行政学的方法。（1）行政学发生的原因；（2）行政学的研究方法：社会哲学的方法，比较法学的方法，经营技术的研究法，综合的及比较的研究法。

第三章行政的范围。（1）行政的现象；（2）统治秩序和行政；（3）私立团体的经营和行政的比较。

第四章行政的性质。（1）行政机能的分析：机能的目的和结果，行政之过程的意义；（2）行政的技术性质。

第五章行政的要素。（1）行为的要素：支配的行为，手续的行为；（2）人员的及物质的要素：人员的要素，物质的要素；（3）组织的要素。

第六章行政的发达。（1）行政的发达和政治组织；（2）行政组织的发达；（3）行政职官地位的发展；（4）行政的发达和科学的方法。

第七章行政的地位。（1）行政地位的意义；（2）行政和立法院；（3）行政和司法裁判所：行政在法律秩序中所处的地位，行政机关所管辖的司法职务，司法裁判所所管辖的行政职务。

第八章行政的组织。（1）行政组织的独立部门；（2）行政组织的决定者：由立法机关决定，由执政机关决定；（3）行政组织的类别；（4）行政组织的集中；（5）行政组织的统合：中央各部设立的原理，技术的行政机关的地位问题，独立统合机关的性质及形式。

第九章行政的机关。（1）行政机关的意义及其分类；（2）长官的样式及其职务；（3）行政机关的内部组织及其统制；（4）指导或监督官的资格；（5）现业的机关组织；（6）咨询机关的职务。

附西文参考书籍。①

---

① 〔日〕蜡山政道：《行政学总论》，黄昌源译，中华书局，1930。

政治学家罗隆基评论："在这本书出版以前，我绝对没有看过中文的关于行政学的书籍。""就在欧美，行政学亦是新兴的名词；行政学的研究，是新兴的趋向……在西洋方面，到了现在，行政学最少已经在政治学的境域里成了重要的独立的支目了。行政学可以与政治思想、宪法、地方政府等功课相提并列了。在中国目前，提到行政学，对于它的内容，大家还是莫名其妙的多。"他认为，该书的贡献，一是说明行政法与行政学的区别所在，二是区分"执政"（Executive）与"行政"（Administration），执政对于行政常立于指导及责任的地位。第一，执政是监督各种制度法令的施行，行政是现实地实行各法令所要求的事实。第二，执政是全体的组织行为，行政是各部分的组织行为。这不是蜡山政道的发明，而是近代行政学者共同的主张，然而介绍到东方来，"可算是这本书的功劳"。罗隆基认为，行政学的范围"应包括这几部分：1.关于机关组织的统系者；2.关于人员者；3.关于材料供应者；4.关于财政者"。罗氏批评这本书"在内容分配上与这完全不同"，例如，第三章没有指出行政的范围，第五章又包罗过广，以致第七、八、九章不过是五章第三节的分支。他说，"目前欧美行政学上最大的进步是考试制、分级制、薪金制、保险制、退职养老制等"，而该书全未提到，物资供应方面仅介绍几百字，"这是我们对本书失望的地方"。①

蜡山政道著、顾高扬译的《行政组织论》分上、下编。上编为"统治组织"，下编为"行政组织"。②可知，这位作者在中国与在日本一样，受到行政学界的重视。而似乎没有他本人与中国学者进行友好交流的记录（未见其对中国行政学有何见解），倒是见他为侵华战争的政治经济政策出谋。例如，其《太平洋政治协定之可能性》一文巧言令色，试图让中国吞下丧失东北的苦果，接受日本的经济"提携"，并使美英妥协，缔结《太平洋政治协定》。③这是读者们应当清楚的。抗战时期，他的《行政学原论》由柯炯翻译，1940年9月由桂林青年书店出版。

怀特的 *Introduction to the Study of the Public Administration* 应译为《公共行

① 罗隆基：《行政学总论》，《新月》1932年第2期，第10-11页。
② 〔日〕蜡山政道：《行政组织论》，顾高扬译，民智书局，1934。
③ 〔日〕蜡山政道：《太平洋政治协定之可能性》，《日本评论》1935年第6卷第3期，第117-123页。

政研究导论》，但刘世传将其译为《行政学概论》。① 该书凡 21 章，内容涉及行政的范围、行政条例规章、行政监督及行政发展趋势，并集中讨论组织问题（行政组织、中央集权之体制与限度、权力汇一的体制与方法、权力汇一的限度、部门的组织、行政机构的改组）和人事问题（人员问题、历史上之回顾、官纪、人员招考与考试办法、分级与订定薪俸、升迁与效率记录、惩戒与罢免、退休制度、公务员制度）。怀特为"行政学"下的定义是："管理国家行政上的人员及材料的科学。"他强调了行政学的实践基础和行政的科学化，将研究重点转向技术性细节。末附译名对照表，有译者序及著者原序。材料极为丰富，著者在处理材料方面颇费一番功夫，关于人事、组织等各项问题，著者均证以美国实例，故读来无空泛之感。该书之译对于研究行政之学者自多裨益，盖各国行政方法尽可不同，而行政上之各种问题与行政原理实无若何差异也。

刘世传评论该书："过去放任主义为统制主义所代替，政府行政之活动范围日趋扩大。是以行政事务乃超于立法、司法二者之上。本书作者服务市政府有年，主张将私家企业之精神及科学管理方法应用于政府行政。书中对行政领域中数种根本问题，如组织、人事、监督及财政等均有极详明之解说，且均列举美国政府之行政实例以相印证，亦非泛谈理论者之所可比。"②

刘世传（1893 - 1964），山东蓬莱县人，毕业于齐鲁大学，赴美国沃士特大学学习神学，后转入哈佛大学攻读政法，1924 年取得博士学位；同年在沃士特女子大学任教。1925 年赴德、法留学，其间著《国际公法》一书。1927 年回国，先后在东北大学、北平大学、中国大学、朝阳大学、民国大学等大学任教。1935 年，出任齐鲁大学校长。七七事变后，刘世传受政府委派前往 21 个国家进行抗日宣传，因此被日伪通缉。1938 年回国，秘密主持齐鲁大学迁往成都，后到四川大学任教。解放后曾受到不公正待遇。1985 年为他恢复了名誉。他有《中国近百年史》、《世界政府之比较》等著作，还编著了《欧美外交史》（中国大学 1934 年出版）翻译了麦利珂（Medlicott）著的《二次大战之起因》（中西书局 1943 年出版）。

蜡山政道评价说："当大多数之大学尚在以研究行政组织及制度为其主要范围之际，独……怀特则致力于行政技术之调查研究，且已徐徐建筑其实

---

① 〔美〕怀特：《行政学概论》，刘世传译，《图书月刊》1941 年第 1 卷第 4 期，第 25 - 26 页。
② 〔美〕怀特：《行政学概论》，刘世传译，《读书通讯》1942 年第 4 卷第 39 期，第 15 - 16 页。

证之基础；即在理论方面，对于技术科学之行政学之成立，亦有相当之贡献。"他介绍了怀特最新的工作，其一是受第三届行政学国际会议（1927，巴黎）委托，集众多专家成果成《现代国家之官吏制度》一书（1930）；其二是完成属胡佛总统调查委员会事业一部分的《（美国）最近公共行政之进展》（按：即《美国行政动向论》，或译为《美国行政的趋势》）；其三是发表了三篇有关人事行政上各种制度的研究文章，如对英国惠特利会议的批评。[1] 这些信息中国学者也是了解的，并陆续有报道。

古力克（Luther Gulick）在美国公共行政学界也是一位领军人物，承前启后之功不可小觑，中国行政学界对他的研究工作一直比较关注。他1928年所写的《美国之行政效率研究》[2]，由王人麟（芝加哥大学经济学硕士，暨南大学政治学主任）翻译，作者名字译作"路德加烈克"。适逢抗战爆发，发行受阻，行政学界已无从容研读之时间了。作者原序写道："本书为一种新式之史略报告，其目的不仅叙述此举世稀有之组织之日常工作与计划，益且进而说明其与人类伟业——文化之联系关系。"结构上分4章。第一章，人类之都市化：城市最近之发展，城市与文化之关系，城市问题，城市与政府之关系，健全政府之要求。第二章，纽约市政研究所之沿革与工作：该所1905年创立后在纽约市之积极工作，实地考察工作，考察之实行，行政效率研究运动之推行。第三章，纽约市公务训练所：1911年成立，与市政研究所两位一体，相辅相成的工作成绩。第四章，全国行政效率研究所：由前述两所改组而成的经过，工作成效，将来之工作计划。事实上，介绍该所（译名不统一）的中文译著前已不少（包括从怀特的上述著作中摘译者），这本书更为专门罢了。

## 二　行政学泛论

文公直（1898 - ?）编著《行政浅说》[3]。分4章。概述地方自治的意义，地方自治与民族、民权、民生的关系及其障碍，民权之训练，会议常识及集会的实际训练，地方行政的自治规约与组织等。目次书名题："区乡镇自治行政浅说"。

---

① 〔日〕蜡山政道：《各国行政研究之近况》，《行政效率》1934年第1卷第4期，第154 - 155页。
② 〔美〕古力克：《美国之行政效率研究》，王人麟译，正中书局，1937。
③ 文公直编著《行政浅说》，时远书局，1933。

　　江康黎所著《行政学原理》① 被列为"政治丛书"，分行政组织、吏治行政2编。参考英、美行政学著述写成。附中华民国有关法规12种。

　　江康黎著的《行政管理学》② 分6编，叙述行政管理组织、人事管理、物料管理、资料与工具等。

　　张金鉴的《行政学之理论与实际》③（属"大学丛书"），被认为是中国最早、最有分量的一本行政学专著。该书分绪论与本论两部分。绪论论述行政学的意义、范围、重要性、行政效率等。本论分6章，讨论普通行政、行政组织、政府财政、物材统制、公务人员及行政研究等问题。不难看出，书中的主要内容至今仍是行政管理教学的核心。该书吸收了西方先进的行政管理思想，开阔了学生的视野；而结合中国实际进行的研究，则为中国行政学的发展开拓了道路。

　　　　在本书之完成上，著者所当感谢之第一位当推克卓尔（Prof. Ediwin A. Cottrell），克氏现任美国斯坦福大学政治系主任，为著者大学时代之指导教授，对本书内容组织之规划及参考资料之收集皆曾给予作者不少指示及帮助。……本书所用参考资料达百种，此处虽未能一一提名向各作家致意，但是诸士之为著者在书中所引用或参考者对之皆敬致感佩。惟就中以古德诺、魏劳毕及惠德（L. D. White）所著关于行政学上之几种巨作，为著者参考引用者特别之多，理当特别提出向三先生另致敬谢之厚意。此外承监察院及考试院寄赠相当之参考资料，使著者对吾国现行之监察制度及考试制度之叙述得稍有所依据，亦当敬谢当事者之费心……

　　作者的学术渊源及为中国行政学发展做的努力和贡献，从其自序中的这段话中可看出来。冯步洲介绍说：

　　　　中国今日之出版界，关于政治之书籍，以政治制度、国际法与国际关系等类为最多，而行政学书籍竟寥若晨星。就评者所知，除民智书局所出版之《行政学原理》（江康黎先生著）外，即商务印书馆张金鉴著

---

① 江康黎：《行政学原理》，上海民智书局，1933。
② 江康黎：《行政管理学》，青年军出版社，1946。
③ 张金鉴：《行政学之理论与实际》，商务印书馆，1935。

《行政学之理论与实际》（1936、1937、1938 年重印）一书而已。前者仅讨论行政及人事问题，而后者则于组织、人事外，对于管理问题，如政府财政之管理，物料购置之集中，均加以申述，故以完备论，后者自较前者为优。

本书取材多自 F. J. Goodnow，W. F. Willoughby，L. D. White，A. G. Thomas（*Principles of Government. Purchasing*）诸人行政学名著，由此所得之材料，当可信赖，况其文笔流利，词气通畅，殊有一读之价值。可商榷之处，兹就管见所及，列之于左：

1. 组织方面　本书内容之组织，甚为详细，其可讨论处，有左列二点。

（1）重复　在绪论和第二十五章，都言行政研究之趋势，理应删去前者。

（2）排列秩序　第一编普通行政之内容，如行政元首、行政总枢及行政管理，本为行政之组织一种，不可巧立名目，另设一编，应并入第二编行政组织，以资完备。

又第二编之行政组织与外界之关系，似宜置于该编之首章，盖先述行政组织与外界之关系，若其与立法机关、司法机关、考试机关、监察机关等之关系，使读者知行政组织固须受彼等之控制，及其控制之原因，然后再读行政组织之原则……

此外于第五编之公务人员中，各章之排列秩序，亦有可议处，即公务员之分级一章，……均宜列于公务人员之训练、甄拔、昇迁、惩撤、抚恤等之先也。

2. 内容方面　本书之内容，详述行政各原则，极可称赞，其可讨论处，亦有数端：

（1）绪论中所述之行政学之意义与范围，殊为杂乱，如"行政与政治之分野"，"行政与政府之分权组织"，"行政程序之整个单位"，"行政是人与物之管理"，"行政要求最大之工（功）效"，"行政是公务之有效执行"，"行政非仅行政部之事"，"行政法典行政学等"列于一处……令读者不知何者为定义，何者为范围也。宜分而述之，加以结论。

（2）绪论中仅以美国一国行政之趋势为例……似欠妥当。

（3）（略）

（4）著者批评。

某一制度时，仅言其优点，而不言其弊……殊非所宜。

（5）行政组织与政党……著者将政党之功用，全盘写出……而政党与行政之关系若何，能否促进行政效率，及政党参与行政，易使分赃制度（Spoil System）之重现等，均略而未言。

（6）第三编之政府参与行政……不免有抄财政学，以充篇幅之讥。

然本书之优点亦甚多，其荦荦大者，如对行政上之重要理论，大都详为申述，其于政府之组织及人事行政问题，讨论尤详，并于每一问题后，则附以中国之行政情形，以表此问题对中国行政之重要。若于行政组织一编中，除言行政组织之原则外，兼言中国政府组织不合行政原则，及其应改革之点为何；又如财政管理之预算，除将预算之重要原则申述外，并将中国预算制之缺点及各国预算制之比较，加以讨论；又于人事问题中，将中国考试制度之弊及监察人员之弹劾不易实行之原因，均详述之。凡此均足使读者明瞭中国行政症结之所在。本书之末有行政研究之概念一章，将以上各章，若行政组织问题、管理问题、人事问题等，统而论之，提纲挈领，读后盖得一有系统之行政概念，其用心亦苦矣。

总之，本书对行政之重要原则，详为论述，且顾及实际之行政问题，于今日行政书籍缺乏之秋，堪称一部佳作，而足供初读行政学者之参考。①

张天福著《普通行政实务》②，只是"把社会上已有普通行政方法与经验，作有系统的叙述"。作者说："本书的范围，以普通行政实务为限，其中所包括的重要部分：1. 行政原则；2. 人事部分，如对上级、同级、下级人员各种态度，属员的监督，升降的标准，业余的生活等等；3. 事务部分，如财产的保管，物品的登记，处理文件的手续，文件的保管，收支的程序，政府簿记式样，预算、决算等等；4. 法令附录，……只把重要的法令，分类作为附录，附于书末"，浅显明白。"本书虽然着重政府方面（的行政管理），然其中……（人事、事务等等）均可适用于非政府的行政机关，社会上各种

① 冯步洲：《张金鉴：行政学之理论与实际》，《政治经济学报》1935年第4卷第1期，第219-225页。
② 张天福：《普通行政实务》，商务印书馆，1935。

组织中的普通行政人员……""供一般初进社会学生的阅读……（因为学生虽有书本知识，）普通行政经验尚多缺乏……"

张天福（1900－?），福建晋江人，燕京大学法学士、文学硕士，曾任该校法学会会长、助教。1932 年任上海地方法院稽查兼科长，上海法学院教授。抗战时到湖南，历任安仁县县长，省民政厅及省干训团视察员兼主任教官，驻湘盟国空军参议兼联络官，湖南大学法律学副教授等，以后的经历不详。

其论文如《行政积压迟延之原因及其补救方法》①，分析入微："窃以行政之最大症结，厥为积压与迟延，而行政效率委员会最应集全力以求解决者，亦为积压迟延。"作者探查迟延的原因，"约可分为心理的、生理的、物理的等类"，并对每一条原因提出几项"补救办法"。最末设计了一种"事务处理单"（二联单），两边均填事由、承办人、日期。承办人持半单去办，完成交差，存根上填写处理经过，经管人盖上"办妥"日戳，才算销差。主管人每周查存根即知各事办好否，以便及时督促。又，因迟延造成某具体人之损失，该人可查究主管及承办者责任，直至诉诸监察部门处置。又如《人类天性与人事管理》② 一文指出，管理者要善于发现和利用被管理者的"天性"（求偶性、求知性、求乐性、自是性、自显性、爱国性、爱家性、服从性、私有性、竞争性、合群性、模仿性、公道性、同情心、勇敢性等），即所谓"良知良能"，要投其所好，加以诱导，这样才能牵住"牛鼻子"，事半功倍。

张天福还有《国防与地方行政》（汗血书店 1936 年出版）、《行政法原理》、《希伯来法系之研究》（大东书局 1946 年出版）等著作。

商务印书馆"大学丛书"中，法学院政治系课程推荐的教材中包括李圣五著的《行政学》。但笔者仅见到广告宣传预告，迄今在各大图书馆没有找到该书。李圣五长于国际政治，杂学兼修多科，又忙于商务印书馆和《东方杂志》的编务工作，行政学论著并不多。

雷殷（1887－1972），广西邕宁人，毕业于日本法政大学。回国后任参议院议员，北平民国大学、哈尔滨法政大学校长，中东铁路督办署顾问。1933 年，任广西省政府委员兼民政厅厅长。1939 年，任国民政府内政部常

---

① 张天福：《行政积压迟延之原因及其补救方法》，《民族》1935 年第 3 卷第 10 期，第 1675－1684 页。
② 张天福：《人类天性与人事管理》，《人事管理》1936 年第 1 卷第 6 期，第 1－5 页。

务次长，内政部中央古物保管委员会主席委员。有较丰富的内务行政学识与经验。1940 年 7 月，任行政院县政计划委员会副主任委员。1945 年 5 月，任国民党第六届中央监察委员，国防最高委员会党政工作考核委员会副主任委员，兼政务处主任。1946 年 9 月，任考试院高等考试及格人员县长挑选委员。1948 年当选为立法院立法委员。

雷殷讲述，方棠美、温人骏笔记的《行政概论》（1938 年、1939 年两版），或作雷殷讲演的《行政概要》（1939 年 4 月出版）；雷殷编著的《行政述要》；雷殷著的《三民主义行政论》（广西建设研究会 1942 年出版）：这四本书大同小异。以《行政述要》为例，是县各级干部人员训练教材，中央训练委员会、内政部 1938 年 1 月初版。内分绪论、行政机关、公务人员、公务人员管理、行政事项、行政管理、行政救济等 7 章。前有绪论，末有结论。雷殷序言首先批评"无为而治，政简刑清"的行政观念，"毋宁谓为不行政可也"，"诚非根本改革不可"。行政书籍，"国内虽不乏善本，然与本国情形及实际应用，则多未适合"。该书多讲实务："行政者，乃执行某一种之计划、命令、法律以完成国家某一种目的之谓也。""行须有政"，"政必须行"。他将行政管理划分为管理行政机关、管理行政人员、管理行政事项。[①]

此外，他还有更具体的论题：《基层组织及其工作》讲演稿（1939，出版者不详）；雷殷主讲、由国民党中央执行委员会训练委员会编的《地方自治》（中央训练委员会、内政部 1941 年出版）；《新县制论文集》（众志书局1940 年出版）等。

富伯平著有《行政管理》一书。作者称该书"内容较偏重于机关实务之指导调整控制，而于一般行政学之理论，鲜加阐述"。内分行政绪论、管理与行政效率、行政法、行政组织及行政机关、人事管理、文书管理、档案管理、物材管理等 8 章。凡涉及具体行政事务及办事手续等，叙述详实，适于行政人员参考。

作者进行类比分析：经济学原理对应政治学原理，则行政学（Public Administration）与经营经济学（Business Economics）、机关管理（Office Management）与工商管理（Business Administration）也分别相对应。

---

① 雷殷：《行政述要》，中央训练委员会、内政部，1941，第 128 页。

　　固然它们相互的对象、目的不同，但在科学构成之阶段外形观之，则实相似。因而，各个原则及方法，在若干场合下，均可互相利用。国内学者引用"行政管理"一词，盖包括"行政学"与"机关管理"二者。但就实际而论：大之，其外延殊不足以概括行政学之任务；小之，其内包（涵）于机关管理之意义亦颇模棱；更不能将行政学与机关管理合并而成行政管理学。此犹如经营经济学与工商管理有其科学之分界，固不容彼此参差混淆。著者之意见，"行政管理"一词实以不用为当。但国内学术历史上则沿用已久，在科学释名尚未有统一修正以前，著者也不得不从众引用，惟首先应确定其含义范围耳。"行政管理"之涵义既有广狭两方面，广义则相当于普通之"行政学"，狭义则应释为"机关管理"。①

　　富伯平（1894－?），辽宁沈阳人，满族，毕业于北京大学。1919年北洋政府高等文官考试及格，分发至吉林。历任县长，国民政府军事委员会委员长武汉行营科长，1936年任河南省第八区行政督察专员。抗战时入张群幕，后任四川省政府法制室主任，中国行政问题研究会副总干事，并在东北大学、四川大学、私立华西大学任教。1945年10月，任（东北）合江省政府委员兼秘书长，1948年转任行政院参事。1949年去台湾。

　　富伯平还翻译了普菲诺（J. M，Pfiffnor，另译为"费夫纳"）所著《行政学》，行文不甚畅达，有些术语、定义读来比较费解。该书绪论就提出"新行政"（技术与政府，政治与行政、与私人管理之比较）。正文第一编"组织"，分述行政组织之演进、完整式之组织、委员局与委员会、地方行政上之州的统制、内部统制、外部之统制（立法与司法之统制）、执行的统制、立法的研究委员会、行政部之民众统制、其他统制方法。第二编"人事"，分述人事纲领、公职之登庸、人事预算之编制、升迁与服务纪录、道德问题。第三编"财务行政"，分述财政组织、预算之设计与可决、预算之执行与事后审计、购买、出纳、借款与评价。第四编"行政法"，分述行政法之意义、行政裁决、行政立法、官吏与救济。第五编"公共之关系"。显然，富伯平受普菲诺影响，两书都特别提到行政法，一是行政要依法，二是行政

---

　　①　富伯平：《行政管理》，商务印书馆，1945，第1-2页。

也参与立法。①

普菲诺该书的第五编"公共关系"以前少见，引起中国学者重视，又被王藏修译为《官民关系》（属"福建省研究院社会科学丛刊"）。分人民与公仆、行政公报、行政衡量所用的标准 3 章。②

江西省地方政治讲习院编《行政管理》，作为"共同训练教材"，分绪论、本论、结论 3 编。讲述行政管理的意义、效率、对象，及人事管理、财物管理等。附《江西省各县区署组织规程草案》、《战士守土奖励条例》等 22 篇。③

崔德化编《普通行政实务新编》，内分平时、战时 2 编，每编各包括准则、人事、事务三部分。运用政治学、行政学、行政法学等有关理论论述普通行政实务。④

陈化奇著《实用行政学要义》，论述研究行政技术的重要性、计划政治的基本（确立标准）、实施公务专业制度、计划政治体系的建立、新的工作方法与新的工作精神、公文检查（行政考核的起步）等 13 个问题。⑤

李浴日著《行政的科学管理研究》，分 6 章。论述实施科学管理的先决问题，科学管理的三大原则、十大效能，科学管理与攻势政治等。⑥ 其实，这本小册子乃是他的同名论文的单行本。

李浴日的《行政上科学管理的效能》，首先引用怀特的《行政学概论》中的观点："因近日行政的整个技术设备，均为科学的产物。而且现代的行政人员，其本身固须为科学家，亦须为科学的研究者。""行政技术上，已经过显然的进展，物质上的设备，亦已完全变化。"李氏号召大家要积极研究科学管理，提出行政上有十大效能：（1）从应付到计划；（2）从紊乱到组织；（3）从复杂到简单；（4）从分歧到统一；（5）从迟滞到迅速；（6）从错误到确实；（7）从烦恼到愉快；（8）从浪费到节约；（9）从弛懈到紧张；（10）从因袭到创造。并一一详细解释。总括来说，"科学管理注重'研究工作'"，且"足以实现'廉洁政治'"，因为"对于一切事务的处理与预防，很

---

① 〔美〕普菲诺：《行政学》，富伯平译，普益图书公司，1942，第 19－22 页。

② 〔美〕普菲诺：《官民关系》，王藏修译，福建省研究院社会科学研究室，1941。

③ 江西省地方政治讲习院编《行政管理》，江西省地方政治讲习院，1940。

④ 崔德化：《普通行政实务新编》，秦岭出版公司，1940。

⑤ 陈化奇：《实用行政学要义》，两间书屋，1940。

⑥ 李浴日：《行政的科学管理研究》，曲江新公务员月刊社，1940。

严密，很精细，使你不能从中舞弊，如舞弊亦会发现出来，使你不敢舞弊"。①

李浴日是与蒋方震（百里）、杨杰并称的民国三大军事理论家之一，纸上谈兵为其所长，尤以《孙子兵法》研究知名，有《孙子传》（与杨杰合著，东方出版社 2010 年出版）、《孙子兵法研究》（编译，台北：黎明文化事业公司 1987 年出版）、《中日战争论》（编著，世界兵学杂志社 1942 年出版）、《世界兵学》杂志（主编，1941－1948）等行世。对科学管理研究只是客串而已，所以此书标题虽标新立异，价值却有限。

蓝天照的《论行政的科学管理》② 分 3 节。第一节论行政科学管理的必要："并不是国民党的主义和政策不好，而是因为行政管理不尽完善，政治任务之不能切实执行。""我国行政机构的松懈，官场习气的腐败，国家财政和公款的浪费，是铁一般的事实。"第二节讲科学精神与科学方法。美国科学家散德维克说的科学方法大纲包括：开列问题；搜集事实；详细考察分析；推出事物之原理；形成理论；在应用中检验。又，归纳法的规则是相合法、相差法、联用法、共变法、剩余法。统计法是搜集材料、发现联系、研究因果的一种方法。第三节梳理科学管理的起源与意义，强调：用科学方法使人与事互适；人、财、物力发挥最大作用；诚意协调合作；严密考核计算成绩。

陈启辉《科学管理的实例》一文的副标题是："从土地行政说起"。结合 1930 年《土地法》颁布以来的工作，分人事管理、财物统制、行为要素（公正廉洁、迅速确实、刻苦坚忍、亲爱精诚）几节，最后一节已接近行为科学的某些概念了。③

黄云山（1901－1987，黄埔军校三期生，中将）发表了《科学管理与现代行政导论》④，作者因供职于后勤部门而熟悉其管理。首先，作者理清科学管理与行政的关系（万能政府要发挥效能）。其次，探讨现代行政为什么需要科学管理。原因包括：科学管理是时代潮流的产品；近代政治的目的是满足与改善人民生活要求，趋势是由"民主政治"到"集能（选贤与能——精英）政治"；近代公法学有"权能区分"，人民督导政府实现"公务产业化"，政府职务扩大；中国现实要求"计划政治"、"行政三联制"。再次，

① 李浴日：《行政上科学管理的效能》，《新公务员月刊》1940 年第 1 期，第 16－20 页。
② 蓝天照：《论行政的科学管理》，《新建设》1940 年第 7 卷第 9 期，第 45－48 页。
③ 陈启辉：《科学管理的实例》，《行政干部》1941 年第 1 卷第 2－3 期，第 30－32 页。
④ 黄云山：《科学管理与现代行政导论》，《陆军经理杂志》1941 年第 2 卷第 4 期，第 20－32 页。

分析科学管理在国家行政中的功能，即使"管、教、养、卫"工作达到效率最大化。最后，讨论科学管理如何运用于现代行政：对人、事、财、物、时、地六项分别作纵的组织建构和灵活运用，在横的方面使它们协调配合，形成一个良效精密的有机体。此文长达1万余字，对原则的讲解很详细，但不免重叠、错杂。

黄云山《科学管理与行政效率》是一篇万余字长文①，分为四节。(1) 行政效率的意义与其衡量标准："所谓行政者，即政府机关藉科学管理，处理人、事、财、物诸因素，与夫运用组织时、地之法则，以执行国家政策，达成政治建设之目的。""所谓效率就是处理该事务必须获得一定比率的效果……乃行政活动总成果与总耗费的比率。"衡量行政效率所根据的标准有：平衡定则（常态下最低限度的成绩）；效果定则（得、失、耗费在合理的范围）；协调定则（质与量，经济与实效）；机关目的原则（是否切实完成任务，达成目的）。(2) 行政效率构成要素：中心工作说（"西瓜"与"芝麻"），构成因素说（人、事、财、物诸种因素合理配备），社会福利说（有益于社会幸福，长治久安）。(3) 怎样增进行政效率：机构与事业合理配合；行政人员专业化；公事手续合理化。(4) 科学管理如何增进行政效率：设计，执行，考核。

陈希豪（1897－1965，中国大学政治经济科毕业，浙江省地方行政干部训练团教育长）有《科学管理及其推进的基层工作》②，此文发表于地方刊物，却不是简单地浓缩既往的通行介绍文字，其材料的组织和补充别具匠心。引孙中山的话说："夫科学者，系统之学也，条理之学也，凡真知特识，必从科学而来者。""是故凡能从知识而构成意象，从意象而生出条理，本条理而筹备计划，按计划而用功夫，则无论其事物如何精妙，工程如何浩大，无不指日可以乐成者也。"文章提到，美国政府1913年起于吏治委员会下设行政效率科，1921年伊利诺伊州聘请230多位专家负责研究各项问题和科学管理方法等。关于我国科学管理的抬头（表现为：实业界的科学管理，行政上的科学管理——行政效率研究会成立，蒋介石的"科学精神与科学方法"），作者认为是因为有了"求真"的科学精神，在行政上的功用可以变自私为大公、变凌乱为秩序、变因袭为创造。关于基层工作，蒋介石提出对

---

① 黄云山：《科学管理与行政效率》，《陆军经理杂志》1942年第3卷第1期，第73－82页。
② 陈希豪：《科学管理及其推进的基层工作》，《浙江省地方行政干部训练团团刊》1941年第21期，第18－29页。

干部的七项训练——纪律训练、生活训练、行动训练、智能训练、服务训练、体格训练、军事训练，都要与科学管理挂钩。科学管理是制度与方法问题，执行科学管理是人的问题。有治法无治人，法不能自行。

就荫的文章《论科学管理与我国行政改善的内容》论述了：科学管理之意义及其要点；科学管理对社会的责任；行政科学化的需要；我国行政改善的内容。[1]

吴裕后（1910 - 1990，东京帝国大学研究院行政科硕士）的《现代行政与科学管理》一文[2]，对科学管理的社会经济基础、时代背景以及理论的形成有正确的回顾。他认为，现代行政之基础是现代社会，"即今天我们所处的工业社会"。"现代工业社会所产生的社会现象，最主要的有两点：其一为工厂制度之确立……其二为制造之专工……即生产之专门化。""于是科学的管理方法乃随之应运而生……"文章从巴卑志的 *Economics of Manufacture*（《制造经济学》，1832）讲起，对科学管理源流作了准确介绍，指出"可以照样为行政管理者所应用"。然后指出，1917 年美国参加第一次世界大战，行政制度为了与之相适应，于是产生行政上之科学运动。

吴氏认为，现代行政的基本特质是技术化和专门化。他说，科学时代是现代行政管理的母体，科学方法是现代行政管理的神经系统，科学技术构成现代行政管理的骨干，科学管理方法作了现代行政管理的筋肉，合为一体，作有表现、有效率的运用。作者归结科学管理的内容或实质：

> 第一是要有系统。……就是一种自然而然的准确有条理的工作程序或方法，无论在文书管理、物材支配上这是必需的，因为如此才能事务上轨道，免除一切不必要尝试或摸索。第二是要有计划。……指有准备、有打算、有远见而言……有计划后才能按部就班的完成他的使命……第三是要有效率。……就是以最经济的手段获得最大的效果……第四是要协调。……一个工作机关的构成部分和人员的相互间，都有密切的分工合作……建立为完整的有机单位。第五是要准确。……处理一切的事务都要依据可靠的事实和一定的标准或法则，不可依个人主观感情用事，或凭摸索的方法。

---

[1] 就荫：《论科学管理与我国行政改善的内容》，《县政研究》1942 年第 4 卷第 9 期，第 19 - 24 页。

[2] 吴裕后：《现代行政与科学管理》，《大路半月刊》1943 年第 8 卷第 6 期，第 7 - 8 页。

文章最后说："行政学与行政管理，就成为近年来各大学中最重要的学科了。"恐怕失之武断。

范宝信的《现代行政与科学方法》[1]，先说现代社会的复杂。现代为政之难，难在明了社会实况，察觉变动的征兆，确定解决的办法和精准地执行。作者介绍了 Statistics（即统计学），认为应译为"描述实况之学"，包括如何以精密有效的方法搜集事实，如何以最清晰明显的方法描述大量事实，如何发现大量事实间的因果关系与各项法则，找到最有代表性的因素，测出千万因素间相同、相异的程度，相互关系和关系的远近，分布的规律，发展的趋势，从偶然中寻出必然性来。总而言之，宇宙间的现象，不明显的使之明显，无条理的寻出条理，不易控制的使之易于控制。

作者另有《主计制度与统计行政》（《服务月刊》1939 年第 2 卷第 3 - 4 期）、《战时全国工业普查刍议》（与褚一飞合写，《中央银行经济汇报》1940 年第 2 卷第 3 - 4 期）、《重申"平价原则"兼评"紧缩政策"》（《中央银行经济汇报》1942 年第 5 卷第 5 期）等文。

黄寿朋的《科学管理与现代行政》[2] 秉承蒋介石 1938 年在中央训练团的讲话精神："训练计划中应加入'管理教育'一项。"该书分上、下两篇，上篇讲科学管理理论（绪论、基本原则、演进与趋势、行政效率），下篇分论各种行政管理（人事、事务、物财、时地管理）之方法与技术，并使理论渗入方法之中。作者认为，机关是"训练与实习并有"之课堂，"且科学管理之足以增进行政效率者，务使其能全盘渗透于现代行政之中，达到人、事、财、物、时、地诸种，行政活动的科学化，亦即求其合理组成，灵活运用，完成一有机的组织，配合计划政治之需要"。甘乃光为之作序，认为行政要应用科学管理法，但作为行政本身来说，仍需要独立研究。

茹管廷编著《行政学概要》，概述行政学的意义和研究方法，行政的性质、地位、组织、人员、经费、物料、文牍，以及业务管理等。[3]

刘百闵所著《行政学论纲》，被列入"青年文库"（程希孟等主编）。[4] 这是作者抗战时在中央政治学校讲授行政学的讲义，论述行政学的意义、范

---

[1] 范宝信：《现代行政与科学方法》，《陕政》1944 年第 8 期，第 10 - 16 页。
[2] 黄寿朋：《科学管理与现代行政》，军政部陆军经理杂志社，1942，自序。
[3] 茹管廷编著《行政学概要》，正中书局，1947。
[4] 刘百闵：《行政学论纲》，中国文化服务社，1947。

围、沿革，行政组织，人事行政，财务行政，物料行政，行政程序等问题。
当初没讲财务行政（另有专业课），而行政程序也没包括行政三联制（而是
就文书处理过程加以解说），出版时都作了补充。刘书在行政学众书中较晚
面世，吸取了前人之经验教训。全书立足点较高，对学科历史发展的叙述简
明清晰，内容偏重于"支配"方面而不是"手续"方面，注意联系中国实
际，并为其独特之处（"五权"等）多方辩解。

李楚狂著《行政管理之理论与实施》，阐述行政管理的基本理论及实施
问题，包括行政组织、工作程序、人事管理、文书管理、总务和庶务管
理等。[①]

吴胜己编著《机关管理方法》，介绍机关组织的方式与领导、人事、办
公厅等的管理工作，以及文书处理、科学管理等。[②]

吴胜己编《机关管理概论》，分7章，介绍机关的组织，人事管理、物
资管理、办公厅管理及科学管理等。附机关管理讲授纲要。[③]

萧明新编著《机关管理》，分5章，论述人事管理、工作管理、事务管
理等问题。书前有"县各级干部人员训练教材编辑大意"。[④]

中国国民党中央执行委员会训练委员会编《机关管理述要》，供一般训
练机关作为补充教材使用。分绪论、业务管理、人事管理、文书管理、事务
管理、财务管理等6章。附该会及中央各机关编印书刊择要介绍。[⑤]

苏希洵著《机关组织与机关管理》，分机关的组织和管理2章。附录
14篇。[⑥]

陈果夫等讲《机关组织》，分总论、生理组织、机械组织、军事组织等
14讲，著者分别为陈果夫、欧阳翥、顾毓琼、周亚卫。[⑦]

陈果夫讲、江康黎笔记的《机关组织》，讲述机关组织与国家建设、机
关组织的原理与运用等。[⑧]

郑彦棻著《怎样才能使机关学校化》，收著者1939-1943年的论文5

---

① 李楚狂：《行政管理之理论与实施》，正中书局，1947。
② 吴胜己编著《机关管理方法》，中国行政研究社，1941。
③ 吴胜己编《机关管理概论》，广东省地方行政干部训练团，1942。
④ 萧明新编著《机关管理》（县各级干部人员训练教材），中央训练委员会、内政部，1941。
⑤ 中国国民党中央执行委员会训练委员会编《机关管理述要》，编者刊，1942。
⑥ 苏希洵：《机关组织与机关管理》，建国编译社，1942。
⑦ 陈果夫讲《机关组织》，中央训练团党政高级训练班编，1943。
⑧ 陈果夫讲，江康黎笔记《机关组织》，中央训练团党政高级训练班编，1944。

篇，即《怎样才能使机关学校化》、《机关学校化运动实施方案》、《推行机关学校化运动的首次报告》、《机关学校化与朝会》、《机关学校化与小组会议》等。①

杨绰庵编撰了几种《机关管理》，本书后文将作较详细介绍。

雷啸岑《机关管理法纲要》，讲述文书处理、事务处理等。②

## 第三节　行政管理特色专业和部门的尝试

### 一　交通大学公务管理系的独创

早在 1917 年，交通部上海工业专门学校（原南洋公学）已经认识到"本校亟应添设管理科"。后经交通部同意，学校 1918 年 3 月正式设置"铁路管理科"（四年制），这是中国高校有管理系科的开始。国民党上台后，1928 年学校改称铁道部交通大学（上海本部），铁路管理科升格为"交通管理学院"。1929 年 7 月，在校长孙科（由铁道部部长兼）任内，改称"铁道管理学院"，由钟伟成任院长。1931 年 2 月，奉铁道部令，该院改组为"管理学院"，下分铁道管理、财务管理、公务管理、实业管理四科。

其中，公务管理科（系）一共办了七八年，"会抗战军兴，公务管理系主任林叠，奉政府命派赴国外，担任外交宣传工作，师资发生问题，该系暂予停办"。③ 下面摘取一些公务管理科（系）课程的内容介绍和教材说明文字，以见其特点：

1. 基础与方法课程

心理学——教本：R. S. Woodworth　*Psychology*

社会学——使学生了解社会学之地位，评论社会生活之地理、生物、心理与文化要素，社会起源、社会组织、社会制裁、社会变迁及社会进步。此外又根据社会学概念，研究中国人口、贫穷、犯罪等社会问题。教本：Blackmar & Giuen　*Outlines of Sociology*

---

① 郑彦棻：《怎样才能使机关学校化》，上海出版社，1946。
② 雷啸岑：《机关管理法纲要》，四川省政府县政人员训练所，1944。
③ 交通大学校史撰写组：《交通大学校史资料选编（1927—1949）》，西安交通大学出版社，1986，第 575 页。

经济学原理——教本：Fairchild，Furniss & Buck　*Elementary Economics*

理财数学——数学在理财问题上之应用。教本：Hart　*Mathematics of Investment*

经济学说——价值论、生产论、分配论及消费论等学说及各种民生政策。讲义（自编）

2. 政治类课程

政治学——讲授组织及国家政制之性质范围，并以为学生将来研究公务管理之基础。教本：J. W. Garner　*Political Science and Government*

近代史——讲授近百年来世界之政治、经济及社会发展经过，此外更注重我国近三十年来之政治经济史。教本：Hayes & Moon　*Modern History*

中国外交史——教本：C. L. Hsta　*Studies in Chinese Diplomatic History*

国权学说——讲授政治哲学，始自希腊罗马黎明时代，并依次讨论早期基督教会，中古时代文艺复兴与宗教改革，唯理时代，19世纪理想之国权学说，以及近世个人主义、社会主义、工团主义、行会社会主义、共产主义中有关国权问题，均略为述及。教本：G. E. M. Joad　*Modern Political Theory*

国际公法——讲授国际公法之起源及制订、国权的承认、国权的侵犯、裁判权、国籍问题、侨民之保护、条约之解释及国际纠纷之解决。教本：讲义（自编）

宪法——讲授宪法之基本原理，将主要条文加以解释与讨论。教本：讲义（自编）

3. 公共行政课程

公务管理——讲授公务管理之基本原理与方法，注重行政经济与行政效率。教本：L. D. White　*Introduction to the Study of Public Administration*

中国政府——讲授光复前之宪政酝酿及现时国民政府之组织与机能。讲义（自编）

地方政府——讲授地方政府与市政府之组织原理，继则注重我国之地方政府、地方自治之基本原理与知识。教本：W. B. Munro　*Municipal Government & Administration*

比较政府——采用比较方式研究欧美各国各种之政制。教本：F. A. Ogg *European Government & Politics*

公用事业——讲授公用事业之发达史、性质及特色、业务及财务组织、收费原则、法规估值及公允酬报之原则、折旧、租税以及国有与国营问题等。讲义（自编）

市政管理——讲授市政管理之原理与方法，研究最经济最有效率之组织与行政。教本：W. B. Munro *Principles & Methods of Municipal Administration*

总务管理——讲授各种事业总务部分之管理，如工作成绩之考核，公事效率之提高，总务费用之节省，职员之选择与训练，文书档案之整理，尤注重于其他各部分间之整理与合作方法。教本：H. W. Simpson *Modern Office Management*

铁道管理——概述铁道组织与管理，各处课职责，各处课间之关系，运输业务，车务概要等，使学生对于铁路运输有一大体之认识。

人事管理——讲授人事管理在社会及实业上之重要性，人事管理部之组织及其注意事项，如雇用职工方法、卫生与安全、训练、调职与擢升、工作分析与工作确定、厂工分析及工资制度等。教本：Tead & Metcalf *Personnel Administration*

4. 公共经济课程

财政学——讲授国家支出、收入、租税、公债，财政管理以及预算制度。教本：Plehu *Introduction to Public Finance*；H. L. Lutz *Public Finance*

货币与银行——教本：Woldsworth *Money & Banking*

审计学——研究审计学原理、审计程序、账项分析，并讨论审计员之职责与法定地位。教本：Monlgomery and Staub *Auditing Principles*

政府会计——讲授政府会计之范围，各科项目分类、记账程序、预算编制与中央政府及省政府之财务报告，中央政府之审计及会计制度，及与预算会计统制有关之一切法规。教本：潘序伦《政府会计》

预算学——讲授预算编制的原理，及其实施于行政管理与商业管理。详述预算之功用、编制手续及内容。教本：J. O. Mekinsey *Budgetary Control*

租税论——讲授租税发达史及原理，讨论租税对物价之影响，中央

与地方税收之关系，中国现行租税制度，以及各家改革中国税政之学说与意见。讲义（自编）

商法——法庭判例若干（解释）。教本：Bays *Business Law*

5. 其它课程

商业组织——教本：Haney *Business Organization and Combination*

公司理财——教本：Deuring *Corporation Finance*

保险学——教本：Riegel & Lomen *Iusurance Principles and Practices*

民法——讲授我国民法典物权、商务、亲属关系及遗嘱与遗产之继承等。讲义（自编）

刑法——注重于公务人员刑法之探讨。教本：Kenny *Outline of Criminal Law*

会计学原理——教本：Himmelbleau *Fundamentals of Accounting*（第一学期）；Himmelbleau *Principles of Accounting*（第二学期）①

此外，还有一些课程，这里不再一一列举。

其中，最值得注意的是该专业的核心课程及主干课程。例如所谓"公务管理"所用教本，正好是怀特的《公共行政研究导论》（1926，或译《行政学概论》）。此外，如"人事管理"，采用迪德和梅特卡夫合著的教材；"总务管理"，即办公室管理（又增加了"行政管理服务"，含义即 Administrative Services，这种职能用中文"总务"表达应当说是恰当的，但不要误为单纯的"后勤服务"），教材由辛普松撰著；"市政管理"教本是门罗所著；"财政学"教本（两种），以"公共财务"命名。这些都是讲政府机关或事业单位的管理问题。对工商管理（即该院"学程说明"中有关实业及商业的部分）也没有忽视，因为当年的"公用事业"中也有营利机构，让学生懂得一些相关知识是很有必要的。

总之，从上述分析可以看出，1930 年左右中国已设立近代西方式的行政管理专业并引进"公共行政"概念，这毋庸置疑。

林叠编著的《行政学大纲》②，论述行政学的性质和目的，行政学与政府其他部门的关系，以及总务行政、财务行政、行政组织、人事行政、公务

① 交通大学校史撰写组：《交通大学校史资料选编（1927－1949）》，西安交通大学出版社，1986，第 137－147 页。
② 林叠编著《行政学大纲》，华侨半月社，1935。

员的任用与考核等。该书是林叠主持的国立交通大学教员科研项目的成果，这本行政学著作在当时来说是较早的，为交通大学公务管理系的率先建立和发展做过一定的贡献。

林叠（1899 - 1979），字景斐，广东中山人，生于美国檀香山。曾入夏威夷大学、哥伦比亚大学、纽约大学学习，获纽约大学哲学博士学位。1926年任夏威夷大学教授，并任中国国民党夏威夷支部常委、夏威夷《中华公报》经理。1931年为国民会议华侨代表。是年，任杭州之江大学政治系教授。1932年4月任国民政府侨务委员会委员。1935年11月当选为中国国民党第五届候补中央执行委员。1938年12月为国民党驻美国总支部特派员。1940年5月任侨务委员会常委。1945年5月当选为中国国民党第六届中央执行委员。著有《檀香山政治之演进》、《法律大纲》、《研究科学之方法》、《中国政府》、《行政学大纲》等。

二　中央政治学校的行政学教育与研究

（一）中央政治学校的发展和行政学教育概况

1927年发生"四一二清党"事件，5月，国民党中常会准备成立"宣传训练院"，后来代之以"中央党务学校"。中央党务学校的校训是"亲爱精诚"，与1924年成立的黄埔军校相同。创校初期借用国立东南大学校舍，又迁至江苏省立法政大学校址。课程着重于党务及社会运动、政治宣传，授课内容则分为理论、历史、地理和组织。

中央党务学校改组为中央政治学校后，初设政治、财政、地方自治、社会经济四系，学制为四年，1929年8月招收第2期（届）学生67人。后来，又增改为行政、外交、经济、财政、法律、教育和新闻七系。其中，经济系分为经济行政组和统计组，财政系分为财务行政组和会计组。① 这七系合称"大学部"，其内一共出现三个含"行政"名称的系和组，为国内其他大学所无。这表明该校不但以"政治"为校名，而且极重视"行政"专业，在全国甚至国际高校的行政教育中处于领先位置。事实上，作为中央党校，该校不隶属于教育部，而是直隶于国民党中央执行委员会，实施"党化教育"，学生全为国民党党员。大学部即本部，另有八个附属单位，即蒙藏学校

---

① 古樾：《中央政治学校大学部内幕（学府风光）》，《读书知音》1940年第4-5期，第254-256页。

（1932 年设立，包括高中部及师范专修科、蒙藏回语文专修科，另有华侨班）、地政学院（1932 年 10 月设立）、计政学院（1933 年 3 月设立）、合作学院（1937 年 1 月设立）、四所边疆分校（1934 年 3 月设立，拟分设在张家口、包头、乌鲁木齐、银川、康定、丽江、兰州及伊犁；实际上，9 月先设包头、西宁、康定三所分校，1935 年 6 月，设肃州分校）。

从各系的情况看，行政系设普通行政组，"注重政策实施之研究及机关管理之智识"；法律系设法律组，造就司法官、典狱官及行政法院人员；外交系设外交组，注重外交问题，研究并养成使馆人员；财政系的财务行政组，注重租税征收与预算审计等之实施及规划，会计组造就专门会计人才，改革中国会计制度；经济系的金融组造就币制及国立公立金融机关之实用人才，统计组注重统计技能训练，造就统计专门人才，土地经济组造就中国土地问题之专门人才；教育系设教育行政组，培养地方教育行政人员；新闻系培植新闻人才以利国民党新闻事业改进。

1937 年，抗日战争爆发后，中央政治学校迁至重庆小温泉，并将科系调整为法政、经济、外交、新闻、地政五系。其中，法政系到三年级时分行政组和法制组，经济系到三年级时分为经济行政组和财政金融组，地政系到三年级时分为土地行政组和土地金融组。尔后又成立新闻事业专修班、新闻专修科、地政专修科、会计专修科、统计专修科、语文专修科。从功能上说，中央政治学校是国民党训政时期培育国家政治人才的主要基地。到抗战胜利，二十年间中央政治学校一共有 2000 多名毕业生。

1946 年，中央政治学校与中央干部学校合并，定名为"国立政治大学"，校长改为专任制，蒋中正为名誉校长。院系设置遵大学规章，1948 年教育部核准设三院：法学院（法律，不分系），政治经济学院（设政治、经济、地政、外交四系），文学院（设中文、哲学、历史、新闻、教育五系）。还有政治、经济、法律、教育四个研究所。

1949 年 4 月，南京解放，政治大学被接收，原体制不再存在。

国立政治大学先后有两任校长：第一任校长是蒋中正（1946－1947）；第二任校长是顾毓琇（1947－1949）。

该校的教育目的是："以严格训练造成党治之政治建设人才。"教育要项包括："1. 锻炼身心使能勇于任难，进退取舍不忘主义；2. 有端正之容仪与守秩序之习惯，严守纪律且自发的扫除一切浪漫性；3. 力学钻研以广学识，和衷共济，相互砥砺，戒矜饰柔懦偏狭之性，对于社会人类常持公平正大之心。""政校实施军事管理,将全校学生用军队编制,其目的除教授军事智识外,尚有管理与锻炼体格之意。"① 设军事训练部(大队),下辖两分队,各辖三个区队。

**(二)毕业生指导部的集稿和编辑工作**

1938 年冬,蒋介石命令中央政治学校成立毕业生指导部,对内为应届毕业生的学业和就业作指导,对外为历年离校的校友提供服务社会的支持,即发挥继续教育的作用。这需要调动全校之力。设毕业生指导会议,由教育长和各系部主任组成,研究确定指导方略。毕业生指导部负总责,是具体执行机构,由余井塘任主任,张金鉴任总干事。目标是:由学校与毕业生关系的结合促进学校与社会关系的结合,贯彻理论与实际的结合,实现做人与做事的结合。②

毕业生指导部的工作范围包括德业、学业、事业三方面。工作内容有三项。(1)调查考核。调查各位毕业生的服务经过、服务现状,考核其品行能力,调查各地人才需求、行政机关的变革。(2)鼓舞兴趣,鼓励上进。指导各地组织读书会、研究会、工作讨论会等,举办毕业生问题研究比赛、服务成绩比赛等,指导各地通讯处组织有趣味、有意义的活动,时常派人分赴各地作有计划之考核。(3)供给需要。编印实用手册,编发《服务月刊》,及其他。

各系要以指导员三人(教授、训导、研究员等)为小组,一人为主任干事。定期开会(校),平时研究如何解决毕业生的实际问题。学生毕业前三个月各系上交档案记录供毕业生指导部参考;各地校友服务状况、当地人才需求,由指导员于 5 月底和 11 月底报告给毕业生指导部;各地同学会年终报送校友及通讯处工作情形,供毕业生指导部考核;每学年末,毕业生指导部将上述情况综合整理成报告,呈送校长、教育长,并分送各系部主任,以备学校决定今后教育方针及各部门吸取经验教训之参考。③

《服务月刊》从 1939 年到 1944 年共出版 8 卷,发表文章近千篇,大多数结合毕业生的工作实际,指导他们的行动,反映他们的心声,解答他们的疑难,文风较好,言之有物,有一定的理论价值。下面录存若干篇名,以见一斑,可供参考。

---

① 吕灵文:《中政要揽》,《浙江省立杭州高级中学校刊》1935 年第 128 期,第 964 - 966 页。
② 余井塘:《为什么本校成立毕业生指导部》,《服务月刊》1939 年第 1 期,第 109 - 112 页。
③ 编者:《指导部工作计划纲要》,《服务月刊》1939 年第 1 期,第 108 - 109 页。

　　关于行政效率的研究：《行政效率的文化基础》（1939 年第 1 卷第 1 期），张金鉴《论行政效率之考核》（1940 年第 4 卷第 3 - 4 期），臧启芳《行政官吏与行政效率》（第 4 卷第 3 - 4 期），姜文渊《论中国行政之重复与阙略》（第 4 卷第 3 - 4 期），富伯平《四川各县行政管理之研究》（第 4 卷第 3 - 4 期）。

　　关于行政制度、公文写作、行政研究方法、个人修养的研究：《当前建国要务与五权制度实施之要领（总裁训词）》（1940 年第 2 卷第 6 期），周绍圣《〈中国之命运〉第一次读后》（1943 年第 7 卷第 10 期），《中央法令之递嬗》（1940 年第 4 卷第 1 - 2 期），《关於法令制订之方式》（第 2 卷第 6 期），周连宽《公文检查之研究》（第 4 卷第 3 - 4 期），李澡《公文的撰拟与公事的处理》（1940 年第 4 卷第 5 - 6 期），殷贵华《监印工作谈》（1939 年第 2 卷第 2 期），张金鉴《行政学研究法论》（1939 年第 2 卷第 1 期），张金鉴《行政学研究方法论》（1940 年第 2 卷第 5 期），金平欧《会议政治实施的解说》（第 4 卷第 5 - 6 期），咸乃安《漫谈更正错误及其方法》（1940 年第 3 卷第 5 - 6 期），王德溥《从体认别人的长处改善整个人类的关系》（1941 年第 5 卷第 5 - 6 期），杨玉清《略谈诸葛忠武侯》（第 2 卷第 5 期），欧阳微《曾国藩个人之修养》（第 2 卷第 5 期）。

　　关于行政三联制：《行政三联制大纲（总裁训词）》（第 5 卷第 5 - 6 期），萧文哲《行政三联制与行政效率》（第 5 卷第 5 - 6 期），王逢辛《行政三联制与超然主计制度》（第 5 卷第 5 - 6 期），周廷立《行政三联制与计划政治》（第 5 卷第 5 - 6 期），王厚德《行政三联制与预算》（第 5 卷第 5 - 6 期），何昌荣《建立分层负责制与分级负责制之原则》（第 5 卷第 5 - 6 期），江观纶《幕僚长制之研究》（第 5 卷第 5 - 6 期），刘举贤《县府设秘书长刍议》（第 5 卷第 5 - 6 期），张发榕《我如何做县政府的秘书》（第 5 卷第 5 - 6 期）。

　　行政督察：萧文哲《行政督察专员制度改革问题》（第 4 卷第 3 - 4 期），丁鸣九《改进行政督察专员制之意见》（1943 年第 7 卷第 1 期），张耀枢《行政督察专员制度之检讨与改进》（第 7 卷第 10 期），温晋城《我怎样做行政督察工作》（第 2 卷第 5 期），刘千俊《行政督察经验谈》（第 2 卷第 5 期）。

　　人事管理：任维均《参加行政院属各部会人事调查以后》（第 2 卷第 6 期），梅嶙高《人事管理之我见》（第 2 卷第 6 期），程厚之《本人对人事行政之经验与主张》（第 2 卷第 6 期），金平欧、徐实圃等《县政府人事管理问题之商权》（第 2 卷第 6 期），左仍彦《改善公务员俸给制度刍议》（第 4 卷第 3 - 4 期），贾宗复《中国之公务员恤金制度》（第 2 卷第 6 期）。

个人工作经验：陈果夫《苏政四年之回忆》（1939 年第 1 卷第 1 期），陈果夫谈、蒋星德笔记《我在江苏时的业余兴趣生活》（1939 年第 2 卷第 1 期），王德溥《我如何做专员》（第 1 卷第 1 期），厉德寅《我如何做专员》（1939 年第 2 卷第 2 期），刘支藩《我如何做财政厅科长》（第 1 卷第 1 期），彭吉翔《余如何做司法官》（第 2 卷第 2 期），李晋芳《我如何做县长》（第 1 卷第 1 期），蔡心石《我如何做县政府科员》（第 1 卷第 1 期），郭培师《我如何做区长》（第 1 卷第 1 期），梁中权《从政回忆》（1943 年第 7 卷第 2 - 3 期），胡一贯《我的服务经验》（1944 年第 8 卷第 4 期），王虞辅《晋南战区服务之经过与感想》（第 7 卷第 1 期），谢人伟《总务工作漫谈》（1942 年第 6 卷第 1 期）。

司法制度改革：刘千俊《中国司法之独特精神》（第 2 卷第 2 期），文健夫《我对於改进司法之意见》（第 2 卷第 2 期），彭吉翔《改进检察制度的管见》（第 2 卷第 2 期），黄先进《皖南查案记》（第 6 卷第 1 期）。

户籍制度改革：吴顾毓《新订户口普查制度述要》（1941 年第 5 卷第 3 - 4 期），何昌荣《户籍行政中的户口异动问题》（第 6 卷第 1 期），曹为《乡镇户口编查方法纪要》（第 4 卷第 5 - 6 期），吴顾毓《谈谈我办户籍的经验》（第 2 卷第 2 期）。

兵役制度改革：《兵役制度的改革》（第 4 卷第 1 - 2 期），赵金山《针对中国现社会建议一个新征兵办法》（第 4 卷第 1 - 2 期），朱瑞廪《贵州省现行几种征兵抽签方法的比较研究》（第 4 卷第 1 - 2 期），徐国桢《兵役工作在贵州》（第 4 卷第 1 - 2 期），沈时可《从服务经验来谈谈兵役实际问题》（第 4 卷第 1 - 2 期），顾民权《我办理役政的经验和感想》（第 4 卷第 1 - 2 期），徐实圃《经验中的兵役行政问题》（第 4 卷第 1 - 2 期），周守璜《兵役现制中免缓役问题的研究》（第 4 卷第 1 - 2 期），董中生《我如何办理兵差》（1943 年第 7 卷第 2 - 3 期），李用宾《役政经验谈》（第 4 卷第 1 - 2 期）。

县制改革、新县制：程方《改革省制刍议》（第 6 卷第 1 期），吕秉仁《省制改革的商榷》（第 6 卷第 1 期），张浦生《缩小省区问题》（第 6 卷第 1 期），王式谟《第三届全国内政会议旁听录》（第 6 卷第 1 期），曾鼎《三民主义的地方行政要议》（第 5 卷第 3 - 4 期），周必璋《地方自治之研讨》

（第 4 卷第 5 - 6 期），汪振国《新县制实施中自治行政系统树立问题》（第 6 卷第 1 期），高亭庸《实施新县制之意见》（第 4 卷第 5 - 6 期），颜德桂《新县制的实际问题》（第 5 卷第 3 - 4 期），张金鉴《新县制与县行政区域的调整》（第 6 卷第 1 期），谢源和《新县制下之县经济建设》（第 5 卷第 3 - 4 期），章宗祜《新县制与保公田制度》（第 5 卷第 3 - 4 期），王蔚佐《新县制实施以后之保甲制度》（第 7 卷第 1 期），顾民权《怎样视察和怎样从事县政》（第 7 卷第 2 - 3 期），张清源《我怎样做县长》（第 6 卷第 1 期），应占先《佐理县政半年述感》（第 7 卷第 2 - 3 期），刘德闻《以教为政之经验》（第 6 卷第 1 期），李德培《改进县长考试之商榷》（第 5 卷第 3 - 4 期），娄学熙《县制改革平议》（第 4 卷第 3 - 4 期），富伯平《县政府公文与档案之管理》（第 4 卷第 3 - 4 期），孙国常《选用县长办法之商榷》（第 4 卷第 3 - 4 期），陈烈甫《地方制度问题之各方面》（第 4 卷第 3 - 4 期），颜德桂《战时县长履行职责之条件与方式》（第 4 卷第 5 - 6 期），杨佑之《新县制下财务行政制度刍议》（第 4 卷第 3 - 4 期），彭善承《四川省各县新县等厘定之经过》（第 4 卷第 5 - 6 期）。

教育体制改革：张志智《教育行政经验谈》（1940 年第 3 卷第 1 期），曾毅夫《师范教育行政检讨及其改进》（第 3 卷第 1 期），王凤喈《大学生就业问题与就业指导》（第 3 卷第 1 期），何灌梁《改进省县教育督导制度刍议》（第 3 卷第 1 期），钟志鹏《我怎样做教育局长》（第 3 卷第 1 期），《中央政治学校公务员训练部高等科训练大纲》（第 3 卷第 1 期），陈果夫《生活教育与特种教育》（第 5 卷第 3 - 4 期），张溪《公民教育的起源和沿革》（第 5 卷第 3 - 4 期），陆殿扬《我的教育经验谈》（第 5 卷第 3 - 4 期），薛溥海《导师制的理论与实际》（第 7 卷第 1 期），邱培豪《改革礼俗的几个根本问题》（第 6 卷第 1 期），金海同《改善日常生活环境与促进民族健康》（第 7 卷第 1 期）。

警察行政工作：曹翼远《论警察行政问题》（第 2 卷第 5 期），陈振荣《中国警政建设的途径》（第 6 卷第 1 期），惠晋《战时警政工作漫谈》（第 2 卷第 5 期），宋明炘《战时警察勤务商榷》（第 2 卷第 5 期），李士珍《我国警察教育之演进》（第 2 卷第 5 期），承树声《抗战建国时期的警政建立问题》（第 2 卷第 5 期），黄东升《战时警察业务实施问题》（第 2 卷第 5 期），张达《警务督察问题》（第 2 卷第 5 期），陈续《县各级组织纲要与警察行政》（第 5 卷第 3 - 4 期），李士珍《如何加强地方警卫力量》（第 6 卷第 1

期），郝遇林《警力分配之研究与心得》（第4卷第5－6期）。

土地制度：孟光宇辑《总裁对地政批示集义》（1942年第6卷第4－5期），陈立夫《推行地政树立真正民主政治的楷模》（第6卷第4－5期），苏渊雷《民生史观下的土地政策》（第6卷第4－5期），陈文彬《理想的县地政建设》（第6卷第4－5期），郭汉侬《土地法修正论》（第6卷第4－5期），朱霄龙《漫谈办理土地行政的经验与杂感》（第6卷第4－5期），洪瑞坚《中国土地金融事业之前途》（第6卷第4－5期），唐陶华《土地测量之考核问题》（第6卷第4－5期），李之屏《湖南之地政》（第6卷第4－5期），罗志渊《国地民耕政策私议》（第6卷第4－5期），李显承《地租论之发展》（第6卷第4－5期），鲍德澄《土地重划》（第6卷第4－5期），潘信中《各国第一次土地登记程序之比较研究》（第6卷第4－5期），孟光宇《我国各省土地登记之比较研究》（第6卷第4－5期），文奎《土地政策与土地测量》（第6卷第4－5期），祝平《江苏省推行土地政策之实例》（第6卷第4－5期），戴之焌《水利与土地问题》（第6卷第4－5期），赵启祥《泛论都市地价》（第6卷第4－5期），黄石华《地价申报之理论与实施》（第6卷第4－5期），孙文周《我国土地问题应在战时解决》（第6卷第4－5期），魏树东《县土地行政之服务经验谈》（第6卷第4－5期），李振《六年地政工作的经过和感想》（第7卷第2－3期），王辰玺《我办理土地登记之经验与感想》（第5卷第5－6期）。

统计制度：史可京《在计划经济建设下所急需的统计行政机构》（1939年第2卷第3－4期），郑尧拌《统计与文化建设》（第2卷第3－4期），潘法林《全国主计会议预备会议与今后统计制度》（第2卷第3－4期），毛起鸾《如何办理社会统计》（第2卷第3－4期），卫挺生《统计与政治建设》（第2卷第3－4期），宫心哲《统计与社会建设》（第2卷第3－4期），谷利贞《统计与工业建设》（第2卷第3－4期），史可京《中国统计学社第九届年会记实》（第2卷第3－4期），许世瑾《我如何办理卫生统计》（第2卷第3－4期），谢杰民《我国统计事业的检讨及其改进》（第2卷第3－4期），史可京《"统计数字"统制一切》（第2卷第3－4期），万德椿《统计与国防建设》（第2卷第3－4期），朱通九《中国劳动统计》（第2卷第3－4期），王仲武《我如何办理交通统计》（第2卷第3－4期），王仲武《统计与抗战建国》（第2卷第3－4期），朱君毅《中国统计行政》（第2卷第3－4期），朱祖晦《中国之金融统计》（第2卷第3－4期），夏忠群《编查保甲户口与人口普查》（第 2 卷第 3 - 4 期），夏忠群等《中央政治学校统计教育之过去与现在》（第 2 卷第 3 - 4 期），曹为祺《调查统计工作之回忆》（第 2 卷第 3 - 4 期）。

财政制度：毛龙章《地方财政之百弊及治弊之方案》（第 2 卷第 1 期），崔永楫《四川地方财务行政之检讨》（第 2 卷第 1 期），王逢辛《地方财政中之预决算问题》（第 2 卷第 1 期），阚静远《我国预算制度述评》（第 3 卷第 5 - 6 期），如海《行政计划与预算》（第 5 卷第 5 - 6 期），智白《地方财政中之审计制度及其改进》（第 2 卷第 1 期），刘文藩《办过地方财务行政以后》（第 2 卷第 1 期），王逢辛《我做财厅科长的经验》（第 2 卷第 1 期），许钱侬《我做县财政科长之回忆》（第 2 卷第 1 期），汪茂庆《六年来的财政经验》（第 2 卷第 1 期），王丕经《七年财政服务之回忆》（第 5 卷第 5 - 6 期），朱法尧《财政视导工作经验谈》（第 5 卷第 5 - 6 期），胡宗谦《记湖南省实施公库法之经过》（第 5 卷第 5 - 6 期），钱祖龄《设计公库会计之要旨》（第 3 卷第 5 - 6 期），汪友明《县金库制度研究》（第 2 卷第 1 期），邹曾侯《资力负担释义》（第 3 卷第 5 - 6 期），卫挺生《关於会计制度的几点意见》（第 3 卷第 5 - 6 期），张心澄《会计服务之观感》（第 3 卷第 5 - 6 期），阎鸿声《我做会计主任的经验》（第 2 卷第 1 期），姚溥臣《四年来的会计工作及其感想》（第 3 卷第 5 - 6 期），蔡家彪《会计工作经验谈》（第 3 卷第 5 - 6 期），施仁夫《节约与会计》（第 3 卷第 5 - 6 期），王逢辛《从服务经验来谈谈政府会计之暂记帐》（第 3 卷第 5 - 6 期），潘序伦《编纂立信会计丛书之动机与经过》（第 3 卷第 5 - 6 期），萧承禄《我如何从事直接税税务工作》（第 5 卷第 3 - 4 期），吴崇泉《政绩交代实施办法之研究》（第 5 卷第 5 - 6 期）。

合作事业：王绍林敬辑《总裁关於合作事业之训示》（1940 年第 3 卷第 2 - 3 期），寿勉成《合作运动与三民主义的社会经济》（第 3 卷第 2 - 3 期），楼桐孙《合作在大时代中的使命》（第 3 卷第 2 - 3 期），寿勉成《我国今日之合作运动》（第 3 卷第 2 - 3 期），《报告与计划》（第 3 卷第 2 - 3 期），彭师勤《各国合作制度之研究》（第 3 卷第 2 - 3 期），方显廷《工业合作与乡村工业》（第 3 卷第 2 - 3 期），谢允庄《合作会计之研究》（第 3 卷第 2 - 3 期），陈颖光《战时我国合作事业之展望》（第 3 卷第 2 - 3 期），杨甲《我如何办理合作行政》（第 3 卷第 2 - 3 期），侯厚宗《我在湘西办理合作的经过》（第 3 卷第 2 - 3 期）。

### 三 研究部规则及公务员训练班训练大纲

抗战初期,《国立四川大学周刊》登载了一封《中央政治学校研究部公函》①,主题是"征文启事",为引起国内知识界对于实事研究的兴趣起见,特发起征文,不论属何学校机关团体,不分性别,均可参加。总题目是《由抗战之经验对于我国政治经济教育改造之建议》,可取政、经、教之任何一方面,根据具体事实拟订切实方案编为论文,字数在1万到3万字之间。

《国立政治大学研究部研究人员服务规则》② 于1948年10月1日国立政治大学第23次行政会议上获通过。其主要内容包括:各研究人员应择定课题做学术上的研究,计划应交各研究室主管及业务主任审看,且保持学术上的联系;必要时学校可下达任务;各人做个别研究,必要时应参加集体项目,及随时指导研究生;课题在每学期末有阶段报告,每学年有结题报告,未经同意不得转换研究课题,研究报告必要时得召集学术审议会议,经由学校介绍出版;学术审议委员会由校正副教务长、研究部正副主任及各研究室正副主任为当然委员,由校长主持会议;研究人员出外调研须报部批准,交校长核定;研究人员不得在外兼课兼职,应按学校办公时间上班,接受考绩;享有寒暑假;不履行该规则规定或不履行本校教职员规章者,学校可中途随时解聘。

另据张金鉴在1941年之回顾:

中央政治学校大学部行政系特设有行政研究资料室,对国内各地实际行政法规、方案、报告、统计、调查等搜集尚丰。中央政治学校研究部分设有行政组,致力于行政学术及问题之研究……其中已出版程方之《中国县政概论》颇受欢迎,其正在研究中者刘继宣致力于中国行政组织演化史,张金鉴从事于中国吏治制度史。③

---

① 编者:《中央政治学校研究部公函》,《国立四川大学周刊》1937年第6卷第3期,第7页。
② 编者:《国立政治大学研究部研究人员服务规则》,《国立政治大学校刊》1948年第285页。
③ 查刘继宣有《中国思想与日本政治建革》(《新政治》1939年第3卷第1期)、《中华民族之海外发展》(《政治季刊》1940年第3卷第4期)、《政论文之写作》(《新政治》1941年第6卷第1期)、《读一部史书运动》(《新政治》1941年第6卷第3-4期)、《党员守则释证》(《安徽政治》1942年第5卷第11-12期)等文,而有关中国行政组织的研究成果未见发表。

《中央政治学校公务员训练部高等科训练大纲》摘要如下：

1. 训练宗旨　以造成恪遵总理遗嘱，服从党义，奉行法令，忠心及努力于职务，以负荷革命建国之公务人员为宗旨，其精神教育及智能教育之原则依下列规定：（1）党员守则及军人读训；（2）文武官誓词；（3）总理遗教（尤其以遗嘱所举四种遗著及军人精神教育为一切教育之重要依据）。

2. 受训学生　高等考试初试正取及录取人员。

3. 训练时间　定为一年，第一期 6 个月为在校受课时期，以第二期 6 个月为实习时期。训练期满经高等考试再试及格后，分发各机关依法任用。

4. 在校时期训练内容及时间分配：（1）精神谈话占 5%；（2）政治教程占 28%；（3）辅助课程占 20%；（4）特别讲座占 2%；（5）军事教程占 21%；（6）体育占 8%；（7）小组讨论占 12%。

5. 实习时期工作内容及时间分配：（1）社会服务训练 1 个月，将学生组成若干队，由学校派员领导至各指定地点作有计划之服务；（2）实习 4 个月，以 2 个月作一般行政之实习，以 2 个月作专业对口之实习，分别派在中央省县各级各种行政机关行之；3. 回校整理资料及讨论问题 1 个月。[1]

《中央政治学校公务员训练部高等科教务实施细则》摘要如下：

1. 要领　课程以三民主义、建国方略、建国大纲、第一次全国代表大会宣言及军人精神教育为一切教育之重要依据，以期达到训练大纲所规定之目的。

2. 训练时间为 6 个月，每日授课 7 小时，每晚自修 2 小时。

3. 课题分配及教学原则：（1）注重自动研究（利用自修时间及阅读参考书）；（2）注意集体研究（精讲，多留时间讨论）；（3）排课按学科相对集中时间，短期授完，以免同时段内课程过多；（4）课程讲授

---

[1]　编者：《中央政治学校公务员训练部高等科训练大纲》，《服务月刊》1940 年第 3 卷第 1 期，第 112－113 页。

以相关科目综合为原则，以达分门教学相互贯通的目标。①

《中央政治学校公务员训练部高等科训导实施细则》摘要：

（前略）4. 小组讨论（130 小时，分 65 次，每次 2 小时，系在授课时间之内），分四大类问题：（1）党义研究；（2）政治实际问题；（3）党务实际问题；（4）人格修养问题。每类拟定若干有关理论技术及实际工作之题目，制成纲要发交各小组（每组不多于 20 人），讨论结束后由各指导人员将各结论综合整理归纳为总结论发给学生。②

《中央政治学校公务员训练部高等科课程纲要》摘要如下：

1. 精神训话 52 小时（每星期一次，每次约 2 小时）。
2. 政治教程 308 小时。（1）国民党党史概要 10 小时，（2）三民主义 30 小时，（3）国民党之组织及其应用 20 小时，（4）国民党重要决议案 20 小时（以五全大会宣言条款之纲领为综合历届决议案之依据，并说明其实施情形及实施方针，国民政府下之法制），（5）民法及商事法规大要 8 小时，（6）刑法及刑事政策大要 8 小时（注重讲立法原理及民刑法总则），（7）中央及地方行政制度 30 小时（以《建国大纲》、训政时期约法及宪法草案为依据），（8）法院组织大要 2 小时，（9）监察院制度大要 4 小时，（10）计政制度大要 8 小时（岁计 2 小时，会计 2 小时，统计 2 小时等），（11）考铨制度大要 16 小时，（12）人民团体组织 8 小时（在私法及行政法上之地位及其关系），（13）现行行政程序法纲要 14 小时，（14）一般内政行政 8 小时，（15）警察行政 8 小时，（16）土地制度及土地行政 8 小时，（17）县行政及地方自治 20 小时，（18）公务行政 8 小时，（19）财务行政共 23 小时（财政政策及今后财政之展望 4 小时，财务行政机构组织及系统 1 小时，公库制度 1 小时，关政 2 小时，盐政概论 1 小时，盐务实况 1 小时，间接税 2 小时，直接税及地方财政 4 小

---

① 编者：《中央政治学校公务员训练部高等科教务实施细则》，《服务月刊》1940 年第 3 卷第 1 期，第 112 – 113 页。
② 编者：《中央政治学校公务员训练部高等科教务实施细则》，《服务月刊》1940 年第 3 卷第 1 期，第 114 – 116 页。

时，内外债 1 小时，货币金融 2 小时，进出口贸易 2 小时，财政金融概论 2 小时），（20）军政及军令 16 小时（军政及军制要义 6 小时，兵役要义 6 小时，国防要义 4 小时），（21）经济行政 40 小时［实业交通等入之，《建国方略》中之实业计划归入此类。经济建设要旨及工矿事业 2 小时，经济行政机关之组织与职务 2 小时，农业改良及推广 2 小时，农业金融与农业经济 2 小时，合作事业 2 小时，水利事业 2 小时，工矿行政 2 小时，重要企业及物品之管理、农工商团体等经济组织 3 小时，国际贸易及其行政 1 小时，查禁敌产与禁运资敌 1 小时，物价管理 1 小时，交通行政 20 小时（总论 2 小时，铁路 2 小时，公路 2 小时，电信 2 小时，航空 2 小时，水运 2 小时，邮政 2 小时，人事 2 小时，会计 2 小时，交通政策之研究 2 小时）］。（22）教育行政 16 小时（教育宗旨及方针 2 小时，各级教育行政组织 2 小时，各级学校组织 2 小时，高等教育概况 2 小时，中等教育概况及初等教育概况 4 小时，社会教育概况 2 小时，教育经费问题 2 小时）。

3. 辅助课程 214 小时。（23）社会心理学 10 小时，（24）理财学 10 小时，（25）生理学 10 小时，（26）行政管理学 24 小时（普通所谓科学管理、行政效率等入之，一般行政管理、军事经理，一般工商管理；后方勤务部分：抗战以来后方勤务实施概要 2 小时，地方行政人员对于军粮补给应有之责任 2 小时，地方行政人员对于军事运输应有之责任 2 小时，地方行政人员对于伤兵救护应有之责任 2 小时），（27）近代外交史及各国之现势 30 小时，（28）公文及实用文讲习 52 小时，（29）新闻学及宣传方略 12 小时（演说法，记述法，新闻之经营、编辑及通讯等入之），（30）统计学 14 小时，（31）结社集会学之原则及其应用 52 小时（党务实习入于此科）。

4. 特别讲座 20 小时。

5. 军事教程 234 小时（略）。

6. 体育 88 小时（略）。[①]

1947 年 12 月，南京独立出版社出版罗志渊副教授编著的"大学参考用

---

① 编者：《中央政治学校公务员训练部高等科课程纲要》，《服务月刊》1940 年第 3 卷第 1 期，第116–118 页。课时总数对不上或缺课时数，乃原文如此。

书"《行政管理》，① 下面摘录其目录及部分内容，从中我们可以看出该书内容的全面性、细致性。第一章"绪论"。①行政管理的意义：行政与执行的区别，行政的内涵，行政管理的意义。②行政管理的必要：生活上的要求，政务上的要求，政治上的要求，科学管理的反映。③行政管理的研究方法：行政管理的关系科学，行政管理的研究方法。第二章"行政组织"。①概说：行政组织的意义及重要性，行政机关的特殊性，行政组织的原则。②行政组织的方式：独任制，合议制，混合制，经理制。③行政组织的结构：司令机构——行政长官，参谋机构，准备机构，事务机构，派出机构，附属机构，职务机构。④我国行政组织的体制：党政关系，行政统率，行政组织的体系。第三章"行政人员"。①概说：人事行政的意义，人事行政的对象，人事行政的业务。②人事机关之组织：考铨机关，管理机关。③任用：取士方法，任用资格，任用程序。④俸给：制俸的原则，我国现行俸制。⑤规律与训练：规律，训练。⑥考绩：考绩办法，考绩奖惩。⑦惩戒：惩戒机关，惩戒程序。⑧抚恤：恤金之种类，恤金之得丧。第四章"行政物料"（略）。第五章"行政经费"（略）。第六章"行政文牍"（略）。第七章"行政业务的推进（上）——论行政的社会关系"。包括：引言，如何贯联上下的关系，如何协调左右的关系，如何融洽官民的关系。第八章"行政业务的推进（下）——论行政计划及行政考核"，分为行政计划、行政考核。

下面摘录其中第一章第一节第二目"行政的内涵"中的文字，看书中是怎样展开论述的：

> 1887 年，威尔逊氏（Woodrow Wilson）说："公务行政乃详细而有系统地执行公法，每一普通法律的特别引用，即为一种行政行为。例如说税额的估定及举行征税，死刑的执行，邮件的运输及投递，海陆军的装备及补充等等，都是明显的行政行为"。……古德诺氏（F. J. Goodnow）的区分政治与行政的名言。古氏在这里所说的政治就是将一切决定政策的行为都包括在内，所谓的行政是包括一切执行法律的行为，这与二权说者的意见可以说是并无二致的。他的行政界说与威氏的见地一样广泛，然而政治学教授华尔克氏（Harvey Walker）则正继承古氏的说法以阐述美国的行政。比较切实具体的解释，且看威洛比的说话，他

---

① 罗志渊：《行政管理》，南京独立出版社，1947。

说:"在政治科学上'行政'一词有两种意义,就最广义来说,它是表示整个政府事务的实际处理工作,所以通常所谓的立法行政、司法行政或执法行政以及普通行政等,在广义的行政意义下是说得通的。就最狭的意义说,它只是表示行政机关的活动罢了。"其《行政学原理》仅就狭义立论,所以全书分组织(Organization)、人事(Personnel)、物料(Material)、财务(Finance)。怀特氏(L. D. White)著《行政学概论》1939年修正版中明白的阐述:所谓行政者,系管理人员与物料,俾完成国家的目的而已。所以他全书分为五步:即机构与组织(Structure and Organization)、财务管理(Fiscal Management)、人员管理(Personnel Management)、行政行为方式(Form of administrative)、行政责任系统(The System of Responsibility),是则怀氏的主张与魏氏的意见大体上还是有共同的轮廓。我们吸取许多学者的意见,针对现实行政的情况,可将行政的内涵统之于简单的定义:"行政者乃根据政府的政策和法令,在某种组织形式下配置合适的人员支付相当的资金,使用必须的物料,以达成政令目的的积极活动。"申言之,即行政乃为一种活动,这是与坐而言的立法者之任务截然不同;行政的活动乃为积极的活动,这又与不告不理司法审判工作不同。但行政活动的展开必须得有四个主要的要素:就是组织、人员、经费、物料,有了这四个主要要素,行政才能活动起来。最后我们要注意的,就是行政活动固然须限定于政府的政策和法令的范围之内,但其活动的最后目的,却是实现政令的目的。

再来看看中央政治学校的教授们。萨孟武(1897-1984),名本炎,字孟武。福建福州人。政治学家。毕业于京都帝国大学法学院,曾任中山大学法学院院长,著作有《中国政治思想史》等。萨孟武对中国传统政治思想、制度、理论的研究不落俗套,深入浅出,贯通中西,对中国政治学的形成影响很大。随笔式的,诸如以《水浒》小说解说学术观念,独具特色,也颇受欢迎。张金鉴,代理法政系主任,擅长"行政学"、"政治学"教学与研究。张汇文,开设四年级"英国议会与立法"课程。李宗义(1901-?),伦敦大学研究院毕业,曾任学院院长,四次教一年级"政治学"。还有老资格的赵兰坪(留日,经济系主任)、卫挺生(留美,经济政策)、万国鼎(地政系主任)、任卓宣(留苏,国父遗教)、胡次威(留日,地方行政)、张家骧(留日,财政学)、罗廷光(留美、英,学校与行政)、邓季雨(留苏,国际关系与组织）、西门宗华（留苏，苏联土地制度），少壮派萧作梁（柏林大学博士，外交系主任）、马星野（留美，新闻系主任）、褚一飞（留法，统计学家）、周异斌（留英，政治学）、马润庠（留美、英，伦敦大学博士，劳工问题）、戴克光（剑桥大学政经硕士，政府与政治）等。①

以法政系行政组三年级的课程和教授为例。各国政府及政治（戴克光）、行政法（范扬）、中国政治制度（曾资生）、中国政治思想史（罗宝册）、行政学（张金鉴）、财政学（马大英）、经济政策（卫挺生）、哲学概论（方东美）、人生哲学（方东美）。选修课有：英文政治名著选读（蓝如涓）、俄文（林庵幸）、法文（王振湘）、德文（罗良铸）、日文（童瞳）、藏文（邓春秀）等。②

又例，政治学系四年级的课程和教师是：中国地方行政问题（邱昌渭），地方政府（孔大充）、西洋政治思想史（孟云桥）、中国近世外交史（朱建民）、中国现代政治问题（杨玉清）、国际公法（杨柏森）、国际关系与组织（邓季雨）、公文程式（祁云龙）。选修课：市政学（邱致中）、应用文（孙为霆）、几门外文等。③

相关的还有：邱致中（1908－1979），四川人，东京帝大研究生院毕业，教三、四年级"市政社会学"；罗志渊（1906－?），广东人，中央政治学校大学部二期毕业，教二年级"中国宪法与政府"；方东美，安徽人，教三年级"人生哲学"；金孔章（1902－1990），安徽人，法国波尔多大学博士，教四年级"中国财政问题"；李庆麐（1895－?），安徽人，美国伊利诺伊大学博士，教三、四年级"土地法"；徐德嶙（1902－1978），湖南人，武昌高师毕业，教一年级"中国通史"；姜季辛，湖北人，东京帝大文学院毕业，教二、三年级"亚洲近代史"；张丕介（1905－1970），山东人，德国福莱堡大学毕业，教三、四年级"土地经济学"；余精一（1898－1967），江西人，德国法兰克福大学博士，教四年级"西洋经济史"；宋国枢（1897－?），法国巴黎大学法学院第一届毕业，教三、四年级"法文"；沈童侠（1903－?），江苏人，伦敦大学皇家学院毕业，教一、二年级"英文"；沈

① 《国立政治大学教职员姓名录（一）》，《国立政治大学校刊》1947年第263期，第8页；《国立政治大学教职员姓名录（四）》，《国立政治大学校刊》1948年第266期，第8页；《国立政治大学教职员姓名录（五）》，《国立政治大学校刊》1948年第267期，第8页。
② 编者：《课程表》，《国立政治大学校刊》1948年第278期，第7页。
③ 编者：《本校本学期课程简表（一）》，《国立政治大学校刊》1948年第288期，第7页。

汝直（1908 - ?），清华大学毕业，教二年级"中国宪法与政府"；陆东亚
（1907 - ?），福建人，中央政治学校大学部二期毕业，教四年级"西洋政治
外交史"；等等。①

　　在一些高校专门成立了行政学系或专业，行政学教育和研究已开始起
步。邸维周（中国大学政经系教授）有《行政管理之探讨》②，讨论行政管
理之对象、行政管理之意义、行政科学之体系、行政管理在近代国家中之地
位、行政管理之主要问题、战时行政管理等。看来是大学教师的讲课辅导材
料，综合、融会了一些经典的和近期流行的观点、说法，讲述比较清楚。

　　从培养研究生来说，南开大学经济研究所在何廉领导下 1931 年起扩展
至地方行政与财政研究，研究员先后有张纯明、张金鉴、冯华德、王维显
等。从 1935 年起，培养了几批上述方向的硕士研究生（学制至少两年，第
一年基础课程，第三学期专业课，第四学期写论文），如第一届的吕学海、
冯步洲、陶继侃、赵纯孝、董浩，第二届（1936 年入学，"七七事变"后未
完成学业）的杨敬年、王际和、贾学诗、胡应荣等。1939 年在重庆恢复
活动。③

　　复旦大学政治学系的陈传德编著"大学讲义"《行政练习》（上、下
册），由上海春江书局 1945 年 2 月出版，三民图书公司 1946 年 10 月出新 1
版。该书用作行政练习课程的教材兼练习册。上册为行政纲要及公文示范；
下册为县行政。附录是办理公文手续。

## 四　大学教师的政治学研究课题立项

　　1937 年初，教育部出版了根据前两年由各校填报的调查表汇总而成的一
本书《全国专科以上学校教员研究专题概览》④，介绍高校教师在 1934 -
1935 年的科研项目情况，这是民国教育部破天荒第一次对全国高等学校研究
实力进行检阅。下面选录政治学选题及主持人情况加以介绍。

　　1. 国立中央大学

　　"英国政府及政治"，主持人王季高教授，31 岁，湖南常德人。该研究专
题成果最终要成书，此时已出版专著 *Dissolution of the British Parliament*,

---

① 编者：《国立政治大学教员姓名录（三）》，《国立政治大学校刊》1947 年第 265 期，第 8 页。
② 邸维周：《行政管理之探讨》，《政治经济学报》1943 年第 1 期，第 83 - 97 页。
③ 南开大学经济研究所编《南开大学经济研究所一览》，南京大学经济研究所，1941。
④ 教育部编《全国专科以上学校教员研究专题概览》，商务印书馆，1937。

1832 - 1931 (《英国议会的解散，1832 - 1931》，哥伦比亚大学出版社 1934 年版)；发表论文《责任内阁制与英国宪法》(《中央大学社会科学丛刊》1934 年第 1 卷第 2 期)、《麦唐纳的国民政府》(《中央大学社会科学丛刊》1935 年第 2 卷第 1 期)。王季高有关国际和国内的政治学论文较多，质量也颇高。

2. 国立清华大学

"中国地方政府之特质与中央政府之控制权"，主持人为政治系沈乃正教授。他编有《法国地方政府》与《中国地方政府》两个讲义；发表《中国地方政府之特质与中央政府之控制权》(《社会科学》1935 年第 1 卷第 2 期)。据追踪，此后的成果还有：《地方自治确立前省县权限之调整》(《行政研究》1936 年第 1 卷第 1 - 3 期)，《江宁兰溪行政调查报告》(《行政研究》1936 年第 1 卷第 1 - 3 期)，《清末之督抚集权、中央集权与 "同署办公"》(《社会科学》1936 年第 2 卷第 1 - 4 期)。

"监察制度及公务员惩戒机关"，主持人陈之迈讲师，28 岁，广东番禺人。发表《监察院与检察权》(《社会科学》1935 年第 1 卷第 2 期)、《公务员的惩戒问题》(《社会科学》1935 年第 1 卷第 2 期)、Impeachment of Control (*Chinese Social and Political Science Review*，1935 年第 10 期)。

*Russia in North-Eastern Asia*，Vol. Ⅰ，Ⅱ，主持人 J. J. Gapanwich, Professor, Russia Peterburg (按：此人可能是流亡中国的白俄学者)。

3. 国立武汉大学

"市政问题 - 行政问题"，主持人刘迺诚教授，35 岁，安徽巢县人，这个领域正是他擅长的。

4. 国立浙江大学

"各省县政府公务员职务分配及经费支配问题"，主持人费巩副教授，32 岁，江苏吴江人；助理任宗诚，22 岁，吴江人。研究计划：第一步，行政院行政效率研究会名誉专门委员会函询；第二步，亲自去苏浙考察；第三步，进行资料的整理、研究。费巩在英国牛津大学主攻政治经济学，后在浙江大学任训导长，因批评国民党专制独裁遭特务暗害。他有《政治学必读之书 (特载)》(《政治季刊》1933 年第 2 期)，《欧美之吏治》(《中央时事周报》1934 年第 3 卷第 20 期)，《考试制度改革刍议》(《中央时事周报》1934 年第 3 卷第 21 期)，《如何树立考铨制度》(《中央时事周报》1935 年第 4 卷第 1 期)，《战败日本之条件》(《国命旬刊》1937 年第 4 期)，《民主政治与我国固有政制》(《东方杂志》1944 年第 40 卷第 7 期)，《实施宪政应有之政治准备》（《民宪》1944年第1卷第5期）等论文。

5. 国立交通大学

"行政学大纲"，主持人林叠教授，35岁，广东中山人。（按：前文已介绍过《行政学大纲》一书。）

6. 国立四川大学

"对外作战时全国总动员之组织规划"，主持人王翰芳教授，46岁，陕西平利人。此选题内容完全为抗日战争做准备，完成后汇装成册呈核阅，拟必要时出版。

编写大纲：（1）战争之观念；（2）近代战争之性质，对国际社会组织之破坏力，战争与民族之生存，抗日战争与中华民族国家之存亡，抗日战争为四万万民众之神圣义务。（3）"中国存亡在此一战"之普遍意识之形成。（4）指导团、全国各机关、各种组织、分队等。（5）运输、通信、宣传、消防、防空、防毒、工事、救护、联络、经费、抵抗方略等。（按：1935年的这个课题明确提到了"抗日"、"抗日战争"，并在1937年初公布于《全国专科以上学校教员研究专题概览》，很不简单，因为那时还没发生"卢沟桥事变"，日本政府常针对此类文字提出严重交涉、抗议。）又，王翰芳的其他论著查不到，我们仅知他曾留学日本，在河南大学等校任教。

"中国应行之行政制度"，主持人张永宽教授，45岁，四川合川人。主张"行政权集中，区域缩小，地方层级减少，地方自治适合制度最有效，建立公务员法规"。

"中苏问题"，主持人张云伏教授，38岁，四川新都人。所研究的中苏问题，包括中苏疆界问题、中国失地、中苏外交、苏联在远东等。张云伏对政治与外交行政都有较深的研究。

"中国对国际联合会的政策"，主持人徐敦璋教授，法学院院长，34岁，四川垫江人。成果于1935年10月在南开《政治经济学报》上发表。该课题的产生是因国际联盟未能为中国主持公道。

7. 省立东北大学

"内蒙古自治问题"，主持人黄成垅讲师，36岁，辽宁本溪人。已成书，送教育部。

8. 省立重庆大学

"国际行政"，主持人杨柏森教授，30岁，湖南人。已成书，共10章，1936年出版（预计）。实际上是对国联的机制缺陷做批判，也含有对今后新的国际机构的期待。

9. 私立燕京大学

"新疆问题",主持人吴其玉讲师,30 岁,福建闽清人。他说,新疆问题也可称为"中俄与中央亚细亚研究"。他在国际关系史和外交行政领域都有相当多的研究成果。

"中外关系",主持人徐淑希教授,34 岁,广东饶平人。课题包括海通、日边区问题等,于 1938 年完书。他对中日关系有较深入的研究,这是该课题的重点。

"中国鸦片问题近状",主持人吴文藻,33 岁,江苏江阴人,助理林耀华、饶毓苏。该课题统计了近十五年中国的鸦片购买数量和种烟面积,各省烟税占进款的百分比。

10. 私立广州大学

"法兰西地方政治制度的组织",主持人林瀛辑教授,33 岁,广东文昌人。已有 2 万字于 1935 年 8 月末 9 月初发表于广州《民国日报》副刊。林瀛辑另已完成《欧美公务员》一书,由上海商务印书馆出版。他对欧洲政治与行政有独到的研究。

11. 私立福建协和学院

"日本政治 最近二十年世界政治史",主持人林希谦教授,39 岁,福建闽侯人,是 20 世纪 30 年代重要的知日政治学家。课题论述了政府、议会、政党、政治惯例、军卫等问题。

另据报道,全国高校参加(主持、合作、助理)项目的教师共 891 人。文科(文艺、法政、教育、商业)共有课题 304 项,到 1936 年时统计,完成的为 128 项(占 42%),未完成的为 176 项。至于实科(理、工、农、医),共有课题 603 项,到 1936 年已完成的为 374 项(62%),未完成的为229 项。文科与实科项目数之比约为 1∶2,可见当时偏重实科的倾向,这也是符合国情的。[①]

新中国成立后,行政管理学作为独立学科自 1952 年被取消,系统研究长期没有开展。当然,出于实际工作的需要,对行政管理的各个环节都进行过一定的研究,有的还有较大的收获。至于台湾省,行政管理学的研究沿袭既有的模式没有中断,仍有一定的发展。

---

① 《专科以上学校教员研究专题概况》,《图书展望》1936 年第 11 期,第 89 页。

# 第八章　对提高行政效率途径有组织的探索

19 世纪末，美国进行了一场以"进步、改革、科学和良好的生活"为口号的进步运动。威尔逊的《行政学研究》从理论上做宏观分析，探讨国家治理的走向。他说，现代政府的成长和发展一般有三个阶段。第一是绝对统治阶段。在这一阶段，统治的地位和权力是至高无上、不可动摇的。第二是宪政阶段。人们通过以大众为中心的方式来制定宪法，用以替代统治者至高无上和不受挑战的权力地位，但在这一制宪过程中，民主政治的运作往往忽略管理的重要性。第三是管理阶段。有了通过大众制定的宪制后，掌握了自己命运的公民们开始发展和建立宪政体制下的管理体系，提高管理效率。他还认为，英美的政治历史是一部擅长立法监督，擅长立法和政治批评，而不擅长政府管理和组织发展的历史，所以，"我们现在是到了必须要认真研究管理和创新以弥补政府长期以来治宪有余而管理不足的时候了"。[1]

## 第一节　政府发动提高行政效率研讨

社会的需求导致"自 1895 年，美国泰罗氏发明科学管理后……旋有关心改进公务管理者，亦群起效法，组织公务管理之研究机关，如芝加哥公务管理研究社，华盛顿布鲁金斯政府研究所，各市市政研究机关，及中央与地方政府行政效率促进社等，分别研究政府组织、人事、财务、物料行政等问题"。[2]

---

[1] Wilson, Woodrow, "The Study of Public Administration," In *Classics of Public Administration*, Shafritz, Jay M. and Hyde Albert C. (eds.), The Dorsey Press. 1987, pp. 14, 16.

[2] 薛伯康：《研究人事行政之目的的范围及方法》，《行政效率》1934 年第 1 卷第 3 期，第 113 – 118 页。

一　从美欧行政改革获得理论启示

20 世纪初到 30 年代，西方政府管理思想史将这一时期称为正统时期，其时的管理学派被称为正统学派，和管理科学思想史上的古典管理学派相呼应。人们追求的是效率这个目标，并力图通过科学的管理来实现这一点。他们认为行政管理科学具有类似于自然科学那样的特征，因此追求管理的精密性、组织的严密性和原则的至上性、普遍性。除了行政学专家外，像厄威克（L. Urwick）和古力克（L. H. Gulick）这样的管理科学家也参与进来。1937年，他们出版的《行政科学文集》（或译为《管理科学论文集》）就提出了八项组织原则——目标原则、权责相符原则、职责原则、阶层原则、控制幅度原则、专业化原则、协调原则、明确化原则，以及 POSDCORB 七项管理职能——计划、组织、人事、指挥、协调、报告、预算。不过，中国行政管理学界当时较熟悉的是下文介绍的一些专业性代表人物的理论。

在莫若强著的《科学管理的意义与价值》的参考文献中，列有穆斯西奥（B. Muscio，1887－1926）的《工业心理学报告集》（1917 年初版）。穆斯西奥是"英国第一个从事工业中'人的因素'的研究者"，他（们）"最早提出了这样的问题：工业中的人要在怎样的条件下，才能发挥出他们最大的作用"。又如泰罗的《科学管理原理》。还有 F. R. Hoxie（霍克西，1868－1916）的《科学管理和劳工》，它也"在管理史上有着重要的意义"，"因为它是阐明科学管理同有组织的劳工之间的关系的第一次尝试"。① 汤普森（S. E. Thompson，1867－1949）有一篇论文《科学管理的实践》。他担任过美国泰罗学会的会长（1932），"是帮助泰罗制定其管理制度的原理和方法的那个合作者集团中的一员"。② 还有谢尔登（O. Sheldon，1894－1951）的《管理哲学》，作者是英国"工业管理学会的创建者之一"，"《管理哲学》当时立即成为、而且至今仍然是英美两国的权威性教科书"，"有助于把多种多样的管理活动围绕着科学方法和社会责任这两个主题归纳为一个单一的模式"。他关于"管理哲学"的提法，比泰罗要系统和深刻得多。③

莫若强这本书的正文提到，企业应建立"设计部"，包括指示卡员、程序设计员、时间与成本计算员和监察员；以及"执行部"，包括组织主任、

---

① 〔英〕林德尔·厄威克编《管理备要》，孙耀君等译，中国社会科学出版社，1994，第 133 页。
② 〔英〕林德尔·厄威克编《管理备要》，孙耀君等译，中国社会科学出版社，1994，第 120 页。
③ 〔英〕林德尔·厄威克编《管理备要》，孙耀君等译，中国社会科学出版社，1994，第 245 页。

速率主任、修理主任和稽查员。实施科学管理法所应考虑的六点，一是如何
"分配超额利润问题"，二是"工人失业问题"，三是"工作枯燥问题"，四
是"阻碍团体协约问题"，五是"损害工人技艺问题"，六是"剥夺劳工自
由问题"。第七章是"关于科学管理法的许多实际问题"。①

上海社会局局长潘公展为该书写序，指出："现在，科学管理的潮流，
已卷入中国了。"该书"附录"收王云五在中央大学商学院的演讲，标题为
《人事管理》，首次谈到国外最新的 Human Engineering（今译"人机工程"），
王氏将它译为"人事管理"，表明管理中必须把人的因素摆在中心位置。还
有邹韬奋写的《中国人用科学方法办的好工厂》，介绍康元印刷制罐厂，是
一份重要的管理史料。

1930 年 11 月，在国民党三届四中全会上，蒋介石、戴传贤、胡汉民、
王宠惠联衔提出《刷新中央政治，改善制度，整饬纲纪，确立最短期内施政
中心，以提高行政效率案》，② 认识到"一国政治，十有其九为行政问题"，
承认民众嘲讽"本党政治……'百废俱举，一事无成'"，"机关林立，事
业停顿，人才、国用，两不经济"。政风方面，存在权责未尽分明、任用
宽严无准、不尊重系统、弛怠而不负责、贪污未绝、不明政治体要、因循
顾忌七大问题。所以这个提案反映了他们的焦虑，并首次提出"提高行政
效率"口号。

蒋介石在新军阀混战特别是"围剿"苏区失败后，便乞灵于提高军政效
率。1933 年 8 月从南昌行营电令各军政部门：

> 本委员长自去岁以来，负责督剿，即以七分政治，三分军事之原
> 则，昭示周知，应已共喻。兹特本提高政治效率为主旨，与各县长
> 约，……将应兴、应革诸端，循实干、快干、硬干精神，为最经济有效
> 之推进。③

又获知日本外务省设立公务效率委员会，"为研究革新一般行政及外务省各
机关组织与日常业务处理之方法，从而增进其效率，该委员会将以外务次官

---

① 莫若强：《科学管理的意义与价值》，商务印书馆，1931。
② 蒋中正、戴传贤、胡汉民、王宠惠：《刷新中央政治，改善制度，整饬纲纪，确立最短期内
施政中心，以提高行政效率案》，《国闻周报》1930 年第 7 卷第 47 期，第 7 - 13 页。
③ 《蒋委员长令提高政治效率》，《海外月刊》1933 年第 13 期，第 104 - 105 页。

重光葵为正委员长，条约局长栗山为副"。① 表明日本也在搞公务效率研究，于是任务显得更加迫切。

形式上抢先一步的有邵元冲的《怎样提高政治效率》，② 当年 10 月 1 日他在南京国民政府总理纪念周上做报告，虽也提科学管理，但不公式化，而是将公务员誓词中"尽忠职务"解释为："打起精神，对于一切组织事务和办事手续，时时有改进充实的效果。"他说，古代消极地要求官吏"清、慎、勤"，我们还须补上积极的"忠与能"。一个人能够忠于职务，才肯去研究改进；同时，有了忠的诚意而无能的准备，也是心有余而力不足。要增强能力，就得求知，形成"知能"。人人增加知能，机关的工作效能也就可以提高起来。这些还是关于个人修养的套话。

张金鉴后来分析行政效率运动之真实意义。第一，行政效率运动与政治改革运动并不相同。古德诺的政府功能"两分法"所注意者为实际事务之推进、具体方案之实施。其目光注视者不是空洞的政治理论，而是具体的实际事务。政治改革乃副业者之活动，不必受特殊之训练，行政效率之增进乃专业者之事务，必须具有专门之技术。第二，行政效率运动与紧缩政策或节约运动亦非一事。行政效率是指以最经济之手段或以最小限度之努力，而获得最大之效果。能以较少之时间、劳力及金钱而产生同样或较优较多的结果，或能以同样之时间、劳力及金钱而产生较多较好之结果，则均为行政效率运动开展之根本意义与努力目标。③

在这种背景下，时任国民政府内政部常务次长的甘乃光（1897－1956）出头挑起了这副担子。他认为："所谓改革行政，即改革运用政策的机构人员与工具的问题，使之现代化、效率化。政权无论如何转移，而此运用，不能不讲求效率。"④ 甘乃光是广西梧州人，其父为同盟会会员，牺牲于"二次革命"（反袁）中。他从岭南大学经济系毕业，任黄埔军校政治部英文秘书，在 1926 年 1 月国民党二届一中全会上当选为中央执行委员会常务委员、青年部部长，又调任农民部部长，属于国民党左派。1928 年春，国民党中央

---

① 东京电通社：《日本外务省设立公务效率委员会》，《行政效率》1934 年第 1 卷第 9 期，第 392 页。

② 邵元冲：《怎样提高政治效率》，《行政效率》1934 年第 1 卷第 8 期，第 351－354 页。

③ 张金鉴：《行政效率之测量标准与方法》，《政治经济学报》1936 年第 5 卷第 1 期，第 189－215 页。

④ 甘乃光：《我的行政研究的开始》，程德培等编《良友人物（1926—1945）》，上海社会科学院出版社，2004，第 214 页。

以"纵祖广州暴动"的罪名停止了甘乃光的职权，后以改组派罪名开除其党籍。他赴美国芝加哥大学研究院研究公共管理，后又到英、德、法等国考察游学，历时一年。回国从事著译活动，出版《中国国民党几个根本问题》、《孙文主义大纲》，译著有《美国政党史》、《英国劳动党真相》等。1931年"九一八"事变后，国民党党内各派"共赴国难"，甘乃光也恢复党籍，并重新当选为国民党中央执行委员会委员和中央政治会议委员，出任内政部政务次长等职务。1945年8月，甘乃光任外交部政务次长。1947年4月，任行政院秘书长。1948年5月，任国民大会主席团主席。后出任驻澳大利亚大使，被免后病逝于澳大利亚。

他知道在中国行政改革不易进行，"于是遂定各级政府人员感觉最敏而人人有关的文书档案改革为入手之初步运动"。① 1933年6月，行政院召集改革公文档案会议，甘乃光主持。他指出，针对当前一些机关（如内政部）收发文无总号数，行政不集中，遗失文书不易查考，新旧档案不划一等问题，大家酝酿改进，决定采取内政部提出的文书档案连锁法为试行方案，设立总收文簿、总发文簿，进行稿面格式的改良，改进收、发文单，改革公文检查，对戳记进行改样；档案整理中，使用调卷证、调卷条、案卷卡等；而档案分类则模仿欧美图书分类法；等等。"遂为当局重视"，1934年7月，行政院设置行政效率研究会，罗致专门学者，从事行政效率研究。

张金鉴看到："最近在出版界中，讨论此项（行政效率）问题之著译亦渐见增多。代表作有江康黎著《行政学原理》，林叠著《行政学大纲》，张金鉴著《行政学之理论与实际》，张天福编《普通行政实务》，黄昌源译蜡山政道之《行政学总论》，孙澄芳译《美国行政动向论》，顾高扬译蜡山政道之《行政组织论》。国内各大学之课程对实际行政问题亦复肯为切实之研究。"②

我们前几章反复提到怀特（Leonard D. White，又译魏哀特、惠德、华特等）的著作，《行政效率》刊也曾加以介绍，编者有按语："考行政学虽为最新之社会科学，但于欧美各国已极发达，论述颇多。拟自本期起，分期介绍，以供研究。"例如，薛伯康推荐怀特的《美国行政动向论》（*Trends in Public*

① 甘乃光：《文书档案改革运动的回顾与展望》，载何鲁成《档案管理与整理》，商务印书馆，1938，甘序。
② 张金鉴：《行政效率之测量标准与方法》，《政治经济学报》，1936年第4卷第1期，第189页。

Administration）（见第六章第一节），称"此书已由孙澄方先生译出"。①

孙澄方参与提高行政效率运动较早，论著较多，涉及面较广。他曾担任内政部的参事之类职务，常配合政治形势独立完成一些专题研究。1942 年以后绝少发表刊物文章，抗战胜利后仅见一本著作出版。这里依时间顺序，排列几本：《美国行政动向论》［华特（White）著，孙澄方译，商务印书馆 1935 年出版］，《法西斯主义之经济基础》［爱因济格（Einzig）著，曲万森、孙澄方译，上海黎明书局 1936 年出版］，《三民主义的地方自治》（孙澄方著，国民图书出版社 1940 年出版）， 《行政三联制与行政权的运用》（1941），《中国计划行政论》（孙澄方著，中国文化服务社 1946 年出版）。

1933 年 11 月，江康黎的《行政学原理》出版。② 全书分 2 编。第一编行政组织，分概论、立法机关与行政的关系、执行首领和政府行政的关系、行政总务处、行政组织、行政部的内部组织、独任制与委员制、外署机关、生利事务的外署机关、咨询机关、行政上的几个工具等 11 章。第二编吏治行政，分吏治行政中的几个根本问题、公务人员的训练、官职分级与俸给制、公务人员的任用、公务人员的升擢问题、免职问题、退休制度等 7 章。附录：国府组织法，考试院组织法，考试法，公务员任用法，考绩法，现任公务员甄别审查条例，公务员惩戒法等。此书被今天的行政学界认为是中国最早论述行政学的原理性著作，但体系和内容不够完善。

江康黎（1903－?），江苏南通人，美国密歇根大学毕业，西北大学政治学硕士，加入美国政治学会。任中国社会科学会理事，南京国际关系研究会主席。历任暨南大学政治系、中央大学政治系教授，英文《时事周报》主笔，中文《国际周报》编辑，行政院行政效率研究会专门委员，地方自治协会专门委员。③

江康黎编著的《市行政学》（属"大学丛书"），④ 共有 29 章：绪论——关于市行政的几个根本原则，人事管理，城市设计，卫生行政，警察行政，消防行政，交通管理，市教育，市图书馆，城市娱乐，救济事业，城市法庭，感化行政，公用路灯，自来水，下水道，城市废物之清除，城市街道，汽车输送，飞机场之设计与管理，工务行政，民营公用事业之监督，市有市

---

① 薛伯康：《行政学名著介绍》，《行政效率》1935 年第 2 卷第 1 期，第 681－684 页。
② 江康黎：《行政学原理》，上海民智书局，1933。
③ 编者：《本馆出版物著作人履历（廿三）》，《出版周刊》1935 年新第 132 期，第 18 页。
④ 江康黎编著《市行政学》，商务印书馆，1938。

办问题，市预算，市收入，市公债，金库制度，会计与审计，物料统制。可谓巨细备载，面面俱到，实用性强。这位专员放下身段讲述。另外，陈果夫讲、江康黎笔记的《机关组织》，由中央训练团党政高级训练班编印出版，讲述机关组织与国家建设、机关组织的原理与运用等。他还有《智慧的政治与科学的行政》一文，称："技术性之行政，已侵入政府机关之每一部门，政府之功能日形复杂，现代国家最大之任务即在管理经济与有技术性之业务。"[①] 看来，他长期从事行政管理学的鼓吹。

## 二 行政效率研究会的筹备与成立

### （一）行政效率研究会的筹备及重要人物介绍

行政效率宣传与行政科学研究相辅相成。

1933 年 6 月，行政院召集改革公文档案会议，由内政部次长甘乃光主持，讨论了由中央各部会十八个提案汇集而成的"各部会审查处理公文改良办法"。会议主要有两项决议：一是文书处理方面，公文就文稿意思划分段落，采用标点符号断句；二是档案方面，对于各种分类目录，采用甲乙两种卡片登记，由行政院令行各部会试办。同时，确定文卷保管年限、原则及改良保管档案办法。这次会议可视为文书档案改革运动的序幕。

行政效率研究会由内政部次长甘乃光负责筹备。1934 年 6 月 14 日下午，第一次筹备会议于内政部会议室召开，由筹备主任甘乃光召集，出席者有海军部代表陈训泳次长，及各部会代表 15 人，列席的有经济委员会顾问、政制专家英国人沈慕伟，及该会筹备处职员 10 余人。主席甘乃光报告筹备处成立旨趣及经过。决定暂分组织人事组及公文档案组两组，各筹委加入何组自行决定。

组织人事组有筹委蔡光辉、王克强、阮静生、光晟、钱隽逵、夏光宇；且由各筹委推荐钱问樵（财政部）、罗益增（交通部）、杨肇炘（司法行政部）、陈言（内政部）为专门委员。推选召集人是徐象枢（内政部参事）、蔡光辉（财政部参事）。

公文档案组有筹委汤澄波、王志远、张福照、赵镇、夏光宇、李圣五、雷震；且由各筹委推荐刘寅（实业部）、张定华（教育部）、梁道群（侨委会）、胡静波（军政部）、魏诗峄（内政部）、钱存典（外交部）、蒲剑鸣

---

① 江康黎：《智慧的政治与科学的行政》，《法商论坛》1948 年第 1 卷第 4 期，第 2 页。

（蒙藏委员会）、叶称铮（海军部）为专门委员。推选召集人是刘泳闿、汤澄波。①

查上述各人的资料，蔡光辉有《署之权限的研究》。光晟是法学家，曾属改组派，有《宪法草案之研究》。夏光宇是铁道部专员、参事，有《新路建设委员会之任务及其最近工作》。钱问樵是财政部税务司的官员。罗益增原是考试院铨叙部的科长，此时为交通部图书室主任。杨肇炘是司法行政部总务司的科长，负责档案保管工作。陈言是内政部的"笔杆子"之一，处理文秘及新闻报道工作，在《时事月报》有多篇文章发表。汤澄波早年有心理学论文，此时是负责国民党党务及地方自治的干部，后在广州大学任职。其他各部会被推荐官员身份不详。

李圣五（1900－1985），泰城人，北京大学法学士，留学日本东京帝国大学、英国牛津大学，获法学博士学位。回国后，先后任复旦大学、暨南大学教授，行政院参事，外交部总务司司长，兼商务印书馆《东方杂志》主编。后任汪伪政权"司法部部长"、"教育部部长"、"驻德大使"、"外交部部长"。日本投降，被国民政府羁押，获释后就职于香港中华书局、珠海大学。

雷震（1897－1979），生于浙江长兴，留学日本，加入中华革命党，毕业于京都帝国大学政治学系，攻读宪法学硕士。1927年任国民政府法制局编审，1934年担任教育部总务司司长。抗日战争期间任国民参政会副秘书长等职。1946年他出任政治协商会议秘书长，1947年任行政院政务委员。1949年他与胡适、王世杰等筹办《自由中国》半月刊，在台北出版。1960年与台港在野人士联署反对蒋介石违背宪法三连任"总统"，被"军事法庭"判处十年徒刑。

1934年7月7日上午9时，第二次筹备会在内政部召开，出席者有甘乃光、刘泳闿等筹委12人，专门委员陈言等16人。会议议决在设立国立档案馆筹备处之前，先在行政院内成立档案整理处。会上另有"行政院直辖各部会官制通则草案"（蔡光辉提）、"改用卡片使收发文登记合一案"（内政部科员宋凤章、夏承箴提）、"对于公文改革之意见"（内政部科长曹钟麟提）等议案。② 9月14日召开第四次筹备会议，有"统一行政院职员请假"、"划

---

① 南京行政院行政效率研究会：《第一次筹备会议纪要》，《行政效率》1934年第1卷第2期，第72页。

② 南京行政院行政效率研究会：《本会消息》，《行政效率》1934年第1卷第7期，第297页。

一韵目代日"（按：打电报时用，如"马"日）、"划一公务员俸给"，以及
其他提案。议决结果都交专门委员审查。可知大家已经进入角色，筹备阶段
即在议政。

由于这些专门委员多是各部会推荐的，虽了解所属部会的情况，对行政
理论研究却欠缺功力，所以甘乃光提议聘请会外专门委员梅思平、张忠绂、
江康黎、蒋廷黻、张汇文、张锐、蒋复璁、王云五、黄伯樵。①

本书前几章已陆续简介了几位会外专门委员的情况，下面说说未介绍过
的三人。

蒋复璁（1898－1990），号慰堂，浙江海宁人。毕业于北京大学，在清
华、北大任教，并在国立北平图书馆任过职，1928年赴德国柏林大学专攻图
书馆学，到德、英、法图书馆实习考察。回国后任南京中央图书馆馆长，中
央大学教授。他掌握着信息库，负责提供有关国内外行政改革历史及现状的
资料。

王云五1930年就任商务印书馆总经理之前，专程出访日、美、欧九国
的企业和工商行政学界，拜会很多专家，收集数千书籍论文，草拟方案，回
国后即在商务印书馆推行"科学管理法"，有些成效。1946年王云五出任财
政部部长，因币制（金圆券）改革，导致天怒人怨，身败名裂而丢官，逃到
港台观望。后再赴美国（1947－1955）考察其"行政改革"经验。1954年
10月，蒋介石提出要搞行政改革，起用"考试院"副院长王云五主持其事，
成立"革命实践研究委员会科学管理专题研究组"，王云五为召集人。1955
年7月中旬，他向蒋介石提交了"改进行政效率研究报告"，提议"略仿
美国政府设立胡佛委员会之意，超然于五院之外，成立一行政效率调查委
员会"。1958年1月3日，台湾成立"总统府临时行政改革委员会"，王
云五为主任委员，阻力重重，举措不力，反证30年代的试验只是艰难
起步。②

黄伯樵（1890－1948），江苏太仓人，辛亥革命时曾赴武昌，随黄兴收
复黄州。后入同济医工专门学校，1920年留学柏林工科大学。获工业管理博
士学位后回国，任中华职业学校校长，汉口、杭州、上海各市工务或公用局
局长，京沪沪杭甬铁路管理局局长。曾两次环游世界，参观考察市政或铁道

---

① 南京行政院行政效率研究会：《第二次筹备会议纪要》，《行政效率》1934年第1卷第2期，
第72－73页。

② 黄孝先：《王云五先生科学管理法讲演》，《工商半月刊》1930年第2卷第21期，第30页。

管理，抗战时在上海养病。抗战胜利后，任军事委员会委员长（蒋介石）驻
沪代表公署秘书长、行政院院长（宋子文）驻沪办事处主任、中国纺织机器
制造公司总经理。①

顾震白曾是黄氏下属，悼念黄伯樵先生谓："他是一位标准人物，也是
一位并世不可多得的领袖人才。""他对于科学管理，真可谓拳拳服膺，锲而
不舍。"办公室内任何物品文件、金钱账目收拾摆放启用都井井有条，"真可
谓细针密缕，到了极致，着实令人惊羡！""对于甄用职员，无论介绍自荐，
除了资历能力为他所稔知者外，必先经过试验与试用两个阶段"，而且确有
需要，"机关中决不可妄用一人，妄费一文"。② 黄先生认为汽车却可多备几
部，大小职员有要务都可乘坐，因为这是节省时间，既合乎经济，亦提高
效率。

### （二）行政效率研究会成立及组织架构

行政效率研究会筹备七个月，至 1934 年 12 月 1 日正式成立。设正副主
任各一人，由行政院院长派任，正主任为甘乃光（因事请假，参事徐象枢暂
行代理），副主任为张锐。

行政效率研究会下面分为八组，分别研究：（1）行政组织的运用；
（2）行政人员的条件；（3）资料整理，包括档案、统计、图书、报纸、专家
登记、出版物调查报告等；（4）政令推行，包括公文、行政报告、行政计划，
以及监督指导视察方法等；（5）财务管理；（6）物料管理；（7）关于各级政
府行政；（8）关于各项专门行政问题，如内政、外交等。

还编辑出版《行政效率》月刊（1934 年创刊），1936 年改名为《行政
研究》。从刊物文章来看，当时的中心内容是文书档案连锁法。仅《行政效
率》在短短两年时间内就发表了有关档案工作的文章 60 多篇，第 2 卷第 9 -
10 期合刊还推出"档案专号"，报告了各部档案管理全貌，几乎形成了一场
"文书档案改革运动"。仅就这一点而言，也是不小的收获，被认为"对中
国档案学的产生，起到极为重要的直接的促进作用"。至于《行政研究》上
的文章，例如，1936 年第 1 卷第 1 期有翁文灏的《行政研究刊行的意义》、
蒋廷黻的《我的行政经验与感想》、张锐的《新政的透视与发展展望》、吴
景超的《地方行政与地方财政》，还有研究地方行政督察专员制度、机关用

---

① 秦翰才：《黄伯樵先生之一生》，《市政评论》1948 年第 10 卷第 3 期，第 17 - 18 页。
② 顾震白：《悼念黄伯樵先生》，《市政评论》1948 年第 10 卷第 3 期，第 22 - 23 页。

品集中购买制度、公医制度，以及公务员修养与行政效率的关系的，等等，早已不限于文书档案方面的文章了。第 1 卷第 3 期上甘乃光的《政权运用与行政效率》一文称："中国现正走入行政集权与人民参政之复杂途径中。"他强调，"强有力有效率之政府之必须建立，以树民族复兴之基⋯⋯"，最后竟然会"二者殊途同归"。这一逻辑当然是为国民党的专制统治张目，不足为训。我们关心的是其技术方面。甘乃光承认，"真欲行政之改革，当以改变机构、扩大文官制度、改革运算制度为先，此诚重要，会中亦何尝无所研究？⋯⋯以其关系人事太多，很有发生政潮之可能⋯⋯"[1] 所以只得退而求其次。这样坐而论道，总体来看效果不大，抗战初期行政效率研究会曾一度被裁撤。

另设行政院及所属各部会档案整理处，于 1934 年 12 月 16 日成立，甘乃光兼任处长。该处常任干事以考试方法录取，1935 年 2 月 12 日举行考试，由甘处长派行政效率研究会专门委员李朴生、谢贯一、薛伯康、苏松芬、蒋崐主持，正取赵学铭等五人，备取三人，一律试用。实际上，当年 9 月，甘乃光已经提出一个文书、档案合一管理的方法——文书档案连锁法，作为改革运动的试行方案，在内政部试行。文书档案连锁法的主要内容就是把文书收发和档案管理在某些环节上统一起来，以使机关的总收发室和总档案室发生密切的连锁，改变文书运转迟缓和档案管理分散、垄断的状况。其核心是在一个机关范围内，以集中统一的原则组织文书档案工作。连锁的具体办法是通过统一编号、统一分类、统一登记三个环节实施。

在行政效率研究会内外，以较长时间研究行政效率问题，写有较多论著的有张锐、李朴生、孙澄方、萧文哲、薛伯康、江康黎、谢廷式、谢贯一、孙慕迦、何鲁成、周连宽、孔充、林炳康、彭启炘、苏松芬、邱祖铭、沈惟泰、李宗义、赵学铭、何会源、沈兼士、杨荫清、冯介如、尹乐道、张定华、吴崇廉、王檠、王文山、刘健、唐骏、许可钧、蔡国铭等。

**（三）《行政效率研究会暂行规程》**

行政效率研究会的性质，"近于英国的皇家档案调查委员会及文官制度调查委员会，但尤与美国的经济与效率委员会相似⋯⋯它的调查研究的范围，包括行政的各方面，比上述的英美两国两种委员会的任务还广"。[2]

---

① 甘乃光：《政权运用与行政效率》，《行政研究》1936 年第 1 卷第 3 期，第 449－456 页。

② 甘乃光：《调查委员会的报告建议书之运用》，《行政效率》1935 年第 2 卷第 4 期，第 825 页。

《行政效率研究会暂行规程》的具体内容如下：

第一条　行政院为增进中央及地方之行政效率，设置行政效率研究会（以下简称本会）。本会以会长、秘书长、委员及专门委员若干人组织之。

第二条　本会以会长秘书长委员及专门委员若干人组织之。

第三条　本会会长由行政院长兼任，委员由院属各部会部长、委员长，行政院秘书长，政务处长，及各部会次长、副委员长充任，秘书长由会长派充，专门委员由行政院就有关系各机关荐任以上公务员，及有专门学识经验者，挑选聘任之。前项会长、秘书长、委员及专门委员，均为无给职，但不兼其他职务，而常川在本会任事之专门委员，不在此限。

第四条　会长总理会务，秘书长协助会长处理会务。会长有事故时，秘书长代理其职务。

第五条　本会会议分委员会议及分组会议，委员会议由会长定期召集，分组会议由秘书长或分组主任由本会长指派专门委员任之。会议细则另订之。

第六条　本会设文书主任一人，干事八人至十二人，由会长派充之。（按：1935 年 7 月此条修改成：本会设总干事一人，干事十四人，办事员四人，由常务委员派之。）文书主任及干事，承会长及秘书长之指挥整理各项事务，或临时受命办理事务。

第七条　本会分期分组，研究下列各事：1. 关于组织运用者。（说明：如机关之官制官规，机关之纵横关系，直属机关与附属机关之组织与运用等。）2. 关于行政人员者。（说明：如公务员之名额分配、待遇、考绩、训练、任免、保障、休假及荐举方法等。）3. 关于材料整理者。（说明：如档案，统计，图书，报纸专门家登记，出版物调查报告等。）4. 关于政令推行者。（说明：如公文行政报告，行政计划，以及监督指导视察方法等。）5. 关于财务整理者。（说明：如会计部分之组织预算决算之编制与审计，经费之分配，报销收支方法，及交代等。）6. 关于物料管理者。（说明：如公务保管，器具物品购买与消费，汽车管理，消防及卫生设备，建筑物及保险等。）7. 关于各级政府行政者。（说明：如省市县政府与中央各部会之关系，及省市县政府各种行政问题等。）8. 关于各项专门行政者。（说明：如内政、外交、军政、海军、财政、实业、教育、交通、铁道、司法、蒙藏、侨务、禁烟等行政。）［按：1935 年 7 月，档案整理处合并于该会，故增加了第 9 款：关于整理档案者。（说明：如调查档案保管情形、拟具整理方案及参加整理实际工作。）］

第八条　本会研究范围如左：1. 行政院交议或咨询事项。2. 各关系部会送请研究或咨询事项。3. 本会委员建议事项。4. 本会专门委员建议事项。5. 各机关团体或私人向本会建议事项。

行政院长及各部会长官于所咨询之事项，得附具希望意见。

第九条　本会应将研究结果，建议于行政院或通知关系机关。各关系机关试办之事项，著有成效时，应将其经过报请本会研究推行。

第十条　本会为明了行政实况起见，得派员至各机关调查，或请各关系机关代为调查，必要时，并得请各机关派委员列席说明。

第十一条　本会每种事项研究结果，应作成建议书或报告书，每年应编造总报告书，叙述研究经过。

第十二条　本会经费，应拟具预算，呈请行政院核定之。

第十三条　本会办事细则另订之。

第十四条　本规程由行政院会议通过后施行。①


三　甘乃光的行政效率思想与行动

甘乃光任内政部次长时发起提高行政效率运动。王云五告诉他经验，即"对物"、"对事"下手，阻力较小。甘乃光也感到："中国……行政改革的目标，在增加效率，……要有实际可行的方案，最重要的，不可即由引而发生政潮。"②

甘乃光著《中国行政新论》，此书是他将十年中所发表的论文加以整理后形成的集子。自称"大体都是读书、做事、作文三者联系在一起的产物"。在做事的时候，是抱着一种研究学问的态度；在研究学问的时候，又处处想以事实的经验来做基础。而以"新行政"为其中心思想，贯穿起来。③ 他认

---

① 南京行政院行政效率委员会：《行政效率研究会暂行规程》，《行政效率》1934 年第 1 卷第 1 期，第 173 – 174 页。

② 甘乃光：《中国行政新论》，商务印书馆，1943，第 153 页。

③ 甘乃光：《中国行政新论》，商务印书馆，1943，第 2 页。

为行政的研究问题甚多，而着手之点则在"先从小处做起"。

第一章"中国行政概论"，下分：中国四大文化系统与内务行政；行政效率概论；政权运用与行政效率。他认为：

> 中国行政的革新不是单纯贩运外国的行政理论所能为力，本国应有一个行政研究的机关，把中国的行政实际问题，加以检讨。①
>
> 各种生活方式，都由衣食住行等活动力互相作用创造出来，……便可很清楚地看出中国的整个社会有租界、都市、乡村、部落的四个文化系统。②
>
> 我们应该知道省县制度较适用于农村和都市，而甚适用于部落社会。要适用于部落与农村相混的社会，至少省制要有很大的弹性。③

他从怀特和工商管理界关于工作效率的研究出发，认为中国行政机构最大的弊病即为缺乏行政效率。"行政机关内最易看到而性质亦较重要的莫如公文。所以我就拿公文为初期研究的对象。……此外，更注意于事务管理：如汽车、消防，公役，物品之购办、保管与分配，以及金钱之出纳会计等等，均有相当的改善。"④ 他指出，现在人大部分都脱不了一个"私"字，这是中国人事行政上最大的毛病。

> 我主张用人要有制度，要确定公正严明的来源。就整个人事行政的改革来讲，主要条件有四：（1）厉行考试制度，（2）实施职位分类办法，（3）改良考绩办法，（4）确立并实切实施公务员保障制度。⑤

他深刻地认识到，政治即是以权力的方式管理众人之事。但是应该如何运用权力，管理什么事，如何管理？他提出："一方面行政学要以行政职能研究作为起点。即政府应该管什么，不应该管什么；另一方面，行政学还必须研究政府如何去做这些事。行政权力的科学运用是行政效率提高的前提，

---

① 甘乃光：《中国行政新论》，商务印书馆，1943，第39页。
② 甘乃光：《中国行政新论》，商务印书馆，1943，第2页。
③ 甘乃光：《中国行政新论》，商务印书馆，1943，第5页。
④ 甘乃光：《中国行政新论》，商务印书馆，1943，第11–12页。
⑤ 甘乃光：《中国行政新论》，商务印书馆，1943，第15–16页。

'即前文所谈政权运用之问题'。"①

第二章"行政研究的开始"，下分：美国行政最近的趋向；我的行政研究的开始；行政效率研究会设立之旨趣；中国行政学者的使命。

我以为研究中国行政学要分作三部分：第一本国行政研究，第二外国行政研究，第三工商科学管理研究。本国行政研究又可分为三类：中央至地方各行政机关本身的问题，这又包括组织，此问题复可分作六项：组织问题、人员问题、财务问题、物料问题、资料问题、施政程序问题；由中央至地方各级机关间的联系问题；特种行政问题，包括外交、司法和内务。②

他概括中国行政管理研究的问题，"应该有八种：（一）组织运用，（二）人事行政，（三）财务行政，（四）庶务行政，（五）参考资料，（六）施政程序，以上为普通行政机关的共通问题。（七）为各级省市县政府的个别及关系的问题，（八）为各种专门行政问题如财政交通实业等"。③这就为当时的行政管理学术研究指明了方向。

效率不单是速度和准确的问题，量的问题，而且是质的问题。大体上说，一个机关的行政效率，可以人力、财力、时间三个标准用三种方法分别估计。一是以较少人力、财力和时间得到同样的成绩。二是以同样的人力、财力或时间得到更好的成绩。三是增加人力、财力、时间到适当的数量，以完成某种行政目的。④

第三章"行政组织"，下分：行政组织导论；调查委员会与报告建议书之运用；行政机构调整的前提；分层负责制的颁行，（附）各级机关拟订分层负责办事细则之原则与方式；分层负责制的基本精神。他认为："然今日之言行政刷新者多注重政策和立法方面，对于运用政策和实施法律的行政机

① 甘乃光：《中国行政新论》，商务印书馆，1943，第24页。
② 甘乃光：《中国行政新论》，商务印书馆，1943，第14页。
③ 甘乃光：《中国行政新论》，商务印书馆，1943，第39页。
④ 甘乃光：《中国行政新论》，商务印书馆，1943，第45-46页。

构，反多忽略。"① 在中国的"新行政"当中，机构的部门占据最重要的地位，行政机构职能重叠，是行政缺乏效率的一切主因。行政组织是国家行政系统运行的中枢，他提出了中国的行政组织模型及其运行的规则和标准。他认为当时中国的行政组织分类中，基本组织包括中央行政组织、省政府、市政府、县政府，特种组织包括边疆、特别区域、土司设治局、边区组织，临时组织包括行政督察专员制、实验县、临时委员会、各种行政会议、各种审查会议。② 行政机关内部的组织可分为事务组织、政务组织、幕僚式之补助组织、咨询机关。

从行政组织建立的指导原则来说，他认为，首先，"行政组织的良莠，无绝对的标准，大抵以能适应环境为最善。行政组织之运用，其先决条件，为良好政策，行政组织不过是一种工具。"③ 其次，"行政组织之最高原则：以社会背景决定组织；以行政任务决定组织（为单纯行政组织，为业务组织，为营业组织，为研究组织）；以国防目的决定组织；以行政效率决定组织"。④ 最后，在行政组织的建立和运行调整的指导方面，"最普通的政治刷新的步骤约有五种，一为自然的改进，二为幕僚的设计，三为主管人员如部会的司科的拟议，四为开会提案。……有开会提案方法的长处，而又可以补足他的缺点的，就是第五种，即调查委员会。中国社会情形极度复杂，政治问题亦千头万绪，而行政官吏之有丰富学识和经验者又有限，然则政治刷新和解决难题最切实的工具，不能不首推调查委员会的方法了。"⑤ "从理论上来讲，决不会有不负责任的政治，所以无为政治是一个自相矛盾的名词，因此政治就是管理众人的事，不去管理众人的事，哪有政治可言？不过就负责两字来讲，是要有相当的条件，方可以达到目的。……所以通常就制度来讲，应该实施三种负责的办法：即是一分事负责，二分级负责，三分层负责，才可以实行负责政治。……长官不能随意便宜行事。"⑥ 这与现时的行政问责制思想不能不说相得益彰，体现出甘氏行政思想的前瞻性和科学性。

第四章"人事问题"，下分：论用人；人事行政的改进；人事问题的正

---

① 甘乃光：《中国行政新论》，商务印书馆，1943，第41页。
② 甘乃光：《中国行政新论》，商务印书馆，1943，第57页。
③ 甘乃光：《中国行政新论》，商务印书馆，1943，第55页。
④ 甘乃光：《中国行政新论》，商务印书馆，1943，第62-64页。
⑤ 甘乃光：《中国行政新论》，商务印书馆，1943，第71页。
⑥ 甘乃光：《中国行政新论》，商务印书馆，1943，第87页。

当解决；人事制度建立的起点；实务人才之培养；现代的办事精神；工作竞赛运动；工作竞赛的原理；国防人之培养与民族复兴；兵役实施之改善。

有一年甘乃光参加中央人事行政会议，又发表了许多关于人事行政的论文。这些文章处处表现出他"一面读书，一面去干"的精神。他的人事行政思想不仅体现在对人才的重视上，更体现在对人才整个成长过程的观察、培养，以及人事行政整个工作方法和制度的建立和改良上。

> 古人说为政在人，现今一般人也说只要找到好的人，什么都有办法。这种人治的观点，是古今如一的。……凡进行一种事业，除人的条件之外，还要有好的工具、好的组织和好的办法，才能达到任务。

而在人事行政的具体革新上，甘先生也提出了具体的理论思考：

> 人事行政之革新，实为一切行政革新之基点，以予个人数年行政之经验，中国行政机关用人之革新约有下列诸端：一用人准诸客观；二事务官之职位力求固定；三政务官学习事务；四考试制度本身之改革；五公务员之训练；六学徒制之参用；七权责分明。用人不过是行政之一端，而行政又为社会事业之一部分，彼此息息相关，故良好之用人制度之树立与维持，尚须视乎其他政治条件及社会条件而定。①
>
> 一个制度的推行，必须相关的其他制度同时改进，才有成功的可能。所以人事制度的确立，必须教育制度、财政制度等同时改进，固不必说，即人事制度本身所包含的考试、铨叙、任用、待遇、考绩、惩奖、职位分类等办法，也不能只注意一项或两项，而忽略其他各项的。②

甘先生主张，建立健全的人事制度的首要任务，便是要改革人才的聘用制度，"用人最普通之途径为保荐，或自荐，或为不避亲，或为公开荐举，形式虽殊，然均易偏于主观之抉择，忽于客观之准绳，登庸与否多视人的关系而定"。③ 而人才引进政府机关后，又面临一个人治与法治的问题。"政务官所需者即为特殊之政治人才，故人的问题至为重要，事务官所需者既为一

① 甘乃光：《中国行政新论》，商务印书馆，1943，第93页。
② 甘乃光：《中国行政新论》，商务印书馆，1943，第95页。
③ 甘乃光：《中国行政新论》，商务印书馆，1943，第89页。

定技术之训练，故组织是尚，然组织之形成非旦夕可致，故在今日仍不能不注重人选，而同时力求人事行政之制度化。"①

民国以前，中国政府部门人员的人身其实都是没有保障的，是皇帝或上级官吏的附庸，工作热情很难被激发，工作态度也不会太积极，对于政府行政效率的提高也大为不利。"所以人事制度建立的起点……我以为第一要制定公务人员保障法……现在的考试制度，应改为资格考试与任用考试两种。依据职务分类或职位分类的原则，分门别类举行资格考试。"②

大的用人方针确定后，甘乃光同时也致力于对入职后公务员的培养，这主要体现在因材施用，对人的成长进行观察、监督等方面。他还注重培养公务人员的现代办事精神，从思想上对其进行改造和提高。在中山大学演讲《小组的运用》时，他对人才培养和聘用进行了比较详细的论述：

> 我们观察同志不能不有一个共同的观察标准，拿革命的全体利益为标准，站在党的立场去观察。分析被观察者所处的背景：1. 中国历史背景，根据这个背景可以把人分为：地方主义者，宗法社会思想的人，个人主义者；2. 阶级背景，从其阶级背景看其行为的动机；3. 其在家庭中的地位和家庭背景；4. 对其经济地位的考察。同时还要注意观察人的个性，人分为感情的、意志的和理性的三类，要针对不同的人不同的个性，采取不同的工作方法。对待感情的人就要跟他讲感情，对待理性的人就要跟他讲道理；最后要把被观察的同志放在一个变化中的环境中去考查，环境和思想的变迁使得现时的情形会有相应的变化。③

不过，关于"人事制度建立的起点"（第四章第16节），甘先生认定"一定要从保障众体公务员做起"④，不大赞同保障一班没有法定资格的公务员，否则恐于事无益而有害。

第五章"政令推行"，下分：施政程序导论；考核工作的检讨；战时行政实务之改进；电报之节约与加速；行政参考材料导论；文书档案连锁办法之试验；文书档案改革运动的回顾与展望。

---

① 甘乃光：《中国行政新论》，商务印书馆，1943，第91页。
② 甘乃光：《中国行政新论》，商务印书馆，1943，第99 - 101页。
③ 甘乃光：《小组的运用》，商务印书馆，1927，第8 - 10页。
④ 甘乃光：《中国行政新论》，商务印书馆，1943，第99页。

甘乃光最开始从文书和档案的整理与改革入手，试验文书档案连锁办法。经他提倡，文书档案的改革成了一时的风气，"行政效率"成了最时髦的名词，现在这个运动仍在不断发展。不过，甘先生主张的"文书的程式应该尽量求其简易"，"完全行用白话"，"既行用白话连带便应行用简体字"，乃至于"由磨墨到用墨汁"、由"手抄到用打字机"，切忌"抱残守缺，古色古香"，十年以后似乎还没有做到。

> 行政改革的目标，在增加效率，有效率的政府是否即可增加人民的福利，此乃政治或政策的问题，政治或政策随时代需要而不同；但运用机械、人员与工具，当现代化，效率化，此乃不易之原则。以手工业之工具，绝对不能发生现代化机器之作用。所谓改革行政，即改革运用政策的机构、人员与工具的问题。①

> 而行政科学化需要者，却为真确切实之参考材料。……可别为四种：一，经费，预算决算（经常费与临时费在各种行政之分配额）及各种会计之表册、营业机关之营业报告等；二，档案，包含公文、统计机关之报告、专门调查之报告、通讯、谈话记录等；三，人物，包含行政人员登记、专家登记等；四，图书，包含普通图书、杂志、报章、剪报等。②

他当时提出的文书档案连锁法非常详细和全面：

> 连锁法的实行，当从稿面开始。稿面改革的要点有二：一是每个负责人于公文经过时，都要在稿面上注明月日时。……二是增加项目，使公文处理的手续，格外完备。③

第六章"省行政"，下分：从省的差别谈到省行政；省经济建设之动向；省经济建设的新动向；西康建省的意义；建设川康的重要性；川康建设方案的实施；省地位最近的演变。

第七章"县行政"，下分：新县制的试验；新县制建设运动；完成新县

---

① 甘乃光：《中国行政新论》，商务印书馆，1943，第153页。
② 甘乃光：《中国行政新论》，商务印书馆，1943，第135页。
③ 甘乃光：《中国行政新论》，商务印书馆，1943，第159页。

制；协同推进新县制；新县制下的县财政问题；再论实施新县制；新县制与
新行政技术。他曾参加起草《县各级组织纲要》，对此一行政的根本改革十
分热心，一连发表了七篇论此新制的文章。

> 县财政的彻底解决，我们以为要：一，中央省县的职掌划分清楚，
> 因而划分其税收与负担，中央与省不必日拟法规命令，而令县执行；
> 二，中央省县及乡镇的税收，属县范围的，一律由县府征收，按成分
> 解；三，大量训练新的县财务行政及会计人员，清积弊即可裕税收；
> 四，县财政的分期整理，整理仍不敷用时方可另辟税源；五，行政计划
> 与预算发生密切的连锁，因经费增加的进度，以定施政的进度，如此做
> 去，我们相信县财政必能得到合理的解决。①

第八章"经济与建设"，下分：中国计划经济的途径；忍痛十年埋头建
设；经济建设之加速推进；物价调整与物产运输；机关合作社的试办；机关
合作社理论的试验。他主张，"最低限度来讲，也要学财政上划分中央与地
方财政的办法，划分中央与省经济事业的界限，何者属于中央，何者属于地
方，有明确的指导，然后可以收齐头并进之效"。这个多少带有以省为经济
建设基本单位的建议，似乎有商榷的余地。

第九章"禁烟行政"，下分：六三禁烟纪念；如限完成禁政；如何使烟
祸永不复萌；禁烟之回顾与前瞻。

第十章"计划政治的发端"，下分：中国计划政治导论；新行政年的展
望；设计基础工作的推进；设计大纲的建立与运用；三年计划的拟订与执
行；三年计划的配合原理；三年计划的配合技术；预备计划要义；人钱事的
管理机构。他任中央设计局副秘书长，推行行政三联制，许多章则都出自他
的手笔。他热烈地倡导计划政治与经济，写了许多这个大题目下的文章。

附录：小组的运用；中大政治训练大纲。

陈之迈评《中国行政新论》："甘先生的研究是从最原始的现代管理开
始，一步步深入，直到建立起科学的行政管理体系，他的研究重点一是集中
于行政效率，一是集中于人事行政，这两方面一个是行政机构运行的最高原
则，一个是行政机构运行的基本保证。其行政研究方法和超前的行政思想理

---

① 甘乃光：《中国行政新论》，商务印书馆，1943，第 208 页。

念仍能为当今的我们所借鉴和学习。"《中国行政新论》一书虽稍觉零散，但全面反映了甘乃光的行政思想。"中国现在的一个现象是研究学理的人不能完全明了事实，使他们的学理落了空；明了事实的人又往往没有学理的基础，使他们的经验只为片断支离的智取。甘先生既然兼有二者，希望他能以学理将他的经验贯串起来当为一般读者合理的要求。"①

甘乃光的文章不算少，这里仅录：《孙文主义之认识》（《人民周刊》1926 年第 5 期），《中国地方自治事业进行近况》（《大陆》1932 年第 1 卷第 5 期），《中国地方行政之新趋势》（《时事月报》1933 年第 9 卷第 7－12 期），《调查委员会与报告建议书》（《行政效率》1934 年第 2 卷第 4 期），《现代的办事精神》（《行政效率》1934 年第 2 卷第 7 期），《我的行政研究的开始》（《良友画报》1935 年第 102 期），《中国行政学者的使命》（《行政效率》1935 年第 2 卷第 11 期），《政权运用与行政效率》（《行政研究》1936 年第 1 卷第 1－3 期），《工作竞赛原理》（《浙江青年》1940 年第 2 卷第 2 期），《人事制度建立的起点》（《闽政月刊》1940 年第 6 卷第 4 期），《读书做事作文章》（《中国青年》1942 年第 7 卷第 1 期），《中国民主政治的基本特点》（《军事与政治》1944 年第 6 卷第 1 期）等。

上述事实表明，当时行政学研究不仅受到学术界的重视，而且受到政府官员的关注，成立了以政府官员为成员、以行政管理实践为研究宗旨的学术组织和机构，出版了一批行政学著作和刊物。这些论著中有通论性著作，如江康黎《行政学原理》（1933）、《行政管理学》（1946，论述从组织到人事、物料、资料、工具管理等）；林叠《行政学大纲》（*Outline of Public Adminis-tration*，南京仁德印刷所 1935 年 5 月出版），内容上论述行政学的性质和目的，行政学与政府其他部门的关系，以及总务行政、财务行政、行政组织、人事行政、公务员的任用与考核等；张金鉴（后任台湾政治大学公共行政研究所主任，国民党中央组织部党训处处长）出版了几种著作；雷殷（1887－1972，日本法政大学毕业，内政部常务次长）的《行政概论》（1938）、《行政述要》（1938）等；富伯平（行政院参事）除翻译费富纳的著作外，还著有《行政管理》（1945 年商务印书馆出版）等；刘百闵有《行政学论纲》，李楚狂有《行政管理之理论与实施》等。还有研究某一领域的专著，如《行政统计》、《机关管理》；不仅有层级行政，如《县政论》、《新县政之管

---

① 甘乃光：《中国行政新论》，陈之迈评，《新经济》1943 年第 9 卷第 1 期，第 20－22 页。

理》、《中国地方行政》，还有专门行政，如《社会行政概论》、《教育行
政》等。

有两本著作的标题把"行政"与"科学管理"联系起来，所以也应在
这里提一下。一是徐恩曾（1896 – 1985，留美，曾任中统头子，国民经济建
设计划委员会副主任委员）的《行政管理之科学化》（1934，"复兴小丛
书"），内容是比较中外行政机关，指出当时的行政管理在事务方面和人事方
面的弊病，提出改良办法，篇幅很小。二是李浴日的《行政的科学管理研
究》（新公务员月刊社 1940 年出版），只有 40 页，倒是始终突出科学管理，
尽管也是原则性的东西提得多，具体的方面浅尝辄止，不过其精神还是符合
当时强调"效率"这一点的。

## 第二节　提高行政效率运动的初步成果

### 一　行政效率的若干理论与实践问题

徐象枢，行政院参事，后为国防最高委员会参事。发表论著很少，仅见
《公报调查和集中编印的研究》（与张锐合写，《行政效率》1935 年第 3 卷第
1 期）、《今后研究行政效率的方针》（《行政效率》1935 年第 3 卷第 6 期）、
《战时的新运》（《新运导报》1938 年第 13 期）。他是留学法国的，熟悉大陆
法系，在当时留学美、英、日者占优势的中央官场，他处于投闲置散的状
态，行政学又非他之所长。显然，这种名义上的领导本身就欠缺效率，只能
靠甘乃光、张锐等支撑局面。

张锐，清末两广总督张鸣岐（1875 – 1945）之子，著名建筑师张镈（人
民大会堂的设计者之一）之兄，在天津成长。与梁思成（1901 – 1972）是清
华学校同学（不同届），接触过梁启超。留学美国密歇根大学市政学专业，
师从里德教授、阿卜孙讲师；后攻读哈佛大学市政学硕士，师从孟洛教授；
任全美行政研究院研究员（留学），纽约市政府技师，美国政治学会名誉会
员。回国后历任天津市政府第四科科长，秘书长帮办，市政传习所训练主任
（所长），东北大学、南开大学市政学教授。内政部参事，行政院参事兼行政
效率研究会主任委员。出版了《中国历代都市行政之大势》（1926）、《市政
新论》（1927）、《天津特别市物质建设方案》（与梁思成合著）、《城市设计
实用手册》（与梁思成合著，1930）、《市行政原理与技术》等，1931 年在华

通书局出版《比较市政府》。

张锐的中文根底不弱，与殷菊亭合作编著的《公文程式与保管》也很有特色和见地，比一般书局编的"公文程式举例"强多了。内容包括：（1）公文之定义与效用；（2）公文体裁之分别；（3）行文系统；（4）公文用语（上行公文用语，平行公文用语，下行公文用语）；（5）公文之结构（甲、首尾结构之分析：起首，本文，结尾。乙、叙述法式之种类：单叙式案叙法，复叙式案叙法，省叙式案叙法，并叙式案叙法，连叙式案叙法）；（6）处理公文之程序；（7）撰拟公文的原则及其手续；（8）公文作法（公文起首之作法，本文之作法）；（9）标点公文（公文标点符号，标点公文行款及其程式，标点公文举例）；（10）公文归档及保管（普通管卷法，新式管卷法，新旧方法之优劣及其价值，处理公文之合理化）。①

张锐发表的文章有：《美国的吏治运动》（《东方杂志》1927年第24卷第20号），《中国考试院与美国联邦吏治院（美国通信）》（《东方杂志》1929年第26卷第1号），《霍孔教授评中山主义》（《东方杂志》1929年第26卷第23号），《考试以外几个重要的吏治行政问题》（《国立武汉大学社会科学季刊》1930年第1卷第2期），《促进市政的基本方策》（《中国建设》1930年第2卷第5期），《中国市政史》（《中国建设》1930年第2卷第5期），《青岛市政实况》（《清华周刊》1932年第38卷第9期），《房地捐与房地估价技术》（《中国建设》1930年第2卷第5期），《宪法初稿中地方政制的商榷》（《时事月报》1933年第9卷第2期），《"会议政治"》（《自由言论》1933年第1卷第1期），《技术统治》（*Technocracy*）（《独立评论》1933年第42期），《行政效率是否高调》（《行政效率》1934年第1卷第7期），《地方政制改善的途径》（《行政效率》1934年第1卷第5－6期），《怎样研究行政学？（上）》（《出版周刊》1935年新第162期），《地方高级行政人员会议之经过》（《时事月报》1936年第15卷第25期），《评刘迺诚著〈比较市政学〉及张金鉴著〈美国市政府〉》（《行政研究》1936年第1卷第1－3期），《新政的透视和展望》（《行政研究》1936年第1卷第1期），《宪法草案中的地方制度》（《行政研究》1936年第1卷第1－3期），《西安事变之前后》（《时事月报》1936年第16卷第1期），《中常会通过国民大会组织法原则》（《时事月报》1936年第14卷第22期），《中枢之新阵容》（《时事

---

① 张锐、殷菊亭编著《公文程式与保管》，商务印书馆，1934。

月报》1936 年第 14 卷第 19 期），《蒋院长通令修明政治》（《时事月报》
1936 年第 14 卷第 23 期），《庐山谈话会之经过》（《时事月报》1937 年第 17
卷第 3 期），《蒋院长谈开放言论与集中人才》（《时事月报》1937 年第 16 卷
第 4 期）等。

张锐还有《论行政的无能》（《观察》1946 年第 1 卷第 17 期），《论中国
的官僚制度》（《观察》1947 年第 2 卷第 7 期），《生产事业的经营管理》
（《世纪评论》1947 年第 1 卷第 14 期），《论都市民治》（《市政评论》1947
年第 9 卷第 6 期），《释"市自治通则草案"》（《市政评论》1947 年第 9 卷第
12 期）等。前两篇发表在进步刊物《观察》上，对政府有不满的表示，但
思想深度不够。

响应的文章，1934 年 6 月即有史维新《用科学方法研究行政效率》
（《科学的中国》1934 年第 3 卷第 12 期），算得上够水准的一篇。《科学的中
国》是中国科学化运动协会的刊物，该会是科学界热衷于大众化的人士组织
起来的，后来被 CC 派利用。此文提出，处理行政事务须讲究弹性与活用、
计划与中心、统一与分工、公平与公开、指导与考查等原则。关于行政方法
的实施，要注意干部的动员、民意机构的活动和工作竞赛。

借自异域、参考造势的文章，如：李凤鸣《美利坚法兰西的行政改革
论》（《大道》1937 年第 8 卷第 3 期），周天固《日本军部之行政机构改革案
论》（《时论》1936 年第 40 期）。

行政院也稍改衙门作风，与学术界展开合作。据报道，1936 年夏，即有
中央研究院社会科学所承担江宁、兰溪财政问题，清华大学沈乃正承担两县
行政问题，金陵大学马博庵承担邹平行政问题，南开大学张纯明承担保甲
制，方显廷承担土地陈报与测量，清华大学陈之迈承担行政督察专员制的研
究。"上列研究经费多由学术机关自备，作为学术与行政合作之表示。至研
究报告，由（行）政院分送全国行政人员作为改革行政之参考云。"①

张锐报道《地方高级行政人员会议之经过》。② 行政院院长蒋介石为明
了行政督察专员制度施行后之利弊并谋改进起见，亲自召集十省专员（及民
政厅、教育厅厅长）会议，苏、浙、皖、赣、鄂五省主席也就近参加，还有
孔祥熙、蒋作宾、王世杰、何应钦、翁文灏、蒋廷黻，共 90 余人；及中央

---

① 编者：《政院谋学术研究与实际行政合一》，《图书展望》1936 年第 11 期，第 89 页。
② 张锐：《地方高级行政人员会议之经过》，《时事月报》1936 年第 15 卷第 1 期，第 1–11 页。

机关代表陈布雷、甘乃光、徐象枢、端木恺、张锐、滕固、邓介松、吴景超、李朴生、孙慕迦等多人，军委会代表 7 人，教育部、内政部、财政部、卫生署各有代表二三人等，又共 34 人。会议重点是民政、治安、教育三方面问题的研究，会期在 5 月 10 – 16 日。蒋介石在开、闭幕式上各作一长篇讲话，谈到今后的工作纲领：（1）严格考验；（2）覈综名实；（3）密切联系；（4）政治与教育打成一片；（5）节约与踏实；（6）管理与统制。另有 19 条具体工作安排。

林叠的《读蒋院长在十省行政会议席上训词之感想》提出几点体会：一是行政制度之改善，二是管理与统制之运用，三是公文格式及收发处理之改进，四是物料管理及经费节约。认为要以身作则，切实力行，使得吏治修明，庶政毕举。[1]

邹文海的《政府权力与行政效率》沉下心来探讨理论，分 4 节：权力与武力；权力与效率；制度与政府效率；自由与效率。鼓吹资产阶级民主政治，论证制度与人事决定效率的高低，专制独裁并不能提高效率。[2]

张金鉴专门作文，论述行政效率之测量标准与方法。

近四五年来政府当局及学术界对增进行政效率一事，已渐有实在之注重。除了行政效率研究会之设置，及《行政效率》之刊行，各省政府亦多有集中管理与合署办公之实施；各地方政府所有田赋之整理及裁局并科之举措，亦皆因此方向之努力也。

1. 测量标准之重要及其困难

科学管理之根本精神，即在于运用有一定标准的单位，表现或测量客观的成就与准确，不恃主观的判断，为感情的或揣度的评定。其中困难，约有以下几点：第一，因政府行政与私营经营不同。第二，因政府之行政要素极为复杂，行政关系极为错综，对一种行政结果，颇不易为独立的或个别的测量与判断。第三，常用蒙混或欺骗方法，计算其工作结果。第四，人类在政治行动上之表现，常受感情支配，而不易为头脑冷静之客观分析。第五，有人认为政府行政效率之高下，当以民意为依归，若以此为测量行政效率之客观标准，不但失之过于空洞，且事实上

① 林叠：《读蒋院长在十省行政会议席上训词之感想》，《侨务月报》1936 年第 7 – 8 期，第 1 – 2 页。
② 邹文海：《政府权力与行政效率》，《民族杂志》1935 年第 3 卷第 12 期，第 2157 – 2183 页。

也甚不妥当。第六，各机关效率高低指对同样工作其结果优劣之比较而言，但事实上各机关所处各地之文化、地理、政治、经济、社会、人情、风俗、习惯、历史等常各不相同。其所办事务因所遇环境之不同，亦生难易程度之差别。

2. 行政要素与效率测量标准

行政要素"五 M"（人员、财政、物财、组织或机关、方法）。行政效率应从这五种要素着眼。方法系指人员、金钱、物财、组织之运用及处置制度与技术，属于共同者。

……

5. 行政费用与效率测量标准

从经济数字上分析或比较各政府之支出是否得当，是否能发挥其最大效用。此种办法客观而准确，可分为三种：一为单位费用；二为每项担负法；三为件数费用法。

6. 行政功能与效率测量标准

政府者乃人民服务之机关也，政府能否切实推进或完成其所负行政使命与功能，即其行政效率高下之测量标准也。且政府每一种行政活动或功能，皆有其一定之目的与期望，彼对达到此目的与期望时之进程距离之远近，亦即测量其行政效率之客观标准也。

作者管见所及而提出者，非经施诸实用与试验，个人故亦不敢为武断之自信也。不过据美国今年来行政改革之历史所昭示，此类之方法不但可行，且行之成绩颇可赞许。盖有标准有方法之测量，总较漫无依据之暗中摸索为愈也。①

味蘅在《效率的计量》中主要讲两方面内容：（1）个人效率（质——等级，量——数据，力——耗时）；（2）机关效率（标准：手续——简捷，职务——均匀，合作——协调；办法：组织精密，才能相当，财物经济）。②

## 二 行政效率研究会丛书和三刊发表的论文

行政效率研究会编辑英文季刊 *Chiness Administrator*（即《行政效率》之

---

① 张金鉴：《行政效率之测量标准与方法》，《政治经济学报》1936 年第 5 卷第 1 期，第 189 - 215 页。

② 味蘅：《效率的计量》，《京沪沪杭甬铁路日刊》1934 年第 1094 期，第 25 - 27 页。

英文本），于 1935 年 1 月开始出版，颇得外报（如《华北明星报》、《大陆报》、《北平时报》）之好评。①

行政院行政效率研究会丛书包括：《中美人事行政比较》、《美国行政趋向论》、《清中叶县政之舞弊》、《文书整理之理论与实际》（渊时智著，岑维球译）、《人事行政原理》（薛伯康）、《英国行政机构之改造——荷尔登报告书》（蒋星德译）、《英国人事行政概况》（兰倍教授著）。②

这里将《行政效率》、《行政研究》、《行政评论》三刊要目选录如下，以见成果之一斑。

**（一）《行政效率》各期要目**

1934 年第 1 卷第 1 期：《行政效率研究会设立之旨趣》；张忠绂《布鲁金斯行政研究社——介绍美国一个著名的研究实际政治与实际经济的组织》；张锐《促进市行政效率之研究》；江康黎《关于行政效率研究会之我见》；《一、广西设立行政研究院》，《四、安徽省府设总办公厅》，《五、浙江省府各厅处设立统计股》；《行政效率研究会暂行规程》。

1934 年第 1 卷第 2 期：薛伯康《改进职位分类之研究》；孔充《行文之整一化》；周俊甫《秘书在机关中之位置及工作改造》；陈屯《关于"科长"》；师连舫《内政部之科长》；《向行政效率研究会进一言》（原载《华年周刊》1934 年第 2 期）。

1934 年第 1 卷第 3 期：甘乃光《论用人》；李朴生《公文改革底商榷》；沈慕伟《公文登记》；区家英《中央机关领销经常费之程序》；彭启炘《行政机关剪报方法》；薛伯康《研究人事行政之目的范围及方法》；《（一）行政院议决档案整理处附设于本会内》；《档案整理处组织原则》。

1934 年第 1 卷第 4 期：甘乃光《行政参考材料导论》；薛伯康《统一行政院各部会职员请假规则之我见》；张忠绂《论行政效率》；赖琎《行政效率与服务精神》；《本刊启事》；蜡山政道《世界各国行政研究之近况》；孔充《划一代日之韵目》。

1934 年第 1 卷第 5 – 6 期：王先强《视察之研究》；李朴生《省政府合署办公试验的几个问题》；张汇文《美国行政效率馆之成立与过去》；谢贯一《几个行政机关的购料组织及其运用》；蒋崐《法国各部的组织及其运

---

① 南京行政院行政效率研究会：《本会消息》，《行政效率》1935 年第 2 卷第 5 期，第 843 –
945 页。

② 南京行政院行政效率研究会：《图书广告》，《行政效率》1935 年第 2 卷第 3 期，第 770 页。

用》；《苏省府考查各县行政效率》；薛伯康《近代意国人事行政制度之概况》；陈屯、雷啸岑《关于"科长"的讨论》；朱元茂《行政效能与考绩制度》；孙石生《复兴中之行政院效率改进之研究》。

1934 年第 1 卷第 7 期：薛伯康《中央行政机关之人事行政组织及其问题》；师连舫《如何改善现行考试制度》；杨君劢《推行中之考试制度》；江康黎《官职分类之意义》；晏尼克《公务员退休养老办法》；李朴生《曾国藩的用人方法》；素《考铨工作之大问题》。

1934 年第 1 卷第 8 期：周连宽《官厅图书馆之研究》；谢贯一《合署办公后之庶务改善问题》；邱祖铭《档案统制问题之检讨》；蔡国铭《行政院各部会档案管理概况》；崇有《电报韵目代日之改革》；绍博《促进统计行政效率之意见》；侯子明《应励行卫生行政人员的训练》。

1934 年第 1 卷第 9 期：甘乃光《施政程序导论》；苏松芬《权责规定的商榷》；王先强《关于权责规定之又一意见》；蔡光辉《署之权限的研究》；王先强《关于会议规则之具体意见》；苏松芬《会议规则之研究》；《公文政治徒耗时日》；薛伯康《行政院各部会处务规程关于人事行政之研究》；《日本外务省设立公务效率委员会》；李朴生《文书处理的研究》；《张居正之论文书处理》；《南大经济研究所县政研究近况》。

1934 年第 1 卷第 10 期：甘乃光《文书档案连锁办法之试验》；《本会人事组织组审查之〈各部处务规程草案〉之报告》；朱通九《中央会计机关组织的系统》；蔡国铭《行政院各部会档案管理概况（续）》。

1934 年第 1 卷第 11 期：薛伯康《考铨会议之我见》；何鲁成《改革档案管理刍议》；吴子坚、邱祖铭、周连宽等《文书档案连锁办法之讨论（通讯）》；《附档案研究的一个书目》；彭启炘《英国整理档案简史》；《行政院各部会档案管理概况》。

1935 年第 2 卷第 1 期：李朴生《张居正提高行政效率之方法》；《英国行政阶级文官考试妇女难及格（补白）》；李达五《文书档案连锁试验中公文用纸之改革》；陈遹声《如何完成统计组织以促进计政效率之商讨》；汪富礼《增进低级公务员工作兴趣与效率一点办法》；薛伯康《行政学名著介绍》；编者《行政改革消息（五中全会关于行政改革之决议案）》。

1935 年第 2 卷第 2 期：薛伯康《英国人事机关组织之概况》；刘燧元《英国外务部之组织与其运用》；张畏凡《中央各机关公文处理概况》；蒋千仞《法国行政法名著介绍》。

　　1935 年第 2 卷第 3 期：李朴生《县政府的公文处理》；甘乃光《"美国行政趋向论"序》；《英国女公务员的结婚禁例已开》；姚定尘《江苏省考查各县行政效率委员会组织之说明》；蔡国铭《江宁自治实验县政府档案室参观记》；李达五《记内政部档案整理员考试》；张忠绂《政治理论与行政效率》；《树立现代政治机构之急务》；刘勉《行政学名著介绍》。

　　1935 年第 2 卷第 4 期：甘乃光《调查委员会与报告建议书》；《文书处理改革之讨论》；张定华《文书处理几种实例之商榷》；龙兆佛《文书档案连锁办法之商榷》；周连宽《对龙兆佛先生讨论文书档案连锁办法的意见之答复》；《中央各机关公文处理概况》；薛伯康《美国人事机关组织之概况》。

　　1935 年第 2 卷第 5 期：邱祖铭《划分中央地方权责之研究》；李朴生《行政计划之编造与考核》；孔充《公文程式之革新与试验》；谢贯一《英国中央机关文具集中管理》；张锐《地方政制改善的途径》；伯康《读大公报社评〈卑勿高的行政改革论〉以后》。

　　1935 年第 2 卷第 6 期：李朴生《行政计划之编造与考核（续完）》；杨鸿勋《江苏计政革新的探讨》；姚定尘《江苏各县文书改革之建议》；蔡国铭《档案排列的几个方法（上）》；孙澄方《中国关务行政组织概况》；张锐《地方政制改善的途径》；林炳康《行政效率与考铨制度》。

　　1935 年第 2 卷第 7 期：张锐《行政效率是否高调》；李朴生《贯台决口冲出来的行政效率问题》；尚希贤《增进县行政效率的几个先决问题》；孙澄方《退休与养老金》；苏松芬《蒙藏委员会之调查》；蒋崐译《法国国立档案学校沿革》；甘乃光《现代的办事精神（专载）》。

　　1935 年第 2 卷第 8 期：沈慕伟《改进中央行政管见》；薛伯康《中央人事机关组织概况》；何霜梅《县制沿革考》；何鲁成、刘健《内政部档案管理调查报告》；蔡国铭《档案排列的几个方法（下）》；谢子瑜《意大利国家公务员保险制度》；谢廷式《介绍入幕须知》；晏纳克《政制建议书》；《行政效率会工作新阶段》。

　　1935 年第 2 卷第 9 - 10 期：滕固《档案整理处的任务及其初步工作》；张锐《现行档案制度与其改善方案》；王文山《整理档案办法》；孙澄方《档案管理与整理》；赵学铭《行政院及所属各部会档案整理方案》；吴崇廉《档案整理方案（二）》；何鲁成《档案整理方案（三）》；赵学铭、王盘《邮政总局档案管理调查报告》；《行政院及所属各部会档案整理处组织条例》；《行政院及所属各部会档案整理处办事细则》。

1935 年第 2 卷第 11 期：甘乃光《中国行政学者的使命》；薛伯康《对于修正公务员考绩法草案之意见》；江康黎《集中购办之意义及其价值》；林炳康《读晏纳克氏的政制建议书以后》；蒋星德《英国行政机关女公务员之地位》；郝遇林《江阴公安局公文之改革》；《行政院组织法修正之要点》。

1935 年第 2 卷第 12 期：姜旭实《怎样培植行政人才》；张定华《讨论王文山先生整理档案办法》；王文山《再论整理档案办法并答张定华君》；张锐《名著介绍》。

1935 年第 3 卷第 1 期：张锐、徐象枢《公报调查和集中编印的研究》；谢廷式《行政院所属各部会的定期刊物（上）》；李朴生《文书改革讨论中的六个问题》；何会源《一人一卷式编制》；《赵学铭按性质分类编制》；尹乐道《提高县行政效率之基本问题》。

1935 年第 3 卷第 2 期：薛伯康《再论关于职位分类》；林炳康《曾国藩论国难与吏治》；张畏凡《改善公文用具之我见》；何鲁成《县政府文书处理法》；赵学铭《县政府档案处理法》；谢廷式《行政院所属各部会的定期刊物（中）》。

1935 年第 3 卷第 3 期：李朴生《改善现行委员制的必要》；《附中央改制问题时论的分析》；直言《整理与厘定官制官规时所应采取之方法》；薛伯康《公务员俸给制度之检讨》；杨荫清《现行保甲制度的检讨》；冯介如《一个改革"签呈"的试验》；谢廷式《行政院所属各部会的定期刊物（下）》。

1935 年第 3 卷第 4 期：张锐《现行考铨制度的检讨》；陈之迈《政制改革与行政效率》；李朴生《蒋介石论用人的方法（上）》；苏松芬《中央财务行政组织之研讨》；谢廷式《评述白乐士考绩方案》；沈兼士《改进中国吏治刍议》。

1935 年第 3 卷第 5 期：李朴生《蒋委员长论用人的方法（下）》；孙澄方《考绩制度与方法》；沈兼士《五权宪法下考铨制度之研究及今后应取之方针》；张定华《简体字与行政效率》；何鲁成《邮政总局现行档案管理办法说明书述评》；《本会实验整理档案方案工作报告》。

1935 年第 3 卷第 6 期：徐象枢《今后研究行政效率的方针》；沈惟泰《邮政机关之人事制度》；李宗义《百年来英国地方政府的回顾》；劲昂《财政与行政管制》；沈松林《改革公文程式的一点意见》；吴啸颖《提高铁路行政效率的途径》；林炳康《江宁县行政效率研究委员会组织概况》；《江宁

自治实验县县政府行政效率研究委员会暂行组织规程》。

**（二）《行政研究》各期要目**

1936 年第 1 卷第 1 - 3 期：翁文灏《行政研究刊行的意义》；蒋廷黻《我的行政经验与感想》；张锐《新政的透视和展望》；吴景超《地方财政与地方新政》；陈之迈《研究行政督察专员制度报告》；《事务官之保障弹劾及惩戒》；马博庵《邹平定县等地考察印象记》；张金鉴《现代都市法律地位之观察》；金宝善《公医制度》；孙澄方《集中购办组织及物品分类》；孟广澎《公务员修养与行政效率》；姚定尘、石冲白《第六届世界地方行政会议报告书撮要》；杨适生《专员制度之研究》；尚传道《美国政府手册》；谢廷式《十七世纪以来之英印吏治》；《英国吏治浪漫史》；何廉《吾国地方财务行政之检讨》；吴景超《整理生产事业的途径》；张锐《宪法草案中的地方制度》；徐道邻《营业界限争执之行政法观》；严仁赓《江宁兰溪财政调查报告》；孙慕迦《介绍一个模范建设区的行政》；曹立瀛《公务统计之编制》；奉琛《北京大学政治学系研究行政学之经过》；甘乃光《政权运用与行政效率》；方显廷《整理地籍刍议》；沈乃正《地方自治确立前省县权限之调整》；鄺裕坤《中国都市交通管理权与交通整理》；谢廷式《考绩之理论与实际》；严仁赓《江宁兰溪财政调查报告（续完）》；朱驭欧《介绍一个学术机关：布鲁京斯研究社》；殷体扬《我国市行政问题与县市政计划》；胡次威《重要县政问题改进意见（续一）》；张锐《评刘迺诚著〈比较市政学〉及张金鉴著〈美国市政府〉》。

1937 年第 2 卷第 3 期：张纯明《现行保甲制度之检讨》；汤吉禾《论"违法"与"失职"》；张金鉴《市区公用事业之经营及统制》；谢廷式《考绩之理论与实际（续完）》；江养正《宪法草案中的政治制度》；马博厂《邹平实验县政的剖视（续三）》；致远《省地方统计工作之困难》；胡次威《重要县政问题改进意见（续四）》。

1937 年第 2 卷第 4 期：陈之迈《论我国行政与立法的关系》；陶履谦《建警罚法修正草案起草之经过与说明》；李朴生《侨务行政几个重要问题》；严仁赓《陕西省的田赋问题》；沈鹏《推进现行保安制度之商榷》；陈汝德《"论行政处分之拘束力"的讨论》；胡次威《重要县政问题改进意见（续五）》；《省府合署办公施行细则要点》；《行政院通令各省整饬人事行政》；刘家杰《土地整理之理论与实际》。

1937 年第 2 卷第 5 期：甘乃光《文书档案改革运动的回顾与展望》；郑

震宇《内政部厘整地政单行法规概况》；李朴生《调整侨务行政一个最低度的意见》；徐道邻《行政诉讼中之赔偿损害问题》；《统计行政中之统一表格问题》；曹立瀛、吴顾毓《邹平实验县政府之人事管理卡片》；胡次威《重要县政问题改进意见（续六）》；《整理官制厘定官等办法》。

1937 年第 2 卷第 6 期：谢廷式《论文官官等官俸的改订问题》；鲁学瀛《论党政关系》；孟广彭《县政人民服务观念及方法上应有之纠正》；余秀豪《我国各地警察行政应有之改革》；罗天亚《保甲与区政》；钟竞成《我对于行政督察专员制度的意见》；行政院统计室《各省市政府之统计刊物》；高清岳《嘉兴县训练乡镇事务员的始末》；《行政专员任用资格文武比照问题》；朱玖莹《河南第二行政监察区各县营造道路林办法》。

1937 年第 2 卷第 7 期：李朴生《省政府合署办公的文书处理问题》；朱大昌《公文改革的几个实验》；沈乘龙《现行法上公务员之责任》；严仁赓《陕西省县地方的财务行政》；尚传道《城市设计之研究》；王天择《论提高县政效率》；曹立瀛、张锐《统制行政院各部会署公务人员统计之经过》；高清岳《嘉兴训练乡镇事务员的始末（续）》；谢廷式《行政学的范畴》；《交通部将审查交通人员资历组织审委会主持办理》；萱昌平《对于违警罚法修正草案之管见》；钱江《改进浙省现行金库制度及收支程序之简见》。

**（三）《行政评论》各期要目**

1940 年第 1 卷第 1 期：《行政组织》；张金鉴《行政组织合理化之原则与方法》；谢廷式《论增进行政效率与考核行政效率》；孙慕迦《中国人事行政改进问题》；孙澄方《缩小省区问题研究》。

1940 年第 1 卷第 2 期：孙慕迦《论确定职责——调整行政改进吏治之先决问题》；周钟岳《一年来之内务行政》；张金鉴《行政管理与科学》；吕学海《我国战时的行政体制》；任维钧《非常时期公务员俸给问题》；孙澄方《关於县政府之组织职权及其运用问题之研究》；萧文哲《乡镇制度之检讨》；苏松芬《各省战时财政之检讨》。

1940 年第 1 卷第 3 期：孙幕迦《论行政计划，考核与执行》；张金鉴《办公厅的环境与行政效率》；林纪东《中国行政法学之改造》；江康黎《对于都市计划法之商榷》；胡青门《关于民财建教在县政上的几点意见》；周雅怀《中央各机关公报之调查与研究》；《中央各机关公报编辑印刷发行等状况调查表》；吕学海《我国行政研究之过去与将来》；王用宾《关于政务官考成问题》。

1940 年第 1 卷第 4 期：张汇文《强化领袖制刍议》；孙慕迦《行政机构合理的标准》；张金鉴《论公务员薪给的标准化与合理化》；李朴生《战时各级行政机构的调整》；陈烈甫《缩小省区问题之研究》；张鸿钧《对新县制实施之意见》；李旭《实施新县制之意见》；汪经昌《簿书脞话（一）》、《簿书脞话（二）》、《簿书脞话（三）》；邱致中《都市行政区域之地理的背景》；伍直平《介绍几种档案管理的新法》。

1941 年第 2 卷第 1 期：孙慕迦《建设科学舆论的呼吁》；闵天培《调整地方行政机构之建议》；程厚之《地方自治运动的回顾与新县制的展望》；李宗黄《对新县制实施之意见（一）》；李鸿音《对新县制实施之意见（二）》；《中国县政学会章程》。

薛伯康（1903－1941），曾在上海商务印书馆当童工，得资助赴美入华盛顿大学专修人事学，入明尼苏达大学攻读工商行政学，获硕士学位。回国后任中央政治学校教授，兼《行政效率》主任编辑。先后出版《中美人事行政比较》、《人事行政大纲》。抗战中期在重庆生活艰苦，医疗条件差，因急性阑尾炎救治不及时逝世。薛伯康的论文有：《培养公务员之研究》（《建国月刊》1931 年第 5 卷第 2 期）；《研究人事行政之目的范围及方法》（《行政效率》1934 年第 1 卷第 3 期）；《近代意国人事行政制度之概况》（《行政效率》1934 年第 1 卷第 5－6 期）；《中央行政机关之人事行政组织及其问题》（《行政效率》1934 年第 1 卷第 7 期）；《行政院各部会处务规程关于人事行政之研究》（《行政效率》1934 年第 1 卷第 9 期）；《美国人事机关组织之概况》（《行政效率》1935 年第 2 卷第 4 期）；《人事行政与政治效率》（《国衡》1935 年第 1 卷第 4 期）；《行政学名著介绍》（《行政效率》1935 年第 2 卷第 1 期）；《再论关于职位分类》（《行政效率》1935 年第 3 卷第 2 期）；《英国人事机关组织之概况》（《行政效率》1935 年第 2 卷第 2 期）；《中央人事机关组织概况》（《行政效率》1935 年第 2 卷第 8 期）；《对于修正公务员考绩法草案之意见》（《行政效率》1935 年第 2 卷第 11 期）；《公务员俸给制度之检讨》（《行政效率》1935 年第 3 卷第 3 期）；《国家考试制度之比较研究》（《新中华》1936 年第 4 卷第 4 期）；《对于中国市政的观感》（《市政评论》1937 年第 5 卷第 6 期）；《城市行政组织的新动向》（《市政评论》1937 年第 5 卷第 1 期）；《对於中国市政的观感》（《道路月刊》1937 年第 53 卷第 3 期）；《改进地方行政的途径》（《政论旬刊》1938 年第 1 卷第 30 期）；《如何研究中国行政》（《民意周刊》1939 年第 69 期）；《地方行政组织的新动向》(《政治季刊》1939 年第 3 卷第 2 期)等。

三 文书档案改革的切实研究与实践

先看看 1934 年行政效率研究会(公文档案组)和档案整理处成立以前,学者们的相关研究。

梁启超以笔名沧江写的《论法治国之公文格式》① 曾指出,不同于专制国仅有惟一最高机关,立宪国"于最高机关之下而有多数之独立机关,互相限制互相补助,以完成统治权之作用。……而彼此各有其权界,苟非分别部居以郑重其形式,其必至甲机关之权责为乙机关所侵蔽……此各国规定公文式所由兢兢也。"他举了"法律及命令"和"诏旨"两大类例子细加说明。举第一类例子是说各种公文出自不同系统,法律高于命令,不能与法律抵触。命令又分紧急敕令、独立命令、委任命令、执行命令、官厅内部命令五种,不许相逾越。"我国人惟不达此义,是故律令、则例、章程、规条等纷如雨下,名称杂糅,不立差别……使人靡所适从……以此而欲举法治之实,斯无异南辕而北其辙也。"其他公文格式之应厘定者尚多,未能缕述。

王后哲编《公文研究法》,分八部分,介绍写作公文的要诀、定例、通则、用语、须知、程式、说例等。②

因军阀混战、政权更迭、南北对立等,公文程式改变甚多,不能一一备载。《公文书程式举例》有十几次修订改版。民国 16 年(1927),国民政府颁布《公文程式条例》,规定公文分令、训令、指令、布告、任命状、呈、咨、公函、批等九种。以下是 1928 年国民政府颁布的几种最常用的公文规定(同级机关公文往复时用之):

令:(甲)党部所用之令;(乙)行政机关所用之令,(1)任免令、(2)中央政府所用之令、(3)各院部及中央直辖各机关之令、(4)各省政府及特别市政府所用之令、(5)其他机关所用之令;(丙)训令;(丁)指令;(戊)电令。

布告:(1)散文布告;(2)六言韵文布告;(3)白话布告。

批:(1)中央及各院部之批;(2)其它行政机关之批。

---

① 沧江:《论法治国之公文格式》,《法政杂志》1911 年第 1 卷第 7 期,第 81 - 91 页。

② 王后哲编《公文研究法》,大陆图书公司,1923。

公函：（1）国民政府及中央各特任官署行用之公函；（2）各并行机关往来之公函；（3）不相隶属各机关往来之公函公电；（4）附官厅与法人公函。

咨：（略）

呈：（1）官署或官吏对于中央政府所用呈；（2）下级官署或属官对于上级官署或长官所用呈；（3）电呈。

附录　（附录甲）国际交涉之公文书、官署特定之公文书；（附录乙）公署特定专式之文牍；（附录丙）提案、议事录；（附录丁）公文书体裁及用语。[1]

陈和祥编《实用书记指导全书》，分上、下编。上编为"书记要诀"；下编为"书记范例"，依据书记的职务，分内政、军警、党务、财政、司法、外交、交通、教育、实业、民众团体十类。[2]

邹炽昌编《公文处理法》，分收文、办稿、封发等9章，叙述处理公文的全部程序。[3]

行政院秘书处编《行政院会议关于处理公文改良办法决议案》[4]，附各部会审查报告。

深悉传统文书的许同莘著《公牍诠义》，[5] 作者曾参张之洞幕，又服官京曹，得伯父许静山指点。后整理张之洞遗书，获益极多，想写《公牍丛话》，未成。应邀在河北地方行政人员训练所讲课，编讲义《公牍要旨》（由河北月刊社出版）。又在河北政务学术研究会宣讲，写出诠义19篇，先述要旨（宜知——古、今、要、变；宜戒——苟且、虚伪、私心成见）、历史，总结出观通、择雅、通俗、法后、去忍、养耻、博趣几条法则，最后是余论和各朝辞命，都举范例并作讲评。

还有1939年出版的朱翊新所编《现行公文程序集成》、1946年出版的朱伯郊的《文书处理程序》等。下面摘录几则史料：

---

[1]　商务印书馆编译所编纂《公文书程式举例》，商务印书馆，1918，第1-3页。
[2]　陈和祥编《实用书记指导全书》（上、下册），普益书局，1930。
[3]　邹炽昌编《公文处理法》，世界书局，1931。
[4]　行政院秘书处编《行政院会议关于处理公文改良办法决议案》，南京行政院秘书处，1933。
[5]　许同莘：《公牍诠义》，《河北月刊》1933年第1卷第1期，第231-253页。

　　行政院既于1938年制定《公文改良办法》，又于1939年订颁处理案件注意事项，对于公文的处理，收发的程序，随时均有不少的改进。中央党政军提高行政效能总检讨会议决议案，为提高行政效能，对文书手续的简化、请款手续的简化，提示三种办法，对行文、核判、会稿、呈复、表册、公报、程式，各举一例，足见中央对公文的改革，实在不断的注意。①

　　现行公文种类，不外乎"呈"、"咨"、"公函"、"函"、"电"、"代电"、"训令"、"指令"、"委令"、"批"等固有名称；公文程式又不外乎"案奉"、"案准"、"案据"、"等因奉此"、"等由准此"、"等情据此"、"仰祈鉴核"、"相应函达"、"令仰遵照"等牢不可破套语；各机关处理公文手续，亦无非是"收文"、"批阅"、"交办"、"拟稿"、"核稿"、"送判"、"发缮"、"校阅"、"监印"、"封发"、"归档"等刻板程序。相沿已久，殆成定例。②

　　我国政府机关，通常每一文书处理，大体都要经过交办、调卷（或签查签复）、阅卷、请示、批示、拟稿、清稿、（或加会稿）、送稿、核稿、呈判、发缮、校对、送印、封发等14次基本手续，连同管卷、呈判、缮写、校印等工作部门的分别登记，最少又是14次，合共28次。再乘以令文层级递转次数（自中央院部至地方乡镇至少是七级），则每文基本处理手续，要经过196次。如果再把层级呈复的次数倍算起来，直须392次！而部咨、府咨，以及签查签复等旁系手续还不在内。以这样繁复的手续，倘再加上办理迟缓，表意模棱；甚或法令效力薄弱，势须另外再来几套"三令五申"。那么，每一令文，从开始到结果，中经时日及处理次数，实更无法统计。这是我们公文一贯的作风，也至少是数十年来政治不进步的原因之一。③

　　早在运动之前，陈立夫在中央党部、蒋梦麟在教育部、黄伯樵在上海公用局都进行了文书档案改革的试验，许多机关内部也在酝酿改进文书档案工作。行政院参事滕固（1902－1941），上海人，一度代理负责文书档案方面

① 台湾省长官公署秘书处：《台湾一年来之文书改革》，台湾省长官公署宣传委员会，1947，第1页。
② 福建省政府秘书处第一科：《福建省之文书管理》，福建省政府秘书处，1939，绪言。
③ 陈国琛：《文书改革在台湾》，台湾省印刷纸业公司，1947，第1页。

的改革。他毕业于上海美专，留学日本。早有文名（创造社作家），是中华学艺社骨干，任过国民党江苏省委常委，属改组派。1930 年入德国柏林大学专攻美学，获哲学博士学位，成为美术史家、考古学家，曾游历欧洲、日本。历任中山大学等校教授，中央古物保管委员会常务委员。[①] 抗战初期任国立艺术专科学校校长，不久仍回行政院任职，英年早逝。他有一定的行政经验，但行政院此项任务只是客串罢了。[②]

何鲁成（1912 – 1981），江苏武进人，毕业于光华大学经济系，也念过中国公学法律系，做过短暂的记者工作。1934 年进入国民政府行政院档案整理处，在甘乃光指导下工作。他的《档案管理与整理》实用手册，属行政效率运动的成果。抗战时他一度回浙江工作，有《行政管理》（浙江省地方行政干部人员讲习所 1939 年 9 月初版，属 "地方行政丛书"），内分人事管理的性质与历史、职位分类、公务的训练等 21 章。后应张群之召到四川，在航空委员会任人事考核总干事。完成著作《人事考核与管理》（重庆：商务印书馆 1945 年 2 月初版，1946 年 11 月上海再版），分 6 章，论述人事考核的意义与方法，介绍如何进行业务、才能、德行、思想等方面的考核。

抗战胜利后，回行政院任资料室、人事室等部门的主任。解放初，中共中央档案部门负责人曾三寻找他。他误会而逃，滞留香港，研究分析新中国财经等领域的动态，出版《中共财政解剖》，在国际上 "中国问题" 专家中颇负盛名。1959 年，陈诚授意 "大陆工作委员会" 主任陈健中邀请何鲁成到台湾，编辑《今日大陆》杂志及 "动态通讯"，并在政治大学东亚研究所授课，培养了一批中外（美国等）硕士、博士 "中国通"。

何鲁成的相关论文有：《改革档案管理蒭议》（《行政效率》1934 年第 11 期），《县政府文书处理法》（《行政效率》1935 年第 3 卷第 2 期），《论人事考核》（《时代精神》1942 年第 5 卷第 6 期），《政府机关应实施集中购买制》（《社会公论》1947 年第 2 卷第 3 期）等。

何鲁成在《档案管理与整理》中写道："三年前（1934 年）我到一个县政府去参观，发现有许多积弊，是与档案管理有关系的。……档案管理，是要从调查比较两方面着手……就决意在二年之内，专力研究这个问题。……行政院各部会档案整理处，……甘乃光先生……滕若渠（固）先生，和张伯

---

① 编者：《本馆出版物著作人履历（十五）》，《出版周刊》1935 年新第 124 期，第 23 页。
② 谭正璧：《忆滕固》，《万象》1941 年第 1 卷第 3 期，第 59 – 63 页。

勉（锐）先生（支持我）……到南京各机关去调查，差不多费了半年功
夫……又到各地方机关去征求资料……从比较上我对于档案管理的实际情
形，有了一个彻底了解，当时就拟了一个整理方案……""在行政效率会时，
指导我研究工作的是张伯勉先生和李朴生先生。"① 这本书以机关档案工作为
主要研究对象，分 10 章：概论、行政、文书档案连锁法之理论与实施、点
收与登记、分类、编目、归卷与调卷、庋藏、归卷之整理、行政参考资料。
参考文献包括中文论文 55 篇、著作 9 部，西文论著 26 部（篇）。论述的各
部分构成了有关机关档案室档案管理的较为完整的理论体系。

周连宽也是甘乃光发现和着力培养的新秀，被任用为进行几项试验的干
将，能创造新法，较快熟练掌握并示范推行。他与文书档案改革活动共始
终，体验更深，编《公文处理法》，包括绪论、收文、拟办及办稿、会办、
缮校印、发文、公文检查、电报处理、其他文书处理问题 9 章。②

周连宽著《档案管理法》，他说："档案一词起于清代，《柳边纪略》
云：'边外文字每书于木，往来传递者曰牌子……存储年久者曰档子，以积
累多贯皮条挂壁若档故也……'满人木牌书字之制，自入关后虽渐改革，但
因习惯相沿，仍与案字连称为档案。所谓档案，系指处理完毕而存储备查之
公文也。至于档案之内容，应包括公文及其附件，与其他有关公务之一切图
表簿书等。"③ 全书共 8 章：绪论；组织与人员；登记；分类编号；编目；装
订与排列；典藏；结论。程序一贯，步骤清晰。例如，第四章的各节为：档
案分类之意义；确立档案分类系统；编定分类符号；编制档案分类表之程
序；分类之程序；连锁办法之分类程序；归卷。④ 指导性强。

1949 年 5 月，重庆私立崇实档案学校出版部出版了殷钟麒所著的《中国
档案管理新论》。⑤ 该书共三编 17 章。第一编绪论，分 5 章（意义、历史
等）。第二编行政，分 5 章（组织和制度、培养及研究、考察等）。第三编办
法，分 7 章，叙述文书档案连锁法、档案三联制（设计、执行、考核），以
及档案管理、检查、整理旧卷等。档案管理中又对高、中、低三级机关的情
况加以分析，对管理工作的各环节都详加论述。

① 何鲁成：《档案管理与整理》，商务印书馆，1938，第 1-4 页。
② 周连宽编《公文处理法》，正中书局，1945，第 6 页。
③ 周连宽：《档案管理法》，正中书局，1945，第 1 页。
④ 周连宽：《档案管理法》，正中书局，1945，第 15-23 页。
⑤ 殷钟麒：《中国档案管理新论》，重庆私立崇实档案学校出版部，1949。

　　文书档案连锁法的推行，简化了文书收发、编号、登记等手续，加速了文件的流转，提供了机关文书档案管理的统一办法。在文书方面，国民政府肯定了 1930 年 5 月教育部下发《画一教育机关公文格式办法》的做法，并训令公文加用标点于 1934 年 1 月 1 日起施行，同时下发《公文标点举例及行文款式》，向中央各部会推广使用。国民政府推行以公报代替公布的发文、以会签簿代替会稿咨文、修改收发文簿式及公文稿面、加强公文总检查等。

　　在档案管理方面，试行了一种固定以组织机构和职掌为区分原则的纲目分类方法，明确规定了案卷应分定期和永久保存两种，制颁文卷保管年限原则及改良保管档案办法等一系列改良措施，改善了文书档案管理混乱、落后的状况。改革运动促成了近代档案学研究的第一次高潮，《行政效率》杂志上先后刊载了 67 篇关于文书档案工作研究的文章，1935 年 5 月还出版了《行政效率·档案专号》，使先进的档案管理方法得以推广、普及，使人们对档案工作有了进一步的认识，促使档案学从文书工作的研究中分离出来，对两者分别独立又密切联系地加以研究，并构成基本体系。从周连宽、程长源的直接经验叙述，到 1938 年何鲁成《档案管理与整理》出版，已有了显著的抽象概括。

　　今天有学者指出，"连锁法"混淆了立卷与分类的关系，"分类方案"实际上只对单个文件起作用，而没有考虑一组文件之间密不可分的立卷关系问题。改革也未能使档案管理体制得到根本改变，档案整理处仅存续了 4 个月。

　　安徽人陈国琛，毕业于北京法政大学，曾任县长。1936 – 1938 年任福建省政府秘书处科长。他在"连锁的分工制度下，做到工作日清，查考迅速（平均每卷调出三分钟）"。1946 年主管台湾的文书和档案工作，著《文书之简化与管理》，[①] 该书与行政管理学紧密结合，讲求文书和档案管理的行政效率。全书共 10 章。前四章为总论，包括文书概论、改革行文制度问题、改革收发及档案制度问题和彻底改良政府公报等，研讨改革管理的原则，多属文书行政问题。第五至第十章构成文书技术各论，包括行文技术之运用、收发技术之运用、档案技术之运用、文卷分类归档表解、战时文书管理、《统一文书管理办法（草案）》等，研讨统一管理的方法，多属文书技术问题。

---

① 　陈国琛：《文书之简化与管理》，台湾新生报社，1946。

陈国琛著《文书改革在台湾》①，台湾省行政长官公署秘书处编《台湾一年来之文书改革》（"新台湾建设丛书"）②。前者包括改革的经过、公报改良的彻底、统一全省公文用纸和用具式样、全省采用陈国琛档案分类表等7章，是编者改革文书档案的经验和方法在台湾推行情况的记录。后者是"新台湾建设丛书"之三，含行文改革、举行文书讲习会、统一公文收发等章。陈国琛原来在福建时也推出了《福建省之文书管理》（"闽政丛刊"第38本）③，分公文、收发、档案3章。陈国琛作为台湾省长官陈仪的老部下，掌管文书工作甚久。与处于中央机关的干部不同，陈国琛在地方上得到省级首长的授权，将全省直属机关的这项工作集中统一，又能直接推行到县市级，不像何鲁成、周连宽等人只能"浮"在部委（会）。这三本书都为经验之谈。

上述第一本，经作者的同僚孔大充、高柳桥、郑文蔚、林尔堃、杨叔耆、张俊仁校阅，他们或是革新工作的参与者，或是行政理论专家，也都贡献了宝贵意见。

## 第三节　难以推行到位的工作竞赛等举措

### 一　意犹未尽的文书处理问题

民国政府的近代官僚制（科层制）的组织结构，以"命令－服从"为统治类型，借文书作为链接上下级办公的方式，因而文书处理始终是一个重要问题。这方面的研究文章一波又一波，本节不得不继续介绍一些有代表性的论著。

王丹岑（1908－1959，安徽省政府秘书主任）作《公文的性质种类及其沿革》，篇幅不长，言简意赅：

（一）公文的性质（纯粹叙事文或抒情议论文）；（二）民国以前之公文程式（体裁，形式有行数之规定、笺启之规定、套封之规定、标硃

---

① 陈国琛《文书改革在台湾》，台北书店，1947。
② 台湾省行政长官公署秘书处编《台湾一年来之文书改革》，台湾省行政长官公署宣传委员会，1946。
③ 陈国琛：《福建省之文书管理》，福建省政府秘书处，1939。

之规定）；（三）民国以后之公文程式：1. 民国元年（令，咨，呈，示或布告），2. 民国元年十一月（大总统令，院令、部令、委任令、训令、指令、处分令，布告，任命状，咨，公函，呈，批），3. 民国三年袁氏帝制时（大总统公文，大总统府政事堂公文，官署公文三类程式），4. 民国五年袁氏失败后（恢复第2条形式），5. 民国十四年广州国民政府（令，通告，批答，任命状，呈，咨，公函）；（四）北伐以后之公文程式：1. 民国十六年八月（增训令、指令、咨呈，民国十七年废咨及咨呈，规定下级机关对上级机关为呈，恢复布告与批，人民之呈为状，规定均用语体文，得分段叙述，使用标点，此为公文革命划时代之阶段），2. 民国十七年（九种公文：令、训令、指令、布告、任命状、呈、咨、公函、批，各机关对人民通知宜用公函），3. 民国二十四年四月（公署行文，不论上行、平行、下行，自称均冠"本"字，取消"职""属""敝"等字，以示划一），4. 民国二十二年十月（公文标点举例，及行文款式举例），5. 民国二十七年七月（为应乎抗战形势，制定改良办法九条，文字组织上求其简明扼要，送达求其机密迅速）。总的来说是由繁趋简、由难趋易，以图标代替篇章，以数目字代替文字。①

王昭然著《公文革命刍议》，是著者对改革公文格式、术语、处理等的意见书。②

梦文编《最新公文手册》，介绍各类公文的程式、作法、用语、体例、用纸等。③

陈国琛的《文书之简化与管理》，附录《中央改革文书法令辑要》，涉及十种法令：《修正公文程式条例》、《划一公文用纸办法》、《划一教育机关公文格式办法》、《公文标点举例及行文款式》、《公文改良办法》、《处理案件注意要点》、《各机关对县府行文程式》、《市县地方自治机关行文办法》、《公文提案式释例》、《中央党政军提高行政效能总检讨会议决议案》。

另一篇也是老手、高手之论，即杨绰庵的《处理文书简易办法》，摘要如下：

① 王丹岑：《公文的性质种类及其沿革》，《读书通讯》1943年第76期，第11-14页。
② 王昭然：《公文革命刍议》，自刊，南京，1946。
③ 梦文编《最新公文手册》，上海众志出版社，1946。

我国公文其弊不外数端：（一）轻重不分，精神浪费；（二）层次太多，责任不专；（三）不求成效，徒尚虚文；（四）手续烦复，周转不灵；（五）用语模棱，不着实际；（六）稽核不周，管理散漫。兹就管见所及，并归纳各方之意见，草拟处理文书简易办法，计分"甲、分层负责""乙、节省手续""丙、简化内容""丁、严密稽核"四项。

甲、分层负责

（一）分别轻重

1. 注意紧要事件。（1）承办人承办文电，应审察案情，分别"特急""最要""次要""寻常"四种。属于特急者随到随办，有关时间性文稿，得由主管负责人先行核发，再呈长官补判，次要寻常文件，均依规定时限办理，不得稍有压延……

2. 省略不必要文书。……（3）凡循例公文，寻常表报，或颁发单照表册等，有关固定性处理办法者，均应分类登记于处理例文例报登记表，定期列表汇报，或令行，一面印就来文简便答复表，及颁发单照表册等，以便随时填用，替代稿正，以免逐案办文。又饬属办理事件，逾期未复者，亦可由承办人填用印就之催办令稿正，并由各单位主管人核行，无须长官判发。

3. 销毁不必存案卷。

（二）减少层次

1. 公务直接商洽。（1）不相隶属机关，相互咨询，或磋商公务，得直接行文，无庸概由上级机关核转。（2）凡交办事件，以一事交由一个机关办理为原则，如必须会同办理者，应由承办机关会商行之。……（4）层级较多机关各单位，对于本机关同级单位及附属机关，有关其他主管业务之研究、调查、商榷，及数字错误之纠正等事项，均可互相通函，以期便利，而重职责。

2. 公文直接分办。（1）废止科室收发制度，将总收发移与各科室同一办公厅，担任公文周转之登记。（2）层级较多机关，公文周转时间比拟办时间常多数倍，故组织较大机关，所有收文，除特定外，一律由收发径分承办人办理，一面将收文表二份分送长官及主管人核阅，惟承办人职掌，应详细规定，通知收发员，以为收文分办之依据。

3. 限制核稿层次。（1）办理签呈及文件之程序，以经过"拟办""初核"及"复核"三层为原则，每层以一人负责签署，但不同单位之负责人，必须会签会核者，不在此限。所属单位过多（十个以上）者，增加"总核"一层，以资联系；在机关内部，初核及复核，并为一层。（2）各级负责核行之文件种类及负责人，另行列表规定……

（三）注意成效

1. 实施行政三联制。……（2）计划、执行、考核三者，必须密切联系，计划者须将计划之目的、方针通知执行、考核两方面，执行者须将进行难易与效果，报告计划、考核两方面，以备参考而谋改正。且计划、执行、考核三者，各有层级之分，所恃为纵横之沟通者，乃在各级承办文书人员各负责任，而注意切实有效之联系办法。

2. 采取有效办法。（1）承办文书人员，应把握时间，解决问题，完成任务。凡呈请上级机关核示之事件，必要详叙案情，拟具办法，不得毫无主张，希图卸责；对下级机关请示事项，应剀切指示，不得搁置不理，或以推诿含糊之词相答。其有案情饬查，或令执行者，须列举如何事实，应行如何处理，不得空洞行文，不加按语；俟其呈复，再行转呈核示。（2）办事人员应实事求是，各尽最大努力，务期承办事件获得确实迅速而正当之有效办法，不得有拖延草率浪费，及敷衍塞责情事。

3. 承办者应负全责。（略）

乙、节省手续

（一）周转手续：（1）收发文号统一编列，以便查考，所有收发文，均用活页收发文表，油印（单位少数者，可用复写）分送各单位备用，不再编号及登录收发文表，以免重复，而省手续。（2）机关内部各单位间，或个人间文书之传递，应由各办事人员自为之，不得一概假手于工友人等，以免贻误，并可节约劳力。（3）凡案情无须承转机关参加意见者，应同时分令遵行机关，以免转令迟延。又饬属转发附件，必须预计各属需要转发数量，印刷附发，或径寄应转发之机关，以防重印迟转之延误。

（二）会商手续：（1）本机关内各级单位，暨在同一地点之机关，遇有互商事件，案情繁杂而交通便利时用面谈，案情简单或紧急时用电话，距离较远电话不通时用书信，与本机关内多数单位洽办者，则于会报时共同解决，不得将档转送签注。（2）各单位会签会稿文件，严限会核时间……凡会办多数单位之签注，应循各单位办公地点，挨次递转，无须逐一送还主办机关，再行会核。（3）凡急要稿件，必须通会单位者，由主办单位召集主管人商定办法，仅会一二单位者，用口头征求同意，均先呈判发行，再送补章。（4）在同一地点之有关机关主管人姓名，及其职掌，需印制手册，分送各该机关内主管单位存查……而便接洽。（5）凡由电话洽商，或当面接洽之公务，即将商洽之经过情形，报告各该上级长官，一面记载办事手册，重要者由双方接洽人员共同签章，俾昭慎重。

（三）替代公文：（1）通行文书或指复准予备查之案件，可以公布，并无时间性关系者，尽量采用刊登公报，不另行文，其案情急切者，则先由中央通讯社以电报传播之。（2）本机关暨内部各单位收文，有需所属机关查复或核议者，无需办文，承办人即就文面分别标明，递送各主管人盖章，而后分别填单，载明交办要点，连同原文封发该机关办理，所属机关，对交办之案，除将原文载录备查外，只须如具签注，随之缴还。（3）凡不加意见，饬属核办之件，亦可照前项办法具报，所属机关，即将本案拟办之文稿，复写一份，填单注明奉交日期与单号，附呈察照，无须另办呈文。又处理案件，除告知执行机关外，如须知照有关机关者，即将告知执行机关之文，复写或油印分送有关机关知照，填单附发，无须另办知照公文。

丙、简化内容

（一）程式与行款：（1）公文程式须求简单，拟规定令、签、函、告、状、电六种，将公文条例规定之令、训令、指令，并为一种，一律用令；呈及各机关常用之签呈、签注、报告，并为一种，一律用签；咨与公函及常用之签函，并为一种，一律用函；布告与批及常用之通告、告示、榜示、通知、通报、代电，并为一种，一律用告；任命状及常用之委任令、派任派状、聘函，并为一种，一律用状；常用之电报称为电；上行公文用签，下行公文用令，平行及不相隶属者，均用函，状为任用人员所专用，告与电则不论机关、团体、人民，及上行、平行、下行，一律通用。（2）空文搪塞之弊亟宜革除，应规定无论上行、平行、下行之公文，遇有两项以上之事件，均须采用分项条述办法，查询之案，则仿照问答式，列举问题，其有关分类调查统计数字者，则印制表格，送请填复，以杜虚伪，而求确实。（3）公文应加标点，但以采用顿、逗、支、句、祈使或感叹、综、提引、括号等九种为准。（4）公文用印，每件以一颗为限，骑缝盖官章，不用印信……

（二）拟稿注意事项：（1）凡属赘冗词句，亟应节删……如来文繁复，非照转不易使承受机关知其颠末者，可抄作附件，而在正文内，只叙案由。又来文中递转层次过多，易致纠缠者，可将中间递转层次省略，即以"转据""转准"等字衔接之。电报尤应删除套语及无用字句。（2）关于省略不必要之公文书……尤以各种报告表册，无必要者，应尽量设法减少及简化。（3）公文以一文叙述一事为原则，使受文机关办理答复及归卷，均较便利。（4）一般通令及例行报告，备查文件……发文机关可随附收文回执，收文机关应盖……章寄回。

丁、严密稽核

（一）时间的稽核：（1）利用收发文表，详加登记，以为稽核公文之周转、拟办、核稿、缮发、整卷等，有无迟缓，随时列报查催……（3）各级人员经办文件，均应署名盖章，并确实注明办理时间，遇有速件，随到随办，不得延误。

（二）成效的稽核：（1）各级主管，对于属员工作之进度，及处理案件之效果，应逐一详细登记，随时比较稽核，以为督促改善之标准。（2）承办文稿人员，应备活页公文夹，将应办文件置于左夹内，另录文件事由简表置于右夹内，凡办出一件，则销去一号，以便随时稽核。又将本身经办重要工作，及督导属员办理工作，列一工作时限进度表，逐日检讨，务使达到预计完成之目的。（3）关于上级交办事项……并将进度状况，随时具报，如有困难情形……设法补救，不得欺谩。①

《广西省政府文书处理办法》分总则、收文、拟办、送稿、缮校、译电、用印、封发、检查、案件分类法、归档、编目、装订、保管、出纳、附则各章。②

1932 年，日本的渊时智著、富伯平译的《文书整理法之理论与实际》出版③，日文原著 1932 年由东京同文馆出版。作者是日本产业管理大学教授，日本能率联合会常务理事，事务管理领域的权威学者。1926 年自美国留学返日，即致力于科学管理宣讲。此书共分 20 章：文书整理法之发达；近世企业上事务所之特性；专门用语及其意义；文书整理部之任务；文书整理

---

① 杨绰庵：《处理文书简易办法》，《物调旬刊》1948 年第 40 期，第 2－7 页。
② 广西省政府：《广西省政府文书处理办法》，大象出版社，1912。
③ 〔日〕渊时智：《文书整理法之理论与实际》，富伯平译，中国行政问题研究会，1932。

所必要之设备品；各种整理之方法；论题整理与分类原则；记号之选择；整理式之选定；从业员之选择；从业员之养成及训练；管理；文书整理部在事务所中之位置；文书之贷出；文书之转置及废弃；文书之逸失；特殊之文书整理；商工文书分类及其处理；官厅文书分类及其处理；威廉姆标准铁道文书分类。还介绍了国际联盟事务局的文书分类与处理程序，美国国务院、陆军部、商业部的文书分类，英国外交部的文书整理方式。行政效率研究会曾委托岑维球翻译过该书。

顾震白《文书处理法》的内容分为：绪言；总则（确立系统，规定秩序）；收文处理（登记，传递，检查）；发文处理（登记，传递，发送）；文稿撰拟（设定标准，注意程式，节省字句，斟酌文词，印就稿式，改用表单，其他注意事项，核稿，缮校）；档卷编管（定制，分类，编目，编卷，调卷，清理）；法规编录；纸张封套；结语；附录为《修正公文程式条例》、《各机关保存档案暂行办法》等。①

黄锡章《公文检查的研究》指出："公文为政府与人民间或各级政府相互间的意思表示的工具，……可说就是行政机关精神所寄托。""公文检查其涵义有二：一是公文检察（检举逾期未办的文件）；一是公文查催（是对被检出逾限未办文件查询原因并催办）。"公文检查的目的包括：改善时效；推进事效（文件指示事项得以进行）；落实人效（保障人民所请的权益）。又指明"公文检查应行改正（进）事项"：培养检查意识；厘订检查详细法规；确立检查机构（由上至下，及横的合作）；改善检查方法（人人、层层统计）；增加检查次数；拟制必备表格。②

抗战胜利后，对文书的处理还有重头文章，可见积习之难改、普及之难行、经办人之苦衷。如郭培师长达 2 万余字的《公文改革实验谈（上、中、下）》，作者在区、县、专署、省（会）各级都有切身体会和改革实验，吸取多人论著观点，但系独立从事。总结为三大项，细节清晰，对生手来说有很大的辅导价值：

沿习办法：手续 12 - 14 道，簿册 6 - 14 种以上，时间 2 - 240 日以上，每件金钱 1000 - 20000 元，全国人员数近 200 万，危害有十。

---

① 顾震白：《文书处理法》，耕耘出版社，1946。
② 黄锡章：《公文检查的研究》，《闽政月刊》1939 年第 4 卷第 6 期，第 33 - 35 页。

改革办法：一文一簿，一文一号，一类一簿，无收不发，统收统发，收文，办法，结果，主办，核判，缮校，盖印，封法，归档，稽查，统计。

办文余谈：电话公文，口谕公文，表报，汇办，下行文，公式公文，工作报告，政府公报，数化电报与电化公文，收文至归档处理稽查簿不敷周转之解决，批，签，会稿与传阅，签章与附署，印章簿，分层负责非分层行交，移簿，公文积压之原因及解决，表簿管制。[1] 细节清晰，对生手来说仍有很大的辅导价值。

白如初著《公务员与公文书》，阐述公务员的品德、技能、业余研究，如何对待所属机关和僚友等，介绍公文书的一般法则、程式、修辞，公文书的处理与效率，并有公文书举例等。[2]

李桐冈编《处理公文手册》，包括程式、种类及用语，公文作法，处理公文程序，处理公文应有之基本修养与认识，档案管理5章。[3]

刘溥尧编有《公文处理》。[4]

康驹编《公文处理》，历述公文性质、历代公文程式沿革、处理程序、档案管理，以及公文改良诸问题。为"县各级干部人员训练教材"。[5]

梁上燕著《县政府公文处理与档案管理》（属"行政研究丛书"，丛书由周焕主编），包括公文处理、档案管理两部分。[6]

江涛编《公文难案艺术》（"实用小丛书"之二），包括难案公文的艺术、难办案应先明环境、难案的办法、结论4章。[7]

吴世细讲述《文书处理》（"盐训丛书"第5种），为盐务人员训练班的讲义，包括概论、公文之处理、公文示例等部分。末附公文条规及法令。[8]

---

[1] 郭培师：《公文改革实验谈（上）》，《政衡》1947年第1卷第4期，第40-45页；《公文改革实验谈（中）》，《政衡》1947年第1卷第6期，第38-43页；《公文改革实验谈（下）》，《政衡》1947年第2卷第1期，第33-37页。

[2] 白如初：《公务员与公文书》，青年书店，1939。

[3] 李桐冈编《处理公文手册》，重庆华中图书公司，1940。

[4] 刘溥尧编《公文处理》，广东省地方行政干部训练团，1941。

[5] 康驹编《公文处理》，中央训练委员会，1941。

[6] 梁上燕：《县政府公文处理与档案管理》，中国行政研究社，1942。

[7] 江涛编《公文难案艺术》，真实书店，1942。

[8] 吴世细讲述《文书处理》，财政部财务人员训练所盐务人员训练班，1948。

刘干俊讲《公文的改革与处理（党政课程类）》。①

朱伯郊著《文书处理程序》（属"国民文库"），分正附两篇。正篇讲述公文处理程序，包括收文、撰拟、缮写、校对、发文、归档等；附篇讲述公文种类、用语、格式、标点等。②

宣博熹编《文书处理》（为军事学校讲义），包括文书概论、公文范式、公文处理程序和保密四部分。书后附文书处理应用表式 10 余种。③

## 二　继续借镜国外行政效率和竞赛运动

1935 年末，提高行政效率运动开展得不尽如人意的中国朝野，被苏联传来的一则新闻所震惊，那就是斯大林借顿巴斯矿工斯达汉诺夫采煤新纪录推行"斯达汉诺夫运动"。《史他汗诺夫运动》一文是斯大林在全苏第一次斯达汉诺夫运动会议上的讲话全文（载于《莫斯科经济生活报》），中国译文则在张君劢等人主办的《再生》杂志上刊登。④ 另一篇是《苏联举国若狂之斯泰哈诺夫运动》，既报道动态，也较多地介绍了斯大林的讲话内容。此文还提到："至于世界论坛，则对此斯泰哈诺夫运动，显示冷淡，仅有不甚知名的《坦恩普斯》则谓斯丹林之演说实有历史之重要意义；《领袖之言》报则谓'该项演说引起全国极深刻之反响，在苏联一般发展中划一新时代'。"⑤ 这样看来，中国舆论界的反响是迅速、积极、客观和乐见其成的。例如：

Alexei Stakhanoff 作、少平译的《何谓斯太哈诺夫运动》，载斯达汉诺夫本人的说法："最妥切的还当叫作'斯太林运动'才是。"⑥

薛维垣的《轰动苏联全国之斯泰哈诺夫运动》对苏联 1935 年 11 月大张旗鼓进行的对"斯达汉诺夫运动"的宣传作了快速反应。⑦ 文章分几节。（1）运动的肇始：8 月 31 日，顿巴斯矿工斯达汉诺夫采煤超定额 10 倍；（2）意

---

① 刘干俊讲《公文的改革与处理（党政课程类）》，湖北省地方行政干部训练团，1943。
② 朱伯郊：《文书处理程序》，中国文化服务社，1946。
③ 宣博熹编《文书处理》，副官学校，1948。
④ 《史他汗诺夫运动》，《再生》1935 年第 3 卷第 8 期，第 1－19 页。
⑤ 编者：《苏联举国若狂之斯泰哈诺夫运动》，《苏俄评论》1935 年第 9 卷第 6 期，第 1－14 页。
⑥ Alexei Stakhanoff：《何谓斯太哈诺夫运动》，少平译，《文化建设》1936 年第 2 卷第 5 期，第 104－105 页。
⑦ 薛维垣：《轰动苏联全国之斯泰哈诺夫运动》，《时事月报》1936 年第 14 卷第 19 期，第 10－12 页。

义：苏联建设史上最光荣的一页，赶超资本主义生产率，为共产主义创造物质基础；（3）目的：突破指标，大量生产；（4）特点：自发，普及；（5）产生的理由：生活改善，剥削消灭，新技术存在，人民有主宰技术的能力；（6）影响。内容颇全面。

在中共领导的左翼文化界，拥护科学社会主义的学者及青年学生所撰写的运动文章都给读者留下了正面的印象。张仲实有《苏联斯泰汉诺夫运动一周年》[①]，指出该运动在广泛、深入、持久地进行，带来社会经济和人民生活的改善。

章汉夫的《斯泰汉诺夫运动和"赶快"制度》，[②] 强调姓"社"和姓"资"的根本区别。前者"是在社会主义巩固的胜利的基础上所产生的"，是"劳动的合理组织和最高限度的利用机器"。而"赶快"制（Speed up）是资本主义的"合理化"，"提高劳动强度"，"是资本家加紧剥削工人榨取更多的剩余价值的制度"。夏菲作《苏联的斯塔汉诺夫运动》，[③] 全文以斯大林的讲话为主调和主线加以展开，补充了报刊上的不少材料，"左"的政治倾向不难察觉。总的观念是：社会主义革命和计划经济的建设结出了"斯达汉诺夫运动"的硕果；对比之下，资本主义制度及经济的腐朽没落暴露无遗，今后衰退步伐更会加速。

为之宣传鼓吹的甚至有青年学生，如宾符的《斯泰哈诺夫运动》（《中学生》1936 年第 63 期），比较详细而生动地介绍了斯达汉诺夫的成长过程。又如，蒋蕙有《斯泰哈诺夫运动》（《女青年》1936 年第 15 卷第 1 期）等。

拥护三民主义、立场观点偏右的学者，一般也不否认运动对于加速民生问题的解决所起的作用。如张锡龄的《从苏联的斯达汉诺夫运动说到中国的国民经济建设运动》，[④] 提到 1935 年夏蒋介石开始提倡"国民经济建设运动"，并指示应与"新生活运动"相辅而行，物质建设和精神建设并重。运动自上而下，目标、要项、步骤都事先规定，这与"斯达汉诺夫运动"几乎同时，但群众热情不高。作者归咎于中国民众文化程度低，技术底子薄，缺

---

① 张仲实：《苏联斯泰汉诺夫运动一周年》，《现世界》1936 年第 1 卷第 5 期，第 241－243 页。

② 章汉夫：《斯泰汉诺夫运动和"赶快"制度》，《通俗文化半月刊》1936 年第 3 卷第 7 期，第 10－11 页。

③ 夏菲：《苏联的斯塔汉诺夫运动》，《中法大学月刊》1937 年第 11 卷第 3 期，第 43－63 页。

④ 张锡龄：《从苏联的斯达汉诺夫运动说到中国的国民经济建设运动》，《前途》1936 年第 4 卷第 4 期，第 107－112 页。

乏经济计划经验等。建议中央国民经济建设委员会成为调研、设计和训练人才的总机关，集思广益，谋而后动，发动群众，提高自觉性。

国民党要员邵力子曾任驻苏大使，也常以见证人身份向公众介绍这场运动，以鼓励大家参加蒋介石代表国民政府发动的"工作竞赛运动"。孙亚明的《斯达哈诺夫运动的过去和现在》一文再次谈到该运动的起源和发展，补充了新材料，尤其是"卫国战争"打响之后的情况。[①]

另有刘曙光，大概是曾留苏学习或驻苏使馆的官员，对这个运动有就近的观察或拥有的资料较多，在工作竞赛活动的宣传中充当了主要的介绍者，发表论文十来篇。如《苏联提高生产效率运动概述》长文，将苏联提高生产效率运动的成功开展归功于党政领导的推动，利用了人的荣誉心与实惠主义，认为我国应研究其奖励与工资制度等。[②] 他与西门宗华（1905－1984，曾任莫斯科中山大学共青团团委宣传部部长，和张闻天、王稼祥是同学）回国后致力于中苏文化交流，还合译了《苏联劳动效率》，由上海中华书局出版。

较深刻的文章，还有朱茂榛《苏联重工业之发展与史太哈诺夫运动》（《苏俄评论》1936 年第 10 卷第 2 期）；何雪山《苏联斯太哈诺夫运动中之工业动向》（《苏俄评论》1936 年第 10 卷第 2 期），译自日本富士辰马的《斯太哈诺夫运动与工资政策》（《苏俄评论》1936 年第 10 卷第 3 期）；朱惠之《斯泰哈诺夫运动与工资问题》（《苏俄评论》1937 年第 11 卷第 2 期）等。

汝康的《苏联斯太哈诺夫运动之产生及其效用》总结说："斯太哈诺夫运动不是突然发生的，它经过了礼拜六（义务）劳动运动，工作突击运动，然后才呱呱坠地与世人见面。"从 1938 年第三个"五年计划"开始，"就进展到'多机管理'与'名贵专精'制"。"还有两个有力的支柱，第一是差别工资制……其次是劳动纪律。"1938 年议决《防止流荡与怠工法》这个"剥夺工人工作权的严峻办法"。[③]

最后，是来自解放区的声音。金戈的《向斯达哈诺夫运动者学习》强

---

① 孙亚明：《斯达哈诺夫运动的过去和现在》，《新中华》1943 年第 1 卷第 3 期，第 41－55 页。

② 刘曙光：《苏联提高生产效率运动概述》，《应用科学》1943 年第 1 期，第 59－92 页。

③ 汝康：《苏联斯太哈诺夫运动之产生及其效用》，《工作竞赛月报》1947 年第 4 卷第 1 期，第 37－39 页。

调，斯大林指出，"这个社会主义竞赛运动是和新技术联系着的"。①

到1950年为止的十五年间，学术和综合性刊物上论及这个运动的文章约有40篇，内有一半是译自苏、日和西方国家的报刊。国人直接将之与行政管理挂钩的作品罕见。

抗日战争爆发以后，国民党当局为提高行政效率，又设立行政效率促进委员会，各省市也建立类似的机构以便推行。提高行政效率运动与高校的行政学学科的正式出现可谓相辅相成，如中央大学行政研究室、燕京大学政治研究部、上海中国人事管理学会、广西行政研究院、南开大学县政调查与研究组，还有在重庆设立的行政学会、行政评论社、人事行政学会等。国民政府考试院与中央政治学校合办人事行政训练班，调训各机关从事人事行政工作的人员，为提高行政效率运动准备了一批干部。

《整理中央行政纲领》和《整理地方行政纲领》是行政院行政效率促进委员会暨建设事业审议委员会制定的，② 应看作这几年行政效率运动的纸面成果，可惜没见到重大举措。中央方面共8条：（1）各机关预算应全盘考虑妥为调整或改订；（2）预算款项应分配合理均衡；（3）尽力节省开支并控制薪俸所占比重；（4）独立会计的机关（铁路、邮航）开支尤须经济合理；（5）预决算制度要严格执行；（6）调整各机关相互关系及职权分配以提高效率；（7）人员任用奖惩合法合理并认真考核；（8）分期训练行政督察专员（按：仅涉及专员，且单独列出，令人费解）。

关于地方的有10条：（1）财务制度依中央法令整理并训练财务人员；（2）土地测量；（3）整理警政，改善素质，提高待遇；（4）清查户口，办理保甲，训练民众，筹备自治；（5）拟定中心建设工作，详加规划，切实分步推行；（6）改进农田水利，改良农事；（7）推行合作事业；（8）依照规定分期推行义务教育及民众教育；（9）分期完成卫生设施及医疗保健预防工作；（10）分期集中训练县佐治及区政人员，科目要切合实际需要。

抗战期间的行政效率促进会，在理论工作方面主要是编辑了"行政效率丛书"，始于1941年春。有孔祥熙《行政效率丛书缘起》和编辑例言。如萧文哲的《行政效率研究》，③ 前三章依次是绪论（运动的意义、情况、方

---

① 金戈：《向斯达哈诺夫运动者学习》，《友谊》1949年第5卷第4期，第18页。
② 行政院行政效率促进委员会暨建设事业审议委员会：《整理中央行政纲领》、《整理地方行政纲领》，《中央周刊》1937年第473期，第5—6页。
③ 萧文哲：《行政效率研究》，商务印书馆，1943。

略），行政组织，行政区域；以下各章具体讲述人事管理（公务员的选用、训练、考绩、待遇、升迁、惩免与保障），财务管理，庶务管理（房舍、用品、交通工具之管理及工役之管训），文书处理（文书簿册格式，文书处理程序，文书处理权责，公文体式与用语，档案之管理，工作报告与公报之编印，公文之检查），时间支配（意义，准确时间，节省时间，利用时间，经济时间），行政效率之考核（意义，困难，必备之条件，应有之方法）。

这套丛书其他各本是：李士珍的《警察行政研究》，谢冠生（1897－1971，巴黎大学法学博士，司法行政部部长）的《司法行政研究》，金宝善的《卫生行政管理》，薛光前（1910－1978，罗马皇家大学政治经济学博士，全国公路运输局副局长）的《交通行政管理》，张维翰（1886－1979，内政部政务次长）的《内务行政管理》，陈立夫（1900－2002，匹兹堡大学矿科硕士，教育部部长）的《教育行政管理》……应当承认，这些作者（当然，书稿可能出自其僚属的手笔）阵容相当强大，理论和实践上都各有一套，也表明这场运动多少取得了些成果。

抗战时重庆正中书局也出了几本行政效率方面的书，包括：薛伯康《人事行政大纲》，张金鉴《各国人事行政制度概要》，王人麟《美国之行政效率研究》，何伯言《人事行政之理论与实际》，蒋默掀《美国行政效率局论》，陈立夫《机关组织编》等。

李桐冈著《行政效率学概论》，内分总论、行政机构之改善、人事行政之健全、推行政令之要领、机关管理之方法、公务人员之修养、工作竞赛之实施等7章。①

南京汪伪政权恬不知耻，1942年居然也拼凑了个"行政效率促进委员会"，煞有介事地公布《组织规程》和《促进行政效率计划大纲》，包括十项研究任务，即：公文程式与处理，公物消费及管理，财务制度，组织调整，各项专门行政事务之分配，政令推行方法，考绩甄别，疏散无用人员，公务员之任用、待遇，公务员之训练、保障等。纸上谈兵，了无生气。②

行政管理方面鼓吹运用科学管理的头面人物穆藕初，抗战时再次从政。1941年2月24日，作为农本局局长他在该局第一次总理纪念周上演讲《科

① 李桐冈：《行政效率学概论》，大江出版社，1942。
② 南京行政院行政效率促进委员会：《行政院行政效率促进委员会组织规程》、《行政院行政效率促进委员会促进行政效率计划大纲》，《国民政府公报》1942年总第288期，第4－5、8－11页。

学管理与成功要素》。他说：

> 本局为办理业务机关，自应注意科学管理。按科学管理，其要义不外于下列四端：第一、遵守章程，……第二、人地相宜，……使工作臻于艺术化之境地……精神感觉愉快，则工作效能自然增高。第三、亲爱精神，同仁之间如兄如弟，和谐合作，互相联系……第四、事业观念……大家的事业成功就是个人的成功。
>
> 必须实行下列三事：第一，不浪费精神，作事时作事，休息时休息，精神饱满，事业才有进步。第二，不浪费时间，公余之时，每日读书一小时……第三，不浪费物质……用钱须审慎。①

从 1942 年 4 月起，穆藕初于农本局总理纪念周上演讲《科学管理》，②共七讲。他大声疾呼："应该把握住国家至上、民族至上的观念，而把私人的利益搁在后面，因为皮之不存毛将焉附。"要"选贤与能，知人善用"。用人标准为：一是会自己找事情的人；二是有判断力能解决疑难的人；三是才具与其职务相当的人，有器度与事业心。守法、公正、廉洁、诚信、谦和，是应变之才；能够推陈出新，是领导之才。由于他病重去世，这项工作在该系统再次搁浅。

吕学海的《行政效率的文化基础》一文，注意到行政效率是西洋现代文化的产物。他说近代的科学是行政效率有力的基础，工业化是它的经济基础。爱国心与民族观念，建筑在"个性"与"人格"概念之上的道德，积极的人生哲学和创造精神，都是提高行政效率的根本因素。这些都产生于现代文化，我们应当首先在这些方面努力。③

国际上"效率主义"与"科学管理"同生共长，几乎是同一概念，在中国也无异议。

一贯鼓吹科学管理的还有陈伯庄（1893－1960），广东番禺人，留学美国哥伦比亚大学，历任中央政治学校总务长、中央大学教授、铁道部建设司司长、中央设计局副秘书长、沪宁铁路管理局局长等，支持和策划铁道部门的科学管理。其《经建五论》论述民生主义的经济制度和推动其实现的力

---

① 穆藕初：《科学管理与成功要素》，《农业推广通讯》1941 年第 3 期，第 92－93 页。
② 穆藕初：《科学管理》，《农本月刊》1942 年第 58－59 期，第 30－34 页。
③ 吕学海：《行政效率的文化基础》，《服务月刊》1939 年第 1 期，第 73 页。

量、农业政策、新工矿业政策，以及铁路交通、贸易、投资、汇兑等问题，涉及抗战建国和战后复兴的经济行政问题。[①]

1938年，商务印书馆出版了林和成编著的《科学管理》，[②] 这是20世纪上半期中国人自己撰著的最详备的科学管理著作。1919年从上海工专（交大）赴美留学的林和成，"西游赋归之时，……参观英、美、德、法、奥、瑞、比、意、波、俄各国巨大工厂，……并搜集关于科学管理之资料及格式甚夥"。先是承担市政工程，著《筹办武昌自来水概要》，后在大学讲授经济、金融、统计等课程。他于1936年在中央政治学校计政学院教"科学管理"课程，扩编讲义为《科学管理》专著。他认为："无疑的，现在是有管理的科学了，但是如何运用这种科学，就非有一种方法不可；这种方法就是管理的艺术，是与学理截然为两事的。"他区分行政、管理和组织："行政（administration）的机能是决定一切大计，调剂财务，生产与推销，规定组织的范围，而为执行的最高监督者"；"管理（management）的任务，是执行已定行政的政策与方针，运用组织，以达到各种目的"；"组织（organization）是如何结合个人及各部分的工作，使其成为有系统的与有效力的程序"。"组织有如一架机器的构造。管理的职务就是将这架机器作有效的运用。而行政的职权是对这架机器作有效的指挥。"他还指出，"行政"有"抉择"、"调剂"的性质，强调"人是根本的，科学是辅助的"。"管理的实施是需要对于人的心理的了解"，"管理的责任即是一种对人的责任"。第一编第四章为"科学管理与我国政治改善"，其中，第一节是"行政科学化的需要"，第二节是"行政改善的内容"，第三节是"怎样才是有效率"。第二编"科学管理的原则"，第三编"生产管理"，第四编"工作研究"，第五编"人事管理"。《科学管理》在抗日战争中出了三版，1944年又加以修改，更名为《工业管理》，由商务印书馆出版。

林和成曾任国民经济建设运动委员会总会专员、福建省政府会计长等职。南开大学管理系陈炳富教授曾函告笔者："林先生于1952年院系调整后来南开（经济系），到60年代末去世，只在质量控制（Quantity Control）方面有少量译作，并未出版。"

工商管理界、经济学界、工程技术界的某些人和刊物，对国际上的动态

---

① 陈伯庄：《经建五论》，中国经济建设协会，1943。
② 林和成编著《科学管理》，商务印书馆，1938。

保持兴趣。

方崇森（民生公司副经理）的《国际科学管理会议述略》,[1] 介绍科学管理国际委员会（ICSM）组织召开的国际科学管理会议从第一届（1924，捷克）到第七届（1938，美国）的发展，材料详实。在第七届会议上，"分'管理'为'政策'和'技术'两大部门"。文章还概述 1927 年国际劳工局联合科学管理国际委员会成立国际管理研究所，至 1936 年改组为国际劳工局科学管理咨询委员会（ACM，由政府、雇主、劳工三方面代表各 3 人及专家 6 人组成），这是在当时的中国管理界还不甚清楚（常将其与 ICSM 混淆）的重要史实。

伊顿教授的《美国科学管理之最新发展漫谈》,[2] 是原唐山交通大学教师许启明访问来华的美国管理专家伊顿教授，了解到美国科学管理主要是管理工程学（工业工程学）的新进展后形成的。伊顿是泰罗曾任会长的美国机械工程学会的副会长，同仁有金布尔（Kimbal）等。此文讲到从心理和生理方面增强工业工程的伦理性与社会性，也是行为科学的萌芽。

抗战胜利后，中国学术界继续报道和吸收国际上管理科学的成就与新进展。

《什么是管理？什么才是科学管理？》的作者是荣氏集团的接班人荣尔仁,[3] 在讲述科学管理的单篇文章中，此文可能是最精到的。他转述了管理人员的工作可以分为四大部分：Planning（计划），Control（控制），Coordination（联络），Morale（士气）。"管理是有效的计划，和各项工作进行指导的责任，这责任包含各步骤的设计和维持并监视其与原计划是否相同，并联络各工作人员同心合力，照原定的工作计划进行。"科学要将事物定性（Qualitative）和定量（Quantitative）。

> 大凡凭管理者个人的意志或手腕来解决一个问题，并没有数字作依据的，这是艺术；大凡一种管理，它以数字的根据来决定行政的方针，来控制工作的效能，来分配工作，这是科学管理。

---

[1] 方崇森：《国际科学管理会议述略》，《经济建设季刊》1942 年第 1 卷第 1 期，第 293－296 页。
[2] P. B. Eaton：《美国科学管理之最新发展漫谈》，《贵州企业季刊》1944 年第 2 卷第 1 期，第 146－149 页。
[3] 荣尔仁：《什么是管理？什么才是科学管理？》，《公益工商通讯》1948 年第 4 卷第 5 期，第 4 页。

倘使管理的过程中我们能使不能度量的而且时常变动的因素，变成可以度量的不变的因素，或者我们使不知道的因素变成可以知道的因素，或者我们可以使得各样不同性质的工作而能求出它的可以度量的数字，那就是我们从普通的管理渐渐走到科学管理的门径了。

但是对于人事的管理……人是千变万化的，他的可变因素太多，而且他的动作以数字来度量亦不容易，但是我们从事于管理的，亦欲想法子来度量。

在另一方面，亦不能忘记人究竟是人，不是机器。所以在管理上有人的因素，英文说是 Human Factors in Management。

荣尔仁认为，泰罗"所谓之科学管理是人事的管理来求科学化"。可见，其认识水平已接近管理学中的数量学派和行为学派。

曾世荣是铁路管理学的权威，有行政经验，但其具有通用性的管理学论文发表较迟。1945 年秋他曾应邀出席美国管理协会（AMA）在芝加哥召开的生产会议，他的《泰洛先生及其供献》一文具有通述性质，强调应由"管理当局去领导做这个艰巨的工作（指对整个部门和各个局部，以及各环节的工作分析）"。[1]

沈立人的《中国科学管理的推行条件》指出，"任何一种管理，凡根据可度量的数字来配合经济上的活动，就是科学管理"。要有关于心理建设方面的条件："第一是科学头脑的建设，第二是标准化意识的建设，第三是成本觉悟的建设。""所谓科学者，就是能分类能定量的学识。"[2]

关于法约尔（Fayol）的管理理论，周季华有专文《费约的管理学说》[3]。他指出，还有一个与泰罗有同样贡献的法国学者费约（法约尔）却很少为人提及，这也许是我国学术受美国影响较大的缘故吧。他说："费约把工业方面的活动分为六组。""费约给予行政的定义包括计划、组织、命令、配合与管制。"行政的原则，"费约只提出他所最常应用的十四条：分工，权力与责任，纪律，命令的一致，管理的一致，个人利益附属于大众利益，奖赏，集权，系统严明，秩序，公平，干部的稳定，启发，团体的精神"。"下面是费约所提出的五个行政要素：计划，组织，命令，配合，控制。"在任何情形

① 曾世荣：《泰洛先生及其供献》，《公益工商通讯》1949 年第 4 卷第 10 期，第 1－5 页。
② 沈立人：《中国科学管理的推行条件》，《公益工商通讯》1949 年第 4 卷第 8 期，第 4－5 页。
③ 周季华：《费约的管理学说》，《新世界月刊》1946 年第 12 期，第 31－35 页。

下组织必须完成下列职责：准备和执行工作计划，树立一个管理制度，使工作与努力互相配合，作明白清楚和精确的断定，准备适宜的人与物的组织，选择干部，确定职责，鼓励启发与负责，规定惩罚与奖赏，维持纪律，调和个人与大众的利益，规定命令的一致，保障事物与人员的秩序，实行统制，避免官样文章。法约尔的书分四部分，但第三、四部分没付印，而第二、四部分有很多文字是讨论行政方法的教（传）授。

黄宗瑜的《亨利费约氏（一位科学管理家的介绍）》，[①] 根据英译本 *General and Industrial Administration* 及其他材料介绍费约（法约尔）这位"欧陆大科学管理家"。全文分为泰费二氏之异同、费氏学说之评价、结论三部分，强调费约对于组织的研究独到而深刻，"且可推行于地方及中央政府事业中，而费氏实为首创者"。

曾世荣在《介绍一位工业管理先觉者亨利费尧的学说》[②] 中的解读是，费尧（法约尔）的学说"完全是自上而下的一种方式。……'万方有罪，罪在朕躬'……（领导人）不容逃卸其责任"。并指出"管理机能说"以及组织中成员要有横向联系，就是"费尧桥梁"（Fayol Bridge），并诱导直接部下利用这种桥梁。

还有孟广照的《科学管理的过去和现在》（《工作竞赛》1948 年第 5 卷第 5 期）等文。

抗战胜利后，国民参政会第三届第二次大会通过了《请政府厉行革新政治案》，提出"组织简单化，用人标准化，行政合理化"。其中行政合理化包括：每一级职须有神圣不可侵犯之权限，每一工作须有其预定之事业费用，每一官员为地方政府着想而不应专为中央便利，每一问题须博询社会舆论及专家意见，计划务须周密执行、彻底考核等。谈方案经国防最高委员会常务会议议决，送国民政府，令饬各机关分别采择施行。[③]

## 三　画虎不成反类犬的工作竞赛

蒋介石的国民党政府早就为"斯达汉诺夫运动"之宣传效果眼红不已，

---

① 黄宗瑜：《亨利费约氏（一位科学管理家的介绍）》，《现代铁路》1948 年第 3 卷第 4 期，第 181–184 页。

② 曾世荣：《介绍一位工业管理先觉者亨利费尧的学说》，《公益工商通讯》1949 年第 5 卷第 1 期，第 1–3 页。

③ 国民参政会：《组织简单化、用人标准化、行政合理化》，《国立山西大学校刊》1946 年第 1 期，第 5 页。

待抗战中期（太平洋战争打响）稍微稳定下来之后，也在各行各业开展了虎头蛇尾、形式主义的"工作竞赛"。

1942年1月，工作竞赛推行委员会正式成立。以谷正纲、李中襄为正副主任委员，社会部、经济部、交通部、教育部、内政部、农林部、军政部、财政部、粮食部、中央党部、三青团中央团部、卫生署等机关的代表，及王世颖、吴铸人、薛光前、刘继宣、王世宪、欧阳仑、黄锺、钱云阶、邵鼎勋等21人为委员。① 1943年国防最高委员会常务会议决定，工作竞赛推行委员会改隶国防最高委员会党政工作考核委员会下。②

这里不妨选录一篇政府部门的设计，因与机关工作相关，可以看看其中有些什么招数。《机关管理工作竞赛通则》是这样写的：

第一条　工作竞赛推行委员会为提高各机关团体工作效率、振刷工作人员精神及德业进修起见，特定本通则。

第二条　本竞赛项目暂定如左：（1）业务推行竞赛。（2）人事管理竞赛（包括员工福利事业）。（3）文书处理竞赛。（甲、文书拟办竞赛。乙、缮校竞赛。丙、档案管理竞赛。）（4）财物管理竞赛。（5）整洁竞赛。（6）小组会议竞赛。（7）学术竞赛。（甲、论著竞赛。乙、研读竞赛。丙、讲演竞赛。）（8）其他。

上列各项竞赛，各机关团体得斟酌实际情形分别举办之。

第三条　业务推行竞赛，依据各机关年度工作计划之项目，就其推行之进度及成绩，以百分比记分法评定成绩。

第四条　人事管理竞赛：（1）考核方面就各机关实有人数、工作时日、请假日期，依人事考核登记为据，以百分比记分法评定成绩。（2）员工福利方面，就各机关之医药卫生合作社办理成绩（注意资金周转次数），饮食居住之设施，及代金食米等领发之迟速，依各项簿册之记录，以百分比记分法评定成绩。

第五条　文书处理竞赛：（1）拟办文稿竞赛，就各机关所属单位，每月已办与未办文件之数量，饬办及自动办理之件，并入计算，以百分

① 国民政府工作竞赛推行委员会：《准工作竞赛推行委员会函知成立日期嘱转行知照等由令仰知照由》，《浙江省政府公报》1942年第3353期，第31页。
② 国民政府国防最高委员会：《工作竞赛推行委员会公函》，《行政院公报》1943年第6卷第7期，第52页。

比记分法评定成绩。（2）缮校竞赛，就各机关缮校人员工作人数及每日缮校报告表为依据，以记分方法评定其成绩。（3）档案管理竞赛，以分项正确归档调卷之迟速，卷宗之整齐清洁，及各项必要簿册之设置等，按时登录为依据，以百分比记分法评定成绩。

第六条　财物管理竞赛：（1）财务管理，以账务组织之健全，收付手续之完备，及经费动支能否符合核定预算，计算书册与账表能否按照规定时间登记造送，及对下属计算书册能否按时审核为依据，以百分比记分法评定成绩。（2）物品管理，以必要表册之设置，财产目录之按时编造，及领发购置手续之健全与迅速为依据，以百分比记分法评定成绩。

第七条　整洁竞赛，就各机关所属之办公室宿舍及公共场所之整齐清洁程度，以记分法评定其成绩。

第八条　小组会议竞赛（包括党务小组及机关小组）就各小组之开会次数、出席人数，及发言之普遍热烈、组长结论之正确、建议意见之重要、记录之详实，以记分法评定其成绩。

第九条　学术竞赛之范围、题目及时间由各机关学术会议或设计考核委员会或主管人员决定之。（1）研读竞赛，就各小组组员对阅读书报之心得与研究问题有精辟之见解，依据笔记，以记分法评定个人之成绩。（2）论著竞赛，就参加人员举行学术会议时所提出之论著、详述之质量，以记分法评定个人之成绩。（3）讲演竞赛，就参加人员对讲题见解正确、内容充实、言词清晰、态度自然、把握时间，以记分法评定之。

第十条　各机关单独或联合。

第十一条　评分法自定。

第十二条　成绩等第。

第十三条　送工作竞赛委员会备查。

第十四条　奖惩自定，优胜者由竞赛委员会依法奖励。

第十五条　本通则呈奉国防最高委员会核定施行。①

①　国防最高委员会党政工作考核委员会：《机关管理工作竞赛通则》，《中央党务公报》1944年第6卷第23期，第18－21页。

工作竞赛推行委员会编辑印刷了"工作竞赛丛书",包括《工作竞赛论文集》、《工作竞赛运动声中之模范人物》、《工作竞赛座谈纪要》、《工作竞赛研讨专辑》、《工作竞赛辑要》、国民党中中执行委员会训委会《工作竞赛刍议》、《第四届工作竞赛优胜给奖特刊》等书刊,以及王世宪所著的《工作竞赛》(由商务印书馆出版)等。

《工作竞赛座谈纪要》记1942年工作竞赛推行委员会从3月13日到19日连续举行座谈会,先后出席者有陈立夫、张厉生、吴铁城、甘乃光、谷正纲、李中襄、陶百川、浦熙修等数十人,连张国焘(军统)都曾偶尔参加。① 内容专题分别为:"国民精神总动员与工作竞赛","工作竞赛与党员示范作用","工矿事业与工作竞赛","农林建设与工作竞赛","交通事业与工作竞赛","节约储蓄劝募公债之竞赛运动","工作竞赛与社会运动"。

《工作竞赛研讨专辑》由工作竞赛推行委员会于1944年3月编辑发行。1943年12月中下旬,连续举行10次"工作竞赛研讨会",每次都有人主讲,其他人可参与讨论。历次主题分别为:陈仪主持、甘乃光讲"工作竞赛与行政三联制",王宠惠主持、王世颖讲"工作竞赛理论之检讨",翁文灏主持、顾毓琇讲"科学管理化运动",陈立夫主持、叶秀峰讲"国父实业计划与工作竞赛",曾养甫主持、欧阳仑和李鸣和讲"工作竞赛与工业化",邵力子主持、朱泰信讲"苏联斯达汉诺夫运动",茅以升主持、伊顿教授讲"美国增进战时生产效率的方法",张厉生主持、徐恩曾讲"工作竞赛的实际问题——标准与奖励",谷正纲主持、薛光前讲"工作竞赛推行的方法",李中襄讲"工作竞赛推行的技术"。中央各部会派高级人员代表1-3人参加会议,工作竞赛推委会根据会议主题吸引相关研究人士参加研讨,并安排主席和特邀专家主持和讲评。例如在关于"苏联斯达汉诺夫运动"的研讨会上,主席邵力子,专家许启元、西门宗华,都有留苏学习或工作的经历,了解情况,发言有的放矢,不落俗套。会议对发言也都做了记录。②

童行白在《行政效率论》中提出,制度之为物"只在事功而不在条文,在扼要而不在繁密"。③ 制度一端,"事功至上","经费至值","人事至

---

① 工作竞赛推行委员会编《工作竞赛座谈纪要》,中国文化服务社,1942。
② 国防最高委员会党政工作考核委员会:《工作竞赛推行委员会举办工作竞赛研讨会》,《工作竞赛月报》1943年第1卷第2期,第36页。
③ 童行白:《行政效率论(二)》,《新政周刊》1938年第1卷第22期,第4页。

当"。"良制下之良才，惟在能守法尽职。"[1]"不论公私行政事务，不外两种形态，一为研讨的，一为执行的。"前者适合委员制，后者适合集权制。[2]

中央政治学校教师郑尧样试图将工作竞赛也纳入其管理学体系之中，著有《增进行政效率之方法》。[3]作者是统计学家，谈运用统计方法于行政三联制，题了这样一个醒目的书名。内容：第一章"导言"；第二章"运用统计方法推进行政三联制"；第三章"行政管理上应行备置之图表册记"（组织与人事管理，财务分配，事务处理，分层负责制之实施，业务之执行，工作进度图表之编制）；第四章"如何实施行政工作竞赛"（原则，机构，范围与实施办法，推行程序，评判与奖惩）；第五章"主管人员之自我检讨方法"（行政组织，人事行政，财务管理，文书处理，用具调度，办公设备，业务执行）；第六章"结论"。

1942 - 1948 年，《工作竞赛月报》出了 5 卷，发表文章不少于 300 篇，真正的理论成果很少，学术上无足称道。比较重要的作者有马星野、薛光前、朱泰信、朱皆平、王满堂、吴挹峰、王世颖、刘公穆、孟广照、王祖祥、觉六等。主要文章有：王鸿俊《工作竞赛的心理基础》（1943 年第 2 卷第 2 期），杨博清《团体竞赛的精神条件》（1947 年第 4 卷第 5 期），孔灵《心理学在人事管理上的运用》（第 4 卷第 5 期），方辰《工作效率与工作场所的光线关系》（第 2 卷第 2 期），孟广照《工作环境与工作效率》（第 4 卷第 5 期），孟广照《科学管理的过去和现在》（1948 年第 5 卷第 5 期），孟广照《美国战时的工人训练》（1948 年第 5 卷第 4 期），孟广照《机器工厂增进效率的六大原则》（1948 年第 5 卷第 1 期），刘公穆《我国发明事业谈片》（第 4 卷第 5 期）、《我国今日需要之泰禄尔》（第 4 卷第 5 期）、《从工作效率观点提倡简字》（第 5 卷第 1 期）、《近代奖金制度之比较研究》（1948 年第 5 卷第 2 期）、《动作研究与时间研究》（1948 年第 5 卷第 3 期）、《工作竞赛的实施条件》（第 5 卷第 2 期），觉六《从事实业人员才能的衡量》（第 5 卷第 2 期）、《个性与工作竞赛》（第 5 卷第 4 期）、《健康与工作》（第 5 卷第 5 期）、《劳心者的工作效率》（第 4 卷第 5 期），王祖祥《增进行政的效率几点贡献》（第 5 卷第 3 期），朱皆平《"工作训导师训练运动"专号引言》（1944 年第 2 卷第 4 期），Eaton，P. P. 演讲《"工作训导师"训练教

---

① 童行白：《行政效率论（三）》，《新政周刊》1938 年第 1 卷第 28 期，第 9 页。
② 童行白：《行政效率论（五）》，《新政周刊》1938 年第 1 卷第 39 期，第 6 页。
③ 郑尧样：《增进行政效率之方法》，商务印书馆，1945。

程》（第2卷第4期），《总裁对工作竞赛之训示》（第2卷第4期），《竞赛消息：蒋主席手令行政院举办工作竞赛》（第5卷第3期），《邵力子先生讲斯塔哈诺夫运动》（第2卷第2期），黄旭初《工作竞赛的运用》（1947年第4卷第1期），陶学俊《建立机关管理工作标准之刍议》（第4卷第3－4期），王世颖《工作竞赛理论之检讨》（第4卷第1期），李宗黄《工作竞赛之理论与实施》（第4卷第1期），萧学泰《提高行政效率》（第4卷第1期），许彦飞《导竞赛于正路》（第4卷第1期），吴承洛《行宪施政重心之检讨》（第5卷第5期），《渝市户政竞赛：贺市长任总评判长》（第2卷第2期），袁雍《工作竞赛的重要性》（第4卷第1期），马策《农林工作竞赛的意义及其实施》（第2卷第2期），若霞《我们的清洁竞赛》（第2卷第2期），薛鉴衡《邮政汽车工作竞赛方法之检讨》（第2卷第2期），李龙《银行业务竞赛之理论与实际》（第2卷第2期），《桐油增产工作竞赛通则》（第2卷第2期），《茶叶增产工作竞赛通则》（第2卷第2期），《公路机务工作竞赛通则》（第2卷第2期），朱泰信《全国性"清洁卫生工作竞赛通则"之运用》（1944年第2卷第3期），项端言《对花纱布管制贡献几点意见：抱定必信必成决心》（第5卷第2期），端言《四川省生产事业工作竞赛概述》（第5卷第1期），《全国电信工作在京举行技能竞赛》（第5卷第2期），《社会部直属社会服务工作竞赛实施办法》（第2卷第2期），《工矿生产示范工作竞赛视察记》（第2卷第3期）。还有国父实业计划研究、浙赣铁路工作竞赛、节约竞赛、限制工资及人力节制工作竞赛、大户存粮、员工福利竞赛、移风运动、国语演讲、宪草研究等名目繁多的竞赛主题，不详细列举了。

吴承洛（1892－1955），福建省浦城县人，曾就读于清华留美预备学校，1915年赴美国里海大学工学院学习化学工程、理论化学、机械工程和工业管理，后到哥伦比亚大学研究院深造。1920年回国，在复旦大学任教，1921年后任北京工业大学教授兼化工系主任，在北京大学和北京师范大学等校兼课。抗战期间，吴承洛兼任中国工程师学会总干事和总编辑，主编了《三十年来之中国工程》这一巨著，全书分上、中、下三编，上编为"工程"，中编为"工业（或事业）"，下编为"行政"，后来又加续编"技术"。

1947年，他接手主编《工作竞赛月报》，发表了好几篇社论主题文章，如《工作竞赛月刊加强编辑献言：工作管理与工作竞赛》（1947年第4卷第5期）、《行宪施政重心之检讨：行政工作效率与行政工作竞赛》（1948年第

5 卷第 5 期）、《敬祝国代行宪奠定国家建设——政治改革与行宪竞赛》（1948 年第 5 卷第 3 期）等，在经济崩溃的形势下鼓吹科学管理，书生气十足。吴承洛说："行政工作需要学术化，所以我多年来就做了行政与学术联系的工作。"

中华人民共和国成立后，吴承洛任政务院财经委员会技术管理局度量衡处处长和发明处处长，主持建立度量衡制度、标准制度、发明专利制度和工业试验制度等，为建立和健全新中国的计量和专利等制度做出了贡献。

中共领导的政权在延安和解放战争时期的东北、华北解放区也开展了火热的劳动竞赛。

新中国成立后，原则上不再提"合理化运动"，而只提"合理化建议（运动）"。正如同当时回避"科学管理"（因批判"泰罗制"）一样，应当是顾忌到姓"社"姓"资"的问题。报刊上只见到《东北普遍采纳职工合理化建议提高生产效率增加生产》（《新华社电讯稿》1949 年第 484－514 期）、《如何开展合理化建议运动》（《新华月报》1949 年第 1 卷第 2 期）等文。一些建议被汇编成书，如《合理化建议》，由新中国经济建设公司 1950 年出版。

# 第九章　各级行政的"革新"与官僚政治批判

钱端升的《建设期内的行政改善》曾预为战后和平时期的行政开了几味药。(1) 行政组织中须充分发展半独立或准独立的业务法团制度（指国营企业改制）。(2) 半司法性的机关及半司法性的方法应广为采用，以避免行政部门单方立法和裁决。(3) 中央政府直属机关要精简，且组织不必一致。(4) 缩小省区范围，重定省的职权。(5) 准备大量法律人才。[①] 然而，国民党政府无论战前、战时还是战后都只热衷于加强控制。

甘乃光描述说，（从 1932 年起）近十年来中国行政的革新有三个时期。第一个时期（按：到 1939 年）就是分级负责制度的推行。（按：指"省府合署办公，专员制度的创立，县府裁局设科，分区设署，实行保甲制度，使行政上'一条鞭'的行政组织，变为分级负责制度的实行，使各级的行政，有确实负责的政府。"）第二个时期（按：从 1940 年起，"限定三年完成"）是新县制的颁行，以奠定中华民国基层政治的基础。稍后，从 1941 年起是"行政三联制时期，又可以名为行政革新时期"。他指出："在执行方面，要建立分层负责制，将幕僚长制也放在分层负责制内，一并付诸实施；在考核方面建立分级考核办法。"[②]

## 第一节　从省政府合署办公到行政三联制

《建国大纲》规定："县为自治单位，省介于中央与县之间，以收联络之效。"1934 年国民政府宣布的宪法草案"则将省县市冶为一炉，完全列在地方制度一章内，对于省的规定，是'执行中央法令及监督地方自治'，可见省的地位，一半是国家的行政区，一半是推进地方自治单位的'县市'的

---

① 钱端升：《建设期内的行政改善》，《新经济》1938 年第 1 期，第 9 - 12 页。
② 甘乃光：《行政学新论·新行政年的展望》，商务印书馆，1943，第 247 - 248 页。

枢纽"。"省政府合署办公，与行政督察专员制度，都是属于省政府行政机构的调整。不过专员是辅助省政府推进下级地方自治增强效率，而合署办公乃是增强省政府本身行政机构的健全。"①

### 一　刷新政治、改革省制，从合署办公做起

关于合署办公的发明权，不少史书归功于蒋介石、张群、杨永泰等人。事实上，1932 年 12 月召开第二次全国内政会议，其核心提案之二"地方行政组织之合理化"即提到："（1）关于县政府之改革：a. 县政府以一律设科为原则，须合并于县政府内办公，其公文均以县长名义行之。"②

蓝士琳的《县政府合署办公之前后》也证实了县政府合署办公的最早提法。文章说，1932 年第二次全国内政会议之后，1933 年 1 月内政部拟呈请行政院修正《县组织法》："县政府为整个机关，以一律设科为原则……并须一律合署办公。"河北响应最快，1933 年 1 月就制订了县属各局实施原则，但裁局而不设科，"用人行政不能让县长充分地行使权力，则所谓合署办公，不过'虚有其表'而已"。此文建议：（1）先要裁局设科；（2）集中办公场所，设总办公厅，集中各科人员一起办公，朝夕相对，消除隔阂，公开处理，减少把持；（3）统一内部事务，全府人事统一于秘书室下，一切款项收支集中于会计股，一切物品购、管分归庶务股；（4）解决合署的房屋问题。③

再看省政府合署办公的制度建设。第一个法规是 1934 年 7 月 1 日颁布的《省政府合署办公办法大纲》，指定"剿匪"区内的豫鄂皖赣闽五省"赳期施行"。④ 1936 年 12 月 24 日行政院公布《省政府合署办公暂行规程》⑤，将前一个法规废止，同时制定《省府合署办公施行细则要点》⑥。这三者就是本节讨论的依据。

杜时间所写的《省政府合署办公问题》提供了行政学上的论据。他说，现行省制组织庞大，冗员众多，省府与各厅处成为两级，各厅处之间又并肩

---

① 殷体扬：《省政府合署办公之检讨》，《市政评论》1937 年第 5 卷第 7 期，第 16 - 17 页。
② 师连舫：《第二次全国内政会议》，《时代公论》1932 年第 1 卷第 40 - 41 期，第 59 - 68 页。
③ 蓝士琳：《县政府合署办公之前后》，《政治评论》1935 年第 171 期，第 570 - 573 页。
④ 《省政府合署办公办法大纲》，《江西省政府公报》1934 年第 1 期，第 273 - 276 页。
⑤ 行政院：《省政府合署办公暂行规程》，《交通公报》1937 第 818 期，第 6 - 10 页。
⑥ 行政院：《省府合署办公施行细则要点》，《行政研究》1937 年第 2 卷第 4 期，第 441 页。

分立（争权透过，内部机构彼此重复）。各厅处为各县的上级官署，县府太小，头重脚轻；县府疲于应付上级，扰民而不亲民。如今颁发合署办公大纲，使分立制转为统一制。由一个行政长官负责指挥执行，可免分歧，可有整个计划，可避重复，可杜绝浪费，将全部事务集中在一个事务部的全盘统筹之下。秘书处酌设技术室、法制室、统计室、公报室等，延用各种专长人员来做技术官，其办事室组成行政总务处，参谋策划。①

晓庄在《省府合署办公制之利弊》中分析指出，合署办公利益有四：意见统一；权力集中；节省经费；工作紧张。弊病有五：公文程序增加（秘书处总收总发，由主管厅处承办，分别副署或会同副署签呈省主席判行）；政务事务混乱；省府管理困难（职员有三四百人，各厅处长等于以前之科长，对职员不负绝对责任，而独归省主席与秘书处管）；主席难以独当繁杂事务；中央之监督虚浮（中央各部会损失对所属各厅处直接指挥监督之权）。②

《汗血月刊》1937 年 4 月 1 日第 9 卷第 1 期推出"合署办公与行政督察专员制度研究专号"，发表了七八篇高质量的论文，作者依次是周承考、汪德裕、孙布雨、莫寒竹、冯德彪、一萍、张景瑞、张富康，对事件过程的叙述最详细、综合度最高，对问题的分析也相当中肯深刻。缺点是因各文发表于同一期，事先相互缺乏通气，以致彼此的材料与内容有不少重复之处。不久，殷体扬依据行政院友人提供及自行搜集的资料写成《省政府合署办公之检讨》③，也有见地。

综合上面各文内容可知，先是 1933 年 2 月在国民党第四届中央执行委员会会议上，石瑛等七委员鉴于省政府委员制责任不明、运行不灵，向大会提出《取消省府委员制，改为省长制以利行政》一案。汪精卫也说委员制不好。学术界有持平之论，如崔宗埙的《首长制与委员制之运用》指出："若一机关之政务，系纯粹之执行工作，则以首长制为宜。""若一机关之责任，无纯粹执行之工作，而只须：（1）决定方针……；（2）厘定规律……；（3）判断争议……，可用委员制。""首长制与委员制可以并用，……其首长可以专司执行之工作，而委员会则可以专司关于该机关之立法与司法部分……（1）二者可以立于平等地位，……惟对指定之大政方针等，长官须先得委员会之同意，……；（2）将权限完全交于委员会，而长官隶属该会为其

---

① 杜时间：《省府合署办公问题》，《时代公论》1934 年第 3 卷第 19 期，第 17 - 20 页。

② 晓庄：《省府合署办公制之利弊》，《北平周报》1934 年第 92 期，第 8 - 12 页。

③ 殷体扬：《省政府合署办公之检讨》，《市政评论》第 5 卷第 7 期，第 16 - 24 页。

执行官员，……其关系亦似于董事会与总经理然……（3）将权限交于长官，而附设委员会，……襄助长官之不及耳。"⑧ 行政部门则等不急，早已开始宣传和改制了。

国民党中央执行委员会对七委员的提案"原则通过交政治会议详细规定"。蒋介石提《修改地方行政机关组织案》，会议决定"交行政院妥为筹议"。内政部遂拟订《改革省制具体方案》，"确定省政府为整个的省行政机关，其他各厅只应为省政府的辅佐机关，不应为省政府的下级机关"。⑨

各界对当时所行省制的弊端形成共识。其一，头重脚轻、基础不固。论组织，省庞大而县缩小；论经费，则省极巨而县极微。治官的机关太多，而治民的机关太少；伴食高官的人员太多，而深入民间的人员太少。政令均成具文，这是症结所在。因此应缩小省府，扩大县府。其二，从横向来看，各厅处骈肩而立，各成系统，各固范围，各私财用，涉及两个厅以上的事务往往迁延不决，权则相争，过则互诿。故应打破各厅处并立之分割局面，而并为整个一体之省政府。其三，从纵向观察，省政府与各厅处、县府与各局科均截然形成两级，中央的部会把省府的厅处作为直属机关，省政府的厅处也把县府的局科当作直属机关，上下直接行文，导致省府与县府间存在层层节制的流弊，因此，必须使整个省府对中央院部负绝对责任，整个县府对省府负绝对责任。⑩ 殷体扬总结为：省政府缺乏完整的单位系统；缺乏确定的专一责任；缺乏密切的联络机能。

1933 年 9 - 10 月，蒋介石与湖北省主席张群用电报交换意见。张群呈复："省府各厅处，似可于现制之下，先行合署办公，一切文书，皆以省政府名义行之，各厅处主管事项，由各厅处长副署。则各厅处上对主管部省政府，下对各县及各厅处，相互间可省去往来层转文件之烦……省府有意志统一之效，各县无政令纷繁之苦，功令既行，情感易通，其效不仅在节省经费而已。"蒋介石认为"合署办公，当能加以相当之矫正，自不容疑"。但实行合署办公存在一些实际困难和需要进一步考虑的问题。比如，是否有能容纳省府及各厅处于一堂之公署？若无，依然各地办公，其散漫无约、混淆不清等殊无足称。又如，各厅处之文件悉由省统收、分办之后，概须主席核行、厅长副署，一人之精力、时间有限，能否应付裕如？倘草草了事，随同

⑧　崔宗埙：《首长制与委员制之运用》，《半月评论》1935 年第 1 卷第 10 期，第 15 - 16 页。

⑨　殷体扬：《省政府合署办公之检讨》，《市政评论》1937 年第 5 卷第 7 期，第 17 - 18 页。

⑩　周承考：《剿匪区域改革地方行政制度平议》，《汗血月刊》1937 年第 9 卷第 1 期，第 3 - 4 页。

画诺，则行政监督之作用全失。再如，凡厅处所为命令处分之不当者，经由省府发出，主席均不能再行中止或撤销之，无法以济其穷，则各省之厅令恐亦不能完全废止等。①

同时，蒋介石把张群的建议和自己对合署办公的一些看法又分别电豫、皖、浙、苏、赣等省政府，征询其对省制改革的意见，希望共同研究。皖省主席呈复指出，合署办公在精神不在形式，民国以来，合署办公及分厅办公都实行过，结果利弊互见，皆因有合署之形式而无统一行政之精神，故持怀疑观望态度。浙省主席呈复："合署办公集结各厅于一整个省府之内，则在任何制度之下，均能收统一简捷实效，本省刻正计划进行。"社会舆论以《大公报》最紧跟，反应最积极，如《省政改制问题》的社评（1933 年 10 月 14 日），"完全赞同张氏提议"。报刊多次发表有关省制改革和合署办公进展的文章和报道。

1934 年 3 月，南昌行营秘书长杨永泰在十省高级行政人员的集会上就省制改革归纳出六项原则性意见。第一，合署办公如无适当房屋，可设法改造或另建。第二，省府组织单纯化，除民、财、教、建四厅及秘书、保安两处，其他附属机关皆使隶属于厅。第三，各厅处上下行文（省主席核行，主管厅、处长副署）均用省府名义行之，但对直辖机关仍得用令。第四，各厅处直接对省府负绝对责任，成为一体。省府对中央负责任，各厅处与中央各部会彼此不直接行文。第五，省府秘书处应延揽专家参与工作。第六，合署办公必须将原有人员、经费核减一半，并将节约的余款移作县区政经费用。②

1934 年 7 月，南昌行营颁布了《省政府合署办公办法大纲》。这个大纲共 14 条，目的是"力谋地方政务之推进、保持省府意志之统一及增进一般行政之效率"。主要办法，一是厅处并入省府，厉行裁减重复组织（第 1-3 条及第 7 条第 1 项），如民政厅吏治股与秘书处铨叙股。二是文书府稿厅办（第 4-5 条及第 7 条第 3 项）。三是集中经费统一管理，各厅处的会计、庶务都集中到秘书处（第 7 条第 2 项及第 9 条）。四是秘书处加设技术、法制、统计、公报四室，分别延用专门人才组织之（第 8 条）。"本大纲自公布之日起，两个月内……（五）省应一律施行。"③ 试行了两年多，1936 年 10 月 24 日，行政院公布《省政府合署办公暂行规程》，共 15 条，强调合署办公的目

①　周承考：《剿匪区域改革地方行政制度平议》，《汗血月刊》1937 年第 9 卷第 1 期，第 1 页。
②　冯德彪：《合署办公行政效率之检讨与商榷》，《汗血月刊》1937 年第 9 卷第 1 期，第 48 页。
③　《省政府合署办公办法大纲》，《江西省政府公报》1934 年第 1 期，第 1-7 页。

的是"力谋地方行政效率之增进及减缩行政费，以扩充县行政费"。内容基本和前述《大纲》一致，只是实施的范围由五省扩大到一般省份，以及"各厅处对于行政院所属主管部会之命令，可径行呈复"（第 4 条）①。同时，《省府合署办公施行细则要点》第 7 条强调："各机关之组织暨科股执掌……重新划定"，"秘书、技正、督学、视察员、科员、编审员、统计员、编译员、技士、技佐、办事员名额，均应衡量事务之繁简，经费之丰啬，酌定最低额与最高额，不得含混。……职员之名称、官等，应明白规定（按：荐任、委任各几人，不得滥设职位及任意变更官等）。"要将合署办公之前、之后的组织系统员额表及经费支配表咨转备核。②

　　一般学者从理论上都会说，合署办公可使政令得以统一，调查研究得以加强，施政计划得以充实，公文得以整齐，工作得以紧张，人员得以精简，行政费得以节省，乃至科学管理（行政合理化）得以施行。优点还有："权力集中……发布政令，推行政务之权，均集中于省府。意志统一，层级清晰，责任分明，指挥灵便，动作敏捷。无重复，无分歧，无冲突，无隔阂，无侵越，无阻滞，无推诿，无规避，犹一健全之身，头脑指挥官肢，运行极为圆满如意。"③ 实际上，从各省的报告来看，行政费只有安徽和湖北节省较多，"约占经常费四分之一，其他各省则甚微。……（因为）专门人才待遇都非提高不可，秘书的员额也大为增加，……一方面减（会计、庶务人员），一方面增（秘书室人员），故总数无变更"。效率方面，相关人等还得适应，公文呈转因层次减少而时间缩短，但收发手续未减（收文须经 18 人之手，拟稿送核须经 17 人，再加上公文发出又有相当环节，总计约 50 人经手），且省厅间往返手续大为增多。又，事事请示势必呆滞积压延误机宜。可见，试验不尽如人意，"无论如何不能说是已达成功的境地"。④

　　大家也承认，秘书处四个室的设置，行政学术化的色彩变浓，有利于提高行政质量和效率。如"技术室：凡农工商矿水利土木及其他各项事业，为各该省现行急办者，依其种类，应延用适当之技术专家，分任调查设计。即各主管厅处提出之技术事项，亦概交其审核，并负指导督率之责。""公报室

① 《省政府合署办公暂行规程》，《湖南省政府公报》1936 年第 567 期，第 1－3 页。
② 《省府合署办公施行细则要点》，《行政研究》1937 年第 2 卷第 4 期，第 441－450 页。
③ 一萍：《省政府合署办公之经过及江西办理之情形》，《汗血月刊》1937 年第 9 卷第 1 期，第 49－59 页。
④ 殷体扬：《省政府合署办公之检讨》，《市政评论》1937 年第 5 卷第 7 期，第 21 页。

置编译及印铸专员，凡各机关发行之……刊物，概交公报室统一办理。"统计、法制二室也一样。①

为之辩护的，如经委会聘请的德国顾问晏纳克。晏纳克为政学名家，鼓吹实行合署办公有助于"总揽制"，在《改革地方政制之意见》中指出："根据我从政的经验，凡机关之一部，倘不在一署之内者，则长官在管理上，将渐失其指臂之效。"② 莫寒竹称合署办公"乃是中国政制史上一个创见。在地方政制上，它是具有划时代性的。""现代行政组织的类别，可分为二：其一为独立制，另一则为完整制。……在完整制之下，各部仅为附属的行政单位，各部长官须同受行政首长之指挥以处理其所掌之职务。""合署办公制的实施，便是由独立制变为完整制。"优点有简单统一、责任集中、集中技术人才及利用特种设备、因紧凑而节省故增效。他为之出谋划策建议改进，如经费管理要靠超然主计；形成"办公总枢"，省府设立办公厅（取代秘书处地位），包括参谋（人事局、设计局、技术局、统计局）、事务（会计局、庶务局）、秘书（秘书局、档案局）三部分；还要设立专职的人事部门。③

汪德裕在《从行政学上论合署办公》中指出，"现代政府行政，极明显的有两种趋势"，一个是"统制主义"代替"放任主义"，另一个是"行政内容日趋技术化与特殊化（按：专业化之意）"。文章引葛定纳（W. T. Gardiner）的行政改革四原则："（1）凡工作相同相类之各部应合并成为完整的单位系统；（2）政府的各种活动与实施须有确定的责任，使不致诿过贪功；（3）各行政组织及人员间应有分工合作精神，以收协整和谐之效；（4）行政责任集中于个人较分配于团体为有效有益。"文章认为，合署办公符合"统一制"，"便于办事，短于防弊"；委员制则偏重制度上的牵制。省政府应积极做事，不宜消极防弊。统一制还使得各厅局事务协调配合（技术的、专门的活动，即机能的活动，不是政务会议讨论组织的活动），还可将"计划经济"的方法引用于行政管理。又大纲（规程）第6条有"救济行政行为"，就是命令或判行以省府名义发出后，"发觉违法、越权或不当时……仍得自行修正，分别停止或撤销之"。④

---

① 《省政府合署办公办法大纲》，《江西省政府公报》1934年第1期，第1－7页。
② 张锐：《地方政制改善的途径》，《行政效率》1935年第2卷第5期，第937页。
③ 莫寒竹：《省政府合署办公问题的综合研究》，《汗血月刊》1937年第9卷第1期，第42－43页。
④ 汪德裕：《从行政学上论合署办公》，《汗血月刊》1937年第9卷第1期，第13－17页。

孙布雨在《合署办公制度人事行政实况之批判与贡议》里引英国边沁的话论行政官专职："宜以一人专任一事，其理由十五"。"参以合署办公紧张工作之原理"，得改进人事最低标准四条（负责任、守纪律、明礼义、知廉耻），以及"应发挥省秘书处之权能与统治之责"，尤其是四室的专门家，不要只负承转之责。① 此文材料详实，议论精到，分析细致入微，有些典型事例之后常为别的文章引用。张景瑞的《各省合署办公之实施及其成效》②，介绍了各省的情况，引用了不少数据，使后来的研究者获得更多的资料。师连舫的《省府合署办公制度之研讨》材料丰富，观察了几年来的实践，主张"必须求其彻底"，使其"成为省主席的幕僚机关"。③

莫寒竹认识到，这一制度"只可视为过渡办法，至多亦不过行政组织上的改良，不能视为有永久性的地方制度"。④ 因为他看到，在 1934 年 1 月中央执行委员会四届四中全会上，黄绍竑、傅汝霖、甘乃光、刘峙、何成濬、张群提出《地方行政制度改革案》，经大会议决，"取消省政府委员制，改为省长制之原则，业经第三次会议议决通过，应责成政治会议议定实行日期"。宪法草案即是朝集权制、省长制、两级制方向设计的。周承考也说，《建国大纲》规定省长民选，宪法草案规定总统任命省长，都是彻底的合署办公制，现在为之过渡。⑤ 委员制是"民主集权制"，适合"素有民主训练而政局又复安定之国家"。合署办公"不过是一种权宜的办法。其效率在人，而不在事。"执行的人不好，"它就是一个坏的制度"。⑥

另见较早编印的"江西事业丛刊"之《省政府合署办公之实施》⑦，介绍从蒋介石、张群到熊式辉的具体实施，对合署办公的发展过程及改革效果有详细的叙述，并讲述改革省制的理由、其办法的颁行、实施的状况及已见的成效等。

张富康的《省行政制度改革之趋势》认为，省政的改革应当从改革省制

① 孙布雨：《合署办公制度人事行政实况之批判与贡议》，《汗血月刊》1937 年第 9 卷第 1 期，第 19－31 页。

② 张景瑞：《各省合署办公之实施及其成效》，《汗血月刊》1937 年第 9 卷第 1 期，第 61－72 页。

③ 师连舫：《省府合署办公制度之研讨》，《政治建设》1939 年第 2－3 期，第 39－48 页。

④ 莫寒竹：《省政府合署办公问题的综合研究》，《汗血月刊》1937 年第 9 卷第 1 期，第 42－44 页。

⑤ 周承考：《剿匪区域改革地方行政制度平议》，《汗血月刊》1937 年第 9 卷第 1 期，第 5－6 页。

⑥ 冯德彪：《合署办公行政效率之检讨与商榷》，《汗血月刊》1937 年第 9 卷第 1 期，第 45－48 页。

⑦ 《省政府合署办公之实施》，江西省政府秘书处，1935。

开始，首先是首长制与合署办公，继以裁厅改司等①。

这里必须强调，当蒋介石还在征询五省意见时，广西省的李宗仁、白崇禧、黄旭初已经"筹备经年，新署完成，遂于二十三年元旦，将各厅迁入，开始实施"。当时"既无法令遵循，亦无成规借镜"，故与各省办法"颇多不同之点"。广西是"设立主席办公室以为办公总枢，……既不与厅处平行，亦不高踞于各厅处之上，纯为办公便利而设"。"改秘书处为总务处，……所有事务（收发、缮校、译电、监印、档案、图书、会计、庶务等，但不包括文稿），概行集中。……设置四科及统计室。""特设人事管理委员会，……委员长一人由省政府主席兼任，主任委员一人，委员若干人。……会内设秘书及分一、二两科办理会务……会内并设人事制度研究委员会。"人事行政工作有审查、考试、考绩、奖惩、保障、储蓄、抚恤等，及"公文处理程序"，"资料保管（档案、图书）"，"会计、物料处理（各厅处经费集中，设建置委员会集中采购、综理修建）"。周焕提出，将事务集中于总务处；主席办公室设秘书长，帮助主席综核文稿，纯对主席负责，不高于厅处长地位，主席办公室成为办事程序之总枢纽；人事管理设专会；还有幕僚式的辅助组织，如法规委员会，及酌增顾问及参议、谘议专员，大抵均为代最高长官分负其部分责任，或受其特别委托而处事者，且分派到各厅处切实工作，消除徒挂虚名、坐领干薪的积弊。这几项是广西特色。②

河南省是从 1934 年 9 月 1 日起实行。③

梁上燕的《乡镇长集中办公的实施》（民团周刊社出版）谈了五点：（1）对于乡镇长集中办公的认识；（2）怎样运用集中办公实施训练；（3）乡镇政务推行与集中办公；（4）怎样指导乡镇长集中办公；（5）乡镇长对于集中办公应有准备。附录《广西各县乡镇长集中办公办法》。

谢贯一的《合署办公后之庶务改善问题》一文，主要据各省政府的情况作分析和设计。主张集中组织，将省政府原有庶务科内部加以改变，设采购、管理、核验三组，每组设主任 1 人，组员 2 - 5 人。外设购料委员会，办理千元以上的购料事项，委员 3 - 5 人，庶务科科长及会计科或出纳科科长为当然委员，庶务科科长为主席，其余委员由省主席选职员中熟悉材料情

---

① 张富康：《省行政制度改革之趋势》，《汗血月刊》1937 年第 9 卷第 1 期，第 109 - 111 页。
② 周焕：《广西省政府合署办公状况及其特征》，《西南导报》1939 年第 2 卷第 5 期，第 59 - 72 页。
③ 《合署办公经过》，《河南省政府年刊》，1935。

形者充任；这不是固定的机关，只负抉择和监督的责任（如决定招标办法、选择标书、监督开标及签订合同等），其余购买等事由庶务科办理，所以平时只要一二人办理通讯、记录等事。科内之三组，购料组负责接洽商行、调查物价、办理估价及招标、签订合同、统计买入物品等事；管理组负责物料点收保管、分配输送、消耗登记，车辆管理，办公用品划一之设计，材料仓储管理；核验组负责物价的审核和物料之检验。[1]

## 二　行政督察专员制及专员公署的设置

国民政府遵从《建国大纲》，制定训政时期约法，地方采取二级制，省对县的控制实力有未逮，因此在省和县之间建立一行政机制以联络、协调成为主流意见。1932 年 8 月 6 日，行政院（院长汪精卫、内政部部长黄绍竑）颁布《各省行政督察专员暂行条例》，咨请苏浙皖赣等省查照办理，行政督察专员制度正式确立。同年 8 月，豫鄂皖三省剿匪总部制定《剿匪区内各省行政督察专员公署组织条例》，并于三省内颁布施行。为求统一全国政制，1936 年 3 月行政院公布、10 月 15 日修正的《行政督察专员公署组织暂行条例》明确规定各省一律划分若干行政督察区（为"准行政区划"），设置行政督察专员公署，为省政府辅助机关或派出机关；同时，废除前两项条例。同月还公布《修正区保安司令部组织暂行条例》，规定区保安司令除有特别情形者外，由行政督察专员兼任。

行政督察专员公署的性质是省政府的派出机关，是适应国民党部署反共内战的需要而设立的。一方面，对于提高地方行政效率起到了一定的作用，但另一方面则阻碍红军和革命根据地的发展，如江西行政督察专员公署系军事委员会南昌行营为了剿共的需要而设，配合国民党对红军和革命根据地进行反革命"围剿"。

《各省行政督察专员职责系统划分办法》的推出，在社会上反响很大，理论探讨颇多。最早持否定意见的是鹏九的文章："查豫鄂皖三省专员制自施行以来已近一年，在行政上时有龃龉扞格之弊发生，其差有成绩者，皆限于专员所兼之县。"他引顾亭林的话："治民之官多则治，治官之官多则乱。"治官兼治民，则乱之又乱也![2]

---

[1]　谢贯一：《合署办公后之庶务改善问题》，《行政效率》1934 年第 1 卷第 8 期，第 319－325 页。

[2]　鹏九：《论行政督察专员制之得失》，《不忘》1933 年第 1 卷第 9 期，第 39－41 页。

高鏗在《地方行政改革中之行政督察专员制度》一文中指出，该制度乃为了补救现行省县二级制的不足（省县隔阂，鞭长莫及）。专员受省政府指挥监督，但省政府不能任免专员（归中央）；专员负有指挥监督县长之责，而无任免县长之权（归省政府），又足以妨碍专员监督权之行使。县政府除省政府和专员公署两个上级，还有省民政厅视察员从旁监督，动辄得咎，徒事应付。所以该制度究竟如何，还真难说。①

在陈之迈所著《研究行政督察专员制度报告》中，提到作者当年"奉聘前赴各省研究行政督察专员制度"。行文铺叙极长，见解不多。回溯了行政督察专员设置的目的：（1）办理特种事务；（2）行政监督及指导；（3）统筹全区政务；（4）领导。作者分析认为，"应以领导为中心目的"。因为"我国朝野上下早已认清此点，'基点政治'（黄绍竑）、'中心县制'（王先强）甚嚣尘上"。就是说，全省物色十几位"精干行政专员"要比为每县物色一位贤良县长来得容易。以之作为基点、中心，由其兼任县长，发挥领导示范作用。作者认为要给予其良好待遇，配以比较贤明之辅助人员，员额重质不重量。②

萧文哲《行政督察专员制度研究》一书对聚讼纷纭的行政督察专员制度的存废问题，专员是否兼任县长、保安司令，如何改善机构、充实组织、提高职权、扩大区域，抗战胜利后其作用如何发挥，以及如何与县政改革调适以助新县制之推行等问题，都进行了研究。作者持该书稿的成果，应萨孟武之邀，为中央政治学校大学部行政系作了讲演并公开发表。他先寻溯专员制度的发生，认为行政督察专员公署是"省县间的特殊行政组织"。然后讲演进，谈当时情况及如何改进，提出五条建议：（1）扩大辖区（为缩省张本）；（2）提高职权（代行省府职权，兼保安司令，不兼县长）；（3）充实机构（设民政、财政、经济、教育、军事五科及专员办公室，辖保安团，必要时设特种委员会）；（4）划清专署与省府、县府的权责（上下行文均经核转）；（5）改称"省府行署"或"道尹公署"。③ 他还写有《行政督察专员制度改革问题》（《东方杂志》1940年第37卷第16号）及《改善行政督察专员制度之建议》（《训练月刊》1940年第1卷第6期），两文大同小异。

---

① 高鏗：《地方行政改革中之行政督察专员制度》，《东方杂志》1936年第33卷第19号，第41－45页。
② 陈之迈：《研究行政督察专员制度报告》，《行政研究》1936年第1卷第1期，第53－87页。
③ 萧文哲：《行政督察专员制度研究》，独立出版社，1940。

　　张富康所写的《行政督察专员制之兴起》一文提出改进办法：（1）专员驻地（县）应流动；（2）统筹领导之功端在参与各县行政会议，制定计划并推动实行；（3）专员须由考试院慎选并经行政院训练，再到各地视察、候补。① 克和的《行政督察专员制度之史的演进》考察历史，认为这个制度"虽有类于折衷办法"，但使改革由进退维谷发展到取得突破。② 王洁卿在《行政督察专员制度之研究》中讲到有利的方面，包括：巩固地方治安，促进交通电信，减少贪官污吏，整理地方财政，推进社会教育。也讲到弊的方面：公文承转等增加一层手续，专员和省府矛盾难免。③

　　温晋城在《我怎样做行政督察工作》中强调行政督察工作的重点在"督"和"察"，抓的是教育（扫盲）和医贫（经济建设），兼顾民众组织和卫生事业。④ 刘时范在《行政督察经验录》中强调两个方面：（1）政治修养。以德性陶熔干部、民众。（2）行政技术。认为出巡有如察脉。应对员属严，对民众宽，对士绅循循善诱。公文处理注意时间性、保密性、精确性。并讲到档案整理、审理盗匪、绥靖等方面。⑤

　　刘千俊的《行政督察经验谈》一文以整饬吏治为中心，分为两大块。一是吏员（人事）的整饬：转移风气、考察监督、勤教严饬、曲予体恤。二是政务的整饬：除旧布新、因势利导，教养兼施、循序渐进，迅速确实、贯彻始终，守法重纪、明德修身，选贤与能、讲信修睦。以上是一般原则和基本方针。以下讲具体怎样督察：（1）自政令之对象以观得失；（2）根据民力以考核进度；（3）县城与乡村并重；（4）观人衡才以评政绩；（5）尽量交换意见以除隔阂；（6）观察地方风教以权政策。主张要订视察纲要，分专员出巡、派员视察、专案视察、集团督导四部分。例如专员出巡的工作包括开会指示、纠查贪渎、访察舆情民隐、部署联防、检阅民团、筹商生产建设等，还要撰写报告。⑥ 李懋的《行政督察专员权责之运用》一文建议省府重视对专员工作的支持帮助，专员对县政要了解体谅，抓住各县的共同问题予以推进。⑦

---

① 张富康：《行政督察专员制之兴起》，《前途》1937年第5卷第4期，第21-34页。
② 克和：《行政督察专员制度之史的演进》，《汗血月刊》1937年第9卷第1期，第73-84页。
③ 王洁卿：《行政督察专员制度之研究》，《汗血月刊》1937年第9卷第1期，第85-98页。
④ 温晋城：《我怎样做行政督察工作》，《服务月刊》1940年第2卷第5期，第13-16页。
⑤ 刘时范：《行政督察经验录》，《服务月刊》1940年第2卷第5期，第6-12页。
⑥ 刘千俊：《行政督察经验谈》，《服务月刊》1940年第2卷第5期，第1-5页。
⑦ 李懋：《行政督察专员权责之运用》，《训练月刊》1941年第3卷第1期，第103-105页。

张耀枢在其文章《行政督察专员制度之检讨与改进》中建议扩大专员权力（人力、财力、组织机构扩充。下设政务、军务两处，以下再以事务分科），名称改为"行政长"或"行政长官"（若仅有"督察"，则无法反映其设计、施行职能；又"专员"名称用得太滥）①。傅骅昌在《行政督察专员制度之研究（上）》中指出，应与时俱进，停止虚有其名的自治法令，实施保甲制度，分区设署（公所）。在《行政督察专员制度之研究（下）》中指出，专员重要任务是监督县政、考核政绩、纠弹失职，专员可参与省府对全省的计划及考核。②

### 三 提出行政三联制与建立中央设计局

行政三联制是指提高行政效率，按行政运行的顺序将一切工作过程分为计划、执行、考核三个阶段。每项工作实施前必须有实施计划和经费预算，执行中必须按计划实施，对实施的结果必须进行严格的考核。在中央层面将三者统一的机关是国防最高委员会。③刘百闵在《行政学论纲》中设"行政程序"一章。

行政三联制的产生背景是，抗日战争进行中，要求政府集中权力、简化程序、快速高效。1938 年 11 月 18 日，行政院颁布《行政效率促进委员会组织规程》，决定设立行政效率促进委员会，考核中央及地方各行政机关之组织与职权分配并调整其相互关系，考核其财务收支并促进其合理化与经济化，考核其官吏任用奖惩办法及办事效率并督促其改进。从考核的职能来说，这个机关有点儿名不正言不顺，缺乏权威性。

1940 年 3 月，蒋介石在国民党中央人事行政会议上宣读以《行政三联制大纲》为题的训词，称："我们无论办理一桩什么事情，必要经过设计、执行与考察三个程序，而且要相互联贯，不能脱节，然后才能贯彻到底，办理完善。""凡我们职掌范围以内的事业，要办有成效，……就必须事先有周密的计划；计划好了，就要按照计划去切实执行；执行的时候还要有严格的监督；而办理完善之后更要有认真的考察，按其成绩定其功过；然后以考察所

---

① 张耀枢：《行政督察专员制度之检讨与改进》，《服务月刊》1943 年第 7 卷第 10 期，第 38 - 40 页。

② 傅骅昌：《行政督察专员制度之研究（上）》，《安徽政治》1946 年第 9 卷第 1 期，第 22 - 25 页；《行政督察专员制度之研究（下）》，《安徽政治》1946 年第 9 卷第 4 - 5 期，第 18 - 23 页。

③ 刘百闵：《行政学论纲》，中国文化服务社，1947，第 192 - 225 页。

得的得失利弊，作为下一期设计的重要参考。如此密切联贯，着着顾到，才能获得事半功倍的效果。"否则，"就不仅不能有成功的把握，而且一发生了弊病，就随时有失败的危险"。① 同年 7 月，国民党五届七中全会通过《总裁交议拟设置中央设计局统一设计工作并设置党政工作考核委员会以立行政三联制基础案》。9 月，国民党中常会通过《中央设计局组织大纲》和《党政工作考核委员会组织大纲》。1941 年 2 月，党政工作考核委员会和中央设计局先后成立，有了这两个具体的组织和办事机构，蒋介石 2 月 15 日和 23 日分别在党政工作考核委员会第一次会议及中央设计局第一次会议上宣读了《党政工作考核之责任与工作要旨》、《中央设计局之使命及其工作要领》两篇训词。加上 1940 年的《行政三联制大纲》和蒋介石在国民党五届七中全会上的提案，这三篇训词、一个提案构成了国民党行政三联制的基本理论和实施要领。此后，行政三联制便正式推行。②

蒋介石的《行政三联制大纲》近 2 万字，其要点及程序、办法的提纲如下：（1）行政三联制就是行政道理的主要部分。（2）要懂得行政的道理，就要知道：①政治人才与行政人才的分别；②总理的人民有权、政府有能的道理；③要造成万能的政府，就要首先实行行政三联制。（3）行政三联制分为计划、执行、考核三方面的工作。（4）过去行政上因对于三联制毫不注意而产生缺憾：①各计划不是集中在一大原则下制订出来；②各计划不能互相联系；③计划与执行不生联系；④不注意考核，就无法知道已有的程度。（5）计划、执行、考核三者相互之间的联系及联络上整个之作用：以造房屋为例，有计划之前，应注意人、地、时、事、物各点；在执行之际，要忠实地去实现计划；执行考核后，可作为下次计划的准备。（6）行政三联制第一部分重要的工作——计划。（7）三种计划的区别：行政计划与经济计划不同的地方；行政计划与军事计划不同的地方。（8）不懂做计划与预算联系的毛病。（9）控制预算的方法——要编成预算百分比。（10）总的设计与部分的设计的运用，再以造房子为例。（11）行政计划是根据《抗战建国纲领》来的，《抗战建国纲领》是根据三民主义来的。（12）两种十分重要的设计方法：拟定预算百分比；订定各部门的中心工作。（13）行政三联制第二部分重要的工作——执行。（14）执行分本机关执行与监督指挥下级机关执行两类。

① 蒋介石：《行政三联制大纲》，《文告法令辑要》，1940，第 1－23 页。
② 李新：《中国新民主革命通史（8）》，上海人民出版社，2001，第 85 页。

（15）要免除本机关执行上的毛病，就要建立两种新制度——幕僚长制和分层负责制。（16）要免除下级机关执行上的毛病，就要建立"分级负责制"。（17）行政三联制第三部分重要的工作——考核。（18）行政考核与经济考核、军事考核的区别。（19）广义的行政考核分作两类：政务的考核，即政治的考核；事务的考核，即行政的考核。（20）政务考核的方法。各国是以议会来运作的；我国应该以党来执行；我国政务官考核的原理与机构。（21）行政考核者的三种分类：上级监督机关的考核；上级直辖机关的考核；机关自身的考核。（22）行政考核的三种分类：报告的审核；派员视察、调查；对设计员的考核。（23）行政考核又可分作两类：人的考核——考绩；事的考核——根据预算及计划来的。（24）提出三种新的有效的考核方法：年度政绩比较表；政绩交代比较表；某种事业进度表。（25）行政三联制是计划政治、计划经济实施的基础，大家要努力求其实施。①

蒋介石以前讲过《政治的道理》，《行政三联制大纲》这篇讲的是"行政的道理"。具体看行政三联制的内容：

第一步，设计。行政设计只是政治设计里的一部分，还有经济设计与国防设计。行政计划需要量入为出，懂得控制预算的道理，把预算编成百分比（分配给各部门的经费比例），并说明理由，由预算百分比的情况便可看出某一年度行政重心之所在。这是预算与计划的配合。

设计又可分为总的设计与部分的设计。"各机关三十一年度计划编造办法"，依照其性质及预算类别分为两部分：甲、普通政务计划；乙、特别建设计划，凡属《战时三年建设计划大纲》之计划事项均属之。两种计划的项目均分为：过去概况、计划要点、配合计算表、计划进度及概算对照表（注意百分比），并一切经费、人员、物料及其他分析估计总表。实施计划中各部门（如中央各部会）应互相配合之程序如下：甲、初步配合：（1）凡与院会有关之计划书事项，应由主管院会填具"配合计算表"并组织会商，由中央设计局指定专门人员参加。（2）凡与两部会以上有关之计划事项，应由主管部会将"配合计算表"填具，请直接上级机关召集有关部会会商配合，并由中央设计局指定专员参加。乙、最后配合：中央设计局根据各院会等所送计划、概算编订年度国家总计划草案，主计处则编订年度国家岁入岁出总概算，最后分别将两草案呈转国防最高委员会核定施行。

---

① 蒋介石：《行政三联制大纲》，《服务月刊》1941年第4卷第5-6期，第1-18页。

第二步，执行。大约可以分两种：一是由本机关直接执行的；二是命令下级机关执行的。本机关最好采用幕僚长制，幕僚长和军队里的参谋长一样，总理机关内一切事务，使主管长官有充分的时间和精力考虑较重要的问题。还要建立分层负责制，制定办事细则，明确各层级法律上的权责。至于说到命令下级机关执行的工作，要采用分级（三级）负责制，维持各级机关的完整性（省府合署，县裁局改科等），上级监督机关对于非直辖的下级机关，只能监督不能指挥，免使下级机关重受牵制。① 龚履端在《分级负责制的研究》中解释说："分级负责制，是'负责政治'的一种有效办法，也是针对目前行政病态的一副合理的药剂。"至少有三种功能。（1）事权专一，防止"权升事坠"，还赋予下级机关"裁量权"与"创制权"。（2）责任分明，廓清争执推诿。各守范围，各尽其职。（3）层层节制，避免躐等越级。② 执行之基本原则包括：第一，要标准化；第二，要科学化（应用科学精神处理一切事务）；第三，要现代化（应用现代工具处理一切事情）。③

第三步，考核。可划分为两大类。一类是政治的考核，就是以某种事业的整个成败来作为考核的标准，也可以说是对政策的执行是否收到效果的考核。这种考核，各国均由议会负责，但因我国重要的政策多由党决定，所以政务考核也应当由党执行。另一类是事务的考核，也就是一般所谓之行政考核。机关中的考核可以分为分级考核及自身考核两种。同时，考核工作还因考核对象不同而分为事的考核、人的考核及经费的考核。事的考核不外乎上面所讲的对各项事务的考核；人的考核，除选择、任用、考绩等另由人事专管机关负责外，其余并由工作考核机关根据组织法令进行。依实际可分为定期考核、不定期考核、任期考核。④

为了检查、考核的方便，制订了几种表格，需要填写呈报，例如《年度政绩比较表》、《政绩交代比较表》、《某种事业进展表》。⑤ 后来，有的机关还要填《机关年度工作计划纲领》、《年度计划经费分配表》、《年度工作计划简明表》、《工作计划月进表》、《工作进度检讨报告》、《业务检讨会议报

---

① 萧文哲：《分层负责制与分级负责制之研究》，《训练月刊》1941 年第 2 卷第 6 期，第 30 – 34 页。
② 龚履端：《分级负责制的研究》，《地方建设》1941 年第 1 卷第 4 – 5 期，第 71 – 78 页。
③ 刘百闵：《行政学论纲》，中国文化服务社，1947，第 195 – 213 页。
④ 蒋介石：《行政三联制大纲》，《文告法令辑要》，1940，第 13 – 16 页。
⑤ 蒋介石：《行政三联制大纲》，《文告法令辑要》，1940，第 16 – 18 页。

告表》等。

关于行政三联制的内在关系。（1）连环：三者纵横相扣。（2）复合：三者任何一项里面又包含三个因素，譬如设计者设计的时候，一定要计划怎样去设计，计划妥了以后才能着手执行设计，并且还要考核这一设计。① 孙慕迦解读为行政三联制具有连锁性（连环整体）、复合性（每一项内含三因素）、连续性（动态的推进，再循环）特点。用蒋介石的话说："三部分工作，尤赖随时随地相济而成也。"②

关于行政三联制与行政效率的关系。萧文哲的文章说，以计划、执行、考核三步程序为纬（按：阶段线），而以行政上之区域、机构、人、时、财、物、学七项为经，交相为用，使行政区域便于管理，行政机构便于运用，行政人员能尽其才，行政时间能尽其效，行政财务能尽其用，行政物品能尽其利，行政事务能尽其功，此即实行行政三联制以增加行政效率之方略。③

傅丘平的《从"用人行政"谈到"行政三联制"》说，用人也分计划、执行、考核，这是很显然的道理。④ 孙澄方的《行政三联制与行政权的运用》，介绍行政三联制的理论与建立，行政权在行政三联制中的地位，行政权的运用等。⑤ 国防最高委员会秘书厅的《行政三联制检讨会议辑要》（1943 年出版），内分演词、会议概述、各机关报告摘要、决议各案处理一览表、重要决议案十九件、法规、附载等 7 章。

以上是综合介绍行政三联制，以下就设计、执行再分别说说当时学者的研究。南京国民政府对政治、经济大政的设计（计划，plan，planning）还是比较重视的，例如 1928 年就设立中央经济设计委员会，分财政组、土地组、农业组、工业组、商业组、合作组，"设专门委员十八人，分任各组设计事宜"。⑥ 又如"九一八"事变后，钱昌照建议蒋介石设立国防设计委员会（后改名资源委员会），为抗日战争做智力、物力的准备。邵元冲的讲演稿《政治设计与经济设计》（载于《中央周刊》1933 年第 285 期），又《政

① 刘佐人：《行政三联制及其运用》，《广东政治》1941 年第 1 卷第 1 期，第 48 - 51 页。
② 孙慕迦：《论行政三联制设计执行考核之不可分性》，《安徽政治》1942 年第 5 卷，第 11 - 12 期，第 8 - 10 页。
③ 萧文哲：《行政三联制与行政效率》，《服务月刊》1941 年第 5 卷第 5 - 6 期，第 52 - 56 页。
④ 傅丘平：《从"用人行政"谈到"行政三联制"》，《迎头赶》1941 年第 4 期，第 19 - 22 页。
⑤ 孙澄方：《行政三联制与行政权的运用》，国民图书出版社，1941。
⑥ 《中央经济设计委员会组织条例》，《银行周报》1928 年第 12 卷第 25 期，第 3 - 4 页。

治设计问题》一文指出："政治设计的范围，是包括各种行政事业的。"① 萨师炯的《试论设计工作》指出，第一，设计的计划必须与整个国策相配合。第二，计划必须有预见（预算、预计），考虑后果。第三，计划必须力求人、时、地、事、物之配合。第四，计划的进度要控制、符合时间节点。② 周廷立在《行政三联制与计划政治》中强调，设计（计划）是行政三联制的重心。计划政治（即政府制订行政计划）须遵循几个原则：根据民意，根据经验，根据环境。其要则是：具体易行，稍留弹性，把握重心。其目的是：使国家、民族独立自尊，达到"民有"境界；激发人民自主参政，进入"民治"阶段；促进经济建设，实现"民享"理想。这也是一篇"大道理"。③

中央设计局是国民政府政治经济建设决策的技术支持系统。中央设计局由国防最高委员会委员长兼任总裁，秘书长先后为张群、吴鼎昌、王世杰，副秘书长先后有甘乃光、陈伯庄、何廉、邱昌渭等，并由总裁遴选党政高级官员及著名专家组成审议会、预算委员会、设计委员会、政治计划委员会、经济计划委员会和调查统计处等机构。中央设计局的内部办事机构比较精简，第一组主任许孝炎，第二组主任黄元彬，秘书处主任秘书王传曾，调查室主任钱清廉，人事室主任龚家学，第一科科长张瑞庵，第二科科长崔铸寰等。④

蒋介石对中央设计局作指示："中央设计局的成立，是根据行政三联制的理论而来的。"《训练月刊》总结出蒋介石训词的要点。（1）工作范围：①该局自身应做的设计，"是就一般的大经大计和特定事项来做研究和规划的工作"；②汇合各院、部、会的总设计。（2）集中人才及罗致人才，尤应联络各机关原有设计人员。（3）工作重点：应注重战后国防经济建设与复兴。（4）应根据总理《实业计划》加以发扬充实，以鼓励友邦人士参与。"总理从前订定实业计划的时候，就是希望世界各国在第一次世界大战结束以后，用其所剩余的人才、资本和机器，来发展中国的实业。……并不要仿照外国的五年计划……来另辟蹊径。"（5）应集中精力，分定程序，实事求是，不可贪多务博，以致一事无成。⑤

---

① 邵元冲：《政治设计问题》，《中央周刊》1934 年第 325 期，第 89－91 页。
② 萨师炯：《试论设计工作》，《三民主义半月刊》1943 年第 3 卷第 7 期，第 16－18 页。
③ 周廷立：《行政三联制与计划政治》，《服务月刊》1941 年第 5 卷第 5－6 期，第 57－60 页。
④ 《中央设计局新运工作报告》，《新运导报》1943 年第 10 卷第 9 期，第 25 页。
⑤ 总裁（蒋介石）训词：《中央设计局之使命及其工作要领》，《训练月刊》1941 年第 3 卷第 5 期，第 1－4 页。

秘书长张群介绍中央设计局之业务特点："它不是权力机关，有建议权而无决定权。"它是全国最高的综合机关，作统一之计划；工作范围极广（政治、经济、社会各部门），目标远大（战时及战后）；是实行行政三联制的总枢，故设计之外兼负审核，并与考核部门确切联系。①

甘乃光是中央设计局的副秘书长，在他的《中国行政新论》第十章"计划政治的发端"中可以找到关于设计局工作的几篇，但都简短而不够深入。为什么苏、美、德偏重计划经济而中国要提"计划政治"？甘乃光的解释是，那些国家的经济已经处于支配政治的地位，"若就权力的主体来说，（它们的计划经济）就是计划政治"。② 而中国落后，"是以政治来领导经济的发展的"（《中国计划政治导论》）。③ 全国性计划工作要有相当的时间、人才、整套机构的准备才可以进入设计程序，是理论与实践的总和，而不是闭户造车（《设计基础工作的推进》）。④ 各机关特别指定得力人员调充设计机构主任，负责机关岁计统计，相关人员组成设计机构，即着手编制概算、施政计划和事业计划，如此逐级编送，然后再加强上级机关的指示，使上下脉络相通。同时可对行政机构进行调整，适应这些工作（《设计网的建立与运用》）。⑤ 拟订计划和执行，都需要各部门的配合。甘乃光分析配合的方式，有装配式、预算式、摆放式三种，其伸缩性由紧到松。苏联是装配式，我国只适用后二者，他说，当前最紧要的是经费和物资两项的供需预算（《三年计划的配合原理》）。⑥ 他又分析普通计划的形式，不外"文章式"、"条文式"和"数字式"。各机关编造计划（设计）要抓住中心工作和预算占比这两条。要达到数字式水平，设计时须列"配合计算表"，包括"预定数字"、"配合数字"（此项分"已有数字"和"可得数字"），后者经过落实、配合得到"决定数字"，由此知道计划应当修正的范围（《三年计划的配合技术》）。⑦ 战时形势不断变化，各部门要有应付的预备计划，综合成总的预备计划，经过详细调查统计，及时加以修改（《预备计划要义》）。⑧ 甘乃光想

① 张群：《中央设计局的使命》，《中美周刊》1940 年第 2 卷第 5 期，第 1 页。
② 甘乃光：《中国行政新论》，商务印书馆，1947，第 243 – 244 页。
③ 甘乃光：《中国行政新论》，商务印书馆，1947，第 245 页。
④ 甘乃光：《中国行政新论》，商务印书馆，1947，第 249 – 250 页。
⑤ 甘乃光：《中国行政新论》，商务印书馆，1947，第 252 页。
⑥ 甘乃光：《中国行政新论》，商务印书馆，1947，第 258 – 261 页。
⑦ 甘乃光：《中国行政新论》，商务印书馆，1947，第 263 – 265 页。
⑧ 甘乃光：《中国行政新论》，商务印书馆，1947，第 268 – 269 页。

到，机关工作（办事）中，纵的管理系统（执行）是现成的，而横的管理系统（设计、考核）以往是缺失的，难怪机关工作的推动容易陷于停滞。甘乃光对比人、钱、事三项管理程序，三者可以说大体相同。既然管人有人事司科，管钱有会计处室，那么管事应该设立审核司科来办理。管钱最重要的手段是会计账簿，那么管事最重要的工具就是统计表册。前两者订有各种法规，后者也要制订（设计与考核）法规（《人钱事的管理机构》）。①

再说说中央设计局的组织。1940 年国民政府公布《中央设计局组织大纲》②，1944 年 8 月 2 日公布《修正中央设计局组织大纲》，主要内容是分设政治、经济两个计划委员会，增设调查研究处，又必要时得设置各临时特种委员会。同时，公布其他相关规程，包括《中央设计局审议会组织规程》："本会设审议员七人至十一人，由总裁遴派之。""审议事项如右：（1）关于政治经济之重要政策；（2）关于各种总计划或重要方案及预算；（3）国防最高委员会或本局总裁交议事项。"《中央设计局政治计划委员会组织规程》："本委员会由总裁指派本局设计委员若干人组织之……职掌如右：（1）关于政治建设各项政策之拟定；（2）关于本会各组计划之审核；（3）关于国际政治合作之筹划；（4）其他交议事项。"与之并行的《中央设计局经济计划委员会组织规程》，四项职掌类似。③

黄卓在《中央设计局的初期工作是什么？》中说，中央设计局对全国各研究机关与调查机关加以调整，使设计工作集中，各单位分工合作；设计调整全国经济类行政机构，使之职能化、系统化，以免重复与冲突；检讨现阶段经济建设工作；拟订具体的经济政策。中央设计局不同于苏联计划委员会，它不可能操纵全部经济活动，只是引导各单位迈向《抗战建国纲领》的目标。它编制全国性的建设计划，而不是为每个单位编制计划，只是指导和监督它们本身的计划工作。④

薛农山（曾任《时事新报》主笔）在《中央设计局任务的前瞻》一文中认为，当前的工作，"除了备总裁咨询及奉令草拟各种计划方案以外"，主要事项有：（1）完成各机关的（行政三联制的）设计体系；（2）成立审议会，审议政治、经济建设计划及预算，党政制度、机构，及法规、政策、建

① 甘乃光：《中国行政新论》，商务印书馆，1947，第 271－273 页。
② 《中央设计局组织大纲》，《河南省政府公报》1940 年第 2353 期，第 2－3 页。
③ 《中央设计局经济计划委员会组织规程》，《中央党务公报》1944 年第 14 期，第 21－23 页。
④ 黄卓：《中央设计局的初期工作是什么？》，《闽政月刊》1940 年第 7 卷第 1 期，第 78－80 页。

议；（3）成立预算委员会，全盘调整各机关的计划预算的配合；（4）审核各机关的年度计划与预算；（5）分组研究总裁指示的各种问题的设计标准；（6）推进调查室工作，步骤包括收集材料、撰写报告、研究特定问题、联络各研究机关等。凡是经审议会审议的各部门计划，由国防最高委员会核定后即分令各机关施行，并按期向中央设计局呈报实施进度。[1]

陶守贤《"设计"之意义及其推行之方法》对蒋介石所说的政务的设计（总的设计）与事务的设计（部分的设计）做了解释。[2]

张祖武的《论行政设计的原则》认为："必须要打破过去设计上'万花筒'、'浪费'、'不出门'等的方式，使设计系统化、经济化而实际化。"这三化"乃是科学设计的基本三原则；也就是行政设计三个最低的要求"。[3]黄哲真所写的《省政设计的原则和方法》指出，福建省建立了设计处，是省政的辅弼机构，由省主席兼处长，内设秘书室，下辖总务、资料两股，有设计委员、设计专员若干，分政治、经济、文化三组，组长由处长从设计委员中指定兼任。举行设计会议来审议本省（或该组）建设工作之设计考核及预算。政治组针对一般行政、地方自治、人事制度、行政管理四类项目（另两组这里不赘述）进行研究与设计。分工上，设计委员负责厘定纲要、审议方案、考核实施，设计专员负责调查、研究、设计。委员的遴选十分慎重，公开征求学问和经验、专技和博识平衡发展，有政治眼光、能综合复杂因素的智者。设计工作立足于调查研究，初期有机构调整的设计、建设工作的检讨、基本方针的确立，再做全省总的设计（经济建设五年计划），然后由各机关去做分步计划。中心工作要视需要、条件来定，计划要符合预算，量入为出。[4]

吴嵩庆的《我们要求一个市设计法》指出，市设计法指的是城市规划（设计）的法律，而不是方法，更不是设计本身。但文章也启示，设计得依法而行。[5]

张锐的《论行政的无能》一文写道："近年来政府对于行政的改善最具体的莫如'行政三联制'的推行了。"它是纠正行政无能必经的途径。"合

① 薛农山：《中央设计局任务的前瞻》，《中央周刊》1941年第3卷第36期，第9~10页。
② 陶守贤：《"设计"之意义及其推行之方法》，《盐务月报》1943年第22~23期，第4~8页。
③ 张祖武：《论行政设计的原则》，《三民主义半月刊》1945年第7卷第6期，第26~29页。
④ 黄哲真：《省政设计的原则和方法》，《新福建》1942年第1卷第1期，第57~59页。
⑤ 吴嵩庆：《我们要求一个市设计法》，《市政评论》1935第3卷第3期，第1~5页。

理的行政机构是纠正行政无能的第一个先决条件。"第二个是"举办科学的职务分析"。第三个是"简化现行法令"。"综核名实为三联制的最终鹄的，也是纳行政入'有能'的正轨。"①

中央设计局发挥的作用远不如原设想的（像苏联计划委员会一样）那么大，最终被撤销。②

## 第二节　分层负责制和幕僚长制的提出

### 一　分层负责制、幕僚长制和幕僚研究

#### 1. 分层负责制

1941 年 2 月，国民政府推行分层负责制，即将各机关人员分成若干层级，明确规定各层级的职责权限，使各级人员都明确责任，做到职责专一、功过分明，便于查核。具体层级及责任如下：第一层级即各机关最高长官，如五院院长，行政院各部会及直属机关最高长官，各省省长、专员、县长、市长等，主要掌握本部门或地域的决策权；第二层级即各级机关幕僚长，其职责主要是参与起草以及组织实施第一层级长官的决策；第三层级即是幕僚长以下的各司、厅、局、处、科长等，其主要职责是落实第一、二层级长官交办的事项；第四层级即文书、科员、书记员、办事员等，各按具体情况确定其责任。

过去我国行政机关最大的毛病就是"推"，为了医治这一毛病，蒋介石作为总裁说得很明白："就是各级机关，无论大小职务，皆要订定办事细则。……对于各级员司的责任，应另立一章，详行规定，自秘书长、处长、科长、科员等均应有明细的法律上的权责，使功过有归，则事务的处理，不必通通由长官一人来决定……不必再重重叠叠去批核的工作，亦必然比现在容易着手。"③ 刘百闵总结说，这个制度的功用，一是避免机关长官处理琐事之劳，而利于重大政务之筹划，并养成职员负责之习惯。二是避免办事迟

---

① 张锐：《论行政的无能》，《观察》1946 年第 1 卷第 17 期，第 3-5 页。
② 《秘书处通报为中央设计局奉令裁撤经于四月一日起停收文请查照》，《台湾省政府公报》1948 年夏字第 25 期，第 11 页。
③ 萧文哲：《分层负责制与分级负责制之研究》，《训练月刊》1941 年第 2 卷第 6 期，第 30-34 页。

缓、失去时机之弊。

分层负责制是以个人为单位的负责制，而分级负责制是以机关（主官）为单位的负责制，都属新政，关系密切，综合起来就是，由人人负责到级级负责。最主要的是保持行政系统与健全行政机构，同时必须森严纪律，公平奖惩，起始就要丝毫不苟。①

何昌荣的《建立分层负责制与分级负责制之原则》认为，两种负责制要在行政三联制的计划阶段就使人人、级级各自厘定专责，执行时心中有数，考核中针对性强。还要厘清各级员司在法律上的权责，明白规定，不得妨害。在各层级办事程序上，有详审的规章。工作中培养自励、协作精神，而非各自为政。② 萧明新的《新县政中的分级负责与分层负责》为县政府的各级职员制订了一张很具体的分层负责的权责表，并讨论了从计划到执行过程中工作的合理分配和责任的追究，对分级负责则只有泛泛的说法。③ 谢珈航的《幕僚长制与分层负责制之阐议》认为，分层负责制形式上是机关内各级职员独立负责其职务，不容推诿卸责；机关内各级长官与属员连带负责，实质上，对事实之推敲、对法令之查考，由经办人负责；办法拟定之当否，由单位主管负责；各员司对其职掌所生之不当或错误独自负责，不得推诿，其直属长官亦应连带负责（程度视事实而定）；所办各事均有登记簿册图表，详记过程及时间，以资稽考督促。④

2. 幕僚长制及幕僚

谢珈航又从行政法学上分析幕僚长制，称是"设置一综览的集权的承上启下的辅助机关（'指无最后决定权之佐治人员而言'）之制度"；"机关之主管长官依法授权，……使之对内部一切人与事，得为承命监督指挥及考核奖惩行为之制度"。⑤ 刘百闵指出，幕僚长制是要幕僚长负处理机关内部事务的全责，使主管长官能够有时间去主持政务。幕僚长制也可以说是政务与事务

① 高青山：《分级负责制与分层负责制之研究》，《训练月刊》1941年第3卷第4期，第63-67页。
② 何昌荣：《建立分层负责制与分级负责制之原则》，《服务月刊》1941年第5卷第5-6期，第86-87页。
③ 萧明新：《新县政中的分级负责与分层负责》，《三民主义半月刊》1943年第3卷第9期，第19-20页。
④ 谢珈航：《幕僚长制与分层负责制之阐议》，《安徽政治》1941年第4卷第5-6期，第53-93页。
⑤ 谢珈航：《幕僚长制与分层负责制之阐议》，《安徽政治》1941年第4卷第5-6期。第53-55页。

划分的制度，换言之，就是主管长官只负责对政务的处理，决定重要政策与工作计划，提示预算之编制，提示拟定法规之重要原则等，不用再花时间去处理事务。幕僚长制、分层负责制和分级负责制名义上虽说是三种制度，但其精神却是一贯的。分层负责制也是要明定各级职员的责任，使事情不要完全向上推，而且分层负责中的"分层"连幕僚长也包括在内，所以幕僚长制也可以说是分层负责制的一部分。

林品石的《论幕僚长制度》一文指出，党政各机关幕僚长的名称不一：有常务次长、秘书长、书记长、秘书处长、主任秘书、秘书、书记等，"其地位与军队中的参谋长相类"；还有参事、助理秘书、机要人员等，可以说是幕僚，其地位与军队中的参谋、副官相类。这些人组成幕僚机构，幕僚长是一个机关的首脑，本机关内的各项业务都与他有关联。如何建立幕僚长制？林品石认为，要调整原来分散的秘书室、参事（专员）室、总务司（科）、会计处（室）、统计处（室）、人事处（室）等单位，以及设计考核委员会等，使之归幕僚长统率协调；慎选、信任幕僚长，他不属于主官的私人，要专任；注重对幕僚的铨选和训练，应久任。幕僚长的责任是辅助主官达成任务，为领导的僚属。幕僚长应具备的素养：不避劳怨，不计功过；恩威并用，宽猛相济；有坚强的意志和大无畏的精神；综理密微，事必躬亲；注重组织，厉行管理；研究幕僚，监督执行；以身作则，转移风气。推行行政三联制是幕僚长当时的要务。[1]

江观纶的《幕僚长制之研究》一文谈由来、说意义都相当清楚，特别提到幕僚长的权项：对内负责人事的指挥监督；对外负责与关系机构的接洽联络；与上级首脑权责分际（首长负政治上、行政上的责任，是使权的人；幕僚长负事务上的责任，是使能的人）。幕僚长的人选标准：要服从首长，有领袖才能。江观纶还有《如何建立幕僚长制》，内容同上。[2] 王澍的《幕僚长制之理论与实际》，也宣扬领袖制（独一）需要幕僚长制；政务官与事务官的区分有利于建立幕僚长制。幕僚长的职权在于，"综覈文稿，管理人事，监督总务"。特点是"没工作而工作特多；没责任而责任特重；没权力而特大权力"。[3]

林甘侯的《如何任用幕僚长》是作者的"县政问题研究之一"。文章

---

① 林品石：《论幕僚长制度》，《考核汇刊》1942年第3期，第25–31页。
② 江观纶：《幕僚长制之研究》，《服务月刊》1941年第5卷第5–6期，第68–78页；《如何建立幕僚长制》，《训练月刊》1941年第3卷第4期，第48–56页。
③ 王澍：《幕僚长制之理论与实际》，《地方自治》1947年第1卷第9期，第11–15页。

说："幕僚长制度，是行政三联制中'执行'部分最主要的一种制度。"幕僚长是机关中的"总枢纽，是第一级官赖以凭借而托付的幕僚，……是执行政策政纲的参赞者、辅助者，及非权力的执行者和决定者。……他代表第一级官在机关中实施统筹监督和调整的责任。"如何任用幕僚长？要为事择人，虚心访聘，用其所长，要真挚感人使其归心。幕僚长是治世之才，能认识到领导者的持世之才，并服从其领导。对幕僚长本身的要求有五：要强健；要平正；要宽宏；要坚毅；要机敏。①

伍衍之的《论县幕僚长制之建立》针对县已经并府裁局设科，而战时县长还要兼民兵团长、粮食管理主任委员及好多其他政务事务，主张县政府也要由秘书来做幕僚长。且要加大其权责，确定其纯粹为事务官，不应随主官去留。他好比美国的市经理，但要经过严格的考试训练，拥有一定的经历。②罗天亚在《乡镇之幕僚长制》一文中，依据湖北"于县以下乡镇机构增设主任干事一员，为创定乡镇幕僚长制，显然又进一步"，由个人从政经验及实际观感角度加以论证。他认为，主任干事应由县任免，受乡镇长指挥支配，要协调划分权责。即自治事项归乡镇长，上级政府交办的事项归干事；乡镇长主外勤，干事主内勤。③

庄瑞彩的《幕僚长制的复活》理解幕僚长为前清的幕职，④ 不甚准确、全面。林时圣的《宪法问题研究：行政院院长是不是总统的幕僚长》，则讽刺国民党"宪政"和"戡乱"中的乱象。⑤ 似彭的《论幕僚制》认为，领袖决策前咨询一些人的意见，这些贡献意见以供参考的人都可被称为幕僚。领袖应有不同知识领域的幕僚，以幕僚的意见来补充（而非剥夺）主管官吏的意见。幕僚要依自己的研究直言，不可靠揣摩长官的意旨发言；应当只说（真知灼见的）内行话，不可事事表态假充内行。⑥

张逢沛的《中国的官吏与幕僚》认为，"幕僚分为五类，就是刑名、钱谷、征比、挂号、书启，而以刑钱最重要。至于幕僚的职责，大抵可以说是一种以其专门知能，辅助长官处理各种事务……一切权责仍是属之长官，而

---

① 林甘侯：《如何任用幕僚长》，《新广东展望》1945 年第 2 期，第 14 - 18 页。
② 伍衍之：《论县幕僚长制之建立》，《现代读物》1941 年第 6 卷第 5 期，第 6 - 14 页。
③ 罗天亚：《乡镇之幕僚长制》，《地方自治》1947 年第 6 卷第 12 期，第 16 - 17 页。
④ 庄瑞彩：《幕僚长制的复活》，《公余季刊》1944 年第 1 期，第 19 - 20 页。
⑤ 林时圣：《宪法问题研究：行政院院长是不是总统的幕僚长》，《再生半月刊》1948 年第 1 卷第 5 期，第 8 - 9 页。
⑥ 似彭：《论幕僚制》，《新经济》1942 年第 2 期，第 35 - 37 页。

他们不过衡以事理的缓急、律例的规定，贡献其意见而已。另外他们更以专家的资格、宾友的身分监督吏胥。"他引汪辉祖的话说："衙门必有六房书吏，刑名掌在刑书，钱谷掌在户书，非无谙习之人。而为幕友是倚者，幕友之道，所以佐官而检吏也。"①

柯远芬的《姜太公的幕僚制度》根据古代（唐以前）兵书《六韬》，谓幕僚（参谋、副官、军需官、军法官等，凡是辅佐指挥官组织、维持军队、指挥作战的干部人员）制度在中国是从周文王用姜尚开始（前1154）的，但长期进步甚慢，只有姜尚、张良、诸葛亮以及近代曾国藩、左宗棠、李鸿章等真正发挥了幕僚的效能。幕僚分决策幕僚、处事幕僚、专家幕僚。决策幕僚即军师、参谋长，亦是幕僚们的首长；处事幕僚是替指挥官处理日常事务，并承指挥官或幕僚长的意图来策定各种计划、下达命令的幕僚，近代以来一般称参谋；专家幕僚是特种业务的幕僚，作为指挥官及幕僚长的专门顾问，过去只有天文、地理、经理、军法等幕僚，后来称特种参谋，业务范围广大极了。文章将姜太公所拟的幕僚编制与美国的参谋制度（一般参谋，负责人事、情报、作训、后勤等；特种参谋，如各军种的业务参谋，还有军械参谋、副官、军需、军医、会计、宪兵军官、牧师、校阅官、民事官、联络军官、运输军官、天候军官等）作一比较，还画了图。②

刘樊在《五代的幕府》里指出："幕府是由古代的家臣冢宰蜕化而来的……还未发展为正式的官，所以大都由自己去辟除，……只能说是'半官式'的官。"③幕府出身的正途即科举，杂科即非科举出身。杂科包括吏、僧、军、计吏、文学、儒学、清客、算书、进士不第、乡试下第等。五代时幕府的选任，梁全经中央，唐只有节度副使、判官由朝廷除授，晋明定资格以免滥奏，汉限制很严，周仍用汉代办法而略为变通。幕府的地位极其重要，武人无论在军事、政治还是外交上都以幕府为中心。幕府的末路指武人被利用，文人本无诚意，全将其用作工具，武人一旦行踪和意图暴露，会受辱或丧命。

《中国历史上之幕职》是作者杜衡"中国政治制度史谈"之第九篇，其解释也有独到之处。例如为什么绍兴师爷独盛？他认为先是政治中心在南宋由中原迁移至浙江，明初朱元璋起事又以这一带为凭借并建都南京，六部书

---

① 张逢沛：《中国的官吏与幕僚》，《政衡》1947年第1卷第5期，第25-29页。
② 柯远芬：《姜太公的幕僚制度》，《军事杂志》1948年第210期，第24-26页。
③ 刘樊：《五代的幕府》，《食货》1937年第5卷第1期，第26-43页。

办又多由浙人担任，这些部吏当然要将其衣食饭碗的诀窍传与亲近戚族；各地方官府要与中央政府联络，必须京城有内应才好办事，上下两头就被浙人占了先机。加之绍兴地狭人稠，读书人愿意外出，游幕之风遍及全国，渐成气候。①

沈䜣的《幕府制之检讨》是国学家言。先谈历史，继论得失。推崇幕府制的优点是养士，不重资历，仅以宾主，无名分之拘，超簪缨之外，可以激励气节，使天下知儒者之尊，可以济考试制、铨叙法之穷；但也开幸进之途，有党援之成，启门户之争，乃至泄密勾结等，用人者必须警觉。文章指出："中国现代佐治人员，几乎全为雇员性质。自尊心既丧，廉正之行遂罕。复幕府之制即所以昭苏气节。"②

张纯明的《中国政治二千年》第四章即谈幕友于地方行政的意义。其《清代的幕制》再谈幕的性质（明清衙门里正式的佐治人员已堕于"杂流"，仅相当于此时的收发、校对，只好靠幕友助治）、幕的种类（刑名、钱谷、书启、挂号、征比等）、幕与案例（律即法令，有所不尽则以例案比拟；案散见于公文案卷，收藏于书吏之手。刑名掌在刑书，钱谷掌在户书，幕宾须约束书吏）、幕的流品（杂，结党羽，上下其手）等内容。推崇良幕，鞭笞劣幕。他认为："在性质上明清幕宾与汉唐幕制为截然两事。后者姓名达于台阁，禄秩注于铨部；前者不过地方官的私人而已。"③ 他称赞汪辉祖的《病榻梦痕录》和《梦痕录余》"为中国文人所作自传中最完备的一部书"。

全增祐的《清代幕僚制度论》及续篇分为：（1）绪论。（2）幕友制度的形成。"幕友制度之形成，乃因学与政脱节，及地方行政机构失其完善之结果。"（3）幕友制度确立之原因。清制形成"地方行政机关，官临其上，吏居其下，中间并无联系之人。……幕友者，不过代地方官处理办公厅事务之人，……进而参赞机密矣。"（4）幕友对于主官之制衡作用。"宾主结合，系基于道义，故在行政上所发挥之效力恒大；其于主官方面之制衡作用，尤有足称者。"（5）幕友制度与人才之调整。"于时督抚学政，颇广开幕府，礼致文人，而不尽责以公事。……此种幕府，不啻为一学府，……故人材之造就，于斯为盛。"（6）人才之地理分布。"绍兴人……往往具有精细谨严

---

① 杜衡：《中国历史上之幕职》，《再生周刊》1948 年第 216 期，第 16 - 17 页。
② 沈䜣：《幕府制之检讨》，《国专月刊》1936 年第 3 卷第 4 期，第 17 - 20 页。
③ 张纯明：《清代的幕制》，《岭南学报》1949 年第 9 卷第 2 期，第 29 - 50 页。

之遗传因素，再有其环境因素之衬托。"（7）结论。"法令禁止幕友出外交结……民间情伪隔阂，办案时一味从文字上用力，则其铸错无足怪也"。"然主官苟驾驭得宜，纵为恶，亦不足"。"所不幸者，主宾之间，若同恶相济，则制度未如之何也矣"。①

李鼎芳、张荫麟的《曾国藩与其幕府人物》记录知名的幕府人士 90 余人。如军政、学术两界，他们入曾幕前也分两类：办团练或参加战争，参赞他人幕府。多半先立小小功名或积累丰富经验。出身大半是举人、进士或拔贡。他们在曾幕所做事业有几方面：（1）鉴拔人才；（2）设计；（3）治理军饷；（4）带领兵队；（5）治文书章奏。曾氏本人在军事与学术上的成功受其幕府帮助极大，其幕僚在学术上、政治上直接受他影响也不在少数，间接对全国学术和政治造成很大影响。文章举出大量例证。② 陶元珍的《李鸿章入曾国藩幕府前之曾李关系》以时间为轴，通过书信等材料整理出清晰的关系图。③

研究性的论文还有：方仁杰《幕僚人员怎样处理公文》（《训练月刊》1941 年第 3 卷第 1 期）；莫须有《食客与幕僚》（《中华周报》1944 年第 1 卷第 1 期）；刘大风《谈幕僚人才》（《风云》1948 年第 1 卷第 9 期）；高山《幕僚人员及其职责》（《运输校刊》1948 年第 5、8 - 9 期）等。

史料性的文章，如毕树棠《辜鸿铭著张文襄幕府纪闻》（《人间世》1935 年第 22 期）；梁上燕《幕府纪趣（续完）》（《公余生活》1940 年第 3 卷第 7 期）；谢鲁《吴上将军幕府笺记》（《中国公论》1940 年第 2 卷第 4 期）；《麦克阿瑟的幕府》（《生活》1947 年第 2 期）；《关东军召开幕僚会议协商华北问题》（《中央周刊》1936 年第 435 期）等。

二　科室成员的工作和管理科学化

有的秘书也算幕僚长。事业单位（如学院）的秘书室设秘书、文牍、书记、统计等岗位。秘书的职掌有：核签文件，计划并考查全院行政，指挥本

---

① 全增祐：《清代幕僚制度论》及续篇，《思想与时代》1944 年第 31 期，第 29 - 35 页；第 32 期，第 35 - 42 页。

② 李鼎芳、张荫麟：《曾国藩与其幕府人物》，《天津大公报副刊·史地周刊》1935 年第 24 卷第 36 期，第 12 - 13 页；《史地社会论文摘要》1935 年第 1 卷第 9 期，第 12 - 13 页。

③ 陶元珍：《李鸿章入曾国藩幕府前之曾李关系》，《史学季刊》1941 年第 1 卷第 2 期，第 112 - 116 页。

室工作人员，编辑有关全院行政之刊物，出席院务会议及其他有关全院行政之会议，典守本院之关防印信，承办院长、副院长交办的事项。全院公文概由本室总受总发保管并撰拟，其有关各处组者采取会签会稿方式。①

周俊甫的《秘书在机关中之位置及工作改造》，专就中央各部的秘书而谈。（1）秘书制之沿革：曹操建魏国，置秘书令，权在尚书之上，曹丕改中书，唐有秘书省，清有秘书院，掌撰译外国往来书状等事。民国各部设秘书，相当于汉魏以后尚书省之各曹。（2）秘书之来源：恒多出于推荐之一途。（3）秘书之分类及工作性质：有机要、特务、普通等之分。（4）秘书与部中各级公务员之关系：对部次长负责，与司科仅有核阅文稿的关系。（5）秘书应具之条件：精通文理，深具法律及行政常识，才长心细，兼通旧学、应酬文字。（6）秘书之任免与待遇：虽曰官，常视为与长官共进退之幕僚。（7）当下行秘书制之弊病及改造：秘书处使得文书集中多两道手续，与各司易生矛盾，与总务司界限不清，应裁并，设部次长总办公处，人员精简，不分阶级，分核各司文稿，分办长官交办之事，以及直接代部次长核稿、发稿，打破幕僚制习惯，久于其任，精于业务。②

《行政效率》1934 年第 1 卷第 2 期上还有陈屯的《关于"科长"》及师连舫的《内政部之科长》两文，论述中央机关之科长。陈屯的文章先梳理科长制之沿革。治学、取士分科，治事也分科，始于分曹之后的分房办事。近时的司长相当于各曹的郎中，科长相当于员外郎。名称都来源于民国之初，不过那时是金事或主事一人被指定为科长，其他人员均叫科员。金事、主事是官阶，科长、科员是职责，官阶可循年渐进，无升沉得失之虞，是好办法。而南京国民政府废官存职，只分科长、科员，不再有金事、主事之别。科长之来源分考、选、荐、升。科长下级之事务官，可分普通、行政和技术三类。科长是机关之基础，组织处理行政事务，作用很重要，须有决断力、认识力、支配力、责任心、自信心，缜密之头脑，娴熟之艺术，健强之记忆，克己之精神，做人之志气。科长与各级公务员之关系：稀有与部次长之直接关系，仅总务科长机会较多；科长与司长工作关系密切，但各难自处；参事、秘书乐与科长直接打交道；科员人才最多，应充分调动其积极性；办事员、书记也是科长的得力辅助。当下科长制之弊病表现在：部内层次太

---

① 苏皖临时政治学院：《秘书室工作概述》，《院务汇报》1940 年第 2 期，第 35－39 页。
② 周俊甫：《秘书在机关中之位置及工作改造》，《行政效率》1934 年第 1 卷第 2 期，第 43－47 页。

多，科内组织太简，科长更动太频。

师连舫的文章也有特色，其论科长之地位说："既无司长之事务殷繁，又较司长所司之对象为小；更应关系事务集于一科之故，得知其全般，不似科员之局限于一部，其地位可谓兼两长而无一短。故明了政务、有决定政务之资格者，应莫科长若!""而司长对于全司，则殊难全体洞悉也。……（所以科长）抑实处理政务之基点也。"又论科长之职责，如综核全科事务（筹划、分配、推进、指示、审核，将科员分割之各部分合为一体，遂行整个机构之任务），供献科之意见，办理重要事件，指导、监督、考核全科人员并向上提供人事意见。再如论科长之义务，包括一般义务——服务、服从、守秘密、保持品位，以及特别义务——忠实、研究。后者有争议。

宣统元年十二月二十五日，《资政院奏筹设速记学堂拟定章程折并单》记载："窃查东西各国于普通文字之外另有速记文字……（用于议会、法院记录）曲折尽致，一字不遗。中国语音单简而文字又极繁重，……若不另制速记符号，则传写必有竭蹶之虞。……拟就臣院开办公所内附设速记学堂，厘定课程分期教授。"① 派署学部左侍郎李家驹、民政部左参议汪荣宝、翰林院编修程明超综理此事。拟订《速记学堂章程》："本学堂以教授速记法为主，预备资政院及各地方议会速记之用。……毕业考试由资政院秘书长会同堂长及教员行之。"② 宣统二年（1910）二月，北京考生"录取定额仅 12 名……各省咨送学生计奉天、顺直、江苏、安徽、江西、浙江、湖北、湖南、山东、河南、山西等省……到院者已有 40 余名，……并为第一班先行开办"。③

资政院的《又奏呈进蔡锡勇所著〈传音快字〉书片》记载，"前经访闻日本速记学者熊崎一郎曾著有《中国速记术》……嗣查原任湖北汉黄道蔡锡勇（按：同文馆出身，曾长期在张之洞属下从事办学及外交工作）前经随使美国，于速记之学夙有研求，所著《传音快字》……记录甚捷……以充臣院速记教科之用"，"宣统二年二月二十四日，奉旨已录"。④ 这样，官方正式认可国人自己发明的速记术。

---

① 《资政院奏筹设速记学堂拟定章程折并单》，《政治官报》1909 年第 827 号，第 13 - 16 页。
② 《资政院奏筹设速记学堂拟定章程折并单》，《政治官报》1909 年第 827 号，第 15 - 17 页。
③ 《资政院奏敬陈速记学堂开办情形折》，《政治官报》1910 年第 882 号，第 6 页。
④ 资政院：《又奏呈进蔡锡勇所著〈传音快字〉书片》，《政治官报》1910 年第 882 号，第 6 - 7 页。

白亮所写的《中国速记学将来之研究》提到，"自民国二年，（众参）两院停职，各省议会次第解散。所用速记者，不过参政院、约法会议、政治会议，一二政治机关而已。……至于社会，更不知速记之功效，故用者甚鲜"。"中国速记通行者……隔阂殊多。"① 之后作者宣传自己的方法。

北京大学法律系学生何谦的《参观新式速记传习所记》报道了"中国新式速记术"发明者汪怡安自办传习所，对蔡氏速记有所改良。②

到了抗战前后，唐亚伟（湖南衡山人，兼任复旦大学新闻系副教授）创办亚伟速记学校，自任校长，并以函授方式推向全国，声势最大。③ 直到新中国成立，他仍是主要的推行者。

另一项需要添置和进行培训的办公设施是华文打字机。外国拼音文字一般只有几十个字母，西文打字机只需几十个键；而汉字的键盘安排及机器设计、操作方式需要重大创新。这个难题大概首先由日本人发明日文打字机而获得突破。20 年代中国及时跟进，如商务印书馆推出"舒氏华文打字机"，俞斌祺打字机厂生产"俞氏华文打字机"，中华教育用具制造厂的相关产品等陆续在很多机关和事业、企业部门成为常规设备，官方及民间都开办过培训班。④ 打字机可用复写纸获得几份副本，或光用蜡纸打好字再油印多份。但机器比较昂贵，维修保养、添购零件较难，打字速度与缮写相比没有优势（要从有几千字的字盘中查找，苦不堪言），一般机构不易采用。相对而言，行政部门因人、财、物条件都较充裕，所以能逐步推广。

任颖辉在《阅读书报的方法》中指出"什么是生存的修养之道？简言之，自以获取智识为前提。"⑤ 读书要读得系统，读报要剪报并分类贴存。鹤的《本行的剪报工作和分类制度》写道，"剪帖报纸，英文称为 Newspaper Clipping"，可把材料分成十大类（经济、财政、金融等）200 余种字目，圈定，剪贴，盖戳，分类，送阅，编目，归类，检查，装订。⑥

《中国的剪报公司》一文指出："中国文化服务社社长刘百闵从事资料

① 白亮：《中国速记学将来之研究》，《东方杂志》1917 年第 14 卷第 1 号，第 14 – 20 页；第 2 号，第 97 – 102 页。
② 何谦：《参观新式速记传习所记》，《北京大学日刊》1919 年第 483 期，第 2 – 3 页。
③ 《亚伟速记学校服务部服务办法》，《亚伟速记月刊》1948 年第 54 期，第 12 – 14 页。
④ 《华文打字自习法》，《职业与修养》1939 年第 1 卷第 4 期，第 112 – 115 页。
⑤ 任颖辉：《阅读书报的方法》，《新公务员月刊》1940 年第 1 期，第 42 – 44 页。
⑥ 鹤：《本行的剪报工作和分类制度》，《新语》1937 年第 1 期，第 101 – 104 页。

收集工作历二十余年，资料供应是他创始的。"① 订户可以指定专题（如陈诚需要了解公众对自己的批评等），也可以指定范围。供应部每天阅报、剪报、分类暂存，每周集中装订寄出。

这一类研究文章还有：戈公振《报馆剪报室之研究》（《东方杂志》1925 年第 22 卷第 16 号）；盈昂《剪报一斑》（《语丝》1928 年第 4 卷第 37 期）；茅震初《剪报工作与一般社会问题关系及采集剪报材料》（《社会月刊》1930 年第 2 卷第 6 期）；吉夫《剪报》（《新汉口》1931 年第 2 卷第 11 期）；彭启炘《行政机关剪报方法》（《行政效率》1934 年第 1 卷第 3 期）；念若《剪报的重要和实用》（《报学季刊》1935 年第 1 卷第 3 期）；月心《剪报》（《读书生活》1935 年第 2 卷第 11 期）；莫若强《报馆编辑部的剪报问题》（《报学季刊》1935 年第 1 卷第 3 期）等。

《参司办公室规则》规定："外交关系极为复杂，……兹特设参司办公室并制定规则八条，各参事、司长其按照时刻会集办公，务于部中一切事宜均有接洽，以期研究详尽，因应咸宜。"② 参会人员为参事、司长及陪听会晤之秘书。每日 10 - 12 时集中开会、办公，处理文电。办公室还应加入襄理人员（每司选派 1 人）。

类似的还有：《监察委员办公室办事细则》（《监察院公报》1935 年第 49 期），《河南省政府各厅处联合办公室办事细则》（《河南省政府公报》1934 年第 1069 期），《办公室整洁竞赛实施办法》（《社会部公报》1943 年第 9 期）。

《主席的办公室》（《广播周报》1946 年复刊第 14 期）介绍蒋介石在南京总统府的办公室。现在该地对旅游者及市民开放，读者可以实地参观对照一下。另有王秀南的《怎样安排中心国民学校及国民学校的办公室？》（《教育杂志》1948 年第 33 卷第 2 期）。

技术方面，《单人冷气办公室》（《科学画报》1936 年第 4 卷第 4 期）讲那时空调机功率不足，只得把办公室造得很小；《防毒办公室下的地窖》（《科学画报》1936 年第 4 卷第 9 期）说的是用于备战的办公室；《活动办公室》（《大地周报》1947 年第 78 期）介绍的办公室能拆卸搬运，当然方便。

徐百益是工商管理专家，他所研究的"办公室中的科学管理"在那时还不多见。他说，要将科学管理的原则在办公室里实现并不是难事。1885 年，

---

① 《中国的剪报公司》，《新妇女》1948 年第 17 期，第 9 页。
② 《参司办公室规则》，《外交公报》1927 年第 72 期，第 2 页。

科学管理家泰勒氏已经详细地研究过完成办公室中各种事务所需的时间。要着手管理办公室中事务的进行,第一需对办公室中无聊耗费加以研究并设法排除。下面是最普通的漏洞以及补救办法。(1)忽略成本,办公室主任是一切公事的主使者,要研究节约办公费用;(2)职员过多,其实有许多刻板的事务是可以用机器来代替的;(3)耗费地方(空间),职员多或空间布置失当,占地多房租就多,应竭力减省;(4)房屋过多,职员办公分散于各室,不好管理,文档处置麻烦,不如集中;(5)不合标准,每一类事务是可以有一定规律的,加以标准化可省时省费;(6)温度不宜,办公室中最合适的温度是20℃,空气也要力求新鲜;(7)灯光不合,不可过亮过暗,务求视觉舒服,有许多差错是因亮度不足导致的;(8)座椅不合,要选舒适而利于久坐的,不可不加注意;(9)旧式办公桌抽屉和格子多,容易积存许多无用的东西,影响办事顺利;(10)布置失宜,办公用具一定要按办事的程序布置,减少拿取和递送行走;(11)接触不便,善用通讯设备如电话等,以免穿行各室影响其他职员办事;(12)时间不准,办公室中的时钟力求准确,不可稍有快慢;(13)火灾危险,办公室的建筑、电器、火炉、书报和其他可燃物等都要谨慎防火;(14)开始迟缓,有许多职员到了办公室并不立刻办公,日积月累损失不小;(15)账簿呆板,比较新进的办公室都采用活页的账簿;(16)订量过少,订单货品数额太小,生产成本高,无利可图,应提高起码数量;(17)缺少报告,最好每天有工作报告,制成统计表以后更是可贵的参考资料;(18)印刷不足,少量印刷品所费较多,很不经济,可以利用复印机;(19)消耗文具,文具应当聚在固定的地方,取用的时候也要有一定的数量;(20)费时训练,训练新进的职员费去时间很多,所以雇人时应当慎重审度。①

　　署名"英"的作者写了《行政科学化》。文中说:"因为现在一切行政工作,在在需要引用专门技术及科学知识与设备,然后才易于推行。我们在行政设备上,除需有一般应用的文具纸张外,尚且需要打字机、订书机、编号机、印刷机、电话等物,以辅助行政工作的推行。""即使在看管犯人、支配公款、推行吏治、统制公用物品、整理文书及保管档案诸项工作上,如无专门的知识与技术及科学的管理方法,又岂能收获优良的效果?进一步说,使我们国家组织近代化,政府行政效率化,则行政上的管理方法,必须要引

---

① 守廉辑,百益写《办公室中的科学管理》,《长城》1937年第4卷第12期,第274-275页。

用科学的知识与方法，使其由紊乱无序的实施，进而成为有系统而确实的规则。"要"集合专家及有志于此问题的研究者，并富有行政经验的公务员，共同组织研究机关；一方面在各大学设立行政问题研究会，……为有系统的全盘研究……加以试验，比照参考……而分别加以推广或改进"。①

杨幼炯的《现代行政制度比较论（上）》写道，"行政"即是就政府的行政官吏之行动而言，是执行的作用之显示。行政机关的行政至少有五种：外交行政、军事行政、司法行政（乃行政范围内的裁判，与司法裁判等有别）、财政行政、内务行政。可归纳为两大类，一为保持国家全体的行政（外交、军事、财政），二为保护或发展人民权利与幸福的行政（司法、内务）。行政之推行，须各部分有适当之组织且保持一致，须有一种居于一般官吏之上的权力，即行政首长。"行政机关"即是执行行政权力的主体，是国家权力发纵指挥的枢纽，是在执行国家的意志。所以，行政制度的要素就是权力集中，这才能表现国家意志的统一。②

如此，现代政治学者有两种相反的理论。一种认定行政制度必须采用单独的组织，统辖于一个行政首长之手，即独裁制。另一种主张由单一制趋向合议制，行政机关的权力由几个权力相等的委员合组的团体行使，即委员制。这个趋势是现代行政制度的第一个特质。第二个特质是行政职务的专门化与技术化，这是由于政府的职能大生变化，治人的权力日渐减少，治事的职能日渐增强，迫切需要专家。

现代行政制度之树立源于权力分立说。作者杨幼炯还为孙中山五院制作了解释。各国行政权的范围，至少包括执行法律之权（公布法律、颁布命令）、制定法律之权（提交法律提案与要求议会复议）、任免官吏权、调遣运用军队权、外交权。就一般的趋势说，现代国家的立法机关参与行政机关事权的方式，一是协助（即必须预得议会之同意，如条例之批准），二是监察（议会可以询问、质问及调查），三是财政监督（预算议决、决算审查）。

官吏的行为可分政治的行为（如订结条约，布置兵力，司法机关不能监督）、立法的行为（如发布命令）、契约的行为（行政契约，司法对其有监督权）、特别行政的行为（监督权极为重要）。行政首长的大赦、特赦权，为行政权干涉司法权的惟一例外。

---

① 英：《行政科学化》，《大天津月刊》1944年第1卷第1期，第45页。

② 杨幼炯：《现代行政制度比较论（上）》，《社会科学杂志》1930年第2卷第4期，第1—19页。

兆棠在《现代行政原理的缺陷与行政研究应取的途径》一文中指出，"政治现象，大体可以分为政权争夺现象与统治现象"。作者指出，"统治现象，乃是政权运用上，即公共事务处理上的一切行动"。其事实表现就是"行政"，"是以发挥统治者的支配欲和占有欲为中心目的之公务处理"。进而指出，"行政原理要以不妨国家、社会、民众的需要为原则，要以统治者和被统治者双方需要的调协为条件"。他批评过去"没有分别行政现象的利害而致力于行政行为兴革的研究"，"只徒然增益统治者的优越地位，深刻社会的阶级裂痕，而陷国家、社会、民众于极度的不安和恐慌"。呼吁今后应当"对于有利于国家、社会、民族的行政现象，分别从理论方面、技术方面阐求其发展策划；对于有害于国家、社会、民众的行政现象，探求其改革方法"，达到"以国家、社会、民众的社会生活需要之全盘发展为目标而建立社会化的行政学"。①

刘百闵的《现代行政组织之集中化》译自蜡山政道的《行政组织论》之一节。内容归纳如下。（1）集中化的原因：行政集中化自19世纪以来已成为世界普遍的现象，是因为交通、金融等之发达；（2）集中化的过程：随着经济活动的扩大，社会组织的形态也扩张，多国都成立了庞大的国家行政机关；（3）产业社会与集中化：现代的产业社会是由行政集中的扩大而维持的（必须靠大都市及中央组织专门的技术家）；（4）集中化的方法：情报及劝告（知识、信息成了中央政府的有力手段），报告义务（由此而渐被中央统制），统制权以外的检查（中央派员检查行政实况），由国库补助的检查（地方行政要满足中央的要求才可获得），会计检查（中央官厅施行监督），许可及认可（即审批），取消及强制处分（前几条多属预防、监督，此条则是事后矫正），部分或全部中央化（例如道路、卫生行政等）；（5）集中化的界限：官吏的适能性（降低了地方官吏的水平），创意的中心（地方听令，缺乏主动性），行政划一（如教育部门该不该划一），行政区域（扩大该受制约），繁文缛节（要去除），民众的统制（要发挥作用）等：均属于需要平衡的。②

微见的《现代政府行政权力的扩大——一个注解》指出，"民主制度从分权学说的互相牵制，发展到行政权进至超越地位，……实为时势的需

① 兆棠：《现代行政原理的缺陷与行政研究应取的途径》，《现代论衡》1931年第1卷第4期，第7-10页。
② 刘百闵：《现代行政组织之集中化》，《新社会科学》1934年第1卷第3期，第141-146页。

要。……是以现在宪法的精神，不在缩小或削弱行政者的权能，而在加强人民控制政府的力量。运用民权的方法甚多，除了社会的舆论、道德、风俗、习惯、教育、传统，这一切都是约束行政人员一部分的准绳；但最显著而有力的当推法律的控制……俾行政人员知所遵守，并且加强法治的效能，建立行政法系统……"①

郑钟仁的《论工作学术化》指出，抗战建国的任务"需要每个工作者建立起学术的精神，使他的工作学术化。'学术化精神'就是'科学精神'，……是彻底求真的精神，科学方法是它的手段。"国民党临时代表大会的决议、孙蒋等人的言词（如"行政三联制"），人类的行为，总有"做不做"、"如何做"两个问题要解决，人生的意义在于追求真善美和内在的统一。"工作学术化的求真，正是为着实践道德上的至善；而道德最高的实践，应该具有学术化的求真之动向的。""就是以学术的态度去处理工作，并且以工作作为学术研究的对象。"概括来说，就是"工作"、"创造"和"向上"。②

三　总务、庶务工作的经验和理论探讨

历来关于总务（以及庶务、事务等）工作的论著很少，我们看到的最早文字，是《南京特别市教育局总务课办事细则》，规定了总务课的各类职员及其职掌和办事程序，如文牍员（文书）、统计员（表册）、会计员（预算、出纳、簿记）、庶务员（购置、刊印、设备、清洁、约束局工）、收发员、监印员（保管、加盖印章）、校对员、事务员（辅助庶务员）、管卷及缮印录事本等。设收发簿、购物簿、文件（及盖印）备考簿、卷宗簿、调卷簿、《课务日志》及考勤簿等。另有总务课事务处，掌理：（1）发给各校校具、簿册，及时登记备查；（2）记录及保管《课务日志》、课务会议录、市长令登记簿、各项规程登录簿、职员履历簿、请假簿、发各校用品簿、特交记录事宜；（3）集会——茶话会、欢迎会、公家宴会、临时重要集会，及会场布置；（4）临时派办事宜；（5）其他事务范围内事宜。③

第二份具有权威性的材料是《中国国民党本部总务部组织规则》，是1923年2月3日批准的。"第一条　总务部依本党总章第六条之规定，管理

①　微见：《现代政府行政权力的扩大——一个注解》，《历史政治学报》1947年第1期，第61-62页。
②　郑钟仁：《论工作学术化》，《新公务员月刊》1940年第2-3期，第53-55页。
③　《南京特别市教育局总务课办事细则》，《教育月刊》1917年第1卷第1期，第9-11页。

本党机要文件印信统计及国内外各部处之接洽，并办理不属于他部事务。"总务部下设两科，第一科分文书股和庶务股，第二科分委任股和公报股。

《规程：事务处庶务课办事细则》一文认为"庶"有"众多"、"普通"、"非嫡系"等含义，因此，"庶务"是一般杂务的意思。① "杂务"这种名称在办事机构似不多见。早在1920年，北京大学校部就设有杂务课（属庶务部）。为防办公用品之浪费、加强群众监督，每月要在《北京大学日刊》上公布庶务部杂务课供应校长室、教务处等各部门之用品名称及消耗量，并登记簿册保存。② 而各院部则有事务组杂务股③。

通过比较可知，总务、庶务、杂务三者，其权限、地位由高依次而低。陆仁寿编写的《总务行政管理》一书，属于同类论著中较为详备者。他首先解释，"总"是合，"务"是事，总务"就是各种事务集合起来的称谓"。行政"就是执行众人之事"。各机关分别有独特的职能，而总务是各机关共通的（没有特殊性），"总务行政，便是普通行政"。"总务行政管理，它的意义是：'处置普通行政上一切事务的工作，供给其他各种特别行政的需要，使整个机关得以活动。'"

他说："总务行政管理，因为不是专门的技术，过去受到不少人的歧视。很多人认为这是任何人都可以办的，于是总务行政不仅得不到进步，有时还会弄得更糟。"当时形势有所转变，有许多专家在研究讨论，作者"相信不久的将来，一定能成为一种学术：把范围确定，把系统分得明白，把工作也固定起来，甚至所用的名词也一一厘订"，可以开班讲授，乃至列入高等教育学科。该书分上下两篇，上篇为总论（共10章），前六章分述意义、组织、科学管理、行政效率等六大对象；后四章分述规程和办法、作图和制表、开会和记录、移交和接收，系就一般管理方法加以概述。下篇为分论，属总务行政的本体材料，依不同部门分为文书、人事、事务、出纳、福利、治安、医药、编印8章。

他概括说："总务行政管理，其所办理者为事，办理之者为人，所使用者为地和时，所应用者为物和财。这可称为管理方面的六大对象。"比我们今天熟知的"人、财、物"多了"时、地、事"三项。该书有几大特色。（1）对总务行政工作，均以实施科学管理为方法，以增进行政效率为目的；

---

① 《规程：事务处庶务课办事细则》，《国立上海商学院院务半月刊》1934年第9期，第20页。
② 《庶务部杂务课报告》，《北京大学日刊》1920年第653期，第3页。
③ 可参看《公告-事务组杂务股启事》，《北京大学日刊》1931年第2742期，第1页。

（2）适用的对象很广，如机关、社团、学校、公司、工厂都可借鉴，书中的叙说有一定的伸缩余地；（3）总务工作的不少内容日渐专门化而从总务部门独立出去，例如会计已是专门学问，本身也应有超然地位，所以书中仅收"出纳"一章；（4）即使列入总务的各部门，也只介绍其行政管理的方法和手段，而不涉及专业知识领域，例如文书，只介绍收文、发文等，对于拟制的方法则不加讨论，又如医药，仅述医务科室行政工作，不谈医药科学技术；（5）该书涵盖面较广而不可能门门深入，凡有专书专著者，不可能也无必要越俎代庖；（6）各类规章属于宝贵材料，少量采纳；（7）各类应用表格精心设计，仅供参考；（8）利用了若干统计数据及图表。①

谢人伟的《总务工作漫谈》认为："任何机关内部各单位的序列中，总务科往往昂然居首，排列第一位。……总务科就是动力机，其他单位是工作机，没有它的发动，其他单位即不能有所作为，它的力量的加强与减弱，就是整个机构工作效率的提高或降低。""总务科长对外是长官或机关的代表人，对内执掌当家大权，大至于参预长官机密，小至于一草一木，全部归他管理。他是本机关的神经中枢，一切事务最初是从他手里进来，最后也由他手里出去。"作者曾在胡善恒任厅长的湖南财政厅任总务科长，文章即为经验之谈："掌理本厅人事、文书、庶务、出纳、交际、公报、交代和不属于其他科室掌理事项，额外附加的是厅长临时特交事项……"②

总务科划分为人事、文书、事务三股。作者还兼任人事股股长，该股职责"是办理本厅和所属机关人员的任免、迁调、铨叙、考核、奖惩、训练、补习教育、抚恤、公益、保证等事项"。财政厅职工约 200 人，全省由财政厅任免的（如各县的财政科科长，以及税务人员等）共 1000 余人。作者的办法是：（1）制作并填写人事卡片，常供厅长、科长和人事股员查考，以斟酌各岗位人员的任用；（2）登记人事簿册，共 14 种，如任免、待派、备用人员、请训、提升、新任、请假、出差、考勤、铨叙、奖励、惩戒等登记簿，有利于统计、总结、汇报和维持纪律；（3）保证制度，职工尤其是税务人员要找殷实商铺为其作经济和人身信用担保；（4）直接向各地各局委派财务人员，其职位、薪金、升迁均有保障，不随主官进退。

文书股的职责是收发、译电、缮写、校对、监印，以及管理档案、图

① 陆仁寿：《总务行政管理》，中华书局，1942，第 1-14 页。
② 谢人伟：《总务工作漫谈》，《服务月刊》1942 年第 6 卷第 1 期，第 11-13 页。

书、公报等事项。要求今日事今日毕，缮写每日 7000 字，任务特多须加班，每加写 1000 字奖励 2 角，这样仅仅雇用 12 名书记（约与县政府的书记人数相等）就可应付裕如了。由于躲避敌机空袭，若干分散的办公人员不好管理，经常派人巡察，规定要填日报单，记录工件数量送查。

事务股职责包罗更广，举凡现金出纳、财物管理、警丁管训、环境布置、清洁卫生、警卫、消防、交际联络、交代事宜统统堆在这里，最烦神费力，招怒纳怨。财物管理中，规定节约办公用品，如以旧换新、定量供给等。庶务是专做下层工作的，除公事外还要替职工家属生活服务，采办生活物资，而常遇货源紧缺、掺杂使假，费力不讨好。

另外两大负担是：不属其他科室的事（或相互推诿，或复杂难办的事）要揽下来，往往无头无尾、无案可援、无法可依，但也要承担；不属本厅的事（如省政府临时交办，或厅长兼其他机关职务而偶发的事体）也要代办。①

总之，总务一职，事务庞杂，责任重大，干得好并无功劳，干得不好招尤贾怨、谤书盈箧。不过，总务是行政的核心工作，要想锻炼行政能力、做行政领袖的人，不可缺少这种经历。

甘豫源的《论战时大学校院之总务行政》指出："'总务'一词，不是一个学术名词，只是一个方便名词，在学校里凡不属于教务、训导、研究等部门所管的事务，都归诸总务，其要领为文书、财务、庶务、人事四者。""第一须把人事安排好，但是正人必先正己……。文书部门当然要希望得通达文章政事的大才主持一组……其下须有撰拟文稿，缮核表册，缮写公牍，司理收发的人才。庶务部门须得精廉勤奋的能员主持其事，其下更有精于营缮、购置，精于物品出纳、财产登记，善于管理工役、布置环境，以至善于管理饮食的人员。这一组的人员都须明白有关的审计法令，能管理粗浅的簿记。出纳部门需要勤慎守法、一丝不苟的人主持其事，而助以精熟簿记、造写表册的人员若干人，视学校规模大小而定。自各组职员以下，还要有训练有素各有专长的工友，如厨司、园丁、泥瓦匠、木匠、电灯匠、汽车司机、轿夫、挑水夫、打更、门警，及各室听差，都要人有一长，都要使他们向心而出力。""人事之次，便是预算。……先经各部门主持者在议席上同意……（物品领用）我的笨法是废止普通的领物单，而代以各部门领购物品的累计

① 谢人伟：《总务工作漫谈》，《服务月刊》1942 年第 6 卷第 1 期，第 11–13 页。

表……可以看到本月份的余额。"校舍修建、校具添置,"如能自上山、自定料、自雇工、自设计、自督工……只是如此做法,嫌疑深重,任你摆出一应凭证,审核人员只是怀疑"。用水、烧煤、灯油到了"计口供应"的地步,学校选址要就近水源、煤矿、市镇等。吃饭问题,是由学生主持食堂工作,学校派员协助。①

章启楣在《我从事总务工作之感想》中写道:

总务无专业训练,一般机关大都认为轻而易举之事,人人都可为之。……总务工作错综复杂,千头万绪,端赖勤慎精细方克有济,此外尚须具备"诬金莫辩,唾面自干"之精神。

军队之副官与行政机关之总务相似,军阀时代视副官为闲差,或高级官员之听差……迨北伐以后,因业务繁复,始较重视,但仍远不若其他部门为然。此次二次世界大战中,美国军队之编制,以副官相等于副主官之地位,盖随潮流之趋势,有所演变而进化也。②

《联合国的总务工作》一文的副标题是"排会场,拟议程,办警卫,供问询,设通译,发消息……其繁忙惊人"。讲述 1946 年秋天,联合国"'会议调度室'的办公人员已经在安排 1947 年的会议。他们在一张大的图表面前计算着会议、会议室、时间、日数以至代表人数",目的是保证届时不会有任何会议与之发生会场的重复。③ 这篇文字让读者看到现代大型国际机构的秘书、总务部门工作的复杂性及其会议组织的科学性。

赵章黼的《统计在总务管理方面之运用》从三个方面开展:(1)文书管理与统计,如月终收发文之数量统计,收发文处理周期之效率统计;(2)人事管理与统计,如职员年龄、性别、学历统计,职员的异动统计,职员之供求统计,职员成绩考核统计;(3)财物之管理与统计,分为预算之配比、决算之分析、物价指数与采购用款之比较、物品分配统计、物品存储统计等。④

---

① 甘豫源:《论战时大学校院之总务行政》,《高等教育季刊》1942 年第 2 卷第 2 期,第 40 – 44 页。
② 章启楣:《我从事总务工作之感想》,《上海警察》1947 年第 9 期,第 92 页。
③ 《联合国的总务工作》,《新闻资料》1947 年第 156 期,第 1710 – 1711 页。
④ 赵章黼:《统计在总务管理方面之运用》,《统计月报》1947 年第 117 – 118 期,第 1 – 3 页。

企事业单位高层行政机构以商务印书馆的"总管理处"最有名，行政权力最大。其《总管理处暂行章程》载："第一条　总管理处主管全公司之行政……第二条　总经理主持总管理处一切事务，经理二人辅助之……第三条　总管理处设生产、营业、供应、主计、审核五部，及秘书处、人事委员会。……第九条　秘书处掌文书、契约、保管保险、股务、收发庶务及不属于各部或人事委员会之事，设秘书无定员，分别主持之。……第十条　人事委员会掌全公司职工进退奖惩及福利之事，辖人事科，委员人数另定之。"商务印书馆以外设总管理处的还有中华书局等。①

伪满傀儡政府名义上有伪皇帝、伪国务院（伪总理大臣）和直辖的伪外务、兴安两局（原来还有伪内务局），以及伪治安、民生、司法、兴农、经济、交通等部，实际上统摄各伪部、局政务的却是伪国务院的伪总务厅。于是，总揽伪满中枢行政的人是伪总务厅的伪总务长官（日本人星野直树，继任者是武部六藏），他才是"皇帝"。伪总务厅下设伪官房，以及伪企画、法制、人事、主计、统计、弘报（宣传）、地方七处。伪官房分庶务、文书、会计三科及监察官室。"它（伪官房）的机能，除统制、联络伪总务厅内部的机构外，并担当着伪政府全盘的政务的统制。"所以伪满政府被讥为"总务厅政治"。②

中华职业教育社所编《事务管理概要》③辑录了关于机关、工厂、邮政、公路运输等部门事务管理的文章12篇，包括《教育部托办事务管理训练班主之目的》（钟道赞），《事务管理之基本精神》（刘百闵），《事务管理的原则》（王云五），《事务管理与工作竞赛》（翁惠藏），《事务管理的类别》（陈纪喆），《普通行政机关的事务管理》（陈重寅）等。附办理第一届事务管理训练班之经过以及课程纲要。

杨绰庵讲《业务管理二：公务机关事务管理》，内收《公务机关事务管理规程草案》，分总则、财物、房屋、工友、安全、膳食、杂务、附则等8章，附表42种。④

卢作孚讲《业务管理总论》，讲述业务管理的组织、计划、预算及管理

---

①　《总管理处暂行章程》，《商务印书馆通信录》1932年第377期，第5页。
②　赵新言：《论伪满的所谓总务厅政治》，《东北》1940年第2卷第2期，第6－13页。
③　中华职业教育社编《事务管理概要》，商务印书馆，1943。
④　杨绰庵：《业务管理二：公务机关事务管理》，中央训练团党政高级训练班印，1944。

者的使命。<sup>①</sup> 朱保中编著的《事务管理方法》，介绍事务管理的概念、内容、方法，以及事务管理人员应具备的素质。<sup>②</sup>

祝修爵、邹秉文所著《业务管理（主管长官与业务及人事管理）》（中央训练团党政高级训练班编刊），收邹秉文《主管长官与业务管理》、祝修爵《人事管理》2篇讲话。杨绰庵讲《庶务管理规则草案》（中央训练团党政高级训练班 1943 年 2 月出版），分财务管理与事务管理两部分。

报刊上关于庶务的理论文章同样极少，下面是我们找到的较有分量的几篇。尹伯端的《如何改良我国各机关的庶务制度》认为，"行政机关的要素，为组织、人员、财务、物料管理等项"。在一些中下级机关中，"会计与庶务，是混合为一的"。庶务一职公私难分，财务出纳又集中于少数人之手，自然舞弊是极可能的了。"因此庶务制度，便是中国行政制度里的一大秕政。"该文主要内容分：（1）分析中国庶务制度的现状及其劣点；（2）介绍欧美的新制度；（3）研究改良的方案。作者考究："庶务就是各项杂务，即是各机关里，负购买用品及管理各项杂务的官吏。"其名称不统一，"交通部与外交部，便称为庶务科，铁道部称为事务科……它的职权虽然大体相同，而其办事的范围与程序，又无一定的制度可循，都是随事实需要，由各机关自为规定"。主要职能是领款购买与分发物品（及杂务耗费），处理多种杂务。作者分析称，最近虽有超然主计严格审查，但充其量只能做到勾稽与监督，而实际上金钱的支用仍然操在庶务之手。支出无非对人（薪资等）与对物（用品等）两种，前者有定额，可由会计办；后者必经庶务办，无定额，极容易与商人勾结，中饱图利。"所以我以为……应该把购买、兴筑、修缮等事务，集中到一机关里去办。"作者介绍，欧美机关的购买和建筑等事务都比较集中，尤以英国的制度为最好（事权集中，收支集中，集中购买和办理，如公务建筑局、文具公用局），法国的比较坏（分散，各单位自办），美国则折中于二者之间（设公用配分总局，计划和监督各机关）。作者建议：（1）国民政府下设公用委员会，负直辖各机关各项公用品购买、保管、分配之责。（2）该会应分若干部（如美国的购买部、立约部、分配部等）或若干门（如英国就物品性质分）。（3）委员会内请主计处和审计部参加，分设会计处与审计办事处。（4）另组契约审查委员会，由制造家、法学家、经济

① 卢作孚：《业务管理总论》，中央训练团党政高级训练班印，1944。
② 朱保中编著《事务管理方法》，世界书局，1948。

学家等参加，以审查一切购买契约。（5）公用委员会自立预算，取消各部会购买预算。（6）对各机关的庶务相应进行改革：①名称划一，改称事务科，属于总务司，中下级机关则设事务课或事务员，分属总务科或总务课；②职权应确定（无用款购买之权，仅从公用委员会领用及报告用品量，保管本机关财产，还包括管理工役及门卫、设备消防、清洁卫生、建筑物检查和其他杂务）。①

周望珍的《改革庶务制度之我见》揭露了当时庶务舞弊之法，如索取佣金，虚报物品价格和数量，盗窃物品，挪用公款等。提出了改革办法，如保障庶务员的地位待遇，对零用金进行稽核，会计要设物品账，严密审核组织（审核人员应知各物品市价和设备忘录，查点零用金结余数），设请购单和发物单，有存根。②

在《庶务部分之检视》中，谢贯一查看中央各部会关于庶务的规程后发现，其职能大同小异。这里仅摘其"公用车辆之管理"一条。各机关"共有汽车 500 余辆，每辆每月消耗，平均以 160 元计算（油料 100 元，汽车夫及助手工饷 50 元，修理及其他杂费 20 元），每月共计 8 万余元，如合计其他车辆之消耗及临时雇用之汽车费用，当在 100 万元以上"。在未能采用集中管理办法以前，庶务科应安排具有汽车经验的人员，关于分配使用、汽油发领检查、机械定期检验，均须制定办法严密管理。③ 谢贯一的其他几篇相关文章，可以看作其深入的研究或进一步的注释：《几个行政机关的购料组织及其运用》（《行政效率》1934 年第 1 卷第 5 - 6 期）；《中央机关车辆之使用与管理》（《行政效率》1935 年第 2 卷第 1 期）；《英国中央机关文具集中管理》（《行政效率》1935 年第 2 卷第 5 期）。

在《公布南京市政府秘书处暨各局办公用品购置规则》（《南京市政府公报》1932 年第 113 期）、《令发办公用品购置规则案》（《南京市政府公报》1932 年第 113 期）、《南京市政府秘书处暨各局办公用品购置规则》（《南京市政府公报》1932 年第 113 期）、《上海市机关办公用品价格报告表》（《上海市统计月报》1949 年第 1 卷第 1 期）中，包括文具、消耗品、印刷、邮电、旅费、修缮、杂项等相关费用，逐月统计公布。

---

① 尹伯端：《如何改良我国各机关的庶务制度》，《东方杂志》1934 年第 31 卷第 24 号，第19 - 26 页。
② 周望珍：《改革庶务制度之我见》，《会计通讯》1939 年第 1 卷第 6 期，第 27 - 29 页。
③ 谢贯一：《庶务部分之检视》，《行政效率》1934 年第 1 卷第 9 期，第 407 - 413 页。

与上述总务行政相对的是业务行政。萨师炯在《论机关之业务管理》一文中指出，"所谓'机关之业务管理'者，笼统说来，就是机关对于它本身业务之管理方法，也就是说一个机关究将如何发展它的业务"。机关业务分为特殊的（基于本身任务而产生的业务）和一般的（文书、财务、庶务）两类，前者既为各机关之特定、特有，即为同层级的它机关之所无，含有排他性。该文讨论的"业务管理"的对象，即这种特定的业务。虽则各机关独特各别，但其进行过程也有共通性，就是业务之设计、执行和考核。先谈设计，要合乎科学，应该是必要的、可能的、经济的和有根据的（基于历史和现实的）；要自上而下（由整体到局部）和自下而上（由局部到整体）。接着谈执行，一为人（谁来执行），一为制度（如何利用人以执行计划），这里只说后者，就是幕僚长制和分层负责制。其一，行政制度的单元化，即实施责任政治，人的职责和业务组织单一，不与别的重复；其二，职权的确定，即何者可做、何者不可做，在范围内尽量有作为；其三，赏罚分明与人尽其才。最后谈考核，应有一定之标准，就一定的时期而言，对人和对事来考核，对是否积极主动完成任务、是否达到或超过预定标准来认定，这要在全机关范围内进行比较，还要研究客观环境以及执行计划成败的原因。①

## 第三节　会议管理纪念周仪规和官场文化

民国时期的政府和民间学者对于开会方法也有研究和指导，这是行政管理史上一个不太被注意到的问题。国民党政权的深意是，一方面规范会议内容、形式和程序，提高行政效率；一方面通过会议加强精神控制，借制订庄重的礼仪来制造领袖崇拜，形成信仰。

### 一　从民权行使之《会议通则》到会议管理

孙中山 1917 年完稿的《建国方略》之三《民权初步（社会建设）》是关于民主政治建设的论著，又名《会议通则》。② 序言称："集会者，实为民权发达之第一步。然中国人受集会之厉禁数百年于兹，合群之天性殆失。是

---

① 萨师炯：《论机关之业务管理》，《训练月刊》1941 年第 3 卷第 4 期，第 68－74 页。
② 孙中山：《建国方略》之三《民权初步（社会建设）》，商务印书馆，1927。

以集会之原则，集会之条理，集会之习惯，集会之经验，皆阙然无有。"所以需要学习西方的所谓"议学"。这类书籍西方很多，"此书所取材者，不过数种，而尤以沙德氏之书为最多"，"乃习练演试之书也"，希望大众通过学习实践掌握普通之常识。实际上内容并不简单，因为规矩、程序、技巧很多，民众只有掌握这些知识，才足以充当代表到议会去伸张民意。全书分为5卷20章，包括结会、动议、修正案、动议之顺序、权宜及秩序问题等内容，介绍了四权在会议上的初步使用，民众参与社会活动和政府管理应掌握的民主原则、程序和方法。

最先响应的是熊卿云编《开会的方法》（上海：商务印书馆 1924 年初版，"平民小丛书"第 30 种）。1935 年 9 月修补，作为"民众基本丛书"第 1 集公民修养类读物出新版。更有分量的是费培杰译述的《会场必携》（上海：商务印书馆 1926 年 5 月初版），包括结社、开会、辩论 3 章，介绍集会结社的程序、方法等。卷首有赵国材作的序言。

陈毅夫编的《会议常识》，又名《会议法》，① 看来如孙中山所言，也参考了西方同类书籍，主要是介绍参会的规矩和诀窍，学习议会斗争的技术和艺术，掌握运用会议工具的手法。篇幅与孙中山的书相仿佛。分 9 章，每章各节分得很细（这里仅录第三、七、八章的细节），摘要如下。第一章，结会。第二章，提议。第三章，讨论。分为：讨论之起源、意义、智识，辩论的关联，讨论的中心、礼节，议员必须文明，主席之保障发言者、提案提出者对于辩论之关系，美国之不限制讨论时间，讨论之变通，限制讨论之提议，提醒，可讨论与不可讨论，停止讨论，驳论言词，竞争地位，逊让地位，讨论之友恭，一致许可，停止讨论之提议、讨论与表决，停止讨论与演明式，停止讨论之提议与其他提议之关系、对于本题一部分之效力，定时停止讨论。第四章，修正。第五章，表决。第六章，推选与选举。第七章，开会与集议。分为：开会与集议之异点，提议之如何重行提出，开会之种类，开常会所讨论事件之秩序，记录之修正，未完事之处理，特别会之召集，延会之召集。第八章，职员与委员。分为：好职员之重要，主席之名称、行动、职务、特权、讨论、资格、性质、革职，临时代表主席，副主席，书记，书记之职务，记录之内容，会计，查账委员，保安官，议会法家，名誉职员与名誉会员，我国会社之职员。第九章，章程附律及常规。

---

① 陈毅夫编《会议常识》，学术书店，1926。

甘乃光 1927 年 1 月在中山大学学生会所作讲话《小组的运用》（中山大学 1927 年出版）中，第二项是"开会"，含报告会、讨论会及批评会，强调的是会议的内容。南京国民政府成立后推向全国，如内政部就有《内政会议章则》（《内政部函送内政会议章则辑览案》，《广东省政府周报》1928 年第 48－49 期）。会议知识书籍续有编著，甚至有大学设置相关课程。

中央训练团党政训练班、省级行政干部训练委员会也有《集会常识》讲义，对动议和讨论、表决和复议、修正案和附属动态、权宜和秩序等政策性方面论述较详。邓叔良编著《会议法》（无锡政治问题编译处 1936 年 10 月出版），研究各种会议的开法、规则，包括出席人数、提议人数、表决人数以及出席、提议、表决等规则。钱实甫著《怎样开会》（南宁民团周刊社 1938 年 8 月初版，"基层建设丛刊"第 4 辑），内分为什么要开会、开会前的准备、会议主席的任务、会场中应注意的事项、参考材料等五部分。

社会部组织训练司编印的《人民团体开会须知》（作者不详），分四部分：（1）总则（会议的意义、会议的种类）；（2）会前准备（开会通知，选择会址，布置会场，排定程序，选派司仪，其他）；（3）议程（主席和记录，动议，讨论，表决，复议，附属动议）；（4）开会技术（会议中职员之产生及职权，维持秩序，选举，提案之审核编组，会中临时刊物之编印，记录，会后）。

贵州省地方行政干部训练委员会编《集会常识》①，共 5 章。讲解会议的定义和种类，动议和讨论，表决和复议，修正案和附属动议，权宜和秩序等。附议事表。此书还被中央训练团党政训练班作为参考书。

沈本强编著《会议举要》②，介绍什么是会议、会议前的准备、会议规则、如何处理动议及议决的整理等。革命根据地也有各种会议，也出版过黄照等编的《开会的方法》（"青救丛书" 7）③，包括怎样开小组会、怎样开代表大会和执委会、怎样开群众大会、怎样开其他的群众集会四部分。书后有附记。

关于会议开法的论文不多，规章制度倒是不少，其中甚至有蒋介石的直接操弄。

---

① 贵州省地方行政干部训练委员会编《集会常识》，编者自印，1941。
② 沈本强编著《会议举要》，重庆全国各地盐业工会筹备委员会，1944。
③ 黄照等编《开会的方法》，延安新华书店，1940。

张希哲的《怎样领导开会?》一文,[①] 分为会前的准备（时、地、通知、布置会场及工作人员）、会中的进行（孙中山《会议通则》对程序及规则有详细说明，启发与会者发言）、会后的处理（汇报给上级并通知相关部门，执行决议）三部分。会议中特别留心：（1）侦察群情，见机立应；（2）除转换论题外，自己宜少发表意见，多让会众说话；（3）不要指定或常请某人发言（有意安排也要事前配置于会众间）；（4）遇两可情形，会众未能决定，自己也不能作主时，宜将议案留至下次再行讨论；（5）要控制会议时间，使全部议程在预定时间内进行。会议情形及议决案应呈报上级机关及通知有关方面。会议如无常设机构及执行机关，会后负责人应执行会众所委托之事。

刘英舜在《怎样主持一个会议》中指出，"总理曾经说过：'民权何由发达，则从团结人心、纠合众力始；而欲团结人心、纠合众力，又非从集会不为功'"。[②] 作为主持者应熟悉有关会议规章法则，对提案能归类括别和审察，简介针对议题的各方面意见和认识，归纳发言者精义，提高其价值，对幼稚发言善意地解释、诱导，暗示和鼓励缄口者发言，集思广益，使通过的议案完美。应注意自己的态度公正与和平，应付会上纠纷适当得体，对质问不露厌烦而予以解答或委婉说明。当会众疲倦分心时，可把大家所关注的议案提前讨论，用诙谐语句提神。维持会场秩序，"绝对不能让二个人以上同时发言"。

苏松芬的《会议规则之研究》[③] 指出，以往各部各自为政，现在要拟订一个《各部会会议通则草案》，含出席成员、主席、每月至少一次及可临时召集的会议、议事范围（重大兴革、重要事项、内部互涉事项、部长委员长交议事项、各部门提议事项）。须提前通知，要求过半数成员参加，有提案权、发言权、表决权；指定记录，应提前两天交提议事项，经部次长核定后列入议程并印出，于会前发给出席者；议决事项由部长、委员长核定后，交各主管处室依照办理。

王先强的《关于会议规则之具体意见》是对中央各部内部会议的规范，[④] 包括部务会议、政务会议、常务会议三种，前者由部长或次长主席，

① 张希哲：《怎样领导开会?》，《今日青年》1940 年第 8 期，第 34 - 35 页。
② 刘英舜：《怎样主持一个会议》，《广西妇女》1940 年第 3 期，第 16 - 17 页。
③ 苏松芬：《会议规则之研究》，《行政效率》1934 年第 1 卷第 9 期，第 382 - 383 页。
④ 王先强：《关于会议规则之具体意见》，《行政效率》1934 年第 1 卷第 9 期，第 381 - 382 页。

中者由部长或政务次长主席，后者由常务次长主席。部务会议讨论应兴革之重要事项，各司室互相关涉事项，部员公益福利事项，部次长交议的事项等。政务会议讨论本部法规之制定，行政计划及工作方针，预算，各司室职权争议，部员迁调考成，部次长交议的事项等。常务会议审核机关收支概算，稽核报销及经费收支数目并公布，还承担部员之考成及其他临时事项、部次长交议的事项、整理财务及一般部务之兴革事项。

1936 年 9 月 18 日公布《修正行政院会议规则》，共 25 条，分 8 章。[①]（1）总则：规定会议成员为行政院正副院长，各部会部长，委员长及卫生署署长，须过半数人出席，院秘书长、政务处处长列席，议决事项包括立法院提出的法律、预算、大赦、宣战、媾和、条约等案，任免荐任以上行政官吏，任免少尉以上之军官、少校以上之军职，各部会署间不能解决之事项，其他依法律规定或行政院院长认为应付行政院会议议决之事项；（2）会议日期；（3）议事日程，分报告、讨论、任免三步；（4）提案；（5）讨论修正及表决，需出席者过半数同意；（6）复议：须书面行之，并须有出席者三分之一以上之附议，一次为限；（7）记录：应分送院部会各长，如有遗漏、错误，限于下次会提出更正；（8）附则。

关于提案的规矩，这里以《全国财政会议提案办法》为例。[②]　其中说："撰拟议案须举充分理由及具体办法，分别开列，藉便讨论。凡属一地方之特别事项，不具普通（遍）性质者不宜列入议案。……开会前三日寄交……加以整理及编印。"格式："一组别，二提议人，三议题，四理由，五办法。""每一议案须各自成篇幅，不得以两议案在一张纸上连缀缮写。""凡有临时议案者，该议案仍应依照格式缮写，于开议前或开议中径交主席或秘书长，酌量加入议事日程付议。"

《各种会议章则》只是中央农民教育馆的内部规章。[③]包括：（1）馆务会议章则；（2）各部（门）部务会议章则。前者讨论方针计划及教育目标，教材、教具编制原理及方法，厘定、修改及废止各项规程，会商馆务进行事件及办法，解决各部之困难问题，商决本馆改进之方案等；后者只研究讨论本部（门）的问题，更具体。若问题与其他部（门）发生重要关系，可商准召开联席会议或邀请派员列席。议决案均详载于议事录，重要者得印刷分

---

① 《修正行政院会议规则》，《安徽政务月刊》1936 年第 24 期，第 1－5 页。
② 《全国财政会议提案办法》，《财政公报》1934 年第 74 期，第 14－15 页。
③ 《各种会议章则》，《农民教育》1932 年第 9 期，第 8－9 页。

送有关部（门）。两会的议决案都由馆长酌核施行。

苏松芬的《行政会议之召集程序》① 不重表面形式，而是讲如何有效地集议以解决实质性问题。行政会议之召集分筹备（组机构、制预算、议规程、订题目、布会场、交通、警卫、训员工，设招待处——差旅、膳宿、市内交通）、开会（注册，预备会——主席团、秘书处、议程、提案、审查、整理决议案、新闻宣传）、闭会（发表宣言、办理结束、编印会议报告、奖叙出力人员）三步。还论及大型会议全程。

《党政机关小组会议开会程序》是 1939 年 8 月 10 日第五届国民党中央常务委员会的 127 次会议备案。党政机关小组会议的开会程序包括："（1）宣告开会，（2）主席恭读总理遗嘱——全体肃立，（3）报告——宣读上次会议记录、文件报告、时事报告及其他应行报告事项，（4）工作检讨，（5）讨论——讨论完毕时由主席作结论，（6）批评——自我批评、相互批评，（7）读书报告——报告本周所读书籍，（8）散会。"②

根据《党员大会开会程序》③，党员大会流程大致可分为 11 步。（1）开会前主席应介绍新来的同志；（2）指定记录、司仪；（3）并报告出席人数及请假人数。前三条也是行礼如仪。然后，（4）宣读上次决议案；（5）上级党部参加人报告，内容包括上级党部的工作及应行指导事项，根据《政治情报》之指示作有体系之政治报告；（6）工作报告，由书记报告一般工作及上级党部通告要点，组训委员、宣传委员、各区分部或党员报告各自工作；（7）工作检讨，即以前项报告内容为限，检查相关工作的实行效果及是否与报告相符，原定办法应如何改进；（8）讨论提案，包括上级党部饬办案件之实施办法，执委会或党部提议案件及大会增提案件；（9）临时动议，指第（8）项未含之议案，党员对工作或法令有疑问处，得于此时提请主席解答或交付讨论；（10）宣读党员守则；（11）散会。

《小组会议办法》④ 来自蒋介石所订《党政军机关人员小组会议与公私生活行为辅导办法》（简称《辅导办法》）。内称："自部会以下，应就本机关内部各级组织单位为区分，每一单位为一小组，每周举行小组会议一次。"会议事项含工作、公私行为之检讨及批评，关于本组及机关业务

---

① 苏松芬：《行政会议之召集程序》，《行政效率》1935 年第 2 卷第 3 期，第 763 - 769 页。
② 《党政机关小组会议开会程序》，《中央党务公报》1939 年第 2 期，第 24 - 25 页。
③ 《党员大会开会程序》，《中央党务公报》1940 年第 7 期，第 483 - 484 页。
④ 蒋介石：《小组会议办法》，《农业院讯》1943 年第 4 卷第 9 期，第 10 - 11 页。

之报告及改进意见，关于组员应读书籍及进度之规定，关于组员研究问题之指定，发表读书心得及商讨研究问题。小组长应择要记录，报告于组长会议（由机关长官每月终召集）。"组长会议听取各组报告，考核组长组员工作学识及公私行为之良否，规定各组工作进度及标准，检阅本机关业务之经过及改进。""各机关长官应将本机关业务之进度，及所属各部分工作之概况，与职员成绩优劣，每年6月及12月终呈报最高长官，其所属职员中成绩为最优或最劣者并得随时密呈，请予分别奖惩。""最高机关长官于每年7月及1月，汇集各机关报告施行总检阅后，即呈报中央党部总裁候核，并须随时派员至各机关考察，及参加各机关组长会议。"真是一竿子插到底，从小组会议起，长官掌握属员思想和部门工作动态，逐级报给蒋介石。

《修正小组会议实施办法》也是依照蒋介石所订的《辅导办法》。① 《办法》称，组长由该委员会主任委员指定，职务是传达命令或报告，"随时考查各组会工作效率、读书进步，以及公私生活行为之实况"。小组会议时间规定为两小时。要普遍发言，未来得及者应用书面将发言要点交会议主席（由组员轮流担任）。"记录应精密翔实，不得稍涉虚伪。每次会议记录，均于三日内送达主任委员核阅。""各组得邀请专家举行各种学术座谈会。"因为水利部门专业性、技术性强一些。

《业务检讨会议考核办法》规定，"考核由主任委员行之"。② 考核种类有周考（每周业务检讨会议时行之）、月考（月终行之，每个单位的主管长官将本月重要工作情形列表呈送给主任委员）、年考（年终各单位主官将执行年度计划的情形及经办的其他重要事项列表呈送给主任委员）。考核范围含奉行各项政令、预定工作、计划执行、临时交办事项之执行情况，职员之勤惰、学识、能力、操守，请假、缺席及其他业务检讨应行事项，考核结果由主任委员分别奖惩之。

《社会部学术会议考核办法》规定由常务次长负责考核。③ 各小组须按期列表填报，连同会议记录送呈，内容有会议进度（含次数，考核各组优劣）、与会情形（个人出席次数、发言、情绪，考核勤惰）、报告内容（个

---

① 《修正小组会议实施办法》，《行政院水利委员会季刊》1942年第1卷第2－3期，第38－39页。

② 《业务检讨会议考核办法》，《行政院水利委员会季刊》1942年第1卷第2－3期，第39－40页。

③ 《社会部学术会议考核办法》，《社会部公报》1942年第5期，第12页。

人读书报告及研究问题心得见解，考核学识能力）。后两款先由小组长初核，每月月终制成报告，结合成绩切实填具评语，送呈常务次长复核，结果得并入年终考绩，分别予以奖惩。

《中央党政军机关业务检讨会议与工作进度考核办法》[①]规定，中央党政军机关须每月举行业务检讨会议，核对、审查整体和个人按原计划的业务进展情况，每三个月向上级汇报一次。自1943年4月1日起实行。还有《摘抄中央党政军提高行政效能检讨会议决议案公文程式简化办法》（《浙江省政府公报》1949年春字第39期）。可见，公文顽疾与国民党统治相始终，长达二十多年。

## 二　实施精神控制的总理纪念周仪规

关于会议及其他场合的仪规（仪轨），有《教育部公布学校仪式规程令》，是民国元年10月12日发布的，计10条。[②] 第2条祝贺式（元旦及国庆日）：向国旗立正，唱国歌，行三鞠躬礼，校长致训词。第3条始业式：齐集礼堂，学生向职员一鞠躬，职员答礼，校长、教员致训词。第4条毕业式：可兼设教育长官及来宾席等。第5条纪念会式：由校长自定，但跪拜及其他宗教仪式不适用之。第6条举行仪式时：职员服礼服，学生服制服，小学校不限。总体上简单易行。

1934年2月19日，蒋介石在南昌行营纪念周上向党、政、军、学、商各界作《新生活运动之要义》报告。[③] 呼吁："要使全国国民的生活能够彻底军事化，能够养成勇敢迅速，刻苦耐劳，尤其是共同一致的习惯和本能，能随时为国牺牲。""所谓军事化，就是要整齐清洁，简单朴素。"养成"完美的德性和人格"，"造成一种新风气"，"使全国国民的生活都能普遍地革新"。《管子·牧民》有："礼义廉耻，国之四维。四维不张，国乃灭亡。"后人添上"孝悌忠信"，谓之"八德"。先是邓文仪参与制订，将"八德"解释为孙中山在《三民主义之民族主义》中倡导的"忠孝仁爱信义和平"；后由杨永泰负责，补入更多儒家人生修养、经世致用的思想。[④]

---

① 《中央党政军机关业务检讨会议与工作进度考核办法》，《中央党务公报》1943年第12期，第45页。

② 《教育部公布学校仪式规程令》，《教育杂志》1912年第4卷第7期，第8-9页。

③ 蒋中正：《新生活运动之要义》，《中央党务月刊》1934年第67期，第160-168页。

④ 杨永泰：《新生活运动与礼义廉耻》，《湖北省政府公报》1934年第50期，第1-17页。

　　蒋介石又发表《新生活运动纲要》作进一步说明,[1] 分为六部分。(1) 主旨。(2) 认识。(3) 目的:以疾劲之风扫除社会上污秽的恶习,更以薰和之风,培养社会上之生机与正气,即生活合理化——艺术化、生产化、军事化。(4) 内容:提倡"礼义廉耻"的行为准则实现于食衣住行之中,养成整齐、清洁、简单、朴素、迅速、确实的生活习惯。(5) 方法:各级机构负责除恶习、移风气。公务员和教师、学生示范,推己及人、由小而大、由简入繁,团体、家庭次第实现。(6) 结论。

　　于是,在南昌(行营)成立"新生活运动促进总会",蒋介石任总会长,熊式辉任主任干事(杨永泰已遇刺身亡),设调查、设计、推行三个部门。迁南京后改由钱大钧负责。蒋介石是基督徒,知道宗教仪式的精神作用。又利用过帮会,了解江湖规矩。加之是军校出身,知道风纪的约束陶冶功能。蒋介石及身边的元老、谋士更是将仪式规矩推到繁缛的程度。陈立夫《新生活运动之理论与实际》(《政治月刊》1935 年第 2 期)、朱家骅《新生活运动之意义》(《时代公论》1934 年第 2 卷第 104 期),以及各级党政官员纷纷表态,重复蒋介石的说辞,自上而下,大轰大嗡。1936 年,在总会下成立妇女工作指导委员会,由宋美龄负责,而励志社(蓝衣社)若干人成了"新生活运动"的骨干。

　　胡适分析称:"蒋介石先生是一个有宗教热诚的人。"所倡"新生活","不过是一个文明人最低限度的常识生活"。而"救国与复兴民族,都得靠智识与技能",却没有包含在运动之内。把这个教育运动搞成政治运动,开会贴标语,并不能迅速改变生活习惯。何况"人民的一般经济生活太低了,决不会有良好的生活习惯"。[2] 尽管后来的鼓吹者补上"进而成为知识丰富、身体强健、人格高尚的国民","民为邦本,本固邦宁",[3] 以实现民族、国家之复兴,但仍不免流于形式主义。

　　另一些人着重从《建国方略》的心理建设角度宣传这个运动,又捡起孔孟之道。比如唐文治的《四维箴》(《新运月刊》1936 年第 6 期),王保民的《孔子之礼义廉耻论》(《新运月刊》1936 年第 6 期)。严复往年说过趋于保守的几句话:"不佞垂老,亲见支那七年之民国与欧罗巴四年亘古未有之血战(按:第一次世界大战),觉彼族三百年之进化,只做到'利己杀人,寡

---

　　① 蒋中正:《新生活运动纲要》,《中央党务月刊》1934 年第 70 期,第 432 – 442 页。
　　② 胡适:《为新生活运动进一解》,《独立评论》1933 年第 95 期,第 17 – 20 页。
　　③ 姜豪:《新生活之推行与公务人员》,《新运导报》1937 年第 2 期,第 18 – 22 页。

廉鲜耻'八个字。回观孔孟之道，真量同天地，泽被寰区，此不独吾言为然，即泰西有思想人，亦渐觉其如此矣。"① 这成为他们的重要依据。②

抗战时期重点强调纪律、节约和牺牲精神，配合精神总动员和实际工作，"新生活"变得无所不包，诸如伤兵救援、抚养孤儿、躲避空袭、献金购机，等等，都打上"新生活"的烙印。卢作孚的《新生活运动是一种什么运动》认为，"新生活运动"可以使生活"从个人变到集体，从消极变到积极，从享有变到创造，从无秩序变到有秩序"，③ 还算合乎常识。王云五还乞灵"新生活运动"对"管制物价、挽救经济危机"发挥精神作用，④ 简直是痴人说梦了。

1935 年有《中国国民党党员守则十二条》，在国民党第五次全国代表大会上通过。

> ……本大会懔於（总理）遗教之伟大深切，与国难之严重，更鉴於世界人类祸患之方兴未已，确信自立为立人之基，自救为救人之始，特辑为全党党员守则十二条，通令全体同志，一致遵行。

蒋介石又来一番说明：

> 中国能立国五千年，靠的是传统的最高尚、最伟大的精神和道德。我们要救亡复兴，首先要恢复固有的精神和道德。这十二条是做人应有的基本修养，不只是党员，凡是中华民国的国民，无论属于军事、政治、教育哪一界，都应当笃守力行。⑤

教育部又将其明定为《青年守则》。

"总理纪念周"是在每周一举行的纪念孙中山的仪式。孙中山逝世后，1925 年 3 月 31 日，国民党在北京的中央执行委员召开全体会议，通过了接

---

① 陈炜谟：《青年守则精义》，国民图书出版社，1945，第 1 页。
② 胡忠民：《为政者对於礼义廉耻应有之认识》，《南京市政府公报》1934 年第 141 期，第 101－102 页。
③ 卢作孚：《新生活运动是一种什么运动》，《新运导报》1940 年第 24 期，第 9－10 页。
④ 王云五：《新生活运动与经济建设》，《新运导报》1947 年第 14 卷第 1 期，第 6－7 页。
⑤ 蒋中正：《党员守则十二条释义》，《防空》1936 年第 2 卷第 6 期，第 1－9 页。孙一芬：《青年守则十二讲》，商务印书馆，1947，第 6 页。

受总理遗嘱的议案，并训令全党："以后每逢开会，应先由主席恭诵总理遗嘱，全场起立肃听。"1925 年 5 月 26 日第一届中央执行委员会第三次全体会议通过了接受总理遗嘱，并发表郑重宣言，规定各级党部集会均须恭读总理遗嘱。1926 年 1 月 16 日，国民党"二大"通过决议，要求"海内外各级党部及国民政府所属各机关、各军队均应于每星期举行纪念周一次"，并写入《中国国民党总章》。2 月 12 日，中央党部议决并公布《总理纪念周条例》，对"纪念周"的具体执行办法进行了详细规定。"纪念周"的目的是："为永久纪念总理，且使同志皆受总理为全民奋斗而牺牲之精神，与智仁勇之人格所感召，以继续努力，贯彻主义。"规定，"每周之月曜（星期一）日上午九时至十二时"举行"纪念周"仪式，并发给印有总理遗像、遗嘱、格言及《条例》之手折（党证式样），"俾资遵守"。要求："不得无故连续缺席至三次以上，违者分别处罪。""对于纪念周执行不力，或有阳奉阴违等情事者，一经查觉或告发，除将其应负责之常务委员或长官撤差外，仍另予分别议处。"①

"纪念周"的核心程序是："主席恭读总理遗嘱，全体同时循声宣读。"全文如下：

> 余致力国民革命凡四十年，其目的在求中国之自由平等。积四十年之经验，深知欲达到此目的，必须唤起民众及联合世界上以平等待我之民族，共同奋斗。现在革命尚未成功，凡我同志，务须依照余所著《建国方略》、《建国大纲》、《三民主义》及《第一次全国代表大会宣言》，继续努力，以求贯彻。最近主张开国民会议及废除不平等条约，尤须于此期间促其实现。是所至嘱！②

1929 年 1 月，国民党中常会第 190 次会议通过程懋筠副教授作曲的《中国国民党党歌》（《中央周刊》1929 年第 34 期）。后来，这首党歌又被定为国歌③，就是原黄埔军校校歌，由孙中山作词："三民主义，吾党所宗，以建民国，以进大同。咨尔多士，为民前锋。夙夜匪懈，主义是从。矢勤矢勇，必信必忠。一心一德，贯彻始终。"

---

① 中国国民党浙江省党务指导委员会训练部编印《总理纪念周浅说》，1929，第 3 - 4 页。
② 《筹备中之孙丈丧务》，北京《晨报》1925 年 3 月 14 日，第 2 版。
③ 张锐：《中常会通过以现行党歌为国歌》，《时事月报》1937 年第 17 卷第 1 期，第 1 页。

在 1929 年 1 月的上述会议上确定，"本党党歌为举行纪念周及各种大会时歌唱所需"。2 月 21 日中常会第 199 次会议通过《练唱党歌暂行办法》，共 9 条。1929 年 5 月 20 日，国民党第三届中央执行委员会第十三次常务会议通过唱歌程序（在全体肃立之后，向总理遗像三鞠躬之前）。4 月 25 日第五次中常会议决党旗在右、国旗在左的悬挂次序。国民党中央宣传部制定总理遗像张设地点办法，要求：光明洁净，正中适当，设于礼堂会议厅或其他公共场所、主席台、党员住宅厅堂等。1929 年 5 月 20 日会议又明确，总理遗嘱恭读范围是各级党部、各级政府和民众团体的一切正式集会，以及各级党部所召集之各种正式会议。①

刘瑞东《怎样做总理纪念周》② 一文指出，"纪念周"仪式另一重要仪节是"向总理遗像俯首默念三分钟"。文章详释："一周间思想行动之自省……如像曾子之日三省其身，好像宗教之省察忏悔。"第一分钟是让人们"默默地想着总理底遗教，默默地思维着总理给我们的关于国民革命的目的、方法、工具和手段"。第二分钟是"将过去一周的工作检阅一下，究竟有无违背总理遗教的地方；……如果有的，应如何面着总理遗像切实地忏悔，如果过得去，应如何分外的努力以实现总理底主义？"第三分钟则是"严密地计划一下，究竟未来一周的工作，要如何才能不违背总理的遗教，要如何才能算是一个党忠实信徒的工作，……要如何才能发扬总理的主义"。

尽管中央三令五申不厌其烦，"而简率将事，或视同告朔（应付）者，亦所在多有"。因此下令："务仰各该管长官督率奉行，不得稍有怠忽。如再奉行不力……分别议处，以重功令而资整饬。"③ 一意强力推行。

1936 年 4 月 2 日，第五届中常会第九次会议通过《总理纪念周仪规》，④补充规定男式服装有制服、礼服（素蓝袍、黑褂）、中山装，女式为长褂或衫裙，一律国货，适合时令，整齐划一。人员入场后排列按男左女右酌定。设司仪员、纠仪员。仪式开始前司仪员先报："纪念周开始；主席就位；全体肃立。"礼成后主席先退，参加人员鱼贯退。国民党将"纪念周"定位为"典礼"，在政治报告之后，用"礼成"而非"散会"作结，以凸显"纪念

---

① 《制定党歌矫正崇景总理之重仪》，《中央周报》1930 年新年增刊，第 20 - 22 页。
② 刘瑞东：《怎样做总理纪念周》，《广东党务周报》1928 年第 19 期，第 5 - 9 页。
③ 《总理纪念周应认真举行令》，《法令周刊》1935 年第 275 期，第 37 - 47 页。
④ 《总理纪念周仪规》，《中央周刊》1936 年第 412 期，第 2 - 3 页。

周"的政治仪式特性。①

1937 年 2 月 4 日，第五届中常会第三十五次会议通过《修正总理纪念周条例》，仅将默念后的"演说"改为"讲读总理遗教"。② 1937 年 5 月 6 日，第五届中常会第四十三次会议通过《党国旗升降办法》③，规定："全国各地官级党政军机关及学校，须于适当地点，树立旗杆，逐日悬旗。""升降旗时，凡在场人员，应向旗肃立敬礼。""凡过往行人遇见升降旗，应向旗注目致敬。"遇纪念日，"举行升降旗礼节：1. 集合，2. 全体肃立，3. 唱党歌（按：即国歌），4. 升（降）旗向旗敬礼（同时奏乐或吹号），5. 礼成"。

1940 年 3 月，国民党将孙中山的地位从党的"总理"上升为民族与国家的象征"国父"。

> 中央以本党总理孙先生，倡导革命，手创中华民国，更新政体，永奠邦基，谋世界之大同，求国际之平等，光被四表，功高万世。凡我国民，报本追远，宜表尊崇。爰经中常会一致决议，尊称总理为中华民国国父。④

"纪念周"仪式在全国推广开来，取得了国教仪式般的地位。直到 1947 年国民政府准备"行宪"，舆论对"纪念周"开始表达不满。应悱村质疑，所念总理遗嘱中"联合世界上以平等待我之民族"究竟何所指？"尤须于最短期间促其实现"，二十多年算不算短？⑤ 国民党中央不得不在第六十四次常会议决："各级政府、民意机关、人民团体及各级学校，一律停止举行纪念周。另由政府规定周会或月会办法。本党各级党部仍照旧举行。""今后各级党部开会时，仍照旧诵读总理遗嘱，政府机关团体学校方面免除。"⑥ 1947 年 4 月 22 日，以国民政府文管处公函通知。

宗教式仪规并没有给国民党带来长治久安。1949 年 6 月国民政府南逃广州，第一次"纪念周"上的哀鸣就是一个绝妙的讽刺⑦。其实，1928 年胡适

① 中国国民党浙江省党务指导委员会训练部编印《总理纪念周详解》，1929，第 200 页。
② 《修正总理纪念周条例》，《内政公报》1937 年第 10 卷第 3 期，第 17－18 页。
③ 《党国旗升降办法》，《法令周刊》1937 年第 361 期，第 1 页。
④ 《中央决议称孙先生为国父》，《政治建设》1940 年第 4 期，第 75 页。
⑤ 应悱村：《恭谈"纪念周"》，《现代文摘月刊》1947 年第 1 期，第 84－85 页。
⑥ 《重新厘订纪念周及开会办法》，《法令周刊》1947 年第 10 卷第 24 期，第 10 页。
⑦ 《李代总统在国民党纪念周中指陈失败原因呼吁团结抗共》，《公平报》1949 年第 4 卷第 12 期，第 10 页。

就批评国民党的做法："月月有纪念，周周做纪念周……中国遂成了一个'名教'的国家。"[1] 次年，胡适在中国公学批判国民党的统治"造成了一个绝对专制的局面，思想言论完全失去了自由。上帝可以否认，而孙中山不许批评。礼拜可以不做，而总理遗嘱不可不读，纪念周不可不做。"[2] 他已经看到，"纪念周"是国民党在日常生活中钳制人们思想的体现，它表面上是对孙中山的纪念，而背后其实隐含的是政治的专制与独裁，推行愚昧的个人崇拜。

### 三　对官场文化和宦术腐朽性的揭露和批判

民国元年（1912）3月，李宗吾（1879－1943）在成都《公论报》上连载《厚黑学》，1917年刊印《厚黑学》初版，含上卷"厚黑学"、中卷"厚黑经"、下卷"厚黑传习录"，内有"求官六字真言"、"做官六字真言"、"办事二妙法"等，后又增加了"心理与力学"。1927年汇刻成《宗吾臆谈》，内加《我对于圣人之怀疑》。1934年，北平、上海两地同时出版《厚黑学》单行本。此后，又将既往材料重新拆散、加增，糅合成"厚黑丛话"，自1935年8月起在成都《华西日报》上逐日连载，约2万字为一卷，每两卷印一单行本，至1936年5月因政府干预终止。这样就有了下面几本厚黑学专书。

**第一部《厚黑学》[3]**

内分：（1）绪论；（2）厚黑学；（3）厚黑经；（4）厚黑传习录；（5）结论。

作者说，厚黑学源于荀子的"性恶说"，而王阳明的"致良知"源于孟子的"性善说"，两者价值是相等的。古人说："仁义是天性中固有之物。"作者说："厚黑是天性中固有之物。"当然，"俱是一偏之见……读者如果不明了这个道理，认真厚黑起来，是要终归失败的"。

"厚黑传习录"讲三步功夫：第一步是厚如城墙，黑如煤炭；第二步是厚而硬、黑而亮，坚固无比；第三步是厚而无形，黑而无色，不露痕迹，这样才能成为"英雄豪杰"。他列举了曹操、刘备、孙权、司马懿、项羽、刘邦等人物为例，试图证明人之脸皮厚薄与心地黑白如何影响他们的成败。

---

① 胡适：《打倒名教》，《新月》1928年第1卷第5期，第1－15页。
② 胡适：《新文化运动与国民党》，《新月》1929年第2卷第6、7期合刊，第1－15页。
③ 李泽厚：《厚黑学》，《论语半月刊》1934年第32期，第394－432页；1934年第33期，第448－450页；1934年第34期，第496－520页；1935年第62期，第394－397页。

"求官六字真言"：一"空"（空闲。丢开实务，专门跑官）；二"贡"（四川方言：寻找缝隙，无孔也钻）；三"冲"（四川话：吹牛，口头和文字）；四"捧"（捧场）；五"恐"（吓。捧中有恐，轻敲软肋；恐中有捧，拿捏分寸）；六"送"（送礼。分大小礼，送操取舍权者或能帮忙者）。

"做官六字真言"：一"空"（空洞。文字和办事）；二"恭"（卑躬折节，胁肩谄笑。对上司及其亲友、妾仆）；三"绷"（恭的反义。对下属、百姓，仪表似大人物，言谈似大才子）；四"凶"（还要蒙上仁义道德）；五"聋"（装作没听见、没看见）；六"弄"（弄到钱）。

"办事二妙法"：（1）锯箭法（外科只管锯箭杆，箭头留给内科处理）；（2）补锅法（乘机扩大破损处，以多得报酬）。

作者声言："把社会的病状，赤裸裸的披露出来，使改革家知道病源所在，才好痛下针砭。俗语有话：'说破的鬼不害人。'我们把它说破了，那些伎俩，自然是无从施展了。"

**第二部《厚黑原理（心理与力学）》**[①]

内分：（1）性灵与磁电；（2）孟子、荀子言性争点；（3）宋儒言性误点；（4）告子言性正确；（5）心理依力学规律而变化；（6）人事变化之轨道；（7）世界进化之轨道；（8）达尔文学说之修正；（9）克鲁泡特金学说之修正；（10）我国古哲学说含有力学原理；（11）经济、政治、外交三者应采用合力主义。

**第三部《厚黑丛话》**

共六卷。

**第四部《厚黑别论》**

内分：（1）"我"对于圣人之怀疑；（2）怕老婆的哲学。附录：宗吾家世。

虽然"厚黑学"原本是李宗吾以嘲讽手法提出的戏谑性学说，却意外引发了热烈反响，几乎成为现代显学，这也使李宗吾成为厚黑学的"教祖"（自号）。厚黑学从某些角度反映了人性的黑暗自私，同时也反映了人们的处世之道。

《厚黑随笔》说，裁缝木匠还要学徒三年，今天的官员"跳上政治舞台，当首领的不研究首领术，当知事的不研究知事术……此所以辛亥而后，

---

[①]　李宗吾：《心理与力学》，山城学社，1947。

我国政治闹得一塌糊涂也。……在洋八股上东抄写点，西抄写点……勒令全国实行"。①

李宗吾系四川自贡人，优级理科师范班毕业，加入同盟会，历任中学校长、省议员、省长署教育厅副厅长及省督学、四川大学教授等职，看透宦海浮沉，写出《厚黑学》一书。起初，在陶亢德主编的《论语半月刊》上将原作刊出。抗战期间，《宇宙风》刊出其续编。评论文章有湘萍的《如此厚黑》（《三六九画报》1940年第2卷第25期），治民的《〈厚黑学〉的流毒》（《中央周刊》1943年第6卷第30期），潘菽的《读〈厚黑学〉》（《时与潮副刊》1943年第2卷第2期），大华烈士（简又文）的《读〈厚黑学〉》（《论语半月刊》1947年第126期），卞其蕤的《厚黑学的反面》（《家庭》1948年第15卷第1期）等。

简又文为此写打油诗，其一："《干禄新书》（按：龚自珍著，嘲讽士人之求官手段）著在前，南亭所记（按：李宝嘉著《官场现形记》）墨犹鲜。如今又有《厚黑学》，三部曲联成一篇。"其二："自古官场似戏场，演来欢喜或悲伤。笑他观者不幽默，底事揭开八宝箱？"其三："教猱升木李书非，暴露官邪志可悲。民国卅年来信史，后人读此笑耶啼？"

卞其蕤（笔名"辩其疑"）认为，作者著书是"援引过去，对证现实，使人明了其所以然，而思念将来怎样不再向着错误的邪路走去"。"厚黑学犹如《红楼梦》一书中所讲的那面风月宝鉴……正面虽然丑恶……反面却是光明而充满想像之美的。"

心理学家、中共地下党员潘菽的《读〈厚黑学〉》肯定了该书作者的发现："（中国史籍）三代以上多圣人，三代以下无圣人，这是古今最大的怪事（而西方科学总是后人胜过前人）。"又说到读书方法："第一步，以古（书）为敌……第二步，以古为友……第三步，以古为徒……"即"善疑"和"不受古人束缚"，也可说是李氏的思想方法。其自序称："《厚黑学》是怀疑一部二十四史。《我对于圣人之怀疑》是怀疑四书五经与夫宋元明清学案。"可以作证。潘菽指出，上述几个"古"字换成"今"字也完全适用，所以疑古（书）更应疑今（书）。至于李氏后来的《我的思想统系》，是为了表明自己不厚不黑，未免多余，从批孔回归于孔门。李氏提出经济、政治、国际三方面的改革意见，能抒理想而缺少办法。

① 李宗吾：《厚黑随笔》，《宇宙风》（乙刊）1941年第48期，第13-16页。

　　何隼在《中国古代官制之渊源与原理（上）》中记载，"中国古代的官有两种，一为治事之官，二为治民之官"。前者有司空、农稷、共工等，"可以农工二字概况之，亦即属于利用厚生的范围"；后者"以正德为其目的"，"分中央与地方两种"，中央有司徒（掌教育）、士（理官，即司寇）等。"治民的工作，教化为先，行刑是不得已的事，所以古代政治家最重感化工作。""极重视行为的动机，而不论罪的大小。"① 按：此文未找到下篇。作者何隼可能当过《新政治》的编辑。

　　陈位凝在《中国行政组织之特性》中指出，"现行的行政组织原是唐宋所遗的古物，但是这古物的本身却有圆满的体系"②。古代行政由四个基点构成：疆域广大；交通不便；中央集权；封建意识。带来六个特点：消极统治性；政务处理的承揽（承包）性（结果是默认官吏的法外收益，以及官吏身份的从属性）；只办例行公事；回避制度；公文政治与科员政治；德治。文章认为这种组织有两个特性。一是善于统治行政：维持秩序，使社会安宁，提供国家的基本要求。二是不能迅捷，不能应变，不善于经济行政。例如公文，不但是意思表示，也用作行政监督，必须经过多道手续，快不了。而近代政府部门反而层级更多，手续更繁，须事务员、科员拟稿，主任、科长、司长、参事厅、秘书审核，次长、部长画行，然后再行正式缮校、用印、发出。

　　批判和揭露性的文字，例如《论官场为君民之障》写道："本报以为，中国今日之现象，如欲治民必先治官，非治官则上意无自通于民。而治官之法，裁缺末也，参革更末也，莫要于变其社会之风气。风气变而一切乃真变矣，不然，则皆假变也。假变者，无救于亡。"③

　　高平的《官场现形记》分析："人性的恶，是不正当的社会生活所教成的。不过，虽是过着不正当的社会生活的人们，跟那正当的社会生活和性善的人们……因为也常相接触，所以他们的性格也要受影响，而这影响所致乃是善的表现。所以恶中有善，善中有恶。"④《儒林外史》把握了这个尺度，更近于现实的人性；而《官场现形记》全是恶，但究竟也是现实的场景，因为中国官场积习太深，一入此中，人性真会变得像书中所写。

　　周贻白的《官场现形记索隐》对小说作者及书中影射的人物、事件作了

---

① 何隼：《中国古代官制之渊源与原理（上）》，《政衡》1947 年第 2 卷第 3 - 4 期，第 16 - 20 页。
② 陈位凝：《中国行政组织之特性》，《再生》1939 年第 13 期，第 4 - 6 页。
③ 《论官场为君民之障》，《东方杂志》1904 年第 10 号，第 125 - 127 页。
④ 高平：《官场现形记》，《太白》1934 年第 2 卷第 10 期，第 421 - 422 页。

较多的考证。①

《清中叶县行政舞弊的研究》分六期登载完毕，②是北京大学政治系助教高尚仁在教师桑毓英的指导下完成的。文章说："县政的研究，在今日的中国，实为首要。""则其舞弊的研究，当然尤为重要。"

> 人类进化到国家的阶段，人与法是相互为用的。……法治的精髓，便是：法是"人"造的，人须遵守法；人在"遵守法"之下，又可以创造法，或修改法。……清代县政舞弊的根本原因（或说病源）在于"法既未善，人亦不良。"……从行政学的观念看来，便是组织与人事，俱在病态之中。③

> 按幕友与胥役，为县衙组织中之应有人员，乃是清廷所承认的。……为什么不与幕友以"位"，不给胥役以"俸"呢？这种人事行政的方法，适足以逼人舞弊，然而清廷并不考虑（制度改革）……在处分方面，不厌其烦，今天一则，明天一例，这究竟能有多少好处？④

秦翰才作《晚清官场营求贿赂之一幕》⑤，研究左宗棠与同僚的往返书札，左因了解京中各部吏胥之需索影响外省政事，只好因循应付。

笑翁的《官场十字诀》⑥写道："半分责任不负，一句真话不讲。两面做人不羞，三民主义不顾。四处开会不绝，五院兼职不多。六法全书不讲，七情感应不灵。八圈麻将不拒，九流三教不怕。百货生意不断，千秋事业不想，万载唾骂不冤。"还有四大纲领："强盗心肠，娼妓手段，乌龟耐性，小丑面孔。"清代做官也有十字歌诀："一笔好字，二等才情。三杯酒量，四季衣裳。五个老婆，六朝风度。七句歪诗，八圈麻将。九品官衔，十分和气。"

曾纪焜的《人事、公事、本事》提到魏特迈特使的来华观感。⑦"最具

① 周贻白：《官场现形记索隐》，《文史杂志》1948年第6卷第2期，第56－63页。
② 高尚仁、桑毓英：《清中叶县行政舞弊的研究》，《行政效率》1935年第2卷第11－12期，第3卷第1－4期。
③ 高尚仁、桑毓英：《清中叶县行政舞弊的研究》，《行政效率》1935年第3卷第4期，第408页。
④ 高尚仁、桑毓英：《清中叶县行政舞弊的研究》，《行政效率》1935年第3卷第4期，第409页。
⑤ 秦翰才：《晚清官场营求贿赂之一幕》，《子曰丛刊》1949年第6期，第15－21页。
⑥ 笑翁：《官场十字诀》，《中美周报》1946年第212期，第31－32页。
⑦ 曾纪焜：《人事、公事、本事》，《建国月刊》1947年第1卷第4期，第52－57页。

有侮辱性的是："中央及地方政府的官吏，或贪污或无能，或又贪污又无能。'"此文分析了原因，提出中国公务员要克服困难，办事要因人、因时、因地、因事而制宜。首先是"人事"的调整（对公）和应付（对私），要做到"人和"。继而是处理"公事"，要尽量了解情况、熟悉成案、节省经费、讲求效率。"'人事'料理好了有'帮手'，'公事'办理好了算'老手'，然后才谈到'本事'（本领）。""处'人事'要凭'天理'，办'公事'要按'国法'，显'本事'须顺'人情'。'三事'都弄好了，才是真正的'老公事'。"

《评中国官场的打官腔（密勒氏评论报）》写道："中国官场具有一种特殊风格来讲论一桩事件，代替直言无隐与陈述要领，他们偏爱旁敲侧击，小心而隐约地来谈……他们企图无所不问无所不管，而又希望八面玲珑，一个人都不得罪。"①

非素、于勤笔记的《官场黑幕：在 XX 社演辞》揭露了做官的新旧法门。② 先决条件：人事、金钱、色相、势力、交际、内线；做官的秘诀：推、拖、吹、拍、狠，假公济私、交互任用私人、财政的寻租、附加税、赈灾救济、开投公产、采办购料；地方官的秘诀：诉讼获利，办差事，报销，审核，交代，出差，监工；军队的黑幕：虚额、拉伕、清乡、缉匪；警察狱吏：包庇烟赌娼，拘禁，虐待，枉法；作弊（技巧拙劣）和舞弊（弥缝遮掩）。

黄公伟在《官僚主义的本色》中指出，"学优而仕"，"颜如玉，黄金屋，光宗耀祖"。"厚黑圆，吹拍骗，官僚本色。""走马灯，连环套，五朝元老。""钻狗洞，刮地皮，贪赃卖法。""宦囊肥，三美具，息影林泉。""权奸胥吏，国之蠹也，国家之乱由官邪也。"③

蒲韧的《谈君主政治下的官僚（本国史丛谈之五）》谈到"国家之败，由于官邪"，而"官僚的贪污腐败又正是那种专制政权所造成的必然结果"。④ 姜蕴刚的《独裁制度与官僚政治》说道，"养成文武艺，货与帝王家"。有如倡优，且"伴君如伴虎"，安全无保障，醉生梦死，还要媚上，为荫及亲人，便只有贪污。"在独裁制度之下官僚政治是必然不可免的。"⑤

---

① 《评中国官场的打官腔（密勒氏评论报）》，《世界与中国》1947 年第 2 卷第 6 期，第 2 页。
② 非素、于勤笔记《官场黑幕：在 XX 社演辞》，《永安月刊》1948 年第 109 期，第 40－41 页。
③ 黄公伟：《官僚主义的本色》，《再生周刊》1948 年第 218 期，第 11－13 页。
④ 蒲韧：《谈君主政治下的官僚（本国史丛谈之五）》，《中学生》1944 年第 77 期，第 12－20 页。
⑤ 姜蕴刚：《独裁制度与官僚政治》，《时事评论》1948 年第 1 卷第 19 期，第 8－9 页。

郑振铎写《专家政治与官僚政治》，呼吁要铲除官僚主义遗毒。①

林汉达的《官僚政治与对敌心理》提倡人治。② 文章写道："人有十等：自王以下，公、卿、大夫、士、皂、舆、僚、仆、台，递相臣服。以上制下，以下事上。""人治政治一变而为官僚政治，再变而为贪污政治。""中国人的不守法是官僚制度和贪污政治底下的一种自尊自卫的心理。""官僚政治底下，决不能勉强人民实行纪律生活；只有在'以下制上，以上事下'的民主政治底下，才能够奠定法治精神的广大基础。"

江汉的《论官僚政治》③记载，1850 年曾国藩上疏："今日京官办事通病有二：曰退缩，曰琐屑。外官办事通病有二：曰敷衍，曰颟顸。""从好的方面说，官僚政治可以养成专家政治；从坏的方面说，官僚政治就是分赃政治。"蔚为社会风气，"惟官是尚，惟吏是图"。此种社会病态心理，实为一切政治病之总病根。

伍明翻译的《官僚政治登龙术》译自美国《柯里尔周刊》（*Collier's*）的 How to be Bureaucrat 一文，讽刺美国官场之弊。④ 如充当整合员（Coordinator），意思是敷衍成性；排序员，只招呼不介入；联络员，只收集不分析；救生员，捞取声誉；测深员，估摸险易；熨烫员，抚慰摆平；还有挑是拨非者、卸责者、拖延者、推诿者等。"官僚政治的门槛并不只此，还有很多。"

王民《政治官僚化与青年应有的素养》谈官僚政治与个人中心主义、形式主义、推拖骗吓逃的关系，呼吁打倒官僚政治，搞好个人修养。⑤

陈安仁《从官僚之政治转向到官能之政治》从孙中山权能之说发挥一番，如政府有能，全民政治是直接民主政治等。⑥

张金鉴在《中国官僚制度演化的阶段》一文中写道："官僚制度（Bureaucracy）就是专制政治时代政府对官吏管理与统制上所运用各种方式、程序及关系的总体系。这种体系在民主政治时代便叫作'吏治制度'（Civil Service）或'公务制度'（Public Service）。中国官僚制度的历史，在世界各

---

① 郑振铎：《专家政治与官僚政治》，《周报》1945 年第 6 期，第 3 - 5 页。
② 林汉达：《官僚政治与对敌心理》，《平论》1945 年第 7 期，第 7 - 8 页。
③ 江汉：《论官僚政治》，《现代周报》1945 年第 2 卷第 2 期，第 11 - 13 页。
④ 伍明译《官僚政治登龙术》，《论语半月刊》1949 年第 171 期，第 2299 - 2300 页。
⑤ 王民：《政治官僚化与青年应有的素养》，《宇宙文摘》1947 年第 1 卷第 7 - 8 期，第 3 - 7 页。
⑥ 陈安仁：《从官僚之政治转向到官能之政治》，《中央周刊》1947 年第 9 卷第 31 期，第 14 - 15 页。

国中最为久远。"① 按张氏的历史分期，官僚制度的表现形态如下：（1）夏及以前的酋长政治时代——图腾社会的群众领袖；（2）殷商王朝神权政治时代——氏族社会的僧侣、战士；（3）周朝诸侯贵族统治时代——古代封建社会的贵族公卿；（4）秦汉超然王权时代——农业资本社会的贵戚官僚；（5）魏晋南北朝均势王权时代——中古封建社会的士族门阀；（6）唐宋明清绝对王权时代——商业资本社会的官僚胥吏。

张锐的《论中国的"官僚制度"》② 对"官僚制度"（Bureaucracy）有两方面解释："好的方面是循规蹈矩，一丝不苟的精神及有条理，敬事而信的作风；坏的方面是六亲不认的面孔，形式手续的偏重，公事公办的别扭。"中国皇帝和埃及法老都倚赖臣僚和法典来进行有效统治。欧洲中世纪反官僚制度，"十五世纪以来在位君主的主要政略便在重建'官僚制度'来削减割据称雄的局面。……直至近代国家形成以后，始竟全功"。法德是典型，英美晚近政府的权能日增，官僚的程度也加深。"全能主义国家的'官僚'对人民统制严密的程度，有如水银泻地，无孔不入。"他说："无论在任何制度下……'官僚制度'恐怕是不可避免的统治工具。"但"必须与法治相辅而行"，否则就成了黑格尔所说的"东方式的专制"。（"治人者自由，治于人者为奴。"）"中国的'官'和'民'一向是两个阶层，'只许州官放火，不许百姓点灯'，最足以代表中国官的地位及一般人对于官的情绪。"他认为，近年"政府的职权确较以前扩张，因之民众对于'官僚制度'的威力，其感觉自亦较前此为敏锐"。他概括中国的"官"（决策者）的毛病是"忙、骄、推拖、骗"四项，并反映在整个官僚制度上。若与工商业比较，"政府根本就是一种专利事业，不受自由市场竞赛的限制。……'官僚制度'是此项专利事业所必须的营运工具"。"它的成本是捐税、公债、钞票印刷机和民众的信赖……（并非）用之不竭。""严守法治精神，树立有能行政，是任何'官僚制度'努力的方向"，否则就要垮台。

逐微的《中国官僚的政治哲学》③ 指出，"中国官僚政治的由来，既为士人阶级的发达，自由地主阶级的勃兴，则其维持和成立的社会基础，当然就是赋税与土地所有权"。所以，"中国的官僚……是地主及商人为基干的国家即绝对主义君主雇佣人"。近代便"隶属于帝国主义、军阀地主、买办资

---

①　张金鉴：《中国官僚制度演化的阶段》，《新政治》1939 年第 1 卷第 4 期，第 10－19 页。

②　张锐：《论中国的"官僚制度"》，《观察》1947 年第 2 卷第 7 期，第 7－8 页。

③　逐微：《中国官僚的政治哲学》，《评论之评论》1933 年第 1 卷第 16 期，第 7－9 页。

本家集团"，"则其政治哲学之要成为一种'奴才'哲学，固不待说。……这就是儒家的'尊主卑臣，明职分，不得相逾越'思想的延续和发展。""同时，他们又是'学而优则仕'的，故无论握管军权、经手财政或作官吏，则取巧、嫉妒、伪善、营私、虚骄、工趋避、贪污，都是他们的特长。""总之，中国民权性革命的不能完成，政治上的卑污丑恶混乱则与日俱进。"

政治学家林同济的《由"技术"说到"宦术"——"士"的史的观察》，[①]对官场丑态和手腕（宦术）的形成有一番考证和解说。文章指出，春秋时代，"'士，事也。'可说是技术本位时代的看法。……一种技术（艺）的专攻（学）与专司（仕），普遍都是用'世承'的形式。……'学而优则仕'原初乃是此意。……并不是'做官'，乃是'继业'，乃是'做事'。"但也是做技术官。战国时代打破了这个秩序，孔门士人"开创了'德行'时期——'道'的时期"，"技术被摈于'鄙事'之林"。后代的士想做官，乃无所谓由道不由道，得官便佳。汉代"贡举出而后官僚制度立。官僚制度立而后士的'宦术化'乃正式开幕。"由于要保住权位，便有"宦术"（其真髓是"手腕"）的产生，并成为官场中"人生处世的绝对须知"。

> 由技术到宦术——这是中国士的发展的过程。……宦术化太深，我们乃完全失去了技术的感觉，恰巧，现代的西方文化，又偏偏是个空前发达的技术文明。人家的技术文明，日夜在那里"制器创物"。我们的宦术文明却整天在这里"作态作假"。人家不断地"做事"，我们只一味地"做官"。这就是我们国家的孽运。

周逢沛所著的《中国吏治改进论》认为，贪污横行、因循敷衍、亲私、人与事之失调，是时下官场的四大弊端。[②]他对甘乃光、孙慕迦、林同济诸说有评论，认为救急良方是"铨叙从宽，考核从严"，同时提高待遇。为此，还要抓职位分类、计程课功。更要紧的是，激发其政治责任的自觉性。根本的出路则是加速现代化的进程。

最后，我们以进步学者嵇文甫的《中国政术论研究发端》来结束本节。他说：

① 林同济：《由"技术"说到"宦术"——"士"的史的观察》，《杂志半月刊》1939 年第 5 卷第 5 期，第 9 - 20 页。
② 周逢沛：《中国吏治改进论》，《新政治》1945 年第 8 卷第 4 期，第 29 - 38 页。

　　政术一称治术，即政治施行运用的方法，上自王道大略，下及宰邑
牧民之道，都包括在内。中国向来最讲究这一种学问，甚至可以说各家
各派所讲大部分都是这一类学问，所谓"阴阳、儒、墨、名、法、道
德，皆务为治也"。[①]

作者批评中国政治思想的教学与研究只知道搬来西方《政治学》课本，"专
讲什么主权论、国家论，而平白牺牲我们古人这一大批丰富的遗产。殊不知
就在西洋政治思想史上，对于政术这一套也是很重视的。如马基威理的《霸
术》"，但相比于中国的申、韩、孔、孟、老、庄则差得远。

　　那么，研究中国政术论从哪里下手？他以为要知道"两大对立潮流"
（王道和霸道）、"三大基本路线"（儒法道）和"六组材料来源"（①群经
诸子；②《史鉴》及《贞观政要》等书；③陆宣公、张江陵及曾、胡、左、
李诸家文集；④清初黄、王诸大师及前代许多学者论史论政的著作；⑤《大
学衍义》及《大学衍义补》等书；⑥牧令书和实政录等专讲地方吏治的
书）。他主张用"潮流"和"路线"来控制这一大批材料，知道条贯和源
流，抉发秘奥。

---

　　①　嵇文甫：《中国政术论研究发端》，《经纬月刊》1945 年第 3 卷第 2－3 期，第 42－44 页。

# 第十章　行政员吏的培训和从政的经验体会

1938 年 4 月，国民党临时全国代表大会议决训练党员以应抗战，接着设立中央训练委员会统一领导训练事宜，并制定训练纲领、计划，编写教材等。

## 第一节　培训制度的建立和行政心得之介绍

查重庆档案馆的《中央训练团（1938－1948）》（全宗号 0003）可知，中央训练团于 1938 年 7 月成立，隶属于国民党中央训练委员会，后改隶行政院。该团内部设团长（由蒋介石兼任），下设团副、教育长、副教育长、教育委员会、办公厅和干部队，党员的训练机构为各种训练班和军官总队。其主要职能为调训中高级党政干部，办理复员军官转业训练并代办退役、调职等事项。出版物有：《中央训练团团刊》，中国国民党中央执行委员会训练委员会《中央训练团讲词选录增篇》，教育委员会教育组《中央训练团党政训练班小组讨论会总结论》，陈立夫《中央训练团党政训练班讲演录：战时教育方针》（正中书局出版），翁文灏《中央训练团党政训练班讲演录》，中国国民党中央执行委员会训练委员会《中央训练团党政训练班工作讨论资料选录教育》，中国国民党中央执行委员会训练委员会《中央训练团党政训练班工作讨论资料选录·党务行政类》等。

### 一　各级干部培训机构的组织和训练

中国黄埔军校网"黄埔军魂"上有《中央训练团在"复兴关"轮训干部》（王坚撰稿），记 1938 年 7 月 7 日原武汉珞珈山军官训练团改组为"中央训练团"，由中央训练委员会直接领导。中央训练团由蒋介石亲任团长，陈诚任教育长，副教育长王东原具体经办。内分三大部分：第一是教育委员会，下设训育处和教务处；第二是办公厅，下设卫生处、事务处、文书处、经理处；第三是大队部，管理受训学员，分 3 个大队，含 12 个中队。

1939 年 1 月，中央训练团迁至重庆，随即开设党政训练班，从全国各地调集党政军中级干部进行短期轮训。在 3 月 1 日的第一期党政训练班开学典礼上，蒋介石阐明了训练的宗旨，就是"要为本党造就一般基本干部，切切实实来实行三民主义"。在训练班第二期开学典礼上，蒋再一次强调训练目的，是"铲除从前一切纷歧错杂、自私自利、醉生梦死、苟且偷安的恶习"，要求来受训的党员都"把自己当作一无所知、一无所能一般，当作一张白纸一样"，只有这样才能成为三民主义的忠实信徒和彻底奉行领袖命令的忠实战士。

中央训练团到 1943 年 3 月为止共连续举办了 24 期党政训练班，毕业学员达 15117 人。受训学员包括党务、团务、行政人员和军事干部、教育训练干部，以及经济、交通等各行业的中下级干部。学员的年龄 70% 以上在 30 岁至 40 岁之间，80% 是专科以上学校毕业生，多数是党政干部中素质较高的中青年骨干分子。

中央训练团实行短期集中训练制，一般训练时间为 4 周：第一周为入伍周，即进行入团基本教育，包括开学典礼的入团洗礼教育；第二周为力行周，凡是入伍周所学习的和团中训练的要求都必须在力行周切实奉行；第三周为自治周，培养学员自觉自动的自治精神；第四周为检查周，举行种种检查与竞赛，以达到检测学习和受训效果的目的。以党政训练班为例，具体训练内容包括：

第一项，团长蒋介石的精神训话，是中央训练团所有训练的重心所在，诸如"三民主义的体系及其实行程序"、"革命哲学的重要性"、"行的道理"、"政治的道理"、"科学的道理"、"识认时代：何谓科学的群众时代"、"行政三联制大纲"、"军事训练基本动作的意义作用"、"主管机关与推行政令之要领"等，是受训学员的必学文件，核心精神就是借儒家"忠孝仁爱信义和平"、"礼义廉耻"来塑造党员干部的人格。

第二项，党政课程和业务演习。本着"即训即练"、"实教实学"的原则，具有较强的实践性。党务、政务部门的长官及专家先后来做工作报告，如于右任、吴稚晖、戴季陶、冯玉祥、陈立夫、陈果夫、孔祥熙、张继、蒋梦麟、王竞畸、白崇禧、何应钦、顾正森、余井塘、吴俊升、甘乃光、邵力子、徐恩曾、谷正纲、王世杰、王宠惠、张厉生、顾毓琇、张道藩、陈诚、罗家伦、贺衷寒、戴笠、叶楚伧、骆美奂、刘季洪、王云五、郝更生、朱家骅、何廉、陈大齐、寿勉成、庞松舟、华之宪、顾颉刚等。

第三项，军事训练。差不多占全部训练的五分之一，包括术科（技术科学）、学科（国防战术、兵器、防毒、谍报、勤务等）以及见学（军事表演）。周至柔、陈博生、俞大维、杨宣诚、李忍涛、黄镇球、刘为章、周亚卫等授过军事课。训练班还邀请兵工署、中央警校、军政部、学兵部进行实战兵器、战具、防毒表演等。一切日常生活都军事化，"有如军队执行命令，只能绝对服从而不容丝毫违反，只能整个贯彻而不能丝毫怠忽"。

第四项，训育实施，包括党团活动、小组讨论、工作座谈、个别谈话等。训练班通过采取集体讨论、辩论、批评、报告、竞赛、检查、评定、公告等多种方式来培养学员的自觉和自治的精神，达到消除"杂念"、增进才干的目的。此外，还有课外体育活动、"周末同乐会"、电影放映、文艺演出等形式。

1943 年 1 月，中央训练团增设党政高级训练班，参加受训的人员是原第一至第十期毕业学员中成绩优异者。训练班时长半年，训练内容分为理论研究与专门业务之研讨两大类。训练方法分教授、讨论、研究与生活报告四项。由于时间增加 5 倍，其课程中理论的广度和深度大为加强，有蒋介石精神训话，还有革命哲学、革命方略、中国社会之研究、中国礼俗史、社会心理学、现代政治学说及制度、现代经济学说及组织制度、机关组织、业务管理、军事基本原理、社会调查等。为了扩大党政训练的范围，中央训练团还分门别类地开办了兵役干部训练班（调训对象为国民政府军界高级干部，第十五期后并入党政训练班）、党政军人事管理人员训练班、社会工作人员训练班、军法人员训练班、三民主义青年干部训练班、童子军教导人员训练班、党务工作人员训练班、计政人员训练班、国民军训教官训练班以及台湾行政干部训练班等，此外还有特别业务训练班，如音乐干部训练班、新闻训练班、留日学生训练班、译员训练班等。

这里以机关管理课程为例。陈果夫作为国民党中央组织部部长，利用中央训练团这个基地，在党政高级训练班上主讲"机关组织"课程，1943 - 1946 年出了四本讲义，协助的还有欧阳翥、顾毓琇、周亚卫、江康黎等；另由杨绰庵专讲"机关管理"（1945）。前者可说是宏观上的组织问题，后者可说是微观上的管理问题（如文书、人事、会计、庶务等项工作），也谈到政治与行政的关系、政务官与事务官的分野、机关管理的效率等。

关于专门的训练班，这里也举一例。李益三的《回忆"中央训练团留日学生训练班"》写道："芦沟桥事变发生，几千留日同学，迅即离开日本，回归祖国。有的奔赴革命圣地延安，有的到国内学校复学，有的到南京参加国民党的'中央政治学校特别训练班'集训。后改为'军事委员会战时工作干部训练团第一团留日学生训练班'。"[①]

1940 年 7 月 15 日至 10 月 15 日，中央训练团在重庆再次开班，培训部队的政工人员和对日宣传技术人员，取录了 166 人。前两个月独立上课，后一个月参加中央训练团第十期党政高级训练班，旁听演讲和各有关部门的报告。学员们头两周学完了基本的军事动作。正式开课后，上午的课程由戴季陶、陈果夫、陈立夫等讲"总理遗教"、"总裁言行"，为蒋介石的独裁统治辩解。此外，"敌情研究"占十多个课时，分别由中央社社长陈博生、"日本问题研究专家"王芃生以及龚柏德等讲授。三位日本进步人士用日语讲课。作家鹿地亘讲授"日本的政治现状"，青山和夫讲授"战时的日本经济"，绿川英子讲授"对敌宣传技术"，比如日文传单、标语、口号和歌曲，以及广播、宣传的技术方法等，都讲得十分生动。

"在参加中央训练团第十期党政班旁听期间，蒋介石来上课几次。差不多都是由张厉生站在旁边照书朗诵蒋的《力行哲学》之类的书本；然后，他作几分钟的结束语，不外是做人做事的道理之类的陈词滥调。在他登台上课、出席开学礼、结业礼及纪念周的十多次'训话'、讲课的发言中，从没讲过学员们最关心的关于战事胜负等问题。"还有若干中央高官分别到团做报告、讲话。大多是官样文章，夸耀战功政绩，文过饰非。[②]

中央训练团的学术性刊物是《训练月刊》，于 1940 年 7 月创刊。另有《中央训练团团刊》，为周刊，1940 年 1 月创刊，大概办至 1944 年，所登材料为动态、通讯、报道及短文，理论性的文章几乎没有，学术价值不高。

本书第五章曾简短提到各省的行政干部训练，这里补叙《中央训练委员会统一各地训练机关办法》及相关的一些规定。首先训练机关要向中央训练委员会上报情况、计划，由其核准备案；在实施训练两周内上交规章、教学和训育方案及进度表，教职员履历表，还有受训人员名册（包括学历、经历、现职）；训练结束两周内详报测验及考核成绩册、工作分发表、各科教

---

① 李益三：《回忆"中央训练团留日学生训练班"》，http://www.gzzzws.gov.cn/gzws/gzws/ml/30/200809/t20080916_7963.htm。

② 王坚：《中央训练团在"复兴关"轮训干部》，中国黄埔军校网，http://www.hoplite.cn/Templates/hpjhkz0016.html。

材及记录；接受中央训练委员会指示改进工作；每次开班仍须如此备案、汇报。该办法所称的各种训练机关不包括普通学校、军警学校、特种学校。①

《全国各训练机关训练纲领》②指出，训练目的"在使受训人员恪遵总理遗教，服从革命领袖：1. 真能成为三民主义信徒与彻底奉行命令之战士。2. 确实得到主持一般机关之常识与领导办事之要领，立定做人做事的基础，以完成抗战建国复兴民族之使命。"要做到第 1 条，"必须激发其忠党爱国之精神，立诚为公，笃信力行，倾身尽心，贯彻到底"。要做到第 2 条，"必须使受训人员明礼义，知廉耻，从敬谨服从命令做起，抱定战斗精神，克服一切困难，不畏难，不自私，负责任，尽职守，革除阳奉阴违、因循敷衍之恶习"。

实现主义奉行命令之基本条件在干——实干、快干、硬干、苦干，秉内在的自觉自动与自治之修养，以实行革命建国之要件——劳动、创造与武力。（1）劳动的本能习惯和效能，要尽量提高与发挥，办事须实行五到——心到、口到、目到、手到、足到，事必躬亲，以身作则。（2）创造的精神，要积极培养与发展，自强不息，日新又新，以不断的努力和进取，创立新力量，建造新国家。（3）武力要充分增进与储备，从教育、军事与经济各方面，充实国家实力，以保卫国家生存。

为使受训人员获得主持一般机关之常识，对于人、财、时、地、事、物各项办事要件，务要精心讲求使用，人要各称其职，各尽其能；财要经营得法，使用经济而有效；时要认识时间，把握时间，善用时间；地要认清地利，开发地利；事要管理得当，支配得法；物要爱惜使用，废物利用，对于一切物资器材与工具，均能整理、管理、修理。尤应注重时间与空间，务求规定准确，支配恰当，以为最经济有效的运用，并能顾到某特定时间与空间的特殊情形，以为因时制宜、因地制宜之运用。

为使受训人员获得领导办事之要领，基本的注重指导监督与考核，期能综覈名实，信赏必罚；一般的注重研究与训练，依据理则学程序，精研一切事宜，并在工作上训练部属，增加工作效率。

① 《中央训练委员会统一各地训练机关办法》，《训练月刊》1940 年第 5 期，第 134－135 页。
② 《全国各训练机关训练纲领》，《训练月刊》1940 年第 5 期，第 135－140 页。

一般行政之常识，为管、教、养、卫四者互相关联。积极的要能分工合作，相辅而行；消极的要能互不妨碍，各尽功能。一般行政之目的，为衣、食、住、行之储备与充实，以增进群众之福利。

《纲领》指出，"训练之主旨在增进实际工作的效能，以适应抗战建国之需要。积极的期能精益求精，实事求是；消极的在革除积习，纠正时弊。"关于训练内容，《纲领》进行了罗列：

1. 纪律训练。重在砥砺党德（智、仁、勇），发扬国魂（三民主义），实施革命精神总动员，革除迟钝、散漫、虚伪、推诿、骄矜、摩擦、奢侈、贪污，一切不良之弊病，而向团结精神、集中力量、严守纪律、尽忠职责四大目标，努力前进。2. 生活训练。重在实施新生活规条，勤劳、节俭、简单、朴素、整齐、清洁，达到前方生活士兵化，后方生活平民化。并以集团生活，达成群育之目的。养成责己恕人、敬上爱下、分工合作、互助乐群之精神。3. 行动训练。重在迅速、确实、秘密、严肃，能争取时间，利用时间，尤注重集团行动之养成，尊重秩序，协力合作。4. 智能训练。重在管教养卫之常识技术与方法，以及特殊主管业务之训练。5. 服务训练。重在明了人生以服务为目的之真谛，发扬仁民利他、济世助人之精神。并注意认识环境、把握实际、领导民众、推行政令。6. 体格训练。重在卫生、运动、劳动，以锻炼坚强耐劳、活泼康健之体魄。并养成冒险犯难、负重致远之精神。7. 军事训练。重在培养智信仁勇严之武德，以及勤劳、坚忍、英断、果敢之品性，熟谙基本动作与基本队形之变化，具备服从与指挥之能力和修养。

训练实施纲要。"训练为对于工作人员之短期教育，应教而兼育，寓教于育，并要即训即练，讲到做到。""训练的方针，要达到作之君，作之亲，作之师。""训练的精神，为亲爱精诚，敬严切实。""训练的法则，为尊师重道，敬业乐群。""训练的要诀，为以身作则，实行五到，不厌不倦，潜移默化。""训练的要旨，在使训练与工作，联成一气；训练与办事，打成一片。""训练的功能，为训练人才，考核人才，提拔人才。""训练的方式，为活泼的、生动的、民主的、实际的、科学的现代化教育方式。"

教育实施原则。各种训练机关"应以受训人员之实际工作需要为中心"。

"应依照受训人员之业务性质与目前之中心工作，确定训练中心目标，力求贯彻，以期获得短期训练之实效。"不同业务可实施分组训练。注意理论联系实际，以理论指导实际工作，以实际工作证实理论。对于实际工作问题之研讨、实际工作经验之传授，应特加注意。各科教材之内容，应密切联系，贯通一致，免致重复或互相抵触，并应避免空疏浮泛、无关实际之理论。教学方法应注重启发式和讨论式，相互质疑辩难，以养成研究风气与学习习惯，受训后更能随时随地履行自我训练。应注意养成受训人员宣传组织与领导群众之技能，对于党团之运用并应特加注意。应酌列课外活动，如演说、壁报、体育、娱乐等项，以培养活动能力。应注意因材施教，以发展受训人员之特长。应定期举行检讨会，听取学员代表对于教务、训育、管理各项实施之意见，以为随时改进之参考。同期受训人员之调集，其学识、经验、水准不宜相差太远。举办训练，间不得少于一个月。各项教学时数之支配，以精神讲话或特别讲演约占十分之一，军事学术科约占十分之二，党政学科约占十分之四，业务实习与小组讨论约占十分之三为原则。

教务实施要点。每日讲演、操练、讨论、实习，以占用 9 小时（每小时以 50 分钟计）为原则，避免过分繁重。应酌留自修时间，使受训人员有阅读参考材料及整理笔记之机会。课程编配应力求系统，适合于训练的中心目标，避免繁难偏畸之流弊。教官应遴选具有专门研究与经验之专家，训练时间较长时，应尽量设置专任教官。各科应预定进度表，由主任教官审核之。教官应先发纲要，并指定参考书籍。学员阅书、听讲均应做笔记，送教官检阅之。对于学员各种业务之训练，如公文、人事、经理、调查、统计、设计（立案）、指导、检查、宣传、组织、党团运用等项普通业务，以及其他便于实习之特种业务，应设法指导其实习，实习之取材与方法并应切合学员知识、经验的水准。

训育实施要点。入学前进行体格检查，入学一周内学员应填具详细调查表，写自传，并举行各种测验，训练机关藉以明了学员之家庭状况、学历、经历、普通常识、专门知能、政治认识、工作经验，与其性情、品格、能力、志愿等，以为实施训练之参考。训练机关应设置训育指导员（以教官兼任为原则），分任训育指导事项。训育实施项目约分为小组讨论、个别谈话、座谈会、各项竞赛、自修指导、批评等项，应分别定期举行之。特别注重小组讨论，并应由训育指导员整理结论公布，或举行讲评。小组讨论应注重就中心工作问题交换经验，详密讨论。对于上级机关的决议、法令、领袖言论、党报论著及国内外时事，并应随时注意研究。小组讨论题材应与讲授课程相联系，关于专门学术问题，并应由担任该项课程之教官参加指导。批评分自我批评与相互批评，应注意相互间承认错误，并研究其发生的原因与改正方法，以养成进德修业、积极改善之习惯。个别谈话，应注意询问受训人员之工作经验与意见，考查其思想能力与品性，予以亲切指导，并为考核干部与提拔干部之准备。座谈会及各项竞赛，均须依据教育实施原则，系统地组织举行，由受训人员自动办理，并由训育指导员指导。自修指导也由训育指导员进行。训育指导员须与学员共同生活，共同学习研究，并参加一切课外活动。各训练机关应设置临时党部，对于有党籍之学员办理移转登记，对于尚未入党之学员经考察后办理入党手续，再照党的规定按期举行各种会议。

组织与管理要点。"各训练机关，关于教务、训育、队部及事务之组织，须权责分明，其工作尤应密切联系，以统一之精神与步骤实施各项训练事宜，绝对不得有互相攻讦及分化学员等情弊。"学员要编队编组。实施军事管理，经过相当长时间改由学员轮流担任管理，以发展自治精神。启发学员自省、自反（自问、自改、自行类推之意）、自尊、自强之精神，避免消极地执行纪律。膳食、衣着及日常生活之各项设备，须清洁、卫生、简单、朴素，各项服役应酌令学员自力劳动，以养成艰苦耐劳之习惯，对于有教育性质之娱乐事项，并应定期举行。对于学员体检表、各项调查表，学科测验、毕业论文等成绩，以及训育考核结果等材料，应汇集登记，编制专册。对于公开考选之受训人员，应先确实订定分派工作办法。对于选调现职之受训人员，在训练考核后应注意其工作之调整。应经常注意受训人员工作之联络检查与指导等事项。

这篇纲领可谓集国民党"党八股"大全，不少词句现在读来拗口。之所以大段摘抄，因为其反映了政训的核心价值观，理想的培训标准，政策宣传炮制的大量口号，还有高层官员和专家们所能想到的一切精神控制的手段和管理办法。与大学政治行政学科教学相比，这个方案在联系实际政治需要上加强了很多，但真正执行时肯定大打折扣。

二　训练组织者的报告指示和研讨

（一）蒋介石的《科学的精神》

蒋介石是中央训练团的总团长，他所做的讲演无非陈词滥调。这里别录

一篇较早的，叫《科学的道理》①，原名《科学精神与科学方法》，是 1935
年 1 月 28 日在南京中央军校（黄埔军校）"总理纪念周"上的讲演稿。这篇
文字分为五部分：（1）科学方法为革命建国之基本知识；（2）大学为中国
固有之科学方法论；（3）科学的要旨；（4）治学做事之基本的科学方法与
程序；（5）吾人发挥科学精神，运用科学方法，以完成革命的使命。

那么应该如何将其用于行政管理呢？例如机关的管理，第一，对事。文
章说："欲求成功一番事业，'规模远大'与'综理密微'二者缺一不可。"
前者是要有远大的理想和逐步实施的计划，后者是指从小处着手。"所谓科
学的办事顺序，简单的讲，就是要由近而远，自卑而高，为大于微，图难于
易。《大学》第一篇开宗明义讲明大学的三条纲领即大学的主旨，以及定、
静、安、虑的基本修养之后，接着便是讲办事的顺序之重要，即所谓'物有
本末，事有终始，知所先后，则近道矣'。"至于办事的精神，"就是凡事要
能实事求是，精益求精，继续不断，贯彻始终。我们知道：科学的唯一主
旨，就是彻底研究出万事万物之真实情状……天天有新的道理和新的东西发
明出来……这就是《大学》上所讲的'苟日新，日日新，又日新'的道
理。"秉着科学精神去办事，还要掌握科学的方法。

首先是科学的办事方法。第一，范围与组织，就是要确定我们工作的对
象与目标之所在。要根据事业的范围、工作的对象来建立一个最合理的组
织。就是要有最明确的直的系统，即由上而下层层节制的统属关系；以及横
的联系，即整个组织之各部分具有彼此休戚相关、动作协调的连带关系。第
二，立案与预备。预先搜集各种材料，加以精到的研究，再假设在以后事业
进行中种种可能的情况，以最缜密的思虑分别拟定不同的方案，遇着哪种情
况发生，我们便立刻拿出最适宜的一种方案来实施。第三，分工与合作。第
四，研究与实验，然后可以证实并逐渐推广。发现不妥当的地方，还要根据
事实与学理再来研究，补充改正。第五，分析与统计。在实验的时候一定会
发生许多现象，或是成功的，或是失败的，我们应当就这一群现象加以一番
分析与统计。

其次是科学的人事方法。含三方面的对象：一是上级机关与其长官；二
是下属机关，或自身的僚属；三是将自身视为一个机关的长官，思考该如何
自处。指挥僚属工作，任务要切实能行，否则师老无功，丧失威信。要了解

① 蒋中正：《科学的道理》，三民主义青年团中央团部，1943。

僚属的优缺点，量才任用，人尽其才。对僚属要公平，不偏私。总之，对僚属抱着为国训练人才、甄别人才、保举人才的宗旨。对于自己，蒋介石说："古人说：'其身正，不令而行。'又说：'风行草偃。'……现在我们全国上下……还不免敷敷衍衍，阳奉阴违，所以国家无论多少法良意美的政令，结果不能通过各级党政机构注入民众，真真弄到'号令逆于民心，动静诡于时变，有功不必赏，有罪不必诛，令焉不必行，禁焉不必止，在上位无以使下'的现象。我们要挽回此种颓风，首先在于我们各级党政军干部自己能够切切实实的觉悟，以身作则，领导部属矫正过去这种不良的积习。"

**（二）黄旭初的《干部政策》**

干部的训练是夯实行政基础的有效措施。在"新政"的形势下，黄旭初全面论述了"今后"干部训练工作的改进方向。下面摘录其《干部政策》中与训练团工作有关的部分：

一 过去干部训练工作

本省的民众组织就是民间组织，其任务在于推行自卫、自治、自给之三自政策，以达到"建设广西、复兴中国"的革命目标。但要推行民间组织，便需要大批了解政府政纲政策的强而有力的干部，来担任这个工作。本省最初开办的是警卫干部训练所，成立于二十年五月，选拔中央军事政治学校第一分校第四期学生的一部，考取中学毕业学生一部，合并训练，八个月结业：其成绩优良的，充任各县民团整理委员，余为训练员。接着开办的是田南民间训练所，六个月结业，结业后派回原籍，担任常备队官长或训练员。其次是民团训练班，成立于二十一年二月。再次是民团干部训练队、各区民团干部学校、广西民团干部学校、广西地方建设干部学校等。以上所说的是本省特别看重的基层行政干部人员的训练，总共受训人员的数量，差不多满 3 万人。此外，关于县政人员训练方面，在二十三年五月开办了广西行政研究院，一共办过四期。关于党政人员训练方面，二十年二月举办了党政研究所。关于技术人员训练方面，二十七年二月开办有合作人员训练班，到现在办了四期。其中所办的会计人员训练班有高级训练班、铁道会计班、县会计班、普通会计班、初级簿记班五种。

自抗战发动后，《广西省训练基层干部人员计划大纲》就明白规定：

"训练本省基层干部人员从事政治、经济、文化、民团各项建设，以实现抗战建国纲领。"一年半来，的确有许多进步，如自治、自动、自觉的精神的训练，如集体教育的实施，如刻苦耐劳的工作作风的养成，如小组训练的加强，都是这时间的主要特点。同时，广西县政公务员政治训练班，在过去十九期的训练工作中也统一有了许多进步。替本省训练工作奠立了牢固的基础。训练委员会和训练团，今后对本省行政干部训练工作，都负有最大的责任，都靠他们的努力和协力合作。第一期受训人员，应该树立良好的风气，作为今后的榜样。

## 二 干部训练

行政的基础，在"法"与"人"。即今偏重法治，然非有知法守法的人，法治亦无由实现。本省早就提出了"行新政，用新人"的口号，亦即认定了非有新人，不能实现新政。曾国藩说："人才以陶冶而成，不可眼空甚高，动谓无人可用。""天下无现成之人才，亦无生知之卓识，大抵皆有勉强历练而出耳。"因此，干部训练工作，就有着绝对的必要。

本省今后干部训练工作的改进：

（一）正确认识训练的意义，并扩大训练的视角。可以分为下述几点：1. 当以训练为中心来建立干部政策。干部训练应与人事行政密切联系。（1）凡未经训练的人员，绝对不能选用。（2）凡经过训练及格而任用的人员，非犯有重大过失，不能任意撤换。（3）以训练期间的结果作为用人之根据。（4）以训练调整干部才能予以职位。（5）关于人事异动，训练机关必须随时登记。2. 狭义的训练和广义的训练并重。3. 训练与行政力求统一。4. 训练委员会和各级训练机关应被固定为相当长期之事业，而非临时机关。

（二）训练机关力求统一。1. 依照中央训练委员会与各级干部人员训练大纲，斟酌本省实际情形，务求系统分明，指挥统一；2. 训练内容力求统一；3. 训练精神力求统一；4. 训练人员之调派，力求统一。

（三）今后训练工作，应作有计划有系统之进行，并力求其合理化。（下略）

（四）训练者应抱定教与学相长的态度，以从事训练工作。（下略）

（五）训练人员务必久于其位，安心工作。（下略）

（六）训练应重实际。（下略）①

### （三）中央训练团和地方行政干部训练团的工作和部分研究

地方（分团或省自办团）的做法和理论，可参考《修正广西省地方行政干部训练委员会组织规程》：

第二条，广西省地方行政干部训练委员会直属于中央训练委员会及内政部。

第三条，本会设委员十五人至十九人，以省政府主席秘书长、各区区长、保安处处长、省各部及省政府委员各二人，当地公立大学校长为当然委员，其余由省政府聘任之。

第四条，本会设主任委员一人，由省政府主席兼任总理全会会务。

第五条，本会掌管事务如下：1. 关于全省地方行政干部训练机关之考核及事项。2. 关于全省地方行政干部训练机关之考核及事项。3. 关于训练资料之事项。4. 关于训练之调查、登记、统计事项。5. 关于训练经费预算事项。6. 其它有关地方干部人员训练事宜。

第六条，本会设秘书一人承主任委员之命办理本会一切事务。

第七条，本会设三个组：总务组、指导组、编审组。

第八条，本会每组设组长一人，承主任委员之命、受秘书之指导办理各该组事务。

第九条，本会设指导员一人至三人，承主任委员之命、受秘书之指导负责各级训练机关训练实施。

第十条，本会视事务之繁简设组员及办事员各若干人承主管之命办理各组事宜。（以下略）②

蒋介石还有在湖南地方行政干部训练班上的讲话《抵御外侮与复兴民族（上、中、下）》（《湖南省政府公报》1938 年第 861－863 期），以及《对庐山军官训练团的精神讲话》（《文汇年刊》1939 年第 1 期）。中央训练团也发布了若干文件，如：《颁发〈中央训练团各期受训人员调训办法〉》（《中央

---

① 黄旭初：《干部政策》，《行政与训练》1940 年第 1 卷第 1 期，第 1－10 页。

② 《修正广西省地方行政干部训委员会组织规程》，《行政与训练》1941 年第 2 期，第 81 页。

党务公报》1939 年第 3 期),《中央训练委员会训练团三年调训计划摘要》(《训练通讯》1939 年第 1 卷第 3 期),《中央训练团党政训练班学员遵守规则》(《训练通讯》1939 年第 1 卷第 2 期),《中央训练委员会训练团分团训练实施计划纲要》(《训练月刊》1940 年第 1 卷第 5 期),《中央训练团军训教官训练班近讯》(《训练通讯》1939 年第 1 卷第 2 期)。其间不乏零星的回忆报道,如欧元怀讲、沈进斯记的《中央训练团归来》(《大夏周报》1940 年第 17 卷第 2 期),杨本泰的《在中央训练团受训回忆》(《储汇服务》1941 年第 3 期),范厚甫、胡士杰的《中央训练团回忆录》(《中信通讯》1942 年第 2 期),《中央训练团派员来团视察》(《行政干部》1942 年第 2 卷第 10 期),《转发中央党政训练团党政训练班学员必读书籍》(《福建省政府公报》1943 年第 1365 - 1376 期),《中央训练团党政训练班添设高级班》(《中央党务公报》1943 年第 11 期),《指示江西省训练团应行注意与改进事项》(《中央党务公报》1943 年第 10 期),《派蒋经国为中央训练团副教育长》(《中央党务公报》1944 年第 15 期)。也有介绍其他机关及地方政府机关举办的训练团的,如《峨嵋军官训练团训练》(《边声月刊》1940 年第 7 期),冰莹《宜昌的妇女训练团》(《上海妇女》1939 年第 3 卷第 4 期),《审核社会部视察建议组织巡回训练团》(《中央党务公报》1939 年第 3 期),《筹设中央训练团新疆分团》(《中央党务公报》1932 年第 11 期),《指示西北干部训练团应行改进事项》(《中央党务公报》1932 年第 11 期),《核复湖北省训练团训练人员班训练实施计划》(《中央党务公报》1932 年第 11 期),《指示粤省训练委员会与训练团及曲江县训练班》(《中央党务公报》1932 年第 11 期)。

浙江、广西、湖北等省的训练团也是办得比较好的。如《浙江省地方行政干部训练团毕业学员学术研究实录》(《浙江省地方行政干部训练团团刊》1940 年第 5 期),黄绍竑《浙江省地方行政干部训练团开学典礼训词》(《浙江政治》1940 年第 8 期),林泽《浙江省地方行政干部训练团第一期训导计划》(《浙江政治》1940 年第 8 期),贺凤起《浙江省地方行政干部训练团第一期军事管训》(《浙江政治》1940 年第 8 期),魏建纲《浙江省地方行政干部训练团的党团务活动》(《浙江政治》1940 年第 8 期),蓝东海《战时工作干部训练团面面观》(《现代华侨》1940 年第 1 卷第 6 - 7 期),陈希豪《浙江省地方行政干部训练团的成立及其使命》(《浙江政治》1940 年第 8 期),孙忱照《浙江省地方行政干部训练团第一期教务计划》(《浙江政治》1940

年第 8 期)，《抄发省训练团毕业学员考核奖惩实施办法》(《浙江省政府公报》1942 年第 3357 期)。还有古展芳《战时工作干部训练团》(《抗战周刊》1940 年第 47 期)，席伯胥《怎样做省训练团的训导工作》(《训练月刊》1941 年第 3 卷第 4 期)，卢象荣《训练团第一期训练实施概况》(《行政与训练月刊》1940 年第 1 卷第 1 期) 和《省训练团第四期的训练工作》(《行政与训练》1941 年第 2 卷第 3 期)，邱昌渭《接受训练团第一期的工作经验》(《行政与训练》1941 年第 1 卷第 2 期)，陈熙《省训练团第三期的小组讨论》(《行政与训练》1941 年第 1 卷第 5 期)，倪仲涛《省训练团第五期的训练工作》、《省训练团第六期的训练工作》、《省训练团第七期的训练工作》、《省训练团第八期的训练工作》、《省训练团第九期的训练工作》(《行政与训练》1941 年第 2 卷第 5 期 –1942 年第 3 卷第 6 期)，刘北航《论省训练团的小组讨论与小组领导》(《行政与训练》1941 年第 2 卷第 5 期)，张景德《省训练团的军事训练计划》(《行政与训练》1941 年第 2 卷第 6 期)，官屏中《省训练团的教务工作》(《行政与训练》1941 年第 2 卷第 6 期)，陈世琮《省训练团的事务工作》(《行政与训练》1941 年第 2 卷第 6 期)，训导处《省训练团各期每周训导实施办法》(《行政与训练》1942 年第 3 卷第 3 期)，林植梁《论省训练团军事训练的竞赛工作》(《行政与训练》1942 年第 3 卷第 3 期)，《各省地方行政干部训练团附设特班办法》(《中央党务公报》1943 年第 12 期)，《颁发各省地方行政干部训练团办事通则》(《中央党务公报》1943 年第 12 期)，《广西省地方行政干部训练团各辅导实施办法》(《团刊》1943 年第 3 期)，《湖北省地方行政干部训练团同乐剧社组织简则》(《团刊》1942 年第 37 期)，黄天玄《湖北省训练团工作报告》(《湖北训练》1947 年第 28 – 30 期)。

《中央训练团党政训练班第六期工作讨论会述评》[①] 分 3 编：第一编党务人员类；第二编青年团团务人员类；第三编行政人员类，涉及县各级组织之建制问题、县财政之整理问题、县各级干部之训练问题、县民意机关之设立问题。第六期训练班有学员 252 人，工作讨论会分为 5 组，都分四次开会讨论，发言人数约占五分之三。邵力子、雷殷、张荫梧、郑震宇、柳克述、浦薛凤、梁颖文、何浩若、刘支藩等先生出席指导，进行讲评。雷殷讲行政人员的训练，指出课程应有共通的和分科的，要训练部分候补

---

① 《中央训练团党政训练班第六期工作讨论会述评》，中央训练团，1945。

人员。训练要有设计（计划），宜有整个系统，省设团，专署设班，县设训练所，乡镇有权训练甲长。县政府的民政科最为重要，要设社会科，因地方自治，农工商各团体需要主持，实行新县制需要培训自治人才，可改名为"训练科"；设保民大会，规定乡镇代表资格，乡镇民代表大会的设立与辅导，应有积极、消极之各种条件为限制；县参议会选举应由政府预为指定候选人，以防土劣混入；使民意机关与行政机关相辅而行，要有良好的代表，确能代表民意；县财政概算的编制实行统收统支，统筹省县税收宜如何划分，乡镇税收与公款宜整理监督与保管，公共造产须改良组织，成立官商合办有限公司等。

黄骏如的《论行政与训练的配合和统一》① 指出，要推进行政就必须要发展训练，而推进行政和发展训练的保证，便是化行政为训练，寓训练于行政。行政与训练是统一的。训练已是行政的工具，而必须服从于行政、服务于行政，因而便决定了训练方针必须根据行政所要实现的政治主张，因为一定的政治主张是一定的社会经济的反映，而一定的社会经济所反映的政治文化，其终极目标不外是发展经济、改革社会等。因而，要明确地规定训练是行政计划构成的一部分，并明确地规定训练的任务和人才的支配，只有如此，才是为需要而训练，而训练本身才能有一定的目标好遵循、有一定的限度好检查，从而使训练本身的发展就是施政计划的发展。

黄骏如在《论训练机构的运用》中写道："训练工作是行政工作的一部分，同时又是贯彻着整个行政工作，作用于整个行政工作……反对离开实际的读死书和学院式的研究，反对非科学精神的专制主义，盲从主义，以及歪曲现实、躲避现实的个人主义。这便是说，训练工作是历史的、政治的、科学的、民主的，今天它适应着全国人民的生活改变，必然发展为大众的、集体的……这便迫使训练工作必然地要去改进它的方法和内容，使训练工作能够缩短时间而又能加强效果。"② 训练的组织原则是民主集中制，训练机构须贯彻分层负责与个别负责的工作制度，一切工作都须透过集体讨论方式，并保证围绕重点和中心有计划地去完成。对训练的领导体现在政治、组织、业务上和实施训练的工作中，以及对工作的检查和检讨。工作作风应刻苦、团结、机警、确实、有韧性，批判与创造统一，政治与业务统一，工作与学习统一，个人与集体

---

① 黄骏如：《论行政与训练的配合和统一》，《行政与训练》1941 年第 1 卷第 3 期，第 22 页。
② 黄骏如：《论训练机构的运用》，《新建设》1942 年第 3 卷第 6 期，第 345 – 353 页。

统一。

### 三　高、中、低层官员各自的经验之谈

国民党中央执委会训练委员会编印的《机关管理述要》（1942 年 5 月），为"训练丛书"之十九。内容包括绪论、业务管理、人事管理、文书管理、事务管理、财务管理，共 6 章。特点是从机关实际出发，所论管理均为实务，著者显然相当熟悉，所以不发空论。至于理论方面，多征引蒋介石等高官的指示及政府法规，对下级行政人员也有指导意义。尤以"业务管理"这一章是全书重点，着墨最多，分主管机关的要领、业务之设计、业务之执行、业务之考核、业务之交代，共 5 节。

《训练月刊》上刊载的有关行政理论或经验的文章，有的是官员、专家和教官的报告，有的是学员的体会，都有一定的史料价值。例如，1940 年第 1 卷第 5 期有王东原《短期训练在教育上之功效》，刘瑶章《抗战以来各级训练之概况与今后之动向》，雷殷《短期训练之训育问题》，刘咏尧《干部训练的考核问题》，项定荣《短期训练之教务问题》；1941 年 2 月第 2 卷第 2 期有贡沛诚《怎样才能做一个好县长》，《（服务经验报告）我怎样做县长》，高应笃《我的行政经验谈》，李紫珊《从事县政的心得》，张任石《县政工作人员的修养》；1941 年 4 月第 2 卷第 4 期有潘德恒《我怎样办理所得税之稽核工作》，戴九峰《我怎样做游击区的县长》，吴兴周《一个财政部部员的行政调整观》，李煦寰《对于部队军官政治训练意见之提供》，薛祚光《军事管理的经验谈》等；1941 年 6 月第 2 卷第 6 期有陶洁卿《直接税之改进》，杜岩双《遗产税之创办与印花税之改进》，程养廉《我对于设计会计制度之经验》等；1941 年 7 月第 3 卷第 1 期有李懋《行政督察专员权责之运用》，韩汉屏《军训工作一得》，王皓明《我对于健全军队政工的意见》，冯志旭《镇坪县政的穷干方法》，姜渭纶《医院行政的现况及其改进》，方仁杰《幕僚人员怎样处理公文》，程汝明《略谈民教工作的范围与对象》等；1941 年 8 月第 3 卷第 2 期有邓少云《县基层组织亟待加强》，韦淡明《贯澈政令与民众组织工作》，陈莹冰《县政改进之要图》，刘剑元《怎样视察县政》，王璧《敌后行政碎谈》，张礼纲《关於地方民力财力之运用》，汪浩《战区行政工作的开展与感想》，李国伦《充实省府法制机关的方案》等；1941 年 8 月第 3 卷第 3 期有刘守刚《黔西县政一夕谈》，萧承禄《我怎样做直接税局税务课课长》，汤静吾《税务整理管见》，张树德《经济封锁工作

管窥》，何尔瑛《办理地方粮政一得》等；1941 年 9 月第 3 卷第 4 期是"行政问题特辑"，有些文章本书前文已提到，兹不复赘，另有王耘庄《论办事法》，林祥光《我服务海军界的经过》，席伯胥《怎样做省训练团的训导工作》，祝绍煌《不可忽视的医疗防疫事业》，贡沛诚《县长兼理司法与治匪禁毒》，李振英《战时县政之措施及其观感》，平家桢《从事县政之心得与感想》，罗诚纯《充实县政机构推动地方自治》，杜光远《县政与军事之配合》，刘玉德《县长怎样办理交代处理人事》，张守魁《县政工作在前线》；1941 年 10 月第 3 卷第 5 期有卜青芳《如何治理汉苗杂处县政》，王楚石《闽区盐政之检讨与改进》，廖光亨《在福建办理海军党务的经过》，寇冰华《关于编行党报经验谈》，梁乃贤《怎样办理军事新闻宣传》，李宗祺《科学方法在县政工作中的运用》，车祖瑜《边地县政垦荒录》，蒋景瑞《省府公报室之设置及其职掌》等。以上仅录若干"服务经验报告"，未涉及重要的理论文章。

陈果夫的《苏政四年之回忆》主要写怎样做省政府主席，举办几项重要事业的经验，以及个人对于从事政治的几项原则。文章大意是（按：原文约 1 万字，压缩为 2300 字）：

省政府主席是独挡一面的职务，任务是相当繁重的。政治是管理众人之事，而管理众人之事的人是众人之一员，所以各种行政方式随人而异，本无一定的成规可循。大凡一个独挡一面的负责人，在授命之始，必须注意怎样能够得到切实合作的帮手。省政府的重要局僚，当然要数几个主管厅长（及委员、秘书长与直属局长），厅长必须具备的条件，除了对自己主管之事要有专门研究和实际经验外，同时要有责任心，有创造力，还要对主席有相当的忠诚，能够接受他的指挥。如果不能接受命令，和主席及其他厅长密切合作，就很容易误事。主席是统筹全局的人，主要决定如行政纲领之类的关键事项。摩擦是进步的阻碍，要尽力避免。其次是县长的选择。县是施政的单位，凡是省的命令和计划都要靠县政府去切实执行。县长的事务和责任是很繁重的。光有能力是不够的，必须兼有志向、抱负和做事的热诚，尤其要有热诚，遇到阻碍才不容易灰心。这样的理想人选就更不容易得到。我们才想出甄选县长的方法，由委员会共同负责。对被推荐的候选人，不只是看他的言行举止和态度，更重要的是详查他过去的经验及成绩。如过去做事有无功过，为何有此功过等等。如果委员间意见不同，最后由主席决定。经过这样的甄选，当上县长的多数都能愉快地胜任。社会风气是这样的，坏人不愿意去的地方，好人才乐意来。近两年用人都比较容易选择。关于县长的甄选方法，中国读书人有一种脾气，有很深的学问和高尚道德的人，多数不肯轻易求人。这就要看做长官的能否多方访求，动机是否诚挚，待人接物有无礼貌等。我们在选择县长的时候，还要调查有成绩的县长，尽量取得和他们洽谈的机会。县以下的辅助人员，因为待遇微薄，往往不被多数人重视。但是这类人对于县长来说非常重要，县政有无起色不能单靠县长，有了好的辅助人员，才能相得益彰。我要求省里不能随便向县里介绍人。有好几任青年县长是由县里辅助人员提升上来的，用这种方法选人效果不错，也让地位低的人觉得前途光明，他们做事格外卖力且奉公守法。政治要靠人推行，所以在政治中，人的问题最重要。至于事情的轻重缓急，必须有全盘的筹划和打算。省政的主要工作平时可以分为保、卫、养、教四个方面。（1）保。我治江苏的第一个目的是造成一个安乐的江苏，治安问题是当务之急。治疗匪患应三分靠军事，七分靠政治。江苏匪区的县长要选择有能力、有品行、有气魄的年轻人去担任，因为年轻人身体好、热情多、官僚气少，做起事来比较认真。（2）卫。我对卫的理想是把江苏做成一个健康的江苏，因此我就特别注意到卫生问题。我认为卫生行政是管理众人之事中最重要而最不容易做好的一件事。我的方法是从训练卫生人才开始，成立江苏医政学院，自任院长。设有医科、卫生行政科、卫生教育科，招收青年学生来训练。另设有卫生特别训练班，对新开业的青年中医加以训练。一般的卫生工作是注意人民的慢性疾病。遇着发生传染病时，招收初中毕业生、召集乡村小学教师，短期训练治病防病的方法，参加防治。其次就是禁烟禁毒的工作。取得成效的原因：①诚意的禁，就是纯粹的禁，明白规定，直率说明，严格遵守。②决心的禁，就是不顾一切，排除万难的禁。③科学的禁，就是合理的禁，就是用合理的方法，用合理的步骤禁。要分清轻重缓急，加强宣传和教育。（3）养。养的道理和方法很多，我的理想是把江苏建设成为一个富足的江苏。求省富，无异于求身体健康，必须使血脉充分流通。对于经济来说，必须把相当于血脉的金融搞上去。江苏有江苏银行和江苏农民银行，这是两大动脉，我决定江苏银行专作发展江苏工商之用，而农民银行则专门致力于农村金融的推进。养之基本工作是要发展农工业，提高人民经济生活的工作。在水利方面尤其是在治理淮河入海方面做了一些贡献。（4）教。我的理想是建成一个文化的江苏，这是一件教化的工作，是日积月累而非短期能收效的工作。我在江苏决定了两个教育政策的原则：一是教育的改进，采取局部的改进而不是正义的改进；一是教育的改造，采取试验的方法改造。①保持正气。做长官第一要紧的是保持正气。能够保持正直之气，则在任何环境中都有不可侵犯之气象。古人说"无欲则刚"，又说"政者正也"，都是类似的意思。我用人一向谨慎，有才而无道德、无操守的我设法避免使用。②信任僚属。僚属是一起合作做事的人，是经过严格的选择而结合在一起的，就应该信任、授权，使他放手去做。孟子："君之视臣如手足，则臣视君如腹心；君之视臣如犬马，则臣视君如国人；君之视臣如土芥，则臣视君如寇仇"，长官与部属的关系也如此。③鼓励启发部属的事业心、名誉心与廉耻观念。要部属积极负责，自动向上，只有从他内心上去鼓励，去启发其事业心、名誉心与廉耻观念，要多用鼓励和启发的方法。"扬善于公庭，规过于私室。"长官与部属相处应该有这样的态度。④督察部属工作要切实不浮。我做事喜欢脚踏实地，最不喜欢虚浮不切实际，因为虚浮工作之弊，比不做工作更坏。能够切实做事，就会一天天进步，不管进步得快慢，至少不至于让别人去重做一回。⑤以身作则。这是从事政治之人的一大原则。⑥提倡正当事业。如卫生运动、母教比赛、公务员运动会等，会使社会风向由静止趋于活跃。我主政江苏期间大家感情融洽，和和气气。初步形成"廉洁"、"切实"、"服务"的政治风气。先有好人，然后才有好的政治，所以人的建设格外重要。①

文中"保、卫、养、教"四字经，不少文章作"管、教、养、卫"四字，如：《各区署长员应努力管教养卫工作》（《广东省政府公报》1938 年第 391 期）；陈立夫《地方自治管教养卫建设问题》（《政教旬刊》1940 年第 13 - 14 期）；阮毅成《地方自治与管教养卫》（《浙赣月刊》1940 年第 1 卷第 8 期）；林宗礼《一个管教养卫合一的县政建设设计》（《教育与民众》1938 年第 9 卷第 4 期）；林涤非《管教养卫与合作事业》（《中农月刊》1940 年第 1 卷第 4 期）；李宗黄《新县制与管教养卫的运用》（《训练月刊》1941 年第 2 卷第 4 期）；徐旭

---

① 陈果夫：《苏政四年之回忆》，《服务月刊》1939 年第 1 期，第 6 - 10 页。

《论管教养卫的合一实施》（《浙江潮》1940 年第 98 期）；陈柏心《论管教养卫》（《建设研究》1941 年第 4 卷第 5 期）；李汉魂《训练与管教养卫》（《行政干部》1941 年第 2 卷第 9 期）；刘峙《管教养卫与新生活运动》（《新运导报》1941 年第 33 期）；韩汉屏《军训与管教养卫》（《行政干部》1941 年第 1 卷第 2 - 3 期）等。

陈果夫此前写过《苏政一年来之回顾》（《自觉》1934 年第 29 - 30 期），叱梦作《读〈苏政一年之回顾〉以后》，吹捧陈果夫"尽力"、"惜时"、"持恒"、"精诚"，"这样的求贤才，这样的造风气，这样的有计划和魄力，以赴事功。那么，国土的收复，民族的复兴，还怕没有把握吗？"[①] 陈果夫以薛仙舟弟子的身份，借一些社会改良主义者之力推动合作事业，声势不小，写了《十年来的中国合作运动》（《文摘》1937 年第 2 卷第 2 期）；启动淮河的整治也是他自夸的政绩，作《导淮之过去与未来》（《江苏建设》月刊 1935 年第 2 卷第 1 期）；在总理纪念周上演讲《作领袖的两个先备条件》（《中央党务月刊》1930 年第 25 期），提出"坚定的信仰"和"坚定的意志"两条，不过老生常谈；发表土地行政意见《怎样推行地政工作》（《人与地》1943 年第 3 卷第 6 期）等文。

下面说说余井塘、王德溥的厅长、专员体验。余井塘作《谈用人——专谈我民政厅长任内的经验》。首先发问：为什么用人会发生问题？他说，用人是根据做事的需求来的。民政厅主管的事有很多不同的类别，对人的要求也各不相同。用人常发生的问题是，究竟应该根据事情的不同用怎样的人做怎样的事。以下为摘录（原文约 1 万字，压缩为 750 字左右）：

1. 究竟应该用什么样的人做什么样的事？（1）多用办教育、学法律、有组织活动能力经验的人担任计划策划类工作。因为这类任务需要思维周密，办教育的人考虑问题会比较得当；学法律的人应该条理比较清楚；有组织活动能力经验的人，拿出办法来不至于太老生常谈。（2）多用比较品学兼优的人担任领导发动的工作；"人不学，不知义"，"不能正其身如正人何？"担任领导发动工作的人，最重要的是各县县长。县长的甄选是根据省里办法。（3）多用体力好、会说话、视力足、兴趣浓、朴实无华的人担任照案执行的工作。因为一要能跑，要能把上面决

---

① 叱梦：《读〈苏政一年之回顾〉以后》，《自觉》1934 年第 29 - 30 期，第 3 - 4 页。

定的意思亲送出去；二要能说，能把上面的意思表达出来；三要能看，能把对象的客观事实及执行后反映的情形观察出来；四要能不自作主张，要能彻底遵守决定；五要能不怕麻烦。（4）最黑暗方面的事（如禁毒），必须要用最光明的人来管理。（5）最龌龊的事用最纯洁的人来管理。（6）带有几分专门性质的事不一定件件都需要有专门知识的人才能办理。（7）似乎需要具有相当经验才能管理得了的事不一定件件都需要有某种经验的人才管理得好。办事办得好坏是要以办事的兴趣有无、兴趣多少、有无能力以及能力的大小来决定的。有几种事的管理以用外行为主，一是警政人员，越到下越用外行（大换班，初中毕业生经十个月警校训练去当警长、警士）。二是禁政（禁毒品）人员。三是秘书、科长等人。

2. 究竟应该用怎样的方法，来管理正用着的人？用怎样的方法来对待正用着的人？一是诚意使用，大胆使用；二是细心考核；三是不算旧账；四是不求全责备，不重小节；五是多加原谅；六是多代撑腰；七是多予奖励。当县长的没有一个人是不被控告的，如果真是好县长，免不了他的对头、地方坏人来控告；如果是坏县长，又免不了他的对头、地方好人来控告。"天生我材必有用"，这句话颇有道理，之所以说必有用的原因，是因为材不必求全的缘故。①

王德溥《我如何做专员》②（按：原文6000多字）要点如下：（1）无论做什么，政治家、军事家、教育家……都是做人以后的事。所以首先谈"我"是如何做人的。"我"做人的方法极简单，一个字："诚"，或"一"。用在对自己方面，是表里如一，穷通不二；用在对人方面，是推己及人，内外如一；用在对事方面，是实事求是，始终如一。总之，无论对事、对人、对己，均基于良心的自觉，决定应持的态度和应用的方法。"是非审之于心，毁誉听之于人，得失安之于数"，是"我"立诚守一的原则。（2）做行政督察专员责任重大，"我"生平不知畏难，而不畏难的人又往往遇不到困难，或于不自觉中能够化难为易。这是"我"多年的经验。（3）中途遭遇任何危难、任何险阻，决不退缩，决不犹豫，一切功绩全归部属，一切责任

① 余井塘：《谈用人——专谈我民政厅长任内的经验》，《服务月刊》1939年第1期，第11-15页。

② 王德溥：《我如何做专员》，《服务月刊》1939年第1期，第15-17页。

"我"自承担。(4) 诚以律己，"诚"的精义为勿自欺。凡功利得失反之于心，而不安的一切私念自可反省克制，而渐至于无，有所不为然后可以有所为。诚以待人，人性相通，"我"固出以至诚，则天下无不可化之人。古忠义之士，以死报国、以身殉友者，无不感于诚的支配。诚以治事，成事的要诀首在虚心求言、专心设计。诚的妙用无穷，有动有静，可大可久。富贵不能淫，贫贱不能移，威武不能屈。精诚所至，金石为开。

李晋芳的《我如何做县长》①（按：原文 6000 多字）说，县为自治之单位，县长为亲民之官吏。临民之道无不同，为治之方有不同。律己不苟，如果仅廉洁就称其为好官，是远远不够的。临民以信，君子必信而后可劳其民，"民无信不立"。接物以诚。以上三件事是始终不能变的职业道德。主要之政有六：供顿（工饷）、戡乱、肃弊、正俗、水利、征输。

刘支藩的《我如何做财政厅科长》②（按：原文约 4000 字）写道，"我"到财政厅的首要工作是先深入到他们这班前朝师爷中去，把厅内及各县田赋积弊和种种恶习弄明白。他们总是戴着有色眼镜来看"我"，于是"我"放弃了和他们讨论田赋究竟应该怎样整理的念头，自己另外着手进行。首先，翻阅档案；其次，通过书面向各县调查；最后，亲赴各县实际调查。"我"自实际担任科务后，对各县田赋整理工作积极推进，除对江北各县加紧举办土地陈报工作外，还对全省各县田赋征收手续进行改进。串票之改造，粮柜积弊之整顿，征收账簿之厘定，分柜之成立，业主纳册之便利，以及各县书吏积弊之剔除，都于民国 24 年（1935）普遍实行。此外，还整顿各县积欠田赋，清理各县历年交代的案件，废止各县以往征收手续费办法，增加各县征收费预算，提高征收人员待遇。

张金鉴《我如何做县政府科长》③（按：原文约 6000 字）回忆，"我"当科长的第一声是守时立信。我们这一帮大学教授来当科长好像是"客串"，总有些朋友有些"难为情"或看不惯。但"我"认为"装狼要像狼，装狗要像狗"，要以身作则。工作的第一步是科内人事的调整。原来的主任科员是兼管署县财政的，新添一主任科员专管县财政。又请南开学校的一位教员和三个同学加入科内工作，办理公务以外并研究县财务行政的改进方法。这样一来，组织就比较健全、人力就比较充足了，牵制和阻力也减少了。行政

---

①　李晋芳：《我如何做县长》，《服务月刊》1939 年第 1 期，第 18–20 页。
②　刘支藩：《我如何做财政厅科长》，《服务月刊》1939 年第 1 期，第 21–22 页。
③　张金鉴：《我如何做县政府科长》，《服务月刊》1939 年第 1 期，第 22–25 页。

上的改革本不是件容易的事，若没有十分的把握，决不可妄谈大的改革，但是亦不能不改进，只好从小的地方做起。第一是采用新式簿记；第二是征收办法的改善；第三是为使实习的学生对财务行政有较真切的了解，就督促办理民国25年（1936）的财政决算，但得罪了很多人，头绪和困难很多，以至于不能决算下去，好在是既往的问题，不必多理。在行政上，"我"是主张集权与统一的。要求行政上的集权和统一，先要做到财政上的集权和统一。先说服了专员兼县长，得到他的支撑，再来推行统收统支的财政政策。在财务行政上，最大的成绩是土地陈报的办理。有以下几点经验：一是办事力量的集中；二是办理新的事业，使用新的人才；三是不畏难、不怕事便无难，便不会出事；四是坚持贯彻执行，这亦是行政上不可缺少的条件；五是普遍而有效的宣传工作对于行政确有莫大的帮助。政府在行政措施上若采取"民可使由之，不可使知之"的政策，必不能得到人民的切实合作。租税负担的第一要义是平等（不能征农不征商）。所谓平等，是指要按各人经济能力缴付税款。

郭培师的《我如何做区长》①（按：原文约9000字）指出，制度是管、教、养、卫合一，做法是穷干、实干、快干、硬干，地点是在镇江南乡第三区。"我"去的时候，先拟了几个工作原则。一是区内管、教、养、卫合一的办法。二是人之关系调整与事之形式改进并重。三是在有弹性的法令中找实际办法。四是合理地支配人力、财力，并用最少的劳费做最多的工作。五是在现有的组织制度和内容上力求健全，不在形式上多行变更。六是有中心地做。七是在有关各机关多方指导协助下去做。从了解民间疾苦做起。一般老百姓是世上最可怜的人，把他们的话分析起来，一为痛苦，二为疑难，三为希望。针对民众的需要及为达到管、教、养、卫的目的，"我"着手进行下述各项工作。（1）先求区署本身的健全。我们同时确定了两个原则：大家一起干和大家人尽其才地干。（2）为求对区民情况之了解及管制，乃整理户籍。以上是做事前的准备，以下转到为老百姓做的事：调解纠纷；禁烟禁赌；移风易俗；教育民众。根据"教育是生活"、"教育是进步的生活"、"教育是进步的整个的生活"的信念，以"做"为中心。

蔡天石作《我如何做县政府科员》②（按：原文约3000字），称要拟定

---

① 郭培师：《我如何做区长》，《服务月刊》1939年第1期，第25-30页。

② 蔡天石：《我如何做县政府科员》，《服务月刊》1939年第1期，第31-32页。

文稿以免出问题，必须注意以下几点：（1）要明了成案；（2）要熟悉法令；（3）要酌量环境。做县政府科员不仅要拟文稿定办法，还要脚踏实地去干，就是不仅要手到，还要脚到。科员经常要出差，但是差旅费报销有限，常常需要靠脚走。县政府科员与民众最为接近。只要目的能够达到，方法不妨婉转些，说话要和蔼些。不能当时答应的事情，也不要立刻驳斥对方。一切行政经验，可以说惟有从下层工作得来的为最亲切。没有下层工作经验，对于一切政府的情形不很明了，那么所定出来的办法一定不能贯彻到底，充满窒碍，甚至南辕北辙，徒劳无功。

朱博能、陈国熹编辑《行政经验谈》（开来出版社出版），此书大约出版于抗战胜利之后，篇幅不大，内容丰富，指点到位，多篇出自个人心得。包括：经验的认识，行政界的透视，讲对人（张含清），谈做事（锺显尧）；怎样当主管（倪仲涛），如何做秘书（鄢克昌），科员的生活（次非）；处理公文（严恭恕）、编制预算（林维九）、办理职员进修（徐士浩）、做视察（程守仁）、做政工的经验；乡政工作经验（湖南湘阴拜南），区政心得录，县政经验谈（李世家）。

最后看一篇蒋介石讲演的提纲《各地行政人员今后努力之途径和方法》：

1. 严格考验。（1）委任专责，（2）定期考验，（3）随事考成，（4）实地按验。2. 综核名实。（1）明系统，（2）公铨选，（3）专责成，（4）行久任，（5）严考核，（6）一赏罚，（7）稽查报告，（8）面奖廉能。3. 密切联系。（1）工作的联系，（2）邻区邻省间之联系。4. 政治与教育打成一片。5. 节约与踏实，以少量金钱做多量事业，各项基本工作如教育等应重质不重量。6. 管理与统制"教""养""卫"之外，必须再加一"管"字。[①]

## 第二节　智囊能吏的擢用及学者从政的尝试

### 一　智囊对行政的谋划和前台演示

《政学系的始祖》一文介绍说："政学系的前身是政学会，本来是一个文

---

① 蒋中正：《各地行政人员今后努力之途径和方法》，《中央周刊》1936 年第 416 期，第 2 页。

人论政的团体，并非是一个政党。……政学会的创始者，则为李根源、黄郛和杨永泰三人。"李根源"在日本士官学校读书时，即矢志革命……曾历任国会议员，陕西省长，广东军政府总裁，并一度出任国务院总理等职，精于谋划，善于运思，颇具'诸葛亮'之才……为政学系幕后最高的决策者"。"至于黄郛，与蒋主席甚善，当革命元勋陈英士在做上海督办任内，黄郛任参谋长兼旅长，而蒋主席是时则任团长。后在剿共时代杨永泰又任蒋委员长之秘书长。此系黄杨两人与蒋主席之渊源。迨杨永泰被刺殒命后，张群便继杨之后，而为政学系之实际领导人物。"①

1916 年袁世凯死后，旧国会恢复。国民党议员已分化为几个派别。张耀曾（司法总长）、李根源、谷钟秀（农商总长）等联络欧事研究会成员及相同政见者组成政学系。孙中山在南方发起"护法战争"，多数政学系的原国会议员到达广州，进入非常国会。然而在护法军政府内部，西南军阀及政客排斥孙中山，欲与北洋政府妥协。政学系被他们拉拢，成为非常国会中主和派的政治代表。该派 1923 年随旧国会的解散而消逝。在北伐战争期间及其后，政学系的一些成员成为国民党的一个派别，称"新政学系"。其主要成员有杨永泰、熊式辉、黄郛、张群、吴铁城等。1933－1936 年是该派活动的鼎盛时期。他们为蒋介石统治出谋划策，炮制"三分军事，七分政治"的反共政治纲领，发动对红军的第五次"围剿"，制定改进行政制度、整饬纪纲、训练民团及实行"新生活运动"等施政措施。1936 年杨永泰死后，新政学系成员逐渐减少。

杨永泰，广东东莞人，1912 年任中华民国临时众议院议员并加入国民党。次年进入国会参众两院宪法起草委员会，与沈钧儒等组织民宪党。1914年在上海创办《正谊》杂志，并与黄兴等组织欧事研究会。翌年，任上海《中华新报》主笔，反对袁世凯称帝。1917－1920 年先后任护法军政府财政部部长、广东省财政厅厅长、广东省省长。1922 年任北京国会参议院议员、善后会议财政善后委员会副委员长。1927 年任南京国民政府军委会参议，1931 年任军委会秘书长。1933 年接任军委会委员长下属的南昌行营秘书长一职。1934 年任豫、鄂、皖三省"剿匪"司令部秘书长。后嗣任军委会武汉行营秘书长、四川行营秘书长。改进省政，倡议合署办公，创设行政专员

---

① 编者：《政学系的始祖》，《新闻》1947 年第 1 卷第 9 期，第 15 页。

制。① 1935 年接替张群任湖北省政府主席。1936 年 10 月 25 日，在汉口被 CC 派暗杀。译著有《外交政策》、《现代民主政治》等，被蒋称为"当代卧龙"。

从杨永泰的《新生活运动与礼义廉耻》②中可以看到他如何巧舌如簧。他说，礼就是"重秩序，守纪律，敬长上，肃仪容，无论持躬、待人、接物、处事，规规矩矩，都守着毕恭毕敬的态度"。"孔子论政曰：'道之以政，齐之以刑，民免而无耻。道之以德，齐之以礼，有耻且格。'可见礼的效用，是超出法的效用之上。且礼之维系社会，系防乱于未然；法之制裁社会，乃止乱于事后。"至于"何者为义？一心济世，厚人薄己，不争权利，急公忘私，弗辞劳瘁，扶义除恶，以彰公理"。义就是对社会的同情心，对国家的责任心，就是辞让心，就是侠气。"义"字的对立乃是"利"，"今日中国之坏，至于不可救药者，厥为自私自利"。再说廉的意义，"一为廉明，一为廉洁，一为廉俭"。廉明"就是主持是非公道之真，不盲从，不瞎闹之谓"。说到"耻的意义有两方面，见人为不善，便深恶而痛绝之；觉己为不善，便引以为羞。合羞与恶，是之谓耻。"四者的关联即，"耻的性质，如一发动机，礼义廉如一部机器，故人发于耻然后明于廉，行于义，形于礼。人而无耻，则无恶不作，无所不为。故礼义廉耻四者之中，耻尤为要。"然后他进一步解说，蒋介石为何在《新生活运动纲要》中要求"礼义廉耻一定要从日常生活（食衣住行）中表现出来"。不这样做就是空谈家而不是实行家，如"晋人的清谈，宋儒的理学，佛门的禅定一样，整天总是想内心修养，要明心见性，直指本初，其实是离开生活来讲修养，弄到修养自修养，生活自生活，两者之间并不能发生关系"。所以"一切人类道德都要简易化、通俗化（和生活化）"，做到人人易知易行，家家能知能行。蒋介石便具体提出"'整齐'、'清洁'、'简单'、'朴素'、'和谐'、'严肃'、'迅速'、'确实'八个条件，作我们日常生活的准则……就是循礼行义"，便是倡廉知耻。这后八条如此解说，实在勉强，可见他如何煞费苦心了。

杨永泰为使蒋介石占领精神控制领域，还作有《革命先革心变政先变俗》。主要内容有：一是海通以来一般政治思想之演变（技术的追求，政制的维新，政体之改革，新文化运动，国民革命，共产革命）及其错误。二是中国的病根不在政治制度本身，而在人心风俗之颓败。"已经换了五六批医生，都没有拿

---

① 成礼侯：《鄂主席杨永泰之死》，《砥柱》1936 年第 7 卷第 13 期，第 2 页。
② 杨永泰：《新生活运动与礼义廉耻》，《湖北省政府公报》1934 年第 50 期，第 1－17 页。

着这个病根，而且望救心切，药石乱投，不但没有效果，反使深入膏肓，几乎要断送生命。""（1）病的心理与恶的习俗是一切改革之障碍。（2）完成革命以攻心为上，易俗为归，不能改造环境，便为环境所同化。"三是今之谈革心变俗者常有两种不正确之观念。"（1）谓中国国民性不易改变的错误"，"（2）移风易俗混为一谈，不知由移风而进于易俗之错误"。四是革心变俗最速收效之方法。"（1）凡作之君者应兼作之师。"意思是，在位者"不但是作牧尹，实在兼作牧师"，"能作之师者，非有政有刑以济之，也不易大行其道"。善用政权的力量，收效才快。"（2）由外形、训练促起内心变化。"个人的外在、内心都受职业和生活的影响非常之大，要训练一般人的生活，使其养成好的习惯。"（3）借政治全力扫除社会恶习。"全文为蒋介石的"新生活运动"作鼓吹。①

考察杨永泰的行政管理思想和实践，可以以他在湖北的工作为例。

其一，提高行政效率。制定颁布《各厅湖北省政府军事管理实施办法》，对内务、训练、礼节以及处罚均做了详细的规定。主要规定为：（1）各厅、处、会职员，在规定办公时间一律着制服。（2）办公室内的桌椅、文具、案卷、书籍、图表及衣帽，应依规定之位置不得凌乱，并不得任意放置私用物品。（3）军事圳练，由主席兼全省保安司令任总队长；保卫处正副处长任总队附；各厅、处、会各编一区队，由各长官任区队长，并指定副区队长一员，负责监督实施。（4）训练的课目，以南昌行营所颁的团队训练课本为准。（5）职员对于长官之礼节，在室外行立正注目礼（并脱帽），入室脱帽，行一鞠躬礼。（6）各级值日员对于所管部分内务，不尽责整理者，由上级值日员随时检举，并视情节轻重报由各厅、处、会长官分别处罚，其上级人员不加检举者一并处罚。（7）训练时间，任意旷操或迟到者，或在操场内不听训练教官之教导者，按情节轻重给予处罚。（8）处罚分申诫、记过、罚薪、降级和撤职。制定颁发《湖北省政府公役管理及训练办法》，要求公役一律着规定的服装，一律在省府内寄宿，一律受军事训练，触犯者分类惩罚等。他还提出实行省政府合署办公，往来文电重要者可以随时送交核办，免去逐级呈候核示的手续和时间。各厅、处如遇重要问题，可随时向杨永泰请示核办，并可加强各厅、处的随时联络。

---

① 赵正平：《读杨永泰先生〈革命先革心变政先变俗〉书后》，《复兴月刊》1934年第3卷第3期，第1—37页。

其二，大刀阔斧地进行市政建设。杨永泰在广东任省长和在湖北任职时，都是冲破阻力搞市政建设。整顿保安团队。将保安经费经理权集中于省，由省统收统付。同时通令全省，严禁保安团队自派枪兵下乡收钱。重订并推行保甲办法，修订《各县保甲长训练办法》，明确保甲的主要任务是"推行新生活运动、公民训练、卫生清洁、服务工役、水灾火灾之警戒消防、境内交通之设置与修理守护、烟赌之取缔、风俗之改革"，等等。

熊式辉（1893－1974），辛亥革命时曾参加革命军，1913年，入保定陆军军官学校第二期，毕业后任职于滇军、赣军。1921年入日本陆军大学，1924年任广州滇军干部学校教育长。1926年参加北伐，后任淞沪警备司令。1930年任苏浙皖三省"剿匪"总指挥。1931年任南昌行营参谋长，江西省政府主席。1933年5月兼任南昌行营办公厅主任。1942年2月调任国防最高委员会委员，旋出任驻美军事代表团团长。1943年秋转任中央设计局局长。1945年5月当选国民党第六届中央执行委员会委员。9月，任东北行营主任及行营政治委员会主任委员，主持东北接收及对苏谈判。1947年8月改任总统府战略顾问委员会委员。后病逝于台湾。熊式辉重视人才，曾极力向蒋介石推荐杨永泰；又延聘杨绰庵来赣，先后担任江西省建设厅秘书主任、厅长等职务，主持所谓工业化建设；高薪聘请国内知名的科技专家担任省营工厂的厂长或经理。熊式辉还抓教育和培训机构，培养实用技术人才。

张群（1889－1990），四川华阳人。自青年时代在保定与日本军校学习时即与蒋介石做同窗，在南京国民政府中历任要职。1928年1月，蒋介石复职总司令，张群继续担任总参议，旋任军政部政务次长兼兵工署署长。张群为蒋氏出谋划策，周旋奔波。如张学良"东北易帜"，中原大战时入关援蒋，民社党首领张君劢、青年党主席曾琦等，都由张群牵线结识蒋介石。一些地方军阀也被张群拉拢而依附蒋介石，如抗战之初澄清四川局面。抗战胜利后他参加国共和谈，曾一度出长行政院，后为总统私人代表，"以儒者的风度，排难解纷"。①

从1933年中到1935年底，张群任湖北省政府主席，推行几项工作：赈灾、调整税率、促进地方工业发展、平衡财政收支、提高行政效率、选拔县长、召集省参议会等。抗战胜利后，在行政院也提出要"提高行政效率，严厉肃清贪污"，企图通过"严申法纪，肃清贪污，屏绝虚浮，延宕恶习"来

---

① 《张群莅粤与西南政局》，《新闻世界》1949年第19期，第1页。

收拾人心。

黄郛（1880–1936），1910年从日本毕业回国，在清廷军谘府二厅、军事官报局任职。1911年武昌起义后被陈其美招往上海，参与上海光复，任沪军都督府参谋长、南京临时政府兵部总监，与陈其美、蒋介石订为"盟兄弟"。"二次革命"失败后遭袁世凯政府通缉，护国战争起，由美返国，在上海参与谋划浙江反袁军事。后定居天津，与北洋政客过从密切。徐世昌出任北洋政府总统后，他受徐委托代编《欧战后之中国》一书。曾署理外交总长，任过教育总长。1924年参加冯玉祥领导的"北京政变"，代理内阁总理，并摄行总统职权。"四·一二"反革命政变后，先后被蒋介石任命为上海特别市首任市长、外交部部长、行政院驻北平政务整理委员会委员长。后北上运动冯玉祥、阎锡山附蒋。1927年武汉"七·一五"事变后，蒋介石下野，他随同辞职。1928年1月蒋重新上台，黄郛又被任命为外交部部长。1933年5月，任行政院北平政务整理委员会委员长，对日签订《塘沽协定》。

黄郛任上通过《上海特别市组织法》，决定上海市行政机构采用"多级总揽制，分层分责而负全权全责"，是市长制、分权制。市政府下设一处三室十局，"用人标准以专门学识与办事经验为衡"，注重"真才"和"德性"，"内举不避亲"。秘书长吴震修，机要室主任沈钧儒，法制室主任许修直，调查统计室主任何杰才；财政局局长徐青甫，公安局局长沈谱琴，教育局局长朱经农，卫生局局长胡鸿基，土地局局长朱炎，农工商局局长潘公展，工务局局长沈怡，公用局局长黄伯樵，港务局局长李协，公益局局长黄涵之。

他主张，为官清廉，远离腐败。实行中央与地方的分权制。中央精力贯注于外交、财政诸大端，其他委诸地方。地方政权方面，主张省县之间应设中级行政机关，省以上宜仿前清之总督制。"以市政府所属各局有各就范围议政处事之权，使专家可充分设计、执行各专门性之事业，而不因市长之进退受其影响，盖思藉以建立恒久胜之市政制度也。"

稳定社会秩序，是黄郛任内努力达到的目标。从辛亥革命时任沪军都督府参谋长起到去世为止，他任职的时间不足三年，其余都是在野，却参与了一系列重大历史事件，扮演了重要角色，是少有的特立独行的政治家。

此外，与政学系这些大员无关，而充当一般参事、专员之类"脑库"的有一批作者，如：薛伯康著《人事行政大纲出版》（正中书局）和《中美人事行政比较》（商务印书馆出版）；周焕著《人事行政问题》（中国文化服务社陕西分社 1941 年 6 月出版），内收《我国人事行政改进问题》、《新县制实施下的人事制度问题》、《各省政府设置人事处之建议》、《广西人事之检讨》4 篇。

张金鉴著《人事行政原理与技术》①，共 9 章。论述人事行政学的概念，人事机关组织及运用；讲述公务员的选择及补充，分级及定薪，考核及升迁，纪律及惩戒，退休及抚恤，训练及教育，义务和权利等。

这里可关注一下萧文哲。萧文哲（1898 - ？），字明安，江西永新人，毕业于武昌高师，美国俄亥俄大学政治学硕士、中国文化学会、中国文化建设协会成员，历任河南地方行政人员训练班教务主任兼教授、中央陆军军官学校政治教官兼《革命与战斗周刊》主编、考试院考选委员会编撰人员、中央政治会议特务秘书、司法行政部参事、行政院行政效率促进委员会专门委员等。②

萧文哲著《行政效率研究》③，有孔祥熙《行政效率丛书缘起》和编辑序言。萧文哲担任"行政效率丛书"的主编，当时的计划是对应着每种"行政"都要请专家写一本"研究"。1941 年春布置任务，到 1942 年预告称，当年可以出版的有李士珍《警察行政研究》、薛光前《交通行政研究》、谢冠生《司法行政研究》、张维翰《内务行政研究》、金宝善《卫生行政研究》、陈立夫《教育行政研究》；余下应该出版的还有外交、军事（兵役）、财务、经济、社会、农林、粮食、边疆蒙藏地区、侨务、赈济、水利、人事等项行政研究，以及一本《机关管理研究》。行政院院长孔祥熙在书前宣告："以上各书之编撰，系就客观事实，根据国父遗教及政治原理，加以检讨阐扬，使理论与事实融贯，备治事与治学之参考。"萧文哲解释："各书内容，首述各该书研究对象之沿革，分析其现状；次则根据国父孙中山先生之学说与我国之国情，参考中外学者之理论与各国事例，作比较研究，最后提出改进意见，附具理由、办法，供当局之参考。"

段麟郊《评萧文哲著〈行政督察专员制度研究〉》④ 一文指出，萧著属"行政院行政效率促进委员会丛书"，1940 年 7 月出版。共 5 章。第一章述专员制度之渊源；第二章述专员制度因事实之需要与法制之划一而设办事处、

---

① 张金鉴：《人事行政原理与技术》，商务印书馆，1945。
② 《本馆出版物著作人履历（廿六）》，《出版周刊》1935 年新第 134 期，第 18 页。
③ 萧文哲：《行政效率研究》，商务印书馆，1942。
④ 段麟郊：《评萧文哲著〈行政督察专员制度研究〉》，《地方自治半月刊》1940 年第 1 卷第 10 期，第 18 - 24 页。

公署，及专署分等级，完善法规，资格甄审，办事成绩考核等；第三章述专员制度之现状，专员的本兼职，专署与保安司令部的组织与经费，专署与上下级机关之关系；第四章述专员制度推行于各省之实况；第五章从理论及实际分析专员制度的利弊，提出改革意见，主张强化专员制度，以为缩小省区张本。

萧文哲的文章还有：《书评：校读英国文官制度书后》（《是非公论》1936 年第 20 期）；《对非常时期公务员考绩之管见》（《中山半月刊》1939 年第 1 卷第 6 期）；《改善司法制度应取之途径》（《东方杂志》1939 年第 36 卷第 23 号）；《简化审级以增进司法效率问题》（《国是公论》1939 年第 24 期）；《行政督察专员制度改革问题》（《东方杂志》1940 年第 37 卷第 16 号）；《行政督察专员制度改革问题》（《服务月刊》1940 年第 4 卷第 3 - 4 期）；《改善行政督察专员制度之建议》（《训练月刊》1940 年第 1 卷第 6 期）；《改善视察制度刍议》（《军事与政治》1941 年第 1 卷第 2 期）；《行政三联制与行政效率》（《服务月刊》1941 年第 5 卷第 5 - 6 期）；《分层负责制与分级负责制之研究》（《训练月刊》1941 年第 2 卷第 6 期）；《区公所与区署制度之检讨》（《行政评论》1940 年第 1 卷第 1 期）；《乡镇制度之检讨》（《行政评论》1940 年第 1 卷第 2 期）；《宪法中之中央与地方关系》（《时代精神》1940 年第 2 卷第 6 期）；《改善县以下政治机构之商榷》（《中山半月刊》1938 年第 1 卷第 3 期）；《改善省政治机构之检讨》（《训练月刊》1941 年第 2 卷第 4 期）；《改善中央政治机构刍议》（《东方杂志》1940 年第 37 卷第 12 号）；《论增进行政效率》（《东方杂志》1941 年第 38 卷第 2 号）；《建警必先建制刍议》（《中央警官学校校刊》1942 年第 5 卷第 2 期）；《警察与调查户口》（《县政学报》1944 年第 1 卷第 1 期）；《警察与办理警卫》（《军事与政治》1944 年第 6 卷第 4 - 5 期）；《现代中国之政治建设》（《现代中国》1944 年第 1 期）；《实施宪政与地方自治》（《军事与政治》1944 年第 7 卷第 1 期）；《实施宪政之基本条件》（《军事与政治》1944 年第 6 卷第 1 期）；《如何安定金融经济》（《银行周报》1948 年第 32 卷第 48 期）；《论国家金融机构之改进》（《银行周报》1948 年第 32 卷第 49 期）等。

还有些身份不明的作者，也拥有一定的行政经验，甚至从大处着墨。如余汉华、杨政宇编著《我们的政府》（属"中国青年丛书"，丛书由周佛海主编）①，分 6 章，讲述国家与政府，现代政府的各种形态，我国中央及地方

---

① 余汉华、杨政宇编著《我们的政府》，正中书局，1939。

政府的演变史略及现状。

　　黄豪著《中国地方行政》①，分 11 编，共 31 章。论述改进地方行政的先决条件，以及地方民政、财务、警卫、教育、卫生、救济等行政工作的改进，战时民众组训，地方经济行政措施，战时政治设施等。刘佐人著《行政权责划分论》（属"民族文化学术丛书"）②，内分行政三联制要领、首长制度与行政分工、分层负责及办事细则拟定的要点、各级政府权责划分问题、各级机构的调整问题等 9 章，有自序。

　　从上述书籍不难看出，当时行政学家们已经不满足于搬运西方的行政理论，而是开始针对这些理论在实践过程中的成败利钝进行分析研究，形成若干较符合国情的认识。

## 二　干才能吏的工作体会和论著

　　中央训练团党政高级训练班的课程中还有"业务管理"，包括对财物、房屋、工友、安全、膳食、杂务等的管理，由杨绰庵等主讲；也请卢作孚讲过，称"业务管理总论"，讲这方面的组织、计划、预算及管理者的使命。祝修爵讲"人事管理"，邹秉文讲"主管长官与业务管理"，杨绰庵还讲"庶务管理"，介绍物品的处理、财产的保管、工役的管理等。姜琦讲"生活管理"。

　　卢作孚（1893－1952），四川省合川县人，有"中国船王"之誉，与王云五、杨绰庵并为管理界能人。毛泽东把卢作孚和张之洞、张謇、范旭东并称为"中国实业界四个不能忘记的人士"。他的乡村建设运动、教育救国思想和科学管理实践都有独到之处。他坚持任人惟贤，提出了"大才过找，小才过考"的用人原则。其政务工作体现在：（1）对事——事前有精密的计划，中间战胜一切前进路上的困难，事后有精密的整理；（2）对人——诚恳地解释引起其信心和同情，诚恳地帮助促成其努力；（3）自信、忠实、勇敢、忍耐、坚定，继续不断地努力，死而后已。他称，我们的精神体现为两点：一是一切不苟——不苟为，不苟安，不苟全；二是一切公开——办事公开，用人公开，收支款项公开。③ 这些都体现了其民主意识和在廉政建设上的超前眼光。

---

① 黄豪：《中国地方行政》，贵阳文通书局，1942。
② 刘佐人：《行政权责划分论》，广东韶关民族文化出版社，1944。
③ 《峡防团务会议记录》，《嘉陵江报》1929 年 12 月 6 日。

《卢作孚讲业务管理》是他应邀在中央训练团作讲演的演讲稿①。他说，"业务管理的主要方法为建设（人的、物的、规章的、习惯的）秩序"，其要谛是政治的。"业务管理方法的实施特别重在工作人员的训练"，其要谛是教育的。"如何使工作人员有志趣及兴趣？要求有秩序的活动，有效率的活动，此为管理工作最重要的第一步。"提高兴趣的工作要延续到业余和家庭中去。"层层负责"，"层层节制"，运用法规、组织、技术建立秩序。"写一计划即在写此安排的秩序，……必须确有事实的根据，……应使执行人员彻底了解……全力以赴，紧张工作应在最初……""组织所以建立人的秩序，计划所以建立事的秩序，预算所以建立钱的秩序。""事业所需的一切人力及物力皆须以钱为计算的根据。钱的支出必须先有安排，钱的收入尤须先有准备。"人事管理，第一在用人（为事择人，何事、何能、何法），第二在指导，第三在考核，第四在奖惩，第五在谋职工福利（当前、长远、个人、家庭）。财务决定事业发展的程度，预算加控制。工具要保养、保管、调适、调度，达到最高效的使用。物料准备要有计划地选购、保管、分发，经济地使用。事业组织中各部门、各环节都有文件的办理，文书草拟及收发保管是办公室人员必要的训练。会计、统计、编辑都是必要的记录（数字与文字）。稽核含财务审核，物材、工程检查。考核的对象是工作，狭义的是人事，主要在监督计划的执行，明了进度和质量，比较成绩。贤明的管理者应整理纷乱的事务，纳入秩序中。管理问题的核心，全在建立秩序（个人行动、相互配合、彼此衔接）。

杨绰庵有《机关管理》一书。杨绰庵（1895－1955），祖籍河南，当过邮务生，在盐务稽核厅做过收发与档案管理工作。自学成才，是为杨永泰、熊式辉等政学系首领所赏识之能吏。1925年6月任北洋政府国务院秘书厅帮办。1927年南下，任厦门、福州市税局局长，后任南京国民政府主计处统计局科长。1932年应黄旭初主席之邀，任广西省统计局局长。1934年8月赴欧洲考察，1935年10月回国。此后历任湖北省政府统计室、地政局，江西省建设厅等部门的领导职务，并加入国民党。1943年任重庆市政府秘书长、代市长兼中央设计局委员。1945年末任哈尔滨市市长，1946年任东北物资调节委员会主任，1949年春兼任财政部次长。上海解放后，任华东区粮食公司顾问，1950年加入民革。因涉嫌抗联李兆麟将军在哈尔滨被害案被捕，

---

① 《卢作孚讲业务管理》，《新世界月刊》1945年第2期，第9－14页。

1955 年在北京去世。1982 年，北京市中级人民法院宣布予以平反。① 杨氏自称从最低级的雇员做起，担任过的工作五花八门。他的体会是：首先，公务员分政务官（决定重要方针政策，须有明晰的头脑、正确的判断、远大的眼光和强大的魄力）、事务官（处理行政事务，主要靠法令娴熟和思维细密），要有经验，需要培养，要保障公务员的生活、福利。公务员本身不能利用职务成为政争的工具，不能兼营商业。其次，要有服务精神。孙总理言："人生当以服务为目的，不当以夺取为目的。"只要能各为所能为之事，各尽所应尽之责，就可算作构成社会的坚强分子。"取于人者少，予人者多"，才是真正的英雄。再次，公务处理应遵循几个原则——负责任、守自己岗位、出发点为公。最后，公文处理要求整齐、清洁、简单、朴素、迅速、确实。②

杨绰庵的《行政管理问题》是为总理纪念周作的讲演稿。谈到管理的六件事：职权、人事、文书、会计、审计、庶务。其中提到"管理方面最要几点"：（1）权责分明；（2）制度确立；（3）人事管理（制度化，合理待遇，亲爱精诚，专业化与工作调节）；（4）房室及器具；（5）文书与公文习语。"最宝贵的，就是要树立我们的服务精神，坚忍不拔，同心协力，奋勇迈进，以完成我们的任务。"③

下面摘录杨绰庵为《机关管理》写的序：

　　我为了喜欢研究"管理"问题，最近几年，曾经参观过许多"行政"和"工商业"机关，觉得其中"比较整饬的"实在很少，大多数都呈着纷乱、颓丧、敷衍、推诿的形态，奄奄无生气，这是"不注重管理"的结果！我尝有"改革"的志愿，十几年来，也曾下手改革过好几次，但是，任何事业在其改革的过程中，总免不了时时碰着种种的障碍……而陷于濡滞与停顿；所以，说起来惭愧的很，"改革"工作经过了几度尝试之后，到现在远未能得到较满意而适用的"管理的方法"……然而，我依然是不断的努力于此。

　　我于二十四年夏，奉派前往欧美苏联各国考察实业，对于"管理方法"特别注意，观感所及，觉得人家事事注重"效率"，因而获有惊人的发展与成就。真值得我们效法，急起直追。"管理"是一种"行动"，

① 存真：《〈机关管理〉的作者和实行家》，《物调旬刊》1947 年第 11 期，第 34 页。
② 杨绰庵：《公务员服务精神》，《物调旬刊》1947 年第 9 期，第 22 - 27 页。
③ 杨绰庵：《行政管理问题》，《东南海》1944 年第 1 卷第 3 - 4 期，第 1 - 3 页。

"效率"则是"行动的成果"。"效率"由"行动"而产生;无"行动",则"效率"无所附丽。"行动"必须讲求"效率"。所以"管理"与"效率",是不可分离的;推行"管理",也就应当注意"效率"。

或许是我的个性如此,生平处事的态度,对"小事"向来不敢忽视,对"数学和表格"尤其感着兴趣和注意。明知这些有时是人所不屑为或认为刻板化的。一个机关里面的文书、财物和人事等事务,通常称为机关管理。这些事务,拿来和国计民生等大政方针相比,自然是"小事",但却是每一机关最实际的工作;凡前进国家,重视机关管理的程度,不单在实际运用上,已进到机械管理或称科学管理的时代,而且在学术研究上,更有事务管理协会等组织。国人……远落人后的现象,实令我们惭愧。因此,前几年,我特从这方面,自辟蹊径,不断研讨,曾先后写成《文书管理》两种小册子,以作为我个人从事实验的基点。客冬,受命主哈,缘于事实上的需要,更促成我从事有系统的实验的决心。到哈之初,即将市政府方面的管理工作,区分为文书(包含案卷)、事务、人事三个管理系统,各定办法,付之实行……

这些办法里面,有几点共同的和个别的特点,值得在此提出。关于管理的技术,采集中管理制,为的是适应合署办公制度;关于管理的技术,采层级决定制,为的是符合分层负责制度;这些,是各办法所共同具有的特点。至文书管理部分,则特别注意稽核制度之建立,以及文卷连锁办法之构成,依据行政三联制的精神,力求文书处理的迅捷;事务管理部分,则特别注意财务稽核制度及环境整理制度之建立,依据经济效能的原则,力求财力、物力、人力的节约;人事管理部分,则特别注意甄用考试制度之建立,依据因材任使的原则,力求职位配合之适宜。这些,是各办法所个别具有的特点。

不过,我认为一种制度的真实价值,须凭客观的决定。这些办法,究竟是否可行,一方固当研究自我试行,一方更须借助他山的攻错。因此,特把这三种管理法案,合并付梓,称为《机关管理》。很诚挚的盼望海内行政学者以及各地机关管理专家……指正![1]

杨绰庵的《机关管理》最初由中央训练团党政高级训练班于 1945 年 8

---

① 杨绰庵:《机关管理》,《物调旬刊》1947 年第 12 期,第 2 - 11 页。

月印行，1946 年，中国文化服务社沈阳分社将其作为"哈尔滨市政府丛书"出版，且有所修补。该书介绍了哈尔滨市政府的文书管理、事务管理、人事管理。1947 年 2 月由哈尔滨市政府秘书处再版。

胡汉民《一切官吏以纪律的精神从政》（《三民半月刊》1930 年第 5 卷第 5 期），是特定的号召，强调服从。陶然的《从政者须以身作则》（《中国公论》1940 年第 3 卷第 6 期），所讲道理简单。田炯锦的《在甘从政二年之回忆》（《陇铎》1940 年第 2 卷第 1 期）介绍一般的仕途经历。大汉奸陈公博的《四年从政录》（《民族》1936 年第 4 卷第 1－12 期；1937 年第 5 卷第 1－6 期）是尚未投敌时所写。张素民的《从政一年》（《中国经济评论》1941 年第 3 卷第 3 期），则是为由大学教授跳到汪伪机关当官作恬不知耻的辩解。

叶鸣平的《从政四年的肤浅经验》①，是作者从县政训练班结业后，1936 年 6 月至 1940 年 8 月在广西的田西、那马、绥渌等县的工作体会。内容包括：（1）各种集会时序之确定，如升降旗（朝 6 时夕 6 时，平常由警兵参加，纪念日全体参加）、朝会（平日在办公厅各科室做工作报告及长官训示，发表意见，减少隔膜）、总理纪念周、国民月会、其他群众性会、保甲长会、乡镇长会、县务会、科室联席会等，互不冲突。（2）出巡前后的工作，包括时间地点，召开会议，应填报表，未办事项，考察情状，听取汇报，相机训练，训话、指示、讲评，实地检查，抽查户口，巡视机关设施，踏勘林地公产，检阅团丁。（3）取消不正当税捐。（4）举行公共造产比赛（一般和独特产品，予以津贴和奖金）。（5）做状人（写起诉书，有的是讼棍），应登记和审查（状纸上须盖其名章），以防渔利。（6）以实行为倡导，言出必行，示范带头，教唱抗战歌曲。（7）风习不同，因地制宜。

梁中权写有《从政回忆》②。作者为中央政治学校最早一批毕业生，原在国民党中央党部工作，1934 年参加高等文官考试，合格。1935 年 4 月被分发至山东候缺，对照省府所标榜的"黑布制服、黑礼帽、布鞋布袜、剃光头，骑脚踏车，打太极拳，早起跑步"均一一磨炼，与同僚之作为完全合节。6 月就任齐东县县长，只带了两个人（秘书兼一科科长，二科科长）到差视事。尽全力第一月批阅法令案卷，第二、三月巡视调查，随即在工作中

---

① 叶鸣平：《从政四年的肤浅经验》，《行政与训练》1941 年第 2 期，第 70－73 页。
② 梁中权：《从政回忆》，《服务月刊》1943 年第 7 卷第 2－3 期，第 34－39 页。

考证其得失。1936年1月拿出施政计划，含治安（捕匪和缉毒）、整理教育（校舍、经费由田赋附加，对教师进行考试）、繁荣农村（引入美国棉种及合作社运销加工，兴修水利和道路，通电话）、改良风俗（禁缠足、早婚、赌博）、壮丁训练五大项目，还加上息讼（巡乡随时随地接受诉讼、审理结案）。"苦撑三年（日寇入侵，县域沦陷而结束），差堪自慰。"1938年8月至1940年2月，任江西安福县县长。整理自卫队，整顿保学（即每一保所办的学校），禁烟，修水利；搞军事运输、军事公役、兵役，成绩大不如山东。他检讨原因：（1）军事后勤太多，无力充实经常性工作；（2）本地封建豪绅势力太大，阻碍政令推行；（3）制度有问题，如合作行政与合作技术分离太远，自卫队经费仰仗地方，水利农田别成系统，禁烟政策不划一等；（4）省县行政力量不能呼应衔接，缺乏对县的支持；（5）干部待遇太低。他总结两地工作的经验教训：深感民众知识程度太低，要靠经常下乡宣传教育；不轻发令，令出必行，养成民众重法令心理；集中精力于树立骨干事业之基础，再求一般事业之普及，以收事半功倍之效；不要浮夸，而要以事实表现争取上级的信任与民众的敬仰。

贺学海作《个人从政之感想——十四则》，[①] 强调县长的工作内容。（1）强制造林，县内每一男丁年植树20棵；（2）县（暂无法院）设司法委员于县衙，县长兼任检察并兼办司法、行政；（3）保障佐治人员，稍高其待遇，严定考成，不称职者罢斥；（4）地方辅佐机关亦须组织完善，得有适当人才；（5）县长专管征解及支付、命令等事，而以保管省地一切款项实权付诸省委县金库主任，以查账、转账权付诸省委会计主任，使各县财政权鼎峙而三；（6）印发历代先贤语录，讲给保甲居民听；（7）酌添司法缮写人员（上级未给县司法行政经费）；（8）三等县（田赋收入少）公务并不比一、二等县少，要予以经费支持；（9）发展果树经济，增加农民收入；（10）禁毒要严法，政府要有决心；（11）每事规定区保甲长完成时限，奖勤罚懒；等等。此文就事论事，手段算不得很高明。

关玉衡有《从政检讨》[②]，结构分为：序言；修养检讨（心性、思想、道德、学识）；政治理论检讨（治人治事之手段、心术与正人正己相距甚远，教化政治与功利政治的矛盾）；推行政务检讨（县地方自治，县财政制度，

---

① 贺学海：《个人从政之感想——十四则》，《国光杂志》1936年第15期，第72-78页。
② 关玉衡：《从政检讨》，《凯旋》1948年第31期，第19-24页；第32期，第17-20页。

地方之都市、经济、交通、公产、卫生、公用建设）。作者贪大求全，说到很多方面，不能深入。

张逸秋在《从政人员之德操》中指出，"廉洁虽不能包括道德之全部，而不廉洁或竟至贪污，却为政治道德上最不可恕饶之罪恶"。今天的中国，"非在人选上着眼，不足以济法令之穷"。"用人标准，宁可使德性稍重于才能，不可使才能独重于德性，至少限亦须二者并重。"①

温而理的《从政人员应具有的修养》提出要有涵养伟大之气量，立定坚决的意志，认清正确的步骤。革命人生观是做事的最高原则。做事的五条标准为：充实做事精神；认清做事目标；运用做事法则（科学）；具备做事方式（心到、眼到、口到、手到）；锻炼做事技术。②

《从政心理之纠正》这篇社论谈整肃政风，副标题为"为公务人员进一言"。③ 讲到政治的浪费（隐伏的危机），从中央到地方一些政治机构内部之纠纷，指出"一般从政人员，大半精力皆耗于对内之应付"。当时从政人员之错误心理包括：（1）"以从政为伊人作嫁"，指下属的雇佣思想，连带产生避重就轻、好逸恶劳，阿谀奉迎、投机取巧，挑拨离间、兴风作浪，模棱含糊、虚与委蛇；（2）"愿他人皆为我作嫁"，是居上者巩固既得利益的思想，弊端有任用私人排斥异己、政治机关转成私产、助长钻营湮没真才。倡导"集团道德之再建"，"洗涤一切不正当之私欲，扫除一切浮薄歪曲心理，在实干苦干之口号下，抖擞精神，培养法律上的尊严，树立政治上的正则"。

苏渊雷论从政问学之根本态度有四。一曰尚同，善与人同，与人为善；二曰贵自，学贵深造自得；三曰依佗（他），立论施政须参验于历史、常识、常理；四曰立大，抓重点，知类（一通百通）知要（纲举目张）。④

吴希白的"从政九箴"包括：（1）抱负和决心；（2）临事要有宏远眼光，细密思考；（3）考核应重工作质量；（4）指示和答复措词明确，不使推诿；（5）计划应以概算为依据；（6）布置任务顾及上下级的需要和可能；（7）用刑应遵守法度；（8）工作要主动，勿被动应付；（9）注意学问，进

---

① 张逸秋：《从政人员之德操》，《经理月刊》1936 年第 3 卷第 1 – 2 期，第 168 – 171 页。

② 温而理：《从政人员应具有的修养》，《陕西省地方政务研究会月刊》1936 年第 2 卷第 7 – 8 期，第 61 – 66 页。

③ 编者：《从政心理之纠正》，《远东月报》1937 年第 2 卷第 5 期，第 5 – 8 页。

④ 苏渊雷：《论从政问学之根本态度》，《人与地》1941 年第 1 卷第 9 – 10 期，第 197 – 199 页。

修提高。附"特设方法十项"。①

陈任之的《从政四要》强调:"政治须重下层,党务须重实际,教育须重道德,治乱须重清源。"孔子说"导之以政,齐之以刑",不如"导之以德,齐之以礼"。②

由农辑的《从政语录》围绕"清、慎、勤、实"四个字搜集古人格言,如"恭俭忍让,是居乡之良法;清正俭约,是居官之良法"。③

刘诚有系列文章《从政谈荟》④。《从政谈荟——簿书篇》,说公文报表太烦,应废除上行、平行、下行的程序,一律都用公函,删弃官阶级别的术语和浮言套话。《从政谈荟——公仆篇》,从法国总理彭加里遇到农夫赶驴(Minister,又可译为"部长"),领悟到"官吏是人民的公仆"(孙中山语),但中国"以民管官"的政制还无从建立。《从政谈荟——应卯篇》指出,不要只重形式的签到,而要切实执行分层考核,看办事的成绩,以工作的"量、质、时"来衡量。《从政谈荟——用人篇》,引曾国藩之言"得人之道,不外四事:广收,慎察,勤教,严绳",申明要"用人不疑"、"量才器使"。《从政谈荟——官衙篇》,讲到衙门重地民众莫入。十羊九牧,莫之适从。应裁撤不做事的机关,裁并性质重复的机关,走出衙门办事。《从政谈荟——考课篇》,认为"考课制度在人事制度中是最重要的一项"。长官、人事管理人员都要出以公心,公正客观。还有《从政谈荟——法令篇》、《从政谈荟——取才篇》、《从政谈荟——任官篇》、《从政谈荟——进修篇》等,文笔较生动,材料较丰富。

## 三 学者从政的尝试和某些教训

漆镜如的《学者从政》列举了罗斯福的智囊团由技术的立场出发,拿试

---

① 吴希白:《从政九箴》,《地方建设》1941年创刊号,第118-120页。

② 陈任之:《从政四要》,《时代公论》1947年第12期,第8-9页。

③ 由农辑《从政语录》,《新福建》1942年第1卷第1期,第56页。

④ 刘诚:《从政谈荟——簿书篇》,《政风》1948年第1卷第1期,第17-18页;《从政谈荟——公仆篇》,《政风》1948年第1卷第3期,第13-14页;《从政谈荟——应卯篇》,《政风》1948年第1卷第4期,第14-15页;《从政谈荟——用人篇》,《政风》1948年第1卷第6期,第15-16页;《从政谈荟——官衙篇》,《政风》1948年第1卷第8-9期,第31-32页;《从政谈荟——考课篇》,《政风》1948年第1卷第10期,第21-22页;《从政谈荟——法令篇》,《政风》1948年第1卷第2期,第17-18页;《从政谈荟——取才篇》,《政风》1948年第1卷第5期,第15-16页;《从政谈荟——任官篇》,《政风》1948年第1卷第7期,第17-18页;《从政谈荟——进修篇》,《政风》1948年第1卷第12期,第11-12页。

验室里的材料做根据，参与了罗斯福复兴政策的制定。[①] 中国的情况是，生产力发展水平低下，无机器，无法治，还没有近代化，"恐怕技术专家连贡献专门技术意见的机会尚不甚多，何况从技术出发而推演出新政策呢"? "学者专家所能作的，最多不过是最基础的工作，严格的说起来，恐怕还说不到学者从政，因为从政顾名思义是应该影响到政策的决定。"如果学者不凭他的专长，其一般常识和政治哲学还不如老吏的行政经验。该文也没有全盘否定学者从政，而是期望由几个学者参政推广到学术界的总动员。

杜才奇的《论学者从政》[②] 指出，仕途拥挤，原因在士人缺乏自养能力，仕途之外的活动空间有限，必待政府养之于朝。清代政治生活"只有权贵、官僚、胥吏三种人物参与其中，及入民国，新加入了政客、军阀两种极不驯服的人物，终使政治糜烂不堪"。国民党第五次全国代表大会以后，政府"开放政权"是"延揽党外人才参加政治"，方式不外"担任事有专责的行政官"或"专负设计与研究责任的参事专员"。作者认为，"学者从政应当是利用他们的特具条件（按：眼光、头脑、认识、人格）以影响到政治，如今所表现者实无别于长吏所为"。"那学者则将与官僚一样成为可牛可马的螺钉人物。"政府如需要学者主持某种研究工作或设计工作，尽可以委托与大专学校进行，初不必用独占或羁縻的方式把他们纳入政府。"目前一方面要确立民主政治中不可或缺的文官制度以澄清仕途，同时政府应具远大眼光诚意协助士人自养于野"。自养之道在发达社会事业及私人企业，使日夜奔竞于仕途的士人转而投入其中。"外国政治上的领袖人才大都是从社会事业中培植出来的，此与我国由官场社会中拔擢出者迥异其趣。前者具有广阔的眼光与雄伟的魄力，远非辗转于官场社会之官僚人物可比。"

翁文灏（1889－1971），浙江人，秀才，1912 年获比利时鲁汶大学博士学位。1913 年任北京地质调查所教师，1923 年任所长，并任北京大学、清华大学教授，清华大学代理校长。1935 年后历任国民政府行政院秘书长、副院长、院长，资源委员会主任委员，经济部部长，总统府秘书长。1949 年辞职赴日本，1951 年从法国回北京。他是中国地质学的启蒙者之一，并在煤炭、石油、金属矿产等经济地质研究方面取得显著成就。1937 年他接受蒋介石的任命，任工矿调整处（由行政院原工矿调整委员会改组而成）处长，主

---

① 漆镜如：《学者从政》，《是非公论》1936 年第 19 期，第 16－17 页。
② 杜才奇：《论学者从政》，《自由论坛》1943 年第 1 卷第 1 期，第 15－18 页。

管战时的全国工矿企业生产。遴选专家、学者在经济部、资源委员会等部门任职，如吴景超、吴半农、孙越崎、张兹闿、林继庸等，对"抗战建国"经济工作发挥了作用。他说，行政研究需要许多人殚心竭虑地去做，"是应该启发行政人员积极向前的精神。一个民族存亡兴衰，全靠整个民族的实际力量，这种力量不仅在枪炮上表现出来，更多赖行政方面的见解明白、办理敏捷与绩效优良"。担负责任的方法甚多，但主要之点是要认识国家的大势，明白经管公务的过去及现在情形，妥筹促进及改良的方法。这种意志与知识，不但是要有平素的修养，亦须随时随事访问研求。"其次……是对于中央与地方行政人员之间经验的贯通……这种知识的交换实为行政效率的基础。……我们正可借此刊物，使中央职员著文发挥他们建国的抱负，立法的用意，以及整饬庶政的决心。地方官吏亦可在此叙述内地的民情习俗，办事的难易苦乐，法令的利弊短长。如此互相切磋，各方面皆大有裨益"。他主张，在行政机关实际工作的人员与专门研究及教授的专家应加多接触，加多帮助。中国社会事业尚未发达，大学毕业生大多数要到政府机关服务，所以学校教育对于行政系统与法令要义必须格外重视，使学生学能致用。"我们盼望学识经验冶于一炉，学识向实地上求证明，经验向学理中求解决，官吏有求进步的精神，庶行政免萎靡不振的陋习"。"更须要存'事必求实'及'理必求真'的心理，用力向进步的前途走去。"①

翁文灏的《中央训练团党政训练班讲演录》主要讲述：（1）奖助工业法规之修订；（2）后方工业之发展；（3）物资的管制；（4）水道运输与灌溉；（5）对敌经济斗争。国民政府"行宪"后，翁作为行政院院长，其施政方针"有空乏的毛病……对于经济还是那么一套老话，既知'挽救危机的办法，根本在币制改革'，又谓'有效方法，尚待研究'，全体都是原则、希望"。②

蒋廷黻（1895–1965），湖南邵阳人，哥伦比亚大学博士，南开、清华大学历史系主任。其《中国近代史》开创了近代史写作的基本范式，把中国近代史视为中国在西方冲击之下不断调整自身、从传统社会向现代社会转变的过程。③

"九·一八"事变后蒋廷黻和胡适、丁文江等创办了《独立评论》杂

① 翁文灏：《行政研究刊行的意义》，《行政研究》1936 年第 1 卷第 1 期，第 1–4 页。
② 拯之：《翁文灏施政方针太空泛》，《社会评论》1948 年第 68 期，第 8 页。
③ 蒋廷黻：《中国近代史》，商务印书馆，1938。

志，蒋廷黻在《独立评论》和《大公报》上发表了大量政论性文章，引起了蒋介石的关注，被三次召见咨询关于时局的意见，得于 1934 年 8 月衔命访欧苏。1935 年 11 月，国民党"五大"在南京召开，蒋介石就任行政院院长，他要蒋廷黻担任行政院政务处处长，协助他拟订政策并承担秘书工作。引发一股学者从政的风潮。在《民族复兴的一个条件》① 一文中，蒋廷黻写道："凡抱有事业志愿而入政界者，十之八九在极短的时期无不感叹地说：'在中国做官可以，做官而要同时做事很困难，做事而又认真很危险，认真而且有计划，那简直不可能'。"但他自己偏偏要知其不可而为之。陈之迈就此评论道，蒋廷黻"之出任政务处长及其他的职务的动机和胡适之出任驻美大使是一样的，尽公民的责任为国家服务"。

蒋廷黻刚入政府时发现机构臃肿影响行政效率。蒋介石要他拿出改革建议来。他拟了一份精简机构的方案，却遭到有关部门官僚和党内政客的激烈反对。1938 年他重新出任政务处处长，依然我行我素。1946 年 10 月，蒋廷黻被迫辞去善后救济总署署长职务，1947 年后，他一直以驻联合国代表和驻美大使的身份滞留美国。他回忆说："我曾不自量力，想把行政院政务处的地位作为我的望远镜和显微镜，来观察我国政情。私意倘能埋首此间三五年，把每天的公事公文作为我的天空，我的微生物，或者我的行政经验能有一点学术的副产品。"

有关人事的论述。"日本人仍能讥笑我们中国人只有乡党，没有政党。""政府应封闭各地的同乡会，尤应禁止大学生组织同乡会，各机关的长官概不许用同省人。""我不举荐任何亲戚。""中国社会有两种特殊的势力，……乡土观念，一种是师生关系。""大学毕业生在初进衙门的时候虽不及老练的书吏，过了半年就能赶上，过了一年两年，就超过了。根据我的经验，我敢大胆的说：中国现代式教育是成功的。""和他们谈现代式政治，他们是很能了解而且表同情的。出校找事的时候，他们有时不愿听现代式政治了。足见理智不能战胜情感和欲望；学校里的现代式教育难在校门外的社会收效。""我现在觉得中国人是能干政治的；中国的吏治前途，从人才的本质上说，是可乐观的。各机关的中级和下级职员每办公事必顾到现行的法规条例。他们遵守法律的谨严是无可批评的。""社会人士常怪政府压迫人民，其实社会也压迫政府，有时还迫政府不走正路。同乡观念、家族观念、师生观念……出了

---

① 蒋廷黻：《民族复兴的一个条件》，《国闻周报》1934 年第 11 卷第 28 期，第 17－19 页。

范围，小则阻碍文官制的成立，大则阻碍现代国家出世。"

有关内政的论述。"地方自治的理论固然很好，但人民不要自治，为不要的自治而须出经费，尤其是老百姓们所不乐闻的……并且自治而不加以指导则流为土劣的横行；倘加以指导，人民对指导者多抱反感。其实乡村工作的指导人员极难物色。""近年政府想了别种方法来补自治之不足，如保甲及县的分区设署……无论理论的基础健全与否，这些方法所遇着的困难就是推行自治所遇着的困难：人才和经费的缺乏以及民众心理的特别。这样，我们岂不是无路可走吗？我国地方行政的症结在哪里呢？""我国旧日的政府就是一个农业国的政府，无政府的政府。政府与人民不发生关系，不积极做事，听其自然。这样的政府所费有限，好虽不好，确是所加在人民身上的政费负担是人民所能担得起的。""政府是社会的产物，受社会限制的。但是时至今日，旧日的那种政府和那种社会均不能存在了。欲改造，政府不能不负担推动的责任。""政府现代化的程度当然应该在社会的现代化程度之上，但是相差不能太远。""我们以后的财源不能不设法取之于富者……从地方行政来看，主要的财源是田赋。我们如要推行新政，整理田赋是最基本的事业。航空测量以完成详确的地籍图；改良收税手续以剔除中饱。""培养地方行政人员也是急迫的事业。我们的教育，在内容和程度上，都太西洋化了。""法学院的课程尤应提早中国化及中国文字化。""中国内政的改良必须首重县政。青年的出路亦只能在县内的工作上去寻求。"①

浦薛凤（1900－1997），江苏常熟人，哈佛大学硕士、翰墨林大学法学博士。历任清华大学政治系教授兼系主任，《清华学报》编辑，北京大学教授。1933年夏，去德国柏林大学进修。抗战爆发后，历任国民政府国防最高委员会参事，行政院副秘书长。1949年后，在台湾历任政治大学教务长兼政治研究所所长，"教育部"政务次长，台湾省政府秘书长，台北商务印书馆总编辑。

浦薛凤的《政治学之出路：领域、因素与原理》② 则谓，人民讥诮"政治科学家乃是政客中间的科学家，科学家中间的政客"。其实，政客对政治学者何尝青眼相看、言听计从？原因是人类对政治生活研究最早，经验最富，但迄今最难控制、最不了解，政治学依然幼稚落后，连存在都成问题。

---

① 蒋廷黻：《我的行政经验与感想》，《行政研究》第1卷第1期，第5－9页。
② 浦薛凤：《政治学之出路：领域、因素与原理》，《社会科学》1936年第2卷第1－4期，第663－687页。

该文讨论：（1）政治学之领域。"政治学之独立领域盖即为对于'共同事务之管理'的研究。"同时，又承认政治学确应尊重国家之研究，因为国家是政治之最大亦最高的单位。"共同事务仅为此领域之边疆，而组织管理乃才为此领域之固定中心。"（2）政治学如何可成为科学。"一部政治学，犹之其他任何科学，包含四大层域：1）理论，2）叙述，3）定理，4）应用。今日流行的政治学盖仅有'理论'（政治思想之大部分内容）与'叙述'（如政治制度、国际关系、宪法诸课目之主要内容）而无'定理'与'应用'。""倘政治学者而得兼为政客，倘探讨原理者而同时得经验原理，则政治学之'定理'层域或可早告成功。"（3）政治之因素有几个。现象、观念、制度、人物与势力五项因素缺一即不成政治，但五者之中现象恐占首席。现象乃客观事实。政治之最后目的在达到共同事务有组织管理的"现象"，而不在仅仅树立某"制度"或"观念"本身。"因素之中最早即受讨论者厥为观念，次为制度。现象之得到切实注意乃自近代始开其端。至于势力与人物目前才开始研究。吾人此处所提论者仅为五因素之关系方式，至于每一因素之运行原理亟待搜寻发掘。"要解决它们的相互关系及转化的问题。至今政治学家、政治思想家还徘徊于理论层域，而不能更上一层达到"定理"。"非了解'定理'不足以谈'应用'。"所以要多学习、观察、体验，将自己所假定的"原理"多用于对政治现象的预测，以检验其是否真为准确的原理。

全文强调管理及应用，很对行政学的口径。而对定理及原理的期待，也正是行政学要努力的方向。钱、浦两教授都期待政治学将来能达到推演"通律"、"定理"的水平。

浦薛凤《政风之培植》[①] 称，就五项因素而言，人类在实际上终究的企求者乃是相对良好的政治现象；而良好政治现象之得到，要以政治势力为最大关键。"（我国）关于政治建设，'观念'非不精博，'制度'非不繁多，'人物'亦非不具备，而'现象'之所以缺乏（即成绩之所以鲜少者），实因'势力'——尤其是政风一项势力——之薄弱。"

他说："所谓政风乃是在政治界中及关于政治之风尚。""风尚与习惯类同而有联系。在个人为习惯，在众人为风尚。个人行为往往为习惯所支配，习惯愈深则个人之行为愈受其支配；众人之行为大抵随风尚而决定，风尚愈

---

① 浦薛凤：《政风之培植》，《东方杂志》1935 年第 32 卷第 7 号，第 5－11 页。

坚则众人之行为愈受其决定。""政风乃能使方案内容施行实现的基本因素。""故个人而欲实行某事,不如养成某事之习惯;政府而欲达到某项现象,首宜培植某项现象之政风。""吾国目前政治建设有赖于人及法者固多,有赖于人法之外与人法之间的政风者更多。""政风为一切风尚中最普遍、最深刻而亦最有力者,且能影响或转移其它风尚。政风败坏,则一切社风、民风、国风,莫不因而败坏,甚且变本加厉。欲整饬全社会之风尚,其最有捷效而事半功倍的方法在首先整饬政风。""立国之良好政风有四",即务实、谋远、尚公、守法。四者相互关联,独立则不足济事,合举则为立国要素。"抽象的政风必藉具体的方案内容始能实现。故培植政风即在办理方案内容(例如内政、外交、教育等具体事务)中培植之。若抛开具体问题而欲酿成务实、谋远、尚公与守法,则犹'皮之不存,毛将焉附'。""复次,政风之培植,全在上者之努力实行,风尚乃由上而下,断难自下而上。在上者以权力及地位之关系,一举一动足以影响风尚。""英国布朗曾谓:'在高位而为众人表率者之风尚与思想,而非在下受治者之风尚与思想,将永久判定国家之强弱与存亡。'"

浦薛凤的《论治重于政》解释和引申了孙中山的"政治"之说:

> 若再浅显而彻底地说,一切条文法令是"政";一切实施状况是"治"。"政"者乃是民众生活之规范;"治"者乃是政府成立之缘由。"政"表现民族之文化;"治"表现国家之职能。"政"是内容,"治"是方法;"政"是目的,"治"是手段。"政"是法令,"治"是实施。易词言之,国家之基本目的在"为政"与"致治"。为政即所以规定法度,致治即所以求得太平。……法度之实施,重于条文之规定;管理之得当,重于政令之周详:此实为中山先生对于"政治"所下的定义之必然结论。[①]

陈之迈(1908-1978),广东番禺人。毕业于清华大学、美国俄亥俄州立大学,获哥伦比亚大学哲学博士学位。曾与蒋廷黻等人创办《独立评论》和《新经济》半月刊,有时用笔名"微尘"。任教于清华大学,1936年夏受聘于蒋廷黻主持的行政院行政效率研究会,以专家身份临时从事行政督察专

---

① 浦薛凤:《论治重于政》,《三民主义周刊》1941年第1卷第22期,第5-8页。

员制度实施情况的调研工作。1938 年正式从政，历任行政院参事兼第一组主任、驻美大使馆参事、中国出席联合国善后救济总署副代表、中国出席国际紧急粮食理事会委员、联合国粮农组织中国代表等职。赴台后，1950 年任"驻美公使"，是出席联合国"代表团"成员。后历任驻菲律宾、澳大利亚兼新西兰"大使"，驻日本、罗马教廷、马耳他"大使"。

陈之迈关于民国政制建设的基本理论及对政治改革的理论阐释，对政制特质的认识和政制改革问题的提出，对政制的具体设计，可以从他的一篇综述中窥见一斑。

陈之迈《一年来关于政制改革的讨论》① 一文总结政制改革讨论的焦点，"其一，是民主政治抑独裁政治的讨论；其二，是就现在的政府机构中改革来谋取比较合理负责，能够运用灵敏的政治制度的讨论"。前者滥觞于1933 年，连带讨论的是"建国与专制"问题，首倡者钱端升和蒋廷黻，参加讨论的有胡适、吴景超等多人。1934 年 11 月 27 日，蒋介石和汪精卫联名通电有关"国内问题取决于政治而不取决于武力"原则，倡议对自由的保障。胡适闻风而动，极力主张民主政治，丁文江反驳，主张应该厉行独裁。吴景超、陶希圣、陈之迈均参与。国民党的程瑞霖、程天放更是赤膊上阵，拥护独裁。胡适主张立即开放政权，罗隆基也认为这样可以收拾人心，提高行政效率。陈之迈、张季鸾认为现在不宜。到 1934 年 11 月六中全会开幕前夕，在党治大前提下，有许多关于制度、机构改革的具体建议。（1）中央政治会议的改革。因最高领导机构臃肿不灵、最不合理，林桂圃、陈之迈、君衡（萧公权）主张取消，钱端升、李朴生主张改良，五届一中全会决定将其改组为政治委员会。（2）五院应否设立问题。五权是分权制衡，党治是集权统一。钱端升、陈之迈都认为可部分裁撤。（3）委员制的改善。因人而设各种委员会，叠床架屋，陈之迈建议承认党内有派别，由他们竞争组阁，以砍掉大多数委员会，但在精诚团结主义下办不到，只好由行政效率研究会去做枝节的改变。陈之迈对发生于 1935 年的热烈讨论进行总结：能本着中国本身的事实来作立论的根据，而不是靠仰承西方政治理论的鼻息提建议（过去五花八门的东西洋制度都曾被引来试行，但每试必败）。

陈之迈的《中国行政改革的新方向》是对中央政府行政改革的研究，②

---

① 陈之迈：《一年来关于政制改革的讨论》，《民族》1936 年第 4 卷第 1 期，第 27 – 40 页。
② 陈之迈：《中国行政改革的新方向》，《观察》1947 年第 3 卷第 13 期，第 3 – 7 页。

涉及行政机关的设置、调整与运用，行政与立法关系的调整，司法、监察与公务员惩戒。陈之迈对地方政府行政改革的研究分三大块：（1）"漫游杂感"地方行政；（2）"八论"地方自治；（3）谈中央与地方的关系。

文章认为，中国行政机关和公务员与世界各国相比并不多，裁并骈枝机关之议并不中肯。从中央机关看，应减少内部的级别，如卫生署，一件本职范围的小事（如署长添用一位秘书）也要请示上级（内政部，或许又转行政院，还要呈国民政府，国府必送中央政治委员会去核定，提交常会通过；若是法律条例，更须立法院审议，三读通过，又须呈送国民政府，政府令知行政院，行政院令知内政部，内政部令知卫生署），在中央政府内完成一番大循环，每站停留三五天到两三个月，并且各环节填写的呈文或指令都得将前因后果详细说明，附件再三抄录。他评论说："全世界各国的政府的办公程序没有比这种程序更笨重迟钝运用不灵的，这才是行政效率致命之伤。"推行行政三联制而强调分层负责制，就是想减少这些环节。"所以改革行政的第一步是在简化每一级政府中的阶层……部院与国府三者之间不必有上下之分，更不必事事上呈文下命令。"至于地方政府的问题，主要在于中央委办事项及地方自治事项究应如何划分。过去，地方官是上级任命，今后将是民选。所以建议将中央交地方"委办"的制度"根本废除，而代之以中央自办的原则"。好比历来的邮政、电信、所得税征收，以及行政院善后救济总署之类。这样，中央可以减少几千名专办纸片"公事"的秘书、科长、科员、录事，省县政府可以省去几万名专办承转上峰命令的职员。所以，中央添设自办机构未必总体上造成人员大增，"现代政府所应办的是事业而不是公文"这个原则也能够实现。至于纯粹的行政机关的职员，由于公文减少，可以多做调查、考察、研究工作，作为设计和施政的依据。这才是现代行政的精神。

## 第三节　体制外人士事业机关管理方面的著译

一　黄炎培和职教派的行政理论与实践

黄炎培（1878－1965），上海人，曾入南洋公学选读外文科，受知于中文总教习蔡元培。中举人，参与发起江苏学务总会。1909年任江苏省谘议局常驻议员，1910年任上海工巡捐局议董、江苏地方自治筹备处参议。辛亥革命后任江苏都督府民政司总务科科长兼教育科科长，后任江苏省教育司司长，他曾以《申报》记者身份在皖、赣、浙、鲁、京、津等地考察5个月，随中国游美实业团体在美国考察了25个城市的52所学校，尤为注重考察美国的职业教育。1917年赴英国考察。同年5月6日，联络教育界、实业界知名人士在上海发起中华职业教育社。次年，创建中华职业学校。1921年被委任教育总长而不肯就职。曾参与起草1922年学制，进行乡村建设实验，筹办宁、沪、苏若干高校。1938年被聘为国民参政员，1941年在重庆秘密成立了中国民主政团同盟，被推为中央常委会主席。1945年与胡厥文等人发起成立中国民主建国会。同年7月，应邀访问延安。1949年9月出席中国人民政治协商会议。新中国成立后历任中央人民政府委员、政务院副总理兼轻工业部部长、全国人大常委副委员长、全国政协副主席，民建中央委员会主任委员等职。

上海中华职业学校20年代就设立商科，课程涉及科学管理内容，如顾准、华罗庚都曾在该科就读。1943年9月，黄炎培等职教派人士在重庆设立中华工商专科学校，1946年暑假复员回上海，教授如马寅初（经济学、通货新论）、黄炎培（伦理学、机关管理）、杜国庠（经济学、经济史）、叶圣陶、赵景深、陈望道（国文）等都是名流。

黄炎培积多年从政、行政经验，教学相长，编印了教材《机关管理一得》。这本书的形成，最初是1939年他曾在军事委员会委员长西昌行辕讲过《治事一得》，在国防最高委员会也讲过，1943年5月加以修正补充，以《机关管理一得》为名交商务印书馆出版。1947年9月，上海商务印书馆出增订第一版，定名为《民主化的机关管理》。作者自序称，"民主就是自由具体化"，"因爱好自由，而爱好民主，是人类的天性"。"但这种精神，却须从修养中得来。把这种精神应用于实际，还须经过一番练习。"张东荪序称："其所言民主化，自个人之人生观以迄处事、用人、管理机关，无不以本人体验之所得者出之。"郭沫若有序。

这本书就是他四十年来服务社会、处理机关事务的经验和学识的结晶。因是指导实行的书籍，所以没有空洞的理论，实际工作者从书中可得到不少宝贵的教训。作者解释书名和意义："中山先生《民权主义》第五讲曾加以分析和推论，如云'人类的政治法律和条理，也是一种无形的机器，所以我们把行政组织叫做机关。但是物体有形的机器，是本于物理而成的。政治无形的机器，是本于心理而成的……心理这门科学……许多问题至今还没有解决……中国便要重新想出一个方法。'"该书便是"依作者的研究和经验，对每一问题，提出解答的意见"。所谓"机关"，"是广义的行政机关……不限于政治，一切办事机关都适用的"。任何人都兼有管理和被管理这两方面的身份，故都可一读。①

该书共分18章，除了引言和结论外，其余分为几个重要部分：

（一）关于事者。1. 目的。2. 范围。3. 事项。4. 次序。5. 效能标准：（1）完成；（2）正确；（3）迅速；（4）经济；（5）精神控制：a. 担得起，b. 站得稳，c. 展得开，d. 提得高，e. 拉得够，f. 传得下，g. 结束得干净。

（二）关于人者。1. 来历：（1）亲知；（2）荐举；（3）提拔；（4）考试。作者以为提拔最为重要，故又分述：（甲）如何识人才？第一种分析法：a. 思想如何；b. 说话能力如何；c. 写作能力如何；d. 办事能力如何。第二种分析法：a. 能见大否；b. 能扼要否；c. 能亲细故否；d. 能耐劳否；e. 能耐苦否；f. 能任怨否。第三种分析法：a. 看他公生活如何；b. 看他私生活如何；c. 看他用钱态度如何。还有另外两种分析法。（乙）如何选拔人才？分为：人才在未遇时；人才在下位时；人才在末路时。2. 使用：（1）训练；（2）试用；（3）实任。3. 待遇。（1）物质：①薪与俸的划分。②酬金的分级：最低级须满足其生活需要；分级的差度宜小；年功加酬。（2）精神。①尊重同事间的人格；②虚怀访察同事间的意见；③善用各个人的力量；④勿轻视低级；⑤勿厌恨反抗精神。4. 考核：（1）考核的标准；（2）考核的等第；（3）考核的期间。5. 升降。

（三）关于地者。1. 选环境。2. 定中枢。3. 重次席。4. 加密联系：（1）纵的联系；（2）横的联系；（3）中枢与局部间的联系。5. 时空配合。

（四）关于物者。1. 置备必要。2. 安设定位。3. 标志分明。4. 移转登记。5. 收拾整洁。6. 爱惜使用。

（五）关于时者。1. 机关史。2. 工作日记。3. 周会制。5. 日清制。6. 劳息配当。7. 工时配当。8. 事前与事后。9. 时量与时点。10. 选时约会法。11. 文件记时法。

（六）关于经费者。1. 关于预决算。2. 公开会计。3. 金籍分掌。4. 公私界划。

（七）关于修养者。1. 公共的修养。（1）工作检讨会；（2）读书会。

---

① 黄炎培：《机关管理一得》，商务印书馆，1946，再版卷头语。

2. 领导者个人修养。（1）躬亲；（2）率先；（3）后继。

看了上面的目次，可以窥见该书内容之一斑。此外，书末附录的《我之人生观》和《一封公开的信》也值得一读。①

黄炎培在《关于民主精神与科学管理几个原则》一文中，对《机关管理一得》（《民主精神与科学管理》）的成书经过及要点作了归纳：

对日抗战流亡中，我写过一本稿子《机关管理一得》，一面讲述，吸取众意，一面修改，经过了多次，至民三十二年（按：1943 年 5 月）才在重庆商务出版，今四版了（按：1946 年 6 月、11 月上海商务印书馆再版）。其中不断地修改，最近加以补充，拟名为《民主精神与科学管理》。希望不久问世，兹摘取先后修改本中若干原则，乞读者教正。

（一）科学化的机关管理，必须——

（1）有定职、有定位、有定时、有定量、有定式、有定程。（2）没有一事、一物、一人、一地没人管理。（3）不许有同事、同物、同人、同地由同地位二人以上管理。（4）二人以上，对同一事、同一物、同一人、同一地，惟有就时间来划分管理。（5）若同一时间，惟有就空间来划分管理。（6）对人重于对事。精神控制（对人）重于时间、空间一切控制（对事）。（7）看小环境勿忽略大环境，看大环境重于小环境。大环境，如一般生活的状况，如共同义务的负担。（8）修己重于治人。修己，最重要是本身作则，屈己为群。

（二）我之人生观图如下（按：图示略，说明保留）：

（1）世界活动者的中心——人。（2）人类的总目标——生。（3）有生乃有知、有能、有爱。（4）知能的演进，乃有科学和科学的方法。（5）爱始于身，进于家、国、人类、生物类。（6）有所爱，乃有所争，有争乃有杀。（7）用科学的方法，来消弭身、家、国、人类间的相争相杀，惟有——1）尊重每一分子的地位。2）放任每一分子的发展。3）调和各分子间的力量。这就是民主精神。

（三）民主不是不需要管理。是要从管理中间研究民主，学习民主，实现民主。民主是有中心的，有组织的，绝不忽视每一分子。民主是要服从的，只是服从合理的规定。从这中间造成出民主的管理来。

---

① 耐烦：《〈好书推荐〉〈机关管理一得〉》，《台糖通讯》1947 第 1 卷第 16 期，第 27 页。

（四）民主的管理，其管理方法由管理者定之。但尽量征集被管理者的意见。属于公生活部分，由被管理者自定之。但经管理者同意。

（五）工作的方法是公定的，工作检讨是公共的，工作奖金是根据公意的。

（六）每分子的意志调和起来。每分子的力量发展出来。一齐倾注于一个共同目标。

（七）所根据的意义是——（1）自己做事，也让别人做事，最好是合作。（2）自己说话，也让别人说话，最好是公开讨论。（3）自己吃饭，也让别人吃饭，最好是有饭大家吃。（4）自己要安全，也替别人谋安全，最好是大家安全。（5）自己要进步，也替别人谋进步，最好是大家进步。

（八）试为民主精神与科学管理阐述（按：图示略，说明保留）：

上图从右边读起，一切（事）由（人）（地）（物）成立相互关系以构成的。而代表他们的原动力，是（金钱）。金钱所以运用人地物以成事的。这人地物和金钱，各有（数）的运用——有无多少消长。（形）的运用——大、小、方、圆……动静。（时）的运用——久暂。数与形与时，还互相配合，而一切一切最高支配者，惟（人）（管理者）。最理想的，这全部机构，沉浸在民主精神中间。但这只是方法。依照着他所认定的（方针）而进行。①

黄炎培领导的职教派，在教育界、工商界人脉很广，其关于行政管理的言行，直接、间接在社会上影响非浅。例如第八章第一节提到的黄伯樵，后文将述的邹韬奋、秦翰才等，早年都曾与他有相当密切的接触。黄伯樵留德前后在中华职教会所办中华职业学校及附属工厂任过职，论管理思想与实践，两位黄氏可谓各有千秋。黄伯樵的科学管理原则是简化手续、划一标准、提高效率。他提倡的管理方法是：真——精密、准确；善——经济、简便；美——优良、完备。他的工作精神是：清——廉洁、刚方；慎——谨严、允当；勤——刻实、恳切。

顾震白在《悼念黄伯樵先生》中记叙：

---

① 黄炎培：《关于民主精神与科学管理几个原则》，《中华工商》1947年第1期，第24页。

他要你做一件事……总是指示周详，给你一条清楚的路线。等到你
销差或交卷时，他总是先用温语慰劳你，奖励你；倘有不妥，再指示你
怎样补救，怎样修正。所以替他做事的人简直拼命的干，因为觉得干得
有意义，有兴趣，倒不在乎有无报酬。……他对部下，从无疾言厉色，
除非你有不轨的行为，犯了他的大忌，那他就要对你不客气，或竟把你
立刻开除……我只觉得他老人家头脑是清楚的，见解是高超的，心地是
光明的，言论是刚直的，处理任何事务是科学化的；尤其是他品格的纯
正，胸怀的坦白，度量的宽宏，思虑的周密，指示的周到，在不知不觉
中感化了不少人物，培养了不少人才，并且也转移了一部分的风气，真
可说是不磨的功绩！①

顾文所在期刊其他悼念追思的文章也情真意切，如奚玉书《纪念伯樵先生》、
吴希韩《黄伯樵先生之言与行》、赵祖康《敬悼黄伯樵先生》、赵曾珏《我
所认识的黄伯樵先生》、于诗鸢《黄伯樵先生传略》、杜殿英《黄伯樵先生
之生平》、陆宝淦《哭黄伯樵先生》、沈秦廷《黄伯樵先生精神不朽》、曹省
之《怀黄伯樵先生》、瞿钺《言行一致之黄伯樵先生》、夏书章《市政建设
之人的因素：从黄伯樵先生的生平说起》等，都很有说服力、感染力。

黄伯樵本人的著述，如论文有《发展中国机器工业之我见》（《中国建
设》1934 年第 10 卷第 4 期）、《要从经济效率上着想》（《长城》1935 年第 2
卷第 3 期）、《国货事业的合理化问题》（《国货与实业》1941 年第 1 卷第 1
号）、《铁路管理制度改革之建议》（与夏光宇合作，《世界交通月刊》1947
年第 1 卷第 4 期）。

黄伯樵、夏光宇的《交通部战后组织之拟议》②写道："交通部所主管
者，为路、电、邮、航四种事业，大都属于国营性质。"经营和行政未能划
分，"以致部内有百务丛集……而对于大政之设施，根本之策划……不能专
力从事，是皆由于组织上之缺点所致"。分析部中的职掌，可划为六项：执
行国家交通政策；规划国家交通建设；监督地方交通行政；主持国家交通建
设工程；监理全国交通事业；执掌有关交通法律事项。那么，交通事业的管
理经营应设立独立机关负责办理，交通部处于统辖监理地位，专负行政上之

① 顾震白：《悼念黄伯樵先生》，《市政评论》1948 年第 3 期，第 22－23 页。
② 黄伯樵、夏光宇：《交通部战后组织之拟议》，《世界交通月刊》1947 年第 1 卷第 3 期，第 2－11 页。

职责，其编制不再按事业分司，而改为秘书厅、人事司、建设司、监理司、财务司、购料委员会、交通法规委员会、统计室、顾问参议室。所统辖之部外机关有各工程处（铁路、国道、河港、机场、桥渡、电信、交通器材等），以及各国营公司（铁道、航业、电信公司，邮政、公路总局）等。各司内部，如建设司内辖勘测处、新工程管理处、桥梁处、事务科、技术标准委员会和材料总厂（库），并负责技术上对部属各工程处及制造厂的督察指导。监理司内辖铁路、公路、航政、空运、电政、邮政、事务各科，以及价格委员会、视察处，并负责从经营管理上对部属各国营公司督察指导。

## 二 邹韬奋等人的事业及职业管理著述和实践

邹韬奋（1895 – 1944），原名邹恩润，江西余江人。1921 年从圣约翰大学毕业后，进入穆藕初的厚生纱厂任英文秘书。1922 – 1926 年担任中华职业教育社编辑股主任，编撰"职业教育丛刊"六种及其他译著三种，编辑过《教育与职业》月刊，紧随黄炎培号召的职业教育运动，发挥了不小的作用。那时他出版的几本书署名是"邹恩润"。

1922 年，邹韬奋接受黄炎培交给的任务，研究和翻译 1920 年最新出版的希尔（D. S. Hill）博士的著作《职业教育导论》（*Introduction to Vocational Education*）。他参考了 30 余种外文书刊，接触了布洛姆菲尔德（M. Blomfield）、霍林沃思（H. L. Hollingworth）等人的职业心理学，还尽可能"结合中国的实际情况"，但由于中国统计资料甚少，只能亲自调查数据，编译稿才得以完成，定名为《职业教育研究》，由上海商务印书馆 1923 年出版。

1923 年，邹韬奋编译了《职业智能测验法》（"职业教育丛刊"第二种，由商务印书馆 1923 年出版），原书为贾伯门（J. Grosby Chapman）博士著，1921 年出版，书名为 *Trade Tests*（《职业测验》）。贾氏曾担任美国军队职业知能测验部甄别人才委员会委员，美国工业部面试职业人才股顾问，美国陆军部测验标准股专家顾问。邹韬奋接着编译了《职业指导》（《职业教育丛刊》第三种，上海：商务印书馆 1923 年出版），称："即在西洋教育先进国，其有系统有组织之办法，亦距今不过十年左右。"1925 年 1 月，他编纂的《职业指导实验》第二辑出版（"职业教育丛刊"第四种，商务印书馆出版）。这本书是对中华职业教育社陆续在一些重点中学开展"一星期职业指导运动"的经过、内容、实施方法的概括总结。他和杨卫玉跑了好几个省推广。1926 年，他编译了《职业心理学》（"职业教育丛刊"第八种，商务印书馆 1926 年出版），依据美国密歇根大学心理学教授古力非此（Charles H. Gfiffits）1924 年出版的新作《职业心理学》，"复参考他书"，完成了编译工作。他的挚友、清华大学心理学教授、由美返国的庄泽宣博士赞叹道："中国谈职业心理之书，这本是一个先锋了。"

至于邹韬奋编著的《书记之知能与任务》①，具体介绍"书记"（secretary，今译为"秘书"）这一职务的工作任务、应具备之基本知能与常识，以及多种办公方法，诸如怎样办理文牍、怎样保管文卷、怎样预备及做好会议记录等。

1926 年 10 月，他接编《生活》周刊，这是中华职业教育社的附属刊物。经过他的努力，至 1932 年，《生活》周刊已成为全国发行量最大的刊物。1933 年 7 月，书报代办部改为生活书店，并与中华职业教育社脱离，组建了一个独立的合作社式的企业性组织。《生活》周刊也成为生活书店事业的一部分。经全体社员大会选举，邹韬奋、徐伯昕、杜重远、王志莘和毕云程五人当选理事，邹韬奋为总经理。克服了当时恶劣的政治和社会环境，生活书店在全国各地的分店最多时达到 56 个，总人数达到数百人。

邹韬奋对生活书店的经营管理是全方位的，涵盖战略管理、营销管理、人力资源管理、财务管理等方面，系统全面且卓有成效。邹韬奋著《事业管理与职业修养》②，收录自己 1940 年为生活书店的《店务通讯》（内部刊物）而写的 47 篇文章，分四个部分结集。第一部分讲"民主集中制"，这是列宁提出的联共（布）党的最高民主原则，也成为苏联政府和民众的政治生活准则，在全世界革命团体和社会组织中普及。作者在这里特别强调"民主的纪律"，即经民主选举的领导机构和领导者须向全体群众负责，有错得由会议决定纠正之。第二部分谈干部政策的重要。第三部分是关于服务态度，强调"生活（刊物和书店）精神"，即服务社会的精神和民主作风问题。第四部分是讲工作与学习中的修养问题。贯穿全书的是新型的民主管理精神。

生活书店在权属性质上是"先进的合作社组织形式"，即股份合作制，员工成了合作社的社员，"全社资产归全体同事所公有……社员共同投资，经营出版事业，促进文化为宗旨，除用在服务社会事业上的费用外，所得盈利归于全体"。全体同事都是管理者，同时全体同事都是被管理者。管理机

---

①　邹韬奋编著《书记之知能与任务》，中华职业教育社，1926。

②　邹韬奋：《事业管理与职业修养》，韬奋出版社，1946。

构有理事会、人事委员会、监察委员会、自治会，都由选举产生。领导以集体名义行使权利，社员通过选举、评议参与决策，由此"造成集体的管理和民主的纪律"。

生活书店的成功管理是与韬奋的"人本主义"理念和"人才主义"政策分不开的。他认为，事业的发展要靠人才，主持事业最重要的是在用人。凡关于物色人才、培养人才、爱护人才、提拔人才、分配人才、督察人才乃至奖惩人才，都包括在内。领导者要"有知人之明，有用人之能"。邹韬奋的"人才主义"政策包括：（1）"为公择人"，坚决杜绝安插私人。（2）重视有创造力的人才。（3）重视对中坚干部的培养，中坚干部处于"锁钥"的地位，起着下情上传、上情下达的桥梁作用，对工作的开展及人才的培养起着关键的一线作用；要爱护人才，尤其是年轻干部，要从各方面去关心他们。号召青年工作者要常在进步的过程上向前迈进，"非在学习中求进步不可，学习是进步的源泉，学习可以增加工作效率，这两方面是应该相成相辅而不应该相妨相碍"。要求管理人才与技术人才培养双管齐下。各员工要根据各自岗位的特点尽量提高自己的技术，像"干部决定一切"一样，要提倡"技术决定一切"。

邹韬奋对生活书店的管理理念，来自对先进文化的学习、对先进生产力的了解和对广大人民利益的关怀，着力于团结职工打破敌人的"文化围剿"，重视政治思想工作，吸收当时传入中国的科学化管理技术的内容，涵盖人力资源、经营、财务、质量、营销各方面，而且是十分成功有效的，这与他崇高的政治信仰和卓越的管理思想分不开。①

秦翰才（1895－1968），名之衡，上海陈行乡人。中学毕业后，经黄炎培介绍任江苏教育会文书，1917年后转入中华职业教育社总务科任秘书、通讯主任。黄炎培赞他"其为人秉性恬静，而践履笃实，邃于旧学，而博于新知，诚好学深思之士也"（《做人做事及其他·黄序》）。1927年后，他受黄伯樵之聘为上海市公用局秘书科科长，后随黄转为"两路局"（京沪、沪杭甬铁路管理局）秘书，负责文书档案管理。抗战初期，到重庆任交通部专员。1939年夏，去香港参与编纂《中国经济建设资料》。后赴兰州甘肃水利林牧公司任主任秘书，写成《左文襄公在西北》，成为国内左宗棠研究的开

---

① 参见邹韬奋《事业管理与职业修养》，生活·读书·新知三联书店，1982；孙起孟《韬奋先生的干部政策》，载《永在追念中的韬奋先生》，韬奋出版社，1947。

拓者。抗日战争胜利后，为上海中国纺织机器制造公司秘书处长。1956年被聘为上海市文史馆馆员。

《上海市公用局行政管理实况》的编写，① 起因是局长黄伯樵的倡导："首先以西方之科学管理方法，传入吾国之行政机关。"公用局成为上海市机关管理的模范单位，来访来学的人员络绎不绝，而该局新人也得学习相关规章办法，于是干脆写成系统的文字公之于世，也供市民加强监督和互动。"本书所载过去事实，以十六年七月至十九年十二月为限断。""本局同人以为公服务为共同之目标，一方面采取近世各国之所谓科学方法，期达于真（精密、准确）美（优良、完备）善（经济、简便）之境界；一方面服膺我国素所尊尚之政治精神，期达清（廉洁、刚方）慎（谨严、允当）勤（刻实、恳切）之境界。""本局自成立于今，无一事、无一日不在继续改进之中。一切办法，或由未规定而成有规定，或由简略而及繁密。"全书的脉络：（1）引言；（2）各部分编制及其关系；（3）收文；（4）发文；（5）收发文关系事项；（6）档案；（7）典职；（8）考勤；（9）编辑与记录；（10）管理图书；（11）印刷；（12）金钱会计；（13）物品会计；（14）审计；（15）庶务；（16）各科室一般行政手续；（17）其他人事与招待来宾；（18）局内交通与其他人事；（19）办理交代；（20）三年中之感想。全书附有大量原始文书表格图形，以及系统图、示意图等，可说是极为适用的机关管理指南，前所未有，具有里程碑意义。此书虽未标记编者姓名，但秘书秦翰才显然起着核心作用。

秦翰才更擅长的是文书撰写和档案管理工作。其《文书写作谈》说："我总以为公文程式，只要看几次就明白，可以不学而能的。并且稍有出入，稍加变通，并没有多大关系。至于怎样撰拟，要有根底，要有素养，要有见解，还要有权力，不是光凭这种书可学而能的。"公文书中最饱和着官气。"文书的范围，通常只指公文书，或更包括私人函牍。我以为像撰拟报告书、意见书、计划书、法规、契约和表式等等，都是文书。"研究文书写作，内容重于格式。市上有不少讲格式的书可参考，或者多看几种政府公报，便可熟习各种公文体裁和公文术语的用法。"我常主张'文书经济'"，就是要在手续、方式和材料种种方面，要节省人力、物力、财力、时间、空间，并且要兼顾目前和以后、自己和别人。全书用随笔的体裁，有感而发，随感随

---

① 上海市公用局编《上海市公用局行政管理实况》，上海市公用局印，1931。

写，无拘无束，共得 110 条。常摘举反面事例加以分析批评、删改修补，得出正确的样式。最后几条，征引古代名臣的文书进行品评，具有经典意义。例如林则徐、胡林翼、曾国藩、左宗棠、李鸿章，还有更早的张居正、陶澍，以及曾、左之后丁日昌、薛福成的政书（奏疏、函牍、批札），乃至张謇的《张季子九录》（意见书、计划书、报告书、公牍等）。"取法乎上，仅得乎中。"①

《档案科学管理法》是秦翰才与同事顾震白、吴芳孙探讨交流后写成的。② 吴芳孙是两路管理局档案股主任，效仿过上海公用局的做法，并自著《一个五年间之京沪沪杭甬铁路管理局总务行政》，调往资源委员会后仍依其经验整理案卷。顾震白曾任津浦铁路管理局秘书，主持该局旧档整理，撰著《铁路文书处理之设计》，用于湘桂铁路管理局实际工作，取得成效。秦书说，"此项管理档案方案，亦为科学管理原则之一种"，分为：档案性质之新认识、档案工作之新组织、档案编管之新方案、档案人才之新标准、档案用品之新设计。附录有旧档案整理办法，划一适合档案之文书用纸办法。所以，集三人之实际经验的秦书，适合机关行政和企业管理之用，也掺入了战时条件下因陋就简的办法，并附上《档案编管用品目录》和各种文件、表格、卡片式样，可按图采购和制作。

这时，秦翰才还写了《做人做事经验谈》③，连载于中华职业教育社的《国讯旬刊》，后结集出版。体裁也是随笔式的。作者认为，事务管理原是琐琐屑屑的，"'事务'就是通常所说'庶务'……有'杂务'的意思……凡是不在'文书处理'、'人事管理'、'会计管理'三部门范围内的，都在'事务管理范围之内'"。读者从中可以得到实际从事杂务工作的教益，以及很多未被人谈及或注意的诀窍。

吴胜己教授的《机关管理方法》由中国行政研究社于 1941 年 7 月出版，是该社"行政研究丛书"的第一种，出版于西安，42 页，有表，大小是 19cm×13cm。介绍机关组织的方式与领导，人事，办公厅等的管理工作，以及文书处理、科学管理等。

---

① 秦翰才：《文书写作谈》，上海耕耘出版社，1947，第 5 - 25 页。
② 秦翰才：《档案科学管理法》，科学书店，1942。
③ 秦翰才：《做人做事经验谈》，国新书店，1942。

### 三　何清儒的职业与人事管理研究

何清儒著有《人事管理》。何于清华毕业后成为留美教育学硕士，留学时注重到校外参加实习和考察，擅长职业教育，在上海中华职业教育社接触到职业指导及较广泛的企业管理咨询工作。曾出任著名的民营企业东亚毛纺厂的人事部主任，从事过几年人事管理以及应用心理学的实践与研究工作。1934 年 5 月，何清儒邀集上海一些率先建立了人事部门的单位及专家，在中华职业教育社的支持下成立了中国人事管理学会。他被推选为理事长，之后几年，他带领一批志同道合者开展了广泛的人事管理研究活动，可以说是我国人事管理理论研究和实践的先驱者。

他于 1931 年编著的《人事管理》，被收入商务印书馆"商业小丛书"之列，是较早介绍国外人事管理思想的专门书籍。他说："我国关于人事管理的专籍很少，除拙作《人事管理》外，此册讲义（中国人事管理学会讲习所第一届讲义），实为研究者最重要资料。"从这本著作中，我们可以了解到当时人事管理工作的主要内容、人事管理的理论发展和实践情况。作者指出，"科学管理在我国可以说是一个名词，而对于人事管理有了解的，更是有限"。"现今所亟待的，是能将国外学理经验中能切合我国实用的精华，介绍给国人。"人事管理就是用科学的方法和原则去管理一切关乎人的事务，目的不但要使事务尽用人才、增加效率，并且要使个人得展其才能、乐其职业。因此，人事管理不仅有利于事业的发达，而且有利于国家和社会的进步，是能增进全人类福利的事业。人事管理是科学管理中的一大重要部分，因为"实业的发达，虽在乎机械、物质的优美，但是人的才能智力，是能主动这一切的。人的能力，若是选择、分配、运用不合理，机械、物质恐不能发挥最高的效率。所以实业机关，对于人事若办理不善，亦能使事业失败。"人事管理包括的事务很多，凡关乎职工个人、职工与机关的关系、职工相互关系的事务都在这里面。作者由个人数年的研究和经验中选取最重要的材料，力求精确。[1]

全书共 14 章，内容依次为概论、职工的选择、面洽、测验、工作分析、职工的训练、职工的调剂等评量法、职工的升进和（原文为"合"）调换、职工的考勤、职工的代谢、福利事业、安全事业和人事管理的组织。总的来

---

[1]　何清儒编著《人事管理》，商务印书馆，1939，第 12 页。

说，可以分为职工的选择、职工的训练、职工的调剂和职工的待遇四大部分。书中对人事管理的阐述受泰罗科学管理思想的影响很深，注重工作分析、工作效率，强调职业心理学的重要性。该书内容最多的一章不超过8000字，最少的一章仅有2000字左右，语言简洁，通俗易懂，适于初学者及普遍推广。但可能因为是较早的人事管理书籍，针对某个问题，作者多注重介绍，写明"为什么"、"是什么"，而不重视阐述"怎么样"，缺少技术性和操作性。例如第六章，关于职工的训练，作者认为训练对于职工工作方法的改善、工作效率的提高大有益处，因此应该重视训练。职工训练方法可以分为讲授法和实作法；（根据工作性质）训练内容有普通的和特别的之分；训练中要注重考核职工的训练成绩，并进行进度调整。但对具体应该怎样组织、实施职工的训练，应该开设什么课程，则没有展开说明。第八章"分等评量法"（测试职工的性情、品格等），应该是其中技术性比较强的一章，但是所介绍的方法都是定性分析方法，可能是借鉴了心理学研究的方法，以现代人的眼光来看，主观性强而科学性不足。如其中的人与人评量法，是将被评量的人与心中数人相比较。而定等级的方法，具体的步骤如下：（1）认定要评量的事项或整个人格，如诚实、忠心等；（2）由所熟悉的人中选出3人或5人，代表在性格上的三级或五级；（3）每级定一个分数；（4）将被评量的人与代表的3人或5人相比较，看他与哪个人最相似，即给予相似的等级和分数。以上方法可以用图表表示。

仅以"诚实"一项为例，对5个职工进行评量，括号内是等级和分数。张某某（甲，100）；李某某（乙，75）；王某某（丙，50）；赵某某（丁，25）；孙某某（戊，0）。如果测评人认为被评量人在诚实方面与王某某最相似，则被测量人的诚实等级是丙，诚实分数是50分。很明显，这种评量法操作很简单，但是技术性不足，无法保证公平。缺少技术性和操作性是该书的一个较大弱点。因缺乏社会配合，其资助的人事管理实践活动仍然是不够的，我们不应苛求前人在这方面有什么重大突破，而应该敬佩其勇于探索的精神。

在民国时期，公共部门的人事管理被称为"人事行政"，与之相关的著作较工商企业人事管理著作要多得多，主要有：甘乃光编著的《孙中山全集》、《中国行政新论》，刘世传译的《行政学概论》（属"大学丛书"，L. D. White., *Introduction to the Study of Public Administration*），美瓦尔克的《英国公务员之训练》，王世宪译的《英国高级文官》，张金鉴编写的《各国人事行政制度概要》、《人事行政学》，陈乐桥编著的《英美文官制度》（属"百科小丛书"），张云伏的《美国公务员之训练》（属"中央政治学校研究部教育丛书"，Harvey Walker, *Training Employees in Great Britain*），薛伯康的《中美人事行政比较》、《人事行政大纲》，黄景柏的《中国人事问题新论》，谢天培和何鲁成分别编著的《人事考核》，曹立瀛的《公务人员统计之编制》，何伯言所著《人事行政之理论与实际》，赫斯本著、屠哲隐译的《学校人事管理》，余秀豪的《警察人事管理》，杨礼恭的《人事行政与组织》，萧文哲的《行政效率研究》（属"行政效率丛书"）、《普通考试行政人员考试全书》，郑尧枰编著的《增进行政效率之方法》（属"社会科学小丛书"），吴文柟的《县政府人事管理》，施养成的《中国省行政制度》（属"国立西南联合大学行政研究室丛书"），周焕的《我国人事行政改进问题》、《新县制实施下的人事制度问题》、《各省政府设置人事处之建议》、《广西人事之检讨》，吴有梅的《嘉兴县政府人事管理概况》，国民政府司法行政部编的《铨叙年鉴：民国二十至二十二年》、《司法法令汇编》第四册《律师法令·人事法令》、《人事规则汇编》等。

　　何清儒编写的《事务管理的实施》面世不久，全面抗战就开始了，该书本来印数就不多，因此没能在大后方广泛流行，也由此可见日本帝国主义为中国管理学的近代化进程横添了多少障碍。编写《事务管理的实施》这本书的起因是，在黄炎培的倡导下，1935 年 6 月，中华职业教育社组织了一个事务管理委员会，"举行事务管理调查，向国内各种著名机关搜集实施报告，以备由这些材料中可以提出实用的原则来"。这是一套长约 30 页的调查问卷。首先是单位的概况（必填）：如机构名称、地址、电话，主要业务（可有多项），全部人员（分职员、工人、杂役、学员等），事务管理部门在组织系统上的地位，事务管理分为哪些部分，负责事务管理的职员（职称、人数、职权、资格等）。其次是调查的七类主要事务：房舍（建筑、修缮、布置、整洁、其他），物品（采购、保管、处理），工役（招雇、训练、考绩、其他），膳食（采购、管理、检查、布置），保安（警卫、消防、急救、治疗），交通（门禁、邮电、电话、舟车），其他（开会、展览、旅行、招待、宣传）。

　　这里仅以"旅行"（指组织本单位职工集体旅游的活动）类事务为例，调查问卷的内容是（要求被调查单位尽可能填写得具体）：（1）旅游团如何组织，私人介绍还是公开招致（指是委托旅行社之类服务机构，还是找私人承办）？（2）旅行日期及（起止）时间如何确定？（3）旅游程序表如何规定？（4）费用如何计算（承包，或是多找少补）？（5）费用如何收取？（6）舟车如何准备？（7）途中饮食如何准备？（8）途中照料人员如何分配？①

何清儒的其他著作还有《美国校外职业指导实况》、《职业指导学》（以上由商务印书馆出版）、《中国青年职业问题》（青年协会书店出版）、《现代职业》（新月书店出版）等。发表论文百余篇，如：《专门人才与领袖人才》（《华年》1932 年第 1 卷第 6 期）；《心理学与人事管理》（《心理季刊》1936 年第 3 期）；《心理测验与职工选择》（《工商管理月刊》1934 年第 1 卷第 5 期）；《实业心理学与现代世界》（《教育杂志》1938 年第 28 卷第 2 期）；《主要兴趣测验》（《教育与职业》1933 年第 141 期）；《年龄与效率》（《工商管理月刊》1934 年第 1 卷第 2 期）；《几种基本的人事工作》（《工商管理月刊》1934 年第 1 卷第 1 期）；《人事管理实施纲要》（《人事管理》1935 年第 1 卷第 4 期）；《人事管理的重要》（《复旦学报》1935 年第 1 期）；《人事管理问题》（《人事管理》1936 年第 1 卷第 6 期）；《职务资格的研究》（《教育与职业》1933 年第 143 期）；《工作分析的用途》（《人事管理》1936 年第 2 卷第 2 期）；《职业分类与职业课程》（《教育杂志》1935 年第 25 卷第 2 期）；《如何考选职员》（《人事管理》1935 年第 1 卷第 1 期）；《如何辞退职工》（《人事管理》1936 年第 1 卷第 9 期）；《人才供求的统计》（《月报》1937 年第 1 卷第 1 期）；《人才调剂》（《全国学术工作咨询处月刊》1935 年第 1 卷第 3 期）；《事务管理的训练问题》（《工商管理月刊》1941 年第 1 卷第 3 期）等。

---

① 何清儒：《事务管理的实施》，商务印书馆，1937，第 2 页。

# 第十一章　行政学若干理论研究的深化和拓广

1925 年 12 月 3 日，钱端升在清华大学讲演《政治学》，其"政治学之分类"部分将政治学体系分为政府、政事（政治活动及原动力）和国际关系三部分。在政府部分之下又分三项，即（政府的）起源及发展（宪法史等）、组织（宪法学、比较政府、某国政府、联邦政府等）和职务之执行（立法、行政）。所以，行政仅处于第三级，具体内容包括行政法、中央行政、地方行政、某机关行政、司法行政和比较行政等。"然余则认司法乃行政之一种"，这虽是他个人的分法，但"乃聚欧美各学（系）之政治科目而分者，妥否尚待斟酌"。德国叶利尼克曾分政治学为普通及特殊两类。各科之偏重在各国不同，中国大陆仍偏重组织方面，美国则偏重行政及政事。钱端升说，近年来中国大陆各大学亦有注重行政及政事之倾向。①

## 第一节　行政学新论和行政学史的研究

钱端升这篇文字对我们的启发很多，尤其是行政学在"政治学之分类"中的地位和所包括的内容，他都明确地列举出来；又"各科之偏重"（行政及政事），还有"市政之研究"等，都是本书研究行政（学）史料时需要注意的，所幸基本上没有违背。至于方法，正好是本章要参考的（用于比较以下学者的观点），并将在后文中引述诸家的方法论文章。

一　对政治学、行政学某些问题的再认识

钱端升此文对"政治学"的认识，可归纳为以下几点：

其一，政治学之名称及定义。"政治学者，研究人类政治活动及其政治组织者也。"

---

① 钱端升：《政治学》，《清华周刊》1925 年第 24 卷第 17 期，第 963 页。

其二，政治学是否为科学。钱氏以为凡科学当具下述之两要素：（1）有许多有因果关系之事实，可供吾人研究；（2）于此种事实中，吾人须能得到通律，用以解释相同之现象。就以上两点观察，则政治学距科学尚远。有数难点今举如下：（1）政治学中之名词多普通习用之名词，不易成为专门名；（2）科学可以通过试验而得结果，然政治之现状非气压或者重力可比，吾人无法可使之就范而做吾人之实验；（3）与政治学有关系之各种社会科学尚未成为科学，因之政治学亦难成为科学；（4）研究科学需用客观眼光，而政治学则往往用主观眼光，发表个人意见，此实科学所最忌。

其三，与政治学相关之学问。（1）法律。研究同一之事物如政治学则从组织方面着眼，而法律则从权利方面着眼是也。然彼此之关系当然密切。（2）经济学。如一国之预算，在政治范围内；然缴税之法则，必须合于经济学之原理，再必用法律手续通过之。于此可见法律、经济两学与政治学关系之密切。（3）历史。无历史知识即不能会悟一时之政治现状，故不可不知之。（4）心理学。不知心理学则不能测知群众之心理。此外，如哲学、生物学等，皆与政治学有关。

其四，政治学之现状。文章说，政治学一科，七八十年前尚未自成一科。盖政治学大别之，不外政治思想、政治组织及政治现状而已。思想为哲学之一部，政府之组织、政权等学则大概属于法律。政治学自成一科自美国始，欧洲各国仿之不过最近数十年事也。

其五，政治学之用途。（1）政治学问可作一种知识研究之。（2）政治学可当作一种研究方法。政治学研究方法因时而异。在上古注重想象，在中古往往为拥护当时之政制，至近世则偏重于福国利民之政治方式之研求。（3）实用。可谋政治之改良。

其六，政治学之将来。政治学如能成为科学，则可自成一家，在社会科学中当可占位置。否则，恐仍不免介于哲学、法律之间。文章总结政治学在当时的特点。（1）比较方法，用之者日多一日。（2）忽视政体方面的研究而重视职务方面的研究，忽视形式方面的研究而重视运用方面的研究。（3）国际关系之研究，渐为一般人所注意。（4）分类繁多，日甚一日，如美国竞作市政之研究，更为之分门别类，然往往有轻重失均、舍本逐末之弊。（5）设置研究学问的特别机关。如德法各国皆有政治学院，中国近日亦有政治大学之设，而美国更多政治研究所。长此以往，政治学当不难成为科学，而在学术中占一位置也。①

浦薛凤在《政治学之出路：领域、因素与原理》② 中讨论三大问题："其一，何者为政治学之领域？易言之，何为政治？其二，政治学如何而可成科学？此即问，政治原理如何而可确定？其三，政治之因素有几？其关系又若何？"他又分别作答：

> 何为政治？政治乃是：（1）人类在其众多不同的疆域、团体与阶级中一切共同事务之有组织的管理——凭借若干强制力量，依照若干流行规律；（2）因此而起或与此关联的种种基要的、必需的与复杂的活动。所谓强制力量指一切能使他人服从的力量，无论其为有形无形、直接间接；故包括法律的、经济的、理智的、心理的以及物体的力量。所谓流行规律，不论成文与否，举凡教会条例、学校章则，以至国家宪法皆在其列。
>
> 就大体而论，政治学之"理论"层域可称作"哲学"；"叙述"层域实在是"历史"；"应用"层域不啻属"艺术"；而"定理"层域乃真是"科学"。
>
> 今日流行之政治学，盖仅有"理论"（政治思想之大部分内容）与"叙述"（如政治制度，国际关系，宪法诸课目之主要内容），而无"定理"与"应用"……不明"定理"，即无"应用"。

刘迺诚在《实验政治》③ 中指出，古代"无为而治"的消极政治现代要改为积极的方式，于是"实验政治遂为一般人所注意"。"实验政治是代表有人才，有纪律，有计划，有效率，并以提倡群众福利为目的之政治设施。""以本质言，实验政治是代表一种创造的精神，而非必表现任何一种特殊的形式。""以施政政策言，实验政治是代表数种政治改进上的主要原则，而不拘定于少数特殊的政治设施，在不同的环境、需要及政策下，可以采取任何适当的设施。"它是坚定有力、勇达目标精神的运动，统筹全局，顾及整个施政的各方面，追求最大效率之实现。具体要做到：政府机关之统属与监督

---

① 钱端升：《政治学》，《清华周刊》1925 年第 24 卷第 17 期，第 961 – 966 页。
② 浦薛凤：《政治学之出路：领域、因素与原理》，《社会科学》1936 年第 2 卷第 1 – 4 期，第 663 – 687 页。
③ 刘迺诚：《实验政治》，《新民族》1939 年第 3 卷第 20 期，第 622 – 626 页。

落实，各级机关的组织和职权之合理化，施政设计合适、周详可控，办公手续、文书、用具科学化，公务人员遴选、任用、训练、待遇公平优化，集中采购、招标、营建，杜绝中饱。为此，中枢机关应选任行家、专家组建政治研究委员会，研究上述问题的实施办法，建议各级机关制订计划上报审批施行，并指派专人调查指导。这样看来，此文所谓"实验政治"，名称标新立异，而"实验"也不符合普通涵义，似未引起热议与风行。

熊育锡的《格物致知诚意正心修身齐家治国平天下的政治哲学》[①]，引述"总理在《三民主义·民族主义》第六讲当中说：'中国有一段最有系统的政治哲学，……就是《大学》中所说的……（修齐治平）'"，并加以发挥，认为：是以伦理为基础，注意人格修养；根本观念是心理学中的感应说；这是一种治理天下的理论，以完全人格去感化人民为善；格物的目的是明理（致知），"格物而后意诚"（《大学》），"智识即道德"（苏格拉底）。所以孙中山说："这种真心诚意修身齐家的道理，本属于道德范围，今天要把它放在智识范围讲才适当。"熊氏总结说，以道德导民可使社会得安宁，以利益诱民则乱。

王英生《政治学新义》[②]指出，"关于'存在'（Sein，德文）的学问，是科学；关于'应该'（Sollen，德文）的学问，则是哲学"。客观的观察法，可以称为科学的方法；反之，价值的观察法，可以称为哲学的方法。"采取自然主义的客观方法去研究政治现象，使其成为有系统的知识，这便是政治科学。反之，采取主观的方法去研究批评政治现象，或阐明其意义，或寻求其指导原理，这是属于政治哲学的范围。所以政治学分为二种：即政治科学和政治哲学"。政治学是以政治现象为其研究的对象。现代政治现象，"一面是社会的支配和经营，他面是政权之取得和斗争，所以……里面包含着许多技术方面"。由此等技术方面表现出来的方略是为政策。政治政策学是应用的政治哲学，不是一个独立的学问。"柏拉图说：支配政治现象的有三个要素：一是自然法则（神）。二是机会（偶然事件）。三是技术（人为）。故政治现象有普遍性和个别性。""政治科学的研究目的，可以说在发见法则和记述个性。向来的自然科学研究方法，不能照样的适用于政治现象研究，必须以记述个性的方法修正之。简言之，抽象的定义主义，必须用实证主义修正之。"所以，政治史和政治学说史，"它们都应属于政治科学"。

---

① 熊育锡：《格物致知诚意正心修身齐家治国平天下的政治哲学》，《世界旬刊》1933 年第 3、4 期合刊，第 2 – 5 页。

② 王英生：《政治学新义》，《国立中正大学校刊》1943 年第 3 卷第 7 期，第 2 – 4 页。

何会源在《论孙中山先生关于中央政治制度之设计》中概括孙氏有关中央政治制度设计的要点为：（1）中央政府分五院；（2）行政院由全国人民投票选举之总统组织之，立法院由全国人民投票选举之代议士组织之，其余三院之院长由总统得立法院之同意而委任之；（3）行政院不对立法院负责，亦毋庸赖其信任；（4）五院皆对国民大会负责，但国民大会对于各院人员的失职不得自行罢黜，而有待监察院之弹劾；（5）国民大会之职权，专司宪法修改及裁判公仆之失职，国民大会代表对于一国之政治行使创制、复决、罢免之权，惟关于一国政治之选举权，则仍由人民亲自行使；（6）国民大会及五院职员与全国大小官吏，其资格皆由考试院定之。"实即以美国宪法为蓝本而加以补充者也。"补充的地方当然是监察院与考试院的设置，"尤有进者，候选人员亦在考试铨定之列"；还有国民大会，"美国之总统选举会与修宪批准会，似为间接民权而实直接……中山先生不过将此式民权之范围加以扩充，并赐以国民大会之名耳"。作者评论称，孙氏设计之中央政府虽五权分立，而其作用则彼此呼应如一有机体，行政院为其头脑，具统一之组织、集中之权力，立法、司法、监察、考试各院四周环立，分任辅助纠察、前挽后推之责。故其优点如总统制之有任责能力，如内阁制之有问责组织，且具瑞、德等国直接民权之效。他说："五权宪法于其运用上，不似欧美现制完全依靠政党之辅助……五权宪法之特色在使政党活动限于政策之实行上，政党所能支配之官吏以最上层之干部人员为限……政党云者仅一实行政策之组织耳。"但训政未完就制宪，不应称"五权宪法"。①

张奚若在《论中国的政治前途》中则揭露："选举、罢免、创制、复决，其实后面三项都是假的……代替议会、国会的是国民大会，三年开会一次，除了上面所说的选举外还能做出些甚么？……又有谁去罢免、创制、复决这些东西，说得忠厚点是'糊涂'，说得不忠厚点这是'欺骗'。"②

张汇文的《行政学之性质与内容》分七大块：（1）行政学与别种科学的关系；（2）行政学是不是科学；（3）行政学形成的原因；（4）行政学的本质；（5）行政学的定义；（6）行政学的内容；（7）结论。③

---

① 何会源：《论孙中山先生关于中央政治制度之设计》，《民族杂志》1934 年第 2 卷第 1－6 期，第 713－731 页。

② 张奚若：《论中国的政治前途》，《时代批评》1948 年第 5 卷第 97 期，第 15－16 页。

③ 张汇文：《行政学之性质与内容》，《中山文化教育馆季刊》1934 年第 1 卷第 2 期，第 555－566 页。

他说，行政是国家法律与意志的执行。行政学就是本着科学的态度，研究执行国家法律与意志所用的方法、技术和工具的学问。行政学的出现是时代的要求，借助许多已成的科学演化而成。在政治学中，它是属于应用政治学的分支，其所具的科学条件，远非政治学其他部分所能比。凡与政治学有关的科学，莫不与行政学有更密切的关系。它的理论，是以政治学的理论为基础；它的范围，是以国家的活动范围为轮廓；它的对象，不是行政的法律关系，而是事实的关系；不是研究行政权的来源与根据，而是研究行政行为本身。对于政治而言，行政有绝对的中立性，因此它不仅是手段，而且是目的。关于行政的内容究竟当如何研究，还没有一个具体与普遍的答案。我们只能说，研究行政的人愈多，则其所研究的对象必愈益具体化，而由研究所得的普通原则、原理必愈增加。行政学虽早已具有成为（一门）科学的条件，但是它的内容亟待充实与发展，希望对行政有兴趣的人共同努力。

社会学家、燕京大学教授徐雍舜博士曾在美国明尼苏达大学专攻行政学，1945 年 7 月 7 日写成《行政学与行政研究》[①]。内中分为：（1）行政学的建立。文中称："有系统的讨论行政学的著作之出现，始于第一次世界大战之后，盛于经济恐慌时期。"所举重要著作，迄于 1940 年高思与吴路卡特合著的《公共行政与美国农业部》，而"专门行政研究的报告与著作值得介绍的不止以千百计"。（2）行政研究的需要。包括：政府功能的扩增，干涉主义取代放任主义，人民要求政府做事做好，工商业进步对政府管理的促进。（3）行政研究的实例（美国大学、公私机构、社会组织等）。（4）行政研究与应用。作者认为，"行政经验与心得，就是行政学最主要的基础"，行政学者"应该先以公民身份认识当地政府，以公务员的地位认识行政业务，以行政首长的眼光观察整个行政问题，然后再以他人的经验或理论从事比较的研究，使各方面的学理与现实的问题扣合联系，如此才是真的科学家，才是活的行政学人"。

张锡彤（1903 - 1988，北京大学政治系毕业，燕京大学硕士，教授）的《论行政》[②] 探讨：（1）国家与主权。该文强调主权，介绍韦罗贝的观点："主权乃国家之最高意志。"（一元论）"国家为使政府代为表示并执行其意志起见，故赋予政府若干权力，是即政权，亦称统治权，孙中山先生则呼之

---

① 徐雍舜：《行政学与行政研究》，《中国行政》1945 年第 1 期，第 7 - 13 页。

② 张锡彤：《论行政》，《大中》1946 年第 1 期，第 13 - 22 页。

为治权。"此外，政治的多元论逐渐兴起。（2）政权之区分。古有三分法，近有二分法（司法并入行政）、四分法（增加公民团体）、五分法（孙中山）。（3）从五权分立制度分析行政之范围：行政受侵蚀最多，因考试权实质上全为行政权，监察权之大部分实质上亦为行政权。（4）行政的定义。分"控除说"（非立法、非司法）和"目的实现说"（实质的行政系为达成国家生活目的，在现行法规范围内欲获得实物上结果之作用）。（5）行政之种类。实质的分类，为外务、军事、司法、财务、内务五种行政，再加上组织行政；形式的分类，为国家行政、自治行政。

若干作者常引用亚历山大·蒲柏（1688－1744，Alexander Pope，英国启蒙主义者，其精辟语录为《牛津词典》收录）的话："管理最得法的政府，就是好政府。"（或译："管理最得法之政府，即为好政治与好政府。"）

任家诚翻译怀特的《行政专门化》①，原作发表于 1937 年 1 月，标题为 *Administration as Profession*，不到一个月就翻译为中文发表，可知中国学者的反应是很快的。文中说："受有专门训练之公务员之增加，改良公务员制度之威信及地位，结果造成一种环境，能优容无政治色彩而有专门技术之管理员。"美国人事行政咨询委员会解释什么是行政：

> 无论私营或公共事业，凡属复杂之组织，均需要相互之关联、计划及集中指导，与工作之委派，总括之曰行政。行政本身之智识及经验有确定之范围，其本身技术日渐发展，需要特种才能，适当训练，独具经验及本能的广为运用。
>
> 翻欲耳（H. Fayol，即法约尔）之定义中，言行政应包括计划、组织、命令、联系及统制。此五者确为英之管理级（Administration Class），德之高级公务员，及……殖民地管理人员所应完成之职能。

关于这类行政人员的素质，英国高级公务员协会描述："需要良好的智力训练，至遇特殊情形时，特殊之能力亦见重要，有时最要者为判断力、练达之能力、识别力及公正心。遇复杂难解之问题如租税及其他经济问题等时，更需智力之准备；舍此外，有时亦需创造及理想之能力。"专门职业如校长和市经理，他们合乎法约尔的"五条"，并具备"一种组织完善之智识，及特别管理

---

① L. D. White：《行政专门化》，任家诚译，《管理》1937 年第 2 卷第 1 期，第 93－105 页。

之技能"。其他岗位人员应有类似的专门化要求和改造。这里使中国读者首次
看到怀特也承认法约尔在行政学界的地位。

罗志渊的《行政管理与社会关系》，认为怀特与韦罗璧的行政学只解决
了机关内部的管理（组织、人事、物料、财务；后增加行政方式、责任体
系）问题，而行政机关作为社会组织离不开外部环境，即社会关系。[①] 该文
内容可分为：（1）如何贯联上下的关系。理想是，上对下信任，善为指导，
严为督率，解决困难，表扬功绩，征求意见；下对上信仰，接受指导，服从
命令，按制度用人办事，迅赴事功，有所权变，有困难可适当反映；自己应
忠诚职守，忠于职务。（2）如何协调左右的关系。应毕敬毕恭，互相信托，
争取同情，富于同情；莫自作多情，切忌争功诿过。（3）如何融洽官民的关
系。应获得民众的信赖；官员要有牧师的心肠，教师的态度，医师的精神，
律师的头脑。这些关系"确立了行政的社会基础"，"行政业务的实施，必
能事半功倍"。

张金鉴在其《行政学研究方法论（续）》[②] 中推荐了重要的中外书刊，
并加以分类。这个"书单"反映出我国学者对西方行政学论著了解的广度，
依凭、参考、利用的程度，以及当时国人自身研究（含个别译作）所达到的
高度，具有指导意义。本书限于篇幅仅摘引中文文献名：

甲、杂志
[按：前11种分别是英、美、法及国际行政学会（布鲁塞尔）的刊
物，兹不赘述。]（12）《行政效率》，（13）《行政研究》，两刊均为行政院
行政效率研究会出版，已停刊；（14）《新政治月刊》，重庆中央政治学
校研究部出版；（15）《服务月刊》，重庆中央政治学校毕业生指导部出
版；（17）《行政评论》，月刊，重庆行政评论社出版；（18）《政治建
设》，月刊，重庆中国政治建设学会出版。
乙、书籍
1. 一般参考。（按：前15种外文书也是行政学名著，兹不一一录
出。）（16）张金鉴著《行政学之理论与实际》，商务印书馆；（17）江
康黎著《行政学原理》，民智书店；（18）林叠著《行政学大纲》，世界

---

① 罗志渊：《行政管理与社会关系》，《新认识》1943 年第 8 卷第 1 期，第 15－18 页。
② 张金鉴：《行政学研究方法论（续）》，《服务月刊》1940 年第 2 卷第 5 期，第 88－107 页。

书局；（19）蜡山政道著、黄昌源译《行政学总论》，中华书局；（20）张金鉴著《行政管理》，贵州保甲干部讲习所印。

2. 行政组织。（按：前18种是外文名著。）（19）王抚洲著《工业组织与管理》，商务印书馆；（20）蜡山政道著、顾高扬译《行政组织论》，民智书店。

3. 机关管理。（按：前16种是外国名著。）（17）李培恩著《事务管理》（英文本），商务印书馆；（18）张天福著《普通行政实务》，商务印书馆；（19）何鲁成著《档案管理与整理》，商务印书馆；（20）程长源著《县政府档案管理法》，商务印书馆。

4. 人事行政。（按：前29种为外文名著。）（30）张金鉴著《人事行政学》，商务印书馆；（31）薛伯康著《人事行政大纲》，正中书局；（32）何清儒著《人事管理》，商务印书馆；（33）龚祥瑞著《欧美员吏制度》，世界书局；（34）张云伏著《欧美公务员制》，商务印书馆；（35）费巩著《英国文官制度》，民智书局；（36）邓定人著《中国考试制度研究》，民智书局；（37）薛伯康著《中美人事行政比较》，商务印书馆；（38）高一涵著《中国监察制度的沿革》，商务印书馆。

5. 财务行政（按：本书有言在先，不研究这一领域的史料。前20种为外文名著，这里仅留中文著作名。）（21）胡善恒著《财务行政论》，商务印书馆；（22）徐广德著《查帐要义》，商务印书馆；（23）尹文敬著《财政学》，商务印书馆；（24）何廉、李锐著《财政学》，商务印书馆；（25）雍家源著《中国政府会计论》，商务印书馆；（26）潘序伦、王澹如著《政府会计》，商务印书馆；（27）杨汝梅著《最近各国审计制度》，中华书局。

6. 物材统制。（按：全部20种均为外文著作。）

7. 行政研究。（按：前15种为外文名著。）（16）王人麟译《美国行政效率之研究》，正中书局；（17）行政研究社编《行政事实之搜求》（*The Search for Fact in Government*）；（18）谭春霖编《各国行政研究概况》，岭南大学印。


二　行政史和行政学史的研究成果

万良炯在《研究政治思想史的目的与方法（上）》中引述法国学者达兰

德（Desladres）的话："历史是生命科学，是坚实的原质，没有历史，政治学只是很脆弱、不稳当的学理。"作者自己说：

> 有记载事实的历史，有记载思想的历史……政治史是记载政治事实的历史，政治思想史就是记载政治思想与理论的历史。
>
> 政治思想史里边，当然是以各思想家的理论为主体，而历史事实等类，不过是说明某种思想的形成或影响，万不能有详细的记载。又政治思想理论中往往牵涉其他科学，因此，我们在未读政治思想史以先，最好先读：1）政治学，2）政治史，3）经济学，4）经济史，5）经济思想史，6）社会学，7）社会心理学，8）法律学，9）哲学概论，10）国际法与国际政治。而在既研究政治思想史以后，除阅读各种叙述的与批评的政治思想著作外，最好同时读1）思想家，2）有关系的哲学或科学论著。①

以上认识对于行政史与行政学史是同样适用的，有助于正确看待相关成果。钱端升在《政治学》中说：

> 政治学历史，与政治思想史无甚出入，因一代关于政治之著述，在后人观之，往往为政治思想也。中国几无政治思想可言，盖中国人对于政治极为重视，论语中有许多政治思想在内，其余如庄子、荀子皆有政治思想在内。不过此等书籍，多半为著者之人生观，故不能承认其为政治思想专书。西洋关于政治思想史之书籍，古时以亚里斯多德所著之 *Politics* 为最重要。希腊亡后迄十三世纪，仅有以下数端：1）犬儒派（Stoicism）物我同与之说，犹如中国四海之内皆兄弟也之义。2）罗马人之一天下主义（Universality）。3）随基督教而发生之宗教与国家之冲突，由此种冲突，而发生之思想。4）封建时代以小事大之思想……②

蜡山政道在《世界各国行政研究之近况》③ 的文末，摘引了匈牙利布达

---

① 万良炯：《研究政治思想史的目的与方法（上）》，《出版周刊》1934 年新第 77 期，第 4 页。
② 钱端升：《政治学》，《清华周刊》1925 年第 24 卷第 17 期，第 963 页。
③ 〔日〕蜡山政道：《世界各国行政研究之近况》，《行政效率》1934 年第 1 卷第 4 期，第 151 - 164 页。

佩斯大学马基里（Z. Magyary）教授的《行政研究的国际组织》（原载于英国《行政研究杂志》1933 年第 7 期）中的内容："最近行政学发达之最大原因，不外为战后各国皆设置行政研究所之故。"虽然英美"自发的精神，独立之态度，与个人责任之发达""与欧洲大陆之官僚制度相异"，但"行政研究与国际协力之重要性"自不待言。一个是日内瓦的国际科学管理研究所（IISM）研究"事务管理之诸问题……自 1932 年始行扩大，即由产业管理而延及于公共行政方面之同种问题……例如，人事行政及与此有关的能率调查问题"。多数国家研究"地方行政、都市行政诸问题，……而在布拉萨（法国城市？）尚有国际地方团体联合（IULA）"。又如"行政法之诸问题，……（例如公共事业或国营事业……所发生之诸法律问题，有两个组织，）一为国际公法协会（IIPL），一为国际比较法协会（IICL）"。"在 1923 年之国际行政诸科学会议（ICAS），亨利·佛约奴（亨利·法约尔）氏研究此行政'大企业'及其指导问题，甚为得当。""伯拉萨奴（布鲁塞尔）常设之行政学国际会议（IIAS），此乃由于 1930 年国际行政诸科学会议之常设事务局转化而来，现发行有价值之定期刊物焉。"还有"美国的公共行政研究所（IPA）在过去二十年曾为多方面之活动，同时对于社会科学调查评议会（SSRC）之大规模活跃，亦附及之"。作者认为更大规模开展国际合作很迫切，"英国行政研究所（IPA）曾负有研究此问题之妥当性及解决等之任务，……业经编成一意见书"。马基里·佐尔坦这份材料使我们眼界放开，例如对亨利·法约尔的工作虽只一语，却属于较早的中国文字介绍。

蜡山政道的正文首先介绍"伦敦大学讲师佛拿氏（Herman. Finer, 1898－1969，或译'芬纳'）之功绩"，说其大作《现代国家之理论与实际》（*The Theory and Practice of Modern Government.* New York：L. Mac Veagh, the Dial Press, 1932），"主在论列包含行政而为国家统治组织之广义政府（Government）之全体构造。其属于纯然之行政部门者，仅有'官吏制度'之第七篇……采用社会学的方法，政治学的方法，专就英美法德四国之官吏制度，为比较的研究。"赞其第二篇"国家活动之诸条件"，"诚为现代国家之政府学及行政学研究之理论前提"。佛拿对于行政学历史的发展，"重在近世初头之绝对专制的警察国家之重商主义（Merchantilism）及官房学派（Kameralism）之研究。……盖行政法学为十九世纪自由主义之产物，对于行政现象之研究，仅能及其半面。而今日之国家机能之增大，行政统制之扩大……是故溯及自由主义以前研究国家活动之诸条件，恂为至当之图。且由此即可窥知最近以统制经济为中心之国家活动之动向与随此而发达之行政组织焉。"文章认为，佛拿的《英国地方行政》（*English Local Government*，1933）理论上也有突破。

国人自著的，如刘百闵的《行政学之史的发展》，是一篇有相当深度和广度的文章，有助于理解西方行政学的学理演进和东传问题。摘要如下：

> 行政学之研究，发源于德国。十七世纪初叶，德国已具立警察国之雏形，警察行政，如火灾产业生活用品等等，莫不具体而微。在此时期，经院哲学之支配，已告倾覆，人文主义之勃兴，使各学者富于怀疑研讨之精神。……而于最初之理论原理作实际之运用者，则为萨克道夫（L. von Seckendoff）。然萨氏未能于行政任务作全部的考察，即于行政原理，亦未能加以系统的整理。继氏而起者，有 Becher von Hornick、Schoden 诸氏，彼等以行政之经济方面为对象，以完成行政学之体系。①
>
> 十八世纪中叶，专制之国家之组织，渐形完备。中世纪之诸体制，世袭族（Caste）及基尔特（Guild）等之阶级，已告消灭，君主之权力，至为强大……于是乃有启蒙运动之发生。当时之启蒙学者如博芬道夫、莱白尼兹、托马修斯、华而夫诸人，俱主张促进人民幸福，为警察国家之第一要义。余如人口政策、保护产业、义务教育，亦俱有述及，使保安警察之诸政策，为系统的理论化。惟彼等大抵以哲学之根据，阐明警察国家之原理，使哲学与行政融为一体，故其研究亦大率偏于理论，然于实际反多忽略。迨犹斯底（Justi）之《警察学原理》（1756）一书问世后，行政研究乃渐臻具体。
>
> 启蒙专制主义，原为求封建的专制主义及启蒙的个人主义间矛盾之解决；然市民社会之发展……加以当时英国之思想界，正鼓吹自由放任主义，与德国原有之保安警察学，更不相容，因是遂有康德理性的法治国论之发生。……柏喜（G. H. von Berg）……主张国家之任务，即为谋个人之安全，在促进幸福之口号下，在有秩序之国家中，决不可侵害个人之福利……故主张于国家警察，必须加以限制。此种理论，实为日后行政法学法律秩序之根据，而行政学（即警察学）之本身，亦因之渐分为二矣。

---

① 刘百闵：《行政学之史的发展》，《中国青年》1943 年第 9 卷第 1 期，第 25 - 27 页。

继柏氏之研究而起者为摩尔（Robert von Mohl，1799－1875）。摩氏虽为行政法之始创者，然于行政学亦有贡献。彼所采取之原则，厥为警察作用仅可于个人或集团之能力所不及时，方可容许其存在。……故摩氏之立论，亦可谓警察学与行政学之调和。然阐明法治的宪政与实质的行政之关系，树立行政之积极的意义，而奠定行政学之基础者，吾人实不能不归功于史泰因（Lorenz von Stein，1815－1890）。史氏于其大著《行政学》中，一方集过去行政学之大成，且予以积极的发展，他方又建设行政法学之体系，肇日后德意志行政法学界发达之端……今仅就其关于行政学之见解，略述如下。

史氏原为国家有机体说之倡导者，认国家为立于一定社会秩序之上的人格主体。如以心理学的方法，使此主体之意思和行动相互对立，则可区分为宪政和行政。所谓宪政，即为主体之组织意思；所谓行政，即为此主体通过此组织意思所为之活动。……宪政之最大机能，即为给与行政以限度与秩序。此种见解，今日视之，仍有存在之价值。

史氏于构成行政之根本概念后，复确立其行政学之体系。彼以行政学之任务，为研究国家权力提高外界之实在，即社会利益行动之作用，由此复产生三要素：

第一、国家统一之权力，使全部的个人生活关系，在统一意思之下，作成一有人格生命之活动体；并为使其服从最高目的起见，复分为有决定及其他能力之诸机关体系，行政学即为研究此诸机关体系之开展过程。是为行政组织论。

第二、行政内容，不仅对国家人格有关，即于国家人格以外之独立的共同社会，亦有相互关系，故行政意思，与宪政所定之法规相并立，而独立的表现其作用。故行政行为或命令之研究，亦为行政学之对象。是为行政作用论或行政命令论。

第三、宪法所定之法规与行政作用应如何调和，即所谓合法的行政问题，是为行政诉讼或行政裁判论。

史氏之行政学……所谓行政组织、行政命令或行政裁判，仅注意及国宪与行政之关系，而于行政自身之内容与特色，反被忽视。其次，行政诉讼或行政裁判，原为行政法学之范围，史氏并入于行政学之体系，亦有未当。且行政原含有技术的性质，史氏则认为法律关系，故此后学者亦致意于法律关系方面，……而于行政学之研究，反形漠视。

史氏……所建立之行政学体系，反成为行政法学之建设资料。考其原因，虽由于体系之欠缺，然德国当时公法之法律学的研究，需要迫切，实为基本之原因。……故自赖班德（P. Laband）之《德意志帝国国法论》出版后，概念的法律学之思潮，急激抬头，于行政之领域中，排斥其历史的政治的诸要素，而以法律学的方法，为研究之唯一原理……而承历史的地盘之行政学，则完全趋于没落。此种倾向，迄今日尚未有重大改变。

行政学之研究，虽以德国开其端，惟其发达，则远不如英美。英美为产业革命与民治运动之策源地，于行政效率讲求，较他国为早；且其文官制度，已有百余年之历史，于行政学之成长，极有帮助。学者如芬纳（H. Finer）氏，在其巨著《现代政府之理论与实际》（*Theory and Practice of Modern Gov.*），于各国之吏治制度，分析详尽，于"国家活动诸条件"之研究，亦有独特的见解。……美国惠罗培、惠德等使行政学之体系大备。

英美两国之行政学研究，因其国内缺乏行政法学之体系，视行政学为政治学伸展，乃以与行政法学相异之独特的方法，力图发展。……（德法等国）在欧战后，一方行政法学之纯粹法学化，他方又为产业经济之发展所刺激，故关于国家及公共团体行政之研究，亦有离开法律之立场而研究其制度之运用技术及其社会的效果者，如法国学者理卡特（P. D. Ricard）之《国家之技术组织》一书，于理论体系之建设，已有相当之成功。德国福吉尔……波伦特……匈牙利马基尔《匈牙利公共行政之合理化》等确有价值。

行政学之成立，在我国则尚为最新之学科。少数大学，虽有行政学一科，大率都仅注意西洋行政学入门知识之输入，缺乏专门的研究。多数大学，则仅设行政法一科。最近数年来，一方面，因市政之发达，使国人对于行政的技术，渐加注意；他方面，因省县改革新试验之企画，行政研究更成为事实上的需要……①

其实，吴兆棠的《行政学的发达过程及其倾向》② 是远早于刘百闵著述

① 刘百闵：《行政学史的发展》，《中国青年》1943年第9卷第1期，第25 – 27页。
② 吴兆棠：《行政学的发达过程及其倾向》，《现代论衡》1931年第1卷第5期，第12 – 17页。

的有特色的成果。分为：（1）行政的起源。"行政是有关团体或国家的公共事务之处理，其起源与人类社会生活同样悠久。"作者将纯粹发自国民需要的行政称为社会行政，而将发自统治阶级需要的行政称为国家行政。（2）行政学的成立及其发展。古代和中世纪由神权、君权支配行政，直到近代国民参政如立宪等而使行政复杂化，需要作学理的研究，如德国的警察行政产生警察学，英、荷的"国家福利增进"理想从行政的经济方面充实，建立其哲学基础，形成"哲学的官府主义"，即国家福利主义的行政学。另外，柏尔格（柏喜）主张尽量减少国家的行政活动，考虑行政学的界限，于是行政法学独立出来。接着，斯泰因主张行政应按国家和社会生活的领域而分类，即外务、军务、财务、法务、内务五种。经过他这样的整理，行政学才成为真正独立的科学。不过，拉邦德（赖班德）又大倡国法学及行政法学研究，以致斯泰因的行政学研究一度中落。直到 1908 年施密德在莱比锡大学担任行政学和统计学教授时，才稍有复兴迹象。（3）行政学的倾向。作者认为应确定行政学的对象范围，总的对象是行政现象。要分别就行政作用的发动者和受动者两方面的需要进行分析，各有三个研究问题的程序。吴兆棠似曾留英，有"合理化"、人事心理学和行政学方面的论著，后来在中正大学和教育部中教司主持工作。

吕学海（广东鹤山人，岭南大学毕业，南开大学经济研究所地方行政专业 1935 级首届硕士研究生），1940 年 4 月发表《我国行政研究之过去与将来》①。下面是该文摘要：

（我国）行政研究之兴起，还是最近十年的事，其主要原因如后。

（1）由於国难的刺激。"九一八"后……为救亡图存计……对于行政问题，特别注意。内政部为"完成地方自治，整理匪区善后，奠定国防基础，促进行政效率，统一内务行政"，于廿一年底召集第二次全国内政会议。……《县政改革案》中，并倡导设立县政建设实验区及县政建设研究院。……廿三年，蒋委员长督师鄂、赣时……则提倡省的合署办公，省县间行政督察专员的设置，县的裁局改科，县以下的分区设署及编查保甲等，使行政组织臻於严密，行政权力趋于集中……在行政工作方面，则提倡"管""教""养""卫"四大类新政，……各省有地方

---

政务研究会及各种行政人员训练机关的设立。

（2）由于训政的需要。政府的行政活动不但在范围方面或数量方面大加扩充，在实验方面亦趋于专门化与技术化。……"天下为公"，"选贤与能"，是中山先生关於用人行政的至高理想。……政府与学者对于行政研究也便逐渐发生积极兴趣了。

我国行政研究之兴起，与外国的情形是有所不同的：

在内容方面，……我国传习则素重实际，对法律不感兴趣，且受英美……影响较深，有点承受怀特（L. D. White）或韦路比（W. F. Willorghby）的衣钵了。

在原因方面，英美等国行政研究之兴起，其根本原因是由于产业革命（经济的）……我国行政研究之兴起，其根本原因是由于国难的刺激与训政的需要等（政治的）。

我国的行政研究逐渐的发展……抗战以来，行政院又成立县政计划委员会，负责县政的设计，其分组研究办法计分十五组：法制，人事，财政，户口，警卫，教育，土地，合作，农业，工业，交通，水利，卫生，社会调查，及慈善事业组。……出版丛书数种。

县政实验的团体，也是一种研究行政的组合，抗战前已推行。……近两年中央又令四川，湖南，江西，贵州，陕西，饬于所属县中，各择一二县为"新县制"之试验。……此外如内政部过去的县市行政讲习所，广西之行政研究院，江西、湖北、贵州等省之县政人员训练所，及各种性质相类的行政人员短期训练机关，以及抗战期间中央训练团成立之党政人员训练班等，均带多少研究行政的意味，其训练方法，亦注意于各种实际行政问题的讲授与研讨。其他团体，如上海人事管理协会、中国政治学会、中山文化建设协会、及抗战后成立的中国政治建设学会、中国县政学会、广西建设研究会等，对于行政问题，亦均有专攻或波及之注意与研究。……最近……成立中国行政学会及中国行政评论社，前者准备出版《行政季刊》，后者则已於今年元月出版《行政评论》月刊……

大学方面，近年来国内各大学的社会科学课程中，已多有行政学、吏治制度等科目之讲授……（若干学校设立研究机构，）尤着重于采行实地调查与社区实验的方法。

至于个人方面，对于行政研究常有论著发表者，有甘乃光、张纯明、张金鉴、张锐、张汇文、孙澄方、张忠绂、薛伯康、孙慕迦及江康黎等。行政学或研讨行政问题的专著或编述则有……，已将我国的行政研究专业，树立了相当基础了。

……（不过）它仍在幼稚时期……我们愿根据过去的经验，提出下列的意见或希望：

（1）丰富的参考设备。（2）有组织有计划的研究。（3）尽量利用本国的原始资料，彻底分析我国的行政问题，创造一套更丰富和更健全的行政学原理原则……

吕学海的《我国战时的行政体制》可说属当代中国行政史研究；《行政效率的文化基础》则带有史论性质；《行政集权与地方自治的配合问题》，是对于当时行政制度某些变化的论述，眼光也具有一定的深度。他不愧为中国首届行政学硕士。

三 普通和专门行政学史论文录目

张金鉴在《中国吏治制度之史的发展》[①] 一文中介绍了中国吏治制度的演进：（1）草昧时代之群众领袖；（2）殷商氏族社会之僧侣战士；（3）周朝封建社会之贵族公卿；（4）秦汉统一国家之贵戚官僚；（5）中古封建社会之氏族门阀；（6）唐宋以来专制君权下之官吏。这是他从中国行政史中抽绎的标志性"演段"。

张金鉴在《政府行政历史发展之阶段》[②] 的文章中，将政府行政发展阶段分为：（1）部落国家与神权的迷信行政；（2）封建国家与宗法的习惯行政；（3）统一国家与权力的刑罚行政；（4）民主国家与经济的保障行政；（5）集体国家与科学的服务行政。其中所说的集体主义（或社会主义），指由个人主义进化而来，"集体国家"的政府职能扩大。"政府行政既不以权力为骨干，亦不以经济为基础，而是以专门的科学知识及社会服务为内容。""行政内容乃日见专业化，永业化，科学化"，所需的理论、方法、程序等，亦自成体制与系统，构成有实践价值与学术地位的新学科——行政学。

---

① 张金鉴：《中国吏治制度之史的发展》，《人事行政》1943 年第 2 期，第 9 - 14 页。
② 张金鉴：《政府行政历史发展之阶段》，《政衡》1947 年第 4 期，第 29 - 31 页。

虽然本书不谈财务行政，但还是可以提一下相关的研究文章。李权时的《近三十年来中国财政学小史》和朱偰的《论中国之财政书籍及中国之财政学》是这方面有代表性的作品，作者是下了一番功夫的。

第六章已提到钱端升、萨师炯的《民国政制史》①。书中说："我国历代史志多有职官一门，典制专书亦复汗牛充栋。民国二十余年来，废置尤繁，且多不沿袭前代之政制。及今不述，公报等刊物且日澌灭，后人将益难措手。是编虽属草创，未能美备，然亦考究政治制度者所不可缺之参考也。"该书第一编"中央政府政制"，按时代划分为临时政府时期、临时约法时期、新约法时期、法统争执时期、法统放弃时期、初期之国民政府、近年之国府。附录11篇。第二编"省制"，含省行政机关、地方军政机关、省议会、省临时参议会、省司法机关、特别区域行政机关、省县之间的行政组织。第三编"县制"，含县行政机关、县议会及参议会、县司法机关、县之下级组织等。第四编"市制"，凡4章，首三章略依时代先后叙述，第四章则述现行市制概略。附录1编。末附参考书目，列举引据之公报、法规、年鉴、报告及统计，论著（多系法制之类）、期刊及报章（多系行政之类）。书中各章文字详注出处，方便参考。其史料价值很高。

本书第六章还提到马奉琛的《北京大学政治学系研究行政学之经过》②。以下是摘要。

关于清代行政制度，分组织、人事、财务、程序四大项目研究。基本观点在"组织"篇里，要讨论者有四：（1）行政上之指示（Direction）、监察（Supervision）和统辖（Control）诸权的分配与着落。凡皇帝的权力和责任、内阁、议政处、军机处、各种会议、部院，皆论及之。（2）行政系统。①宫中，内务府、宗人府等衙门，关于内廷皇室的事务；②府中（汉人部分）；③府中（旗人部分），即相当于近代之普通行政，由中央到各省（旗），二者在中央都统于六部；④藩部行政，理藩院之所属，由中央到各藩部。拟说明中央各衙门间分管职务之原则，及各衙门内分配工作的情形。（3）中央各衙门间之相互关系。（4）中央六部与地方督抚。

在"人事"篇里，要叙述的有六：（1）清代出仕的资格。科目、贡监、荫生、荐举、吏员和捐纳，分项讨论。（2）满汉的分籍。涉及权力的分配及

---

① 钱端升、萨师炯：《民国政制史》，商务印书馆，1939，序言及目录。
② 马奉琛：《北京大学政治学系研究行政学之经过》，《行政研究》1936年第1卷第1-3期，第409-414页。

其变迁。（3）除授：分班、分缺、签掣、截取、拣发等。（4）升调降革。
开列诸简、特简、推升（论俸序迁者）、即升（不待俸满者）、署职、试俸、
开复、起复、降补、改补、回避、告假、病故、丁忧、休致等，概事论列。
（5）俸廉。按清初俸银禄米，难维持各官吏的生活，多靠耗羡陋规以为养身
之资。推行新政时大改革，考察官吏的操守是否提高、行政的清明是否增
进。（6）书吏。认为行政要讲求德化，而刑名、钱谷、簿书、期会等普通行
政事务是法家的事，于是产生书吏制度，是中国行政里的官僚（Bureaucra-
cy），加以客观分析。

　　"财务"篇（略）。

　　在"程序"篇里，略述公文往来及各种限期，以研究当时行政效率之高
低。对于地方行政制度，特别注意幕府和书吏制度。

　　关于科举制。第一篇就全制度分四层来说：（1）童试；（2）乡试；（3）会
试；（4）殿试朝考。第二篇讨论制度中之个别问题：（1）科考试艺；（2）考官
与执事官之组织和职权；（3）科举舞弊与防弊规定；（4）统论科举制之得
失，及前人所主张的改革。

　　相关研究成果有《清中叶县行政之舞弊的研究》（《行政效率》第 2 卷
第 11 期起至第 3 卷第 4 期）；《清代行政制度研究参考书目》，搜罗旧籍 500
余种，有各种提要（《国立北京大学社会科学季刊》1935 年第 5 卷第 3、4
两期），另有单行本出版；《清代行政制度引论》（《国立北京大学社会科学
季刊》1936 年第 6 卷第 1 期）。

　　陶希圣在《中央政府制度略史（上古及古代）》① 中提到，从官制看，
氏族民主制在商周时已很完备，产生等级的分化和家族的分工（上古编）；
随着氏族的瓦解，武士贵族降落下去，大宰、大尹、司徒、司空等家族就下
去了，中央政府成立，王的近臣却取得执政地位，如三公（总理国务机关）、
九卿（由王的仆役到执政），出现爵与加官，宰相权力变迁（三公的实权只
在领尚书事的大司马手中），形成尚书六曹（古代编）。

　　黄绶的《〈两汉地方行政史〉序及目录》② 开篇即指出："中华国土，至
汉代始统一完成……其施于有政，化于其民，必有可观者焉。"全书共 16
章：京师及其职官；州郡县及其职官；诸侯王国侯国及其职官；郡国置有均

① 陶希圣：《中央政府制度略史（上古及古代）》，《文化建设》1935 年第 5 期，第 71－79 页。
② 黄绶：《〈两汉地方行政史〉序及目录》，《国学月刊》1927 年第 2 卷第 1 号，第 39－47 页。

输盐铁官及各项别置官；地方官禄吏秩表；地方官吏班序表；临时郡国各种特遣使；任免官吏奖惩之法及考课上计；内务；教育；军事；财务；农工商；司法；交通行政；附论。

黄绶的《唐代地方行政史》由北京宣外永华印刷局 1927 年出版发行。与前书成姊妹篇。"中国地方行政，向无专史"，作者"尝有志编《中国地方行政史》，始于秦，终于民国"。① 唐代部分的书写难度很大，因为安史之乱、黄巢之乱，地方行政变动复杂，史书记载不全。

王文山在《明代地方行政制度之研究》② 中将"承宣布政使司或省"分为布政使司、按察使司、都指挥司、巡抚总督、其他地方官署、分道。在《明代地方行政制度之研究（一续）》③ 中指出，布政使司之分道有司特别职务、司一般职务之别，按察使司之分道有特别、一般之别。在《明代地方行政制度之研究（二续完）》④ 中提及府（附直隶州）：应天府，顺天府，府，直隶州；县（有知县、县丞、主簿、典史）。

王文山在《中国地方行政制度之起源》⑤ 中说道："中国地方行政制度，依现有信史，实始于管仲与商鞅，而成于秦始皇。"指"废封建，改郡县"。郡有郡守（掌民政）、郡尉（掌军政），是皇帝直属之地方长官；中央更以御史监郡。县有县令（大县）、县长（小县），皆有丞（掌民事）、尉（掌军政）襄助。乡治有亭、乡。乡有三老、啬夫、游徼，分掌教育、狱讼、赋税、捕盗等，是接近人民的小乡官。

曾资生在《中国过去监察制度与监察权的制置运用与精神》⑥ 一文中提到，中国历代"监察机构必须与行政机构密切联系，其首脑组织必须紧隶于行政首长之下"。"必须与文书公事有严密的联系"，借以熟知中央与地方行政利弊。"监察机构必须为律令法规图书计簿的储藏谙练之所。""监察职权的范围在肃清官邪"，清整行政。刘陆民的《惩治贪污制度之史的考察》⑦ 中第一篇从尧舜讲到唐代，曾氏此文则是从五代讲到清代，大量引用各朝法

---

① 黄绶：《唐代地方行政自序》，《国学月刊》1927 年第 2 卷第 7 号，第 359 – 360 页。
② 王文山：《明代地方行政制度之研究》，《经世》1937 年第 1 卷第 6 期，第 49 – 58 页。
③ 王文山：《明代地方行政制度之研究（一续）》，《经世》1937 年第 1 卷第 7 期，第 56 – 62 页。
④ 王文山：《明代地方行政制度之研究（二续完）》，《经世》1937 年第 1 卷第 8 期，第 56 – 62 页。
⑤ 王文山：《中国地方行政制度之起源》，《时事月报》1936 年第 14 卷第 3 期，第 222 – 226 页。
⑥ 曾资生：《中国过去监察制度与监察权的制置运用与精神》，《新中国》1945 年第 5 期，第 13 – 19 页。
⑦ 刘陆民：《惩治贪污制度之史的考察》，《法学丛刊》1933 年第 2 卷第 4 期，第 33 – 58 页。

典为根据，加以缕述。克和的《行政督察专员制度之史的演进》①的描述相当细致。

《行政基层组织的史的发展》②是李洁之《改进行政基层组织刍议》文章中的第二节，从清代地保说起，一直讲到当下的状况。

下列各文论题较散，限于本书篇幅，只能录目：谭庶潜《保甲之史的考察》（《地方行政》1944年第5期）；李哲愚《我国地方自治的回顾与前瞻》（《中央警官学校校刊》1942年第5卷第2期）；程厚之《地方自治运动的回顾与新县制的展望》（《行政评论》1941年第2卷第1期）；李宗黄《地方自治之过去与将来》（《地方自治》1935年第3期）；刘梦扬《天津自治的过去与将来》（《市政评论》1935年第1、2期合刊）；吴瑞高《中国乡治之过去与现在》（《燕大月刊》1928年第3卷第3-4期）；瞿菊农《乡村建设运动之过去与将来》（《文化先锋》1944年第3卷第6期）；蔡培《内政部对於慎选县长之过去及其将来》（《广播周报》1935年第51期）；陈资舫《中国地方建设运动史略》（《生教导报》1944年第2卷第1期）；郭敏学《中国农业行政制度之史的检讨》（《世界农村月刊》1948年第2卷第9期）；孔祥熙《我国财政金融之过去与现在》（《财政评论》1939年第6期）；卫挺生《民国计政之过去现在与将来》（《东方杂志》1936年第33卷第1号）；张静江《建设委员会工作之过去与未来》（《银行周报》1929年第13卷第2期）；孔祥熙《工商部过去工作之回顾》（《工商半月刊》1931年第3卷第3期）；孔祥熙《实业部过去工作之回顾》（《农业周报》1932年第2卷第1期）；宋鹤笙《中国政治动向之史的考察》（《大道月刊》1933年第1卷第1期）。

以下几文属于政治学方面。黄希文有《中国政治史的发展（一）》和《中国政治史的发展（二）》，参考马克思、摩尔根、郭沫若、李季、薛暮桥等人的社会发展分期文章提出自己的看法。③

徐复观在《论政治的主流——从"中"的政治路线看历史的发展》④中写道："中外正统的哲学家、宗教家、艺术家们，有一个共同追求的目标，

---

① 克和：《行政督察专员制度之史的演进》，《汗血月刊》1937年第9卷第1期，第73-84页。
② 李洁之：《行政基层组织的史的发展》，《大众生路》1938年第2卷第7期，第14-16页。
③ 黄希文：《中国政治史的发展（一）》，《前锋》1938年第1卷第6期，第93-95页；《中国政治史的发展（二）》，《前锋》1938年第1卷第7期，第136-139页。
④ 徐复观：《论政治的主流——从"中"的政治路线看历史的发展》，《民主评论》1949年第1卷第2期，第26-29页。

便是心与物、人与自然、感情与理智等的均衡统一。……但因人智之不齐，再加上人类的自私，逐渐形成了少数人压迫多数人的现象，而破坏了社会的均衡统一。""社会革命的目的，就是在打破压迫的极端，以求恢复新的均衡统一。……最理想的办法，便是径直以均衡统一，来代替已经形成的极端。"

刘节在《陶希圣著中国政治思想史》和《陶希圣著中国政治思想史（续前期）》① 中，称陶书（新生命书局出版）"应用唯物史观之理论，从事于中国社会政治史之探讨"，从方法、材料、时代、学统等方面批评陶文。

萧公权在《中国政治思想史》（第1、2册）② 和《中国政治思想史参考资料绪论》③ 等著作、文章中，论述从晚周开始我国政治思想史分为创造（春秋晚期及战国，封建天下之政治思想）、因袭（秦汉至宋元，专制天下之政治思想）、转变（明至辛亥革命，转为近代国家政治思想）、成熟（民国）四个时期。

晓洲的《国家原理与政治学沿革史》④ 因发表早，应在中国的西方政治学研究史上占有一席之地。作者认为："近代各国之政治自由皆一二研究政治学家之赐也。"文章依序介绍：（1）中兴时代学派。"马克阿弗（Nicolao Machiavelli）……以政治学与神道学分离使之独立……能于国法与政治间作明晰之界画"；"鲍顿（Jean Bodin）……为专制统治权之学理"；"葛鲁德（Huques van Groot）……实为民约派之先导"。（2）天然人权学派。"霍彼士……卢梭……卜芬道夫……约翰陆克……注重人权，实为古代学理之反动。"（3）威权派。"一为英儒费耳末（Filmer），一为法士鲍素蔼（Bossuet），皆以顺从君主为人民之义务。"（4）治安国家学派。"康德与衡霸德（Humboldt），……谓国家之职务乃限制于保守国民之个人权利而已。""驳此学说者为伯伦知理。……夫国家之生活，……即所谓国法与政治也。"（5）史学派。"即谓国家为有机体之物也。……潘尔克（Burke）……其重古而轻今。"（6）哲学派。"最著者为德国黑格儿。"（7）哲学、史学联合派。（8）国家原理古今之异点，列举七条。全文虽属常识，但言简意赅，

① 刘节：《陶希圣著中国政治思想史》，《图书评论》1933年第1卷第12期，第25-40页；《陶希圣著中国政治思想史（续前期）》，《图书评论》1933年第2卷第1期，第43-52页。
② 萧公权：《中国政治思想史》第1册，商务印书馆，1945；《中国政治思想史》第2册，国立编译馆，1946。
③ 萧公权：《中国政治思想史参考资料绪论》，《图书集刊》1943年第4期，第21页。
④ 晓洲：《国家原理与政治学沿革史》，《进步》1913年第3卷第5期，第1-10页。

清楚明白。

张金鉴的《美国政治思想史》① 第一章为"绪论"，概述美国政治思想之特质、演进、渊源、贡献。第十章"廿世纪以来之政治思想"，内容包括：新政治问题及其发展，外交政策之经过及理论，政治思想之内容及实际。第十一章"美国政治思想之新动向"，重点介绍：政治制度上之新趋势，学术系统上之新势力。

邹文海《评高一涵著〈欧洲政治思想史〉》和《评高一涵著〈欧洲政治思想史〉（续）》②，根据高氏之书第四版（1928 年 1 月）作评，首先从其自序批起。邹氏所作，如果就严格界定若干概念避免歧义，以及行文的精确性来说，可以接受；但有些地方令人感到吹毛求疵，故作聪明。

吉达尔著、戴克光译的《政治思想史（上、下）》③，搜罗从远古到现代百家之学说，泛论各国之大师，以时代为经，以国别为纬，取材均衡。原书各大学用为教科书者甚多，有此中文本参考更觉方便。

萨孟武的《（资本主义社会的）政治和政治学说之史的发展（上、中、下）》，④ 将资本主义划为三期："第一期为商业资本主义，第二期为工业资本主义，第三期为金融资本主义。政治上的指导原理亦应此分做三期。"

张韶舞的《中国革命之史的发展》⑤，第一篇"1911 年革命（辛亥起义）"，从"第一章革命的远因"讲到"第六章革命失败的所在"。第六章归纳出革命失败的八点原因：革命党人的分化；腐化分子的侵入；革命的方略未行；国政失了重心；人民没有政治觉悟；迁都南京的挫折；缺少宣传的工作；没有严密的组织。

佩我的《中国革命之史的分析》⑥ 称："兹试按其时代，考察学术之类别，以探今世自由政治之根源，而明国家原理之沿革。"文中论述的国家原理沿革包括：中兴时代学派（马基雅维利等）；天然人权学派（霍布斯等）；

① 张金鉴：《美国政治思想史》，商务印书馆，1933。
② 邹文海：《评高一涵著〈欧洲政治思想史〉》，《清华周刊》1930 年第 33 卷第 1 期，第 45 – 48 页；《评高一涵著〈欧洲政治思想史〉（续）》，《清华周刊》1930 年第 33 卷第 6 期，第 446 – 449 页。
③ 〔美〕吉达尔：《政治思想史（上、下）》，戴克光译，神州国光社，1931。
④ 萨孟武：《（资本主义社会的）政治和政治学论之史的发展（上、中、下）》，《中央时事周报》1931 年第 2 卷第 43 – 45 期。
⑤ 张韶舞：《中国革命之史的发展》，《新生命》1928 年第 1 卷第 3 期，第 1 – 21 页。
⑥ 佩我：《中国革命之史的分析》，《新生命》1929 年第 2 卷第 8 期，第 1 – 11 页。

威权派（菲尔米等）；治安国家派（康德、洪堡等，驳之者为伯伦知理）；史学派（布克）；哲学派（黑格尔）；哲学、史学联合派。最后谈国家原理古今之异点。

袁士骧的《新疆变乱之史的讨究》①，梳理古今国内外各种因素导致的形势变化，分析比较中肯。

本段各文仅予录目：陈之迈《最近五十年中国政治的回顾》（《思想与时代》1942 年第 13 期）；萨孟武《如何挽救过去党治的失败》（《时代公论》1932 年第 1 卷第 5 期）；林穆光《我国宪制之史的演进》（《大学月刊》1943 年第 2 卷 11 - 12 期）；微知《中国宪政运动之史的发展》和《中国宪政运动之史的发展（续）》（《新建设》1944 年第 5 卷第 2 - 3 期）；王滨荪《中国制宪之史的考察》（《中国公论》1939 年第 1 卷第 4 期）；吕复《中国宪政运动之回顾与展望》（《建设研究》1940 年第 4 卷第 3 期）；周蜀云《过去宪政运动之检讨及今后之展望》（《妇女新运》1944 年第 6 卷第 3 期）；张熙《中国党派问题之史的研究》（《教学资料》1946 年第 4 卷第 5 - 6 期）；萧公权《中国政党的过去与将来》（《世纪评论》1949 年第 14 期）；张雪影《中国社团之史的考察》（《文化建设》1937 年第 3 卷第 5 期）；赖蜀生《邮政人事管理制度的过去及展望》（《现代邮政》1948 年第 2 卷第 1 期）。

华君所著《法治问题之史的考察及其价值性》② 写道，"法治国时代是人类最关重要时代，非由此桥梁上渡过去，不能得着人类真正幸福的社会生活。现在世界各国均在为此而努力，而中国则向来就不曾有过法治国时代。法家思想只立了许多大纲原则而已"，但可供我们参考其原则与精神。

本段各文仅予录目：黄东昇《义务警察之史的回顾》（《上海警察》1947 年第 8 期）；刘尧峰《警察任用之过去与现在》（《警高月刊》1935 年第 4 期）；赵志嘉《我国警察之过去与将来》（《市政期刊》1934 年第 1 期）；居正《二十五年来司法之回顾与展望》（《前途》1937 年第 5 卷第 6 期）；雷震《教育行政之回顾与展望》（《广播周报》1936 年第 72 期）；陈翊林《中国新教育行政制度小史》（《中华教育界》1930 年第 18 卷第 3 期）；周昇斌《中央政治学校的过去、现在及将来》（《新政治》1931 年创刊号）；刘瑶章《干部训练工作之回顾与前瞻》（《三民主义半月刊》1945 年第 6 卷第 9 期）；

---

① 袁士骧：《新疆变乱之史的讨究》，《国闻周报》1933 年第 10 卷第 44 期，第 1 - 8 页。
② 华君：《法治问题之史的考察及其价值性》，《大道月刊》1933 年第 1 卷第 3 期，第 1 - 7 页。

李世安《广东省地方行政干部训练之回顾与展望》（《行政干部》1941 年第
1 卷第 2－3 期）；《军队中政治工作的过去与将来》（《党基旬刊》1928 年第
4 期）；刘咏尧《政治训练之过去、现在与将来》（《黄埔》1935 年复刊号）；
孟广照《科学管理的过去和现在》（《工作竞赛》1948 年第 5 卷第 5 期）；俞
松筠《卫生行政之史的回顾》（《社会卫生》1946 年第 2 卷第 4 期）；真霉
《二年来卫生部工作的回顾》（《医药评论》1930 年第 47 期）；岛陵《公共
卫生之过去、现在及将来》（《卫生月刊》1928 年第 1 卷第 1 期）；薛光前
《战时交通行政之回顾与前瞻》（《新经济》1941 年第 6 卷第 4 期）；王伯群
《过去之交通概况与今后之建设方针》（《交通杂志》1933 年第 1 卷第 4 期）；
项学儒《社会服务事业之回顾与前瞻》（《社会建设》1948 年复刊 1 第 5
期）；谷正纲《中国社会行政之过去与现在》（《社会建设》1948 年复刊 1 第
7 期）；谷正纲《工作竞赛运动的过去、现在和将来》（《中央周刊》1942 年
第 5 卷第 4 期）；黄仁霖《一年来工作之回顾》（《新运导报》1943 年特辑）；
杨廉《新生活运动之过去与将来》（《安徽政务月刊》1936 年第 16 期）；潘
公展《上海新生活运动过去与未来》（《新生路月刊》1937 年第 4 期）。

朱夏的《地政学史的发展》[①] 介绍了近年德国、日本宣扬的地政学历史
（为侵占领土张目）。文章说："地政学是依照'土'的拘束力处理政治诸事项
的科学，而立于以地理学中之地域的政治有机体，以及以其机构为对象的政
治地理学的广泛基础上"，"并非是单纯的辅助或从属于政治地理学的科学"。

许兴凯 1938 年后在西北联合大学、西北大学任教授，发表《省及省官
吏起源考》（《西北晨钟》1941 年第 2 卷第 1 期），《历代商业管理官吏考
（上）》（《甘肃贸易》1943 年第 2－3 期），《两汉三国地方政府人事行政考》
（《说文月刊》1944 年第 4 卷），《作为市政起源的周朝市政官吏》（《中央周
刊》1947 年第 9 卷第 12 期），《秦汉市政官吏》（《中央周刊》1947 年第 9
卷第 33 期）。许兴凯主要从事日本历史及现况的研究，在政、经、军、文、
教各领域有论文多篇。

## 第二节　比较行政学的多方面成果

蜡山政道认为："当今之世，尚非树立独断的行政学之时代，最大限度，

---

① 朱夏：《地政学史的发展》，《中国公论》1944 年第 11 卷第 4 期，第 10 页。

亦只能认为比较制度之继续的研究时代而已。在宪法行政法等规范学之研究，国家之现行法制即为研究之资料，其注释自身即为学问之对象。然在行政学，是以研究行政之一般之科学的法则及概念构成为其主要目的，苟非经过此比较制度之研究过程，决不能建立一名实俱备之科学。"①

### 一　从制度到思想各方面的比较

清末宪政编查馆考察国外政制报告的一些材料，其权威性和学术性在当时是相当高的。例如，于士枚（曾是戊戌前光绪和珍妃的老师）的《考察宪政大臣奏考察普鲁士地方行政制度折》② 一文，不但比较了普鲁士和日本的地方行政，还将它们与中国古代作了比附。其发表时间之早，堪称国内比较行政学的奠基之作。

张锐的《比较市政府》③，内容丰富，引人注目。时昭瀛在《张锐的比较市政府》中评论："本书是近年出版的一本较为实用的市政学课本"。"若以参考书的列举与评订，……则此书可谓极臻完善。"④ 这里特对此著作做较详细的介绍。

绪论部分说："市政学大别之可为两部，一讲政府，一谈行政。本书所及，仅为市政府部分。"第一篇"英国市政府"，介绍：英国地方自治略史，英国市政府在法律上之地位及其权力，中央对于市政府之监督，英国市选举，英国市政党，英国市议会之组织及其权力，英国市议会之行政工作，常任吏员，伦敦市政府，苏格兰市与爱尔兰市。第二篇"美国市政府"，介绍：美国市政府发达史，邦与市之关系，立法监督及行政监督，地方政府之归并，推选与选举，直接立法与罢免，市长议会制，委员会市制，市经理制，市行政组织，市吏员。第三篇"法国市政府"，介绍：法国地方制度略史，法国市之中央监督，法国市选举，法国市政党，法国市议会，法国市长，法国市行政组织。第四篇"德国市政府"，介绍：欧战前之德国市政府，欧战后之德国市政府，近年来德国市政府之进展，德国地方政府概说。第五篇"意国市政府"。第六篇"苏俄市政府"。第七篇"日本市政府"，介绍：都

① 〔日〕蜡山政道：《各国行政研究之近况》，《行政效率》1934 年第 1 卷第 4 期，第 151 页。
② 于士枚：《考察宪政大臣奏考察普鲁士地方行政制度折》，《政治官报》1909 年第 597 号，第 4 - 8 页。
③ 张锐：《比较市政府》，上海华通书局，1931。
④ 时昭瀛：《张锐的比较市政府》，《图书评论》1932 年第 1 卷第 2 期，第 43 - 48 页。

市地域与都市政府，东京市之权限及其行政组织，都市财政之经营，物料购办，吏治行政，市公用事业，东京市自治。第八篇"中国市政府"，介绍：中国古代都市行政之完备，都市行政之保安化，都市行政之中兴，广州市之"委员会"市制，民国10年（1921）内务部订定之《市自治制》，《淞沪市自治制》，民国17年（1928）国民政府市政法规，民国19年（1930）国民政府《市组织法》，国内的几个大市。第九篇"余论"，论述：市政府良否之标准，促进市政的基本方策。附录。

门罗著、宋介译的《英德法美比较都市自治论》①，前已介绍。

张大同的《英美事务官考试的比较》②，较详细地比较了英美两国的考试制度、方法，得出中国可取法和借鉴之点：（1）考试科目须适应时代的需要，应与教育制度配合，应在英国注重基本知识和美国注重实务技能之间找出平衡办法；（2）立法保障事务官职位；（3）考试委员会独立，只受考试院监督，不受政治影响；（4）事务官应有试用期，避免一试定终身；（5）政务官的性质和数目，应取列举形式，缩到最小限度；（6）对事务官平日成绩应有考核与记录，并可常用特别考试，鼓励进取。铨叙办法应有详密规定。

王孟邻的《比较县政府》③ 为"社会科学丛刊"之一种，强调各国地方政府，因地域、历史等"言国国殊，不能比而同之"。但又"不得不勉强将其类似者，按本（中）国固有各级地方政府之惯用名称，而译以相同名称，俾吾人得考其制度之体系，察其政治之运行……藉作他山之助。惟吾人切不可刻舟求剑……"

孔大充的《比较地方政府图表》④ 属"地方行政丛书"第四种。特点是全书由示意图及表格组成。该书比较中、德、法、英、美五国的地方政府组织系统（省、县、市、区、乡、镇），及地方单位系统。读者需要适当借助讲解，并与丛书其他教本配合阅读才能较好理解。作者在地方行政方面还发表了十来种论著，如《从西洋的市看到中国宪法上的市》和《这是我们的地方制度》⑤，明确了：（1）地方单位——省、市、县、乡、镇。其中省、

---

① 〔美〕门罗：《英德法美比较都市自治论》，宋介译，中华书局，1926。
② 张大同：《英美事务官考试的比较》，《新生命》1929年第2卷第2期，第1-9页。
③ 王孟邻：《比较县政府》，正中书局，1940。
④ 孔大充：《比较地方政府图表》，战地图书出版社，1942。
⑤ 孔大充：《从西洋的市看到中国宪法上的市》，《市政评论》1948年第10卷第4期，第12-17页；《这是我们的地方制度》，《地方自治》1947年第1卷第1期，第6-10页。

县为阶层地方单位，是地方单位的主干。（2）地方政府的组织。（3）地方政府的业务，包括职掌、权限、职权、功能，分为：国家业务，即中央政府立法并执行的业务，委任地方政府代理执行；自治业务，即由地方政府立法并执行的业务。

萨师炯在《现行地方行政制度的比较》① 一文中论及，"由地方政府的权限及其组织来观察现代国家地方制度的异同"。经一番比较，他发现"欧陆国家在权力上采中央集权制，在组织上则采多元制，英美的制度则与此相反"。作者认为，"一个国家之地方制度的改进，还是基于本国的情形（包括历史的与现存的）而定"，"即凡是政治安定的国家，是比较容易产生分权制度；而在民族因素比较单纯的国家，是便于行使集权制度"。可见，欲求本国制度的改进，"则外国制度，终究还只是参考的材料而已"。

蒋鹏的《各国现行市政制度的比较及长沙市应采用何种制度为宜》② 称，"各国现行的市政制度，包括言之，不外五种"，长沙作为普通市最适宜的是市经理制或分权市制，因为二者都属立法与行政分开，"尤其在党政上，则市经理制，与市民以行使政权的直接民权，能洽合全民政治的趋向"。

吴百思在《都市特性比较研究法》③ 中认为："我国海通以后，都市发展情形，似可归纳为'前进'、'稳定'、'衰落'三种都市，将来工业化下之都市，可能类似前两种。"该文论述用社会特性各指标辨别三类城市的方法。

黄右昌发表了《县市自治法比较的观察及保甲与警察之关系》。④

张金鉴的《美国政治思想之贡献》⑤ 认为，决定行政组织和职能的是政治思想和制度。原文约3000字，以下为摘要：（1）成文宪法。美国于革命成功后，乃由制宪大会将关系国家根本组织及政府与人民关系之诸种事项，明白规定于联邦宪法之内，开近代成文宪法之先河。（2）联邦制度。美国之联邦制度，在如何调节中央职权与地方职权之政治实施上，颇具良好成绩。它并非美国之新发明。美国政治演进之趋向，系由分权而集权，联邦制度之

① 萨师炯：《现行地方行政制度的比较》，《时代精神》1941年第4卷第4期，第34-39页。
② 蒋鹏：《各国现行市政制度的比较及长沙市应采用何种制度为宜》，《砥柱》1933年第1卷第6期，第4-6页。
③ 吴百思：《都市特性比较研究法》，《社会建设》1948年复刊1第2期，第11-13页。
④ 黄右昌：《县市自治法比较的观察及保甲与警察之关系》，《中华法学杂志》1936年新编第1卷第4期，第3-15页。
⑤ 张金鉴：《美国政治思想之贡献》，《出版周刊》1934年新第77期，第17-18页。

本身固具有缺点。（3）制衡原理。柏拉图、亚里士多德就主张取各种政体之长处，造成混合政体。美国联邦宪法下产出之政府，方是依据制衡原理而成立之三权分立之政治组织，即政府之立法、司法、行政之三种机关各自分离，独立行使其职权，同时互相牵制，彼此监督。

杨幼炯的《现代行政制度比较论（上）》① 在比较中外古今行政机关的基础上，导出现代中国行政制度的规定问题。文章说："所谓'行政'，简而言之，即是指政府的行政官吏之行动而言。""行政机关的职务……归纳为二大项，即是一方面保持国家全体的行政（包括外交行政、军事行政及财政行政三项）；他方面即是保护或发展人民权利与幸福的行政（包括司法行政与内务行政两种）。但此种种国家行政作用之推行，又须各部分有适当之组织，且为保存行政的作用一致起见，更须于行政官吏之上，组织一权力，此权力即是行政上的首长（Executive Chief）。"文章说，行政机关是国家权力发纵指挥的枢纽，它与立法机关之创造或讨论国家的意志，及司法机关之说明国家意志者不同，而是在执行国家的意志。"现代行政制度之第一特质，即是单独的行政制而有转变到合议的行政制之新趋势。"现代政治发达的结果，就是政府的职务大生变化，治人的权力日渐减少，治事的职务日渐增多，所以现代行政制度的第二个特质，就是行政职务的专门化和技术化。文章还讨论了现代行政制度之学理基础，现代行政机关职权的综合观察，等等。

失吾的《苏联公共行政制度》②，节译自英文刊物 *Public Administration*（1936 年第 4 期）。这种文章是很罕见的，我国翻译、发表很快，表明对苏联的关注。文章论述："俄国的内政是典型的官僚政治，……彼得大帝所建设的行政基础，……大都是从德国的思想中抽出来的。""苏联的革命是以经济为基础的，……在内政上说，警察仍然占着权威的地位。""苏联所可能的只有把本国已成的组织和旧有的官僚政治，熔铸在马克思主义的学说里；其次，人民达到高度的教育化、熟练的技术化的时候，首先是警务的统治，其次是党的统治，都有减弱或消灭的必要。到那时候，苏联和资本主义化最进步的国家，从各方面看，都是不容易区别的了。"

刘迺诚的《比较政治制度——美国》③ 于 1934 年初版，张锐给予了肯

①　杨幼炯：《现代行政制度比较论（上）》，《社会科学杂志》1930 年第 2 卷第 4 期，第 1 - 19 页。
②　失吾：《苏联公共行政制度》，《宇宙旬刊》1936 年第 5 卷第 5 - 6 期，第 30 - 35 页。
③　刘迺诚：《比较政治制度——美国》（修订版），商务印书馆，1945。

定，但陈之迈则作较低的评价。刘迺诚本人继续任教行政学，对此书不断修订，至 1942 年夏已成新稿。是年冬，他作为武汉大学代表，以交换教授身份赴美一年，1943 年 6 月成行，"直接间接与各级政府机关及多种民众团体相接触，而可以直接体验一部分美制之运行；前后参观重要大学 20 所以上，并与一部分教授交换意见，略能了解美制演化之趋势；游览美国多数区域，因能明了区域主义在政治上之重要性"。加上又获图书资料，因此对书稿又作了修改，其中与行政学关系较深的部分有考试制度、联邦政府、各邦政府等。

刘迺诚在《陈之迈先生对於拙著比较政治制度之书评的辨正》① 一文中指出，陈氏扬孟洛而忽视奥格，孟洛书仅着重英美。实际上刘氏著作中论述其他国的文字比孟书多，陈指摘的所谓错误基本不实。

沈乃正在《比较政治制度》② 中谈及了政府分类论，"分别描写现代各种政府之形式与精神"；政制优劣论，"评论各式政府的利弊"。他说："本书底稿，原为浙江大学文理学院政治学原论班所用讲义之一部分；且曾用作浙江财务人员养成所现代政治制度班之讲义。"作者通过考察县长考试等发现，"对于苏俄及法西斯蒂党两种政制，多所误解。故本书特将该两种政制，分别专章详论之。"

蒋默掀撰写的《对政治改革的比较研究》③，副标题是"举美国为例"。文章介绍说："美国历届政制改革，如定改革先后缓急，划分权项确定职责，以及增强行政力量等，其终极目的，为行政效率之增加。""公务员之勤，在唤起其责任心、自尊心"，"故吾人之结论，以为政制改革，人之因素，应居第一位"。

《挽近各国社会保险之比较研究》④ 的作者周光琦，是社会部设计委员。该书分别介绍英、德、美、苏、新西兰的社会保险制度，并加以比较研究。

徐恒斋在《中日苏三国政治机构之比较观》⑤ 一文中先提出"政治机构之抽象原理"，即评价国家政制良否，要看目的、效能、集才、均衡这四条。

---

① 刘迺诚：《陈之迈先生对於拙著比较政治制度之书评的辨正》，《国立武汉大学社会科学季刊》1936 年第 6 卷第 1 期，第 211 - 233 页。

② 沈乃正：《比较政治制度》，中华书局，1934。

③ 蒋默掀：《对政治改革的比较研究》，《军事与政治》1943 年第 4 卷第 6 期，第 61 - 64 页。

④ 周光琦：《挽近各国社会保险之比较研究》，《学识》1947 年第 2 卷第 7 期，第 13 - 16 页；《学识》1947 年第 2 卷第 8 期，第 4 - 7 页。

⑤ 徐恒斋：《中日苏三国政治机构之比较观》，《远东月报》1937 年第 2 卷第 5 期，第 15 - 23 页。

再从中、日、苏三国的宪法（约法）条文，实际组织、执行，权力分配等方面进行比较，最后谈"运用政治机构之中心力量"，意指政权核心领导之坚强与有力。此文理论水平不高。

张国安在《三大独裁国家之政治比较》<sup>①</sup> 一文中，就苏、德、意三国如下几方面加以比较，即以往之宪政基础、现今之经济恐慌、外交之失利、社会之调整，看它们的实际状况。先谈相同点：（1）一党独裁制；（2）以着重宣传及训练青年的思想与体格为要诀；（3）以发展国家权力，切实巩固统一为职志；（4）武备政策。再谈相异点：（1）政治理想；（2）政治中心实力（代表什么阶级的利益）；（3）民族观念（平等与否）；（4）妇女地位；（5）国际合作。相比较来说，作者对苏联肯定的方面较多。

庄心在《行政组织之比较研究》<sup>②</sup> 一文中提到，"国人论政，于行政权大都投以畏忌的眼光，穷思极虑谋所以制限防间"。但形势发展，正如 A. B. Hatton 所说，"现代政府的任务已由消极的防止的方向，进而为活动的积极的和建设的工作"。作者于是认为，"故行政权多强大一分，便足使公共事务多一分成效"。"如以五权制度而论，司法、考试仅为行政手续之一部分，立法、监察，所以节制督饬行政，着重的还在行政机关。"怎样使行政机关强健？"第一为中央行政体制问题，第二为行政机关内部的组织问题。"该文讨论第二点时指出，各国虽也瑕瑜互见，但中国的行政组织庞大、官厅重复、系统混淆、权责不清、任意挥霍、毫无制限，问题最为严重。

岑铭恕译的《美法英德行政立法比较简表》<sup>③</sup>，将美国学者文赊尔所著的《美法英德行政立法比较》一书改译为表格形式，并附以简要的解释，一目了然，非常可贵。

光华大学叶霞翟将其博士论文《新政时期的美国农业行政》<sup>④</sup> 发表。翟曾在威斯康星大学学习农业行政，此文先是介绍罗斯福新政时期（1933 – 1940）的《农业调整法》，接着介绍许多农业行政机构的建立（如农建局、农贷局、田纳西河管局、农村电化局等）。联邦农业部的政策导向由救济农民和限价转向技术改良、农场管理等。

---

① 张国安：《三大独裁国家之政治比较》，《经世》1937 年第 1 卷第 7 期，第 16 – 19 页。
② 庄心：《行政组织之比较研究》，《文化建设》1935 年第 1 卷第 5 期，第 81 – 90 页。
③ 岑铭恕译《美法英德行政立法比较简表》，《东方杂志》1912 年第 9 卷第 3 号，第 3 – 13 页。
④ 叶霞翟：《新政时期的美国农业行政》，《中国行政》1945 年第 1 期，第 13 – 16 页。

方颐积在《各国卫生行政状况之一览》① 一文中指出，英国率先于 1912 年通过卫生保险法，1919 年成立卫生部，其他各国景从，我国应效法。

吴百思在《都市特性比较研究法》② 一文中将我国都市分为前进、稳定、衰落三类，预测未来工业化下的都市可能分前进、稳定两类。

杨玉清在《东西政治哲学的比较观》③ 一文中论述："第一，西洋是以权利为本位，中国是以义务为本位"；"第二，西洋是以国家为本位，中国是以世界为本位"；"第三，西洋是以社会为本位，中国是以个人为本位"；"第四，西洋是思想领导政治，中国是以政治领导思想"。西洋政治的优点是可以国富民强，流弊是强凌弱、众暴寡、侵略剥夺。中国政治的优点即可以使国泰民安，缺点是萎靡因循、随遇而安、国无动力、民无斗志。

汪冷观的《读王（世杰）钱（端升）合著之〈比较宪法〉》④ 提出，《比较宪法》算巨著，实有评论之必要。汪氏指出，该书明确了，"中国在实行宪政以前本应由中国国民党训政，国民政府则仅为建设真正民国的一种工具"。这就是以党治国的意思。"在民治之下，政治取决于全体公民；在党治之下，则政治取决于一党的全体党员。"

张东荪在《由宪政问题起从比较文化论中国前途》⑤ 一文中认为，"人权（即生存权）与产权是不可分的"，中国未经过产业革命，"所有的生产方法全与西方不同。……（西方个人主义）是以钱（资本）赚钱……中国的财产，其来路无不是直接间接由于政权，……所以中国的搅政治与发财是一件事"，让读者去想办法。

薛伯康的《锡兰政制的今昔比较》⑥ 是作者在美国明尼苏达大学时的成果。锡兰（斯里兰卡）当时由完全受英国军官操控的军政府过渡到由英国特派总督，加上当地行政和立法两个委员会，选举的多为白人。该书揭露其政制的欺骗性。

---

① 方颐积：《各国卫生行政状况之一览》，《中国卫生杂志》1931 年第 2 期，第 27－30 页。
② 吴百思：《都市特性比较研究法》，《社会建设》1948 年复刊 1 第 2 期，第 11－13 页。
③ 杨玉清：《东西政治哲学的比较观》，《读书通讯》1940 年第 9 期，第 2－3 页。
④ 汪冷观：《读王（世杰）钱（端升）合著之〈比较宪法〉》，《读书通讯》1943 年第 76 期，第 13－15 页。
⑤ 张东荪：《由宪政问题起从比较文化论中国前途》，《中国建设》1948 年第 5 卷第 6 期，第 4－10 页。
⑥ 薛伯康：《锡兰政制的今昔比较》，《时事月报》1931 年第 5 卷第 7－12 期，第 213－214 页。

杜光埙在《解散权之比较的研究》① 一文中指出，法国内阁不同于英国内阁，没有解散众议院之权，成了一种残病的内阁制。

由亨利著、张令藻译的《英美部队参谋组织之比较》②，所讲的内容虽属本书不涉及之军事行政，但因对幕僚长制之类讨论较多，亦列出。该文后有编者发表的意见，认为英制优于美制。（1）指挥单位较少，英制一般参谋处下设三科，行政参谋处下设两科。（2）大单位只有两个幕僚业务，分行政和作战两类，不宜多立门户，英制不设参谋长理由也在此。（3）人员较少。因为英国力求经济适用，重质而不重量。

王宠惠的《英美德法大学教育之比较》③ 发表很早，文中将德法与英美对比。虽不专论教育行政，但作者的法学家身份决定了他的视角。

叶尚觉的《美德法教育行政机关之组织与我国之比较》④ 发表早，内容详实，成体系地介绍美、德、法三国的情况，然后与中国比较。文章认为德国教育机关的组织由国家包办，美国由地方包办，法国由中央集权，整然有序，且有政治机关、教育机关、地方团体协办，可补美、德之偏。"我国教育行政机关之组织，单位大小适宜，事简而易行。"民国以来，经费困难，只能例行公事，无能力、无效率，"执行与监督机关，不能分别职务，不能协力合作"。全国教育联合会可谓最高监督机关，职责有立法兼作顾问团体，而决议不为教育行政机关贯彻执行，故应切实整理教育行政机关，委任专门人才为其执行官，选举地方至全国之教育会，照顾各方面的代表性，发挥监督、议事等作用。

康绍言的《中美教育行政系统之比较》和《中美教育行政系统之比较（续）》⑤，详细列举了中美两国各级教育机关的组织和职权，逐级横向比较，随处加以评说。

翁之达的《欧洲教育行政概况》⑥ 共涉及 20 余国，分为中央集权国家

---

① 杜光埙：《解散权之比较的研究》，《国立武汉大学社会科学季刊》1935 年第 5 卷第 4 期，第 805－828 页。
② 〔美〕亨利：《英美部队参谋组织之比较》，张令藻译，《军事杂志》1948 年第 210 期，第 19－23 页。
③ 王宠惠：《英美德法大学教育之比较》，《中华教育界》1914 年第 20 期，第 1－4 页。
④ 叶尚觉：《美德法教育行政机关之组织与我国之比较》，《创造》1922 年第 1 卷第 1 期，第 103－126 页。
⑤ 康绍言：《中美教育行政系统之比较》，《京师教育月刊》1928 年第 1 卷第 2 期，第 1－9 页；《中美教育行政系统之比较（续）》，《京师教育月刊》1928 年第 1 卷第 4 期，第 1－14 页。
⑥ 翁之达：《欧洲教育行政概况》，《教与学》1937 年第 3 卷第 1 期，第 69－81 页。

（拉丁语地区和斯拉夫语地区）和地方分权国家（英，北欧、中欧地区，荷、意、德、苏等）。作者指出："教会所具有的教育权依然不小，……教育行政制度多在演进中。"此文关注经费问题。

吴家镇的《世界各国教育行政要览》① 罗列了 37 个国家的"中央教育行政机关与组织之大概情形"：渐与宗教内务脱离而成独立机关，多由中央集权改用地方分权；多设参议会、评议会等聚集专家，以辅助行政当局；对初中以下教育多采干涉主义，对高中以上教育多取自由主义。其续篇则介绍"各国地方教育行政机关及其他行政组织"，主要是德、法、英。② 吴家镇曾留日游美，也任过留欧学生监督处书记官、教育部司长，眼界自是不同。

## 二　人事行政和文官制度的比较

薛伯康的《中美人事行政比较》③ 是"行政院行政效率研究会丛书"之一种。甘乃光写序指出："人事行政之革新，实为一切行政革新之基点。"甘氏列出几条：用人准诸客观；事务官之职位力求固定；政务官学习事务；考试制度本身之改革；公务员之训练。该书比较了中美两国之间的考试制度、人事行政机关、职务分类与俸给、分发任用、增进办事效能之方法、公务员培养、退休与养老金制度、公务员之组织（公会等）。内容相当全面，但也流于表面。所附参考书中，中文的有古籍"三通"（《通志》、《通典》、《文献通考》）及"两鉴"（《资治通鉴》、《纲鉴合编》），近著有梁启超的《先秦政治思想史》，法规有《国民政府法规汇编》、《考试院法规汇刊》、《考选委员会与铨叙部办事细则》等，刊物有《考试院月报》，而对行政学类研究著作未提及，可能认为读者已有了解；外文（美国出版）的多达 97 种，有助于研究者按图索骥。

叶景新在《英美各国人选行政之起源》④ 一文中指出："20 世纪政治之重心，已侧重于人选问题，此为一般政治学者所公认。""种种政制，行于外国则治，行于中国则乱。盖非某种制度之本身问题，实为行此制度之'人员'问题。"

---

① 吴家镇：《世界各国教育行政要览》，《河南教育》1929 年第 2 卷第 8 期，第 17—31 页。
② 吴家镇：《世界各国教育行政要览（续）》，《河南教育》1930 年第 2 卷第 12 期，第 15—23 页。
③ 薛伯康：《中美人事行政比较》，商务印书馆，1934。
④ 叶景新：《英美各国人选行政之起源》，《人文月刊》1934 年第 5 卷第 6 期，第 1—6 页。

萧文哲的《比较人事行政绪言》<sup>①</sup> 使读者获悉《比较人事行政》一书即将出版。该书作者十几年前留美时已有此写作意图，"最近得考试院派赴英美各国考察人事行政，携回有关法令、计划、报告、图表及书籍约 200 种，……有难得之宝贵资料甚多，尤以英美文官制度或人事行政制度，更为完全"。他竭数月之力，参以我国制度加以比较研究，成稿 20 余万言，定为大学用书，由世界书局出版。此书内容包括人事机构、职位分类、考试及分发、公务员任用、公务员考绩、公务员退休与抚恤等章，每章附有"比较与评判"一节。作者说："文官制度就是人事行政制度，即是管理事务官之制度，乃政治制度内一部分；其他一部分则为管理政务官之制度，所谓议会制度是也。……在民主政治制度下，议会制度与文官制度成为车之两轮，鸟之两翼，缺一不可。"

张金鉴的《各国人事行政制度概要》<sup>②</sup> 被列为"社会科学丛刊"之一。该书写道："现代国家之性质，渐由'警察国家'（Police State）进为'福利国家'（Social Service State），因之政府职能亦随之而日益扩张。昔日认为'最懒惰之政府便是最好之政府'，今则需要'万能政府'以为人民服务。"于是公务人员数量大为增加，对之如何实施有效管理，使其工作效率发挥至最高限度，遂成为须待悉心研究之专门问题。"我国近年来，积极推动国家建设之大业，政府直接举办之事业，日渐增多，公务人员之数额，亦遂成突飞猛进之现象，其确数今虽无可靠之统计，然依作者估计，战前约为 70 余万名，今则全国上下之公仆已超出 200 万之数矣。"全书涉及英国、美国、法国、德国、瑞士、日本、苏联及意大利八国，"而于前四者之论述则较为详细。盖以英国公仆之服务精神最为高强，德国官员之统治效能发挥甚高，法国员吏之法制观念，及美国人事行政之科学技术，均各大足称述，其足资借鉴者良多也"。

薛伯康在《国家考试制度之比较研究》<sup>③</sup> 一文中讨论：（1）考试的意义与种类（口试或笔试，聚集与非聚集考试，竞争或非竞争考试，心理学试验，实地试验，体格试验）；（2）英美文官考试之区别；（3）考试问题之一斑（年龄，资格，党籍，科目，主考官，及格标准等）；（4）任用权力之移转及其效果（美英任用事务官之权均移至考试机关。"我国自推行考试制度以来，已届五载，仕途庞杂，一如曩日。推其原因虽多，要以主管长官之任

---

① 萧文哲：《比较人事行政绪言》，《新书月刊》1948 年第 5 期，第 1 – 2 页。

② 张金鉴：《各国人事行政制度概要》，正中书局，1943。

③ 薛伯康：《国家考试制度之比较研究》，《新中华》1936 年第 4 卷第 4 期，第 39 – 44 页。

用权力毫无限制为最大者也。")

薛伯康的《中美考试选铨叙制度的比较（上）》[①] 长达 29 页。首称中国考试制度在世界上 "本来算是一个最古最好的制度，……但是与现今欧美各国（比较）……简直是叫望尘莫及"。文章对中美两国考试制度产生的背景、掌理考选的机关、机关的权限、公职分类制度、考试和委任的方法及其手续等几个方面作了仔细比较。单从组织上看，则中国于考试院成立以后考选机关集中统一，考选与铨叙的职务 "互掌而专任，分工而集权"，主管者是党国要人，政策不紊，这些都优于美国。但 "美国制度之施行，都由于专家擘划"，成绩可观。其他几方面，如美国考试机关权力狭小，而美国职位分类最完善，至于方法、手续，两国各有规定和优长之处。总的说来，中国新制度优而成效未显，美国经验丰富、依靠专家，故成绩大。

1935 年商务印书馆出版了张云伏的《欧美公务员制》，也是介绍比较人事行政和西方人事行政的经典著作。分述欧美公务员制的起源、沿革，公务员的权利与义务、救济及保障、行为责任等，并介绍英、法、美、德四国的公务员考选、任用、提升等方面的规定。关于义务的说明，他抽绎出各国的官规，与官德可相对应；权利方面，"公务员的政治自由权" 表现在是否绝对保持其超然地位，结社和罢工是否合法等。针对行政救济和保障，以代表机关和仲裁法庭为中心讲述。行为责任是近代公法上一个大问题，此书体现了各国现制的特色。全书以行政效率为脉络，注解采取引证式和叙述式两种，后者可补原文不足。张云伏（1898－?）是北大早期的法学士，在暨南大学、四川大学等学校任教，经验比较丰富。翻译了美国欧格（Ogg）所著的《英国政府及政治》（神州国光社 1931 年出版），当时自称正在撰写《各国政府与政治》，但未见正式出版，抗战以来也不见他的成果。

华鼎彝在《英美考试制度的比较研究》[②] 一文中认为，英国的考试制度是贵族式的，不科学的；而美国的考试制度则为平民化的，科学的。

张金鉴在《各国文官制度的类型和特质》[③] 中指出，"文官制度就是政府管理其官吏或公务员时所用的各种方法、程序，及实施的体系与关系。包括：官吏的选拔、任用、等级、待遇、考核、奖励、训练、抚恤、退休诸事而言。" 政治制度是生长起来的，不是制造出来的；是发现的，不是发明的。

---

① 薛伯康：《中美考试选铨叙制度的比较（上）》，《考试院公报》1931 年第 8 期，第 1－30 页。

② 华鼎彝：《英美考试制度的比较研究》，《长风》1930 年第 2 期，第 42－55 页。

③ 张金鉴：《各国文官制度的类型和特质》，《智慧》1947 年第 20 期，第 17－20 页。

亦就是说，政治制度是一国的社会环境和历史背景所反映的结果。故各国因其历史传统、国民性格、地理环境等不同，所采行的文官制度亦在精神上、性质上有显然的不同，大体可分为三种（摘要，原文约5000字）：

（一）官僚制（Bureaucratic Type）：中国的科举制为官僚的文官制度的代表（要义是：公开竞争考试及格依法任用，自上而下由内而外的层层节制的一元集中体系，自成稳固的系统或阶级，不受选民之控制）。其价值，一是受社会特别敬重，官员具一定能力，受"尊荣欲"、"显达欲"驱使从事公务，二是终身职业地位保障而敬事乐业，三是责任确定、组织紧密，指挥如意而免彼此推诿，四是独立系统，不受外界压迫影响，故能推行其一定之政策。流弊是易于形成行政权的过量扩张或元首的专断，且官吏站在统治阶级立场向人民施行压迫剥削，制度永恒延续易使官吏墨守成法不求进步，惮于改革，政府官吏自成系统成为社会上的特殊阶级，常易于为维持其本身利益而失去其超然立场与公平态度。

（二）贵族制（Aristocratic Type）：以英国为典型，将公务员划分为几个阶级或种类，各级的职任、地位、思想等经不同的选拔途径或训练而获得，高等级官吏具有门第、声望等资源，负有统筹与协调之责，低级职员无望晋升高官，官场上下隔阂，步调难以整齐。

（三）民主制（Democratic Type）：以美国为代表，乃指功绩制度。欧洲大陆国家人员参加文官考试者为刚毕业青年学子，美国则多为已有工作经历的中年人，考试重视其专业技能和经验，也不注意其出身、门第、社会阶级，法律上处于平等地位，公平竞争。

1. 德国文官制度的特质

第一特质就是军事化。指公务员间有严格的阶级、森严的纪律、绝对的服从及整饬的生活而言。德国文官制度的第二特质为官僚化。1）秘密主义。诸事不采用讨论的方式，主持的人藉秘密主义的运用，可以作威作福。2）专制主义。不顾民意，以权力为基础实行统治。3）形式主义，办事注重繁文缛节。

2. 法国文官制度的特质

一曰集权化；二曰官僚化；三曰赡恩徇私。前两点在表面看来是与德国的情形相同的，然而在实际的运用上，两国的精神亦还有其互异的地方。法国的政治制度及思想亦受有罗马法的影响而主张国家至上之说，需要统一的国家和中央集权的文官制度。

3. 英国文官制度的特质

英国文官制度的特质可以用分权的、非官僚的及贵族化的三点加以说明。英国的行政制度是由零星的分立的发展而来，其文官制度自亦受了这种影响而表现出分权的色彩。

4. 美国文官制度的特质

美国文官制度的特质除分权的、非官僚的两点与英国的制度相类似外，其独有的精神和性质是政治化的、技术的。政党的力量和政治体系在文官的任用还有很大的势力。

5. 中国的文官制度

中国悠久的文官制度，综其特质为官僚的、集权的、德治的或伦理的。在专制政制下自然会产生官僚化制度。官吏自成阶级与系统，在人民之上，效忠皇室，剥削黎庶。

龚祥瑞（1911－1996），浙江宁波人，入清华大学政治学系，在钱端升指导下，龚祥瑞与楼邦彦合写《欧美员吏制度》并出版。1935 年龚毕业即通过留美公费生考试，出国前在行政效率研究会接受张锐指导。1936 年赴英国伦敦政治经济学院攻读"公务员任用制"方向，拉斯基（H. J. Laski，1893－1950）为其导师，他并受业于詹宁斯（Ivor Jennings，1903－1965，宪法学家）等。1938 年获政治学硕士学位，去法国，1939 年获巴黎大学法学院比较法研究所法学博士学位。回国后在西南联合大学任教，并负责由钱端升创建的"行政研究室"。1943 年，蒋廷黻推荐他到三青团中央干部训练组任组长、副教务长，后去中央大学任教。抗战结束，龚祥瑞以资源委员会人事室主任身份带队考察、研究公务员和工矿企业管理制度。之后作为考试院考察团副团长，出国考察英、美、法、瑞士等国的战后文官制度新发展。1949 年以后曾到中央政法委参事室工作，后任教于北京大学法律系。

龚祥瑞、楼邦彦合著的《欧美员吏制度》[①] 一书指出："20 世纪的国家是一个行政的国家，这时代的贡献，这时代的进步，以及这时代一切其他的功业与成就，国家的行政是要首居其大功的。""行政的灵魂是员吏，是一般

---

① 龚祥瑞、楼邦彦：《欧美员吏制度》，世界书局，1934。

为全国人民服务的专家；因此员吏制度的重要性，谁都不能把它轻轻地放过。"'"中国是一个落后的国家，欲施以改革虽有不少的途径，然而改革吏治是其中重要的一个。"他们写作的动机，就是借鉴欧美的做法以"促成中国一个最有效的员吏制度"。"因为 Civil Service 是泛指一切政府的办事人员，上自长官，下至差役，都包括在内"，钱端升主张译为"员吏制度"，并解释："员吏是一个有专门技能和永久任期的职业官吏，……也就是专家。他不管政务，只管事务；他是一个纯粹的事务官……事务官的产生由于考试委任。"所以该书强调的是"欧美的考试制度，以及他国吏治改革的经过"，而不是政务官的选举问题。

政治学者龚祥瑞的观点水平较高，又曾出国进行专项调研，几篇考察报告水平更高、观念更新。

《战后法国行政改革》① 原文约 9000 字，摘要如下：

> 法国 1946 年公布的《公务员管理法》，公务员于任用后至少须服务 8 年，不准退职。本法概括的规定了关于公务员管理的各项问题，是整个的、典型的、全国性的，包括：
>
> （1）公务员的范围：中央机关人员及其附属单位各级永久人员、国营事业主管人员。而司法人员、军事人员、中央行政机关及国营事业中有实业性质之业务人员均不适用本法。
>
> （2）一般的权利与一般的义务。公务员有组织职业工团的权利……公务员一律受刑法的保护。为执行公务而受损害时得向公家请求赔偿。公务员并且有政见和信仰的自由，官方的《行政报告书》内不得纪录其政治意见及哲学宗教的兴趣。义务方面，公务员应负责执行所任职务；对长官命令有服从的义务；除刑法另有规定外，执行职务时应陈述一切已知的事实和消息，职员过失应受惩戒，严重过失并应受刑法裁判。
>
> （3）任用。公务员的任用采取无缺不补的原则，各等人员任用之资格应普遍一律，经任用考试合格。各机关应以规程保证公务员有取得必需资格、接受训练及晋升的机会。
>
> （4）待遇。公务员的待遇包括薪金、家庭津贴、住宅补助。公务员除额外的或危险性工作应予报酬及出国人员应予补贴外，不得有任何其

---

① 龚祥瑞：《战后法国行政改革》，《铨政月刊》1948 年第 2 卷第 5 期，第 8-12 页。

它津贴。

（5）考核与晋升。考核每年举行一次，就公务员的工作审定之。每一公务员的工作成绩均应详为纪录。但考核权应由主管长官公开行使之。考绩表式送经最高公务行政委员会审核……

（6）惩戒。包括警告、申诫、晋升表除名、停职、减薪、降职、免职以及革职。

（7）服务。关于请假可分为事假、病假和孕假三种……病假已满六月而病尚未痊愈者，应予免职，但如系因公致病，得支薪至退职时为止。

（8）调职。有缺得随时调任。调任人员须经行政委员会的审定，各机关应制定分期调任人员表。该表制定时应参考行政委员会的意见。

（9）退职。永久离职即免除公务员身份。包括辞职、裁员、免职、退休。

《英国文官制度新发展》① 原文约 1.5 万字，摘要如下：

世界上种种管理制度，博得赞誉之盛很少有过于英国文官制度与美国企业管理的。二者笃信"个人尊严"的原则，都恪守公平正义并享受一切民主权利。英国文官不因所获的酬报微薄而怨怼。如果事情做得好，那是部长的盛誉；事情出了岔子，一半以上的责罚倒是属于他们的。文官在英国是一种无言的服务工作，一种高贵的职业，一种帝国的宗教。

这样的一个制度，它是慢慢发展出来的，其基础已牢固：（1）除文官考试委员会所定途径外，没有其它的仕途，没有其它的旁门可入。该委员会不受任何政治势力的影响，是一个完全独立的机制。（2）官等与全国教育制度的联系。用人考试专以吸收每年各校的高才生为宗旨，录取与否，全以一般性的才能高低为标准。（3）文官是一终身的职业。专在年轻人基本能力上着眼，先把良才吸收进来，然后再谋培养，训练，升迁，"无过失，不受免职处分"。（4）文官的超党地位。以服务国家为目的，不问执政的政党是谁。（5）文官的自治团体。英国政府不但准予而且鼓励文官组织会社，因遇事即可找到协商的对方。（6）韦特列制度。它是一个联席会议，集官方代表与员方于一堂，讨论管理的原则。

① 龚祥瑞：《英国文官制度新发展》，《铨政月刊》1947 年第 1 卷第 2 期，第 17－19 页。

战后有几项重大的方法上的试验性质的变更：（1）重建考试制。（2）新的考选方法。1）个人纪录；2）智力测验；3）直觉测验；4）实际练习；5）个别试验；6）面试；7）互评。（3）正式训练。有主要的四个步骤，即新任训练、基本训练、高深教育的训练以及管理训练。无论何种训练，注重以下两项要素：一是智能的培养；二是民主精神与对社会应有的态度。（4）各部间职员动态。训练不是一个可以单独讨论的题目，他与任用、试用、调用、升迁息息相关。

《英美人事制度之新趋向》① 原文约 6000 字，摘要如下：

我们代表考试院和各院会的人事机构到欧美考查，看到的第一个新趋向是国营事业人员公司化，特殊化，和政府机关的文官分开。文官制度的办法是统一的，管制机关亦是集中的。而国营事业则可按其事业的性质及需要建立其各自的制度，因此人员亦是由事业自己管理的。但是国营事业仍旧保持文官制度中的优良传统。因为事业中的人事格外复杂，除了薪水职员之外又有职业或技术工人。他们之间与相互之间的良好人事关系是事业成败的关键。人事机构的重要使命之一即在促成健全的人事关系。其次，便是为整个事业拟定或修改有关人事的政策。由无权到有权，由有权到分权，由控制性质变成服务性质，由警察作用进于指导作用，这是美国人事制度最近的一种趋势。第二个新趋向是对管人的哲学有了新的认识，可归纳为三点：（1）人是有无限的潜伏才能的；（2）人是具有崇高的个人尊严的；（3）人是可以信任的。这三种基本的认识最近在英美，尤其在美国，流行极为普遍。

《瑞士公务制度》② 原文约 2 万字，摘要如下：

（1）瑞士行政制度的特点。它同时具有几乎内阁制所有的特点及一总统制的外形。瑞士的行政机关为七人组成的联邦委员会；该七委员都是由联邦国会选出的，任期与国会议员相同（三年）。瑞士委员被选之

---

①　龚祥瑞、冯钟恒：《英美人事制度之新趋向》，《铨政月刊》1947 年第 1 卷第 2 期，第 6 - 9 页。
②　龚祥瑞：《瑞士公务制度》，《东方杂志》1934 年第 31 卷第 17 号，第 31 - 43 页。

后须辞去议员职，仍可列席于国会，仍可提出议案并得辩护之以促其通过；他们的政治行政行为及其政策仍须受国会的责问；他们的全体更须受国会的控制；一切重要的法案及预算在瑞士皆由委员会提出；如就这几点论，瑞士立法与行政二部关系之密切真不亚于内阁制了。瑞士行政部是一个合议的委员会，瑞士的行政委员都是由议会选出的；他们当选之后就弃"议员"而为"行政专家"。此后只管行政不问政治了，即在被选之时，也很少与政治发生关系，因之瑞士委员会实是一超然不党的团体，一纯粹行政的机关。英国的内阁与瑞士委员会虽站在同一地位，然二者的性质宛然不同。前者为 Government，后者乃是 Administration。唯其它是一超然的团体，结果变做了任期永久的团体。七位超然不党的委员们合起来组成行政部，每一委员同时又是行政分部的部长。

（2）瑞士公务员的数量不及他国，公务员 1920 年占人口的 2%，但 85% 是国营邮、电、铁道的人员。

（3）瑞士行政改革。1927 年联邦人员事务所成立，处理公务员过剩问题。它的权力有限，近乎建议的性质。

（4）瑞士无确定的考试制度，然而也没有分赃制度。行政官吏不是因功胜选，便是具有特殊的资格者。经过考试的手续而被任用者，年来逐渐加多。政府廉洁之原因：1）政党在国会中势力很弱，党人很少有机会推荐私人做官的机会。2）瑞士联邦宪法规定一切人们须经联邦委员会批准，这是对于任用私人的一个大限制。3）引用私人在各邦为法律所禁止，在联邦则为传统的习惯所不许。4）官职没有像别国的那样荣耀、有利，所以不那么喜欢做官。

（5）公务员之薪俸与年金。

（6）瑞士公务员的惩罚。

（7）结论。在民主政治一方面，瑞士继续享有这个无上的光荣，即在专家政治一方面，它也有着同样的声誉。所谓"部曹化"却是负责、公平、有效率的。

楼邦彦的《各国地方政治制度——法兰西篇》①，是正中书局秉承蒋介石做各国地方自治问题研究的指示，约请刘迺诚主编的《各国地方政治制

---

① 楼邦彦：《各国地方政治制度——法兰西篇》，正中书局，1942。

度》中的一本。作者像龚祥瑞一样，曾考取庚款留学，写作此书时已非"吴下阿蒙"，参考资料也掌握得更多，着力点更专深。他回国后相继在西南联大和武汉大学任教，教授"比较行政法"与"行政学"，此书接受刘廼诚的指导，听取李浩培、王铁崖、宁嘉风的意见。

三　从比较和消化到行政研究计划

龚祥瑞的《行政研究计划》① 原文有 5000 多字，今摘录其中部分：

**(一) 范围**

公共行政有广狭二义。广义的观点将公共行政看作执行公务的机器。

(1) 这是一部人为的机器，当它活动的时候，上自国家元首，下至贩夫走卒都在内，可说都是它的因子。它的动机是众人的公益，非一家一伙的私利。它的目的在满足众人共同的需要。任何人依法满足了条件便有享受公务的平等权利。

(2) 这是一部无形的机器，从动机到目的之间，它的结构非具有形状的物质——建筑。公共行政是一套无形的行为系统，乃一种抽象的架格，由观念、习惯、民情以及法令中规划的程序与方法交织而成。为众人集团生活所必需……例如秩序的维持，交通的管理，公共卫生的设施，经济物质的建设等。

(3) 这是一部庞大复杂的机器。近世文明的进步……公共需要日增，于是国家与政府的责任日重。……它的庞大和复杂，恐怕非机器二字所能形容的。

把公共行政作为科学研究的对象，吾人以为至少须包括以下三方面的分析：

(1) 目的 (政治的观点)。机器只是达目的底工具，目的不离总理遗教及政治原理。

(2) 方法 (法律的观点)。订立各种法令。这是现代社会给予政府的特权。公共行政的目的既由国家的法令规定其途径，那么行政与法律也是不能截然划分的。

----

① 龚祥瑞：《行政研究计划》，《新经济》1943 年第 4 期，第 2—6 页。

（3）结果（社会观点）。行政研究者的任务是在考察具体实际的行为是否依法令所规定的途径而活动，是否效率地达到了确定的目的，必须知道社会背景和生活方式。

所以吾人的方法包括理论的推考、法令的分析和社会的调查三种。

**（二）目的**

（1）行政研究在求我国政治学的出路。引进欧美的学说与制度系一种抽象的概念，它没有解决现实的问题，但教给了研究的方法、观察的尺度。任务是研究本国的问题。

行政研究的特性，首在把国家与政府看作一个活动的企业或一个社会的建筑家，这样便可以把它拆开来研究，从一个一个机构到一种一种活动，分别观察其来处、归旨与乎经过的程序。其次行政研究的特性在分别描写实际的目的、方法与结果。惟有在伦理方面才能够找到评判一切实际的标准。但伦理的种种范畴均须以吾人的经验为基础。

（2）行政研究在求我国公共行政的进步。今日的潮流已非谈论国家基础与形式，而在研究国家与政府怎样利用科学与技术从事计划与组织，以具体的公务去满足公共的需要。倘没有行为，徒有合理的基础和共和的形式，非现代国家也。倘没有服务，徒拥权力，非现代法治国家也。倘没有众人平等享受的公务，徒有议会与代表，非现代民主国家也。战后中国的重任，一大半将放在公共行政这部人为的、无形的、庞大复杂的机器上面。

**（三）程序**

吾人计划将公共行政分为五大系统，顺序研究。

（1）行政法规系统。法规是公共行政首要的工具之一，也是行政研究不可缺乏的资源之一。现行法规中的问题在重复，标准不统一，程序紊乱，各级法规的地位不明。

（2）国家行政系统。中央政府的行政及各级地方政府执行中央及省委办事项的行政，可统曰国家行政。此项行政系统的特征为全国一致性，为等级指挥制。1）国家行政中的重要问题。一为现有之行政各级区域问题；一为现行之各级政府关系问题。省政府将非一谋地方公务的机关，而纯粹为中央政府分区设立的国家行政机关之一。县为我国地方自治单位，但同时又为国家行政区域之一级，受省政府之指挥，执行中央及省委办事项。现有之区域能否适合此二重任务，以及省县关系也为问题之一。乡镇保甲之编制性质与县相同。国家行政委办到了县，未由县政府直接推动，一再转委，实际是由县以下各级组织推动的。事实上国家行政的层级包括乡镇与保甲，所以须涉及最基层的行政单位。2）研究之目的：(a) 检讨全国行政的程序；(b) 检讨全国行政的统一；(c) 检讨增高全国行政效率的方法。3）工作之分配。各级行政区域：(a) 省之地位与省区问题；(b) 县区与县等；(c) 乡镇保甲之编制。4）各级政府关系：(a) 中央与省的关系；(b) 省县关系；(c) 县各级组织关系。

（3）自治行政系统。乡（镇）才是地方自治政府的单位，县则不是。县是最大的自治团体；县政府是自治系统中的中央政府，负有监督各级自治行政之责。1）自治行政中的问题。自治行政之筹备严格言之属于国家行政系统，而非地方本身的公务。则县自治仅指各县自主执行地方公务的系统，限于乡（镇）自治及县乡关系。2）研究之目的：(a) 检讨地方自治的现状；(b) 检讨地方自治应具备之条件。3）工作之分配。关于系统的研究，调查：(a) 贵州；(b) 四川；(c) 云南。

（4）平行行政系统。凡公务之性质以程序为基础者曰平行行政。平行行政为执行时行政方法的系统，平行二字即描写其横贯各类行政之意，其特征在各部一致性，在并列性；其目的在帮助各级政府各项垂直行政达成其实施底目的。1）平行行政中的问题：一为组织，二为人员，三为财政，四为联络。2）研究之目的：(a) 检讨我国之现制；(b) 检讨各国一致性的原理，供我国政府的参考。3）工作之分配。组织：(a) 中央政府行政组织；(b) 省政府；(c) 县政府。人员：(a) 国家公务员；(b) 自治人员。联络：(a) 设计制度；(b) 视察制度；(c) 考核制度。财政：(a) 县财政；(b) 乡镇财政。

（5）垂直行政系统。凡公务之性质以目的为基础者曰垂直行政。是故不同的目的构成不同的行政，如卫生行政以维持与促进人民之健康为目的；教育行政以增加人民智慧和提高文化为目的；公安以维持安全为目的等。1）垂直行政中的问题多为专门的，各个不同。吾人所注意者仅涉其一般的与行政技术的二方面。2）研究之目的：检讨实施的效果检讨其与社会的关联。3）工作之分配：(a) 筹备自治行政；(b) 公安行政；(c) 公共卫生行政；(d) 公共教育行政；(e) 物质建设行政；(f) 公营事业行政；(g) 兵役行政；(h) 粮食管理行政。

上述计划良非一研究会或一研究室所能胜任，必多数研究机关，多数研究者，积多年分工合作的研究，始可稍有收获。吾人结合研究生数位，在钱端升先生领导之下开始初步研究；今以计划公诸读者，愿与兴趣相合之士共同努力。谬讹之处，尚祈指正。

吕学海的《论行政研究计划》① 原文约 4000 字，现摘要如下：

> 龚祥瑞先生所提出的"行政研究计划"……我们对于先生提出这计划的纯洁动机，是十二分同情的，计划中所论述的研究程序和目的，也容易叫人同意的。但计划中所倡用的研究方法，能否达成其目的一层，则颇使人致其怀疑之感。因为该项目的是："在求我国政治学的出路"和"在求我国公共行政的进步"，是含着充分的实用性的；而该项方法仅包括理论的推考、法令的分析和社会调查三种，是不容易藉以获得致用的结论的……我们提供几项补充的意见：
>
> （1）参加行政机关工作的必要。（2）深入社会民间生活的必要。（3）丰富的参考设备的需要。盼祷龚先生的研究组织"延年益寿"，并预祝他所提的研究计划获得最后的成功。

中国行政问题研究会系臧启芳、娄学熙、富伯平、薛远举等发起组织的。其研究任务，关于理论的是：（1）介绍新说；（2）抉发旧弊；（3）辨别是非；（4）建议方案。关于改革的是：（1）调整机构；（2）整饬人事；（3）革新管理方法；（4）改良行政工具。

《本会研究工作计划》② 一文架子搭得很大，面面俱到，并列重复，以致空洞无物。理论之薄弱，方法之空泛，无以复加。原文约万字，摘要如下：

> 1. 研讨现有制度与学说
>
> （1）有关民政方面之机构、人事、方法与工具。（2）有关教育行政之机构、人事、方法与工具。（3）有关财务行政之机构、人事、方法与工具。（4）有关经济建设之机构、人事、方法与工具。（5）有关保卫方

---

① 吕学海：《论行政研究计划》，《新经济》1943 年第 9 卷第 6 期，第 16 – 19 页。
② 中国行政问题研究组：《本会研究工作计划》，《中国行政》1941 年第 3 期，第 90 – 96 页。

面之机构、人事、管理、工具。

步骤：（1）研究细目之确定与分担。（2）实际材料之蒐集与考察。（3）有关人士之会商。（4）发行定期刊物。发表对于当前问题之意见，以及各种资料，供参考与研究。

2. 融合中外制度与学说

（1）各国行政机构之检讨与比较。（2）各国人事管理之比较与抉择。（3）各国财务行政制度之探讨与取舍。（4）各国行政工具之优劣与批评。后荟萃众制之长创造新制。

3. 创造新的制度与学说

其项目仍不外机构、人事、方法、工具四端：（1）行政机构之创拟。（2）人事行政制度之设计。（3）管理方法之革新。（4）行政工具之改善。

新制之创拟及实施。会员分别负责草拟，会同讨论，提交公私团体实验，加以改进。辑为专刊。

## 第三节 对行政学研究方法论的探索

万良炯在《研究政治思想史的目的与方法》[①]一文中指出："对于政治的研究方法大致说来，可有：1）由某种事实来推论他种事实的演绎方法；2）探索事实因果关系的历史方法；3）比较各种政治观念与制度而察其同异；4）注意经济势力对于政治的关系，而以经济的原因来解释政治现象的变换；5）注意社会势力对于政治的关系，而以社会原因来解释政治现象的变换；6）考察地理环境对于政治的影响；7）考察人种的与生物的情况对于政治的关系；8）研究各种政治观念与制度的发生及进化；9）用定量的方法来测量政治现象，如统计、调查等；10）用心理学的方法研究政治。"

### 一 对行政学研究途径和内容的探讨

程亚桂的《中国行政研究的途径（上）》[②]出得较迟，综合前人意见，

---

① 万良炯：《研究政治思想史的目的与方法》，《出版周刊》1934 年新第 79 期，第 7 页。
② 程亚桂：《中国行政研究的途径（上）》，《安徽政治》1946 年第 9 卷第 1 期，第 35–37 页。

加上自己见解，显得更全面。原文约 5000 字，摘要如下：

> （近年）一方面由于市政的发展，使国人对于行政的技术渐加注意；他方面省县改革新试验的企图，使行政的研究成为事实上的需要；重以科学管理方法，对行政方面亦不无影响。作者历数抗战前各研究团体对行政理论与实际行政问题作过的有系统之研讨。1938 年以后，朝野言论均集中如何简化行政机构以适应战时状态，对战时行政之改进，殊多贡献。且中央以至地方普遍设立行政人员训练机构，行政院的行政效率促进会出版行政理论书籍及行政效率新书达三十余种，在各省研究机构亦多有类似之专辑。中央设计局成立以后，研究的重心即从行政院移到中央设计局（按：这个说法仅见于该文，应是指该局专职、兼职专家的工作），各省并先后成立设计考核委员会，全国设计网因以建立，以为沟通大学行政理论研究与政府行政实际考察之桥梁。其次，如西南联合大学的行政研究室，苏皖技专行政管理科研究部，中国行政问题研究会，中国行政学会等。各大学政治系亦多普遍注意行政问题之研究，并经常将研究报告藉定期刊物发表，或发行专刊及丛书。至公务员所组织之研究团体，如中国人事行政学会，四川省行政研究会，中国考政学会，中国县政学会，中国政治学会等，贡献甚巨。

> 今后研究工作之目标。第一、中国今日之行政言改革求进步应自行政研究始，而且现在所需要的，是理论与经验相参，即专家与实际行政者相辅的行政研究。其次，在为我国政治学谋出路。以往介绍欧美的学说与制度，每每就整个的国家与政府阐明公务之一般的性质，他们除了启发后进，并予抽象的国家与政府以伦理的基础和基本的形式以外，殊未能指示出达到各种公务的具体方法，我国行政学研究可开辟务实的途径。

程亚桂的《中国行政研究的途径（下）》①（原文约 7000 字），认为行政不仅与法律、社会不能截然划分，即使行政与政治截然划分的见解亦属于一种机械的看法。围绕此观点，作者将当时我国行政上亟待研究之问题作了归纳：

---

① 程亚桂：《中国行政研究的途径（下）》，《安徽政治》1946 年第 9 卷第 4-5 期，第 12-17 页。

1. 行政法规问题。应从：（1）党政关系，（2）立法程序，（3）法律与命令，（4）府令、院令、部令、省市县令，（5）单行法规，（6）专门法规等几方面检讨现行法规的实况，制定的标准与程序，以及法规的等级。俾重复者合并，矛盾者折衷，失时效者废止，了解行政之实际运行，认识制度之真实价值。

2. 国家行政问题。中央政府的行政，及各级地方政府执行中央及省委办事项的行政，可统曰国家行政。吾人认为除自治行政而外，地方行政应归入国家行政范围以内，而为其构成之一部分。今日国家行政中之重要问题，一为现有之行政各级区域问题，一为各级政府之关系问题，关于各县政府区域，吾人应注意下列诸论点之检讨：（1）省之地位问题，（2）县与省区问题，（3）行政督察专员区问题，（4）县区与县等，（5）县分区设署问题，（6）乡镇保甲之编制。关于各级政府关系，则应注意下列各点：（1）均权原则，（2）省之性质，（3）县之双重地位，（4）中央与地方之关系，（5）省权之确立，（6）中央与省之行政事务，（7）省县关系，（8）省县权责之划分，（9）县各级组织关系。各级政府关系问题，为我国行政问题中，最迫切最重要之问题，各级政府间，相互之关系可以影响各该权利关系，变更其权利性质，甚至能使其与法律所规定者，大异其趣。我国政制中，省之地位问题，中央与省之关系，权责混淆，从未划清。县之行政事务，与自治事务，尚未确立范围，省县行政关系，无法取得和谐。县为自治之单位，乡镇为法人，岂非单位中又有单位？县乡关系，究应如何规划？所谓均权主义，中央与省均权乎？抑中央与省、省与县之均权乎？此等问题，均亟待研究解决。而后始可进而检讨全国行政的程序、行政的统一，以及增进全国行政效率的方法。

3. 自治行政问题。国家行政系统之外，尚另有自治行政系统之存在。所谓地方政府自治权的意义，是"动用地方公款"。其次，可以县为单位来举办的事务，才可以成为自治事务。这个概念，是中国当前最重要的概念。县为自治单位，是我们既定的根本原则。今日推行地方自治，最大的困难，在不知以何种事项列为自治事项。其动机往往是，借此将办某一事的经费，列入自治预算之中，或借中央推行自治的决心，来推动某一种行政。不仅如此，现行制度之实际运行，是乡保以上各级层，均为承转机关，而国家行政大任，遂以委办为名，悉加诸乡保肩上，此为全国皆然之事。吾人主张先调查目前地方自治之实况，而后对（1）自治事项之范围，（2）委办事项执行之范围，（3）上级机关监督方式，（4）自治等差，（5）推行自治之步骤，（6）各级自治组织，及民意机关诸问题，方可切实研究改进之具体方案。

4. 普通行政问题。凡公务之性质以程序为基础，为普通行政；凡公务之性质以目的为基础，为专门行政。通常所称行政管理，即以普通行政为内含。其问题约可分为：

（1）行政组织：1）中央政府行政组织，省政府，县政府，市政府，现制之各种类型。2）完整式组织实施之检讨。3）省委员制与合署办公制。4）县裁局改科与并科设局。5）行政三联制之实际运行。6）分层分负，与分级授权。7）视察制度、设计制度与审核制度等。（2）人事行政：1）各级人事行政组织。2）现行人事行政制度之实况及趋势。3）人事纲领与公职登庸。4）分级计划与薪工方案。5）考绩记录与升迁制度。6）人事报告与选举制度。7）人事心理技术与风纪问题等。（3）财务管理：1）各机关之预算，会计审计制度。2）集中购置与器材管理。3）公产公款保管办法。4）公署管理、公署建设及环境布置。5）省级财政问题。6）自治财政。7）县乡财政划分。（4）文书管理：1）各机关公文程式之调查。2）文书处理之程序及速度调查。3）档案管理制度。4）拟定简易公文程式，文书处理程序，档案保管方案等。

5. 专门行政问题。应注意其一般的及行政技术两方面之研究，并切实检讨其实施之效果以及与他种行政间之联系。如外交、交通、实业、教育、警察……

我们迫切需要一个提倡行政研究的运动，至少希望能唤起在学校里有志于行政的人，在政府机关里工作的人和公民，注意认识行政，批评行政，以期共同改进行政。

直言在《整理与厘定官制官规时所应采取之方法》① 一文中将"实验归纳法分为四个阶段，第一观察一定范围内的事实，而广为蒐集之。第二比较

① 直言：《整理与厘定官制官规时所应采取之方法》，《行政效率》1935 年第 3 卷第 3 期，第 230 页。

其事实的性质，而施之以分类。第三作说明各种分类的根据及其假设。第四比类其他事实的性质及证论，说明其臆说之确实性与适当性，而成为定理法则及原理。循此四个阶段，则科学的生命，便由发育而滋长，而一切事务的真理，亦于焉发现矣……"

吴兆棠《现代行政原理的缺陷与行政研究应取的途径》①，与他那篇论行政学发展的文章是姊妹篇，认为 18 世纪以来"个人自由平等，国家福利增进"的行政学原理，要想被统治者拿来作处理公共事务的标准是不可能的，他们只需要阐发扩大其统治效能的技术。在政治现状未打破前，学者还可以做的是调和统治者和被统治者双方需要的改革方法。所以行政学的研究工作，从统治者方面考虑，包括：（1）行政现象的由来、本质和趋向；（2）行政现象对国家、社会、民众的利害关系；（3）从理论和技术上，凡有利于国家、社会、民众的各种行政现象则求其发展，凡有害现象则探求改革方法。从被统治者方面考虑，包括：（1）阐明国家、社会、民众有关行政的公共需要和个别需要；（2）探求国家、社会、民众的需要与统治者的需要如何协调、均衡发展的方法；（3）以国家、社会、民众的需要之全盘发展为目标，而建立社会化的行政学。

蒋介石的《各地行政人员今后努力之途径和方法》② 是他 1936 年 5 月 16 日在地方高级行政人员会议闭幕典礼上的讲演。他认为，主要工作纲领与努力方法包括：（1）严格考验：委任专责；定期考验；随事考成；实地考验。（2）综覈名实：明系统；公铨选；专责成；行久任；严考核；一赏罚；稽查报告；重奖廉能。（3）密切联系：工作的联系；邻区邻省间之联系。（4）政治与教育打成一片。（5）节约与踏实（以少量金钱做多量事业，各项基本工作等应重质不重量）。（6）管理与统制：教、养、卫，加上管。

甘乃光说："欧美学者的研究的科学方法，对于调查的注重，尤值得我们仿效。……不过中国的社会环境、历史传统，究与欧西有别，单是吸收欧美的行政学新理论的结果，多数凿枘不相入，无补于中国行政之改革。在过去中国……已有数千年的行政经验和传统……例如中国之侧重人治，自有其精心之处，对于公务人员的内心的训练一点，便是西洋所无，值得我们注

---

① 吴兆棠：《现代行政原理的缺陷与行政研究应取的途径》，《现代论衡》1931 年第 1 卷第 4 期，第 1－4 页。

② 蒋中正：《各地行政人员今后努力之途径和方法》，《中央周刊》1936 年第 416 期，第 26－27 页。

意。又如中国虽然没有所谓科学的官职分类，然也有官幕吏之分；档案的索引，在中国也有他的一种实用的方法，如'江山千古'等。他如张居正、顾炎武、王夫之、曾国藩等名臣学者，对于中国行政的理论，虽只一鳞半爪，然时有独到之见，值得我们参考。""还要把行政研究的结果加以实验；因为行政是可以实验的，它才成为一种科学。"他提出，如文书改革、合署办公、行政督察专员制、县政府裁局设科、实验县和实验区都可以试行，最好是"政府机关和学术团体通力合作"。①

## 二　众家争说行政学研究方法

薛伯康的《如何研究中国行政》② 主要从组织机构方面建议。原文约3600字，现详细摘要如下：

> 1. 研究中国行政的重要。美国行政，于二十世纪以前，一如吾国今日，亦甚为腐败。及后因受国内研究行政者所组织之行政研究学会研究鼓吹的影响，逐渐上诸轨道。日本亦然，行政学家以九牛二虎的力量，鼓吹当局引用科学方法，励精图治，可见一斑。

> 2. 研究行政的方法。（1）一方面由私人组织行政研究机关专事高深的探讨；一方面由各大学创办行政研究系，专事初步的研究。自古未有行政当局自己鼓吹改革行政，政府补助，则研究者发言不便。应设置研究与宣传两部。研究部再依行政学的内容，分为行政组织，统制用人行政，统制用物行政，改善办事手续，及研究资料等组。

> 行政组织组，须由内行组成。1）调查各级政府行政机关的组织及任务；2）研究近代统制行政的理论与实验；3）研究上级政府监督地方政府的方法。

> 统制用人组。1）研究现行统制用人行政制度失败的原因，以及吾国迄未采用近代科学化人事制度的理由；2）研究近代职位分类制度的理论与实际，以及其实施的方法；3）研究如何拔取人才及如何利用人才的方法。以便政府实行统治用人时参考。

> 统制用财行政组。1）调查各级政府经费收支的概况，以便分析其

---

① 甘乃光：《中国行政学者的使命》，《行政效率》1935 年第 2 卷第 11 期，第 1505 - 1506 页。
② 薛伯康：《如何研究中国行政》，《民意周刊》1939 年第 69 期，第 5 - 6 页。

得失的所在；2）研究统制经费收支的科学方法，如预算的编制，及事前事后审计的实行等。

统制用物行政组。1）调查各级政府现行物料购置消耗的实况，藉知庶务人员有无收受回扣、浮报物价、伪造账册、从事舞弊的情事，及公务员滥领浪用的恶习，拟具防制方法；2）研究近代集中购置供应制度实施的方法；3）研究物品分类制度，并襄助集中购置供应机关办理物品分类；4）研究统制物料购置消耗的方法。

改善办事手续组。1）调查各级政府文书档案处理的实况，藉知其利弊得失；2）研究并发明代替人力的行政工具，如计算机，打字机，统计机等，以达增加效率目的。

研究资料组。负责收集及保管各级行政研究资料，如图书杂志及其他印刷品等。

宣传部应置出版，宣传，联络，及会员四组。出版组掌关于印行科学行政的刊物及丛书，非行政专家所撰的文章概不接收；否则，科学行政四字，极易为人误解。宣传组掌关于文字以外的宣传，如演讲，广播，及行政成绩展望等。联络组掌联络国内各行政研究机关，使彼此工作无冲突重复的弊病。会员组掌关于征求会员，藉以增加力量。

（2）创办行政研究系。其课程至少须包括下列种种：1）科学管理，2）职业心理，3）行政统计，4）行政学大纲，5）行政组织，6）统制用人行政，7）统制用财行政，8）统制用物行政，9）文书档案的处理，10）地方行政大纲，11）经理制度，12）警察行政，13）消防行政，14）教育行政，15）卫生行政，16）公共灯火行政，17）公益事业行政，18）公用事业行政，19）司法行政，20）交通安全行政。

张锐有《怎样研究行政学?》[①]，摘要如下：

行政学范围很广，分析起来，可以说有下面八项：

1. 行政组织问题。改善的原则是根据下面所说的几点：（1）行政机关的组织应以简单明白为主，各机关相互间应有协调，骈枝机关应加裁并。（2）行政的职责应确定，务使责有攸归，事无不举，不可稍涉含

---

混。(3) 各部分的工作人员应有充分的合作。(4) 行政组织应以独任制为主，而以委员制为例外。可参看威罗贝（W. F. Willoughby）、华特、蜡山政道、张金鉴、甘乃光《行政组织导论》及立法院编译处编撰的《中华民国法规汇编》第一册第二编，各种组织法也是研究者必须看的。

2. 员吏问题。有了好的机关还要有好的人去运用。在偏重人治的中国，员吏问题尤有特殊的重要性，有人认为考铨问题如无适当的解决，其他的行政问题都谈不到。可以看《铨叙部年鉴》，《考试院法规丛编》，《全国考铨会记丛编》，马洪焕、陈有丰的国外调查报告，以上均考试院出版。张云伏、陈乐桥、费福熊、薛伯康、何清儒《人事管理》著作，L. D. White：*Public Administration*。L. D. White：*Civil Service in the Modern State*。W. R. Sharp：*The French Civil Service*。还有《新月》杂志刊登的罗隆基关于本问题几篇论文，《东方杂志》十七八年各期中所载的几篇文字亦可供参考。

3. 财务问题。行政经费怎样取之于民、用之于民？分配是否适当？各机关是否能充分利用其经费以达到既经济又有效率的行政？朱偰、何廉、李锐、胡善恒的《财务行政论》（均商务印书馆出版）都是很好的参考资料。最要紧的是预算问题，不可不看 Rene Stourm 的 *Le Budget*（1913 年在巴黎出版）和 A. E. Buck 的 *Public Budgeting*（1929 年纽约出版）。对于政府簿记会计和审计，潘序伦、杨汝梅的都可看。

4. 庶务问题。庶务问题包括行政机关一切物料的构置、保存管理和分配应用等项，是很有趣味的行政管理，可惜国内研究本问题的人还不多。《行政效率》中谢贯一所著两篇文章颇值得一读。财政部盐务署出版的《采购与建筑》（又名《盐务稽核总所业务科之状况》）一书有许多的资料。老向的《庶务日记》是对于国内机关的庶务行政一种现实的描写。英文书如：Russell Forbes：*Government Purchasing*，1929，N. Y. ；N. F. Harriman：*Principles of Scientific Purchasing*，1928，N. Y. ；W. N. Mitchell：*Purchasing*，1927，N. Y. 。

5. 行政资料问题。行政资料可以说包括五种东西，即档案，统计，图书，报纸和专门人员登记，其中尤以档案最为重要。应读《行政效率》第 2 卷第 9 期档案专号。

6. 施政程序问题。施政程序和行政组织关系最为密切。国外讨论行政学的书籍往往将施政程序和行政组织相提并论。国内公文程式比较复杂，有专题研究的必要。

7. 中央与地方行政问题。常见关于定县、邹平、江宁和兰溪四个实验县的文字，梁漱溟、李宗黄和《政治月刊》出版的县政问题均为有趣的情物。谈市政府组织的书，例如张慰慈、董修甲和作者六年前编的《比较市政府》大都择译外籍，殊欠满意。讲市行政技术问题的书满意的更少，可读英文入门书籍 Lent D. Ubson：*Practice in Municipal Administration* 和 W. B. Munro：*Municipal Administration*（1934 年本）。

8. 专门行政问题。例如海关、盐务、土地、公用、工务等等，所以行政学看上去很简单，分门别类的研究起来却很复杂。研究行政学的人，我认为应当先对于前六个问题有相当的认识，然后再根据个人的兴趣从事于后面两个问题的专题研究，比较合适。

张金鉴《行政学研究方法论》① 其中一节（原文约 7000 字）的摘要如下：

1. 行政学之时代背景

自 19 世纪政治学旁支派生有所谓行政学者以来，已一跃而蔚为大国矣。第一，就政治之关系论，迄于近世政治上之统制主义或干涉政策已代自由主义或放任政策崛然兴起。亚当斯密一派之个人主义听其自然之经济学说和孟德斯鸠派所主张"政府最好，管事最少"之政治哲学，亦到处碰壁。国家及政府之功能与活动日趋扩大。第二，就经济之立场论，因工厂制度及大规模生产之产生手段与生产劳力之分离，政府不得不注意于经济的有效的行政之实现。第三，就行政之趋势论，因政府职能增长，公务员数额及政府支出膨胀，必须急谋对策。第四，就社会之环境论，科学管理亦促行政效率研究。

2. 行政学研究之领域

（1）研究之范围。行政学所研究之范围，概括言之，当为行政现象或实际。行政者乃政府组织中行政部所办理之事务。（2）研究之问题。一为行政历史；二为行政实施，其内容在对现实各国各地政府所施行之行政制度、方法、技术作实事求是之认识及分析，以见其优劣与得失；

---

① 张金鉴：《行政学研究方法论》，《服务月刊》1939 年第 2 卷第 1 期，第 67—74 页。

三为行政问题，对现实行政上所遇之疑难或不甚明确之因素关系作推理之分析与拟议之解决；四为行政方略，其内容所包括者为政治家所用以获取政权或维持已有政权之法与方略及行政家用以领导及指挥部属之人事运用方法。行政学之领域可划分为五部：行政原理，行政政策，行政组织，行政方法，行政技术。

张金鉴《行政学研究方法论（续）》①其中一节（原文约3000字）的摘要如下：

3. 行政学有关之学科

（1）与社会学之关系。社会学为社会科学中之基本科学，而行政学复为社会科学之一种。

（2）与政治学之关系。政治学乃探讨国家与政府之性质、起源、组织及其演变之学科也。行政学所研究者为完成国家目的，推行政府职务时之实施程序与实际方法。

（3）与经济学之关系。今日行政权力者所处理之事务，几无一不与人民之经济活动及利益有至密切之关系。

（4）与法律之关系。法律学所研究者为政府机关、人民间之各种义务与权利之关系。行政权力者推行其任务时须完全拘束于合法之范围内。

（5）与心理学之关系。盖行政者所管理与对付之对象，其最重要者则为人及人性也，对社会问题之解决，必须明了社会心理，对民众之成功领导，必须认识民众心理。

4. 行政学之研究方法

德儒史坦因所著《行政学》中法理或组织的研究法中的主要方法有：关系或制度研究法，实际的研究法，理论的研究法，历史的研究法，比较的研究法，试验的研究法。

张金鉴的《怎样研究行政学》是上文的缩写篇。

刘百闵（1898－1969），浙江黄岩人，师从夏灵峰修中文与理学。去上

---

① 张金鉴：《行政学研究方法论（续）》，《服务月刊》1940年第2卷第1期，第88－95页。

海进修日语，在杭州与马一浮结为知友，受到其治学指引。留学日本法政大学和早稻田大学哲学系。1930 年毕业回国，任陈立夫的秘书，兼中国日本研究会的主事人，主编《日本评论》。后任中央大学、中央政治学校、复旦大学、大夏大学、暨南大学教授。抗战期间，任中国文化服务社社长，并协助陈立夫完成《唯生论》的编著。1938 年，任国民党中央宣传部宣传指导处处长，国民参政会参政员。奉蒋介石命在乐山创立复兴书院，马一浮任主讲，刘百闵任总干事。1937 年 5 月，于南京市当选第一届立法委员，继任中国文化服务总社社长，出版《读书通讯》半月刊。1949 年 4 月去香港，与钱穆、张丕介等筹建新亚书院。1952 年去台湾，次年任香港中文大学教授。

刘百闵的《行政学之研究方法》①谓：

　　行政调查之研究方法，既为一种学者所采用，惟于举行调查时，须加注意者，即其基准需与科学管理之原则符合。其要素有三，即标准化、统制与协同（Cooperation）是。标准化者，盖以调查之结果，而以特定的形态，表而出之之谓。在任何领域中，调查须保持其唯一的原理与唯一的方法也。统制者，乃以特定的法则，完成各种事务之谓。此处为内在的统制，即使各人俱能明了其职责之所在，从而与以指导，与乐队中指挥者之性质相似。所谓协同，盖统制而不由于权力，即于各个之职务间，协调相互关系之谓。

　　上述三要素，为各种组织必具之要件，三者如缺一，则管理系统，必形呆滞，而效能亦将为之减低。

刘百闵还写了《行政法学方法论之变迁》②，也是一篇颇有深度和见地的文章。这里只稍引本书曾涉及的几个人物。"法国公法学者，好为行政辞典的著述，与斯泰因的学说互相呼应……都是属于行政法学与行政学未分化时代的作品"。"关于行政的著述，都是国法学与行政法学或行政学与行政法学的混合物。"而"F. 迈尔（F. F. Mayer）在 1862 年……舍弃了从前以行政目的为标准来说明各领域的法规之方法，而以法律关系的异同性质为标准，作成了《行政法总论》。"到了鄂图·迈尔（Otto Mayer），他遵照 F. 迈尔

____

① 刘百闵：《行政学之研究方法》，《读书通讯》1943 年第 66 期，第 9 页。
② 刘百闵：《行政法学方法论之变迁》，《国立中央大学社会科学丛刊》1935 年第 1 期，第 49 - 71 页。

"指示的行径，集行政法学之大成"。其《法国行政法论》（1886）和《德意志行政法论》（1896）最有价值的"便是抽出潜在于行政法规之中的基本法理，而树立一具体的行政法总论；对于公法法理的考察，不仅视为权力的规范化，更以纯法律学的方法，使成为客观的规范。对于行政行为，他视为广义的法律行为之一种，以解释私法学的方法，研究行政行为的成立的要件、效力，行为的附款、特效，公法上的违法行为及其损害赔偿的理论，以及公物、营造物等等公法上的物权理论；并根据当时的判例、实例，研究公私两法的共通法理，这样便构成了他的独特的行政法理……使之客观化与系统化。"其后，德、奥、瑞、法、意等国都有他的支系，更推及各国行政法学方法论。"而在日本，则以美浓部博士为最，余若清水博士、市村博士、佐佐木博士、野村博士等，也都受了他的影响。"

他说："除去讨论国家行为之有效或无效部分以外，行政法学总论，并不是特定的法典；而是以为各个行政法规所构成的总则；如果，以论理主义来研究其法理，并不是不可能的。不过要解释公用事业、教育行政、社会行政，交通、通信，各种产业行政，司法行政等各种行政分科领域中的法规时，仅有论理的说明，是不充分的……决不能冠以科学之名……所以行政法学各论，到现在还是一片广大无垠的荒野。我们如果要使它产生丰富的产物，那么恐怕也只有仰赖这综合的研究方法。""将来行政法学的发展……我认为在行政法学总论一部分，论理主义合理主义可占优胜；而在行政法学各论，则应用综合的方法。"

刘百闵的行政学论文还有：《行政组织与生存样式》（《新社会科学》1934年第1卷第2期）；《现代行政组织之集中化》（《新社会科学》1934年第1卷第3期）；《事务管理之基本精神》（《读书通讯》1943年第63期）等。

崔宗埙作有《行政学的研究方法》[1] 一文。

崔宗埙，河南南阳人，毕业于南开大学，后获斯坦福大学政治学博士学位，精于国际政治关系研究。1927年回国后历任中国公学教务长，暨南大学、中央大学教授，安徽大学法学院院长、政治学系主任兼教授。抗战时，从厦门大学教授转任福建省公务人员训练所（地方行政干部训练团）研究室主任，福建省研究院社会科学研究室主任。战后返沪，先后任教于大夏大学、沪江大学、上海法学院，其后事迹不详。

---

[1]　崔宗埙：《行政学的研究方法》，《东方杂志》1941年第38卷第10号，第39-44页。

崔文认为从逻辑顺序言，应先论（辛亥革命以来）新的行政——行政学。旧的行政是消极的行政，其目的在于维持治安与征收赋税。新的行政是积极的行政，工业革命以来，很多私人事务变为公共事业，非由政府管理不可，因此新的行政产生。研究之法有六：

1. 哲学方法。因为哲学要探究人生的目的，即人生观，影响到行政观。社会哲学包括政治哲学，以明了行政之价值。如"放任主义"与"无为而治"；民治主义与官吏民选；保育主义与卫生行政；官治主义与教育行政、经济行政等。

2. 法律方法。哲学方法仅能得行政观念，行政组织、制度与实施还要靠法律保障。但行政学不同于行政法。

3. 技术方法。这才进入行政学自身，行政技术是行政学中最重要最复杂的部分，它取代原来行政法的统治地位。可分为一般的管理、科学技术和行政特有技术。行政技术常受社会的限制（如人事关系）。工商界之技术如人事、会计、经理制等，也可移植进来。

4. 历史方法。即研究行政史和行政学史。

5. 比较方法。比较方法实际上即为历史方法之扩展，研究已往尚嫌不足，则进而研究目前各国行政上技术与方法，加以比较。英国行政学界特别提倡此法，我国可省际比较。工商、学校、教会等技术方法亦可比较参考。

6. 实验方法。历史方法为研究过去，比较方法为研究现在，而实验方法则在实验以发明未来的、最新的、最良的行政方法。所谓实验者包括哲学、法律、技术三种方法之实验。行政哲学、行政法律皆可实验，由实验而可以改造；而行政技术当然更可实验，由实验而改良。如罪犯检定（此为行政技术之一）利用科学技术设备和模拟。

将来行政学即可根据以上六种方法而成为（1）行政哲学，（2）行政法学，（3）行政技术学，（4）行政史，（5）比较行政学，与（6）行政实验学矣。

崔宗埙、彭黻叔作《由抗战经验对于我国政治改造之建议》[1]，认为战

---

[1]　崔宗埙、彭黻叔：《由抗战经验对于我国政治改造之建议》，《政治季刊》1939 年第 2 卷第 4 期，第 1 - 10 页。

争对于改善行政机构提出紧迫要求，机构设置原则应为：（1）政令统一；（2）每级平行机关不多；（3）性质相同的职务不可分几个机关；（4）性质绝不同的职务不可置于同一机关；（5）各部、署的职务与权力要能相称。中央政府要：（1）确立行政元首制；（2）司法行政部应改隶行政院；（3）主计处的会计局、统计局应改隶于行政院，岁计局应改隶于财政部；（4）铨叙部应缩小并改隶行政院；（5）应设行政设计局。省政府（因前几年改革）较为差强人意，建议：（1）改为省长制；（2）废除无职省委员；（3）秘书处应添设行政设计室；（4）省主席应多向中央汇报请示。行政督察区只做督察县政工作，建议：（1）专员应如中央所派监察使，除军职（保安司令）外不可兼负行政上之各种责任；（2）公署两科改为审计科（科长为会计人员）与检查科（科长为法律人员）；（3）专员不可直接命令县长（应呈报省府下指示）；（4）专员应负督察全责；（5）行政督察专员制应为临时性质（将来省府直接监察县署）。县政府极重要，建议：（1）统一县署组织（内政部可拟几种类型供各县选用）；（2）提高县政人员管理技术（通过训练）；（3）设立城乡警察；（4）划一和强化保甲组织；（5）取消包税制，直接征收入金库；（6）增加县署经费；（7）创立全国县政协会（省县长及专家）。区署（即区政府，为行政机关，有警察权，区长、区员均为政府官吏）不同于区公所（为自治机关，无警察权），但区署要依靠保甲系统推行政令，不如直接扩充保甲长权项，取消区署。

### 三 方法泛论延及政治诸学科

袁国钦的《行政方法泛论》① 引用蒋介石的指示：现在的时代，是科学的群众时代。"所谓科学的群众时代，包括两个涵义：（1）是群众的——就是说群众本位时代；（2）是科学的——就是说科学精神的时代。"该文是研究发动群众力量的方法。作者认为处理行政事务，从原则方面说要注意：弹性与活用（因地制宜，不要死板）；计划与中心（要有中心计划，以免各自为政）；统一与分工（共同目的，联系合作）；公平与公开（开大会公布）；指导与考查（明察卓见，考绩奖惩）。具体实施方面包括：（1）干部的动员；（2）民意机构的运用；（3）工作竞赛。

---

① 袁国钦：《行政方法泛论》，《新公务员月刊》1940 年第 1 期，第 24－26 页。

高柳桥的《研究地方行政的方法》① 详尽、细致和切实，成为向行政学研究生讲授科研方法的范例。"1939 年 11 月，作者应农村建设协作会乡政学院（贵州定番）之特约，对该院研究生讲述本题。原稿经修正后发表。1940 年民族复兴节作者志于国立中正大学。"正文约 3 万字，以下是提纲：

　　绪言　方法是研究任何学术的工具——科学方法就是收集材料，鉴定材料，分析内容，求得结论——研究地方行政的方法，实在就是如何应用科学方法研究地方行政。

　　1. 事前的准备工作

　　（1）选择研究对象，选择研究对象须顾及时间、经费、人员、环境、材料等条件。专题研究，选题宜小不宜大；区域研究，可视区域大小，分作深邃的与广泛的研究。（2）工作计划：须先拟一暂定目次，编制参考书目，访问图书馆，预定工作进度表。区域调查研究，先确定考察范围，取备介绍信件、材料目录，拟定表格与问题。

　　2. 收集研究的材料

　　（1）材料的种类：记录与材料—主要来源与次要来源—材料不一定可靠。（2）鉴定材料是认识真相不可少的工作—四个法则。（3）收集材料：个人收集方式与团体收集方式—个人直接收集方式—直接通信访问法的应用—提出问题与拟制表格的两点—探访晤谈的应用—态度与技巧的重要—个人间接收集方式—团体收集式—团体收集式与个人收集式的比较观察。

　　3. 整理分析收集的材料

　　（1）如何整理材料：分类—再分类—记录—重新鉴别—评价—归纳与演绎—统计方法的活用。（2）如何研究问题：研究问题须从各方面入手—不同观点和见解，避免主观和偏见—一番推论，可能的结果。

　　4. 发表研究方法的结果

　　（1）发表研究结果的问题：我们欢迎发表成熟的和有裨用的主张。（2）撰述的技巧及其注意点：技巧的运用因人而异—注意发现、布局、用字与写作道德。（3）论文的形式和规范：论文形式不外目次、正文、附录或参考书目—引语及注脚的应用—忌用（我）字。（4）报告的方式例讲：四个实例。

────────────────

① 高柳桥：《研究地方行政的方法》，《地方行政》1941 年第 1 期，第 59－81 页。

何国维的《地方行政研究法》[①] 称："国家的强弱，以人民的知识程度为转移。"该书提供做学问的方法，强调材料的搜集和鉴别整理，需克服两种病态心理（宿儒怀宝迷邦，少年沽名市利），用词要审慎，还要注意写作道德问题。

吴文晖《如何研究地政》[②] 一文指出，地政即土地行政（Land Administration）。由于土地问题存在，而有解决此问题的土地政策，便需要土地立法，行政机关遵照执行，就是土地行政。作者认为，地政研究应包括三个层次（问题、政策、行政），"土地立法是由政策到行政的桥梁，亦须加以研究"。作者将研究内容分为土地问题理论、土地政策与地政业务、土地立法和史的研究四大项。本书不能全部述评，只就该文第四节"地政学科的研习"转述几句，包括入门学科（土地经济学）、基本的综合学科（土地测量、登记、政策、法、行政等）、专门的地政学科（土地估价、金融、税、征收、重划、垦殖，市地经济，土地制度史等）。第五节是"专题研究"，"以期有所创造或发见"。指出应具备客观的、批判的、有恒的精神，遵守一定的程序，即通过选题、草拟研究大纲、搜集材料（原始的、次级的，记录成卡片并分类整理）、分析和解释（假设和立论，体察事实间之因果关系和交互关系，论证），从而得出结论。

胡善恒的《怎样研究财政学》[③] 和朱君毅的《怎样研究统计学》[④]，这里也顺便提一下。

萨孟武的《怎样研究中国政治史》[⑤]，第一篇是"人口与食粮"，体现了民以食为天。

此外，必须再提比行政学范围更广的政治学的研究法。高田早苗的《政治学研究之方法》[⑥] 是笔者见到的最早中文政治学研究法指南，前文已介绍。

钱端升说："政治学之研究方法……以时而异，在上古则注重想像，中古则往往为拥护当时之政制，至近世则偏重于福国利民之政治方式之研求。""政

---

① 何国维：《地方行政研究法》，《出版界》1944 年第 1 卷 1 - 12 期，第 9 - 10 页。

② 吴文晖：《如何研究地政》，《读书通讯》1947 年第 138 期，第 6 - 10 页。

③ 胡善恒：《怎样研究财政学》，《读书通讯》1943 年第 59 期，第 5 - 10 页。

④ 朱君毅：《怎样研究统计学》，《出版周刊》1936 年新第 185 期，第 1 - 15 页。

⑤ 萨孟武：《怎样研究中国政治史》，《读书通讯》1940 年第 1 期，第 4 - 5 页。

⑥ 〔日〕高田早苗：《政治学研究之方法》，《译书汇编》1901 年第 5 - 7 期。

治学研究方法，可有下列各派，盖视辅助学科而分者也：（1）历史学派，
（2）法律学派，（3）心理学派，（4）统计学派，（5）人种学派，（6）生物
学派，（7）经济学派，（8）社会学派，（9）比较派。""盖学术可分为两种：
一为艺术，一为科学。政治学离艺术甚远，如能成为科学，则当可自成一
家，在社会科学中，当可占位置。否则恐仍不免介于哲学与法律之间。"①

关于当今政治学的特点，他认为：（1）比较方法，用之者日多；（2）重
职务研究而轻政体研究，重运用而轻形式研究；（3）国际关系研究渐引起注
意；（4）分类日多，如美国近年竞作市政之研究，更为之分门别类，然往往
有轻重失均、舍本逐末之弊；（5）设置研究学问的特别机关，如德、法各国
有政治学院，美国更多政治研究所，"长此以往，政治学当不难就为科学，
而在学术中占一位置也"。

何庆荣的《政治学研究法》② 则是中国人自己写的政治学研究法专论。
他说，古希腊"政治学"一词（Poolis 和 Politeia）"系科学与艺术之意，在
当时，人多视为一种哲学，直至近代，经诸流派之阐发，始树科学之基，而
被公认为一种社会科学"。其研究方法，"从横的方面观察，有个人和国家两
自努力，相互为用的方法；从纵的剖面而言，则有纯理政治学与应用政治学
之研究法。然，要皆离不了比较、历史、观察、考查、实验诸法——一言以
蔽之，亦惟有演绎与归纳二法而已。"

杨幼炯的《怎样研究政治学》说："政治学是研究人类在政治生活上相
互关系的科学。""所谓政治生活，即是由人类组织行为而营的生活"。"政
治生活是以政治权力的活动为中心"，"比如政府权力的运用，国民主权的行
使"。"以前政治学的基本概念是国家与主权，但是现在因社会经济之变迁，
国家主要任务，已由发号施令的地位，转变成为以公共服务为中心"。"所以
现代政治学的新趋势，不仅以国家为唯一研究对象，且须注重人民的权利与
经济问题的解决。"③

陈之迈的《如何研究政治学》④ 指出，前提是具备政治学的根本常识，
并对于科学方法（搜集整理材料，判断组织材料，及制成结论）要有相当的

① 钱端升：《政治学》，《清华周刊》1925 年第 24 卷第 17 期，第 1－6 页。
② 何庆荣：《政治学研究法》，《复旦大学政治学报》1931 年第 1 期，第 1－5 页。
③ 杨幼炯：《怎样研究政治学》，《出版周刊》1937 年新第 221 期，第 1－6 页；1937 年新第 222 期，第 1－8 页。
④ 陈之迈：《如何研究政治学》，《读书通讯》1940 年第 3 期，第 38－40 页。

训练。政治家是"立功",政治学家、政治思想家是"立言"。县长对民、财、建、教、保都得指挥办理,研究政治学的人对于社会各部门的常识都得具备。研究中国(全国和地方)的政治活动,要利用文献和本人观察得来的材料。他强调要研究现实的政治问题。

乔诚的《政治科学方法论》① 与本书关系较密切,作者称:"政治科学的方法论有两种讲法,第一从纵的方面叙述政治科学方法的历史的进展,第二从横的方面叙述现阶段中的政治科学应当怎样构成。"日本已有小野冢喜平次、今中次磨、蜡山政道、户泽铁彦、佐野学等人的著作,有系统讨论。作者介绍说,"广义政治学接近的诸科学"包括历史学、统计学、社会学、伦理学、社会心理学、经济学、法律学等。广义政治学可分为纯理的政治学(又可分为:①记述的,如政治历史、政治地理、政治统计等;②说明的。后者再可分为:法规的,如国法、宪法、行政法、国际法等,以及事实的,如国家原论)和应用的政治学(又可分为:①泛论,即政策原论;②各论,即行政学、经济学等及各种政策论)。狭义政治学只含国家原论及政策原论。还有特别政治学,研究国家及特定政治现象。"要之,广义政治学为关于国家诸学的总称。狭义政治学乃与国家以事实的说明,及讲求其政策的学问。"西方政治学是以"近代文明国家(立宪政治)"(时空环境、政治现象均类似)为对象的。"政策研究的目的,当为探求可能实现的理想,及达此理想的方法手段。"这里不再引述。

赵康节的《凯德林之政治学方法论及政治学说》②,将韦罗璧、狄骥、拉斯基、马歧味(R. M. Maciver)等归于"站在别的社会科学……的立场来研究政治学的情形",突出柏芝浩、斯宾塞、孟罗等借某种"自然科学对于政治学的贡献,特别多限于方法方面"。而当代的凯德林(G. E. G. Catlin, 1896 - ?)出版了《政治科学与方法》(*The Science and Method of Politics*)和《政治原理研究》(*Study of the Principle of Politics*)两本书,借鉴自由主义经济学的方法,处处作类比,得出一套政治学方法,这套方法建筑在"供求关系的均衡"等规律之上。作者认为,凯氏的方法虽有启发,离科学性还差得远。

冰生的《怎样研究政治》③ 是以历史唯物主义观点分析中国社会的性

---

① 乔诚:《政治科学方法论》,《明耻》1935 年第 1 卷第 10 期,第 10 - 20 页。
② 赵康节:《凯德林之政治学方法论及政治学说》,《民族杂志》1933 年第 1 卷第 1 - 6 期。
③ 冰生:《怎样研究政治》,《大众生活》1936 年第 1 卷第 10 期,第 253 页。

质，称"研究政治是为着获得大众政治的解放"，"研究政治的方法，应该从经济机构的支配关系及其进展过程着手。"他"介绍几本最重要的研究政治书籍给读者"，包括波格达诺夫、邓初民、李达、施存统等人的著译，特别是恩格斯的《家、私有制和国家的起源》（李膺扬译）和英文版的列宁著作《国家与革命》。

杨电如的《怎样研究政治科学》①也持上述立场和观点，即从政治的根本思想上去研究、从社会的心理上去研究、从政治制度上去研究。按李达《政治学大纲》的四条方法，首先是从经济生活的关系去说明国家形态；其次分析国家的各种要素的关联形态，已建立的包含多种复杂规定的统一的国家形象；然后在国家的发展过程上探求各个阶段的发展形态，以引出包含多种特殊发展法则的普遍发展法则；最后依据这样得来的具体的政治原理，从事于国家生活的实践。

另外，褚柏思的《三民主义的方法论》②和吴曼君的《蒋主席在方法论上之贡献》③等御用文人的阿谀之作，以及汉奸文人胡瀛洲的《评我国政治学者之方法论》④，这里就不谈了。

迈之的《社会科学方法论》⑤介绍 Felik Kaufmann 发表于《社会学评论》（*The Sociological Review*，Vol. 28，No，1）上的一篇文章，认为"除盲目自生的成见，以及方法论上的成见以外，还有一种所谓价值学的（axiological）成见"，所以学术界"对于真正的方法论须有有系统的估量"。与吴恩裕的文章说法相通，但说理不如吴。

周宪文将社会科学的研究方法论分为静的方法（归纳、演绎）、动的方法（辩证法）、抽象法（有一定立场），以及全体观。⑥

本书虽不能正式引述哲学（政治哲学）的方法论分支的文章，但不妨对社会科学研究方法稍加审视。如政治学家吴恩裕的《社会科学方法论导言》⑦指出，"科学是研究物事因果关系之有系统的知识。社会科学就是研

---

① 杨电如：《怎样研究政治科学》，《法政周刊》1931 年第 1 卷第 10 期，第 4 - 5 页。
② 褚柏思：《三民主义的方法论》，《宇宙文摘》1948 年第 2 卷第 6 期，第 4 - 9 页。
③ 吴曼君：《蒋主席在方法论上之贡献》，《智慧》1947 年第 23 期，第 6 - 8 页。
④ 胡瀛洲：《评我国政治学者之方法论》，《大亚洲主义与东亚联盟》1943 年第 2 卷第 3 - 4 期，第 25 - 65 页。
⑤ 迈之：《社会科学方法论》，《东方杂志》1936 年第 33 卷 17 号，第 248 - 249 页。
⑥ 周宪文：《社会科学研究方法论》，《社会科学》1945 年第 1 卷第 4 期，第 27 - 31 页。
⑦ 吴恩裕：《社会科学方法论导言》，《时代精神》1942 年第 6 卷第 2 期，第 1 - 9 页。

究人类社会现象之因果关系的有系统的知识"。"直接研究事实的是归纳性质的方法。分析表现事实的命题间之关系的是演绎法。"史学方法凭借"遗迹和史料"而不是"事实"本身,"是科学方法在纵的方面之特殊的应用",所以也算一种方法。社会科学的方法与一般科学方法没有根本的区别,但:(1)实验法在其中不能应用(只好靠头脑的解析能力);(2)研究者因爱憎不免怀有成见(宗教的、种族的,更主要的是经济利益的)。"方法论就是研究方法的学问。"它告诉研究者在什么阶段、对什么对象用某种方法。"方法论还分析某些抽象的方法在实际研究过程中有用,某些无用。"此文只是导言,全书尚未完成。

纯粹介绍马克思主义哲学的世界观和方法论著作不属于本书的研究对象,这里只提一下陈豹隐的《社会科学研究方法论》①,这是作者学习和宣传马克思主义的心得。上编绪论第一章"社会科学在科学体系上所占的地位",讲科学的意义、本质、体系,社会科学的特性;第二章"社会科学研究方法论的意义和内容",这里无法详细引述。下编全是讲唯物辩证法(含5章,分别是:当作认识基础论看、当作具体方法论看、当作宇宙观点看、当作思索方法论看、当作实践方法论看的辩证唯物论)。还有许兴凯的《"演绎法""归纳法"与"辩证法的唯物论"》②。

末了,介绍笔者最新的重要发现:卢寿枬的《方略研究》③。依据载于英国权威科学刊物《自然》(*Nature*)1947年第161卷上的一篇文章,原文作者是查尔斯·古德文(Charles Goodeve),标题是 Operational Research,即运筹学。作者给出定义:"方略研究是供给执行部分(门)以数量依据,俾其所控制的行动方面可获得某种决策的科学方法。"文章解密二次世界大战中发明的这件军事谋略利器:"大战中方略研究应用到兵器的运用,战术或战略。和平时期方略研究是朝着例如人力和工具之运用,行动之程序和政府的决策,公用事业或工厂之管理推进等等问题而去。"文章列举不列颠之战(空战)、大西洋之战(猎潜)等战例,布兰克特(Blackett)和威廉姆斯(Williams)"永垂方略研究史"的贡献。关于方略研究的方法,文章介绍了统计分析、模型和试验、抽样和意义、或然率之计算等。方略研究的组织要

---

① 陈豹隐:《社会科学研究方法论》,好望书店,1932。
② 许兴:《"演绎法""归纳法"与"辩证法的唯物论"》,《民铎杂志》1929年第10卷第5期,第1-21页。
③ 卢寿枬:《方略研究》,《科学世界》1949年第18卷第3-4期,第56-61页。

让研究者和决策者密切联系；研究者不负执行的责任。关于"方略研究之现在与将来"，作者预期可在交通问题、生产率和产量的应用、检验与保养之应用、技术进步的应用等领域取得成绩。原文还探讨和预计了"将来的趋势"。实际上，本书前面介绍过的科学管理，到二战时已发展到运筹学，居然都被中国学者重视并及时翻译。运筹学和系统工程分别在 1956 年和 1978 年由钱学森、华罗庚等宣传、部署研究并运用到国防和经济部门，建立了重大功勋。而这个材料证明，早在 1949 年春寒料峭，曙光初照，新中国的航船隐现在东方水平线之际，已有学者将运筹学向国人作理论介绍，其眼光也是极富穿透性的。

# 第十二章　行政学的若干相关研究及
学术团体活动

## 第一节　人本管理和行为科学的些许萌芽

### 一　人事心理学应用研究的可观成绩

20 世纪 30 年代初期，清华大学政治学系办的《政治学报》上的《政治学最近之趋势》译文称：

> 近代开始，政治学的研究趋向理智的（nationalistic），所用方法是先天的（a priori）……但从此渐脱离哲学的玄学的神秘，而进入真正科学的境界。自 19 世纪以来直到现在，其间政治学研究的发展如下：（1）至 1850 年止，先天的与演绎的方法；（2）1850 年至 1900 年，历史的与比较的方法；（3）1900 年后现在的趋势是观察（observation）、调查（survey）、测量（measurement）；（4）心理学方法的开始。①

那么，曾经作为政治学一部分的行政学，从历史发展来说，这时（20 世纪上半叶）当然也开始运用心理学方法。心理学是研究人的思维、情感和精神世界规律的科学，人事心理学自然一马当先，供政治学驱策。事实上，随着科学管理法的传入，应用心理学也搭上便车，或者说结伴而来。

张耀翔的《中国心理学的发展史略》概述了心理学从古至今的研究情况。② 心理学在中国古代被称为"性理"、"心学"，"几全由哲学家及伦理学家兼任"。"中国对于应用心理学之最大贡献，还不在测验或心理卫生方面，

---

① 编者：《政治学最近之趋势》，《（清华）政治学报》1932 年第 6 期，第 1 – 10 页。
② 张耀翔：《中国心理学的发展史略》，《学林》1940 年第 1 期，第 83 – 98 页。

而在'做人'的大道理上。""待人接物之学……在现代心理学内则称为'社会的适应'（social adaptation）研究"，可看作人际关系问题。该文最后一句，是"今后应取之途径"的第 9 条："竭力提倡应用心理学，尤其工业心理、商业心理、医药（卫生）心理、法律心理及艺术心理，以应各方之急需。"也明显含有人事心理学的成分。

黄士恒、萨君陆编译的《能率增进法》① 第六章介绍了比泰罗制更多的材料：

> 用科学之方法研究雇人之资格。凡雇人之力量、才能及事业之经历与性行，皆先为严密之检查。就中以女士布拉柯特氏所创人物识别法为最精确。
>
> 布女士……平昔对于人类学、人种学、生理学、心理学等之科学积验既深……对于普通男女之鉴别，前后不啻数千万人……兹将布女士所传之人物鉴别法，撮举大要分述于下：
>
> （甲）根本之材料。布女士之鉴别人物，根本上所用之材料略分为九：一曰肌，二曰体格，三曰色，四曰形，五曰骨骼，六曰肉质，七曰配对，八曰外容，九曰经历，即注意其已受之教育、职业若何。综此九要件，为判断人类性格之基础。
>
> （乙）举动之检查。令来人详书住所、姓名、生地、生年月、身长、体重、既婚、未婚、家累之有无、应抚养家族之数、宗教之派别、所受之教育、以前所如之公司，曾充何人之部下等，书毕，又观察来人入室后之举动，其所定之标准如下：（1）关于举步者，（2）关于手容者，（3）关于衣服者，（4）关于作字者。综合以上种种之观察，而来人人格之大概可略定矣。
>
> （丙）体格之检查。
>
> （丁）性情善恶之判断。
>
> （戊）三种人物之区别：第一曰精神的人物，是之谓思索家。第二曰发动之人物，是之谓实行家。第三曰生动的人物，是之谓精力家。
>
> （己）三种色别之性格。
>
> （庚）头部形状之区别。调查能率专员，多以此为根据。

---

① 黄士恒、萨君陆编译《能率增进法》，商务印书馆，1919。

邵祖平著《中国观人论》①，章炳麟、金天翮均肯定其国学水平，可知该书较全面地介绍了我国历代观察鉴别人物的原理和方法。全书上篇讲原理，包括观人术的起源、通行、范围、功用、蜕变，观鉴家等章。中篇讲实用，介绍各种观人法。下篇评论，分观鉴定夺之需要时期、观人术与时地之关系、观人术与人类之畸性、观人者应知之谬误、观人术与医理相法之关系、观人术之杂评等章。

邵元冲有《人鉴通义》②和《人鉴枝义》③。他认为："为政之要，在于施政、用人之两端，施政贵得其当，用人贵尽其长，由是因材器使，量能收支，各如其分，而事乃毕举。然用人不难，知人实难。"他引用皋陶的"（为政）在知人，在安民"，大禹的"知人则哲"，孔子的"（察人要）视其所以，观其所由，察其所安"。薛福成《庸庵笔记》称："世俗颇传曾文正精相术，于文武员弁来谒者，必审视其福量之厚薄，以定用舍及所任之大小。"并引容闳《西学东渐记》所述为证。官员依社会经验观察人之"品行邪正，态度庄佻，器宇深浅，骨气清浊"，即使善自伪饰者，在利害考验面前也常暴露本性，只需假以时日冷静观察。

邵元冲介绍，《文王官人》载察人有"六征"（观诚，考志，视中，观色，观隐，揆德），以察人之性行辞色，再以"九用"之道择人任事：平仁而有虑者，使是治国家而长百姓；慈惠而有理者，使是长乡邑而治父子；直愍而忠正者，使是莅百官而察善否；慎直而察听者，使是长狱讼，出纳辞令；临事而絜正者，使是守库藏而治出入；慎察而絜廉者，使是分财临货主赏赐；好谋而知务者，使是治壤地而长百工；接给而广中者，使是治诸侯而待宾客；猛毅而独断者，使是治军事而掌边境。

还有魏刘劭的《人物志》。其"九征篇"讲辨神、精、筋、骨、气、色、仪、容、言，以见人之刚柔、明畅、贞固秉性。"体别篇"辨识所谓偏性之材，主张用其所长，舍其所短，以补偏救弊，而各适其任。"流业篇"区分材、能为十二种，很精辟。

古代的兵书也讲到很多选将方法，如《六韬》。而唐李荃《太白阴经》所论尤精，有"监人篇"，讲视其貌、鉴其神乃知其心，分为神明有余、形

---

①　邵祖平：《中国观人论》，开明书店，1933。
②　邵元冲：《人鉴通义》，《建国月刊》1934年第11卷第5期，第1-12页。
③　邵元冲：《人鉴枝义》，《建国月刊》1936年第15卷第2期，第1-5页。

有余、心有余三类。有"监才篇"，分人为八性（仁义忠信智勇贪愚），以供考虑弃取。最为精密者是宋许洞（沈括的舅父）的《虎钤经》，论貌，谓有六（之一）不可使，有五（之一）可使；论言语，谓有十六不可使，十三可使；论举动，谓有十不可使。而"行欲如大辂，足动而身不摇；坐欲如山岳，形神俱定也；卧欲如覆舟，神气安详"，则都是智度深沉、大节崇德之人的特征，可备任使。论行事，他分为好私人、无智人、无益人、伪人、卒众庸人、粗疏人、浮艳人、愚人、无识人、懦弱人、无断人、神昧人、奸人、佞人等，这些人都不堪任使；而神有余、志有余的人，可供任使。其"人用篇"论对偏才的认识和使用，尤其深刻。

继 20 世纪初上海《中华实业界》对人事心理学的粗浅介绍之后，真正由中国心理学者主导的报道，最早为吴定良的《心理界近讯》[1]。吴定良（1893－1969）毕业于东南高师，协助北京高师张耀翔（1893－1964）编辑《心理》月刊。后留学美国哥伦比亚大学研究心理统计，又转英国伦敦大学，师从皮尔逊（Karl Pearson）攻读人类学。1928 年获统计学博士学位，1930年成为国际统计学社首位中国社员，1934 年又获人类学博士学位，1948 年当选中央研究院院士。此文是他早年为《心理》月刊搜集和综述学术信息之作。所介绍者，第一篇为《欧洲工业心理之概况》，讲到英国工业疲劳研究所，以及 1921 年刚成立的全国工业心理社；德国则提到皮奥尔科夫斯基（Piorkowski）及莫德（Moede）两位博士，后者为《实用心理杂志》总编辑，组织职业指导社，将闵斯得坡（Muensterberg）的测验方法应用于很多学校与工厂；瑞士日内瓦的卢梭社 1912 年成立，1916 年创用电话通讯测验法，研究职业心理。当时全欧职业指导联合会已成立，1920 年于日内瓦开会。此文还开列了主要研究机构的地址和主持者姓名，以便联系请教。还介绍了《意大利实验心理之发达》、《法国两心理杂志之改组》、《美国心理学会年会纪要》等。

邹恩润翻译了美国吉力非此（C. H. Griffits）所著的《职业心理学》[2]（*Fundamentals of Vocational Psychology*），作为职业指导及选用人才的参考书，分个性差异之研究、个性差异之量度、形相学之内容、个人谈话之研究，从心理方面研究个人谈话，分等量表、补助个人谈话之测验等。

---

① 吴定良：《心理界近讯》，《心理》1922 年第 1 卷第 4 期，第 1－9 页。
② 〔美〕吉力非此：《职业心理学》，邹恩润译，商务印书馆，1926。

与之同时，邹氏的老同学庄泽宣（曾留学美国，获教育学博士学位）翻译了霍林渥斯（H. L. Hollingworth）和佩福尔勃尔格（A. T. Pefferberger）所著的《应用心理学》（*Applied Psychology*）①。该书被誉为"现代教育名著"，属"大学丛书"，论述人的生理机能、环境等对心理的影响，心理学与各种职业的关系。

霍林渥斯著《听众心理学》②，共 11 章：导言、征服听众的步骤、听众的种类、取得听众的注意、保持听众的兴趣、引起听众的印象、说服听众、支配听众的行为、上台惊慌的心理、礼堂、实用的结论。书末附陈雪屏的《口吃的成因与治疗》。每章后附有原文参考书目。

阮春芳译的《听众心理学》③ 为全译本。由以上三部霍林渥斯书的译著可见出版社嗅到了应用心理学的商机。

黎朋（G. Le Boon）的《群众心理》④ 认为，由于平民阶级变为政治生活的主导力量，群众心理已成为各政治派别的研究对象。全书除导言外，分群众的心意、群众之意见及信仰、各种群众之分类及其评说等 3 篇。译者自英译本 *A Study of the Popular Mind* 转译。

弗洛伊德（Freud）著《群众心理及自我的分析》⑤，讨论社会心理问题。分导言、黎朋论群众心理、其他关于集合的精神生活论述、暗示及"里比朵"（Libido，即本能的冲动）、两种非自然的群——教会与军队、其他问题及研究方向、类化现象、恋爱及催眠、群本能、群众与原始家族、自我的区别等。

雅斯特罗（J. Jastrow）著《日常心理漫谈》⑥，谈及心智的巧妙、怪特的性情、人格的察看和批评、职业的选择与保持等。

雅斯特罗的《心理漫谈》⑦，即上书之另一种译本。从曾、林二人的译本"撞车"，可见非专业人士也热衷于心理学的迻译。

倭拉士（G. Wallas）著、梁启勋（梁启超的大弟，康有为的学生，哥伦

① 〔英〕霍林渥斯、佩福尔勃尔格：《应用心理学》，庄泽宣译，商务印书馆，1924。
② 〔美〕霍林渥斯：《听众心理学》，张孟休译，商务印书馆，1938。
③ 〔美〕霍林渥斯：《听众心理学》，阮春芳译，中国文化服务社，1943。
④ 〔法〕黎朋：《群众心理》，吴旭初、杜师业译，商务印书馆，1920。
⑤ 〔奥〕弗洛伊德：《群众心理及自我的分析》，夏斧心译，开明书店，1929。
⑥ 〔美〕雅斯特罗：《日常心理漫谈》，曾宝菡译，生活书店，1934。
⑦ 〔美〕雅斯特罗：《心理漫谈》，林语堂译，东方图书公司，1939。

比亚大学经济系毕业）所译的《社会心理之分析》（上、下册）①，分析了现代社会心理，研究社会的构造和变化的原因等。全书分两篇，分别从个人心理与群众心理两个方面论述现代社会生活的内容。

巴朗德（G. Palante）著《心理社会学论》②，探讨个人意识对社会意识的形成和变化的影响，以及社会意识对个人意识的支配。分6篇。绪论部分总论社会学的定义、方法、分类；接下来四篇分别论述社会的形成、演化、分解、消亡；最后一篇，论述社会与个人的因果关系。书前有译者序及巴朗德的卷头语。书名原文：*Precis de Sociologie*。

《工业心理学浅讲》③ 原作者莫斯栖奥（B. Muscio）是泰罗科学管理最早的鼓吹者之一，认为工业心理学的主要贡献在于用科学方法考查个人能力，使人力效用得到最大的发挥。分5讲：主旨，要素，原则，方法，功效。译者高祖武应是交通大学管理专业毕业生，他还有《一年来人事管理之回顾（附表）》④，介绍了他在上海市公用事业局的实际工作。

中央大学王书林教授翻译了柏替（H. E. Burtt）的《心理学与工业效率》（*Psychology and Industrial Efficience*）⑤，谈到工业中的教育、工作方法、疲劳、单调、工作环境、满意和风纪（情感的融洽）、意外（心理救济）、行政工作之效率（心理学的点金石，注意力，记忆力，保持回忆的组织过程，复习之分配，整个对比部分，习惯养成，增加工作兴趣，知识活动之引起等）、工业心理学之将来。

以上是部分译作。学习国外原著加以变通，参以个人认知的著作也出版不少，如：

郑康明著《实用心理学要义》⑥，概述了心理学的实用性。分个性心理、教育心理、医学心理和实业心理4章。

陆志韦著《社会心理学新论》⑦，以行为心理学的观点论述社会心理。分7章：社会性的习惯，所谓"本能"，动作的改变，礼法与食色，共同的行为，崇拜与思想，何为社会心理学。

---

① 〔英〕倭拉士：《社会心理之分析》（上、下册），梁启勋译，商务印书馆，1933。
② 〔法〕巴朗德：《心理社会学论》，刘宝环译，商务印书馆，1937。
③ 〔英〕莫斯栖奥：《工业心理学浅讲》，高祖武译，商务印书馆，1931。
④ 高祖武：《一年来人事管理之回顾（附表）》，《公用月刊》1947年第15-16期，第8-12页。
⑤ 柏替：《心理学与工业效率》，王书林译，商务印书馆，1935。
⑥ 郑康明：《实用心理学要义》，亚东图书馆，1924。
⑦ 陆志韦：《社会心理学新论》，商务印书馆，1924。

冯蕙田著《民族心理学》①，指出民族心理学所研究的是民族文化心理现象。分原始时代、图腾制时代、英雄时代、人间态时代四个时期，研究各个时期的民族语言、宗教、道德等。

张九如的《群众心理》②为国民党中央军校讲义。共 9 章：引论，群众心理的形成与消灭，群众的情感，群众的理智，群众的意见及信仰，群众的道德，群众对于各种刺激的反应力，领导群众的资格，领导群众的方术等。张九如还编有《群众心理与群众领导》③，分 3 编。第一编"总论"，论述群众心理学的用处、研究方法，群众心理的形成、暴露和转变。第二编"分论"，论述群众感情的特质、理智的程度、意志的真相。第三编"群众领导方法"，论述领导的修养，领导群众的策略、方法、手段等。陈东原著《群众心理 ABC》④，分为我们所要解决的问题、各派心理学家的解释、群众行为的特征与心理原因、群众的信仰、群众心理的应用、取得群众与宣传技术等部分。吴兆棠讲《群众心理纲要》⑤，分群众心理概念、个人精神活动在群众中的现象、群众心理活动对个人的影响、群众心理的控制 4 节。萧孝嵘著《群众心理》⑥，提出了 19 个问题，并予以简要回答。以上五本群众心理学著作，与行政管理不为无关。

林德华著《心理训练》⑦，分 2 篇。第一篇为如何保持快乐；第二篇为如何培植儿童心理。共 25 节。

陈雪屏著《从心理的观点谈人事问题》⑧，汇集短文 14 篇，涉及儿童心理、青年心理、教育心理、民族心理、民众心理等方面。何清儒的《心理学与人事管理》⑨称，心理学与人事管理"两者都以人为中心"。他列举了"许多心理学的方法，是对于人事管理最有实用的"，指出"以心理学为基本科学，以人事管理为实用区域，对于二者的发展，都有极大的促进和影响"。

陈立 1935 年写的《工业心理学概观》⑩被收入商务印书馆王云五主编的

---

① 冯蕙田：《民族心理学》，国民出版社，1940。
② 张九如：《群众心理》，中央军校，1929。
③ 张九如编《群众心理与群众领导》（第 3 版），商务印书馆，1938。
④ 陈东原：《群众心理 ABC》，上海 ABC 丛书社，1929。
⑤ 吴兆棠：《群众心理纲要》，中央训练团党政训练班，1943。
⑥ 萧孝嵘：《群众心理》，中央军事委员会干训团，1945。
⑦ 林德华：《心理训练》，新月书店，1932。
⑧ 陈雪屏：《从心理的观点谈人事问题》，正中书局，1941。
⑨ 何清儒：《心理学与人事管理》，《心理季刊》1936 年第 3 期，第 43－49 页。
⑩ 陈立：《工业心理学概观》，商务印书馆，1935。

"万有文库"，是中国人在工业心理学领域的第一本专著。分绪论、环境因素与效率、疲劳与休息、工作方法与效率、工业中之意外、工厂之组织问题、工作之激奋与动机，共 8 章。系统地论述了工业心理学的基本问题和原理，从组织层面分析了工业心理学的应用领域和理论发展方向。此书称："工业心理（学）对于工业的贡献是用计划（按：指设计、谋划）来管理整个的工业。"

中央研究院心理研究所的卢于道教授写了《介绍〈心理学与工业效率〉》[①]。杜佐周写了《工作能率的心理基础》[②]，该文主要取材于葛芝的《心理学》一书，论说脑力劳动之能率，与动机、兴味及习惯，与努力、自励、成功之企望，关系极大。更要关注者，"则为提高造作之程度，且利用富有动机及善为指导之练习，使之成为习惯。如是，工作可以进行自如。"潘菽编著《心理学的应用》[③]，主要论述心理学在生活、工业、医学、法律及教育方面的应用。杜、潘二人也是心理学教授。周永耀著《实业心理学》[④]，该书分为：实业心理之意义及其范围，各国实业心理研究之进展，工作效率之研究，选择雇工，工厂中意外事情之发生，如何管理雇工，广告心理。

直接与行政学挂钩的有沈锐的《提高行政效率之心理学的研究》[⑤]。他说：

> 政治是一种工程（凡是应用科学的知识，以增进人类幸福的事业，都是一种工程），是一种社会管理。
>
> 政治的最后目的是在扩大社会中一切个人的"心理的人格"（Psychological Personality）……人的行为，人的欲望，人群的幸福……使个人的生活内容丰富……现在一般青年们，都被"时代苦闷"所困迫，其"心理的人格"也受了莫大的压抑，要使这种苦闷和压抑解放，必须在政治上利导其"心理的人格"。

---

① 卢于道：《介绍〈心理学与工业效率〉》，《出版周刊》1936 年新第 171 期，第 15 – 16 页。
② 杜佐周：《工作能率的心理基础》，《教育与民众》1932 年第 4 卷第 1 期，第 39 – 62 页。
③ 潘菽编著《心理学的应用》，中华书局，1935。
④ 周永耀：《实业心理学》，商务印书馆，1941。
⑤ 沈锐：《提高行政效率之心理学的研究》，《更生评论》1938 年第 3 卷第 6 期，第 3 – 7 页。

作者根据"巴甫洛夫的制约反射"（条件反射）和"辩证法唯物论者的社会意识之研究"，总结出提高行政效率的办法：（1）培养组织能力（含制度方面，积极的培养方面）；（2）厉行法治制度（含法治和民治）；（3）增强实行的毅力（含习性和动作）；（4）奖励研究精神（要"自发活动"，即主动性，还要结合职务实践进行）。

事实上，到了20世纪上半叶，从陈大齐、陈鹤琴、廖世承、张耀翔、陆志韦、郭任远、艾伟、唐钺、汪敬熙、潘菽、高觉敷、萧孝嵘、陈立、朱智贤、丁瓒到曹日昌，他们几乎都注意到心理学的应用问题（这里无法逐篇列出）。而在人事心理学研究方面，担任课题最多并积极牵头带动同行投身其中的，要数中央大学心理学系主任萧孝嵘。

萧孝嵘的《中国人事心理研究社之兴起及其工作》①介绍了该社活动的情况，以下为其摘要：

1. 缘起

……我国七七事变后，抗战与建国同时并举……因此渐感人材拣选、工作效率及人事管理等等问题之亟待解决。民国三十年秋，国立中央大学心理系主任萧孝嵘博士为适应此种需要起见，乃发起组织人事心理研究社，以便集中人力，从事人事心理之研究。该社旋于是年十二月六日在渝正式成立……工作已分布于军、政、警、工、医、教育界。

2. 组织（略）

3. 工作

（1）……本社第一年度（1943年度）之中心工作为：

1）积极提高社员研究兴趣，2）举行公开学术讲演，3）尽量在各报纸杂志中发表学术演讲与人事心理论文，4）编发人事心理参考书索引，5）组织全国人事管理调查委员。……经诸社员一年来之努力，得有长足进展。其中如警政人员心理测验之设计及编造，不下数十种。由小学至大学之甄别工具，亦已编至二十余种。他如在工业心理方面，拣选技工之科学工具已完成十余种且有多种正在研究中。一年中曾于沙磁区及渝市公开讲演多次。每次听众均甚踊跃。并且在《军事与政治》月

① 萧孝嵘：《中国人事心理研究社之兴起及其工作》，《新世界月刊》1944年第12期，第24－27页。

刊、《中央日报》、《时事新报》及《扫荡报》中，发表人事心理论文多篇，并于《扫荡报》出版《军事心理》专刊。

（2）本社第二年度（1944年度）之中心工作为：

1）上年度未完成之工作积极推进；2）出版人事心理丛书；3）编印人事心理论文集；4）扩大研究范围；5）促进社务发展；6）公开征求社员。

……本社人事心理丛书，计交由商务印书馆出版者：已有《怎样领导》、《德国心理战》及《人事心理问题》三种，已付印者有《国民战时心理卫生》、《人类工学》、《心理卫生业谈》、《心理建设之科学基础》及《警政人员心理测验》等种。已完成者有《特孟1927年比西测验订正本》、《护士精神病学》、《个别诊断法》等种，此外尚有《人事心理论文集（第一集）》业已出版。至已着手进行之研究，则有《职业指导测验》之编制、《警政人员甄别测验》之编订、《比西量表之中国再订正本》、《军队素质改良之研究》及《儿童福利之心理研究》等多种。

附本社分区征求社员主持人姓名及其通信处后：（1）四川区：1）重庆由本社主持（中央大学柏溪分校心理系转），2）北碚（卢于道，北碚中国科学社），3）临山（陈礼江，临山国立社会教育学院），4）白沙（谢循初，白沙国立女子师范学院），5）嘉定（叶麐，嘉定武汉大学），6）成都（蔡乐生，成都金陵大学）。（2）湖南区，郭一岑，国立师范学院。（3）江西区，陈鹤琴，国立中正大学。（4）贵州区，汪敬熙，中央研究院转。（5）广西区，陈剑修，国立广西大学。（6）云南区，陈雪屏，昆明西南联大。（7）陕西区，高文源，城固西北大学。（8）甘肃区，郝耀东，兰州西北师范大学师范研究所。（9）江浙区，杜佐周，浙江云和国立英士大学。

《人事工程学》（*Elements of Human Engineering*）[①]"引言"称，1928年奈克逊赞助麻省理工学院作五年期的"人性学"实验班研究，来填平学校和职业部门的鸿沟，使大学生心理上适应社会环境，主持者即该书作者高氏。21世纪的读者知道，这个学科又译为"人类工程学"、"工效学"，"起源于上世纪40年代"。但这本书原版于1933年，明显是早期开山之作（之一），

---

[①]　高（C. R. Gow）：《人事工程学》，张振铎译，商务印书馆，1945。

可见中国学术界的嗅觉很敏锐。

萧孝嵘（1897－1963），湖南衡阳人。1919 年毕业于上海圣约翰大学，1926 年留学美国哥伦比亚大学，翌年获硕士学位，旋赴德国柏林大学研究格式塔心理学。1928 年 8 月返美，1930 年获加州伯克利大学心理学、哲学博士学位，在美国心理学刊物上发表论文多篇，并获美国"科学荣誉学会"、"心理学荣誉学会"金钥匙奖。与导师一起创立至今仍负盛名的伯克利大学心理系儿童研究中心（Harold Jones Child Study Center），随即赴英、法、德等国心理学研究所进行博士后的心理学调查研究工作。1931 年回国，任教于中央大学，后任心理学系主任、心理学研究所所长。1949 年任复旦大学心理学教授、教育系主任等职。1952 年任华东师范大学心理学教授，上海市心理学会副理事长。

他的《人事心理学问题》[①] 分为 4 章，即：（1）一般人事心理问题（中国人之心理解剖，人事管理之科学基础，人事心理在行政三联制中之位置，心理学与精神总动员之关系）；（2）军警心理问题（如何提高军事效率，心理与国防，各国军事心理研究，在德国战争中之位置，军官智力，军官人格品质，拣选优良人员，控制士兵心理，警政人员心理测验）；（3）实业心理问题（功用及背景，人事心理与工作分析，人事心理与动机控制，疲劳问题，市场之分析）；（4）教育心理问题（职业测验，能力倾向测验，知动学习问题之实验研究等）。他较深入地谈到人的个别差异（智力、情绪稳定性、人格品质）显著，事务（工作、职业）日益特殊化，人与事的关系复杂错综。如何恰当配合？他说，人与人间之关系为多种条件所支配，最重要者莫如情感之培植与动机之运用，情感培育有"自居作用"（identification），将本身与工作环境视为一体，荣辱与共；还涉及动机，如心理状态中之积极因素（例如自尊心）与消极因素（例如憎恶情感）。事与事间的关系，如各项工作之排序，以心理发展之进程为根据，就工作性质而言，视精力之有效分配而定。例如丕特肯（Pitkin）提示五种精力层：第一层为纯粹思想、推理及计划；第二层为观念之表述；第三层为演说、表演、歌唱及奏乐；第四层为物体之运用与制造；第五层为个人与团体之处理，故分配工作时必须注意所需精力之分量，始能维持其最高之工作效率。此外，还有材料传递的经济路线，工作在各阶层中所经过之手续，等等。

---

① 萧孝嵘：《人事心理学问题》，商务印书馆，1940。

《中国人的心理之分析》① 是萧孝嵘将曾在国外实验中得出的中、美、日三个国家（民族）多种心理智力测验的分数进行列表比较，发现彼此各有优长，总体上没有明显差别，至少证明中国人的智力不低于美、日人。动作速度测验结果也差不多。通过行为范型实验（由时空感觉等推理大小、权利义务、个人与社会的关系等）测知中国人有几个毛病需要克服，应从儿童习惯之养成和成人心理改革两方面着手。意在引起国人关注。

萧孝嵘发表论文近百篇，这里再提几篇有关行政管理和改善人民心理素质的：《实业心理学之过去现在及将来》②；《军官智慧测验》③；《如何提高军事效率？》④；《如何增进军事训练之效率》⑤；《普通警察智力测验——一种人事管理之科学工作》⑥；《军官需要如何的智力》⑦；《人事心理在行政三联制中之位置》⑧；《大学中之人事问题》⑨；《人事心理之使命》⑩；《人事工作之科学工具》⑪；《人事管理与工作分析》⑫；《人事心理之兴起及范围》⑬；《中国人心理的剖视》⑭；《中国人事心理运动的基础》⑮ 等。

孔灵的《心理学在人事管理上的运用》⑯ 介绍了"人的分析"，即招收工作人员时的心理观察测试等，列举了在"二战"时美国军官预备学校的39道心理测验题；"职位的分析"，列举了文秘岗位的分析表，含7个方面的考察研究，先是介绍岗位特点、要求，以及既往任该职者的主客观因素和

---

① 萧孝嵘：《中国人的心理之分析》，《政治季刊》1934 年第 2 期，第 203 - 214 页。
② 萧孝嵘：《实业心理学之过去现在及将来》，《东方杂志》1935 年第 32 卷第 13 号，第 150 - 153 页。
③ 萧孝嵘：《军官智慧测验》，《新民族》1938 年第 3 卷第 1 期，第 328 - 330 页。
④ 萧孝嵘：《如何提高军事效率？》，《新民族》1938 年第 1 卷第 19 期，第 7 - 9 页。
⑤ 萧孝嵘：《如何增进军事训练之效率》，《教育杂志》1938 年第 28 卷第 3 期，第 9 - 18 页。
⑥ 萧孝嵘：《普通警察智力测验——一种人事管理之科学工作》，《民意周刊》1941 年第 14 卷第 161 期，第 5 - 7 页。
⑦ 萧孝嵘：《军官需要如何的智力》，《军事与政治》1941 年第 2 卷第 1 期，第 22 - 24 页。
⑧ 萧孝嵘：《人事心理在行政三联制中之位置》，《文化先锋》1942 年第 1 卷第 6 期，第 8 - 14 页。
⑨ 萧孝嵘：《大学中之人事问题》，《高等教育季刊》1942 年第 1 卷第 4 期，第 120 - 124 页。
⑩ 萧孝嵘：《人事心理之使命》，《军事与政治》1943 年第 5 卷第 5 - 6 期，第 4 页。
⑪ 萧孝嵘：《人事工作之科学工具》，《军事与政治》1943 年第 5 卷第 5 - 6 期，第 15 - 17 页。
⑫ 萧孝嵘：《人事管理与工作分析》，《军事与政治》1943 年第 4 卷第 3 期，第 81 - 84 页。
⑬ 萧孝嵘：《人事心理之兴起及范围》，《军事与政治》1943 年第 4 卷第 2 期，第 68 - 70 页。
⑭ 萧孝嵘：《中国人心理的剖视》，《青年杂志》1944 年第 2 卷第 4 期，第 1 - 4 页。
⑮ 萧孝嵘：《中国人事心理运动的基础》，《申论》1948 年第 2 卷第 5 期，第 3 - 7 页。
⑯ 孔灵：《心理学在人事管理上的运用》，《工作竞赛月报》1947 年第 4 卷第 5 期，第 15 - 18 页。

经验教训，继之将各项综合整理，区分权重，制成职位分析表，务须突出本岗位之特色（与其他岗位的不同），作为理想的指标，供候选人员与其个人记录（学历、阅历及工作经历、优缺点等）互相对照，找出努力方向，也供领导物色最适当的（实际上可选用的）配合者。

《军事与政治》1943 年第 5 卷第 56 期"人事心理论文特辑（上）"，收入了萧孝嵘的《人事心理之使命》和《人事工作之科学工具》、黄翼的《人事之科学化》、卢于道的《团体的意识》、潘菽的《人事效率的因子》、王书林的《人事心理之两个基本问题》、吴福元的《人事管理与心理学》以及丁瓒的《论机关教育和人事行政机构的功能》等文。例如丁瓒指出，当局提出机关教育和设立人事行政机构，而实际上各机关执行得很不力，于是他参考了阿普雷的《人事管理中人的因素》（*The Human Element in Personnel Management*）中的理论成果，提出："一个机关的人事行政，不仅仅是事或物的指挥，而应该科学地视为是人的发展。"即要教育培养职工，使其不仅适应岗位工作，而且获得多方面的提高。要注重对人"个别的分析，这在人事行政方面是最重要的一种技术"。且不说了解职工的一般情况，特殊地说，例如一些人有心理障碍、疾患，在没有爆发之前已有很多征兆。读者可联想飞行员心理疾患酿成的恶性坠机事件。如何发现、化解？这些都需要人事干部具备心理学知识，并被赋予明确的权限，"能积极发挥计划工作和控制人事的功能"。

《军事与政治》1944 年第 6 卷第 1 期"人事心理论文特辑（下）"续登这方面的研究成果，包括钱苹《工作人员的心理卫生》、张德琇《从人事心理论战争与和平》、中大心理系《〈大学心理测验〉最近订正本》、丁祖荫《人事心理学于我国警政方面之运用》、宋道俊《领袖品质实验研究之初步报告》、张义尧《工厂中之人事问题》、程法泌《技工适性心理测验的重要性及其实施方法》、徐正稳《小学教师能力倾向测验第二种之相关研究》、姚秀华《战时护士事业》等文。

这两期专辑又合印成单行本《人事心理论文集》①。

徐儒的《人事心理学的发展》② 指出，"由于两次世界大战的教训，心理学应用的范围太广大了……人类对于自然力量控制愈多，则需要决定人类

---

① 萧孝嵘：《人事心理论文集》，重庆人事心理研究社，1944。

② 徐儒：《人事心理学的发展》，《新中华》1947 年第 5 卷第 1 期，第 50–52 页。

行为的因素也愈急切"。人事心理学的目标有三：择人适事，调事适人，明了各人行为的动机并研究使人引起和保持该行为兴趣的方法。人事工作者要做好三件事：职位分析，掌握本单位各人的特性与专长，厘定科学的工作考核与督导的方法。

教育家、出版家舒新城竟也作有《人事问题与人事心理》[①]，佛学居士唐湘清（警政界人士）有《人事心理与警政》[②] 一文。

吴兆棠在中央训练团讲《人事心理纲要》，《群众心理纲要》[③]，内容简明扼要。例如讲人事心理，说个体的"成己必成于成物"，包括由"认"（求知）到"识"（求定），由"感"（求合）到"情"（求全），由"意"（求效）到"志"（求功）。若无法达到，久而久之就可能心理变态，或消极适应（比方"安贫乐道"等）。作者曾测试中央训练团第 21 - 27 期的 5409 名学员，认识上能达到"求定"的有 40%，20% 只能达到"求知"的水平。他得出的初步的结论是：多数人的精神活动趋于认识方面而疏于意志与感情方面，表现为有信仰与服从，对事重研究，对人多疑虑，缺乏效率观念、合群观念等。又有变态倾向的表现，如托词、逃避、幻想、恐有、怨无等。并介绍了若干精神调控、补偿的方法。

以上给人的总体印象是，那个时期恰逢科学心理学兴起，知识界对其抱着接纳的态度，行政实践上对之期望颇高，并用以训练行政人员，其标准超过今天一般公务员的知识水平。

二 统计行政和人口论著作

统计是行政管理工作的重要工具。吴大钧说："政府办理统计之目的，在周知国内土地人民资源以及政事之情况及其变迁，以为政府决定政策、厘定计划、考核工作与乎宣示政绩之依据。其办理之步骤，概括言之有三。一为登记行政执行经过与结果之资料；二为调查并搜集行政上所需之参考资料；三为整理并编制各种资料以供行政上之运用。"[④]

清末就有留日学生开始向国内介绍近代德国社会统计学派的统计理论。最早的是 1903 年纽永建和林卓男翻译自日本横山雅男（约 1860 - 约 1928）

---

① 舒新城：《人事问题与人事心理》，《雄风》1946 年第 1 卷第 3 期，第 4 - 10 页。
② 唐湘清：《人事心理与警政》，《上海警察》1947 年第 10 期，第 73 - 74 页。
③ 吴兆棠：《人事心理纲要》，《群众心理纲要》，中央训练团，1943。
④ 吴大钧：《中国之统计事业》，《统计月报》1943 年第 77 期，第 1 - 4 页。

的《统计讲义录》，之后，1908 年孟森翻译的修订本《统计通论》由商务印书馆出版。全书有 9 编 83 章，包括统计沿革、理论及方法、统计之机关、人口统计、经济统计、政治统计、社会统计、道德统计、教育与宗教统计。从标题可看出，其内容和分类都比较近代化。书中给出统计学的定义："统计学乃对社会与国家动静的现象依合理的大量观察，研究其原因和规律。"该书确立了统计学的地位，提倡对数据的收集和整理，使管理的分析工作由定性向定量转变。该书第六章写道："明治 14 年，设统计院于太政官中，'统计'一词便在公共管理部门流传开来。"这里出现中文"公共管理"一词，时间竟在 20 世纪初，值得今天的行政学界注意。

中国学者自编的著作，有 1907 年彭祖植的《统计学》，参考了日本生木政之助等人的著作加以编写。他认为："统计学者，所以调查国势，而为施政上之必要者也。""其所以致用，则在定施政上之方针。盖社会之状态，变动巨测，随其进化，而愈复杂。""有统计则关于一国之政治、教育、经济、社会、军事等等，若网在纲。"书中第二编讲统计学原理及方法、技术，包括社会的现象及观察、社会之大量现象之性质及选择、统计材料之整理、统计法则、统计之范围、表之功用、统计图等①。1909 年，沈秉诚编写的《统计学纲领》在东京出版，作者是横山雅男的学生，书中提到"国势统计"，指财政和军事的统计。这些书介绍的都是社会统计学派的理论。

清末筹备立宪时，模仿日本，中央各部设立统计机构，开展初步的统计工作。1906 年，在宪政编查馆建立了统计局，这是中国第一个全国最高级别的统计机构，负责全国的综合统计。至于具体的统计如何推行，可参考《日本统计释例》。该书共 6 卷，统计的项目分为 31 纲 558 目。"举凡天时、人事、物产，苟其有数可稽，无不列之于表。"其目的在"观数、致理、筹方"，"今已成专家之学，遍及各科，几为研究政治者所必需"。这是什么道理呢？"往昔以一人之幻想，绳社会之实事，而政治斯病矣，此政治之所以不进也。"书中说，现在中国各省设调查局，局内分法制、统计两科。为了准备立宪，要掌握各地人口，以便分配议员数目，又搞了《清查户口条例》，计 11 章 40 条 5 种表，例如户主填报的"查口票"，就分姓名、性别、年龄、籍贯、职业、住所等项。1910 年 11 月完成全国人口普查，办法是先查户数，再按每户平均口数推算全国口数，这样的"平均值"是主观产物。至民国元

---

① 彭祖植：《统计学》，天津丙午社，1907。

年（1912）才由内务部汇总完毕，除西藏外，得 329539000 人。一般认为数字偏小。

值得一提的是，搞得比较严格科学的是海关统计。咸丰九年（1859）时即采用英美的一般贸易统计法。1897 年大清邮政局成立，归总税务司兼理，所以邮政统计附设于海关统计册中。

进入民国，承袭了以往的统计部门及工作。民国元年，工商部编印了《工商统计表式》，附章程说明。部令从 12 月 1 日起实行，共有 61 种表格需要统计填报。还命令各省实业司、劝业道查照办理。北洋政府时期，政局不稳，机构变动频繁。1914 年，总统府政事堂设立主计局，其第四科负责统计工作，但不是全国统计的中心机构。1916 年，总统府撤销政事堂，恢复国务院，设全国最高的统计机构——统计局。其职掌如下：（1）管理各部院共同进行的统计事务；（2）承担不属于各部院的统计事项；（3）编纂统计报告；（4）召开各官署统计会议。各部统计科一度撤销，但不久后有些部又恢复或新增了统计科、股的编制。整个北洋政府时期，中央虽有集中的统计组织，但无统筹的统计计划，各部门的统计机构大都各自为政。各地方政府的省公署及所属厅处，于 1913 年设置统计处或统计科、股。有的省设统计处或局。县级政府设立统计机构的如山西省，有统计主任。而湖北省的大部分县有统计专员。但全国大部分县市未设立统计机构。

南京国民政府时期的统计工作又可以分为两个阶段。1927 - 1930 年为第一阶段，这是在主计处成立以前中央政府中设的统计机构，如立法院与铁道部设统计处，内政部设统计司。一些部会设统计科、股，考试院及建设委员会设调查科。有的部会设专员办理统计事项。各省市政府以设置统计股为多，此外，还有一些省市直属机关设立统计专员以办理统计事务。第二阶段为统计制度的建设和发展，"导源于 1929 年甘末尔设计委员会之设计。该会主要任务，在建立中国政府财政监督制度，以根绝民国初年财政紊乱之现象"。甘末尔（E. W. Kemmerer）是美国普林斯顿大学国际财政学教授，其时他应财政部部长宋子文之邀来华任国民政府财政顾问。

该委员会于完成关于预算、会计、国库、稽察各法案后，为适应中国政府之五权宪法制度，建议设立主计总监部……改为主计处，直隶国民政府。下设岁计、会计、统计三局……主计处办理之统计事务，不仅限于财政统计，他如基本国势调查统计、各机关所办公务之统计及公务人员及其工作之统计等，均包括在内。故主计处兼负有供给行政上设计、执行及考核所需要之统计资料，积极协助国家行政效率之增进。①

主计处的一套制度统计，从理论上讲具有超然性（机构、人员、职务超然）、联综性（主管集中，人员分散。一个公务机关内有行政、主计、出纳、审计四种人员，相互辅助，相互监督）、统一性（主计处往下分级设置统计机构，集中管理人员和统筹工作）、专门性（人员具备统计专业资质）、连环性（岁计、会计、统计三种事务互相关联，不可或分）等特点。《统计事业》一书介绍说："现代科学行政，必须设计切实，执行有效，考绩公平。欲达此目的，均有赖于统计之运用。易言之，在制定计划须有统计以为张本；在执行业务须根据统计以观进度；在考核工作须赖统计以观成绩。而考核结果之统计，又为计划之张本。在此设计、执行、考核三种历程中，连环运用统计，功效乃宏。"主计处自身的组织采用会议制与首长制综合的结构，设主计长 1 人，主计官 10 人，组成主计会议，以主计长为主席。主计处下设岁计、会计、统计三局，每局设局长、副局长各 1 人，由主计长呈请国民政府于主计官中派充。②

统计局内设五个科：第一科掌管社会统计事项，第二科掌管天然资源统计事项，第三科掌管经济统计事项，第四科掌管政治统计及国际统计事项，第五科掌管统计人事及本局文印、文书、庶务等事项。1937 年，统计局又增设两科。第六科办理行政效率的研究事项，第七科办理施政成绩的统计事项，对行政部门绩效加强统计。《行政院行政效率研究会拟具改进统计调查办法》③ 规定，减少统计报表，中央机关下发的报表应经省府秘书处把关，后者可删减拒办。

主计处下属机构有中央各部会及各省市（院辖市）之统计处，县市政府之统计室。中央各部会统计部门须统计本系统（条条）之业务。各省市县统计部门"办理关于土地、人口、矿业、农林、渔牧、工商、交通、财政、金融、卫生、教育、警卫、劳工、救济等政治、社会、经济统计，惟司法、外交、邮电等统计，则由中央政府统计机构办理。关于统计人员之任免、迁

---

① 行政院新闻局编《统计事业》，行政院新闻局，1947，第 1 - 3 页。
② 行政院新闻局编《统计事业》，行政院新闻局，1947，第 3 - 8 页。
③ 《行政院行政效率研究会拟具改进统计调查办法》，《河南统计月报》1936 年第 2 卷第 3 期，第 136 - 137 页。

调、考绩，仅有层转之权责。"依统计法规定，政府应办理之统计有五种：一为基本国势调查之统计；二为各机关所办公务之统计；三为各机关职务上应用之统计；四为公务人员及其工作之统计；五为其他有关统计。陆续付诸实施。①

统计数据资料的获得无非登记（统计报表）和调查（普查或抽样）两个途径。主计处统计局统一制订了各种方案，全局性的工作，是完成《全国统计总报告》（1935 年完成第一次总报告；1945 年完成第五次总报告，分40 类 546 个表）、《省市统计总报告》（1939 年以贵州的总报告为模板，统一国统区各省报告样式，按年度编制报告），还有《中华民国统计提要》（1935 年 11 月辑成该年度提要，分 36 类 330 个表，还有国际比较数据；各年陆续编辑），并积极着手编辑《中华民国统计年鉴》等。有了这些基础，研究性质的"国内问题统计丛书"也由学者们撰写，当时已出版《中国土地问题之统计分析》、《中国租佃制度之统计分析》、《中国人口问题之统计分析》等。自 1931 年 10 月起主计处统计局刊行《统计月报》，1934 年起又刊行《统计期讯》（分金融、卫生、法规等多类，月刊）；抗战时期新出《统计界简讯》（月报），并编辑"统计实务丛书"。抗战结束后有《基本国势统计》（半年）和《经济动向统计》（按月），均提供"最高首长参考"。各级统计机关也按月编制手册，"以供长官应用"。②

至于统计人才的培养，有中央政治学校统计组及计政学院统计班，中央大学、南开大学曾设统计系；抗战时期，中央政治学校增设统计专修科，为统计局培材，国立大学有重庆大学、复旦大学、东北大学等校设统计系或专修科。私立上海法商学院设经济统计专科。各省干部训练团均设有统计班或统计组，加以半年以内之训练。考试院举行的高等考试和普通考试，在录取公职人员时均包括统计人员一类。但应考的不多，录取的人员亦较少。③ 截至 1947 年底，全国设置的统计机构有 1974 个（中央 712 个，地方 1262个），统计人员有 5015 人。④

中国统计学社于 1930 年 3 月成立。早在 1925 年，北洋政府就应国际统计学会的邀请，派员参加 9 月在罗马召开的第 16 届国际统计大会。外交部

① 行政院新闻局编《统计事业》，行政院新闻局，1947，第 8－21 页。
② 行政院新闻局编《统计事业》，行政院新闻局，1947，第 21－27 页。
③ 吴大钧：《统计行政人员之训练与考试》，《计政学报》1933 年第 1 卷第 1 期，第 1－18 页。
④ 李蕃：《我国统计行政》，《银行系刊》1948 年第 7 期，第 22 页。

决定派驻意大利公使馆三等秘书徐同熙出席。徐从会上获悉，该组织 1885 年成立于英国，"实即一种（各国）统计机关之国际结合"，"会中一切研究资料皆须供自政府"。此次有 27 国政府派来代表，名誉主席是意大利总理墨索里尼。会议分统计方法、经济统计、社会统计三组进行，声称"无统计则一切发展皆失其依据之准绳"。[①]

1930 年，中国派刘大钧为代表参加在东京召开的第 19 届国际统计学会特别大会，递交的论文为《中国之统计事业》。1947 年，中国派正代表朱君毅和副代表金国宝，另有专家刘大钧、陈达、刘彭年、唐培经共 6 人参加在华盛顿举行的第 25 届会议，成为国际统计学会的会员。我国提交的论文是朱君毅的《中国政府超然统计制度》、金国宝的《四川九县户口普查》。朱君毅回国后述及："各国人员对中国制度均感兴趣，认为优点甚多。"[②] 其报告最后部分提到四项任务：完成全国统计网；健全公务统计登记制度；充实全国统计资料；协助全国人口普查。[③] 也确是努力的方向。

抗战时期，中国统计学社组织了战时统计工作策划委员会，开展战时各种统计工作与专题研究，成果供有关机关参考。各届年会也坚持举行。如 1939 年 12 月在重庆举办第 9 届年会，提交论文数量空前，质量很高，在《服务月刊》集中发表。到第 12 届年会时，推出了《统计与行政》论文集，与中华职教社合办中华函授学校统计专修班。第 13 届年会延至 1946 年 12 月并移往南京召开，选举吴大钧为理事长，常务理事有朱君毅、褚一飞，理事有赵章麟、郑尧桦、王仲武、汪龙、刘大钧、金国宝、徐钟济、陈长蘅、卫挺生、寿勉成、芮宝公和艾伟。常务监事是郑彦棻，监事有田克明、陈达、王万钟、谷春帆。截至 1947 年 9 月底，有会员 1329 人，各省市分社约有 20 个。[④]

很多社会经济统计是由学校和社团开展的，并且开展得颇好的。20 年代，个别农学院、医学院校外籍教授已着手统计指数的编制。北京社会调查所、上海社会局和南开大学经济委员会（后改为经济研究所）根据 1925 年国际统计大会的分类方法，采用加权平均法或综合方式分别编制了三市的工人生活费指数。其中尤以华北物价指数闻名，一直编制到新中国

---

① 徐同熙：《（附）徐秘书参与国际统计学会报告》，《外交公报》1925 年第 54 期，第 5 - 7 页。

② 朱君毅：《出席国际统计会议概况》，《台湾统计通讯》1948 年第 2 卷第 4 - 5 期，第 1 - 2 页。

③ 朱君毅：《中国政府超然统计制度》，《统计月报》1947 年第 121 - 122 期，第 2 - 8 页。

④ 行政院新闻局编《统计事业》，行政院新闻局，1947，第 27 - 31 页。

成立。

1935 年，金国宝在其所著的《物价指数浅说》中介绍了费歇尔的指数，赵人俊编写了《物价指数论提要》，盛俊编著了《生活费指数编制法说略》等。其他统计界人士也发表了许多论著，分别介绍指数的编制方法，如选样、分类、时期、权数等。应用范围也日益扩大。真正从英国"统计学的凯撒"费歇尔那里学习和研究的是许宝騄、唐培经等数学家，理论成果优秀。中国统计学社编的《统计与行政》① 收录有吴大钧《统计与行政三联制》、徐恩曾《统计与党务》、陈长蘅《统计与户籍》、卫挺生《统计与财政》、朱君毅《统计与教育行政》、邹依仁《统计与军事行政》、王仲武《统计与交通行政》、汪龙《统计与社会行政》、赵宝全《统计与农林行政》、李惠国《统计与都市行政》、陈正谟《统计与粮食行政》、潘海珍《统计与盐务行政》、曹立瀛《统计与国营事业》、罗北辰《统计与寿险事业》、唐启贤《统计与国势调查》、言心哲《统计与社会调查》、郑尧枰《统计与行政工作》、朱祖晦《统计与工作竞赛》、赵章黼《统计与工作考核》、张照营《统计与工作效率》、李蕃《统计行政与统计制度》、俞剑华《行政统计与统计制度》、褚一飞还《行政统计与统计行政》。这些论文确实紧扣"行政与统计"这个大主题，也使外行们仅从标题就看出行政实务离不开统计。

公开发表的论著还有褚一飞的《改革我国统计制度之我见》②，主张统计局应从主计处中分离出来，因统计与岁计、会计性质不同。褚一飞的《从统计会议说到全国统计事业》③ 认为，"经费与人才为统计事业两大因素"，"民智亦为其主要因素之一。……必须人民自愿将实情报告。"褚一飞还有《行政统计与统计行政》④。朱君毅的《中国统计行政》⑤ 称："完成全国统计网，根据估计，尚需 4 万 5 千余人。"

学术界内经济学、心理学、社会学、人类学、生物学、医药学、农学等科的研究者接受统计学训练较早，更不用说数学、物理学、化学等科。政治

---

① 中国统计学社编《统计与行政》，正中书局，1943。
② 褚一飞：《改革我国统计制度之我见》，《时代公论》1933 年第 2 卷第 25 期，第 3 - 14 页。
③ 褚一飞：《从统计会议说到全国统计事业》，《时代公论》1932 年第 1 卷第 30 期，第 2 - 5 页。
④ 褚一飞：《行政统计与统计行政》，《时代公论》1942 年第 5 卷第 5 期，第 18 页。
⑤ 朱君毅：《中国统计行政》，《服务月刊》1939 年第 2 卷第 3 - 4 期，第 1 - 10 页；《金陵大学校刊》1942 年第 311 期，第 2 - 3 页。

学及行政学研究者获取统计知识也不算少和迟。为了向知识界宣传介绍，统计学专家写了几篇文章，如金国宝的《统计学研究法》①，朱君毅的《怎样研究统计学》和《统计发展史》②，梁宏的《如何研究统计学》③ 等。还有华嘉的《我国以往统计学不发达之原因及今后应注意事项》、《统计行政计划》④，范宝信的《主计制度与统计行政》⑤ 等。

介绍统计和统计学发展的文章，依笔者所见，似以程彬翻译的美国金畏尔复的《统计学发达之略史》⑥ 为最早且有分量。

戴世光（1908－1999），湖北武昌人，先在清华大学经济研究院研究"社会、经济统计方法应用问题"，又到美国密歇根大学"国情普查统计"门深造，主攻人口、农业、工业、商业等普查资料的统计整理方法、技术研究，获数理统计学硕士学位，后往哥伦比亚大学商学院研究经济统计学，写出论文《美国人口预测》。1937－1938 年，去英、法、德、印等国国情普查局（或中央统计局）调查、实习、研究。后回国任教，呼吁在中国实行"社会革命、工业革命和人口革命"。其《论我国今后的人口政策》⑦ 主张"工业化、社会改革和减少人口（节育）"三大政策，得到学界赞同。

戴世光言及统计学与社会科学的研究方法，称确定研究题后先得端正态度，"然后方能遵循科学研究的步骤，去搜集、分析、综合、论断。等到最后，即须根据某种推理路线去指明结果的规律性，或将结果化为一般的法则"。"如研究的现象（问题）可以量计，则务必用统计方法，因为唯有统计方法的运用是有法则的，可以不参加主观的成见……这种基于大数法则原理的结果，是能够把握住原有的中心问题的。在进一步分析推论时，还有数理的基础，可以求得比较最科学的答案。"⑧

李宗孔的《统计学在社会学上应用的限度》则指出，资料来源于感觉经

---

① 金国宝：《统计学研究法》，《出版周刊》1934 年新第 105 期，第 1－4 页。

② 朱君毅：《怎样研究统计学》，《出版周刊》1936 年新第 185 期，第 1－6 页。《统计发展史》，《统计月报》1942 年第 75－76 期，第 1－11 页。

③ 梁宏：《如何研究统计学》，《经济科学》1943 年第 6 期，第 55－60 页。

④ 华嘉：《我国以往统计学不发达之原因及今后应注意事项》，《县政研究》1941 年第 3 卷第 5 期，第 34－35 页；《统计行政计划》，《河南统计月报》1936 年第 2 卷第 4 期，第 1 页。

⑤ 范宝信：《主计制度与统计行政》，《服务月刊》1939 年第 2 卷第 3－4 期，第 110－113 页。

⑥ 〔美〕金畏尔复：《统计学发达之略史》，程彬译，《钱业月刊》1922 年第 2 卷第 1 期，第 1－18 页。

⑦ 戴世光：《论我国今后的人口政策》，《新路》1948 年第 5 期，第 3－10 页。

⑧ 戴世光：《统计学与社会科学研究方法》，《社会科学》1947 年第 4 卷第 1 期，第 45－59 页。

验，因果律关系变成或然，相关分析未收入全部因子，使得"统计法只能将社会现象的整体展开在平面上作初步的研究，并不能描社会的全貌"。[①]

人口问题在中国是特别严重的，近代以来中国日益感受其巨大压力，很多有识之士加以关注。《中国最近人口计数》称："户部衙门据各省巡抚之报告，统计最近之人口总数，闻除满洲另计外，有四亿一千七百万以上。其满洲之人口亦约有八百五十万，合计之在四亿二千五百万以上云。"[②] 此外，还列出了各省人口数。

陈长蘅（1888－1987），四川荣昌人。1911 年被清华派送至美国留学，1917 年获哈佛大学硕士学位。回国后执教，1928 年任中国经济学社常务理事，后又任国民政府财政部简任秘书，立法院立法委员，立法院财政委员会副委员长、委员长等职务。曾参与财政制度、财政法规及国家预算的制定和编制工作，还参加了宪法的起草。出席国际统计、国际贸易宪章起草等会议。解放后任上海文史馆馆员、上海市人民政府参事、上海市人口学会顾问。

陈长蘅的《中国人口论》[③]，最早向国人系统地宣传马尔萨斯的人口理论。他认为要解决民众的生计问题，人口问题是根本。解决的办法应该是提倡比欧美各国更加健全和彻底的、以节育和优生为内容的"生育革命"。这一革命须由国家干预，并通过各专门机构宣传优生知识，推广"自然节育法"，使"婚姻以时、养育有度、孳生有道、养育有术"。他在《三民主义与人口政策》[④] 中对孙中山人口理论作了一番"总分析"，指出人口问题是彻底实现三民主义的先决条件，提出了"关于品质方面的人口政策"。他还有《民生主义之综合研究》等论述。

1920 年，马寅初发表短文《计算人口的数学》[⑤]，他一贯关心中国人口问题，不过在旧中国并没有来得及发表专著酣畅地表达自己的系统观点。

陈达（1892－1975），浙江余姚人，清华留美生，1923 年获哥伦比亚大学博士学位，回国任清华大学教授、社会学系主任，曾任内政部户政司司长，1948 年当选中央研究院首批院士，并被选为国际人口学会副会长。解放

①　李宗孔：《统计学在社会学上应用的限度》，《东方杂志》1947 年第 43 卷第 3 号，第 22 - 24 页。
②　编者：《中国最近人口计数》，《政艺通报》1902 年第 10 期，第 18 页。
③　陈长蘅：《中国人口论》，商务印书馆，1918。
④　陈长蘅：《三民主义与人口政策》，商务印书馆，1930。
⑤　马寅初：《计算人口的数学》，《新青年》1920 年第 7 卷第 4 期，第 1 - 5 页。

后在中央财经学院、中国人民大学、劳动部劳动干部学校先后任教，但未能连任中国科学院学部委员。

陈达的《人口问题》① 分 4 编。第一编"人口理论"，述马尔萨斯之前、之后以及马氏本人的理论；第二编"人口数量"；第三编"人口品质"；第四编"人口与国际关系"。他认为人口增多造成的压力是一种"永久的社会力"，是历代兴亡循环的"原动力"。所以，要密切注意人口数量的变化，清查的内容要广（如城乡分布、性别比例、年龄、婚姻状况、职业、教育、宗教、人种、文字、总数、生育与死亡等），以作为行政（选举、赋税、福利等）的基础。他断言人口数量与人口品质成反比，故尔要限制数量。主要靠节育，至于移民、工业化，对限制人口作用不大。提高质量要靠学校教育。

许仕廉（1896－?），湖南湘潭人。主要从事社会学、人口学的调查研究与教学工作。留学美国，获爱荷华大学哲学博士学位。回国后任燕京大学社会学系主任，创办《社会学界》年刊，主持创办清河实验区。1930 年参与成立中国社会学社，曾任《美国社会学及社会研究》杂志特别编辑。1932 年任外交部参事、条约委员会委员。抗战前夕赴美定居，在芝加哥大学社会学系任研究导师。他的《人口论纲要》认为，人口问题是讨论中国经济、社会和政治问题的根本。这本书取材丰富，根据调查材料他说："依现有耕地和现有经济生产的技术，中国社会已有很重大的人口压力。"② 需实行生育节制，自动限制人口总额在中时点以下。③

当时以《中国人口问题》为书名的著作还有文公直所编的，该书涉及人口统计、人口密度之考察等。④ 中国社会学社编的一本《中国人口问题》⑤ 是该社第一次年会的论文集，内有关于全国人口调查的商榷。

说到调查统计，立法院统计处出版了朱祖晦的《中国人口统计之过去及其目前救急之途径》⑥，建议用"拣样"（抽样）法来调查。《中国人口问题之统计分析》⑦ 一书分"人口分布"、"人口组合"、"人口增减"各章。蒋

---

① 陈达:《人口问题》，商务印书馆，1934。
② 许仕廉:《人口论纲要》，中华书局，1934，第 247 页。
③ 许仕廉:《人口论纲要》，中华书局，1934，第 254 页。
④ 文公直编《中国人口问题》，上海三民书店，1929。
⑤ 中国社会学社编《中国人口问题》，世界书局，1932。
⑥ 朱祖晦:《中国人口统计之过去及其目前救急之途径》，立法院统计处，1934。
⑦ 主计处统计室编《中国人口问题之统计分析》，正中书局，1944。

杰的《关中农村人口问题》① 比上书多了"灾荒与人口"、"人口数量"、"结构"等章，是针对关中1273家农户的调查研究。言心哲的《中国乡村人口问题之分析》② 比之更早一些。

对中国历代人口的考证有：赵泉澄根据《东华录》推算的咸丰、同治年间的人口数；陈彩章著有《中国历代人口变迁之研究》③，对户口比率、人口增减、人口分布、边疆移民、国外移民都作了阐述。

基于社会调查加以研究的，以发表时间为序，有王士达的《近代中国人口的估计初稿》④，由中央研究院社会科学研究所出版。其内容分4篇，已在《社会科学杂志》连载，从近代直到最近10年。后来又有抽印本《最近中国人口的新估计》⑤，含直到30年代初的人口调查数据，列出各地户口统计表数十张。胡焕庸的《中国人口之分布》⑥ 从统计得来结果，有各县人口统计及分布密度图。北洋政府内务部统计科分年有《内务统计》、各地人口统计分册出版（不全），南京国民政府内政部统计司（处）则编各省市《户口统计》，抗战胜利后内政部还有人口局的设置和《全国户口统计》。

日本较早就重视人口研究，除了有些是为侵略张目，其余成果也有可供中国借鉴的。如上田员次郎的《日本人口之预测》⑦，书中预测二三十年内日本人口的出生率及年龄构成。英国克罗克（W. R. Crocker）的《日本人口问题》（*The Japanese Population Problem to Coming Crisis*），⑧ 既有对未来人口的估计，也有对粮食问题、振兴实业、支持移民（出国）的办法的分析。战时还有洪启翔的《日本人口论》⑨。

对马尔萨斯及相关人口理论直接介绍和研究的学者有很多，如林骙、杨振先、陈兆焜等，郭大力全文翻译了马氏的《人口论》⑩。

提出人口问题讨论的，如武堉干翻译 H. Cox 的《人口问题》（1925），吴应图自编的《人口问题》（1925），王警涛的《民生主义与人口问题》

①　蒋杰：《关中农村人口问题》，西北农林专科学校，1938。
②　言心哲：《中国乡村人口问题之分析》，商务印书馆，1935。
③　陈彩章：《中国历代人口变迁之研究》，商务印书馆，1946。
④　王士达：《近代中国人口的估计初稿》，中央研究院社会科学研究所，1931。
⑤　王士达：《最近中国人口的新估计》，《社会科学杂志》1935年第6卷第2期，第166–191页。
⑥　胡焕庸：《中国人口之分布》，钟山书局，1935。
⑦　〔日〕上田员次郎：《日本人口之预测》，李立侠译，正中书局，1934。
⑧　〔英〕克罗克：《日本人口问题》，朱梅隽译，正中书局，1935。
⑨　洪启翔：《日本人口论》，国民图书出版社，复印本，1940。
⑩　〔英〕马尔萨斯：《人口论》，郭大力译，世界书局，1933。

（1927），刘剑横（1930）、陈天表（1930），柯象峰（1934），陶孟和、陈方之、陈长蘅在"东方杂志社三十周年纪念刊"（1933）上分别探讨了世界人口之将来、我国人口统计数字之商榷、近百八十年中国人口增加之徐速及今后调剂之法。

介绍"人口统计"、"生命统计"、"人口调查法"、"户口登记法"（户籍、户政）、"人口地理学"、"节育"、"世界人口"的，有几十本之多。连同其他，总数约194本。

刊物上的人口研究论文也很多，如陈长蘅回应潘光旦对他十年前人口论专著质疑的文章《关于中国人口问题》①，是有相当力度的。潘嘉麟的《评三本人口书》②，对陈达《人口问题》、许仕廉《人口论纲要》、柯象峰《现代人口问题》各作一番分析。王士达《近代现代中国人口估计》③ 介绍国内外人口学家估计中国古今人口变化的方法，如将印度的统计数据与中国的比较而得出不同时期不同省份的估计值，饶有兴味。高鏗《中国人口问题之探讨及其救济》④ 探讨了人口数量（估计，过剩，危险）、分布（不均）、品质、救济（节育，发展经济，交通移民，教育和卫生），代表了多数文章的看法。

三 社会学者的实践与社会行政的部署

早在20世纪20年代初，社会学与政治学的关系就引人注目。高尔松、高尔柏兄弟的《政治学要旨》⑤ 参考迪奥克的《政治学原理》（*Elements of Political Science*），认为"政治学是社会科学的一部分，它所研究的是国家的基础和政府的要素"。"政治学研究的是人类组织的特别的社会，……社会学所研究的是一切人类所组织的社会，……因之有许多学者都认政治学为附属于社会学的一种科学。"

日本大山郁夫的《现代政治学中社会学的要素》⑥ 指出："一般都认政治学为广义的社会科学的一部门，可是要认政治学为社会学的一分科，才算

---

① 陈长蘅：《关于中国人口问题》，《现代评论》1926年第7卷168期，第8–13页。

② 潘嘉麟：《评三本人口书》，《社会科学杂志》1936年第2期，第305–309页。

③ 王士达：《近代现代中国人口估计》，《社会科学杂志》1930年第2卷第5期，第49–53页。

④ 高鏗：《中国人口问题之探讨及其救济》，《社会杂志》1931年第1卷第5期，第1–14页。

⑤ 高尔松、高尔柏：《政治学要旨》，《社会学杂志》1923年第1卷第6期，第1–6页。

⑥ 〔日〕大山郁夫：《现代政治学中社会学的要素》，马运升译，《文明之路》1935年第8期，第14–24页。

是构成广义的社会科学的一部门。""他（Jellinek）把国家科学分成两种，一是'理论国家学'、简称'国家学'；一是'应用国家学'、简称'政治学'。前者是从事于对象的本质的认识，后者是从事于对象的价值的批评。然我的立场，是要把凡含有价值的批判的一切学问，都划在科学范围之外。"社会学"就在引导政治学到科学的方向"。

浦薛凤的《政治学之出路：领域、因素与原理》① 则说："一部分学者力主只有个别的'诸政治学'（Political Sciences，复数）而无统一的'政治学'。依此见解，举凡与国家有关系的许多学问，如财政学、政治经济学、公法学、社会学等均是'诸政治学'。甚且有认哲学为诸政治学之一者。（阅 Giddings，*Principles of Sociology*）"

以上见仁见智，我们不予评价，只是想证明前人认为社会学与政治学确实有重叠。

其中，我国社会学和人类学家在特定历史时期也做出了重要贡献。

李景汉（1895－1986），北京通县人，哥伦比亚大学学士、加利福尼亚大学硕士。1924 年回国，1926 年任中华教育文化基金委员会社会调查部主任，兼燕京大学社会学系讲师，1928 年任中华平民教育促进会定县试验区调查部主任，赴定县调查。1935－1944 年历任清华大学社会学系教授、国情普查研究所调查组主任等职。1944 年赴美国国情普查局进修，曾实地参加美国农业人口普查。1947 年出席在纽约召开的国际人口会议。1949 年在联合国粮农组织统计专家室工作，曾以专员身份赴东南亚各国进行考察。李景汉运用普查法、个案法、抽样法等对中国的都市与乡村进行广泛和深入的调查。《定县社会概况调查》一书为研究 20 世纪 30 年代中国北方农村社区提供了详实的资料，在国内外产生了深远的影响。

吴文藻（1901－1985），江苏江阴人，先入清华学堂，1923 年赴美国留学，为哥伦比亚大学研究院社会学系博士。回国后任燕京大学教授。1939 年在云南大学任教，创立社会学系，1940 年在国防最高委员会参事室工作。1946 年赴任中国驻日代表团政治组组长，并兼任出席盟国对日委员会中国代表团顾问。1951 年返国。他认为，社会学要中国化，最主要的是要研究中国国情，进行"社区研究"。他陆续派一些学生到全国各地进行实地调查，费

---

① 浦薛凤：《政治学之出路：领域、因素与原理》，《社会科学》1936 年第 2 卷第 1－4 期，第 663－687 页。

孝通、林耀华等人都做了早期的田野调查工作，促进了学科的中国化。

吴景超（1901－1968），安徽歙县人，1923 年从清华学校赴美，入明尼苏达大学、芝加哥大学，先后获硕士、博士学位。1928 年回国，任金陵大学社会学系教授兼系主任，1932 年任清华大学教务长，与孙本文、许仕廉、吴泽霖等人一道发起成立"中国社会学社"，于 1936 年当选为理事长。1935 年底从政，历任国民政府行政院秘书、经济部秘书、战时物质管理局主任秘书、善后救济总署顾问。后回校任教。有专著《都市社会学》，其代表作《第四种国家的出路》主张：（1）充分利用国内的资源；（2）改良生产技术；（3）实行公平分配；（4）节制人口，并提倡"用机械的生产方法"。

费孝通（1910－2005），江苏吴江人，先后就读于东吴大学医学预科、燕京大学社会学系、清华大学社会学及人类学系（研究生），1938 年获伦敦大学经济政治学院哲学博士学位。费孝通的《江村经济》使人类学的研究对象从"异域"转向"本土"，从"原始文化"转向"经济生活"。回国后，费孝通继续在内地农村开展社会调查，研究农村、工厂、少数民族地区各种不同类型的社区，提出了一个创造性观点：以恢复农村企业（副业）、增加农民收入来解决中国农村和土地问题。他认为，在农业经济的新结构中，最有前途的还是工业。

林耀华（1910－2000），燕京大学社会学硕士，哈佛大学（人类学）哲学博士。发表了《英美人类学知识应用于行政领域的借鉴》一文。[①] 文章说："……经马林诺夫斯基和布朗两位大师的鼓吹，说明人类学可辅佐行政。……1935 年，在非洲……居然产生一种人类学家和行政专家的合作计划。"工业领域，"最明显而可引人注意的例证，莫过于美国芝加哥西电公司。……人类学家初次应用精密的方法和步骤，去考察工作情形并能确切的记载下来。……公司就特设考察员制度……不但知道每一个工人在工厂或公司内的工作状况和所居地位，并可察识他的环境、家庭，以及与他有关的僚友和戚属。……（工厂本是一个从上而下的阶层组织和直接系统）……由于考察员所居的地位和考察联络之故，他就成为系统中稳定的力量……使人与人关系能够产生良好的适应……公司就能预为筹划管理政策……"这正是梅奥（E. Mayo，1880－1949）等人在西方电气公司开展的霍桑（Hawthome）

---

① 林耀华：《英美人类学知识应用于行政领域的借鉴》，《社会行政季刊》1944 年第 1 卷第 1 期，第 15－19 页。

实验。可见，是林耀华首次向国人简介人际关系理论研究。他说："我国行政领域诸多待办事业，尽可以英美已行的事实为借鉴。"

史国衡（1912 - 1995），洛阳人，1935 年入清华大学物理系，后转入社会学系。毕业后留清华国情普查研究所，参加了呈贡人口普查和农业普查工作。1941 年转到云南大学社会学系费孝通门下，加入著名的研究群体——"魁（星）阁"。与丁佶（哈佛商学院 MBA）和周先庚（工业心理学家）、沈同（生物化学博士）于 1940 年 8 月拟订《云南工业发达（展）中劳工问题研究计划》，当时"希望集合社会、经济、心理、营养、医学各方面的人才合作做这个与实际建设有关的研究"，采用"社区研究"手段。史国衡的调查报告《昆厂劳工》（1943）与刚出现的人际关系理论暗合，被费孝通在 1944 年带到梅奥处，费氏亲自译成英文 *China Enters Her Machine Age*，由哈佛大学出版社于 1944 年出版，受到国内外的广泛关注。史国衡也到梅奥处进行过研究，后回清华任总务长。

关于"社会行政"，这里随便选一篇较早的文章看看。梁维四的《都市社会行政计划》[①] 内容包括：提倡消费合作事业；公共坟场之设立；取缔私营公墓；计划社会保险（残老、疾病）。

20 世纪 40 年代，国民党政府逐渐强调"社会行政"，如黄光斗的《社会行政之机构》[②] 介绍：

> 社会行政是我国现代政治上一个新名词，凡关于民众组训、社会福利以及合作事业等等，都在它的职掌范围以内，过去其中有一部分业务，即民众组训，原由党部办理……（1940 年 10 月）由国民政府公布社会部组织法，始将中央社会部划归行政院直辖，并于各省（市）设社会处（局）……各县（设）社会科。

所谓民众组训，是训练各种职业团体（农、渔、工、商会，及同业公会）、自由职业团体（教育、新闻、律师、工程师、会计师、医师、药师、中医、护士、助产士等公会）、社会团体（文化、宗教、公益、体育、慈善、兵役类及学生自治会）等。

---

① 梁维四：《都市社会行政计划》，《中国建设》1930 年第 2 卷第 5 期，第 174 - 178 页。

② 黄光斗：《社会行政之机构》，《国立中正大学校刊》1943 年第 3 卷第 19 期，第 4 - 5 页。

1946 年"行宪"后，《社会部组织法》① 规定，社会部设置"人民团体司、工人司、妇女儿童司、社会救济司、社会服务司、总务司，劳动局、合作事业管理局、社会保险局、工矿检查处"。人民团体司职掌包括团体之登记、指导，及"人民团体相互间关系之调整联系事项"。社会服务司职掌包括：社会秩序之整饬及改进事项；社会服务之实验及推行事项；社会服务设施之登记、指导、考核、奖励事项；社会运动之倡导、促进事项；其他。

方青儒的《社会行政工作要领》② 提出：(1) 实践（国民）党的社会政策；(2) 实施管制，加强民众组训的领导力；(3) 把握效果，争取社会同情信仰；(4) 以福利配合组训，以组训推行福利。这四个工作要领要抓好。

《中国社会行政之过去与现在》③ 是社会部部长谷正纲应会长孙本文之邀，在中国社会学会成立 20 周年纪念暨第九届学术年会上的讲话。文章介绍说，社会部于 1940 年冬季成立，至 1945 年为创立阶段，抗战胜利至此时（1948）为发展阶段。该部做了部务规定的人民团体、救济、劳工、儿童福利、社会保险、社会服务、合作事业等方面的工作，以前三项为重点，事属草创，从无到有。明确三大任务：(1) 确立政策；(2) 建立制度；(3) 培养人才。困难是人民对之缺乏认识，经费不足，人才不够。

张少微的《社会行政与社会效率》认为，"社会事业为社会病态的产物，社会行政为社会事业的产物；社会事业是医治社会病态的方药，社会行政是推行社会事业的工具"。一种行政工作使社会上"获益的人数越多，社会效率便越大"。要找到社会病的病症所在，这决定着中心工作（如治贫）；要实验示范；要奖励、督导工作竞赛。"总之，社会行政是一种以政治力量，有计划有系统的推进社会福利事业的政治工作，以安定社会秩序，提高文化水平，而促使社会进步。"④

金平欧在《社会行政在宪法上的地位与责任》⑤ 中写道："本来在战时……特重征粮、征兵、征税……民众认为这是'要钱要命'，或称为'谋财害命'的政治。……社会部做了一些'散财救命'的工作，所以民众还

① 蒋中正、孙科、谷正伦：《社会部组织法》，《金融周报》1949 年第 20 卷第 3 期，第 18 - 20 页。

② 方青儒：《社会行政工作要领》，《浙江社政》1944 年第 1 期，第 1 - 5 页。

③ 谷正纲：《中国社会行政之过去与现在》，《社会建设》1948 年复刊 1 第 7 期，第 1 - 3 页。

④ 张少微：《社会行政与社会效率》，《社会建设》1944 年第 1 卷第 1 期，第 48 - 54 页。

⑤ 金平欧：《社会行政在宪法上的地位与责任》，《社会建设》1948 年复刊 1 第 1 期，第 1 - 10 页。

有从政府得到一些温暖，但因无地方配合这种工作，显然是不够的。"作者提议省一级设社会厅，以求社会行政的统一和独立。要改变行政作风，扩展社会行政的业务，配合社会的力量（如民间救济），加重社政责任（担负起推行整体的"人政"与"仁政"的责任）。

关于社会学在大学中的教育，历来为进步学者重视。如 1920 年湖南商专校长汤松支持毛泽东发起"驱张（敬尧）运动"后，即前往复旦大学任社会学系首位主任。他与薛仙舟同为"合作（社）运动"的先锋。瞿秋白在上海大学任社会学系主任。李达的《社会学大纲》传到延安，成了马克思主义哲学的重要教本。下文是另一角度的观察。

从钱振亚的《大学中社会行政人员之训练》可知，"社会行政人员"（Social Administrator）——燕大许仕廉教授最先提议的用语——比通常所讲的"社会工作人员"（Social Worker）含义更广而明确。它适用于一切社会公共事业的行政管理人员，不单指狭义的政府机关如社会局里的行政人员。

> 社会学在我国大学中已有了好久的历史，近来大学中，几乎没有不设社会学的。燕京、复旦、沪江、大夏等校都有社会行政学程（中大亦拟于下学期开设），而办有相当成绩的，恐只有燕大和沪大而已。这因为富有社会行政教育经验的人才非常缺乏。燕京大学还有社会学与社会工作系。三个系互相支援，互相配合，极一时之盛。
>
> 1927 年，美国社会学年会在华盛顿京城开会时始有社会学与社会行政组（Section on Sociology and Social Work），双方感到社会学和社会行政是有密切的关系的。从此以后美国大学社会学系与社会行政学校（培养社会工作人员）都感觉到合并办理的利益和紧要。我国可径从大学入手创办社会行政专业乃至社会行政学院，则其地位和法学院、医学院等并重，并可提高社会行政人员的职业地位。①

《燕京大学社会学及社会行政学系 1929 年至 1930 年工作略述》② 提到，因工作范围扩大，社会学及社会行政学系分为四组（专业）：社会原理及人

---

① 钱振亚：《大学中社会行政人员之训练》，《社会学刊》1930 年第 1 卷第 4 期，第 2-5 页。
② 记者：《燕京大学社会学及社会行政学系 1929 年至 1930 年工作略述》，《社会学界》1930 年第 4 期，第 1-2 页。

类学组，社会立法组，社会行政组，社会研究及社会统计组。更难以置信的是，该系向社会行政专业毕业生授理学士或理学硕士学位；而其他三个专业都属文科。可能是突出他们擅长社会统计，以利就业吧。

许仕廉的《燕京大学社会学及社会服务学系 1929 年至 1930 年度报告》①记载，1929 - 1930 学年的课程分四大类：社会理论与人类学，应用社会学，社会调查，社会服务。专职或兼职的许仕廉、杨开道、林东海、李景汉、严景耀、雷洁琼、吴文藻、费孝通等知名学者，及外籍教授济时、密勒等积极活动，尤其注重开展社会调查。

《大学科目表》中社会学系选修科目部分行政类的课程有行政学、中国地方政府、社会机关行政、边疆行政、教育行政、公文程式等。还有都市社会学、农村社会学、土地问题、合作经济、公共卫生、劳工问题，乃至犯罪学、监狱学等，驳杂不一，根据专业研究方向和课题而现学现补或预学预立，以应异日社会管理之需。②

《燕京大学社会学系概况》③记燕京大学社会学系始设于 1922 年。初期本国教授有许仕廉、朱有渔、陶孟和、朱积权、李景汉等。1928 年与政治系、经济系联合成立法学院。时任系主任为林耀华，前任有赵承信、吴文藻等。教授还有严景耀、雷洁琼等，兼任的有费孝通，他系的有崔书香、陆志韦、张东荪、夏仁德等。中国的社区研究始于该系（清河、平郊实验区），后开展边疆研究（包括校友李安宅等）、农村社区研究（杨开道、蒋旨昂、费孝通）、儿童保育研究（关瑞梧），出版《社会学界》。

据《中央大学社会学系近况》④所载，中央大学社会系成立于 1927年。时任系主任为孙本文，著《社会学概论》。教授有傅尚霖（社会行政等）、朱约庵（社会事业、社会问题）、毛起骏（社会调查、户籍）、吴百思（社区研究）等。副教授中有美籍郝继隆（O. Hara，主讲欧美社会学、高级社会学选读）等。1947 年成立研究所，孙本文兼所长。学生近时完成的调查与研究论文达 70 余篇，进行中的有 30 余篇，内容涉及人口、家族、社区、社团、劳工、农村社建、保险、救济、福利、职业、宗教、犯

① 许仕廉：《燕京大学社会学及社会服务学系一九二八年至一九二九年度报告》，《社会学界》1930 年第 4 期，附录第 3 - 6 页。
② 教育部编《大学科目表》，正中书局，1946，第 97 - 98 页。
③ 孙本文：《燕京大学社会学系概况》，《社会建设》1948 年复刊 1 第 1 期，第 84 - 86 页。
④ 《中央大学社会学系近况》，《社会建设》1948 年复刊 1 第 1 期，第 77 - 80 页。

罪等。

齐鲁大学社会学系成立于 1922 年，与别系合办，初为社会经济系，1948 年时为历史社会系（分社会、历史组）①。据《乡村建设学院社会学系概况》②，乡村建设学院成立于 1940 年，最初叫乡村建设育才院，院长为晏阳初，1948 年由梁仲华代，有社会学系，教师梁桢兼代系主任，主攻方向为社会事业及行政。

《社会福利行政组取得国际学术界地位》③ 报道称："最近在美国召开之国际社会工作协会，及国际社会福利研究院联合委员会，特宣布本校为该会会员学校之一。美国学术界认为是一种荣誉，多来函致贺云。"

孙本文等著的《社会行政概论》④ 是论文集，收有孙本文等《我们对于社会行政的意见》、张鸿钧《社会行政纲要》、陈达《社会学与社会行政》、杨开道《社会行政与社会研究》、李景汉《"绵玉会"行政与社会调查》、王政《社会行政与社会制度》等 30 篇论文。

黄永滋的《社会行政概论》⑤ 讨论的内容包括：社会行政概念，人民团体组训，社会运动，社会福利，合作事业，国民义务劳动，社会行政实施的必要条件与精神。

国民党中央执委会宣传部编《抗战六年来之社政》⑥，包括中国社会行政之特质、各级社政机构之建立、民众组训之发展、社会福利之倡导、合作事业之推行、人力动员之实施、结论等 7 章。

曾松友编《战时社会行政研究》⑦，内容包括战时中国社会移动与社会行政、战时社会病态及其治疗、战时社会调查与统计、社会距离与社会行政、行政三联制与社会行政等。

社会部所编《第一次全国社会行政会议汇编》⑧，包括会议经过、议案及决议、附录 3 编。陕西省合作事业管理处编刊了《第一次全国社会行政会

① 《齐鲁大学社会学系概况》，《社会建设》1948 年复刊 1 第 1 期，第 80 – 81 页。
② 《乡村建设学院社会学系概况》，《社会建设》1948 年复刊 1 第 1 期，第 81 – 82 页。
③ 金陵大学文学院社会福利行政组：《社会福利行政取得国际学术界地位》，《金陵大学校刊》1948 年第 372 期，第 1 页。
④ 孙本文等：《社会行政概论》，中国文化服务社，1941。
⑤ 黄永滋：《社会行政概论》，改进出版社，1946。
⑥ 国民党中央执委会宣传部编《抗战六年来之社政》，国民图书出版社，1943。
⑦ 曾松友编《战时社会行政研究》，正中书局，1944。
⑧ 社会部编《第一次全国社会行政会议汇编》，编者刊，1942。

议提案原文》。社会行政检讨会编《社会行政检讨会议决议案汇编》①，收决议案 20 篇。附孔祥熙副院长的训词、会员姓名表等。

社会部编《社会部施政报告》②，包括一般行政、人民组训、社会福利、合作事业 4 部分。社会部编《社会部三十七年下半年度施政计划纲要》③ 和《社会部三十七年下半年度工作计划实施进度表》④，内容含工作类别、工作项目、预定实施三项。

## 第二节　政治学会及市政学会、县政学会等

本书第一章第一节中提到，1900 年（另说为 1899 年秋），由雷奋、杨廷栋、杨荫杭、富士英、秦毓鎏、章宗祥、胡泰、戢元丞、王芳、秦力山、蔡臮寅、范源濂、唐才质等人在东京共同发起成立励志会，创办《译书汇编》，"实为留学界创设团体之先河"。

1907 年，由梁启超幕后主使，蒋智由、徐公勉、黄可权、吴渊民、邓孝可、王广龄、陈高第等人发起，在日本东京成立政闻社。其社约规定："1. 确立立宪政治使国人皆有参与国政之权；2. 对于内政外交指陈其利害得失以尽国民对于国家之责任心；3. 唤起国人政治之热心及增长其政治上之智识与道德。"办法是：编撰书报；联络及调查；建议及警告。该社试图通过宣传教育民众，促进立宪。⑤ 政闻社成立会于当年 11 月 17 日召开，选举马良（马相伯）为总务员，徐公勉、麦孟华为常务员，黄可权为书记，侯延爽为庶务主任，徐勤为会计主任，蒋智由为编撰主任，陈介为调查主任，雷奋为交际主任（在东京由向瑞琨代理）。另有评议员五人。并派代表一人驻留上海刚发起的国会期成会（作为全国请愿机关）办事，研究国会组织问题。下午的大会还请来日本的犬养毅、高田早苗、箕浦胜人登台讲演。⑥ 政闻社温和改良的态度当即遭到革命党的无情批判，而清政府顽固派也加以打击，这使得该社难以在国内公开活动。其编辑的会刊《政论》出版时间不长。其实，

---

① 社会行政检讨会编《社会行政检讨会议决议案汇编》，编者刊，1944。
② 社会部编《社会部施政报告》，编者刊，1942。
③ 社会部编《社会部三十七年下半年度施政计划纲要》，社会部，1948。
④ 社会部编《社会部三十七年下半年度工作计划实施进度表》，社会部，1948。
⑤ 梁启超等：《政闻社社约》，《政论》1907 年第 1 卷第 1 期，第 121－123 页。
⑥ 编者：《政闻社开会纪事》，《政论》1907 年第 1 卷第 2 期，第 139－152 页。

若干骨干成员如麦孟华、向瑞琨等在戊戌维新时已追随康、梁较早潜往日本学习，其他成员也多有法政学校学习经历，研究一般政治理论都还在行。

黄可权的《国会论》① 可以反映这些人的思想：

> 吾所希望于我政府者，则以近世之潮流非少数人所能抵抗，对于国民之为国会请愿者，宜表其敦诚恳挚之情……对于国民之于政治运动者，宜待以温和之手段，而勿出于疑忌之眼光。

本书第三章第一节提到，1907 年冬，北洋大臣、直隶总督袁世凯命下属的天津府设立地方自治局，召开地方自治期成会，讨论自治局拟订的《天津县试办地方自治章程》。又，四川地方自治研究会的会长是董修武，光绪三十五年（1909）二月二十四日（3 月 26 日）在日本东京出版《自治丛录》，宣告"本会宗旨在研究地方自治之方法以期实行"。"本会设编辑、调查两部。"本书第一章第一节中提到创自各省谘议局的研究部门。宣统元年（1909），"其在江苏山东，则有谘议局研究会，在浙江福建江西，则有谘议局议案预备会，在湖南则有谘议局议案研究会"。留日学生组织谘议局事务调查会，准备对各省"政治上、行政上之事项"进行调查，以供各省谘议局参考。1909 年 9 月《宪政新志》创刊，主要成员有徐尔英、吴冠英、张嘉森、徐起凤、毕厚等。

1909 年，在天津张相文、章鸿钊、白月恒、史廷飏、傅运森等发起成立了中国地学会。章鸿钊说："其于地学范围内，有裨补社会，指导行政之事务。"该会研究"地理之关于行政者，如开港治河、交通设备、行政区域，以及城市兴废等问题"。② 其中引起各相关学科及政府部门注意的，是行政区划问题（例如增划省区）。早在民国元年，就倡议并专门成立了"厘定行政区域研究会"。③

## 一　几个政治学会的先后成立

### （一）中华政治学会

中华政治学会酝酿于 1915 年 8 月袁世凯欲称帝之时。起于美国公使芮

---

① 黄可权：《国会论》，《政论》1908 年第 1 卷第 5 期，第 1–19 页。
② 章鸿钊：《地学会应行事务之商榷》，《中国地学杂志》1912 年第 34 期，第 2 页。
③ 李志敏：《厘定行政区域研究会简章》，《中国地学杂志》1912 年第 34 期，第 1–2 页。

恩施博士"首拟在华创一政治学会，规效美国政治学会，以研习国际法、外交学为要旨"。他与严鹤龄、顾维钧商量，二人皆表赞同，伍朝枢（伍廷芳之子）深愿臂助。公推严鹤龄、伍朝枢、张煜全起草规程，串联发展会员。得韦罗璧、亚当斯的支持，"襄画组织事宜"。① 12月5日，在外交总长陆徵祥家召开第一次常会，到会60余人，选举职员，陆徵祥当选会长。

1912年颜骏人（惠庆）博士曾组织国际法学学会，也推陆徵祥为会长，中华政治学会中不少人也参加了该会，故决定两会合并。其研究内容"非欲骛高课玄，耽情于理境也。不过蒐集诸科资料，条举缕陈，以贻读者，斯亦足已"。该会亦深望建一图书馆。

芮恩施（Paul Samuel Reinsch, 1869 - 1923），曾任威斯康星大学政治学教授。1913年出任驻华公使，执行《蓝辛 - 石井协定》，扶植亲英美派政治势力。1919年辞职后受聘为北洋政府法律顾问。1920 - 1922年又两次来华，死于上海。其《平民政治的基本原理》向中国民众介绍西方的政治原理和知识，主张中国实行平民政治，并指导应该从什么地方入手。

据《中华政治学会章程》，该会宗旨为："（1）为奖励研究法律学、政治学、社会学、经济学、行政学等学理；（2）为联络本会同志之友谊。""对于各项政治问题不存党见，并不预闻实行政治。"

会员录：有贺长雄，J. H. Arnold（阿诺德），L. R. O. Bevan（贝文比万），R. Brepon（布雷蓬），A. J. Brewer（布鲁尔），W. J. Cannon（康农），A. C. Chapin（查平），H'de Codt（卡得特），W. H. Donald（唐纳德），J. J. I. Duyendak（杜伊恩达克），J. C. Forguson（福格森），船津辰一郎，F. J. Goodnow（古德诺），R. Greene（格律尼），S. H. William（威廉姆），H. de Huerta（韦尔塔），E. M. Lamb（兰博），L. K. Little（利特尔），H. H. Lowry（劳里），R. Macleay（麦克雷），M. H. Mazot（梅早特），G. E. Morrison（马里逊），F. B. Price（普莱斯），P. S. Reinsch（芮恩施），E. Sherfesse（谢尔菲思），C. S. Smith（史密斯），C. J. Spiker（斯派克），R. Tenney（坦尼），C. D. Tenney（坦尼），F. White（怀特），R. C. Werner（沃纳），W. F. Willoughby（韦罗璧），W. W. Willoughby（威洛贝），J. W. Jenks（杰克斯），J. V. A. MacMurray（麦克默里），W. B. Jameson（詹姆森），G. J. Adams（亚当斯），H. C. Adams（亚当斯），R. S. Anderson（安德森），

---

① 严鹤龄：《政治学会并政治学报之缘起》，《政治学报年刊》1916年，第11 - 20页。

A. Arnold（阿诺德），R. A. Bolt（鲍特），Sir J. H. Brett（布雷特），R. Coltman（科特曼），R. J. Coltman（科特曼），C. G. Dttimor（德帝莫），D. W. Edwards（爱德华兹），R. F. Evans（伊万斯），B. W. Flesher（弗莱金），R. R. Gailey（盖利），J. M. Gibb（吉尔），W. A. Grant（格兰特），E. T. Gregory（格瑞），C. F. hubbard（哈伯德），H. H. Husesy（胡塞西），N. Konovaloff（科诺瓦洛夫），A. Loch（洛赫），S. F. Lucas（卢卡斯），C. R. Malone（马隆），N. H. Pitman（皮特曼），W. T. Price（皮尔斯），R. Rankin（兰卡因），D. S. Rose（罗丝），A. A. Rowbotham（罗博森），S. Sokobin（索科宾），H. Van der Veen（达文），W. W. Reed（里德），W. B. Webster（韦伯斯特），E. T. C. Wener（韦纳），G. D. Wilder（怀勒德），C. L. L. Willianms（威廉姆斯），A. E. Cole（柯尔），A. W. Gilbert（吉尔伯特），H. H. Jobson（乔布斯），A. Krise（克瑞斯），T. Sammons（萨蒙斯），W. Straight（施特里），E-. Cateliani（加特里亚比），W. P. Mills（米尔斯），P. W. Morgan（摩根），E-. Quesada（奎萨达），J. E. Baker（贝克尔），W. F. Carey（凯瑞），W. R. Austin（奥斯丁），Kanai Kiyoshi（金井清树），H. B. Hawkins（霍金斯）。

以上是在华外国会员（外交官员、政府顾问、学者教授等）。

初期中国会员：张谦，张玮，张德熙，章宗元，张煜全，赵景剑，赵天麟，陈锦涛，陈友仁，陈光甫，陈同寿，陈维屏，金邦平，裘昌运，周典，周自齐，朱祖铭，朱履和，祝毓英，费兴仁，冯熙运，冯庆桂，韩安，何林一，谢恩隆，许骞世，徐恩元，胡鸿猷，胡仁源，胡诒谷，黄开文，黄体深，黄荣良，朱神恩，稽琴荪，李光启，李殿璋，林长民，刘符诚，林行规，刘驹贤，刘景山，刘经方，娄裕焘，陆徵祥，马寅初，郭泰祺，夏诒霆，沈成鹄，施履本，宋发祥，史悠明，陶德琨，陶履恭，蔡廷干，曹汝霖，唐春澍，唐悦良，曾广勷，周诒春，卫渤，王之瑞，王建祖，王景春，王宠惠，王孝缙，王景岐，王继曾，王世澄，王怀汾，王启常，魏易，黄宝楠，温论训，王文显，伍朝枢，吴乃琛，伍连德，杨恩湛，杨补塘，姚钟琳，严鹤龄，严复，叶景莘，熊崇志，徐崇钦，徐善祥，钟文耀，王阁臣，欧阳祺，刁作谦，陈恩厚，王麟阁，赵国材，沈楚臣。

第一届（1916年）职员：

会长陆徵祥，第一副会长芮恩施，第二副会长曹汝霖，书记伍朝枢，会计章宗元。

理事：陆徵祥，芮恩施，曹汝霖，伍朝枢，章宗元，麻克类，韦罗贝，张煜全，王景春，林行规，吴乃琛，胡诒谷，周诒春，严鹤龄。

总编辑：严鹤龄　编辑：陈锦涛，张煜全，王景春，陶履恭，韩安，王文显，林行规。

庶务：周诒春，徐善祥（因离京辞职，后由史悠明代），费兴仁（辞职后由梁福初代）。

芮恩施宣称："今夫中华政治学会所欲商榷阐研者，赅言之，社会科学而已；析言之，则国际公法、国内公法、立法、行政、经济、群学、政治哲理，与夫历代政治经济制度之沿革，皆是也。窃谓斯会之成立，其所以扶翼旧邦于文明昌运者，途径有二：华夏旧猷，欧美新学，合炉而冶，取精用宏，一也；今昔国是民情，绝域殊俗之人，容或见闻未审，识时之俊，藉兹剀切胪陈，疏通情蕴，以喻天下，益笃邦交，二也。继自今，斯邦人士之谈国计民生，欲其观察记述剖论之能严密精确而求有可为之圭臬者，舍斯会其谁属哉？且萃通儒硕彦，使之征举宗邦文献……"①

严鹤龄响应："吾国政治法律学，纵不若人，然行政、经济、社会诸学，固有足多者焉。学者诚能殚心勾稽，所获资料，自必佳美而丰赡，复能钻研有得，出其实绩，公诸环球学问之林，则卓然成一家言矣。"②

芮恩施宣扬研究国际法律、政治、行政诸学问的好处："行政之组织及其方法，攸关綮要，亦学者所当致意者。语其范围，则下自村镇委吏之职务，县宰之庶政，以至道尹、省长之职司；复等而上之，中央各部之组织，与夫财政警务，军备文职，藩属事宜，银行营业，货币制度，审检官厅之整理规画，胥属焉。而就审计、会计、行政、监督诸端，研究其施行方法，尤为切实之要务。中国经济，其旧时之状况，与新旧代谢中之制度，详加考察，意味最饶。"③

刘大钧1916年在这期《政治学报年刊》上发表的 The Industrial Transformation of China④，研究了中国工业化的原因、现状及其改进办法，也是有历史价值的论文。

南京国民政府时期该会改称北平政治学会。"（会长）张煜全，（会副）顾临、朱友渔，（书记）周诒春，（会计）丹陛。（会董）颜惠庆、福开森、

---

① 芮恩施：《中华政治学会叙言》，《政治学报年刊》，1916，第2-3页。

② 严鹤龄：《政治学会并政治学报之缘起》，《政治学报年刊》，1916，第18页。

③ 芮恩施：《中华政治学会叙言》，《政治学报年刊》，1916，第5-6页。

④ 刘大钧：The Industrial Transformation of China，《政治学报年刊》，1916，第85页。

袁同礼、蒋廷黻、魏文彬、周永治。（图书馆主任）蒋廷黻。"该会申请卡内基基金设"图书馆，成立于民国九年三月，《中国社会及政治学报》（季刊）成立于民国五年一月"。"会员 320 人，按月举行学术讲演一次。现藏西文书籍约一万册。《学报》于每年四、七、十、一月出版，文字以英文为限。"①

### （二）新学会和共学社

"五四"后，梁启超、张君劢、张东荪、蒋百里、俞颂华、郭虞裳等 20 人发起成立"新学会"。1919 年 9 月在上海创办《解放与改造》杂志，由张东荪主编，评论当时各种社会问题，介绍社会主义新思潮，打出"改造社会"的旗帜。1920 年 3 月，梁启超从法国回到上海，4 月于北京成立"共学社"，提出"培养新人才，宣传新文化，开拓新政治"，核心人物还是梁启超、蒋百里和"二张"，蔡元培、张謇、张元济、熊希龄、范源濂、张伯苓、严修、林长民、张公权、丁文江等都列名发起人，徐新六、舒新城等为评议员，穆藕初、聂云台等捐款赞助。5 月，《解放与改造》改由共学社主办，改名《改造》，蒋百里（1882 - 1938）任主编，宣传温和的社会主义，主张脚踏实地的社会改良。②

共学社邀请英国哲学家罗素、印度诗人泰戈尔、德国哲学家杜里舒等来华讲学。拟再邀经济学家凯恩斯、哲学家柏格森等，因故未成。编译新书有 100 多种，涵盖马克思主义、无政府主义、基尔特社会主义等各种不同的思潮。

### （三）中国政治学会

1932 年 9 月，高一涵、杭立武等 45 位政治学者发起成立了中华民国史上的中国政治学会。1931 年夏，中央大学法学院院长杭立武与政治系同事陶希圣、吴颂皋、刘师舜、梅思平、杨公达说起此事，大家都表赞同。暑假来南京的张奚若、周鲠生、高一涵、皮宗石等获知，也乐观其成，促其迅速发起。于是驰函各地，宁、沪、平、津、汉、青、穗各校政治学同仁拥护者 50余人，参与发起。由高一涵先拟出会章，通讯认可，推选筹备委员。中途因"九·一八"、"一·二八"事变，延期到 1932 年 3 月底。通讯选举完毕，杭立武、周鲠生、高一涵、张奚若、梅思平、萧公权、刘师舜等七人当选。7

---

① 李文裿：《北平学术机关指南》，北平图书馆协会，1933，第 39 - 40 页。
② 张品兴主编《梁启超全集》，北京出版社，1999，第 6026 - 6042 页。

月 13 日在南京举行第一次筹备会议,议决 9 月 1 日召集全体发起人于南京召开成立大会。

中国政治学会的任务有三:一是促进政治科学之发展,二是讨究现实政治之改良,三是指导后学以研究斯学之途径。为此,着手"编译政治学书籍,刊行政治学杂志,讨论现代政治问题,举行分科研究会议"(会章第四条)。"先从事实上之研究入手,然后根据学术上之原理,参照本国之实情,对症发药,筹思切实计划而倡导制之",以对中国之实际政治有重大贡献。①

中国政治学会成立后积极发展。1933 年初,议决组织国际问题研究会,推周鲠生筹备(据 2 月 1 日《申报》消息)。②

中国政治学会第一届年会于 1935 年 6 月 26 日下午 3 时在南京举行,会期四天。在宁会员王世杰、钱端升、程天放、杭立武、马洗繁、梅思平、李圣五、雷震、刘师舜、张慰慈等数十人,外埠会员周鲠生、张奚若、浦薛凤、陶希圣、张忠绂、刘迺诚、徐淑希等出席。③ 第二届年会于 1936 年 4 月 7 日举行。④

同时,该会积极参加国际会议。杨兆龙《出席美国政治社会科学研究会报告》⑤ 的写作背景是,司法行政部总务司派他去费城参加美国政治与社会科学研究会第 39 届年会。1935 年 4 月 5 - 6 日,"到会者计千余人,世界重要国家均有代表出席",上下午和晚上都开会。总论题是《民治主义社会主义与法西斯主义之比较及评论》,其讨论要旨有二:(1)近代民治主义之缺点;(2)应付之方法(保守派、渐进派、急进派各有主张)。"此次开会之演讲稿将于该会之七月份汇刊(*Annals of the American Academy of Political and Social Science*)披露。"共组织六次大会报告,题目多数是政治性的,与行政有关的有"政治组织与社会设计"、"新闻事业与政府"、"民主政治与世界贸易"、"国家主义与经济恐慌"等。

1932 年 11 月,河北省政府成立了政务学术研究会,由省主席于学忠任会长,秘书谢宗陶任主任干事。其简章称,"河北省政府为明理致用,仕学

---

① 杭立武:《中国政治学会成立刍言》,《时代公论》1932 年第 1 卷第 23 期,第 15 页。

② 《中国政治学会组国际问题研究会》,《浙江图书馆馆刊》1933 年第 2 卷第 1 期,第 147 页。

③ 《中国政治学会举行年会》,《中央时事周报》1935 年第 4 卷第 25 期,第 41 页。

④ 《政治学会》,《日报索引》1936 年第 5 卷第 1 - 6 期,第 920 页。

⑤ 杨兆龙:《出席美国政治社会科学研究会报告》,《现代司法》1935 年第 1 卷第 2 期,第 33 - 37 页。

兼优起见"成立该会。秘书处及各厅和各县晋省人员，均得随时参加。该研究会举办讲演会、讲习会、讨论会、设计会等形式的活动。研究范围分党义、外交、法制、行政（教育附）、财政（经济附）、建设（实业附）六类。①

**（四）高校的政治学研究团体**

清华学校学生组织的政治学研究社成立于 1920 年，当时该校还没有大学部。据其活动来看，如讨论督军问题，内容包括：（1）督军制的由来；（2）现状；（3）督军制应否废除。"结果非常圆满。""该会拟练习一种'假法庭'（按：一般称为'模拟法庭'）。"② 该社编辑的《中国之内政与外交》于 1921 年 4 月出版，内有关于督军制、都市行政、地方自治、财政救济、裁军等热点问题的研究报告。③

1923 年冬的《北大政治学会会章》规定："本会以讨论政治问题研究政治学理为宗旨。"其活动有大会、讨论会、临时会等形式，学术工作是翻译和编著，由导师指定。其由会员自行提出者，当征求导师之同意，所遇之疑难，得请导师指示之。成果概以北大政治学会名义行之，由该会出版或售卖。从《北大政治学会研究股启事》可以看到，他们的《政治学会年刊》面向师生征稿："本股之工作分二种：（1）会员须对于各种问题之研究，（2）敦请名人讲演。""研究题目请导师拟定，并请导师指定参考书。"④

1928 年 10 月，光华大学政治学会成立。该会编印了《政治学刊》（年刊），从 1934 年第 4 期起改名为《政治学报》，共出了 7 卷，于 1937 年 4 月停刊。

1931 年 3 月，复旦大学成立政治科学研究会，并出一期《政治科学研究会半月刊》。同年 5 月，成立政治学会，创办《政治学报》，后更名为《政治季刊》、《政治期刊》。1945 年 12 月，政治学系成立了行政效率研究会，并创办《政艺半月刊》。⑤

像这样的政治学会，凡有政治系的大学几乎都有成立，以学生为主体，教师参与研究活动指导和发表论文。往往延续时间不长，公开刊物也不多，

---

① 谢宗陶：《记沟通政学之研究会》，《河北月刊》1933 年第 1 卷第 1 期，第 175 - 180 页。
② 政治学研究社：《政治学研究社第 2 次会》，《清华周刊》1920 年第 205 期，第 22 页。
③ 政治学研究社：《政治学社出版书》，《清华周刊》1921 年第 218 期，第 31 页。
④ 《北大政治学会研究股启事》，《北京大学日刊》1930 年 4 月 29 日，第 2 版。
⑤ 《上海社会科学志》"第三节 学术团体、研究机构、刊物"，http://www.shtong.gov.cn/Newsite/node2/node2245/node74288/node74297/node74447/node74451/userobject1ai90510.html。

能完整保留至今的罕见。

据《上海地方志》中的《社会科学志》记载，1928 年 6 月，上海市政治经济建设讨论会成立，同月该会会刊出版，仅出了第 1 期便停刊。

30 年代，中华政治经济学会初轫于巴黎，为国内大学教授及著名学者所组织，有会员 300 余人。该会的南京分会于 1937 年 12 月 5 日举行第三届年会，并开新年同乐大会。汪龙报告一年来之会务，继由褚一飞、王世芳、顾希平等先后发言，一致主张出版《政治经济周刊》，推林熙春为总编辑，沈清尘、潘新华为政治编辑，褚一飞、邵遂初为经济编辑，顾希平、陈耀东为法律编辑。公推汪龙、丁肇青、袁子健为常任干事。① 从中可以看出，该会确实有政治学研究。

中华政治经济学会于 1936 年 5 月 2 日举行第四届年会，由楼桐荪任主席，请国民党中央委员王陆一演讲，请南京市长马超俊讲首都建设。3 日，由主席谢冠生致开会词，继由赵兰坪讲演《通货管理与吾国金融机构的缺点》，傅秉常讲演《吾国制宪的经过》。4 日上午除宣读论文外，还进行选举。顾希平、楼桐荪、褚一飞、邵遂初、陈耀东、汪龙、章骏琦、姚庆三、章渊若等九人当选为理事，并推定沈清尘、阮毅成、林熙春、潘新华、俞诠、孙忱照、陈振鹭、陈里特、何学琏为《政治经济周刊》编辑。② 从这里可以看到，总会和南京分会不少工作是重叠的。

1939 年初春，中国政治建设学会在重庆经酝酿筹备，于 3 月 12 日成立。"政治建设"一词来自孙中山《三民主义》序言："自《建国方略》之《心理建设》、《物质建设》、《社会建设》三书出版之后，予乃从事于草作《国家建设》，以完成此帙。"国民党宣传机构加以发挥，说"政治建设，又是一切建设的前提"，③ 包括"政治信仰之统一"、"政治人才之培植"、"行政机构之改善"、"政治策划之确立"。④

这个学会的旨趣是"研究政治理论及其实施，有助于新中国之政治建设"。"坚守国父遗教之训示，以实现主义为目的。"⑤ 创建三年时，会员达到 1267 人，尤以从事实际行政及研究学术者为多，乃先后于洛阳、西安、

---

① 《中华政治经济学会举行三届年会》，《新北辰》1936 年第 2 卷第 1 期，第 86 - 87 页。
② 《政治经济学会举行年会》，《新北辰》1936 年第 2 卷第 6 期，第 615 页。
③ 杨玉清：《中国政治建设论》，《新政治》1938 年第 1 卷第 1 期，第 43 - 48 页。
④ 刘振东：《政治建设》，《新政治》1938 年第 1 卷第 1 期，第 3 - 12 页。
⑤ 田雨时：《政治建设之检讨与展望》，《政治建设》1941 年第 4 卷第 1 - 2 期，第 1 - 2 页。

兰州、成都、昆明、桂林、贵阳等地筹建分会。学会设有 11 个专门问题研究委员会，包括地方行政、财政、金融、生产、建设、文化教育、外交、交通、宪政、战地问题等各个部门，以研究纯学术与政治设施之配合为中心，以为政府施政之响应。此外如讲演会、会员联谊晚会，至于图书之购置、资料之搜集、统计之编制等，尤赖会内研究员及特约研究员之努力，所研究的专门问题有政治制度之科学化、法治精神之树立、政治风纪之整饬等。出版物有：（1）《政治建设》月刊（1939 年 6 月 1 日创刊）；（2）政治建设丛书，关于新县制研究的就有两本；（3）《会务通讯》；（4）《政治年鉴》。有待努力的方面，包括与国内外同类学术机构建立联系，对实际政治与行政（建国工作，尤其是地方自治）多所建白等。①

这个学会的主要负责人是田雨时，吉林扶余人，行政院官员，财政部参事、田粮署署长，任《政治建设》主编。另一主编为高向杲。编委还有王家桢、王卓然、王丕列、王冠吾、尹文敬、金长佑、韦以黻、胡庆育、高显鉴、梁子青、姜书阁（后继任主编）、姚宝贤、师连舫、崔敬伯、章勃、郭荣生、刘世传、关吉玉，大体以政府官员（各专业部门，及参事、专员等）和教育、学术界人士为主。此刊以研究政治理论及其建设为主旨，还涉及推进战区政治，提高战时行政效率，根除贪污与严肃政纪，制订各行政部门之改进方案，进行各国现行政治制度比较研究等事项。②

二　市政学会、县政学会的积极配合

（一）市政研究团体的相继成立

1927 年，在上海成立了中华市政学会，会员以市政专家为多，其宗旨为"联络市政同志，调查市政状况，研究市政学术，促进市政发展"。暂定的会务为下列各项："（1）调查市政实况，（2）研究市政问题，（3）辅助市政发展，（4）编译市政书报，（5）介绍市政专门人才，（6）答复市政问题之咨询，（7）促进其他关于市政及地方自治事项。"③ 但到 1931 年，仍"因移址、选举、改组等手续，会务尚在全盘筹划之中"。④

中华市政学会南京分会 1928 年即已成立，受市长刘纪文支持，总务委

---

① 田雨时：《政建三年》，《政治建设》1942 年第 6 卷第 2 - 3 期，第 2 - 5 页。
② 田雨时：《本刊征稿启事》，《政治建设》1939 年第 1 卷第 1 期，第 2 - 3 页。
③ 白敦庸：《市政举要》，大东书局，1931，第 20 页。
④ 自在：《市政协会之组织》，《道路月刊》1931 年第 34 卷第 1 期，第 7 页。

员为谢贯一。①

　　小型的研究团体有武汉市市政委员会秘书处党义市政研究会，于 1929 年 1 月 29 日成立，分党义、市政两组，会长董修甲，市政组主任季惕凡、副主任陆丹林。规定每月开大会，各组每周开会研究一次，由主任事先拟定研究课题。市政组有 20 来人，规模很小。每周编发《市政周刊》一份，每月编发《武汉市政公报》一份。编著"市政丛书"，已出版者有会长董修甲名下的三种，即《我国大都市之建设计划》、《现行市组织法平议》、《我国市财政问题》。②

　　官方出面筹备的是全国市政协会。"上海市长张群，青岛市长胡若愚，汉口市长刘文岛……与南京市长魏道明……发起，组成全国市政协会……章程之纲要略为：（1）全国各市长俱为协会当然委员；（2）市政专家、曾任或现任市府之高级人员，俱得为会员；（3）大会决议，各市应互相实行；（4）各市得请协会办理特种设计事项；（5）每年开大会两次，各当然会员均须出席；（6）会址设首都；（7）大会于各市轮流行之；（8）协会设市政图书馆；（9）经费各市分摊；（10）敦请各国市政专家，来华赴各市演讲……理事会下再设秘书、调查、编译三处，及特种设计委员会。各市设调查分处，庶彼此消息常通"。③

　　另一个市政研究团体为 1933 年在北平成立的市政问题研究会。活动者是殷体扬一类"小人物"，能量和韧性很强。该会创办《市政评论》，主张制定城市自治法规和都市计划，逐步进行市政建设，从而把全新的市政观念和以美国为代表的市政改革世界性潮流迅速传播到国内，并自觉地从整个世界城市的发展趋势来思考中国城市的发展问题。④

　　中国市政协会上海分会于 1946 年 3 月 17 日成立，会员 159 人，宗旨是"联络人才，研究市政学术，促进市政建设"。会员的选择以"市政学者，市政工程专家，社会名流，及对市政有兴趣之人士为标准"。到 1948 年，已有会员 285 人，公务员占 62%，自由职业者占 11%，教育人员及工商从业人

---

① 谢贯一：《中华市政学会南京分会申请补助经费拨给会址案》，《首都市政公报》1928 年第 21 期，第 47－48 页。
② 季惕凡：《筹设党义市政研究会》，《武汉市政公报》1929 年第 1 卷第 3 期，第 46－47 页。
③ 张群、胡若愚、刘文岛、魏道明：《市政协会成立先声——沪汉青京四市长所发起》，《道路月刊》1931 年第 34 卷第 1 期，第 61－62 页。
④ 陆丹林主编《市政全书》，道路月刊社，1931，第 37－38 页。

员各占 3.5%。第一届理事长奚玉书，副理事长黄伯樵；理事赵祖康、许晓初、赵曾珏、杨志雄、刘世芳、殷体扬、荣鸿三、瞿钺、王维驷、蔡无忌、龚懋德、包文薪、冯秉坤、厉树雄、韩闻筎、吴中一、虞顺恩、俞松筠、黄炳权。监事有潘公展、何德奎、葛杰臣、沈士华、王人麟、顾毓琇、汪竹一、周文麟、方东等。奚玉书兼任总干事，殷体扬兼任副总干事。聘任陈洪为秘书兼研究组长，顾培恂为编译组长。1948 年 1 月由殷体扬兼任总干事。有《市政评论》月刊①；1948 年 4 月又假《新夜报》附出《现代市政》周刊，殷体扬、顾培恂为主编。

又陆续设立了研究会，计有市财政委员会（主委金润庠，副主委许敬甫），以及市警察（薛志良，龚懋德）、公用（黄伯樵，童觉民）、土地（赵传鼎，王光）、卫生（蔡无忌，姚俊之）、教育（潘公展，顾培恂）、工务（薛次莘，陆谦受）等委员会。

国际市政联合会于 1947 年 7 月在巴黎召开第七届年会，中国市政协会受邀参加。推举奚玉书、黄伯樵和驻法大使钱泰为代表，结果均因事忙，请江锡鲁代。据记载，"对我国都市所受损害状况及战后一般建设计划亦经提会报告，颇获得各国代表之珍视。国际市政联合会又于卅六年十一月七、八日在比京召开会议，亦因时间匆促，电请驻比大使馆派员代表参加。"②

理事会议决编纂《市政丛书》，主编《中国市政年鉴》并按年出版。由殷体扬、顾培恂负责筹划，并推定殷体扬、赵祖康、赵曾珏、顾培恂为编辑委员。"协助市政建设为本会重要之任务……随时将研究结果提供其他都市，并以市政改进意见及有关资料供其参考……特介绍冯秉坤、顾培恂、陈正予分赴东北、杭州、福州等地考察市政，并访问各该市政当局。对于发扬行政学术颇多贡献。""本会已成立之分会计有上海、福州、青岛分会三处。南京、杭州分会即将先后成立。青岛分会理事长邱致中曾于三十六年五月四日来沪访问本分会，交换意见甚多。"③

表面上规模和声势后来居上的是中国市政研究会。邱致中写道：

---

① 市政问题研究会有杂志《市政评论》月刊，创刊于 1934 年，从第 8 卷第 4 期起转由中国市政协会上海分会负责。

② 殷体扬、顾培恂等：《中国市政协会上海分会第三届年会工作报告》，《市政评论》1948 年第 12 期，第 34 - 35 页。

③ 殷体扬、顾培恂等：《中国市政协会上海分会第三届年会工作报告》，《市政评论》1948 年第 12 期，第 34 - 35 页。

抗战军兴，余联络各大学市政学者凌均吉、谢乐康、张又新、胡法渊、章熊、陈英略诸氏，及成都市政府公务人员多人，筹组"中国市政研究会"，成立后，出版《市政研究》半月刊一种，陈英略任主编。《全国都市更生计划》即系在当时提出者。

二十九年春，余赴渝，又遇原"中国市政学会"负责人丘河清、江康黎等，乃再汇合重庆市政府及各大学市政学者专家徐中齐、吴嵩庆、汪日章、饶华松、殷体扬、王克、王俊傑、刘震武、陈雄飞、李森堡诸同道，并将二会会员，合并组成一"中国市政建设协会"……惜因连年轰炸，仅座谈多次，出版《市政通讯》一种，而无多表现。

胜利而后……由余与丘河清、陈祖平、江康黎、徐中齐等……改用（名）"中国市政研究会"……邀请市政事业主管部（内政部）及南京市政府二机关高级人员，与专攻市政之同道马元放、卫挺生、孔大充、孙克宽、鄠裕坤、戴志昂、程厚之、徐实圃、汪奕林、张育元、杨君劢、哈雄文、张守存、陈朗秋、黄卿云、杨克天、余立铭、陈英竞、舒伯炎、汪大燧、陈占祥、刘士笃、薛次革、段毓灵、林瑞蔼、田慕寒、文守仁、泰荣甲、张致原等参加。并于去年（1947）7月在南京介寿堂，召开第八届年会，出席会员近200人，提出论文数十篇，议决要案十余件……现有会员400多人；而国内留学东西洋各国专攻市政学者，约为40人，本会员即占36人，居绝大多数，其余300余会员，或为专攻市"八大行政"之一者，或为市行政高级人员，或为市政主管部首要，均属学有专长、经验宏富之士。是以内政部曾委托本会会员起草市自治通则一大基本法案，且会员中之著作、译述、论文、设计，散见于全国各大书坊及报章杂志者，亦不可胜计……

兹者本会青岛分会，得李市长先良之支持，创办会刊《市政建设》。……综其任务：

1. 为对市政学术之探讨。2. 为对市政之设计。即代政府设计各项市政计划，或协助有关《都市计划》《区域计划》及国家全面市政规划之调查，设计事项。3. 为对市政新闻之报导。4. 为对市政人才之培护。为本会之主要任务，亦即本刊重大使命与努力方向。①

---

① 邱致中：《本会沿革与本刊使命》，《市政建设》1948 年第 1 卷第 1 期，第 46 页。

下为《中国市政研究会第八届理监事略历表》①。

常务理事：邱致中，42 岁，四川，东京帝国大学研究院卒业，担任暨南、江南、中公、华西、齐鲁、（男女）金陵、广西政治等大学市政教授、特约讲座、联合讲座教授；卫挺生，59 岁，湖北襄阳，哈佛大学研究院卒业，担任南京中大、燕大、政大教授及立法委员、国大代表等职；吴嵩庆，47 岁，浙江镇海，巴黎大学市政学院卒业，历任军政部粮秣司司长、湖北财政厅厅长，时任国防部财务署署长；孔大充，49 岁，江苏兴化，美国明尼苏达大学硕士，巴黎大学研究员；江康黎，45 岁，江苏，密歇根大学市政学院卒业，中央大学市政学教授；马元放，47 岁，江苏武进，日本大学卒业，南京市副市长、教育局局长；丘河清，44 岁，广东，巴黎大学市政学院卒业，广州市政府参事，重庆市政府设计委员；陈祖平，44 岁，浙江，密歇根大学市政学院卒业；汪奕林，46 岁，安徽，伦敦大学政经研究院卒业，内政部参事及国大代表。

理事（按：以下仅强调其市政学留学学历）：酆裕坤，密歇根大学市政学院硕士；戴志昂，芝加哥大学都市计划专攻；张又新，巴黎大学市政学院卒业；孙克宽（无）；哈雄文，美国宾夕法尼亚大学卒业；饶华松，巴黎市政学院卒业；黄卿雲，密歇根大学市政学院卒业；李森堡（无）；徐中齐，柏林大学市政系卒业；粟豁蒙，莫斯科中山大学；汪日章，巴黎大学市政学院卒业；杨君劢（无）；张育元，密西根市政学院卒业；王俊傑，巴黎大学市政学院卒业；陈朗秋，密歇根大学市政学院卒业；程厚之（无）；杨克天，哥伦比亚大学卒业；徐实圃（无）；陈英竞，伦敦大学政治学院卒业；陈雄飞，巴黎大学市政学院卒业；余立铭，密歇根大学市政学院卒业；徐之海，巴黎大学市政学院卒业。

候补理事（按：以下仅强调其市政学留学学历）：舒伯炎，密歇根大学市政学院卒业；汪大燧，密歇根大学市政学院卒业；王先强，日本明治大学卒业；陈训烜，巴黎大学市政学院卒业；苏新民（无）；章熊，巴黎大学市政学院卒业；李太璞，暨南大学（市政经济）卒业；白日新，大阪商科大学市政系卒业；杨锦昱（无）；宋国枢，巴黎大学博士；林凤栖（无）；陈占祥，英国伦敦大学都市计划专攻；薛次莘，耶鲁大学卒业；谢乐康，日本京都帝大市政学院卒业；谢贯一，密歇根大学市政学院卒业；李毓九，德国苟

---

① 《中国市政研究会第八届理监事略历表》，《市政建设》1948 年第 1 卷第 1 期，第 49—51 页。

廷根大学市政学院卒业；彭襄，里昂大学博士。

常务监事：胡德渊，巴黎大学市政学院卒业；刘士笃，中央大学卒业；段毓灵，北京大学卒业，中央设计局设计委员。

监事：刘迺诚，伦敦大学研究院卒业；邓季雨，莫斯科中山大学卒业；林瑞蔼，美国加州大学卒业；刘震武，巴黎大学市政学院卒业；邱仲广，美国欧柏林大学研究院毕业；朱代杰，莫斯科大学卒业；张守存，中央大学卒业；秦荣甲（无）。

候补监事：凌均吉，美国威斯康星大学市政学博士；吴求胜，巴黎大学政治学博士；邱仲广，美国欧柏林大学毕业；李德洋，东京警官学校卒业；吴英略，日本中央大学研究院卒业。

邱致中（1908－？），东京帝国大学社会学博士。回国后继续从教，从事过若干城市建设计划的编制和起草工作，曾任社会部社会福利司副司长和成都市代市长。1943年李宗仁请他出任广西省政府顾问，兼任广西大学教授。1948年"中国各大学教授国策研究会"成立，中央政治大学教授邱致中是常务理事。组建"南京人民和平代表团"，赴北平与中共方面探讨和平前景，邱致中担任首席代表。解放后邱致中任森林工业部基本建设局主任工程师。1956年加入中国农工民主党。译有《都市问题之重要性》[1]，译自伊福部隆辉所著《现代都市文化批判》；所译《成为国民经济问题的都市问题》[2]，与上文是姊妹篇。

**（二）中国县政研究会等相关组织及其活动**

1931年秋，"九·一八"事变后，为准备抗日，在南京要"开发人矿"，马博庵等人决定组织"中国县政研究会"，参加者十余人，配合金陵大学政治学系开展研究工作。每周开会三四次，起草了《县政建设方案》。马氏旁听了第二次内政会议，向次长甘乃光毛遂自荐。而筹备中国县政研究会及县政建设研究也被金陵大学列为政治学系的主要工作。

该研究会的"中国地方政治历史沿革"课题，完成了对秦代郡县制度、汉唐等朝代地方政治制度的研讨，制订了百余种详密的县政调查表。研究会在《新江苏日报》上辟《县政周刊》，调查完成《江都县政》报告，着手句

[1] 〔日〕伊福部隆辉：《都市问题之重要性》，邱致中译，《中心评论》1936年第24期，第17－20页。

[2] 〔日〕伊福部隆辉：《成为国民经济问题的都市问题》，邱致中译，《中心评论》1936年第25期，第26－29页。

容县下属实验区的试验。在行政院蒋廷黻、吴景超、张锐的支持下，利用暑假，联合金陵、清华、南开三校的九位教授分头考察地方政治。县政研究会成员奉派历时三个月完成《邹平实验县政的剖视》报告，访青岛市考察沈鸿烈的乡村建设，到定县体验平教会的作风，到菏泽察看孙廉泉的成绩，到济南探访梁仲华、杨开道、张鸿钧的事业。还先后访问过江宁、兰溪、嘉兴、松江、吴江、宝山、昆山、无锡、宜兴、溧阳、句容等县，和主持者胡次威、梅思平、王先强等讨论县政实际问题，有时参加他们的活动。此外，到东海研究孔大充主持的县政；参观铜山县政；到安徽和县参加行政会议，并为刘光沛县长做县政设计；与陈果夫、余井塘接洽，做县政实验。

县政研究会的同仁 1938 年春会聚长沙，欲在张治中领导下协助湖南进行县政建设。他们任教于地方行政干部学校，主持各种县政人员的训练；参与了晏阳初的中华平民教育促进会的工作；结识瞿菊农、谢扶雅、赵步霞、汪德亮等乡村工作健将；到衡阳协助孙廉泉、孙伏园的"保学校长（保长兼校长）训练班"，训练班有三千学子；考察醴陵、攸县、茶陵、耒阳等县。

在江西遂川，他们为熊式辉办的省地方政治研究会贡献意见，获得江西县政资料。去浙江考察了丽水、永康、松阳、金华等县的县政，参加伍廷飏发动的座谈会。1939 年春至广西，参观了桂林、柳州、宜山、河池以及兴安县，当地的乡、镇、村、街、公所的组织和小学校，以及壮丁训练。在贵州考察了定番实验县，高柳桥和汪德亮、蒋志昂等研讨问题。

到四川，他们原打算创办中国乡村建设研究院，并研究地方建设问题，如孙廉泉专员的各县建设计划。高柳桥受民政厅邀请，组织考察团，写了宜宾、江安、庆符几县的报告和建议。

1939 年秋，受熊式辉电邀，中国县政研究会到江西协助创办中正大学。马博庵任法学院院长，高柳桥任政治学系主任，设立研究部，参加省政府的活动、会议并授课。研究地方建设的制度，实际的省政、县政、乡政，行政管理、户籍行政、地方财政、农村金融及民众教育等，创办《地方建设》杂志，学生暑假做调查，蒋经国拟派他们任副乡镇长，因故未果。

1942 年春，组建"生教出版社"（取"十年生聚，十年教训"之意），主要任务是研究战后复兴建设。由杨绰庵给予财政支持，潘大逵、马博庵、许鹏飞、高柳桥、龚警初筹备，首任社长（筹）为潘大逵，高柳桥继任。1943 年出版《生教导报》，并设立中国地方建设研究所，熊式辉为理事长，马博庵为所长，高柳桥为副所长。在中正大学组织"中国地方政治研究会"，主办《政治知识》月刊，两会（所）也联成一体。编《县政人员手册》、《地方自治文库》、《地方建设论丛》等。①

还有官方搞的全国性的中国县政学会，以研究县政之理论与实际，俾利新县制之推行为宗旨。任务有六：（1）促进与研究新县制之推行；（2）交换与检讨县政人员之意见，并搜集与县政有关之图书、杂志及其他相关资料；（3）出版有关县政之刊物；（4）县以下之各项业务之调查与统计；（5）协助地方政府设计、解决问题；（6）其他会员查询事项。会员资格是：曾受政府行政训练者；曾参加与县政有关之考试并及格者；研究地方行政之学者；曾任或现任地方行政工作者。

中国县政学会1940年制定年度工作计划。其中拟编纂的参考读物包括：（1）各国地方行政及地方自治实况之考察；（2）各国地方行政及地方自治之理论与方案；（3）中国古代地方行政；（4）三民主义的地方行政。（以上这些是四部书的"总目"。）而以"分目"命名的是：（5）县长精神修养论；（6）县各级人事制度；（7）县各级行政概要：①文书管理，②户口，③财政，④社教，⑤地方金融，⑥价格统制，⑦食粮管理，⑧救济事业，⑨合作，⑩保甲，⑪国民军训与兵役，⑫游击战斗，⑬谍报情务，⑭水利，⑮农业，⑯农村手工业，⑰公共工程，⑱公共管理，⑲卫生行政，⑳县司法与军法，㉑军事供应，㉒经济统制法规。举行工作竞赛方面计划有二：筹备县政展览会；组织县政观光团。发展会员联谊方面，包括成立全国县政分会、编印会员姓名录、发刊会讯、从事关系机关之联络与合作等。②

以下是中国县政协会第二届理事、监事名单。③

理事长：周钟岳。

理事：周钟岳，李善鎔，刘慕唐，秦振夫，王式典，郑震宇，寿勉成，姜怀素，孙慕迦，邵企雍，陈实，金宝善，黄永伟，骆美奂，余井塘，濮孟九，庞镜塘，曹钟麟，高良佐，张金鉴，饶振常，方觉慧，储贤卿，周厚钧，林兢，王殿之，周毓煊，杨君劢，杨锦仲，秦德纯，钱宗起。

常务理事：孙慕伽，庞镜塘，林兢，李善鎔，邵企雍，曹钟麟，王殿之。

---

① 马博庵：《中国地方建设研究所的成立和使命》，《生教导报》1944年第1期，第12-18页。
陈资肪：《中国地方建设运动史略》，《生教导报》1944年第1期，第18-25页。
② 《中国县政学会章程，工作计划，征信录》，《行政评论》1941年第2卷第1期，第45-48页。
③ 《中国县政协会第二届理事、监事名单》，《县政研究》1944年第1卷第1期，第1-2页。

兼主任秘书：李善鋆。

候补理事：查可思，汪经昌，王先强，马策，虞乔治，丁耀中，黄锡恭，邵履均，雷一呼，师连舫，任小英。

监事：仇鳌，田昆山，胡次威，许蟠云，沈鹏，陈成，孙克宽，陈屯。

候补监事：张玉麟，朱玖莹，刘千俊。

又有县政建设研究院。先是 1933 年"河北省政府主席于学忠为促进县政建设起见，特依据第二次内政会议县政改革决议案，设立县政建设实验区办法，决定在定县设立县政建设研究院及实验区，并聘委平教专家晏阳初及陈筑山为正副院长"。① "五月中聘定李景韩（汉）为调查部主任，瞿菊农为研究部主任，霍坚实为训练部主任，霍六丁为实验部主任……以定县为实验区，十月十日举行成立典礼。"② 对该院的工作，第三章有介绍。

笔者发现，在部分省区甚至有村政研究会。例如河北，《民政厅令村政研究会详议推行村政办法》说的是让村民获知省政府的村政法令，"究应如何方能使县区之间指挥灵便，凡有政令均能普遍之处，合行令仰该会详细研究具复，以凭核办"。③ 就是说，要求该研究会能拿出一套供政府适用的办法来。

抗战前，姚定尘、石冲白的《第六届世界地方行政会议报告书撮要》④报告 1936 年 6 月在德国明兴（慕尼黑）召开的第六届世界地方行政会议，主题是地方政府救济失业和地方政府之文化事业，中国有姚定尘博士参加。会后他将会议文件翻译发表，并写有报告书。文章记载，该会"成立于欧战前（1913 年）……译为世界市政会议，亦属适当。……会员国现计共有 31国及若干著名市政府，而中国及日本尚未正式加入，此次吾国系被邀请参加也"。"此会议之目的，乃为促进各国市县地方行政之科学化，及谋各国地方政府之联络与合作。……盖如何改进居民之生活、卫生、教育、保安、娱乐与夫城市建设之安逸美化，乃为各国地方政府共有之宗旨。"第五届会议中国已派员参加，文章建议海内外的中国行政学者应积极参加该会议的活动。

---

① 侯探明：《冀省府在定县设立县政建设研究院及实验区》，《村治》1933 年第 3 卷第 5 期，第48 页。

② 《河北县政建设研究院》，《江苏教育》1934 年第 3 卷第 9 期，第 141 页。

③ 邵修文：《民政厅令村政研究会详议推行村政办法》，《河北省政府公报》1929 年第 256 期，第 4 - 5 页。

④ 姚定尘、石冲白：《第六届世界地方行政会议报告书撮要》，《行政研究》1936 年第 1 卷第 1 -3 期，第 163 - 185 页。

"地方政务研究会"是几个"剿匪"省区遵照国民政府指示办起来的,为研究型训练性质。从《陕西省地方政务研究会章程》①可知,该研究会"为储备政务人才改进本省县政起见"而设立,以民政厅厅长兼任会长,另设专任襄校二人,兼任有若干人,聘任秘书一人,委任事务员四人。会员资格为候补县长、高等考试及格者、大专学校政法经社学科毕业者,曾任荐任官一年、委任官三年者(符合一条即可),均须经甄别考试入会学习,"由民政厅长随时考核,择优分别提请任用为县长或其他佐治人员"。该会的研究以关系地方政务的实际问题为限。

此外,如湖北、安徽等省也有设置,还有附设其他训练班之举。如《安徽地方政务研究会附设簿记速成班简章》②规定,三个月毕业,最后半个月"轮流抽调,分赴省会各机关实地练习"。"其资格以各县政府现任财政科长,及各县现任财务委员会委员一人为限,由各县政府保送。""毕业考试及格后,仍回原职,不及格者即取消会员资格及现职。"要求相当高。

## 三 其他学术团体及组织的研究和实践

20世纪40年代,社会行政学会成立了。《社会行政学会成立宣言》③称:

> 总理倡导国民革命,以纠合群力、团结人心为入手方法,以完成自治、实现大同为终极目标,故国民革命之一贯要求,即在发动社会力量以推进社会建设……而社会行政之使命,将亦因之而愈趋繁重,迨无疑义。
>
> 顾社会行政在我国尚属新制……我国社会行政机构,建立最晚,与其他行政部门之关涉,又最繁密,今后将如何区划职掌……基础组织与建设……将如何使社会行政推行无碍……(社会病态)有赖于调查诊断,如何选定治疗与预防之方策,则有赖于研究设计……爰集合从事社会行政社会工作及研究社会学之人士,就上述问题实行探讨。

---

① 《陕西省地方政务研究会章程》,《陕西省地方政务研究会月刊》1933年第1卷第2期,第121-144页。
② 《安徽地方政务研究会附设簿记速成班简章》,《安徽民政公报》1934年第4卷第4期,第16-17页。
③ 《社会行政学会成立宣言》,《社会建设》1945年第1卷第2期,第68页。

　　另有中国社会服务事业协进会。"第一届名誉会长宋美龄、孔祥熙、张伯苓、吴铁城、朱家骅、陈立夫、谷正纲、于斌，会长许世英，副会长黄仁霖，常务监事黄炎培、潘公展、黄伯度、黄少谷、洪瑞钊、朱景暄、谢徵孚、陈文渊、杨慕时；常务理事张霭真、陈柏青、唐国桢、周泰京、闵剑梅、谢祖仪、王克。总干事王克，副总干事郭鸿群、刘陈列。"此外，如王正廷、杜月笙、马超俊、康泽、张道藩、朱学范、刘百闵、孙本文、言心哲、杨卫玉、陆京士、康心如、李德全、刘王立明等社会知名人士，也都为理事或监事身份。他们多为协进会各团体成员（学会、学社等）的代表，其中有些是社会学家。①

　　《中国社会服务事业协进会章程》规定：

　　　　第二条　本会以发扬服务精神，促进社会事业，实践三民主义社会政策为宗旨。

　　　　第五条　本会之任务如下：1. 关于社会服务事业之研究及建议事项，2. 关于承受政府及民众之委托或咨询事项，3. 关于社会服务人才之调剂事项，4. 关于社会服务书刊杂志之编辑发行事项，5. 关于会员之进修互助及联络事项。②

　　该会成立于1941年12月25日。1943年12月举行第一届年会，改为理事制，推王克为理事长。拥有团体会员34家，如新生活运动促进总会、励志社、全国红十字总会、中国工业合作协会、三青团中央干事会社会服务处、军委会战地服务团、基督教青年会、妇女指导委员会、妇女慰劳总会、中华慈幼协会、中华职业教育社等。举办讲座，出版《社会服务季刊》、《社会服务周报》（月刊）；举办社会服务工作成绩展览，发动和推行各项社会服务运动，如伤兵之友运动、抗属服务运动等；发动社会服务界联谊会，以促进社会服务人员联络，阐扬服务理论，增进服务技能等。计划创办社会服务专科学校，拟派员赴英美等国观摩各国社会服务事业，促成国际联合会，创设服务部，专为全国各地社会服务团体及从业人员委托代办一切有关社会服务事业；拟编社会服务理论及学习丛书，以及全国社会服务事业年

①　《本会历届职员名单》，《社会服务周报》1943年第20期，第8页。
②　《中国社会服务事业协进会章程》，《社会服务周报》1943年第20期，第9－10页。

鉴，1943 年时，已出版王克编著之《中国社会服务事业》一书。①

## 第三节　中国行政研究会和行政问题研究会

### 一　几家行政研究学术团体及其组成

最早挂上"行政研究会"招牌的机构，我们发现的有：

宣统元年（1909）江南商务总局（不久改称"江南农工商务总局"）下设的"商务行政研究会"，起着参谋商务、倡导建立各地商务研究会之作用。②

中央一级的官办机构，则有 1923 年 4 月附设于法制局的"（中国）行政研究会"。起因是 1922 年秋，中国应邀派驻比利时使馆官员参加设在布鲁塞尔的"研究官制万国公会"（原名"研究行政学国际协会"，似应译为"国际行政学研究会"），1923 年初中国加入该组织。按其章程，各国应组织相应的机构，而且下届议题是："实包含行政作用之全体，不仅官职制度一端，故本会名称拟定为行政研究会"。"依照国务会议议决由法制局兼办"，故会长以法制局局长兼充，会员包括法制局的参事、佥事、编译，以及中央各部院荐任以上级别的职员（每一官署以一人为限）。"本会之主旨系为供给比京开会时提出议题或讨论议题之材料……"③ 与国际接轨，专业水平不低。

同年 9 月，中国代表林彪（驻比利时使馆二等秘书）偕随员罗怀、办事员杨淦保"前往列席万国官职制度会议第二届大会"，共有 26 国参加。开幕式特邀"行政法学家法育（Fayol）氏对于行政主义略加说明。大致谓一国之行政事宜如能依真正行政学理所认定之原则，全加整顿，所补必多……要在设立高等管理处，切实履行职责，务使名实相符云云；并于该管理处之作用、组织及进行方法多所说明；又谓矿务、制钢各机关管理方法如能酌采施行于行政机关，于节省经费上必有裨益；又谓各部中上自部长，下至科员，均应彼此密切襄助办事，庶合机宜，且重官吏之责等语；此外并对于各国采行议院政府制以管理各部，多所非议。"五股所论专题，分别是"各乡行政机关"、"国家及各乡治间之中间行政机关"、"中央行政机关"、"行政参考材料"、"任职之准备；行政方法之改良"。第三届大会"议决于三年后在巴

---

① 《中国社会服务事业协进会会务概况》，《社会服务周报》1943 年第 20 期，第 4－6 页。
② 江南商务总局：《本局商务行政研究会议案》，《南洋商报》1909 年第 3 期，第 65－69 页。
③ 《拟在法制局内附设行政研究会呈并指令》，《司法公报》1923 年第 177 期，第 103－105 页。

黎举行".① 从中我们看到，权威的国际行政学组织中有了中国的一席之地，且代表可以聆听管理学大师法约尔的报告。可惜到了 1925 年 1 月，临时执政段祺瑞令"行政研究会着即裁撤".② 半途而废。

但从《（教育部公函外交部）为准送第四届国际行政学会议议决案已照备案请查照饬知由》③ 看，南京国民政府时期还是应邀参加。

又，中国行政学学会。系一专门学术团体，要求对行政学科有专门研究，并在大学任此科教授二年以上者始得为会员，由张忠绂、杭立武、马洗繁、戴克光、薛伯康等十余人筹组。当时以张汇文、江康黎、张金鉴任临时理事，正筹划刊行《行政学季刊》。

又，中国行政问题研究会。系臧启芳、娄学熙、富伯平、薛远举等发起的组织。其研究纲要，关于理论者为：（1）介绍新说，（2）抉发旧弊，（3）辨别是非，（4）建议方案；关于改革者为：（1）调整机构，（2）整饬人事，（3）革新管理方法，（4）改良行政工具。

中国行政问题研究会《中国行政》特约撰述者有：王先强，田镐，左潞生，朱显祯，李孝同，李阐初，李锡年，金孔章，周连宽，金长佑，胡次威，姜文渊，凌均吉，徐志明，娄穆清，陈铁铮，陈鹤荪，汤吉禾，高宗禹，曾省之，孙伯启，孙仲彝，彭勋武，彭善承，张金鉴，张育元，张世文，冯谷如，富伯平，杨佑之，程厚之，熊子骏，郑献征，赵守愚，刘觉铭，刘书铭，刘英士，臧启芳，鲍必荣，萨孟武，萧文哲，萧一山，萧公权。

又，中国政治建设学会。其任务为：（1）学术研究；（2）调查统计；（3）编译出版；（4）提供方案；（5）设计实验。出版有《政治建设》月刊，由田雨时、高向皋等编辑。

又，行政评论社。其宗旨在阐扬行政理论，研究实际行政问题，促进行政研究兴趣及行政效率。出版有《行政评论》月刊，由孙慕迦、李朴生、张金鉴、张汇文、戴克光编辑。特约撰述者名单：王先强，江康黎，任维钧，汪奕林，何会源，何义均，周昆田，周异斌，宋述樵，李宗义，李锐，李子

---

① 法约尔：《附林秘书参与万国官职制度会议第二届大会报告书》，《外交公报》1924 年第 32 期，第 10 – 18 页。

② 《裁撤行政研究会令（十四年一月临时执政令）》，《司法公报》1925 年第 202 期，第 1 页。

③ 教育部公函外交部：《为准送第四届国际行政学会议议决案已照备案请查照饬知由》，《教育部公报》1931 年第 3 卷第 3 期，第 83 页。

欣，李朴生，吕学海，林纪东，杭立武，柳克述，孙澄方，孙慕迦，孙文明，徐君佩，崔敬伯，张金鉴，张宗良，张汇文，张纯明，张忠绂，张子扬，陈念中，陈曼若，陈钟浩，马文军，马博庵，马洗繁，温崇信，闵天培，刘百闵，刘振东，闻均天，卢郁文，酆裕坤，薛伯康，萨孟武，戴克光，罗佩秋，萧文哲，苏民，苏松芬。

中国行政学会亦有不少分支机构，详下。

浙江行政学会（原名浙江地方行政学会）。理事长阮毅成，为时任浙江省民政厅厅长，更有工作之便。1946 年 8 月第四届常务理事为阮毅成、项鹏飞、范文质、陈慎修、茹管廷，常务监事为猛济、朱文达、夏庆銮。学会下设通讯、研究、出版、总务四股，办有《胜流》半月刊和《（浙江行政学会）会员通讯》，并设立浙江行政学会图书馆。下面还有宁波、永嘉、金华、绍兴等处分会，最奇怪的是南京、上海、台湾也有其分会。全省很多县市设立通讯组，有可能发展为分会。①

程振钧在所在的机关内设行政管理的相关委员会。程振钧（1886－1932），安徽婺源人，字弢甫，秀才，同盟会会员，安徽高等学堂毕业，公费赴英国格兰斯哥大学专攻数学。1917 年回国，到北京大学担任数学系主任。1926 年由吴稚晖介绍给张人杰（张静江），到杭州工作，1927 年担任浙江省建设厅厅长，并曾兼任省府秘书长、民政厅厅长。程振钧的《实业合理化》② 是他 1930 年初出洋，"考察建设行政及重要建设事业，历时半载，经国凡九，访问各国政府机关八十余处，社会团体三十余处，参观各大工程亦近百数" 所得观感。他认为，政府应推行 "实业（农工商等业）合理化"，即科学管理运动。于是，率先成立了浙江省建设厅实业合理化研究委员会，设有科学管理组、合并化组、标准化组、简单化组、卡特尔组、劳资关系组，附设调查部，以与前几组配合研究并供实业界访问。委员由厅长聘请实业界富有经验者及本厅职员若干人担任，并聘请国内外实业家为名誉委员。③

在建设厅的实业合理化研究委员会带动下，民政厅也成立了行政研究委员会。古有成说："我们厅长程先生，振臂一呼，创设这行政研究委员会，对于组织、任用、效率、方案，悉心研究，彻底的改革，可谓洞见症结，救

---

① 《（浙江行政学会）会员通讯》，1946 年第 57 期，第 21－26 页。

② 程振钧：《实业合理化》，《浙江建设》1930 年第 3 期，第 1－27 页。

③ 《浙江省建设厅实业合理化研究委员会章程》，《浙江民政月刊》1930 年第 36 期，第 143－144 页。

时良剂。"①《本厅行政研究会议纪录》②载，行政研究委员会也由程振钧任主席，冯学堂、蒋志澄任常委，设吏治、警政、自治三组，各组主任分别为桂宝森、吕斅亮、王伯秋，其中警政组副主任有外国教官山田一隆，顾问是辛特兰和程克。可惜，由于程振钧早逝，后来未见这两个研究会有多少成果问世。

《浙江民政月刊》的主要撰稿者之一是古有成（1900－?），广东梅县人，国民党党员。黄埔军校宣传科科长，中校。后任广东军事政治学校副主任，少将。

连山东省草包主席韩复榘也成立了山东省行政效率研究委员会。委员长由省政府秘书长兼任，委员八人，从各厅处职员中遴派，工作包括调查检讨各行政机关一切政务设施、各行政机关施政效率之研究与设计、省政府交办的事项。对外以秘书处名义行之。③

二 中国人事行政学会的组织与活动

（一）中国人事行政学会组织缘起

古人有云："徒善不足以为教，徒法不能以自行"，症结所在，盖为人事问题……孔子谓"为政在人，人存政举"，历史上之治乱兴衰，咸系于得人与否，人事之重要有如此者。

考我国人事行政，制度之备，发源之早，为世界冠……与夫现代国家人事行政上诸般措施，皆应有积极之研究，似为不可或缓之事实。

抑有进者，我中华民族现正从事于抗建之大业，欲期抗战必胜、建国必成，必先完成政治之建设，若欲推动政治之建设，必有赖于人事行政制度之健全树立……

基于上述诸点，同人等爱筹组中国人事行政学会，藉以纠集对于人事行政夙具研究与在政府机关主管人事行政事务者，共同研究人事行政之理论与实务……

---

① 古有成：《修正浙江省民政厅行政研究委员会章程》，《浙江民政月刊》1930 年第 36 期，第 149－151 页。
② 古有成：《本厅行政研究会议纪录》，《浙江民政月刊》1930 年第 37 期，第 241－248 页。
③ 韩复榘：《山东省政府行政效率研究委员会简章》，《山东省政府公报》1936 年第 404 期，第 19－20 页。

（发起者为）：王芸生，段锡朋，陈念中，张忠道，张金鉴，卢郁文，尹国祥，徐恩曾，陈言，甘乃光，马洪焕，缪秋杰，孙澄方，周亚卫，梅嶙高，何联奎，金铨，吴国桢，秦惜华，刘光华，苏雷，吴泽湘，张道藩，郭骥，刘童博等数十人。①

据《中国人事行政学会章程》，该会之任务有七：

1. 研究与促进人事行政之推行；2. 交换与检讨人事行政之意见；3. 搜集人事行政有关之图书杂志及其他有关材料；4. 出版有关人事行政之刊物；5. 人事行政业务之统计与核查；6. 协助政府设计有关人事行政之事项；7. 办理会员委托的有关人事行政事项。②

以下是中国人事行政学会的职员名单。

名誉会长：戴传贤。

名誉副会长：陈果夫，李培基，吴铁城，陈大齐，吴恩豫，贾景德。

名誉理事：陈立夫，朱家骅，谷正纲，张道藩，甘乃光，张厉生，贺耀祖，王世杰，王东原，蒋延黻，谢冠生，周钟岳，许崇灏，马超俊，沈士远，洪兰友，段锡朋，吴国桢，徐恩曾，马洪焕，张忠道，潘公展，张金鉴，钱卓伦，陈仪，曾养甫，何键，缪秋杰，康泽，宋宜山，马国琳，王文山，周亚卫，王德溥，王芸生，萨孟武，萧同兹，许静芝，陈锡襄，戴铭忠，童翼，王钟。

常务理事：明仲祺，苏雷，熊东皋，张啸尘，韦尹耕。

理　　事：郭骥，黄孝先，孙心斋，熊英，程懋城，陆东平，黄闰叶，杨恩溥，朱家栋，白云鹏，陆舒晨，郑瑾，茅祖荣，邵缪。

候补理事：魏诗墇，翁平权，张朋，陆禾生，陈和新，何标，郭植纲。

常务监事：尹国祥，黄维珊，万镜湖，张鹏程，顾莹。

监　　事：叶实之，罗时实，刘童博，李卓如。

候补监事：李邦和，李象贤。

文书组：主任干事明仲祺；事务组：主任干事韦尹耕；会计组：主任干

---

① 《中国人事行政学会组织缘起》，《人事行政》1942年第1期，附录，第117-118页。
② 《中国人事行政学会章程》，《人事行政》1942年第1期，附录，第118-119页。

事杨恩溥。

交际组：主任干事熊东皋；出版组：主任干事张啸尘；稽查组：主任干事苏雷。

组织组：主任干事熊英；资料室：主任干事王非。

研究委员会召集人：金铨。

委　　员：金铨，张金鉴，朱汉生，方保汉，孙澄方，吴祥麟，陈曼若，陈念中，姜超岳，吴铸人，杨锦昱，邓翔海，方智，梅嶙高，刘光华，戴道骢，左曙萍，曹沛滋，王钟道，何仲箫，蒋廷枢，黄天锡，章斗航，李邦和，吴兆濂，魏诗墀，漆行简，秦惜华，陈立廷，田维干，杨裕芬，毛光远等数十人。

编辑委员会召集人：朱家栋。

委　　员：朱家栋，卢杰，刘童博，李飞鹏，朱人相，莫万章，陈秉仁，黄孝先，李象鼎，陆禾生，郑瑾，翁平权，孙心斋等数十人。

分往省会筹备会召集人（略）。①

**（二）《人事行政》目录**

1942 年第 1 期：孔祥熙《人事行政之重要》；吴铁城《党的人事行政》；吴思豫《军人人事行政概述》；甘乃光《中国人事制度发展的趋势》；钱卓伦《如何树立健全的人事制度》；李培基《任使的商榷》；张金鉴《唐代之人事考核制度》；李邦和《当前公务员待遇问题》；金铨《厘定党政军官职俸等级表刍议》；陆东平《公务员职位级类划分制的实施》；苏雷《人事行政之检讨与今后改进意见》；明仲祺《人事管理条例公布后》；朱盛荃《关于人事管理条例之商榷》；朱家栋《人事管理机构的职权与人事管理人员的任用》；李飞鹏《为怀疑公务员资格制度者进一解》；欧阳文辅《论任用审查》；孙澄方《论划一国家银行人事制度及其他》；杨恩溥《国家银行人事管理概论》；杨裕芬《训练人才之管见》；秦惜华《人事行政人员之修养》；钱怀白《勋章与考核奖章》；万异《建立退休中几个实际问题》。

1943 年第 2 期：贾景德《建立人事制度和废除不平等条约》；徐恩曾《创造科学的人事行政》；周亚卫《人事根本论（节要）》；张金鉴《中国吏治制度之史的发展》；鲍震球《施行考功历刍议》；韦尹耕《对于现行人事制度之检讨》；王非《党务人事行政概述》；周志坚《现代人事行政新论》；

---

① 《中国人事行政学会职员一览》，《人事行政》1942 年第 1 期，附录，第 120 – 121 页。

周兆熊《论公务员之惩戒》；李邦和《公务员与安贫》；傅骅昌《人事管理之经验与感想》；杨裕芬《公营事业人员管理概要》；袁行恕《收回航权后应如何加强国营航业人事制度之管理》；杨得任《战后铁路与公路需要技术人员之估计》；苏雷《对于修正公务员任用法及非常时期公务员任用补充办法和商榷》；朱盛荃《漫谈战后的人事问题》；陆东平《人事脞谈》。

其他的相关人事文献：何伯言著《人事行政之理论与实际》，论及人事行政总机关、人事行政分机关、政府职位分类制度、公务员俸给制度、公务员考试制度、公务员之分发与任用、公务员考绩制度、公务员之训练、公务员之保障、公务员退养金及恤金制度。① 孙慕迦有《中国人事行政改进问题》及《论确定职责——调整行政改进吏治之先决问题》②。陈之迈的《人事行政》书评③，对英国伦敦大学威廉姆·A. 罗伯森（William A. Robson）教授主编的 The British Civil Servant（《英国文官》）一书（1937 年出版）加以介绍。该书邀请了十位专家分别撰文加入讨论，意见对立，各执一词。论题包括：英国高级文官的门阀之风该改革否；靠学习行政科学还是靠在实践中训练，哪种办法更有效；准公务机关的人事制度是否可以搞特殊；专门人才在政府机关中是否得到重视；女子服官的公平待遇问题。大家均赞同英国公务员是用脑子的，而不是"希特勒的文官"（"不穿制服的士兵"）。

三　职业介绍所与人事管理学会的工作

国内与人事管理相关的专业性学术组织，按成立时间的先后有中华职教社、中国工商管理协会、中国人事管理学会、中国人事行政学会和中国人事心理研究社。

1917 年，黄炎培等 48 人在上海建立了中华职教社。目的是弥补当时普通教育的不足，推广、改良职业教育，沟通教育和职业的联系，使无业者有业，有业者乐业。其开展的活动有与人事管理相关的，如职业指导是职教社工作的一个重要组成部分，通过大量调查和研究，指导人们选择合适的事业或职业。对于已有职业的人，指导其如何提高服务能力而获得擢升。职业指导的方法也是很科学的，有如下几种方式：（1）填写个人情况表格；（2）进行

---

① 何伯言：《人事行政之理论与实际》，正中书局，1943。
② 孙慕迦：《中国人事行政改进问题》，《行政评论》1940 年第 1 期，第 13 - 23 页；《论确定职责——调整行政改进吏治之先决问题》，《行政评论》1940 年第 2 期，第 1 - 13 页。
③ 陈之迈：《人事行政》，《新经济》1942 年第 6 卷第 11 期，第 242 - 244 页。

各种测验，包括智力测验、特殊能力测验、品格测验、技能测验、知识测验和兴趣测验；（3）开展谈话，包括职业谈话、升学谈话和人事谈话等；（4）考查个人及家庭；（5）指导（择业、谋职、改业）；（6）培训。1920 年 3 月，中华职教社特别组建了职业指导部，还开展了人力资源的培养训练，并创办中华职业学校。

中国工商管理协会成立于 1930 年 6 月，目标在于提倡和推行科学管理。这个协会的发起人和理事大多是政府工商管理机构的官员、著名企业家以及学术界著名专家，如孔祥熙、穆藕初、杨铨等。人事管理是科学管理的重要组成部分，由于当时对"人"的重视，人事管理也成为这个协会的重要研究内容。协会设立了专门委员会，将选聘的 120 名专家分组，结合国情对人事、经营、理财、推销等事务进行研究。协会还拟办"管理人员养成所"，实际上只办了几次培训班，并没有形成规模。

中国人事管理学会（the Personnel Management Association of China）成立于 1934 年夏。当时，从事人事管理理论研究的专家何清儒，与中华职教社的杨卫玉、四行储蓄所的潘仰尧、南洋兄弟烟草公司的屠哲隐（曾在工商部任职）、商务印书馆的史久芸等开会讨论相关成立事宜。5 月 24 日召开中国人事管理学会成立大会。与会成员有 30 余人，"所约请的人都是实际负人事管理责任或对于这种工作有研究兴趣的"。大会讨论并通过了会章，学会的宗旨是"研究与提倡人事管理，以求此项设施之改进与推行"。

大会选举的理事为何清儒、史久芸、屠哲隐、顾炳元（商务印书馆）、潘仰尧、章云保（中国银行）、杨卫玉。理事会推选何清儒为理事长，聘张素民（经济学教授）为总干事、曹亦民（生生奶牛场）为副总干事。学会聘请了 4 位名誉理事，他们是王云五、江问渔、戴志骞、曹云祥。于是，中国人事管理学会便组织起来了。[①]

关于中国人事管理学会的工作范围，何清儒将其概括为人才训练、实施计划、问题研究和方法试验四项。"而实行方法经理事会议决，为训练、演讲、调查、出版等，故本会会务均依照这些原则去进行。"理事会每月举行一次，从未拖延，每会必议，每议必决，决后必行，这是该会的特点。历次理事会记录都公开摘要发表，还有每月的讲演和聚餐会、集体的参观活动。因注重联系群众，该学会短期内就扩大了影响。

---

① 何清儒：《人事管理学会一年工作概况》，《人事管理学会第一周年纪念刊》，1935。

开展学术及社会活动，如组织人事管理讲习所，由张素民担任所长。一年内举办了两期讲习班。每个星期日请专家讲课，结业时举行考试，发给证书。何清儒说："我国对于人事管理施行正式训练，除作者曾在大夏大学讲授《人事管理》一课外，此为第一次。"①

这个学会对外的宣传教育工作，主要靠编印《人事管理》月刊。该刊从1935年9月创刊，到1937年抗战前夕停刊，两年时间内成为中国工商管理和行政管理学界的理论研究重镇之一。由屠哲隐（后增加顾炳元）任主编，初为月刊，1936年9月改为双月刊。另外，还出版了初级、高级两种人事管理讲义，作为学会办的人事管理讲习班和人事管理通讯研究班的教材。还有"人事管理丛书"，已出版《办公处的人事管理》、《缫丝厂的人事管理》、《人事管理概要》三种。此外，学会还推行防弊工作（按：指防范机关和企业职工徇私舞弊、贪污腐化），提倡现金保证制度，联络各机关和企业的人事管理人员，一并担负咨询任务等。添聘名誉理事陶百川（法学教授）、吴蕴初（企业家）；拟编印《中国人事管理年鉴》，等等。②

《人事管理》第1卷第1期于1935年9月15日出版，目录如下：编者《前奏》；何清儒《如何考选职员》；徐春霖《办事员之选择与训练》；《本会第二届理事、干事名单》；屠哲隐《实业心理学》；宗文《某搪瓷厂发行所之人事管理》；叶柏华《我之人事管理实施见解》；王云五《商务印书馆之人事管理》；屠哲隐《人事管理英汉名词汇编》；《本会第一届年会记录》；《本会第十八次理干事联席会议记录》；《第二届人事管理讲习所毕业茶话会》；《中国人事管理学会章程》；《第三届人事管理讲习所简章》；《人事管理通讯研究所简章》。

上述目录的栏目大概分为：（1）短评；（2）通论；（3）专著；（4）调查与统计；（5）新著介绍；（6）研究通问；（7）会务消息；（8）会员消息；（9）杂录。

该期最重要的几篇文章是何清儒、徐春霖、屠哲隐写的，或为通论，或为专论。王云五的文章来自实际工作的经验之谈，也有一定的理论性。宗文的文章属于调查报告，叶柏华的文章可归于研究通问之类，其他是些会务消

---

① 《中华职教社研究人事管理学会之进行》，《行政效率》1934年第1卷第1期，第123-124页。

② 屠哲隐：《中国人事管理学会第二年度工作报告》，《人事管理》1936年第1卷第10期，第15-16页；《中国人事管理学会第二届年会纪录》，《人事管理》1936年第1卷第11-12期，第39-43页。

息。关于两个启事，其一是印行丛书，希望有关作者提交书稿；其二是拟编印《中国人事管理年鉴》，"征求国内工商、金融，以及政治、军警、教育、社会、宗教等各机关对于办理人事管理之各项材料，如（1）机关组织章程，（2）各部分组织章程，（3）各部分办事细则，（4）全机关及各部分组织系统表，（5）重要人员职务分配名单，（6）各种职务说明单，（7）人员管理章程（包括服务待遇及各项设施之规则通告），（8）人事管理之各项设施概况（包括具体事实及统计数字），（9）人事管理之各种表式，（10）机关手册，服务须知，通讯刊物等印刷品，（11）其他有关照片及文件"。显然，这是一个相当浩大的工程。

关于《人事管理通讯研究所简章》，讲的是函授研究人事管理知识的办法。讲义共20篇，"每篇附问句若干、习题一个"，"每修毕一篇再寄发次篇"。学习期限"视各人研究之速率而定，但至多为一年"。我们且看看讲义的篇目和导师情况：（1）《人事管理概论》（何清儒）；（2）《职工之选择与雇用》（屠哲隐）；（3）《职工之训练》（杨卫玉）；（4）《心理测验之应用》（陈选善）；（5）《职业之分类分析及说明》（曹亦民）；（6）《工作成绩之考查》（史久芸）；（7）《品性评量之方法》（何清儒）；（8）《时间与动作之研究》（翟克恭）；（9）《工作疲劳之研究》（程守中）；（10）《工作状况》（顾炳元）；（11）《工业灾害与职业疾病》（程守中）；（12）《调任与升职》（屠哲隐）；（13）《考勤与休假》（顾炳元）；（14）《职工代谢》（何清儒）；（15）《工人代表制》（屠哲隐）；（16）《团体保险》（胡泳骐）；（17）《职工储蓄》（史久芸）；（18）《职工宿舍》（章云保）；（19）《工资与奖金》（张素民）；（20）《劳工法规之要点》（顾炳元）。

这里一共有12名导师，而各个课题则反映了当时人事管理所涉及的方方面面。

《人事管理》第1卷其他各期比较重要的文章有：曹云祥《科学管理问题》，吴友梅《嘉兴县政府人事管理概况》，屠哲隐《人事管理的组织与工作》，何清儒《人事管理实施纲要》，何清儒《人事管理问题》，顾炳元《欧美工厂的人事管理》，何清儒《美国商店人事管理最近概况》，徐启文《谈商店人事管理》，徐春霖《人事与经济》，徐春霖译《人与事之适应》，徐春霖译《人事管理之步骤（一）》，郑丕留《谈工业心理学》，张天福《人类天性与人事管理》，陈青士《乐业心理》，曹亦民《忧虑与效能》，《（一）防止舞弊办法》，《（二）与防止舞弊有关之人事管理工作》，《（三）中国人事管理学会防弊委员会舞弊案件调查报告》，章云保《银行行员舞弊之处理》，屠哲隐《谁负舞弊的责任》，周心豪《舞弊原因及其防止方法》，唐泽焱《训练与教育》，曹昂千《如何训练售货员》，屠哲隐《志愿书、保证、工作契约》，屠哲隐《旷工与迟到（附表）》，屈能伸《福利事业与人事管理》，关锡斌《青岛华新纱厂福利设施概况》，高景岳《缫丝工厂管理》等。

《人事管理》1936年第2卷各期比较重要的文章有：《科学管理实施方法之检讨》，吴文栩《县政府人事管理》，顾炳元《人事管理纲要》，顾炳元编《人事管理章则汇编（一）》，顾炳元《劳动契约法与最低工资法》，屠哲隐译《大学校的人事管理》，何清儒《工作分析的用途》，屠哲隐译《参观各机关人事部大纲》，章云保《银行人员舞弊之机会及方法研究》，屠哲隐《舞弊与待遇》，周豪《会计上的舞弊与法律上所谓之舞弊》，章云保《银行行员舞弊原因及其统计分析》等。

这里以该刊刊载的防弊委员会的工作为例，可以看到其如何将理论与实践相结合。该委员会成立于1936年4月29日，项康原、沈九成被推选为正、副主席，杨崇皋为书记，吴宗文为干事。他们议定的宗旨是："辅助工商机关减除舞弊案件、增进诚实服务"。委员会的工作分两部分：一为"预防"，即凡团体会员（单位）提出要求的，委员会便"代为调查资料，拟具计划"，进行研究，提出办法供单位参考，并奖励告发舞弊者；二为"制裁"，即团体会员（单位）遇有职员舞弊，委员会可以代为调查并建议处置办法。这里所谓的舞弊，指"盗窃、侵占、欺诈、背信、伪造、变造、妨害秘密等不法行为以图私利者"。

该委员会提出的《防止舞弊办法》，设计了《舞弊案件调查表》，并分析问题。

关于工作态度和工作能力问题，有徐春霖的《办事精神和工作意旨》，高景岳的《劣等成绩标准制》，张一梦的《店员与售货效率》，以及讨论普遍性问题的《智力与工作》、何清儒的《探讨工作上之偷懒》等。前面已历数《人事管理》上介绍和运用工业心理学的文章篇名，而徐春霖翻译的《办事处人事管理》（"人事管理学会丛书"之一），原著者是拉斐尔（Raphael）、特里斯比（Trisby）、亨特（Hunt）三位管理心理学家，原书名是 *Industrial Psychology Applied to the Office*（《应用于办公室的工业心理学》）。译者把"工业心理学"改成"人事管理"，表明他们所讲的人事管理学立足于已经得到验证的科学的心理学根基上，实质上是以人的行为为研究对象的。他们的研究朝着行为科学的正确方向有所前进。

1949 年，在芝加哥大学一次有管理学家、心理学家等参加的学术会议上"行为科学"被定名，从广义上说，这是一个学科群（behavior sciences），从狭义上说，这是一门科学（behavior science），后者指运用心理学、社会学、人类学等学科的理论和方法来研究工作环境中个人和群体行为的一门综合性学科。本章所述活动已经涉及上述内容。

除此之外，中国统计学社于 1930 年 3 月成立，宗旨是研究统计学的理论及方法，赞助及促进国内外统计事业之发展。选举刘大钧、金国宝、朱祖晦、王仲武、陈炳权、陈钟声、朱彬元等 7 人为社务委员，刘迺敬、吴大钧、陈其鹿、金诵盘、盛俊、何廉等 9 人为编辑。次年，在南京召开第一届年会，编印《中国统计学社第一年》；接着在上海、南京召开第二、第三届年会，出版年会会刊；第四届年会刊行《中国统计学社一览》及《统计论丛》（上海黎明书局 1932 年出版）；1936 年开始编印《中国统计学社通讯》（月刊），并举行第六届年会；1937 年 6 月编印《统计学报》，并召开第七届年会，社员已达 400 余人，议题为"人口普查"，主计长陈其采、内政部部长蒋作宾以及陈立夫均在会上讲话。

卫挺生的《民国计政之过去现在与将来》①　称："主计处为政治上之参谋本部，而参谋本部为军事上之主计处。……中国计政学会为我国唯一研究计政之学术团体……由中央各机关办理计政人员及国内著名会计师，各大学教授，联合组织。于民国二十二年五月十四日假南京励志社开成立大会……通过会章二十一条，选举杨汝梅等十一人为理事……至二十三年三月中旬，会员已达 420 余人。"

1934 年，名誉理事为王世杰、陈其采、王用宾、沈鸿烈；常务理事杨汝梅、张心澂、陈其祥；理事王昉、楼桐荪、杜子英、马明治、徐敏、王仲武、张竞立；候补理事墨林翰、赵棣华、欧阳葆真；有干事 11 人。出版著作 9 种（另有讲演笔记、讨论问题的参考材料等 10 种），讲演 5 次，由杨汝梅、徐永祚、杨众先、朱君毅等名家主著或主讲。②

中国地政学会 1933 年 1 月成立于南京。据其简章介绍，"本会以研究土地问题促进土地改革为宗旨"，普通会员为"对土地问题具有相当研究而赞

---

①　卫挺生：《民国计政之过去现在与将来》，《东方杂志》1936 年第 33 卷第 1 号，第 135－144 页。

②　《中国计政学会一览》，《会计杂志》1934 年第 3 卷第 5 期，第 125－128 页。

成本会宗旨者"。团体会员为"政府机关或社会团体赞成本会宗旨者"。会务包括:"出版期刊(《地政月刊》等)及丛书,举行研究会及讲演会,考察及调查,策进土地改革运动。"①

第一次年会于 1934 年 1 月中旬在镇江(省会)举行,这时已有普通会员 106 人,团体会员 18 家(包括立法院土地法委员会、内政部、实业部、参谋本部陆地测量局、中央政治学校附设的地政学院,若干省的民政厅、土地局等)。选举萧铮(中央政治学校附设的地政学院)、万国鼎(地政学院和金陵大学农经系教授)、曾济宽(江苏省土地局局长)、郑震宇、王祺(中央候补执委兼立法委员)、祝平(中央政治学校地政学院教授)、鲍德澂(立法院外交委员会秘书)为理事,唐启宇(中央政治学校地政学院教授、农业周报社社长)、王先强(内政部民政司司长)、李积新(实业部专员、中央大学农学院讲师)、蒋廉(地政学院助理研究员)、高信(中央政治学校附设的地政学院研究员)为候补理事。赞助会员有何应钦、张继、宋子文、居正、陈果夫、陈立夫等。当时《地政月刊》每期的印数已达 3000 本。②

中国考政学会 1934 年成立于南京,"凡经考试院依法举行之各种考试及格人员,均得声请入会"。至 1943 年会员已逾 2000 人,创办了《辅导通讯》,由考试院人事处聘请各机关考试及格人员(该会会员)为通讯员,担任经常性的通讯联络。各地会员达到一定人数,可以成立分会。动员会员举行募捐及乐捐运动;普遍征收会员会费;呈请主管及有关机关按月拨给经常补助费等。组织"考政丛书"编撰委员会及《考政学报》编辑委员会。1943 年 3 月 29 日,假中央图书馆举行第四届年会,选举第五届理监事,李学灯、周邦道等 27 人当选理事,汪业洪等 13 人为候补理事,陈曼若等 9 人为监事,沈乘龙等 4 人为候补监事。4 月 5 日召开理监事联席会议,票选蒋天擎、周邦道、李学灯、侯绍文、金绍先为常务理事,陈曼若、杨君劢、谷凤翔为常务监事,并推定各理事分担各股工作。③

中国边政(边疆政治与行政)学会于 1941 年 9 月 29 日在重庆举行成立大会。由陈之迈任主席,周坤田报告筹备经过,张廷休、楚明善、吴文藻等

---

① 《中国地政学会简章》,《地政月刊》1933 年第 1 卷第 1 - 6 期,第 147 - 150 页。

② 鲍德澂:《中国地政学会第一次年会纪事》,《地政月刊》1934 年第 2 卷第 1 - 6 期,第 141 - 178 页。

③ 《考铨行政要闻》,《辅导通讯》1944 年,第 45 - 47 页。

相继演说，嗣后通过会章，讨论提案，选举理监事。复于 10 月 12 日召开第一次理事会，推选各组主任，商讨工作进行事宜。名誉理事长：戴传贤，孔庸之；理事长：吴忠信。理事：周坤田、陈之迈、吴文藻、楚明善、王化成、曾少鲁、许公武、熊耀文、朱章、孙绳武、张西曼；候补理事：张国书、徐益棠、顾颉刚、李维果、黄少谷。监事：蒋廷黻、奚伦、李芋、武和轩、白云梯；候补监事：浦薛凤、金绍先、巴文俊。总务主任：曾少鲁；研究主任：吴文藻；出版主任：周昆田。①

1949 年 9 月，中华人民共和国成立前夕，新政协，即中国人民政治协商会议第一届全体会议于 9 月 21－30 日在北平举行。此前在 9 月 17 日举行了第二次筹备会议，一系列喜讯引起全世界的注目。但并非所有人士都注意到另一条消息，那就是筹备会议次日的一项活动：

[新华社北平 19 日电]（甲）中国新政治学研究会筹备会，（9 月）18 日在平成立。该会发起人会议于昨日上午举行，出席者有周恩来、林伯渠、董必武、陈毅、高岗、马明芳、聂荣臻、黄克诚、张奚若、章伯钧、谭平山、王昆仑、罗隆基、钱端升、沙千里、王炳南等共 120 人，由林伯渠任主席。

林伯渠致开幕词："中国新政治学研究会成立的目的是要团结全国从事新民主主义政治研究和实际政治工作的盟友，在毛泽东思想指导之下，努力学习马克思主义的历史唯物主义，学习马克思主义的政治理论，以历史唯物主义的观点，根据实际情况，研究中国社会各阶级的相互间关系，研究中国社会和国家性质，研究中国的政治史和政治制度。"

接着阎宝航报告发起人会议筹备经过，王昆仑报告新政治学研究会暂行简章初步草案后，会议通过筹备会组织办法，并选出于振瀛、王炳南、王昆仑、吴茂荪、吴觉农、汪季琦、沙千里、林伯渠、周恩来、金仲华、宦乡、高崇民、陆定一、章伯钧、孙晓村、陈绍禹、张东荪、张奚若、许宝驹、曹孟君、梅龚彬、闵刚侯、乔冠华、雷洁琼、杨明轩、杨刚、潘震亚、潘汉年、邓初民、赖亚力、齐燕铭、钱端升、阎宝航、谭惕吾、罗隆基等 35 人为常务委员。推举林伯渠为主任，陆定一、张奚若、王昆仑、高崇民为副主任。阎宝航、赖亚力、吴茂荪分任正副秘书长。

---

① 《中国边政学会成立》，《边政公论》1941 年第 1 卷第 3－4 期，第 205 页。

会议中，周恩来副主席曾讲话，上海市长陈毅报告了上海行政工作经验，张奚若、章伯钧、谭平山等也都作了讲演。①

人们注意到，"新政治学研究会"强调"政治学"之新（当然，"研究会"也新）。林伯渠的开幕词说得很清楚，"中国共产党和毛主席应用马克思主义的历史唯物主义于中国，形成了中国人民革命的政治理论和政治制度"，需要理论界学习、研究和阐扬。这支研究队伍是由"从事新民主主义政治研究和实际政治工作的盟友"组成的，任务是"学习毛泽东思想，学习应用马克思主义的历史唯物主义的阶级分析的方法，来研究中国的政治理论与实际，来迎接新中国的诞生和努力参加新中国的伟大建设事业"。

---

① 新华社：《中国新政治学研究会筹备会成立》，《新华社电讯稿》1949 年第 454 – 483 期，第 301 页。

# 后　记

乘改革开放的时代大潮，我们有幸一直战斗在高校学科大建设的行列。由于学校发展的需要，不同时期所从事的学科专业教学与研究也有所转变。有道是"教学相长"，倒逼自己不断学习，而且所研（项目）不一定全是所教（学科专业方向），难免捉襟见肘，必须拓宽视野。一路下来，主业、副业收获良多。就本书作者而言，许康侧重于大文化史（与论）研究，而雷玉琼的学术领域则更接近管理学核心地带。

湖南大学行政管理专业于 2000 年建立，2003 年成立政治与公共管理学院，曾一度与法学院联合，后又独立。我们参与了学院的筹备，也见证了它的发展。本研究课题于 2007 年获得国家哲学社会科学规划办公室立项，而最终评审结项颁证已到了 2016 年。我们十分感谢规划办和专家们的大力支持，以及对项目延期结题的理解和宽容。同样，这项研究从酝酿到成书始终是在本院同仁的关怀帮助下进行的，特别是最初的两任院长王邦佐、谭君久教授，以及多次莅院指导的学界泰斗、高级顾问夏书章老先生，他们给予了亲切的指点和帮扶，对于我们是很大的鼓舞。如今稿成待梓，期颐高寿的夏老又精神矍铄纵览全文，高屋建瓴地挥毫直抒睿见，耳提面命、谆谆教导，令我们铭感五衷！

我们不揣谫陋而从事这个工作，固然可以说是无知者无畏，但也不是毫无依傍。事实上，1992 年我们就拿下了由国家自然科学基金委员会（管理科学部）支持的的中国管理科学史上第一个研究项目，以后居然连中三元。其间对管理科学（主要是数量学派）在近现代中国的发展理出了头绪，寻获到不少鲜为人知的珍贵史料（人物、文献、事件等）。通过对高校商科及工程学科的管理学（课程）教学的详细考察，以及对社团学术活动和机构（机关与企业）管理实践的了解（这方面可以与西方的 Business History 有所对接），在这个较小的领域取得了成功的经验并可资借镜，无疑极大地增添了我们的信心。

从中国近代行政学科的开篇（如何引入西方行政法及行政学）、萌芽（从依附于法政学校法学政治学，到个别高校政治学系设置行政学专业，再到另有市政学专业等），直到1950年以后的中断，我们曾经对学科教育史进行过考察，写有书稿（不能算正式版本）。所以，这条明线（学科、课程、教材、教师等）我们开先已经比较清楚。困难十倍的是，哪些领域、分支的文献及各类行政部门的实践（报告、文档）可视为中国近代行政学（学问）。我们在正文有所辨析，这里不再赘言。

作为中国行政学学科史和学术史的一段（近代部分），自身内容已经如此先天不足，而其资料的保存则更加不堪。清代档案（在中国第一历史档案馆）和民国档案（在中国第二历史档案馆）都损毁严重；几十年的战乱和政治运动，使得各大图书馆保存的行政学文献远非完备，尤其是高校几经分合重组，图书刊物支离割裂，同时受经费所限，难以寻访。直至近年旧文献电子化及网络传播，大为方便，但仍受限于收藏量和电子化的未完成，我们无法全盘查找。可以说，这十多年的搜访经历了很多艰辛，经眼了几十万页的原始材料。至于辨识分类和研究分析，摘录征引稍加评介，拼接和组织全书框架，综合成较合逻辑的系统，更是殚精竭虑，反复推敲。效果如何，有待读者品味。

作为冷门学科的历史学，本国行政学史在硕士、博士培养的学科分支名录中尚无一席之地，因而往昔置身于这方面的研究，基本上是凭兴趣在课余进行。单枪匹马，赤手空拳，既不好形成课程系列，也不便研究生们全力投入。当然，前辈专家、同仁的爱护和关照，为我们注入了极大的动力。列入国家社科基金项目，更是巨大的精神支柱，有了一定的物质基础，这使研究得以持续进行。行政学刊物稿挤，史料性的文章更难发表。我们虽然耐得住寂寞，但阶段性的成果很少面世，缺乏知音和交流。常年专注于第一手材料的挖掘，对于同期（尤其是近年）他人发表的相关论著很少涉猎，影响书稿学术水平的提高。

如今距离课题结项又过了三年才付梓，乃是考虑到冷处理一段时间，再做一番观照和思考。本拟较多地切磋琢磨，甚至重写、补写，但人算不如天算，原非急就章，又成拖沓篇。而作者或为疾病所困，或被繁杂的行政事务纠缠，因此还是留下不少遗憾。

起初几年有几届研究生、本科生参与工作，原行政学教育史书稿各章作者有张成伟、李胜检、李玥、任永锋、王星、唐方静、蒋正元、王皓、符丽莉、章义、钟纯、匡媛媛、卜小燕、刘静、李燕和郭永红。为本书稿搜集过材料的还有匡媛媛、车世、毛叶、郑一山、杨燕妮、石欣、谭文芳、杨后乐、胡文期等很多同学。

许峥高级工程师对市政学等有关内容予以研究和提供成果；何超博士，章义老师，研究生张碧涵、倪丽丽、陈文洁和余旖芃都对初稿作了有力的助编。

最后要提到，湖南大学公共管理学院的傅蓉芬、李连友、陈晓春、郭渐强、李金龙等领导和同仁的鼓励支持，都令我们由衷申谢！

迫于完稿愆期，赶着交付出版，未遑再呈请专家从容细阅，书稿的硬伤、缺陷、错漏、舛误，概由我们负责。同时也衷心期待方家同仁和广大读者惠予赐正。

许　康　雷玉琼　谨识

2019 年 8 月 18 日

**图书在版编目（CIP）数据**

中国近代行政学史料钩沉与钩玄／许康，雷玉琼著
. -- 北京：社会科学文献出版社，2021.5
ISBN 978 - 7 - 5201 - 5747 - 6

Ⅰ.①中… Ⅱ.①许… ②雷… Ⅲ.①行政学 - 研究
- 中国 - 近代 Ⅳ.①D693

中国版本图书馆 CIP 数据核字（2019）第 229820 号

## 中国近代行政学史料钩沉与钩玄

著　　者／许　康　雷玉琼

出 版 人／王利民
责任编辑／赵晶华

出　　　版／社会科学文献出版社·群学出版分社（010）59366453
　　　　　　地址：北京市北三环中路甲 29 号院华龙大厦　邮编：100029
　　　　　　网址：www. ssap. com. cn
发　　　行／市场营销中心（010）59367081　59367083
印　　　装／三河市东方印刷有限公司

规　　　格／开　本：787mm × 1092mm　1/16
　　　　　　印　张：49.75　字　数：864 千字
版　　　次／2021 年 5 月第 1 版　2021 年 5 月第 1 次印刷
书　　　号／ISBN 978 - 7 - 5201 - 5747 - 6
定　　　价／398.00 元